NORD-PAS-DE-CALAIS ET PICARDIE
Pages 182-195

D0911150

CHAMPAGNE ET ARDENNES
Pages 196-207

LORRAINE ET ALSACE
Pages 208-223

• Reims

LE NORD ET L'EST

Strasbourg •

• Troyes

BOURGOGNE ET FRANCHE-COMTÉ
Pages 316-341

MASSIF CENTRAL
Pages 342-361

Dijon •

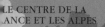
LE CENTRE DE LA
FRANCE ET LES ALPES

Lyon •

Grenoble •

VALLÉE DU RHÔNE ET ALPES
Pages 362-381

LE MIDI

LANGUEDOC-ROUSSILLON
Pages 466-487

PROVENCE ET CÔTE D'AZUR
Pages 488-521

Ajaccio •

CORSE
Pages 522-533

GUIDES VOIR

FRANCE

GUIDES 👁 VOIR

FRANCE

Libre 🔥 Expression
QUEBECOR MEDIA

HACHETTE TOURISME
43, quai de Grenelle, 75905 Paris Cedex 15

DIRECTION
Nathalie Pujo

RESPONSABLE DE PÔLE ÉDITORIAL
Amélie Baghdiguian

RESPONSABLE DE COLLECTION
Catherine Laussucq

ÉDITION
Aurélie Pregliasco

TRADUIT ET ADAPTÉ DE L'ANGLAIS PAR
Dominique Brotot, Olivier Le Goff
et Lise-Éliane Pommier

AVEC LA COLLABORATION DE
Sylvie Chambadal, Béatrice Giblin (Une image de la
France), Isabelle de Jaham, Diane Meur, Patrice Milleron,
Denis Montagnon, Myriam Schonigman et Adam Stambul

MISE EN PAGES (PAO)
Maogani

CE GUIDE VOIR A ÉTÉ ÉTABLI PAR
John Ardagh, Rosemary Bailey, Judith Fayard,
Lisa Gerard-Sharp, Alister Kershaw, Alec Lobrano,
Anthony Roberts, Alan Tillier, Nigel Tisdall

Publié pour la première fois en Grande-Bretagne
en 1994, sous le titre : *Eyewitness Travel Guides : France*
© Dorling Kindersley Limited, London 2006
© Hachette Livre (Hachette Tourisme) 2006
pour la traduction et l'édition française.
Cartographie © Dorling Kindersley 2006

© Éditions Libre Expression, 2006
pour l'édition française au Canada

IMPRIMÉ ET RELIÉ EN CHINE PAR SOUTH CHINA PRINTING CENTRE

Aussi soigneusement qu'il ait été établi, ce guide
n'est pas à l'abri des changements de dernière heure.
Faites-nous part de vos remarques, informez-nous
de vos découvertes personnelles : nous accordons
la plus grande attention au courrier de nos lecteurs.

Éditions Libre Expression
7, chemin Bates, Outremont (Québec) H2V 4V7

DÉPÔT LÉGAL :
BIBLIOTHÈQUE ET ARCHIVES NATIONALES DU CANADA, 2006
ISBN-10 : 2-7648-0305-2
ISBN-13 : 978-2-7648-0305-9

SOMMAIRE

Buste de Charlemagne

PRÉSENTATION DE LA FRANCE

PARIS ET L'ÎLE-DE-FRANCE

Saint-Jean-de-Luz

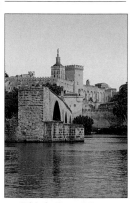

Palais des Papes, Avignon

Vendanges en Alsace

COMMENT UTILISER CE GUIDE

Ce guide a pour but de vous aider à profiter au mieux de vos visites de la France. L'introduction, *Présentation de la France*, situe le pays dans son contexte géographique et historique. Dans *Paris et l'Île-de-France* et les quinze chapitres consacrés aux régions, plans, textes et illustrations présentent en détail les principaux sites et monuments. *Les bonnes adresses* vous fourniront des informations sur les hôtels et les restaurants, et les *Renseignements pratiques* vous donneront des conseils utiles dans tous les domaines de la vie quotidienne.

PARIS ET L'ÎLE-DE-FRANCE

Nous avons divisé le centre de Paris en 5 quartiers. À chacun correspond un chapitre qui débute par une description générale et une liste des monuments présentés. Des numéros les situent clairement sur un plan. Ils correspondent à l'ordre dans lequel les monuments sont décrits dans le corps du chapitre. L'Île-de-France fait à elle seule l'objet d'une section.

Le quartier d'un coup d'œil donne une liste par catégories des centres d'intérêt : églises, musées, rues, places et édifices.

2 **Plan du quartier pas à pas**
Il offre une vue aérienne détaillée du quartier.

Une proposition d'itinéraire de promenade apparaît en rouge.

Un repère vert signale toutes les pages concernant Paris et l'Île-de-France.

Une carte de localisation indique la situation du quartier dans la ville.

1 **Plan général du quartier**
Un numéro désigne sur ce plan les monuments et sites de chaque quartier. Ceux du centre apparaissent également sur les plans de Paris des pages 146-159.

Des étoiles signalent les sites à ne pas manquer.

3 **Renseignements détaillés**
Chaque site a sa rubrique avec toutes les informations pratiques : adresse, téléphone, heures d'ouverture, accès en fauteuil roulant, etc.

1 Introduction
Elle décrit les paysages de chacune des régions du guide en soulignant l'empreinte de l'histoire et présente ses principaux attraits touristiques.

LA FRANCE RÉGION PAR RÉGION
Ce guide divise la France (hors Paris et l'Île-de-France) en quinze régions, et donc en quinze chapitres. Les sites les plus intéressants ont été recensés sur une *carte illustrée*.

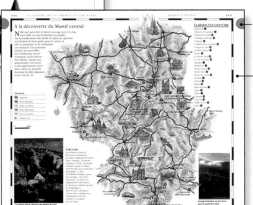

Un repère de couleur correspond à chaque région. Le premier rabat de couverture en donne la liste complète.

2 La carte illustrée
Elle offre une vue de toute la région et de son réseau routier. Les sites principaux sont répertoriés et numérotés. Des informations pour visiter la région en voiture ou en train sont également fournies.

3 Renseignements détaillés
Les localités et sites importants sont décrits individuellement dans l'ordre de la numérotation de la carte illustrée. Les notices présentent en détail les sites intéressants.

Des encadrés soulignent des faits.

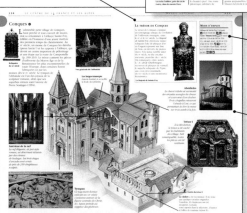

Le mode d'emploi vous aide à organiser votre visite.
La légende des symboles figure sur le dernier rabat de couverture.

4 Les principaux sites
Deux pleines pages, ou plus, leur sont réservées. La représentation des édifices en dévoile l'intérieur. Des vues aériennes du cœur des villes les plus remarquables en détaillent les monuments.

PRÉSENTATION DE LA FRANCE

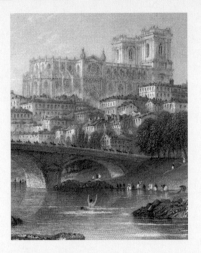

La France, carrefour européen

Des routes royales au TGV, la desserte du pays a été une préoccupation constante d'un État centralisateur : l'école des Ponts et Chaussées fut la première école d'ingénieurs, et, avant la Révolution, le réseau routier français était le meilleur d'Europe. Ce n'est toutefois qu'après 1945 que les autoroutes ont été mises en chantier, pour désenclaver les régions et faciliter les communications transeuropéennes. Tout comme les routes nationales, les chemins de fer convergent vers Paris, mais le tracé du TGV permet de contourner la capitale.

ROYAUME-UNI
Oxford
Harwich
LONDRES
Reading
Ramsgate
Dover
Southampton
Calais
Folkestone
Ports-mouth
Brighton
Newhaven
Boulogne
Manche
Abbeville
Dieppe
Cherbourg
Le Havre
Rouen
Caen
Roscoff
Brest
St-Malo
Alençon
PARIS
Chartres
Rennes
Lorient
St-Nazaire
Nantes
Tours
Saumur
Vierzon
Cholet
F R A
La Rochelle
Limoges
Bordeaux
Arcachon
Dordogne
Garonne
Biarritz
Toulouse
ANDORRE
Ebro
ESPAGNE
Saragosse
M5
M40
M1
M4
M3
M20
A16
A28
A29
A13
N13
A84
N12
N137
N165
N157
A81
A28
A11
A10
A83
N137
N20
N10
A63
A62
A68
A64
A2
N11

L'Europe

Pour peu qu'on s'éloigne du Bassin parisien, on retrouve en France quelque chose de tous les pays limitrophes, dans les paysages, les usages et parfois les parlers : la France est l'intermédiaire entre l'Europe méditerranéenne et latine d'une part, germanique et anglo-saxonne d'autre part.

EUROPE
NORVÈGE
SUÈDE
FINLANDE
ESTONIE
RUSSIE
LETTONIE
DANEMARK
LITUANIE
RUSSIE
RÉP. D'IRLANDE
ROYAUME-UNI
PAYS-BAS
POLOGNE
BIÉLO-RUSSIE
BELGIQUE
ALLEMAGNE
LUXEMBOURG
RÉP. TCHÈQUE
SLOVAQUIE
UKRAINE
Paris
FRANCE
SUISSE
AUTRICHE
HONGRIE
SLOVÉNIE
CROATIE
ROUMANIE
ITALIE
BOSNIE HERZÉGOVINE
YOUGOSLAVIE
BULGARIE
ESPAGNE
ALBANIE
PORTUGAL
GRÈCE
ALGÉRIE
TUNISIE

LÉGENDE

- Embarcadère de ferry
- Aéroport international
- Autoroute
- Route principale
- Voie ferrée

0 100 km

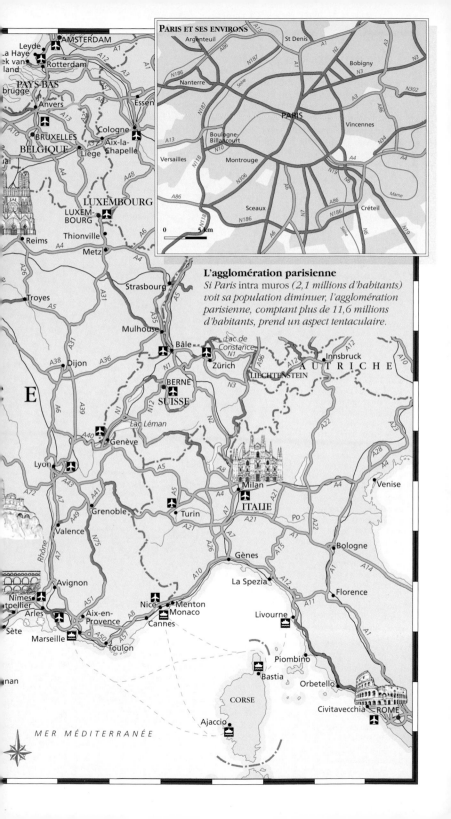

PARIS ET SES ENVIRONS

Argenteuil · St Denis · Bobigny · Nanterre · Seine · PARIS · Vincennes · Boulogne-Billancourt · Versailles · Montrouge · Sceaux · Créteil · Marne

0   5 km

L'agglomération parisienne

Si Paris intra muros *(2,1 millions d'habitants)
voit sa population diminuer, l'agglomération
parisienne, comptant plus de 11,6 millions
d'habitants, prend un aspect tentaculaire.*

PAYS-BAS

Leyde · La Haye · ek van · land · Rotterdam · AMSTERDAM · Anvers · brugge · BRUXELLES · BELGIQUE · Cologne · Aix-la-Chapelle · Liège · Essen · LUXEMBOURG · LUXEM-BOURG · Reims · Thionville · Metz · Troyes · Strasbourg · Mulhouse · Bâle · Lac de Constance · Zürich · LIECHTENSTEIN · Innsbruck · AUTRICHE · BERNE · SUISSE · Dijon · Lac Léman · Genève · Lyon · Grenoble · Turin · Milan · ITALIE · Venise · Valence · Gènes · Bologne · Avignon · La Spezia · Florence · Nîmes · tpellier · Arles · Nice · Menton · Monaco · Cannes · Livourne · Sète · Marseille · Aix-en-Provence · Toulon · Piombino · Bastia · Orbetello · nan · CORSE · Civitavecchia · ROME · Ajaccio

MER MÉDITERRANÉE

E

Rhône · PO

Les régions du guide

L a France compte 60 millions d'habitants, sur environ 547 026 km² : près d'un Français sur cinq vit en Île-de-France. Après Paris, capitale hypertrophiée, les six agglomérations les plus peuplées sont des métropoles régionales : Lyon, Marseille (plus d'un million d'habitants), suivies de Lille, Bordeaux, Toulouse et Nice (plus de 500 000 habitants). La France reçoit 75 millions de visiteurs par an. Ce guide divise le territoire en 16 ensembles géographiques, qui ne correspondent pas aux 22 régions administratives.

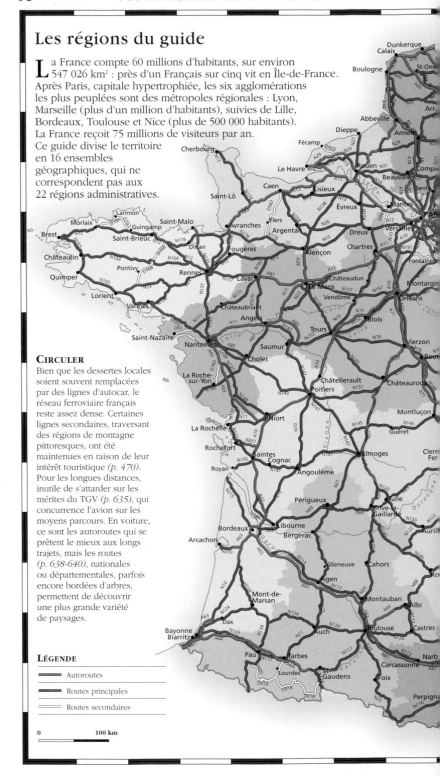

CIRCULER

Bien que les dessertes locales soient souvent remplacées par des lignes d'autocar, le réseau ferroviaire français reste assez dense. Certaines lignes secondaires, traversant des régions de montagne pittoresques, ont été maintenues en raison de leur intérêt touristique *(p. 470)*. Pour les longues distances, inutile de s'attarder sur les mérites du TGV *(p. 635)*, qui concurrence l'avion sur les moyens parcours. En voiture, ce sont les autoroutes qui se prêtent le mieux aux longs trajets, mais les routes *(p. 638-640)*, nationales ou départementales, parfois encore bordées d'arbres, permettent de découvrir une plus grande variété de paysages.

LÉGENDE

━━━ Autoroutes

━━━ Routes principales

═══ Routes secondaires

0   100 km

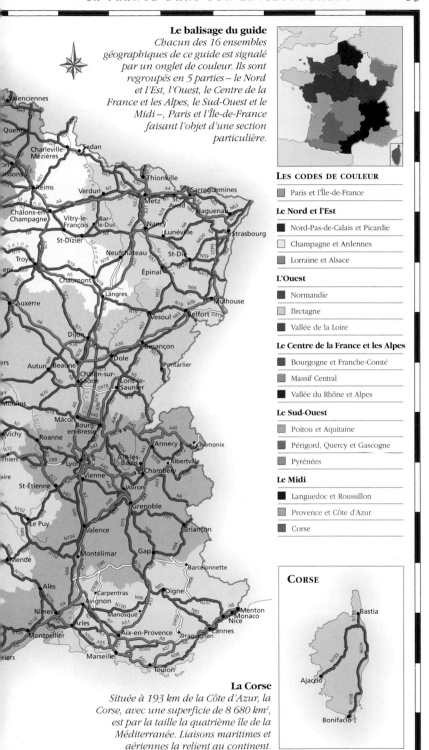

Le balisage du guide
Chacun des 16 ensembles géographiques de ce guide est signalé par un onglet de couleur. Ils sont regroupés en 5 parties – le Nord et l'Est, l'Ouest, le Centre de la France et les Alpes, le Sud-Ouest et le Midi –, Paris et l'Île-de-France faisant l'objet d'une section particulière.

LES CODES DE COULEUR

Paris et l'Île-de-France

Le Nord et l'Est

Nord-Pas-de-Calais et Picardie

Champagne et Ardennes

Lorraine et Alsace

L'Ouest

Normandie

Bretagne

Vallée de la Loire

Le Centre de la France et les Alpes

Bourgogne et Franche-Comté

Massif Central

Vallée du Rhône et Alpes

Le Sud-Ouest

Poitou et Aquitaine

Périgord, Quercy et Gascogne

Pyrénées

Le Midi

Languedoc et Roussillon

Provence et Côte d'Azur

Corse

CORSE

La Corse
Située à 193 km de la Côte d'Azur, la Corse, avec une superficie de 8 680 km², est par la taille la quatrième île de la Méditerranée. Liaisons maritimes et aériennes la relient au continent.

UNE IMAGE DE LA FRANCE

« La France est une personne », disait Michelet, façon poétique d'affirmer son unité et son identité, résultat d'une longue histoire plus que d'un destin géographique. Ce n'est pas la géographie qui a inventé l'Hexagone mais la volonté politique des rois de France, car l'unité de cet État n'allait pas de soi en raison de sa diversité, à la fois pays du nord et pays du sud, ouvert sur l'Atlantique et la Méditerranée.

L'extrême variété des paysages est la trace la plus séduisante de cette diversité, héritage complexe du milieu naturel et du travail des hommes. Que l'on songe à l'austère grandeur des hautes montagnes pyrénéennes ou alpines, au charme tranquille des bocages de l'Ouest, à la géométrie des immenses parcelles de la Beauce et de la Picardie, aux côtes rocheuses découpées de la Bretagne, aux cordons de dunes de la côte landaise, aux villages de Bourgogne ou d'Alsace tassés au pied des vignes, à la lumière ensoleillée de la Provence ou à celle, plus douce, des pays du Nord. Cependant, cette mosaïque de paysages perd quelque peu de sa finesse

Marianne symbolise la République

sous les contraintes qu'impose la rentabilité des exploitations agricoles. Les haies se font plus rares, des fermes sont abandonnées, le maïs pousse aussi bien en Champagne que dans le Sud-Ouest. Désormais, le paysan doit pouvoir associer l'indispensable savoir-faire traditionnel à la compétence économique du gestionnaire. C'est pourquoi, même si les agriculteurs ne représentent plus que 6 % de la population active, la France reste toujours un grand pays agricole. Certaines régions sont en voie de dépeuplement, comme le Massif central, le centre de la Bretagne ou les plateaux lorrains. 1 111 communes ont moins de 50 habitants, avec une densité

Le château de Saumur est l'un des plus romantiques châteaux de la Loire

◁ Aux beaux jours, la clientèle des cafés envahit les terrasses moyenne de 5 habitants par km². Pour autant, la France n'est pas en friche. Depuis quelques années, l'espace rural français est de nouveau un espace convoité, notamment par des agriculteurs étrangers et des non-agriculteurs, à cause du bas prix des terres et de l'abondance des maisons à rénover. Cependant, comme dans tous les pays développés, la majorité de la population vit en ville. La France se caractérise à la fois par une répartition inégale des villes sur

Le scooter, de nouveau à la mode

Un célèbre flacon

son territoire et par le poids colossal de l'agglomération parisienne par rapport aux autres métropoles, puisque près d'un Français sur cinq vit en Île-de-France. La suprématie parisienne dans tous les domaines – démographique, économique, culturel – est souvent critiquée, surtout par les provinciaux. Elle s'explique par l'ancienneté de la localisation du pouvoir politique à Paris et par le centralisme propre à l'État français. La diversité originelle des peuples intégrés peu à peu à la France – occitan, breton, alsacien, flamand, basque, catalan, italien – nécessitait peut-être ce centralisme pour préserver la cohésion du royaume de France, puis celle de la Nation.

Mais les villes de province ne vivent plus dans l'ombre de la capitale. Depuis la décentralisation, les élus locaux cherchent à mettre en valeur leur cité par la réhabilitation du patrimoine, des équipements tertiaires de qualité, une animation culturelle. Jamais les villes françaises n'ont été aussi agréables à visiter pour les touristes.

VIE SOCIALE ET POLITIQUE

Bien que les Français se déclarent très largement « catholiques », la religion et l'Église n'exercent plus aucune influence sur la majorité d'entre eux. C'est pourquoi depuis les années 1970 l'évolution des mœurs est très sensible : fréquence de la vie commune prénuptiale et du divorce, acceptation de l'avortement. Les grandes responsables de ce changement sont les femmes. Rappelons qu'elles ne sont devenues des citoyennes à part entière qu'en 1944, où elles ont obtenu le droit de vote. Grâce à l'autonomie matérielle acquise par le travail, à l'élévation considérable de leur niveau d'instruction, à la maîtrise de la fécondité, les femmes ont bousculé la société française. Mais ce bouleversement a parfois un prix très lourd, car, une fois rentrées chez elles,

Mai 68 fut à l'origine d'une libéralisation de la société

Exploitation agricole dans l'Est

elles assurent souvent seules l'essentiel des tâches domestiques. En outre, en France comme dans le reste de l'Europe, les postes à haute responsabilité, que ce soit dans le monde politique ou dans le monde économique, ont longtemps été le domaine réservé des hommes. Seules quelques femmes arrivaient à s'introduire dans ce club très fermé. Pour cela, il leur fallait non seulement faire preuve d'une compétence sans égale et d'une autorité ferme et discrète, mais aussi être élégantes et mieux encore jolies et séduisantes. Le vote, en

Charles de Gaulle

2002, d'une loi sur la parité ainsi que l'évolution des mentalités sont en train de modifier ce déséquilibre.

Les années 1980 et 1990 sont marquées par la crise économique. Longtemps, dans ce pays, la réussite économique et donc l'argent ont été perçus comme suspects. Or, depuis les années 1980, on assiste à un renversement de cette tendance, et, paradoxalement, c'est sous des gouvernements de gauche que l'idéologie néo-libérale connaît le succès. Dans le même temps, on constate un certain recul des valeurs

collectives, au bénéfice de la défense de l'individu. Déjà dans les années 1970 est apparue une critique de plus en plus vive de l'État accusé d'incapacité, d'inefficacité et dénoncé pour son excessive bureaucratisation. Cette mise en cause de l'État s'est accompagnée non seulement d'un recul du volontarisme économique, mais aussi d'une remise en cause des valeurs sur lesquelles reposait sa légitimité, la déontologie du service public et l'affirmation de la défense de l'intérêt général.

Mais la gravité et la durée de la crise économique tempèrent ces critiques et nombreux sont les défenseurs d'un État-providence prenant en charge les laissés-pour-compte. Ainsi, une majorité de Français approuve-t-elle l'instauration en 1988 du RMI (Revenu minimum d'insertion).

La vieille division idéologique gauche/droite qui marquait le paysage politique français a récemment laissé la place à un consensus plus « centriste ». Mais les contraintes de la vie économique ne doivent pas masquer la permanence des différences d'appro-

Le couturier parisien Thierry Mugler

che entre la droite et la gauche, en particulier sur le devenir de la nation. Ainsi, au cours des années 1980, un mouvement d'extrême-droite a-t-il pris place sur l'échiquier politique, en prônant la défense de la Nation qui serait menacée par la construction de l'Europe et une trop forte présence étrangère. Ce discours trouve un écho certain parmi les électeurs, comme l'ont démontré assez dramatiquement les élections présidentielles de mai 2002 ; à l'issue du premier tour, le président Jacques Chirac s'est ainsi retrouvé face au représentant de l'extrême droite populiste Jean-Marie Le Pen qui a devancé le Parti socialiste. Un vote que les commentateurs ont quali-

Bretonnes en costume traditionnel, porté lors des pardons

fié de « protestataire », et qui traduirait la lassitude de certains d'électeurs devant l'« immobilisme » d'une classe politique, dont l'image a été ternie à plusieurs reprises ces dernières années par des « affaires » politico-financières. Après un formidable sursaut de l'esprit civique et la mobilisation des électeurs de tous bords pour la défense de la démocratie, le second tour a vu Jacques Chirac réélu avec une écrasante majorité (82 %). La droite a été confortée dans sa victoire lors des élections législatives qui suivirent au mois de juin.

FRANCE TERRE DES ARTS ET DES LETTRES

Les Français sont très fiers de la renommée de la culture française, même si la plupart d'entre eux lisent peu, ne fréquentent guère les musées ou les salles de concert. Mais dans ce domaine aussi la situation évolue, et ce, grâce au rôle de l'État. Dès les années 1960, André Malraux, ministre de la Culture, lance une politique ambitieuse vers la province en créant des maisons de la culture. Georges Pompidou soutient l'art moderne et contemporain avec la créa-

La Grande Arche parachève le quartier d'affaires de La Défense aux portes de Paris

Une partie de pétanque

tion de « Beaubourg ». Sous les septennats de François Mitterrand, le développement de la culture auprès du plus grand nombre est une préoccupation majeure. Le ministère fut d'ailleurs à l'origine de nombreuses initiatives, et ce dans tous les domaines artistiques. Parmi l'ensemble de ces manifestations, l'une des plus populaires est la fête de la musique, le premier jour de l'été, qui a lieu désormais dans plus de dix pays européens. Lors des discussions sur les accords du GATT, les Français ont farouchement défendu la nécessaire protection de la culture française et en particulier du cinéma afin de résister à la domination du cinéma américain. Ce souci se retrouve dans la défense de la langue, qui prend parfois, il est vrai, des allures de combat d'arrière-garde.

Production fruitière du Sud de la France

Sur le plan architectural, on assiste à la fois à la préservation et à la mise en valeur d'un patrimoine immobilier historique colossal, et à la réalisation audacieuse de projets très contemporains, parfois même avant-gardistes. Ceux-ci sont souvent soutenus et financés par l'État, comme les grands chantiers décidés par le président François Mitterrand (1916-1996) – dans un premier temps objets de controverses, mais ensuite appréciés et reconnus, et même source de fierté, comme le sont le Grand Louvre et sa pyramide, ou l'Arche de la Défense.

Une grange abandonnée dans le Midi

La gastronomie française

Les provinces ont conservé des identités marquées qui s'expriment dans leurs gastronomies. Si, traditionnellement, on ne se nourrit pas de la même façon en Lorraine et dans le Périgord, le changement de mode de vie, le brassage culturel et le développement de l'industrie agro-alimentaire ont contribué à une certaine uniformisation. Le menu à plusieurs plats est encore courant au restaurant, même si le rythme de vie des grandes villes a développé la restauration rapide à plat unique.

La soupe à l'oignon, servie gratinée avec des croûtons, reste un grand classique des bistrots.

Les œufs cocotte sont cuits au four dans des ramequins beurrés. Une fois le blanc pris, on y ajoute une bonne cuillère de crème et de la ciboulette.

Les noix de Saint-Jacques sont souvent servies dans leur coquille nappées d'une béchamel ou d'une sauce au vin blanc.

Les noisettes d'agneau, tendres petites côtelettes grillées, se servent en général avec quelques champignons revenus dans un beurre d'ail.

HORS D'OEUVRE
Soupe de poissons
Soupe à l'oignon
Salade frisée aux lardons
Crottin chaud en salade
Omelette aux fines herbes
Oeufs en cocotte

POISSONS
Sole Meunière
Quenelles de brochet
Coquilles St Jacques

VIANDES
Hachis parmentier
Noisettes d'agneau
Bifteck au poivre
Blanquette de veau
Magret de canard
Côte de porc
Ris de veau
Coq au vin

Le coq au vin offre un exemple savoureux de ce que le génie de la cuisine de terroir peut faire de la chair d'un animal élevé pour un autre destin.

LE PETIT DÉJEUNER

Le petit déjeuner se limite trop souvent,
au grand dam des diététiciens, à un « petit noir »
rapidement avalé devant le zinc d'un café,
parfois accompagné de viennoiseries.
Toutefois, la consommation de céréales et
de lait semble être une tendance qui témoigne
d'un intérêt nouveau porté à des habitudes
toujours vivantes dans les pays voisins.
C'est également le cas du petit déjeuner
composé de pain, charcuterie, fromage, œufs
ou autres. Pratiqué, notamment, par les travailleurs
manuels et les agriculteurs, il permet de prendre des
forces pour toute la journée.

Croissants

Brioches

Pains au chocolat

Menu à 100F

Crudités
Salade de tomates
Escargots à la bourguignonne
Cuisses de grenouilles

Matelote d'anguilles et de carpe
Entrecôte Bercy
Pintade rôtie garnie
Andouillettes

Fromage ou Desserts

Fromage

DESSERTS

Tarte aux myrtilles
Pêche Melba
Crème caramel
Ile flottante
Crêpes flambées
Gâteau St Honoré

*L'entrecôte Bercy tire son nom
du quai de Bercy, à Paris, où
arrivait le vin qui entre dans la
composition de sa sauce.*

*Le plateau de fromages
comprend des fromages de vache,
mais souvent aussi de chèvre et
de brebis comme le Roquefort.*

*La tarte aux myrtilles ne se
déguste fraîche que pendant
la courte période d'été où ces
baies sauvages arrivent
à maturité en montagne.*

*La pêche Melba, mariant pêche
pochée et glace à la vanille, fut
créée par Escoffier en l'honneur
de la cantatrice Nellie Melba.*

Le vin en France

S i la conquête romaine a permis l'essor de la viticulture en Gaule, le vin y était apprécié bien avant Jules César. Aujourd'hui, les grands crus de Bordeaux, de Bourgogne, du Rhône ou de Champagne restent inégalés, et la France est le premier producteur mondial de vins d'appellation d'origine. La recherche de la qualité touche également, depuis une vingtaine d'années, les vins de consommation courante, comme le montre le développement des « vins de pays », soumis à des conditions de production spécifiques.

Hotte de vendangeur

Viticulture traditionnelle

LES RÉGIONS VITICOLES

Les vins produits dans chacune des dix principales régions viticoles possèdent leur propre personnalité, liée aux terroirs, aux cépages ou aux traditions. L'appellation contrôlée, régie par la loi, garantit leur origine et leurs méthodes de production.

LÉGENDE

- Bordeaux
- Bourgogne
- Champagne
- Alsace
- Loire
- Provence
- Jura et Savoie
- Sud-Ouest
- Languedoc-Roussillon
- AOC Rhône

Reims · Paris · Strasbourg · Nantes · Tours · Dijon · Clermont-Ferrand · Lyon · Bordeaux · Pau · Toulouse · Marseille · Perpignan

0   150 km

COMMENT LIRE UNE ÉTIQUETTE

L'étiquette, dont la présentation est strictement réglementée, indique la catégorie à laquelle appartient le vin : vin de table, vin de pays, appellation d'origine vin délimité de qualité supérieure (AOVDQS), appellation d'origine contrôlée (AOC). Elle mentionne aussi obligatoirement le volume, le degré, le nom et l'adresse de la personne ou de la société assurant la mise en bouteille. Le producteur ne manque pas de faire figurer le cru et le classement, s'ils existent. L'indication du millésime est facultative.

Nom du domaine ou du producteur

La mention « mis en bouteille au château » (« au domaine » ou « à la propriété ») garantit seule l'authenticité

MIS EN BOUTEILLE AU CHÂTEAU

CHÂTEAU MARGAUX
GRAND VIN

1985

PREMIER GRAND CRU CLASSÉ

MARGAUX
APPELLATION MARGAUX CONTRÔLÉE
S.CA CHÂTEAU MARGAUX PROPRIÉTAIRE A MARGAUX - FRANCE

Représentation du château

Volume de la bouteille

Millésime (année de la récolte)

L'appellation contrôlée certifie l'origine

LA VINIFICATION

Le vin est le fruit d'un processus naturel et complexe, la fermentation, au cours duquel levures et bactéries transforment en alcool les sucres du jus de raisin frais.

VIN BLANC **VIN ROUGE**

Les grappes de raisin noir ou blanc, fraîchement cueillies, sont foulées pour mettre le jus riche en sucre en contact avec les levures qui recouvrent la peau des grains.

Ancien pressoir

Le vin rouge tire sa couleur des tanins contenus dans la peau du raisin noir. Les tanins provenant des rafles étant plus agressifs, la plupart des viticulteurs préfèrent égrapper le raisin avant le foulage.

Cuves de macération

Fouloir et égrappoir

Les vins qui se boivent jeunes, blancs ou rouges (comme le beaujolais nouveau), sont mis à macérer quelques heures avec la rafle, ce qui leur donne plus d'arôme et de saveur.

Pressoir

Les vins blancs sont en général obtenus par fermentation directe de jus pur. Les rouges subissent tous une première macération, au terme de laquelle on ôte pellicules et pépins avant la fermentation. Pressuré, ce moût donne un « vin de presse » qui intervient parfois dans le mélange final.

La fermentation est un processus naturel souvent imprévisible. Pour obtenir des résultats réguliers, de nombreux viticulteurs utilisent des levures de culture et des cuves en acier inoxydable qui leur permettent de contrôler en permanence la température.

Les vins de primeur sont parfois mis directement en bouteille ; les autres vieillissent soit en cuve, soit en fût de chêne. L'élevage en fût leur donne une saveur boisée particulière.

Cuves de fermentation

Fûts de chêne

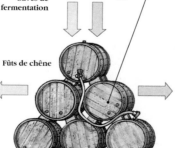

Selon les régions, le verre change de teinte

Des bouteilles bordelaise (à gauche) et bourguignonne

La France des peintres

Depuis le XIXᵉ siècle où le paysage a acquis ses lettres de noblesse picturale, la diversité et la beauté des villes et des campagnes françaises inspirent les artistes, qui peignent volontiers en extérieur. Par leurs œuvres, ceux-ci ont grandement contribué au succès touristique de régions comme la Bretagne ou la Côte d'Azur. En s'y promenant, on redécouvre parfois des paysages que des tableaux ont rendus familiers ou même mondialement célèbres.

Paysagiste *à la charnière entre classicisme et impressionnisme, Jean-Baptiste Camille Corot peignit en 1871* Le Beffroi de Douai.

Courbet, *chef de file de l'école réaliste, rendit avec force l'aspect de* La Falaise d'Étretat *après l'orage (1869).*

Nord-Pa Calais Picar

Normandie

Paris l'Île-de-F

Bretagne

Vallée de la Loire

Émile Bernard, *initiateur avec Gauguin de l'école de Pont-Aven, éprouvait une véritable fascination pour les paysages sévères de la Bretagne et le caractère de ses habitants, saisis ici dans* La Ronde bretonne *(1892).*

Poitou et Aquitaine

Navigateur et grand voyageur, *Paul Signac a souvent représenté des vues de ports ; comme ici dans l'*Entrée du port de La Rochelle *(1921), il tentait de rendre par des points de couleur juxtaposés le scintillement de la lumière sur l'eau.*

Périgord, Quercy et Gascogne

Pyrénées

Lang Rous

Théodore Rousseau, *personnalité dominante de l'école des peintres paysagistes de Barbizon (p. 171), entreprit en 1830 un tour de France. C'est en Auvergne qu'il saisit avec une grande sensibilité l'instant privilégié de ce* Coucher de soleil.

L'Église d'Auvers-sur-Oise
*vibre dans un ciel cobalt ;
l'artiste représenta l'édifice
quelques mois à peine
avant de se donner la mort
en juillet 1890.*

*Avec cette **Tour Eiffel**,
Robert Delaunay explorait les
qualités intrinsèques de la
couleur. Cette recherche le
conduira du cubisme à l'art
abstrait dont il fut un des
précurseurs.*

Gustave Courbet
*s'attacha à représenter
des scènes de la
vie de tous les
jours.* Les
Demoiselles de
village *ont pour
cadre la Franche-
Comté natale
de l'artiste
(1852).*

Lorraine
et Alsace

Champagne et
Ardennes

Bourgogne et
Franche-Comté

Maurice Utrillo,
*subtil coloriste,
peint de nombreux
paysages de
campagne, telle cette
Église Saint-Bernard
(1924). C'est aussi
le peintre de
Montmartre et des
banlieues.*

Massif
central

Vallée du Rhône
et Alpes

Provence et
Côte d'Azur

Henri Matisse *rendit par
des aplats de couleur la
violence de la lumière frappant*
Les Toits de Collioure, *petit
port de pêche catalan où il
séjourna avec Derain en 1905.
Les audaces chromatiques des
deux artistes leur valurent le
surnom de « fauves ».*

Raoul Dufy *fut l'un des
nombreux artistes inspirés par la
Côte d'Azur (p. 462-463). Dans*
La Jetée promenade à Nice
*(1928), il en planta le décor
d'un trait léger dissocié de la
couleur étalée en larges bandes.*

0   100 km

La France des écrivains

Monument à Baudelaire

Dans ses moindres recoins et à travers les siècles, la France est hantée par des « paysages littéraires ». Qui n'a jamais pensé à Marcel Pagnol devant un paysage provençal, à Du Bellay sur les rives de Loire, à Colette en Bourgogne ? Même si le prestige littéraire de la France est incarné par les quarante fauteuils de l'Académie française, c'est dans les contrées les plus diverses que les écrivains ont souvent trouvé leur inspiration, stimulés par les paysages et les modes de vie de leurs terres d'élection.

LA NAISSANCE DU ROMAN

De Rabelais à Proust, la Beauce a inspiré de nombreux romanciers

François Rabelais est considéré comme le premier génie du roman français. Près de Chinon, les caves en tuffeau où s'est abreuvé le géant Gargantua sont toujours là…

À la même époque, les deux poètes humanistes Joachim du Bellay et Pierre de Ronsard marquaient de leur influence les bords de la Loire.

La Renaissance vit naître également le philosophe bordelais Michel de Montaigne, qui met en relief en 1580, dans ses *Essais*, la relativité des valeurs humaines.

LE CLASSICISME

Au XVIIe siècle, le rayonnement de la cour de Louis XIV attire à Paris les trois plus grands auteurs dramatiques français : Corneille, Racine et Molière. Sans parler du poète La Fontaine, qui ira de salon en salon dans l'entourage de la cour.

Boileau, avec son *Art poétique*, énonce les règles du classicisme français, respecté par les auteurs de l'époque.

La maison de Colette en Bourgogne

De son côté, Descartes avait posé les bases de la science moderne en fondant toute recherche sur le doute. Le rationalisme était né.

LE SIÈCLE DES LUMIÈRES

Le plus grand mouvement intellectuel que connaît l'Europe est incarné en France par Voltaire. Il meurt respecté de toute l'Europe, après avoir prôné une morale fondée sur l'activité humaine, dans *Candide*. L'époque est apparemment au marivaudage, mais la critique sociale perce dans les pièces de Beaumarchais (*Le Mariage de Figaro*).

Les idées fusent et l'*Encyclopédie* éditée par d'Alembert et Diderot veut répandre toute la science de l'époque. Jean-Jacques Rousseau, quant à lui, annonce déjà le siècle suivant, par son culte de la nature et sa méfiance envers la notion de « progrès ».

***Les Misérables* de Victor Hugo, fresque historique et sociale**

Proust : une œuvre romanesque menée à son aboutissement

LE ROMANTISME

Au XIXᵉ, les écrivains retrouvent le chemin des terroirs et des passions. Chateaubriand revient à sa Bretagne natale dans ses *Mémoires d'Outre-tombe*. Les poètes (Lamartine, Vigny) et dramaturges (Musset) exaltent autant la nature que les sentiments qu'elle inspire. Stendhal revendique les droits de la passion individuelle *(Le Rouge et le Noir)*. À l'écart du mouvement, Baudelaire et Rimbaud renouvellent plus tard le langage poétique.

Le théâtre d'Hugo ne renie pas l'héritage de Molière

L'homme qui incarne le mieux ce mouvement fut Hugo, poète, romancier *(Les Misérables)*, dramaturge, et théoricien *(Préface de Cromwell)*.

Au-delà du romantisme, Balzac, dans sa *Comédie humaine*, fait le portrait de la société bourgeoise. De son côté, Flaubert trace, avec *Madame Bovary*, un portrait sans concession de la bourgeoisie normande. Zola *(Germinal)* sera le porte-parole, avec Maupassant, d'une littérature plus réaliste.

LE XXᵉ SIÈCLE

Dans la foulée des grands romans du XIXᵉ siècle, Roger Martin du Gard et Jules Romains brossent d'immenses fresques… Marcel Proust se lance lui aussi dans une entreprise de longue haleine, avec *À la recherche du temps perdu*, qui ouvre la voie d'une littérature plus à l'écoute de l'intériorité.

Jean Giono célèbre le retour à la nature en haute Provence, dans *Que ma joie demeure*, pendant que Colette s'impose au travers de romans imprégnés de sa Bourgogne natale et que François Mauriac reste fidèle à ses racines bordelaises.

C'est néanmoins Paris qui, après la Grande Guerre, redevient le carrefour des influences, donnant naissance au surréalisme, dont les pionniers seront

Albert Camus reçut le prix Nobel de littérature en 1957

Jean-Paul Sartre et Simone de Beauvoir à la Coupole en 1969

André Breton, Philippe Soupault et Aragon. Un cercle autour duquel évolueront Éluard et Prévert, dont l'œuvre, qui ne sépare jamais création (poésie) et réflexion, est plus personnelle. En 1932, Céline décrit l'absurdité et le désespoir dans *Voyage au bout de la nuit*.

Après 1945, les auteurs s'interrogent. Le théâtre devient absurde, avec les pièces de deux étrangers qui ont choisi la France : l'Irlandais Samuel Beckett et le Roumain Eugène Ionesco.

Des questionnements similaires donnent naissance au mouvement existentialiste, sous l'égide de Jean-Paul Sartre, Simone de Beauvoir et Albert Camus.

Actuellement, des auteurs comme J.-M. G. Le Clézio, Patrick Modiano ou Michel Tournier poursuivent cette volonté affirmée de renouveler le roman français.

DES AMÉRICAINS À PARIS

Au début du XXᵉ siècle, la Côte d'Azur attirait les romanciers britanniques, comme Somerset Maugham ou Graham Greene. Quelques années plus tard, une Américaine, Sylvia Beach, ouvrait à Paris, au cœur du quartier latin, une petite librairie dénommée Shakespeare and Company, qui existe toujours. Le lieu devint rapidement le point de rencontre des écrivains américains présents dans l'Hexagone : Ernest Hemingway ou Scott Fitzgerald, Gertrude Stein ou le poète Ezra Pound.

Hemingway et Sylvia Beach avec des amis, 1923

Les architectures romane et gothique en France

Au XIe siècle, la France connut une période de répit après les temps très troublés du début du Moyen Âge. La prospérité se traduisait par la construction de nombreuses églises aux murs épais, aux voûtes et arcs semi-circulaires s'inspirant directement de l'architecture antique ; ces édifices seront plus tard qualifiés de « romans ». Les maîtres d'œuvre français amélioreront peu à peu ces éléments de base, pour atteindre au XIIIe siècle, grâce aux voûtes d'arête sur nervure et aux arcs-boutants, la légèreté aérienne du gothique.

CARTE DE SITUATION

① *Abbayes et églises romanes*

⑬ *Cathédrales gothiques*

L'ARCHITECTURE ROMANE

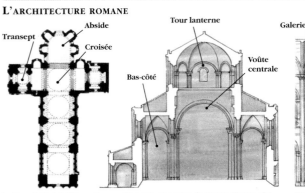

Transept
Abside
Croisée
Tour lanterne
Bas-côté
Voûte centrale
Galerie
Claire-voie
Arcades

Le plan de **Saint-Pierre à Angoulême**, en forme de croix latine terminée par une abside semi-circulaire, est caractéristique de l'art roman.

Une vue en coupe de **Notre-Dame du Puy** révèle une haute nef voûtée en berceau soutenue par des arcs arrondis. Elle était éclairée par les fenêtres des bas-côtés et de la lanterne centrale.

La structure des murs latéraux de la **nef de Saint-Étienne** (Nevers) est une triple superposition d'arcades, galerie et claire-voie.

L'ARCHITECTURE GOTHIQUE

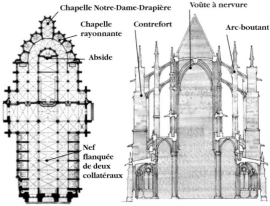

Chapelle Notre-Dame-Drapière
Chapelle rayonnante
Abside
Voûte à nervure
Contrefort
Arc-boutant
Nef flanquée de deux collatéraux
Triforium
Fenestrage
Arc

Le plan de la **cathédrale d'Amiens** montre qu'une succession de chapelles borde la nef et l'abside.

Une vue en coupe de **Beauvais** révèle comment le soutien extérieur des arcs-boutants permet à la nef d'atteindre une hauteur prodigieuse.

Les nervures supportant la charge des voûtes permirent les grandes fenêtres de Reims.

OÙ VOIR L'ARCHITECTURE ROMANE

OÙ VOIR L'ARCHITECTURE GOTHIQUE

LES TERMES UTILISÉS DANS CE GUIDE

Basilique : à l'origine, église au plan rectangulaire séparé en plusieurs nefs.

Claire-voie : rang de fenêtres hautes éclairant la nef centrale.

Rosace : vitrail circulaire.

Contrefort : support de maçonnerie servant à renforcer un mur.

Arc-boutant : arc extérieur reprenant les poussées exercées par les voûtes.

Chevet : extrémité du chœur, vu de l'extérieur.

Tympan : espace, souvent sculpté, compris entre le linteau et la voussure d'un portail.

Voûte : plafond cintré en pierres.

Transept : vaisseau transversal à la nef.

Croisée : centre de la croix formée par le transept et la nef.

Lanterne : tour ajourée, souvent à coupole, éclairant une église.

Collatéral : vaisseau latéral, moins élevé que la nef.

Triforium : galerie située au-dessus des collatéraux.

Abside : extrémité arrondie d'une église, située derrière le sanctuaire.

Déambulatoire : galerie reliant les bas-côtés et entourant le chœur.

Arcade : ensemble formé par un arc et ses piliers.

Voûte sur nervures : voûte dont la charge repose sur des arcs nervurés.

Gargouille : dégorgeoir sculpté.

Remplage : dentelle de pierre décorant les vitraux d'une fenêtre.

Gothique flamboyant : style caractérisé par des remplages aux lignes ressemblant à des flammes.

Chapiteau : élément en pierre, généralement sculpté, couronnant une colonne.

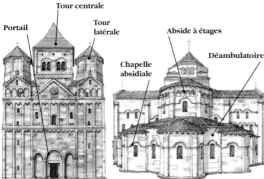

Tour centrale
Tour latérale
Portail
Abside à étages
Déambulatoire
Chapelle absidiale

La façade occidentale de ***l'abbaye de Marmoutier*** *présente un aspect fortifié avec ses tours et ses fenêtres étroites.*

Le chevet de Nevers *se compose d'une abside semi-circulaire entourée d'un déambulatoire et de chapelles rayonnantes qui permettent de multiplier les autels.*

Tour à étage
Portail sculpté
Rosace

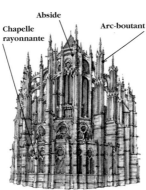

Abside
Chapelle rayonnante
Arc-boutant

La façade occidentale de ***Laon*** *présente les portails sculptés et la rosace caractéristiques du gothique.*

Le chevet de ***Beauvais****, avec ses contreforts surmontés de pinacles, est un chef-d'œuvre du gothique.*

L'architecture rurale

Si les fermes françaises s'intègrent si bien aux paysages, c'est qu'elles en sont directement issues, leur construction s'élaborant avec les matériaux disponibles sur place. Leur forme, elle aussi, dépend des conditions locales, et de grandes différences architecturales existent d'une région à l'autre.

Néanmoins, tous ces édifices agricoles traditionnels obéissent à trois schémas de base : la « maison-bloc » qui regroupe sous un même toit dépendances et habitation, la maison en hauteur qui les superpose et la ferme à cour dont les bâtiments entourent un espace central.

Fenêtre à persiennes en Alsace

Façade symétrique

Bois des forêts voisines

Le chalet typique du Jura, des Alpes et des Vosges est une « maison-bloc » où hommes et bêtes passaient l'hiver côte à côte. Les charrettes accédaient par une rampe en terre au grenier où l'on battait le blé et où des interstices dans les planches soutenant la toiture permettaient aux récoltes de sécher.

L'architecture en pans de bois est caractéristique de la Normandie, de l'Alsace, de la Champagne, de la Picardie, des Landes et du Pays Basque, mais la disposition des pans de bois et le remplissage varient d'une région à l'autre. Ici, exemple normand.

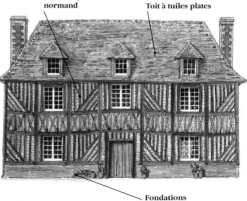

Colombage normand

Toit à tuiles plates

Fondations en pierres

Pigeonnier à tuiles plates

Escalier extérieur

Étable ou réserve

La maison en hauteur, généralement construite en pierre et précédée d'un escalier extérieur et d'un porche, se voit surtout dans le Sud-Est. Le rez-de-chaussée abritait le bétail ou les fûts des exploitations viticoles. Un pigeonnier, comme dans le cas de cette maison de la vallée du Lot, flanquait souvent l'habitation.

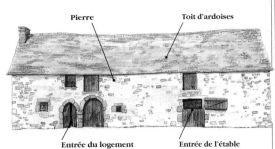

La maison en longueur, *dont la famille et le bétail occupaient chacun une extrémité, est la forme la plus ancienne de « maison-bloc ». Dans cette ferme bretonne, l'habitation et l'étable ont des portes distinctes. Le mur de séparation ne devint toutefois courant qu'au XIXᵉ siècle.*

Pierre

Toit d'ardoises

Entrée du logement

Entrée de l'étable

Pigeonnier à tuiles canal

Les mas, *ou fermes provençales, peuvent prendre des formes variées. En Camargue et dans la Crau, la bergerie, le pigeonnier ou d'autres dépendances s'accolent à l'habitation pour former un ensemble de bâtiments de hauteurs différentes.*

Enduit aux couleurs du Sud

Façade crépie

Mur de briques
et de galets

Colombage
et briques

Pisé

LES MURS

Selon leur disponibilité, calcaire, granit, grès et galets servaient à la construction des fermes ; s'ils manquaient, on mélangeait de la paille à de la terre argileuse pour boucher les vides entre les pans de bois d'un colombage ou pour réaliser des murs en pisé que l'on moule entre deux banches. Les briques, que leur cuisson rendait coûteuses, servaient peu en dehors de celles séchées au soleil, ou adobes. Un enduit, souvent à base de chaux, protégeait les murs extérieurs.

Briques séchées au
soleil ou adobes

Galets dans un
mortier de chaux

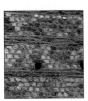

Briques, silex
et craie

Tuiles plates
en terre cuite

Tuiles de Flandres
et de Picardie

Tuiles canal,
ou creuses, du Midi

LES TOITURES

Les deux principaux styles de toits opposent ceux du Nord, en tuiles plates ou en ardoises et à la pente marquée pour évacuer pluie et neige, à ceux du Midi, moins pentus pour éviter le glissement des tuiles.

LA FRANCE AU JOUR LE JOUR

L'été est par excellence, notamment dans le Midi, la saison des réjouissances et des festivals. Partout en France, simples fêtes de village ou célèbres manifestations comme le festival de théâtre d'Avignon offrent au visiteur en vacances l'occasion de bronzer sans s'ennuyer. Le climat se montre parfois assez doux en hiver pour que chaque saison soit propice à des festivités de plein air : fêtes des vendanges, illuminations de Noël ou rencontres sportives. Et, tout au long de l'année, à Paris comme en province, d'innombrables salles de spectacle proposent films, ballets, pièces de théâtre et concerts.

Formule 1 à Monaco pour le Grand Prix

PRINTEMPS

Après les concerts de musique sacrée qui marquent les fêtes de Pâques, les terrasses de cafés envahissent les trottoirs. En mai, les vedettes du prestigieux Festival du film de Cannes défilent sur la Croisette.

MARS

Salon mondial du tourisme, Paris, porte de Versailles.
Festival de Jazz Banlieues bleues *(mars)*, Saint-Denis.
Tournoi de rugby des Six Nations, Stade de France, Saint-Denis.
Festival de jazz de Grenoble *(mi-mars)*. Concerts de jazz.
Festival de Pâques *(semaine de Pâques)*. Musique de chambre à Deauville *(p. 245)*.

Ballon de rugby

Procession de la Bravade honorant saint Torpes à Saint-Tropez

Salon du livre *(mi-mars)*, Paris. Parc des expositions, porte de Versailles.
Feria Pascale *(semaine de Pâques)*. La ville d'Arles est en fête pour marquer l'ouverture de la saison des corridas.

AVRIL

Marathon international de Paris *(début avril)*, de la place de la Concorde au château de Vincennes.
Printemps de Bourges *(mi-avril, p. 303)*. Festival de musique et de chansons.
Europa Jazz Festival *(2 der. sem.)*, Le Mans et Sarthe. Rencontres internationales de musiciens de jazz.
Foire internationale de Paris *(fin avril-1re sem. de mai)*, Parc des Expositions.
Fêtes johanniques *(début mai)*, Orléans *(p. 302)*.
Festival d'Amiens *(trois jours, début avr.)*. Jazz et world music.
Pélerinage de Lourdes (du dimanche des Rameaux à octobre, *voir p. 449*).

Asperges de printemps

MAI

Récolte des asperges, notamment en bord de Loire.

Grand Prix automobile, Monaco *(w.-e. de l'Ascension, p. 520).*
Foire agricole d'Oloron-Sainte-Marie *(1er mai, p. 445).*
La Bravade *(16-18 mai),* Saint-Tropez *(p. 506).*
Festival international du film de Cannes *(2e quinzaine).*
Semaine internationale de la voile *(3e sem.),* La Rochelle.
Pèlerinage des gitans *(fin mai),* Saintes-Maries-de-la-Mer *(p. 500).*

Transhumance traditionnelle vers les alpages

Fêtes de la transhumance *(fin mai).* Les troupeaux partent pour les alpages.
Feria de Pentecôte, Nîmes *(fin mai).* Courses de taureaux et musique *(p. 486).*
Grandes Eaux musicales *(dim. de mai à oct.),* Versailles. Musique classique dans le parc du château.

ÉTÉ

Au moment où la sortie des classes donne en juillet le signal des vacances, la France s'emplit de visiteurs étrangers et tout le monde se retrouve sur les plages, aux bals des fêtes de village ou aux spectacles de prestigieux festivals internationaux.

JUIN

Internationaux de France de tennis *(der. sem. de mai-1re sem. de juin),* stade Roland Garros, Paris.
Festival international de musique de Strasbourg *(tout le mois).*

Rose de juin

Cinéscénie du Puy-du-Fou *(mai-sept.),* son et lumière, parc des Épesses, Vendée.
24 heures automobiles du Mans *(début juin, p. 281).*
La Villette Jazz festival *(fin juin-déb. juil.),* Paris.
Fête de la Musique *(21 juin).*
Fête de la tarasque *(der. sem.),* Tarascon *(p. 497).*
Gay Pride *(25 juin),* Paris.

JUILLET

Festival d'Art lyrique d'Aix *(juin-juil.),* Aix-en-Provence *(p. 501).* Art lyrique, musique, danse.
Festival de théâtre d'Avignon *(tout le mois, p. 493).*
Paris-Plage *(mi-juil.-mi-août),* Paris. Sable et parasols.

Dernière étape du Tour de France

MONT-DE-MARSAN Du 17 au 23
Fêtes de la Madeleine
JUILLET 1992

Corrida à Mont-de-Marsan

Fête nationale *(14 juil.).*
Festival du Comminges *(déb. juil.-fin août, p. 452).* Musique classique.
Les Médiévales *(mi-juil.-mi-août, p. 453)* Foix.
Nice Jazz Festival *(1 semaine fin juil.).*
Feria de Mont-de-Marsan *(3e sem.).* Musique et courses de taureaux *(p. 415).*
Chorégies d'Orange *(3 der. sem.).* Concerts et spectacles lyriques.
Jazz à Juan *(2e quinzaine),* Antibes/Juan-les-Pins *(p. 511).*
Jazz à Vienne *(1re quinzaine, p. 372).*
Jazz à Sète *(tout le mois, p. 482).*
Tour de France cycliste *(3 premières sem.).*
Francofolies *(mi-juil.),* La Rochelle. Festival de musique.

Floraison de parasols à Cannes, en été

AOÛT

Festival Pablo Casals
(fin juil.-mi-août),
Prades *(p. 470)*.
Festival international d'orgue *(juil.-août)*,
cathédrale de Chartres.
Foire aux sorciers
(premier dim.),
Bré (à côté de
Bourges), défilés ;

Comédien au
festival d'Avignon

jeux et musiques
folkloriques.
Fête de la véraison
(début août).
Châteauneuf-
du-Pape.
Célébration médiévale
de la cueillette
des fruits *(p. 494)*.
**Corso de la
lavande**
(1ᵉʳ week-end),
Digne *(p. 507)*.

Festival interceltique
(2ᵉ sem.), Lorient. Musique
et artisanat traditionnels
celtes.
Ferias *(mi-août)*, Dax
(p. 415).
Spectacle de force basque
(fin août), Hendaye.
Les villages basques
s'affrontent.
**Festival international de
Sardanes** *(2ᵉ quinzaine
d'août)*, Céret *(p. 472)*.

AUTOMNE

Peu après la rentrée des
classes, les vendanges
offrent le prétexte dans
toutes les régions viticoles
à d'intenses réjouissances où
la production locale coule à
flots. Ces libations reprennent
en novembre pour la mise
en vente du vin nouveau.

SEPTEMBRE

Festival du film américain,
Deauville *(1ʳᵉ quinzaine)*.
Festival d'Île-de-France
(w.-e. jusqu'à mi-oct.).
Concerts classiques.
**Festival des cathédrales de
Picardie** *(fin sept.)*. Concerts
classiques dans les
cathédrales.
Les Musicades *(début sept.)*,
Lyon. Musique classique.
**Le Puy-en-Velay « Roi de
l'Oiseau »** *(2ᵉ sem.)*. Fête
Renaissance *(p. 355)*.
Journées du Patrimoine
(3ᵉ w.-e.), 4 000 bâtiments
historiques, souvent fermés
au public, peuvent se visiter.

Cérémonie d'intronisation à l'Hospice de Beaune

OCTOBRE

Festival d'automne,
Paris *(concerts tout le mois
dans diverses salles)*.
**Prix de l'Arc de
Triomphe** *(1ᵉʳ dim.)*,
hippodrome de
Longchamp.
**Festival du film
britannique** *(1ʳᵉ
sem.)*, Dinard *(p. 271)*.
**Saison de la
châtaigne**, dans le
Périgord et en Corse.

Violoncelle

NOVEMBRE

**Foire internationale
de la gastronomie** *(fin
oct.-mi-nov.)*, Dijon.
Festival du film
(mi-nov.), Dunkerque.
Les Trois Glorieuses
(3ᵉ w.-e.), Vougeot,
Beaune, Meursault.
Ventes de vins.
(p. 336).
Saison de la truffe
(jusqu'en mars), Périgord,
Quercy et Provence.

HIVER

Guirlande de Noël

S i les mêmes sapins apparaissent partout à Noël, les crèches vivantes organisées dans beaucoup d'églises gardent leur spécificité régionale. De même, en février, les carnavals des villes des Flandres ne ressemblent pas à celui de Nice.

DÉCEMBRE

Critérium international de la première neige *(déb.-déc.)*, Val-d'Isère. La plus importante compétition de ski alpin de la saison.

JANVIER

Foire à la ferraille *(fin janv.-déb. fév.)*, Paris. Parc floral du Bois de Vincennes. Antiquités, brocante.
Saison musicale de l'abbaye de Fontevraud *(de nov. à mai, p. 284)*.

Sports d'hiver dans les Alpes françaises

Le Taj Mahal à la fête du citron de Menton

MIDEM classique *(fin-janv.)*, Cannes.
Carnaval de Limoux *(jusqu'en mars)*. Tradition qui remonte au Moyen Âge.
Festival de la Bande Dessinée *(der. w.-e.)*, Angoulême.

FÉVRIER

Salon de l'agriculture *(fin-fév.)*, Paris.
Fête du citron *(mi-fév.- mars)*, Menton *(p. 519)*.
Carnaval et bataille de fleurs de Nice *(fin fév.-déb. mars, p. 516)*.

Sourire à la bataille de fleurs du carnaval de Nice

Commémoration du bicentenaire de la Révolution (1989)

JOURS FÉRIÉS

Nouvel An (1er janv.)
Dimanche et lundi de Pâques
Fête du Travail (1er mai)
Jour de la Victoire (8 mai)
Ascension (6e jeudi après Pâques)
Pentecôte (2e lundi après l'Ascension)
Fête nationale (14 juil.)
Assomption (15 août)
Toussaint (1er nov.)
Armistice (11 nov.)
Noël (25 déc.)

Les climats de la France

Bordés par l'Atlantique et la Manche, l'Ouest et le Nord-Ouest ont un climat océanique, humide et tempéré, tandis que le Massif central et l'Est, soumis à un climat continental, connaissent des étés souvent orageux et des hivers froids et clairs. Le pourtour méditerranéen subit de fortes chaleurs en été, mais jouit sinon de températures clémentes malgré de fréquentes journées de vent.

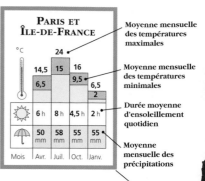

PARIS ET ÎLE-DE-FRANCE

Moyenne mensuelle des températures maximales

Moyenne mensuelle des températures minimales

Durée moyenne d'ensoleillement quotidien

Moyenne mensuelle des précipitations

°C				
	14,5	24	16	
	6,5	15	9,5	6,5
				2
☼	6 h	8 h	4,5 h	2 h
☂	50 mm	58 mm	55 mm	55 mm
Mois	Avr.	Juil.	Oct.	Janv.

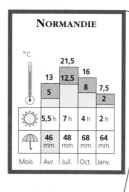

NORMANDIE

°C				
	13	21,5	16	
	5	12,5	8	7,5
				2
☼	5,5 h	7 h	4 h	2 h
☂	46 mm	48 mm	68 mm	64 mm
Mois	Avr.	Juil.	Oct.	Janv.

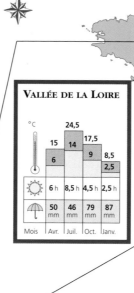

VALLÉE DE LA LOIRE

°C				
	15	24,5	17,5	
	6	14	9	8,5
				2,5
☼	6 h	8,5 h	4,5 h	2,5 h
☂	50 mm	46 mm	79 mm	87 mm
Mois	Avr.	Juil.	Oct.	Janv.

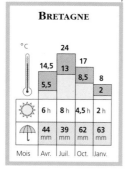

BRETAGNE

°C				
	14,5	24	17	
	5,5	13	8,5	8
				2
☼	6 h	8 h	4,5 h	2 h
☂	44 mm	39 mm	62 mm	63 mm
Mois	Avr.	Juil.	Oct.	Janv.

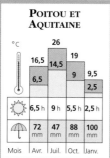

POITOU ET AQUITAINE

°C				
	16,5	26	19	
	6,5	14,5	9	9,5
				2,5
☼	6,5 h	9 h	5,5 h	2,5 h
☂	72 mm	47 mm	88 mm	100 mm
Mois	Avr.	Juil.	Oct.	Janv.

PYRÉNÉES

°C				
	15	25	19	
	5	13,5	7,5	10
				0,5
☼	5 h	7,5 h	5,5 h	3,5 h
☂	98 mm	62 mm	78 mm	93 mm
Mois	Avr.	Juil.	Oct.	Janv.

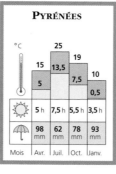

PÉRIGORD, QUERCY ET GASCOGNE

°C				
	16,5	27	19	
	6	14,5	9	8,5
				2
☼	6 h	9 h	4,5 h	2,5 h
☂	60 mm	50 mm	57 mm	66 mm
Mois	Avr.	Juil.	Oct.	Janv.

Le Havre

Rennes

Nantes

Tours

Bordeaux

Montauban

Biarritz

NORD-PAS-DE-CALAIS ET PICARDIE

°C			
13	22	15	5
4,5	12,5	7,5	0,5

☀	5,5 h	6,5 h	3,5 h	1,5 h
☂	48 mm	60 mm	64 mm	51 mm

| Mois | Avr. | Juil. | Oct. | Janv. |

CHAMPAGNE ET ARDENNES

°C			
14	24	15,5	5
4	12	6,5	(-0,5)

☀	5,5 h	7,5 h	4 h	1,5 h
☂	43 mm	52 mm	52 mm	44 mm

| Mois | Avr. | Juil. | Oct. | Janv. |

LORRAINE ET ALSACE

°C			
14,5	25	15	3,5
4,5	13,5	6,5	(-1,5)

☀	5,5 h	7,5 h	3 h	1,5 h
☂	48 mm	57 mm	43 mm	33 mm

| Mois | Avr. | Juil. | Oct. | Janv. |

BOURGOGNE ET FRANCHE-COMTÉ

°C			
14,5	25,5	15,5	4
5	14	7	(-1)

☀	6 h	8,5 h	4 h	1,5 h
☂	52 mm	51 mm	58 mm	59 mm

| Mois | Avr. | Juil. | Oct. | Janv. |

VALLÉE DU RHÔNE ET ALPES FRANÇAISES

°C			
15	26,5	17	6
6	15	8	(-0,5)

☀	6 h	9,5 h	4,5 h	2 h
☂	68 mm	61 mm	80 mm	54 mm

| Mois | Avr. | Juil. | Oct. | Janv. |

PROVENCE ET CÔTE D'AZUR

°C			
17	26,5	21	12,5
10	19,5	13	5

☀	7,5 h	11 h	6,5 h	5 h
☂	62 mm	16 mm	108 mm	83 mm

| Mois | Avr. | Juil. | Oct. | Janv. |

MASSIF CENTRAL

°C			
15	25,5	17,5	7
4	13	7	(-0,5)

☀	5,5 h	8,5 h	4,5 h	2,5 h
☂	45 mm	48 mm	51 mm	29 mm

| Mois | Avr. | Juil. | Oct. | Janv. |

LANGUEDOC-ROUSSILLON

°C			
17,5	28,5	20	11
8	17	10,5	2

☀	7,5 h	11 h	6 h	4,5 h
☂	55 mm	20 mm	110 mm	72 mm

| Mois | Avr. | Juil. | Oct. | Janv. |

CORSE

°C			
17,5	28,5	21,5	13,5
8,5	18	12,5	5

☀	7 h	11 h	6,5 h	4,5 h
☂	66 mm	15 mm	107 mm	62 mm

| Mois | Avr. | Juil. | Oct. | Janv. |

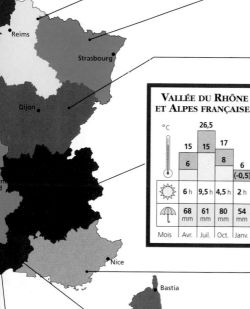

Reims

Strasbourg

Dijon

Nice

Bastia

HISTOIRE DE LA FRANCE

Carrefour entre l'Europe continentale et le monde méditerranéen, la France est un creuset où se sont fondues diverses influences culturelles, même avant l'arrivée des Gaulois celtes et jusqu'aux immigrations méditerranéennes du XXe siècle.

La domination romaine imposée par César aboutit au Ier siècle à une période d'unité et de prospérité *(pax romana)* qui dure jusqu'au déclin de l'Empire romain et aux invasions barbares des IVe et Ve siècles. Parmi les peuples germaniques qui en viennent alors à dominer la Gaule, les Francs, christianisés depuis la conversion de leur roi Clovis en 496, étendent leur souveraineté. En 751, Pépin le Bref fonde la dynastie carolingienne qui conquiert un puissant empire sous Charlemagne ; mais, en s'éteignant au Xe siècle, elle laisse le pays socialement et politiquement morcelé.

L'emblème royal : la fleur de lys

LA FORMATION DE LA FRANCE
L'élection en 987 d'Hugues Capet à la royauté marque un tournant dans l'histoire de France. Alors que la prospérité revient, provoquant un important essor démographique, les rois capétiens cherchent à imposer leur domination à de puissants vassaux, notamment les ducs de Bourgogne. C'est le début d'un processus poursuivi jusqu'au XXe siècle : la création d'un État aux pouvoirs centralisés dans la capitale, Paris.

Louis XIV prive définitivement la noblesse de toute réelle indépendance à l'aube d'un siècle où la culture et les lumières françaises rayonneront sur l'Europe. Mais c'est l'Assemblée nationale, née de la Révolution de 1789, qui met toutes les provinces françaises sur le même pied en abolissant la féodalité et les privilèges locaux qui en découlaient, et en créant de nouvelles divisions administratives : les départements, eux-mêmes divisés en cantons. Napoléon s'appuie sur ce découpage pour accroître la centralisation et imposer son *Code civil*. L'école obligatoire, à la fin du XIXe siècle, supprime la dernière grande source de différences : les dialectes. Avec le service militaire et l'expansion des chemins de fer, elle contribue à la formation d'un pays homogène et uni.

Au terme de presque un siècle de conflits sanglants avec l'Allemagne, la France s'est aujourd'hui engagée dans la création d'une Europe qui rêve de ne plus jamais connaître de guerres.

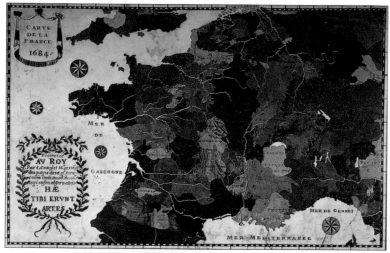

Dessus de table en marqueterie de marbre figurant la France en 1684

◁ *La République*, **peinte par Charles Landelle en 1848**

La France préhistorique

Les premières traces de vie humaine sur le territoire qui deviendra la France remontent à environ deux millions d'années. Vers 40 000 av. J.-C., l'*homo sapiens* remplace l'*homo erectus* et vers 6 000 av. J.-C., à la fin de l'ère glaciaire, il abandonne sa vie errante de chasse et de cueillette pour pratiquer l'agriculture et l'élevage. La maîtrise du bronze au

Vase de l'âge du bronze, Bretagne

IIe millénaire permet la création d'outils de plus en plus élaborés. Remarquables métallurgistes, les premiers Celtes s'installent vers 1 200 av. J.-C., créant une civilisation brillante aux pouvoirs répartis entre guerriers et prêtres (les druides).

LA FRANCE EN 8 000 AV. J.-C.

☐ *Littoral de l'époque*

☐ *Territoire actuel*

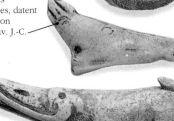

Ces têtes de chevaux sculptées, trouvées dans les Pyrénées, datent d'environ 9 000 av. J.-C.

Les alignements de Carnac
(4 500 - 4 000 av. J.-C.)
La fonction rituelle des mégalithes dressés autour de Carnac (p. 268) reste obscure ; on suppose qu'ils servaient de calendrier astronomique.

Mammouth sculpté dans un os
Le géant disparut à la fin de l'ère glaciaire.

Homme de Cro-Magnon
Ce crâne découvert en 1868 à Cro-Magnon en Dordogne date d'environ 25 000 av. J.-C. L'homme de Cro-Magnon était robuste, avec une tête et une boîte crânienne développées et ne différait que très peu de nous.

L'ART PRÉHISTORIQUE

L'importance des vestiges découverts sur tout le territoire français n'est reconnue que depuis un peu plus d'un siècle. Outre les peintures rupestres, les hommes de la préhistoire nous ont laissé divers objets sculptés, notamment des figurines féminines sans doute liées à un rite de la fertilité.

CHRONOLOGIE

Aurochs à Lascaux

2 000 000 av. J.-C.
Premières sociétés d'hominidés

30 000 L'homme de Cro-Magnon

Outil de pierre taillée

2 000 000 av. J.-C.	30 000	25 000	20 000

400 000 Découverte du feu par l'*homo erectus*

28 000 Premières « Vénus » sculptées, possibles représentations de déesses de la fertilité

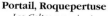

Portail, Roquepertuse
Les Celtes vouaient un culte aux têtes coupées – vraisemblablement celles de leurs ennemis – comme le montre cette entrée de sanctuaire du IIIe siècle av. J.-C.

OÙ VOIR LA FRANCE PRÉHISTORIQUE

Les peintures rupestres de Lascaux, dans le Périgord (*p. 424*), comptent parmi les plus belles du monde. On peut également en admirer autour des Eyzies (*p. 424-425*), dans la vallée des Merveilles au-dessus de Nice (*p. 519*) et dans la grotte du Pech-Merle dans la vallée du Lot (*p. 428*). Les menhirs de Filitosa en Corse (*p. 532-533*) ont près de 4 000 ans.

La grotte de Lascaux est ornée d'aurochs et de mammouths peints entre 16 000 et 14 000 av. J.-C.

Cerf et chamois
représentés sur un morceau d'os.

Cet os sculpté, trouvé à Laugerie-Basse en Dordogne, montre un bison traqué par un homme armé d'une lance.

Hache de cuivre (*v. 2 000 av. J.-C.*)
Les outils de cuivre précédèrent l'apparition du bronze, alliage plus malléable et plus résistant, que supplanta à son tour le fer.

Armure en bronze
Même les Romains redoutaient les guerriers celtes de la Gaule. Ce plastron de cuirasse de 750 - 745 av. J.-C., léger mais efficace, témoigne de leur savoir-faire.

Cette Vénus très stylisée trouvée dans le Sud-Ouest fut sculptée dans une défense de mammouth vers 20 000 av. J.-C.

15 000 Sociétés vivant de la chasse aux troupeaux de mammouths et de rennes. Peintures de Lascaux et gravures de Val Camonica/Mont Bego

7 000-4 500 Révolution néolithique : agriculture, mégalithes et os sculptés

600 Colonie grecque à Marseille. Les produits de luxe de la Méditerranée s'échangent contre des métaux et des esclaves. Premiers développements urbains

15 000	10 000	5 000

10 000 Fin de l'ère glaciaire et extension des zones habitables

10 000-6 000 Disparition des mammouths. Chasse du gibier des forêts, notamment aurochs et sangliers

1 200-700 Arrivée des Celtes aux âges du bronze et du fer

500 Les nobles celtes enterrent leurs morts avec des richesses telles que le trésor de Vix (*p. 324*)

Casque celte

La Gaule romaine

Mosaïque romaine, Vienne

Vers 120 av. J.-C., les Romains établirent dans le sud de la Gaule une colonie ayant la ville de Narbonne pour capitale. Puis, sous la conduite de Jules César, ils conquirent entre 58 et 61 av. J.-C. le reste du territoire gaulois. Ils y développèrent notamment les communications, un réseau de cités dotées d'arènes et de thermes, ainsi que de vastes domaines agricoles. Mais le IIIe siècle est celui des premières incursions barbares.

LA FRANCE EN 58 AV. J.-C.

☐ *Gaule romaine*

Un autel servait au culte d'Auguste, élevé au rang de dieu vivant.

Art de vivre romain

Les Romains répandent en Gaule le confort matériel et le raffinement, ainsi que la viticulture. Ce tableau de Thomas Couture témoigne de l'idée que l'on se faisait au XIXe siècle de la décadence romaine.

Vercingétorix

Cette statue en bronze du chef arverne qui s'opposa à Jules César se dresse à Alise-Sainte-Reine (p. 324), lieu de la défaite finale des Gaulois en 51 av. J.-C.

LE TROPHÉE DES ALPES

Érigé en 6 av. J.-C. par le Sénat et le peuple romain, cet impressionnant monument qui se trouve à La Turbie, près de Monaco, célébrait la victoire d'Auguste sur les tribus alpines. Très abîmé, il a été partiellement restauré en 1935.

CHRONOLOGIE

31 av. J.-C. Auguste établit les frontières des 3 Gaules (*Gallia Celtica, Gallia Aquitania* et *Gallia Belgica*)

Auguste

125-121 av. J.-C. Colonisation romaine du sud de la Gaule

200 av. J.-C.	100	0	100 ap. J.

58-51 av. J.-C. Guerre des Gaules menée par Jules César

Jules César

16 av. J.-C. Maison carrée de Nîmes (*p. 486-487*)

52-51 av. J.-C. Révolte de Vercingétorix

43 Lugdunum (Lyon) devient la capitale des 3 Gaules

Danseuse
L'art celte conserva son originalité après la conquête romaine. Cette statuette en bronze date du 1er ou du IIe siècle.

Une statue d'Auguste dominait probablement le monument original.

Broche émaillée
Ce bijou gallo-romain date de la 2e moitié du 1er siècle av. J.-C.

OÙ VOIR LA FRANCE GALLO-ROMAINE

Il existe des ruines gallo-romaines partout en France, notamment en Provence où, outre La Turbie (p. 519), vous pourrez découvrir l'amphithéâtre d'Arles (p. 499), le théâtre et l'arc de triomphe d'Orange (p. 492) et les arènes de Nîmes (p. 486-487). Autun en Bourgogne (p. 329), Vienne (p. 372) et Périgueux (p. 421) présentent également des vestiges antiques.

Les arènes de Nîmes, *bâties à la fin du 1er siècle, servent encore aujourd'hui.*

Les Tables claudiennes
En 48, l'empereur Claude persuada le Sénat d'accorder la citoyenneté romaine aux Gaulois. Ceux-ci consignèrent l'événement sur des tables de pierre découvertes à Lyon.

Les 44 tribus vaincues par Auguste sont citées dans une dédicace du monument à l'empereur.

L'empereur Auguste
Premier empereur romain (27 av. - 14 apr. J.-C.), il imposa la pax romana *qui mit fin aux luttes intestines des Gaulois et leur permit de se développer pacifiquement.*

177 1re exécution de chrétiens. À Lyon, sainte Blandine est jetée aux lions qui l'épargnent

Sainte Blandine

361 Julien, préfet des Gaules, devient empereur. Lutèce prend le nom de Paris

200 **300** **400**

275 1res incursions barbares

313 Le christianisme est reconnu religion officielle par Constantin, 1er empereur chrétien

406 Invasion des Barbares venus de l'est. Installation des Francs et d'autres tribus germaniques

476 Odoacre dépose Romulus Augustule. Fin de l'Empire romain d'Occident

L'âge monastique

La chute de l'Empire romain fut suivie de plusieurs siècles de troubles et d'invasions pendant lesquels les dynasties franques des Mérovingiens (486-751) et des Carolingiens (751-987) ne réussirent à imposer que de brèves périodes de calme, laissant l'église chrétienne s'affirmer comme la principale source de stabilité. Monastères et abbayes deviennent alors des centres d'érudition et des pôles artistiques, tout en régissant de vastes domaines agricoles. Les ecclésiastiques qui les dirigent, souvent issus de la noblesse, acquièrent un immense pouvoir aussi bien économique que spirituel.

Calice en or du IXᵉ siècle

La France en 751

☐ *Empire carolingien*

Charlemagne *(742-814)*
Le plus grand des souverains carolingiens bâtit un empire fondé sur un pouvoir strictement autocratique. Malgré sa puissance, il ne savait ni lire ni écrire.

Quartiers des frères lais au-dessus des étables

Boulangerie

Dans la vaste infirmerie, flanquée de la chapelle Notre-Dame, on pouvait soigner près de 100 patients.

L'abbaye de Cluny
Fondée en 910, cette abbaye bénédictine *(p. 335)* dont on voit ici une reconstitution (d'après l'archéologue K.-J. Conant) fut à l'origine d'un vaste mouvement de réforme qui toucha des centaines de monastères dans toute l'Europe.

Saint Benoît
La règle monastique qu'il établit partageait le temps des moines entre travail et prière.

CHRONOLOGIE

481 Le Franc Clovis devient le 1ᵉʳ roi mérovingien

508 Paris capitale du royaume franc

v. 590 Saint Colomban introduit le monachisme irlandais en France

732 Bataille de Poitiers : Charles Martel repousse l'invasion arabe

500   **600**   **700**

496 Conversion au christianisme de Clovis, roi des Francs

629-637 Dagobert Iᵉʳ, dernier grand roi mérovingien, donne une unité temporaire au royaume franc

751 Pépin devient le 1ᵉʳ roi carolingien

Dagobert Iᵉʳ

Le baptême de Clovis

Baptisé à Reims en 496, le roi franc Clovis fut le premier chef barbare à se convertir au christianisme.

L'église abbatiale, commencée en 1088, resta la plus grande d'Europe jusqu'à la construction de Saint-Pierre de Rome au XVIᵉ siècle.

Chapelle du cimetière

OÙ VOIR LA FRANCE MONASTIQUE

Hormis quelques superbes chapiteaux, il reste peu de chose de Cluny *(p. 335)*, mais on peut encore admirer les austères abbayes cisterciennes de Bourgogne comme Fontenay *(p. 322-323)*, ou suivre le parcours des pèlerins médiévaux qui se rendaient à Saint-Jacques-de-Compostelle *(p. 390-391)*, en faisant comme eux étape à Vézelay *(p. 326-327)*, au Puy *(p. 354-355)*, à Conques *(p. 358-359)*, à Moissac *(p. 432-433)* et à la basilique Saint-Sernin de Toulouse *(p. 436-437)*.

Chapiteau de Cluny

Les arts monastiques

Dans les scriptoria, *des artistes de talent se consacraient à la copie et à l'enluminure des manuscrits des bibliothèques.*

Les travaux au monastère

La règle cistercienne accordait une grande place aux travaux manuels, notamment à l'agriculture et à la production de vin et de liqueurs.

1096 1ᵉʳ croisade

1066 Conquête de l'Angleterre par les Normands (Guillaume le Conquérant)

Soldats carolingiens

987 Hugues Capet, 1ᵉʳ roi capétien

843 Traité de Verdun qui divise l'empire en trois parties dont la *Francia occidentalis*

910 Fondation de l'abbaye bénédictine de Cluny

1077 Tapisserie de Bayeux

La nef de Guillaume le Conquérant (détail de la tapisserie de Bayeux)

800 Charlemagne est couronné empereur romain

La France gothique

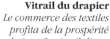

Combat de chevaliers

Le XIIᵉ siècle, période d'essor économique, démographique et culturel, vit l'émergence du style gothique et de ses cathédrales aériennes (*p. 28-29*), tandis que les chansons de geste des troubadours célébraient l'amour courtois et le code de chevalerie. Les rois de France affirment leur pouvoir, mais leur cour reste concurrencée par celle des puissants ducs de Bourgogne (*p. 333*).

LA FRANCE EN 1270
☐ *Domaine royal*
▨ *Autres fiefs*

Le ciboire d'Alpais

Orfèvre réputé de Limoges, maître G. Alpais fabriqua au XIIᵉ siècle cette superbe coupe pour les hosties consacrées (Louvre).

Treuil servant à hisser les pierres

Amour courtois
L'amour voué par les chevaliers à leur idéale et inaccessible dame devint une des grandes sources d'inspiration de la poésie lyrique.

Le roi, accompagné de l'architecte, surveille les travaux.

Vitrail du drapier
Le commerce des textiles profita de la prospérité urbaine. Ce vitrail d'une église de Semur-en-Auxois (p. 325) montre des laveurs de laine au travail.

CHRONOLOGIE

v. 1100 1ᵉʳ version de la *Chanson de Roland*

1117 Mariage secret d'Abélard et de son élève Héloïse. L'union finit tragiquement : Abélard est châtré sur ordre de l'oncle de la jeune femme qui se retire dans un couvent

1154 Création de l'empire anglo-angevin par Henri II, comte d'Anjou duc de Normandie et roi d'Angleterre

1100	1125	1150	1175

1115 Saint Bernard fonde l'abbaye cistercienne de Clairvaux

1120 Reconstruction de l'abbaye de Saint-Denis ; naissance du style gothique

1180-1223 Règne de Philippe Auguste

Le roi Philippe Auguste, qui prit la fleur de lys pour emblème

Les croisades
La troisième (1189) de ces campagnes destinées à reprendre la Terre Sainte aux musulmans réunit Philippe Auguste, Richard Cœur de Lion et l'empereur Frédéric Barberousse.

ALIÉNOR D'AQUITAINE

La volontaire duchesse d'Aquitaine, terre alors indépendante, épouse en 1137 le roi de France Louis VII, mais il fit annuler le mariage en 1152 à son retour de croisade. Elle convole alors avec Henri Plantagenêt, duc de Normandie et comte d'Anjou, auquel elle apporte en dot son duché. Deux ans plus tard, l'accession d'Henri au trône d'Angleterre fonde ainsi l'empire anglo-angevin, ouvrant la voie à des décennies de conflits territoriaux.

De délicates sculptures ornent les façades des cathédrales gothiques.

Les tailleurs de pierre opéraient sur place.

Aliénor d'Aquitaine et Henri II sont inhumés à Fontevraud (p. 284).

Les reliques
Au Moyen Âge, la plupart des églises se flattaient de posséder au moins une relique de saint, dont les vertus miraculeuses devaient attirer pèlerins et offrandes.

Saint Bernard
(1090-1153)
Figure clé de la réforme cistercienne, il prêcha une vie monastique toute de pauvreté.

LA CONSTRUCTION D'UNE CATHÉDRALE

Dans les villes les plus riches, telles Chartres *(p. 298-301)* et Amiens *(p. 192-193),* des maîtres maçons érigèrent des cathédrales aux lignes alors nouvelles, témoignages de la foi et de la prospérité des commanditaires.

Louis IX sur son lit de mort

1226 Couronnement de Louis IX

1270 Mort de Louis IX à Tunis lors de la 8ᵉ croisade

1309 La papauté s'établit en Avignon

| 1200 | 1225 | 1250 | 1275 | 1300 |

1214 Bataille de Bouvines : Philippe Auguste commence à chasser les Anglais hors de France

1259 La Normandie, le Maine, l'Anjou et le Poitou sont repris à l'Angleterre

1285 Couronnement de Philippe le Bel

1297 Canonisé, Louis IX devient saint Louis

La guerre de Cent Ans

LA FRANCE EN 1429

☐ *France*

▨ *Domaine anglo-bourguignon*

**Exécution publique,
chroniques de Froissart
(xive siècle)**

L es conflits qui, de 1337 à 1453,
opposèrent Français et Anglais pour le
contrôle du territoire français eurent des
effets dévastateurs, aggravés par de
fréquentes famines et des épidémies de
peste noire. En 1420, le traité de Troyes
fait du roi d'Angleterre l'héritier du trône
de France, mais Jeanne d'Arc, en 1429,
réussit à faire sacrer Charles VII et donne
l'impulsion patriotique qui, en une
génération, permet de chasser les
envahisseurs du pays (exception
faite de Calais).

Des anges annoncent
le Jugement dernier.

Hommes de guerre
*Les deux armées en campagne se
ravitaillaient aux dépens de la
paysannerie locale-situation qu'aggravait
le droit de pillage en cas de victoire.*

Les élus, ressurgissant
de leurs tombeaux,
sont recueillis au ciel.

La peste noire
*L'épidémie de 1348-1352 causa de
4 à 5 millions de décès, amputant
d'un quart la population du pays.
Faute de remèdes efficaces, la
seule ressource résidait dans la
prière et les processions.*

CHRONOLOGIE

1346 Défaite des Français
lors de la bataille de Crécy

1328 Couronnement de
Philippe VI, 1er des Valois

1356 Défaite
française à
Poitiers

*Couleuvrine du
xive siècle*

1325		1350		1375

1337 Début de la
guerre de Cent Ans

Pestiférés

1348-1352
Épidémie
de peste

1358 Révolte des bourgeois
de Paris conduits par Étienne
Marcel. Jacqueries dans le
nord de la France

La médecine au Moyen Âge
La conjonction des astres passait pour influencer les destinées humaines, y compris la santé. Aussi faisait-on grand cas des diagnostics fondés sur le zodiaque – le remède généralement prescrit restant d'ailleurs la saignée.

Le Christ, juge suprême, est entouré d'anges portant les instruments de la Passion.

L'archange Michel, aux ailes ocellées, porte la balance où sont pesés péchés et vertus.

L'arc anglais
Si les troupes royales combattaient l'Angleterre, les grands duchés français s'alliaient selon leur intérêt à l'un ou l'autre camp. Dans la confusion de ces batailles, les archers anglais mirent plus d'une fois en déroute la cavalerie française.

Jean Baptiste, accompagné des 12 apôtres et de la Vierge Marie.

Les damnés, grimaçants, tombent en enfer.

LE JUGEMENT DERNIER
Guerres, famines et peste semblaient annoncer l'imminence du Jugement dernier, vision de terreur et d'espérance qu'illustrent des œuvres comme le grand polyptyque de l'hôtel-Dieu de Beaune *(p. 336-337)* peint par Rogier Van der Weyden au XVe siècle.

Exécution d'« hérétiques »
Le désespoir général trouvait parfois un exutoire dans la persécution de juifs et de prétendus hérétiques que l'on condamnait au bûcher.

1415 Nouvelle défaite française à Azincourt

1429 Jeanne d'Arc fait sacrer Charles VII

1453 Fin de la guerre de Cent Ans. Les Anglais ne gardent que Calais

1400   1425   1450

1411 *Les Très Riches Heures du duc de Berry* par Paul et Jean de Limbourg *(p. 194)*

1420 Henri V d'Angleterre devient héritier du trône de France

1431 Jeanne d'Arc est brûlée vive par les Anglais

Jeanne d'Arc

La France de la Renaissance

Joueur de luth

C'est en envahissant l'Italie en 1494 que les Français découvrent les idéaux de la Renaissance. Ceux-ci se propagent tout particulièrement sous le règne de François I{er}, prince féru d'art et de littérature autant que de politique et d'exercice physique, qui protège l'humaniste Rabelais et invite à sa cour Léonard de Vinci et Benvenuto Cellini. Son fils, Henri II, épouse une Florentine, Catherine de Médicis (1519-1589), qui devient régente après sa mort en 1560, puis continue à gouverner à travers ses enfants : François II, Charles IX et Henri III. Son rôle est déterminant pendant les guerres de Religion qui déchirent le pays. En 1572, elle ordonne le massacre des protestants lors de la Saint-Barthélemy.

LA FRANCE EN 1527

☐ *Domaine royal*
■ *Autres fiefs*

Les tours d'angles ont perdu leur massivité gothique pour devenir purement décoratives.

Galerie François I{er}, Fontainebleau
Les artistes de l'école de Fontainebleau marièrent influences italiennes et inspiration française.

Le pouvoir derrière le trône
Catherine de Médicis domina la politique française de 1560 à 1589.

AZAY-LE-RIDEAU

L'un des plus beaux du Val de Loire, le château, commencé en 1518 *(p. 286)*, est manifestement consacré à l'agrément plutôt qu'à la défense. L'influence italienne y est visible.

CHRONOLOGIE

1470 1{er} presse d'imprimerie en France

Prototype de char dessiné par Léonard de Vinci

1519 Léonard de Vinci meurt à la cour d'Amboise dans les bras de François I{er}

1536 Calvin inaugure une nouvelle forme de protestantisme avec l'*Institution de la religion chrétienne*

1470	1480	1490	1500	1510	1520	1530

1477 Défaite définitive des ducs de Bourgogne, qui cherchaient à fonder un royaume intermédiaire entre la France et l'Allemagne

1494-1559 La France et l'Autriche se disputent l'Italie

1515 Sacre de François I{er}

Pièce d'or ornée de la fleur de lys et de la salamandre de François

Pomme de senteur en or
Ces boules décoratives emplies de substances aromatiques comme l'ambre ou la cannelle étaient censées repousser la contagion en temps de peste.

Tapisseries flamandes de la salle de bal

L'escalier est à volées droites, à la mode italienne, et non en spirale.

OÙ VOIR LA FRANCE DE LA RENAISSANCE

Plusieurs églises de Paris datent de la Renaissance, ainsi que de nombreux châteaux de la Loire et de Bourgogne bâtis au XVIᵉ siècle. Chenonceau *(p. 288-289)* et Tanlay *(p. 321)* comptent parmi les plus beaux. Nombre de villes comme Salers *(p. 353)* et Toulouse *(p. 436)* renferment encore de superbes maisons Renaissance.

***Cette cheminée** chauffait la chambre de François Iᵉʳ à Chenonceau.*

François Iᵉʳ et l'influence italienne
François Iᵉʳ, qui reçoit ici en 1518 La Sainte Famille *de Raphaël, adorait l'art italien, en particulier la peinture de Titien, Michel-Ange et Léonard de Vinci.*

Le salon rouge

La Nouvelle France
L'expansion coloniale française commença avec l'expédition de Jacques Cartier au Canada en 1534 (p. 272).

1559 Le traité de Cateau-Cambrésis met fin aux guerres d'Italie

1572 Massacre de la Saint-Barthélemy

1589 Assassinat d'Henri III. Le huguenot Henri IV est le premier Bourbon à accéder au trône

1598 L'édit de Nantes garantit la liberté de culte aux protestants

1608 Fondation du Québec

1540 | **1550** | **1560** | **1570** | **1580** | **1590** | **1600**

...9 L'ordonnance de ...ers-Cotterêts fait du ...çais la langue officielle

1562 Début des guerres de Religion entre catholiques et protestants

Massacre de la Saint-Barthélemy

1593 La conversion d'Henri IV met fin aux guerres de Religion

Le Grand Siècle

**Emblème
du Roi-Soleil**

La fin des guerres de Religion, marquée par la conversion d'Henri IV au catholicisme, permet de rétablir la prospérité du royaume. Avec Richelieu et Mazarin s'instaure la monarchie absolue qui connaît son apogée sous Louis XIV. C'est le Grand Siècle, également caractérisé par le rayonnement culturel de la France, avec les tragédies de Racine, les comédies de Molière et la musique de Lully. En architecture, le château de Versailles marque le triomphe du classicisme (p. 164-167). Mais le coût de cette politique de prestige, auquel s'ajoute celui des guerres, appauvrit le pays qui connaît à la fin du règne une grave dépression.

LA FRANCE EN 1661

☐ *Domaine royal*
◼ *Enclave papale d'Avignon*

**Madame (épouse de
Monsieur) en Flore**

Molière *(1622-1673)*
Acteur, auteur et metteur en scène, Molière créa nombre de ses comédies pour la cour de Louis XIV. Après sa mort, sa troupe devint le noyau de base de la Comédie-Française fondée sur ordre du roi en 1680.

**OEUVRES
DE
MOLIERE.**
NOUVELLE EDITION.
Avec de très belles Figures en Taille douce.
TOME PREMIER.

À AMSTERDAM ET À LEIPZIG,
Chez ARKSTÉE & MERKUS, 1770.

**Monsieur, le
frère du roi**

**Madame de
Maintenon**
En 1648, après la mort de sa première femme, Marie-Thérèse, Louis XIV épousa en secret sa maîtresse, Mme de Maintenon, âgée de 49 ans.

LE ROI-SOLEIL ET SA FAMILLE
Monarque absolu de droit divin, Louis XIV commanda en 1665 ce tableau allégorique au peintre Jean Nocret. Entouré de sa famille, le roi y apparaît sous les traits d'Apollon, dieu de la Lumière.

CHRONOLOGIE

1610-1617
Régence de Marie de Médicis, mère de Louis XIII

Le cardinal de Richelieu

1624 Le cardinal de Richelieu entre au Conseil du roi

1634 Fondation de l'Académie française

1642-1643 Mort de Louis XIII et de Richelieu. Avènement de Louis XIV sous la tutelle du ministre Mazarin

1610	1620	1630	1640	1650

1617 Louis XIII roi à 17 ans

1631 *La Gazette*, premier journal de France

1637 *Le Discours de la méthode* de Descartes

1635 Richelieu engage la France dans la guerre de Trente Ans

1648-1652 Période de guerres civiles : la Fronde

Le livre d'heures de Louis XIV
Après une jeunesse libertine, Louis XIV devint de plus en plus pieux. Son livre d'heures se trouve au musée Condé (p. 195).

Mariage royal
Louis XIII et Anne d'Autriche se marièrent en 1615. À la mort de son époux, Anne assura la régence jusqu'à la majorité de son fils, Louis XIV.

Louis XIV en Apollon

Anne d'Autriche en Cybèle

Le Grand Dauphin (fils du roi)

La reine Marie-Thérèse en Junon

La Grande Mademoiselle, cousine du roi, en Diane

Figurine baroque
Le style baroque eut moins d'incidence sur l'architecture française que sur la création d'objets d'art, tel ce Christ au piédestal richement ouvré.

OÙ VOIR L'ARCHITECTURE DU GRAND SIÈCLE

Le palais Lascaris de Nice *(p. 516)*, la Corderie royale de Rochefort *(p. 407)* et de nombreux édifices parisiens comme le palais du Luxembourg *(p. 122-123)*, l'hôtel et le dôme des Invalides *(p. 110-111)* sont de bons exemples de la grandeur de l'architecture classique, sans toutefois égaler la splendeur du château de Versailles *(p. 164-167)*. On notera également les forteresses commandées par le roi à Vauban, comme celle de Neuf-Brisach *(p. 216)*.

Ors baroques *et faste royal à Versailles.*

Le dramaturge Jean Racine (1639-1699)

1661 Mort de Mazarin. Louis XIV reprend lui-même ses fonctions

1662 Colbert entame la réforme des finances et de l'économie

1680 Création de la Comédie-Française

1685 Révocation de l'édit de Nantes et de la liberté de culte des protestants

1682 La cour s'installe à Versailles

1686 Ouverture du premier café de Paris, le Procope

1689 Début des grandes campagnes de Louis XIV

1709 Dernière grande famine de l'histoire de France

| 660 | 1670 | 1680 | 1690 | 1700 |

Canon du XVIIe siècle

Les Lumières et la Révolution

**Assiette
révolutionnaire :
l'exécution de
Louis XVI**

Les philosophes du XVIIIe siècle, comme Diderot, Voltaire et Rousseau, remettent en cause les fondements de l'ordre ancien en affirmant le droit naturel et la liberté de l'individu. Leurs écrits ont un énorme retentissement en Europe et jusque dans les colonies d'Amérique. En France, les troubles sociaux nés de la crise économique aboutissent en 1789 à l'abolition des privilèges, puis au renversement de la monarchie. La nouvelle République, avec sa devise « Liberté, égalité, fraternité », jettera les bases des démocraties actuelles.

LA FRANCE EN 1789

☐ *Royaume de France*
▨ *Enclave papale d'Avignon*

Voltaire *(1694-1778)*
*L'esprit critique des
essais et romans de ce
maître de la satire lui
valut de connaître
l'exil et même la
Bastille.*

Club des Jacobins

**Assemblée
nationale**

La guillotine
*Mise en service en 1792,
elle avait pour fonction de
rendre plus « humaines » des
exécutions qui, auparavant,
s'accompagnaient souvent
de tortures.*

**La place de la
Révolution** *(p. 94)*
où Louis XVI fut
exécuté en 1793.

Les Tuileries

Le café Procope était fréquenté
par Voltaire et Rousseau.

Le Palais-Royal
*Plusieurs imprimeries s'installèrent dans les
galeries bordant le jardin de la résidence du
duc d'Orléans (p. 95) qui devint un foyer
d'agitation révolutionnaire en 1789.*

CHRONOLOGIE

1715 Mort de Louis XIV
et avènement
de Louis XV

1745-1764
Mme de Pompadour, favorite
de Louis XV, profite
de son influence pour
protéger artistes
et philosophes

1715	1725	1735	1745	175

1720 Dernière
épidémie de peste en
France. Elle décime
Marseille

*Costume de
médecin, censé
protéger
de la peste*

1751 Publication du premier
tome de l'*Encyclopédie* de
Diderot et d'Alembert

1756-1763 Guerre de Sept Ans :
la France perd plusieurs
colonies, dont le Canada

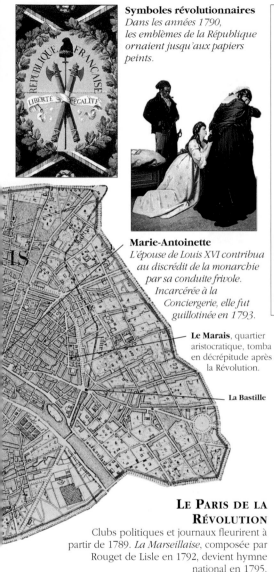

Symboles révolutionnaires
Dans les années 1790, les emblèmes de la République ornaient jusqu'aux papiers peints.

Marie-Antoinette
L'épouse de Louis XVI contribua au discrédit de la monarchie par sa conduite frivole. Incarcérée à la Conciergerie, elle fut guillotinée en 1793.

Le Marais, quartier aristocratique, tomba en décrépitude après la Révolution.

La Bastille

OÙ VOIR LA FRANCE DU XVIIIᵉ SIÈCLE

Construit en 1718, le palais de l'Élysée (p. 104) à Paris offre un bel exemple de l'architecture du XVIIIᵉ siècle, dont subsistent également les curieuses Salines royales d'Arc-et-Senans (p. 340), le Grand Théâtre de Bordeaux (p. 412), les élégants hôtels de Condom (p. 430) et les maisons marchandes de Ciboure (p. 443). Pour l'art et le mobilier, ne pas manquer le château de Laàs à Sauveterre-de-Béarn (p. 448).

Le Grand Théâtre *de Bordeaux possède toute l'élégance de l'architecture du XVIIIᵉ siècle.*

LE PARIS DE LA RÉVOLUTION
Clubs politiques et journaux fleurirent à partir de 1789. *La Marseillaise*, composée par Rouget de Lisle en 1792, devient hymne national en 1795.

Calendrier révolutionnaire
Les mois du calendrier républicain tiraient leurs noms des événements saisonniers. Ici, Messidor, mois des moissons.

1768 Annexion de la Corse

1789 Prise de la Bastille, établissement d'une monarchie constitutionnelle, Déclaration des droits de l'homme et du citoyen

1783 Première ascension en ballon des frères Montgolfier

Maquette de la Bastille

1765	1775	1785	1795

1774 Avènement de Louis XVI

Carte d'électeur pour la Convention de 1792

1794 Exécution de Robespierre et fin de la Terreur

1762 *Du Contrat social* et l'*Émile*, de Rousseau

1778-1783 La France soutient les 13 colonies américaines lors de leur guerre d'indépendance

1792 Destitution de Louis XVI et début de la Iʳᵉ République

La France napoléonienne

En se faisant sacrer empereur, Napoléon Bonaparte, ancien officier de l'armée révolutionnaire, enterre la République dont il répand pourtant les idéaux en Europe par ses guerres de conquête. Après sa défaite en 1814, la dynastie des Bourbons revient au pouvoir, mais une nouvelle révolution l'en écarte en 1830 au profit de Louis-Philippe d'Orléans. À la monarchie de Juillet succède dès 1848 la IIᵉ République qui va élire pour président le neveu de Napoléon. Celui-ci, après son coup d'État de 1851, restaure l'Empire et prend le titre de Napoléon III. Son règne, marqué par une industrialisation intense et la modernisation de Paris, s'achève en 1870 lors de la victoire prussienne.

Légion d'honneur

LA FRANCE EN 1812

☐ *Territoire français et annexions*

▩ *États dépendants*

Couronne de laurier des empereurs romains

Napoléon, Iᵉʳ consul, est couronné par Chronos, dieu du Temps.

Le musée du Louvre
Créé en 1791, le musée du Louvre ouvrit ses portes en 1793 et prit son véritable essor sous Napoléon qui s'intéressa personnellement à son organisation et à ses acquisitions.

Le drapeau révolutionnaire resta celui de l'Empire.

Insigne impérial
Napoléon Iᵉʳ institua une nouvelle noblesse qu'il autorisa à posséder des armoiries. Il adopta en 1800 l'emblème de l'aigle, évocation de la Rome impériale.

Médaille de la Légion d'honneur

CHRONOLOGIE

Le lit de Joséphine à la Malmaison

1804 Sacre de Napoléon et établissement du Code civil

1809 Divorce de Napoléon et Joséphine. Elle garde le château de la Malmaison *(p. 163)*

1814 Les Alliés (Angleterre, Russie, Autriche et Prusse) battent Napoléon et l'exilent sur l'île d'Elbe

1800 Fondation de la Banque de France

1800	**1810**	**1820**

1802 La paix d'Amiens apporte une paix temporaire à l'Europe.

1806 Commande de l'Arc de triomphe

1815 Les Cent-Jours : revenu d'Elbe, Napoléon est vaincu à Waterloo et déporté à Sainte-Hélène

1802 Création de la Légion d'honneur

1803 La guerre reprend. Édification de l'empire napoléonien

La révolution de Juillet
Trois journées d'émeutes en juillet 1830 mirent fin au règne des Bourbons.

Les Bonaparte
Ce portrait de groupe imaginaire réunit Napoléon Ier (assis), son fils Napoléon II (à droite), qui ne régna pas, son neveu Napoléon III, et le jeune fils de ce dernier.

Le Code civil, ici figuré par une table de la loi.

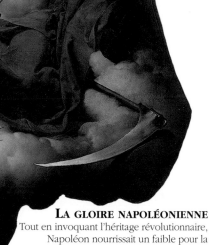

Napoléon en campagne
Le génie militaire de Napoléon lui permit de conquérir la majeure partie de l'Europe.

LE STYLE Ier EMPIRE

Architecture, mobilier et vêtements s'inspiraient de l'esthétique grecque et romaine, les femmes portant des tuniques légères dont les plus audacieuses laissaient nue une épaule ou même plus. David et Gérard étaient les portraitistes en vogue, tandis que Géricault, avant Delacroix, donnait son élan au romantisme.

Madame Récamier, peinte par David en 1800, tenait un salon que son esprit et sa beauté rendirent célèbre.

LA GLOIRE NAPOLÉONIENNE
Tout en invoquant l'héritage révolutionnaire, Napoléon nourrissait un faible pour la pompe impériale. Les réformes qu'il entreprit (Code civil, enseignement public, Banque de France…) allaient toutes dans un sens centralisateur.

1832 Début de l'épidémie de choléra

1838 Daguerre perfectionne la photographie

1851 Coup d'État de Louis Napoléon Bonaparte

1848 Révolution de 1848 : fin de la monarchie de Juillet et début de la IIe République

1852 Louis Napoléon devient l'empereur Napoléon III

1830	1840	1850	1860

1830 La révolution de Juillet chasse Charles X du trône et y place Louis-Philippe

1840 Construction d'une ligne de chemin de fer

Train de la ligne Paris-Saint-Germain

1853 Modernisation de Paris par Haussmann

1857 Baudelaire (*Les Fleurs du mal*) et Flaubert (*Mme Bovary*) poursuivis pour immoralité

1859-1860 Annexion de Nice et de la Savoie

La Belle Époque

Après la Première Guerre mondiale, les Français gardaient un tel souvenir de la période qui l'avait précédée que celle-ci devint à jamais la « Belle Époque ». Elle fut pourtant loin d'être paisible : des conflits ouvriers la secouèrent et l'Affaire Dreyfus divisa le pays en gauche antimilitariste et droite antisémite. Cependant, les progrès de l'électricité et de la vaccination, puis l'automobile, le téléphone et le cinéma transformaient la vie quotidienne, tandis que des mouvements tels que l'impressionnisme ou l'Art nouveau révolutionnaient la création.

Vase Art nouveau par Lalique

LA FRANCE EN 1871

☐ *Territoire français*

■ *Alsace-Lorraine*

Statue d'Apollon par Aimé Millet

L'Exposition universelle
3,2 millions de personnes visitèrent l'Exposition organisée à Paris en 1889. L'audacieuse tour de fer conçue pour l'occasion par Gustave Eiffel suscita d'intenses polémiques.

Coupole recouverte de cuivre

Scène

Coulisses

Voiture Peugeot *(1899)*
Vite adoptées, la bicyclette et l'automobile apportèrent une liberté nouvelle. Peugeot et Renault existaient avant la Première Guerre mondiale.

La salle, rouge et or, contient plus de 2 000 places.

CHRONOLOGIE

Sur les barricades en 1871

1869 Ouverture du Canal de Suez percé par Ferdinand de Lesseps

1871 Commune de Paris et début de la IIIe République

v. 1880 Expansion coloniale en Afrique et en Asie

1889 La tour Eiffel à l'Exposition universelle

1865	1870	1875	1880	1885	18

1870-1871 Guerre franco-prussienne ; déchéance de Napoléon III. La France perd l'Alsace et la Lorraine

1881-1886 Réforme de l'éducation par Jules Ferry

1874 Naissance de l'impressionnisme

1885 Pasteur invente le vaccin contre la rage, le premier testé sur un être humain

1890 Peugeot fabrique l'une des premières automobiles

Affiche Art nouveau
Cette œuvre du grand dessinateur tchèque Alfons Mucha vante les mérites d'une bière, boisson devenue « patriotique » après la perte de l'Alsace-Lorraine en 1871.

Escalier d'honneur de l'Opéra
Comme le montre cette peinture de Louis Béroud (1887), ses colonnes de marbre et son plafond décoré de fresques servaient de somptueux décor aux parades de la haute société.

Rotonde de l'Empereur

Le grand foyer, entouré de balcons et somptueusement décoré

Escalier d'honneur

OÙ VOIR LA BELLE ÉPOQUE

L'hôtel Negresco de Nice *(p. 516)*, le casino de Monte-Carlo *(p. 520)* et l'hôtel du Palais à Biarritz *(p. 442)* illustrent bien l'esprit de la Belle Époque. Le musée d'Orsay, à Paris *(p. 116-117)*, expose des objets et du mobilier Art nouveau.

Les bouches de métro *dues à Guimard ont toute l'élégance sensuelle de l'Art nouveau.*

La divine Sarah
Actrice au vaste répertoire, Sarah Bernhardt (1844-1923) fut l'étoile de la scène parisienne.

L'OPÉRA NATIONAL GARNIER

Commandé à Charles Garnier par Napoléon III en 1862, il ne fut inauguré que sous la IIIᵉ République, en 1875. L'opulent éclectisme de l'extérieur se double d'une somptueuse décoration intérieure qui en fit à la Belle Époque l'un des hauts lieux de la vie mondaine.

1894 Le cinématographe des frères Lumière

1894-1906 Affaire Dreyfus. Émile Zola défend l'officier juif *(J'accuse)*, condamné à tort pour trahison

Caricature de Zola

1909 Blériot traverse la Manche

1917 Pétain réprime des mutineries dans l'armée

1916 Bataille de Verdun

1918 Armistice

| 1895 | 1900 | 1905 | 1910 | 1915 |

1905 Séparation officielle de l'Église et de l'État

1898 Marie et Pierre Curie découvrent le radium

1913 Publication du premier tome d'*À la recherche du temps perdu* de Marcel Proust

1914 Première Guerre mondiale

« Poilu » français, 1916

1919 Traité de Versailles

La France de l'avant-garde

L a France, et plus particulièrement sa capitale, connut une période d'intense rayonnement culturel et artistique entre les deux guerres. Peintres, écrivains et musiciens du monde entier se pressent à Paris et y lancent des mouvements d'avant-garde comme le cubisme ou le surréalisme. Cette effervescence créatrice touche aussi la Côte d'Azur où Matisse, Picasso, Hemingway et Fitzgerald côtoient les aristocrates et les riches industriels, qui prennent le Train Bleu ou leur automobile pour venir profiter de la mer et du soleil. En 1936, l'instauration des congés payés permet aux classes populaires d'apprécier aussi cette nouvelle forme de loisirs.

LA FRANCE EN 1919

☐ *Territoire français*

Dieux africains de la Création

1925, année Art déco
L'exposition internationale de 1925 lança le style Art déco dont les lignes géométriques se prêtaient à la production industrielle.

Danseurs en costumes de carton

L'âge du jazz
Paris accueillit des musiciens américains comme Sydney Bechet ou Dizzie Gillespie (à gauche), cocréateurs du be-bop dans les années 1940.

La DS Citroën *(1956)*
Son élégance en fit l'emblème de la société de consommation dans les années 1950 et 1960.

Les costumes et le décor créés par Fernand Léger devaient donner au spectacle une note mécanique.

CHRONOLOGIE

1918 *Manifeste dada* de Tristan Tzara

1928 Première d'*Un Chien andalou* de Luis Buñuel et Salvador Dali

Avion d'Air France, 1937

1933 Premiers vols d'Air France

1937 Première de *La Grande Illusion* de Jean Renoir

1920

1930

1924 Jeux olympiques de Paris. André Breton publie le *Manifeste du surréalisme*

Détail d'une affiche des Jeux olympiques de 1924

1929-1939 La Dépression

1936-1938 Réformes sociales du Front populaire, instauration des congés payés

1938 Les accords de Munich ajournent la guerre

Coco Chanel *(1883-1971)*
Photographiée ici par Man Ray, elle créa dans les années 1920 une mode élégante et confortable.

Par avion
La France inaugura le courrier aérien dès 1927.

Le premier couple

LA SECONDE GUERRE MONDIALE

Après l'écrasement des troupes françaises par l'envahisseur nazi, la IIIe République signe le 22 juin 1940 un armistice entérinant l'occupation allemande du nord de la France et vote les pleins pouvoirs au maréchal Pétain qui établit, dans la « zone libre » du sud, le gouvernement collaborateur de Vichy. Depuis Londres, le général de Gaulle organise la Résistance, laquelle contribuera de l'intérieur à la libération de 1945.

Les soldats allemands aimaient poser devant la tour Eiffel pendant l'occupation.

LA CRÉATION DU MONDE *(1923)*
Le peintre cubiste Fernand Léger dessina les costumes de *La Création du Monde* dansée par les Ballets suédois sur une musique de Darius Milhaud. Les Ballets russes de Diaghilev s'adjoignirent aussi des artistes d'avant-garde comme Picabia, Cocteau ou Satie.

Le thème
s'inspirait de textes de Blaise Cendrars.

Joséphine Baker *(1906-1975)*
On se pressait au music-hall, dans les années 20, pour admirer Mistinguett ou Joséphine Baker.

1940 Déroute française et instauration par Pétain du gouvernement de Vichy

1949 Création de l'OTAN et du Conseil de l'Europe

1958 De Gaulle est président de la Ve République

1942 Les Allemands occupent toute la France

1956 Édith Piaf triomphe au Carnegie Hall, à New York

1940

1950

1944 Débarquement allié en Normandie. Libération de Paris. IVe République

1946 *Les Temps modernes*, revue fondée par Sartre. Premier festival de Cannes

1954 La France se retire d'Indochine après la bataille de Dien Bien Phu. Début de l'insurrection algérienne

1939 La Seconde Guerre mondiale est déclarée

1945 Fin de la guerre. Droit de vote des femmes

La France moderne

La France connaît depuis les années 1960 de profondes mutations. Le nombre d'agriculteurs diminue et les industries traditionnelles s'effondrent, les secteurs des services et des technologies de pointe se développent... ainsi que le chômage. La France entre dans l'ère de la consommation et de la culture de masse, voit ses paysages urbains transformés par la construction d'édifices résolument modernes et s'illustre par des réalisations telles que le Concorde ou le TGV. Tandis que la modernisation des transports réduit les distances intérieures, l'intégration européenne se poursuit.

Presse-citron de Philippe Starck

LA FRANCE D'AUJOURD'HUI

☐ *France*

■ *Pays de l'Union européenne*

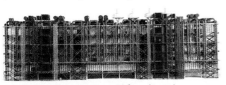

Le Centre Georges-Pompidou *(1977)*
Très controversé lors de sa construction, cet édifice a donné une nouvelle jeunesse au quartier historique de Beaubourg. Il abrite l'un des musées les plus fréquentés du monde (p. 88-89).

La Grande Arche fut inaugurée en 1989 pour le bicentenaire de la Révolution.

Centre commercial

La Nouvelle Vague
Le succès de films comme Jules et Jim *(1961) imposa le cinéma d'auteurs, illustré par Truffaut ou Godard.*

LA DÉFENSE
La construction à la périphérie de Paris du quartier d'affaires de La Défense *(p. 126)* commença en 1958. Aujourd'hui 30 000 personnes y travaillent pour des sociétés du monde entier.

CHRONOLOGIE

1960 1ᵉʳ bombe atomique française. Décolonisation de l'Afrique noire	**1963** 1ʳᵉ centrale nucléaire française		**1968** Manifestations de mai	**1973** 1ᵉʳ Élargissement du Marché commun (9 pays)
		1966 La France quitte l'OTAN	**1969** Georges Pompidou remplace le général de Gaulle	**1974** Valéry Giscard d'Estaing élu président

1960   **1970**

	1965 1ᵉʳ satellite français	**1970** Mort de Charles de Gaulle	**1976** 1ᵉʳ vol commercial du Concorde
1962 Indépendance de l'Algérie	**1967** Début de la Politique agricole commune		

1977 Changement de statut de Paris : Chirac élu maire. Inauguration du Centre Georges-Pompidou

Drapeau européen
La France a tenu une place importante dans la construction européenne, amorcée dès les années 1950.

Le TGV
Le Train à Grande Vitesse (p. 634-635), l'un des plus rapides du monde, témoigne de l'intérêt porté par les gouvernements français à l'amélioration des communications.

La tour Fiat (178 m) est l'une des plus hautes d'Europe.

La mode selon Lacroix
Bien que la haute couture perde des clientes, Paris reste le centre mondial de la mode. Cet ensemble dessiné par Christian Lacroix illustre le talent de ses créateurs.

MAI 68

Né à la faculté de Nanterre, le mouvement étudiant, soutenu par des intellectuels tel Jean-Paul Sartre, s'étend bientôt au monde du travail. Une grève suivie par près de 9 millions de salariés paralyse le pays jusqu'aux accords de Grenelle qui apaisent les grévistes. Malgré son échec politique, Mai 68 aura d'importantes conséquences sociales et culturelles.

L'agitation étudiante au Quartier latin avait pour mot d'ordre la mise en cause des valeurs et institutions traditionnelles.

Le palais du CNIT fut le premier bâtiment construit à La Défense.

1980 Le jardin de Monet à Giverny s'ouvre au public (p. 256)

1989 Célébration du bicentenaire de la Révolution

1991 Édith Cresson est la 1re Française Premier ministre

2002 Le Front national devance le Parti socialiste au premier tour des élections présidentielles.

1980 — **1990** — **2000**

1981 Élection de François Mitterrand, 1er président de gauche de la Ve République

François Mitterrand

1987 Mitterrand et Thatcher décident le percement du tunnel sous la Manche. Procès à Lyon de Klaus Barbie

1992 Jeux olympiques d'hiver à Albertville

1994 Eurotunnel inauguré

2000 L'euro remplace le franc

Les rois et empereurs de France

Au début du VIᵉ siècle, le Franc Clovis Iᵉʳ profite de la dislocation de l'Empire romain pour se tailler un royaume en Gaule et fonder la dynastie des Mérovingiens, auxquels succèdent, en 751, les Carolingiens. À partir de 987, les Capétiens établissent le royaume de France, qui se transmet à la branche des Valois, évincés à la fin des guerres de Religion par celle des Bourbons. Cette dernière dynastie perd le pouvoir lors de la Révolution de 1789, mais elle le retrouve brièvement de 1814 à 1830. Le XIXᵉ siècle voit aussi l'avènement de la dynastie impériale des Bonaparte. Depuis la déchéance de Napoléon III en 1871, la France est restée une République.

768-814
Charlemagne

954-986 Lothaire

898-929 Charles III,
le Simple

743-751 Childéric III

716-721 Chilpéric II

695-711 Childebert II

1137-1180 Louis VI

884-888
Charles le Gros

566-584 Chilpéric Iᵉʳ

674-691
Thierry III

879-882
Louis III

987-996
Hugues Capet

558 562 Clotaire Iᵉʳ

447-458 Mérovée

655-668
Clotaire III

1031-1060
Henri Iᵉʳ

458-482
Childéric Iᵉʳ

628-637
Dagobert Iᵉʳ

840-877
Charles II,
le Chauve

1060-1108
Philippe Iᵉʳ

400	500	600	700	800	900	1000	11
DYNASTIE MÉROVINGIENNE				**DYNASTIE CAROLINGIENNE**		**DYNASTIE CAPÉTIEN**	
400	500	600	700	800	900	1000	11

751-768
Pépin
le Bref

996-1031
Robert II,
le Pieux

721-737
Thierry IV

986-987 Louis V

711-716
Dagobert III

936-954 Louis IV,
d'Outremer

691-695 Clovis III

888-898 Eude, comte de Paris

668-674 Childéric II

882-884 Carloman

637-655 Clovis II

584-628 Clotaire II

877-879 Louis II, le Bègue

562-566 Caribert

511-558 Childebert Iᵉʳ

814-840 Louis Iᵉʳ, le Pieux

482-511 Clovis Iᵉʳ

1108-1137 Louis VI, le Gros

1226-1270 Louis IX
(Saint Louis)

1515-1547 François Ier

1498-1515 Louis XII,
le Père du peuple

1483-1498 Charles VIII

1422-1461 Charles VII,
le Victorieux

1270-1285 Philippe III,
le Hardi

1285-1314
Philippe IV, le Bel

1316-1322
Philippe V

1328-1350
Philippe VI

1547-1559 Henri II

1559-1560 François II

1610-1643 Louis XIII

1643-1715 Louis XIV,
le Roi-Soleil

1774-1792 Louis XVI

1804-1814
Napoléon Ier

| 1200 | 1300 | 1400 | 1500 | 1600 | 1700 | 1800 |

DYNASTIE DES VALOIS   **DYNASTIE DES BOURBONS**

| 1200 | 1300 | 1400 | 1500 | 1600 | 1700 | 1800 |

1314-1316
Louis X

1380-1422
Charles VI,
le Bien-Aimé

1560-1574
Charles IX

1814-1824
Louis XVIII

1574-1589
Henri III

1824-1830
Charles X

1364-1380
Charles V,
le Sage

1830-1848
Louis-Philippe

1322-1328
Charles IV,
le Bel

1589-1610
Henri IV

1852-1870
Napoléon III

1350-1364
Jean II, le Bon

1223-1226 Louis VIII

1180-1223 Philippe Auguste

1461-1483 Louis XI

1715-1774
Louis XV

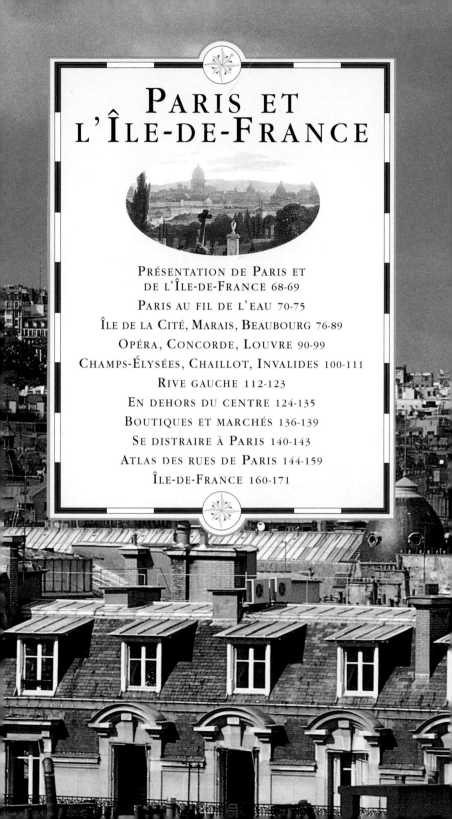

PARIS ET L'ÎLE-DE-FRANCE

Présentation de Paris et de l'Île-de-France

De Notre-Dame au Grand Louvre, en passant par la tour Eiffel ou le musée d'Orsay, toutes les époques ont contribué à la richesse de la capitale française en monuments et musées.

Passé la couronne des banlieues, les terres dont elle se nourrit sont aussi le domaine où elle se délasse : forêts où l'on vient prendre l'air, villages immortalisés par les peintres, châteaux construits par les rois et la cour, parc de loisirs pour petits et grands.

Arc de Triomphe

Opéra Garnier

**CHAMPS-ÉLYSÉES,
CHAILLOT,
INVALIDES**
Pages 100-111

Tour Eiffel

Musée d'Orsay

Le musée d'Orsay
propose, dans le cadre d'une ancienne gare (p. 116-117), une splendide collection de peintures et sculptures du XIXᵉ siècle et du début du XXᵉ siècle, dont Les Quatre parties du monde (1867-1872) de Jean-Baptiste Carpeaux.

La tour Eiffel *(p. 109), inaugurée pour l'Exposition universelle de 1889, souleva alors passions et critiques ; elle est devenue le symbole même de la capitale.*

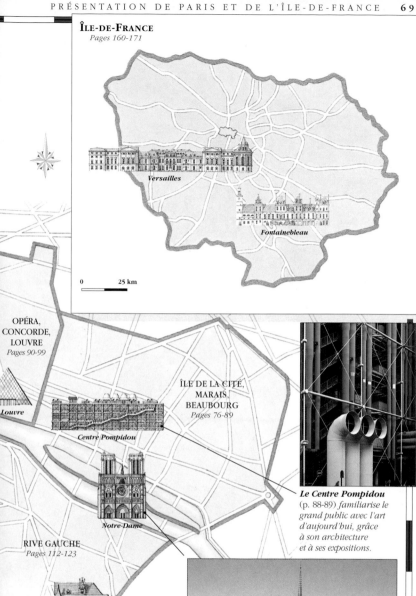

ÎLE-DE-FRANCE
Pages 160-171

Versailles

Fontainebleau

0   25 km

OPÉRA,
CONCORDE,
LOUVRE
Pages 90-99

Louvre

ÎLE DE LA CITÉ,
MARAIS,
BEAUBOURG
Pages 76-89

Centre Pompidou

Notre-Dame

RIVE GAUCHE
Pages 112-123

Musée de Cluny

0   1 km

Le Centre Pompidou
(p. 88-89) *familiarise le
grand public avec l'art
d'aujourd'hui, grâce
à son architecture
et à ses expositions.*

Notre-Dame, *dont la construction s'étala
sur deux siècles* (p. 82-83), *est un superbe exemple
d'architecture gothique. Viollet-le-Duc, qui la
restaura au XIX᷎ siècle, dessina sa flèche.*

PARIS
AU FIL DE L'EAU

Sculpture du pont Alexandre III

De toutes les artères de Paris, la plus majestueuse est cette large voie où coule le fleuve : sur des kilomètres, la ville célèbre ses épousailles avec la Seine qui s'y roule amoureusement comme au fond d'un lit. Concédant çà et là un peu de place à quelques hôtels particuliers et grands immeubles bourgeois, les plus insignes monuments de la capitale, tournés vers elle, lui font une haie d'honneur tandis que l'enjambent plus de trente ponts. Rares sont les cités à ce point liées à leur fleuve. Mais, sans doute parce que la ville est née dans une de ses îles, la Seine est une omniprésente référence : elle est l'axe commandant toute la numérotation des rues, et chaque Parisien se réfère à ses rives pour définir son propre univers, rive gauche ou rive droite ; bien des immeubles arborent la trace de la crue de 1910 comme une médaille plus que comme un stigmate, et c'est souvent avec l'excitation d'un supporter que l'on vient guetter la montée printanière de ses eaux. Par la Seine vinrent Barbares et Normands, mais par elle aussi le blé et le vin, et la pierre des maisons. À présent que décline ce rôle économique, vedettes, bateaux-mouches et promeneurs s'y multiplient entre des berges inscrites au patrimoine mondial par l'Unesco.

Le Quartier latin, sur la rive gauche, doit son nom au latin que parlaient les étudiants qui le fréquentaient déjà au Moyen Âge.

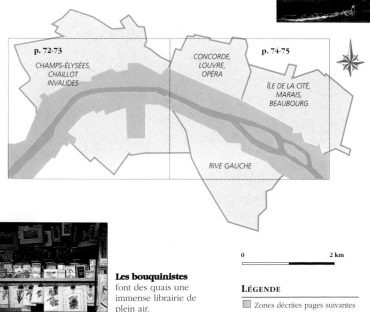

p. 72-73

CHAMPS-ÉLYSÉES, CHAILLOT INVALIDES

CONCORDE, LOUVRE, OPÉRA

p. 74-75

ÎLE DE LA CITÉ, MARAIS, BEAUBOURG

RIVE GAUCHE

0   2 km

Les bouquinistes font des quais une immense librairie de plein air.

LÉGENDE

☐ Zones décrites pages suivantes

◁ **L'exubérante statuaire du pont Alexandre III**

Du pont de Grenelle au pont de la Concorde

Les grands édifices qui bordent cette partie du fleuve datent de l'époque napoléonienne et de la révolution industrielle.
À l'élégance de la tour Eiffel, du Petit Palais et du Grand Palais répond l'esthétique géométrique de constructions plus récentes comme le palais de Chaillot ou la maison de Radio-France.

Le palais de Chaillot
Bâti pour l'exposition de 1937, il abrite plusieurs musées, un théâtre et la Cinémathèque (p. 106).

Le palais de Tokyo, orné de statues de Bourdelle, abrite un musée d'Art moderne.

Le pont de Bir-Hakeim a une statue de *La France Renaissante,* par Wederkinch (1930).

Bateaux Parisiens
Tour Eiffel

Trocadéro Ⓜ

Vedettes de Paris Île-de-France

Passerelle
Debilly

Pont
d'Iéna

La maison de Radio-France, imposant édifice circulaire inauguré en 1963, renferme, outre studios et bureaux, le musée de la Radio.

Passy Ⓜ

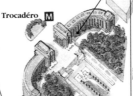

Pont de
Bir-Hakeim

Champs-
de-Mars-
Tour
Eiffel

La tour Eiffel
Elle est le symbole de Paris (p. 109).

Avenue du
Prés. Kennedy
RER Radio-France

Ⓜ Pont de
Bir-Hakeim

La statue de la Liberté, offerte à la ville en 1885, regarde vers l'ouest et New York.

Pont de Grenelle

LÉGENDE

Ⓜ	Station de métro
RER	Station de RER
Ⓞ	Embarcadère du Batobus
▭	Embarcadère des bateaux

Le Petit Palais
*Comme le Grand Palais,
il naquit avec le XXᵉ siècle
pour l'Exposition universelle
de 1900* (p. 104).

Le Grand Palais
*Il accueille de prestigieuses
expositions temporaires* (p. 105).

Champs-Élysées-
Clemenceau
M

Alma-
Marceau M

Pont
de l'Alma

RER Pont
de l'Alma

Pont des
Invalides

Pont
Alexandre III

Pont de la
Concorde

M RER
Invalides

Bateaux Mouches

Le Zouave, contre la
pile du pont, sert aux
Parisiens à mesurer la
hauteur des crues.

**La copie de la
flamme** de la statue
de la Liberté est un
symbole de l'amitié
franco-américaine.

Le Palais-Bourbon,
construit pour une fille
de Louis XIV, est, depuis
la Révolution, le siège
de l'Assemblée nationale.
Sa façade nord, de style
antique, date de l'Empire.

Le dôme des Invalides
Le majestueux dôme doré (p. 111), *dans l'axe du pont
Alexandre III, coiffe la crypte où repose Napoléon Iᵉʳ.*

Pont Alexandre III,
*spécimen de l'art
décoratif de la
IIIᵉ République*
(p. 105).

Du pont de la Concorde au pont de Sully

L e cœur de Paris bat ici,
autour de l'île de la Cité.
Camp retranché de la tribu
celte des Parisii au IIᵉ siècle
avant J.-C., âme de la ville
médiévale, elle demeure
le pivot de la capitale
moderne.

Le jardin des Tuileries
*Le classicisme
de Le Nôtre
(p. 94-95).*

Le musée du Louvre
Avant d'accueillir la Joconde,
*puis de devenir le plus grand
musée du monde, il fut le plus vaste
palais royal d'Europe* (p. 96-99).

Pont de la Concorde

Assemblée Nationale Ⓜ

Passerelle Solférino

RER

Musée d'Orsay

Pont Royal

Pont du Carrousel

Pont des Arts

Le musée de l'Orangerie
*Il contient des tableaux
de l'impressionnisme
aux années 1930* (p. 94).

Le musée d'Orsay
*Cette ancienne gare dresse un panorama
complet de l'art de la deuxième moitié
du* XIXᵉ *siècle* (p. 116-117).

Bateaux Vedettes du Pont Neuf

BATOBUS PARIS

Embarquement : **Tour Eiffel. Plan** 6 D3. Ⓜ Bir-Hakeim.
Champs-Élysées. Plan 7A1. Ⓜ Champs-Élysées-
Clemenceau. **Musée d'Orsay. Plan** 8 D2. Ⓜ Solférino.
Louvre. Plan 8 D2. Ⓜ Louvre-Rivoli. **Hôtel de Ville.**
Plan 9 B4. Ⓜ Hôtel de Ville. **Notre-Dame. Plan** 9 B4.
Ⓜ Cité. **Saint-Germain-des-Prés. Plan** 8E3. Ⓜ Saint-
Germain-des-Prés. Ⓜ *01 44 11 33 99. Départs : mars-
oct. : t.l.j. 10h-19h (mai-sept. : 21h) ; nov.-fév. : t.l.j.
10h30-16h30, toutes les 20 min.*

Le pont des Arts,
premier pont de Paris
construit en fer (1802),
refait en 1984.

L'hôtel de la Monnaie,
abrite les services
administratifs et les ateliers
de fonderie d'art et de
médailles.

CROISIÈRES SUR LA SEINE

Vedettes du Pont Neuf

Lieu d'embarquement : **Square du Vert-Galant** (Pont Neuf). **Plan** 8 F3.
📞 01 46 33 98 38.
Ⓜ Pont-Neuf.
🚇 Châtelet.
🚌 24, 27, 58, 70, 72, 74, 75.
Départs : mars.-oct. : t.l.j. 10h30-12h, 13h30-18h30 (toutes les 30 min).
Croisière des Illuminations : t.l.j. 21h-22h30 (toutes les 30 min). Demi-tarif pour les moins de 15 ans.
Durée : 1h. **Horaires d'hiver** : téléphoner.
Trois bateaux de 300 places ; leur style ancien donne du cachet à la promenade.

Bateaux-Mouches

Lieu d'embarquement : **Pont de l'Alma.**
Plan 6 F1.
📞 01 42 25 96 10.
Ⓜ Alma-Marceau.
🚇 Pont de l'Alma.
🚌 28, 42, 63, 72, 80, 92.
Départs : t.l.j. 11h-22h (toutes les 45 min).
Durée : 1h15.
Dîner-croisière : mar.-sam. 20h30.
La flottille de cette célèbre compagnie compte onze unités. Les bateaux-mouches ont une capacité allant de 400 à 600 places et sont tous dotés de puissants projecteurs éclairant les rives.

Île de France

Lieu d'embarquement : **Pont d'Iéna. Plan** 6 D2.
📞 01 47 05 71 29.
Ⓜ Bir-Hakeim.
🚇 Champ-de-Mars.
🚌 22, 30, 32, 44, 69, 82, 87.
Départs : t.l.j. 11h-13h (toutes les heures) et 13h-22h (toutes les 30 min).
Durée : 1h.
Dîner-croisière : sam. 20h30. Tenue de ville obligatoire.
Les six vedettes de cette compagnie sont entièrement vitrées (ce qui est idéal en cas de mauvais temps !). Elles ont chacune une capacité de 100 passagers environ.

Bateaux Parisiens

Lieux d'embarquement : **Pont de la Bourdonnais. Plan** 6 D2.
Pont au Double. Plan 9 A4 (d'avr. à nov.).
📞 01 44 11 33 44.
Ⓜ Trocadéro, Bir-Hakeim.
🚇 Champ-de-Mars.
🚌 42, 82, 72.
Départs : avr.-oct. : t.l.j.10h-22h30, ven-sam 10h-23 h (toutes les 30 min) ; nov. -mars : t.l.j. 10h-22h (chaque heure).
Déjeuner-croisière : t.l.j. 12h15. **Dîner-croisière** : t.l.j. 19h45. **Durée** : 2 h 30. Tenue de ville obligatoire.
Les sept bateaux de cette compagnie sont les plus luxueux. Ils peuvent accueillir entre 150 et 400 passagers.

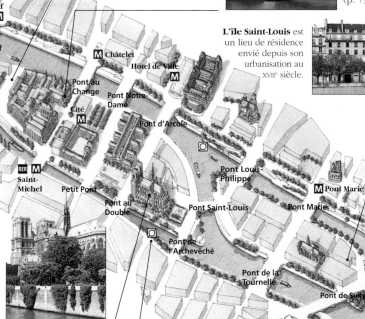

L'île de la Cité *Berceau puis cœur politique de la capitale (p. 78-79), elle en est aussi la nef symbolique.*

Le palais de Justice et la Conciergerie *Lointains héritiers du palais des premiers souverains, ils en conservent quelques tours et de superbes salles médiévales (p. 79-80).*

L'île Saint-Louis est un lieu de résidence envié depuis son urbanisation au XVIIe siècle.

Pont Neuf Ⓜ

Ⓜ Châtelet

Hôtel de ville Ⓜ

Neuf

Pont au Change

Pont Notre-Dame

Cité Ⓜ

Pont d'Arcole

🅿

Pont Louis-Philippe

🅁🅁 Ⓜ Saint-Michel

Petit Pont

Pont au Double

Pont Saint-Louis

Pont Marie

Ⓜ Pont Marie

🅿

Pont de l'Archevêché

Pont de la Tournelle

Sully-Morland Ⓜ

Pont de Sully

Notre-Dame, *du bord du fleuve, veille sur le pays (p. 82-83).*

🚢 **Bateaux Parisiens**

ÎLE DE LA CITÉ, MARAIS, BEAUBOURG

C'est au XIXᵉ siècle que l'île de la Cité a perdu son lacis de ruelles médiévales, mais l'éclat de sa cathédrale, rayonnant sur le pays tout entier, rappelle avec force que ces lieux demeurent le berceau, et furent pendant des siècles le centre de la capitale. Sur la rive droite, c'est dans les années 1960 que furent entrepris les travaux qui, à l'inverse, ont sauvé le Marais de la ruine. Décapé, blanchi, restauré, parfois un peu trop, ce musée de l'architecture du XVIIᵉ siècle est redevenu un secteur convoité par les Parisiens aisés, comme au temps d'Henri IV lorsque nobles et bourgeois accouraient autour de la place Royale – la place des Vosges – se faire bâtir

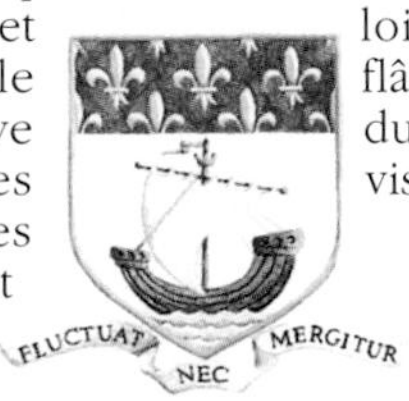

Armes de la Ville de Paris

des demeures à la mesure de leur fortune ou de leur ambition. Les galeries d'art, les musiciens de rue et les cafés de la place des Vosges y attirent, le dimanche, des foules de badauds. Non loin, passants, touristes et flâneurs se mêlent aux clients du Forum des Halles et aux visiteurs du Centre Pompidou.

Aux blanches arcades du cratère de fer et de verre illuminant les quatre niveaux de boutiques en sous-sol du premier fait écho l'assemblage multicolore de poutres et tubulures de l'énorme centre culturel, chacun s'inscrivant sans aucun complexe dans un paysage architectural plutôt éclectique.

LE QUARTIER D'UN COUP D'ŒIL

Îles et places
Forum des Halles ⑬
Île Saint-Louis ⑦
Place de la Bastille ㉑
Place des Vosges ⑲

Églises
Notre-Dame p. 82-83 ⑥
Saint-Eustache ⑫
Saint-Gervais-Saint-Protais ⑨
Sainte-Chapelle ④

Bâtiments historiques
Conciergerie ②
Hôtel de Ville ⑩
Palais de Justice ③
Tour Saint-Jacques ⑪

Musées
Centre Pompidou p. 88-89 ⑭
Crypte archéologique ⑤
Hôtel de Sens ⑧
Hôtel de Soubise ⑯
Musée Carnavalet ⑱
Musée d'Art et d'Histoire
   du Judaïsme ⑮
Musée Picasso ⑰
Maison de Victor Hugo ⑳

Pont
Pont-Neuf ①

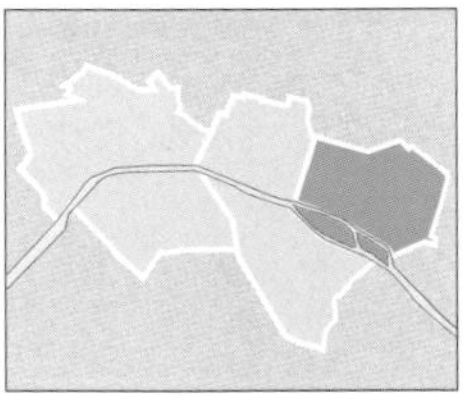

COMMENT Y ALLER
Métro : Châtelet, Hôtel de Ville et Cité sont les trois stations les plus centrales. Bus : plusieurs lignes traversent l'île de la Cité et l'île Saint-Louis. La ligne 47 dessert Beaubourg, la 29 le Marais.

LÉGENDE
▨ Plan pas à pas p. 78-79
▨ Plan pas à pas p. 84-85
Ⓜ Station de métro
▣ Embarcadère du Batobus
Ⓟ Parc de stationnement
RER Station de RER

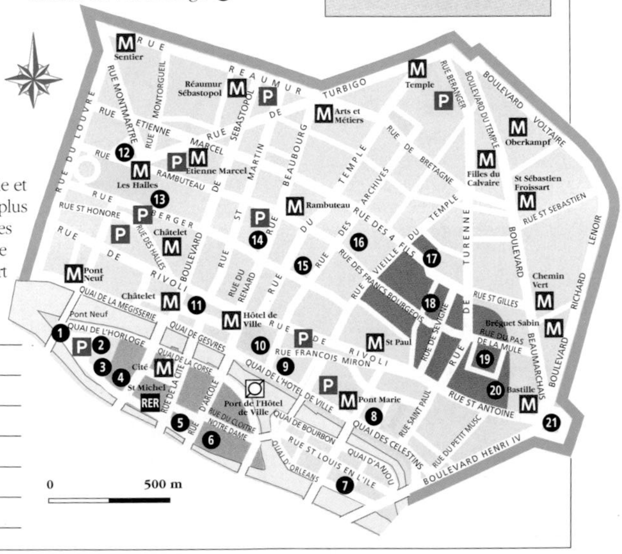

0   500 m

L'île de la Cité pas à pas

Paris prend son origine ici, sur cette île en forme de bateau qu'habitait la tribu celte des Parisii qui lui donna son nom. Lieu de traversée du fleuve et site facile à défendre, l'île abritera dès 52 avant J.-C. le palais des gouverneurs romains, puis celui des rois mérovingiens et plus tard des rois capétiens. Après eux, le Parlement de Paris puis le centre de tous les services judiciaires continueront à y représenter le pouvoir temporel, tandis qu'à l'autre extrémité de l'île, Notre-Dame exerce son rayonnement spirituel sur l'ensemble du quartier.
Toute l'animation se concentre maintenant autour d'elle, et les touristes du monde entier s'y retrouvent, déambulant dans les boutiques de bimbeloterie ou écoutant des musiciens de rue avant de monter au sommet de ses tours.

Vers le Pont-Neuf

★ Conciergerie
Vestige du palais des Capétiens devenu prison, il s'y rattache des souvenirs révolutionnaires ❷

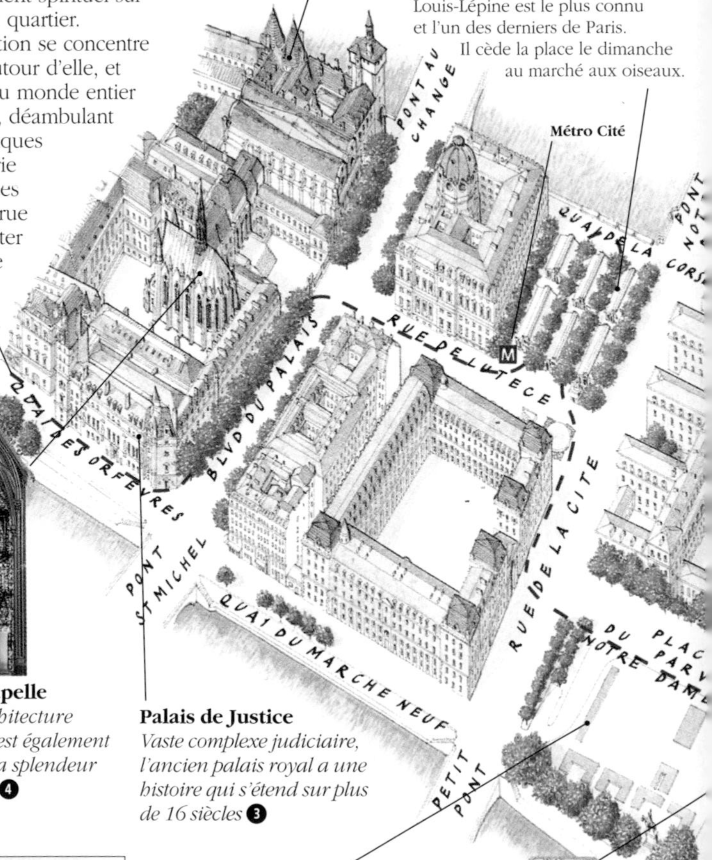

Le marché aux fleurs de la place Louis-Lépine est le plus connu et l'un des derniers de Paris. Il cède la place le dimanche au marché aux oiseaux.

Métro Cité

PONT AU CHANGE

QUAI DE LA CORS

RUE DE LA LUTECE

RUE DE LA CITÉ

DU PLAC PARV NOTRE DAME

QUAI DES ORFÈVRES

BLVD DU PALAIS

PONT ST MICHEL

QUAI DU MARCHÉ NEUF

PETIT PONT

PONT AU DOUB

★ Sainte-Chapelle
Joyau de l'architecture gothique, elle est également réputée pour la splendeur de ses vitraux ❹

Palais de Justice
Vaste complexe judiciaire, l'ancien palais royal a une histoire qui s'étend sur plus de 16 siècles ❸

Le point zéro est le point de départ théorique des routes nationales reliant Paris aux villes de France.

Vers le Quartier latin

À NE PAS MANQUER

★ Notre-Dame

★ Sainte-Chapelle

★ Conciergerie

LÉGENDE

— — — Itinéraire conseillé

CRYPTE DU PARVIS

Crypte archéologique
Le passé du parvis gît là, avec des vestiges étagés jusqu'à 2 000 ans ❺

L'Hôtel-Dieu, vaste hôpital construit de 1866 à 1878, occupe l'emplacement de l'hospice des Enfants trouvés.

PLAN DE SITUATION
Voir Atlas des rues, plans 8, 9

★ **Notre-Dame**
Superbe exemple d'architecture gothique, c'est la « paroisse de l'histoire de France » ❻

Le musée de Notre-Dame retrace les grands moments de l'histoire de la cathédrale.

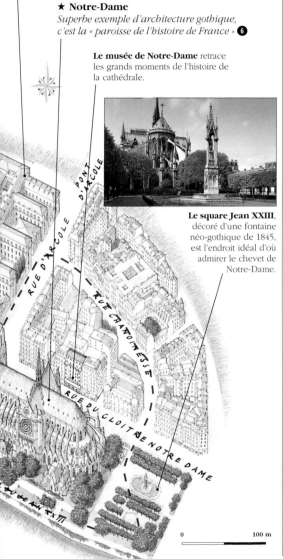

Le square Jean XXIII, décoré d'une fontaine néo-gothique de 1845, est l'endroit idéal d'où admirer le chevet de Notre-Dame.

0   100 m

Le Pont-Neuf

Pont Neuf ❶

75001. **Plan** 8 F3. **M** *Pont-Neuf, Cité.*

Malgré son nom, c'est le plus vieux de Paris. Henri III en posa la première pierre en 1578 et Henri IV l'inaugura en 1607. Long de 278 m et large de 28, c'est aussi le premier pont de pierre sans maisons de la capitale et le premier doté de trottoirs. Entre le pont et le Palais de Justice s'étend la charmante place Dauphine, qu'Henri IV fit aménager en 1607 en l'honneur du dauphin, le futur Louis XIII.

Conciergerie ❷

2, bd du Palais, 75001. **Plan** 9 A3.
C *01 53 40 60 80.* **M** *Cité.*
O *mars-oct. : 9h30-18h ; nov.-fév. : 9h-17h.* **●** *1ᵉʳ janv., 1ᵉʳ mai et 25 déc.*
🖼 📷 *tél. pour horaires.* **📱**
W *www.monum.fr*

Occupant les parties basses du premier palais royal parisien, elle devint en 1391 la première prison de Paris lorsqu'elle accueillit le siège du Parlement et du pouvoir judiciaire. On peut visiter les cellules et salles où, pendant la Révolution, 2 780 condamnés, dont Marie-Antoinette, Danton et Saint-Just, attendirent leur exécution. La salle des Gens d'Armes est un magnifique édifice du XIVᵉ siècle, où 69 piliers portent des voûtes d'ogives. La tour carrée de l'Horloge, portant la première horloge publique de Paris (1371, souvent refaite), et les trois tours rondes dont celle d'Argent, entrepôt du trésor royal, sont également des vestiges du palais primitif.

Palais de Justice : statues allégoriques dans la cour du Mai

Palais de Justice ❸

4, bd du Palais (entrée par la cour du Mai), 75001. **Plan** 9 A3. 📞 *01 44 32 52 52.* Ⓜ *Cité.* 🕐 *lun -ven 8h30-17h.* ● *j. f.* ♿ 🌐 *www.ca-paris.justice.fr*

Le prétoire de Lutèce se dressait déjà sur ce site facile à défendre, d'où les rois mérovingiens puis capétiens exercèrent leur pouvoir. Abandonné en tant que demeure royale au XIVᵉ siècle, le palais, qui est resté le siège de divers organes centraux, fut sans cesse remanié par la suite. La salle des Pas-Perdus, refaite dans l'esprit du XVIIᵉ siècle, est l'héritière de la Grande-Salle, la plus illustre du palais, jadis ornée de statues royales. La Chambre Dorée, rétablie dans le style du XVIᵉ siècle, vit siéger en 1793 le tribunal révolutionnaire, où de nombreux personnages célèbres furent condamnés.

Crypte archéologique ❺

Pl. du Parvis-Notre-Dame, 75004. **Plan** 9 A4. 📞 *01 55 42 50 10.* Ⓜ *Cité.* 🕐 *mar.-dim.10h-18 h.* ● *certains j. f.* ♿ 🌐 www.carnavalet.paris.fr

Protégée par une dalle, la crypte archéologique du parvis de Notre-Dame, longue de près de 120 m, montre, intactes et superposées selon les époques, les substructures de la place : rues et maisons gallo-romaines, tronçon de la première enceinte (IIIᵉ siècle), fondations de la cathédrale mérovingienne Saint-Étienne, et plusieurs constructions du XVIIIᵉ siècle. Des maquettes retracent le développement de la capitale depuis le IIIᵉ siècle avant J.-C., lorsque la tribu celte des Parisii s'installa sur l'île.

Notre-Dame ❻

p. 82-83

Sainte-Chapelle ❹

2, bd du Palais, 75001. **Plan** 9 A3. 📞 *01 53 40 60 80.* Ⓜ *Cité.* 🕐 *mars-oct. : 9h30-18h ; nov.-fév. : 9h-17h.* ● *certains j. f.* ♿ 📷 ✂ 🚻 🌐 www.monum.fr

Ce sanctuaire royal, d'une élégance et d'une grâce aériennes, est considéré comme l'un des chefs-d'œuvre de l'architecture occidentale, et les pèlerins au Moyen Âge en faisaient déjà une porte du paradis. On ne peut manquer d'être séduit par le chatoiement de ses magnifiques verrières, en même temps que fasciné par la légèreté de la frêle armature de pierre qui les sertit.

Louis IX, le futur Saint Louis, fit édifier à partir de 1246 ce monumental reliquaire pour abriter la couronne d'épines du Christ, ainsi qu'un fragment de la Croix (aujourd'hui conservés à Notre-Dame), achetés au XIIIᵉ siècle à l'empereur de Constantinople Baudoin II.

L'édifice comporte deux sanctuaires superposés : la chapelle basse, pour le personnel du palais, et la lumineuse chapelle haute (20,5 m de hauteur de voûte),

Un lumineux joyau de l'architecture gothique

réservée à la famille royale et ses proches, ainsi qu'au collège de chanoines qui y assurait les offices (des concerts de musique classique s'y déroulent chaque soir de mars à octobre). Victime d'une inondation en 1690, endommagée par la Révolution puis transformée en dépôt d'archives, la Sainte-Chapelle fut rénovée dans la seconde moitié du XIXᵉ siècle. Entre les colonnes auxquelles s'adossent les douze apôtre, les 15 verrières comptent 1 134 scènes, dont 720 datent encore du XIIIᵉ siècle. Dans les vitraux d'axe de l'abside, les scènes de la Passion du Christ sont représentées entre les récits de saint Jean-Baptiste et saint Jean l'Évangéliste, tandis que dans la rose occidentale, s'illumine la scène de l'Apocalypse. La dernière baie sud relate l'histoire des reliques ; les autres illustrent les différents livres de la Bible.

Île Saint-Louis ❼

Saint-Louis-en-l'Île, 75004. **Plan** 9B C4. 📞 *01 43 92 33 41.* Ⓜ *Pont Marie, Sully-Morland.* ⭕ *mar.-dim. : 9h-12h et 15h-19h.* ⬤ *j. f.* **Concerts.**

D e l'autre côté du pont Saint-Louis, depuis l'île de la Cité, la petite île Saint-Louis est un havre de rues tranquilles et de quais paisibles. On y trouve restaurants et boutiques de luxe, ainsi que le célèbre glacier Berthillon. La majorité des immeubles et édifices de l'île furent construits dans le style classique du XVIIᵉ siècle.

Louis Le Vau, qui habitait l'île Saint-Louis, dessina les plans de l'église **Saint-Louis-en-l'Île** dont la construction commença en 1664. L'édifice fut achevé et consacré en 1726. L'horloge (1741) et sa flèche en fer ajouré lui donnent une allure très particulière. L'intérieur, d'un baroque lumineux, est orné de marbres et de dorures.

L'église de Saint-Louis-en-l'Île

Il renferme des tableaux du XVIIIᵉ siècle et une statue de saint Louis portant l'épée des croisés ; le saint roi mourut de la peste à Carthage lors de la 8ᵉ croisade.

Hôtel de Sens ❽

1, rue du Figuier, 75004. **Plan** 9 C4. 📞 *01 42 78 14 60.* Ⓜ *Pont Marie.* ⭕ *mar.-sam.13h30 -19h* ⬤ *j. f.* ▨

Occupé par la bibliothèque Forney consacrée aux arts, il fait partie des rares édifices civils datant du Moyen Âge encore debout à Paris.

Saint-Gervais-Saint-Protais ❾

Pl. Saint-Gervais, 75004. **Plan** 9 B3. 📞 *01 48 87 32 02.* Ⓜ *Hôtel de Ville.* ⭕ *t.l.j. 17h30- 22h t.l.j.* **Concerts d'orgues**.

Commencée à la fin du XVᵉ siècle, cette église possède une façade classique où, pour la première fois à Paris, se superposaient les ordres dorique, ionique et corinthien. L'intérieur gothique est orné de l'orgue de l'illustre dynastie des Couperin. La rue François-Miron, à côté, conserve de belles maisons du XVIIIᵉ siècle (nᵒˢ 2 à 14) et du Moyen Âge (nᵒ 17) ; celle du nᵒ 44, de 1585, possède un superbe cellier gothique. Le mémorial du Martyr juif inconnu est à côté.

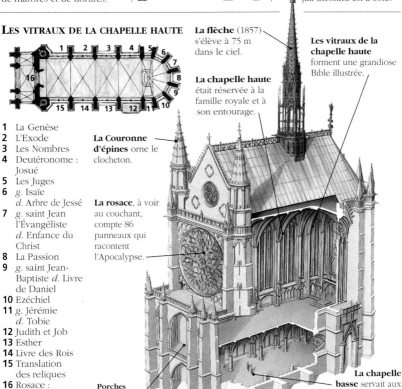

LES VITRAUX DE LA CHAPELLE HAUTE

1 La Genèse
2 L'Exode
3 Les Nombres
4 Deutéronome : Josué
5 Les Juges
   d. Arbre de Jessé
6 *g.* Isaïe
7 *g.* saint Jean l'Évangéliste
   d. Enfance du Christ
8 La Passion
9 *g.* saint Jean-Baptiste *d.* Livre de Daniel
10 Ezéchiel
11 *g.* Jérémie
    d. Tobie
12 Judith et Job
13 Esther
14 Livre des Rois
15 Translation des reliques
16 Rosace : l'Apocalypse

La flèche (1857) s'élève à 75 m dans le ciel.

La chapelle haute était réservée à la famille royale et à son entourage.

Les vitraux de la chapelle haute forment une grandiose Bible illustrée.

La Couronne d'épines orne le clocheton.

La rosace, à voir au couchant, compte 86 panneaux qui racontent l'Apocalypse.

Porches de l'entrée

La chapelle basse servait aux gens du commun.

Notre-Dame ❻

Aucun autre édifice n'est autant associé à l'histoire de Paris que cette majestueuse cathédrale. L'évêque Maurice de Sully est à l'origine de sa construction qui débuta en 1163, et, durant 170 ans, architectes, manœuvres et compagnons tailleurs de pierres se succédèrent sur les échafaudages. En 1330 environ, ce chef-d'œuvre d'architecture gothique était pour l'essentiel achevé, harmonieux en dépit de ses dimensions grâce à l'équilibre de ses proportions. Transformé en temple de la Raison pendant la Révolution, puis rendu au culte par Napoléon en 1804, il dut être entièrement restauré au XIXe siècle par Viollet-le-Duc.

★ Façade ouest
Elle se divise en trois étages distincts, aux proportions harmonieuses.

La tour sud, haute de 69 m (387 marches), abrite le célèbre bourdon de 13 t et des sculptures.

★ Galerie des chimères
Viollet-le-Duc dessina les animaux monstrueux perchés sur la galerie qui réunit les tours.

★ Rosace ouest
Large de 9,60 m et refaite au XIXe siècle, elle est consacrée à la Vierge.

À NE PAS MANQUER

★ Façade ouest

★ Arcs-boutants

★ Rosaces
   ouest et sud

★ Galerie des
   chimères

La galerie des Rois de Juda présente les 28 ancêtres du Christ.

Portail de la Vierge
Ses sculptures du XIIIe siècle forment une remarquable composition.

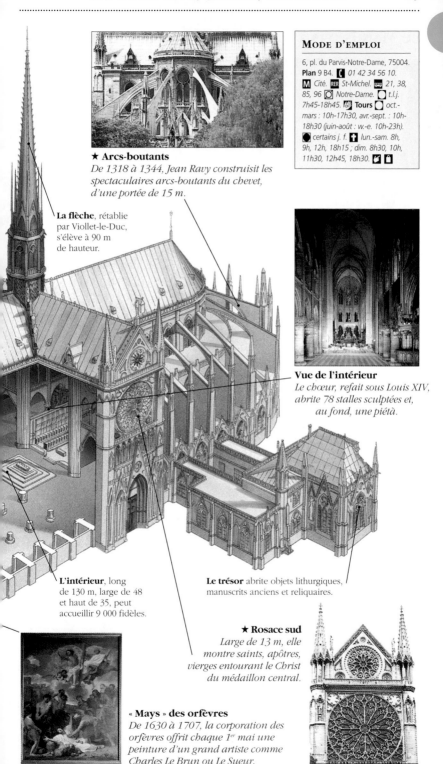

★ Arcs-boutants
De 1318 à 1344, Jean Ravy construisit les spectaculaires arcs-boutants du chevet, d'une portée de 15 m.

MODE D'EMPLOI

6, pl. du Parvis-Notre-Dame, 75004. **Plan** 9 B4. 01 42 34 56 10. Cité. RER St-Michel. 21, 38, 85, 96 Notre-Dame. t.l.j. 7h45-18h45. **Tours** oct.-mars : 10h-17h30, avr.-sept. : 10h-18h30 (juin-août : w.-e. 10h-23h). certains j. f. lun.-sam. 8h, 9h, 12h, 18h15 ; dim. 8h30, 10h, 11h30, 12h45, 18h30.

La flèche, rétablie par Viollet-le-Duc, s'élève à 90 m de hauteur.

Vue de l'intérieur
Le chœur, refait sous Louis XIV, abrite 78 stalles sculptées et, au fond, une piétà.

L'intérieur, long de 130 m, large de 48 et haut de 35, peut accueillir 9 000 fidèles.

Le trésor abrite objets lithurgiques, manuscrits anciens et reliquaires.

★ Rosace sud
Large de 13 m, elle montre saints, apôtres, vierges entourant le Christ du médaillon central.

« Mays » des orfèvres
De 1630 à 1707, la corporation des orfèvres offrit chaque 1er mai une peinture d'un grand artiste comme Charles Le Brun ou Le Sueur.

Le Marais pas à pas

C'est au XIIe siècle qu'en ces lieux, voués aux cultures maraîchères, s'établit un prieuré de l'ordre du Temple, bientôt suivi par divers ordres religieux. Charles V s'installe lui-même, au XIVe siècle, en l'hôtel Saint-Pol, mais c'est en 1605 que commence l'âge d'or avec le projet de place Royale lancé par Henri IV. Ses somptueux hôtels abritent désormais des musées, alors que le long des rues alternent restaurants et boutiques de mode ou de design.

Vers le Centre Pompidou

★ **Musée Picasso**
L'ancien hôtel Salé, du XVIIe siècle, abrite la plus riche collection au monde d'œuvres de Picasso **17**

Aujourd'hui très animée, la **rue des Francs-Bourgeois** tient son nom d'une maison qui, au XIVe siècle, y accueillait les pauvres (francs d'impôts).

Le musée Cognacq-Jay présente une collection raffinée de peintures et mobilier du XVIIIe siècle.

L'hôtel de Lamoignon (1584) abrite la bibliothèque historique de la Ville de Paris.

Cœur du quartier juif, la **rue des Rosiers**, très vivante, est bordée de boutiques et restaurants où l'on trouve les meilleures spécialités juives ou d'Europe centrale.

★ **Musée Carnavalet**
Superbe exemple d'architecture civile de la Renaissance et du XVIIe siècle, il est consacré à l'histoire de Paris **18**

★ Place des Vosges
Paisible et harmonieuse, elle occupe le site où Henri II trouva la mort dans un tournoi **19**

ÎLE DE LA CITÉ, MARAIS ET BEAUBOURG

OPÉRA, CONCORDE, LOUVRE

RIVE GAUCHE

Seine

PLAN DE SITUATION
Voir Atlas des rues, plans 9, 10

Maison de Victor Hugo
Le nº 6 de place des Vosges, où vécut l'auteur des Misérables, *abrite aujourd'hui son musée* **20**

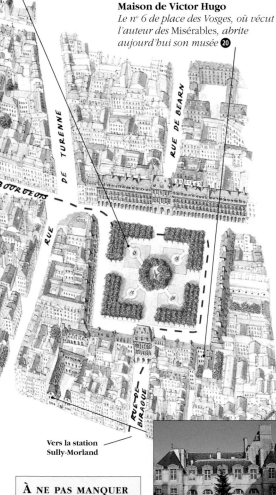

RUE DE TURENNE

RUE DE BEARN

BOURGEOIS

RUE

RUE DE BIRAGUE

Vers la station
Sully-Morland

À NE PAS MANQUER

★ **Musée Picasso**

★ **Musée Carnavalet**

★ **Place des Vosges**

L'hôtel de Sully est le siège de la Caisse Nationale des Monuments Historiques.

Hôtel de Ville **10**

4, pl. de l'Hôtel-de-Ville, 75004. **Plan** 9 B3. ☎ *01 42 76 50 49.* Ⓜ *Hôtel-de-Ville.* ⏰ *rés. 1 sem. à l'avance pour indiv., 2-3 mois pour groupes.* ⏰ *j. f. et manifestations officielles.* ♿

C'est une reconstruction agrandie (1882) d'un édifice achevé au XVIIe siècle, remanié sous Louis-Philippe et incendié en 1871. De style pompier, avec sculptures et tourelles, il domine une vaste place piétonne, l'ancienne place de Grève, haut lieu des grandes manifestations de l'histoire de la capitale.

La tour Saint-Jacques (XVIe siècle)

Tour Saint-Jacques **11**

Square de la Tour Saint-Jacques, 75004. **Plan** 9 A3. Ⓜ *Châtelet.* **Fermée** au public.

Cette belle tour gothique est l'unique vestige d'une église, héritière de celle où se retrouvaient les pèlerins de Compostelle, élevée en 1523 et démolie en 1797. Blaise Pascal (1623-1662), philosophe, mathématicien, physicien et écrivain, s'y livra à des expériences barométriques, et une statue à sa mémoire se dresse au rez-de-chaussée. Dans le square, stèle à la mémoire de Gérard de Nerval, qui se pendit au voisinage en 1855.

Saint-Eustache ⓬

Pl. du Jour, 75001. **Plan** 9 A1.
📞 01 42 36 31 05. Ⓜ Les Halles.
🚇 Châtelet-Les Halles. ⏰ t.l.j.
✝ lun.-ven. 12h30, lun.-sam.18h,
dim. 9h30, 11h, 18h. ♿ **Concerts.**

C onstruite entre 1532 et
1637, cette église où
l'ossature, encore gothique, se
marie à un décor Renaissance,
est l'une des plus belles de
Paris. Son plan s'inspire de
celui de Notre-Dame. Les
vitraux du chœur auraient été
réalisés d'après des cartons
de Philippe de Champaigne.
Richelieu et la future
Mᵐᵉ de Pompadoury furent
baptisés, Louis XIV y fit
sa première communion,
Lully s'y maria et La Fontaine,
Colbert, Rameau et Mirabeau
y furent enterrés. Molière fut
également enterré à Saint-
Eustache mais la messe des
morts fut dite pour le tapissier
Jean-Baptiste Poquelin car le
comédien n'y avait pas droit.
Berlioz y présenta pour la
première fois son *Te Deum*
en 1855 et Liszt sa *Messe
solennelle* en 1866. L'orgue
(8 000 tuyaux, 101 jeux), doté
de commandes électroniques,
est célèbre.

Forum des Halles ⓭

75001. **Plan** 13 A2. Ⓜ Les Halles.
🚇 Châtelet-Les-Halles.

L e Forum des Halles, plus
connu sous le nom « les
Halles », a été édifié en 1979
sur le site du fameux marché
de gros de fruits et légumes
de Paris, déclenchant une
importante polémique. Il
devrait connaître dans le futur
d'importantes transformations.
Le Forum s'étend aujourd'hui
sur 7 ha avec quatre niveaux
en sous-sol occupés par plus
de 160 boutiques chic ou
grands magasins, ainsi qu'un
Espace créateurs. Des jardins
bien entretenus s'étendent
au-dessus. À l'extérieur, un
élégant bâtiment de verre et
de métal abrite le Pavillon
des Arts, dédié à l'Art
contemporain, le Forum
des Images, le centre « les
Halles - le Marais », un cinéma
et une piscine olympique.

L'Écoute, statue par Henri de
Miller devant Saint-Eustache

Centre Georges-Pompidou ⓮

p. 88-89.

Musée d'Art et d'Histoire du Judaïsme ⓯

Hôtel de Saint-Aignan, 71, rue du
Temple, 75003. **Plan** 13 B2.
📞 01 53 01 86 53. Ⓜ Rambuteau.
⏰ lun.-ven.11h-18h, dim. 10h-18h.
⬤ certaines fêtes juives.et certains j. f.
♿ ⌀ 📷 Ⓦ www.mahj.org

L e musée installé dans
l'élégant hôtel de Saint-
Aignan dans le Marais,
rassemble des collections
auparavant dispersées dans
plusieurs musées parisiens.
Celles-ci présentent
l'histoire du judaïsme
français depuis le
Moyen Âge jusqu'à
nos jours. On y apprend
notamment la présence
d'une importante
communauté juive
à Paris dès l'époque
romaine. De nombreux
objets de culte (torahs
magnifiquement reliées,
chandeliers en argent
finement travaillés),
destinés à être utilisés
aussi bien à la maison
qu' à la synagogue,
sont exposés. Photos,
tableaux et documents
historiques, complètent
sur l'affaire Dreyfus,
complètent la visite.

Hôtel de Soubise ⓰

60, rue des Francs-Bourgeois, 75003.
Plan 9 C2. 📞 01 40 27 60 96.
Ⓜ Rambuteau. ⏰ lun.-ven.
10h-12h30 et 14h-17h30 (sauf mar.) ;
sam. et dim. 14h-17h30.
⬤ j. f. 📷 Ⓦ www.
archivesnationales.culture.gouv.fr

C ette imposante demeure,
réaménagée entre 1705
et 1709 pour la princesse
Soubise, fait partie depuis
1810, comme l'hôtel de Rohan,
de l'ensemble des Archives
nationales. De 1735 à 1740, de
célèbres artistes travaillèrent à
la réfection des appartements
sous la direction de Germain
Boffrand. On peut y admirer
la chambre de la princesse
et le salon ovale, de style
rocaille, décoré par Natoire.
Le département culturel
organise concerts, conférences
et expositions temporaires,

Musée Picasso ⓱

Hôtel Salé, rue de Thorigny, 75003.
Plan 10 D2. 📞 01 42 71 25 21.
Ⓜ Saint-Sébastien-Froissart, St-Paul.
⏰ avr.-sept. : mer.-lun. 9h30-18h ;
oct.-mars : mer.-lun. 9h-30-17h30.
⬤ 1ᵉʳ janv., 25 déc. 📷 ♿
🎧 📷 Ⓦ www.musee-picasso.fr

O uvert en 1985, il occupe
l'hôtel Salé, somptueuse
demeure construite en 1656
pour Aubert de Fontenay,
le fermier des gabelles
(percepteur des impôts sur
le sel). C'est une collection
unique au monde, constituée

La Lecture (1932), portrait du modèle
Marie-Thérèse Walter par Pablo Picasso

au départ par 203 peintures, 158 sculptures, 16 papiers collés, 29 tableaux reliefs, 83 céramiques et quelque 3 000 dessins et estampes reçus en paiement des droits de succession à la mort de Pablo Picasso (1881-1973) et choisis parmi les meilleurs grâce à la générosité des héritiers. D'autres donations et des acquisitions ont enrichi ce fonds qui permet de suivre tout le parcours du peintre, notamment ses périodes bleue, rose et cubiste.

À ne pas manquer, son *Autoportrait bleu* peint à l'âge de 21 ans, les études pour *Les Demoiselles d'Avignon*, la *Nature morte à la chaise cannée*, *La Flûte de Pan* et la *Crucifixion*.

Le musée comprend en outre des œuvres de sa collection privée, dues notamment aux peintres Rousseau, Renoir, Cézanne, Braque, Balthus, Miró et Matisse.

Superbe plafond peint au
XVIIᵉ siècle par Charles Le Brun

Musée Carnavalet ⑱

23, rue de Sévigné, 75003. **Plan** 10 D3. 📞 *01 44 59 58 58.* Ⓜ *Saint-Paul.* ⏰ *mar.-dim. 10h-18h (les salles ouvrent en alternance, tél. avant).* ⚫ *certains j. f.* 🈁 📷 📹 🚫 🅆 *www.carnavalet.paris.fr*

Ce vaste musée, situé dans deux hôtels attenants, évoque l'histoire de Paris depuis l'époque romaine. Des reconstitutions de pièces entières, avec leur décoration d'époque, retracent en outre l'évolution des intérieurs parisiens du règne d'Henri IV au début du XXᵉ siècle.

L'hôtel Carnavalet fut construit en 1545 par Nicolas Dupuis. Madame de Sévigné y vécut de 1677 à 1696 et y écrivit nombre de ses *Lettres*. L'exposition consacrée au XVIIᵉ siècle comprend des objets lui ayant appartenu.

Édifié au XVIIᵉ siècle, l'hôtel Le Peletier de Saint-Fargeau, ouvert en 1989, présente des intérieurs du début du XXᵉ siècle, notamment celui de Marcel Proust et des objets de la Révolution et de l'époque napoléonienne. Un département est consacré à la préhistoire et au Paris gallo-romain. On y voit des pirogues mises au jour en 1989 lors de fouilles dans le parc de Bercy.

Place des Vosges ⑲

75003, 75004. **Plan** 10 D3. Ⓜ *Bastille, Saint-Paul.*

Dessinée en 1605 sur ordre d'Henri IV, inaugurée dès 1612, c'est l'une des plus belles places du monde ; 36 pavillons sur arcades, 9 de chaque côté, construits en brique et en pierre, lui donnent une symétrie à laquelle les toitures pyramidales d'ardoises évitent toute monotonie.

Madame de Sévigné est née en 1626 au n° 1 bis, à côté du pavillon du Roi ; Bossuet habita au n° 17; Alphonse Daudet au n° 21; Théophile Gautier au n° 7.

Maison de Victor Hugo ⑳

6, pl. des Vosges, 75004. **Plan** 10 D4. 📞 *01 42 72 10 16.* Ⓜ *Bastille, Chemin-Vert.* ⏰ *mar.-dim. 10h-18h.* ⚫ *j. f.* 🈁 📚 *bibliothèque (sur r. v.).*

Le célèbre poète, dramaturge et romancier habita pendant seize ans, de 1832 à 1848, dans un appartement de 280 m² au 2ᵉ étage de l'hôtel de Rohan-Guéménée, qui se dresse au sud-ouest de la place. Ce fut là, entouré de sa femme Adèle et de leurs quatre enfants, qu'il écrivit une grande partie des *Misérables* et qu'il acheva nombre de ses œuvres célèbres. La demeure, tranformée en musée en 1902, à l'occasion du centenaire de la naissance de l'écrivain, présente aujourd'hui une reconstitution des pièces où il vécut, notamment son bureau et la chambre où il s'éteignit en 1885.

Livres, photos et souvenirs évoquent les moments les plus importants de sa vie, de son enfance à son retour d'exil.

Buste en marbre de Victor
Hugo par Auguste Rodin

Place de la Bastille ㉑

75004. **Plan** 10 E4. Ⓜ *Bastille.*

En dehors d'une ligne de pavés, du n° 5 au n° 49 du boulevard Henri-IV, qui dessine le tracé de ses courtines, il ne reste rien de la prison mise à sac le 14 juillet 1789.

Au centre de la place, la colonne de Juillet rappelle le sacrifice des victimes de la révolution de 1830. Au sud, l'**Opéra National Bastille** (1989) peut accueillir 2 735 spectateurs.

Le Génie de la Liberté au sommet
de la colonne de Juillet

Centre Pompidou 🄯

Projet audacieux, le Centre Pompidou, inauguré en 1977, est à la fois musée, bibliothèque, salle de spectacle, maison de la culture grand format et Institut de Recherche musical (Ircam). Le président Pompidou souhaitait, grâce à cette réalisation, réconcilier le grand public avec la création artistique contemporaine. Les architectes Piano, Franchini et Rogers ont servi ses intentions en rejetant à l'extérieur ascenseurs, conduites et même ossature, dégageant à l'intérieur des surfaces modulables et offrant de nombreuses possibilités d'animation. Des millions de visiteurs sont devenus des familiers de l'étonnante structure transparente.

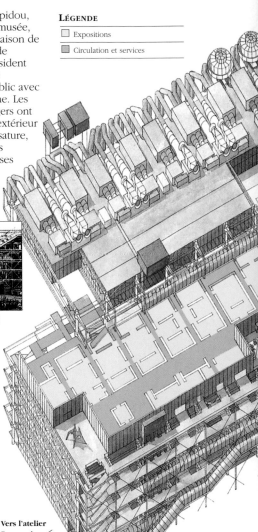

LÉGENDE

☐ Expositions

☐ Circulation et services

Assemblage de verre et d'acier achevé en 1977, le Centre Pompidou, souvent appelé simplement « Beaubourg », attire près de six millions de visiteurs par an.

Mobile sur deux plans
(1955) Les mouvements que leur imprime l'air donnent toute leur poésie aux mobiles d'Alexander Calder.

Vers l'atelier Brancusi ↙

SUIVEZ LE GUIDE !

Les collections permanentes sont situées au 4e et au 5e étage : le premier abrite des œuvres de 1905 à 1960, le second des travaux d'art contemporain. Les expositions temporaires ont lieu au 1er et au 6e étage, la bibliothèque occupe le 1er, le 2e et le 3e étage. Le « Forum » se tient aux étages inférieurs. Cet espace public abrite une salle de spectacle, deux cinémas et un atelier pour les enfants.

Tristesse du roi *(1952)*
Vers la fin de sa vie, Matisse réalisa de nombreux collages de grands papiers découpés.

Portrait de la journaliste Sylvia von Harden *(1926)*
Le style impitoyable d'Otto Dix tourne presque à la caricature.

Le Duo *(1937)*
Comme Picasso, Georges Braque développa la technique du cubisme où plusieurs vues d'un sujet unique sont présentées sur la même toile.

MODE D'EMPLOI

Centre national d'Art et de Culture Georges-Pompidou, 75004.
Plan 9 B2. ☎ 01 44 78 12 33.
Ⓜ Rambuteau, Châtelet, Hôtel-de-Ville. RER Châtelet-Les Halles.
🚌 21, 29, 38, 47, 58, 69, 70, 72, 74, 75, 76, 81, 85, 96. 🅿 Centre Pompidou. **Centre Pompidou** ⭘ mer.-lun.11h-21h. ⬤ 1ᵉʳ mai.
Bibliothèque ⭘ mer.-lun. 12h-22h, sam.-dim. 11h-22h. **Atelier Brancusi** ⭘ mer.-lun.14h-18h.
Ⓦ www.centrepompidou.fr

Escalier et Jardin de sculptures

Avec l'Arc noir *(1912)*
Wassily Kandinsky fut l'un des précurseurs de l'art abstrait, mouvement artistique majeur du xxᵉ siècle.

Fontaine de Stravinsky
Inaugurée en 1983, cette fontaine se dresse sur la place Igor-Stravinsky, à côté du Centre Pompidou. Elle fut imaginée par les sculpteurs Jean Tinguely et Niki de Saint-Phalle, artistes exposés au centre.

L'ATELIER BRANCUSI

L'artiste roumain Constantin Brancusi (1876-1957) s'installa à Paris à l'âge de 28 ans, et à sa mort, l'État français hérita du contenu de son atelier. La collection comprend 200 sculptures, 1 600 photographies montrées dans des expositions tournantes et les outils de Brancusi. La reconstitution de l'atelier, qui donne sur la Piazza du centre, a été dirigée par Renzo Piano. Les volumes intérieurs d'origine ont été respectés, et un circuit périphérique est prévu pour les visites. Un petit jardin agrémente l'édifice où cet atelier a pris place.

L'atelier Brancusi créé par Renzo Piano

OPÉRA, CONCORDE, LOUVRE

La ville dans ce triangle magique joue les stars internationales, s'affiche avec ostentation et proclame son luxe. Retravaillé par le Second Empire, le cadre urbain lui offre le décor nécessaire, avec ses immeubles haussmanniens exprimant l'opulence des banques, le standing des hôtels ou la richesse des grands magasins.

L'avenue de l'Opéra, axe du quartier, relie Paris à la planète et la planète à Paris : les compagnies aériennes du monde ont ici boutique, les pays étrangers leur office de tourisme ; et les agences de voyages proposent aussi bien les Tropiques que le tour de la capitale en bus avec commentaire en japonais. Foulards de soie dehors, chapelets de cartes postales virevoltant, les *duty free shops* de la rue Saint-Honoré, de la rue de Rivoli ou d'ailleurs se disputent

Statue lampadaire de l'Opéra

l'attention des étrangers, côtoyant sans complexe les devantures chic et chères. Car ici s'étend aussi le domaine du commerce de luxe : de la joaillerie de la place Vendôme aux grands magasins du boulevard Haussmann en passant par le prêt-à-porter de la rue Tronchet et l'alimentation de la place de la Madeleine. Rénové, agrandi, enrichi, le Louvre, qui peut désormais revendiquer le titre de plus grand musée du monde, n'hésite pas à intégrer lui-même ces activités marchandes dans le superbe complexe souterrain aménagé sous sa transparente pyramide.

Sous des apparences moins commerçantes, c'est encore d'argent qu'il est question à l'autre bout du quartier, là où, à l'abri de façades moins exubérantes, travaillent les employés des grandes banques, les gens de Bourse et les financiers discrets de la Banque de France.

LE QUARTIER D'UN COUP D'ŒIL

Musées
Galerie nationale
   du Jeu de Paume **6**
Grévin **3**
Musée de l'Orangerie **8**
Musée des
   Arts décoratifs **11**
Musée du Louvre p. 96-99 **14**

Églises
Madeleine **1**
Saint-Roch **10**

Places et jardins
Jardin des Tuileries **9**
Place de la Concorde **7**
Place Vendôme **5**

Monuments
Arc de triomphe
   du Carrousel **12**

Bâtiments historiques
Opéra Garnier **2**
Palais-Royal **13**

Boutiques
Les Passages **4**

COMMENT Y ALLER
De nombreuses stations de métro, notamment Concorde, Madeleine, Palais-Royal-Musée du Louvre et Opéra, desservent le quartier. Les bus 24 et 72 empruntent les quais des Tuileries et du Louvre ; les lignes 21, 27 et 29 passent par l'avenue de l'Opéra. Le 22 et le 53 ont leur terminus à l'Opéra.

LÉGENDE
	Plan pas à pas *p. 92-93*
M	Station de métro
P	Parc de stationnement
i	Information touristique

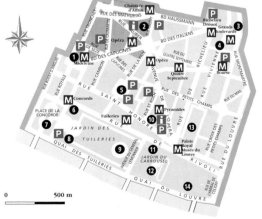

0   500 m

Le quartier de l'Opéra pas à pas

Il suffit, dit-on, de rester à la terrasse du Café de la Paix pour voir passer le monde entier. Clients des boutiques chic et des grands magasins, banquiers et hommes d'affaires s'y mêlent aux touristes venus du monde entier pour visiter la ville-lumière. Le soir, le public des cinémas, des théâtres et de l'Opéra Garnier accourent dans les cafés et les restaurants des grands boulevards.

L'Harmonie, à l'attique de l'Opéra

★ **Opéra Garnier**
Cet édifice datant de 1875 où se mêlent tous les styles est devenu le symbole de l'opulence du Second Empire ❷

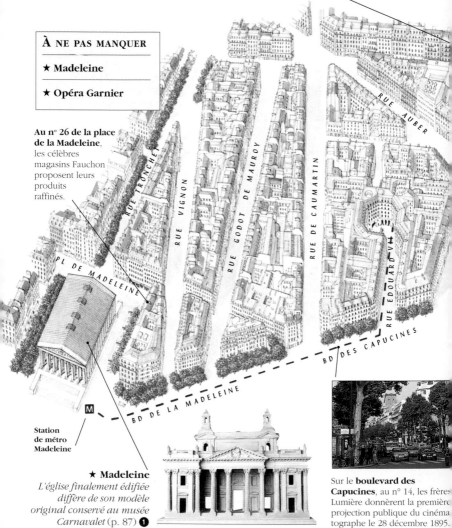

À NE PAS MANQUER

★ **Madeleine**

★ **Opéra Garnier**

Au n° 26 de la place de la Madeleine, les célèbres magasins Fauchon proposent leurs produits raffinés.

RUE TRONCHET
RUE VIGNON
RUE GODOT DE MAUROY
RUE DE CAUMARTIN
RUE AUBER
RUE EDOUARD VII
PL DE MADELEINE
BD DES CAPUCINES
BD DE LA MADELEINE

M **Station de métro Madeleine**

★ **Madeleine**
L'église finalement édifiée diffère de son modèle original conservé au musée Carnavalet (p. 87) ❶

Sur le **boulevard des Capucines**, au n° 14, les frères Lumière donnèrent la première projection publique du cinématographe le 28 décembre 1895.

CARTE DE SITUATION
*Voir Atlas des rues,
plans 4, 7, 8*

**Le musée de
l'Opéra** retrace
l'histoire de
l'Opéra Garnier.
Des souvenirs,
comme les
chaussons de
danse de Nijinsky,
évoquent les
artistes qui s'y
produisirent.

**La place
de l'Opéra**,
œuvre du baron
Haussmann, est un des
carrefours de Paris à la
circulation la plus dense.

LÉGENDE

— — — Itinéraire conseillé

0   100 m

Le Ravissement de sainte Marie-Madeleine, par Carlo Marochetti.

Madeleine ❶

Pl de la Madeleine, 75008. **Plan** 3
C5. 📞 01 44 51 69 00.
Ⓜ *Madeleine.* ⏰ *t.l.j.* 9h-19h. 📷
Concerts.

C ommencée en 1764, la
construction de l'édifice
est suspendue à la Révolution
avant d'être reprise sous
Napoléon, qui voulait en faire
un monuments dédié à
ses armées, ce qui lui
vaut son péristyle de
colonnes corinthiennes,
l'église Sainte-Marie-
Madeleine, rendue à
sa destination première
sous la Restauration,
fut consacrée en 1845.
Ses massives portes
de bronze sculptées
ouvrent sur un intérieur
sompteux et d'une
grande homogénéité
décorative. L'orgue,
par Cavaillé-Coll (1846),
est un instrument réputé.

Opéra Garnier ❷

Pl. de l'Opéra, 75009. **Plan** 4 D4.
📞 0892 89 90 90. Ⓜ *Opéra.*
⏰ *t.l.j.* 10h-17h. ⏺ *j. f. et spectacles*
📷 ✦ 🌐 www.operadeparis.fr

S ymbole même du style
Napoléon III, ce théâtre
(p. 58-59) à l'architecture
baroque foisonnante conçue
par Charles Garnier, fut
construit de 1861 à 1875.
Le Grand Escalier rococo
conduit du vestibule à la salle
de spectacle (1 971 places),
aux galeries et salons, ainsi
qu'au Grand Foyer, qui a
retrouvé sa décoration
d'origine après restauration.
Glaces, mosaïques, peintures
et sculptures contribuent à

la somptuosité du décor.
Chagall s'inspira en 1964
de quatorze opéras et ballets
pour peindre le plafond
qui orne la salle de spectacle.

Grévin ❸

10, bd Montmartre, 75009. **Plan** 4
F4. 📞 01 47 70 85 05. Ⓜ *Grands
Boulevards.* ⏰ *lun.-ven.*10h-18h30
(jusqu'à 19h sam. et dim.). ✦
📷 🌐 www.grevin.fr

F ondé en 1882,
ce musée de
personnages de
cire rassemble des
reconstitutions
historiques et près
de 300 mannequins
de personnalités
contemporaines
marquantes du sport,
du cinéma ou encore
de la politique.
Le musée abrite en
outre un théâtre et un
spectacle son et lumière dans
le Palais des Mirages (1908).

**Enseigne
du Grévin**

Les Passages ❹

75002. **Plan** 4 F5. Ⓜ *Bourse.*

C es passages commerçants
se multiplièrent sur la
rive droite au début du
XIXe siècle. Haussmann en
épargna une trentaine, qui
abritent toujours des
boutiques parfois insolites.
Les plus pittoresques sont le
passage Jouffroy, le long du
Grévin, le passage Verdeau
et le passage des Panoramas,
en face du musée. Derrière
la Bibliothèque Nationale,
la galerie Vivienne s'offre
une nouvelle jeunesse avec
la boutique de Jean-Paul
Gaultier.

Place Vendôme ❺

75001. **Plan** 8 D1. **M** *Tuileries.*

Cette superbe place octogonale a gardé l'aspect que lui donna Jules Hardouin-Mansart pour mettre en valeur une statue équestre de Louis XIV (fondue pendant la Révolution), que Napoléon remplaça par une colonne à la gloire de la Grande Armée. Ses boutiques abritent grands joailliers, fourreurs, maisons de haute couture et banques. Frédéric Chopin mourut au n° 12 en 1849 ; au n°15, le célèbre hôtel Ritz, l'un des plus luxueux de Paris, créé en 1898, conserve la décoration intérieure du XVIIIe siècle.

Jeu de Paume ❻

Jardin des Tuileries, 1, pl. de la Concorde, 75008. **Plan** 7 C1. **C** *01 47 03 12 50/52.* **M** *Concorde.* ⬤ *mar. 12h-21h, mer.-ven. 12h-19h, sam.-dim. 10h-19h.* ⬤ *1er janv., 1er mai, 25 déc.* 🖩🅱🚻🚹 **W** *www.jeudepaume.org*

Construit sous Napoléon III, le bâtiment du Jeu de Paume fut transformé en musée au début du XXe siècle, puis accueillit une importante collection impressionniste en 1947. Il abrite désormais une institution dédiée à la photographie et à l'image.

Place de la Concorde ❼

75008. **Plan** 7 C1. **M** *Concorde.*

Occupant huit hectares au centre de Paris, offrant plusieurs perspectives et dessinée comme un jardin à la française par Jacques Ange Gabriel qui la borda au nord de palais néo-classiques (les actuels ministère de la Marine, à droite, et hôtel de Crillon, à gauche), c'est l'une des plus majestueuses places

L'obélisque de Louxor, vieux de 3 200 ans

La série des *Nymphéas* de Monet est exposée au musée de l'Orangerie

d'Europe. Elle fut inaugurée en 1763 sous le nom de place Louis XV et la statue du roi se dressa en son centre jusqu'en 1792, année où elle devint la place de la Révolution et le lieu des exécutions capitales. Louis XVI, Marie-Antoinette, Danton, Robespierre et beaucoup d'autres y périrent par la guillotine. Rebaptisée place de la Concorde en 1795, place Louis XV en 1814, place Louis XVI en 1823 et place de la Charte en 1830, elle dut attendre que Louis-Philippe lui rende son nom actuel pour cesser d'éveiller les passions. Hittorff, chargé de son remodelage, respecta les proportions créées par son prédécesseur lorsqu'il dressa à partir de 1835 les huit statues des grandes villes de France, les lampadaires et les majestueuses fontaines, imitant celles de la place Saint-Pierre à Rome, qui entourent l'obélisque de Louxor. Celui-ci, donné par Méhémet-Ali, provient du temple égyptien de Ramsès II (XIIIe siècle avant J.-C.) et les gravures de son piédestal relatent les péripéties de son installation au centre de la place actuelle.

Musée de l'Orangerie ❽

Jardin des Tuileries, 75001. **Plan** 7 C1. **M** *Concorde.* ⬤ *mer.-lun.* ⬤ *certains j. f.* 🖩🚻🅱🚹 **W** *www.musee-orangerie.fr*

Ce musée expose dans ses salles du rez-de-chaussée l'œuvre qui couronna la carrière de Claude Monet : le grand ensemble mural des *Nymphéas*, inspiré de son jardin de Giverny.
La remarquable collection Walter-Guillaume la complète parfaitement. Cette réunion de chefs-d'œuvre de l'école de Paris produits entre la fin de l'ère impressionniste et l'entre-deux-guerres ne compte pas moins de 14 Cézanne, dont *Dans le Parc du Château Noir*, et 24 Renoir, notamment *Les Jeunes Filles au piano*.
Le musée présente en outre des toiles de Picasso, de Soutine, du Douanier Rousseau (*La Carriole du père Junier*), de Matisse, d'Utrillo et de Modigliani.

Jardin des Tuileries ❾

75001. **Plan** 8 D1. **M** *Tuileries, Concorde.* ⬤ *avr.-sept : t.l.j. 7h30-19h30 ; oct.-mars : t.l.j. 7h-21h.*

Créé en 1564, en même temps que le palais aujourd'hui détruit, il fait partie du vaste espace planté d'arbres qui s'étend du Louvre au Grand Palais et au rond-point des Champs-Élysées. André Le Nôtre, jardinier de Louis XIV, en fit en 1664 un chef-d'œuvre classique. Sa terrasse du Bord de l'Eau, est une agréable promenade dominant la Seine.

Saint-Roch **⓾**

296, rue Saint-Honoré, 75001. **Plan** 8 E1. **C** 01 42 44 13 20. **M** Tuileries. **O** t.l.j. 8h30-19h. **📷** **Concerts.**

Les Colonnes de Buren, dans la cour du Palais-Royal

L ouis XIV posa en 1653 la première pierre de cette immense église dessinée par Jacques Lemercier, l'un des architectes du Louvre. De nombreuses œuvres d'art provenant de couvents et d'églises disparus décorent ce cadre majestueux que fréquentèrent d'illustres personnages et où reposent Pierre Corneille, André Le Nôtre et Denis Diderot.

Saint Denis prêchant en Gaule (1767) par J.-M. Vien, à Saint-Roch

Musée des Arts décoratifs **⓫**

Les Arts décoratifs, 107, rue de Rivoli, 75001. **Plan** 8 E2. **C** 01 44 55 57 50. **M** Palais-Royal-Musée du Louvre, Tuileries. **O** mar.-ven. 11h-18h. ; sam.-dim. 10h-18h. **O** j. f. **Bibliothèque.** **🖥️** **&** **W** www.lesartsdecoratifs.fr

C e musée sert d'écrin à une large collection de meubles, peintures et objets d'art du Moyen Âge à nos jours. L'ensemble, dédié aux

XVIIᵉ-XIXᵉ siècles, offre une revue détaillée des styles qui se sont succédés, en particulier l'Art nouveau et l'Art déco. Le musée étant en travaux, seule la Galerie des Bijoux est ouverte au public. Ne manquez pas, à la même adresse, le musée de la Mode et du Textile et le musée de la Publicité.

Arc de Triomphe du Carrousel **⓬**

Pl. du Carrousel, 75001. **Plan** 8 E2. **M** Palais-Royal-Musée du Louvre.

I nspiré des arcs romains et flanqué de huit colonnes de marbre rouge et blanc, ce monument élevé par Napoléon entre 1806 et 1808 porte sur ses quatre faces des bas-reliefs représentant les succès de l'Empereur en 1805. Il est surmonté de statues de soldats de la Grande Armée et d'une copie des célèbres chevaux de Saint-Marc enlevés à Venise et rendus après Waterloo.

Palais Royal **⓭**

Pl. du Palais-Royal, 75001. **Plan** 8 EF1. **M** Palais-Royal-Musée du Louvre. **O** au public.

É difié par Richelieu qui y mourut en 1642, ce palais échut à la famille royale. Le futur Philippe Égalité construisit au XVIIIᵉ siècle le Théâtre-Français et le théâtre du Palais-Royal. Criblé de dettes, il cerna le jardin de galeries et d'immeubles locatifs qui, situés sur un domaine princier interdit à la police, attirèrent bientôt tripots et filles de joie. Foyer d'agitation pendant la Révolution puis centre de plaisirs du Consulat et de l'Empire, l'ensemble des bâtiments retourna à la famille d'Orléans en 1815 et Louis-Philippe ferma les salles de jeu et chassa les prostituées. Le Palais-Royal abrite aujourd'hui entre autres le ministère de la Culture. Boutiques, galeries d'art et restaurants bordent les superbes jardins, où l'on peut admirer les Colonnes de Buren et les fontaines de Bury.

Le char de la Victoire et de la Paix couronne l'arc du Carrousel

Musée du Louvre ⑭

L'histoire du Louvre remonte à la forteresse que fit construire Philippe Auguste en 1190 pour protéger Paris. Charles V, vers 1365, puis François Ier, à partir de 1527, commencèrent à le transformer en un château de plaisance, que leurs successeurs agrandirent pendant quatre siècles. La cour partie à Versailles, le palais fut livré aux artistes et occupé par diverses académies, avant d'être aménagé en musée par la République et l'Empire. Mais la totalité du palais n'a été affectée au musée que récemment.

La façade est, face à Saint-Germain-l'Auxerrois

Redessinés en 1994, les **jardins du Carrousel** bordaient jadis le palais des Tuileries, incendié en 1871 lors de la Commune.

ÉVOLUTION DU LOUVRE

Au fil des siècles et des régimes, le Louvre connut de nombreuses transformations.

GRANDS AMÉNAGEMENTS

- ▨ Règne de François Ier (1515-1547)
- ▢ Catherine de Médicis (v. 1560)
- ▪ Règne d'Henri IV (1589-1610)
- ▨ Règne de Louis XIII (1610-1643)
- ▨ Règne de Louis XIV (1643-1715)
- ▨ Règne de Napoléon Ier (1804-1815)
- ▨ Règne de Napoléon III (1852-1870)
- ▢ François Mitterrand (1981-1995)

Le Carrousel du Louvre, sous la place, comprend des salles d'exposition et de concert, des commerces de luxe et des services divers (restauration, parking, etc.).

★ **Arc de triomphe du Carrousel**
Il fut construit en 1806 pour célébrer les victoires de Napoléon.

Aile Denon

Entrée et pyramide

La pyramide de verre inversée, répondant à celle de la cour Napoléon, éclaire le complexe souterrain.

À NE PAS MANQUER

★ **Colonnade de Perrault**

★ **Fossés médiévaux**

★ **Arc de triomphe du Carrousel**

LA PYRAMIDE DE VERRE

En 1981, la décision d'agrandir et de moderniser le musée du Louvre impliquait de déplacer à Bercy le ministère des Finances installé dans l'aile Richelieu et d'aménager une nouvelle entrée. Pour éclairer le Hall Napoléon, espace d'accueil et d'information du musée situé au sous-sol, l'architecte sino-américain Ieoh Ming Pei éleva une pyramide transparente. Elle permet aux visiteurs de voir les bâtiments historiques qui les entourent.

MODE D'EMPLOI

Plan 12 E2. 🕻 01 40 20 53 17.
🕻 01 40 20 50 50.
Ⓜ Palais-Royal-Musée du Louvre. 🚌 21, 24, 27, 39, 48, 68, 69, 72, 81, 95. 🚈 Châtelet-Les Halles. 🅾 Louvre.
🅿 Carrousel du Louvre ; pl. du Louvre, rue Saint-Honoré.
🔘 mer.-lun. 9h-18h (21h45 mer. et ven.). Les salles des huit départements ne peuvent être ouvertes en permanence, tél. pour renseignements.
⬤ certains j. f. 🎫 (accès gratuit pour les moins de 18 ans, pour les moins de 26 ans le ven. après 18h et pour tous le 1ᵉʳ dim. de chaque mois). 👌 partiel.
🕻 01 40 20 55 55.
Conférences, films, concerts :
01 40 20 55 00 🍴 🏠 🖥 🎧
Ⓦ www.louvre.fr

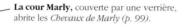

La cour Marly, couverte par une verrière, abrite les *Chevaux de Marly (p. 99)*.

Aile Richelieu

Cour Puget

Hall Napoléon est situé sous la pyramide.

Cour Khorsabad

Aile Sully

Cour Carrée

Cour Napoléon

★ **Colonnade de Perrault**
Claude Perrault, collaborateur de Louis Le Vau au milieu du XVIIᵉ siècle, conçut la majestueuse colonnade de la façade est.

La salle des Caryatides, la plus ancienne pièce du palais, doit son nom aux quatre statues monumentales sculptées par Jean Goujon en 1550 pour soutenir sa tribune.

Le Louvre de Charles V
Aux environs de 1365, Charles V transforma la vieille forteresse de Philippe Auguste en résidence royale.

★ **Fossés médiévaux**
On peut voir dans le Louvre médiéval la base de la courtine et la pile du pont-levis de l'ancienne forteresse.

À la découverte des collections du Louvre

L'importance des collections du Louvre impose de se fixer quelques priorités avant d'entamer la visite. La collection de peintures européennes (1400-1848) est par exemple plus complète que celle de sculptures. Les antiquités – orientales, égyptiennes, grecques, étrusques et romaines – constituent un ensemble sans égal dans le monde. Le département des objets d'art présente un vaste assortiment de pièces rares et précieuses.

Le Radeau de la Méduse (1819)
par Théodore Géricault

PEINTURE EUROPÉENNE : 1200 À 1848

Le musée propose un large aperçu de la peinture de l'Europe du Nord avec des œuvres telles que *La Vierge du chancelier Rolin* (v. 1435) du primitif flamand Jan Van Eyck, *La Nef des Fous* (1500) de Jérôme Bosch, *Les Quatre évangélistes* de Jacob Jordaens ou le portrait de *Charles Ier, roi d'Angleterre* (1635) par le Hollandais Antoine Van Dyck. Le sourire effronté de *La*

La Joconde de Léonard de Vinci
fut achetée par François Ier

Bohémienne (1628) illustre la virtuosité spontanée de Frans Hals, originaire lui aussi des Pays-Bas, à l'instar de Rembrandt van Rijn dont le génie s'exprime entre autres dans *Les Pèlerins d'Emmaüs* (1648) et *Bethsabée* (1654).

Les trois principaux peintres allemands des XVe et XVIe siècles sont également représentés, notamment par un *Autoportrait* (1493) d'Albrecht Dürer, une *Jeune fille* (1529) par Lucas Cranach et l'*Érasme* de Hans Holbein.

La collection italienne débute par les XIIIe et XIVe siècle, avec des toiles de Cimabue, Giotto, Fra Angelico (*Couronnement de la Vierge*) ou Pisanello (*Portrait d'une princesse de la maison d'Este*), tandis que la partie est de la Grande Galerie est consacrée à la Renaissance, avec de grands peintres du XVIe siècle : Titien, Raphaël, le Tintoret, le Corrège, Veronèse et, bien entendu, Léonard de Vinci, avec *La Joconde* (v. 1504), mais aussi *La Vierge, l'Enfant Jésus et sainte Anne*.

La très riche présentation des peintures s'arrête en 1848, le musée d'Orsay *(p. 116-117)* et le musée d'Art moderne *(p.89)* présentant les œuvres postérieures. Ne pas manquer la *Pietà d'Avignon* attribuée à Enguerrand Quarton, un sommet de l'art chrétien, le célèbre *Bain turc* d'Ingres, ni le *Gilles et la Finette* d'Antoine Watteau, peintre de la fragilité.

SCULPTURE EUROPÉENNE : 1100 À 1848

De nombreux chefs-d'œuvre témoignent de la qualité de la statuaire des écoles du Nord, notamment la délicate *Vierge de l'Annonciation* (fin du XVe siècle) de Tilman Riemenschneider, l'étonnante *Sainte Madeleine* (début du XVIe siècle) représentée nue par Gregor Erhart, le grand retable de la Passion importé d'Anvers pour décorer l'église de Coligny et le beau groupe de l'*Enlèvement de Psyché par Mercure* (1593) exécuté par le Hollandais Adrien de Vries.

Des sculptures romanes ouvrent la section française, dont un superbe bois polychrome, la tête du Christ (XIIe siècle) et une tête de saint Pierre qui ornait jadis la cathédrale d'Autun. Avec ses huit pleurants portant le gisant, le *Tombeau de Philippe Pot* est une œuvre gothique aussi remarquable qu'originale. La *Diane* provenant de la fontaine du château d'Anet a les traits de Diane de Poitiers, favorite d'Henri II.

Tombeau de Philippe Pot (fin XVe siècle)
par Antoine Le Moiturier

**Les célèbres *Chevaux de Marly*
(1745) par Guillaume Coustou**

Les œuvres du sculpteur marseillais Pierre Puget (1620-1694), notamment son *Milon de Crotone*, athlète grec dévoré par des fauves, ont été installées dans une cour de l'aile Richelieu qui porte désormais son nom. Non loin, les *Chevaux de Marly* se dressent sous la verrière de la cour Marly au milieu d'autres chefs-d'œuvre tels que les groupes allégoriques sculptés par Coysevox et par Coustou.

La collection de sculpture italienne comprend des pièces admirables comme les *Esclaves* de Michel-Ange et la *Nymphe de Fontainebleau* (v. 1543) par Benvenuto Cellini.

ANTIQUITÉS ORIENTALES, ÉGYPTIENNES, GRECQUES, ÉTRUSQUES ET ROMAINES

Les collections d'antiquités du Louvre s'étendent du VIe millénaire à la chute de l'Empire romain. Elles comprennent l'un des plus vieux textes de loi connus, le code du roi babylonien Hammurabi (v. 1750 av. J.-C.) gravé sur un bloc de basalte noir, une spectaculaire reconstitution d'une partie du palais du roi assyrien Sargon (713-706 av. J.-C.), les célèbres vases de Suse (4 000 av. J.-C.) et des panneaux de briques émaillées du palais de Darius (Ve s. av. J.-C.) en Perse.

L'art des Égyptiens fut principalement funéraire,

et de superbes tombeaux, dont le mastaba d'Akhhétep (2500 av. J.-C.) décoré de scènes de chasse, d'élevage, de moissons et de pêche, nous offrent un aperçu de leur activités quotidiennes, d'autant qu'ils contenaient des statues à l'image de la vie, tel le *Scribe accroupi*.

Le département des antiquités grecques, étrusques et romaines contient des œuvres exceptionnelles de la Grèce archaïque (VIIe et VIe siècle av. J.-C.), notamment l'*Héra* de Samos, de style ionien, et la *Dame d'Auxerre*, l'une des plus anciennes sculptures grecques connues. Les statues les plus célèbres du musée, la *Victoire de Samothrace* et la *Vénus de Milo*, appartiennent cependant à l'époque hellénistique (du IIIe au Ier siècle av. J.-C.), dont l'art se caractérise par un grand sens du mouvement.

La pièce maîtresse de la collection étrusque est le *sarcophage des Époux* (v. 510 av. J.-C.) qui montre un couple assis au banquet éternel, tandis que le bronze d'*Hadrien*, (IIe siècle av. J.-C.), ou l'émouvant portrait d'*Annius Vérus*, fils de Marc-Aurèle mort à sept ans, témoignent du réalisme des sculpteurs romains.

**La *Vénus de Milo*
(Grèce, IIe siècle av. J.-C.)**

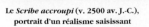

**Le *Scribe accroupi* (v. 2500 av. J.-C.),
portrait d'un réalisme saisissant**

OBJETS D'ART

Créé à partir des anciennes collections royales et des trésors de Saint-Denis et de l'ordre du Saint-Esprit, ce département présente un très large éventail, des bijoux aux tapisseries.

Les vitrines de la galerie d'Apollon contiennent les joyaux de la couronne, restes du trésor commencé par François Ier, enrichi par ses successeurs et en partie pillé pendant la Révolution, puis mis en vente en 1887. Les plus belles pièces subsistent néanmoins : le Régent, diamant très pur de 137 carats ; le rubis Côte de Bretagne qui, bien que taillé en forme de dragon, pèse encore 105 carats ; les diamants Hortensia et Le Sancy ; et la couronne de l'impératrice Eugénie.

Un vase en porphyre monté en aigle d'argent doré résume magnifiquement l'art roman, un grand retable italien en os (v. 1400) l'art gothique, des émaux la Renaissance. La rotonde David-Weill et la galerie Niarchos portent les noms des deux donateurs qui ont fait de la collection d'orfèvrerie du Louvre l'une des plus belles du monde. On y admire notamment le coffret d'or d'Anne d'Autriche (XVIIe s.) et des éléments du service de l'impératrice Catherine II de Russie. Les services à thé et à café de Napoléon, et l'armoire à bijoux de l'impératrice Joséphine, se trouvent, eux, dans la salle Claude Ott.

Rassemblé par époques, le mobilier français du XVIe au XIXe siècle occupe de nombreuses salles, dont une consacrée à André Charles Boulle, l'ébéniste de Louis XIV. Les tentures des *Chasses de Maximilien* (v. 1530) proviennent aussi des collections du Roi-Soleil.

Les statues de bronze doré, œuvres de plusieurs sculpteurs, particulièrement représentatives de la sculpture des années 1930, décorent le parvis central du palais de Chaillot

CHAMPS-ÉLYSÉES, CHAILLOT, INVALIDES

Symbole solennel de la grandeur du siècle de Louis XIV, le dôme étincelant des Invalides s'inscrit dans la perspective majestueuse d'une esplanade tournée vers la Seine. L'Arc de Triomphe de l'Étoile, voulu quant à lui par Napoléon, focalise le regard de douze avenues ; mais il est inséparable des Champs-Élysées, voie de prestige chargée depuis le début du XXe siècle de montrer au

Lampadaire du pont Alexandre III

monde l'élégance de la capitale. La très chic rue du Faubourg Saint-Honoré abrite le palais de l'Elysée. Les expositions universelles ont planté dans la partie occidentale de Paris des architectures qui, du Grand Palais à Chaillot et à la tour Eiffel, demeurent, pour des millions de visiteurs, les images symboliques de la Ville lumière et les étapes obligées de sa découverte.

LE QUARTIER D'UN COUP D'ŒIL

Musées
Grand Palais 5
Musée Dapper 11
Musée d'Art moderne de la Ville de Paris 7
Musée de l'Armée 21
Musée d'Ennery 10

Musée national des Arts asiatiques-Guimet 9
Musée Maillol 13
Musée Rodin 24
Palais de Chaillot 13
Palais Galliera 8
Petit Palais 4

Bâtiments et rues historiques
Avenue des Champs-Élysées 2
École Militaire 18
Égouts 14
Hôtel national des Invalides 20
N° 29 avenue Rapp 16
Palais de l'Élysée 3
Unesco 19

Églises
Dôme des Invalides 23
Sainte-Clotilde 25
Saint-Louis-des-Invalides 22

Monuments
Arc de triomphe 1
Tour Eiffel p. 109 15

Jardins
Champ-de-Mars 17
Jardins du Trocadéro 12

Pont
Pont Alexandre III 6

COMMENT Y ALLER ?
En complément des stations de métro qui desservent ce quartier, les bus 42 et 73 empruntent les Champs-Élysées, tandis que le 87 suit l'avenue de Suffren et le 69 la rue Saint-Dominique.

LÉGENDE
Plan pas à pas *p. 102-103*
M Station de métro
RER Station de RER
Embarcadère du Batobus
P Parc de stationnement
Information touristique

Les Champs-Élysées pas à pas

Les jardins qui bordent la première partie de l'avenue n'ont guère changé depuis que Hittorff les remodela en 1838 en même temps que la Concorde. Les pavillons qu'il édifia y subsistent, notamment le pavillon Gabriel installé dans l'ancien Alcazar d'été, célèbre café-concert pendant la IIIe République. Les Grand et Petit Palais vinrent les compléter en 1900 pour l'Exposition universelle ; ils se font face de part et d'autre de l'avenue Winston Churchill que prolonge l'arche élégante du pont Alexandre III et abritent des expositions. L'art est également à l'honneur dans les galeries, souvent spécialisées dans les œuvres contemporaines, qui bordent l'avenue Matignon.

Le Théâtre du Rond-Point est installé dans l'ancien palais des Glaces.

Station de métro Franklin-D.- Roosevelt

★ Avenue des Champs-Élysées
On peut y déambuler, sans fin, jamais blasé, jamais fatigué ❷

★ Grand Palais
Il a été dessiné par Charles Girault et construit de 1897 à 1900. Ses galeries accueillent de prestigieuses expositions temporaires ❺

Le restaurant Lasserre est décoré dans le style des luxueux paquebots des années 1930.

Au **Palais de la Découverte**, les fondements de la science deviennent compréhensibles par tous grâce à des expériences simples.

LÉGENDE

– – – Itinéraire conseillé

0   100 m

À NE PAS MANQUER

★ Avenue des Champs-Élysées

★ Grand Palais

★ Petit Palais

Les **jardins des Champs-Élysées** abritent bien des établissements célèbres : studio Gabriel, restaurant Ledoyen, espace Pierre-Cardin...

CHAMPS-ÉLYSÉES, CHAILLOT ET INVALIDES

Seine

CARTE DE SITUATION
*Voir l'Atlas des rues,
plans 2, 3, 6, 7*

**Station de métro
Champs-Élysées-
Clemenceau**

**Vers la
place de la
Concorde**

★ **Petit Palais**
*Offrant par son
décor intérieur un
panorama de l'art
officiel vers 1900,
il abrite les
collections variées
du musée des
Beaux-Arts de la
Ville de Paris* ❹

Vers les Invalides

Pont Alexandre III
*L'exubérance de sa
décoration témoigne de
l'optimisme qui régnait au
tournant du XXᵉ siècle
pendant la Belle Époque* ❻

La façade est de l'Arc de Triomphe

Arc de Triomphe ❶

Pl. Charles-de-Gaulle, 75008.
Plan 2 D4. Ⓜ *Charles-de-Gaulle-
Étoile.* 📞 *01 55 37 73 77.*
🕐 *avr.-oct. : t.l.j 10 h-23h ;
nov.-mars : t.l.j.10h-22h30* ⬤ *j. f.*
📷 ⓐ ✒ ♿ 📚 W *www.monum .fr*

Napoléon, souhaitant
rendre hommage à son
armée impériale, posa la
première pierre de ce
prestigieux monument en
1806, mais la construction,
interrompue par la chute de
l'Empire, ne s'acheva qu'en
1836. Orné de hauts-reliefs
colossaux, dont la célèbre
Marseillaise de Rude,
l'édifice respectait les plans de
son architecte, Jean Chalgrin
(mort en 1811) ; il mesure
50 m de hauteur totale (dont
29 m sous la voûte) et 45 m
de large. Sa plate-forme offre
une vue splendide sur Paris.
    Le 28 janvier 1921, on
inhuma sous l'arche centrale
le corps du Soldat inconnu,
symbolisant tous les
combattants morts pendant
la Première Guerre mondiale.
Sur son tombeau est ranimée
chaque soir la flamme
du Souvenir.

Le Triomphe de 1810, **haut-relief**
par Cortot

LE BARON HAUSSMANN

En 1853, Napoléon III nomme préfet de la Seine un avocat de formation, Georges Haussmann (1809-1891), qui restera en charge de l'urbanisme de Paris pendant 17 ans.

Avec les meilleurs architectes et ingénieurs français de l'époque, il modernise la capitale, améliorant l'approvisionnement en eau et le réseau d'égouts, et dessine une nouvelle ville en ouvrant de larges boulevards dans l'entrelacs de ruelles pittoresques mais souvent insalubres de la cité médiévale. Il urbanise également le haut des Champs-Élysées, où existaient encore des pâtures, créant autour de l'Arc de Triomphe une étoile formée par 12 avenues.

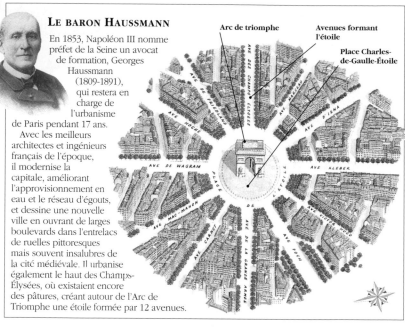

Arc de triomphe

Avenues formant l'étoile

Place Charles-de-Gaulle-Étoile

Avenue des Champs-Élysées ❷

75008. **Plan** 3 A5. **M** *Franklin.-D.-Roosevelt, George V.*

Cette majestueuse artère, dont le nom évoque le paradis des héros de la mythologie grecque et était à l'origine une promenade aménagée dans les années 1660 par Le Nôtre dans le prolongement du jardin des Tuileries – mène sur près de 3 km de la place de la Concorde à l'Arc de Triomphe. Devenue champ de course, elle fut transformée en une élégante avenue au XIXᵉ siècle. Aujourd'hui très commerçante et très fréquentée, l'avenue des Champs-Élysées conserve néanmoins son style, sa notoriété – ne dit-on pas qu'elle serait « la plus belle avenue du monde » ? – et sa place privilégiée dans le cœur des Français : elle est le théâtre des défilés du 14 juillet, de l'arrivée du Tour de France, et les Parisiens s'y retrouvent spontanément pour célébrer les grands événements.

Palais de l'Élysée ❸

55, rue du Faubourg-Saint-Honoré 75008. **Plan** 3 B5. **M** *Saint-Philippe-du-Roule.* ● *au public.*

Garde républicain

Entouré de superbes jardins, le palais de l'Élysée fut construit en 1718. Plusieurs des ses occupants y ont laissé leur empreinte. Mᵐᵉ de Pompadour, la maîtresse de Louis XV, y effectua de somptueux aménagements. Caroline Murat, la sœur de Napoléon Bonaparte, et son époux emménagèrent en 1805 dans le palais, qui conserve deux très belles pièces de l'époque : le salon Murat, où se tient de nos jours le conseil des Ministres, et le salon Argent, où Napoléon Iᵉʳ abdiqua en 1815. Le palais de l'Élysée est la résidence du chef de l'État depuis 1873.

Petit Palais ❹

Av. Winston-Churchill 75008. **Plan** 7 B1. **📞** *01 53 43 40 00.* **M** *Champs-Élysées-Clemenceau.* ☐ *mar.-dim. 10h-18h (20h mar.)* ● *j. f.* 🏷 *pour les expositions.* 📷 ♿ 🖥 🍴 🚻

Dessiné par le même architecte et pour la même Exposition universelle que le Grand Palais, il présente le même mélange insolite entre académisme et style Art nouveau que l'édifice

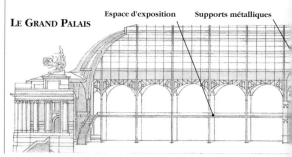

Espace d'exposition   Supports métalliques

LE GRAND PALAIS

Le pont Alexandre III, construit entre 1896 et 1900 pour l'Exposition universelle

voisin. Construit autour d'un joli jardin intérieur bordé d'un péristyle, il abrite le musée des Beaux-Arts de la ville de Paris, dont les 1 300 œuvres comprennent des antiquités égyptiennes, des majoliques de la Renaissance italienne, des émaux limousins du XVIe siècle, des icones russes et grecques, et des portraits impressionnistes. De grandes

Entrée du Petit Palais

expositions s'y déroulent, consacrées surtout à l'art européen du XIXe siècle.

Grand Palais ❺

Av. du Gal Eisenhower 75008. **Plan** 7 A1. Ⓜ *Champs-Élysées-Clemenceau, Franklin-D.-Roosevelt.* **Galeries nationales du Grand Palais** 🇨 *01 44 13 17 17.* ⚪ *mer. 10h-22h ; jeu.-lun. 10h-20h.* ⚫ *1er mai, 25 déc.* 🈳🈶🈹🈶🈶🈶 Ⓦ *www. rmn.fr/galeriesnationalesdugrandpalais* **Palais de la Découverte** 🇨 *01 56 43 20 20.* ⚪ *mar.-sam. 9h30-18h., dim. 10h-19h.* ⚫ *certains j. f.* 🈶🈶🈹 Ⓦ *www.palais-decouverte.fr*

Édifié pour l'Exposition universelle de 1900 par Charles Girault, le Grand Palais présente un curieux contraste entre la sévère habillage en pierre de ses façades et l'exubérance de sa décoration et des structures métalliques de son immense **verrière**, aujourd'hui restaurée. Tout autour de la nef centrale, les **Galeries nationales du Grand Palais** proposent des expositions temporaires mondialement réputées et différents salons ou événements.

Dans l'aile ouest, le **Palais de la Découverte**, qui possède sa propre entrée, est un musée scientifique destiné principalement aux enfants.

Pont Alexandre III ❻

75008. **Plan** 7 A1. Ⓜ *Champs-Élysées-Clemenceau, Invalides.* Ⓡ *Invalides.*

Le tsar russe Alexandre III posa en 1886 la première pierre de ce pont, véritable exploit technique achevé pour l'Exposition universelle de 1900 : l'ouvrage d'art ne pouvait prendre appui que sur les berges afin de ne pas gêner le trafic fluvial et il ne devait pas créer d'obstacle à la vue des Invalides depuis les Champs-Élysées. Ses constructeurs réalisèrent l'un des plus beaux ponts de Paris, à structure métallique d'une seule volée, orné de nymphes, génies des eaux, monstres marins et quatre Renommées dorées (Sciences, Commerce, Art et Industrie). Les piliers qu'elles couronnent s'opposent par leur poids due à l'importante poussée due à la faible courbure (6 m de flèche) de l'arche.

Grande halle

Coupole vitrée

Quadrige (char tiré par quatre chevaux) de Récipon

Palais Galliera ➐

10, av. Pierre-Iᵉʳ-de-Serbie 75016.
Plan 6 D1. 📞 01 56 52 86 00.
Ⓜ Iéna, Alma-Marceau.
🕐 mar.-dim. 10h-18h, j. f. 14h-18h
Ateliers pour enfants.

Construit pour la duchesse de Galliera à la fin du XIXᵉ siècle, ce palais d'inspiration Renaissance abrite désormais le **musée de la Mode de la Ville de Paris**, qui présente une collection de costumes du XVIIIᵉ siècle à nos jours. Les vêtements et accessoires de mode y sont exposés par roulement. Des expositions par thèmes ou consacrées à un grand couturier permettent d'exposer le fonds sans compromettre la conservation de ses 10 000 pièces.

Musée d'Art moderne de la Ville de Paris ➑

11, av. du Président-Wilson 75016.
Plan 6 E1. 📞 01 53 67 40 00.
Ⓜ Iéna. 🕐 t.l.j. 10h-18h.
🅦 www.mam.paris.fr

Avec sa section contemporaine (l'ARC), le musée s'affirme comme le terrain d'expression privilégié de la création contemporaine. Reconnue internationalement, cette vocation expérimentale s'appuie sur la présentation permanente de ses collections d'art moderne couvrant la totalité du XXᵉ siècle : fauvisme, cubisme, dadaïsme, surréalisme, école de Paris, abstraction, nouveau réalisme, support surface, arte povera, art conceptuel... les grands courants sont représentés à travers des œuvres de Derain, Picasso, Braque, Modigliani, Soulages, Villeglé, Viallat... Parallèlement, le département historique organise de grandes expositions sur des mouvements ou des artistes ayant marqué l'art moderne et contemporain.

Le grand bassin du Trocadéro au pied du palais de Chaillot

Musée Dapper ⓫

35, rue Paul-Valéry, 75016. **Plan** 5 B1.
📞 01 45 00 91 75. Ⓜ Victor-Hugo.
🕐 mer.-lun. 11h-19h. ● certains j. f.
gratuit dernier mer. du mois.
🅦 www.dapper.com.fr

Le musée Dapper, centre de recherche ethnographique mondialement reconnu, est le cadre d'exposition sur les arts anciens et les cultures d'Afrique et des Caraïbes. Un immeuble haussmanien, dont la cour a été transformée en « jardin tropical », abrite les trésors du musée, toujours bien mis en valeur par une scénographie attentive à l'esthétique et à la démarche didactique. L'accent est mis sur les arts traditionnels de la période pré-coloniale, mais le musée possède également des pièces plus récentes.

Jardins du Trocadéro ⓬

75016. **Plan** 6 D2. Ⓜ Trocadéro.

Au pied de la terrasse du palais de Chaillot, face à la tour Eiffel, ce magnifique espace vert d'une superficie de 10 ha, restauré après l'Exposition universelle de 1937, s'organise autour du grand bassin et des pelouses décorées de bronzes dorés et de sculptures en pierre qui l'encadrent. De part et d'autre, les jardins, richement arborés et agrémentés de bassins, de rocailles et de ruisseaux, descendent en pente douce jusqu'au pont d'Iéna. Dans la soirée, des jeux de lumière ajoutent leur magie à celle des jets d'eau.

Palais de Chaillot ⓭

17, pl. du Trocadéro 75016.
Plan 5 C2. Ⓜ Trocadéro.
Musées 🕐 mer.-lun. 9h45-17h15.

Sur la colline de Chaillot, ce vaste palais à l'architecture néoclassique et colossale est composé de deux ailes courbes longues de 195 m encadrant un large parvis où, entre bassins et fontaines, se dressent des statues de bronzes. Conçu pour l'Exposition universelle de 1937 par les architectes Azéma, Boileau et Carlu, il est orné de bas-reliefs et de sculptures dus à de très nombreux artistes des années 1930, et d'inscriptions dorée reproduisant un texte de Paul Valéry.

Depuis le déménagement de la Cinémathèque française

Musée national des Arts asiatiques - Guimet ❾

6, place d'Iéna 75016. **Plan** 6 D1.
📞 01 56 52 53 00. Ⓜ Iéna.
🕐 mer.-lun. 10h-18h. 📷 ♿
🌐 www.museeguimet.fr

F ondé en 1879 par Émile Guimet, ce musée abrite, outre un panthéon bouddhique, l'une des plus riches collection au monde d'art oriental et extrême-oriental (importante salle d'art khmer), en privilégiant la calligraphie, la peinture, la porcelaine, la statuaire, l'orfèvrerie et le textile.

Tête de bouddha au musée Guimet

Musée d'Ennery ❿

59, av. Foch 75016. **Plan** 1 B5.
📞 01 45 53 57 96. Ⓜ Porte Dauphine. ⬤ pour rénovation.

A dolphe d'Ennery, l'auteur des *Deux Orphelines*, et sa femme amassèrent dans cet hôtel du Second Empire une incroyable collection d'objets d'art d'Extrême-Orient du XVIIᵉ au XIXᵉ siècles, notamment du mobilier et des centaines de *netsukés*, petites décorations de ceintures japonaises sculptées dans l'os, le bois ou l'ivoire. L'hôtel, qui dépend du musée Guimet, abrite également le musée Arménien.

LE PALAIS DE CHAILLOT

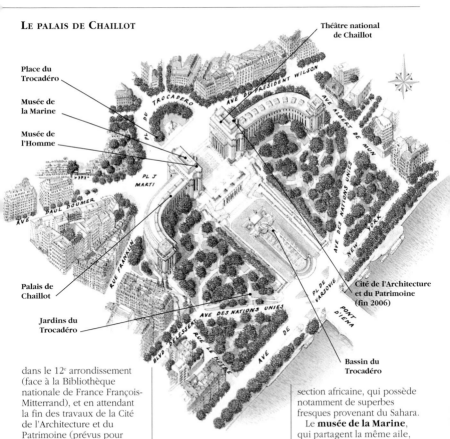

Théâtre national de Chaillot

Place du Trocadéro

Musée de la Marine

Musée de l'Homme

Palais de Chaillot

Jardins du Trocadéro

Cité de l'Architecture et du Patrimoine (fin 2006)

Bassin du Trocadéro

dans le 12ᵉ arrondissement (face à la Bibliothèque nationale de France François-Mitterrand), et en attendant la fin des travaux de la Cité de l'Architecture et du Patrimoine (prévus pour fin 2006), le palais abrite le **Théâtre national de Chaillot** et surtout deux grands musées. Le **musée de l'Homme**, dans l'aile ouest, illustre l'histoire de cultures humaines au travers de riches collections ethnographiques comprenant œuvres d'art, objets quotidiens et pièces archéologiques. Ne manquez pas la momie inca et la section africaine, qui possède notamment de superbes fresques provenant du Sahara.

Le **musée de la Marine**, qui partagent la même aile, retrace les grandes étapes de l'histoire navale de France depuis le XVIIIᵉ siècle, avec entre autres de superbes maquettes de bateaux qui séduiront petits et grands.

Égouts ⓮

Pl. de la Résistance, face au 93, quai d'Orsay 75007. **Plan** 6 F2. **☎** *01 53 68 27 81.* **Ⓜ** *Alma-Marceau.* **☐** *sam.-mer. 11h-16h (17h en été).* **⬤** *2 sem. mi-janv.* ♿ ✔ ▯

L a tradition situe la construction du premier égout de Paris au XIVᵉ siècle mais c'est l'ingénieur Eugène Belgrand qui établit pour Napoléon III le système qui fonctionne encore de nos jours. À sa mort, en 1878, le réseau mesurait 600 km, il en compte 2 400 aujourd'hui.

À partir de 1867, on organisa des visites en wagonnets, puis en barques. Elles s'effectuent depuis 1975 à pied et comprennent l'accès à un musée didactique sur l'eau à Paris depuis Lutèce. Dans les galeries, des plaques émaillées indiquent les noms des rues dont les égouts suivent le tracé.

Tour Eiffel ⓯

Voir ci-contre.

Nº 29, avenue Rapp ⓰

75005. **Plan** 6 E2. **RER** *Pont-de-l'Alma.*

J ules Lavirotte, architecte inclassable et souvent dénigré, édifia en 1901 au nº29 de l'avenue Rapp la maison du céramiste Bigot. Très ouvragée, notamment en

ornements végétaux, la façade Art nouveau en briques et grès polychromes, bien que décorée de figures féminines d'un érotisme subversif pour l'époque, lui valut d'être primé au concours de façade de la Ville de Paris de 1901.

Lavirotte bâtit également l'immeuble du nº 3 square Rapp, reconnaissable à sa guérite d'angle, et l'hôtel Céramic au nº 34 de l'avenue de Wagram, primé en 1905.

Champ-de-Mars ⓱

75007. **Plan** 6 E3. **RER** *Champ-de-Mars-Tour-Eiffel.* **Ⓜ** *École-Militaire.*

L 'ancien champ de manœuvre de l'École militaire fut nivelé pour la fête de la Fédération qui s'y déroula le 14 juillet 1790. 250 000 volontaires vinrent prêter leurs bras au chantier gigantesque afin de l'achever pour le premier anniversaire de la prise de la Bastille, auquel Louis XVI assista en captif. Cet espace dégagé servit aussi de cadre à des courses de chevaux, des envols de ballons et à l'organisation des expositions universelles, en particulier celle de 1889 pour laquelle fut érigée la tour Eiffel.

École militaire ⓲

1, place Joffre 75007. **Plan** 6 F4. **Ⓜ** *École-Militaire.* **Visites** *sur autorisation spéciale, écrire au colonel commandant la 1ᵉʳ base de soutien au commandement.* **FAX** *01 44 42 59 34.*

J acques-Ange Gabriel, architecte de la place de la Concorde *(p. 94)*, entreprit la construction de ce magnifique corps de bâtiments classique en 1751, mais ne l'acheva qu'en 1773. L'édifice accueillit cependant dès 1756 l'école fondée par Louis XV à l'instigation de Mᵐᵉ de Pompadour pour enseigner l'art de la guerre à 500 gentilshommes pauvres.

Gravure de 1751 : étude du plan de l'École Militaire

Le roi est d'ailleurs représenté sur la façade du pavillon central, sous les traits de la Victoire, l'une des quatre allégories, avec la France, la Force et la Paix, décorant l'entablement du dôme. À l'âge de 15 ans, Napoléon Bonaparte suivit pendant un an les cours de l'école et c'est dans la superbe chapelle Louis XVI, décorée de tableaux évoquant la vie de saint Louis, qu'il reçut sa confirmation en 1785.

Envol d'un ballon en 1783

Unesco ⓳

7, pl. de Fontenoy 75007. **Plan** 6 F5. **☎** *01 45 68 10 00.* **Ⓜ** *Ségur, Cambronne.* **☐** *sur r.-v. (01 45 68 16 42)* **⬤** *j. f. et pendant les sessions de conférences.* ♿ ✔ 🍴 ▯ **[W]** *www.unesco.org*

L e siège de l'Organisation des Nations Unies pour l'Éducation, la Science et la Culture, inauguré en 1958, présente une synthèse intéressante des grandes tendances architecturales du milieu du XXᵉ siècle. On peut y apprécier l'harmonie du jardin japonais créé par Isamu Noguchi ou admirer des œuvres d'art moderne, notamment un grand panneau mural de Picasso, des céramiques de Miró et des sculptures de Henry Moore.

La porte d'entrée Art nouveau au nº 29, avenue Rapp

Tour Eiffel ⑮

La tour, dans l'axe du bassin du Trocadéro

É levée à partir de 1887 par Gustave Eiffel pour l'Exposition universelle de 1889, elle fut la plus haute construction du monde jusqu'à l'érection de l'Empire State Building en 1931. Cette fantastique charpente métallique, mise en valeur, la nuit, par un superbe éclairage intérieur, ne fit pas l'unanimité à ses débuts : Verlaine faisait un détour pour ne pas la voir.

MODE D'EMPLOI

75007 **Plan** 6 D3. 📞 01 44 11 23 23. Ⓜ Bir Hakeim. 🚌 42, 69, 72, 82. RER Champ-de-Mars-Tour-Eiffel. 🅿 Tour Eiffel. 🅿 ⏱ sept.-mi-juin : 9h30-23h ; mi-juin-août : 9h-23h. 📷 ♿ partiel 🍴 ☎ ✉ ⓦ www.tour-eiffel.fr

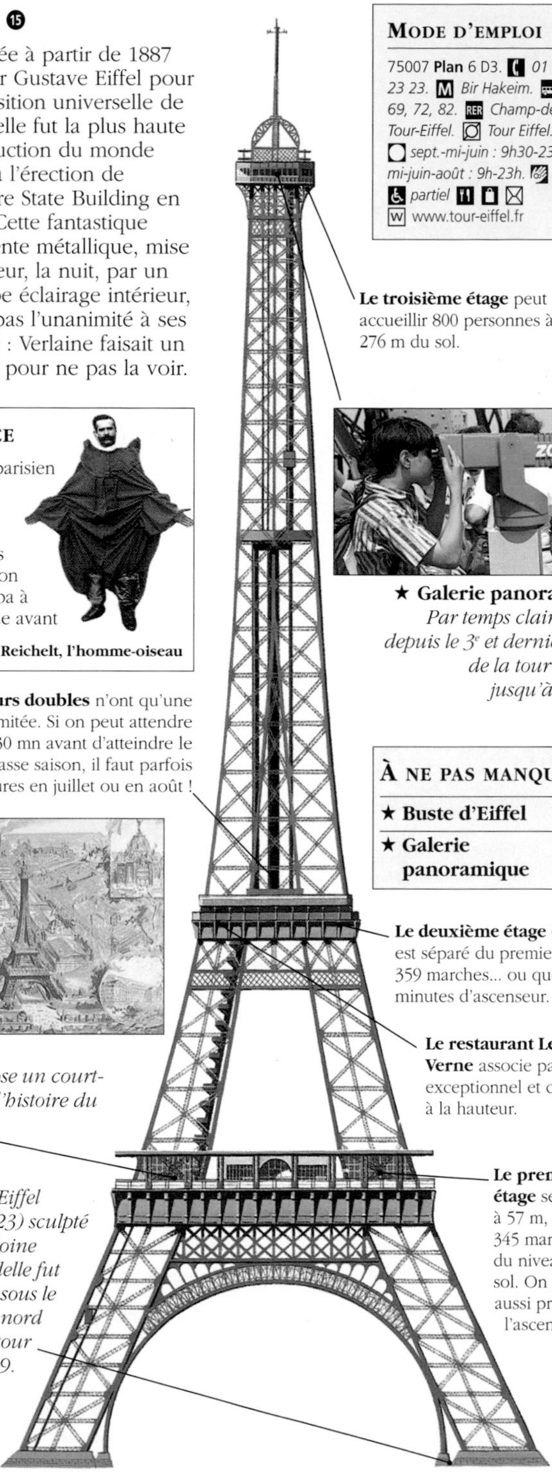

Le troisième étage peut accueillir 800 personnes à 276 m du sol.

EXCÈS D'AUDACE

En 1912, un tailleur parisien du nom de Reichelt décida de s'envoler depuis le parapet de la tour, équipé d'ailes de sa fabrication. Selon l'autopsie, il succomba à une attaque cardiaque avant de s'écraser au sol.

Reichelt, l'homme-oiseau

★ **Galerie panoramique**
Par temps clair, la vue depuis le 3e et dernier étage de la tour s'étend jusqu'à 72 km.

Les ascenseurs doubles n'ont qu'une capacité limitée. Si on peut attendre seulement 30 mn avant d'atteindre le sommet en basse saison, il faut parfois deux heures en juillet ou en août !

À NE PAS MANQUER

★ **Buste d'Eiffel**

★ **Galerie panoramique**

Le deuxième étage (115 m), est séparé du premier par 359 marches... ou quelques minutes d'ascenseur.

Cineiffel
Ce petit musée propose un court-métrage présentant l'histoire du monument.

Le restaurant Le Jules Verne associe panorama exceptionnel et cuisine... à la hauteur.

★ **Buste d'Eiffel**
Le buste de Gustave Eiffel (1832-1923) sculpté par Antoine Bourdelle fut placé sous le pilier nord de la tour en 1929.

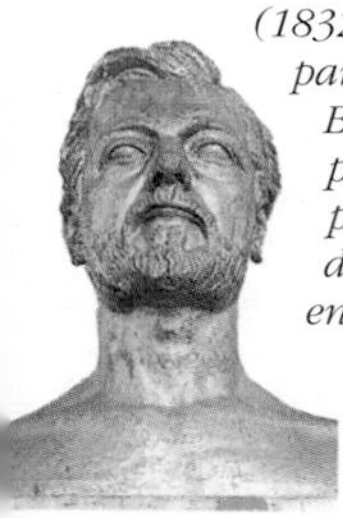

Le premier étage se trouve à 57 m, ou 345 marches, du niveau du sol. On peut aussi prendre l'ascenseur.

LES INVALIDES

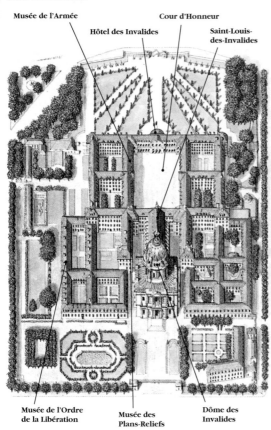

Musée de l'Armée

Cour d'Honneur

Hôtel des Invalides

Saint-Louis-des-Invalides

Musée de l'Ordre de la Libération

Musée des Plans-Reliefs

Dôme des Invalides

Hôtel national des Invalides ⓴

75007. **Plan** 7 A3. 🄲 *01 44 42 38 77.* Ⓜ *Latour-Maubourg, Varenne.* 🄾 *oct.-mars. : t.l.j. 10h-17h ; avr.-sept. : t.l.j. 10h-18h.* ⚫ *1er lun. de chaque mois, certains j.f.* 🆆 *www.invalides.org*

Louis XIV fonda par un édit du 24 mai 1670 le premier établissement français destiné à secourir les soldats devenus invalides qui se retrouvaient jusqu'alors réduits à mendier ou à chercher asile dans un monastère. La construction du majestueux bâtiment, auquel Libéral Bruant donna une façade classique ornée d'un somptueux portail, dura de 1671 à 1676 et l'établissement accueillit très rapidement plus de 5 000 pensionnaires. Le dôme des Invalides, qui coiffe l'ancienne chapelle privée du Roi-Soleil, le domine depuis 1701.

Aujourd'hui, l'hôtel accueille moins d'une centaine de blessés, mais abrite plusieurs services administratifs, la résidence du gouverneur militaire de Paris, ainsi que deux musées : le **musée de l'Ordre de la Libération**, fondé par le général de Gaulle, qui retrace l'histoire de la Résistance et des corps expéditionnaires français pendant la Seconde Guerre mondiale, et le **musée des Plans-Reliefs**, riche d'une collection unique de plans et maquettes de villes fortifiées.

La vaste cour d'Honneur, qu'entourent sur ses quatre côtés deux étages de galeries. sert toujours de cadre à des parades militaires.

Musée de l'Armée ㉑

Hôtel des Invalides, 75007. **Plan** 7 A3. 🄲 *01 44 42 38 77.* Ⓜ *Latour-Maubourg, Varenne.* 🄾 *oct.-mars. : t.l.j. 10h-17h, avr.-sept. : t.l.j. 10h-18h* ⚫ *1er lun. de chaque mois, certains j.f.* 🆆 *www.invalides.org*

Installé dans deux des bâtiments, dits de l'Orient et de l'Occident, qui bordent la cour d'Honneur de l'hôtel des Invalides, ce musée, l'un des plus riches du monde en ce domaine, illustre l'histoire militaire depuis le Moyen Âge à la fin de la Seconde Guerre mondiale. On peut y admirer entre autres de splendides armures, une remarquable collection d'épées comprenant celle de François Ier, et, dans la salle Orientale (actuellement fermée), d'extraordinaires armures chinoises et japonaises. De nombreux souvenirs évoquent Napoléon, parmi lesquels un tableau d'Ingres et le masque mortuaire de l'empereur.

Saint-Louis-des-Invalides ㉒

Hôtel des Invalides, 75007. **Plan** 7 A3. 🄲 *01 44 42 38 77.* 🄾 *oct.-mars. : t.l.j. 10h-17h ; avr.-sept. : t.l.j. 10h-18h* ⚫ *1er lun. de chaque mois, certains j.f.* 🆆 *www.invalides.org*

Jules Hardouin-Mansart éleva de 1679 à 1708, sur des plans de Libéral Bruant, cette « église

Hôtel des Invalides : la cour d'Honneur

**L'autel, très militaire,
de Saint-Louis-des-Invalides**

des soldats », dont la longue nef n'est décorée que de drapeaux pris à l'ennemi. Le 5 décembre 1837, Berlioz fit donner pour la première fois son *Requiem* sur son grand orgue avec plus de 200 musiciens et 210 choristes.

Outre les dépouilles de très nombreux gouverneurs et maréchaux, les caveaux du sanctuaire renferment les cendres de Rouget de l'Isle.

Dôme
des Invalides ㉓

Hôtel des Invalides, 129, rue de Grenelle, 75007. **Plan** 7 A3. 🕻 01 44 42 38 77. Ⓜ *Latour-Maubourg, Varenne.* 🚌 28, 63, 93. 🚈 *Invalides.* 🕐 oct.-mars. : t.l.j. 10h-17h ; avr.-sept. : t.l.j. 10h-18h ● 1er lun. de chaque mois, certains j.f. 🎫 📷 🔉 🎁 🖥 📱 🖥 www.invalides.org

Jules Hardouin-Mansart s'inspira d'un projet de François Mansart, son grand-oncle, pour construire entre 1679 et 1706 le plus beau dôme de Paris, l'un des chefs-d'œuvre de l'architecture française du XVIIe siècle. Contrairement à Saint-Louis-des-Invalides que l'architecte édifiait en même temps, ce sanctuaire devait être réservé à l'usage exclusif du Roi-Soleil.

Louis XIV envisagea sans doute d'en faire la nécropole des Bourbons à la place de la basilique Saint-Denis, mais il ne mena pas ce projet à terme et le tombeau qu'accueillit le monument fut celui de Napoléon. Son corps, rapatrié de Sainte-Hélène vingt ans après sa mort par Louis-Philippe, repose dans six cercueils emboîtés à l'intérieur d'un sarcophage de porphyre rouge dressé sur un piédestal de granit vert. Son fils, et ses frères Jérôme et Joseph sont également inhumés dans la crypte.

Véritable mémorial militaire, le dôme des Invalides abrite en outre un monument contenant le cœur de Vauban, l'architecte des forteresses de Louis XIV promu maréchal en 1703, ainsi que les sépultures de grands soldats tels Turenne, les maréchaux Bertrand, Duroc, Foch et Lyautey.

**Le dôme des Invalides reçut
sa première dorure en 1715**

Musée Rodin ㉔

77, rue de Varenne, 75007. **Plan** 7 B3. 🕻 01 44 18 61 10. Ⓜ *Varenne.* 🕐 mar.-dim. 9h30-17h45 (16h45 en hiver). ● certains j. f. 🎫 🔉 🖥 🎁 🖥 www.musee-rodin.fr

Auguste Rodin (1840-1917) vécut et travailla de 1908 jusqu'à sa mort dans l'élégant hôtel Biron (XVIIIe siècle) qui abrite son musée. Parmi les chefs-d'œuvre exposés, *Les Bourgeois de Calais* et *Le Penseur* se trouvent dans la cour d'honneur, et *La Main de Dieu* et *Le Baiser* au rez-de-chaussée. Au premier étage, ne manquez pas les études pour *La Porte de l'Enfer* et la collection de peintures de Rodin, avec notamment des Van Gogh et un Monet. Le parc à la française et la chapelle, rénovée, qui accueille des expositions temporaires, se visitent également.

Sainte-Clotilde ㉕

12, rue de Martignac 75007. **Plan** 7 B3. 🕻 01 44 18 62 60. Ⓜ *Solférino, Varenne, Invalides.* 🕐 t.l.j. 9h-19h. ● j. f. non religieux.

Construite entre 1846 et 1856, cette basilique inspirée du gothique du XIVe siècle témoigne de l'intérêt suscité par le Moyen Âge au XIXe siècle. Elle possède un orgue Cavaillé-Coll dont César Franck fut le titulaire de 1858 à 1890. Derrière l'édifice, les rues de Grenelle et de Varenne sont bordées d'hôtels particuliers du XVIIIe siècle ; on peut notamment voir la cour de l'hôtel Matignon, résidence du Premier Ministre, au n° 57, rue de Varenne.

Musée Maillol ㉖

59, rue de Grenelle, 75007. **Plan** 7 C4. 🕻 01 42 22 59 58. Ⓜ *Rue du Bac, Sèvres-Babylone.* 🕐 mer.-lun. 11h- 18h. ● j. f. 🎫 🖥 🎁 🔉 🖥 www.museemaillol.com

C'est à Dina Vierny, modèle et muse d'Aristide Maillol, que l'on doit l'ouverture de ce musée. Toute l'œuvre de l'artiste est là : dessins, gravures, peintures, sculptures et objets décoratifs.

La collection privée de Dina Vierny y est également exposée, notamment des pièces d'arts naïfs et des œuvres de Matisse, Dufy et Picasso. Des représentations allégoriques de la ville de Paris et des quatre saisons ornent la fontaine de Bouchardon qui se dresse devant le musée.

**Le Penseur de Rodin,
dans le jardin du musée**

RIVE GAUCHE

C'est là, juste en face de la ville gauloise de l'île de la Cité, au pied et sur les flancs d'une colline qu'on devait appeler plus tard montagne Sainte-Geneviève, que s'installa la ville romaine. Ses thermes et ses arènes sont parvenus jusqu'à nous, mais sa principale empreinte sur le paysage est une rue, la rue Saint-Jacques, qui en était la grande artère nord-sud et le resta des siècles durant. C'est là qu'au XIIe siècle s'installera l'Université. Les activités de librairie et d'édition qu'elle suscitera, autant que son propre prestige, marqueront durablement l'ensemble du secteur. Le proche quartier de Saint-Germain, fréquenté et animé par les élèves de l'école des Beaux-Arts installée là au XIXe siècle, sera lui-même, dans les années 50, un lieu apprécié des écrivains et des artistes pour son atmosphère à la fois villageoise et cosmopolite. Les modes passent, les mythes demeurent : la rive gauche s'est parée, dans l'imaginaire collectif, de la noblesse de tout ce qui relève des choses de l'esprit. C'est le domaine des intellectuels et des créatifs. La plus banale des gargotes, le plus ordinaire des commerces prend, ici, des airs d'institution culturelle.

Horloge du musée d'Orsay

LE QUARTIER D'UN COUP D'ŒIL

Musées
Musée d'Orsay p. 116-117 ❶
Musée du Moyen Âge ❽
Musée Eugène-Delacroix ❻

Fontaine
Fontaine de l'Observatoire ⓰

Églises
Panthéon ⓭
Saint-Étienne-du-Mont ⓬
Saint-Germain-des-Prés ❺
Saint-Julien-le-Pauvre ⓾
Saint-Séverin ❾
Saint-Sulpice ⓯
Val-de-Grâce ⓱

Bâtiments et rues historiques
Boulevard Saint-Germain ❷
École nationale supérieure des Beaux-Arts ❹
Palais de l'Institut de France ❼
Palais du Luxembourg ⓮
Quai Voltaire ❸
Sorbonne ⓫

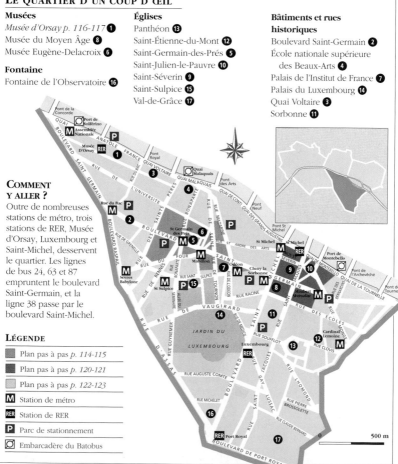

COMMENT Y ALLER ?
Outre de nombreuses stations de métro, trois stations de RER, Musée d'Orsay, Luxembourg et Saint-Michel, desservent le quartier. Les lignes de bus 24, 63 et 87 empruntent le boulevard Saint-Germain, et la ligne 38 passe par le boulevard Saint-Michel.

LÉGENDE

Plan pas à pas *p. 114-115*
Plan pas à pas *p. 120-121*
Plan pas à pas *p. 122-123*
Ⓜ Station de métro
RER Station de RER
🅿 Parc de stationnement
Embarcadère du Batobus

◁ **Le Panthéon vu depuis le jardin du Luxembourg**

Saint-Germain-des-Prés pas à pas

Ce quartier est l'héritier de l'abbaye que fonda Germain, évêque de Paris, au VIᵉ siècle. Véritable cité hors l'enceinte de Philippe Auguste, celle-ci jouissait au Moyen Âge d'une autonomie complète. Une foire annuelle entretenait son dynamisme économique mais aussi culturel et artistique. Mais, plus qu'une église ou un quartier, Saint-Germain-des-Prés évoque aujourd'hui les années 1950,

Orgue de Barbarie à Saint-Germain

avec ses intellectuels et ses artistes, la trompette de Boris Vian et les chansons de Juliette Gréco, les existentialistes et les caves de jazz. Célèbres dans le monde entier, le Flore, les Deux-Magots ou Lipp étalent leurs terrasses à l'un des carrefours les plus fréquentés de Paris.

Les Deux Magots était dans les années 1920 un pôle important de la vie littéraire.

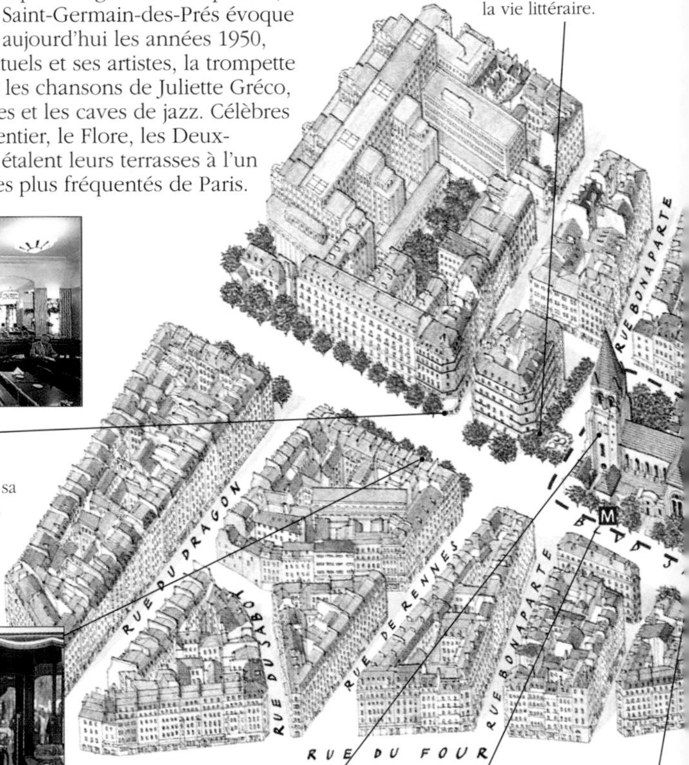

Le Café de Flore, que fréquentèrent Sartre, Camus et Prévert, a conservé sa belle salle Art déco.

La brasserie Lipp, appréciée des hommes politiques, possède un décor classé « monument historique ».

★ **Saint-Germain-des-Prés**
La plus vieille église de Paris abrite les tombeaux de Descartes et d'un roi de Pologne ❺

Station de métro de Saint-Germain-des-Prés

★ **Boulevard Saint-Germain**
Terrasses de cafés, boutiques de mode, cinémas, restaurants et librairies bordent cette artère au cœur de la rive gauche ❷

RUE BONAPARTE

RUE DU DRAGON

RUE DU SABOT

RUE DE RENNES

RUE BONAPARTE

RUE DU FOUR

Voir l'Atlas des rues, plans 7, 8

À NE PAS MANQUER

★ St-Germain-des-Prés

★ Boulevard Saint-Germain

★ Musée Delacroix

LÉGENDE

– – – Itinéraire conseillé

CARTE DE SITUATION
Voir l'Atlas des rues, plans 7, 8

★ **Musée Delacroix**
L'appartement du peintre et son atelier abritent des souvenirs personnels et des présentations temporaires de ses œuvres ❻

Le palais abbatial fut la résidence des abbés de Saint-Germain de 1586 jusqu'à la Révolution.

La rue de Buci, importante artère de la rive gauche pendant des siècles, accueille tous les jours un marché animé.

Station de métro Mabillon

Station de métro Odéon

0   100 m

Musée d'Orsay ❶

p. 116-117.

Boulevard Saint-Germain ❷

75006, 75007. **Plan** 8 D4.
Ⓜ Solférino, Rue du Bac, Saint-Germain-des-Prés, Mabillon, Odéon, Maubert-Mutualité.

Percée par le baron Haussmann au XIXe siècle, cette artère traverse trois arrondissements. Partant de l'Institut du Monde Arabe, elle coupe le boulevard Saint-Michel avant de rejoindre l'Odéon, ses cinémas et ses boutiques. Le boulevard s'anime alors de jour comme de nuit jusqu'au-delà de l'église Saint-Germain-des-Prés. Si certaines de ces vieilles boutiques ont laissé la place aux grands noms de la mode, le quartier a conservé son charme. Le ministère de la Défense et l'Assemblée nationale marquent la fin du boulevard.

Quai Voltaire ❸

75006, 75007. **Plan** 8 D3.
Ⓜ Rue du Bac.

Certains des plus grands antiquaires de Paris tiennent boutique sur ce quai où Voltaire mourut en 1778 à l'hôtel de Villette (XVIIe siècle) et où l'hôtel de voyageurs du n° 19 reçut Charles Baudelaire, Richard Wagner, Jean Sibélius et Oscar Wilde.

Plaque apposée au n° 27 du quai Voltaire où mourut le philosophe

Musée d'Orsay ●

La gare d'Orsay dessinée par Victor Laloux pour la Compagnie Paris-Orléans fut inaugurée en 1900 et doit probablement sa survie à la polémique qu'entraîna dans les années 70 la destruction des pavillons des Halles. Son aménagement en musée consacré à toutes les formes d'art et d'expression pendant la période 1848-1914 prendra huit ans. La splendide architecture de la gare a été préservée tout en aménageant un espace intérieur compatible avec l'exposition des collections, qui changent régulièrement. Sa superbe verrière abrite un ensemble unique au monde de peintures françaises, notamment impressionnistes, de sculptures et de mobilier.

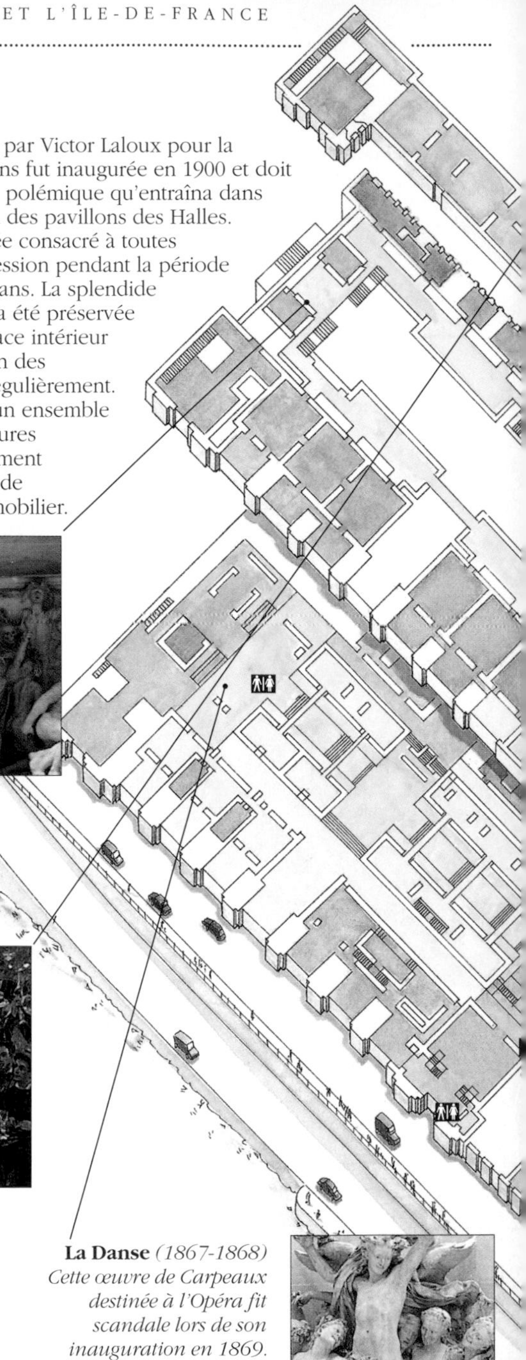

Danseuse (1881) par Edgar Degas

La Porte de l'enfer (détail) *(1880-1917). Rodin incorpora des sculptures créées auparavant, telles le Penseur et le Baiser, dans cette œuvre célèbre.*

Le Moulin de la Galette *(1876) Dans ce tableau, Renoir a magnifiquement restitué la lumière du soleil filtrée par un feuillage.*

La Danse *(1867-1868) Cette œuvre de Carpeaux destinée à l'Opéra fit scandale lors de son inauguration en 1869.*

LÉGENDE DU PLAN

- Architecture et Arts décoratifs
- Sculpture
- Peinture avant 1870
- Impressionnisme
- Néo-impressionnisme
- Naturalisme et symbolisme
- Art nouveau
- Expositions temporaires
- Circulation et services

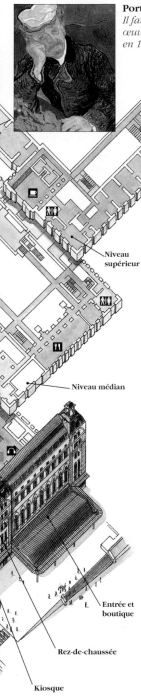

Portrait du docteur Paul Gachet
Il fait partie d'une série de trois œuvres, peinte par Van Gogh en 1890, l'année de sa mort.

SUIVEZ LE GUIDE

Le rez-de-chaussée présente des œuvres de la fin du XIXe siècle ; le pavillon amont du mobilier Art nouveau et des peintures et sculptures de la seconde moitié du XIXe et du début du XXe siècle ; et le dernier étage les impressionnistes et néo-impressionnistes.

Niveau supérieur

Niveau médian

Entrée et boutique

Rez-de-chaussée

Kiosque

MODE D'EMPLOI

1, rue de la Légion-d'Honneur, 75007. **Plan** 8 D2. ☎ 01 40 49 49 78. Ⓜ Solférino. 🚌 24, 68, 69, 84 jusqu'au quai Anatole-France ; 73 jusqu'à rue Solférino ; 63, 83, 84, 94 jusqu'au bd Saint-Germain. 🚆 et Ⓞ Musée d'Orsay. 🅿 quai Anatole-France. ◯ mi-juin-mi-sept. : mar.-dim. 9h-18h (jeu. 9h-21h45) ; mi-sept.-mi-juin : mar.-sam. 10h-18h (jeu. 10h-21h15), dim. 9h-18h. ● 1er janv., 1er mai, 25 déc. 🈺 plus de 18 ans. 🇴 🅱 **Concerts**. ♿ 🇴 🍴 🇼 www.musee-orsay.fr

À LA DÉCOUVERTE DU MUSÉE D'ORSAY

Les salles du rez-de-chaussée juxtaposent tous les styles antérieurs à 1870, et à l'impressionnisme.

L'explosion de couleurs de *La Chasse aux lions* (1854) du romantique Eugène Delacroix voisine ainsi avec *La Source* (1856) de Jean-Auguste Dominique Ingres, chef de file de l'école classique, et les toiles d'artistes réalistes comme Courbet, Degas et Manet. À ne pas manquer, l'*Olympia* peinte en 1863 par ce dernier.

La grande allée centrale offre un cadre superbe à un ensemble de sculptures allant de bustes satiriques par Daumier à *La Danse* de Carpeaux et à la *Porte de l'enfer* de Rodin (au niveau médian). Les expositions de mobilier et d'objets d'art se trouvent au pavillon amont. On peut notamment admirer une très riche collection Art nouveau comprenant de la verrerie de Lalique et des

Les Nymphéas bleus (1919) par Claude Monet

meubles dessinés par Hector Guimard, dont les entrées de métro sont célèbres.

Au dernier étage, des œuvres comme *Le Moulin de la Galette* par Renoir et la série des *cathédrales de Rouen (p. 257)* de Monet révèlent l'apport des impressionnistes à l'art, ouvrant la voie à des toiles comme *L'Église d'Auvers-sur-Oise* par Van Gogh et les compositions pointillistes de Seurat tel *Le Cirque*. Toulouse-Lautrec préféra quant à lui se concentrer sur les gens, les femmes de la nuit parisienne en particulier, tandis que le Douanier Rousseau inventait son propre univers poétique et naïf.

Le musée possède en outre des chefs-d'œuvre de Gauguin et de Cézanne, et le célèbre *Luxe, calme et volupté* de Matisse.

Le Déjeuner sur l'herbe (1863) par Édouard Manet

École des Beaux-Arts, façade du palais des Études

École nationale supérieure des Beaux-Arts **④**

14, rue Bonaparte, 75006. **Plan** 8 E3.
🎧 01 47 03 50 00. Ⓜ *Saint-Germain-des-Prés.* ⭕ *lun. a.-m. sur r.-v. au 01 47 03 54 02.* 📷 📧
Bibliothèque 🅆 *www. ensba.fr*

Elle occupe en bordure de Seine un ensemble de bâtiments qui regroupe une église et une chapelle, du couvent des Petits-Augustins (XVIIe siècle), l'hôtel de Chimay (XVIIe et XVIIIe siècle) et des constructions du XIXe siècle, notamment le bâtiment des Loges (1820-1829) de François Debret et le palais des Études (1858-1862) de Félix Duban. Cet architecte édifia également la salle d'exposition des travaux d'élèves, au no 13 du quai Malaquais.

Saint-Germain-des-Prés **⑤**

3, pl. Saint-Germain-des-Prés, 75006.
Plan 8 E4. 🎧 01 55 42 81 33. 📷
Ⓜ *Saint-Germain-des-Prés.* ⭕ *t.l.j.
8h-19 h.* **Concerts** *mar. et jeu. à 20h.*

La plus ancienne église de Paris se dresse à l'endroit où Childebert, fils de Clovis, éleva une basilique en 543. Devenue une abbaye bénédictine au VIIIe siècle, celle-ci ne cessa de s'étendre et de prospérer jusqu'à la Révolution.
   L'édifice actuel réunit des éléments d'époques très différentes : les colonnes en marbre du triforium datent du VIe siècle, le chœur, le déambulatoire et le clocher du XIIe siècle, la voûte en ogives de la nef du XVIIe siècle, le presbytère du XVIIIe siècle et une grande partie de la décoration du XIXe siècle.

Musée Eugène-Delacroix **⑥**

6, rue de Fürstenberg, 75006.
Plan 8 E4. 🎧 01 44 41 86 50.
Ⓜ *Saint-Germain-des-Prés, Mabillon.*
⭕ *mer.-lun. 9h30-17h.* ⚫ *certains j. f.* 🅆 *www.musee-delacroix.fr*

Eugène Delacroix (1798-1863) emménagea en 1857 dans cette jolie maison située non loin de l'église Saint-Sulpice dont il était chargé de décorer une chapelle. Son atelier dans le jardin et son appartement sont devenus en 1971 un musée national dont les collections comprennent, outre *La Madeleine au désert*, la pièce maîtresse du musée, des peintures, autographes, dessins, objets et souvenirs lui ayant appartenu.

***Lutte de Jacob avec l'ange* par Delacroix à Saint-Sulpice (*p. 123*)**

Palais de l'Institut de France **⑦**

23, quai de Conti, 75006. **Plan** 8 E3.
Ⓜ *Pont-Neuf.* 🎧 01 44 41 44 41.
⭕ *visites-conférences le w.-e. sur rés.*

Dessiné par Louis Le Vau et achevé en 1691, le Collège des Quatre-Nations héberge l'Institut de France depuis 1805. Face au pont des Arts, cet harmonieux palais classique, célèbre pour sa coupole, abrite aujourd'hui les cinq académies, dont l'Académie française.

Musée du Moyen Âge
(dit musée de Cluny) **⑧**

6, pl. Paul-Painlevé, 75005. **Plan** 9 A5.
🎧 01 53 73 78 00. Ⓜ *Cluny-La Sorbonne.* 🆁🅴🆁 *Saint-Michel.* ⭕ *mer.-lun. 9h15-17h 45.* ⚫ *certains j. f.* 📷
📷 📷 🅆 *www.musee-moyenage.fr*

Installé dans l'hôtel construit à la fin du XVe siècle pour

Têtes des rois de Juda de Notre-Dame (v. 1220)

Saint-Séverin **⑨**

1, rue-des-Prêtres-Saint-Séverin, 75005. **Plan** 9 A4. 🎧 01 42 34 93 50. Ⓜ *Saint-Michel.* ⭕ *lun.-sam. 11h-19h30, dim. 9h-20h30.* ♿

La construction de ce superbe exemple de gothique flamboyant commença au début du XIIIe siècle et se poursuivit jusqu'au XVIe siècle. L'intérieur est particulièrement remarquable pour son magnifique déambulatoire à voûtes en palmiers. À côté, se trouvent les galeries voûtées des anciens charniers.

Gargouilles et pinacles de l'église Saint-Séverin

L'école, sculpture sur bois du début du xvie siècle

L'élégance poétique de la licorne de la 6e tapisserie

les abbés de Cluny, c'est l'une des trois seules demeures médiévales de Paris à avoir subsisté. Dans les salles des thermes gallo-romains attenants (iie-iiie siècle), ce musée présente une exceptionnelle collection d'art du Moyen Âge.

Ne manquez pas les tapisseries, la *Rose d'or de Bâle*, délicate œuvre d'orfèvrerie datant de 1330, et les 21 têtes des rois de Juda qui ornaient Notre-Dame mais furent mutilées pendant la Révolution française.

L'exposition comprend également un ensemble de sculptures sur bois exécutées en Europe du nord, des vitraux, des livres d'heures, des émaux et de nombreux objets de la vie quotidienne.

Saint-Julien-le-Pauvre ❿

1, rue Saint-Julien-le-Pauvre, 75005. **Plan** 9 A4. **☎** 01 43 29 09 09. **M** *Maubert-Mutualité*. **RER** *Saint-Michel*. **◯** *mar.-dim. 9h30-13h et 15h-18h*. **Concerts**

Élevée vers 1165, c'est l'une des plus vieilles églises de Paris. L'université y tint ses assises solennelles mais les dégâts que lui infligea une révolte d'étudiants en 1524 la conduisirent à choisir un autre lieu. Son iconostase rappelle qu'elle est affectée au rite melchite.

Sorbonne ⓫

47, rue des Écoles, 75005. **Plan** 9 A5. **☎** 01 40 46 23 48. **M** *Cluny-La Sorbonne*. **◯** *seulement. sur r.-v.* **◯** *j. f.* **w** *www.sorbonne.fr*

Robert de Sorbon, chapelain et confesseur de saint Louis, fonda en 1258 un collège destiné à des étudiants en théologie sans fortune. Approuvé dès 1259 par le pape, l'établissement devint rapidement le siège de la faculté de théologie de l'université de Paris.

En 1626, Richelieu, proviseur de la Sorbonne, ordonna une somptueuse reconstruction du vieil édifice gothique. Il n'en subsiste aujourd'hui que l'église, splendide bâtiment classique, qui se visite lors d'expositions temporaires. Elle renferme le tombeau en marbre blanc du cardinal, sculpté par Girardon d'après des dessins de Le Brun. Les autres bâtiments, imposants et austères, datent du xixe siècle. Ils accueillent toujours aujourd'hui l'une des plus prestigieuses universités de la capitale.

Saint-Étienne-du-Mont ⓬

Place Sainte-Geneviève, 75005. **Plan** 13 A1. **☎** 01 43 54 11 79. **M** *Cardinal-Lemoine*. **◯** *sept.-juin : lun. 12h-19h30, mar.-dim. 8h45-19h30 ; juil.-août : mar.-dim. 10h-19h15* **◯** *à l'heure du déjeuner sam. et dim.* **◯**

Cette église présente un remarquable mariage de styles différents. L'intérieur voûté est gothique mais la décoration du jubé est influencée par la Renaissance italienne. De superbes vitraux du xviie siècle ornent la galerie des Charniers, autour de l'abside.

SAINT-ÉTIENNE-DU-MONT

Clocher du xvie siècle

Façade du xviie siècle

Jubé

Le Quartier latin pas à pas

L e latin, qui fut la langue officielle de l'université jusqu'en 1793, n'y est plus qu'un sujet d'étude comme les autres et les étudiants eux-mêmes semblent s'y fondre dans une foule multiforme ; de temps à autre, un monôme ou un bizutage s'essayent à ressusciter les mythiques grands tapages d'antan mais la semi-indifférence générale lasse vite les chahuteurs. Reste pourtant, de jour comme de nuit, une ambiance assez exceptionnelle née, peut-être, des étranges et multiples cohabitations dont ce quartier est le carrefour : étudiants et snobs, jeunes fauchés et bourgeois nantis, petits fripiers et grands couturiers, intellectuels et parvenus.

Jazz de rue

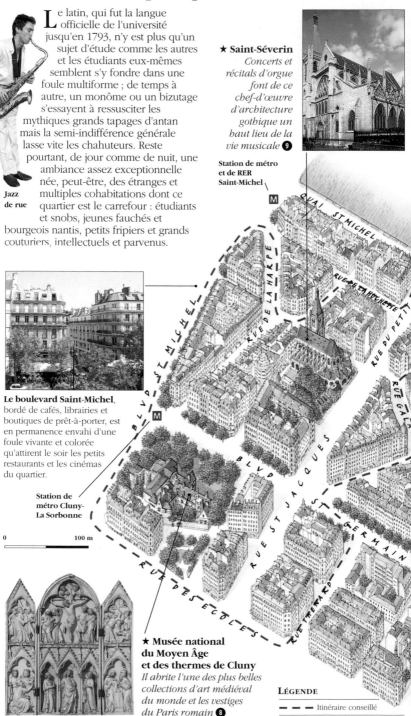

★ **Saint-Séverin**
Concerts et récitals d'orgue font de ce chef-d'œuvre d'architecture gothique un haut lieu de la vie musicale ❾

Station de métro et de RER Saint-Michel

M

QUAI ST MICHEL

RUE DE LA HARPE

RUE DE LA HUCHETTE

RUE DU PETIT PO

RUE GALAN

BLVD ST MICHEL

M

BLVD

BLVD ST JACQUES

ST GERMAIN

RUE THENARD

Le boulevard Saint-Michel, bordé de cafés, librairies et boutiques de prêt-à-porter, est en permanence envahi d'une foule vivante et colorée qu'attirent le soir les petits restaurants et les cinémas du quartier.

Station de métro Cluny-La Sorbonne

0   100 m

RUE DES ECOLES

★ **Musée national du Moyen Âge et des thermes de Cluny**
Il abrite l'une des plus belles collections d'art médiéval du monde et les vestiges du Paris romain ❽

LÉGENDE

– – – Itinéraire conseillé

CARTE DE SITUATION
Voir l'Atlas des rues, plans 8, 9, 12, 13

★ **Saint-Julien-le-Pauvre**
L'église faisait partie, à l'origine, d'un hospice pour les pèlerins de Compostelle ⑩

Station de métro
Maubert-Mutualité

À NE PAS MANQUER

★ **Musée de Cluny**

★ **Saint-Séverin**

★ **St-Julien-le-Pauvre**

Panthéon ⑬

Place du Panthéon, 75005. **Plan** 13 A1.
🅲 *01 44 32 18 00*. RER *Luxembourg.*
🅼 *Cardinal-Lemoine.* **Crypte** ⃝ *avr.-sept. : t.l.j. 10h-17h45 ; oct.-mars : t.l.j. 10h-17h15.* ⃝ *certains j. f.* 🈺
📷 🎫 W *www.monum.fr*

En 1744, se relevant d'une grave maladie, Louis XV fit construire une église en accomplissement du vœu qu'il avait fait lorsqu'il se trouvait au plus mal. L'architecte Jacques-Germain Soufflot fut chargé d'élever ce sanctuaire dédié à sainte Geneviève. Commencé en 1764, mais achevé seulement en 1790, dix ans après la mort de son architecte, l'édifice néo-classique fut presque aussitôt transformé en un temple laïque destiné à recevoir les tombeaux des « grands hommes de l'époque de la liberté française ».
Il redevint cependant l'église Sainte-Geneviève de 1806 à 1831, puis de 1852 jusqu'aux obsèques de Victor Hugo en 1885.

Sur le fronton du péristyle inspiré de celui du Panthéon de Rome, un bas-relief par David d'Angers représente la Patrie distribuant des couronnes de laurier aux Français illustres. En 1995, le monument a accueilli les cendres de Pierre et Marie Curie, et en 2002 celles d'Alexandre Dumas.

Intérieur du Panthéon
Il a la forme d'une croix grecque dont le dôme surplombe l'intersection des branches.

Dôme
C'est Napoléon qui commanda en 1811 l'Apothéose de sainte Geneviève qui le décore.

Lanterne du dôme

Galeries

Entrée

Crypte
Elle s'étend sous tout le bâtiment et abrite les tombeaux de grands hommes comme Voltaire, Victor Schœlcher, Louis Braille, Émile Zola ou Jean Monnet.

Le quartier du Luxembourg pas à pas

À quelques pas de l'agitation du boulevard Saint-Michel, le jardin du Luxembourg, cher à Marie de Médicis, est aujourd'hui le domaine favori des étudiants, des amoureux et des intellectuels (ces derniers sont nombreux dans le quartier), des amateurs de jogging, de jeu d'échecs ou de tennis. Des générations d'enfants s'y succèdent devant son théâtre de marionnettes ou autour du grand bassin où naviguent leurs bateaux à voile. C'est aussi le jardin de ceux qui préfèrent manger un sandwich au soleil plutôt que de prendre leur repas dans un restaurant du quartier.

À NE PAS MANQUER

★ **Saint-Sulpice**

★ **Palais du Luxembourg**

Vers Saint-Germain-des-Prés

La place Saint-Sulpice est ornée depuis 1844 par la fontaine des Quatre-évêques.

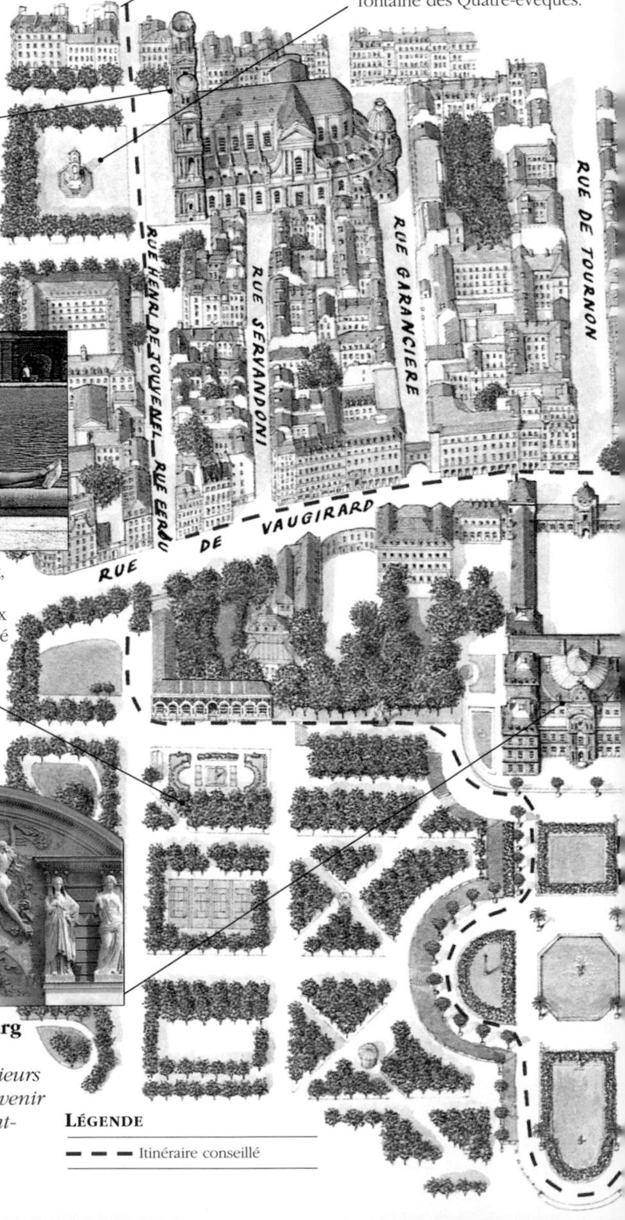

★ **Saint-Sulpice**
Six architectes et 134 ans furent nécessaires pour mener à bien la construction de cette église classique ⑮

RUE HENRI DE JOUVENEL

RUE FÉROU

RUE SERVANDONI

RUE GARANCIÈRE

RUE DE TOURNON

RUE DE VAUGIRARD

Le jardin du Luxembourg, très fréquenté par les habitants du quartier et ceux qui y travaillent, est apprécié pour les moments de calme qu'on peut s'y offrir.

0   100 m

★ **Palais du Luxembourg**
Construit pour Marie de Médicis, il a connu plusieurs affectations avant de devenir le siège du Sénat. L'avant-corps, côté jardin, a été ajouté en 1841 ⑭

LÉGENDE

– – – Itinéraire conseillé

CARTE DE SITUATION
Voir l'Atlas des rues, plans 8, 12, 13

La fontaine de Médicis fut édifiée au XVIIe siècle dans le style des grottes italiennes sur un dessin, pense-t-on, de Salomon de Brosse.

42 statues du XIXe siècle, aux sujets les plus divers, font du jardin un musée de plein air ; ici, sainte Geneviève, qui sauva Paris des Huns en 451.

Palais du Luxembourg ⑭

15, rue de Vaugirard, 75006. **Plan** 8 E5.
📞 *01 42 34 20 00.* Ⓜ *Odéon.*
RER *Luxembourg. **Visites** groupes uniquement lun., ven. et sam. ; rés. 3 mois à l'avance.* 📞 *0142 34 20 60.*
Ⓦ *www.senat.fr*

L a florentine Marie de Médicis, souffrant du mal du pays, fit construire par Salomon de Brosse, en 1615, ce palais de style italien près de la résidence des Gondi, ses compatriotes. Elle commanda à Rubens, pour la décoration, les 24 célèbres tableaux qui sont aujourd'hui au Louvre. Plus tard, Louis XIV y fit élever ses enfants, la Convention le transforma en prison et le Directoire y installa le siège du gouvernement. Il est, depuis 1958, le siège du Sénat de la Ve République. Le musée du Luxembourg accueille des expositions temporaires.

Saint-Sulpice ⑮

Pl. Saint-Sulpice, 75006. **Plan** 8 E4-5.
📞 *01 46 33 21 78.* Ⓜ *Saint-Sulpice.*
◯ *t.l.j. 7h30-19h30.* 📷 **Concerts.**

C ommencée en 1646, la construction de cette église, l'une des plus grandes de Paris, demanda plus d'un siècle. Sa façade, ornée d'une colonnade à deux étages, n'avait pas un aspect aussi austère à l'origine, mais la foudre détruisit son fronton en 1870. La première chapelle à droite est ornée de célèbres peintures de Delacroix, notamment la *Lutte de Jacob avec l'ange (p. 118)*, *Héliodore chassé du temple* et *Saint Michel terrassant le démon*.

La tour sud de Saint-Sulpice n'a jamais été achevée

Les Quatre parties du monde

Fontaine de l'Observatoire ⑯

Pl. Ernest-Denis, av. de l'Observatoire, 75005. **Plan** 12 E2. RER *Port-Royal.*

C ette fontaine, édifiée par Davioud en 1875, orne les jardins de l'Observatoire créés au sud de ceux du Luxembourg sur un terrain confisqué aux chartreux de Vauvert en 1790. Le célèbre bronze de Jean-Baptiste Carpeaux, *les Quatre parties du monde*, la décore. Pour des raisons d'équilibre, l'artiste ne représenta pas le cinquième continent, l'Océanie.

Val-de-Grâce ⑰

1, pl. Alphonse-Laveran, 75005.
Plan 12 F2. 📞 *01 40 51 51 92.*
Ⓜ *Censier-Daubenton.* RER *Port-Royal.*
◯ *mar., mer., sam., dim. 12h-18h.*
🔴 *août* 🈳 *sauf pour la nef.* ♿

C 'est en exécution d'un vœu après la naissance de Louis XIV qu'Anne d'Autriche fonda cette église en 1645. Son jeune fils (sept ans) posa lui-même la première pierre.

Avec son dôme richement décoré et son baldaquin inspiré de celui de la basilique Saint-Pierre, c'est sans doute le sanctuaire parisien le plus proche du baroque romain. Pierre Mignard peignit en 1663 la *Gloire des Bienheureux*, fresque ornant la coupole qui comprend plus de deux cents personnages. L'église se visite dans le cadre du musée du Service de Santé des Armées.

EN DEHORS DU CENTRE

L a Villette, Montmartre, Belleville, les quartiers périphériques de la capitale, plus densément peuplés aujourd'hui que le centre historique, furent jusqu'en 1860, date à laquelle Napoléon III les annexa à Paris, des villages où les Parisiens venaient danser, et boire les petits vins de la Seine, non taxés au-delà des barrières.

La butte Montmartre, avec ses maisons rurale et sa vigne, est un vestige de cette époque. Ces quartiers, populaires, sauf à l'ouest, accueillirent au XIXᵉ siècle les industries naissantes, et, de nouveaux arrivants, en foule. Parmi eux, une pléiade cosmopolite d'artistes a donné à Montmartre puis à Montparnasse un éclat incomparable.

LA PÉRIPHÉRIE D'UN COUP D'ŒIL

Musées
Galerie-musée Baccarat **6**
Musée Gustave-Moreau **9**
Musée Marmottan-Monnet **5**
Muséum national
  d'histoire naturelle **24**
Palais de la Porte Dorée **20**

Églises et mosquée
Cathédrale Saint-
  Alexandre-Nevski **7**
Mosquée de Paris **27**
Sacré-Cœur **11**

Parcs et jardins
Bois de Boulogne **2**
Jardin des Plantes **25**
Parc André-Citroën **28**
Parc des Buttes-Chaumont **17**
Parc Monceau **8**
Parc Montsouris **23**

Cimetières
Cimetière de Montmartre **13**
Cimetière du Montparnasse **30**
Cimetière du Père-Lachaise **18**

Bâtiments et rues historiques
Catacombes **31**
Château de Vincennes **21**
Moulin Rouge **12**
Rue La Fontaine **4**

Quartiers historiques
Canal Saint-Martin **16**
Montmartre p. 128-129 **10**
Montparnasse **29**

LÉGENDE

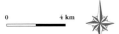

  Principaux quartiers historiques

  Autoroutes et routes principales

Architecture moderne
Bercy **19**
Bibliothèque nationale
  de France -
  François-Mitterrand **22**
Fondation Le Corbusier **3**
Grande Arche
  de la Défense **1**
Institut du Monde arabe **26**

Marché
Marché aux Puces
  de Saint-Ouen **14**

Parc à thème
*Cité des Sciences et de
  l'Industrie p. 132-133* **15**

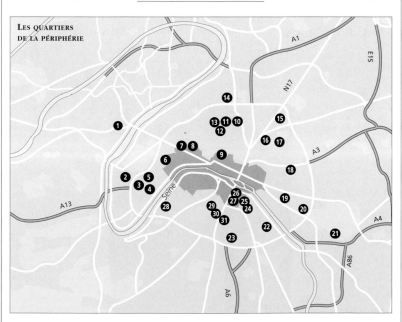

LES QUARTIERS DE LA PÉRIPHÉRIE

0   4 km

◁ **L'étroite rue Saint-Rustique serpente jusqu'au Sacré-Cœur**

L'ouest de Paris

Grande Arche de la Défense ❶

La Grande Arche. 📞 01 49 07 27 57.
🚈 La Défense. ⏰ t.l.j 9h-18h. 📷
♿ 🏠 W www.grandearche.com

Créé par le danois Otto von Spreckelsen à l'extrémité de la perspective de l'Arc de Triomphe, la Grande Arche vint parachever en 1989 l'aménagement du quartier d'affaires de La Défense (p. 62-63), bâti à partir de 1957 sur une dalle piétonne.

Ce cube évidé, qui pourrait contenir Notre-Dame, abrite des espaces d'expositions et offre une belle vue sur Paris.

La Grande Arche de la Défense

Bois de Boulogne ❷

75016. Ⓜ Porte Maillot, Porte Dauphine, Porte d'Auteuil, Sablons.
⏰ 24 h/24 t.l.j. 📷 jardins spécialisés et musées. ♿

Vestige de l'ancienne et immense forêt du Rouvre, ce parc situé entre la Seine et l'ouest de Paris offre sur 865 ha plusieurs lacs où canoter et de nombreuses promenades à faire à pied, à bicyclette ou à cheval. Il vaut mieux cependant l'éviter la nuit.

Le bois était déjà mal famé au XVIe siècle, lorsque Henri II le fit cerner d'une muraille. Elle ne sera abattue qu'en 1852 après que Napoléon III eut cédé le terrain à la ville, charge à elle de l'aménager en

parc public. Outre l'hippodrome de Longchamp, celui-ci renferme aujourd'hui le château (XVIIIe siècle) et le parc de Bagatelle, réputé pour ses expositions, le Pré Catelan, le jardin Shakespeare, et le jardin d'Acclimatation où les enfants trouvent manèges et animaux. Tout près se trouve le musée des Arts et Traditions populaires.

Fondation Le Corbusier ❸

8-10, square du Docteur-Blanche, 75016. 📞 01 42 88 41 53.
Ⓜ Jasmin. ⏰ lun. 13h30-18h, mar.-ven. 10h-12h30 et 13h30-18h (17h ven.), sam. 10h-17h. ⏰ j. f., vac. de Noël. 📷 Films, vidéos.
W www.fondationlecorbusier.com

Charles-Édouard Jeanneret, plus connu sous le nom de Le Corbusier, l'un des architectes les plus novateurs et les plus influents du XXe siècle, éleva au début des années 20 à Auteuil ses deux premières réalisations parisiennes, les villas Jeanneret et La Roche, selon des conceptions révolutionnaires : formes géométriques en béton nu, façades vitrées sur toute leur longueur, emboîtement des espaces intérieurs offrant un éclairage et un volume maximaux. Elles abritent aujourd'hui un centre de documentation consacré à son œuvre.

Fenêtre Art nouveau, rue La Fontaine

Rue La Fontaine ❹

75016. **Plan** 5 A4. Ⓜ Michel-Ange Auteuil, Jasmin. 🚈 Radio-France.

À la fin du XIXe siècle, alors qu'Auteuil était encore un faubourg populaire, Hector Guimard construisit au n° 14 le Castel Béranger, immeuble Art nouveau à loyer modéré qu'il réussit pourtant à orner de vitraux, fers forgés et mosaïques. Plusieurs autres édifices de la rue, notamment l'hôtel Mezzara (n° 60), témoignent de son talent.

Musée Marmottan-Monet ❺

2, rue Louis-Boilly, 75016. 📞 01 40 50 65 84. Ⓜ Muette. ⏰ mar.-dim. 10h-18h. ⏰ 1er mai, 25 déc., 1er janv. 📷 W www.marmottan.com

À sa mort en 1932, l'historien d'art Paul Marmottan laissa à l'Institut de France son hôtel particulier du XIXe siècle, avec ses collections de peintures et de mobilier Empire, ainsi que les œuvres de primitifs flamands et italiens rassemblées par son père, Jules Marmottan, complétées par de belles tapisseries et des enluminures du Moyen Âge léguées par la suite par David Wildenstein.

La donation Donop de Monchy, puis le legs fait par Michel

Île du bois de Boulogne

Monet, fils cadet de l'artiste impressionniste, apportèrent ultérieurement une nouvelle dimension aux collections, aujourd'hui réputées pour des tableaux de Claude Monet comme *Impression, soleil levant* (à l'origine du terme impressionnisme), *Le Pont de l'Europe à la gare Saint-Lazare* ou *Le Parlement*. On peut également admirer l'une des *Cathédrales de Rouen* (p. 257) et une série de *Nymphéas* où s'exprime tout son génie à saisir dans un reflet sur l'eau la fugacité de l'instant.

L'exposition présente en outre la collection personnelle du peintre qui comprend des toiles de Pissarro, Sisley, Boudin et Renoir. De ce dernier, ne manquez pas les portraits de *Claude Monet lisant* et de *Madame Claude Monet*.

Galerie-musée Baccarat ❻

11, pl. des États-Unis, 75116. 🄲 *01 40 22 11 00*. Ⓜ *Boissière*. ⭘ *lun. et mer.-sam. 10h-18h30*. ⬤ *j. f.* 🄾 🄳 🄷 🄲 *sur r.-v.* Ⓦ *www.baccarat.fr*

Ce musée du Cristal installé dans l'ancien hôtel particulier de Marie-Laure de Noailles, présente plus de 1 200 articles parmi les plus beaux manufacturés dans les ateliers de cette firme fondée en 1765 en Lorraine, notamment des services créés pour les cours d'Europe.

Vous y verrez, présentées selon trois thèmes, un grand nombre de pièces contemporaines créées dans les ateliers : vases, candélabres, bouteilles de parfum, mais aussi bijoux et montres. Vous découvrirez aussi les techniques de taille du cristal.

Le vase d'Abyssinie, cristal de Baccarat et bronze

La Naumachie et sa colonnade, parc Monceau

Le nord de Paris

La cathédrale Saint-Alexandre-Nevski

Cathédrale Saint-Alexandre-Nevski ❼

12, rue Daru, 75008. **Plan** 2 F3. 🄲 *01 42 27 37 34*. Ⓜ *Courcelles, Ternes*. ⭘ *mar., ven. et dim. 15h-17h*. 🄲 🄷 *sam. 18h, dim. 10h30*.

La communauté russe de Paris finança, avec le tsar Alexandre II, la construction de cette imposante cathédrale orthodoxe achevée en 1861 et dessinée par des membres de l'académie des Beaux-Arts de Saint-Pétersbourg.

Si ses cinq coupoles en cuivre doré se rattachent sans conteste aux traditions slaves, son plan en forme de croix grecque et ses somptueuses fresques et mosaïques sont de style néo-byzantin. La cathédrale a été rénovée récemment.

Dans la rue Daru, au cœur de la « petite Russie », se trouvent également des salons de thé et une librairie russes.

Parc Monceau ❽

Bd de Courcelles, 75017. **Plan** 3 A3. 🄲 *01 42 27 08 64*. Ⓜ *Monceau*. ⭘ *t.l.j 7h-21h (23h en été)*.

Ce havre de verdure de 9 ha date de 1778 et du « jardin d'illusion » commandé par le duc de Chartres à l'écrivain-paysagiste Louis Carmontelle. Plusieurs fois remanié puis acquis en 1852 par l'État qui le céda en partie à des promoteurs immobiliers, le parc a beaucoup perdu de la fantaisie exotique de ses origines (on l'appela la « folie de Chartres »), dont subsiste encore la Naumachie, bassin entouré d'une colonnade à l'imitation des cirques où les Romains organisaient des batailles navales.

Musée Gustave-Moreau ❾

14, rue de la Rochefoucauld, 75009. **Plan** 4 E3. 🄲 *01 48 74 38 50*. Ⓜ *Trinité*. ⭘ *mer.-lun. 10h-12h45, 14h-17h15*. 🄾 🄳 🄷 Ⓦ *www.musee-moreau.fr*

Peintre symboliste, Gustave Moreau (1826-1898) développa un univers mêlant fantasmes personnels et figures mythologiques, et eut une influence déterminante sur les fondateurs du surréalisme et de l'art abstrait. Il a légué à l'État son hôtel particulier, transformé en musée en 1902, 7 000 dessins et 1 000 huiles et aquarelles, notamment l'extraordinaire tableau de *Jupiter et Sémélé*.

Montmartre ⑩

L'ancien *Mons martyrium* où aurait péri saint Denis vers 250 fut longtemps couvert de vignes et de moulins. Il a acquis une renommée mondiale grâce aux écrivains et aux peintres qui hantèrent la butte entre 1870 et 1914 : Toulouse-Lautrec qui célébra les cabarets ; Picasso qui renouvela son style au *Bateau Lavoir* ; Braque, Apollinaire, Utrillo et de nombreux autres artistes. Envahi aujourd'hui par les touristes, le quartier conserve une atmosphère paisible et attachante qui rappelle le Paris d'avant-guerre.

Portraitiste, place du Tertre

La vigne de Montmartre
C'est une des dernières de Paris. La vendange donne lieu à une fête début octobre.

Métro Lamarck-Caulaincourt

Au Lapin Agile
Ce cabaret était avant 1914 le rendez-vous d'écrivains et d'artistes.

La Mère Catherine
Des Cosaques accéléraient le service dans ce restaurant en criant « bistro ! » (« vite » en russe) – le mot est resté.

Espace Montmartre Salvador-Dali
Il présente 330 sculptures et illustrations de l'artiste surréaliste.

Place du Tertre
Portraitistes et touristes se pressent sur cette place où des artistes commencèrent à exposer au XIXᵉ siècle.

Légende

– – – Itinéraire conseillé

0   100 m

Musée de Montmartre
Il montre des documents retraçant la vie de la butte et des œuvres d'artistes ayant vécu dans le quartier, comme Modigliani qui peignit ce Portrait de femme en 1918.

MONTMARTRE

OPÉRA, CONCORDE, LOUVRE

ÎLE DE LA CITÉ, MARAIS, BEAUBOURG

CARTE DE SITUATION
Voir l'Atlas des rues, plans 3, 4

Sacré-Cœur
Cette basilique romano-byzantine commencée en 1876 et achevée en 1914 renferme mosaïques et statues telle cette Vierge à l'Enfant *(1896) par P. Brunet* ⓫

Saint-Pierre de Montmartre
L'église faisait partie d'une abbaye bénédictine fondée en 1133.

Vers le métro Anvers

Le square Willette
s'étage sous le parvis du Sacré-Cœur en une série de terrasses gazonnées plantées d'arbres, de haies et de plates-bandes jusqu'à la place Saint-Pierre.

Le funiculaire part de l'extrémité de la rue Foyatier et monte jusqu'au pied de la basilique du Sacré-Cœur (prix du trajet : un ticket de métro).

Musée d'Art naïf Max-Fourny
Sa collection compte près de 600 œuvres d'art naïf dont Le Mur *(1944) par F. Tremblot.*

Sacré-Cœur ⓫

35, rue du Chevalier-de-la-Barre, 75018. **Plan** 4 F1. ☎ *01 53 41 89 00.* Ⓜ *Abbesses (puis prendre le funiculaire), Anvers.* 🚌 *30, 54, 80, 85.* **Basilique** ⭘ *t.l.j. 6h-23h.* **Dôme** ⭘ *t.l.j. 9h15-17h30.* **Crypte** ⭘ *t.l.j. 9h15-17h30.* 📷 *pour le dôme.* ♿ *limité.* 🔲 ✝ *mar.-ven. 8h, 11H15, 12h, 18h, 18h30, 21h30, 22h (15h en plus le ven.) ; lun. 11h15, 18h, 18h30, 22h ; sam. 18h, 22h ; dim. 8h, 11h, 16h, 18h, 21h30, 22h.* 🆆 *www.sacre-coeur-montmartre.fr*

Au début de la guerre franco-prussienne de 1870, deux hommes d'affaires catholiques, Alexandre Legentil et Rohault de Fleury, firent vœu de financer une église consacrée au Sacré-Cœur du Christ si la France était victorieuse. Malgré la défaite, et parce que Paris avait échappé aux destructions, l'édification de la basilique commença en 1876 sur les plans de Paul Abadie. Achevé en 1914, le sanctuaire offre, depuis la galerie de son dôme, une vue extraordinaire de Paris et de ses environs.

La galerie des vitraux permet d'avoir une vue d'ensemble de l'intérieur.

Le dôme ovoïde est le deuxième sommet de Paris après la tour Eiffel.

La grande mosaïque du Christ (1912-1922) par Luc-Olivier Merson domine le chœur.

Le portail en bronze est orné de scènes bibliques.

Dans la chapelle des morts de la crypte, une urne en pierre renferme le cœur de Legentil.

Moulin Rouge® ⓬

82, bd de Clichy, 75018. **Plan** 4 E1. ☎ *01 53 09 82 82.* Ⓜ *Blanche.* ⭘ *spectacles t.l.j. 21h et 23h. Voir p. 141.* 🆆 *www.moulinrouge.fr*

Si ce célèbre établissement ne garde que ses grandes ailes de l'édifice original construit en 1889 puis transformé en cabaret en 1900, il entretient la tradition du french cancan de La Goulue, immortalisé par les dessins et affiches de Toulouse-Lautrec, et celle des grandes revues de Mistinguett.

Cimetière de Montmartre ⓭

20, avenue Rachel, 75018. **Plan** 4 D1. ☎ *01 53 42 36 30.* Ⓜ *Place de Clichy.* ⭘ *lun.-ven. 8h-18h, sam. 8h30-18h, dim. et j. f. 9h-18h.* ♿

Hector Berlioz et Jacques Offenbach, Stendhal et Émile Zola, Edgar Degas, Heinrich Heine, Nijinski,

François Truffaut… Il est impossible d'énumérer toutes les célébrités enterrées dans ce petit cimetière (10 ha) de la fin du XVIIIᵉ siècle, presque aussi réputé que celui du Père-Lachaise. Tout les arts et de nombreux pays y sont représentés.

Curieusement, le célèbre peintre de Montmartre, Maurice Utrillo a été inhumé dans un autre cimetière du quartier, le cimetière de Saint-Vincent.

Étal africain au marché aux puces de Saint-Ouen

Marché aux puces de Saint-Ouen ⓮

Rue des Rosiers, Saint-Ouen, 75018. Ⓜ *Porte-de-Clignancourt.* ⭘ *sam.-lun. 9h-18h. Voir* **Boutiques et marchés** *p. 138.* 🆆 *www.les-puces.com*

Le plus ancien et le plus important des marchés aux puces parisiens couvre 6 ha près de la porte de Clignancourt, là où chiffonniers et clochards proposaient au XIXᵉ siècle leur pauvre marchandise hors des limites de la ville.

Aujourd'hui séparées en marchés spécialisés comptant plus de 2 000 éventaires, les puces de Saint-Ouen sont surtout réputées pour les meubles et objets décoratifs du Second Empire.

Cité des Sciences et de l'Industrie ⓯

p. 132-133

Canal Saint-Martin **⑯**

Ⓜ *Jaurès, J Bonsergent, Goncourt.*

L ong de 5 km entre le bassin de la Villette et celui de l'Arsenal, ce canal inauguré en 1825 constitue un raccourci pour le trafic fluvial entre les boucles de la Seine. À l'origine entièrement à ciel ouvert, il est aujourd'hui en partie recouvert. Les quartiers qu'il traverse, très industriels au XIXᵉ siècle, ont connu depuis d'importantes rénovations et, bien que l'hôtel du Nord rendu célèbre par Marcel Carné se dresse toujours quai de Jemmapes, il ne subsiste que peu d'ateliers de cette époque.

Avec les jardins qui le bordent, ses neuf écluses et ses ponts, le canal reste un cadre de promenade très romantique.

Parc des Buttes-Chaumont **⑰**

Rue Manin 75019 (accès principal rue Armand-Carrel). Ⓒ *01 53 35 89 35.* Ⓜ *Botzaris, Buttes-Chaumont.* Ⓞ *t.l.j. 7h-21h (23h en été).*

C e vaste parc escarpé, l'un des plus surprenants et des plus agréables de la capitale, fut aménagé sur près de 25 ha sur une hauteur de Belleville, creusée de carrières et occupée depuis des siècles par des décharges. Dominant au Moyen Âge le gibet de Montfaucon, l'endroit avait sinistre réputation.

Sur l'ordre de Napoléon III Adolphe Alphand, à qui tant d'avenues parisiennes doivent leurs bancs et lampadaires, aménagea entre 1864 et 1867 ce lieu désolé avec l'ingénieur Darcel, le paysagiste Barillet-Deschamps et l'architecte Davioud. Tirant le meilleur parti des accidents de terrain, ils créèrent une cascade de 32 m tombant dans une grotte aux stalactites artificielles, et un lac au centre duquel se dresse un grand rocher coiffé d'un temple romain. Un pont de brique et une passerelle suspendue permettent d'y accéder.

Le bassin de l'Arsenal

L'est de Paris

Cimetière du Père-Lachaise **⑱**

16, rue du Repos, 75020. Ⓒ *01 55 25 82 10.* Ⓜ *Alexandre Dumas, Père Lachaise.* Ⓞ *lun.-ven. 8h-18h, sam. 8h30-18h, dim. et j. f. 9h-18h.* ♿

C ette colline dominant la ville, jadis résidence du Père de La Chaize, confesseur de Louis XIV fut rachetée en 1803 par le préfet de Paris et aménagée par l'architecte Brongniart en cimetière-jardin. Le terrain devint un lieu de sépulture si prisé de la bourgeoisie qu'il fallut l'agrandir à six reprises au XIXᵉ siècle. Ce cimetière paysager de 43 ha est ainsi le plus grand parc *intra-muros* de la capitale.

Son calme, sa belle végétation, ses statues, ainsi que les souvenirs liés aux personnalités qui y reposent comme Chopin, Balzac, Jim Morrison, ou Simone Signoret et Yves Montand, en font le cimetière le plus visité de la capitale.

Bercy **⑲**

75012. Ⓜ *Bercy, Cour St-Émilion.* ⛴ *Port de Bercy (01 43 43 40 30).*

C et ancien quartier de négoce de vin situé à l'est du centre-ville a été transformé en un secteur ultra-moderne le long de la Seine. La récente ligne de métro 14, dont les rames entièrement automatisées roulent sans conducteur, relie Bercy au cœur de la ville.

Le Palais Omnisports de Paris-Bercy (POPB) accueille de nombreuses représentations sportives et de grands concerts. Sa structure pyramidale aux pentes couvertes de gazon est devenue le symbole moderne de l'est de Paris.

Bercy abrite plusieurs autres buildings, comme le ministère des Finances, conçu par Chemetov, et l'American Center de Franck O. Gehry, qui abrite depuis 2005 la Cinémathèque française.

Au pied de ces tours, le parc de Bercy de 70 ha offre un agréable espace vert qui mène au cours Saint-Émilion. Là se trouvaient les anciens magasins de vin et les caves, lesquels ont aujourd'hui laissé place à des restaurants, des bars et des magasins très fréquentés. Les Pavillons de Bercy ont été aménagés dans d'anciens entrepôts, l'un d'eux abrite le musée des Arts Forains. Vous y découvrirez l'histoire de la fête foraine de 1850 à nos jours dans l'Europe entière.

Les amateurs de navigation fluviale peuvent embarquer à la marina de Bercy.

L'étonnant American Center de Bercy conçu par Franck O. Gehry

Cité des Sciences et de l'Industrie ⓯

Cet immense musée très populaire occupe la salle des ventes, jamais achevée, des anciens abattoirs de la Villette. Pour la transformer, l'architecte Adrien Fainsilber s'est appuyé sur trois éléments naturels : l'eau qui environne l'édifice, la végétation qui le pénètre par les serres, et la lumière qui se déverse à travers ses coupoles. Aux 1er et 2e étages, les expositions permettent d'aborder de manière interactive et ludique des thèmes d'actualité et les fondamentaux de la science : mathématiques, biologie, informatique, accoustique, astronomie... Les autres niveaux abritent une médiathèque, un auditorium, des cinémas, la Cité des enfants, un centre de conférences et des boutiques.

Folie moderne du parc de la Villette

Planétarium
Un écran de 21 m de diamètre sur lequel sont projetés des milliers d'étoiles, des projecteurs à effets spéciaux et une sonorisation ultramoderne transportent le visiteur dans le cosmos.

Nautile
La maquette gandeur réelle du Nautile permet d'admirer l'un des engins d'exploration du monde sous-marin les plus sophistiqués de la planète.

★ Ariane
À côté de la maquette de la fusée Ariane, les engins spatiaux expliquent comment les astronautes sont envoyés dans l'espace.

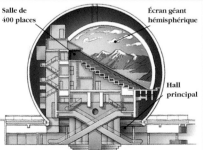

Salle de 400 places

Écran géant hémisphérique

Hall principal

LA GÉODE

Projetés sur un écran géant hémisphérique de 1 000 m², les films IMAX présentés dans cette sphère de 36 m de diamètre placent le spectateur au cœur de l'image.

Les douves, dessinées par Fainsilber, qui entourent le bâtiment, laissent pénétrer la lumière naturelle dans les niveaux inférieurs du bâtiment.

Le hall principal, long de 110 m, large de 18 m et haut de 40 m, évoque une cathédrale futuriste avec ses passerelles, ses balcons et ses escaliers roulants.

À NE PAS MANQUER

★ **Cité des enfants**

★ **Ariane**

★ **La Géode**

Coupoles
Larges de 17 m, elles éclairent le hall principal avec des miroirs orientables selon la position du soleil.

MODE D'EMPLOI

30, av. Corentin-Cariou, 75019.
📞 01 40 05 80 00. Ⓜ *Porte de la Villette.* 🚌 *75, 150, 152, PC.*
🅿 🕐 *mar.-sam. 10h-18h (19h dim.).* 🚿 ♿ 🏛 ⛲ 🎦
🍽 **Bibliothèque. Concerts. Conférences. Films.**
Ⓦ www.cite-sciences.fr

Les serres quadrangulaires, de 32 m de haut et de large, relient visuellement la Cité des Sciences au parc de la Villette. La serre de bambous (32 m de haut) se visite par un ascenseur.

Mirage IV
Un vrai Mirage IV est posé au sol, entouré d'une exposition sur l'histoire et l'avenir de l'Aéronautique.

Vers La Géode

Passerelles
Surplombant les douves, elles relient le bâtiment principal aux autres sites : la Géode, l'Argonaute, le Cinaxe et le parc de la Villette.

★ Cité des enfants
Dans cet espace conçu pour eux, les enfants apprennent les rudiments de la science et des techniques en jouant avec des machines interactives et en pratiquant diverses expériences.

Bibliothèque nationale de France-François-Mitterand

Palais de la Porte Dorée ⑳

293, av. Daumesnil, 75012. **℡** *01 44 74 84 80.* **M** *Porte Dorée.* **◯** *mer.-lun. 10h-17h30.* **●** *1ᵉʳ mai.* 🈁 🔧 🈁 **W** *www.palais-portedoree.org*

Ce musée est situé dans un bâtiment Art déco conçu par les architectes Laprade et Jaussely pour l'Exposition coloniale de 1931. Les remarquables collections d'art primitif et tribal qu'il abritait : masques Bambara du Mali, bijoux et costumes marocains, défenses en ivoire sculptées du Bénin, peintures aborigènes… ont été déplacées au musée du Quai Branly (ouverture en 2006). Le palais abrite l'**aquarium tropical** et accueillera en 2007 la Cité nationale de l'Histoire de l'Immigration.

Château de Vincennes ㉑

Av. de Paris, Vincennes. **℡** *01 48 08 31 20.* **M** *Château de Vincennes.* **RER** *Vincennes.* **◯** *t.l.j. 10h-12h, 13h15-17h (18h mai-sept.).* **●** *certains j. f.* **Chapelle** 🈁 *obligatoire.*

Résidence royale jusqu'à ce que la cour se déplace à Versailles au XVIIᵉ siècle, le château de Vincennes servit ensuite de prison et d'arsenal. Le donjon (XIVᵉ siècle) abrite un musée et la belle chapelle gothique fut achevée vers 1550. De l'autre côté de ses douves s'étend le bois, qui abrite un zoo et un parc floral.

Bibliothèque nationale de France-François-Mitterrand ㉒

Quai François-Mauriac, 75013. **Plan** 14 F3 **℡** *01 53 79 59 59.* **M** *Bibliothèque François Mitterrand.* **◯** *mar.-sam.10h-20h (12h-19h dim.).* **●** *j. fériés ;2 sem. en sept.* 🈁 🔧 🍴 🈁 **W** *www.bnf.fr*

Quatre tours, conçues par D. Perrault accueillent une partie des ouvrages de la bibliothèque de la rue de Richelieu, trop étroite. Les salles de lecture « haut-de-jardin » offrent 1 600 places et 300 000 livres en consultation.

Le sud de Paris

Parc Montsouris ㉓

Bd Jourdan, 75014. **℡** *01 45 88 28 60.* **M** *Porte d'Orléans.* **RER** *Cité Universitaire.* **◯** *variables, téléphoner.*

Aménagé par Alphand entre 1875 et 1878, ce parc vallonné à l'anglaise, le second par la taille des parcs parisiens intra-muros, abrite des aires de jeux, un kiosque à musique, un restaurant, des pelouses et de grands arbres centenaires.

Crâne de dimétrodon (reptile)

Muséum national d'histoire naturelle ㉔

2, rue Buffon et 36, rue Geoffroy-St-Hilaire, 75005. **Plan** 13 C2. **℡** *01 40 79 56 01.* **M** *Jussieu, Austerlitz.* **◯** *mer.-lun. 10h-17h (Grande Galerie : 10h-18h).* **●** *1ᵉʳ mai.* 🈁 🔧 🈁 📷 **Librairie** **W** *www.mnhn.fr*

Le Muséum est organisé en cinq galeries dont le point d'orgue est la fantastique Grande Galerie de l'Évolution. Les autres concernent la paléontologie, qui compte

près d'un million de fossiles ; la botanique et la paléobotanique retraçant l'histoire des végétaux (actuellement fermée au public) ; l'anatomie comparée qui présente l'évolution du squelette des vertébrés ; la minéralogie qui présente des cristaux géants et des pierres précieuses de Louis XVI. Une librairie occupe la maison de Buffon.

Jardin des Plantes ㉕

57, rue Cuvier, 75005. **Plan** 13 C1. **M** *Jussieu, Austerlitz.* **◯** *t.l.j. 7h-20h (17h en hiver).*

Fondé en 1626 par deux médecins de Louis XIII, ce jardin botanique ouvert au public en 1640 se développa sous la direction de Buffon de 1739 à 1788. On y découvre le parc écologique aménagé dès 1938, 2 600 espèces de plantes médicinales ou comestibles de l'école de botanique et le jardin alpin où les jardiniers, en jouant sur les orientations et la nature des sols, cultivent 2 000 plantes originaires aussi bien de l'Himalaya que de la Corse.

Le jardin comprend en outre un labyrinthe planté d'essences rares et trois magnifiques serres (en rénovation jusque fin 2006) consacrées respectivement aux végétaux australiens, mexicains et tropicaux.

Le marché de la rue Mouffetard, près du jardin des Plantes

Institut du Monde arabe ㉖

1, rue des Fossés-Saint-Bernard, 75005. **Plan** 9 C5. ☎ *01 40 51 38 38.* Ⓜ *Jussieu, Cardinal-Lemoine.* **Musée et expositions temporaires** ◐ *mar.-dim.10h-18h.* **Bibliothèque** ◐ *mar.-sam.13h- 20h.* 🎥 ♿ ⌀ 📷 📶 🍴 🔳 www.imarabe.org

Cet édifice élégant, œuvre des équipes de Jean Nouvel et d'Architecture Studio, marie matériaux modernes et traditions arabes. La façade sud évoquant un moucharabieh, une tour de marbre blanc abrite une étonnante bibliothèque : ses milliers de livres tapissent le côté d'une rampe en spirale.

Sur trois des niveaux de l'immeuble principal, un musée présente les cultures des pays arabes et notamment la création contemporaine.

Mosquée de Paris ㉗

Pl. du Puits-de-l'Ermite, 75005. ☎ *01 45 35 97 33.* Ⓜ *Place Monge.* ◐ *sam.-jeu. 9h-12h, 14h-18h.* ● *fêtes musulmanes.* 🎥 📷 🖥 🍴 **Bibliothèque** 🔳 www.mosquee-de-paris.com

Élevé de 1922 à 1926, cet ensemble de bâtiments de style hispano-mauresque dresse son minaret à 33 m de hauteur. Outre la mosquée, il abrite une bibliothèque et un centre d'enseignement, un hammam (jours d'ouverture différents pour les hommes et les femmes), un agréable salon de thé et un restaurant.

Parc André-Citroën ㉘

Quai André-Citroën/rue Balard, 75015. ☎ *01 40 71 74 03.* Ⓜ *Javel, Balard.* ◐ *horaires variables, téléphoner.*

Les paysagistes Alain Provost et Gilles Clément, et les architectes Patrick Berger, Jean-Paul Viguier et Jean-François Jodry ont dessiné ce parc moderne et surprenant aux facettes multiples, où l'eau et le minéral se mêlent à la plus grande variété de verdure.

Des cellules photoélectriques tamisent la lumière de l'Institut du monde arabe

La tour Montparnasse

Montparnasse ㉙

75014 et 75015. **Plan** 11 et 12. Ⓜ *Vavin, Raspail, Edgar Quinet.*

Les Bretons qui venaient tenter leur chance à la capitale arrivaient à la gare Montparnasse, et ce quartier est resté traditionnellement le leur comme le rappellent les crêperies, les librairies ou les associations. Pendant toute la première partie du xxe siècle, Montparnasse devint en outre un centre international de la bohème. Peintres et sculpteurs comme Picasso, Modigliani ou Zadkine y trouvaient des ateliers pour travailler et des écrivains et poètes de tous pays les rejoignirent : Apollinaire, Max Jacob, Henry Miller...

Paris a perdu avec la Seconde Guerre mondiale ce rôle de capitale internationale de l'art, mais les rues de Montparnasse, malgré la tour moderne de 210 m qui les domine, gardent leur cachet.

Cimetière du Montparnasse ㉚

3, bd. Edgar-Quinet. **Plan** 12 D3. ☎ *01 44 10 86 50.* Ⓜ *Edgar-Quinet.* ◐ *lun.-ven. : 8h-18h, sam. 8h30-18h, dim. 9h-18h (ferm. 17h30 en hiver).*

Charles Baudelaire, Jean-Paul Sartre et Simone de Beauvoir, Serge Gainsbourg... de nombreux artistes et écrivains y reposent. Créé en 1824 sur le terrain d'une ancienne nécropole religieuse, il s'étend sur 20 ha, séparé aujourd'hui en deux parties par la rue Émile-Richard.

Catacombes ㉛

1, av. du Colonel-Henri-Rol-Tanguy, 75014. **Plan** 12 E3. ☎ *01 43 22 47 63.* Ⓜ *Denfert-Rochereau.* ◐ *mar.-dim. 10h-16h.* ● *certains j. f.* 🎥 📷 🔳 www.catacombes.info

Pour assainir les Halles, on décida en 1786 de vider le cimetière des Innocents dans les carrières désaffectées creusées dans le sous-sol de la plaine Montparnasse. Elles renferment aujourd'hui les ossements de plusieurs millions de personnes.

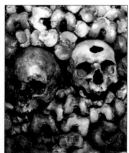
Ossements empilés dans les catacombes

BOUTIQUES ET MARCHÉS

Paris est synonyme d'un certain art de vivre. Peu de capitales au monde offrent un choix aussi vaste de grands magasins ou de petites boutiques spécialisées, d'épiceries fines ou exotiques, de galeries d'art ou d'antiquaires.

Si tous les grands noms de la haute couture, de la décoration ou de l'alimentation haut de gamme se donnent rendez-vous dans quelques rues huppées, beaucoup de gens font leur achats dans des boutiques nettement moins onéreuses au gré de leur inspiration, pendant les soldes de janvier et de juillet, voire dans les marchés aux puces pour les plus jeunes. C'est ainsi, que l'on peut s'offrir le chic parisien au meilleur prix. Faites comme eux, sans oublier de vous immerger dans l'ambiance d'un des nombreux marchés toujours animés et colorés, où la grande ville se donne des airs de village.

Voici, pour vous aider à faire vos courses dans cette véritable caverne d'Ali Baba, quelques-unes des meilleures adresses de Paris.

Lèche-vitrine avenue Montaigne

HORAIRES D'OUVERTURE

La plupart des boutiques ouvrent de 10 h à 19 h du lundi au samedi. Les magasins de quartier ferment en général le lundi et un mois en été, souvent en août.

LA HAUTE COUTURE

Seule ville au monde où les élégantes peuvent commander robes, tailleurs et ensembles sur mesure et en pièce unique, Paris conserve son statut de modèle pour les couturiers du monde entier. La Fédération française de la haute couture ne dénombre toutefois qu'une vingtaine de ces maisons prestigieuses. Luxe à la portée de quelques richissimes clientes seulement, la haute couture sert de vitrine aux grandes marques dont les bénéfices sont assurés par les parfums et cosmétiques. La plupart des maisons de coutures commercialisent des lignes de prêt-à-porter, pas vraiment bon marché, mais qui permettent de porter à moindre coût la griffe « couture ».

LA MODE FÉMININE

Les grands couturiers sont essentiellement regroupés rive droite, entre la rue du Faubourg-Saint-Honoré et l'avenue Montaigne. Ces dernières saisons ont été marquées par l'arrivée de créateurs britanniques : John Galiano chez **Dior**, Alexander Mac Queen chez **Givenchy**, Stella Mac Cartney chez **Chloé**. Les créateurs italiens ont largement investi les quartiers dédiés aux luxe : **Dolce & Gabbana**, **Gucci**, **Max Mara**, ou encore l'Americain **Calvin Klein**. De nouveaux stylistes ont réveillé des maisons établies : Mikael Kors chez **Céline**, Martin Margiela chez **Hermès** ou Marc Jacobs chez **Vuitton**, marque qui a ouvert une boutique sur les Champs-Élysées. Rive gauche, Saint-Germain-des-Prés a aussi ses adresses prestigieuses : **Yves Saint-Laurent**, **Emporio Armani**. Le quartier de la place des Victoires réunit de nombreux créateurs japonais : **Yohji Yamamoto**,

Le logo de Chanel, mondialement connu

LE QUARTIER DE LA HAUTE COUTURE

Rive droite, la rue du Faubourg-Saint-Honoré et l'avenue Montaigne rassemblent la plupart des maisons de haute couture.

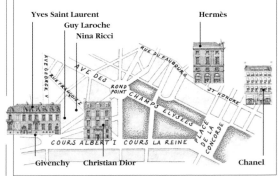

Yves Saint Laurent
Guy Laroche
Nina Ricci
Hermès
AVE GEORGE V
AV FRANÇOISE
AVE DES
RUE DU FAUBOURG
ST HONORE
ROND POINT
CHAMPS ELYSÉES
PLACE DE LA CONCORDE
COURS ALBERT I   COURS LA REINE
Givenchy   Christian Dior   Chanel

Comme des Garçons et **Kenzo** ; et des valeurs sûres comme **Agnès B.**
Si vous aimez la mode « pointue », plusieurs adresses multimarques répondront à vos désirs : **Colette**, boutique où les vêtements côtoient les objets décoratifs les plus branchés, un espace d'exposition, une librairie et un bar à eau, **Zampa**, **Zadig & Voltaire**, etc. Enfin, n'oublions pas les jeunes créateurs pleins de talent qui montent comme **Christophe Lemaire**, **Isabelle Marant** et **José Levy**.

Le magasin La Samaritaine au bord de la Seine est fermé pour travaux

Les créations colorées de Kenzo, place des Victoires

LA MODE MASCULINE

L'habillement masculin relève essentiellement du prêt-à-porter. Parmi les classiques figurent **Yves Saint-Laurent**, **Kenzo** et **Giorgio Armani**, tandis que **Yohji Yamamoto** propose des tenues pour faire sensation.

LE PRÊT-À-PORTER

Les grandes enseignes internationales de la mode à prix sage ont pris Paris d'assaut : **H&M**, **Zara**, **Gap** ou **Mango** ont désormais plusieurs adresses. Pour être sûr de trouver ce qu'il vous faut, allez du côté des Halles, de la Bastille ou du Marais. Rive gauche, le quartier de l'Odéon possède aussi de nombreux magasins et quelques soldeurs où l'on peut faire des affaires. Rue d'Alésia, dans le XIVᵉ arrondissement,

se regroupent les stocks de plusieurs noms célèbres du prêt-à-porter. Enfin, **Tati**, une institution parisienne, pratique des prix étonnamment bas.

LES GRANDS MAGASINS

Si le temps vous manque, vous trouverez tout, ou presque, réuni sous le même toit des grands magasins, y compris un restaurant. Les foules sont particulièrement denses les samedis après-midi et à l'époque des soldes. Préférez les matinées ; vous aurez ainsi le loisir de flâner dans les rayons et d'admirer leurs architectures de la fin du XIXᵉ siècle ou du début du XXᵉ.
Les **Galeries Lafayette** jouent la carte du chic, notamment en ce qui concerne le prêt-à-porter, et organisent des défilés de mode (le mardi à 10 h et le vendredi à 14 h 30 d'avril à octobre). Le **Printemps** a trois bâtiments spécialisés dans les vêtements pour

Cartier, un des sommets de l'élégance

homme, la maison et la mode féminine et enfantine. Des défilés de mode s'y tiennent aussi (le mardi à 10 h et le vendredi en été). Son immense rayon parfumerie mérite une visite. **La Samaritaine**, célèbre grand magasin au bord de la Seine est fermé pour travaux, tandis que le **BHV**, également rue de Rivoli, s'oriente surtout vers la décoration de la maison et le bricolage. Le **Bon Marché**, seul grand magasin de la rive gauche, est aussi le plus ancien. Son rayon alimentation vaut le détour.

LES ANTIQUITÉS

Les amateurs d'objets anciens trouveront à Paris ce qu'ils cherchent à condition d'y mettre le prix. Les 250 boutiques du **Louvre des antiquaires**, rue Saint-Honoré, ou celles du **Carré Rive Gauche** sont franchement inabordables. En revanche, le village Saint-Paul (ouvert le dimanche) dans le Marais et les **marchés aux puces** proposent objets d'art et mobilier un peu meilleur marché.

LES GALERIES D'ART

Elles se concentrent dans certains quartiers. L'avenue Matignon, près des Champs-Élysées, regroupe les noms les plus connus. Les galeristes d'avant-garde ont pignon sur rue du côté de la Bastille ou du Marais, au cœur de Paris. Les galeries d'art sont aussi nombreuses rive gauche, notamment dans le quartier de Saint-Germain-des-Prés.

LES ENFANTS

Au **Nain Bleu** est un magasin de jouets réservé pour les parents qui ont un gros budget. **La Grande Récré,** chaîne de magasins, propose des jouets à des prix plus abordables. C'est un paradis pour les filles et les garçons de moins de quinze ans.

Côté mode enfantine, le choix va de la haute couture façon **Kenzo, Baby Dior** ou **Agnès B** aux habits nettement moins onéreux vendus au Forum des Halles, rue du Jour près de Beaubourg ou dans les grands magasins. Parmi les griffes de qualité, **Tartine et Chocolat** a bâti sa renommée sur la coupe de ses salopettes, tandis que la réputation d'élégance des vêtements **Bon Point** ou **Jacadi** n'est plus à faire.

Les petits trouveront chaussures à leurs pieds chez le prestigieux **Froment-Leroyer.**

LA MAISON

La rue Royale rassemble les magasins les plus chic en ce qui concerne la décoration d'intérieur, la porcelaine

Tintin et ses amis devenus jouets au Nain Bleu

ancienne ou l'argenterie moderne. Les pâtes de verre Art nouveau et Art déco de **Lalique** attirent ici des collectionneurs du monde entier.

La rue de Paradis offre un large choix de porcelaine et de cristallerie. Chez **Lumicristal,** vous trouverez du Baccarat, du Daum et du Limoges, en bref tout le nécessaire pour un souper fin. Vous choisirez ensuite les indispensables chandelles chez **Point à la Ligne,** qui a le plus grand choix possible.

Aux puces de Vanves

Presque tous les grands noms du tissu d'ameublement se cachent aux alentours des rues Bonaparte et de la jolie place Fürstenberg, près du musée Delacroix (*p. 118*).

LIVRES ET DISQUES

La plupart des disques sont désormais vendus dans les FNAC, alors que le livre ne s'achète pas encore tout à fait comme un produit de grande consommation. À côté des bouquinistes des bords de Seine, plusieurs librairies prestigieuses : La Pléiade qui est établie rive gauche, **Joseph Gibert** et **La Hune.**

À BOIRE ET À MANGER

Dans la capitale, l'art de bien manger est peut-être encore plus important que le plaisir de paraître.

Quelques épiceries célèbres sont fréquentées par le Gotha parisien. **Fauchon** est l'une d'elles, tout comme **Hédiard** à deux pas de là. Côté boutiques spécialisées, **Poilâne** séduit les amateurs de pain à l'ancienne, tandis que les amoureux de fromages ne jurent que par **Barthélemy** et les adorateurs du chocolat par **Christian Constant.** Pour arroser le tout, les **Caves Taillevent** proposent des vins exceptionnels.

Les commerçants de la rue Montorgueil ou de la rue Rambuteau, près de Beaubourg, proposent charcuteries, fromages, vin, et spécialités de tous les terroirs à des prix intéressants. Le marché Saint-

Germain attirera également les amateurs de produits régionaux et exotiques.

LES MARCHÉS

Paris compte une douzaine de marchés couverts et plus d'une cinquantaine de marchés découverts. Les premiers ouvrent du mardi au samedi de 8 h 30 à 13 h et de 16 h à 19 h 30 et le dimanche matin. Les seconds s'installent deux ou trois matinées par semaine (de 7 h à 14 h 30 sauf le lundi).

Chacun de ces marchés, étant fréquenté par les habitants du quartier, possède sa propre personnalité. Parmi les plus originaux, celui de la pittoresque **rue Lepic** et celui de **Raspail,** voué au produits de la culture biologique. Le cosmopolite **marché d'Aligre** et tous ceux des rues commerçantes (**rue Daguerre, rue Mouffetard** ou **rue de Buci** pour la rive gauche ; **rue Poncelet** et la populaire **rue du Faubourg-Saint-Denis** pour la rive droite) sont très animés.

Fauchon soigne l'emballage

LES MARCHÉS AUX PUCES

Ils se tiennent chaque week-end et attirent toujours les foules, notamment le plus grand de tous, le **marché aux puces de Saint-Ouen,** ouvert le lundi. Aux marchés de la **porte de Vanves** ou de la **porte de Montreuil,** on peut espérer faire des affaires.

Le pain Poilâne reconnaissable à sa marque : un carré

CARNET D'ADRESSES

MODE FÉMININE

Agnès B
6-10, rue du Jour, 75001.
Plan 9 A1.
01 45 08 56 56.

Calvin Klein
53, av. Montaigne, 75008.
Plan 6 F1.
01 56 88 12 12.

Céline
36, av. Montaigne, 75008.
Plan 6 F1.
01 56 89 07 92.

Chloé
54, rue du Faubourg-Saint-
Honoré, 75008. **Plan** 3 B5.
01 44 94 33 00.

Christian Dior
30, av. Montaigne, 75008.
Plan 6 F1.
01 40 73 73 73.

Christophe Lemaire
36, rue de Sévigné, 75003.
Plan 10 D3.
01 42 74 54 90.

Comme des Garçons
54, rue du Faubourg-
Saint-Honoré, 75008. **Plan**
3 B5. *01 53 30 27 27.*

Claudie Pierlot
1, rue Montmartre,
75001. **Plan** 9 A1.
01 42 21 38 38.

Colette
213, rue du Faubourg-Saint-
Honoré, 75008.
Plan 2 E3. *01 55 35 33 90.*

Dolce & Gabbana
22, av. Montaigne, 75008.
Plan 3 A5.
01 42 25 68 78.

Emporio Armani
149, bd Saint-Germain,
75006. **Plan** 8 E4.
01 53 63 33 50.

Givenchy
3, av. George-V, 75008.
Plan 3 A5.
01 44 31 50 00.

Gucci
2, rue du Faubourg-Saint-
Honoré, 75008. **Plan** 3 C5.
01 44 94 14 70.

Hermès
24, rue du Faubourg-Saint-
Honoré, 75008. **Plan** 3 C5.
01 40 17 47 17.

Isabelle Marrant
16, rue de Charonne,
75011. **Plan** 10 F4.
01 49 29 71 55.

José Levy
70, rue Vieille-du-Temple,
75003. **Plan** 9 C3.
01 48 04 39 16.

Kenzo
3, pl. des Victoires, 75001.
Plan 8 F1. *01 40 39 72 03.*

Max Mara
31, av. Montaigne, 75008.
Plan 6 F1.
01 47 20 61 23.

Vuitton
101, av. des Champs-
Élysées, 75008. **Plan** 2 E4.
01 53 57 24 00.

Zadig & Voltaire
15, rue du Jour, 75001.
Plan 9 A1.
01 42 21 88 70.

Zampa
10, rue Herold, 75001.
Plan 8 F1.
01 40 41 09 72.

Yves Saint-Laurent
32, rue du Faubourg-
Saint-Honoré, 75008. **Plan**
3 C5. *01 42 65 74 59.*

MODE MASCULINE

Yohji Yamamoto
47, rue des Étienne-
Marcel, 7501. **Plan** 8 F1.
01 45 08 82 45.

**Yves Saint-Laurent,
Kenzo, Giorgio
Armani**
(voir mode féminine)

GRANDS MAGASINS

Le Bon Marché
24, rue de Sèvres, 75007.
Plan 7 C5.
01 44 39 80 00.

Au Printemps
64, bd Haussman, 75009.
Plan 4 D4.
01 42 82 50 00.

BHV
52-64, rue de Rivoli,
75004. **Plan** 9 B3.
01 42 74 90 00.

Galeries Lafayette
40, bd Haussmann, 75009.
Plan 4 E4.

01 42 82 34 56.

Tati
4, bd Rochechouart, 75018.
01 55 29 50 00.

ANTIQUITÉS

**Le Louvre des
Antiquaires**
2, pl. du Palais-Royal,
75001. **Plan** 8 EF2.
01 42 97 27 27

Lumicristal
22 bis, rue de Paradis,
75010. *01 47 70 27 97.*

Point à la Ligne
67, av. Victor-Hugo, 75016.
Plan 1 C5.
01 45 00 87 01.

ENFANTS

Au Nain Bleu
408, rue Saint-Honoré,
75008. **Plan** 3 C5.
01 42 60 39 01.

Baby Dior
28, av. Montaigne, 75008.
Plan 6 F1.
01 49 52 04 50.

Bonpoint
15, rue Royale 75008. **Plan**
3 C5. *01 47 42 52 63.*

Froment-Leroyer
7, rue Vavin 75006. **Plan**
12 E1. *01 43 54 33 15.*

La Grande Récré
120 rue d'Alésia 75014.
Plan 11 C5.
01 45 43 22 22

Jacadi
17, rue Tronchet, 75008.
Plan 4 D4.
01 42 65 84 98.

Tartine et Chocolat
105, rue du Faubourg-Saint-
Honoré, 75008. **Plan** 3 B5.
01 45 62 44 04.

LIVRES ET DISQUES

**FNAC
Montparnasse**
136, rue de Rennes,
75006. **Plan** 12 D1.
01 49 54 30 00.

Gibert Joseph
26, bd Saint-Michel,
75006. **Plan** 8 F5.
01 44 41 88 88.

La Hune
170, bd Saint-Germain
75006. **Plan** 8 E4.
01 45 48 35 85.

À BOIRE ET À MANGER

Barthélemy
51, rue de Grenelle,
75007. **Plan** 8 D4.
01 45 48 56 75.

Caves Taillevent
199, rue du Faubourg-Saint-
Honoré, 75008. **Plan** 2 F3.
01 45 61 14 09.

Christian Constant
37, rue d'Assas,
75006. **Plan** 12 E1.
01 53 63 15 15.

Poilâne
8, rue du Cherche-Midi,
75006. **Plan** 8 D4.
01 45 48 42 59.

Fauchon
26, pl. de la Madeleine,
75008. **Plan** 3 C5.
01 47 42 60 11.

Hédiard
21, pl. de la Madeleine,
75008. **Plan** 3 C5.
01 43 12 88 88.

MARCHÉS

Boulevard Raspail
75006. **Plan** 8 D5.

Marché d'Aligre
Rue et place d'Aligre,
75012. **Plan** 10 F5.

**Marché aux puces
de Montreuil**
Porte de Montreuil,
93100 Montreuil.

**Marché de la Porte
de Vanves**
Av. Georges-Lafenestre
et av. Marc-Sangnier, 75014.

**Marché Saint-
Germain**
Rue Mabillon et rue
Lobineau, 75005. **Plan** 8 E4.

Rue de Buci
75006. **Plan** 8 E4.

Rue Daguerre
75014. **Plan** 12 D4.

**Rue du Faubourg-
Saint-Denis**
75010.

Rue Lepic
75018. **Plan** 4 F1.

SE DISTRAIRE À PARIS

Opéra, théâtre, cinéma, ballet, cabaret, boîte de nuit, concert de rock, de jazz, de variétés ou de musique classique …, Paris propose un éventail de distractions en tout point digne d'une capitale.

À cela s'ajoutent les nombreuses manifestations sportives, du tournoi de tennis à la simple partie de pétanque, en passant par les courses hippiques, les matchs de football et les compétitions cyclistes.

Mais il n'est pas toujours nécessaire de s'acquitter d'un droit d'entrée pour se distraire. La rue est là, avec ses terrasses de bistrots qui sont des endroits rêvés pour paresser dès les premiers beaux jours du printemps et offrent un point de vue idéal sur l'agitation des foules, notamment dans les quartiers les plus animés comme les Halles, les Champs-Élysées, l'Odéon ou encore la Bastille.

La façade de verre de l'Opéra-Bastille

LES RÉSERVATIONS

Pour les événements les plus courus, il est préférable d'acheter son billet à l'avance dans une **FNAC**, au **Virgin Mégastore**, ou par minitel 3615 Billetel. Généralement, il est possible de réserver par téléphone dans les bureaux de location des théâtres (de 11 h à 19 h).

Le **Kiosque Théâtre**, situé place de la Madeleine (ouvert de 12 h 30 à 20 h du mardi au samedi et le dimanche de 12 h 30 à 16 h) et sur le parvis de la gare Montparnasse (ouvert de 12 h 30 à 20 h du mardi au samedi, le dimanche de 12 h 30 à 16 h), vend, moyennant une commission modeste, des billets à moitié prix pour les spectacles du soir même.

LE THÉÂTRE

Fondée en 1680 par décret royal, la **Comédie-Française** est le plus ancien théâtre national du monde et l'une des rares institutions de l'Ancien Régime à avoir survécu à la Révolution. L'illustre compagnie, avec ses règles strictes d'interprétation, compte dans son répertoire quelques pièces contemporaines à côté des grands classiques français.

Le **Théâtre de l'Odéon** était autrefois la seconde salle de la Comédie-Française avant de devenir le Théâtre de l'Europe et de se spécialiser dans les œuvres étrangères, certaines interprétées dans leur langue d'origine et sur-titrées. Le **Théâtre National de Chaillot**, installé au sous-sol du palais du même nom (p. 107), propose quant à lui des classiques européens, tandis que le **Théâtre national de la Colline** présente dans ses deux salles des pièces contemporaines.

Parmi les nombreux théâtres privés, la **Comédie des Champs-Élysées** et le **Théâtre du Palais-Royal**, associé au souvenir de Labiche, font partie des plus importants. **Au Bec Fin** et le **Théâtre d'Edgar** illustrent le genre en perte de vitesse du café-théâtre.

LA MUSIQUE CLASSIQUE

Paris est désormais une étape obligée de tous les grands noms de la musique classique, qui disposent ici de nombreux lieux exceptionnels pour exprimer leur talent.

Inauguré en 1989, l'**Opéra-Bastille** présente dans sa salle de 2 700 places les grands classiques de l'art lyrique. Le splendide **Opéra Garnier**, entièrement rénové, a repris sa programmation prestigieuse de ballets et œuvres lyriques. Certains amateurs préfèrent cependant les spectacles

QUOI DE NEUF À L'AFFICHE ?

Pour s'y retrouver dans cette pléthore de spectacles, le mieux est d'acheter dans un kiosque les hebdomadaires *Zurban, Pariscope* ou *L'Officiel des spectacles*, qui annoncent chaque mercredi tous les films, pièces, concerts et expositions de la semaine. La plupart des quotidiens nationaux et l'hebdomadaire *Télérama* font de même, en les assortissant de leurs critiques.

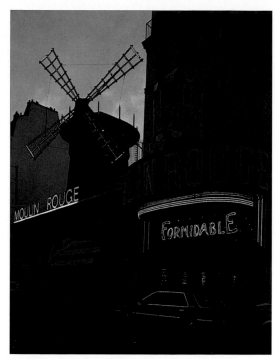

Le Bal du Moulin-Rouge à Montmartre

souvent plus audacieux du **Théâtre des Champs-Élysées**, du **Théâtre Musical de Paris** au Châtelet ou encore de l'**Opéra Comique**.

Les grands chefs se produisent **Salle Pleyel** et au Théâtre des Champs-Élysées, tandis que la **Salle Gaveau** et le **Théâtre de la Ville** privilégient la musique de chambre et les récitals. Le haut lieu de la musique contemporaine est désormais la **Cité de la Musique**, qui a ouvert ses portes en 1995 dans le parc de la Villette.

LA DANSE

L e somptueux Opéra Garnier *(p. 92-93)* est le siège du **Ballet de l'Opéra de Paris**, l'un des meilleurs corps de ballet classique au monde. Sur une scène pouvant accueillir 450 artistes sont présentées des œuvres du répertoire classique et de prestigieuses créations contemporaines. Les meilleures compagnies nationales et internationales se produisent au Théâtre des Champs-Élysées, à la **Maison des arts de Créteil**

dans la banlieue sud, et surtout au Théâtre de la Ville, qui constitue aujourd'hui la première salle parisienne de ballet contemporain.

LES BOÎTES DE NUIT ET CABARETS

L es **Bains** restent le must des nuits parisiennes. À la Bastille, après la folie des années 80, le **Balajo** est retombé dans une léthargie passagère. À quelques mètres, la **Cabash** a perdu de sa superbe mais reste animée

grâce à une ambiance funky et disco. Les gardiens du temple rock se retrouvent à la **Locomotive**, tandis que le **Queen** est le lieu incontournable de la techno. Pour les rythmes latinos, **La Java** et **Les Étoiles** font figure de référence.

Choisir un cabaret offre moins de difficulté, car les plus connus sont les meilleurs. Les **Folies-Bergère**, le **Lido** et le **Moulin-Rouge**, où naquit le cancan, présentent des spectacles d'une grande qualité, tout comme le **Paradis Latin**, installé dans un théâtre en partie dessiné par Eiffel.

ROCK, JAZZ ET WORLD MUSIC

L es grandes messes célébrées par les stars internationales ont leurs cathédrales : le **Zénith**, le **Palais omnisports de Paris-Bercy** et, depuis peu, le **Stade de France** de Saint-Denis. Mais beaucoup d'artistes préfèrent l'intimité du mythique **Olympia**. La **Cigale** et l'**Élysée-Montmartre** accueillent la fine fleur des Groupes rock, alors que le **Bataclan** et le **Rex Club** ont une programmation plus éclectique. Le jazz attire toujours une foule d'amateurs. Les plus grands talents se produisent au **New Morning**, au **Duc des Lombards**, au **Petit Journal Saint-Michel** (dixieland). L'excellente **Chapelle des Lombards** donne le meilleur de la salsa, de la musique latine, africaine… Autre lieu de la sono mondiale : **le Divan du Monde.**

La Locomotive, une immense discothèque sur trois niveaux

LE CINÉMA

Berceau du cinématographe des frères Lumière, Paris reste à ce jour la capitale mondiale du septième art. À la centaine de cinémas s'ajoutent la vidéothèque du Forum des Halles, les deux salles de la **Cinémathèque française,** l'une au Palais de Chaillot *(p. 106)* et l'autre près de la place de la République, et la cinémathèque du Centre Georges Pompidou *(p. 88-89).* En tout, plus de 300 films différents sont proposés chaque semaine au public. Les secteurs des Champs-Élysées, de la Bastille, du Quartier latin et des Halles attirent plutôt les amateurs de films en version originale, tandis que les salles des Grands Boulevards ou des quartiers périphériques privilégient en règle générale les films en version française.

Si l'avenue des Champs-Élysées présente la plus forte densité de cinémas, les Grands Boulevards possèdent deux des plus belles salles de Paris : le **Grand Rex**, avec ses 2 750 places et sa féerie des eaux, et le **Max Linder Panorama**, entièrement réaménagé dans les années 80. Le plus grand écran de France se trouve à la **Géode** *(p. 132).* L'immense MK2 Bibliothèque dispose de 14 écrans, un bar, des boutiques et des lieux d'exposition.

Sur la rive gauche, Montparnasse et le quartier Odéon-Saint-Germain-des-Prés présentent le plus grand nombre de cinémas depuis la fermeture, ces dix dernières années, de bon nombre de salles d'art et d'essai du

Le Grand Rex est un temple de cinéma

Quartier latin. Quelques-unes subsistent néanmoins ici, rue Champollion et rue des Écoles. Leur programmation est souvent passionnante.

LE SPORT

Le tournoi de Roland Garros (fin mai-mi-juin), l'arrivée du Tour de France (juillet), les matchs de football ou de rugby qui se disputent au Parc des Princes et le prix de l'Arc de Triomphe à l'**hippodrome de Longchamp** (1er dimanche d'octobre) constituent les principales manifestations sportives parisiennes. Le **Palais omnisports de Paris-Bercy** accueille des événements sportifs tels que l'Open de tennis de Paris ou les Six jours cyclistes, tandis que le **Stade de France**, construit à Saint-Denis, a été l'un des hauts lieux de la Coupe du monde de football de 1998.

LES CAFÉS CÉLÈBRES DE PARIS

Depuis l'ouverture du Procope en 1686, les cafés se sont multipliés à Paris et la ville en compte désormais quelque 12 000. Certains ont acquis la célébrité. C'est le cas de la Coupole et du Dôme, attachés au souvenir de Lénine et de Trotsky, ou encore de la toujours très intellectuelle et littéraire Closerie des Lilas, également à Montparnasse. Dans le quartier de Saint-Germain-des-Prés, les ombres d'Apollinaire, de Malraux et des existentialistes Camus, Sartre et Simone de Beauvoir semblent encore flotter aux Deux Magots et au Flore.

Un passe-temps classique

CARNET D'ADRESSES

RÉSERVATIONS

FNAC
26, av. des Ternes, 75017.
Plan 2 D3.
01 44 09 18 00.

Virgin Mégastore
52-60, av. des Champs-
Élysées, 75008. **Plan** 2 F5.
01 49 53 50 00.

Le Kiosque Théâtre
Parvis de la gare
Montparnasse, 75014.
Plan 11 C2.

THÉÂTRE

Au Bec Fin
6, rue Thérèse, 75001.
Plan 8 E1.
01 42 96 29 35.

Théâtre d'Edgar
58, bd Edgar-Quinet,
75014. **Plan** 12 D2.
01 42 79 97 97.

**Comédie des
Champs-Élysées**
15, av. Montaigne, 75008.
Plan 6 F1.
01 53 23 99 19.

Comédie Française
2, rue de Richelieu, 75001.
Plan 8 E1.
08 25 10 16 80.

**Odéon-Théâtre
de l'Europe**
1, pl. Paul-Claudel,
75006. **Plan** 8 F5.
01 44 41 36 36.

Palais-Royal
38, rue Montpensier,
75001. **Plan** 8 E1.
01 42 97 59 85.

**Théâtre National
de Chaillot**
Pl. du Trocadéro,
75016. **Plan** 5 C2.
01 53 65 30 00.

**Théâtre National
de la Colline**
15, rue Malte-Brun, 75020.
01 44 62 52 52.

MUSIQUE
CLASSIQUE

Cité de la Musique
221, av. Jean-Jaurès, 75019.
01 44 84 44 84.
www.cite-musique.fr

Opéra Comique
(Salle Favart) 5, rue Favart,
75002. **Plan** 4 F5.
01 42 44 45 40.

Opéra-Bastille
120, rue de Lyon, 75012.
Plan 10 E4.
01 40 01 17 89.

Opéra-Garnier
Pl. de l'Opéra, 75009
Plan 4 E5.
08 92 69 78 68.
www.

Salle Gaveau
45, rue La Boétie, 75008.
Plan 3 B4.
01 45 62 69 71.

Salle Pleyel
252, rue du Faubourg-
Saint-Honoré, 75008.
Plan 2 E3.
01 45 61 53 00.

**Théâtre des
Champs-Élysées**
15, av Montaigne, 75008.
Plan 6 F1.
01 49 52 50 50.

**Théâtre
de la Ville**
2, pl. du Châtelet, 75004.
Plan 9 A3.
01 42 74 22 77.

**Théâtre Musical
de Paris-Châtelet**
2, rue Édouard-Colonne,
75001. **Plan** 9 A3.
01 40 28 28 40.

DANSE

Opéra-Garnier
Pl. de l'Opéra, 75009.
Plan 4 E5.
01 40 01 17 89.

Théâtre de la Ville
(Voir Musique classique.)

BOÎTES DE NUIT
ET CABARETS

Les Bains
7, rue du Bourg-l'Abbé,
75003. **Plan** 9 B1.
01 48 87 01 80.

Balajo
9, rue de Lappe, 75011.
Plan 10 E4.
01 47 00 07 87.

La Casbah
18-20, rue de la Forge-
Royale, 75011.
01 43 71 04 39.

Folies Bergère
32, rue Richer, 75009.
01 44 79 98 98.
www.foliebergere.com

Folies Pigalle
11, pl. Pigalle, 75009.
Plan 4 E2.
01 48 78 55 25.

La Java
105, rue du Faubourg-
du-Temple, 75010.
01 42 02 20 52.

Lido
116 bis, av. des Champs-
Élysées, 75008. **Plan** 2 E4.
01 40 76 56 10.

La Locomotive
90, bd de Clichy, 75018.
Plan 4 D1
01 53 41 88 88.

Moulin Rouge
82, bd de Clichy, 75018.
Plan 4 E1
01 53 09 82 82.

Paradis Latin
28, rue du Cardinal-
Lemoine, 75005. **Plan** 9 B5.
01 43 25 28 28.

The Queen
102, av. des Champs-
Élysées, 75008. **Plan** 2 F4.
08 92 70 73 30.

ROCK, JAZZ ET
WORLD MUSIC

**Au Duc des
Lombards**
42, rue des Lombards,
75001. **Plan** 9 A2.
01 42 33 22 88.

Le Bataclan
50, bd Voltaire, 75011.
Plan 10 E1.
01 43 14 35 35.

**Chapelle des
Lombards**
19, rue de Lappe, 75011.
Plan 10 F4.
01 43 57 24 24.

La Cigale
120, bd Rochechouart,
75018. **Plan** 4 F2.
01 49 25 89 99.

Le Divan du Monde
75, rue des Martyrs, 75018.
Plan 4 F2.
01 44 92 77 66.

Élysée-Montmartre
72, bd Rochechouart,
75018. **Plan** 4 F2.
01 55 07 06 00.

New Morning
7-9, rue des Petites-
Écuries, 75010.
01 45 23 51 41.

Olympia
28, bd des Capucines,
75009. **Plan** 4 D5.
01 47 42 25 49.

**Le Petit Journal
Saint-Michel**
71, bd Saint-Michel,
75005. **Plan** 12 F1.
01 43 26 28 59.

Rex Club
5, bd Poissonnière. 75002
01 42 36 83 98.

Zénith
211, av. Jean-Jaurès, 75019.
01 42 08 60 00.

CINÉMA

La Géode
26, av. Corentin-Cariou,
75019. 08 92 68 45 40.

Le Grand Rex
1, bd Poissonnière, 75002.
01 42 36 83 93.

**Max Linder
Panorama**
24, bd Poissonnière, 75009.
08 92 68 50 52.

MK2 Bibliothèque
128-162 av. de France,
75013.
08 92 68 14 07.

SPORT

**Hippodrome
de Longchamp**
Bois de Boulogne, 75016.
01 44 30 75 00.

**Palais omnisports
de Paris-Bercy**
8, bd de Bercy, 75012.
Plan 14 F2.
01 40 02 60 60.

Parc des Princes
24, rue du Commandant-
Guilbaud, 75016.
08 25 07 50 78.

Stade Roland Garros
2, av. Gordon-Bennett,
75016. 01 47 43 48 00.

Stade de France
93200, Saint-Denis.
01 55 93 00 00.

ATLAS DES RUES DE PARIS

Dans la partie de ce guide consacrée à Paris, des références cartographiques renvoient aux plans de cet atlas. Elles aident également à situer les hôtels parisiens *(p. 540-544)*, les restaurants *(p. 580-584)*, ou les adresses utiles indiquées dans les chapitres *Les bonnes adresses* et *Renseignements pratiques* à la fin du livre. Le plan d'ensemble ci-dessous précise la zone couverte par chaque plan de l'atlas et les numéros des arrondissements qui la composent. Elle comprend les quartiers qui regroupent le plus grand nombre de monuments et ceux qui offrent un large choix de logements, de restaurants, de boutiques et de loisirs.

La liste des symboles utilisés dans l'atlas des rues de Paris figure ci-contre.

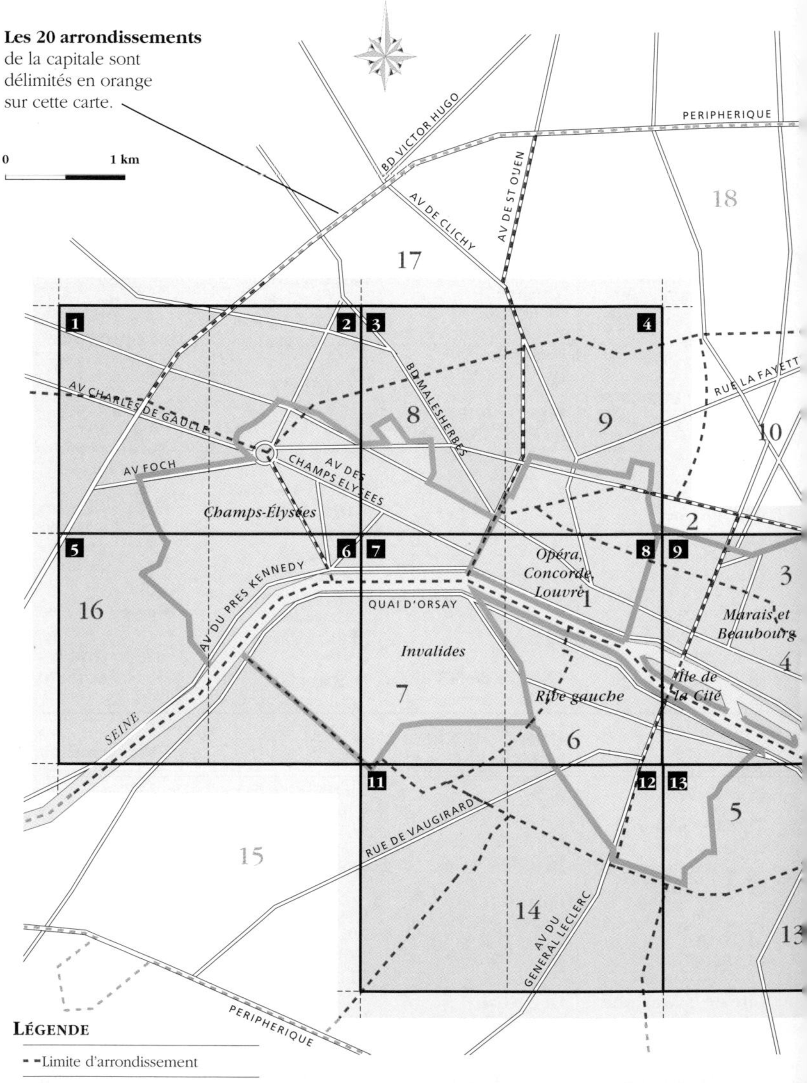

Les 20 arrondissements
de la capitale sont
délimités en orange
sur cette carte.

0   1 km

PERIPHERIQUE

BD VICTOR HUGO

AV DE CLICHY

AV DE ST OUEN

18

17

1   **2** **3**   **4**

AV CHARLES DE GAULLE

BD MALESHERBES

RUE LA FAYETT

8   **9**   **10**

AV FOCH

AV DES CHAMPS ELYSEES

Champs-Élysées

2

5   **6** **7**   **8** **9**   **3**

AV DU PRES KENNEDY

QUAI D'ORSAY

*Opéra,
Concorde,
Louvre* **1**

*Marais et
Beaubourg*

16

Invalides

7

*Île de
la Cité*

4

Ribe gauche

SEINE

6

11   **12** **13**

5

15

RUE DE VAUGIRARD

14

AV DU GENERAL LECLERC

13

PERIPHERIQUE

LÉGENDE

-- Limite d'arrondissement

COMMENT
LIRE LES PLANS

Le premier chiffre indique le numéro du plan.

Hôtel de Ville ❿

4, pl. de l'Hôtel-de-Ville, 75004.
Plan 9 B3. **📞** 01 42 76 50 49.
M *Hôtel de Ville.* **🚹** *seulement,*
téléphoner. **⚫** *les jours fériés et pour les*
manifestations officielles. **♿**

La lettre et le chiffre donnent les coordonnées. Les chiffres sont à droite et à gauche, les lettres en haut et en bas.

La carte se poursuit sur le plan 13 de l'atlas.

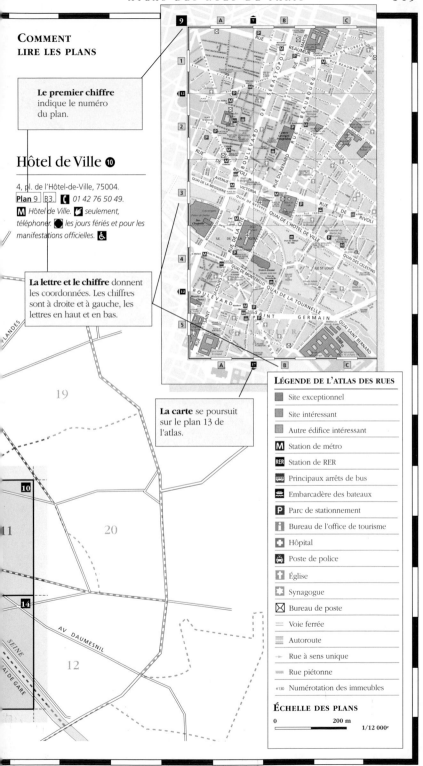

LÉGENDE DE L'ATLAS DES RUES

🟪	Site exceptionnel
🟪	Site intéressant
🟪	Autre édifice intéressant
M	Station de métro
RER	Station de RER
🚌	Principaux arrêts de bus
🚢	Embarcadère des bateaux
P	Parc de stationnement
🛈	Bureau de l'office de tourisme
➕	Hôpital
🚓	Poste de police
✝	Église
✡	Synagogue
⊠	Bureau de poste
═	Voie ferrée
▬	Autoroute
→	Rue à sens unique
▬	Rue piétonne
«130	Numérotation des immeubles

ÉCHELLE DES PLANS

0   200 m

1/12 000ᵉ

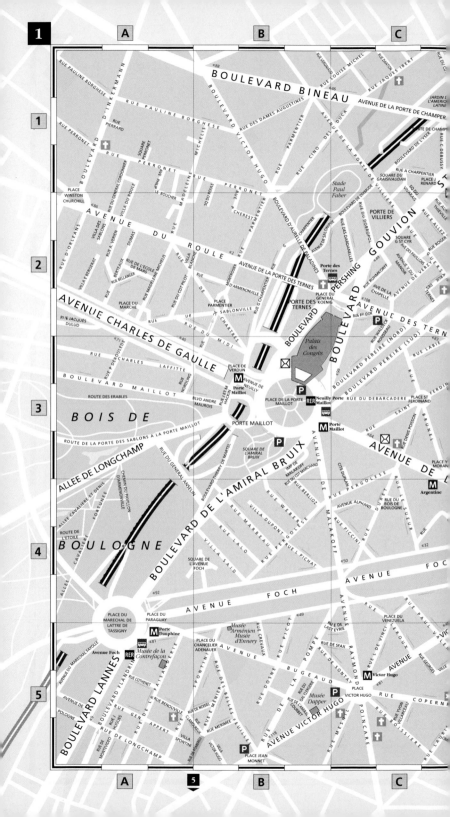

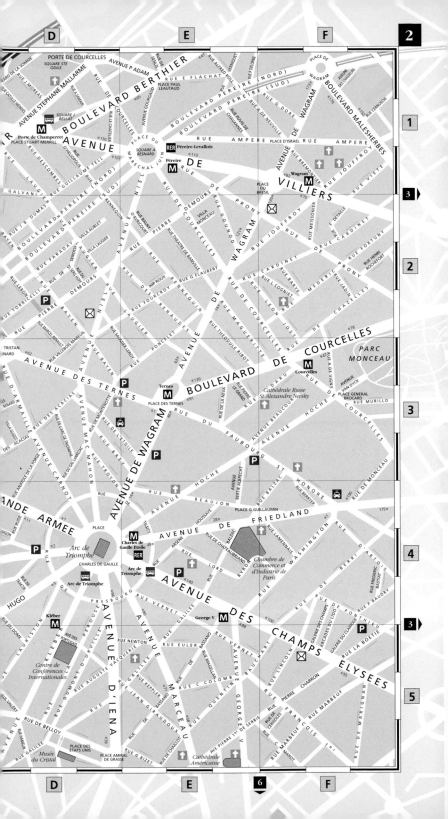

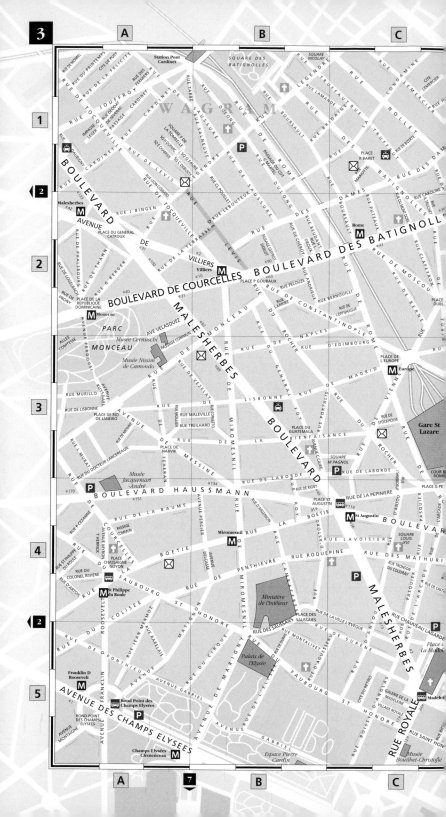

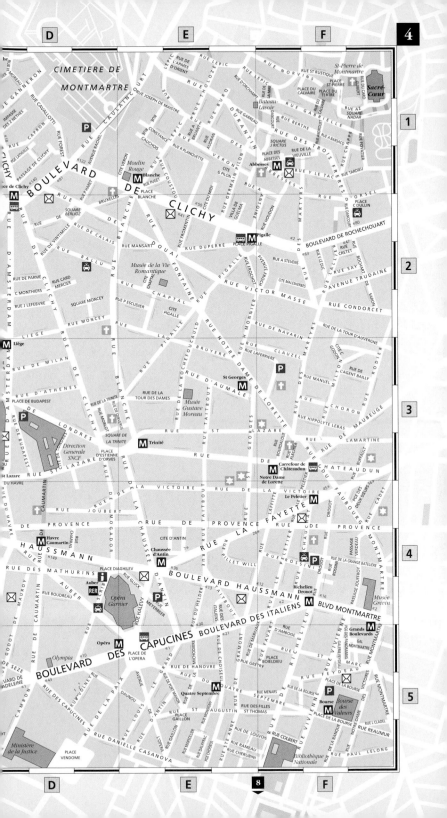

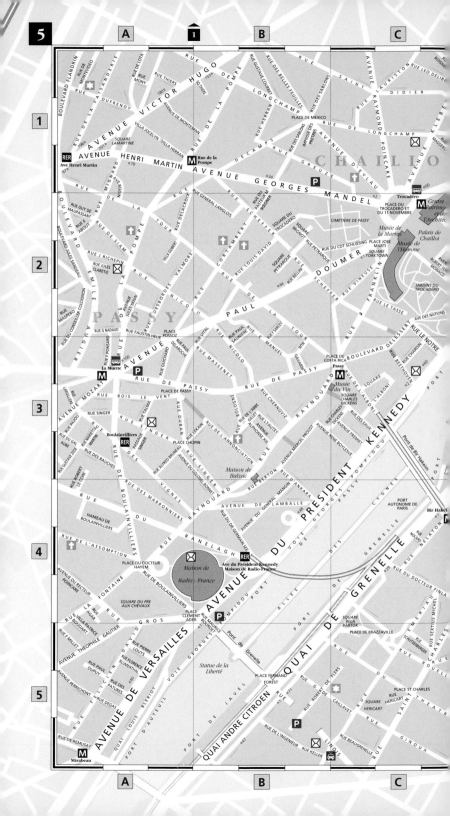

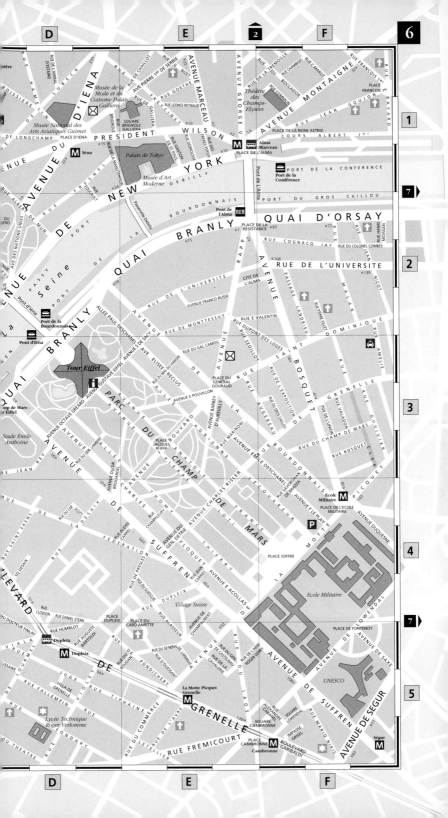

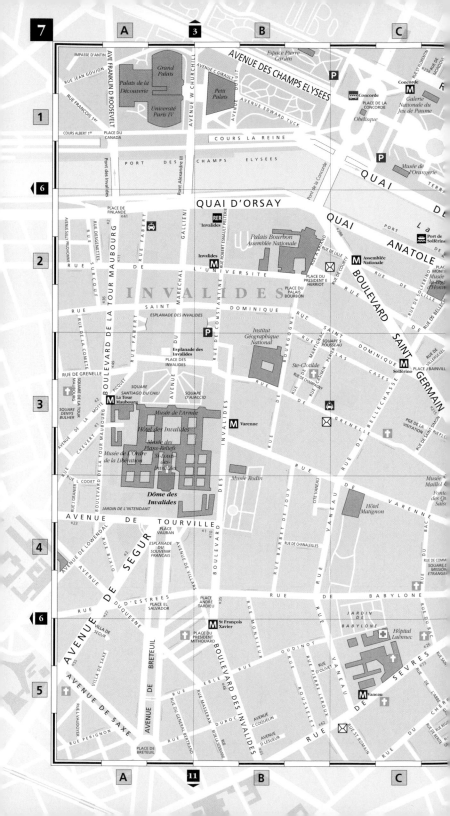

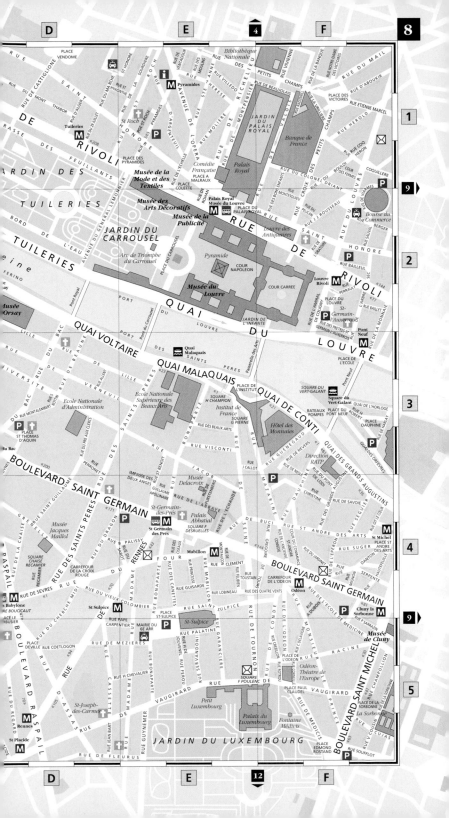

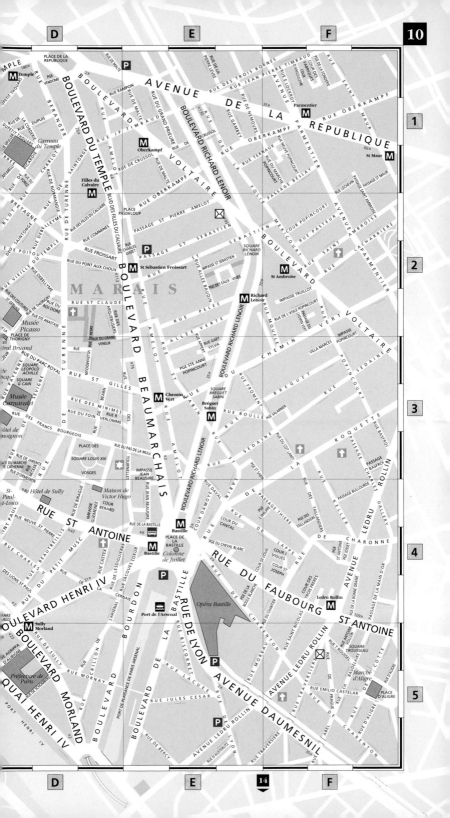

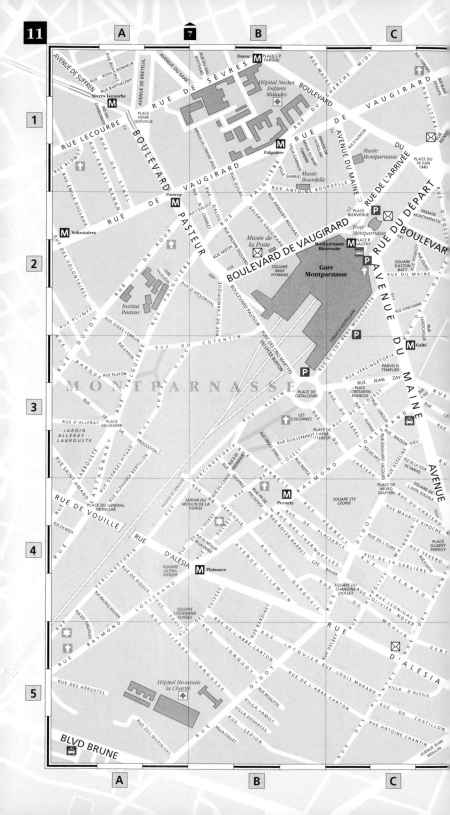

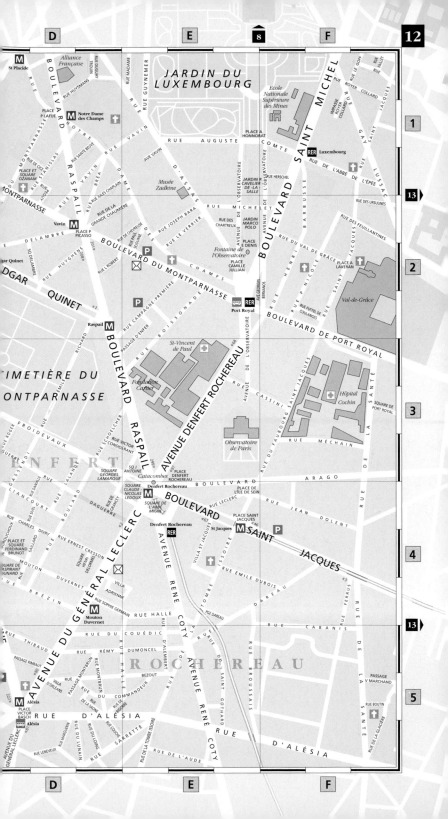

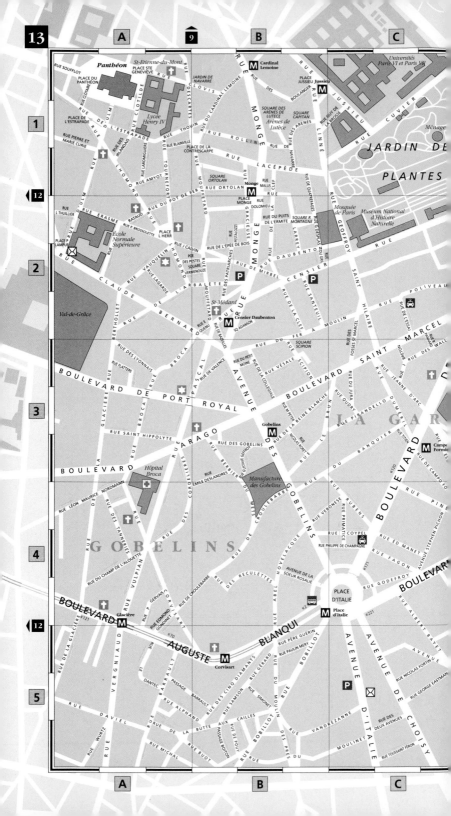

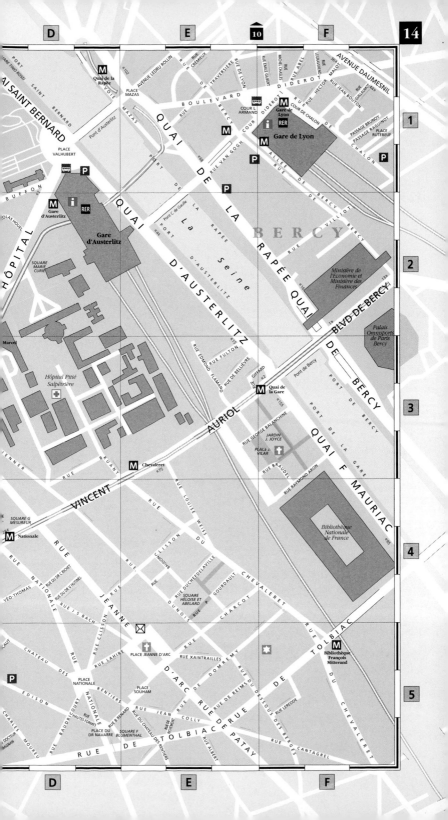

QUAI SAINT BERNARD

AVENUE DAUMESNIL

M Quai de la Rapée

PLACE MAZAS

BOULEVARD

AVENUE LEDRU ROLLIN

RUE TRAVERSIÈRE

RUE DE LYON

RUE CRÉMIEUX

RUE ÉMILE GILBERT

RUE MICHEL CHASLES

RUE ABEL

DIDEROT

RUE HECTOR MALOT

RUE JEAN BOUTON

Pont d'Austerlitz

COUR L ARMAND

Gare de Lyon

COUR DE CHALON

PASSAGE BRUNOY

PASSAGE RAGUINOT

PLACE RUTEBEUF

1

QUAI

M Gare de Lyon i RER

RUE VAN GOGH

Gare de Lyon i RER

P

P

BUFFON

M Gare d'Austerlitz i RER

Nicolas Houël

Gare d'Austerlitz

QUAI

Pont C. de Gaulle

La Rapée

PORT

La Seine

D'AUSTERLITZ

DE

LA

RAPÉE

QUAI

BERCY

RUE VILLIOT

Ministère de l'Économie et Ministère des Finances

2

PLACE VALHUBERT

P

P

SQUARE MARIE CURIE

Marcel

Hôpital Pitié Salpêtrière ✚

RUE EDMOND FLAMAND

RUE FULTON

RUE DE BELLIÈVRE

GIFFARD

Pont de Bercy

BLVD DE BERCY

Palais Omnisports de Paris Bercy

3

M Quai de la Gare

DE

BERCY

PORT DE BERCY

AURIOL

RUE GEORGE BALANCHINE

JARDIN J. JOYCE

PLACE J. VILAR

RUE BRAUDEL

RUE RAYMOND ARON

QUAI F MAURIAC

PORT DE LA GARE

M Chevaleret

RUE

BRUANT

VINCENT

RUE

RUE LOUISE WEISS

DU

Bibliothèque Nationale de France

4

SQUARE G MESUREUR

M Nationale

RUE

NATIONALE

RUE DU DR MEYNIER

RUE J S BACH

RUE

RUE CLISSON

CLISSON

DUNOIS

RUE

RUE DUCHEFDELAVILLE

SQUARE HÉLOÏSE ET ABÉLARD

GOURDAULT

CHEVALERET

CHARCOT

TOLBIAC

YÉO-THOMAS

RUE

JEANNE

RUE LAHIRE

⊠

PLACE JEANNE D'ARC

✚

RUE XAINTRAILLES

✦

M Bibliothèque François Mitterrand

5

P

CHÂTEAU DES

EDISON

PLACE NATIONALE

RENTIERS

D'

ARC

RUE

PLACE SOUHAM

RUE

RUE JEAN COLLY

RUE DE REIMS

DE DOMRÉMY

RUE DU DESSOUS DES BERGES

RUE LEFEBRE

DE

RUE

DU

CHEVALERET

CHARLES MOUREU

BAUDRICOURT

CHAUTES FORMES

PLACE DU DR NAVARRE

SQUARE F BLUMENTHAL

RUE BISMARD

RUE DU COUTEAU DES RENTIERS

TOLBIAC

RUE

RUE ALBERT

PATAY

RUE CANTAGREL

ÎLE-DE-FRANCE

Concentration urbaine de dix millions d'habitants, l'agglomération parisienne tend à faire oublier par son gigantisme la personnalité de la région qui l'entoure. En Brie, dans le Vexin ou en Gâtinais, les terroirs qui nourrissent la capitale depuis des siècles s'efforcent de conserver leur identité et d'échapper au développement tentaculaire de cette métropole vorace. C'est pourtant là qu'est né l'art gothique. Sur ces plateaux calcaires et ces plaines arrosées par la Seine et la Marne, les clochers des églises rythment des paysages dont la sérénité séduisit des peintres comme Corot, Théodore Rousseau, Pissarro et Cézanne.

Sans la fertilité de ces terres, les rois de France n'auraient sans doute jamais réussi à asseoir une puissance qui leur permit en retour d'orner l'Île-de-France d'une véritable couronne de châteaux : Fontainebleau, transformé en palais Renaissance par François Ier ; Écouen, somptueuse demeure d'Anne de Montmorency ; Versailles, chef-d'œuvre classique bâti pour le Roi-Soleil par Le Nôtre, Le Vau, Le Brun et Jules Hardouin-Mansart ; Rambouillet, apprécié de Marie-Antoinette et affecté à la présidence de la République depuis 1897 ; la Malmaison, devenue la retraite de Joséphine ; et Vaux-le-Vicomte, dont le faste rendit Louis XIV jaloux de Fouquet, son propriétaire.

LA RÉGION D'UN COUP D'ŒIL

Châteaux et musées
Château de Dampierre ❽
Château de Fontainebleau ⓭
Château de Malmaison ❺
Château de Rambouillet ❾
Château de Sceaux ❼
Château de
  Vaux-le-Vicomte ⓫
Château de Versailles ❻
Musée national
  de la Renaissance ❷

Villes
Provins ⓬
Saint-Germain-en-Laye ❹

Abbayes et églises
Abbaye de Royaumont ❶
Basilique Saint-Denis ❸

Parcs à thème
Disneyland Resort Paris ❿

LÉGENDE

Agglomération parisienne

Centre de Paris

✈ Aéroports internationaux

Autoroutes

Routes principales

Autres routes

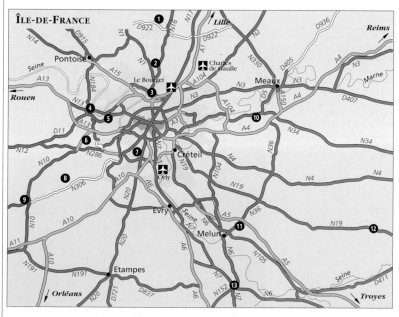

◁ **Les somptueux jardins à la française de Vaux-le-Vicomte**

Les voûtes gothiques du réfectoire de l'abbaye de Royaumont

Abbaye de Royaumont ❶

Fondation Royaumont, Asnières-sur-Oise, Val-d'Oise. ☎ 01 30 35 59 00 ◯ t.l.j. 🖼 🚻 📷 sur rés. **Concerts.** W www.royaumont.com

E lle fut fondée en 1228 par saint Louis et sa mère Blanche de Castille dans une région boisée dont l'isolement, à 30 km au nord de Paris, favorisait le recueillement. Le monastère cistercien reflète, dans la simplicité de ses lignes, l'austérité de la mystique des disciples de saint Bernard pour qui la « pierre chante » sans avoir besoin d'être sculptée. Comblée de richesses par la monarchie, l'abbaye conserva des liens avec elle jusqu'à la Révolution. Elle abrita au XIXe siècle une manufacture textile, puis un noviciat, avant d'être transformée en centre culturel au XXe siècle.

De l'église abbatiale ne subsistent que des vestiges, mais son vaste cloître entoure un charmant jardin à la française bordé de bâtiments monastiques qui comprennent un beau réfectoire gothique restauré, les anciennes cuisines, la sacristie et une salle d'exposition.

Le parc est parcouru de canaux dont l'un traverse le remarquable bâtiment des latrines assis sur 31 arcs en plein cintre. Le palais des abbés, édifié peu avant la Révolution, s'inspire des villas italiennes. L'abbaye dispose également depuis 2004 d'un jardin médiéval composé de plantes médicinales.

Musée national de la Renaissance ❷

Château d'Écouen, Val-d'Oise. ☎ 01 34 38 38 50. ◯ mer. -lun. ● 1er janv., 1er mai, 25 déc. 🖼 🚻 📷 W www.musee-renaissance.fr

B âti de 1538 à 1555 pour Anne de Montmorency, conseiller de François Ier et commandant en chef de l'armée royale, le château d'Écouen, à mi-chemin de Saint-Denis et de Royaumont, témoigne de la richesse du connétable de France, l'homme le plus puissant du royaume après le roi. Elle se manifeste dans la chapelle, dotée d'une galerie et dont les voûtes peintes présentent les armoiries des Montmorency, et jusque dans les décors des cheminées peintes, typiques de l'école de Fontainebleau avec leurs scènes bibliques inscrites dans des paysages énigmatiques.

Les appartements princiers de l'imposante résidence cernée de douves sèches sont aujourd'hui occupés par le musée national de la Renaissance. Les 36 salles restaurées présentent de superbes tapisseries et pavements, des manuscrits enluminés, des céramiques de Lyon, Nevers, Venise, Faenza et Iznik, des émaux limousins, des pièces d'orfèvrerie, des sculptures, des meubles et une collection de montres et d'instruments de mesure anciens.

La pièce la plus frappante reste malgré tout la tenture de *David et Bethsabée* (75 m), d'une étonnante qualité, tissée vers 1515, en fils de laine, de soie et d'argent.

Basilique Saint-Denis ❸

1, rue de la Légion-d'Honneur, Saint-Denis, Seine-Saint-Denis. ☎ 01 48 09 83 54. Ⓜ Basilique de St-Denis. ◯ t.l.j. ● 1er janv., 1er mai, 25 déc. 🖼 🚻 W www.tourisme93.com

S elon la légende, saint Denis, décapité vers 250 sur la butte Montmartre (*p. 128*), aurait ramassé sa tête et marché jusqu'à ce site au nord de Paris où il voulait être enterré. Le lieu était alors beaucoup plus vert que la banlieue industrielle qui l'occupe aujourd'hui et une abbaye s'y installa, laquelle atteignit le faîte de son prestige au XIIe siècle sous la direction de l'abbé Suger, qui fit élever sa façade et son chœur gothiques

Statue de Louis XVI à Saint-Denis

sur une crypte carolingienne.

Toutes les reines françaises furent couronnées à Saint-Denis, et presque tous les rois y furent inhumés. En 1793, la colère révolutionnaire s'abattit sur Saint-Denis et les tombes

L'aile ouest du musée national de la Renaissance

Tombeau Renaissance de Louis XII et Anne de Bretagne à Saint-Denis

Château de Malmaison ❺

Rueil-Malmaison. 📞 01 41 29 05 55.
🕐 mer.-lun. 10h-17h45 (horaires variables, téléphoner). ⬤ certains j. f.
🏷 ♿ W www.chateau-malmaison.fr

L e nom de Malmaison reste attaché à ceux de Joséphine et de Bonaparte. La future impératrice acheta en 1799 cette ancienne résidence de campagne située à 15 km à l'ouest de Paris. Pendant les premières années du Consulat (1800-1803), ce fut le séjour préféré de l'empereur, qui y séjournera aussi quelques jours après sa défaite à Waterloo.

Avec sa dépendance, le château de Bois-Préau qui se dresse à proximité dans le parc, Malmaison constitue aujourd'hui un musée riche en souvenirs historiques, tels *Bonaparte au col du Grand-Saint-Bernard* par David ou le célèbre portrait de Joséphine par Gérard. La cohérence de la décoration offre en outre une occasion rare d'apprécier le style Consulat, notamment dans la bibliothèque au plafond à voûtes, orné de fresques, et le lumineux salon de musique où sont exposées quelques peintures de la collection de l'impératrice. Les appartements de Joséphine sont dominés par la somptueuse chambre d'apparat, où elle mourut en 1814 après avoir été répudiée par l'empereur en 1809.

Dans la forêt domaniale (210 ha) se trouve le bel étang de Saint-Cucufa.

Le lit de l'impératrice Joséphine, château de Malmaison

royales furent profanées (celles d'Hugues Capet et Louis XIV ont disparu). On remarquera celles de Clovis, Dagobert, Philippe le Hardi, François Iᵉʳ, Henri II et Catherine de Médicis, Louis XVI... Le monument à Louis XII et Anne de Bretagne, d'un grand réalisme, offre une double représentation du couple royal : gisant nu sur la dalle du sarcophage et se recueillant en costume d'apparat.

Saint-Germain-en-Laye ❹

Yvelines. 👥 42 200. 🚉 🚌 RER
ℹ Maison Claude Debussy, 38, rue au Pain. 📞 01 34 51 05 12. ⬤ mar.-dim. W www.saintgermainlaye.fr

D ans un quartier riche en hôtels particuliers des XVIIᵉ et XVIIIᵉ siècles, le château où naquit le Roi-Soleil domine la place du Général-de-Gaulle de cette ville aisée et résidentielle.

La forteresse d'origine, dont subsistent les fossés, fut érigée par Louis VI vers 1122 ; saint Louis fit ajouter la sainte chapelle en 1230. Le donjon date quant à lui du XIVᵉ siècle. François Iᵉʳ puis Henri II donnèrent au château son aspect actuel. Henri IV fit construire le pavillon, au sud, et la terrasse qui domine la Seine, aménagée ensuite par Le Nôtre pour Louis XIV.

Le château abrite le **musée d'Archéologie nationale**, créé par Napoléon III. Les collections couvrent une grande période qui va de la préhistoire aux Mérovingiens. Ne manquez surtout pas l'exceptionnelle *Vénus de Brassempouy*, la plus ancienne représentation connue d'un visage humain.

🏛 Musée d'Archéologie nationale

Château de Saint-Germain-en-Laye.
📞 01 39 10 13 00. 🕐 mer.-lun.
🏷 gratuit 1ᵉʳ dim. du mois. ♿ 🎥 📷
W www.musee-antiquitesnationales.fr

Château de Versailles ➏

Symbole royal à l'image de Louis XIV, cet immense palais où pouvaient vivre 20 000 courtisans s'est développé à partir d'un modeste pavillon de chasse. En 1668, Louis Le Vau entreprend le premier ajout autour d'une grande cour centrale. Une vaste terrasse courait le long du premier étage. Jules Hardouin-Mansart, qui reprit les travaux en 1678, la couvrit pour créer la galerie des Glaces.

Statue de flûtiste dans les jardins

Il édifia également les immenses ailes du Nord et du Midi, et dessina la chapelle achevée en 1710. Les parterres géométriques et les plans d'eau du jardin, chefs-d'œuvre de Le Nôtre, tirent un parti extraordinaire des accidents du terrain.

★ **Jardins à la française**
Le tracé géométrique des parterres accentue les perspectives.

Dans l'Orangerie, soutènement du parterre du Midi, hivernaient les plantes exotiques.

Bassin de Latone
Sculptée par Balthazar Marsy, la statue de Latone domine quatre vasques en marbre.

Parterre d'eau

★ **Château**
En y installant la cour en 1682, Louis XIV en fit le centre du pouvoir politique en France.

Bassin du Dragon
Ce monstre transpercé représente la Fronde vaincue.

Le jardin du Roi
aménagé pour
Louis XVIII voisine
avec le Miroir d'eau.

Colonnade
*Mansart la fit élever
en 1685, en jouant
sur différentes
nuances de marbre.*

MODE D'EMPLOI

Versailles, Yvelines. ☎ 01 30 83 77
88. 🚌 171 au départ de Paris.
RER *Versailles Chantiers, Versailles
Rive Droite.* **Château** ◻ mar.-dim.
9h-18h30 (17h30 en hiver). ●
certains j. f. 🚻 🎧 🎫 ◻ 🔊 ◻
Grand et Petit Trianon ◻ t.l.j.
12h-18h30 (17h30 en hiver). ●
certains j. f. 🎧 🎫 🚻 ◻ 🔊 ◻
Jardins ◻ t.l.j. 9h-coucher du
soleil (dès 8h en hiver). 🎫 🍴 ◻
Musée des Carrosses, *Grande
Écurie, face au château.* ◻ avr.-
oct. : w.-e. 12h30-18h30. 🎧
🎭 *Fêtes de Nuit (août -sept.) ;
Grandes Eaux musicales (avr.-oct.).*
W *www.chateauversailles.fr*

Sur le Grand Canal
évoluaient des
gondoles vénitiennes.

Petit Trianon
*Édifié en 1762 pour
Louis XV, ce palais
miniature devint l'un
des séjours préférés de
Marie-Antoinette.*

Bassin de Neptune
*Le dieu de la Mer et sa cour
orchestrent les spectaculaires
jets d'eau de cette fontaine.*

★ **Grand
Trianon**
*Dans ce petit
palais orné de
marbre rose,
Louis XIV venait
échapper au
protocole de la
cour en
compagnie
de Madame
de Maintenon.*

À NE PAS MANQUER

★ **Château**

★ **Jardins à la française**

★ **Grand Trianon**

À la découverte du château de Versailles

Au 1er étage, les appartements privés de la reine et du roi ouvrent sur la cour de Marbre. Les Grands Appartements, où se déroulaient les cérémonies officielles de la cour, dominent les jardins à la perspective grandiose. Richement décorées de marbres polychromes, de sculptures, de peintures murales, de tentures et d'un mobilier de prix conçu par Charles Le Brun, ces salles d'apparat sont parfois dédiées à une divinité olympienne, tels le salon d'Hercule et le salon d'Apollon. La réalisation la plus spectaculaire est galerie des Glaces, dans laquelle 17 grands miroirs font face à de hautes fenêtres à arcade.

★ Chambre de la Reine
On pouvait y assister à la naissance du futur roi.

LÉGENDE

☐ Aile du Midi

☐ Salon du Sacre

☐ Appartements de Madame de Maintenon

☐ Appartements privés de la reine

☐ Grands Appartements

☐ Appartements privés du roi

☐ Aile du Nord

☐ Circulations et services

La cour de Marbre est pavée de marbre noir et blanc.

Entrée

La salle du Sacre est ornée du célèbre tableau de David, *Le Sacre de Napoléon Ier*.

Entrée

★ Salon de Vénus
Une statue de Louis XIV se dresse dans un riche décor de marbre.

Escaliers vers le rez-de-chaussée

★ Chapelle royale
Le premier étage était réservé à la famille royale et le rez-de-chaussée à la cour. Dédiée à saint Louis, elle est ornée de médaillons peints de dorures et d'un décor sculpté dit « rocaille ».

À NE PAS MANQUER

★ Chapelle royale

★ Salon de Vénus

★ Galerie des Glaces

★ Chambre de la Reine

★ Galerie des Glaces
*Cette salle s'étend sur 70 m
le long de la façade ouest.
En 1919, le traité de Versailles
mettant fin à la Première
Guerre mondiale y fut signé.*

Œil-de-bœuf

La chambre du Roi,
où Louis XIV
mourut en 1715,
à 77 ans.

**Dans le cabinet du
Conseil** furent prises
des décisions capitales
pour la politique
française et européenne.

Salon de la Guerre
*Un bas-relief
d'Antoine Coysevox
représente Louis XIV
chevauchant vers
la victoire.*

La bibliothèque
de Louis XVI
a été ornée
par Gabriel.

Salon d'Apollon
*Dessiné par Le Brun,
c'était la salle du
trône du Roi-Soleil.
Il renferme une copie
du célèbre portrait
peint par Hyacinthe
Rigaud (1701).*

Salon d'Hercule

CHRONOLOGIE

1667 Percement
du Grand Canal
1668 Le Vau bâtit
le nouveau château

Louis XV
1722 Louis
XV, 12 ans,
règne sur
Versailles

1793
Exécutions
de Louis XVI
et de Marie-
Antoinette

1833 Louis-Philippe
transforme le
château en musée

1650	1700	1750	1800	1850

1671 Le Brun
commence
la décoration
intérieure

1715 Mort de
Louis XIV. La cour
délaisse Versailles

1789 Le peuple ramène
le roi et la reine de
Versailles à Paris

1919 Signature du
traité de Versailles,
le 28 juin

1661 Agrandisse-
ment du château
de Louis XIII

1682 Louis XIV
et Marie-Thérèse
s'installent à Versailles

1774 Louis XVI et
Marie-Antoinette
vivent à Versailles

Château de Sceaux ❼

Sceaux, Hauts-de-Seine. ☎ 01 41 87 29 50. ◗ mer.-lun. ● certains j. f. 🖼 ♿ 🎫 pour les groupes sur r.-v.

L e véritable créateur du domaine de Sceaux fut Colbert, qui fit bâtir en 1670 un château où la duchesse du Maine tint une cour brillante au XVIIIᵉ siècle. Démoli, celui-ci fut reconstruit dans le style Louis XIII en 1856 et abrite aujourd'hui le **musée d'Île-de-France**, qui évoque l'histoire de la région à travers divers documents, peintures, meubles, sculptures et céramiques.

Le parc dessiné par Le Nôtre et restauré au XIXᵉ siècle renferme plusieurs pavillons élégants. Perrault réalisa celui de l'Aurore et Mansart l'Orangerie, laquelle accueille expositions et concerts de musique classique en été. Dans l'axe du Petit Canal, on aperçoit le canal de Hanovre (XVIIIᵉ siècle). Un bassin octogonal recueille les eaux de fontaines en cascades pour alimenter le Grand Canal. Les écuries de Colbert accueillent un restaurant, une boutique, un espace multimédia et des expositions temporaires.

Château de Dampierre ❽

Dampierre-en-Yvelines, Yvelines. ☎ 01 30 52 53 24. ◗ avr.-mi-oct. : t.l.j. 🖼 ♿

Q uelques années avant de devenir le premier architecte du royaume et le maître d'œuvre du palais de Louis XIV, Jules Hardouin-Mansart édifia pour le duc de Chevreuse en 1675 ce château associant brique rose et pierre de taille, dans un domaine situé au sud-ouest de Paris.

L'intérieur, par son luxe, évoque Versailles, notamment les appartements royaux et la salle à manger de Louis XIV. La salle des Fêtes, décorée au XIXᵉ siècle de fresques d'Ingres, domine les jardins et le parc floral qu'aménagea Le Nôtre en tirant parti des eaux de l'Yvette.

Le château de Rambouillet

Château de Rambouillet ❾

Rambouillet, Yvelines. ☎ 01 34 83 00 25. ◗ mer.-lun. ● certains j.f. et lors des séjours présidentiels. 🖼 ♿ 🎫

V enu chasser dans l'épaisse et giboyeuse forêt royale de Rambouillet, François Iᵉʳ mourut dans l'une des cinq tours de pierre qui donnent à ce château de briques rouges maintes fois remanié, un aspect plus curieux que réellement harmonieux.

Résidence d'été du président de la République depuis 1897, le bâtiment présente mobilier Empire et tapisseries d'Aubusson à l'intérieur des salles lambrissées de chêne. Précédé d'un jardin à la française et de son parterre d'eau, le parc abrite la ferme expérimentale et la laiterie créées pour Marie-Antoinette.

Aux environs
À 28 km au nord, sur la D 11, le parc du **château de Thoiry** comporte un zoo de près de 800 animaux, dont certains en semi-liberté, et une aire de découverte pour les enfants.

Disneyland Resort Paris ❿

Marne-la-Vallée, Seine-et-Marne. 🎫 0825 30 60 30. RER Marne-la-Vallée-Chessy. 🚉 TGV. 🚌 depuis les aéroports. ◗ t.l.j. 🖼 ♿ 🌐 www.disneylandparis.com

C et immense complexe propose deux parcs de loisirs avec un soixantaine d'attractions, sept hôtels à thème et plus d'une centaine de restaurants et de boutiques. Le parc Walt Disney Studios invite à une découverte des coulisses du 7ᵉ art et de la télévision. Le parc Disneyland est quant à lui divisé en cinq sections : Main Street USA, Frontierland, Adventureland, Fantasyland et Discoveryland. Leurs thèmes sont inspirés des grands mythes d'Hollywood et des dessins animés de Disney.

Minnie

Château de Vaux-le-Vicomte ⓫

Maincy, Seine-et-Marne. ☎ 01 64 14 41 90. ◗ mi-mars-mi-nov. : t.l.j. 🖼 🍴 🛍 🌐 www.vaux-le-vicomte.com

C 'est en pleine campagne, au nord-est de Melun, que Nicolas Fouquet,

---

LA PORCELAINE DE SÈVRES

En 1738, à l'instigation de Madame de Pompadour, Louis XV fonda une manufacture de porcelaine qui fut transférée à Sèvres en 1756. Elle devait à l'origine fournir les résidences royales. La découverte du kaolin en 1768 permit la fabrication de porcelaine dure. Fleurs, amours, puis paysages ornent les fonds. La production évolue avec la vogue des fonds de couleur et l'utilisation de l'or.

Le Pugilat (1832) fait partie d'un ensemble de deux vases

ANDRÉ LE NÔTRE

Fils d'un « jardinier ordinaire du Roy », André Le Nôtre (1613-1700) donne, à Vaux-le-Vicomte, sa pleine mesure au « jardin à la française » inspiré du jardin classique de la Renaissance italienne. Écrin de la résidence, le parc s'organise, quand le terrain le permet comme à Versailles (p. 248-249), autour d'un axe qui prolonge l'axe médian du château. Les lignes de fuite des allées entraînent le regard du visiteur au loin, souvent vers un plan d'eau, afin d'augmenter l'impression d'étendue, tandis que les motifs des parterres, qu'animent statues et fontaines, rappellent ceux de la décoration intérieure.

surintendant des Finances de Louis XIV et homme le plus riche du royaume, invita l'architecte Louis Le Vau et le décorateur Charles Le Brun à édifier un château d'une somptuosité encore jamais atteinte.

Le résultat dépassa toutes ses espérances, mais entraîna également sa chute. Cette résidence plus fastueuse que les palais royaux portait ombrage au Roi-Soleil, qui accorda la tête de Fouquet à Colbert qui le haïssait. C'est d'Artagnan qui procéda à l'arrestation.

Conformément aux goûts de Fouquet, la décoration intérieure regorge de dorures, stucs, fresques et cariatides. Le salon des Muses présente un superbe plafond de Le Brun orné de nymphes et de sphinx, tandis que la Grande Chambre carrée est aménagée en style Louis XIII. Contrairement aux châteaux de Versailles et Fontainebleau, de nombreuses pièces conservent des proportions et une atmosphère intimes.

Aux splendeurs de l'édifice répondent celles des jardins, œuvre du paysagiste Le Nôtre. Sa formation de peintre s'y exprime admirablement dans une succession de terrasses, de fontaines et de bassins descendant jusqu'au Grand Canal.

Provins ⑫

Seine-et-Marne. 🚶 12 000. 🚗 🚌
🛈 Maison du visiteur, chemin de Villecran (01 64 60 26 26). 🛒 sam.
🎭 Fête médiévale (2e w.-e. de juin).
Ⓦ www.provins.net

L a ville médiévale de Provins, inscrite au patrimoine mondial de l'Unesco, n'a guère changé d'aspect depuis l'époque où les marchands venaient de toute l'Europe pour les foires de Champagne. Dans la ville haute, les remparts bâtis aux XIIe et XIIIe siècles, merveilleusement conservés, présentent à l'ouest, entre la porte de Jouy et la porte Saint-Jean, une succession de tourelles rondes et carrées que domine la tour de César au toit pyramidal. Son chemin de ronde offre une belle vue sur la place du Châtel bordée de maisons médiévales et, au-delà, sur la Grange aux dîmes (XIIIe siècle). Ne manquez pas la place Saint-Quiriace, l'église et la maison romane (musée historique).

Dans la ville basse, l'église Saint-Ayoul présente de superbes portails (XIIe siècle).

Surnommée la « cité des roses », c'est en juin qu'il faut venir à Provins, lorsque les jardins sont en fleurs.

Le château de Vaux-le-Vicomte et ses jardins dessinés par Le Nôtre

Château de Fontainebleau ⓭

Détail du plafond de la salle de bal

L es rois de France viennent chasser à Fontainebleau depuis le XIIe siècle, mais c'est François Ier qui jette les bases du château actuel, en remodelant selon les canons de la Renaissance l'ancienne forteresse médiévale (dont subsiste le donjon), qu'il réunit aux bâtiments d'une abbaye consacrée par saint Louis en 1259. Henri IV, Louis XIII, Louis XV et Napoléon commandent à leur tour agrandissements ou modifications, et cette juxtaposition de styles est un des charmes de cet immense palais dont les grands appartements offrent un bon aperçu de la richesse.

Rez-de-chaussée

Jardin de Diane
Aujourd'hui plus romantique que classique, il doit son nom à la statue de sa fontaine.

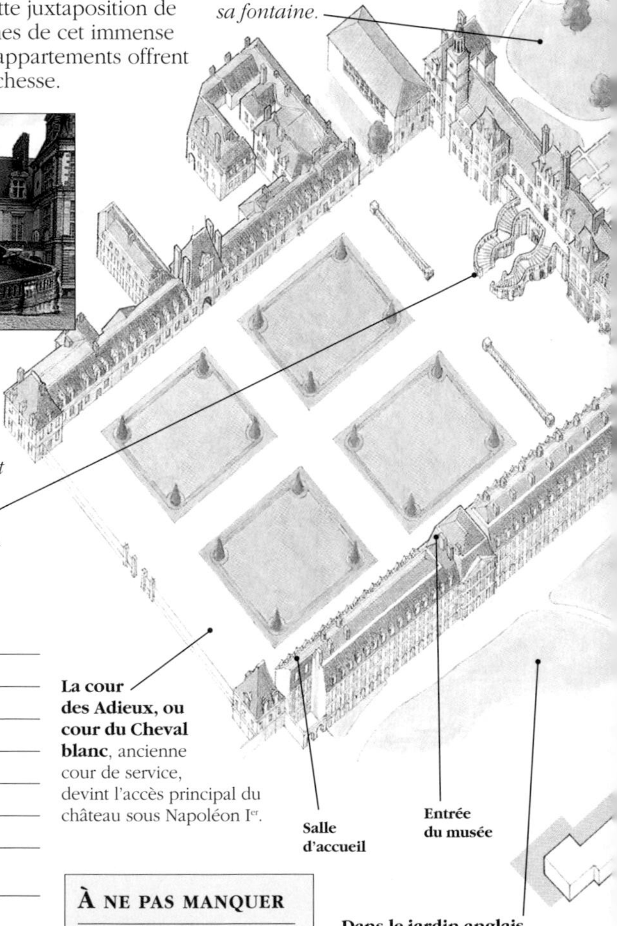

★ Escalier du Fer à Cheval
L'audacieux escalier, construit en 1634 dans la cour du Cheval blanc par Jean Androuet du Cerceau, laissait sous ses rampants le passage aux carrosses.

LÉGENDE

- ▨ Petits appartements
- ▨ Galerie des Cerfs
- ▨ Musée chinois
- ▨ Musée Napoléon
- ▨ Musée Napoléon Ier
- ▨ Salle Renaissance
- ▨ Appartements de Madame de Maintenon
- ▨ Grands Appartements des Souverains
- ▨ Escalier de la Reine/ Appartement des Chasses
- ▨ Chapelle de la Trinité
- ▨ Appartement intérieur de l'Empereur

La cour des Adieux, ou cour du Cheval blanc, ancienne cour de service, devint l'accès principal du château sous Napoléon Ier.

Salle d'accueil

Entrée du musée

Dans le jardin anglais, remanié au XIXe siècle, des essences exotiques entourent l'étang.

À NE PAS MANQUER

★ **Escalier du Fer à Cheval**

★ **Salle de bal**

★ **Galerie François Ier**

Porte Dorée
La voûte de ce qui était à l'origine la porte d'honneur du palais est ornée de peintures, réalisées par Le Primatice et restaurées au XIXe siècle.

Cour ovale

Premier étage

MODE D'EMPLOI

Seine-et-Marne. 📞 *01 60 71 50 70.*
⬜ *mer.-lun. 9h30-17h (18h juin-sept.).* 📷 🅾 ♿ 🏷 ⬜ www.
musee-chateau-fontainebleau.fr

★ **Salle de bal**
Cette vaste salle Renaissance, décorée par Nicolò dell'Abate sur les projets du Primatice, ne fut achevée que sous Henri II. Ses armoiries ornent le plafond à caissons en châtaignier.

Les grands appartements
comprennent l'ancienne chambre du Roi transformée en salle du trône.

Grand parterre

Cour de la Fontaine

La chapelle de la Trinité, construite sous Henri II en 1550 et décorée de fresques sous Henri IV, fut achevée par Louis XIII. Louis XV y épousa Marie Leszczynska en 1725.

★ **Galerie François Ier**
Son décor, réalisé par les artistes italiens de l'école de Fontainebleau, comprend des fresques allégoriques exécutées par le Rosso et une équipe de peintres et sculpteurs.

L'ÉCOLE DE BARBIZON

À partir des années 1830, des artistes se retrouvent à Barbizon autour de Théodore Rousseau et de Jean-François Millet. Pour cette école de peintres paysagistes, la nature n'est plus le décor du tableau mais son sujet. L'atelier de Rousseau, qui en fut en quelque sorte le chef de file, est aujourd'hui transformé en musée.

***Printemps à Barbizon* par
Jean-François Millet (1814-1875)**

LE NORD ET L'EST

Présentation du Nord et de l'Est

Succession de plaines et de plateaux bas bordés par les Vosges et la forêt ardennaise, cette région marquée par les guerres conserve cependant un riche héritage architectural. Ses cathédrales gothiques, notamment, en Picardie et en Champagne, font partie des plus belles de France, les beffrois et grand-places du Nord ainsi que les maisons à colombage en Alsace sont célèbres. Très touchée par le déclin de ses activités minières et industrielles, la région se tourne aujourd'hui vers l'Europe pour trouver un nouvel élan économique.

La cathédrale d'Amiens, *réputée pour ses sculptures sur bois, possède la plus haute nef de France (p. 192-193).*

Cathédrale d'Amiens

NORD-PAS-DE-CALAIS ET PICARDIE
(p. 182-195)

Cathédrale de Beauvais

Château de Compiègne

Cathédrale de Reims

Les bombes de la Seconde Guerre mondiale ont épargné la **cathédrale de Beauvais**, *dont on voit ici l'horloge astronomique (p. 190).*

Maisons à pans de bois *et hôtels Renaissance bordent les rues et ruelles du vieux Troyes (p. 206), reconstruit après le grand incendie de 1524. De superbes vitraux décorent la cathédrale.*

Cathédrale de Troyes

Le cimetière de Douaumont, à côté de Verdun, avec ses 15 000 tombes, est l'un des nombreux mémoriaux qui entretiennent le souvenir de la Première Guerre mondiale (p. 180-181).

Le Haut-Kœnigsbourg, château reconstruit pour le Kaiser Guillaume II quand l'Alsace était annexée à l'Allemagne, est devenu un site touristique très visité (p. 218).

À Strasbourg, siège du Conseil de l'Europe, la cathédrale domine une vieille ville pleine de charme (p. 220-221).

Ossuaire de Douaumont

Porte Chaussée, Verdun

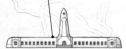

Place Stanislas, Nancy

Cathédrale de Strasbourg

CHAMPAGNE ET ARDENNES
(p. 196-207)

LORRAINE ET ALSACE
(p. 208-223)

Haut-Kœnigsbourg

0   50 km

Les spécialités du Nord et de l'Est

L'histoire de ces régions, terres de brassages culturels, a enrichi leur gastronomie. Le visiteur qui déguste une assiette de moules-frites à Boulogne ou à Calais, ou une gaufre au sucre, peut s'interroger à juste titre sur l'origine de ces plats qui sont appréciés de la même manière et depuis très longtemps de part et d'autre de la frontière franco-belge. La cuisine alsacienne, avec ses bretzels, ses saucisses et ses boudins, ses recettes à base de porc, accompagné de chou, de pommes de terre ou de fruits, ses riches pâtisseries – tarte aux quetsches, aux cerises, aux myrtilles, et le fameux kouglof, brioche en forme de dôme creux, garnie de raisins secs et d'amandes –, célèbre à sa façon son roboratif cousinage germanique. Les fromages quant à eux, sont assurément, sont bien de chez nous.

Salade de pommes de terre *tièdes et saucisson s'allient pour constituer une robuste spécialité alsacienne.*

La brioche, *à la pâte rendue onctueuse par les œufs et le beurre, est un mets de fête en Alsace : celles du Neujohrwecka se dégustent au Nouvel An.*

Le hareng saur, *fumé selon des recettes traditionnelles, servi avec des pommes de terre, nous vient de Boulogne.*

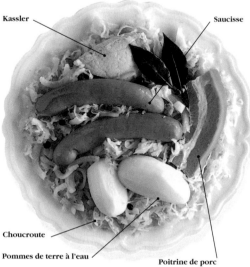

Kassler

Saucisse

Choucroute

Pommes de terre à l'eau

Poitrine de porc

La choucroute, *chou blanc haché, fermenté dans une saumure, mijote plusieurs heures, parfumée de grains de genièvre et arrosée de vin blanc. Outre les pommes de terre, toujours présentes, sa garniture peut être d'une grande variété : côtelettes ou poitrine de porc, jambonneau, jarret, saucisses, lard, boudin... Frais, un riesling ou une bière blonde l'accompagnent avec bonheur.*

Le pâté en croûte, *populaire dans toutes ces régions, se sert moelleux, la pâte attendrie par le jus de la farce.*

Le potage Saint-Germain *accommode les pois frais que l'on produit dans les zones maraîchères autour d'Amiens.*

La truite ardennaise, revenue à la poêle avec jambon fumé et crème fraîche, est une des recettes de poisson de la région.

La quiche, célèbre spécialité lorraine composée de lard, de crème et d'œufs, a conquis la France entière.

Le porc aux deux pommes réunit celles qui poussent en terre et celles qui se cueillent sur les arbres.

Le jambon des Ardennes se prépare toujours à l'ancienne. Délicatement fumé, il mérite sa réputation.

La carbonnade, bœuf braisé mijoté à la bière, est une recette flamande. Le nom rappelle le temps de la cuisine au charbon.

La tarte alsacienne, aux fruits pris dans une crème, est faite avec de la pâte brisée ou levée.

Les madeleines à Commercy , les babas à Lunéville : les cuisiniers de Stanislas Leszczynski rivalisaient d'inventivité pour satisfaire un prince gourmand.

Les macarons, spécialité de Nancy, sont de petites meringues à la pâte d'amandes.

Brie de Meaux

Munster

Coulommiers

LES FROMAGES

Outre les célèbres brie de Meaux, munster d'Alsace et coulommiers, le Nord et l'Est de la France produisent d'excellents fromages moins connus tels que le maroilles, le géromée, le vieux Lille, la boulette d'Avesnes, le dauphin ou le rollot.

LA BIÈRE

Si l'Alsace a des vignobles réputés, la bière est une boisson traditionnelle dans le Nord et l'Est. Le marché est dominé par quelques grandes brasseries qui produisent des bières standardisées.

Savenne

Krönenbourg

Bière de Garde

Les régions viticoles : la Champagne

Symbole de la fête et du luxe depuis, que, selon la légende, le moine dom Pierre Pérignon l'inventa au XVIIᵉ siècle, le champagne, contrairement aux autres appellations, est rarement millésimé (à l'exception des très bonnes années). En effet, un assemblage de cépages et de cuvées donne en général les meilleures bouteilles. Les grandes marques, très prestigieuses, font les prix. Cependant, un grand bon nombre de petits producteurs produisent d'excellents champagnes et les efforts entrepris pour les découvrir seront récompensés.

Fût sculpté, Épernay

Château champenois et son vignoble

LE VIGNOBLE
Le vignoble s'étend sur 34 000 ha situés surtout dans la Marne. Les crus, par leurs caractéristiques complémentaires, apportent chacun leurs atouts dans les assemblages. Outre des effervescents, l'Aube produit des vins « tranquilles », blancs et rosés, les Riceys.

CE QU'IL FAUT SAVOIR SUR LE CHAMPAGNE

 Sols et climat
Climat tempéré et sols calcaires font la finesse du champagne. Des coteaux calcaires orientés parfois à l'est et au nord lui donnent l'acidité nécessaire avant l'ajout de la liqueur de dosage qui décidera de sa douceur.

 Cépages
Trois variétés, deux rouges, le **pinot noir** et le **pinot meunier**, et une blanche, le **chardonnay,** servent à l'élaboration de tous les champagnes sauf à celle du blanc de blancs où n'entre que du chardonnay et à celle du blanc de noirs.

 Quelques producteurs réputés
Grandes marques : Bollinger, Krug, Louis Roederer, Pol Roger, Deutz, Billecart-Salmon, Veuve Clicquot, Charles Heidsieck, Taittinger, Ruinart, Laurent Perrier, Moët et Chandon.
Négociants, coopératives et exploitants : Boizel, Bricout, Drappier, Ployez-Jacquemart, Union Champagne, Cattier, Gimmonet, André Jacquart, Chartogne-Taillet, Alfred Gratien, Émile Hamm, Vilmart, M. Arnould, H. Blin, B. Paillard, P. Gerbais.

Bons millésimes
2003, 2000, 1998, 1996, 1990, 1989.

Le champagne brut est moins dosé que le sec, lui-même moins dosé que le demi-sec, alors que le brut sauvage, ou brut zéro, est non dosé.

LÉGENDE
- Appellation champagne
- Vallée de la Marne
- Montagne de Reims
- Côte de Sézanne
- Côte des Blancs
- Aube

0   15 km

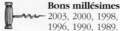

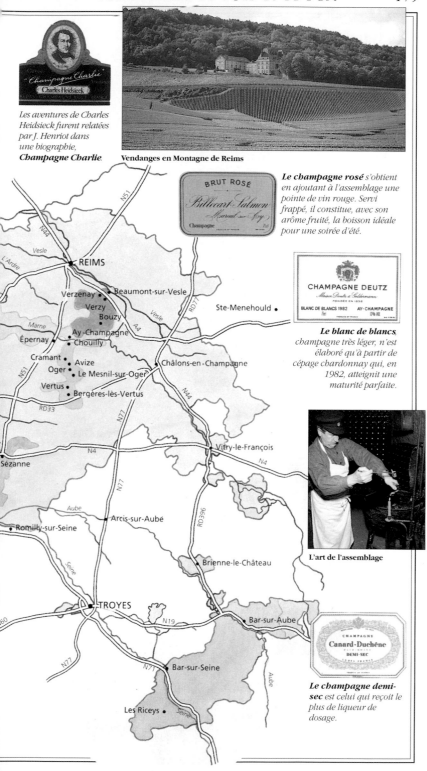

Les aventures de Charles Heidsieck furent relatées par J. Henriot dans une biographie, **Champagne Charlie**.

Vendanges en Montagne de Reims

Le champagne rosé s'obtient en ajoutant à l'assemblage une pointe de vin rouge. Servi frappé, il constitue, avec son arôme fruité, la boisson idéale pour une soirée d'été.

Le blanc de blancs, champagne très léger, n'est élaboré qu'à partir de cépage chardonnay qui, en 1982, atteignit une maturité parfaite.

L'art de l'assemblage

Le champagne demi-sec est celui qui reçoit le plus de liqueur de dosage.

La bataille de la Somme

Les nombreux cimetières qui parsèment le pays de Somme témoignent de l'effroyable massacre qui se déroula sur le front occidental pendant la Première Guerre mondiale. La bataille de la Somme, série d'attaques contre des positions allemandes par des troupes françaises et anglaises, détourna l'attention de Verdun où déferlait vague d'assaut sur vague d'assaut depuis le 21 février 1916. Mais les alliés ne progressèrent que d'environ 5 km. Entre le 1er juillet et le 21 novembre 1916, les forces alliées perdirent plus de 600 000 hommes et les Allemands au moins 465 000.

Un « Tommy », soldat anglais

CARTE DE SITUATION

▨ *Champ de bataille de la Somme*

Dans le parc mémorial de Beaumont-Hamel, la statue du caribou de bronze honore la mémoire du régiment terre-neuvien anéanti le premier jour de la bataille.

Le monument de Thiepval, dessiné par Sir Edwin Lutyens, domine un secteur où eurent lieu certains des plus âpres affrontements de la bataille. Ses 16 piliers portent les noms de 73 367 soldats anglais tués au combat et non identifiés.

Albert, presque entièrement détruit par l'artillerie allemande en 1916, est aujourd'hui le point de départ d'un circuit du souvenir. Une réplique de la célèbre « Vierge penchée », tombée le 16 avril 1918, surmonte sa basilique reconstruite.

Le trou de la Gloire, ou Lochnagar Crater, près de La Boisselle, ouvert le 1er juillet 1916 par une mine anglaise, est le plus grand du front occidental.

Le monument au Tank, sur la route d'Albert à Bapaume, commémore la première attaque menée par des blindés le 15 septembre 1916. Elle ne connut qu'un succès mitigé, mais ce furent pourtant les tanks qui finirent par décider du sort de la guerre.

La propagande balaya tout droit à l'information, ou même à l'opinion, dans les pays belligérants. Cette carte postale française, où un soldat meurt en embrassant le drapeau, est typique de l'esprit de sacrifice exalté par les chefs politiques et militaires.

Le mémorial sud-africain du bois Delville révèle l'importance des forces engagées par le Commonwealth dans la Somme.

MODE D'EMPLOI

D929, D938 depuis Albert. **[i]** *30, pl.de la République, Corbie.* **[c]** *03 22 96 95 76.* **Basilique d'Albert, parc mémorial de Beaumont-Hamel et monuments de Thiepval, La Boisselle, Pozières** ◯ *t.l.j.* **Tour de Belfast** ◯ *févr.-mars : mar.-dim. ; avr.-nov. : t.l.j.* **Mémorial sud-africain,** bois Delville Longueval. **[c]** *03 22 85 02 17.* ◯ *mars-nov. : mar.-dim.* ● *jours fériés.* **[&] Historial de la Grande Guerre,** Péronne (p. 189) **[c]** *03 22 83 14 18.* ◯ *oct.-avr. : mar.-dim. ; mai-sept. : t.l.j.* ● *mi-déc.-mi-janv.* [&] [✓] *sur r.-v.* Σ *www. bocages3vallees.com*

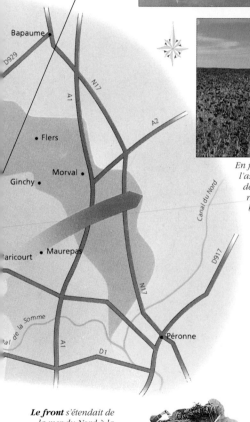

En juillet 1916, les soldats montèrent à l'assaut en traversant des champs parsemés de **coquelicots**. Ces fleurs simples rappellent aujourd'hui le souvenir des batailles de la Première Guerre mondiale.

LÉGENDE

■ Forces alliées

☐ Forces allemandes

☐ Ligne de front avant le 1er juillet 1916

▨ Avance du front de juillet à septembre 1916

■ Avance du front de septembre à novembre 1916

0   5 km

Le front s'étendait de la mer du Nord à la frontière suisse. Les tranchées préservées dans le parc mémorial de Beaumont-Hamel donnent un aperçu de l'horreur que vécurent les soldats qui s'y terraient.

NORD-PAS-DE-CALAIS ET PICARDIE

PAS-DE-CALAIS · NORD · SOMME · OISE · AISNE

Malgré son modernisme, la région la plus septentrionale de France porte l'empreinte des heures glorieuses ou dramatiques de son passé mouvementé : cathédrales aériennes, résidences royales et champs de bataille de la Première Guerre mondiale.

Entre l'estuaire de la Somme et la frontière belge, les dunes, les falaises et les longues plages de la Côte d'Opale séparent des ports aux vocations diverses : Le Touquet, élégante station balnéaire ; Boulogne, un des plus grands centres européens de la pêche ; Calais où se pressent les voyageurs pour l'Angleterre ; et Dunkerque, résolument industriel.

C'est à l'intérieur des terres du « plat pays » de Flandre, parcouru de canaux et parsemé de moulins à vent, que se trouve la capitale, Lille. Ses faubourgs modernes entourent un cœur historique très animé où le palais des Beaux-Arts abrite un musée d'une grande richesse. L'architecture flamande étend son influence jusqu'à Arras, en Artois, aux deux superbes places des XVIIᵉ et XVIIIᵉ siècles. Tristes souvenirs des massacres de la Première Guerre mondiale,

champs de bataille semés de coquelicots, monuments et cimetières jalonnent ensuite les paysages jusqu'en Picardie.

Verte et humide, cette région rurale fut un des grands foyers de développement du gothique, et à la splendeur de Notre-Dame d'Amiens répond celle des cathédrales de Beauvais, de Noyon, de Senlis ou encore de Laon, superbe petite ville perchée. Plus près de Paris, le château de Compiègne, édifié dans le style classique pour Louis XV en bordure d'une des plus belles forêts de France, a conservé les appartements grandioses aménagés pour Napoléon III. C'est Le Nôtre qui dessina le parc du château de Chantilly, ville phare de l'hippisme français, qui renferme, au musée Condé, une étonnante collection d'œuvres d'art rassemblée par le duc d'Aumale.

Cimetière militaire dans l'Artois marqué par la Première Guerre mondiale

◁ Catamarans sur la plage du Touquet-Paris-Plage

À la découverte du Nord-Pas-de-Calais et de la Picardie

Aux portes de l'Angleterre et de la Belgique, le Nord-Pas-de-Calais et la Picardie sont d'actives régions d'échanges. Tournée vers l'Europe, la ville de Lille, riche de son patrimoine culturel, a su orienter son développement vers les secteurs de pointe. Mais le calme de la nature n'est jamais bien loin. Parcourir la côte entre Boulogne et la baie de Somme est un excellent prélude à la détente, que seule l'agitation des oiseaux de mer pourrait troubler. À l'intérieur, l'itinéraire des cathédrales gothiques passe par Beauvais, Amiens ou Laon, tandis qu'un « circuit du souvenir » replongera le visiteur dans l'histoire des guerres du XXᵉ siècle. Plus au sud, les châteaux de Compiègne et Chantilly méritent une escapade hors du tracé de l'autoroute A1 qui mène à Paris.

LÉGENDE

▬▬	Autoroute
▬▬	Route principale
▬▬	Route secondaire
▬▬	Parcours pittoresque
~~	Cours d'eau
✿	Point de vue

0   25 km

Terrasse de café sur la Grand'Place d'Arras

LA RÉGION D'UN COUP D'ŒIL

La vallée de la Somme et ses méandres

CIRCULER

Les principales liaisons ferroviaires et routières desservent Paris et les ports du Channel, Boulogne et Calais, et le tunnel sous la Manche, à 3 km au sud de Calais. La nouvelle autoroute A16 a encore amélioré la desserte. L'autoroute A1 et le TGV permettent de rallier facilement Lille (la ville est desservie par de nombreux TGV et possède un aéroport) et la Belgique. Amiens dispose de nombreuses routes vers les villes importantes de la région et Paris. L'autoroute A26 de Calais à Troyes passe par Arras et Laon. Surnommée l'autoroute des Anglais, elle permet de descendre dans le sud de la France en évitant Paris.

Les coquelicots sont le symbole des champs de bataille de la Première Guerre mondiale

Plage du Touquet à marée basse

Le Touquet ❶

Pas-de-Calais. 🏘 6 500. 🎿 🚌
🛈 Palais de l'Europe (03 21 06 72 00).
🎪 jeu. et sam. (juin-mi-sept, : lun.).
🌐 www.letouquet.com

Créée au XIXᵉ siècle, la station balnéaire du Touquet-Paris-Plage est un lieu de villégiature à la mode depuis l'entre-deux-guerres. La haute bourgeoisie a construit de luxueuses villas dans la forêt de pins et de bouleaux plantée en 1855. À l'ouest, hôtels, restaurants, boutiques et casinos bordent une longue plage de sable. Le Touquet propose toute l'année de nombreuses animations et les sportifs peuvent y pratiquer plus de 40 activités : golf, équitation, char à voile, etc.

À quelques kilomètres à l'intérieur des terres, la petite ville de **Montreuil-sur-Mer** a conservé ses fortifications, en particulier les tours édifiées par Philippe Auguste et la citadelle remaniée par Vauban au XVIIᵉ siècle.

Boulogne-sur-Mer ❷

Pas-de-Calais. 🏘 45 000. 🚌 🚗 🛥
🛈 24, quai Gambetta (03 21 10 88 10). 🎪 mer. et sam. (pl. Dalton), dim. (pl. Vignon). 🌐 www.tourisme-boulognesurmer.com

Premier port de pêche français, Boulogne fut en partie reconstruite après la dernière guerre. Ses édifices religieux et administratifs, ainsi que le **château** des comtes de Boulogne,

transformé en musée, sont protégés par les remparts de la ville haute.

Coiffée d'une immense coupole, la **basilique Notre-Dame** (XIXᵉ siècle) renferme la copie d'une Vierge en bois miraculeuse, Notre-Dame de Boulogne, qui serait arrivée sur une barque au VIIᵉ siècle. La statue est portée à travers la ville le dernier dimanche d'août lors d'une procession. Sur la **place de la Résistance**, l'ensemble formé par le palais de justice (XIXᵉ siècle), l'hôtel de ville (XVIIIᵉ siècle) et la bibliothèque (XVIIᵉ siècle) contraste avec le beffroi médiéval (XIIᵉ-XIIIᵉ siècle), classé par l'Unesco.

Dans la basse ville, hôtels, boutiques et restaurants bordent le quai Gambetta, le long de la Liane, tandis qu'en front de mer, le Centre national de la mer, **Nausicaa**, propose une découverte de l'univers marin.

Érigée entre 1804 et 1841, la **colonne de la Grande Armée**, qui rappelle le projet d'invasion de l'Angleterre par Napoléon, offre depuis son sommet un panorama splendide, qui porte jusqu'aux côtes anglaises que l'on découvre du cap Gris-Nez et du cap Blanc-Nez.

🏰 **Château**
Rue de Bernet. 📞 03 21 10 02 20.
◯ mer.-lun. ● 1ᵉʳ janv., 1ᵉʳ mai et 25 déc. 🖼
🐟 **Nausicaa**
Bd Sainte-Beuve. 📞 03 21 30 99 99.
◯ t.l.j. ● 3 sem. en janv., 25 déc.
🖼 ♿

Calais ❸

Pas-de-Calais. 🏘 77 000. 🚉 🚗 🛥
🛈 12, bd Clemenceau (03 21 96 62 40). 🎪 mer., jeu. et sam.
🌐 www.calais-cotedopale.com

Presque totalement reconstruit après la Seconde Guerre mondiale, Calais doit à la proximité des côtes britanniques d'être le premier port de voyageurs français.

Outre une présentation de l'activité dentellière de la ville, le **musée des Beaux-Arts et de la Dentelle** possède une belle collection de sculptures des XIXᵉ et XXᵉ siècles. Parmi elles figurent des études réalisées par Auguste Rodin pour le monument aux

Le cap Blanc-Nez sur la Côte d'Opale

Les Bourgeois de Calais (1895) de Rodin

Bourgeois de Calais (1895). Cet hommage aux hommes qui, en 1347, offrirent leur vie à Édouard III pour sauver la cité, se dresse devant l'hôtel de ville, construit au début du siècle dans le style flamand. En face, dans le parc Saint-Pierre, le **musée de la Guerre** occupe un blockhaus datant de la Seconde Guerre mondiale.

🏛 **Musée des Beaux-Arts et de la Dentelle**
25, rue Richelieu. 📞 *03 21 46 48 40.* ◐ *mer.-lun.* ● *j. f.* ⚙

🏛 **Musée de la Guerre**
Parc Saint-Pierre. 📞 *03 21 34 21 57.* ◐ *mai.-sept : t.l.j., mi-fév.-avr. et oct.-mi-nov. : mer.-lun.* ⚙ &

Dunkerque ❹

Nord. 🚶 *210 000.* 🚉 🚌 ⛴
🛈 *Le Beffroi, rue Amiral-Ronarck (03 28 66 79 21).* ◐ *mer. et sam.* 🌐 *www.ot-dunkerque.fr*

L a place du Minck, où se tient le marché aux poissons, constitue le point de départ idéal pour visiter le port de Dunkerque, le 3ᵉ de France. Sur le quai de la Citadelle, le **Musée portuaire** illustre le destin maritime de la cité.

L'**église Saint-Éloi** abrite le tombeau du célèbre corsaire dunkerquois Jean Bart. Le beffroi (XVᵉ siècle), ancien clocher de l'église haut de 58 m et classé par l'Unesco, contient un carillon de 48 cloches.

Le **musée des Beaux-Arts** présente des peintures flamandes (XVIᵉ-XVIIᵉ siècles),

françaises et italiennes (du XVIIᵉ au XIXᵉ siècle), tandis que le **Musée d'Art Contemporain** expose céramiques et objets en verre.

🏛 **Musée portuaire**
9, quai de la Citadelle. 📞 *03 28 63 33 39.* ◐ *mer.-lun.* ● *1ᵉʳ janv., 1ᵉʳ mai, 25 déc.* 🌐 &

Le port de Dunkerque

🏛 **Musée des Beaux-Arts**
Place du Général-de-Gaulle.
📞 *03 28 59 21 65.* ◐ *mer.-lun.*
● *1ᵉʳ janv., 1ᵉʳ mai, 25 déc.* 🌐 & ⚙

🏛 **Musée d'Art Contemporain**
Av. des Bains. 📞 *03 28 59 21 65.*
◐ *mer.-lun.* ● *j. f.*

Saint-Omer ❺

Pas-de-Calais. 🚶 *15 400.* 🚉 🚌
🛈 *4, rue du Lion-d'Or (03 21 98 70 00).* ◐ *mer. et sam.* 🌐 *www.tourisme-saintomer.com*

S aint-Omer a échappé aux destructions de la guerre, et des hôtels particuliers des XVIIᵉ et XVIIIᵉ siècles bordent toujours ses rues, tel l'**hôtel Sandelin** (1777), transformé en musée. L'admirable **cathédrale Notre-Dame** (XIIIᵉ-XVIIᵉ siècle) abrite des œuvres d'art et un superbe grand orgue. La **bibliothèque** d'agglomération expose des manuscrits et des incunables de l'abbaye Saint-Bertin (XVᵉ siècle) dont subsistent des ruines à l'est de la ville.

La **Coupole**, installé dans un ancien bunker à 5 km de la ville, est un musée dédié à la Seconde Guerre mondiale et à la conquête spatiale.

🏛 **Hôtel Sandelin**
14, rue Carnot. 📞 *03 21 88 00 94.* ◐ *mer.-dim.* 🌐 &

🏛 **Bibliothèque**
40, rue Gambetta. 📞 *03 21 38 35 08.* ◐ *mar.-sam.* ● *j. f.*

🏛 **La Coupole**
📞 *03 21 12 27 27.* ◐ *t.l.j.* ● *2 sem. en janv.* 🌐 &

LES TRAVERSÉES DE LA MANCHE

Calais ne se trouvant qu'à 36 km au sud-est de la côte britannique, la traversée de la Manche dans sa partie la plus étroite a tenté bien des audacieux. Avant Blériot qui rallia le Royaume-Uni en avion en 1909, Jean-Pierre Blanchard fut le premier à franchir le bras de mer en ballon en 1785 et Matthew Webb le premier à effectuer le trajet à la nage en 1875. Dès 1751, on échafauda des projets pour passer par-dessous. Achevé en 1994, le tunnel sous la Manche assure des navettes ferroviaires entre Fréthun et Folkestone.

Enfants assistant au décollage de Blériot en 1909

Flandre maritime ➏

Nord. 5 000 Lille.
Bergues. place de la
République (03 28 68 71 06).

Avec ses ciels immenses,
ses cyclistes, ses moulins
à vent et ses étroits chenaux,
la plaine agricole qui s'étend
en bordure de littoral, autour
de Dunkerque, est l'archétype
du paysage flamand. Depuis
Hondschoote où se trouve le
Noordmeulen, sans doute le
plus ancien moulin d'Europe,
la D3 suit vers l'ouest le canal
de la Basse-Colme jusqu'à
Bergues, ville fortifiée dont le
Musée municipal présente
Le Veilleur au chien de
Georges de La Tour. Plus au
sud, **Cassel**, point culminant
des Flandres, offre sa
Grand'Place bordée de beaux
hôtels des XVIIe-XVIIIe siècles
et un jardin public d'où la
vue porte jusqu'en Belgique.

🏛 **Musée municipal**
1, rue de Mont-de-Piété, Bergues.
📞 *03 28 68 13 30.* ⭘ *mer.-lun.*
● *25 déc.-janv.*

Lille ➐

Nord. 220 000.
Palais Rihour (0891 56 20 04).
t.l.j. w www.lilletourisme.com

Capitale du Nord-Pas-de-
Calais, Lille est au cœur
d'une agglomération d'environ
un million d'habitants marquée
par l'influence flamande,

**Fleuristes sous les arcades de la
Vieille Bourse à Lille**

Musiciens sur la place Rihour, au cœur du vieux Lille

laquelle se retrouve dans son
patois régional, le « ch'ti ».
La ville a su pallier le déclin
de son activité industrielle
en se tournant vers le tertiaire,
développant, autour de sa gare
TGV Lille-Europe, un quartier
d'affaires ultramoderne baptisé
Euralille. Élue en 2004 Ville de
la Culture européenne, proche
de Paris et Londres grâce au
TGV-Nord et au tunnel sous la
Manche, Lille est aujourd'hui
un pôle européen majeur.

Le vieux Lille, plein de
charme avec ses étroites rues
pavées, gravite autour de la
place du Général-de-Gaulle,
appelée aussi Grand'Place,
cœur de la vie lilloise. Elle est
bordée par la **Vieille Bourse**
de style flamand (XVIIe siècle)
et le siège du journal *La Voix
du Nord* (1936). Sur la place
du Théâtre, l'**Opéra** et la
Nouvelle Bourse ont été
édifiés au début du XXe siècle.
Les cinq bastions de la belle
Citadelle de Vauban forment

une grande étoile autour
d'une place pentagonale.

🏥 **Hospice Comtesse**
32, rue de la Monnaie. 📞 *03 28 36
84 00.* ⭘ *mer.-dim.* ● *certains j. f.*
Témoin du passé flamand, cet
ancien hôpital fondé en 1237,
dont les bâtiments datent
pour la plupart des XVe et
XVIIe siècles, abrite aujourd'hui
un musée. La grande salle des
malades (1470) possède une
splendide voûte en berceau.
La cuisine est ornée de
carreaux en faïence de Lille.

🏛 **Musée des Beaux-Arts**
Pl. de la République. 📞 *03 20 06 78
00.* ⭘ *mer.-dim. et lun. a.-m.*
Ce musée, le plus riche de
France après le Louvre, abrite
une belle collection d'œuvres
flamandes (Rubens et Van
Dyck), de peintures françaises
du XIXe siècle et des chefs-
d'œuvre comme *Les Jeunes*
et *Les Vieilles* par Goya.

Arras  8

Pas-de-Calais. 👥 *45 000*. 🚋 🚌
🛈 *Hôtel de Ville, place des Héros
(03 21 51 26 95).* 🚤 *mer. et sam.*
Ⓦ *www.ot-arras.fr*

Au centre de la capitale de
l'Artois, ville terriblement
marquée par la Première
Guerre mondiale, se dresse
un ensemble architectural de
155 maisons de style flamand
des XVIIᵉ et XVIIIᵉ siècles.
Il s'ordonne autour de deux
places : la **Grand'Place**, qui
servait autrefois aux joutes
et aux tournois, et la **place
des Héros** sur laquelle se
tient un marché le samedi.
Reconstruites après la guerre,
elles diffèrent par certains
détails malgré une apparente
uniformité.

Sur la place des Héros se
dresse l'**hôtel de ville** de
style gothique flamboyant,
entièrement reconstruit
après 1918. Dans l'entrée
sont exposés Colas, Dédé
et Jacqueline, les géants
que l'on promène à
travers la ville lors des
fêtes. On peut accéder
par un ascenseur au
sommet du beffroi
classé par
l'Unesco, d'où la
vue est superbe,
ou suivre une
visite guidée dans
les « boves »,
labyrinthe de
carrières de craie
creusées à partir du
Xᵉ siècle qui servit
de cantonnement pendant la
Première Guerre mondiale.

L'ancienne abbaye St-Vaast,
dont l'église néo-classique est
devenue la cathédrale
d'Arras, abrite le **musée des
Beaux-Arts**. Ses collections
comprennent un bel ensemble
de sculptures médiévales –
notamment deux anges en
bois du XIIIᵉ siècle –, des
peintures du XVIᵉ au XIXᵉ siècle,
des tapisseries et la salle des
Mays consacrée à la peinture
religieuse du XVIIᵉ siècle.

🎫 **Hôtel de Ville**
Pl. des Héros. 📞 *03 21 51 26 95.*
🕐 *t.l.j.* 📷 *obligatoire pour les
« boves ».* ♿

🏛 **Musée des Beaux-Arts**
22, rue Paul-Doumer. 📞 *03 21 71 26 43.*
🕐 *mer.-lun.* ⚫ *j. f.* 📷

Vallée de la Somme 9

Somme. ✈ 🚋 🚌 *Amiens.*
🛈 *Péronne (03 22 84 42 38).*
Ⓦ *www.somme-tourisme.com*

Depuis Saint-Quentin
jusqu'à son estuaire, la
Somme fait office de guide
naturel à travers le nord
de la Picardie, région
marquée par les combats
(p. 180-181). L'**historial
de la Grande
Guerre**, à Péronne,
en propose
une analyse
intéressante
à partir
de films
d'archives,
d'affiches,
d'armes,
d'objets
et des œuvres implacables
d'Otto Dix. De Péronne à
Amiens *(p. 190),* étangs et
îles boisées créent un paysage

**Autel en bord de
route, vallée de la Somme**

Détail d'un relief (XVIᵉ siècle) de l'église Saint-Vulfran d'Abbeville

Canotage sur la Somme

très apprécié des campeurs,
des randonneurs et des
chasseurs. L'été, un petit train
relie Froissy et Dompierre.

À l'ouest d'Amiens, le
vaste parc archéologique
de **Samara** (Somme en
gaulois) propose des
reconstitutions d'habitats
préhistoriques, des jardins
botaniques et des expositions
sur les techniques primitives
et la vie quotidienne.

À une quarantaine de
kilomètres en aval, l'église
Saint-Vulfran d'Abbeville,
de style gothique flamboyant,
possède une façade ornée de
sculptures du XVIᵉ siècle. Autre
chef-d'œuvre de ce style,
l'**abbaye de Saint-Riquier**
justifie que l'on s'écarte du
cours de la Somme (environ
10 km d'Abbeville par la
D925). La rivière est ensuite
canalisée jusqu'à **Saint-Valéry-
sur-Somme**, petit port dont la
ville haute est fortifiée. La **baie
de Somme** est dominée par le
cap Hornu et un train reliant
Cayeux-sur-Mer au Crotoy
permet d'en faire le tour l'été.

Le **parc ornithologique
du Marquenterre**, au nord
de l'estuaire, et la maison
de l'Oiseau située sur la
D3 à 7 km de Saint-Valéry-
sur-Somme feront la joie
des amoureux de la nature.

🏛 **Historial de
la Grande Guerre**
Château de Péronne. 📞 *03 22 83 14
18.* 🕐 *avr.-oct. : t.l.j. ; nov.-mars :
mar.-dim.* ⚫ *mi-déc.-mi-janv.* 📷 ♿
🏛 **Samara**
La Chaussée-Tirancourt. 📞 *03 22 51 82
83.* 🕐 *mi-mars-mi-nov. : t.l.j.* 📷 ♿

Amiens ⑩

Somme. 🏛 *130 000.* 🚉 🚌
ℹ️ *6 bis, rue Dusevel (03 22 71 60 50).* 🍽 *mer. et sam.*
W *www.amiens.com*

L a visite d'Amiens ne saurait se limiter à celle de sa **cathédrale Notre-Dame** *(p. 192-193).* Les promeneurs découvriront en effet dans le quartier piéton St-Leu, bistrots, boutiques et restaurants au bord de canaux fleuris. En remontant le cours de la Somme, un patchwork coloré de jardins maraîchers, les **hortillonnages**, couvre les îlots au milieu du fleuve et se visite en barque.

Au sud de la ville se trouve le cirque inauguré en 1889 par Jules Verne (1828-1905). Son ancienne demeure, la **maison à la Tour**, est ouverte aux visiteurs.

Réputé pour sa collection des Puy d'Amiens, peintures sur bois des XVIe et XVIIe siècles, le musée de Picardie présente aussi un riche ensemble de sculptures, tandis qu'à l'hôtel de Berny (1634), le **musée de l'Hôtel de Berny** expose des meubles anciens et des objets d'art picards.

🏛 **Musée de Picardie**
48, rue de la République. **📞** *03 22 97 14 00.* 🕐 *mar.-dim.* ● *1er janv., 1er mai, 1er nov., 25 déc.* 📷 ♿
🏛 **Musée de l'Hôtel de Berny**
36, rue Victor-Hugo. **📞** *03 22 97 14 00.* 🕐 *Pâques-sept. : jeu.-dim. a-m. ; oct.-Pâques : dim. a.-m.* 📷 ♿

Le cadran, orné du Christ, est entouré des 12 apôtres.

Des automates illustrent des scènes du Jugement dernier.

Cadran donnant l'âge du monde

Cadran des solstices

L'horloge astronomique de la cathédrale de Beauvais

Beauvais ⑪

Oise. 🏛 *58 000.* ✈ 🚉 🚌
ℹ️ *1, rue Beauregard (03 44 15 30 30).* 🍽 *mer. et sam.*

P resque entièrement reconstruite après les bombardements de la Seconde Guerre mondiale, Beauvais étend des quartiers modernes autour d'un joyau miraculeusement préservé, la **cathédrale Saint-Pierre**.

Entrepris dès 1225 et jamais terminé, ce sanctuaire témoigne de l'ambition qui animait les architectes gothiques puisque l'édifice se devait de dépasser tous ses prédécesseurs. Mais les voûtes du chœur, qui atteignent 48 m de hauteur, s'affaissèrent deux fois. La croisée du transept céda elle aussi, en 1573, lorsqu'on voulut la surmonter d'une flèche. Notre-Dame-de-la-Basse-Œuvre, l'ancienne cathédrale carolingienne, a pu subsister en raison de cet inachèvement. Le résultat est un chef-d'œuvre aux superbes façades flamboyantes du transept et aux vitraux lumineux. Son horloge astronomique (1868), inspirée de celle de Strasbourg, se compose de 90 000 pièces.

Derrière le chevet, la **galerie nationale de la Tapisserie** entretient le souvenir de la manufacture de Beauvais fondée par Colbert au XVIIe siècle. Plus variée, l'étonnante collection du **musée départemental de l'Oise**, dans l'ancien palais épiscopal, comprend aussi

---

VIOLLET-LE-DUC

Viollet-le-Duc (1814-1879) fut le premier à défendre en 1854 dans son dictionnaire d'architecture le principe d'une fonction technique jouée dans l'équilibre des poussées au sein des édifices gothiques par des éléments considérés comme purement décoratifs. Il mena notamment les reconstructions du château de Pierrefonds, de Notre-Dame de Paris *(p. 82-83)* et de Carcassonne *(p. 478-479).*

Architectes médiévaux vus par Viollet-le-Duc

bien des œuvres médiévales que des créations Art nouveau ou contemporaines.

🏛 Musée départemental de l'Oise

Ancien palais épiscopal, 1, rue du Musée. **☎** *03 44 11 43 83.*
◐ *mer.-lun.* **●** *1ᵉʳ janv., Pâques, 1ᵉʳ mai, 9 juin, 25 déc.* 🖼 ♿

🏛 Galerie nationale de la Tapisserie

Rue Saint-Pierre. **☎** *03 44 15 39 10.*
◐ *mar.-dim.* 🖼 **●** *1ᵉʳ janv., 25 déc.*

Noyon ⑫

Oise. 🏘 *15 200.* 🚉 🚌 **ℹ** *place Bertrand-Labarre (03 44 44 21 88).*
🛒 *mer. et sam., 1ᵉʳ mar. du mois.*
🌐 *www.noyon.com/tourisme*

Cette petite ville industrielle est un très ancien centre religieux. Dominant la ville ancienne depuis le centre du quartier canonial et épiscopal, la **cathédrale Notre-Dame**, un des premiers chefs-d'œuvre de l'art gothique, a connu les sacres de Charlemagne et de Hugues Capet. La bibliothèque du chapitre (1506) et l'ancien palais épiscopal, qui abrite le **musée du Noyonnais**, s'élèvent à proximité de l'édifice. Le **musée Jean-Calvin** occupe quant à lui la maison où naquit le célèbre théologien protestant en 1509.

🏛 Musée du Noyonnais

7, rue de l'Évêché. **☎** *03 44 09 43 41.* **◐** *mer.-lun.* **●** *certains j. f.* 🖼

🏛 Musée Calvin

6, place Aristide-Briand. **☎** *03 44 44 03 59.* **◐** *mer.-lun.* **●** *1ᵉʳ janv., 11 nov., 25 déc.* 🖼

Nef de la cathédrale Notre-Dame, Noyon

Sentier en forêt de Compiègne

Compiègne ⑬

Oise. 🏘 *50 000.* 🚉 🚌 **ℹ** *pl. de l'Hôtel-de-Ville (03 44 40 01 00).* 🛒 *mer. et sam.* 🌐 *www.compiegne.fr*

Le beffroi du bel hôtel de ville gothique (xvIᵉ siècle) domine la cité où les Bourguignons capturèrent Jeanne d'Arc en 1430. Mais c'est à son **château** que Compiègne doit sa célébrité.

Dessiné pour Louis XV par Jacques Ange Gabriel, l'architecte de la place de la Concorde à Paris, achevé sous Louis XVI, restauré pendant le Premier Empire, puis résidence appréciée de Napoléon III et de l'impératrice Eugénie, l'édifice a conservé des appartements historiques. La visite permet de découvrir, notamment, les somptueuses chambres à coucher de Napoléon et de Marie-Louise.

Il abrite en outre le **musée du Second Empire**, riche en mobilier et souvenirs restés au château après 1870, et la superbe collection de véhicules anciens du **musée national de la Voiture**.

Au sud et à l'est de la ville, la **forêt de Compiègne**, ancienne réserve de chasse royale, étend jusqu'à Pierrefonds plus de 15 000 hectares de futaie percée d'allées. L'allée des Beaux-Monts, ouverte par Napoléon pour Marie-Louise, offre une belle perspective du château. De l'autre côté de la N31 se trouve la clairière où le maréchal Foch signa, dans un wagon, l'armistice

de 1918. Hitler exigea que la signature de la reddition du 22 juin 1940 ait lieu dans le même wagon, au même endroit. Dans la clairière restaurée, une copie le remplace aujourd'hui et fait office de musée.

♣ Château de Compiègne

Place du Général-de-Gaulle.
☎ *03 44 38 47 00.* **◐** *mer.-lun.*
● *1ᵉʳ janv., 1ᵉʳ mai, 1ᵉʳ et 11 nov., 25 déc.* 🖼 📷 ♿

🏛 Wagon de l'Armistice

Clairière de l'Armistice.
☎ *03 44 85 14 18.* **◐** *mer.- lun.*
● *1ᵉʳ janv.* 🖼 ♿

Château de Pierrefonds

Château de Pierrefonds ⑭

Oise. **☎** *03 44 42 72 72.*
◐ *mai-août : t.l.j. ; sept.-avr. : mar.-dim.* **●** *1ᵉʳ janv., 1ᵉʳ mai, 25 déc.* 🖼 📷 **Concerts.**

L'imposante forteresse qu'édifia Louis d'Orléans au xIVᵉ siècle au-dessus du village de Pierrefonds n'était plus que ruines quand Napoléon Iᵉʳ l'acquit en 1813 pour moins de 3 000 francs.

Napoléon III en commanda la restauration à Viollet-le-Duc en 1857 et, en 1884, l'édifice avait retrouvé son enceinte pentagonale ponctuée de huit tours et dominée par un donjon. Si l'extérieur offre une bonne image de l'architecture défensive médiévale, l'intérieur témoigne plutôt du romantisme de son architecte.

À une vingtaine de km au sud, l'**église de Morienval**, fondée selon la tradition par Dagobert, possède un remarquable chevet roman et de superbes chapiteaux.

Cathédrale d'Amiens

La construction de cette cathédrale, la plus grande de France, commence en 1220, grâce aux dons de la population enrichie par le négoce de la guède, plante utilisée en teinturerie. Destinée à abriter le crâne supposé de saint Jean-Baptiste, rapporté par les croisés en 1206, elle est presque achevée en 50 ans, ce qui lui confère une unité de style tout à fait unique : superficie, dimensions et volume se conjuguent en une indéniable perfection. Riche en outre d'une exceptionnelle décoration intérieure et extérieure, cette cathédrale modèle, restaurée vers 1850 par Viollet-le-Duc, a été miraculeusement épargnée par les deux guerres mondiales.

★ Façade occidentale
La galerie des Rois aligne 22 statues colossales sur toute la largeur de la façade. Rois de Juda ou simples symboles du pouvoir divin, l'interprétation reste incertaine.

Ange pleureur
Sculptée par Nicolas Blasset en 1628, cette statue du déambulatoire devint une image très répandue pendant la Grande Guerre.

Le portail de Saint-Firmin est orné de scènes relatant la vie et le martyre de saint Firmin, premier évêque d'Amiens.

Au soubassement, un zodiaque illustré de scènes de travaux des champs témoigne de la vie quotidienne au XIIIᵉ siècle.

Portail du Sauveur
Un Jugement dernier orne le tympan, au-dessus du trumeau où s'adosse le Beau Dieu.

À NE PAS MANQUER

★ Façade occidentale

★ Nef

★ 110 stalles

★ Clôtures du chœur

Tours
Deux tours d'inégale hauteur encadrent la façade occidentale. Le couronnement de la tour sud fut achevé en 1366, celui de la tour nord en 1402. La flèche est entièrement en bois recouvert de plomb.

MODE D'EMPLOI

Cathédrale Notre-Dame, pl. Notre-Dame. ☎ 03 22 80 03 41. ○ avr.-sept. : 8h30-18h30 ; oct.-mars : 8h30-17h30. ● der. dim. de sept., 1er janv. ✝ 9h t.l.j. ; 9h et 12h mer., 10h15, 11h30 et 18h dim. ⊡ ⊠

La grande rose
(XVIe siècle) est de style gothique tardif.

22 doubles arcs-boutants compensent la poussée des voûtes.

★ Nef
Avec ses voûtes de 42,5 m, soutenues par 126 piliers, et ses hautes verrières, elle séduit par sa hardiesse, son élégance, sa luminosité.

★ 110 stalles
Sculptées dans du chêne entre 1508 et 1522, elles comptent plus de 4 000 personnages illustrant des scènes bibliques ou de la vie quotidienne.

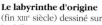

Le labyrinthe d'origine
(fin XIIIe siècle) dessiné sur le dallage constituait un pèlerinage symbolique que les fidèles parcouraient à genoux.

★ Clôtures du chœur
Ce chef-d'œuvre (1488-1531) de la sculpture flamboyante illustre les vies des saints Firmin et Jean-Baptiste.

Senlis 🅕

Oise. 🏠 *17 000.* 🚉 ℹ️ *place du
Parvis-Notre-Dame (03 44 53 06 40).*
🅐 *mar. et ven.* Ⓦ *www.ville-senlis.fr*

À l'intérieur de sa double
enceinte, Senlis, ancienne
cité agricole gallo-romaine, a
conservé une vieille ville aux
ruelles pleines de caractère,
dominée par la flèche
(XIIIᵉ siècle) délicatement
ajourée de la **cathédrale
Notre-Dame**. La construction
du sanctuaire débuta dans la
deuxième moitié du XIIᵉ siècle.
Son portail ouest, de la même
époque, comporte la plus
ancienne représentation
sculptée du Couronnement
de la Vierge ; celle-ci a inspiré
un certain nombre d'autres
portails. La sobriété de ces
parties contraste avec les
façades flamboyantes du
transept, qui datent quant à
elles du XVIᵉ siècle.
　Dans le parc abritant les
vestiges du château royal,
le **musée de la Vénerie**, avec
ses collections de peintures, de
trophées et d'armes de chasse,
occupe un ancien prieuré.
　Situé dans l'ancien palais
épiscopal, le **musée d'Art**
est voué à l'archéologie
gallo-romaine, à la sculpture
médiévale et à la peinture.

🏛 **Musée de la Vénerie**
Château royal, pl. du Parvis-Notre-Dame.
📞 *03 44 32 00 83.* ⏰ *mer. a.-m.-lun.*
⛔ *1ᵉʳ janv., 1ᵉʳ mai, 25 déc.* 🈺
🏛 **Musée d'Art
et d'Archéologie**
Palais épiscopal, 2, pl. Notre-Dame.
📞 *03 44 32 00 81.* ⏰ *mer. a.-m.-lun.*
⛔ *1ᵉʳ jan., 1ᵉʳ mai, 25 déc.* 🈺

Les Très Riches Heures du duc de Berry, à Chantilly

Chantilly 🅰🅖

Oise. 🏠 *12 500.* 🚉 🚉
ℹ️ *60, av. du Maréchal-Joffre
(03 44 67 37 37).* 🅐 *mer. et sam.*
Ⓦ *www.chantilly-tourisme.com*

À 40 km au nord de Paris,
Chantilly se distingue
surtout par sa vocation
équestre, sa forêt et son
château. Celui-ci, dont les
origines remontent à l'époque
gallo-romaine, commença
à prendre sa forme actuelle
en 1528, quand Anne de
Montmorency, connétable
de France, fit reconstruire
l'ancienne forteresse et la
compléta du petit château,
seul bâtiment de cette époque
subsistant aujourd'hui.
　Le grand château ne
survécut pas à la Révolution.
Le duc d'Aumale le fit
reconstruire au XIXᵉ siècle

LES COURSES DE CHANTILLY

Le prince Louis Henri de Bourbon ne chercha pas à lésiner
quand il commanda les grandes écuries de Chantilly :
il était persuadé qu'il se réincarnerait en cheval. Bien que la
haute société française n'ait jamais perdu cette passion des
pur-sang, ce sont des lords anglais qui fondèrent
l'hippodrome au début du siècle dernier et organisèrent la
première rencontre en 1834. Aujourd'hui, près de
3 000 chevaux s'entraînent dans les bois et les prés de
Chantilly, devenue la capitale du hippisme hexagonal, et, à
chaque printemps, deux trophées prestigieux, le prix du
Jockey-Club et celui de Diane-Hermès, mettent en compétition
sur le champ de courses les chevaux les plus rapides du
monde et les élégantes les plus chic du gotha parisien.

Prix Équipage de Hermès, l'une des courses prestigieuses de Chantilly

dans le style Renaissance pour y abriter ses collections d'art. Le **musée Condé** les expose aujourd'hui, dans l'ordre très subjectif qui plaisait à leur propriétaire. Outre le célèbre manuscrit des *Très Riches Heures du duc de Berry* (une copie pour les visiteurs), elles comprennent également de superbes enluminures, des tableaux de grands maîtres italiens (Raphaël, Botticelli, ou encore F. Lippi) et français (cabinet des Clouet).

Demeures princières, le petit et le grand châteaux n'égalent pourtant pas au splendeur les **écuries** édifiées par Jean Aubert à partir de 1721, qui pouvaient accueillir 240 chevaux et 500 chiens. Elles abritent désormais le **musée vivant du Cheval** qui retrace l'histoire de la plus noble conquête de l'homme et propose des représentations équestres.

Astérix et des amis, parc Astérix

Le vaste parc, dessiné par Le Nôtre pour le prince de Condé (1621-1686), possède de splendides jeux d'eau qui inspirèrent ceux de Versailles (p. 164-167). Il peut se visiter aujourd'hui soit à pied, soit dans un petit train (d'avril à octobre), soit encore en bateau électrique sur le Grand Canal.

🏛 **Musée Condé**
Château de Chantilly.
📞 03 44 62 62 62. ☐ mer.-lun. ⌇
🐎 **Musée vivant du Cheval**
Grandes écuries du prince de Condé, Chantilly. 📞 03 44 57 40 40. ☐ mai-août : t.l.j. ; sept.-avr. : mer.-lun. ⌇ ♿

Parc Astérix ⓱

Plailly. 📞 0826 30 10 40. ☐ avr.-août : t.l.j. ; sept.-mi-oct. : mer. et w.-e. ● mai-juin : certains jeu. et ven. ⌇ ♿ 🌐 www.parcasterix.fr

À quelques km au nord de l'aéroport Roissy-Charles-de-Gaulle, par l'autoroute A1, s'étend le parc Astérix. Avec ses décors superbes et ses attractions gigantesques, il est conçu pour que les visiteurs retrouvent l'ambiance, l'humour et les héros de la bande dessinée de Goscinny et Uderzo et découvrent de manière ludique l'histoire de France. Ils peuvent déjouer les complots de la Rome antique, défier la vitesse dans une descente vertigineuse et tourbillonante au fil de l'eau dans « Menhir Express » ou remonter les siècles en flânant dans la « rue de Paris ». Les visiteurs les plus téméraires emrunteront le « Goudurix » et surtout le « Tonnerre de Zeus », la plus grande montagne russe en bois d'Europe, qui propulse ses wagonnets à 80 km/h dans un vacarme assourdissant. De nouvelles attractions sont habituellement mises en place chaque année.

Laon ⓲

Aisne. 🏘 27 000. 🚊 🚌
ℹ pl. Gauthier-de- Mortagne (03 23 20 28 62). ☐ mer., jeu. et sam.
🌐 www.ville-laon.fr

Campée sur une étroite colline dominant la plaine champenoise, la vieille ville du chef-lieu de l'Aisne offre un spectacle magnifique. Son

La rue Châtelaine, artère piétonne et commerçante de Laon

La rosace du XIIIe siècle de la cathédrale Notre-Dame, à Laon

mini-métro automatisé de 1989, le Poma 2000, permet d'y accéder depuis la gare située dans la ville basse.

La rue Châtelaine, piétonne, mène jusqu'à la **cathédrale Notre-Dame**, chef-d'œuvre du premier gothique bâtie au XIIe siècle et modifiée un siècle plus tard. Encadrant la façade occidentale, les deux tours sont ornées de grands bœufs de pierre rendant hommage aux animaux qui hissèrent jusqu'au chantier les matériaux nécessaires à sa construction. Les porches profonds ouvrent sur une nef à onze travées. Le chevet est orné de superbes vitraux du XIIIe siècle (école de Laon-Soissons), dont une grande rosace consacrée à la glorification de l'Église.

Dans les ruelles alentour, les maisons ont gardé clochetons, échauguettes et fenêtres à meneaux. Au bord du plateau, la **citadelle** du XVIe siècle surveille toujours l'est, mais les remparts conduisent également, après les trois portes d'Ardon, de Soissons et des Chenizelles, à l'**église Saint-Martin**, une ancienne abbatiale contemporaine de la cathédrale, à l'architecture très dépouillée et plusieurs fois remaniée.

Au sud de Laon, cimetières et mémoriaux jalonnent le **Chemin des Dames**, une ligne de crête, qui doit son nom aux filles de Louis XV qui l'empruntaient souvent. Elle fut le théâtre d'affrontements qui se soldèrent en 1917 par des pertes humaines terribles.

CHAMPAGNE ET ARDENNES

MARNE · ARDENNES · AUBE · HAUTE-MARNE

Champagne ! Le mot évoque le vin, bien sûr, et des vignobles en coteaux. Mais de la région des lacs, à l'est, aux forêts des monts d'Ardennes, au nord, en passant par les tableaux abstraits que dessinent les champs des plaines crayeuses, c'est dans une grande variété de paysages que viennent s'insérer des chefs-d'œuvre d'architecture tels que la cathédrale de Reims.

Intégrée de bonne heure (1284) dans le royaume de France, la Champagne est restée une terre de rencontres et de passages. Ainsi, au XIIIᵉ siècle, ses foires rythmaient la vie économique de l'Europe et assuraient une prospérité dont témoignent les cathédrales de Reims ou de Troyes. La beauté de celles-ci ne doit pourtant pas conduire à négliger le charme des églises rurales à pans de bois, souvent ornées elles aussi de superbes vitraux.

Les vignobles ne couvrent pas toute la région, loin de là ; ils n'occupent même pour l'essentiel que le « triangle sacré » formé par Reims, Épernay et Châlons-en-Champagne, si bien que la Route du champagne débouche rapidement sur la Champagne pouil-

leuse, aujourd'hui plus fertile, où les parcelles plantées de céréales, de pavot, de chou ou de colza composent des mosaïques polychromes sous des ciels sans limites. Cette plaine crayeuse fait elle-même place, à l'est, à la région des lacs et de la forêt d'Orient.

Au nord, près de la frontière belge, s'élèvent les Ardennes aux pentes boisées, massif ancien de grès et de schistes ; ses jambons, réputés, viennent rejoindre sur les tables champenoises les truites farcies et les andouillettes grillées. La vallée de la Meuse y creuse un profond sillon. Les blindés de la Wehrmacht l'empruntèrent lors de l'invasion de 1940, puis de nouveau en 1944.

Église champenoise à pans de bois, lac du Der-Chantecoq

◁ **Cathédrale Saint-Étienne, Châlons-en-Champagne**

À la découverte de la Champagne et des Ardennes

L e « triangle sacré » et sa production pétillante
attirent au premier chef la plupart des visiteurs, mais
ceux-ci auraient tort de passer à côté des merveilles
architecturales de la région – notamment l'extraordinaire
cathédrale de Reims –, ou de la beauté sauvage du massif
des Ardennes et de la vallée qu'y a creusée la Meuse.
Accessible aux plaisanciers, le canal des Ardennes relie son
cours à celui de l'Aisne près de Rethel. Pleine de charme,
Troyes constituera une excellente base pour partir explorer
la région et en particulier le parc de l'Orient et sa réserve
ornithologique.

Pêche à Montier-en-Der près du lac du Der-Chantecoq

CIRCULER

Le trajet en train depuis la capitale
prend environ une heure et demie.
En voiture, l'autoroute A 4 dessert
Reims et Châlons-en-Champagne,
avant de poursuivre vers l'Alsace,
tandis que l'A 26 relie Troyes
à Dijon, puis à la vallée du Rhône.
Depuis Reims, la « Route
du champagne », balisée,
invite à la flânerie à travers
les vignobles.

Vers Bru
ROC
N43

D946

Aisne RETHE

Vers Saint-
Quentin
Amiens

A26

N51

N31

N44

1

REIMS R

PARC NATUREL
RÉGIONAL DE LA
MONTAGNE DE REIMS

N4

2

ÉPERNAY

CHÂLON
EN-CHAMPAG

RD33

RD375

N4

N4

RD51

Vers
Provins

Aube

D441

D951

Seine

N77

N26

TROYES

10

N7

D444

Le moulin à vent de Verzenay a vue sur le vignoble champenois

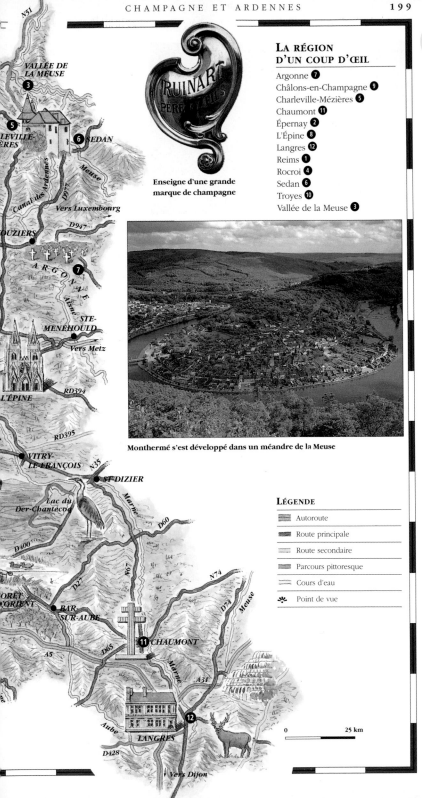

RUINART
PÈRE & FILS

Enseigne d'une grande
marque de champagne

LA RÉGION
D'UN COUP D'ŒIL

Argonne **7**
Châlons-en-Champagne **9**
Charleville-Mézières **5**
Chaumont **11**
Épernay **2**
L'Épine **8**
Langres **12**
Reims **1**
Rocroi **4**
Sedan **6**
Troyes **10**
Vallée de la Meuse **3**

Monthermé s'est développé dans un méandre de la Meuse

LÉGENDE

Autoroute

Route principale

Route secondaire

Parcours pittoresque

Cours d'eau

Point de vue

N51
VALLÉE DE
LA MEUSE **3**
5
LEVILLE-
ÈRES
6 SEDAN
Meuse
D77
Canal des Ardennes
Vers Luxembourg
D947
OUZIERS
A R G O N N E **7**
Aisne
STE-
MENÉHOULD
Vers Metz
RD394
L'ÉPINE
RD395
VITRY-
LE-FRANÇOIS
N35
ST-DIZIER
Lac du
Der-Chantecoq
Marne
D60
D400
N67
N74
D27
Meuse
D78
ORÊT-
ORIENT
BAR-
SUR-AUBE
D65
11 CHAUMONT
A5
Marne
A31
12
LANGRES
Aube
D428
Vers Dijon

0   25 km

Reliquaire doré (1896) du corps de saint Rémi, basilique Saint-Rémi

Reims ❶

Marne. 🏙 *200 000.* ✈ 🚉 🚌
🛈 *2, rue Guillaume-de-Machault
(03 26 77 45 00).* 🌙 *t.l.j.*
🌐 *www.reims-tourisme.fr*

L a France est née deux fois,
pourrait-on dire, à Reims.
En 498, tout d'abord, quand
Clovis y fut baptisé ; puis le
17 juillet 1429, lorsque Jeanne
d'Arc fit sacrer Charles VII
dans la **cathédrale Notre-
Dame** *(p. 202-203)*, imposant
ainsi un Français à la tête
d'un royaume alors livré à
l'Angleterre. Car depuis le
XIᵉ siècle, les rois de France
étaient traditionnellement
sacrés à Reims.

Les bombardements de la
Première Guerre mondiale
ont lourdement endommagé
la cité champenoise. De la
période gallo-romaine ne
subsistent aujourd'hui que
le **cryptoportique**, partie de
l'ancien forum antique, et la
porte de Mars, majestueux
arc de triomphe. Non loin,
au **musée de la Reddition**,
fut signée la capitulation
allemande en 1945.

Dans le centre-ville, le
musée des Beaux-Arts
présente une superbe
collection de peintures
allant du XVᵉ au
XXᵉ siècle, dont treize
portraits uniques au
monde par Cranach
l'Ancien et Cranach le
Jeune, et 26 paysages de
Corot. Sur la place du Forum,
le **musée-hôtel Le Vergeur**
(XIIIᵉ siècle) abrite les suites
intégrales de la *Grande
Passion* et de *L'Apocalypse*
d'Albrecht Dürer.

🚹 Ancien collège des Jésuites - Planétarium
1, pl. Museux. 📞 *03 26 85 51 50*
⬤ *en renovation jusqu'en 2008-2009.*
Planétarium *Séances w.-e. et vac.
scol. 14h45, 15h30 et 16h45.* 🚫 📷
Cet établissement, dont la
fondation fut autorisée en

1606, a par la suite abrité
un hospice jusqu'en 1976.
La visite permet de découvrir
les magnifiques boiseries
(XVIIᵉ siècle) du réfectoire
ainsi que la cuisine.
Un escalier à double volée
d'inspiration Renaissance
mène à la bibliothèque,
remarquable par sa voûte
en carène renversée.

Installé dans l'ancien collège
depuis 1979, le planétarium
peut présenter le ciel de
n'importe quel point de la
terre à n'importe quelle date.

🚹 Basilique Saint-Rémi
Pl. Saint-Rémi. 🌙 *t.l.j.* ♿
Classée au patrimoine
mondial par l'Unesco,
cette abbatiale bénédictine
d'origine carolingienne est
dédiée à saint Rémi mort en
533. L'intérieur est sombre
mais s'éclaire au niveau du

La porte de Mars rappelle le passé gallo-romain de Reims

LA MÉTHODE CHAMPENOISE

Pour acquérir son effervescence caractéristique, le champagne
a besoin de deux fermentations.
• **La première fermentation**, après un pressurage soigné
de raisins égrappés, se déroule à une température de 20-22°
dans des cuves en inox ou, pour respecter la tradition, dans
des fûts en chêne. Le jus est ensuite entreposé à plus basse
température jusqu'à complet éclaircissement,
avant assemblage avec des cuvées de
plusieurs années (sauf crus millésimés).
Avant la mise en bouteille, on ajoute
une goutte de liqueur de tirage, sucre
et levures dilués dans un peu de vin.
• **La seconde fermentation** a
lieu en cave dans les bouteilles
conservées tête en bas au moins
un an. Les levures transforment
le sucre en alcool et en dioxyde
de carbone (les bulles), mais forment
un dépôt que le remuage, quart de tour
donné tous les jours à la bouteille, fait glisser
jusqu'au goulot d'où l'extraira le dégorgement.
Avant le dernier bouchonnage, l'apport d'une
pointe de sucre, la liqueur d'expédition,
décidera de la douceur du cru.

Champagne
Mumm de
Reims

chœur (XIIᵉ siècle), le premier exemple de style ogival champenois.

🏛 Musée-abbaye Saint-Rémi

53, rue Simon. **📞** *03 26 85 23 36.* **🕐** *t.l.j. a.-m.* **●** *1ᵉʳ janv., 1ᵉʳ mai, 14 juil., 1ᵉʳ et 11 nov., 25 déc.* 🖼

Également classé par l'Unesco, le musée attenant à la basilique permet de découvrir le cloître remanié au XVIIIᵉ siècle et la salle capitulaire gothique. Il abrite des sections d'archéologie gallo-romaine et médiévale, les tapisseries de saint Rémi (XVIᵉ siècle) et une riche collection d'armes.

Épernay ❷

Marne. 🏛 *28 000.* 🚏 **ℹ** *7, av. de Champagne (03 26 53 33 00).* 📧 *mer. et sam.* **W** *www.epernay.net*

Au cœur des vignobles, cette petite cité ne possède pas de monument historique majeur hormis les splendides vitraux Renaissance illuminant l'église Notre-Dame néo-gothique... du moins au-dessus du sol. Épernay vit en effet sur une mine d'or liquide : elle est la capitale du champagne et, sous ses rues, s'étendent 100 km de caves creusées dans la craie.

Statue de dom Pérignon chez Moët

Là, le champagne acquiert patiemment l'effervescence qui l'a rendu célèbre. Les caves les plus vastes, celles de **Moët et Chandon**, maison fondée en 1743, comptent 28 km de galeries, dont seule une partie se visite.

Située elle aussi sur la prestigieuse avenue de Champagne, la marque **Mercier** ouvre également les siennes. Elle a même installé un train guidé au laser pour en faciliter la découverte. Le hall d'accueil expose le foudre géant d'une contenance de 200 000 bouteilles fabriqué pour l'Exposition universelle de 1889.

Moins connu que les deux premiers, **De Castellane** offre une visite et une dégustation plus personnalisées, ainsi qu'un **musée de la Tradition champenoise et de l'Imprimerie.**

🍷 Moët et Chandon

18, av. de Champagne. **📞** *03 26 51 20 20.* **🕐** *mi-mars-mi-nov. : t.l.j. ; mi-nov.-mars : lun.-ven.* **●** *j. f.* 🖼 **🎫** *obligatoire.* **W** *www.moet.com*

🍷 Mercier

70, av. de Champagne. **📞** *03 26 51 22 22.* **🕐** *mi-mars-mi-nov. : t.l.j. ; mi-nov.-mi-mars : jeu.-lun.* **🎫** *obligatoire.* **♿** **W** *www.champagnemercier.com*

🍷 De Castellane

57, rue de Verdun. **📞** *03 26 51 19 11.* **🕐** *Pâques-déc. : t.l.j.* 🖼

Le dégorgement se fait en plongeant le goulot de la bouteille dans une saumure si froide qu'elle glace le dépôt de levures.

La publicité pour le champagne a de tout temps joué sur la séduction.

Une fois le dépôt enlevé les bouteilles, entreposées couchées, vieillissent pendant plusieurs années.

Cathédrale de Reims

C hef-d'œuvre d'équilibre, de lumière et de légèreté, la cathédrale gothique Notre-Dame de Reims, élevée en un siècle à partir de 1211, se dresse sur un site où les sanctuaires chrétiens se sont succédé depuis 401. Tous les héritiers du trône, jusqu'à Charles X en 1825, sont venus s'y agenouiller pour leur sacre, le plus célèbre étant celui de Charles VII, en 1429, du fait de la personnalité de Jeanne d'Arc.

Si la cathédrale n'a guère souffert de la Révolution, elle a en revanche été gravement endommagée par les obus de la guerre de 1914-1918. Après plusieurs campagnes de restauration, la cathédrale de Reims a été classée au Patrimoine mondial par l'Unesco en 1991.

Nef
Plus haute que celle de Chartres (p. 298-301), la voûte repose sur des chapiteaux sculptés d'élégants motifs végétaux.

★ Grande rose
Inscrit dans une fenêtre plus grande, comme souvent au XIIIe siècle, ce vitrail, figurant la Vierge entourée des apôtres et d'anges musiciens, s'embrase au couchant.

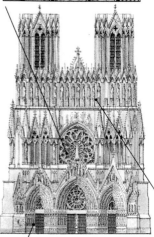

FAÇADE

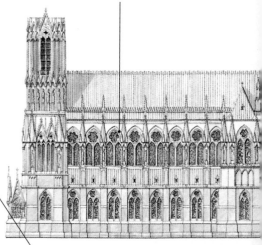

CÔTÉ SUD

★ Ange au sourire
La richesse de sa statuaire vaut à Notre-Dame de Reims le surnom de « cathédrale des anges ». Le plus célèbre, serein et énigmatique, orne le portail gauche.

★ Galerie des Rois
Comme à Amiens (p. 192-193), les effigies de rois surmontent les portails. Elles sont 56 à Reims, où 2 300 statues ornent l'édifice.

LE PALAIS DU TAU

Situé à proximité immédiate de la cathédrale, l'ancien palais de l'archevêque doit son nom à son plan en forme de T (*tau* en grec) inspiré de la crosse épiscopale. Les rois de France y séjournaient à l'occasion de la cérémonie du sacre. Malgré un important remaniement en 1690 par Mansart et Robert de Cotte, il a conservé une chapelle gothique et la grande salle du Tau (xve siècle) où avait lieu le banquet après le sacre. Ornée de tapisseries d'Arras, elle présente un superbe plafond à voûte en berceau. Le palais du Tau abrite aujourd'hui un musée constitué à partir du trésor et de statues provenant de la cathédrale, notamment

un Goliath, un Couronnement de la Vierge et une Synagogue aux yeux bandés. Ne manquez pas la tapisserie du xve siècle représentant le baptême de Clovis.

La salle du Tau où se tenaient les banquets royaux

MODE D'EMPLOI

Cathédrale Notre-Dame,
pl. du Cardinal-Luçon.
📞 03 26 47 55 34. ⬜ t.l.j. 7h30-19h30. ✝ dim. 9h30 et 11h.
📷 ♿ 🎧 sur r.-v.
Palais du Tau
📞 03 26 47 81 79. ⬜ mar.-dim.
⬤ 1er janv., 1er mai, 1er et 11 nov., 25 déc. 🎧

Au chevet, *les galeries sont ornées de statues d'animaux mythologiques.*

Les arcs-boutants qui soutiennent la nef surmontent les chapelles rayonnantes.

Transept

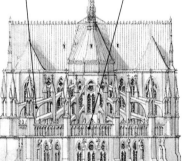

CHEVET

COUPE

Les fenêtres hautes sont découpées en plusieurs panneaux par des membrures.

Les pinacles sont ornés d'anges, gardiens symboliques de la cathédrale.

À NE PAS MANQUER

★ **Galerie des Rois**

★ **Ange au sourire**

★ **Grande rose**

Vitraux par Chagall
Marc Chagall (1887-1985) dessina les vitraux de la chapelle absidiale que réalisèrent des maîtres verriers locaux. Ils représentent la crucifixion et le sacrifice d'Isaac.

Sentier touristique des remparts de Rocroi

Vallée de la Meuse ❸

Ardennes. 🚋 *Revin.*
ℹ️ *Revin (03 24 40 19 59).*

L a Meuse, en creusant son cours dans les grès et les schistes des Ardennes, a sculpté de superbes sites, comme à **Revin**, petite ville industrielle nichée au creux de deux méandres de la rivière. La cité est dominée par le **mont Malgré-Tout**, où des sentiers conduisent jusqu'à un vaste et superbe panorama.

Bordant le fleuve de falaises déchiquetées à quelques km en amont, les **Dames de Meuse** offrent de leur sommet une vue impressionnante. Sur l'autre rive, une cascade tombe des roches de Laifour.

À **Monthermé**, vieille ville nichée dans un méandre *(p. 199)*, la Semoy vient se jeter dans la Meuse. Des bateaux permettent en été de remonter lentement la rivière.

À une dizaine de km de Charleville, les **rochers des Quatre-Fils-Aymon** évoquent par leur forme la silhouette des héros de chanson de geste fuyant Charlemagne sur leurs légendaires montures.

Rocroi ❹

Ardennes. 🚶 *2 600.* 🚗 🚋 *Revin.*
ℹ️ *14, pl. d'Armes (03 24 54 20 06).*
🛒 *mar. et 1er lun. du mois.*

C onstruites sous Henri II (1555), les fortifications de Rocroi encerclent un urbanisme étoilé unique en France. Au XVIIᵉ siècle, Vauban *(p. 216)* intégra la place forte dans son célèbre Pré-Carré. Un sentier touristique permet de faire le tour des remparts.

Charleville-Mézières ❺

Ardennes. 🚶 *58 000.* 🚗 🚗
ℹ️ *4, pl. Ducale (03 24 55 69 90).*
🛒 *mar., jeu. et sam.*
🌐 *www.mairie-charlevillemezieres.fr*

A ncienne citadelle médiévale aux belles maisons couvertes d'ardoises irrégulières, Mézières abrite la basilique **Notre-Dame-de-l'Espérance**, de style gothique flamboyant, dotée d'une verrière de 1 000 m². La ville a une histoire bien antérieure à Charleville, cité à laquelle elle est rattachée depuis 1966.

Charles de Gonzague créa en effet cette dernière de toutes pièces en 1606, la dotant, avec la **place Ducale**, d'un bel ensemble architectural de style Louis XIII, qui évoque la place des Vosges de Paris *(p. 87)*.

Le poète Arthur Rimbaud naquit tout près, au 12, rue Bérégovoy. Le Vieux Moulin, près duquel il composa *Le Bateau ivre*, abrite désormais le **musée Rimbaud**, tandis que la **Maison des Ailleurs**, qu'il occupa pendant son enfance, présente un parcours poétique des différents lieux où il passa son existence.

Sur la place Ducale, le **musée de l'Ardenne** évoque l'histoire de la région de l'âge du fer à l'ère industrielle.

🏛️ **Musée Rimbaud**
Quai Arthur-Rimbaud. 📞 *03 24 32 44 65.* 🕐 *mar.-dim.* ⚫ *certains j. f.*
🎫 *gratuit 1er dim. du mois.*
🏛️ **Maison des Ailleurs**
7, quai Arthur-Rimbaud. 📞 *03 24 32 44 65.* 🕐 *mar.-dim.* ⚫ *certains j. f.*
🎫 *gratuit 1er dim. du mois.*

Sedan ❻

Ardennes. 🚶 *23 000.* 🚗 🚗
ℹ️ *Château fort, place du Château (03 24 27 73 73).* 🛒 *mer. et sam.*
🌐 *www.sedan-bouillon.com*

S ur un rocher dominant la Meuse, le **château fort de Sedan** s'est constitué par étapes à partir du XVᵉ siècle. Ses 35 000 m² et ses sept étages de bastions et remparts en font le plus grand château fort d'Europe. Les maquettes et collections du **musée du Château**, dans l'aile sud, rendent compte de l'évolution de l'architecture défensive tout au long de la construction de la forteresse. On peut admirer entre autre l'ampleur des voûtes et des charpentes.

Arthur Rimbaud, né à Charleville en 1854

En 1871, ses formidables murailles n'empêchèrent pas 800 canons prussiens d'imposer la reddition de Napoléon III et le départ de 83 000 prisonniers pour l'Allemagne. Elles n'évitèrent pas non plus en 1940 la déroute de l'armée française devant la Wehrmacht. La ville aussi subit des dommages très importants pendant la guerre, mais elle conserve sur la place de la Halle et rue du Ménil de belles maisons du XVIIe siècle.

Ⅲ Musée du Château
1, pl. du Château. 📞 03 24 27 73 73. ⭘ avr.-août : t.l.j. ; sept.-mars : mar.-ven. : a.-m. seul. et w.-e. ● 25 déc., 1er janv. 🖼

Aux environs
Au sud de Sedan, la garnison du **fort de Vitry-la-Ferté,** élément isolé de la ligne Maginot, fut anéantie en 1940.

Cour à l'intérieur du château de Sedan

Gargouille de la basilique de Notre-Dame-de-l'Épine

Argonne ❼

Ardennes et Meuse. 🚉 *Sainte-Menehould.* 🚌 *Châlons.* ℹ *Sainte-Menehould (03 26 60 85 83).*

M assif boisé situé à l'est de Reims, l'Argonne servit longtemps de refuge aux moines contemplatifs. S'il ne subsiste de l'abbaye bénédictine de **Beaulieu-en-Argonne** qu'un superbe pressoir du XIIIe siècle, le village de Lachalade est toujours dominé par un ancien monastère cistercien. À quelques km au sud, **Les Islettes** fut au XVIIe siècle un bourg réputé pour son activité faïencière et verrière.

En raison de sa position stratégique, la région a été l'enjeu de nombreux combats meurtriers, comme le rappellent d'immenses cimetières et le monument de la **Butte de Vauquois**, village totalement détruit pendant la Grande Guerre.

L'Épine ❽

Marne. 🏘 *800.* 🚌 ℹ *Mairie (03 26 66 96 99).*

C hef-d'œuvre du gothique flamboyant (XVe siècle) élevé, selon la légende, à l'emplacement du buisson d'épines où des bergers auraient découvert la statue de la Vierge qu'abrite son gracieux jubé, l'immense **basilique Notre-Dame-de-l'Épine**, classée au patrimoine mondial de l'Unesco, se dresse toujours en pleine campagne.

Des rois de France vinrent s'agenouiller devant la sculpture miraculeuse de cet important centre de pèlerinage.

Tout autour de l'édifice, d'étonnantes gargouilles représentent les mauvaises pensées et péchés que la présence divine repousse vers l'extérieur du sanctuaire. Toutes n'ont pas survécu au puritanisme du XIXe siècle ; jugées obscènes, certaines furent détruites.

LES ÉGLISES À PANS DE BOIS CHAMPENOISES

Autour du lac du Der-Chantecoq s'étendent les prairies, forêts et étangs de la Champagne humide, jalonnée d'églises à pans de bois romanes et Renaissance caractéristiques de la région, avec leurs porches (caquetoirs) et leurs clochers pointus. Nombre d'entre elles recèlent une superbe décoration intérieure mise en valeur par les couleurs vives des vitraux de l'école de Troyes. De jolies routes de campagne relient celles de Bailly-le-Franc, Chatillon-sur-Broué, Lentilles, Vignory, Outines, Chavanges et Montier-en-Der.

Église de Lentilles
(XVIe siècle)

Châlons-en-Champagne ❾

Marne. 🏛 *50 338*. 🚉 🚌
🛈 *3, quai des Arts (03 26 65 17 89)*.
🍽 *mer., ven. mat., sam. et dim. mat.*
🌐 *www.chalons-en-champagne.net*

Entourée des plates immensités de la Champagne pouilleuse, Châlons-en-Champagne, que rafraîchissent la Marne et ses canaux, mérite un arrêt pour son architecture harmonieuse.

Notre-Dame-en-Vaux est un bel exemple de gothique primitif, au chevet serré entre deux tours romanes. Son cloître fut détruit au XVIIIe siècle, mais un dépôt lapidaire, l'actuel **musée du Cloître**, abrite désormais des chapiteaux sculptés et 50 statues-colonnes de toute beauté. Malgré sa façade classique, ajout effectué en 1634, la **cathédrale Saint-Étienne** marie également gothique et roman, et de somptueux vitraux du XIIIe au XXe siècle éclairent sa nef à neuf travées. Non loin, le **Petit-Jard**, où subsistent les ruines du vieux pont fortifié, offre un cadre ombragé propice à la promenade.

🏛 **Musée du Cloître Notre-Dame**
Rue Nicolas-Durand. 📞 *03 26 64 03 87.* ⏰ *mer.-lun.* ⚫ *1er janv., 1er mai, 1er et 11 nov., 25 déc.* 🖼 📷

Troyes ❿

Aube. 🏛 *62 000*. 🚉 🚌 🛈 *16, bd Carnot (03 25 82 62 70).* 🍽 *t.l.j.*
🌐 *www.tourisme-troyes.com*

Magnifiquement préservées, les maisons à pans de bois médiévales et Renaissance du centre historique de Troyes témoignent du dynamisme de l'ancienne capitale de la Champagne. Après que se furent taris les revenus engendrés par les célèbres foires du Moyen Âge, elle devint au XVIe siècle le foyer d'une très importante école de sculpture et de vitrail, et au XIXe siècle un grand centre de la bonneterie. La ville et ses alentours recèlent ainsi

Groupe sculpté de la cathédrale Saint-Pierre-et-Saint-Paul de Troyes

un tiers des vitraux français. La superbe **cathédrale Saint-Pierre-et-Saint-Paul** offre un raccourci lumineux de l'histoire de cet art. Des verrières du XIIIe siècle éclairent en effet son chœur (ne manquez pas l'*Arbre de Jessé*), d'autres du XIVe siècle illuminent son transept, tandis que celles de la nef datent des XVe et XVIe siècles. Linard Gontier exécuta notamment le *Pressoir mystique* en 1625.

Si c'est surtout sa toiture de tuiles multicolores qui rend remarquable l'**église Saint-Nizier**, cette passion des vitraux s'exprime dans la **basilique Saint-Urbain** (XIIIe siècle) où, comme à

La rue Larivey, avec ses maisons à pans de bois typiques de Troyes

la Sainte-Chapelle de Paris, leur surface a réduit le rôle des murs à celui de simple ossature.

Le quartier Saint-Jean est le cœur animé de la cité avec ses passages pittoresques telle la ruelle des Chats reliant la rue Charbonnet et la rue Champeaux. La sculpture triomphe à l'**église Sainte-Madeleine**, dont l'étonnant jubé flamboyant demanda dix ans de travail, et à **Saint-Pantaléon**, particulièrement riche en œuvres du XVIe siècle de l'école troyenne.

🏛 **Musée d'Art moderne**
14, pl. Saint-Pierre. 📞 *03 25 76 26 80.* ⏰ *mar.-dim.* ⚫ *j. f.* 🖼 ♿
Les 80 tableaux de Derain justifieraient à eux seuls la visite. La collection consacrée essentiellement au fauvisme comprend également des Soutine et des sculptures de Rodin, Degas et Picasso.

🏛 **Hôtel du Petit Louvre**
Hôtel Mauroy, 7, rue de la Trinité.
⏰ *t.l.j.* ♿
Particulièrement représentatif des constructions de la Champagne, ce superbe hôtel abrite une extraordinaire collection d'outils, sous la garde des Compagnons du Devoir.

Aux environs

Au sein du parc naturel de la **forêt d'Orient** qui comprend une réserve ornithologique, le vaste lac artificiel d'Amance est réservé aux sports motonautiques, celui d'Orient à la baignade et à la voile, et celui du Temple à la pêche et à l'observation de la nature.

Chaumont ⓫

Haute-Marne. 🕍 *26 000*. 🚊 🚌
🅷 *pl. du Général-de-Gaulle (03 25 03 80 80).* 🥖 *mer. et sam.*
🆆 *www.ville-chaumont.fr*

L'actuel chef-lieu de la Haute-Marne connut son heure de gloire au XIIIᵉ siècle quand les comtes de Champagne y avaient leur résidence. Il ne subsiste de leur forteresse que son donjon carré qui domine la vallée de la Suize. La vieille ville, accrochée à un éperon rocheux, présente de beaux hôtels particuliers et des maisons avec des tourelles d'escalier en encorbellement.

La **basilique Saint-Jean-Baptiste**, en pierre grise de Champagne, associe harmonieusement les arts gothique et Renaissance, et présente une belle tourelle d'escalier, au fût ajouré. Près de l'entrée, la chapelle du Saint-Sépulcre renferme une remarquable *Mise au tombeau* (1471), sculpture polychrome où dix personnages aux expressions intenses entourent le Christ couché sur son linceul. Dans la partie gauche du transept, la chapelle Saint-Nicolas abrite un intéressant *Arbre de Jessé* en relief datant du XVIᵉ siècle.

Aux environs

Emblème de la ville, le **viaduc** (1856-1857) en pierre de taille est, avec ses 600 m de long et ses 50 arches, l'un des plus remarquables ouvrages d'art ferroviaire d'Europe.

En 1933, le général Charles de Gaulle (1890-1970) acheta à **Colombey-les-Deux-Églises**, à 23 km de Chaumont, une propriété bourgeoise, **La Boisserie**, où il venait se reposer quand la conduite de l'État lui en

Cathédrale Saint-Mammès, Langres

laissait le loisir. Les pièces du rez-de-chaussée, ouvertes au public, ont conservé ses objets et son mobilier. On peut également voir le bureau où il écrivit ses Mémoires après sa démission de la présidence de la République en 1969, et la bibliothèque où il mourut le 9 novembre 1970.

Inauguré en 1972, le **Mémorial** qui barre l'horizon d'une immense croix de Lorraine contraste par son gigantisme avec la simplicité de sa tombe dans le cimetière du village.

🏛 **La Boisserie**
Colombey-les-Deux-Églises.
📞 *03 25 01 52 52.* 🕐 *fév.-nov. : mer.- lun.* 📷 ♿
♦ **Le Mémorial**
Colombey-les-Deux-Églises. 📞 *03 25 01 50 50.* 🕐 *fév.-nov. : mer.- lun.*

Langres ⓬

Haute-Marne. 🕍 *10 000*. 🚊 🚌
🅷 *square Olivier-Lahalle (03 25 87 67 67).* 🥖 *ven.* 🆆 *www.ville-langres.fr*

P erché sur un promontoire et enclos dans ses murs, cet ancien évêché aux frontières de la Bourgogne n'a guère changé d'aspect depuis que l'initiateur de l'*Encyclopédie*, Denis Diderot, y naquit en 1713.

Les ruelles et les places sont bordées de maisons Renaissance, mais la ville a conservé de riches témoignages de son long passé militaire. Du haut des remparts, la vue porte sur la vallée de la Marne, le plateau de Langres, les Vosges et même, aux meilleurs jours, jusqu'au mont Blanc. Merveilleuse promenade, le chemin de ronde de 3,5 km dépasse sept tours et sept portes, notamment les portes de Navarre, d'Orval, et celle des Moulins de 1647.

Près de la porte Henri IV, la **cathédrale Saint-Mammès** n'appartient déjà plus à la Champagne, car derrière une façade du XVIIIᵉ siècle s'élève une nef (XIIᵉ siècle) du plus pur style roman bourguignon. Les chapiteaux sculptés de l'abside proviendraient d'un temple de Jupiter. L'été la ville s'anime de reconstitutions historiques et de pièces de théâtre.

Le Mémorial au général de Gaulle à Colombey-les-Deux-Églises

LORRAINE ET ALSACE

MEURTHE-ET-MOSELLE · MEUSE · MOSELLE · BAS-RHIN
HAUT-RHIN · VOSGES

Elles furent au centre de l'empire de Charlemagne avant que sa division en fasse des régions frontière. Disputées, avec parfois une violence dont subsistent les stigmates, les voici, au cœur de l'Europe nouvelle, telles qu'elles n'ont jamais cessé d'être : rurales et paisibles, écrin verdoyant de villes chargées d'art et d'histoire.

Culminant au Grand Ballon, à 1 424 m, les Vosges interposent entre l'une et l'autre leurs sommets arrondis, leurs chaumes et leurs profondes forêts de sapins. Et la ligne bleue de la route des Crêtes est un ondulant balcon qui tourne ses regards alternativement vers les champs et prairies du plateau lorrain et vers les vignobles de l'abrupt versant alsacien.

La Lorraine, ce fut longtemps trois évêchés et deux duchés, tous les cinq très jaloux de leur indépendance mais volontiers secourables pour leurs voisins : dès 1429, une humble bergère lorraine se portait au secours du roi de France ; la contrée, pourtant, ne devait être rattachée au royaume que trois siècles et demi plus tard, en 1766.

L'Alsace, pour sa part, fera partie de celui-ci dès 1681, mais saura conserver sa personnalité à travers sa langue et ses traditions. C'est cependant chez le baron de Dietrich, maire de Strasbourg, que le capitaine Rouget de Lisle composera en 1792 un chant de guerre qui est devenu notre hymne national.

De Nancy la lorraine, où les lignes souples de l'Art nouveau disputent la place aux guirlandes du siècle des Lumières, cent itinéraires agrestes, jalonnés de fermes-auberges, conduisent à travers les Vosges, vers l'Alsace et les villages fleuris de sa route des vins, vers Strasbourg, sa cathédrale-symbole, ses maisons Renaissance, ses *winstub*.

À Unspach, village des Vosges au nord de Strasbourg

◁ Sur la Route des Vins d'Alsace

À la découverte de la Lorraine et de l'Alsace

Injustement méconnue, la Lorraine propose à la fois aux visiteurs les majestueux édifices historiques de cités comme Metz et Nancy, le calme de ses villes d'eaux et des campagnes verdoyantes ponctuées de châteaux et de charmantes petites églises. Jalonnée de monuments militaires évoquant les combats qui s'y déroulèrent, la forêt vosgienne s'étend jusqu'à la plaine d'Alsace où elle tombe en pente raide vers les villages pittoresques de la Route des Vins *(p. 222-223)* qui, de Strasbourg à Mulhouse, offre un parcours bien agréable pour découvrir la région, en particulier pendant les vendanges.

LA RÉGION D'UN COUP D'ŒIL

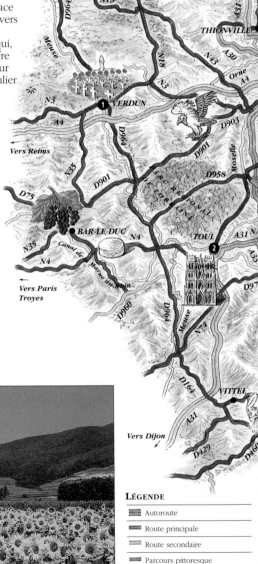

LÉGENDE

▬	Autoroute
▬	Route principale
▭	Route secondaire
▬	Parcours pittoresque
〰	Cours d'eau
☀	Point de vue

Champ de tournesol à la sortie du village de Turckheim

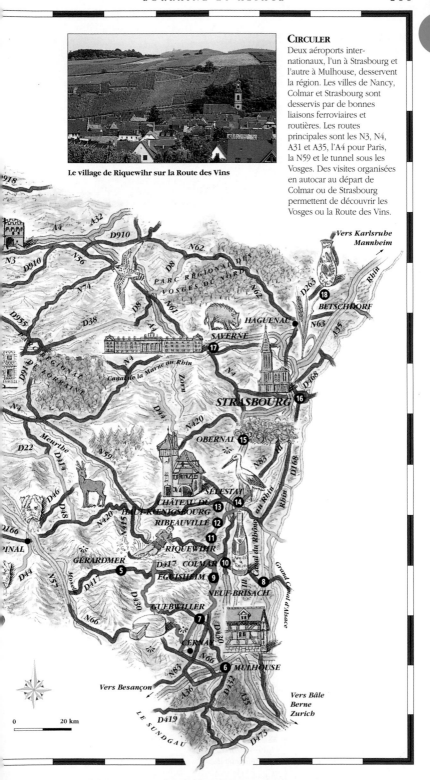

Le village de Riquewihr sur la Route des Vins

CIRCULER

Deux aéroports inter-
nationaux, l'un à Strasbourg et
l'autre à Mulhouse, desservent
la région. Les villes de Nancy,
Colmar et Strasbourg sont
desservis par de bonnes
liaisons ferroviaires et
routières. Les routes
principales sont les N3, N4,
A31 et A35, l'A4 pour Paris,
la N59 et le tunnel sous les
Vosges. Des visites organisées
en autocar au départ de
Colmar ou de Strasbourg
permettent de découvrir les
Vosges ou la Route des Vins.

Vers Karlsruhe
Mannheim

BETSCHDORF

HAGUENAU

SAVERNE

Canal de la Marne au Rhin

PARC RÉGIONAL DES VOSGES DU NORD

STRASBOURG

OBERNAI

SÉLESTAT

CHÂTEAU DU
HAUT-KŒNIGSBOURG

RIBEAUVILLÉ

RIQUEWIHR

COLMAR

EGUISHEIM

NEUF-BRISACH

GÉRARDMER

GUEBWILLER

Canal du Rhône au Rhin

Grand Canal d'Alsace

CERNAY

MULHOUSE

Vers Besançon

Vers Bâle
Berne
Zurich

LE SUNDGAU

ÉPINAL

Meurthe

Moselle

PARC RÉGIONAL DE LORRAINE

0   20 km

L'ossuaire de Douaumont domine l'un des nombreux cimetières militaires proches de Verdun

Verdun ❶

Meuse. 🏛 21 000. 🚌 🚉 🛈 pl. de la Nation (03 29 86 14 18). 🛒 ven. Ⓦ www.verdun-tourisme.com

Verdun restera dans les mémoires le théâtre de la bataille la plus meurtrière de la Grande Guerre, au cours de laquelle, de février à novembre 1916, plus de 800 000 hommes trouvèrent la mort. Les Allemands voulaient anéantir le moral des troupes françaises en détruisant les forts de Douaumont et de Vaux – qui avaient été construits pour éviter que ne se répète l'humiliante défaite française de la guerre de 1870 – et en prenant Verdun, la plus importante place forte dans le nord-est du pays. Les affrontements se prolongèrent jusqu'à la fin de la guerre et ne cessèrent que lorsque les Allemands quittèrent leurs positions, à seulement 5 km de la ville.

Plusieurs musées, mémoriaux et sites émouvants dans la ville et ses alentours évoquent cet épisode tragique. Dans cette région dévastée, neuf villages ont définitivement été rayés de la carte lors de cette terrible bataille. Le **musée-mémorial de Fleury** évoque leur histoire. Non loin, c'est dans l'**ossuaire de Douaumont** que reposent les restes de 130 000 soldats français et allemands non identifiés. L'un des plus émouvant de ces monuments commémoratifs est, dans la ville même, *La Bataille de Verdun*, de Rodin, qui représente la Victoire, impuissante à se dégager des cadavres des soldats qui pèsent sur elle.

Verdun a été fortifiée tout au long des siècles. La **porte Chaussée**, majestueux vestige des remparts du XIVe siècle, garde toujours l'accès au pont de la Meuse. Sous une tour ronde du XIIe siècle, qui appartenait à l'abbaye que Vauban avait incorporé dans la citadelle, s'étendent à 15 m de profondeur des galeries longues de 7 km qui servirent d'abri, d'hôpital et de caserne. Elles se visitent en même temps que la **Citadelle souterraine**, où un spectacle audiovisuel retrace la vie des Poilus durant la guerre et explique comment fut choisi le Soldat inconnu inhumé sous l'Arc de triomphe de Paris *(p. 103)*.

La **cathédrale Notre-Dame** couronne le sommet de la ville haute. Élevée dans le style rhénan au XIe siècle et souvent remaniée, comme en témoigne son cloître flamboyant, elle a conservé sa crypte romane.

🏛 Citadelle souterraine

Av. du 5e-R.A.P. 📞 03 29 86 62 02. 🕐 t.l.j. ⬤ 1er janv., 25 déc. 🎦 ♿

Cloître (XVIe s.) de l'église Saint-Gengoult de Toul

Toul ❷

Meurthe-et-Moselle. 🏛 18 200 🚌 🚉 🛈 parvis de la Cathédrale (03 83 64 11 69). 🛒 mer. et ven. Ⓦ www.toul.fr

Enserrée par la Moselle et le canal de la Marne au Rhin, entourée d'épaisses forêts, notamment celles du parc naturel de Lorraine, Toul ne garde plus que le souvenir de la richesse et de la puissance dont elle jouissait à l'époque où elle formait, avec Verdun et Metz, les Trois-Évêchés qui, fondés au IVe siècle, restèrent indépendants jusqu'au traité de Westphalie, en 1648.

Entreprise au XIIIe siècle, la **cathédrale Saint-Étienne** témoigne de ce prestigieux passé. Sa construction prit 300 ans et, malgré les dommages causés par la Seconde Guerre mondiale, la beauté du gothique champenois s'affirme, notamment dans la nef aux hautes galeries, le cloître orné de gargouilles et la façade flamboyante aux deux tours.

D'un style très proche, l'**église Saint-Gengoult** présente d'intéressants vitraux gothiques racontant la vie des saints Gengoult et Nicolas, et un cloître flamboyant du XVIe siècle. De belles maisons Renaissance décorées de sculptures bordent la rue du Général-Gengoult.

Principal reste des fortifications de Vauban (1700), la **porte de Metz** ouvre au nord sur les vignobles qui produisent le « gris de Toul », un vin blanc très sec.

Aux environs
Proche de Metz comme de
Toul, le **parc naturel de
Lorraine** protège un habitat
rural traditionnel au sein d'un
paysage de forêts, d'étangs,
de prés et de vallées
verdoyantes. Les quiches et
les potées qu'on y
déguste ont établi la
réputation de ses
auberges.

Jupiter terrassant un monstre,
colonne de Merten de la Cour d'or

Metz ❸

Moselle. 🏘 *127 500.* ✈ 🚆 🚌
ℹ️ *place d'Armes (03 87 55 53 76).*
📅 *sam.* 🌐 *tourisme.mairie-metz.fr*

Au confluent de la Seille
et de la Moselle que
franchissent 20 ponts, Metz a
des origines gallo-romaines
dont témoigne l'**église
Saint-Pierre-aux-Nonnains**,
considérée comme la plus
vieille de France. Ses trois
nefs occupent l'emplacement
d'une basilique romaine du
IVe siècle, remaniée à
plusieurs reprises. Sa façade
et ses murs extérieurs datent
de l'époque romane et les
34 panneaux sculptés qui
ornaient jadis la clôture du
chœur se trouvent désormais
aux **musées de la Cour d'or**.
Non loin, la chapelle des
Templiers, bâtie au XIIIe siècle,
présente un plan octogonal
unique en Lorraine.
Entreprise dès le XIIIe siècle,
la **cathédrale Saint-Étienne**
appuie sur d'impressionnants
arcs-boutants ornés de
gargouilles la structure de sa
nef qu'illuminent 6 500 m²
de vitraux essentiellement
gothiques, certains ayant été
toutefois réalisés au XXe siècle

par de Marc Chagall. Dans la
crypte, la *Mise au tombeau*
date du XVIe siècle. Tout
proche par la rue d'Estrées,
un étroit pont de bois
enjambe un bras de la
Moselle et conduit jusqu'à
l'île du Petit Saulcy, où se
trouve le plus ancien théâtre
de France encore en activité.
Dans la direction opposée,
la place Saint-Louis, bordée
de puissantes maisons à
arcades, a gardé son aspect
médiéval au cœur de la vieille
ville, tandis qu'au bord de la
Seille se dresse la **porte des
Allemands**, vestige de
l'enceinte médiévale (XIIIe-
XIVe siècles) à l'allure de
château fort.

🏛 **Musées de la Cour d'or**
2, rue du Haut-Poirier.
📞 *03 87 68 25 00.*
🕐 *mer.- lun.* ⬤ *j. f.* 🈺
Le bâtiment incorpore
d'anciens thermes gallo-
romains, un couvent du
XVIIe siècle et un grenier
aux dîmes de céréales du
XVe siècle. Les collections
sont pour la plupart le résultat
des fouilles archéologiques
messines. On y verra aussi
des peintures françaises et
allemandes.

LES CIGOGNES
Cet animal porte-bonheur
passe l'hiver en Afrique
occidentale et revient dès
le mois de mars en Europe
pour nicher. Toutefois,
l'assèchement des
marécages, l'emploi des
pesticides et les câbles
électriques ont failli
entraîner la disparition de
l'espèce en Alsace. Aussi,
depuis les années 1980, des
centres de reproduction
ont été créés, notamment à
Molsheim, Hunawihr et
Turkheim, et ont permis
que plusieurs dizaines de
couples reviennent nicher
sur les cheminées.

Des fresques restaurées décorent la chapelle des Templiers de Metz

La statue de Stanislas Leszczynski, duc de Lorraine, beau-père de Louis XV, se dresse au centre de la place qui porte son nom

Nancy ❹

Meurthe-et-Moselle. 🏙 *103 000*. ✈ 🚉 🚌 🚏 *place Stanislas (03 83 35 22 41)*. 🅐 *mar.-sam.* Ⓦ *www.ot-nancy.fr*

La capitale historique de la Lorraine est bâtie dans une plaine le long de la Meurthe. C'est surtout au XVIIIᵉ siècle que la ville acquit sa personnalité architecturale. En effet, le duc Stanislas Leszczynski décida alors de parer sa capitale d'un ensemble urbain dont il confia la maîtrise d'œuvre à Emmanuel Héré (1705-1763).

Le résultat est la magnifique **place Stanislas**, bordée de cinq pavillons que le ferronnier Jean Lamour relia par de somptueuses grilles de fer forgé dorées à l'or fin. Un arc de triomphe d'inspiration antique, érigé en l'honneur de Louis XV, ouvre sur la Carrière, longue place ombragée qui s'étend jusqu'au **palais du Gouvernement** à l'entrée de la vieille ville. Dans le parc de la Pépinière, la statue de Claude Gellée dit le Lorrain, peintre paysagiste d'origine vosgienne, est une œuvre de Rodin.

🏛 Église et couvent des Cordeliers et musée des Arts et Traditions populaires.

64-66, Grande-Rue. ☎ *03 83 32 18 74.* ◯ *mer.-lun.* ● *1ᵉʳ janv., 1ᵉʳ mai, 14 juil., 1ᵉʳ nov., 25 déc.* 📷
L'église à nef unique abrite les tombeaux des ducs et duchesses de Lorraine, dont le gisant de Philippe de Gueldre (milieu du XVIᵉ siècle), par Ligier Richier. Dans le couvent, des reconstitutions d'intérieurs illustrent la vie quotidienne.

🏛 Musée des Beaux-Arts

3, place Stanislas. ☎ *03 83 85 30 72.* ◯ *mer.-lun.* ● *1ᵉʳ janv., 1ᵉʳ mai, 14 juil., 1ᵉʳ nov., 25 déc.* 📷 🅳
Aménagé dans l'un des pavillons de la place Stanislas, le musée a doublé sa surface pour offrir un vaste panorama de l'art en Europe du XIVᵉ au XXᵉ siècle : Le Caravage, Rubens, Boucher, Manet, Modigliani, Picasso, un fonds d'artistes lorrains (Callot, Friant, Prouvé) et une belle collection de pièces Daum.

🏛 Musée lorrain

Palais Ducal, 64, Grande-Rue. ☎ *03 83 32 18 74.* ◯ *mer.-lun.* ● *1ᵉʳ janv., 1ᵉʳ mai, 14 juil., 1ᵉʳ nov., 25 déc.* 📷
Bâti au XVIᵉ siècle, le palais ducal abrite, entre autres, une riche collection archéologique, des gravures de Jacques Callot et des tableaux de Georges de La Tour.

🏛 Musée de l'école de Nancy

36-38, rue du Sergent-Blandan. ☎ *03 83 40 14 86.* ◯ *mer.-dim.* ● *1ᵉʳ janv., 1ᵉʳ mai, 14 juil., 1ᵉʳ nov., 25 déc.* 📷 🅳
À l'écart du centre historique, les œuvres du verrier Émile Gallé, fondateur de l'école de Nancy, sont présentées dans un cadre riche en mobilier, tissus, bijoux et verreries Art nouveau.

Aux environs
Au sud-est de Nancy, **Lunéville** est réputée pour son imposant château, actuellement en rénovation. Le « Versailles lorrain », édifié

L'arc de triomphe séparant la place Stanislas de la place Carrière

Panorama vosgien vu de la Route des Crêtes

LA ROUTE DES CRÊTES

Créée pendant la Première Guerre mondiale, cette route permettait des mouvements de troupes à l'abri des regards allemands. Voie stratégique de 83 km de long, elle traverse prés et forêts des hautes Vosges depuis le col du Bonhomme jusqu'à Cernay, à l'est de Thann. Passant par le Grand Ballon, point culminant du massif à 1 424 m, elle offre, quand elle n'est pas enveloppée de brume, des vues extraordinaires sur la Lorraine.

entre 1702 et 1706 par l'architecte Boffrand pour le duc Léopold, renferme habituellement une collection de faïences des manufactures de Saint-Clément et de Lunéville.

Gérardmer ❺

Vosges. 🏘 *10 000.* 🚕 🚡
🛈 *4, place des Déportés (03 29 27 27 27).* 🕐 *jeu. et sam.*
W️ www.gerardmer.net

A u bord d'un lac superbe, le plus vaste des Vosges, Gérardmer se distingue davantage pour son site que pour son architecture, car la ville fut détruite à la Libération. Ce drame ne brisa toutefois pas une vocation d'accueil ancienne. En effet, dès 1875, la fondation d'un « comité des promenades » avait créé à Gérardmer le premier office du tourisme français. Sportifs et amoureux de la nature y viennent en toutes saisons : en hiver pour dévaler à ski les pentes des Vosges, aux beaux jours pour profiter des activités nautiques, notamment le canotage sur le lac. Les forêts et la campagne environnantes et leurs 300 km de sentiers balisés se prêtent de surcroît à d'innombrables randonnées.

La région est réputée pour ses activités traditionnelles, tels la production de linge de maison de qualité, le travail artisanal du bois et la fabrication du géromé, cousin lorrain du munster.

Artisanat traditionnel à l'écomusée d'Alsace d'Ungersheim

Rejoindre la **Route des Crêtes** au col de la Schlucht permet de gagner l'Alsace par un superbe itinéraire.

Mulhouse ❻

Haut-Rhin. 🏘 *112 000.* ✈ 🚉 🚕
🛈 *9, av. du Maréchal-Foch (03 89 35 48 48).* 🕐 *mar., jeu. et sam.*
W️ www.ot.ville-mulhouse.fr

M algré les destructions causées par la Seconde Guerre mondiale et le déclin de ses activités traditionnelles (textile et industrie minière), la deuxième ville d'Alsace a su entretenir un dynamisme dont témoignent ses musées.

Le **musée de l'Impression sur étoffes** propose plus de 6 millions d'échantillons en documentation, tandis que la **Cité du Train** présente des machines originales – des premières locomotives au matériel moderne –, ainsi que des trains miniatures. Le **musée national de l'Automobile – collection Schlumpf**, l'un des plus importants au monde, compte, parmi ses 500 véhicules, plus de 100 Bugatti et la Rolls Royce de Charlie Chaplin.

Cochon noir alsacien à l'écomusée

Dans le quartier le plus animé de la cité, le Musée historique expose dans l'ancien hôtel de ville des objets retraçant l'histoire de Mulhouse.

Aux environs
À Ungersheim, à 11 km au nord de Mulhouse, l'**écomusée d'Alsace** regroupe une soixantaine de maisons rurales : greniers à grains, maisons de pêcheurs, vignerons, forge… où des artisans font revivre les métiers d'autrefois.

🏛 **L'écomusée d'Alsace**
Chemin du Grosswald.
📞 *03 89 74 44 74.* ⏰ *t.l.j.* 🚫 ♿

Le lac de Gérardmer permet de nombreuses activités nautiques

Guebwiller ❼

Haut-Rhin. 🏘 *11 000.* 🚉
ℹ *73, rue de la République (03 89 76 10 63).* 🚌 *mar. et ven.*
🌐 *www.ville-guebwiller.fr*

Appelée la « porte du Florival » (la vallée des fleurs), cette sous-préfecture au passé industriel présente, malgré ses dignes maisons bourgeoises et ses vignobles, un aspect moins poétique que son surnom le laisserait supposer. Ses **trois églises** témoignent chacune d'une étape de son histoire et justifient de s'y arrêter : Saint-Léger, de style roman ; l'église des Dominicains, gothique, ornée d'un élégant jubé et d'une belle *Annonciation* (1709) ; la collégiale Notre-Dame, édifice néo-classique à la riche décoration baroque révélant une influence autrichienne.

Église Saint-Léger à Guebwiller

Aux environs
Au départ de Guebwiller, la D 430 rejoint la **Route des Crêtes** en suivant la vallée de la Lauch, ou Florival. À 8 km, **Lautenbach**, base de départ pour des randonnées dans les forêts environnantes, renferme une gracieuse église romane. À 6 km au nord-ouest, l'**abbatiale de Murbach**, dont la nef a disparu, présente un chevet remarquable par l'étagement de ses volumes et la richesse de son décor sculpté.

Neuf-Brisach ❽

Haut-Rhin. 🏘 *2 300.* 🚉 ℹ *Palais du Gouverneur, 6, place d'Armes (03 89 72 56 66).* 🚌 *1er et 3e lun. de chaque mois.* 🌐 *www.neuf-brisach.fr*

Face au village autrichien d'Alt-Breisach (devenu depuis la ville allemande de Breisach-am-Rhein), Louis XIV décida la création d'une ville neuve, qui fut construite par Vauban de 1698 à 1707. La place forte, au plan en damier centré, est fermée par une fortification en bastion octogonale et parfaitement symétrique.

LA CITADELLE DE NEUF-BRISACH

Porte de Bâle

Les murs de la forteresse ont 9 m de hauteur et 4,50 m d'épaisseur à la base.

La place d'Armes, théâtre des parades, servait d'ultime refuge.

La porte de Strasbourg avait jadis un pont-levis.

Bastion

48 îlots égaux partagent la citadelle.

La porte de Belfort abrite le musée Vauban. Une promenade la relie à la porte de Colmar.

Les défenses extérieures comprennent deux fossés.

La porte de Colmar

Le célèbre retable d'Issenheim par Matthias Grünewald à Colmar

Au centre, d'où partent les rues droites facilitant la défense, se trouve la place d'Armes entourée des bâtiments de service (arsenal, église), tandis que les casernes et les magasins sont répartis le long des ouvrages de défense.

Deux des quatre portes de la citadelle subsistent. Celle de Belfort abrite le **musée Vauban** où une maquette permet d'admirer ce chef-d'œuvre d'architecture militaire. Une promenade aménagée dans les fossés permet de gagner les différentes portes d'entrée.

🏛 **Musée Vauban**
Pl. Porte-de-Belfort. 📞 03 89 72 56 66. ⭕ avr.- oct. : mer.-lun. 🎫 ♿

Eguisheim ❾

Haut-Rhin. 🏘 1 500. 🚌 ℹ 22a, Grand'Rue (03 89 23 40 33).
🌐 www.ot-eguisheim.fr

Serré dans trois cercles concentriques de remparts médiévaux, ce village mariant l'austérité de ses fortifications avec une architecture civile souriante offre une étape fort agréable sur la Route des Vins.

Au centre se dressent les vestiges du **château d'Eguisheim**, devant lequel une fontaine Renaissance rend hommage au membre le plus célèbre de la famille, Bruno, devenu en 1049 le pape Léon IX resté célèbre pour son action réformatrice. Non loin, le **Marbacherhof**, ancien grenier à dîmes de céréales, est entouré de maisons aux portails armoriés. L'**église**

paroissiale, moderne, conserve un admirable tympan sculpté du XIIIᵉ siècle.

Des centres de dégustation des célèbres vins d'Alsace sont installés dans les jolies cours des maisons à pans de bois, certaines remontant parfois au Moyen Âge.

Colmar ❿

Haut-Rhin. 🏘 65 000. ✈ 🚌 🚗
ℹ 4, rue d'Unterlinden (03 89 20 68 92). ⭕ lun., mer., jeu. et sam.
🌐 www.ot-colmar.fr

Dans cette ville, la mieux préservée d'Alsace, l'architecture témoigne partout de la richesse de la cité dont la prospérité culmina au XVIᵉ siècle, quand les négociants en vin confiaient leurs barriques aux bateliers qui descendaient la Lauch.

La rivière passe au pied des façades fleuries du quartier de la **Petite Venise**, prolongé par celui des Tanneurs où l'**ancienne Douane** (Koïfhus),

bel exemple d'édifice des XVᵉ et XVIᵉ siècles , fut longtemps le centre de la vie civique local.

Conduisant au quartier de la collégiale, le long de la rue des Marchands, des maisons Renaissance conservent de belles enseignes ; la **collégiale gothique Saint-Martin** présente d'intéressantes sculptures aux portails sud et est. Plus loin, l'**église des Dominicains**, de style rhénan, abrite une *Vierge au Buisson de roses* (1473), chef-d'œuvre du peintre Martin Schongauer, né à Colmar.

Ancien couvent dominicain, le **musée d'Unterlinden** est célèbre par le retable d'Issenheim, figurant la crucifixion, peint par Matthias Grünewald (début XVIᵉ siècle) et présenté dans la chapelle avec des peintures de Schongauer. Le musée expose aussi des sculptures médiévales et Renaissance, des pièces archéologiques, des objets d'arts décoratifs présentés dans des intérieurs reconstitués et des œuvres contemporaines.

En sortant, ne manquez pas les visages grimaçants de la maison des Têtes (XVIIᵉ siècle), ou les demeures décorées de fresques, telles la **maison Pfister**, rue des Marchands, ou encore la maison du Cygne, rue Schongauer, qui donnent son cachet unique à Colmar.

Aux environs
Kaysersberg et son château rappellent l'importance historique de la petite ville qui fut longtemps un verrou entre l'Empire et la Lorraine.

Le quai de la Poissonnerie dans le quartier de la Petite Venise à Colmar

Riquewihr

Haut-Rhin. 🕮 1 200. 🔲 🖻 2, rue
de la 1re -Armée (0820 36 09 22). 🏠
ven. Ⓦ www.ribeauville-riquewihr.com

Son vignoble – qui produit
l'un des meilleurs crus
d'Alsace – pousse jusqu'au
pied des remparts du plus joli
village de la Route des Vins
(p. 222-223). Chaque rangée
de ceps est alignée derrière
des rosiers afin de détecter très
tôt les parasitoses.

Propriété des comtes de
Wurtemberg jusqu'à la
Révolution, Riquewihr a gardé
à l'intérieur de sa double
enceinte rectangulaire l'aspect
qu'elle avait aux XVIe et
XVIIe siècles, quand les
vignerons y élevèrent leurs
demeures ; les rues pavées, les
balcons fleuris, les cours à
galeries et les tours de guet
offrent un décor digne d'un
conte de fées.

Bordée de superbes
maisons du Moyen Âge et de
la Renaissance, certaines à
colombage, d'autres en pierre,
la **rue du Général-de-Gaulle**
monte en pente douce depuis
l'hôtel de ville. Des ruelles et
des passages s'en échappent :

on découvre alors fontaines,
enseignes, galeries sculptées
et, surtout, de jolies cours.

La rue du Général-de-Gaulle
débouche en haut sur le
Dolder (XIIIe siècle), porte
haute de l'enceinte intérieure
abritant un musée.

Ribeauvillé ⑫

Haut-Rhin. 🕮 5 100. 🔲 🖻 🖻 1,
Grand'Rue (0820 36 09 22). 🏠 sam.
Ⓦ www.ribeauville-riquewihr.com

Dominée par trois châteaux
en ruine, anciennes

**Riquewihr se proclame
à juste titre la perle du vignoble**

résidences des Ribeaupierre –
l'une des grandes familles
alsaciennes jusqu'à la
Révolution –, cette étape
sur la Route des Vins offre
aux amateurs maintes
occasions de goûter du
riesling (p. 222-223),
notamment près du parc,
dans la ville basse.

Dans la Grand'Rue, qui
passe sous la tour des
Bouchers, l'**hôtel de ville**
conserve des planches à
imprimer les étoffes , ainsi
qu'une superbe collection
de hanaps en argent massif
(pèces d'orfèvrerie du
XVIIe siècle). Le **Pfifferhüs**,
au n° 14, aurait été le siège
de la confrérie des ménétriers.

Dans la ville haute aux
jolies façades peintes et aux
fontaines Renaissance, l'église
gothique **Saint-Grégoire**
possède un buffet d'orgue
du XVIIe siècle.

Au-dessus du lycée, deux
sentiers conduisent aux trois
châteaux de Ribeauvillé.
Le château de Saint-Ulrich,
du XIIe siècle, est le plus
spectaculaire ; en face, on
arrive au château de Girsberg,
puis, plus haut, au château de
Haut-Ribeaupierre.

Château du Haut-Kœnigsbourg ⑬

Orschwiller. 📞 03 88 82 50 60.
🕐 t.l.j. ⬤ 1er janv., 1er mai,
25 déc. 📷 🍴 🚻 🏠 ⬤
Ⓦ www.haut-kœnigsbourg.net

À 757 mètres au-dessus de
la plaine d'Alsace, le
monument le plus visité de la
région surplombe le joli village
de Saint-Hippolyte. Bâti par les
Hohenstaufen, le château se
dressa sur cet éperon rocheux
dès le XIIe siècle. Il subit une
première destruction en 1462,
puis, reconstruit et agrandi
sous les Habsbourg, il connut
une seconde destruction par le
feu, en 1633. Pendant la
période de l'annexion de
l'Alsace au Reich (1871-1918),
l'empereur Guillaume II décida
de redonner vie à cette ruine
germanique. Le résultat suscita
à tort bien des critiques.
L'architecte berlinois Bodo
Ebhardt, s'appuyant sur un

relevé précis des ruines, une
campagne photographique et
des documents d'archives,
effectua une restauration
minutieuse et vraisemblable de
l'immense édifice en grès rose.

À l'intérieur, les salles
« gothiques », salle des fêtes ou
salle d'armes sont meublées.
Le château comporte aussi

une belle collection de poêles
en carreaux de céramique.

Les remparts offre une vue
exceptionnelle, d'un côté sur
la plaine d'Alsace jusqu'à la
Forêt-Noire, de l'autre sur
les Vosges et les
vignobles.

Jardin

Bastion ouest

Aile sud

Enceinte extérieure

Chapelle Saint-Sébastien, près de Dambach-la-Ville sur la Route des Vins

Sélestat ⑭

Bas-Rhin. 🏠 *17 500.* 🚉 🚌
ℹ️ *Commanderie Saint-Jean,
boulevard du Général-Leclerc (03 88
58 87 20/26).* 🗓 *mar. et sam.*
🌐 *www.selestat-tourisme.com*

Cette vieille cité fut un
centre florissant à la
Renaissance. Fondée en 1452,
la **Bibliothèque humaniste**,
dans l'ancienne halle aux blés,
témoigne de ce rayonnement.
Plus de 2 000 éditions rares,
ayant appartenu notamment
à l'ami d'Érasme, Beatus
Rhenanus, manuscrits et
incunables retracent l'histoire
du livre depuis le VIIᵉ siècle.

Tout près se dressent
l'**abbatiale romane
Sainte-Foy** (XIIᵉ siècle)
au magnifique clocher
octogonal et l'**église
gothique Saint-
Georges** (XIIIᵉ-
XVᵉ siècles) à
l'étincelante
toiture de tuiles
bourguignonnes
vertes et rouges.

**🏛 Bibliothèque
humaniste**
1, rue de la Bibliothèque.
📞 *03 88 58 07 20.*
🕐 *sept.-juin : lun., mer.-
sam. mat. ; juil.-août :
w.-e. 14h-17h en plus.* ⬤ *j. f.* 📷

Aux environs
Depuis **Dambach-la-Ville**,
autre jolie bourgade médiévale,
une route de campagne sinue
entre les vignobles jusqu'à
Itterswiller et Andlau.
　Ebersmunster possède
une abbatiale de style
baroque autrichien (1719-
1727) coiffée de bulbes et
somptueusement décorée
de stucs dorés.

Obernai ⑮

Bas-Rhin. 🏠 *11 000.* 🚉 🚌 ℹ️ *pl.
du Beffroi (03 88 95 64 13).* 🗓 *jeu.*

**Jeunes Alsaciens en
costumes traditionnels**

Au pied du mont Sainte-
Odile, sur la Route des
Vins, Obernai est une ville
opulente.
　Sur la place du
Marché, la **halle
aux blés**, à la
façade décorée
de têtes de bœufs
rappelant sa
première fonction
de boucherie,
abrite désormais
un restaurant.
Sur la place de
la Chapelle, le
beffroi gothique
domine l'**hôtel de ville**
construit à la fin du Moyen Âge
au centre d'une structure
étoilée. En remontant vers
l'église Saint-Pierre-et-Paul se
dresse le **puits aux Six-Seaux**
de style Renaissance.

Aux environs
À quelques kilomètres, le **mont
Sainte-Odile** suscita très tôt au
Moyen Âge un pèlerinage.
Odile, née aveugle vers 660,
fonda ce monastère où elle fut
enterrée. Sa popularité grandit
alors très vite, car elle était
réputée guérir la cécité.
Proclamée sainte patronne de
l'Alsace, elle attire aujourd'hui
encore les pèlerins.
　À Rosheim, l'église romane
Saint-Pierre-et-Saint-Paul
possède un admirable portail
sud au chevet entouré de bas-
reliefs.
　À 10 km au nord d'Obernai,
dans la vallée de la Bruche, la
ville fortifiée de **Molsheim**
renferme, sur la place de
l'Hôtel-de-Ville, l'ancien siège
de la Corporation des bouchers,
la Metzig, édifice Renaissance,
et son horloge à jacquemarts.

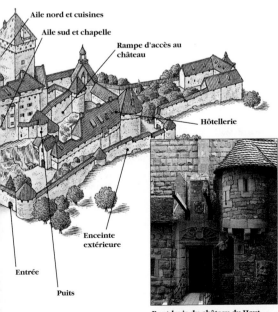

Aile nord et cuisines

Aile sud et chapelle

Rampe d'accès au
château

Hôtellerie

Enceinte
extérieure

Entrée

Puits

**Pont-levis du château du Haut-
Kœnigsbourg**

Strasbourg ⑯

À mi-chemin de Paris et de Prague, Strasbourg mérite bien son surnom de « carrefour de l'Europe » ; et, en 1977, la capitale de l'Alsace a affirmé sans complexe sa vocation internationale en construisant le très moderne Palais de l'Europe, siège du Conseil de l'Europe, à proximité immédiate de son centre historique. Un des moyens pour découvrir la capitale de l'Alsace est d'effectuer une promenade en bateau, au départ du palais Rohan. Vous verrez les ponts couverts et leurs tours de guet médiévales qui gardent toujours l'accès des quatre canaux de la Petite France, l'ancien quartier des tanneurs aux quais bordés de moulins et de maisons à colombage et à encorbellements, qui s'étend presque jusqu'à l'église Saint-Thomas, la « cathédrale des protestants », où se trouve le fameux mausolée du maréchal de Saxe.

Statue de la cathédrale

Promenade en bateau sur l'Ill

Le portail central de la façade occidentale de la cathédrale

🔒 Cathédrale Notre-Dame

La construction de ce magnifique édifice de grès rose des Vosges, commencée en 1015, ne se termina qu'en 1439 par l'achèvement de sa façade occidentale aux portails ornés, sous la rosace, de nombreuses sculptures. Le portail de droite est ainsi flanqué dans les embrasures des statues des Vierges sages et des Vierges folles. Le portail latéral sud, consacré à la Vierge, est encadré des étonnantes figures de l'Église et de la Synagogue ;

à l'intérieur du transept, le pilier des Anges, chef-d'œuvre gothique, se trouve près de l'horloge astronomique qui, tous les jours à 12 h 30, fait mouvoir le défilé de ses petits personnages allégoriques, notamment « les âges de la vie ». Depuis la plate-forme de la tour, le panorama sur la ville, la Forêt-Noire et les Vosges est splendide. Certains soirs, des concerts d'orgue sont donnés.

La place de la cathédrale est entourée de belles demeures, comme la maison Kammerzell

(1589) à la façade richement sculptée.

🏛 Musée de l'Œuvre Notre-Dame

3, place du Château. ☎ 03 88 52 50 00. ⬜ mar.-dim. ⬤ 1ᵉʳ janv., Ven. saint, 1ᵉʳ mai, 1ᵉʳ nov., 25 déc. 📷 ♿ au r.-d-c.

Ses collections retracent, au moyen de documents, vitraux, sculptures déposées de la cathédrale et objets d'orfèvrerie, l'histoire de l'art alsacien et rhénan du XIIᵉ au XVIIIᵉ siècle. Il expose aussi des peintures alsaciennes du Moyen Âge et de la Renaissance.

Le musée d'Art moderne et comtemporain de Strasbourg

MODE D'EMPLOI

Bas-Rhin. 🏙 400 000. ✈ 12 km au sud-ouest de Strasbourg.
🚆 SNCF (36 35). 🚌 CTS, place des Halles (03 88 77 70 70).
ℹ️ 17, place de la Cathédrale (03 88 52 28 28). ⛪ lun., mer.-sam. ; marché de Noël (déc.).
🎵 Festival de musique classique (juin) ; festival de jazz (juil.).
W www.ot-strasbourg.fr

Palais de l'Europe

STRASBOURG :
LE CENTRE-VILLE

Cathédrale Notre-Dame ④
Maison Kammerzell ③
Musée alsacien ⑦
Musée de l'Œuvre de Notre-Dame ⑤
Palais Rohan ⑥
Petite France ②
Ponts couverts ①

0   250 m

plus belles collections de faïences et de porcelaines de France.

🏛 Musée d'Art moderne et contemporain

1, pl. Jean-Hans-Arp. 📞 03 88 23 31 31. ⏰ mar.-dim.
🔴 1er janv., Ven. saint, 1er mai, 1er et 11 nov., 25 déc. 📷 ♿
🍴 🎬 *concerts, cinéma.*
Il retrace l'évolution des idées et des formes depuis les débuts de la photo et l'impressionnisme jusqu'à nos jours.

🏛 Musée historique

3, pl. de la Grande-Boucherie.
📞 03 88 52 50 00.
🔴 en rénovation jusqu'en 2007.
Dans la Grande Boucherie du xvie siècle est habituellement évoqué le passé militaire, économique et politique de la ville.

🏛 Musée alsacien

23, quai St-Nicolas. 📞 03 88 52 50 00. ⏰ mer.-lun. 🔴 1er janv., Ven. saint, 1er mai, 1er nov., 25 déc. 📷
Dans trois maisons des xviie et xviiie siècles, le musée alsacien retrace l'histoire des arts populaires de la région à travers mobilier, costumes, etc.

🏛 Palais Rohan

2, pl. du Château.
📞 03 88 52 50 00. ⏰ mer.-lun.
Musées 🔴 1er janv., Ven. saint, 1er mai, 1er et 11 nov., 25 déc. 📷 ♿
Dessiné en 1730 par le premier architecte du roi, Robert de Cotte, pour les cardinaux-princes-évêques de Strasbourg, ce grand palais classique abrite trois musées : archéologique, Beaux-Arts et Arts décoratifs. Les Grands Appartements comportent un riche mobilier. Dans l'aile des Écuries est exposée l'une des

LÉGENDE

🛥 Embarcadère

🅿 Parc de stationnement

ℹ️ Information touristique

✝ Église

Les ponts couverts et leurs tours médiévales

Route des Vins d'Alsace

Sur 180 km au pied des Vosges, de Marlenheim à Thann, le parcours sinueux de la Route des Vins mérite qu'on lui consacre deux ou trois jours. Il traverse tant de villages aux rues pavées, aux fontaines Renaissance et aux maisons à colombage que l'on a l'impression de voir des musées à ciel ouvert. On peut cependant préférer des incursions plus brèves au départ de Colmar, en particulier dans sa partie la plus belle jusqu'à Châtenois. En plus des caveaux, les amateurs dégusteront les crus locaux dans les *winstub,* ces « salons de vin » typiquement alsaciens où choucroute et tarte à l'oignon accompagnent les libations.

L'uniforme du connaisseur

Vendanges en Alsace

MARLENHEIM

STRASBOURG →

Mont-Ste Odile

Andlau

Sélestat

Haut Koenigsbourg

COLMAR

Rouffach

MULHOUSE

THANN

Molsheim ①
Les maisons Renaissance, la Fondation Bugatti et vignoble de riesling lui donnent son charme.

Obernai ②
La Kapellturm (beffroi), sur la place du Marché, a été construite du XIIIᵉ au XVIᵉ siècle.

Dambach-la-Ville ③
Vieux fûts et charrettes décorent cette jolie ville médiévale réputée pour son grand cru classé, le frankstein.

Ribeauvillé ④
Célèbre par son riesling. Lors de la fête des ménétriers, le 1ᵉʳ dimanche de septembre, le vin y coule d'une fontaine.

Riquewihr ⑤
L'un des villages les plus visités de France pour la beauté de ses maisons anciennes.

Eguisheim ⑦
Cette vieille ville prise dans une enceinte médiévale produit deux grands crus, l'eichberg et le pfersigberg.

Guebwiller ⑧
Son église Saint-Léger date du Moyen Âge. Au XIXᵉ siècle, Guebwiller s'est tourné vers le textile.

Turckheim ⑥
De belles maisons bordent la place Turenne de ce bourg Renaissance à la cave renommée.

LÉGENDE

▬▬▬	Route des vins
≈≈≈	Autres routes

0   5 km

ES VINS D'ALSACE

énéralement fruités et secs, ils
nt tous blancs à l'exception
u pinot noir, un rouge léger.

SÉLECTIONNÉ PAR JEAN HUGEL

ALSACE
APPELLATION ALSACE CONTROLÉE
HVH
DEPUIS 1639
Sélection de Grains Nobles
GEWURZTRAMINER "HUGEL"
VENDANGE TARDIVE   750 ml ℮
MISE EN BOUTEILLE PAR HUGEL ET FILS -RIQUEWIHR- ALSACE-FRANCE
PRODUCE OF FRANCE   BOTTLED IN FRANCE

ndange tardive d'une maison réputée

EN BREF

Climat
Protégée par les
Vosges, l'Alsace
possède un climat
continental relativement
doux et sec.

Cépages
Les vins d'Alsace
se boivent jeunes
et prennent les
noms de leurs cépages :
le gewurztraminer, fruité
et plein de caractère, le
riesling au bouquet subtil,
le sylvaner léger, le muscat,
fruité mais moins impérieux
que le gewurztraminer, le
pinot gris, ample, et le pinot
blanc, plus nerveux. Le
pinot noir est le seul cépage
rouge. Spécialité alsacienne
délicieuse en apéritif, les
vins de vendange tardive
possèdent une grande
puissance aromatique.

**Quelques
producteurs
réputés**
Albert Boxler,
Marcel Deiss,
Marc Kreydenweiss,
Bernard & Robert Schoffit,
Kuentz-Bas, Weinbach,
Josmeyer, Olivier
Zind-Humbrecht, Charles
Schléret, Schlumberger,
Ostertag, Trimbach, Hugel
& Fils, Cave de Turckheim.

Bons millésimes
2003, 2001, 1998,
1996, 1995, 1990.

La chapelle (XIIᵉ siècle) du château du Haut-Barr, près de Saverne

Saverne 🄗

Bas-Rhin. 🏘 10 500. 🚉 🚌
🅷 37, Grand'Rue (03 88 91 80 47).
🛍 mar., jeu. 🌐 www.ot-saverne.fr

Au pied des Vosges, bordée
par la Zorn et le canal de
la Marne au Rhin, Saverne
s'étend autour de la résidence
d'été des Rohan, vaste édifice
néo-classique (1780-1790) en
grès rouge ; sa somptuosité
lui a valu le surnom de
« Versailles alsacien ».
Il abrite le **musée
du Château des
Rohan**.

Dans la Grand-Rue,
les maisons anciennes
à colombage présentent
des poutrages richement
sculptés (au n° 80, Maison
Katz).

🏛 **Musée du
Château des Rohan**
Château des Rohan. 📞 03 88 91 06
28. 🕐 janv.-sept. : t.l.j. (a.-m. seul.
en sem. hors saison). 🎫 ♿ restreint

Aux environs
Au sud-ouest, perché sur
un promontoire rocheux, le
château du Haut-Barr, « l'Œil
de l'Alsace », aujourd'hui en
ruine, commandait jadis
l'accès au col de Saverne.

À 6 km au sud, l'abbatiale
de **Marmoutier** fondée au
VIᵉ siècle possède une façade
romane encadrée de tours
octogonales, une nef gothique
et une crypte archéologique.

Betschdorf 🄘

Bas-Rhin. 🏘 3 600. 🅷 mairie (03 88
54 48 00). 🌐 www.betschdorf.fr

En bordure de la forêt
de Haguenau, à 45 km
au nord de Strasbourg,
Betschdorf est situé dans
l'Outre-Forêt, territoire au
particularisme fort. Depuis le
XVIIIᵉ siècle, les potiers ont fait
la prospérité de la localité en
exploitant l'argile du
sous-sol. Les poteries,
au décor bleu de
cobalt caractéristique,
ont une glaçure grise
particulière, obtenue
en jetant du gros
sel dans les flammes
de la cuisson. Un
atelier de poterie
traditionnelle a
été reconstitué
dans la grange
du musée, et quinze fours
fonctionnent encore.

Poterie de Betschdorf

Une *flammeküeche* (tarte
flambée) au lard ou aux fruits
apportera une savoureuse
conclusion à une journée
de visite.

Le temple luthérien de
Kuhlendorf (1820), à 2 km
au nord, est le seul sanctuaire
à colombage d'Alsace.

Aux environs
À 10 km au sud-est, les
potiers de **Soufflenheim**
produisent une céramique
de couleur brune décorée de
motifs floraux et d'animaux.

L'Ouest

Présentation de l'Ouest

Hormis la Normandie, qui dispose également de centres industriels importants autour de Rouen et du Havre, les trois grandes régions qui composent l'ouest du pays vivent essentiellement de l'agriculture et de la pêche, mais aussi du tourisme.

Certains visiteurs apprécieront les belles plages de la côte normande, tandis que d'autres leur préféreront le charme des chemins creux bretons ou la splendeur des châteaux de la Loire.

*La silhouette familière du **Mont-Saint-Michel** accueille les pèlerins depuis le XIᵉ siècle. L'abbaye reçoit aujourd'hui près d'un million de visiteurs par an (p. 246-251).*

Le Mont-Saint-Michel

L'enclos paroissial de Guimiliau

LA BRETAGNE
(p. 258-275)

Les alignements de Carnac

***Les alignements de Carnac** attestent le peuplement très ancien de la Bretagne. Le mystère que constituent ces mégalithes de granit, érigés 4 000 ans avant J.-C., n'a pas encore été élucidé (p. 269).*

La tapisserie de Bayeux,
en fait une broderie (p. 242-243),
raconte l'invasion de l'Angleterre
par Guillaume le Conquérant.
Vigueur et finesse
caractérisent ses 58 tableaux,
dont la bataille d'Hastings.
Ici, deux des compagnons
de Guillaume se hâtent
à sa rencontre.

La cathédrale de Rouen

La tapisserie de Bayeux

Le château de Chambord est le plus
imposant des châteaux de la Loire
(p. 292-293). Construit pour François Ier
(comme en témoigne la présence
récurrente de la salamandre, emblème
du roi), il a été modifié par Louis XIV
à partir de 1683-1684. On peut y
admirer 365 cheminées, une
pour chaque jour de l'année.

LA NORMANDIE
(p. 236-257)

La cathédrale
de Chartres

La cathédrale
du Mans

Le château de Chambord

Le château de Chenonceau

Le château de Villandry

LA VALLÉE DE LA LOIRE
(p. 276-303)

0   50 km

Les spécialités de l'Ouest

Dans l'Ouest, région à vocation agricole et aux ressources maritimes variées, la cuisine est à la fois une, par ses produits de base, et diverse, par leur utilisation.

Doux en Normandie, demi-sel en Bretagne, le beurre est partout, comme la crème qui donne naissance à de nombreuses sauces, certaines pouvant napper toutes sortes de poissons, crustacés ou coquillages que la mer et le littoral offrent à profusion de la Seine-Maritime à la Vendée.

Mais les réputations que se sont taillés la Normandie avec ses fromages (32 sortes), la Bretagne avec ses artichauts ou le Val de Loire avec ses fruits ne doivent pas faire oublier les préparations permises par un élevage extrêmement varié : des canards de Rouen aux tripes de Caen en passant par le mouton de pré-salé ou les salaisons bretonnes.

Camembert

Les moules marinière deviennent « à la normande », si on ajoute un peu de céleri à la cuisson et de la crème au moment de les servir.

Le sel de mer est récolté de manière traditionnelle par les paludiers de Guérande ; naturel et parfumé, ce sel au « goût de violette » est riche en magnésium et oligo-éléments.

Les huîtres, nappées de sauce, sont délicieuses passées sur le grill.

Crevettes

Palourdes

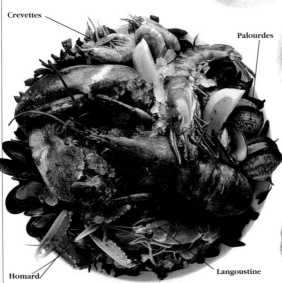

Homard

Langoustine

Au Mans, on savoure les célèbres **rillettes** sur du pain mais aussi dans des tartes ou des omelettes savoureuses.

Un plateau de fruits de mer équilibré associe huîtres, coquillages divers et crustacés sur un lit d'algues et de glace pilée. Le pain de seigle beurré et un muscadet sur lie bien frais s'imposent à la dégustation, mais n'abusez pas du citron ou du vinaigre aux échalotes.

Pour changer de la vinaigrette, essayez l'**artichaut** farci, ou avec une simple sauce au beurre.

Une fondue d'oignons
doucement cuite au beurre
parfume les haricots
du **gigot à la bretonne**.

Inventé sur les bords de Loire,
le **beurre blanc** (au vinaigre)
ou **nantais** (au muscadet)
est le meilleur ami du saumon.

Selon la tradition,
c'est à 10 h du matin
qu'il convient de déguster
les **tripes à la mode de Caen**.

En dépit de ses pommes et de sa
crème fraîche, la **tarte Tatin**
n'est pas normande
mais solognote.

Symbole de la Bretagne
touristique, les **crêpes**
de froment sont nées
à la fin du XIXe siècle.

C'est au beurre légèrement salé
que les **galettes bretonnes
et les palets** doivent
leur inimitable saveur.

LES FROMAGES

Normands (camembert,
livarot, pont-l'évêque, etc.)
aussi bien que berrichons
(crottin de Chavignol),
ces fromages et bien
d'autres, sont
désormais protégés
par des appellations
d'origine contrôlées.

Pont-l'Évêque

Crottins
de Chavignol

Livarot

Camembert

LES BOISSONS

Produit à la ferme ou dans des cidreries,
qu'il soit normand ou breton, doux
ou brut, le cidre est, dit la tradition,
« difficile à faire et facile à boire ».
C'est vrai aussi pour le calvados,
qui nécessite de 6 à 10 ans de fût,
et pour la Bénédictine, élaborée
depuis 1510 selon une recette secrète.

Bénédictine

Calvados

Cidre

Les régions viticoles : la Loire

Les vignobles de la Loire se succèdent le long de ce fleuve, couvrant 72 000 ha. Si, à quelques exceptions près, ils offrent peu de grands crus, les producteurs de cette région ont fait de gros efforts qualitatifs. Ils produisent des vins très agréables, rouges fruités, rosés rafraîchissants, blancs secs ou moelleux, et mousseux d'excellente tenue. Les vins blancs secs, qui sont ici les plus nombreux, se boivent en principe assez jeunes. Les liquoreux (vouvray ou côteaux du layon) donnent cependant de grandes bouteilles de garde.

Le cabernet franc, dit « le breton »

CARTE DE SITUATION

Les vignobles de la Loire

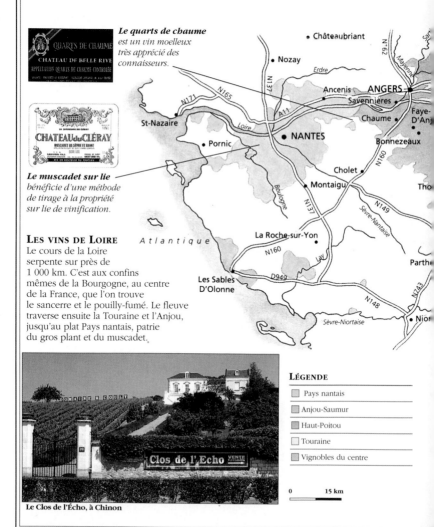

Le quarts de chaume est un vin moelleux très apprécié des connaisseurs.

Le muscadet sur lie bénéficie d'une méthode de tirage à la propriété sur lie de vinification.

LES VINS DE LOIRE
Le cours de la Loire serpente sur près de 1 000 km. C'est aux confins mêmes de la Bourgogne, au centre de la France, que l'on trouve le sancerre et le pouilly-fumé. Le fleuve traverse ensuite la Touraine et l'Anjou, jusqu'au plat Pays nantais, patrie du gros plant et du muscadet.

LÉGENDE

	Pays nantais
	Anjou-Saumur
	Haut-Poitou
	Touraine
	Vignobles du centre

0   15 km

Le Clos de l'Écho, à Chinon

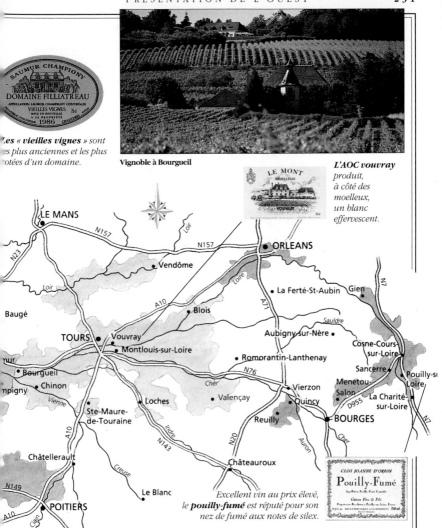

Les *vieilles vignes* sont les plus anciennes et les plus cotées d'un domaine.

Vignoble à Bourgueil

L'AOC vouvray produit, à côté des moelleux, un blanc effervescent.

Excellent vin au prix élevé, le **pouilly-fumé** est réputé pour son nez de fumé aux notes de silex.

Ce qu'il faut savoir sur les vins de Loire

Sol et climat
Ces terres fertiles sont propres à de nombreuses cultures : fruits, légumes et céréales, vignes. Le climat doux et humide donne aux vins un bon équilibre acidité/alcool.

Cépages
Le muscadet est issu du cépage melon, certains blancs de Touraine, le sancerre et le pouilly-fumé du sauvignon. Le chenin blanc est le principal cépage des vins blancs d'Anjou comme le savennières ou le bonnezeaux du montlouis de Touraine, et de grands vins effervescents comme le vouvray ou le saumur.
Pour le vin rouge, on peut citer le cépage

gamay, qui donne des vins gouleyants et fruités, et le cabernet franc aux saveurs herbacées, cépage du bourgueil.

Quelques producteurs réputés
Muscadet : Sauvion, Guy Bossard, Luneau-Papin. *Anjou, savennières, vouvray* : Richou, Ogereau, Nicolas Joly, Huet, Domaine des Aubuissières, Bourillon-Dorléans. *Touraine* : Ch. de Chenonceau. *Saumur-Champigny* : Filliatreau, Couly-Dutheil, Yves Loiseau. *Chinon/bourgueil* : Joguet. *Sancerre, pouilly-fumé, menetou-salon* : Francis Cotat, Dagueneau, Reverdy, Vacheron, Mellot, Vincent Pinard.

Évolution de l'architecture

A utrefois défensifs, les châteaux du Val de Loire
sont peu à peu devenus des résidences d'agrément.
L'invention de l'artillerie avait rendu caducs murs épais,
chemins de ronde et mâchicoulis. Les donjons, les créneaux,
les douves et les portes monumentales devinrent des signes
de noblesse et de magnificence, et les ornements
de la Renaissance leur apportèrent de l'élégance.

**La salamandre,
emblème de François Ier**

**Murs de pierre et
d'ardoise**

**Fortifications
aux créneaux arasés**

**Tour ronde,
autrefois défensive**

**Chemin de ronde
en encorbellement**

Le **château d'Angers** (p. 281),
*construit entre 1230 et 1240 par Louis IX
sur un piton rocheux, domine la ville.
À la fin du XVIe siècle, Henri III modifie
la forteresse en faisant décapiter les tours
à hauteur du mur d'enceinte.*

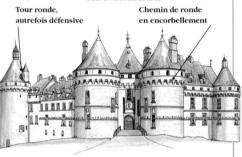

Le **château de Chaumont** (p. 296),
*rasé sous Louis XI, a été reconstruit et
remanié, entre 1445 et 1510, par la
famille d'Amboise. Ses éléments
apparemment défensifs, tours,
créneaux ou poternes, sont en fait
décoratifs. Il a été restauré
au XIXe siècle.*

Tourelle décorative

Azay-le-Rideau (p. 286), *que l'on considère
comme l'un des châteaux les plus élégants
et les plus achevés de la Renaissance, fut
construit par Gilles Berthelot, l'un des quatre
trésoriers de France et maire de Tours, et sa
femme Philippa Lesbahy. Les pilastres et les
clochetons délicats contrastent avec l'escalier
monumental à trois volées, les baies en saillie
et les frontons surchargés.*

Tour cylindrique

Fenêtres en lucarne

Fenêtres sculptées

Pilastres

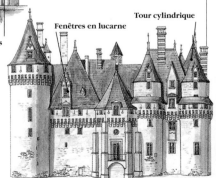

Ussé (p. 285) *fut construit dans
la seconde moitié du XVe siècle par Jean
de Bueil. Le château fort comportait alors
mâchicoulis, créneaux et meurtrières.
Les Espinay, chambellans des rois Louis XI
et Charles VIII, firent l'acquisition du
château et modifièrent en partie son aspect.
Avec ses pilastres et ses fenêtres en lucarne,
c'est un bon exemple de style Renaissance.
L'aile nord a été rasée au XVIIe siècle.*

Les traditions bretonnes

C hassés par les Anglo-Saxons, les Bretons insulaires venus se fixer en Armorique aux Ve et VIe siècles ont baptisé leur nouvelle terre *Breiz Izel*, la petite Bretagne. Ils apportent leurs coutumes, leur langue et leur religion. La Bretagne, au cours des siècles, a résisté à Charlemagne, aux invasions des Vikings et des Normands, aux Anglais et même au royaume de France jusqu'en 1532. Aujourd'hui encore, elle conserve jalousement ses traditions et son folklore.

La musique bretonne est fortement marquée par l'influence celtique. Le bagad, élément obligé des fêtes locales, est composé de joueurs de biniou et de bombarde.

La haute coiffe bigouden

Les pardons, avec processions solennelles, sont des manifestations collectives de piété et de contrition qui rassemblent à travers les rues, autour de bannières et reliques, un grand nombre de fidèles, notamment à Sainte-Anne- d'Auray et à Sainte- Anne-la-Palud.

Coiffe de cérémonie   Le célèbre « chapeau rond »   Coiffe de lin   Coiffe de travail

Galoches

Tablier brodé

Pantalons bouffants

***Les costumes traditionnels,** portés lors des processions, des fêtes locales ou des mariages, varient d'une région à l'autre. Plusieurs musées (Quimper, Pont-l'Abbé) évoquent l'histoire du costume breton, source d'inspiration pour des artistes comme Gauguin et les peintres de l'école de Pont-Aven.*

La faune et la flore en Bretagne

L a côte bretonne, avec ses falaises de granit, ses larges estuaires et ses baies profondes, offre des habitats extrêmement variés. L'amplitude des marées est ici l'une des plus fortes du monde, ce qui conditionne évidemment la répartition de la faune. Les coquillages, tels que moules, huîtres et palourdes, sont enfouis dans le sable ou accrochés sur les rochers les plus éloignés et le plus souvent recouverts. Plus près de la côte, on trouve les bigorneaux et les patelles, de même que plusieurs variétés d'algues, qui peuvent survivre assez longtemps hors de l'eau. Les hautes falaises et les pointes rocheuses constituent des réserves naturelles pour les oiseaux de mer et pour certaines espèces de plantes sauvages.

Étoile de mer

Les rochers de la pointe du Raz

L'île de Bréhat à marée basse

CONFIGURATION DE LA CÔTE

On voit ici la répartition type de la faune et de la flore sur la côte bretonne. Avant chaque promenade, pensez à consulter l'horaire des marées, surtout lorsque vous prévoyez de contourner une falaise par la plage.

Les oyats plantés çà et là sur **les dunes** contribuent à stabiliser les sables.

Les coques et les palourdes ont élu domicile dans **le sable et la vase.**

Les îlots rocheux accueillent les oiseaux de mer, qui peuvent s'y reproduire en paix.

Les plantes des **marais maritimes** s'épanouissent en floraison estivale.

LES PARCS À HUÎTRES

Comme la plupart des mollusques, les huîtres sont d'abord de petites larves planctoniques. Le premier stade de **l'ostréiculture** consiste à fournir à ces larves un point d'ancrage, en général un échafaudage de tuiles retenu par un pieu central. Une fois amenées à maturité, les huîtres sont récoltées à marée basse dans des parcs, avant d'être livrées à la consommation.

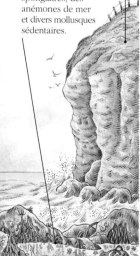

Cancale, les parcs à huîtres

Les falaises et les éboulis présentent plusieurs variétés de plantes sauvages.

Les rochers exposés à la marée abritent des spongiaires, des anémones de mer et divers mollusques sédentaires.

FAUNE ET FLORE

L'une et l'autre varient en fonction du type de littoral. Les rochers battus par les vents et les marées abritent des plantes et de petits animaux résistants. Le sable et la vase sont favorables à une vie plus intense, en surface comme en profondeur.

Falaises

*Le **biset** pigeon sauvage, niche dans les falaises.*

*Les plants **d'arméria maritime** constituent des pelouses sur le haut des falaises.*

Rochers et mares

*Les **algues** en échouage ou coupées sont appelées varech en Bretagne.*

*La **patelle** ou bernique, à coquille conique, est solidement accrochée au rocher.*

*Le **gobie** est un petit poisson côtier très commun.*

*On trouve des **crabes** à plusieurs profondeurs ; certains, comme les étrilles, sont très bons nageurs.*

Sable et vase

*Les **coques** se ramassent à marée basse en retournant simplement le sable en surface.*

*Le long bec du **courlis cendré** lui permet de fouiller dans la vase pour chercher sa nourriture.*

NORMANDIE

EURE · SEINE-MARITIME · MANCHE · CALVADOS · ORNE

*L*e seul mot de Normandie évoque des prairies verdoyantes et des troupeaux de vaches grasses paissant paisiblement sous les pommiers à cidre. Mais la Normandie, c'est aussi les plages du Cotentin et les rives boisées de la Seine, les surprenantes abbayes de Caen ou du Mont-Saint-Michel, ou encore le jardin de Monet à Giverny.

La Normandie tire son nom des « hommes du Nord », ces farouches Vikings qui ont remonté la Seine au IXe siècle. Autorisés à s'installer dans la région par le traité de Saint-Clair-sur-Epte en 911, les anciens pillards assagis ont fait de Rouen leur capitale. Les méandres de la Seine arrosent au passage les abbayes de Jumièges et de Saint-Wandrille, avant de gagner les plages lumineuses où s'est épanoui, au XIXe siècle, le talent des peintres impressionnistes.

Au nord de Rouen se dressent les falaises crayeuses de la Côte d'Albâtre, prolongées à l'ouest par les sables de la Côte Fleurie, sans oublier le charmant petit port de Honfleur.

C'est surtout dans le pays d'Auge, à l'intérieur des terres, que l'on trouve les maisons à colombage associées à la région et les fameuses vaches normandes à l'œil cerclé de brun. Le bocage normand est une succession d'enclos protégés du vent par des haies de hêtres.

La ville de Caen, largement reconstruite après la dernière guerre, a conservé ses deux églises abbatiales édifiées au XIe siècle à la demande de Guillaume le Conquérant et de son épouse. C'est à Bayeux, toute proche, qu'est exposée la fameuse Tapisserie, dite de la reine Mathilde. La Côte de Nacre et la presqu'île du Cotentin gardent le souvenir d'un débarquement plus récent, celui du 6 juin 1944, prélude à la fin de la Seconde Guerre mondiale. À l'extrême pointe du Cotentin, Cherbourg, base militaire, ferme la baie où se dresse l'abbaye du Mont-Saint-Michel, l'un des hauts lieux du tourisme en France.

Maison à colombage à Beuvron-en-Auge, près de Lisieux

◁ **Les vaches normandes sont l'une des principales ressources du pays**

À la découverte de la Normandie

La richesse de son patrimoine historique et la diversité de ses paysages font de la Normandie un lieu de promenade idéal. Toute la côte offre des routes pittoresques qui dominent les plages en plusieurs endroits. « Le Couesnon en sa folie mit Saint-Michel en Normandie », si bien que la célèbre abbaye marque de façon spectaculaire l'ancienne frontière avec la Bretagne. À l'intérieur, en suivant les méandres de la Seine, on atteint Rouen et sa cathédrale.

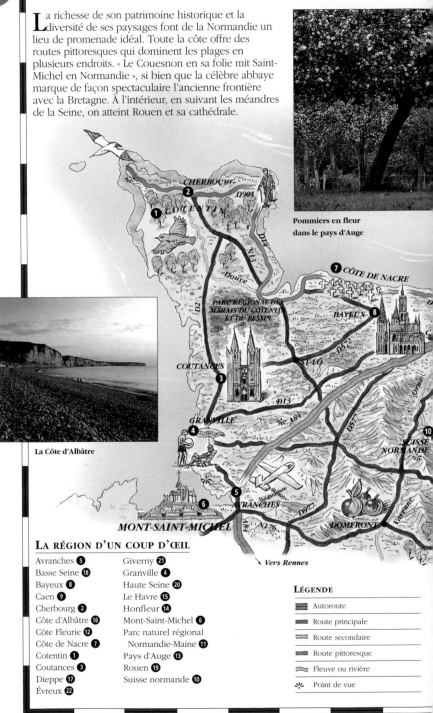

Pommiers en fleur dans le pays d'Auge

La Côte d'Albâtre

LA RÉGION D'UN COUP D'ŒIL

Avranches ⑤
Basse Seine ⑱
Bayeux ⑧
Caen ⑨
Cherbourg ②
Côte d'Albâtre ⑯
Côte Fleurie ⑫
Côte de Nacre ⑦
Cotentin ①
Coutances ③
Dieppe ⑰
Évreux ㉒

Giverny ㉑
Granville ④
Haute Seine ⑳
Le Havre ⑮
Honfleur ⑭
Mont-Saint-Michel ⑥
Parc naturel régional
   Normandie-Maine ⑪
Pays d'Auge ⑬
Rouen ⑲
Suisse normande ⑩

Vers Rennes

LÉGENDE

▬	Autoroute
▬	Route principale
▬	Route secondaire
▬	Route pittoresque
➤	Fleuve ou rivière
✼	Point de vue

CIRCULER

Au départ de Calais, l'A28-29 permet de gagner facilement la Normandie. L'autoroute rejoint l'A13 en direction de Paris et descend à l'ouest vers Caen, puis vers l'A84. Le réseau routier et ferroviaire permet de rallier rapidement les ports de Dieppe, Le Havre, Caen (Ouistreham) et Cherbourg. Les transports en commun sont limités. La région est traversée par de petites routes, particulièrement agréables en Pays d'Auge et dans le Cotentin. Les aéroports principaux sont situés à Rouen, Le Havre et Caen.

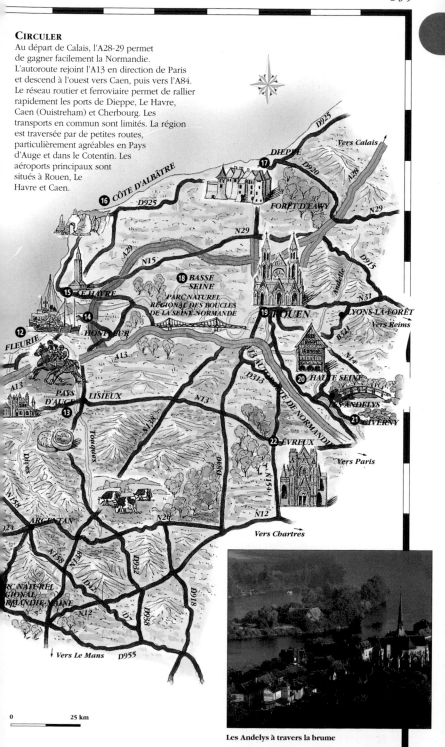

Les Andelys à travers la brume

0   25 km

Crique rocheuse dans le Cotentin

Cotentin ❶

Manche. 🚶 🚉 🚌 ⛴ *Cherbourg.*
ℹ️ *2, quai Alexandre-III,*
Cherbourg (02 33 93 52 02).
🌐 *. www.ot-cherbourg-cotentin.fr*

Dans la presqu'île du Cotentin, baignée par la Manche, les plages de sable alternent avec des promontoires rocheux balayés par les vents, comme la pointe de la Hague ou le Nez de Jobourg, réserve d'oiseaux de mer. C'est à Utah Beach, que les troupes alliées ont débarqué le 6 juin 1944. À Sainte-Mère-Église, le **musée Airborne** commémore l'événement. À la sortie du village, la **Ferme-musée du Cotentin**, témoigne du passé rural de la région et à Valognes, le **musée régional du Cidre** célèbre les spécialités locales. Au nord-est, **Barfleur** est un charmant petit port de pêche, et **Saint-Vaast-la-Hougue** est réputé pour ses parcs à huîtres et ses excursions à l'île de Tatihou.

À l'ouest de la presqu'île, **Barneville-Carteret** étire ses plages et des bateaux relient les îles anglo-normandes en été. À l'est de Carentan et de l'embouchure de la Douve, le **parc naturel régional des Marais du Cotentin et du Bessin** est caractéristique du bocage normand.

🏛 **Musée Airborne**
14, rue Eisenhower, Sainte-Mère-Église. 📞 *02 33 41 41 35.* 🕐 *fév.-nov. : t.l.j.* ● *déc.-janv.* 📷 ♿
🌐 www.airborne-museum.org

🏛 **Ferme-Musée du Cotentin**
Route de Beauvais, Sainte-Mère-Église.
📞 *02 33 41 30 25.* 🕐 *juin-sept. : t.l.j., vac. scol de fév.-mai et vac. scol. d'oct. : t.l.j. l'a.-m.* 📷

🏛 **Musée régional du Cidre et du Calvados**
Rue du Petit-Versailles, Valognes.
📞 *02 33 40 22 73.* 🕐 *avr.-sept. : mer.- lun. ; juil.-août : t.l.j. sauf dim. matin.* 📷

Cherbourg ❷

Manche. 🏘 *44 100.* 🚶 🚉 🚌 ⛴
ℹ️ *2, quai Alexandre-III*
(02 33 93 52 02). ✉️ *mar., mer., jeu., sam. mat. et dim. mat.*
🌐 www.ot-cherbourg-cotentin.fr

Base navale depuis le milieu du XIXe siècle, Cherbourg est aujourd'hui encore un port militaire. C'est aussi un port de commerce, d'où partent régulièrement des navires vers l'Amérique du Nord et du Sud, et des ferries vers l'Angleterre et l'Irlande.

Sur les hauteurs, le **fort du Roule** abrite le **musée de la Libération**, où sont rassemblés les souvenirs du débarquement et de la libération de la ville. La place du marché, abondamment fleurie, et les rues commerçantes voisines, comme la rue de la Tour-Carrée ou la rue de la Paix, sont très animées.

Le **musée Thomas-Henry** expose des tableaux de l'école flamande et des portraits de Jean-François Millet (auteur du célèbre *Angélus*), un enfant du pays né à Gréville.

La **Cité de la Mer** est un vaste complexe qui invite à la découverte des richesses sous-marines et qui abrite le plus grand sous-marin ouvert au public. Le **musée Emmanuel Liais**, dans le **parc Emmanuel Liais** qui regroupe plusieurs petits jardins botaniques, abrite des objets ethnographiques.

🏛 **Musée de la Libération**
Fort du Roule. 📞 *02 33 20 14 12.*
🕐 *mai-sept. : t.l.j. (dim. et lun. : a.-m. seul.) ; oct.-avr. : mer.-dim. (a.-m. seul.).* ● *j. f.* 📷 ♿
🏛 **Musée Thomas-Henry**
4, rue Vastel. 📞 *02 33 23 39 30.*
🕐 *mai-sept. : t.l.j. (dim. et lun. : a.-m. seul.) ; oct.-avr. : mer.-dim. (a.-m. seul.).* ● *j. f.* 📷 ♿
🏛 **La Cité de la Mer**
Gare maritime transatlantique.
📞 *0825 33 50 50.* 🕐 *t.l.j.* ● *25 déc., 1er janv., 2 sem. en janv.* 📷 📷 🍴 🅿️
🌐 www.citedelamer.com
🏛 **Musée Emmanuel Liais**
Parc Emmanuel Liais. 📞 *02 33 53 51 61.* 🕐 *mai-sept. : t.l.j. (dim. et lun. : a.-m. seul.) ; oct.-avr. : mer.-dim. (a.-m. seul.).* ● *j. f.* 📷

Au centre de Cherbourg

Coutances ❸

Manche. 🏘 *11 500.* 🚌 🚉
ℹ️ *place Georges-Leclerc (02 33 19 08 10).* ✉️ *jeu.* 🌐 www.coutances.fr

Bâtie au XIIIe siècle, l'actuelle cathédrale, fleuron du gothique normand, incorpore des parties importantes de la **cathédrale** romane du XIe siècle. Elle possède une tour lanterne haute de 66 m et abrite un important ensemble de vitraux gothiques.

La ville a été endommagée à 65 % lors de la dernière guerre, mais la cathédrale a échappé au désastre ainsi que les églises Saint-Pierre, Saint-Nicolas et le **jardin des plantes**.

Au sud-est, on peut visiter les intéressantes ruines de l'**abbaye d'Hambye** (xiie siècle).

Le chevet de la cathédrale
de Coutances et sa tour lanterne

Granville ❹

Manche. 🚶 *13 500.* 🚉 🚌 ⛴ 🏢
4, cours Joinville (02 33 91 30 03). 🅿
mer., sam. Ⓦ *www.ville-granville.fr*

Fortifiée par les Anglais en 1439, la ville haute est aujourd'hui encore ceinte de remparts d'où l'on découvre à l'horizon la baie du Mont-Saint-Michel.
   Le **musée du Vieux Granville** occupe l'une des anciennes poternes. Les murs de l'**église Notre-Dame** sont tapissés d'ex-voto offerts par les marins pêcheurs du pays à leur sainte patronne, Notre-Dame du Cap Lihou. La ville basse est une station balnéaire

Belle Époque, avec un casino, des promenades et des jardins. L'aquarium et le musée des Coquillages se trouvent près du phare. Le **musée Christian-Dior**, installé dans la maison d'enfance du couturier, retrace l'évolution de la mode de 1947 à 1957. Un service régulier de vedettes pour les îles Chausey, d'où proviennent les pierres de l'abbaye du Mont-Saint-Michel, est assuré.

🏛 **Musée du Vieux Granville**
2, rue Le Carpentier. 🕻 *02 33 50 44 10.* ◯ *avr.-sept. : mer.-lun. ; oct.-mars : mer., sam., dim. (a.-m. seul).*
⬤ *1er nov., 22 déc.-31 janv.* 🈲
🏛 **Musée Christian-Dior**
Villa les Rhumbs. 🕻 *02 33 61 48 21.*

LES PLAGES DU DÉBARQUEMENT

Le 6 juin 1944, aux premières heures du jour, les forces alliées déferlent sur les plages. La Normandie est la première étape de l'Opération Overlord, dont l'objectif est de libérer la France. Les parachutistes sont largués au-dessus de Sainte-Mère-Église et de Pegasus Bridge, et l'infanterie de marine est débarquée le long des plages, qui portent encore aujourd'hui leur nom de code. Les Américains arrivent par l'ouest, à Utah et à Omaha, tandis que les Britanniques et les Canadiens, accompagnés de commandos français, ont pour objectifs Gold, Juno et

Le débarquement des troupes américaines

Sword, un peu plus loin vers l'est. Bénouville, où se dressait le double pont sur l'Orne rebaptisé Pegasus Bridge pour la circonstance, est un point de départ idéal pour entamer le circuit des plages et des monuments commémoratifs.

À Arromanches, on peut encore voir les vestiges du port artificiel établi par les Alliés. De nombreux cimetières militaires et musées de la guerre, à Bayeux, Caen, Sainte-Mère-Église, Cherbourg, retracent l'histoire du jour J et de la bataille de Normandie.

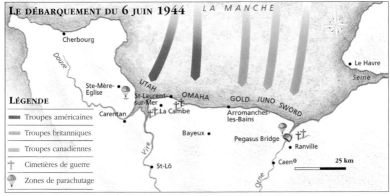

LE DÉBARQUEMENT DU 6 JUIN 1944 — LA MANCHE

Cherbourg
Douve
Ste-Mère-Église
St-Laurent-sur-Mer
UTAH
Carentan
OMAHA
La Cambe
GOLD JUNO SWORD
Arromanches-les-Bains
Bayeux
Pegasus Bridge
Ranville
Vire
Caen
St-Lô
Orne
Le Havre
Seine

LÉGENDE
▬ Troupes américaines
▬ Troupes britanniques
▬ Troupes canadiennes
✝ Cimetières de guerre
⚓ Zones de parachutage

25 km

À la fin du jour J, environ 135 000 hommes étaient débarqués, avec des pertes d'environ 10 000 hommes

Avranches ❺

Manche. 🏛 *9 230*. 🚉 🚌 ℹ️ *2, rue Général-de-Gaulle (02 33 58 00 22).* 🚌 *sam.* 🌐 *www.ville-avranches.fr*

Centre religieux depuis le VIe siècle, Avranches est tout naturellement devenue la dernière étape des pèlerins en route pour l'abbaye du Mont-Saint-Michel. La légende raconte qu'en 708, l'archange saint Michel apparut en songe à saint Aubert, évêque d'Avranches, et lui intima l'ordre d'élever une chapelle sur un îlot rocheux de la baie. À l'**église Saint-Gervais**, on peut voir la relique du « chef de saint Aubert », marqué au front par l'index de l'archange. C'est depuis le **Jardin des Plantes** que l'on a la meilleure vue d'ensemble du Mont. 203 manuscrits de l'abbaye, transférés à Avranches, ainsi que 14 000 autres livres imprimés, provenant d'abbayes des environs, sont exposés au **Scriptorial, musée des Manuscrits du Mont-Saint-Michel**. Non loin de là, le **Musée municipal** regroupe d'intéressants témoignages du passé.

🏛 **Musée des Manuscrits du Mont-Saint-Michel**
Pl. d'Estouteville. 📞 *02 33 79 57 00.* ⏰ *mar.-dim. (juil.-août : t.l.j.).* ⏰ *janv. et j. f.* ♿
🏛 **Musée municipal**
Pl. Jean-de-Saint-Avit. 📞 *02 33 89 29 50.* ⏰ *juin-sept. : t.l.j.* ♿

Les ruines de Mulberry Harbour

Mont-Saint-Michel ❻

p. 246-251.

Côte de Nacre ❼

Calvados. ✈️ *Caen*. 🚉 🚌 *Caen, Bayeux*. ⛴ *Caen-Ouistreham.* ℹ️ *Courseulles (02 31 37 46 80).*

La Côte de Nacre, ainsi appelée depuis le XIXe siècle pour sa lumière particulière et ses sables blancs, s'étend de l'embouchure de l'Orne à celle de la Seulles. C'est là que les troupes alliées ont débarqué en juin 1944, dans le cadre de l'Opération Overlord *(p. 241)*. On y trouve donc, outre de nombreux cimetières militaires, quantité de monuments commémoratifs et de musées qui méritent une visite. On voit encore, au large d'Arromanches, les vestiges du port artificiel de Mulberry Harbour. Les vastes plages de sable sont fréquentées aujourd'hui par les amateurs de grand air et de baignade, assurés de trouver le gîte et le couvert dans de charmantes localités comme **Courseulles** ou **Luc-sur-Mer**.

Bayeux ❽

Calvados. 🏛 *15 400*. 🚉 🚌 ℹ️ *pont Saint-Jean (02 31 51 28 28).* 🚌 *sam. et mer.* 🌐 *www.bayeux-tourisme.com*

Première commune libérée par les Alliés en 1944, Bayeux a échappé par miracle aux destructions de la guerre. On peut y admirer de belles maisons du XVe au XIXe siècles autour de la rue Saint-Martin et de la rue Saint-Jean,

LA TAPISSERIE DE BAYEUX

Ce prestigieux ancêtre de la bande dessinée, un lé de toile écrue long de plus de 70 m sur 50 cm de large, présente successivement les divers épisodes de l'accession de Guillaume le Conquérant, né à Falaise en 1027, au trône d'Angleterre, dont la bataille décisive d'Hastings. La Tapisserie, en réalité une patiente broderie attribuée, sans doute à tort, à la reine Mathilde, est un précieux témoignage de la vie quotidienne au Moyen Âge.

Harold et sa suite sont envoyés avertir Guillaume du vœu d'Édouard de le voir lui succéder sur le trône d'Angleterre.

Des arbres aux branches entrelacées matérialisent parfois la fin d'une scène.

voie piétonne et commerçante.
La **cathédrale Notre-Dame**, de
style gothique, dont les flèches
élancées et la tour lanterne
dominent le centre, possède
aussi une magnifique crypte
romane du XIᵉ siècle, décorée de
fresques, seul vestige de l'église
paroissiale consacrée en 1077.
C'est à cette date que vraisemblablement l'évêque Odon
décida de faire exécuter pour
l'occasion la célèbre Tapisserie.
La Tapisserie de Bayeux, ou
« Telle du Conquest », est
admirablement mise en valeur
au **Centre Guillaume-le-
Conquérant-Tapisserie de
Bayeux** récemment restauré. À
l'ombre de la cathédrale, le
musée Baron-Gérard possède
une riche collection de
porcelaine de Bayeux.

À la sortie sud-ouest de la
ville, le **musée mémorial de la
Bataille de Normandie** retrace
les événements locaux de la
Seconde Guerre mondiale.

Caen, l'abbaye-aux-Hommes

🏛 **Centre Guillaume-le-
Conquérant-Tapisserie
de Bayeux**
Rue de Nesmond. **📞** *02 31 51 25 50.*
◗ *t.l.j.* **●** *certains j. f.* 📷 **♿**
🏛 **Musée Baron-Gérard**
Pl. de la Liberté. **📞** *02 31 92 14 21.*
◗ *t.l.j.* 📷
🏛 **Musée mémorial
de la Bataille de Normandie**
Bd Fabian-Ware. **📞** *02 31 51 46 90.*
◗ *t.l.j.* **●** *2 der. sem. de janv.* 📷 **♿**

Aux environs
Cérisy-la-Forêt, au sud-ouest,
garde une église romane du

XIᵉ siècle, tandis que le
château de Balleroy est dû
à Mansart et à Le Nôtre.

Caen ❾

Calvados. 🏘 *117 000.* ✈ 🚉
🚌 🛳 **ℹ** *pl. Saint-Pierre (02 31 27
14 14).* 🗓 *ven., dim.*
Ⓦ *www.caen.fr/tourisme*

Guillaume le Conquérant et
la reine Mathilde firent de
Caen, au milieu du XIᵉ siècle,
leur résidence favorite. La ville
fut détruite aux trois quarts
pendant la Seconde guerre
mondiale, mais le château,
aménagé en parc public, se
dresse encore bravement sur
la rive de l'Orne. Quant aux

deux abbayes monumentales
édifiées par les souverains en
expiation de leur mariage
consanguin, elles ont traversé
les siècles sans trop souffrir.
L'**église Saint-Pierre**, élevée
au XIIIᵉ siècle, a été remaniée
et complétée au début du
XVIᵉ siècle. Son clocher du
XIVᵉ siècle abattu pendant
la dernière guerre a été
reconstruit. À l'est, dans
le Vieux Quartier, la rue
Vaugueux, piétonne, présente
encore quelques jolies
maisons à pans de bois.
Pour gagner le quartier
commerçant, on peut
emprunter la rue Saint-Pierre
ou le boulevard du
Maréchal-Leclerc.

Les Anglais prennent
un dernier repas avant d'embarquer
pour la Normandie.

Des moustaches hirsutes,
apanage des Anglais,
les distinguent des Normands
impeccablement rasés.

**Les brins de laine
colorés** utilisés pour la
broderie ont perdu leur
éclat au cours des siècles.

Des inscriptions latines
orthographiées à la saxonne
commentent les scènes.

Les bordures ornementales
accumulent les allégories et les
figures symboliques.

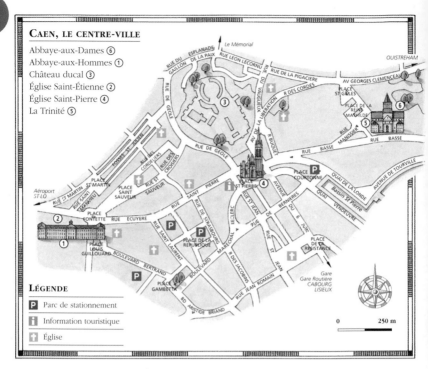

CAEN, LE CENTRE-VILLE

Abbaye-aux-Dames ⑥
Abbaye-aux-Hommes ①
Château ducal ③
Église Saint-Étienne ②
Église Saint-Pierre ④
La Trinité ⑤

LÉGENDE

P Parc de stationnement

ℹ Information touristique

✝ Église

0   250 m

🏠 Abbaye-aux-Hommes ①

Esplanade Jean-Marie-Louvel.
📞 02 31 30 42 81. 🕐 t.l.j.
● 1er janv., 25 déc. 📷 ♿
📷 obligatoire.
Commencée en 1063,
l'abbaye-aux-Hommes fut
achevée vingt ans plus tard.
L'abbatiale, l'**église Saint-
Étienne**, est un chef-d'œuvre
de l'art roman, dont l'austère
façade occidentale est
surmontée de flèches du
XIIIe siècle. La nef, très épurée,
fut couverte au début du
XIIe siècle par des voûtes de
pierre annonciatrices de l'art
gothique.

🏠 Abbaye-aux-Dames ②

Pl. de la Reine-Mathilde. 📞 02 31 06
98 98. 🕐 t.l.j. ● 1er janv., 1er mai,
25 déc. 📷 obligatoire. ♿
Sa superbe abbatiale romane,
l'**église de la Trinité**, est
flanquée d'une aile du
XVIIIe siècle. Commencée en
1060, elle ne fut consacrée
qu'en 1066, quelques mois
avant la victoire d'Hastings.
La blancheur des blocs de
pierre et la solennité du lieu
en font un mausolée à la
mesure de la reine Mathilde,
qui repose dans le chœur.

🏛 Château ducal ③

Esplanade du Château. **Musée des
Beaux-Arts** 📞 02 31 30 47 70.
Musée de Normandie 📞 02 31 30
47 50. **Musées** 🕐 mer.-lun.
● 1er janv., Pâques, 1er mai,
Ascension, 1er nov., 25 déc. 📷 ♿
Les ruines du château de Caen
sont entourées de jardins et
de remparts offrant une jolie
vue sur la ville. L'enceinte
abrite le **musée des Beaux-
Arts**, qui expose des
peintures et un très important
fonds d'estampes, et le
musée de Normandie, qui
rassemble des témoignages
divers (archéologiques,
ethnographiques) sur le
passé de la région.

🏛 Mémorial de Caen

Esplanade Dwight-Eisenhower.
📞 02 31 06 06 44.
🕐 mi-janv.-déc. : t.l.j.
● 25 déc., 2 sem. en janv. 📷 ♿
Le Mémorial place le
débarquement dans le
contexte des conflits du
XXe siècle. Des techniques
audiovisuelles et interactives,
à partir de documents
d'archives et d'extraits de
films, expliquent l'événement.

Aux environs
Guillaume le Conquérant est
né au château de **Falaise**,
dont le puissant donjon date
du XIIe siècle ; la ville compte
plusieurs églises intéressantes.

La vallée de l'Orne, en Suisse normande

Suisse normande ❿

Calvados et Orne. ✈ Caen. 🚗 🚌
Caen, Argentan. 🛈 place du Tripot,
Thury-Harcourt (02 31 69 70 45).
🌐 www.suisse-normande.com

Même si le terme paraît un peu excessif, les escarpements et les reliefs inattendus de la vallée de l'Orne, à 26 km au sud de Caen, attirent les amateurs de randonnée, d'escalade et de sports de rivière. On peut aussi se promener en voiture sur de petites routes pittoresques. Le point culminant est la roche d'Oëtre, accessible par la D 329, d'où l'on peut admirer en contrebas les gorges vertigineuses de la Rouvre.

Parc naturel régional Normandie-Maine ⓫

Orne, Manche, Mayenne et Sarthe.
✈ Alençon. 🚗 🚌 Argentan.
🛈 Maison du Parc, Carrouges
(02 33 81 75 75). 🌐 www.parc-naturel-normandie-maine.fr

Avec ses reliefs boisés, ses cours d'eau et ses bocages fleuris, il est l'un des plus grands parcs naturels régionaux de France. **Domfront** ou **Bagnoles-de-l'Orne**, petite ville d'eau dotée d'un casino et de clubs sportifs, sont de charmantes localités. **Sées**, un peu plus à l'est, possède une magnifique cathédrale gothique. La **Maison du Parc**, à Carrouges, fournit des informations pour visiter le parc à pied, à vélo ou

Réclame pour Deauville, dans les années 1930

à cheval, ou pour pratiquer escalade et canoë-kayac.

Aux environs
À proximité de Carrouges, le château est historiquement lié à la Maison du Parc. À la sortie de Mortrée se dresse le **château d'Ô**, splendide exemple d'architecture Renaissance. Non loin de là, le **Haras du Pin** organise à la belle saison des manifestations hippiques. **Alençon** possède un musée de la Dentelle, un château et une vieille ville. Non loin de là s'étend la splendide **forêt d'Écouves**.

Côte Fleurie ⓬

Calvados. ✈ 🚗 🚌 Deauville.
🛈 Deauville (02 31 14 40 00).
🌐 www.deauville.fr

La Côte Fleurie, jalonnée de stations balnéaires à la mode, s'étend de Villerville à

Cabourg. **Trouville**, qui n'était alors qu'un petit village de pêcheurs, attira au XIXᵉ siècle l'attention de Gustave Flaubert et d'Alexandre Dumas. Après la guerre de 1870, la ville se dota de plusieurs grands hôtels, d'une gare ferroviaire et de chalets élégants en bordure de plage. Sa voisine **Deauville**, lancée par le duc de Morny à la même époque, ne tarda pas à la supplanter. Son imposant casino, ses champs de courses, ses marinas et surtout ses fameuses « planches » (qui font oublier celles de Trouville) sont devenus célèbres

Les plages de **Houlgate** et de **Villers-sur-Mer**, à l'ouest, sont plus discrètes. La station balnéaire de **Cabourg** servit de modèle à la plage imaginaire de Balbec, évoquée par Marcel Proust dans *À la recherche du temps perdu*. L'auteur fit en effet de multiples séjours au superbe Grand Hôtel *(p. 551)*, dont les bâtiments édifiés au tournant du XXᵉ siècle dominent encore aujourd'hui la localité.

Pays d'Auge ⓭

Calvados. ✈ Deauville.
🚗 🚌 Lisieux. 🛈 11, rue d'Alençon,
Lisieux (02 31 48 18 10).
🌐 www.lisieux-tourisme.com

À l'intérieur des terres, le pays d'Auge illustre bien la Normandie telle qu'on l'imagine, avec ses bosquets, ses vergers, ses fermes et ses belles demeures. **Lisieux**, sa capitale, est pratiquement dédiée à Thérèse de l'Enfant-Jésus, carmélite canonisée en 1925, dont le culte attire plus d'un million de fidèles par an. Les petites villes d'**Orbec** ou de **Saint-Pierre-sur-Dives** ont conservé l'atmosphère calme de la campagne normande. La route du Cidre et les circuits ruraux permettent d'admirer les fermes et les manoirs à colombages témoignant de la prospérité de la région. À voir aussi, les châteaux de **Saint-Germain-de-Livet** et de **Crèvecœur-en-Auge**, avec son musée Schlumberger, sans oublier le village de **Beuvron-en-Auge**, aux vieilles maisons à colombage.

LES POMMES ET LE CIDRE

Les pommeraies sont indissociables du paysage normand. Toute pâtisserie qui se respecte propose sa « *tarte normande* », tarte aux pommes nappée de crème fraîche, et les écriteaux annonçant « *Ici, vente de cidre* » sollicitent les promeneurs au détour des chemins. La Normandie est aussi le berceau du calvados, alcool de pomme vieilli en fût de chêne. On y fabrique également une boisson légèrement alcoolisée à base de poire, le poiré, qui bénéficie d'une AOC (Poiré-Domfront).

Pommes à cidre et pommes à couteau

Mont-Saint-Michel ❻

L'abbaye au
Xe siècle

L'abbaye au
XIe siècle

Ceint d'une écharpe de brume et cerné par les flots, le Mont-Saint-Michel, l'une des curiosités les plus étonnantes de la côte française, se dresse fièrement dans le scintillement de la baie, entre Normandie et Bretagne, à l'embouchure du Couesnon. L'ancien Mont-Tombe, doté au VIIIe siècle d'un modeste oratoire, fut couronné du Xe au XVIe siècle d'une abbaye monumentale, plusieurs fois remaniée, qui double pratiquement sa hauteur. Lieu de pèlerinage particulièrement fréquenté au XIIe et au XIIIe siècles, le Mont continua longtemps d'être pris d'assaut par les « miquelots », venus parfois de très loin pour honorer saint Michel. Le « Mont-Michel », Révolution oblige, fut transformé en prison, avant que sa rénovation ne soit confiée, en 1874, aux Monuments historiques. Il est relié au continent par une digue carrossable depuis 1879.

Saint Michel

L'abbaye au
milieu du
XVIIIe siècle

**La chapelle
Saint-Aubert**
*Édifié sur le rocher
au XVe siècle, l'oratoire
est consacré au fondateur
du Mont-Saint-Michel.*

Tour Gabriel

★ Les remparts
*La ville a été fortifiée
pendant la guerre de
Cent Ans pour résister
aux assauts des Anglais.*

Entrée

CHRONOLOGIE

		1434 Dernière attaque des Anglais. La ville est ceinte de remparts	**1789** À la Révolution, le Mont devient prison politique	**1874** La sauvegarde de l'abbaye est confiée aux Monuments historiques
966 Fondation d'une abbaye bénédictine	**1211-1228** Construction de la Merveille			**1922** Restauration du culte dans l'abbatiale
700	1000	1300	1600	1900
1017 Début des travaux de l'abbaye	**1516** Déclin de l'abbaye		**1877-1879** Construction de la digue	**1895-1897** Addition de la tour, de la flèche et de la statue de l'Archange
708 Saint Aubert fait construire un oratoire sur le Mont-Tombe	**1067-1070** Le Mont-Saint-Michel est représenté sur la Tapisserie de Bayeux			**1969** Retour d'une communauté bénédictine

Détail de la Tapisserie de Bayeux

MODE D'EMPLOI

🚌 Pontorson, puis autobus.
ℹ️ bd de l'Avancée (02 33 60 14
30). 🎉 Saint-Michel d'Automne
(sept.). **Abbaye** 📞 02 33 89 80
00. 🕐 mai-août : t.l.j. 9h-19h ;
sept.-avr. : t.l.j. 9h30-18h.
(dernier accès 1h avant). Visites
nocturnes l'été (recommandées).
⏺ 1er janv., 1er mai., 25 déc.
🎫 ✝️ 12h15 mar.-dim. 📷 ✍️
🌐 www.monum.fr ou
www.ot-montsaintmichel.com

Les marées
*Les marées sont d'une amplitude exceptionnelle
dans la baie. Les sables mouvants n'opposent
aucune résistance à la montée des eaux,
dont la vitesse peut atteindre 10 km/h
aux marées d'équinoxe.*

★ L'abbaye
*Protégées par de hautes
murailles, l'abbaye et
son église occupent une
position imprenable.*

Le Saut Gaultier
*Situé au sommet du
Grand Degré, on y jouit
d'une vue magnifique sur
le sud de la baie.*

Église Saint-Pierre

Tour de la Liberté

Tour de l'Arcade,
où logeaient les gardes.

Tour du Roy

À NE PAS MANQUER

★ **L'abbaye**

★ **Les remparts**

★ **La Grande-Rue**

★ La Grande-Rue
*L'ancien itinéraire des
pèlerins jusqu'aux portes de
l'abbaye, aujourd'hui envahi
de restaurants et de boutiques
de souvenirs, longe l'église
Saint-Pierre.*

Abbaye du Mont-Saint-Michel

L'histoire du Mont-Saint-Michel est sensible à travers son architecture même. L'abbaye qui le domine connut des affectations diverses, passant du monastère bénédictin à la prison politique. C'est en 1017 que fut construite une première église abbatiale, qui prenait appui sur un édifice pré-roman du Xᵉ siècle, la chapelle Notre-Dame-sous-Terre. Au tout début du XIIIᵉ siècle, un imposant monastère à trois niveaux, la Merveille, est adjoint au nord de l'abbatiale, à flanc de rocher.

Croix dans le chœur

★ L'église abbatiale
La nef ne comprend plus que quatre travées. Les trois autres ont été abattues en 1776.

★ La Merveille
Il n'a fallu que 16 ans pour construire ce chef-d'œuvre de l'art gothique.

Réfectoire des moines
La grande salle est baignée d'une lumière douce, diffusée par de très étroites et très hautes ouvertures.

NIVEAU SUPÉRIEUR (ÉGLISE)

NIVEAU INTERMÉDIAIRE

NIVEAU INFÉRIEUR

Salle des Chevaliers
Les voûtes et les chapiteaux sont typiquement gothiques.

Notre-Dame-des-Trente-Cierges
C'est l'une des deux cryptes qui supportent le transept.

★ Le cloître
Avec ses colonnettes de poudingue disposées en quinconce, c'est une parfaite illustration du style anglo-normand.

VISITE DE L'ABBAYE

Les trois niveaux de l'abbaye reflétaient la hiérarchie monastique. Les moines logeaient à l'étage supérieur, où se situaient l'église, le cloître et le réfectoire. Les hôtes de marque étaient reçus par l'abbé à l'étage intermédiaire. À l'étage inférieur étaient hébergés les gardes, ainsi que les pèlerins de modeste condition. Le circuit habituel allait de la terrasse de l'ouest à l'Aumônerie, où les pauvres recevaient l'aumône, transformée aujourd'hui en comptoir de vente.

ÉGLISE

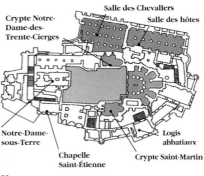

NIVEAU INTERMÉDIAIRE

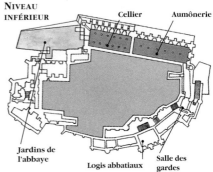

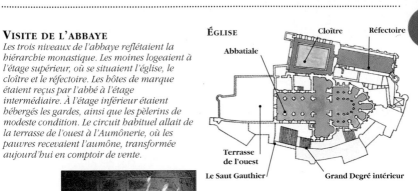

Intérieur de l'église

Le chœur gothique flamboyant, soutenu par des arcs-boutants, fut construit entre 1446 et 1521.

NIVEAU INFÉRIEUR

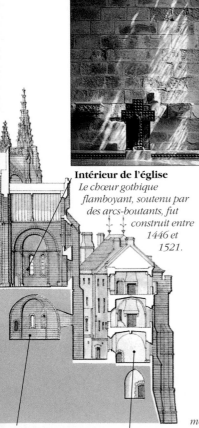

Crypte Saint-Martin

Cette chapelle, avec sa voûte en berceau, témoigne de l'austérité de la première abbatiale.

Les logis abbatiaux, proches du parvis, permettaient au père abbé de recevoir dignement les hôtes de marque. Les pèlerins plus modestes étaient accueillis à l'Aumônerie.

Les Fraternités monastiques de Jérusalem

Cette petite communauté de moines, installée dans l'abbaye depuis 2001, assure une permanence de prières et perpétue une tradition religieuse vieille de dix siècles.

À NE PAS MANQUER

★ **L'église abbatiale**

★ **La Merveille**

★ **Le cloître**

Le Mont-Saint-Michel, de nuit ▷

Honfleur

Calvados. 🚊 8 500. 🚉 Deauville.
🛈 quai Lepaulnier (02 31 89 23 30).
🚌 sam. 🌐 www.ot-honfleur.fr

Honfleur, place forte édifiée au XIIIᵉ siècle et port de guerre très actif jusqu'au XVᵉ siècle est une station balnéaire paisible. Le **Vieux Bassin**, construit à la fin du XVIIᵉ siècle, est bordé à l'ouest de hautes maisons. La localité devint au XIXᵉ siècle le rendez-vous des artistes, Eugène Boudin, d'abord (né à Honfleur en 1824) puis Courbet, Sisley, Pissarro, Renoir et Cézanne. Ils aimaient se réunir à la ferme Saint-Siméon, transformée depuis en hôtel de luxe. Le charme très particulier du lieu continue d'inspirer les peintres contemporains ; des expositions sont organisées dans les **Greniers à sel**, entrepôts construits en 1670.

Le **musée de la Marine** et l'ancienne prison qui le jouxte donnent à voir l'un et l'autre divers témoignages du passé. Sur la place Sainte-Catherine se dresse une curieuse église, construite uniquement en bois, au XVᵉ siècle, par les ouvriers des chantiers navals. Ne manquez pas le **musée Eugène-Boudin**, où sont exposées les œuvres des paysagistes amoureux de la côte normande et de l'estuaire de la Seine, comme Eugène Boudin ou Raoul Dufy. **Les Maisons Satie** offrent aux amateurs du compositeur un parcours scénographique musical très contemporain. Ils découvriront dans la maison natale de l'artiste une succession de tableaux musicaux.

🎫 Greniers à sel
Quai de la Tour. 📞 02 31 89 02 30.
🕐 lors des expositions.
📷 obligatoire, sauf durant les expositions d'été. 🎫 ♿

🏛 Musée de la Marine
Quai Saint-Étienne. 📞 02 31 89 14 12.
🕐 avr.-sept. : mar.-dim. ; oct.-mi-nov. et mi-fév.-mars : mar.-ven. (a.-m. seul.) et w.-e. 🌑 1ᵉʳ mai. 🎫 ♿

🏛 Musée Eugène-Boudin
Pl. Erik-Satie, rue de l'Homme-de-Bois.
📞 02 31 89 54 00. 🕐 mer.-lun. (oct.-mi-mars : a.-m. seul. en semaine)
🌑 janv.-mi-fév. et certains j. f. 🎫 ♿

🏛 Maisons Satie
67, bd Charles-V. 📞 02 31 89 11 11.
🕐 mer.-lun. 🌑 janv.-mi-fév. 🎫

Les quais du Vieux Bassin à Honfleur

Le Havre ⑮

Seine-Maritime. 🚊 194 000. 🚉 🚏
🚉 🛳 🛈 186, bd Clemenceau (02 32 74 04 04). 🚌 t.l.j.
🌐 www.lehavretourisme.com

Fondé en 1517 sur ordre de François Iᵉʳ pour remplacer Harfleur envasé, Le Havre, deuxième port de France, garde l'embouchure de la Seine. Pratiquement anéantie par les bombardements alliés, la ville a été reconstruite dans les années 1950 par l'architecte Auguste Perret. Remarquable exemple d'urbanisme planifié d'après-guerre, le centre-ville, aujourd'hui classé par l'Unesco, est dominé par l'hôtel de ville et son beffroi de 72 m, l'**église Saint-Joseph**, et complété par le centre culturel d'Oscar Niemeyer.

Le **musée Malraux**, en verre et métal, présente une riche collection de peintures, notamment de Boudin et de Dufy, né au Havre en 1877.

🏛 Musée Malraux
2, bd Clemenceau. 📞 02 35 19 62 62. 🕐 mer.-lun. 🌑 j. f.

Côte d'Albâtre ⑯

Seine-Maritime. ✈ 🚉 🚏 🛳
🛈 113, rue Alexandre-le-Grand, Fécamp (02 35 28 51 01).
🌐 www.fecamptourisme.com

La Côte d'Albâtre, ainsi nommée pour ses eaux laiteuses et ses blanches falaises de craie, s'étend du Havre au Tréport. Ce sont les falaises d'Étretat qui attirent le plus de visiteurs, notamment le fameux arceau de la **falaise d'Aval**, que Maupassant comparait à un éléphant plongeant sa trompe dans la mer. Une route en corniche longe la côte d'ouest en est jusqu'à Dieppe.

Fécamp fut jadis, grâce à la relique du Précieux Sang, un lieu de pèlerinage important (selon la légende, en effet, une châsse contenant quelques gouttes du sang du Christ aurait échoué sur le rivage au VIIᵉ siècle). De l'abbaye, aujourd'hui détruite, ne subsiste que l'église abbatiale de la **Sainte-Trinité**, où est exposé le reliquaire.

Le **Palais Bénédictine**, une imitation d'art néo-gothique et Renaissance, est un souriant hommage à l'une des célébrités de la ville, Alexandre Le Grand, négociant en vins et spiritueux qui redécouvrit la recette de la Bénédictine initialement concoctée par un moine. Construit en 1882, il comporte une distillerie et un musée

Eugène Boudin, *Femme à l'ombrelle* (v. 1880), musée Eugène Boudin

Les falaises d'Étretat

extravagant. Les salles d'exposition permettent également de découvrir en détail les 27 ingrédients, plantes ou épices, qui composent la célèbre liqueur, et d'en faire la dégustation.

🏛 Palais Bénédictine
110, rue Alexandre-Le-Grand, Fécamp.
📞 02 35 10 26 10. ⭕ t.l.j. ⬤ janv.
📷 🅆 www.benedictine.fr

Vue générale de Dieppe depuis les tours du château

Dieppe ⓱

Seine-Maritime. 👥 36 600. ✈ 🚉
🚌 ⛴ 🅷 pont Jehan-Ango (02 35 14 40 60). 🚩 mar., jeu. et sam.
🅆 www.dieppetourisme.com

Station balnéaire, port de voyageurs et de commerce, Dieppe exploite au maximum l'avantage de sa position, à la pointe du pays de Caux. Le **Château-Musée**, en bordure de la côte, rappelle le passé glorieux de la ville, à une époque où la population représentait deux fois celle d'aujourd'hui et où une confrérie de 300 artisans gravait l'ivoire importé. On peut y admirer des cartes anciennes, des maquettes de

bateaux et la plus importante collection d'ivoires d'Europe. Plusieurs tableaux du xixe siècle attestent aussi le développement de la station, la plus proche de la capitale.

Au-delà des vertes pelouses du front de mer, un quartier commerçant animé entoure l'**église Saint-Jacques**.

Par mauvais temps, on peut toujours visiter **L'Estran-Cité de la Mer**, une vaste et plaisante exposition sur les activités maritimes.

🏛 Château-Musée
📞 02 35 06 61 99. ⭕ juin-sept. : t.l.j. ; oct.-mai : mer.-lun. ⬤ 1er janv., 1er mai, 1er nov., 25 déc. 📷
🏛 L'Estran-Cité de la Mer
37, rue de l'Asile-Thomas.
📞 02 35 06 93 20. ⭕ t.l.j.
⬤ 1er janv., 25 déc. 📷 ♿

Aux environs
Au sud-ouest, **Varengeville** compte d'élégants jardins, un cimetière marin en belvédère, le manoir d'Ango (xvie siècle) et le château de **Miromesnil** (xviie siècle).

Au nord-est se trouvent la forêt et le château d'**Eu**, ainsi que la station du **Tréport**, également port de pêche.

Basse Seine ⓲

Seine-Maritime et Eure. ✈ Le Havre, Rouen. 🚉 🚌 Yvetot. ⛴ Le Havre.
🅷 Caudebec-en-Caux (02 32 70 46 32), Yvetot (02 35 95 08 40).

La Seine, qui déroule ses méandres de Rouen au Havre, est franchie par deux ouvrages d'art spectaculaires, le pont de Brotonne et celui de Tancarville. Un troisième, le pont de Normandie, a été

inauguré en 1995 entre Le Havre et Honfleur.

À **Saint-Martin-de-Boscherville**, on peut encore voir l'abbatiale, l'élégante église Saint-Georges, dont la salle capitulaire abrite de remarquables statues-colonnes et des chapiteaux sculptés. Un peu plus loin, La Bouille est un village pittoresque. À Mesnil-sous-Jumièges, le bac conduit aux ruines colossales de l'**abbaye de Jumièges**, fondée en 654 et dont l'église abbatiale fut consacrée en 1067, en présence de Guillaume le Conquérant.

La D 913 traverse la forêt de Brotonne, passe à Notre-Dame-de-Bliquetuit à proximité de la Maison du **parc naturel régional des Boucles de la Seine normande**, amène à l'abbaye de **Saint-Wandrille** qui, avec l'abbaye du **Bec-Hellouin** située près de Brionne, témoigne de la continuité bénédictine en Normandie. Vous découvrirez aussi les très beaux châteaux du Champ-de-Bataille (xviiie siècle) et d'**Harcourt**, et le château Louis XIII de **Beaumesnil**.
À **Caudebec-en-Caux**, le **musée de la Marine de Seine** vous instruira sur la vie du fleuve et des mariniers.
Villequier, abrite le musée Victor Hugo – sa fille se noya dans le fleuve à Villequier.

L'abbaye de Saint-Wandrille compte une cinquantaine de bénédictins

Rouen ⑲

Fondée sur les rives de la Seine à l'endroit où le fleuve pouvait être franchi par un pont, Rouen doit sa prospérité au commerce. Malgré les ravages de la guerre, la rive droite conserve encore un certain nombre de monuments, autour de la cathédrale Notre-Dame, qui devait inspirer Claude Monet. Plaque tournante du temps des Celtes, garnison romaine et colonie viking, Rouen devient capitale du duché de Normandie en 911. Pendant la guerre de Cent Ans, après un siège de six mois, les Anglais s'emparent de la ville en 1419. C'est ici, sur la place du Vieux-Marché, que Jeanne d'Arc périt sur le bûcher.

Rouen, née de son port sur la Seine

À la découverte de Rouen

Depuis la cathédrale, en passant sous le **Gros-Horloge**, on gagne la place du Vieux-Marché et l'**église Sainte-Jeanne-d'Arc**, le bâtiment moderne abrite des vitraux anciens. La rue aux Juifs longe le **Palais de Justice** et mène à la rue des Carmes, où se succèdent cafés et boutiques. Plus à l'est, entre l'église Saint-Maclou et l'abbaye de Saint-Ouen, les rues Damiette et Eau-de-Robec sont bordées de vieilles maisons à pans de bois. Place du Général-de-Gaulle se dresse l'**hôtel de ville** (XVIIIᵉ siècle).

🔒 Cathédrale Notre-Dame

De ce chef-d'œuvre de l'art gothique, on retient surtout la façade ouest *(p. 257)*, flanquée de deux tours asymétriques, qui sert de motif au peintre Monet. La tour Saint-Romain est antérieure à la tour de Beurre, financée, dit-on, par un impôt levé sur la consommation illicite de beurre en période de carême. Une flèche de fonte néo-gothique fut érigée en 1884 sur la tour lanterne située au centre. Ne manquez pas d'admirer au nord le portail des Libraires, du XIIIᵉ siècle, et le portail de la Calende au sud. Des visites guidées permettent de découvrir les trésors de la cathédrale, notamment le gisant de Richard Cœur de Lion qui renferme son cœur et la crypte semi-circulaire de l'édifice roman antérieur, presque unique en son genre, qui fut mise au jour par les fouilles en 1934.

Rouen, la cathédrale Notre-Dame

Légende

P	Parc de stationnement
i	Information touristique
🔒	Église

0   250 m

🔒 Église Saint-Maclou

Bel exemple de gothique flamboyant, l'église possède sur la façade ouest un porche à cinq baies, dont les vantaux sculptés représentent des scènes bibliques. Derrière l'église, l'ossuaire, ou *aître*, est un spécimen rare des charniers médiévaux où étaient ensevelies à la hâte les victimes de la peste. Dans la cour, les poutres et les piliers de l'édifice sont gravés de frises macabres, crânes grimaçants, tibias croisés, cercueils, sabliers et autres bêches de fossoyeurs.

Pichet exposé au musée de la Céramique

🔒 Église Saint-Ouen

Ancienne abbatiale d'une importante communauté de bénédictins, c'est une église gothique aux formes très épurées et sans fioritures, magnifiée par d'admirables vitraux du XIVe siècle très bien restaurés.

🏛 Musée des Beaux-Arts

Esplanade Marcel-Duchamp.
📞 02 35 52 00 62. ⬤ mer.-lun.
⬤ j. f. 📷 ♿
Le musée possède d'importantes collections de tableaux du Caravage et de Vélasquez, ainsi que des artistes du cru, Géricault, Boudin et Dufy. On peut également voir l'une des pièces maîtresses de la série des Cathédrales par Monet, *Le Portail, temps gris*.

MODE D'EMPLOI

Seine-Maritime. 🏘 108 800.
✈ 🚆 pl. Bernard-Tissot. 🚌 25, rue des Charrettes. ℹ 25, pl. de la Cathédrale (02 32 08 32 40).
🍴 mar.-dim. 🎪 Fête de Jeanne d'Arc (der. week-end de mai), la cathédrale de Monet aux pixels (mi-juin-mi-sept. le soir).
Ⓦ www.rouentourisme.com

🏛 Musée de la Céramique

Hôtel d'Hocqueville, 1, rue Faucon.
📞 02 35 52 00 62. ⬤ mer.-lun.
⬤ j. f. 📷
Le musée expose environ 1 000 pièces rares de faïence de Rouen et de verrerie, françaises et étrangères. La faïence de Rouen (le Vieux-Rouen) a connu son apogée au XVIIIe siècle.

🏛 Musée Le Secq des Tournelles

Rue Jacques-Villon. 📞 02 35 52 00 62.
⬤ mer.-lun. ⬤ j. f. 📷 ♿
Abritées dans une église du XVe siècle, les collections illustrent les arts du fer du IIIe au XIXe siècle. C'est l'un des plus riches musées de ferronnerie du monde.

🏛 Musée Flaubert et musée d'Histoire de la Médecine

51, rue de Lecat. 📞 02 35 15 59 95.
⬤ mar.-sam. ⬤ j. f. 📷
Le père de Gustave Flaubert était chirurgien à l'hôtel-Dieu de Rouen. La chambre natale de l'écrivain, reconstituée dans l'enceinte de l'hôpital, présente, outre ses objets personnels, une impressionnante collection d'instruments chirurgicaux.

ROUEN D'UN COUP D'ŒIL

GUSTAVE FLAUBERT

Le romancier Gustave Flaubert, né à Rouen en 1821, y a passé une grande partie de sa vie. Sa région natale lui inspira les décors de *Madame Bovary*, fine analyse de la vie monotone d'une petite bourgeoise, femme d'un officier de santé, saisie et condamnée par la passion. Sa publication, en 1857, causa un énorme scandale, apportant la célébrité à son auteur. La dépouille empaillée de son perroquet familier, évoqué dans *Un cœur simple*, se trouve au musée.

Le perroquet empaillé de Flaubert

Château-Gaillard et Les Andelys, dans une boucle de la Seine

Haute Seine ⑳

Eure. 🚉 Rouen. 🚌 Vernon,
Val de Reuil. 🚌 Gisors, Les Andelys.
🅸 Les Andelys (02 32 54 41 93).

Au sud-est de Rouen, les principaux centres d'intérêt se trouvent sur la rive droite de la Seine. **Lyons-la-Forêt** et ses maisons à colombage se nichent au cœur de la forêt de Lyons, ancienne chasse des ducs de Normandie. Plus au sud, la commune des **Andelys** est dominé par les ruines de la forteresse de **Château-Gaillard**, construite en 1197 par Richard Cœur de Lion pour barrer la route de Rouen aux Français (elle sera reprise par Philippe Auguste en 1204). Plus loin, vous découvrirez la collégiale d'**Écouis**, riche en statues polychromes, et l'imposant donjon de **Gisors**, avec sa superbe église Renaissance.

Giverny ㉑

Eure. 🏠 600. 🅸 Vernon, 36, rue Carnot (02 32 51 39 60).
🆆 www.giverny.org

En 1883, Claude Monet loua une maison à Giverny et y travailla jusqu'à sa mort, en 1926. La **Fondation Claude Monet** permet de découvrir la maison, les splendides jardins et l'atelier des Nymphéas.
Le **Musée d'art américain** tout proche rappelle la présence de nombreux peintres américains dans la région.

🏛 Fondation Claude-Monet
Giverny. 📞 02 32 51 28 21.
◯ avr.-oct. : mar.-dim. 🅰
🆆 www.fondation-monet.com

🏛 Musée d'art américain
99, rue Claude-Monet, Giverny.
📞 02 32 51 94 65. ◯ avr.-oct. : mar.-dim., nov. : jeu.-dim. 🅰 &
🆆 www.maag.org

Aux environs
À **Vernon**, porte de la Normandie, le musée expose des toiles de Monet. Le beau château de **Gaillon** évoque la Renaissance italienne.

Évreux ㉒

Eure. 🏠 55 000. 🚉 🚌 🅸 1 ter, pl. de-Gaulle (02 32 24 04 43).
🏠 mer. et sam.

La ville, entourée de plaines fertiles, a souffert de la Seconde Guerre mondiale. La **cathédrale Notre-Dame** a cependant miraculeusement gardé ses superbes vitraux des XIIIᵉ-XVᵉ siècles. Bien que l'édifice soit principalement gothique, les voûtes de la nef sont romanes et les portes du chœur en fer forgé de style classique. L'ancien palais épiscopal abrite le **Musée municipal**, qui expose meubles et objets d'art du XVIIIᵉ siècle. L'**église Saint-Taurin** abrite la châsse de son saint patron, magnifique pièce d'orfèvrerie du XIIIᵉ siècle.

Les jardins de Monet à Giverny, rendus à leur luxuriance originelle

MONET ET LA CATHÉDRALE DE ROUEN

En 1892, Monet entama une série de trente toiles, terminées deux ans plus tard et représentant presque exclusivement le portail ouest de la cathédrale de Rouen, diversement éclairé selon la couleur du ciel et le moment de la journée. Plusieurs tableaux de cette série sont exposés à Paris, au musée d'Orsay *(p. 116-117).* Gardien de l'instant fugitif, Monet traduit par petites touches de couleur les variations de la lumière sur les vieilles pierres. « Dieu, que cette mâtine de cathédrale est donc dure à faire ! », avouait-il lui-même.

HARMONIE BLEUE ET OR (1894)

Le cadre et le point de vue changent peu. Monet avait installé son chevalet dans une échoppe, face au parvis, et s'intéressait surtout aux jeux de l'ombre et de la lumière, symboles de la fuite du temps.

Une étude préparatoire de l'artiste, très différente de l'œuvre définitive.

Harmonie brune (1894) est le seul tableau achevé présentant la cathédrale vue de face, alors que sur tous les autres la façade est légèrement de biais.

Harmonie bleue (1894), plus nostalgique que la première, représente le majestueux portail comme estompé par la lumière diffuse des brumes matinales.

Le Portail, temps gris. (1894) appartient à une catégorie que Clemenceau qualifiait de « série grise ». « La merveille, ajouta-t-il, c'est de voir vibrer la pierre. »

BRETAGNE

FINISTÈRE · CÔTES D'ARMOR · MORBIHAN · ILLE-ET-VILAINE

L'extrême ouest de la France, qui s'élance dans la mer comme la proue d'un navire, est resté longtemps à l'écart des autres régions. Aussi la Bretagne, connue des Celtes sous le nom d'Armor, « le pays de la mer », est-elle encore bruissante de légendes, qui parlent de cités englouties, de preux chevaliers et d'enchanteurs.

La richesse essentielle de la Bretagne, c'est la côte. Bordé au nord de magnifiques plages de sable lavées par les marées, de stations balnéaires vivifiantes et de pittoresques ports de pêche, le pays breton semble s'apprivoiser au sud, avec ses riantes vallées, ses ports de plaisance abrités et son climat plus doux.

Mais, à l'extrême ouest, la nature reprend ses droits, et les mugissements du vent sur les rochers du Finistère, *finis terrae*, ont effectivement des accents de fin du monde.

À l'intérieur, l'Argoat, autrefois « pays de la forêt », est aujourd'hui une mosaïque de prairies, de landes et de bocages, prolongée à l'ouest par le parc régional d'Armorique.

Les traditions tiennent encore une certaine place dans la vie des quatre pays bretons.

Le vif attachement à la musique celtique et aux costumes folkloriques se manifeste à l'occasion des fêtes et des cérémonies religieuses, mariages, baptêmes ou pardons. Des villes comme Vannes, Dinan ou Rennes, la capitale administrative, ont su préserver ou restaurer leur vieille ville et leurs maisons à pans de bois. À l'abri de ses remparts, Saint-Malo, sur la Côte d'Émeraude, n'a pas oublié son passé de cité corsaire, tandis que les majestueux châteaux forts de Fougères et de Vitré rappellent la résistance de la Bretagne face au royaume de France.

Jeunes Bretonnes en costume traditionnel, au début du XXᵉ siècle

◁ **Éboulis de rochers sur la Côte de Granit rose, dans les Côtes-d'Armor**

À la découverte de la Bretagne

Il y a toujours une bonne raison pour se rendre en Bretagne. Les baigneurs et les randonneurs préféreront le nord, la Côte d'Émeraude ou la Côte de Granit rose, avec ses plages abritées dans des criques et ses sentiers. Les amateurs de soleil et de voile mettront le cap au sud, vers le golfe du Morbihan, sans oublier d'admirer les alignements de Carnac. En pays bigouden, les amoureux du passé pourront aller à la fête et photographier de magnifiques cathédrales, puis remonter au nord vers les enclos paroissiaux *(p. 266-267).*

LA RÉGION D'UN COUP D'ŒIL

0   25 km

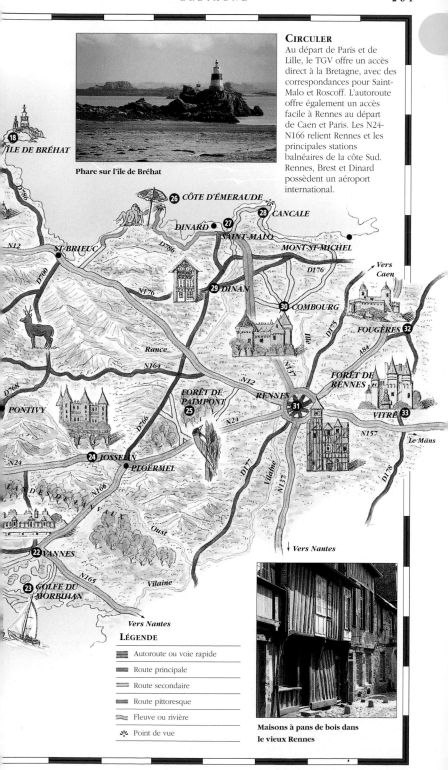

CIRCULER

Au départ de Paris et de Lille, le TGV offre un accès direct à la Bretagne, avec des correspondances pour Saint-Malo et Roscoff. L'autoroute offre également un accès facile à Rennes au départ de Caen et Paris. Les N24-N166 relient Rennes et les principales stations balnéaires de la côte Sud. Rennes, Brest et Dinard possèdent un aéroport international.

Phare sur l'île de Bréhat

18 ÎLE DE BRÉHAT

26 CÔTE D'ÉMERAUDE

28 CANCALE

DINARD 27

SAINT-MALO

MONT-ST-MICHEL

Vers Caen

N12

ST-BRIEUC

D786

D786

D700

N176

29 DINAN

D176

30 COMBOURG

D175

FOUGÈRES 32

Rance

N164

N12

N137

FORÊT DE RENNES

D768

FORÊT DE PAIMPONT 25

RENNES 31

VITRÉ 33

PONTIVY

D766

N24

N157

Le Mans

24 JOSSELIN

PLOËRMEL

D177

Vilaine

N137

D178

N166

LANDES DE LANVAUX

Oust

Vers Nantes

22 VANNES

N165

Vilaine

23 GOLFE DU MORBIHAN

Vers Nantes

LÉGENDE

- ▬▬ Autoroute ou voie rapide
- ▬▬ Route principale
- ▬▬ Route secondaire
- ▬▬ Route pittoresque
- 〰 Fleuve ou rivière
- ✿ Point de vue

Maisons à pans de bois dans le vieux Rennes

Île d'Ouessant ❶

Finistère. 🏠 930. ✈ Ouessant
via Brest. 🚆 Brest, puis bateau.
🚢 Le Conquet, puis bateau.
ℹ pl. de l'Église, Lampaul (02 98
48 85 83). 🌐 www.ot-ouessant.fr

« Qui voit Ouessant voit
son sang », dit un
proverbe local. Car les
marins bretons ont appris à
leurs dépens que les
violentes tempêtes et les
courants rendent ces parages
extrêmement dangereux.
Pourtant, sur l'île d'Ouessant,
les étés sont chauds et les
hivers doux, au moins par
temps calme. Elle abrite
d'importantes colonies
d'oiseaux nicheurs ou
migrateurs que l'on peut
observer sur les pointes de
Pern et de Penn ar Roch, et
un petit groupe de phoques.
　L'**écomusée d'Ouessant**
expose des témoignages de
la rude existence des îliens,
en particulier des meubles
fabriqués à partir des épaves
rejetées sur les plages.
　Au phare de Créac'h,
le **musée des Phares et
Balises** est consacré à la
vie quotidienne des gardiens
de phare et à la signalisation
côtière.

🏛 Écomusée d'Ouessant
Maison du Niou. ☎ 02 98 48 86 37.
🕐 mai-sept. et vac. scol. : t.l.j. ; oct.-
avr. : mar.-dim. (a.-m. seul). 🎦 ♿

🏛 Musée des Phares
et Balises
Pointe du Créac'h. ☎ 02 98 48 80 70.
🕐 mai.-sept. et vac. scol : t.l.j. ; oct.-
avr. : mar.-dim. (a.-m. seul). 🎦 ♿

Brest ❷

Finistère. 🏠 156 200. 🚉 🚆 🚢 ⚓
ℹ 8, av. Georges-Clemenceau
(02 98 44 24 96). 🚢 t.l.j.
🌐 www.brest-metropole-tourisme.fr

Port naturel protégé par
la presqu'île de Crozon,
Brest connaît une activité
intense et abrite, entre
autres, le siège du Service
hydrographique et
océanographique de la
marine. La ville, presque
entièrement détruite à la fin
de la guerre, a néanmoins
gardé son **château** du
XVᵉ siècle, qui abrite le

Nuages sur la lande, parc naturel régional d'Armorique

musée de la Marine. Une
partie des remparts édifiés
par Vauban, est toujours
debout.
　Au bas de la rue de
Siam s'élance le **pont de
Recouvrance**, le plus haut
pont levant d'Europe. Créé
en 1631, l'arsenal maritime
de Brest, le plus ancien de
France, s'étend le long de
la Penfeld et sur le port
de Laninon.
　Le musée du Vieux-Brest,
dans la **tour de la Motte-
Tanguy**, évoque le passé
de la ville. L'**Océanopolis**
est un parc de découverte
des océans, dont les trois
pavillons reconstituent les
différents écosystèmes
sous-marins.

⚓ Château de Brest
☎ 02 98 22 12 39. 🕐 avr.-mi-sept. :
t.l.j. ; mi-sept.-mi-déc. et fév.-mars :
mer. a.-m.-lun. 🎦

🏰 Tour de la Motte-Tanguy
Square Pierre-Péron. ☎ 02 98 00 88
60. 🕐 juin-sept. : t.l.j. ; oct.-mai :
mer., jeu., sam. et dim. a.-m.
● 1ᵉʳ janv., 1ᵉʳ mai et 25 déc.

Charpentiers de marine, port-
musée de Douarnenez

🐟 Océanopolis
Port de plaisance du Moulin-Blanc.
☎ 02 98 34 40 40. 🕐 avr.-août : t.l.j. ;
sept.-mars : mar.-dim. ● 2 sem. en
janv. 🎦 ♿ 🌐 www.oceanopolis.fr

Parc naturel
régional
d'Armorique ❸

Finistère. 🚉 Brest. 🚆 Châteaulin,
Landerneau. 🚌 Le Faou, Huelgoat,
Carahaix. ℹ Maison du Parc, Le Faon
(02 98 81 90 08).

Il s'étend des monts d'Arrée,
à l'est, à la presqu'île de
Crozon, et englobe l'archipel
de Molène et les îles
d'Ouessant et de Sein. Créé en
1969 pour préserver la faune
et la flore, et aménager au
mieux l'espace rural, il offre de
magnifiques paysages propices
aux promenades.
　En partant d'**Huelgoat**, on
peut entreprendre de belles
balades à pied. Le **Menez
Hom** (330 m), à l'« entrée » de
la presqu'île de Crozon, offre
des vues splendides. Le
domaine de **Menez Meur**
(Hanvec), sur la D 342 vous
fournira des informations sur
le parc, en proposant diverses
expositions ainsi qu'un parc
animalier. D'autres lieux
d'exposition sont disséminés
dans le parc, dont la **Ferme
des artisans** (ferme de Saint-
Michel) au nord de Brasparts.
Dans cette cité, l'église est
réputée pour son porche
Renaissance et son grand
calvaire. Voir aussi le **musée
de l'École rurale** à Trégarvan.

Douarnenez ➍

Finistère. ᛘ 16 700. ᛢ Quimper.
🚌 ℹ 1, rue Docteur-Mével
(02 98 92 13 35). 🛒 lun.-sam.
🅆 www.douarnenez-tourisme.com

Avec près de mille bateaux de pêche, Douarnenez était, au début du siècle, le plus grand port sardinier de France. La concurrence française et étrangère l'a contraint à se tourner vers le chalutage et le tourisme.

On aperçoit au large l'**île Tristan**, associée à Tristan et Iseult et repaire, au XVIᵉ siècle, du redoutable brigand La Fontenelle.

Au **port du Rosmeur**, des vedettes proposent une mini-croisière dans la baie.

Au Port-Rhu, cinq bateaux à flot sont exposés, plusieurs centaines d'autres sont présentés dans une ancienne conserverie (**Port-Musée**).

De belles promenades pédestres sont à faire le long de la côte.

🏛 Port Musée
Place de l'Enter. ☎ 02 98 92 65 20.
🕐 mai-oct. : mar.-dim. (juil.-août :
t.l.j.). 🎫 ♿ 🅆 www.port-musee.org

Église Saint-Ronan à Locronan

Locronan ➎

Finistère. ᛘ 1 000. ᛢ ℹ pl. de la
Mairie (02 98 91 70 14).

C'est à Locronan, cité de tisserands, que fut fabriqué pendant deux siècles l'essentiel des voilures de la marine à voile, avant que la Bretagne ne perdît ce monopole à la fin du règne de Louis XIV. La localité attire aujourd'hui un grand nombre de touristes, séduits

Les impressionnantes falaises rocheuses de la pointe du Raz

par ses superbes maisons Renaissance, sa vieille place pavée, son calvaire et la tour massive de son église de granit dédiée à saint Ronan. La chapelle du Pénity, ajoutée au XVIᵉ siècle, abrite le tombeau du saint évêque, orné d'un gisant. Tous les ans, en juillet, les fidèles se rendent en procession au sommet d'une colline et font le tour de l'ancien asile monastique. C'est la *petite Troménie*, relayée tous les six ans par la *grande Troménie*, survivance d'un rite païen.

Pointe du Raz ➏

Finistère. 🛫 Quimper. ᛢ Quimper,
Douarnenez, puis autobus.
ℹ Audierne (02 98 70 12 20).
Maison du Site (02 98 70 67 18).
🅆 www.pointeduraz.com

Cet étroit éperon rocheux, haut de 80 mètres et martelé par les vagues, offre un spectacle sauvage et impressionnant. Il ferme la baie des Trépassés, face à la pointe du Van. Un service régulier relie Audierne à l'**île de Sein**, où 260 habitants continuent de vivre malgré l'aridité du lieu.

Les femmes âgées y portent encore la coiffe de deuil, la « jibilinen ». Le phare d'Ar Men termine à l'ouest la « chaussée de Sein », dangereux récifs. Ne manquez pas la **réserve ornithologique** du cap Sizun.

Pays bigouden ➐

Finistère. ᛢ Pont-l'Abbé. ℹ Pont-
l'Abbé (02 98 82 37 99).

À la pointe sud-ouest de la Bretagne, le « Ar Vro Bigouden », gardien des traditions, est le plus typique des pays bretonnants. C'est ici que les femmes, à l'occasion des fêtes et des pardons (*p. 233*), portent les célèbres hautes coiffes tubulaires.

La baie d'Audierne est bordée de jolis hameaux et de chapelles, telle **Notre-Dame de Tronoën**, dont le calvaire est le plus ancien de toute la Bretagne. La vue depuis la **pointe de la Torche** et le **phare d'Eckmühl** est magnifique.

🏛 Musée Bigouden
Le Château, Pont-l'Abbé. ☎ 02 98 66
09 09. 🕐 Pâques-mai : lun.-sam. ;
juin-sept. : t.l.j. 🎫

Quimper ❽

Finistère. 🚶 67 000. 🚊 🚌 🚗 ⛴
ℹ️ *place de la Résistance (02 98
53 04 05).* 🛒 *mer., sam.*
🌐 www.quimper-tourisme.com

Capitale du Finistère et de
la Cornouaille, Quimper,
en breton *Kemper* (confluent),
est située au point de
rencontre du Steir et de
l'Odet. La ville reste attachée
aux traditions régionales.

À l'ouest de la **cathédrale
Saint-Corentin**, le **vieux
Quimper** possède encore de
belles maisons à pans de bois
et de riches hôtels particuliers,
autour de la rue Kéréon, de
la place au Beurre et de
la rue des Gentilshommes.

Qui ne connaît le célèbre
« petit Breton » qui orne
les assiettes en faïence de
Quimper ? C'est en 1690
que la première faïencerie
s'installe sur les bords de
l'Odet. Depuis, la production
de vaisselle peinte à la main
n'a pas cessé. À Locmaria, on
peut visiter les **Faïenceries
HB-Henriot** et le **musée de
la Faïence**.

🔒 Cathédrale
Saint-Corentin
La cathédrale, joyau de l'art
breton, est consacrée à
l'évêque saint Corentin.
Sur la façade, entre
les deux flèches
ajoutées en 1856,
une statue
équestre du
roi Gradlon
domine la ville,
qu'il aurait
fondée après
avoir échappé à
l'engloutissement
de la ville d'Ys.
À l'intérieur, les
polychromes
restaurés laissent apparaître
les nervures en ocre jaune
et rouge. On peut aussi
y voir plusieurs tombeaux
et gisants, ainsi que de
splendides vitraux de la
fin du XVᵉ siècle.

**Faïence de Quimper :
assiette décorée**

🏛 Musée des Beaux-Arts
40, pl. Saint-Corentin. 📞 02 98
95 45 20. 🕐 *juil.-août : t.l.j. ;
sept.-juin : mer.-lun.* ● *j. f. et
nov.-mars : dim. mat.* 📷 ♿
🌐 musee-beauxarts.quimper.fr

Le Martyre de sainte Triphine (1910), Paul Sérusier

Restauré en 1993, c'est sans
doute un des plus riches
musée de Bretagne.
L'exposition comprend une
importante collection de
peintures flamandes et
hollandaises du XVIIᵉ siècle.
On peut admirer également
des œuvres de Max Jacob,
enfant du pays, ainsi que
des peintres de l'école
de Pont-Aven.

🏛 Musée départemental
breton
1, rue du Roi-Gradlon. 📞 02 98 95
21 60. 🕐 *juin-sept. : t.l.j. ; oct.-mai :
mar.-sam., dim. a.-m.* 📷 ♿
L'ancien palais des
Évêques, devenu
au XIXᵉ siècle
musée des Arts
et Traditions
populaires
du Finistère,
abrite des
collections
de costumes
bretons, de
meubles,
notamment des
coiffes et des lits
clos, et de faïence.

Aux environs
De Quimper, on peut
descendre en bateau la
rivière de l'**Odet**, bordée de
bois et de châteaux, jusqu'à
la jolie station balnéaire
de **Bénodet** située dans
l'estuaire. L'Odet serpente
à travers les falaises du site
des Vire-Courts, surplombée
par le « Saut de la Pucelle »,
rocher auquel se rattache
une curieuse légende.

Concarneau ❾

Finistère. 🚶 20 000. 🚌 ⛴ *pour
les îles.* ℹ️ *quai d'Aiguillon (02 98
97 01 44).* 🛒 *lun. et ven.*
🌐 www.concarneau.org

Très important port de
pêche, Concarneau est
aussi un centre touristique.
On accède à sa **Ville Close**
par un pont depuis la place
Jean-Jaurès. Elle est ceinte
de fortifications de granit
dont les chemins de ronde
constituent un lieu de
promenade idéal, en dépit du
grand nombre de magasins de
souvenirs dans les venelles.
Quant à l'ancienne caserne,
elle abrite le **musée de la
Pêche**, qui évoque l'activité
côtière d'hier et d'aujourd'hui.

🏛 Musée de la Pêche
Rue Vauban. 📞 02 98 97 10 20.
🕐 *t.l.j.* ● *3 sem. en janv.* 📷 ♿

**Chalutiers dans le port de pêche
de Concarneau**

Pont-Aven ⑩

Finistère. 👥 *3 000.* 🚌 🛈 *5, pl. de l'Hôtel-de-Ville (02 98 06 04 70).* 🚢 *mar. (t.l.j. en été)* 🌐 www.pontaven.com

Autrefois riche de « 14 moulins et 15 maisons », le petit bourg de Pont-Aven est devenu au XIXᵉ siècle l'un des hauts lieux de la peinture. Autour de Paul Gauguin, Émile Bernard et Paul Sérusier, entre autres, formèrent l'école de Pont-Aven, un groupe d'artistes séduits par la Bretagne, ses paysages et ses habitants. Ils réalisèrent ici et au Pouldu tout proche une grande partie de leurs œuvres. Le **musée de Pont-Aven** expose certaines de ces toiles, et la présence de soixante galeries d'art témoignent de ce passé prestigieux. En traversant à pied le Bois d'Amour, on découvre la **chapelle de Trémalo**, où l'on peut voir le Christ en bois qu'admirait Gauguin.

🏛 Musée municipal
Pl. de l'Hôtel-de-Ville. 📞 *02 98 06 14 43.* ⭘ *t.l.j.* ⬤ *janv.-mi-fév et entre les expositions.* 📷 ♿

Le Pouldu ⑪

Finistère. 👥 *4 000.* 🚌 🛈 *place de l'Océan (02 98 39 93 42).*

À l'embouchure de la Laïta, Le Pouldu est une

Notre-Dame-de-Kroaz-Baz à Roscoff

agréable station balnéaire avec une jolie plage. Ses environs pemettent de faire de belles balades. Gauguin et quelques-uns de ses amis ont séjourné dans la **maison de Marie Henry**, entre 1889 et 1893. On y découvrit en 1924, sous plusieurs couches de papier peint, des portraits, des natures mortes et des caricatures réalisés par ces artistes. La maison de Marie Henry a été reconstituée dans une maison voisine et abrite des copies des œuvres de ces artistes talentueux.

🏛 Maison de Marie Henry
Rue des Grandes-Sables. 📞 *02 98 39 98 51.* 📷 ⭘ *avr.-mai : sam., dim. et a.-m. des vac. scol. ; juin-sept. : mer. a.-m.- lun. a.-m. ; juil.-août : t.l.j.*

Roscoff ⑫

Finistère. 👥 *3 750.* 🚌 🚌 ⛴ 🛈 *46, rue Gambetta (02 98 61 12 13).* 🚢 *mer.* 🌐 www.roscoff-tourisme.com

Autrefois cité corsaire, Roscoff se consacre aujourd'hui au commerce, à l'agriculture et au tourisme. Autour du vieux port, les imposantes façades de granit témoignent de l'opulence des armateurs aux XVIᵉ et XVIIᵉ siècles, tandis que les caravelles et les canons qui décorent l'**église Notre-Dame-de-Kroaz-Baz** (XVIᵉ siècle), couronnée d'un clocher à lanternons, rappellent que Roscoff fut en d'autres temps la rivale de Saint-Malo *(p. 272).* Les vendeurs d'oignons, surnommés johnnies, traversèrent le channel en 1828 pour vendre leurs oignons au porte-à-porte jusqu'en Écosse. La **Maison des Johnnies et de l'Oignon rosé** raconte leur histoire. Près de la Pointe de Bloscon, le **jardin exotique** est riche de 3 000 espèces de plantes australes. Un service régulier pour l'**île de Batz** est assuré au port.

🏛 Maison des Johnnies et de l'Oignon rosé
48, rue Brizeux. 📞 *02 98 61 25 48.* ⭘ *variables, se renseigner.* 📷 ♿
🌷 Jardin exotique
À 20 min à pied du centre. 📞 *02 98 61 29 19.* ⭘ *avr.-oct. : t.l.j. ; nov. et mars : t.l.j. a.-m. seul.* 📷 ♿

GAUGUIN ET LA BRETAGNE

Le Christ de la chapelle de Trémalo

Fasciné par le « primitivisme » de la foi bretonne, Paul Gauguin (1848-1903) s'est attaché à traduire par sa peinture cet exotisme familier. Ayant renoncé à son emploi d'agent de change et décidé de tout quitter pour se consacrer à son art, il fit plusieurs longs séjours en Bretagne, à Pont-Aven et au Pouldu, entre 1886 et 1894. C'est dans la chapelle de Trémalo au Bois d'Amour qu'il découvrit le Christ en bois qui inspira son *Christ jaune.* La dimension mystique est omniprésente dans l'œuvre de Gauguin, dont les formes simplifiées et les aplats de couleurs aux contours fortement accentués rappellent les vitraux du Moyen Âge. Cette nouvelle esthétique fera école. De nombreux artistes, dont les Nabis, se réclameront de Gauguin et de l'école de Pont-Aven.

Christ jaune, Paul Gauguin (1889)

Saint-Thégonnec ⓭

Finistère. 🚌 ⭕ *t.l.j.* ♿
ℹ️ mairie (02 98 79 61 06)

C'est ici qu'est situé
l'enclos paroissial le plus
complet de Bretagne, avec
son ossuaire Renaissance,
son portail monumental
et son calvaire de granit,
édifié en 1610, qui illustre à
merveille le talent des tailleurs
de pierre de la région.
Parmi les figures sculptées,
religieuses et profanes, se
trouve une statue de saint
Thégonnec avec, à ses pieds,
le loup que l'évêque aurait,
selon la légende, attelé à
une charrette.

Guimiliau ⓮

Finistère. ⭕ *t.l.j.* ♿

L e calvaire (1581-1588)
comporte près de
200 personnages qui
constituent un précieux
témoignage sur le costume au
XVIe siècle. L'un des registres
représente le supplice de
Katell Gollet, torturée
par les démons pour
avoir dérobé une
hostie consacrée.
À l'intérieur de
l'église, dédiée
à saint Miliau,
un retable
polychrome
retrace la vie
légendaire
de ce prince
de Bretagne
décapité au
VIe siècle par
son frère qui
était jaloux
de sa
puissance.

**Dais du
baptistère (1675)
à Guimiliau**

Lampaul-Guimiliau ⓯

Finistère. ⭕ *t.l.j.* ♿

P assé le portail
monumental, le visiteur
pourra découvrir la chapelle
et l'ossuaire à gauche, et
le calvaire à droite, avant
d'entrer dans l'église,
magnifiquement décorée
de fresques naïves, de
retables et de jubés sculptés.

Les enclos paroissiaux

L a ferveur religieuse des Bretons, la volonté aussi
de s'attirer les bonnes grâces du ciel pour se
protéger des épidémies et du mauvais sort, ont
motivé la construction des enclos paroissiaux
entre le XVe et le XVIIIe siècle. Chaque village
rivalise avec ses voisins et consacre à la construction
de ces ensembles, poursuivie parfois sur plusieurs
générations, une bonne part des richesses issues
du commerce maritime
et de la fabrication de
toile de lin. C'est en
pays de Léon, dans la
vallée de l'Élorn, que
se trouvent la plupart
de ces enclos.

*L'enclos, délimité par un
mur, est un espace sacré. On
y accède par un portail
monumental (ici, le portail
de Pleyben).*

Le cimetière, où sont
enterrés les membres de
la petite communauté.

L'ENCLOS
PAROISSIAL
DE GUIMILIAU
Un enclos comporte trois
parties essentielles : un arc ou
portail monumental qui y donne
accès, un calvaire sculpté de
figures bibliques et un ossuaire
accolé à l'église.

*Les calvaires de ce genre sont
typiques de la région. Peut-être
s'inspirent-ils des croix hissées
sur les menhirs (p. 269) par les
premiers chrétiens. Construits
pour l'édification des fidèles, ils
portent aussi témoignage de la
vie quotidienne des siècles
passés.*

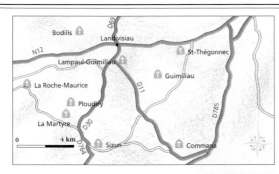

Les enclos les plus visités
sont ceux de Saint-Thégonnec,
de Guimiliau et de
Lampaul-Guimiliau.
Toutefois, ceux de Bodilis,
de la Martyre, de la
Roche-Maurice, de Ploudiry,
de Sizun et de Commana
méritent un détour, de
même que ceux de Locmélar,
Pleyber Christ ou Plouénour.
🚹 14, av. du Mal-Foch, Landivisiau
(02 98 68 33 33). t.l.j. ♿

L'intérieur des églises est
richement décoré de scènes bibliques
et d'épisodes de la vie des saints,
peints sur les murs ou gravés sur les
retables et les jubés (ici, le maître-
autel de Guimiliau).

Les ossements sont transférés
périodiquement dans un
ossuaire, lieu de transition
entre le monde des vivants et
celui des morts.

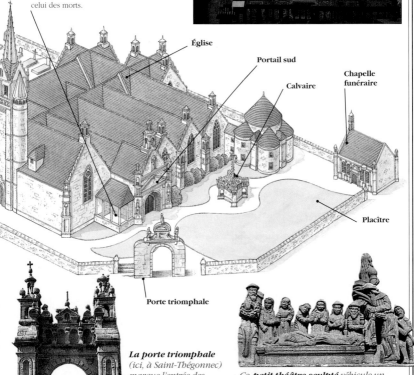

Église

Portail sud

Calvaire

Chapelle
funéraire

Placître

Porte triomphale

La porte triomphale
(ici, à Saint-Thégonnec)
marque l'entrée des
fidèles dans l'enclos,
préfiguration de
l'arrivée des justes au
royaume des cieux.

Ce **petit théâtre sculpté** véhicule un
message biblique à fonction éducative.
À Saint-Thégonnec, ces sculptures ont
particulièrement bien résisté aux
intempéries et aux lichens.

La Sentinelle, érigée sur un rocher de Port-Blanc, sur la Côte de Granit rose

Côte de Granit rose ⓰

Côtes-d'Armor. Lannion. Perros-Guirec (02 96 23 21 15). www.ot-lannion.fr

Les blocs de granit rose fortement errodés ont donné leur nom à la côte qui va de Paimpol à l'est à Trébeurden à l'ouest. Celle-ci est particulièrement belle entre Trégastel et Trébeurden. Le granit rose a été utilisé pour construire un grand nombre d'édifices et de maisons. Trégastel et Perros-Guirec sont les stations les plus fréquentées, mais **Ploumanac'h**, **Trévou-Tréguignec** ou **Port-Blanc** comptent de nombreuses petites criques. **Paimpol**, aujourd'hui port de plaisance, conserve le souvenir de l'époque glorieuse où sa flottille se consacrait à la pêche hauturière – morue et baleine – au large des côtes d'Islande ou de Terre-Neuve.

Tréguier ⓱

Côtes-d'Armor. 2 950. 67, rue E.-Renan (02 96 92 22 33). mer.

Ancienne cité épiscopale et capitale historique du Trégor, Tréguier est surtout réputée pour son imposante cathédrale gothique, **Saint-Tugdual**, dédiée à l'un des saints fondateurs de Bretagne, et pour ses rues bordées de maisons à colombages.

Aux environs

À Plougrescant, la chapelle Saint-Gonery possède de remarquables peintures du XVe siècle sur la voûte. La côte des Ajoncs (très bien fléchée) permet de découvrir la plus belle partie de la Côte de Granit rose, avec de superbes paysages autour de Plougrescant et Penvénan.

Île de Bréhat ⓲

Côtes-d'Armor. 420. Paimpol, puis autocar jusqu'à Pointe de l'Arcouest, puis bateau. Bréhat (02 96 20 04 15).

À un quart d'heure de la pointe de l'Arcouest, l'île de Bréhat (sans voitures), offre à profusion ses arbres fruitiers, ses lauriers-roses, ses mimosas et ses magnifiques massifs d'hortensias. On peut louer des bicyclettes à **Port-Clos** et visiter ainsi l'île, qui fait à peine 4 km de long. On peut aussi monter à pied jusqu'à la **chapelle Saint-Michel**, au point culminant de l'île.

La chapelle Saint-Michel, sur l'île de Bréhat

Carnac ⓳

Morbihan. 4 600. 74, av. des Druides (02 97 52 13 52). www.ot-carnac.fr

Les 3 000 menhirs alignés sur la lande, dont ceux de **Kermario** forment la partie centrale, font de Carnac l'un des sites préhistoriques les plus importants du monde. Il est complété par un **musée de la Préhistoire**.

Carnac est aussi l'une des principales stations balnéaires de la Bretagne sud, où l'on pourra voir le porche et les panneaux peints de l'église paroissiale **Saint-Cornély**.

Kermario

02 9752 89 99. t.l.j. en été seul. obligatoire avr.-sept.

Musée de la Préhistoire

10, pl. de la Chapelle. 02 97 52 22 04. juin-sept. : t.l.j., oct.-mai : mer.- lun. certains j. f.

Presqu'île de Quiberon ⓴

Morbihan. 5 200. Quiberon (via Lorient). juil.-août. Quiberon. Quiberon (0825 13 56 00). www.quiberon.com

À l'ouest, la côte sauvage, de cette presqu'île battue par le vent est bordée d'impressionnantes falaises et d'éboulis rocheux. À l'est, en revanche, le littoral cache des plages de sable abritées. De **Quiberon**, ancien village de pêcheurs à la pointe de la presqu'île, des vedettes conduisent à Belle-Île ou aux îles de Houat et de Hoëdic.

Les monuments préhistoriques

Les tribus primitives qui peuplaient la péninsule dès le IVe millénaire avant J.-C. ont élevé en divers endroits des mégalithes dont la disposition reste mystérieuse. La signification de ces pierres est vraisemblablement religieuse, mais certains tracés de menhirs laissent supposer l'existence très ancienne d'un calendrier fondé sur l'observation des astres.

Le tumulus de Gavrinis, golfe du Morbihan

LES MÉGALITHES

Les divers assemblages de pierres portent des noms formés à partir de mots bretons tels que *men* (pierre), *dol* (table) ou *hir* (long).

Les **menhirs** sont des pierres levées, isolées ou disposées en ligne. Les pierres levées disposées en cercles forment un cromlech.

Les **dolmens**, telle la Table des Marchands de Locmariaquer, sont des dalles de pierre soutenues par deux pierres levées.

Une **allée couverte**, dont on peut voir des exemples à Carnac, est un alignement de dolmens.

Un **tumulus** est un dolmen recouvert de terre, qui faisait office de chambre mortuaire.

BAIE DE QUIBERON

Carnac · Gavrinis · Quiberon

LÉGENDE

- ■ Sites mégalithiques
- ▨ Alignements

0   10 km

Les principaux sites mégalithiques de Bretagne

Les alignements de Carnac

Un champ de menhirs, près de Carnac

Belle-Île-en-Mer ㉑

Morbihan. 🚶 5 200. ✈ Quiberon
(via Lorient). ⛴ depuis Quiberon.
ℹ quai Bonnellet.(02 97 31 81 93).
🌐 www.belle-ile.com

À 14 km de Quiberon, d'où
part un service régulier
de vedettes et de ferrys (45
minutes de traversée), Belle-
Île-en-Mer est la plus grande
des îles bretonnes. Falaises et
plages de sable alternent sur
ses côtes, tandis qu'à l'intérieur
les plateaux ventés sont
coupés de vallées abritées.
L'agglomération principale, **Le
Palais**, fortifiée sous l'Empire,
est dominée par la **citadelle
Vauban** du XVIe siècle.

Le cloître de Saint-Pierre de
Vannes

Vannes ㉒

Morbihan. 🚶 58 000. 🚌 🚗 ℹ 1,
rue Thiers (02 97 47 24 34). 🛒 mer.,
sam. 🌐 www.tourisme-vannes.com

B lottie au fond du golfe
du Morbihan, Vannes fut
longtemps le port d'attache
des Vénètes, hardis
navigateurs vaincus par
Jules César en 56 avant J.-C.
Nominoë, premier duc de
Bretagne au IXe siècle, en
fit à son tour sa capitale.
L'annexion de la Bretagne par
le royaume de France marqua
le déclin de la cité, remplacée
officiellement par Rennes.
C'est aujourd'hui une ville
animée et commerçante, qui
a su préserver ses traditions
et restaurer sa vieille ville.
On peut admirer les remparts
depuis la promenade de la
Garenne. Vous verrez aussi
la porte Prison et le château
de l'Hermine reconstruit au

Marin breton

XVIIIe siècle. Par la porte Saint-
Vincent, on atteint de vieilles
rues bordées de belles
maisons à pans de bois et
la **place des Lices**, où se
déroulaient autrefois les
tournois à l'arme blanche
et où se tient le marché les
mercredi et samedi matin.
Dans la **cathédrale Saint-
Pierre**, plusieurs fois
remaniée depuis sa
construction au XIIe siècle, la
chapelle du Saint-Sacrement
abrite le tombeau de saint
Vincent Ferrier, prédicateur
espagnol mort à Vannes
en 1419.

Face au parvis se trouve
l'ancienne halle, **la Cohue**,
siège du musée des Beaux-
Arts. C'est au premier étage
du bâtiment que fut signé
l'acte de rattachement de la
Bretagne à la France en 1532,
« sous réserve de ses droits,
libertés et privilèges ».

Le **musée archéologique**,
dans le château Gaillard,
expose, outre une collection
d'objets d'art Renaissance,
des antiquités préhistoriques
(bijoux, armes et poteries).

🏛 **Musée archéologique
du Morbihan**
Château Gaillard, 2, rue Noé. 📞 02
97 01 63 00. 🕐 mi-juin-oct. : t.l.j. ;
oct.-mi-juin : a.-m. seul. ● j. f. 🚫

Aux environs
En plus d'un certain nombre
d'attractions, le **parc du
Golfe**, à la sortie de la ville,
est doté d'un aquarium
océanographique qui
rassemble plus de
400 espèces différentes et
d'une exposition de papillons.

On peut aussi visiter le joli
manoir de Plessis-Josso
(XIVe siècle) à Theix, sur la
route de Nantes, et les **tours
d'Elven**, dont les ruines sont
accessibles par la N 166 au
nord-est.

Golfe du Morbihan ㉓

Morbihan. ✈ Lorient. 🚌 🚗 ⛴
Vannes. ℹ Vannes (02 97 47 24 34).

L e golfe du Morbihan, nom
qui signifie en breton
« petite mer », est bel et bien
une mer intérieure, soumise
aux marées de l'Atlantique,
avec lequel elle communique
par un passage étroit, entre
Locmariaquer et Port-Navalo,
à l'extrémité de la presqu'île
de Rhuys. Le golfe est
semé d'îlots et d'îles dont
certaines sont habitées,
notamment les deux plus
grandes, l'**île d'Arz** et l'**île
aux Moines**, paradis de
vieilles pierres et de mimosas,
desservies régulièrement par
des vedettes.

Les villages alentour vivent
de la pêche, de l'ostréiculture
et du tourisme.

Le Bono, pittoresque petit port du Morbihan

Dinard, jeux d'enfants et tentes de plage

Sur l'**îlot de Gavrinis**, accessible par bateau depuis Larmor-Baden, on a découvert un grand tumulus *(p. 269)* aux parois gravées de signes étranges. Des vedettes proposent le tour du golfe au départ de Locmariaquer, Auray, Vannes et Port-Navalo.

Le château de Josselin au bord de l'Oust

Josselin ㉔

Morbihan. 🏘 *2 500.* 🚉 ℹ️ *pl. de la Congrégation (02 97 22 36 43).* 🛍️ *sam.*

Le bourg est célèbre par son **château** médiéval. Propriété de la famille de Rohan depuis le xvᵉ siècle, il domine l'Oust de ses tours altières. Ses murs de granit sont ornés de la lettre A, en hommage à la duchesse Anne (1477-1514), qui présida aux destinées de la Bretagne à l'époque de son âge d'or.

Les anciennes écuries abritent un musée des Poupées, riche de 600 sujets avec leurs accessoires.

La **basilique Notre-Dame-du-Roncier** abrite le cénotaphe d'Olivier de Clisson (1336-1407),

connétable de France, qui posséda et fit fortifier le château.

Non loin de là, à Bignan, le domaine de Kerguéhennec, dédié à l'art contemporain, présente d'intéressantes sculptures dans un agréable parc à l'anglaise.

♣ Château de Josselin
📞 *02 97 22 36 45.* ⏰ *avr.-sept., vac. scol. et j. f. : t.l.j. a.-m. seul. (mi-juil.-août : t.l.j.).* 📷 ♿

Forêt de Paimpont ㉕

Ille-et-Vilaine. 🚆 *Rennes.* 🚉 *Monfort-sur-Mer (20 mn de Paimpont).* 🚌 *Rennes* ℹ️ *Paimpont (02 99 07 84 23).*

Cette grande étendue boisée (7 000 ha) témoigne des temps lointains où les chevaliers du roi Arthur chevauchaient à travers l'immense **forêt de Brocéliande**, au cœur de l'Armorique. Il ne reste plus que la légende, mais les

Merlin l'enchanteur et Viviane, la Dame du Lac

visiteurs s'ingénient encore à découvrir la source où Merlin l'enchanteur rencontra la fée Viviane. Les promeneurs trouveront à **Paimpont** toutes informations utiles.

Côte d'Émeraude ㉖

Ille-et-Vilaine et Côtes-d'Armor. ✈️ *Dinard-Saint-Malo.* 🚉 🚌 ⛴️ ℹ️ *Dinard (02 99 46 94 12).*

Au nord de la péninsule, entre le Val-André et la pointe du Grouin, au-dessus de Cancale, la Côte d'Émeraude, dont l'eau bleu-vert très pure a en effet quelque chose d'une pierre précieuse, déroule ses plages de sable entrecoupées de falaises rocheuses.

Longeant une plage de sable à l'embouchure de la Rance, **Dinard** possède un charme « british » avec ses villas aristocratiques. Plus loin, les stations balnéaires de Saint-Jacut-de-la-Mer, de Saint-Cast, des Sables-d'Or et d'Erquy, sont propices aux vacances familiales et aux concours de châteaux de sable.

À mi-parcours, les fractures spectaculaires du **cap Fréhel** abritent une réserve naturelle d'oiseaux de mer. Décor de nombreux films de cape et d'épée, le **Fort-la-Latte** ferme la baie de la Fresnaye. Entre Dinard et Saint-Malo, la D 168 enjambe le **barrage de la Rance** et son usine marémotrice, construite en 1966, la première au monde à avoir utilisé la force des marées pour produire de l'électricité.

SAINT-MALO, CITÉ CORSAIRE

Les Malouins participèrent activement à la découverte du Nouveau Monde et c'est Jacques Cartier, né à Rothéneuf, qui prit possession du Canada en 1534 au nom du roi de France, après avoir remonté l'embouchure du Saint-Laurent. À la fin du siècle suivant, en 1698, les marins bretons occupent les premiers un archipel situé au large de l'Antarctique, baptisé pour cette raison îles Malouines et devenu plus tard colonie anglaise sous le nom d'îles Falkland.
Le XVIIIe siècle est la grande époque des corsaires. René Duguay-Trouin (1673-1736) conquiert Rio de Janeiro sur les Portugais en 1711 et les marins de l'intrépide Robert Surcouf (1773-1827) pillent sans vergogne les navires anglais de la Compagnie des Indes. Enrichis par le commerce et la piraterie, les armateurs se font lors construire des demeures cossues, véritables petits châteaux appelés *malouinières*.

L'explorateur Jacques Cartier (1491-1557)

Saint-Malo ㉗

Ille-et-Vilaine. 🏙 53 000. ✈ 🚉
🚌 ⛴ 🛈 esplanade Saint-Vincent
(0825 135 200). 🛒 lun.-sam.
🅆 www.saint-malo-tourisme.com

Saint-Malo fut fondé au XIIe siècle sur ce qui n'était encore qu'un îlot rocheux. La ville fortifiée, qui doit sa fortune et sa renommée aux exploits de ses corsaires et de ses marins parcourant les mers du XVIe au XIXe siècle, verrouille l'embouchure de la Rance. Grand port de pêche et de commerce en même temps que centre de tourisme, la ville a retrouvé son visage d'autrefois, malgré les bombardements intensifs lors de la dernière guerre.

Depuis les remparts de Saint-Malo, on domine la rade et les îles. On peut suivre le chemin de ronde depuis les degrés de la **porte Saint-Vincent**, sans oublier d'admirer au passage la **Grande Porte** du XVe siècle.

Les petites rues étroites de la vieille ville sont bordées de boutiques, de crêperies et de magasins de souvenirs. La rue Porcon-de-la-Barbinais conduit à la **cathédrale Saint-Vincent**, dont l'austère nef romane contraste avec les vitraux contemporains très lumineux qui entourent le chœur.
La maison de la duchesse Anne, cour La Houssaye, a été soigneusement restaurée.

La plage à marée basse, porte du Fort National

⛴ Château
Pl. Chateaubriand. 📞 02 99 40 71 57.
🕐 avr.-sept. : t.l.j. ; oct.-mars : mar.-dim. ⬤ 1er janv., 1er mai, 1er et 11 nov., 25 déc. 🖼
Le château a été construit entre le XIVe et le XVe siècle. Le grand donjon (1424) abrite le musée d'Histoire de la Ville qui évoque le glorieux passé corsaire de la cité. Place Vauban, l'exotarium malouin se visite toute l'année, alors qu'à la sortie de la ville, le Grand Aquarium laisse découvrir 500 espèces animales dans 1 million de litres d'eau de mer (tunnel aux requins et simulations de plongée dans les hauts fonds en sous-marin).

🏛 Fort National
🕐 juin-sept. : t.l.j. à marée basse. 🖼
Construit en 1689 par Vauban, commissaire des fortifications du Roi-Soleil, le fort, accessible par la plage à marée basse, offre une vue splendide sur la ville et les remparts.
À marée basse, rendez-vous à pied au **Grand-Bé**, où se trouve la tombe de François-René de Chateaubriand, né à Saint-Malo en 1768, et le fort du Petit-Bé, d'où l'on peut admirer les plages de Saint-Servan, de Paramé et une grande partie de la Côte d'Émeraude.

🏛 Tour Solidor
Saint-Servan. 📞 02 99 40 71 58.
🕐 avr.-sept. : t.l.j. ; oct.-mars : mar.-dim. ⬤ 1er janv., 1er mai, 1er nov., 25 déc. 🖼
La tour Solidor à Saint-Servan, construite en 1382, fut autrefois une prison. Le musée international des Cap-horniers installé dans ses murs présente aujourd'hui des maquettes, des journaux de bord et des instruments de navigation.

🏛 Manoir Limoëlou
Rue D.-Macdonald-Stuart, Limoëlou-Rothéneuf. 📞 02 99 40 97 73.
🕐 juil.-août : t.l.j. ; sept.-juin : lun-sam.
Le manoir de Limoëlou, à Rothéneuf, fut la résidence de Jacques Cartier, le « découvreur du Canada ». Non loin de là, en bordure de mer, les surprenants rochers sculptés furent exécutés à la fin du XIXe siècle par l'abbé Fouré.

22f/Dz

Les huîtres de Cancale, déjà
appréciées des Romains

Aux environs
Un service de vedettes
permet l'été de rejoindre
Dinard *(p. 271)*, le cap
Fréhel, l'île de Cézembre et,
plus loin, Jersey, Guernesey
ou Sark. En été, on peut
aussi remonter la Rance à
marée haute jusqu'à Dinan.

Cancale ㉘

Ille-et-Vilaine. 🏙 5 350. 🚉 🚌 **44,**
rue du Port (02 99 89 63 72). 🛒 *mer.*
🌐 *www.ville-cancale.fr*

Depuis Cancale, petit port
réputé pour ses huîtres
dès l'époque romaine, on
aperçoit par beau temps, au
fond de la baie, le Mont-Saint-
Michel. En longeant la côte
par le sentier des douaniers
(GR 34), on peut admirer
les immenses parcs à huîtres,
recouverts deux fois par jour
par les fortes marées. Les
ruelles en pente descendent
vers les quais, où de
nombreux restaurants
proposent les spécialités de
la mer, et le port de la Houle,
où accostent les chalutiers.

Le **musée de l'Huître, du
Coquillage et de la Mer** vous
informera sur l'ostréiculture.
Allez ensuite faire un tour au
musée des Arts et Traditions
populaires, dans l'église Saint-
Méen, au bourg, pour en
savoir plus sur la célèbre
bisquine cancalaise (huître).

🏛 **Musée de l'Huître, du
Coquillage et de la Mer**
Plage de l'Aurore. 📞 *02 99 89 69 99.*
⏱ *mi-juin.-mi-sept. : t.l.j.; hors saison :
lun.-ven.* ⚿ ♿

Dinan ㉙

Côtes-d'Armor. 🏙 12 000.
🚉 🚌 🛈 *9, rue du Château
(02 96 87 69 76).* 🛒 *jeu.*
🌐 *www.dinan-tourisme.com*

Accrochée à flanc de coteau
sur les rives escarpées en
encaissées de la Rance, la
vieille ville de Dinan, entourée
de faubourgs plus modernes,
dresse ses remparts intacts
autour de ses églises et de ses
maisons à pans de bois,
comme on le voit du haut
de la **tour de l'Horloge**. Le
cœur du valeureux connétable
Bertrand Du Guesclin, né
en 1320 à La Motte-Broons,
près de Dinan, est conservé
dans la **basilique Saint-
Sauveur.** Depuis le **Jardin
anglais**, on peut admirer
l'impressionnant viaduc qui
enjambe la Rance. La vieille
rue du Jerzual, bordée
d'échoppes fleurie et coupée
par une porte de défense,
descend vers le vieux port,
d'où s'exportaient jadis la
toile à voile et autres
productions des tisserands
locaux. Il se consacre

désormais à la navigation de
plaisance.
Le petit bourg de Léhon, au
sud, possède un monastère
remanié entre le IXe et le
XVIIe siècle, le **prieuré
Saint-Magloire**, aujourd'hui
restauré.
Le **château**, tout près de la
grande place du marché, abrite
le musée du d'Art et d'Histoire.
À côté, la tour de Coëtquen
abrite une belle collection de
gisants du XIIe au XVe siècle. Ne
manquez pas la promenade
agréable dite des Petits-Fossés.

♜ **Château-Musée**
Rue du Château. 📞 *02 96 39 45 20.*
⏱ *juin-sept. : t.l.j. ; oct.-mai : t.l.j.
a.-m. seul.).* ⚿ ♿

**François-René de Chateaubriand
(1768-1848)**

Combourg ㉚

Ille-et-Vilaine. 🏙 5 000. 🚉 🚌
🛈 *pl. Albert-Parent (02 99 73 13 93).*
🛒 *lun.* 🌐 *www.combourg.com*

Le sombre **château de
Combourg**, édifié entre
le XIIe et le XVe siècle autour
d'une forteresse féodale,
domine cette petite ville qui
borde le lac Tranquille.
L'ancienne demeure de la
famille Du Guesclin fut
achetée en 1761 par le comte
de Chateaubriand. C'est là
que son fils François-René
passa une adolescence
austère, évoquée dans les
Mémoires d'outre-tombe
(1841). Le château, déserté
à la Révolution et restauré
au XIXe siècle, permet de se
plonger dans l'atmosphère
romantique de l'écrivain à
travers ses meubles et écrits
personnels. Vidéo, librairie et
salon de thé concourent à
l'accueil des visiteurs.

♜ **Château de Combourg**
23, rue des Princes. 📞 *02 99 73
22 95.* ⏱ *avr.-oct. : dim.-ven. ;
juil.-août : t.l.j.* ⚿

Vue aérienne de Lanvallay, sur la rive opposée à Dinan

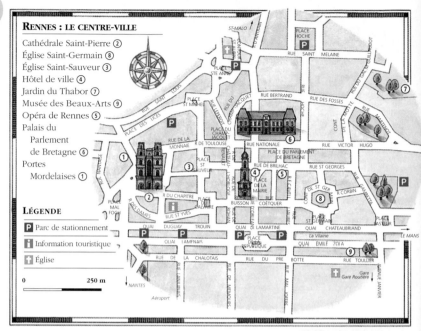

RENNES : LE CENTRE-VILLE

Cathédrale Saint-Pierre ②
Église Saint-Germain ⑧
Église Saint-Sauveur ③
Hôtel de ville ④
Jardin du Thabor ⑦
Musée des Beaux-Arts ⑨
Opéra de Rennes ⑤
Palais du
　　Parlement
　　de Bretagne ⑥
Portes
　　Mordelaises ①

LÉGENDE

P Parc de stationnement

i Information touristique

† Église

0　　　　　250 m

Rennes ㉛

Ille-et-Vilaine. 212 000. 11, rue Saint-Yves
(02 99 67 11 11). mar.-dim.
W www.tourisme-rennes.com

Fondée par les Gaulois au confluent de l'Ille et de la Vilaine, la ville de Rennes fut colonisée par les Romains. Elle devint capitale de la Bretagne après le rattachement de la province à la France. L'ancienne cité médiévale, presque entièrement construite en bois, fut partiellement dévastée en 1720 par un gigantesque incendie qui dura six jours. On reconstruisit alors, le long de voies tracées au cordeau, de hautes maisons de pierre, ornées de balcons et de pilastres. Autour de ce noyau historique, la ville nouvelle reste fidèle à sa vocation de centre culturel et universitaire.

Les vieux quartiers méritent un détour. À l'extrémité ouest de la rue de la Monnaie se dressent les **portes Mordelaises**, vestiges des remparts et porte triomphale des ducs de Bretagne.
La **cathédrale Saint-Pierre**, trois fois reconstruite, a conservé un retable flamand (v. 1520). **Rue Saint-Sauveur**, à proximité de la basilique, rue Saint-Guillaume ou rue du Chapitre, quelques hôtels particuliers ont échappé aux flammes. Après la charmante rue Saint-Georges, bordée de maisons à colombage, l'**église Saint-Germain** possède encore ses vitraux du XVIᵉ siècle et son plafond lambrissé typique de la région. Sur la place de la Mairie, l'**hôtel de ville** et l'**Opéra** se font face. On se promènera avec plaisir dans le **jardin du Thabor**, derrière l'église Saint-Melaine, ancienne abbatiale en partie romane.

Rennes, la place des Lices un jour de marché

Une maison à colombage sur la place des Lices

⊞ Palais du Parlement de Bretagne

Pl. du Parlement. vis. guid. par le Service Rennes, métropole d'Art de d'Histoire. 02 99 67 11 66.
W www.parlement-bretagne.com
L'ancien Parlement de Bretagne, qui abrita ensuite les salles du Palais de Justice, fut construit de 1618 à 1655 selon les plans de Salomon de Brosse. Ravagé par un incendie en 1994, le bâtiment a été totalement restauré en 2002, avec l'achèvement de la Grand'Chambre, dont certaines boiseries avaient pu être sauvées. La cour d'appel a réinvesti les lieux en 1999.

🏛 Musée des Beaux-Arts

20, quai Émile-Zola. 📞 *02 23 62 17 45.* ⭕ *mar.-dim.* ⬤ *j. f.* 🖼 ♿ 🌐 www.mbar.org

Outre *Le Nouveau-né*, l'un des chefs-d'œuvre du peintre Georges de La Tour, on trouve de nombreux tableaux de Gauguin, Émile Bernard et autres artistes de l'école de Pont-Aven *(p. 265)*, ainsi que plusieurs toiles de Picasso, dont *La Baigneuse*, réalisée à Dinard en 1928. Une salle est réservée aux thèmes bretons.

🏛 Champs-Libres

10, cours des Alliés. 📞 *02 23 40 66 00.* ⭕ *mar.-dim.* ⬤ *certains j. f.* 🖼 ♿

Le nouveau complexe des Champs-Libres regroupe la bibiothèque, l'espace des Sciences et le musée de Bretagne, dans un bâtiment conçu par Christian de Portzamparc. La collection permanente du musée de Bretagne comporte meubles bretons, costumes et objets d'artisanat traditionnels. Vous apprendrez aussi beaucoup sur les premiers mégalithes bretons, l'industrie de la pêche et l'histoire de Rennes.

Aux environs

Au sud de la ville, l'**écomusée du Pays de Rennes** retrace l'évolution de l'économie rurale depuis le XVIIe siècle. À 16 km au sud-est, **Châteaugiron** est un charmant bourg médiéval, avec un imposant château et de belles maisons à pans de bois.

🏛 Écomusée du Pays de Rennes

Ferme des Bintinais, route de Châtillon-sur-Seiche. 📞 *02 99 51 38 15.* ⭕ *fév.-mi-janv. : mar.-dim.* ⬤ *j. f.* 🖼 ♿

♣ Château de Châteaugiron

Châteaugiron. 📞 *02 99 37 89 02.* ⭕ *mi-juin-mi-sept. : t.l.j.* 🖼

Fougères ㉜

Ille-et-Vilaine. 👥 *21 779.* 🚉 🚌 ℹ️ *2, rue Nationale (02 99 94 12 20).* 🚌 *sam.* 🌐 www.ot-fougeres.fr

À la frontière orientale de la Bretagne, sur le Nançon, la ville forte de Fougères fut conçue pour résister à l'envahisseur. Ses remparts, intacts pour la plupart, descendent jusqu'au

Le château de Fougères (XIIe-XVe siècle)

majestueux **château**, entouré de ses douves. L'impression de force qui se dégage de cet édifice, couronné de treize tours et ceint de murailles de trois mètres d'épaisseur, et le décor insolite de la ville close, des chemins de ronde sinueux et des maisons ancrées dans le roc, ont inspiré Honoré de Balzac, qui y situe pour l'essentiel l'action des *Chouans* (1829).

On pourra profiter depuis la place des Arbres du jardin public, derrière l'**église Saint-Léonard**, d'un beau panorama sur la vallée. Quelques demeures à pans de bois en encorbellement entourent la place du Marchix.

L'**église Saint-Sulpice** (XVe-XVIIIe siècle) est un remarquable édifice gothique flamboyant. L'intérieur abrite deux intéressants retables de granit.

♣ Château de Fougères

Pl. Pierre-Simon. 📞 *02 99 99 79 59.* ⭕ *fév.-déc. : t.l.j.* 🖼

Vitré, maisons à pans de bois en encorbellement

Vitré ㉝

Ille-et-Vilaine. 👥 *16 000.* 🚉 🚌 ℹ️ *place du Général-de-Gaulle (02 99 75 04 46).* 🚌 *lun.* 🌐 www.ot-vitre.fr

La ville fortifiée, aux portes de la Bretagne, domine la vallée de la Vilaine.

Le **château**, remodelé au XIVe siècle, est en parfait état de conservation. Triangulaire, il s'appuie sur trois grosses tours, dont la tour Saint-Laurent, qui abrite un musée.

Dans la vieille ville, rue Beaudrairie où les artisans travaillaient le cuir, et rue d'En-Bas, subsistent des maisons à encorbellement.

Les maisons anciennes sont aussi nombreuses autour de l'**église Notre-Dame**, de style gothique flamboyant, qui possède sur sa façade sud, une étonnante chaire extérieure. Plus loin commence la promenade du Val, qui fait le tour des remparts.

Le **château des Rochers-Sévigné** est accessible par la D 88, au sud-est. Marie de Rabutin-Chantal (1626-1696), veuve du marquis de Sévigné et épistolière infatigable – ses lettres fourmillent d'anecdotes concernant la cour de Louis XIV à Versailles – y séjourna.

♣ Château de Vitré

📞 *02 99 75 04 54.* ⭕ *mi-fév.-oct. : t.l.j. ; nov.-mi-fév. : mer.-lun. sauf sam., dim. et lun. mat.* ⬤ *1er janv., Pâques, 1er nov, 25 déc.* 🖼 ♿

♣ Château des Rochers-Sévigné

📞 *02 99 96 76 51.* ⭕ *mi-fév.-oct. : t.l.j. ; nov.-mi-fév. : mer.-lun. sauf sam., dim. et lun. mat.* ⬤ *1er janv., Pâques, 1er nov, 25 déc.* 🖼 ♿ *limité.*

Vallée de la Loire

Indre · Indre-et-Loire · Loir-et-Cher · Loiret · Eure-et-Loir
Cher · Vendée · Maine-et-Loire · Loire-Atlantique · Sarthe

Avec son histoire prestigieuse, la région est célèbre par ses magnifiques châteaux où s'élabora l'art de vivre de la Renaissance. Aujourd'hui encore, avec ses villes élégantes et ses paysages tranquilles traversés par le majestueux sillon du fleuve, la vallée de la Loire est le pays de la douceur de vivre.

À la recherche de nouveaux terrains de chasse, les rois de France s'installèrent sur les bords de Loire dès la Renaissance À proximité des grandes forêts giboyeuses de Sologne, de Touraine ou de l'Orléanais s'élevèrent palais et résidences d'agrément pour les souverains et les grands personnages de la cour.

Les villes voisines en profitèrent bientôt. Longtemps centre intellectuel du pays, Orléans est aujourd'hui trop proche de Paris pour avoir une véritable autonomie, et c'est plutôt Tours qui fait figure de métropole régionale, suivie par Angers. Moins importantes, Blois, Saumur ou Amboise ont conservé plus de cachet. Guirlande de cités royales, de châteaux et de vignobles, le Val de Loire se termine aux abords de Nantes, ancienne résidence des ducs de Bretagne, capitale des pays de Loire et porte océane de la région. Au sud du fleuve, la Vendée offre ses plages ventées aux sportifs et aux amoureux de la nature.

Plus au nord, dans les riches plaines des confins de l'Île-de-France ou des pays normands, les grandes cités marchandes et épiscopales de Chartres et du Mans ont conservé de majestueuses cathédrales.

Châteaux imposants ou modestes manoirs, habitations troglodytiques et églises à fresques, jardins somptueux, villages de vignerons ou de pêcheurs de Loire, balades en forêt et promenades en barque, la région à beaucoup à offrir aux visiteurs, qui pourront s'y restaurer de gibier, de primeurs (comme les célèbres asperges), de poissons de rivière ou d'un pot de rillettes arrosé d'un bourgueil fruité ou d'un vouvray léger.

La Loire à Montsoreau, au sud-ouest de Saumur

◁ Le majestueux château de Saumur domine la ville et le fleuve

À la découverte de la Vallée de la Loire

L es châteaux de la Loire, luxueuses résidences des rois de France et des grands seigneurs de la cour, constituent bien sûr l'attrait essentiel de la région. Toutefois, les croisières en péniche, les balades dans les tranquilles vallées de l'Indre ou du Loir, les plages de l'océan et la « douceur angevine » ravissent les estivants, tandis que les amateurs de bons vins vont de bourgueil en vouvray et de muscadet en chinon. Les amoureux de la nature, des arts ou de la gastronomie n'ont ici que l'embarras du choix.

Effet de nuages près de Vouvray

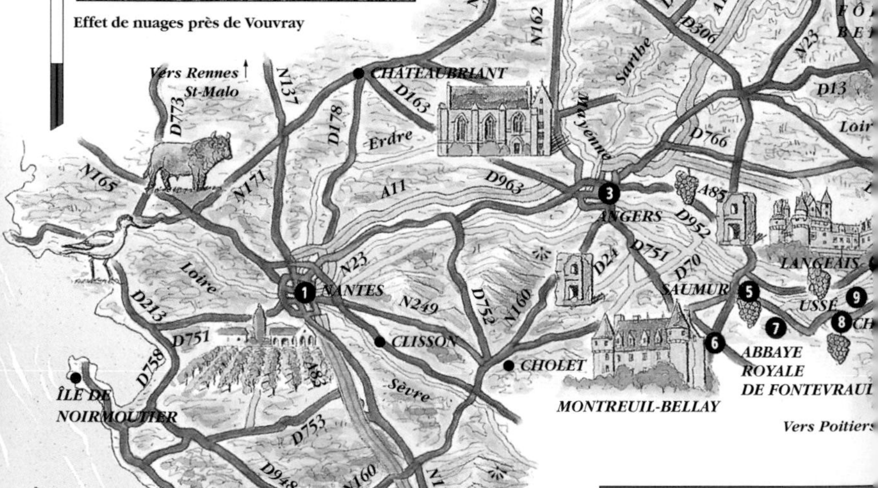

Vers Caen

N12

Vers Rennes
Brest

N138

Sarthe

D31

Mayenne

N162

D35

A81

D304

N157   LAVAL

N171

N162

Vers Rennes
St-Malo

N37

CHATEAUBRIANT

D178

D163

Erdre

N165

N171

A11

D963

D766

Loir

ANGERS

D952

A85

D24   D751

D70

SAUMUR

D213

Loire

NANTES

N23

N249

D752

N160

CLISSON

D751

A83

Sèvre

CHOLET

MONTREUIL-BELLAY

LANGEAIS

USSÉ

ABBAYE
ROYALE
DE FONTEVRAUD

Vers Poitiers

ÎLE DE
NOIRMOUTIER

D758

D753

D948

N160

N137

ÎLE D'YEU

D38

LA ROCHE-SUR-YON

D949b

D746

VENDÉE

LES SABLES D'OLONNE

D949

N148

LÉGENDE

- Autoroute
- Route principale
- Route secondaire
- Route pittoresque
- Rivière
- Point de vue

0   25 km

Le château de Villandry
et ses célèbres jardins

LA RÉGION D'UN COUP D'ŒIL

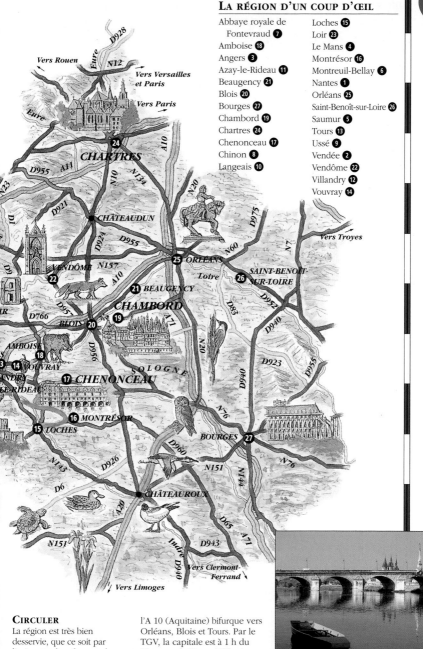

CIRCULER

La région est très bien desservie, que ce soit par l'avion, par le rail ou par la route. Les aéroports de Nantes et Tours sont reliés au reste du pays. L'autoroute A 11 (Océane) joint Paris à Chartres, au Mans, à Angers et à Nantes, l'A 10 (Aquitaine) bifurque vers Orléans, Blois et Tours. Par le TGV, la capitale est à 1 h du Mans ou de Tours, à 90 min d'Angers et à 2 h de Nantes. La région est également reliée à Lille par le TGV. Les châteaux les moins connus sont parfois d'accès difficile.

Un pont sur la Loire au lever du jour

Le tombeau de François II et de sa femme Marguerite de Foix, à Nantes

Nantes ❶

Loire-Atlantique. 🛬 270 000. 🚂 🚏
🚌 ℹ️ 3, cours Olivier-de-Clisson.
(0892 464 044). 🚢 mar.-dim.
🌐 www.nantes-tourisme.com

Pendant des siècles, Nantes a disputé à Rennes le titre de capitale de la Bretagne. L'histoire et l'administration ont finalement tranché, puisque la ville n'appartient plus à la Bretagne depuis 1941.

C'est pourtant bien une cité bretonne qui entoure l'église Sainte-Croix et le château. L'élégante **cathédrale Saint-Pierre** et **Saint-Paul** abrite le tombeau de François II, dernier duc de Bretagne.

Le **château des Ducs de Bretagne** a plusieurs raisons d'être célèbre. C'est ici que naquit, en 1477, Anne de Bretagne, la « duchesse en sabots », et qu'Henri IV signa, en 1598, le célèbre édit de Nantes qui accordait la liberté de culte aux protestants. Le château a été complètement restructuré et proposera fin 2006 un nouveau musée axé sur l'histoire de Nantes, notamment avec la Traite des Noirs à l'époque coloniale. Des parcours de mise en lumière permettent aujourd'hui de découvrir le patrimoine.

Château des Ducs de Bretagne
Pl. Marc-Elder. 📞 02 40 41 56 56.
🕐 fin 2006 ; tél. pour horaires. 📷 ♿

Aux environs

Au départ de Nantes, vous pouvez découvrir les environs de la ville en embarquant sur un bateau sur l'Erdre. La rivière est bordée de châteaux et de gentilhommières.

Au nord-ouest de Nantes, entre mer et Brière, **Guérande** fit fortune grâce à ses marais salants (la réputation du sel de Guérande n'est pas à faire !) ses côtes poissonneuses et la richesse de son arrière-pays. Au sud-est, **Clisson**, rasée pendant les guerres de Vendée, fut reconstruite à l'italienne avec une profusion de tuiles et de briques rouges. Le beau **château de Clisson**, édifié sur un monticule rocheux dans la vallée de la Sèvre Nantaise, est en cours de rénovation.

⚓ Château de Clisson
📞 02 40 54 02 22. 🕐 avr.-sept. ; mer.-lun. ; oct.-mars : mer.-dim.
🌑 vac. de Noël. 📷 📹

Vendée ❷

Vendée. 🛬 Nantes. 🚂
🚌 La Roche-sur-Yon. ℹ️ La Roche-sur-Yon (02 51 47 88 20).
🌐 www.vendee-tourisme.com

Le mouvement contre-révolutionnaire qui agita l'Ouest de la France de 1793 à 1799 commença par une série de soulèvements en Vendée. Bastion de l'Ancien Régime, profondément religieuse et rurale, la région ne pouvait accepter sans heurts les valeurs urbaines et laïques de la République. La répression, très brutale, fit de nombreux morts et occasionna un traumatisme durable.

Deux musées retracent ce pan de l'histoire : le logis de la Chabotterie, à **Saint-Sulpice-de-Verdon**, et le musée de l'Historial aux **Lucs-sur-Boulogne**.

Autour de **La Roche-sur-Yon**, le bocage vendéen est un centre de tourisme vert. L'Atlantique baigne ici l'une des côtes les plus propres de France, comme aux **Sables-d'Olonne**, où l'on peut visiter le musée de l'abbaye Sainte-Croix et d'où vous pourrez partir à la découverte des marais salants en bateau.

L'**île de Noirmoutier**, reliée à la côte par un pont, est aussi accessible par une curieuse chaussée carrossable, le passage du Gois, recouvert à marée haute et bordé de balises-refuges, où les imprudents peuvent se mettre au sec. De Noirmoutier ou de Fromentine, une vedette vous mènera à l'**île d'Yeu**, dont la côte sauvage battue par les

Bateaux sur l'île de Noirmoutier, au large des côtes de Vendée

vents est dominée par la silhouette du Vieux-Château.

Le **Marais poitevin** *(p. 398)*, est un véritable sanctuaire pour les oiseaux. Ses canaux courrent entre les hameaux, dont certains possèdent de belles églises (Maillezais, Chaillé-les-Marais). Le meilleur moyen de découvrir cette « Venise verte » est de se laisser glisser sur l'eau ; on peut louer une barque dans un de ses villages : **Coulon**, sa capitale, Maillezais, Maillé, etc.

Angers, la tenture de l'*Apocalypse*

Angers ❸

Maine-et-Loire. 🚏 *156 300.* 🚉 🚌 ℹ️ *7, pl. Kennedy (02 41 23 50 00).* 🚍 *sam. et dim.* 🌐 www.angers-tourisme.com

Capitale historique de l'Anjou et berceau des Plantagenêts, Angers garde de son passé royal un imposant **château** médiéval *(p. 232)*. Ancienne demeure du comte d'Anjou Foulques Nerra, la forteresse abrite une riche collection de tapisseries, dont la tenture de l'*Apocalypse*, exécutée entre 1375 et 1378.

À deux pas, la **cathédrale Saint-Maurice** possède de remarquables vitraux des XIIᵉ et XIIIᵉ siècles. Tout près, la **Maison d'Adam** (XVIᵉ siècle), expose sur la façade un arbre de vie sculpté dans le bois, tandis que le **musée des Beaux-Arts**, dans un hôtel du XVᵉ siècle, abrite d'admirables œuvres européennes du XIVᵉ au XIXᵉ siècle.

La **galerie David d'Angers**, dans une ancienne abbatiale restaurée, est dédiée à la sculpture. L'ancien hôpital des Pauvres, sur l'autre rive de la Maine, abrite aujourd'hui le **musée Jean Lurçat**, avec la tenture du *Chant du monde*, exécutée d'après les cartons de l'artiste,

et le **musée de la Tapisserie contemporaine** qui expose céramiques et peintures.

⚓ **Château d'Angers** 🄲 *02 41 86 48 77.* ⭕ *t.l.j.* ⬤ *certains j. f.* 🈺 🚫 🏛 **Musée des Beaux-Arts** 14, rue du Musée. 🄲 *02 41 05 38 00.* ⭕ *juin-sept. : t.l.j. ; oct.-mai : mar.-dim.* ⬤ *certains j. f.* 🈺 🏛 **Galerie David d'Angers** 33 bis, rue Toussaint. 🄲 *02 41 87 21 03.* ⭕ *mi-juin-mi-sept. : t.l.j. ; mi-sept.-mi-juin : mar.-dim.* ⬤ *j. f.* 🈺 🏛 **Musée Jean Lurçat et musée de la Tapisserie contemporaine** 4, bd Arago. 🄲 *02 41 24 18 45 et 02 21 24 18 48.* ⭕ *mi-juin-mi-sept. : t.l.j. ; mi-sept.-mi-juin : mar.-dim.* ⬤ *j. f.* 🈺 ♿

Aux environs

Dans un rayon de 15 km, on peut visiter le superbe **château de Serrant** au sud-ouest, le **château de Brissac-Quincé** au sud-est et, au nord, le **château de Plessis-Bourré**, avec son plafond à caissons remarquable.

⚓ **Château de Serrant** Saint-Georges-sur-Loire. 🄲 *02 41 39 13 01.* ⭕ *juil.-août : t.l.j. ; mars-juin et sept.-mi-nov. : mer.-lun.* 🈺

Le Mans ❹

Sarthe. 🚏 *150 000.* ✈️ 🚉 🚌 ℹ️ *rue de l'Étoile (02 43 28 17 22).* 🚍 *mar.-dim.* 🌐 www.ville-lemans.fr

Depuis qu'Amédée Bollée eut l'idée farfelue, en 1873, de placer un moteur sous le capot d'une voiture, Le Mans est synonyme d'automobile. Les fils Bollée instituèrent un embryon de Grand Prix, événement *(p. 33)* que le **musée de**

L'*Ascension*, vitrail de la cathédrale Saint-Julien au Mans

l'Automobile continue à célébrer.

Le vieux quartier, ancienne cité fortifiée, est entouré de l'enceinte romaine la mieux conservée de France. De nombreux films, dont *Cyrano de Bergerac*, ont été tournés dans ce décor naturel de maisons à pans de bois, de ruelles pavées et de cours intérieures. La **cathédrale Saint-Julien**, à l'admirable chevet gothique, conserve un portail contemporain du portail royal de Chartres.

Entre Le Mans et Laval, Sainte-Suzanne et son château dominent le cours de l'Erve. À quelque distance, dans la vallée, Évron abrite une remarquable basilique du XIᵉ-XIIIᵉ siècle.

🏛 **Musée de l'Automobile** Circuit des 24 Heures du Mans. 🄲 *02 43 72 72 24.* ⭕ *fév.-déc. : t.l.j. ; janv. : w.-e.* 🈺 ♿

Le circuit du Mans, gravure de *L'Illustration*, 1935

Saumur ❺

Maine-et-Loire. 🏛 32 000. 🚉 🚌
ℹ️ pl. de la Bilange (02 41 40 20 60).
🛒 jeu. et sam. 🌐 www.ot-saumur.fr

Le château des ducs d'Anjou et la flèche de Saint-Pierre, vus de la Loire

Haut lieu du protestantisme au XVIIᵉ siècle et capitale française de l'équitation, Saumur est surtout célèbre aujourd'hui par ses vins, ses champignons, son château et son fameux Cadre noir.

Forteresse au XIIIᵉ siècle, sous la minorité de Saint Louis, puis logis de plaisance, le **château des ducs d'Anjou** domine la ville de ses hautes murailles et de ses quatre tours. Il abrite le musée des Arts décoratifs et le musée du Cheval.

Plusieurs maisons à pans de bois subsistent sur la **place Saint-Pierre**, autour de l'église. Non loin de là, au n° 7 rue des Patenôtriers, se trouve la maison qui inspira Balzac pour son roman *Eugénie Grandet*.

À l'**École nationale d'équitation**, les écuyers du Cadre noir perpétuent la tradition équestre avec les sauts d'école, au cours des reprises publiques et galas.

Le **musée des Blindés** abrite une collection unique en Europe de 150 véhicules blindés de 1914 à nos jours, tous en état de marche. Le proche Parc Pierre et Lumière expose le plus grand dolmen d'Europe.

Ne quittez pas la ville sans déguster, à la Maison des Vins ou dans l'une des caves de la ville, son excellent saumur brut, produit selon la méthode traditionnelle.

Le blason du roi René

♟ **Château des ducs d'Anjou**
📞 02 41 40 24 40. ⬤ en rénovation jusqu'en 2007.

🏇 **École nationale d'équitation**
St-Hilaire-St-Florent. 📞 02 41 53 50 60. ⬤ avr.-sept. : mar.-sam. (tél. pour horaires des reprises). ⬤ j. f.
📷 ♿ ⬤ obligatoire. ⬤
🏛 **Musée des Blindés**
1043, route de Fontevraud.
📞 02 41 53 65 95. ⬤ t.l.j. 📷

Aux environs
En aval de Saumur, la petite **église de Cunault**, abbatiale romane du XIᵉ siècle, possède un très beau portail et 223 chapiteaux historiés.
Le château de Brézé est une stupéfiante forteresse souterraine. Les amateurs de mystères découvriront avec étonnement son réseau de caves et tunnels.

Montreuil-Bellay ❻

Maine-et-Loire. 🏛 4 500. 🚉 🚌
ℹ️ pl. du Concorde (02 41 52 32 39).
🛒 mar. (et dim. mi-juin-mi-sept.)

Sur la rive droite du Thouet, au sud de la ville de Saumur, Montreuil-Bellay possède encore une partie de ses remparts et deux portes fortifiées, dont la **porte Saint-Jean**. Avec son architecture angevine typique, elle est une excellente entrée en matière pour la visite de la région.

L'imposant **château de Montreuil-Bellay**, remanié au XVᵉ siècle autour d'une forteresse médiévale, possède une cuisine à cheminée centrale, comme à Fontevraud (*p. 284*), et une cave voûtée où se réunit la confrérie des Sacavins, dont le but est de faire mieux connaître le vin d'Anjou.

♟ **Château de Montreuil-Bellay**
📞 02 41 52 33 06. ⬤ avr.-oct. : mer.-lun. 📷 📹 obligatoire.

LES HABITATIONS TROGLODYTIQUES

Le calcaire tendre, ou tuffeau, de la vallée de la Loire a favorisé le creusement des habitations troglodytiques, en particulier autour de Saumur, de Vouvray et sur les bords du Loir. Ces grottes, taillées à flanc de coteau ou creusées dans le sol, ont constitué une façon sûre et économique de se loger pendant des siècles. Certains les achètent aujourd'hui comme résidences secondaires, mais on les utilise aussi pour conserver le vin ou pour cultiver les champignons. Quelques restaurants ont mis à profit ce décor original. À Doué-la-Fontaine, on y trouve même un zoo. À Rochemenier existe un village-musée, avec ses maisons, ses granges et sa chapelle souterraine. Le hameau souterrain de La Fosse, inhabité depuis une vingtaine d'années, ouvert aux visiteurs par un propriétaire hospitalier, se visite comme un musée vivant.

L'entrée d'une maison troglodytique

La vie de cour à la Renaissance

Le règne de François Ier (1515-1547) coïncide avec l'apogée de la Renaissance française. L'époque se caractérise par un renouveau d'intérêt pour l'humanisme, les arts et l'architecture à l'antique, importés d'Italie. De Blois à Chambord ou Amboise, la cour se déplace et les courtisans partagent leurs journées entre la chasse, la fauconnerie, les fêtes, les jeux et les intrigues. Le soir, on dîne, on danse, on fait de la poésie et on pratique l'amour courtois.

Luths et mandolines,
venus d'Italie,
accompagnaient
les récitations et
les ballets travestis.
Gentilshommes
et belles dames
dansaient le passe-
pied, la pavane
ou la
gaillarde.

Deux des plus célèbres bouffons
de François Ier, Triboulet et Caillette, régalaient
les convives de leurs bons mots. Ils n'en étaient
pas moins traités cruellement. On raconte que les
courtisans s'amusaient à immobiliser le second
en clouant ses oreilles à un poteau de bois.

LES FESTINS ET BANQUETS

Le dîner, accompagné de musique italienne, commençait vers 19 h. On y lisait à voix haute des textes philosophiques, interrompus par les facéties des bouffons.

Les courtisans se servaient de leur couteau personnel, et les fourchettes, malgré l'exemple de l'Italie, étaient rares.

Un menu typique se composait d'anguille fumée, de jambon cru, de terrine de veau, de potage aux œufs et au safran, de gibier rôti ou de viande en ragoût et de poisson accompagné d'une sauce au citron et aux groseilles.

Le prix du damas, du satin et de la soie était tel que les courtisans s'endettaient parfois lourdement pour rivaliser d'élégance.

Diane de Poitiers
(1499-1566) devint la
maîtresse du futur roi
Henri II. Malgré le
mariage du souverain
avec Catherine de
Médicis, elle resta sa
favorite jusqu'à sa mort.

L'amour est un
oiseau volage, comme
ces cœurs ailés qui
le symbolisent ici.

Le cloître du Grand Moutier

Abbaye royale de Fontevraud ❼

Maine-et-Loire. 🚌 *depuis Saumur.*
📞 *02 41 51 71 41.* ⭕ *t.l.j.*
⚫ *certains j. f.* 📷 ♿ *partiel.*
Ⓦ www.abbaye-fontevraud.com

C'est le plus grand et le mieux conservé des ensembles monastiques médiévaux d'Europe. Fondé au début du XIIᵉ siècle par Robert d'Arbrissel, prédicateur visionnaire, il rassemblait à l'époque plusieurs communautés,

LA TOUR D'ÉVRAUD

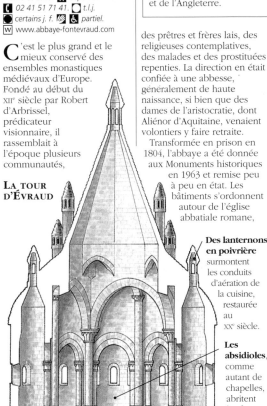

Des lanternons en poivrière surmontent les conduits d'aération de la cuisine, restaurée au XXᵉ siècle.

Les absidioles, comme autant de chapelles, abritent les fours.

LES PLANTAGENÊTS

Le surnom de Geoffroi V, comte d'Anjou, vient de la branche de genêt qu'il portait sur son casque. Il épousa Mathilde, fille du roi Henri Iᵉʳ d'Angleterre, et c'est leur fils Henri II, époux d'Aliénor d'Aquitaine *(p. 47)*, qui fonda la dynastie des Plantagenêts, unissant ainsi pour trois siècles les destinées de la France et de l'Angleterre.

Gisants du roi Henri II et d'Aliénor d'Aquitaine

des prêtres et frères lais, des religieuses contemplatives, des malades et des prostituées repenties. La direction en était confiée à une abbesse, généralement de haute naissance, si bien que des dames de l'aristocratie, dont Aliénor d'Aquitaine, venaient volontiers y faire retraite.

Transformée en prison en 1804, l'abbaye a été donnée aux Monuments historiques en 1963 et remise peu à peu en état. Les bâtiments s'ordonnent autour de l'église abbatiale romane,

consacrée en 1119. Son immense nef est coiffée de quatre coupoles, rare exemple de ce type en France. L'édifice abrite les gisants polychromes des Plantagenêts : Henri II et sa femme Aliénor, leur fils Richard Cœur de Lion et Isabelle d'Angoulême, veuve de Jean sans Terre.

Les moniales occupaient le **Grand Moûtier**, la **cour Saint-Benoît** abritait les infirmeries et le **prieuré Saint-Lazare**, aujourd'hui transformé en hôtellerie *(p. 555)*, était affecté aux religieuses s'occupant des lépreux. Il ne reste toutefois rien du monastère de Saint-Jean-de-l'Habit, quartier des hommes, tandis que le prieuré de la Madeleine, quartier des sœurs laies, attend d'être restauré.

La cuisine romane ou « **tour d'Évraud** », restaurée par Magne en 1904, est célèbre par son toit à pointes de diamant, piqué de cheminées.

Devenue Centre culturel de rencontre de l'Ouest, l'abbaye accueille concerts, stages, expositions, conférences, etc.

Chinon ❽

Indre-et-Loire. 👥 *9 000.* 🚉🚌ℹ️ *1, pl. Hofheim (02 47 93 17 85).* 🛒 *jeu., sam. et dim.* Ⓦ www.chinon com

C'est au **château de Chinon** qu'eut lieu la rencontre historique entre Jeanne d'Arc et le dauphin de France, futur Charles VII, qu'elle reconnut, dit-on, au premier regard malgré son déguisement.

Laissé à l'abandon au XVIIIᵉ siècle, il sera restauré au XIXᵉ siècle.

Les ruelles pittoresques du vieux Chinon, autrefois entourées de murailles, ont conservé de belles maisons à pignons et à pans de bois des XVᵉ et XVIᵉ siècles. Dans la **rue Voltaire** est situé le **musée animé du Vin et de la Tonnellerie**. Au

Femme en costume médiéval, Chinon

nº 44, la maison où serait mort le roi Richard en 1199 et où se réunirent les états généraux de 1428 est devenu musée d'Art et d'Histoire. Dans la rue du Grand-Carroi, ne manquez pas la **Maison Rouge** (XIVᵉ siècle), au colombage hourdé de briques, et l'**hôtel du Gouvernement** (XVIIᵉ siècle).

Vignobles près de Chinon

Le 3e samedi d'août, sur la place de l'Hôtel-de-Ville, ancienne place des Halles, se déroule le marché à l'ancienne. Les marchands défilent à cette occasion dans les costumes du début du XXe siècle.

L'**hostellerie Gargantua** (*p. 555*), près de l'église Saint-Maurice, garde le souvenir de Rabelais, moraliste truculent, et de ses géants débonnaires.

🏛 Musée animé du Vin
12, rue Voltaire. 📞 02 47 93 25 63.
🕐 avr.-sept. : t.l.j. 📷

Aux environs
François Rabelais est né en 1494 à **La Devinière**, à 5 km au sud-ouest de Chinon, où sa maison natale est ouverte aux visiteurs.

Au confluent de la Loire et de la Vienne, le joli village fortifié de **Candes-Saint-Martin** est construit autour d'une imposante collégiale et du château des archevêques de Tours. Des balades en bateau sont proposées.

🏛 La Devinière
Seuilly. 📞 02 47 95 91 18. 🕐 sept.-juin : mer.-lun. ; juil.-août : t.l.j.
⬤ 1er janv, 25 déc. 📷 ▮

Château d'Ussé ❾

Indre-et-Loire. 🚉 Langeais, puis taxi.
📞 02 47 95 54 05.
🕐 mi-fév.-mi-nov. : t.l.j. 📷

Le **château d'Ussé**, avec ses tourelles et ses hautes cheminées, dont les jardins en terrasses dominent l'Indre, inspira à Charles Perrault le décor de *La Belle au bois dormant*.

Construit au XVe siècle à partir d'une ancienne forteresse, le château fort devint rapidement résidence d'agrément. On doit à la famille d'Espinay les corps de logis sur cour et une gracieuse chapelle Renaissance, en bordure de la forêt de Chinon, marquée des initiales C et L (Charles et Lucrèce). On peut y admirer une *Vierge* de faïence émaillée de Luca della Robbia.

Château de Langeais ❿

Indre-et-Loire. 🚉 Langeais. 📞 02 47 96 72 60. 🕐 t.l.j. 📷 ▮

Contrairement à la plupart des localités avoisinantes, Langeais semble un peu à l'écart du grand tourisme, ce qui ajoute à son charme. Construit sous Louis XI, le château, avec son pont-levis, ses créneaux et ses mâchicoulis, est entièrement médiéval. On voit encore dans le parc les ruines d'un formidable donjon, sans doute le plus ancien de France, édifié par Foulques Nerra en 994.

Dans la salle de la Chapelle où se déroula en 1491 la cérémonie qui unit Charles VIII et Anne de Bretagne, un spectacle son et lumière célèbre l'événement qui devait définitivement rapprocher la Bretagne et la France. Les appartements aux carrelages tous différents sont tendus de tapisseries, dont la remarquable série des *Neuf Preux*.

FRANÇOIS RABELAIS
À la fois moine lettré, diplomate et médecin, Rabelais est surtout un grand humaniste, reconnu pour sa sagesse et sa tolérance. *La vie très horrifique du grand Gargantua* et *Les horribles et épouvantables faits et prouesses du très renommé Pantagruel* donnent la mesure de son talent satirique.

Gargantua enfant, gravure de Gustave Doré

Château d'Azay-le-Rideau ⓫

Indre-et-Loire. 🚉 Azay-le-Rideau.
☎ 02 47 45 42 04. 🅿 🚻 ⏰ t.l.j.
⚫ certains j. f. 🔲 www.monum.fr

Ce « diamant taillé à facettes », selon le mot de Balzac, est peut-être le plus féminin des châteaux de la Loire. C'est en tout cas une femme, Philippa Lesbahy, épouse de Gilles Berthelot, financier influent sous le règne de François Ier, qui présida aux destinées du château.

Bâti à partir de 1518 sur les ruines d'une ancienne forteresse *(p.50-51 et p. 232)*, Azay offre tous les raffinements d'une architecture alliant les charmes de la tradition française (hautes toitures, poivrières effilées, verticalité des fenêtres et lucarnes) à la rigueur de l'ordonnance à l'italienne (imposante symétrie et lignes horizontales continues). Tandis que la cour est dominée par le grand escalier ouvert, à rampes droites, les façades extérieures se reflètent dans les miroirs d'eau.

Propriété de l'État depuis 1905, le château présente un mobilier soigneusement choisi, des tapisseries et des tableaux qui redonnent aux salles l'ambiance qu'elles connurent du XVIe au XIXe siècle.

Au sud d'Azay, par le pont de l'Indre, on aura une jolie vue sur l'ensemble du château. La vallée de l'Indre offre

Le jardin d'agrément du château de Villandry

d'agréables lieux de promenade. À Pont-de-Ruan, on pourra voir les deux moulins sur la rivière que décrit Balzac dans *Le Lys dans la vallée*.

Château de Villandry ⓬

Indre-et-Loire. 🚉 Tours, puis taxi.
☎ 02 47 50 02 09. **Château**
⏰ fév.-mi-nov. et vac. de Noël : t.l.j.
Jardins ⏰ t.l.j. 🅿 🚻 mars-oct.
🔲 www.chateauvillandry.com

Parfait exemple de l'architecture du XVIe siècle, Villandry fut le dernier grand château Renaissance construit dans la région. Au début de ce siècle, les jardins ont été magnifiquement remis dans leur état initial par Joachim Carvallo, dont l'arrière-petit-fils poursuit ses efforts.

Le **jardin potager**, le **jardin d'agrément** et le **jardin d'eau** s'étagent sur trois niveaux. Le potager décoratif mêle fleurs et légumes dont les cultures se succèdent au fil des saisons, proposant un tableau végétal toujours renouvelé. Un **jardin de simples**, de création plus récente, présente dans l'esprit des jardins monacaux un assortiment de plantes médicinales et aromatiques. Les 52 km de jardins sont entretenus à la main.

Boutique d'un confiseur à Tours

Tours ⓭

Indre-et-Loire. 🏛 140 000. ✈ 🚉
🚌 ℹ 78, rue Bernard-Palissy
(02 47 70 37 37). 🛒 mar.-dim.
🔲 www.ligeris.com

Autrefois métropole gallo-romaine, Tours est la patrie de saint Martin, ce légionnaire de l'armée romaine qui coupa en deux son manteau pour en couvrir un mendiant. Sous Louis XI, Tours devient virtuellement la capitale de la France, et la cité fonde sa prospérité sur la fabrication des armes et le tissage de la soie. Le règne d'Henri IV amorce son déclin.

Gravement endommagée par les bombardements prussiens en 1870 et par les raids aériens au cours de la Seconde Guerre mondiale, la ville s'est remise avec peine de ses blessures et n'a repris une véritable activité économique et intellectuelle

Le château d'Azay-le-Rideau se mire dans l'Indre

qu'au début des années 60, grâce à la politique dynamique de Jean Royer, maire de 1958 à 1996.

Au centre du vieux quartier ranimé par l'installation d'une faculté des lettres, la **place Plumereau**, entourée de boutiques et de cafés, est l'un des endroits les plus plaisants de la zone piétonne. De là, on gagne la place Saint-Pierre-le-Puellier, où des ruines gallo-romaines ont été mises au jour. La rue Briçonnet et les rues avoisinantes procurent un échantillon complet d'architecture tourangelle – maisons à pans de bois, cours intérieures, tours d'escalier et statuettes sculptées. Près de la place de Châteauneuf, la **tour Charlemagne** est tout ce qui reste de l'ancienne basilique Saint-Martin. Le quartier du Petit-Saint-Martin, autour de l'ancien carroi aux herbes, est investi par les artisans d'art.

À l'est de la ville, la **cathédrale Saint-Gatien**, remaniée du XIIIᵉ au XVIᵉ siècle, présente une façade de style gothique flamboyant, élancée et harmonieuse, des tours romanes et de superbes verrières médiévales.

Tours, la cathédrale Saint-Gatien

L'**hôtel Goüin**, qui fut autrefois la demeure d'un riche négociant en soie, abrite le musée de la Société archéologique de Touraine.

Le **musée des Beaux-Arts** possède un cèdre du Liban deux fois centenaire. La *Résurrection* et le *Christ au jardin des Oliviers*, d'Andrea Mantegna voisinent avec des portraits et des paysages de la Loire. Une salle est consacrée à l'artiste contemporain Olivier Debré.

Rue Colbert, enfin, autour de l'**église Saint-Julien**,

l'ancien monastère qui a conservé une salle capitulaire gothique, abrite le musée du Compagnonnage, et les celliers Saint-Julien, où se trouve le musée des Vins de Touraine.

🏛 **Hôtel Goüin**
25, rue du Commerce. ☎ 02 47 66 22 32. ⬤ mar.-dim. 🖼

🏛 **Musée des Beaux-Arts**
18, pl. François-Sicard. ☎ 02 47 05 68 73. ⬤ mer.-lun. ⬤ j. f. 🖼

Aux environs
Le **château de Montpoupon**, tout près de Céré-la-Ronde, abrite un très intéressant musée de la Chasse (ouvert tous les jours en été, uniquement le week-end en hiver).

Joueurs de jacquet sur la place Plumereau, à Tours

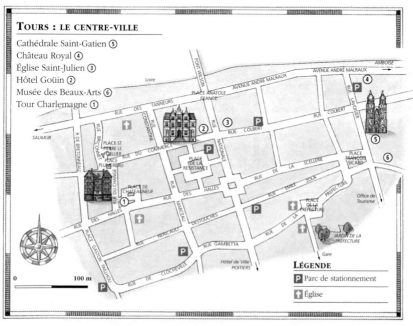

TOURS : LE CENTRE-VILLE

Cathédrale Saint-Gatien ⑤
Château Royal ④
Église Saint-Julien ③
Hôtel Goüin ②
Musée des Beaux-Arts ⑥
Tour Charlemagne ①

LÉGENDE

🅿 Parc de stationnement

✝ Église

0   100 m

Château de Chenonceau ⑰

Élégant château Renaissance, Chenonceau fut agencé au cours des siècles par les quelques femmes de tête et de cœur qui l'occupèrent tour à tour. Une allée de platanes conduit à de magnifiques jardins à la française et à l'étonnant château-pont, « bâti sur l'eau, en l'air », comme l'écrivait Gustave Flaubert. Sur 60 m, ses cinq arches de pierre, couronnées d'une galerie, enjambent le Cher et se reflètent dans ses eaux tranquilles. L'intérieur est luxueusement aménagé, avec des meubles d'époque, de riches tapisseries et de beaux tableaux.

Corps de logis
Assis sur les piles d'un ancien moulin, il fut construit entre 1513 et 1521 par Thomas Bohier et son épouse Catherine.

Chapelle
Les voûtes en ogive sont soutenues par des pilastres sculptés de feuilles d'acanthe et de coquilles Saint-Jacques. Les vitraux, détruits par un bombardement, ont été remplacés en 1953.

Jardin de Catherine de Médicis
Influencée sans doute par ses origines italiennes, la reine donnait ici des bals masqués et des fêtes fastueuses.

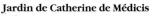

CHRONOLOGIE

Catherine de Médicis

1500	1600	1700	1800

1533 Mariage de Catherine de Médicis (1519-1589) et d'Henri II (1519-1559). Chenonceau devient résidence royale

1559 À la mort du roi, Catherine oblige la favorite en disgrâce à échanger Chenonceau contre Chaumont

1789 À la Révolution, Madame Dupin sauve Chenonceau de la destruction

1575 Louise de Lorraine épouse Henri III, troisième fils de Catherine de Médicis et son préféré

1547 Henri II offre Chenonceau à Diane de Poitiers

1513 Thomas Bohier acquiert une forteresse médiévale que sa femme va faire reconstruire dans le plus pur style Renaissance

1863 Madame Pelou redonne au château s aspect ini

1730-1799 Le salon de Madame Dupin, épouse d'un fermier général, attire écrivains et philosophes

MODE D'EMPLOI

🚩 *Chenonceaux.* 🚩 *depuis Tours.* ☎ *02 47 23 90 07.*
⏰ *t.l.j.* 📷 🚻 ♿ *au rez-de-chaussée uniquement* 🍴
🌐 *www.chenonceau.com*

La création de Chenonceau

Chacune des femmes qui ont vécu à Chenonceau y a laissé son empreinte. Catherine Bohier fit construire le corps de logis sur le Cher et l'un des premiers escaliers à rampe droite. Diane de Poitiers commanda les jardins et les arches sur la rivière, que Catherine de Médicis fit couronner d'une galerie à l'italienne. Louise de Lorraine, veuve d'Henri III et surnommée la « reine blanche », exigea que les plafonds de sa chambre à coucher soient repeints en noir et en blanc, couleurs du deuil royal. C'est grâce à Madame Dupin, amie des lettres (Jean-Jacques Rousseau fut le précepteur de son fils), que le château fut épargné à la Révolution. Madame Pelouze, enfin, entreprit en 1863 de le restaurer.

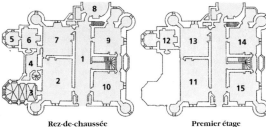

Rez-de-chaussée   **Premier étage**

SUIVEZ LE GUIDE

Les appartements royaux sont situés dans le corps de logis, au milieu du Cher. Un ensemble de quatre salles, réparties autour d'un vestibule, s'ouvre sur la grande galerie au rez-de-chaussée : la salle des Gardes et la chambre de Diane de Poitiers, tendues l'une et l'autre de tapisseries flamandes du XVIᵉ siècle ; la chambre de François Iᵉʳ, décorée des Trois Grâces *de Van Loo ; et le salon Louis XIV. Au premier étage se trouvent, entre autres, la chambre de Catherine de Médicis et la chambre de Vendôme.*

1   Vestibule
2   Salle des Gardes
3   Chapelle
4   Terrasse
5   Librairie de Catherine de Médicis
6   Cabinet Vert
7   Chambre de Diane de Poitiers
8   Grande Galerie
9   Chambre de François Iᵉʳ
10 Salon Louis XIV
11 Chambre des Cinq Reines
12 Cabinet des Estampes
13 Chambre de Catherine de Médicis
14 Chambre de Vendôme
15 Chambre de Gabrielle d'Estrées

Grande galerie
La grande galerie, de style florentin, fut construite (1570-1576) sur ordre de Catherine de Médicis.

1913 La famille des chocolatiers Menier achète le château

1944 La chapelle est endommagée par un bombardement aérien

Diane de Poitiers

La chambre de Catherine de Médicis

Vouvray ⑭

Indre-et-Loire. 🏛 3 110. 🚉 🚌
🛈 12, rue Rabelais (02 47 52 68 73).
🎪 mar. et ven.

À quelques kilomètres à l'est de Tours, au cœur des châteaux de la Loire, la petite ville de Vouvray, entourée de prestigieux vignobles, était déjà réputée au XVIᵉ siècle.

L'un des producteurs les plus renommés demeure le **domaine Huet**, dont Walter Scott fit l'éloge en 1829, chantant les vertus de ses vins blanc secs et la splendeur de l'église néo-gothique trônant au milieu des vignobles. La famille Huet continue de produire d'excellents vins, élevés selon les méthodes traditionnelles. Assuré du soutien des producteurs locaux, Gaston Huet fit la une des journaux, en 1990, pour s'être élevé contre le tracé du TGV à travers les vignobles. L'AOC Vouvray s'étend aujourd'hui sur 2 000 ha.

Le **château de Montcontour**, où des moines cultivèrent la vigne pour la première fois au IVᵉ siècle, possède son propre musée de la Vigne et du Vin, abrité dans d'impressionnantes caves du Xᵉ siècle.

La cité médiévale de Loches

🌿 **Domaine Huet**
11, rue Croix-Buisée. ☎ 02 47 52 78 87. ⏰ dégustations lun.-sam. ; visite des caves sur r.-v. ⚫ j. f. ▨
⚓ **Château de Montcontour**
Rue du Petit-Côteau. ☎ 02 47 52 60 77. ⏰ avr.-sept. : t.l.j. ; oct.-mars : lun.- ven. ▨ ✔ dégustation.
🌐 www.moncontour.com

Loches ⑮

Indre-et-Loire. 🏛 7 000. 🚉 🚌
🛈 place de la Marne (02 47 91 82 82). 🎪 mer. et sam.
🌐 www.loches-tourainecotesud.com

Cette petite cité fortifiée de la vallée de l'Indre conserve près de 2 km de remparts presque intacts. Son donjon est l'un des plus hauts de France. L'histoire du **Logis royal** est liée à la belle Agnès Sorel, favorite de Charles VII, qui y vécut et est enterrée sous un gisant immaculé. Jeanne d'Arc vint ici chercher le futur Charles VII pour le conduire à Reims. Loches est aussi la ville natale d'Alfred de Vigny. La demeure familiale du peintre Emmanuel Lansyer, élève de Courbet et de Viollet-le-Duc, abrite une centaine de ses propres toiles.

⚓ **Logis royal**
☎ 02 47 59 01 32. ⏰ t.l.j.
⚫ 1ᵉʳ janv. et 25 déc. ▨ ✔

LA PATRONNE DE LA FRANCE

Jeanne d'Arc (1412-1431) est l'héroïne qu'attendait un pays divisé et soumis à l'envahisseur, l'une des plus illustres figures de l'histoire de France. Inspirée par des voix divines, une paysanne de 15 ans décida de « bouter les Anglais hors de France » et le paya de sa vie. Vierge et guerrière, fragile et indomptable, la pucelle d'Orléans a de tout temps inspiré les artistes, peintres, écrivains ou cinéastes. En 1429, elle rencontre à Chinon le futur Charles VII, le convainc de l'aider et, après avoir délivré Orléans à la tête de ses troupes, fait sacrer le roi à Reims. Capturée par les Bourguignons, elle fut vendue aux Anglais. Après un simulacre de jugement mené par l'évêque Cauchon, elle fut accusée d'hérésie et de sorcellerie, et brûlée sur le bûcher, à Rouen, le 29 mai 1431. Elle n'avait que 19 ans. En considération de son courage et de sa foi inébranlable, elle fut canonisée en 1920.

Le plus ancien portrait connu de Jeanne (1429)

Portrait de la pucelle en armure, dans la Maison Jeanne d'Arc à Orléans (p. 302). Elle reprit la ville aux Anglais le 8 mai 1429, anniversaire que la ville continue de célébrer.

Montrésor ⑯

Indre-et-Loire. 🏠 405. 🛈 *Grande-Rue (02 47 92 70 71).* Ⓦ *www.tourisme-valdindrois-montresor.com*

Sur la rive droite de l'Indrois, dans la jolie vallée de la Touraine, Montrésor est, dit-on, l'un des « plus beaux villages de France ». La collégiale du XVIᵉ siècle abrite une *Annonciation*, de Philippe de Champaigne.

Le village devint une enclave polonaise dans les années 1840. En 1849, le

Bâtiment de ferme et coquelicots, près de Montrésor

comte Xavier Branicki, émigré polonais, acquit le **château**, du XVIᵉ siècle. Le bâtiment appartient toujours à ses descendants et l'intérieur n'a pas changé.

🏰 **Château de Montrésor**
📞 *02 47 92 60 04.* ◯ *Pâques-Toussaint : t.l.j. ; Toussaint-Pâques : dim.* 🈺 🎫 ♿ *restreint.*

Château de Chenonceau ⑰

p. 288-289.

Amboise ⑱

Indre-et-Loire. 🏠 12 000. 🚉 🚌 🛈 *quai du Gal-de-Gaulle (02 47 57 09 28).* 🛒 *ven. et dim.* Ⓦ *www.amboise-valdeloire.com*

Le château d'Amboise a joué un rôle historique considérable. Charles VIII y mourut à 28 ans en heurtant le linteau d'une porte basse, François Iᵉʳ y fut élevé, de même que les dix enfants de Catherine de Médicis, et François II s'y réfugia en 1560 pour fuir la Conjuration d'Amboise, conspiration huguenote. Douze des conjurés furent pendus aux balcons en fer forgé de la façade.

Amboise vu de la Loire

La **tour des Minimes** possède une rampe en spirale, que les cavaliers pouvaient gravir avec leur monture.

Sur le flanc des remparts, la **chapelle Saint-Hubert** abrite une tombe contenant les restes présumés de Léonard de Vinci. Invité par François Iᵉʳ, il finit ses jours au **Clos-Lucé**, visible depuis la terrasse du château. On y visite un parc dédié à ses inventions, l'atelier et la chambre où il mourut en 1519.

🏰 **Château d'Amboise**
📞 *02 47 57 00 98.* ◯ *t.l.j.* ● *1ᵉʳ janv., 25 déc.* 🈺 🎫
🏛 **Clos-Lucé**
2, rue de Clos-Lucé. 📞 *02 47 57 00 73.* ◯ *t.l.j.* ● *1ᵉʳ janv., 25 déc.* 🈺 🎫 ♿ *restreint.*

Héroïne de légende,
Jeanne d'Arc a inspiré de nombreux artistes. Ici, un tableau de François Léon Bénouville.

Le supplice du bûcher. *Dans le film d'Otto Preminger,* Sainte Jeanne *(1957), c'est Jean Seberg qui tient le rôle titre.*

Château de Chambord ⑲

« **E**ntre des marais fangeux et un bois de grands chênes, on rencontre tout à coup un château royal, ou plutôt magique. » Cette description de Chambord par le poète Alfred de Vigny donne bien la mesure de la surprise que provoque encore aujourd'hui le plus grand et le plus extravagant des châteaux de la Loire. En 1519, François Ier fait raser un rendez-vous de chasse dans la forêt de Boulogne pour lui substituer une demeure grandiose, peut-être initialement dessinée par Léonard de Vinci. Près de deux mille ouvriers, sous la direction de trois maîtres maçons, participent à la construction des tours, des donjons et des terrasses, terminés dès 1537. Les travaux sont seulement achevés en 1685 par Louis XIV.

Le château de Chambord, avec, au premier plan, le Cosson, affluent de la Loire

Salamandre
L'emblème de François Ier apparaît plus de 800 fois à travers le château.

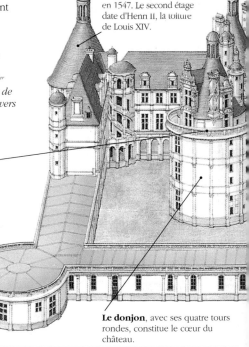

La chapelle fut commencée par François Ier en 1547. Le second étage date d'Henri II, la toiture de Louis XIV.

★ **Terrasses du donjon**
Elles sont dominées par de délicates coupoles et une forêt de cheminées ouvragées, de clochetons, de lanternons et de pignons sculptés.

Le donjon, avec ses quatre tours rondes, constitue le cœur du château.

À NE PAS MANQUER

★ **Terrasses du donjon**

★ **Salles en croix**

★ **Grand escalier**

CHRONOLOGIE

1519-1547 François Ier ordonne et suit la construction du château

1547-1559 Henri II construit l'aile ouest et le second étage de la chapelle

1725-1733 Stanislas Leszczynski, roi de Pologne destitué, s'installe au château

1745 Louis XV donne le château au maréchal de Saxe, qui meurt cinq ans plus tard

1500	1600	1700	1800	1900

1547 Mort de François Ier

1669-1685 Louis XIV termine les travaux de construction

1670 Première représentation du *Bourgeois gentilhomme*

1840 Le château est classé monument historique

1997 L'ensemble du domaine est classé monument historique

Molière

★ Les salles en croix
qui entourent le grand escalier accueillaient autrefois les réceptions, les représentations et les bals de la cour. Les plafonds voûtés sont ornés de la salamandre.

MODE D'EMPLOI

À Blois. **C** 0825 826 088.
avr.-sept. : t.l.j. 9h-18h15 ;
oct.-mars : 9h -17h15 ; der. entrée.
30 min. av. la ferm. ● 1er janv,
1er mai, 25 déc. **Son et lumière**
juil.-mi-sept. **W** www.chambord. org

La tour lanterne du grand escalier, haute de 32 m, surmonte la terrasse. Elle est soutenue par des arcs-boutants et couronnée d'une fleur de lys.

Chambre de François Ier
C'est peut-être dans cette pièce que le roi déçu grava sur une vitre la phrase célèbre : « *Souvent femme varie, bien fol est qui s'y fie.* »

Oratoire de François Ier
Cette pièce, qui occupe la tour nord du château, fut transformé en oratoire par la reine Catherine, belle-mère de Louis XV.

★ Grand escalier
Dans cet escalier à double vis, attribué à Léonard de Vinci, la personne qui monte et celle qui descend peuvent se voir mais ne se rencontrent pas.

Chambre de Parade
La chambre de Parade est la pièce centrale des luxueux appartements royaux.

La cathédrale Saint-Louis et l'hôtel de ville, vus de la rive gauche de la Loire

Blois ⑳

Loir-et-Cher. 🚶 60 000. 🚉 🚌
ℹ️ *Voûte du Château (02 54 90 41 41).* 🛒 *mar., jeu. et sam.*
🌐 www.loiredeschateaux.com

Ancien fief des comtes de Blois, la ville devient domaine royal au xvᵉ siècle, ce qui lui vaut ses monuments et son atmosphère raffinée. Entre la Loire, le château et la cathédrale, le vieux Blois, bâti à flanc de coteau, est en grande partie une zone piétonne où se dressent de nobles maisons admirablement conservées. N'hésitez pas à suivre l'itinéraire « Blois, ville royale », très bien balisé, où vous découvrirez le charme des hôtels particuliers et des cours intérieures de la cité.

Élevé sur la rive droite de la Loire, le **château de Blois** resta résidence royale jusqu'en 1598, date à laquelle Henri IV choisit d'installer la cour à Paris. Avec la construction de Versailles *(p. 164)*, Louis XIV devait donner à Blois le coup de grâce. Bien que très disparates, les quatre ailes forment un ensemble harmonieux. La Salle des états généraux, vestige de l'ancien château féodal, est la plus belle salle seigneuriale du Val de Loire. Les états généraux s'y sont tenus deux fois. L'aile Louis XII, construite à la fin du xvᵉ siècle, subit déjà l'influence de la Renaissance. Les médaillons sont frappés du porc-épic, emblème du roi, et de sa fière devise, « *Cominus et eminus* » (De près et de loin).

C'est contre l'aile François Iᵉʳ, véritable chef-d'œuvre de la Renaissance, que se trouve le fameux escalier monumental à cage octogonale. Sobre et équilibrée, l'aile Gaston d'Orléans est un modèle d'architecture classique.

À l'intérieur, on peut voir quelques meubles d'époque et divers tableaux illustrant les épisodes mouvementés

Le porc-épic, emblème du roi Louis XII

dont le château fut le théâtre, notamment l'assassinat du duc de Guise. Soupçonné de vouloir détrôner Henri III, le chef de la Ligue fut poignardé dans la chambre même du roi par sa garde personnelle. La

L'escalier de François Iᵉʳ
L'un des fleurons de la Renaissance, construit entre 1515 et

La galerie, observatoire idéal lors des fêtes et des tournois.

La salamandre, emblème du souverain, orne les balustrades ajourées.

Les volées de marches, plus inclinées que les balustrades.

Château de Blois, l'aile Louis XII

pièce la plus étonnante est sans doute le cabinet de travail de Catherine de Médicis, dont les murs lambrissés recèlent quatre armoires secrètes, destinées à contenir bijoux et documents. On les ouvre en pressant du pied une pédale dissimulée dans la plinthe.

Depuis 1940, l'**hôtel de ville** est installé dans l'ancien palais épiscopal, dont les jardins en terrasses dominent le fleuve. La **cathédrale Saint-Louis**, pratiquement détruite par une tornade en 1678, a été reconstruite moins de trente ans plus tard.

La **place Saint-Louis** est entourée de balcons ouvragés et de maisons à pans de bois. La plus belle est la **Maison des Acrobates**, dont les éléments sculptés représentent des personnages de comédie, bateleurs et jongleurs.

La rue Pierre-de-Blois descend vers le ghetto médiéval, jusqu'à la vieille rue des Juifs, où subsistent de nombreux hôtels particuliers, comme l'**hôtel de Condé**, avec sa galerie et sa cour intérieure, et l'**hôtel Jassaud**, dont le porche est surmonté de superbes bas-reliefs du XVIe siècle. La rue du Puits-Châtel compte de belles demeures Renaissance.

La place Vauvert, l'un des endroits les plus agréables du vieux Blois, abrite restaurants et cafés. On peut y admirer l'**hôtel Sardini**, autrefois habité par de riches banquiers.

♣ Château de Blois
📞 02 54 90 33 33. ⏰ t.l.j.
● 1er janv., 25 déc. 📷 ✔

Passerelle couverte, dans la rue Pierre-de-Blois

Beaugency, nef de l'église Notre-Dame

Beaugency ㉑

Loiret. 🏠 7 500. 🚉 🚌 🛈 3, place du Dr-Hyvernaud (02 38 44 54 42).
📅 sam. 🌐 www.beaugency.fr

Beaugency est une paisible petite cité médiévale où l'on peut se promener à pied le long du fleuve et des levées, ce qui reste exceptionnel en bord de Loire. Depuis le quai de l'Abbaye, on a une belle vue sur le pont de pierre du XIe siècle, qui fut longtemps le seul moyen de traverser le fleuve entre Blois et Orléans. Cette importance stratégique explique que la ville ait été occupée quatre fois par les Anglais au cours de la guerre de Cent Ans, avant d'être reprise par Jeanne d'Arc en juin 1429.

Du château féodal du XIe siècle ne reste, sur la **place Saint-Firmin**, qu'un donjon en ruine, flanqué d'un clocher du XVIe siècle (l'église a été détruite pendant la Révolution) et d'une statue de Jeanne d'Arc. La place est entourée de maisons nobles, dont le **château Dunois**, manoir Renaissance du XVe siècle abritant le musée régional de l'Orléanais - musée Daniel Vannier (actuellement fermé pour travaux de rénovation).

L'**église Notre-Dame** lui fait face. C'est dans cette ancienne abbatiale romane que fut prononcée, par le concile de 1152, l'annulation du mariage entre Louis VII et Aliénor d'Aquitaine, ce qui permit à cette dernière d'épouser Henri Plantagenêt, futur roi d'Angleterre.

Un peu plus loin, dans la rue du Change, ne manquez pas la **tour de l'Horloge** et l'**hôtel de ville** qui abrite huit superbes panneaux muraux brodés (XVIIe siècle). L'ancien quartier des moulins et ses cours d'eau, entre la rue du Pont et la rue du Rü est à voir.

♣ Château Dunois
3, pl. Dunois. 📞 02 38 44 55 23
● pour rénovation.

Circuit des châteaux de Sologne

La Sologne est un pays d'étangs, de forêts et de landes de bruyère. À l'ouest, la région devient viticole, produisant des vins rares et prisés, comme le cheverny, qui accompagne à merveille le gibier local. En effet, la Sologne est, depuis des siècles, le paradis de la chasse et de son corollaire obligé, le braconnage. C'est en Sologne, par exemple, que Maurice Genevoix situe *Raboliot* et Jean Renoir *La Règle du jeu*.

Un certain nombre de grands seigneurs, à proximité des résidences royales, ont fait construire en Sologne de jolis châteaux, que l'on peut aisément visiter en deux ou trois jours. On y retrouve tous les styles, de la robustesse féodale à l'élégance classique, en passant par la grâce de la Renaissance. Beaucoup sont habités, mais néanmoins ouverts au public.

Château de Beauregard ②
Rendez-vous de chasse de François Iᵉʳ, construit en 1520. Ne manquez pas la galerie des Illustres (plus de 300 portraits).

Château de Chaumont ①
C'est un château féodal remodelé à la Renaissance, commandant une vue superbe sur le cours de la Loire *(p. 232)*.

0   5 km

Pontlevoy

LÉGENDE

▬▬ Circuit recommandé

═══ Route

Vendôme ㉒

Loir-et-Cher. 🚶 18 500. 🚗 🚉
🛈 *Hôtel du Saillant (02 54 77 05 07).*
🛒 *ven. et dim.*

Ancienne étape des pèlerins sur le chemin de Compostelle, Vendôme est aujourd'hui, par la grâce du TGV, celle des Parisiens sur la route du week-end. Malgré l'afflux des citadins, la ville garde son charme provincial, avec ses vieilles maisons à pans de bois, ses terrasses de restaurants et ses jardins fleuris, qui se reflètent dans les eaux du Loir.

La Trinité, ancienne église abbatiale, a conservé son clocher médiéval, éclipsé cependant par la magnifique façade de style gothique flamboyant. À l'intérieur, le vitrail de la Vierge (1150) rivalise avec les stalles sculptées du chœur. Sur la colline, les vestiges du château des comtes de

Vendôme domine le **parc Ronsard,** où se dresse l'ancien collège des Oratoriens dont Balzac fut un pensionnaire. Vous pourrez faire d'agréables promenades dans la vieille ville.
Vendôme est la patrie de Rochambeau, héros de la guerre d'indépendance américaine.

Le maréchal de Rochambeau, né à Vendôme en 1725

Loir ㉓

Loir-et-Cher. ✈ *Tours.* 🚉 *Vendôme.*
🚌 *Montoire-sur-le-Loir.* 🛈 *Montoire-sur-le-Loir (02 54 85 23 30).*

Sur plus de 300 km, le Loir traverse des prairies verdoyantes, des villages fleuris, de vieux lavoirs et des moulins désaffectés. C'est le long de ses falaises calcaires que l'on trouve aussi les habitations troglodytiques *(p. 282)* les plus nombreuses, les plus pittoresques et les mieux conservées.

Aux **Roches-l'Évêque,** petite cité fortifiée, de nombreuses grottes se dissimulent sous les glycines. À **Lavardin,** en amont, on peut admirer les vestiges du château féodal, qui domine le pont gothique sur le Loir, le prieuré Saint-Genest, de style roman primitif, et quelques maisons en encorbellement. À **Montoire-sur-le-Loir,** on peut admirer la chapelle Saint-

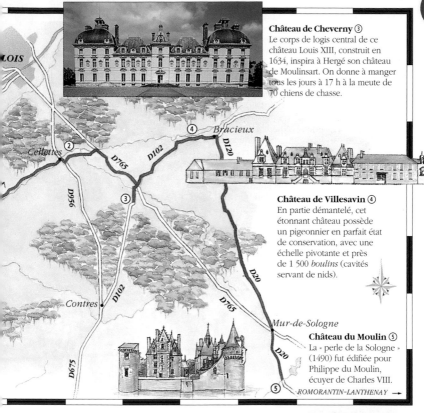

Château de Cheverny ③
Le corps de logis central de ce château Louis XIII, construit en 1634, inspira à Hergé son château de Moulinsart. On donne à manger tous les jours à 17 h à la meute de 70 chiens de chasse.

Bracieux

Château de Villesavin ④
En partie démantelé, cet étonnant château possède un pigeonnier en parfait état de conservation, avec une échelle pivotante et près de 1 500 *boulins* (cavités servant de nids).

Mur-de-Sologne

Château du Moulin ⑤
La « perle de la Sologne » (1490) fut édifiée pour Philippe du Moulin, écuyer de Charles VIII.

ROMORANTIN-LANTHENAY →

Gilles, décorée de peintures murales dont un magnifique *Christ de l'Apocalypse,* ainsi que le musée Musikenfête. C'est sans doute à **Trôo** que l'on peut voir, outre une ancienne collégiale, le plus grand village troglodytique de France, parcouru de ruelles et d'escaliers. Depuis la « butte », on aperçoit la chapelle de **Saint-Jean-des-Guérets**. À **Poncé-sur-le-Loir**, on s'arrêtera pour le château et les artisans locaux, tandis que **Chartre-sur-le-Loir** mérite une visite pour ses caves troglodytiques servant de celliers. **Le Lude** doit sa réputation à son château et à ses jardins remarquables. **La Flèche**, enfin, s'enorgueillit d'être une pépinière de grands hommes, ce que ne dément pas le prestigieux palmarès du prytanée militaire, ancien collège de jésuites, fondé par Henri IV en 1603 et dont René Descartes fut l'un des premiers élèves (1606-1614).

Chartres ㉔

Eure-et-Loir. 🚶 42 400. 🚉 🚌 🛈 *pl. de la Cathédrale (02 37 18 26 26).* 🛒 *sam.* 🌐 *www.ville-chartres.fr*

Chartres possède la plus belle cathédrale d'Europe *(p. 298-301)* mais compte aussi de jolies églises. **Saint-Aignan** s'appuie sur les remparts de la ville haute et l'**abbatiale Saint-Pierre**, dans la ville basse, possède de magnifiques vitraux des XIIIe-XIVe siècles. **Saint-André**, église désaffectée, sert de salle de concert et d'exposition. À côté de la cathédrale, dans l'ancien palais épiscopal, le **musée des Beaux-Arts**, expose des meubles des XVIIe et XVIIIe siècles, des toiles de Vlaminck et une riche collection polynésienne. Plusieurs belles maisons anciennes s'alignent le long des vieilles rues pavées, telle la **rue des Écuyers**. De hautes marches appelées

Un vieux lavoir, sur les bords de l'Eure

« tertres » descendent vers les rives de l'Eure et ses vieux moulins, tanneries, lavoirs et ponts en dos d'âne. La vue sur la cathédrale depuis la berge est magnifique.

Le Centre International des Vitraux a été aménagé dans le grenier de Loens, près de la cathédrale. Les salles voûtées de ce bâtiment du XIIIe siècle accueillent aussi des expositions temporaires.

🏛 **Musée des Beaux-Arts**
29, cloître Notre-Dame. 📞 *02 37 90 45 80.* ⬤ *mer.-lun.* ⬤ *dim. a.-m. et j. f.* 📷 ♿

Cathédrale de Chartres

« Nos pères ont exprimé dans la hardiesse des voûtes et l'audace des flèches l'élan qui les portait vers Dieu. » Cette phrase du cardinal Poupard traduit le sursaut mystique de toute une cité, qui unit ses forces pour reconstruire, en moins de 25 ans, sa cathédrale détruite, en 1194, par un gigantesque incendie. De l'édifice roman ne subsistent que la flèche sud, ou « clocher Vieux », la crypte et une grande partie de la façade occidentale. Depuis près de huit siècles, fidèles et curieux viennent feuilleter, pour leur édification ou pour leur plaisir, cette étonnante « Bible de pierre » miraculeusement épargnée par l'histoire.

Vitrail de Vendôme, détail

Les statues-colonnes *du portail royal représentent des figures de l'Ancien Testament.*

À NE PAS MANQUER

★ **Portail royal**

★ **Portail sud**

★ **Vitraux**

Le « clocher Neuf », au nord, fut surmonté en 1507 d'une flèche flamboyante, œuvre de Jehan de Beauce.

La nef gothique, *large de 16,40 m et longue de 130,20 m, culmine à plus de 37 m.*

★ **Portail royal** *Les sculptures (1145-1155) s'ordonnent autour du tympan, où figure un Christ en majesté.*

La façade occidentale a survécu à l'incendie, à l'exception de la rose, la galerie des Rois et la flèche gothique flamboyante.

Labyrinthe

LE LABYRINTHE

Assemblage de pierres claires et
sombres sur le sol de la nef, le
labyrinthe est une réalisation qui
était assez courante au
XIIIe siècle. Ce chemin de croix
de 261,50 m que les pèlerins
accomplissaient à genoux
figure le parcours de l'homme
vers la Jérusalem céleste.
Le diamètre total
est d'environ 13 m.

MODE D'EMPLOI

Cloître Notre-Dame. ☎ 02 37
18 26 26 ⬤ t.l.j : 8h30-18h45.
✝ lun.-sam. : 9h (mar. et ven.
seul.), 9h15 (en latin), 11h45,
18h (sam. seul.) et 18h15 ;
dim. : 11h. ⬛ ♿ ✎
W www.cathedrale-chartres.com

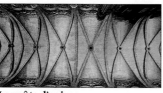

La voûte d'ogives,
*élément caractéristique des
cathédrales gothiques.*

**Chapelle
Saint-Piat**
*Construite
à partir de 1324,
la chapelle abrite
le trésor de
la cathédrale et
les panneaux
d'un jubé sculpté
démantelé en 1763.*

★ Vitraux
*Les vitraux et les
verrières totalisent une
surface de près
de 2 600 m².*

★ Portail sud
*Les sculptures du tympan
illustrent le Jugement dernier.
Au centre figure le Christ
entre la Vierge et saint Jean.*

Crypte
*Construite au XIe siècle, c'est la
plus grande de France. Elle comprend deux galeries
parallèles reliées par un déambulatoire et plusieurs
chapelles. Sous le chœur subsiste une crypte du IXe siècle.*

Vitraux de la cathédrale de Chartres

Ces magnifiques vitraux, installés entre 1145 et 1240, constituent un véritable itinéraire spirituel en même temps qu'un témoignage précieux sur la vie quotidienne au Moyen Âge (n'oubliez pas de vous munir de jumelles). Déposés au cours des deux guerres mondiales et mis en lieu sûr, ils ont échappé à la destruction. Depuis les années 1970, ils sont l'objet d'une campagne de restauration, œuvre de longue haleine.

Les verrières de l'abside

La Rédemption. *L'une des verrières illustre la Passion du Christ et sa crucifixion (environ 1210).*

★ Arbre de Jessé
Cette verrière est consacrée à la généalogie du Christ, depuis Jessé, père de David, à la base de l'arbre, jusqu'à Jésus au sommet.

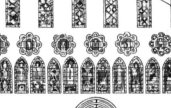

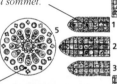

★ Rose occidentale
(1215)
Elle compte 37 éléments, composant le Jugement dernier.

LÉGENDE

1 L'arbre de Jessé
2 La vie de Jésus
3 La Passion et la Résurrection
4 Rose nord
5 Rose occidentale
6 Rose de l'Apocalypse
7 La Rédemption
8 Saint Nicolas
9 Joseph
10 Saint Eustache
11 Saint Lubin
12 Noé
13 Saint Jean l'Évangéliste
14 Sainte Marie-Madeleine
15 La parabole du Bon Samaritain, Adam et Ève
16 L'Assomption
17 Vitraux de la chapelle de Vendôme
18 Les miracles de Marie
19 Saint Apollinaire
20 Vitrail moderne
21 Saint Fulbert (XIe siècle), évêque fondateur (vitrail de 1954)
22 Saint Antoine et saint Paul Ermite
23 Notre-Dame de la Belle Verrière
24 Vie de la Vierge
25 Les Signes du Zodiaque
26 Vie de saint Martin
27 Saint Thomas Becket, archevêque de Canterbury
28 Sainte Marguerite et sainte Catherine
29 Saint Nicolas
30 Saint Remi
31 Saint Jacques le Majeur
32 Charlemagne
33 Saint Théodore et saint Vincent
34 Saint Étienne
35 Saint Cheron
36 Saint Thomas
37 Vitrail de la Paix
38 Vitrail moderne
39 Parabole du fils prodigue
40 Ézéchiel et David
41 Aaron
42 La Vierge à l'Enfant
43 Isaïe et Moïse
44 Daniel et Jérémie

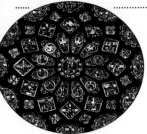

La rose nord *illustre la glorification de Marie. Les rois de Juda entourent la Vierge de majesté (environ 1230).*

COMMENT LIRE LES VITRAUX

Les panneaux d'un vitrail se lisent de gauche à droite et de bas en haut. La façade nord est consacrée à l'Ancien Testament, qui cède la place, du côté ensoleillé, au Nouveau Testament. Éclairé par les dernières lueurs du jour, l'ouest symbolise traditionnellement les dernières heures de la vie.

La Vierge et l'Enfant, dans une mandorle (environ 1150)

Deux anges sont agenouillés de part et d'autre du trône

Entrée triomphale de Jésus à Jérusalem le jour des Rameaux

Panneaux supérieurs du vitrail de l'Incarnation

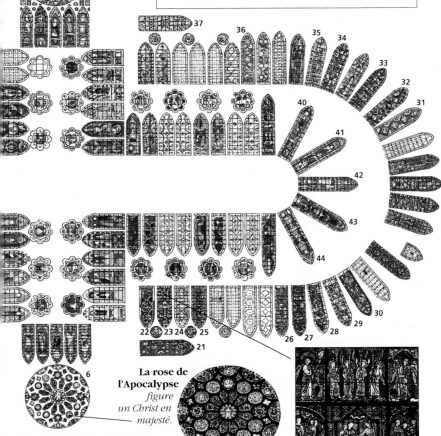

La rose de l'Apocalypse *figure un Christ en majesté.*

À NE PAS MANQUER

★ Rose occidentale

★ Arbre de Jessé

★ Notre-Dame de la Belle Verrière

★ Notre-Dame de la Belle Verrière
Les noces de Cana (XIIIᵉ siècle) sont situés sous Notre-Dame de la Belle Verrière (XIIᵉ siècle).

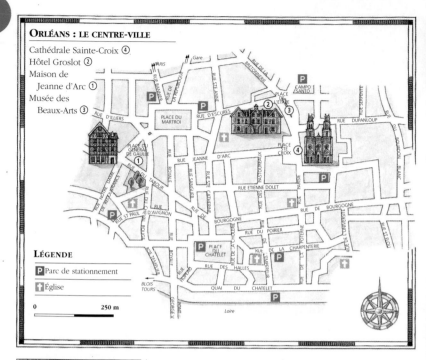

ORLÉANS : LE CENTRE-VILLE

Cathédrale Sainte-Croix ④
Hôtel Groslot ②
Maison de
  Jeanne d'Arc ①
Musée des
  Beaux-Arts ③

LÉGENDE
🅿 Parc de stationnement
✝ Église

0   250 m

La cathédrale Sainte-Croix à Orléans

Orléans ㉕

Loiret. 👥 120 000. ✈ 🚊 🚌
ℹ 2, place de l'Étape (02 38 24
05 05). 🛒 lun.-sam. ; dim. en saison.
🖥 www.ville-orleans.fr

Le nouveau pont d'Orléans,
le 100ᵉ à traverser la Loire,
symbolise la croissance de
cette ville géographiquement
au cœur de la France. Orléans
reste très attachée à son passé,
et surtout à Jeanne d'Arc. La
cité commémore tous les ans,
le 29 avril et les 7 et 8 mai, la
capitulation des Anglais et
l'entrée triomphale de Jeanne
et de ses troupes par un défilé
en costumes et l'embrasement
de la cathédrale.

Le centre historique a été
en partie rasé durant la
Seconde Guerre mondiale.
Sur la **place du Martroi**,
cœur commercial de la ville,
trône la statue équestre de
Jeanne d'Arc (XIXᵉ siècle).

En 1965 fut reconstituée la
**maison dite de Jeanne
d'Arc**, propriété au XVᵉ siècle
de Jacques Boucher. Elle
abrite aujourd'hui un musée
consacré à l'héroïne.

Il reste, dans la rue
d'Escures, de nobles hôtels
du XVIIᵉ siècle, notamment les
Pavillons d'Escures. L'**hôtel
Groslot**, place de l'Étape, est
un bel hôtel Renaissance,
construit en 1550 pour
Jacques Groslot, bailli de la
ville. Il abrita l'hôtel de ville
de 1790 à 1982 et possède un
bel intérieur restauré au
XIXᵉ siècle. On visite le salon
d'honneur, la salle du conseil
et la salle des mariages, où
mourut le roi François II, âgé
de 16 ans, en 1560.

Le **musée des Beaux-Arts**,
en face, expose des peintures
française des XVIᵉ-XXᵉ siècles,
des bronzes de Maillol et de
Rodin, des toiles de Velázquez,
de Ruysdael, du Tintoret et du
Corrège, et une superbe
collection de pastels.

La **cathédrale Sainte-
Croix**, détruite par les
huguenots en 1568, a été
reconstruite de 1601 à 1829
dans un style gothique
approximatif qui fait toute
l'originalité de l'édifice.

♨ Hôtel Groslot
Pl. de l'Étape. 📞 02 38 79 22 30.
◐ dim.-ven. ◑ j. f.
🏛 Musée des Beaux-Arts
Place Sainte-Croix. 📞 02 38 79 21
55. ◐ mar.-sam.et, dim. a.-m.
◑ certains j. f. 🖼 ♿
🏛 Maison de Jeanne d'Arc
3, pl. du Général-de-Gaulle.
📞 02 38 52 99 89. ◐ mar.-dim.
◑ j. f. ; nov.-avr. : a.-m. 🖼 📷

Aux environs
L'oratoire carolingien de
Germigny-des-Prés possède
une mosaïque du IXᵉ siècle
représentant l'arche d'alliance.
Au château de **Sully-sur-
Loire**, au sud de Saint-Benoît,
le donjon conserve une des
plus belles charpentes
médiévales de France.

Bourges 27

Cher. 🚶 80 000. ✈ 🚆 🚌
🛈 21, rue Victor-Hugo (02 48 23
02 60). 🚌 mar., ven. et sam.
🌐 www.ville-bourges.fr

Le supplice de Jeanne d'Arc, vitrail
de la cathédrale Sainte-Croix

Saint-Benoît-sur-Loire 26

Loiret. 🚶 2 000. 🚆 🛈 44, rue de
l'Orléannais (02 38 35 79 00).
🌐 www.saint-benoit-sur-loire.fr

L'abbaye de Fleury, édifiée
en 650, accueillit plus tard
les reliques de saint Benoît de
Nursie, fondateur de l'ordre
des bénédictins. Important
lieu de pèlerinage, elle prit
le nom de son patron. Les
bâtiments conventuels ont été
détruits, mais il subsiste l'une
des plus belles **abbatiales**
romanes de France. La tour
qui précède le porche a de
remarquables chapiteaux. Au-
dessus de la crypte abritant
le reliquaire, le sol du chœur
est pavé d'une étonnante
mosaïque, tandis que la haute
nef laisse entrer à flots la
lumière. Les offices quotidiens
accompagnés de chants
grégoriens sont publics.

B ien que Bourges ait gardé
des vestiges de son
enceinte gallo-romaine, on
associe plus volontiers la ville
au souvenir du plus célèbre
de ses enfants, Jacques Cœur.
D'origine modeste, cet homme
d'affaires adroit, protecteur
des arts, acquit une fortune
considérable et devint en
1439 le grand argentier du
roi Charles VII, avant de
tomber en disgrâce.

Bourges organise chaque
année, en avril, le traditionnel
Printemps de Bourges, festival
de la chanson et du rock,
qui attire un public jeune
et nombreux.

Joyau de
l'architecture
gothique
civile, le
**palais
Jacques-Cœur**
(achevé vers 1451)
conserve le souvenir
de son premier
propriétaire, dont
il affiche les
emblèmes, le
cœur et la coquille
Saint-Jacques, et la devise :
« *À vaillans cœurs, riens
impossible* ». La visite vous
fera découvrir des trésors
insoupçonnés, dont les
anciennes étuves.

La pittoresque rue
Bourbonnoux conduit à la
cathédrale Saint-Étienne.
Des cinq portails ouvragés qui
ornent la façade ouest, le plus
beau est le portail central, aux

Vitrail de la cathédrale
Saint-Étienne

innombrables
figures sculptées
illustrant le
Jugement dernier.
Les vitraux
du chœur
(XIIIᵉ siècle)
sont intacts.
La vue depuis
la tour nord
sur les ruelles
du quartier
médiéval, les
marais alentour et
les remparts
gallo-romains est superbe.

Statue de
Jacques Cœur

Le long de l'Yèvre, le **jardin
des Prés Fichaux**, outre ses
bassins et ses parterres fleuris,
possède un théâtre de verdure.

Au nord de la ville, les
Marais de Bourges étaient
empruntés par les maraîchers
pour transporter leur
production.

⚓ **Palais
Jacques-Cœur**
Rue Jacques-Cœur.
📞 02 48 29 79
42. 🖼 🎫 🕐 t.l.j.
⚫ certains j. f.

Aux environs
Au sud de Bourges, on
peut visiter l'**abbaye
cistercienne de
Noirlac**, l'une des
mieux conservées de France
(cloître, abbatiale, salle
capitulaire, réfectoire, dortoir).
À quelques kilomètres, la tour
du Lion du **château de
Meillant** annonce
l'architecture Renaissance
des bords de Loire, tandis
que la superbe forteresse
médiévale d'**Ainay-le-Vieil**
a conservé douves, créneaux
et mâchicoulis.

Statue dans le jardin des Prés Fichaux

Le centre de la France

et les Alpes

Présentation du centre de la France et des Alpes

Les villes et les paysages de cette grande région ont peu de points communs. Lyon, métropole industrielle et gastronomique, s'oppose aux paysages ruraux de la Bourgogne. Les sommets arrondis du Massif central, à l'ouest, diffèrent des montagnes jeunes des Alpes à l'est, même si les uns et les autres attirent randonneurs et amateurs de sports d'hiver.

La basilique Sainte-Madeleine à Vézelay, chef-d'œuvre de l'art roman bourguignon, attirait au Moyen Âge de nombreux pèlerins. Les visiteurs de notre époque viennent y admirer son tympan sculpté et ses chapiteaux historiés (p. 326-327).

MASSIF CENTRAL
(p. 342-361)

L'abbaye de Sainte-Foy est un important centre de pèlerinage (p. 356-357). *Le trésor de Conques rassemble plusieurs objets précieux du Moyen Âge et de la Renaissance.*

Abbaye de Sainte-Foy, Conques

Les gorges du Tarn offrent des paysages spectaculaires. De la route qui serpente à travers les falaises des Causses, le long des rives escarpées, la vue sur le canyon est, en plusieurs endroits, magnifique et vertigineuse (p. 360-361).

L'abbaye de Fontenay, fondée au début du XIIe siècle, est l'une des mieux conservées de France (p. 322-323). Son décor austère illustre parfaitement les exigences et la règle très stricte des disciples de saint Bernard.

Abbaye de Fontenay

e-Madeleine, Vézelay

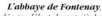

Palais des Ducs, Dijon

Théâtre romain, Autun

BOURGOGNE
ET FRANCHE-COMTÉ
(p. 316-341)

Église et monastère de Brou, Bourg-en-Bresse

Mont Blanc

Temple d'Auguste et de Livie, Vienne

VALLÉE DU RHÔNE
ET ALPES
(p. 362-381)

Palais idéal du Facteur Cheval, Hauterives

Le Puy

0   50 km

Gorges du Tarn

Les spécialités régionales

La profusion et l'excellence des produits du terroir suffiraient à expliquer la vocation culinaire des grands chefs lyonnais et bourguignons, qui collectionnent les « toques » et les étoiles, et dont la réputation n'est plus à faire. Poulets de Bresse, bœuf charolais, jambon sec du Morvan, gibier d'eau des Dombes, cuisses de grenouilles et poissons de rivière disputent aux emblématiques escargots de Bourgogne la première place au palmarès de la bonne cuisine. Le Jura et la Franche-Comté ne sont pas en reste, avec les saucisses fumées, les fromages ou l'huile de noix, pas plus que l'Auvergne avec ses jambons salés, ses fromages, ses robustes potées aux choux et ses lentilles vertes.

Les « nonnettes » de pain d'épices

Les œufs en meurette, pochés dans le vin et mollets, sont servis sur des toasts frottés d'ail et nappés d'une sauce au vin.

*La fameuse **moutarde de Dijon**, forte ou aromatisée, est un condiment à base de vinaigre et de graines de moutarde sélectionnées. Il en existe plusieurs variétés, pour la table ou pour la cuisine.*

Moutarde à l'ancienne

Moutarde fine

La rosette *et le « jésus », saucissons secs enveloppés de boyaux naturels, sont des spécialités du Lyonnais.*

Lard

Champignons

*Les escargots à la **bourguignonne** farcis d'une persillade, sont servis dans leur coquille.*

Bœuf

Sauce au vin

*Le **bœuf bourguignon**, grand classique des menus d'hiver, est préparé avec des morceaux de choix, marinés et cuits au vin rouge, avec du lard fumé coupé en dés, des champignons et des petits oignons.*

*La « **falette** », poitrine de veau farcie, se déguste chaude avec du chou braisé, ou froide avec une salade.*

L'entrecôte à la dijonnaise s'accompagne d'une sauce moutarde, qui convient aussi aux viandes blanches et au lapin.

Le poulet de Bresse, appellation contrôlée, est aussi bon nature qu'avec une sauce aux morilles.

Les pieds paquets, spécialité lyonnaise, sont des pieds de porc farcis au foie de veau et emballés dans une crépine.

Le petit salé plat typiquement auvergnat, se sert avec des lentilles vertes du Puy.

La croûte aux poires est additionnée de noix concassées, abondantes dans la région.

Le clafoutis limousin est une sorte de pâte à crêpes cuite au four, avec des fruits, de préférence des cerises noires.

LES FROMAGES

Ces régions produisent une palette de fromages très variée, depuis l'odorant époisses bourguignon jusqu'au sage cantal, en passant par le roquefort au lait de brebis ou les fromages à pâte cuite, comme la raclette ou l'emmenthal à fondue.

Fromages de Bourgogne

Époisses

Fourme de Montbrizon

Bleu de Bresse

Fromages des Alpes

Tomme au raisin

Raclette

Emmenthal français

Vacherin

Fromages du Massif Central

Saint-nectaire

Roquefort

Fourme d'Ambert

Cantal

Les régions viticoles : la Bourgogne

Panier de vendangeur

Déjà présent au début de notre ère, ce vignoble prestigieux fut repris en main par les moines cisterciens au XIIe siècle, puis développé pour les ducs de Bourgogne aux XIVe et XVe siècles. Les vins sont d'une grande diversité, qui tient aux sols et aux expositions. Ils sont souvent produits sur de toutes petites exploitations, où l'on est fier d'être vigneron depuis des générations, et très attaché aux traditions, en particulier à l'élevage en fût de chêne.

CARTE DE SITUATION

■ *Les vignobles de Bourgogne*

Côte de Nuits : le Clos de Vougeot

LES VIGNOBLES

Entre Chablis, dans l'Yonne, et le Mâconnais, la côte d'Or se subdivise en côte de Nuits et côte de Beaune. Il est d'usage de distinguer le Beaujolais *(p.367)*.

RÉPARTITION DES VINS

Chablis
Auxerre •
DIJON
Beaune •
Chalons-sur-Saône
Mâcon
Villefranche-sur-Saône
LYON

LÉGENDE

- Chablis
- Côte de Nuits
- Côte de Beaune
- Côte chalonnaise
- Mâconnais
- Beaujolais

0   50 km

CE QU'IL FAUT SAVOIR SUR LE BOURGOGNE

Sol et climat
Le climat semi-continental, et très variable, explique l'importance du millésime. Les meilleurs vignobles, exposés au sud ou à l'est, sont sur sol crayeux.

Cépages
Pour les vins rouges, le **pinot noir** aux arômes de fruits rouges l'emporte très largement, devant le **gamay** (Mâcon et Beaujolais). Les vins blancs sont issus en majeure partie du **chardonnay**. Ce cépage donne un vin d'une bonne aptitude au vieillissement. L'**aligoté** produit un blanc souvent utilisé dans la confection du kir. Le **sauvignon** est cultivé autour de Saint-Bris dans l'Yonne.

Quelques producteurs réputés
Bourgognes blancs : Jean-Marie Raveneau, René Dauvissat, La Chablisienne, Comtes Lafon, Guy Roulot, Étienne Sauzet, Pierre Morey, Louis Carillon, Jean-Marc Boillot, André Ramonet, Hubert Lamy, Jean-Marie Guffens-Heynen, Olivier Merlin, Louis Latour, Louis Jadot, Olivier Leflaive.
Bourgognes rouges : Denis Bachelet, Daniel Rion, Domaine Dujac, Armand Rousseau, Joseph Roty, De Montille, Domaine de la Pousse d'Or, Domaine de l'Arlot, Jean-Jacques Confuron, Robert Chevillon, Georges Roumier, Leroy, Drouhin.

Bons millésimes
(Rouges) 2002, 1993, 1990, 1988.
(Blancs) 2001, 1995, 1993, 1992.

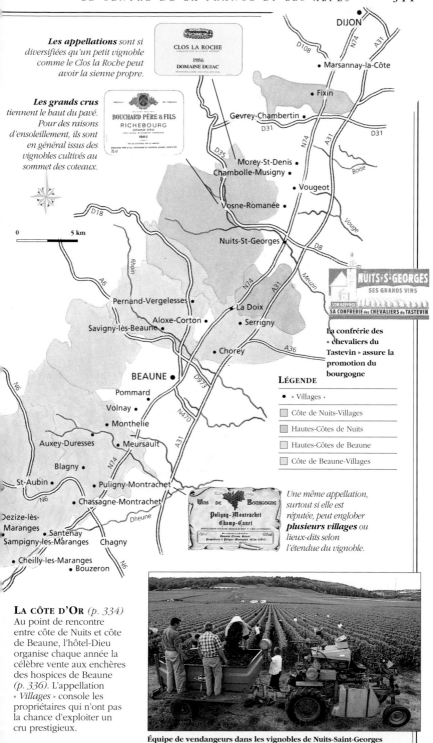

Les appellations sont si diversifiées qu'un petit vignoble comme le Clos la Roche peut avoir la sienne propre.

CLOS LA ROCHE
1986
DOMAINE DUJAC

Les grands crus tiennent le haut du pavé. Pour des raisons d'ensoleillement, ils sont en général issus des vignobles cultivés au sommet des coteaux.

BOUCHARD PÈRE & FILS
RICHEBOURG
1986

DIJON

Marsannay-la-Côte

Fixin

Gevrey-Chambertin

Morey-St-Denis
Chambolle-Musigny

Vougeot

Vosne-Romanée

Nuits-St-Georges

Pernand-Vergelesses

La Doix
Aloxe-Corton
Serrigny
Savigny-lès-Beaune

Chorey

NUITS-S-GEORGES
SES GRANDS VINS
SON BEFFROI
SA CONFRÉRIE des CHEVALIERS du TASTEVIN

la confrérie des « chevaliers du Tastevin » assure la promotion du bourgogne

BEAUNE

Pommard

Volnay

Monthelie

Auxey-Duresses   Meursault

Blagny

St-Aubin   Puligny-Montrachet

Chassagne-Montrachet

Dezize-lès-Maranges
Sampigny-les-Maranges   Santenay   Chagny

Cheilly-les-Maranges
Bouzeron

LÉGENDE

• « Villages »

Côte de Nuits-Villages

Hautes-Côtes de Nuits

Hautes-Côtes de Beaune

Côte de Beaune-Villages

Vins de Bourgogne
Puligny-Montrachet
Champ-Canet

Une même appellation, surtout si elle est réputée, peut englober **plusieurs villages** *ou lieux-dits selon l'étendue du vignoble.*

LA CÔTE D'OR *(p. 334)* Au point de rencontre entre côte de Nuits et côte de Beaune, l'hôtel-Dieu organise chaque année la célèbre vente aux enchères des hospices de Beaune *(p. 336).* L'appellation « *Villages* » console les propriétaires qui n'ont pas la chance d'exploiter un cru prestigieux.

Équipe de vendangeurs dans les vignobles de Nuits-Saint-Georges

Les Alpes

O n peut visiter les Alpes à tout moment et y trouver un plaisir sans cesse renouvelé, tant ses magnifiques paysages changent avec les saisons. Cette impressionnante chaîne de montagnes, qui s'étend du lac Léman à la Méditerranée, culmine au mont Blanc, à 4 807 m. La région comprend le Dauphiné et la Savoie, indépendante jusqu'en 1860. Elle a su préserver son identité malgré l'essor du tourisme et des sports d'hiver, qui contribuent d'ailleurs largement à son équilibre économique.

Jeunes Savoyards en costume traditionnel

Paysage d'hiver près de Courchevel : chalets sous la neige et skieurs

L'HIVER

L a saison de ski commence un peu avant Noël pour se terminer fin avril. Dans la plupart des stations, on pratique le ski de fond

Télécabine à Courchevel, station pilote des Trois-Vallées

et la descente, sur un réseau de pistes bien entretenues. Les moins hardis pourront profiter du spectacle grâce aux téléphériques les plus hauts du monde. Parmi une centaine de stations, les plus réputées sont **Chamonix-Mont-Blanc**, où se sont tenus les premiers Jeux olympiques d'hiver en 1924 ; **Megève**, qui possède une école de ski particulièrement renommée ; près de la frontière suisse, **Morzine** et, un peu plus haut, **Avoriaz**, où l'automobile est absente ; **Albertville**, cité olympique en 1992 ; celles des **Trois-Vallées**, à savoir **Courchevel**, **Méribel** et **Val-Thorens/Les**

Un skieur à Val-d'Isère

Ménuires ; **Tignes**, qui sont fréquentées toute l'année ; **Les Arcs** et **La Plagne**, construites tout exprès pour les touristes ; et enfin **Val-d'Isère**, la station préférée des célébrités.

LA FLORE ALPINE

Au printemps, les hauts pâturages se couvrent de fleurs, gentianes jaunes et gentianes bleues, campanules et saxifrages, jacinthes sauvages et sabots-de-Vénus. Préservées des fertilisants et des désherbants que l'on utilise en plaine, loin de la pollution, des espèces rares peuvent croître ici en toute tranquillité.

Gentianes bleues (*Gentiana verna*)

Lis martagon (*Lilium martagon*)

Les Alpes au printemps : pâturages fleuris et neiges éternelles

LE PRINTEMPS ET L'ÉTÉ

La saison d'été commence fin juin et se prolonge jusqu'à la mi-septembre. La plupart des stations sont fermées en octobre et

Vaches laitières portant au cou leurs clarines

novembre. Après la fonte des neiges, les pâturages fleuris et les lacs de glacier composent un décor idyllique pour les randonneurs, qui disposent en outre de circuits bien balisés. Rien qu'autour de Chamonix, on peut emprunter 310 km de sentiers de randonnée. L'itinéraire balisé le plus long est le **Tour du mont Blanc**, circuit de dix jours à travers la France, l'Italie et la Suisse. Le **GR5** parcourt toute la chaîne des Alpes, à travers le **parc national de la Vanoise** et le **parc naturel régional du Queyras** (*p. 377*) du nord au sud. On accède par le téléphérique aux sentiers les plus élevés, d'où la vue est impressionnante. N'oubliez pas de vous munir de vêtements chauds et d'imperméables, car le temps change très vite en altitude.

Outre l'escalade et la randonnée, diverses activités comme le golf, le tennis, l'équitation, le parapente, le canoë, le rafting ou le VTT sont en plein développement.

Grimpeurs au repos sur les pentes du mont Blanc

Géologie du Massif central

Vieux de plus de 250 millions d'années, le Massif central occupe presque un cinquième du territoire français. Les sommets, adoucis par l'érosion, forment un vaste plateau que sillonnent des vallées profondes. Le sous-sol est composé de roches dures, comme le granit, au centre du massif, et de roches tendres, comme le calcaire, à la périphérie. L'architecture même reflète la nature des roches. Dans les gorges du Tarn, les maisons sont faites de blocs de calcaire rosé. Les fermes du Limousin sont construites en granit et celles de l'Auvergne volcanique en basalte.

CARTE DE SITUATION

Le Massif central

Le basalte est une roche volcanique formée par la lave des éruptions. En Auvergne, on l'utilise fréquemment comme matériau de construction, en assemblant les blocs avec un mortier plus clair, comme sur la Grande-Place de Salers (p. 353).

Des blocs de granit, dont le sous-sol abonde, ont servi à la construction de ce portail gothique, au Moutier-d'Ahun (p. 346).

Montluçon

Moutier d'Ahun •

Limoges •

Clermont-Ferrand

Dordogne

• Salers

Des tuiles de schiste couvrent les toits d'Argentat. Le schiste est une roche assez facile à débiter en feuilles minces, ce qui permet de l'utiliser comme matériau de couverture.

• Argentat

Cère

Lot

Milla

Le calcaire est une roche de couleur variable, très facile à travailler : on peut la couper à l'aide d'une simple scie à main. C'est ainsi que sont faites les maisons d'Espalion (p. 356).

Tarn

0   50 km

La lave, pétrifiée au contact de l'air, forme parfois des cristaux prismatiques géants. Ici, les orgues basaltiques de Prades.

Nevers

Loire

Saône

Lyon •

• St-Etienne

• Le-Puy-en-Velay

Rhône

LÉGENDE

☐ Roche sédimentaire
☐ Roche volcanique
☐ Roche plutonique
☐ Roche métamorphique

Les plateaux calcaires, *ou causses, sont typiques de la région. Les rivières qui dévalent les pentes y ont creusé profondément leur lit.*

L'Aigoual *est le point culminant des Cévennes (p. 357). C'est la ligne de partage des eaux entre les rivières qui coulent vers l'Atlantique et celles qui descendent vers la Méditerranée.*

LES DIVERS TYPES DE ROCHES

On distingue les roches sédimentaires, dues à la désagrégation de roches préexistantes, et les roches magmatiques, volcaniques (basalte) ou plutoniques (granit). Les roches métamorphiques résultent des variations de température et de pression.

ROCHE SÉDIMENTAIRE

Le calcaire oolithique contient des fossiles et de petites quantités de quartz.

ROCHE VOLCANIQUE

Le basalte, en couches très épaisses, est la roche éruptive la plus répandue.

ROCHE PLUTONIQUE

Le granit rose est une roche grenue, qui se forme sous la croûte continentale.

ROCHE MÉTAMORPHIQUE

Le schiste est une roche argileuse à grain fin et à structure feuilletée.

BOURGOGNE ET FRANCHE-COMTÉ

YONNE · NIÈVRE · CÔTE D'OR · SAÔNE-ET-LOIRE
HAUTE-SAÔNE · DOUBS · JURA

Région prospère célèbre pour ses vins charpentés et sa succulente cuisine, la Bourgogne possède aussi un patrimoine architectural exceptionnel. À l'est de la Saône, la Franche-Comté offre des paysages d'une sauvage beauté.

Après avoir reçu en apanage le duché de Bourgogne, Philippe le Hardi, fils cadet de Jean le Bon, fit de la deuxième maison de Bourgogne la plus dangereuse rivale du royaume de France. La province s'étendait alors bien au-delà des frontières actuelles et englobait, entre autres, la Franche-Comté. Cette dernière, dont le nom signifie « comté libre », resta en effet pratiquement indépendante entre le démantèlement du domaine bourguignon et sa propre annexion par la France en 1678. Ancienne capitale des ducs de Bourgogne, Dijon est une superbe cité, où les palais somptueux et un musée des Beaux-Arts riche en sculptures et en toiles de maîtres témoignent d'un passé opulent. Les vignobles de la Côte-d'Or ou de Cha-blis sont parmi les plus renommés dans le monde. Les forêts du Morvan comme les terres généreuses du Brionnais recèlent des spécialités variées, les poulets de Bresse, le bœuf charolais ou les fameux escargots de Bourgogne. Mais la région fut aussi un haut lieu du renouveau spirituel en Occident, avec les abbayes de Cluny, de Fontenay ou de Vézelay.

La Franche-Comté est plus discrète, malgré le charme et l'élégance de Besançon, naguère capitale horlogère où naquit la célèbre « comtoise ». Les terres fertiles de la vallée de la Saône font très vite place, à l'est, aux premiers contreforts montagneux du Jura, pays de la truite, du vacherin et du comté, sans oublier le facétieux vin d'Arbois ou le rare « vin jaune ».

Le site préhistorique de la roche de Solutré, près de Mâcon

◁ Vignoble de la côte de Beaune, près de Santenay

À la découverte de la Bourgogne et de la Franche-Comté

L a Bourgogne est certainement l'une des provinces les plus riches de France, sur le plan gastronomique, économique, historique et culturel. Paradoxalement, c'est aux communautés monastiques, bénédictins et cisterciens, que la province doit la constitution de son patrimoine architectural et l'essor de ses ressources viticoles. Les paysages vallonnés de la Franche-Comté et ses cours d'eau limpides conviennent aux sports de rivière et aux promenades en forêt.

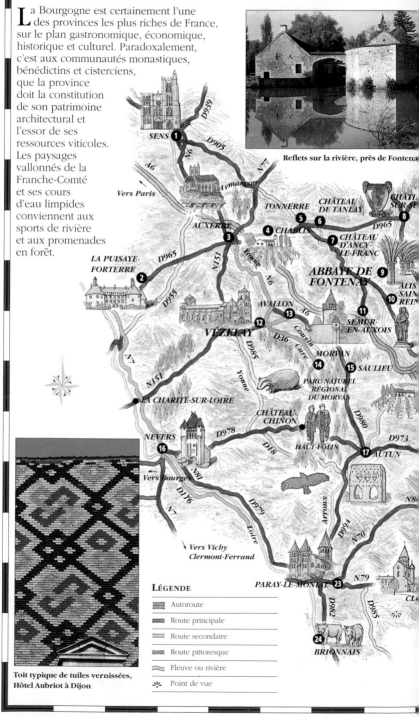

Reflets sur la rivière, près de Fontenay

Vers Paris

SENS ❶

D939

D905

N6

A6

N77

Armançon

TONNERRE ❺

CHÂTEAU DE TANLAY ❻

CHÂTI-SUR-SE ❽

AUXERRE ❸

CHABLIS ❹

CHÂTEAU D'ANCY-LE-FRANC ❼

D965

LA PUISAYE-FORTERRE ❷

D965

N151

Yonne

N6

ABBAYE DE FONTENAY ❾

ALIS SAIN REIN ❿

D955

N7

AVALLON ❶❸

VÉZELAY ❶❷

D985

D36

Cousin

Cure

SEMUR-EN-AUXOIS ❶❶

MORVAN ❶❹

SAULIEU ❶❺

N151

Yonne

PARC NATUREL RÉGIONAL DU MORVAN

LA CHARITÉ-SUR-LOIRE

CHÂTEAU-CHINON

D980

D973

NEVERS ❶❻

D978

D18

HAUT-FOLIN

AUTUN ❶❼

Vers Bourges

N81

D1I%6

N7

D979

Loire

Arroux

D994

N70

N8

Vers Vichy Clermont-Ferrand

PARAY-LE-MONIAL ❷❸

N79

CL

D982

D985

BRIONNAIS ❷❹

LÉGENDE

▨▨	Autoroute
▨▨	Route principale
▨▨	Route secondaire
▨▨	Route pittoresque
〰	Fleuve ou rivière
⚘	Point de vue

Toit typique de tuiles vernissées, Hôtel Aubriot à Dijon

LA RÉGION D'UN COUP D'ŒIL

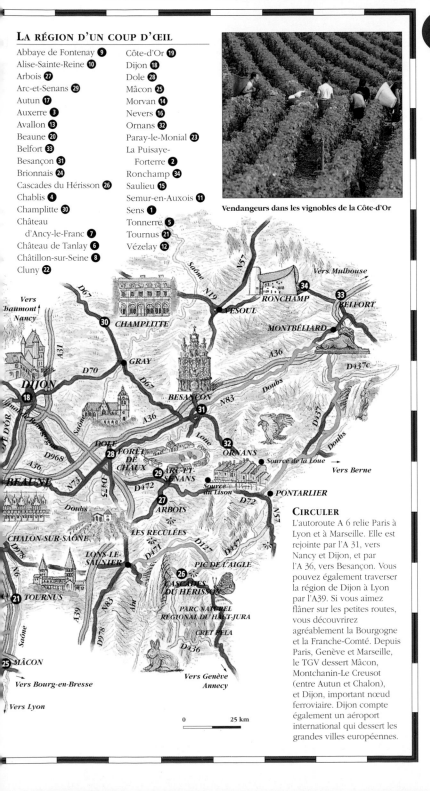

Vendangeurs dans les vignobles de la Côte-d'Or

CIRCULER

L'autoroute A 6 relie Paris à Lyon et à Marseille. Elle est rejointe par l'A 31, vers Nancy et Dijon, et par l'A 36, vers Besançon. Vous pouvez également traverser la région de Dijon à Lyon par l'A39. Si vous aimez flâner sur les petites routes, vous découvrirez agréablement la Bourgogne et la Franche-Comté. Depuis Paris, Genève et Marseille, le TGV dessert Mâcon, Montchanin-Le Creusot (entre Autun et Chalon), et Dijon, important nœud ferroviaire. Dijon compte également un aéroport international qui dessert les grandes villes européennes.

La Sainte-Châsse, trésor de la
cathédrale de Sens

Sens ❶

Yonne. 🏛 *29 000.* 🚉 🚌
🛈 *pl. Jean-Jaurès (03 86 65 19 49).*
🔄 *lun. et ven.*
🌐 *www.office-de-tourisme-sens.com*

L a cité de Sens aurait occupé
en Gaule une place
prépondérante bien avant de
combattre César aux côtés de
Vercingétorix. Les Sénons,
menés par Brennus, auraient
pris Rome par surprise, en 390
avant J.-C., sans l'intervention
des oies du Capitole.

Saint-Étienne, construite
vers 1130, fut la première des
grandes cathédrales gothiques
et servit d'ailleurs de modèle
à plusieurs autres. C'est là
que fut célébré, en 1234, le
mariage de Louis IX *(p. 47)* et
de Marguerite de Provence.

De magnifiques verrières
représentent diverses scènes
bibliques (paraboles, Arbre de
Jessé). L'une d'elles rappelle
le souvenir de Thomas Becket,
évêque de Canterbery, qui
séjourna à Sens pendant son
exil et dont les ornements
sacerdotaux sont conservés
au **Trésor de la cathédrale.**
Celui-ci est intégré au très

riche musée, réaménagé dans
l'ancien **palais des
Archevêques** (belles
collections gallo-romaines).

🏛 **Trésor de la cathédrale
Saint-Étienne**
Pl. de la Cathédrale. 📞 *03 86 64 46
22.* 🕐 *juin-sept. : t.l.j. ; oct.-mai :
mer., sam. et dim.* 🖼

Aux environs
Fleurigny abrite un beau
château médiéval et
Renaissance.

La Puisaye-
Forterre ❷

Yonne, Nièvre. 🚉 *Auxerre, Clamecy,
Bonny-sur-Loire, Cosne-Cours-sur-
Loire.* 🚌 *St-Fargeau, St-Sauveur-en-
Puisaye.* 🛈 *Charny (03 86 63 65 51).*

P ays de bocage romantique
et secret, la Puisaye-
Forterre est la région natale
de Colette (1873-1954), qui
l'associait aux jours heureux
de son enfance à **Saint-
Sauveur**. Le château du
XVII° siècle accueille le **musée
Colette**. Le meilleur moyen de
découvrir la région est de
parcourir sa campagne
paisible, parsemée d'étangs,
de prairies et de bosquets.
Le château féodal de **Ratilly**
accueille des expositions.
Le chantier médiéval de
Guédelon à **Treigny** et les
ateliers de poterie à **Saint-
Amand** sont aussi à voir. C'est
au **château de Saint-Fargeau**
que se réfugia la Grande
Mademoiselle *(p. 53)* après la
Fronde. L'**église de la Ferté-
Loupière** possède une
remarquable *Danse macabre*

Colette à Saint-Sauveur, 1880

du XV° siècle, tandis que les
fresques de l'église Saint-Pierre
à **Moutiers** retracent l'histoire
de la Création et la vie de
saint Jean-Baptiste.

🏛 **Musée Colette**
Château St-Sauveur-en-Puisaye.
📞 *03 86 45 61 95.* 🕐 *avr.-oct. :
mer.-lun. ; nov.-mars : w.-e. et j. f.*

Auxerre ❸

Yonne. 🏛 *40 000.* 🚉
🛈 *12, quai de la République
(03 86 52 06 19).* 🔄 *mar. et ven.*
🌐 *www.ot-auxerre.fr*

C onstruite à flanc de
coteau sur les rives de
l'Yonne, Auxerre s'enorgueillit
à juste titre de ses églises
et vieux quartiers.
La **cathédrale Saint-Étienne**,
édifiée en trois siècles, n'a
été terminée qu'en 1560.
La façade flamboyante a été
gravement mutilée par les
guerres et les intempéries,
mais les vitraux sont encore
très beaux, et les colonnettes
du chœur sont des merveilles
de légèreté et d'élégance.
Dans la crypte, une fresque
montre l'image rarissime du
Christ monté sur un cheval
blanc. Le trésor, malgré les
déprédations, rassemble de
précieuses enluminures.

L'évêque d'Auxerre au
V° siècle a donné son nom
à l'**église abbatiale Saint-
Germain**, vestige d'un
monastère fondé par la
reine Clothilde, femme de
Clovis *(p. 44-45)*, le premier
roi franc converti au
christianisme. On a dégagé
trois étages de cryptes
médiévales et carolingiennes,

Château de Saint-Fargeau, en Puisaye-Forterre

décorées de fresques très anciennes, et plusieurs tombeaux, dont celui du saint évêque. Le centre culturel installé au même endroit comporte un **Musée archéologique**.

Musée St-Germain
2, pl. St-Germain. 03 86 18 05 50. mer.-lun. j. f.

Aux environs
La vaste église cistercienne (XIIᵉ siècle) de **Pontigny**, austère et harmonieuse, conserve le souvenir de Thomas Becket, archevêque de Cantorbéry, qui, banni par Henri II, y trouva refuge.

Fresque médiévale, cathédrale d'Auxerre

Chablis ❹

Yonne. 2 600. 1, rue du Mᵃˡ-de-Lattre-de-Tassigny (03 86 42 80 80). dim. www.chablis.net

La notoriété séculaire de ce bourg lui vient de ses vignes. Dévalant les fortes pentes du Serein, affluent de

La source de la Fosse Dionne à Tonnerre

l'Yonne, elles produisent un vin à la robe d'or, fin et élégant, issu du chardonnay. Chaque année, à la Saint-Vincent, les Chablisiens en procession rendent hommage au patron des vignerons.

Tonnerre ❺

Yonne. 6 500. pl. Marguerite de Bourgogne (03 86 55 14 48). mer. mat. et sam. mat. www.tonnerre.fr

La **Fosse Dionne** est une source vauclusienne qui remplit sans fin un vieux lavoir du XVIIIᵉ siècle. Un serpent, dit la légende, y aurait élu domicile. Le phénomène à lui seul mérite la visite de Tonnerre, petite ville animée sur les rives de l'Armançon.

L'**hôtel-Dieu**, fondé par Marguerite de Bourgogne, belle-sœur de Saint Louis, quelque 150 ans avant celui de Beaune, abrite un musée

et le tombeau de sa fondatrice. L'édifice a gardé, dans la grande salle des malades, une magnifique charpente de chêne.

Hôtel-Dieu et musée hospitalier
Pl. Marguerite de Bourgogne. 03 86 55 14 48. avr.-sept. : t.l.j. ; oct.-mars : lun.-sam.

Château de Tanlay ❻

Tanlay. 03 86 75 70 61. avr.-déb. nov. : mer.-lun. obligatoire.

À l'abri de ses douves, le château de Tanlay, joyau de la Renaissance, possède une Grande Galerie en trompe-l'œil. Dans la tour de la Ligue, une curieuse peinture montre les personnages de la cour d'Henri II sous les traits de divinités antiques. Dans les communs, expositions d'art contemporain.

Façade et cour d'honneur du château de Tanlay

Abbaye de Fontenay ❾

La paisible abbaye de Fontenay, fondée en 1118, est l'un des plus anciens établissements cisterciens de France. À l'abri de la forêt, elle fut construite selon les principes mêmes de saint Bernard, comme en témoigne le dépouillement de son église romane et de sa majestueuse salle capitulaire vierge de toute décoration. Après la Révolution, elle fut convertie en manufacture de papier. Magnifiquement restaurée, elle est inscrite au patrimoine mondial de l'Unesco.

Pigeonnier
Ce grand pigeonnier circulaire, construit au XIIIe siècle, est situé près du chenil où étaient enfermés les chiens de chasse des ducs de Bourgogne.

Le logis abbatial destiné au père abbé nommé par le roi fut ajouté au XVIIIe siècle.

De **la boulangerie**, on peut voir aujourd'hui un four et une cheminée du XIIIe siècle.

L'hôtellerie permettait aux moines d'accueillir pour la nuit les voyageurs et les pèlerins fatigués.

★ **Le cloître**
est un promenoir silencieux pour les moines en prière ou en méditation.

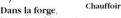
Chauffoir

Dans la forge, les moines fabriquaient eux-mêmes leurs outils et leurs ustensiles de cuisine.

L'« enfermerie »
(XVe siècle) était peut-être le lieu où, au premier étage, l'on enfermait les archives de l'abbaye pour les mettre à l'abri des rats.

Salle des moines
C'est ici que travaillaient les moines copistes. Le chauffoir voisin leur permettait de se dégourdir les doigts

★ Église abbatiale
La majesté de l'architecture, la couleur chaude de la pierre et le jeu de la lumière tiennent lieu de décoration, conférant à cette superbe église romane une indéniable grandeur.

MODE D'EMPLOI

Marmagne. ☎ 03 80 92 15 00. 🚉 Montbard. ⏰ mars-11 nov : t.l.j 10h-18h ; 11 nov-mars : 10h-12h et 14h-17h). 🅿️ 📷 ♿ 🎫 W www.abbayedefontenay.com

Dortoir
Les moines dormaient sur des paillasses, dans cette grande pièce sans chauffage. La splendide charpente de bois date du XVe siècle.

Dans le jardin botanique, les moines cultivaient avec art des plantes médicinales.

À NE PAS MANQUER

★ **Église abbatiale**

★ **Cloître**

Salle capitulaire
Les moines s'y réunissaient chaque jour, autour de leur abbé, pour la lecture d'un chapitre de la règle et l'expédition des affaires courantes.

Infirmerie

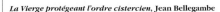

SAINT BERNARD ET LES CISTERCIENS

En 1112, Bernard de Clairvaux, natif de la région de Dijon, rejoignit avec trente jeunes nobles de son entourage une nouvelle communauté de moines implantée à Cîteaux. L'ordre cistercien, fondé essentiellement pour s'opposer au luxe et au relâchement des moines de Cluny *(p. 44-45)*, était encore assez obscur, et c'est au futur saint Bernard, théoricien, théologien et meneur d'hommes, qu'il doit son développement, dans le renoncement au monde, la pauvreté, le jeûne et la méditation. Celui-ci fut canonisé en 1174, 21 ans seulement après sa mort.

La Vierge protégeant l'ordre cistercien, Jean Bellegambe

Château d'Ancy-le-Franc ❼

Ancy-le-Franc. ☎ 03 86 75 14 63.
⭕ avr.-mi-nov. : mar.-dim.
📷 obligatoire. 🖼
Ⓦ www.chateau-ancy.com

Malgré une façade austère, le château d'Ancy-le-Franc, construit au milieu du XVIᵉ siècle par l'Italien Sebastiano Serlio pour le duc de Clermont-Tonnerre, réserve l'agréable surprise d'une élégante cour intérieure Renaissance et d'une décoration très riche. Les galeries et les appartements renferment des peintures murales du Primatice et d'autres artistes de l'école de Fontainebleau *(p. 170-171)*. La visite du château, restauré récemment, se prolonge aujourd'hui avec celle du parc, agrémenté d'un étang cerné d'arbres centenaires.

Le cratère de Vix, musée du Châtillonnais

Châtillon-sur-Seine ❽

Côte-d'Or. 👥 11 800. 🚊 🚌 ℹ pl. Marmont (03 80 91 13 19). 🛒 sam.

Le **musée du Châtillonnais** de la ville expose entre autres le trésor de Vix. C'est en 1953 que l'on découvrit, au pied du mont Lassois, une sépulture datant du VIᵉ siècle avant J.-C. Elle contenait la dépouille d'une princesse celte, entourée d'objets précieux et de bijoux en or. Près d'elle se trouvait le plus grand vase de bronze connu, de fabrication grecque, d'une contenance de 1 100 litres, qui mesure 1,64 m et pèse 208 kg. L'**église Saint-Vorles**, de style

Façade du château d'Ancy-le-Franc

roman primitif, contient une *Mise au tombeau* sculptée du début du XVIᵉ siècle. Tout près de là, dans une jolie grotte, jaillit la résurgence de la Douix, affluent de la Seine.

🏛 **Musée du Châtillonnais**
Rue du Bourg. ☎ 03 80 91 24 67.
⭕ juil.-août : t.l.j. . sept.-juin : mer.-lun. ⬤ certains j. f. 🖼

Abbaye de Fontenay ❾

p. 322-323.

Alise-Sainte-Reine ❿

Côte-d'Or. 👥 670. ℹ Venarey-les-Laumes, 3 km (03 80 96 89 13).

C'est vraisemblablement sur le mont Auxois, à proximité d'Alise, que les troupes de Jules César, en 52 avant J.-C., ont finalement eu raison de la résistance de Vercingétorix, après un siège de six semaines. Des **fouilles**

ont mis au jour une cité gallo-romaine, avec son théâtre, son forum et ses rues en équerre. Les bronzes, poteries et bijoux découverts sur le site sont exposés au **musée d'Alésia**. Une impressionnante statue représentant le vaillant chef gaulois domine le site. Le belvédère offre également une vue aérienne sur l'ensemble des paysages du siège.

⛏ **Fouilles d'Alésia**
☎ 03 80 96 85 90 ⭕ avr.-mi-nov.
🏛 **Musée Alésia**
Rue de l'Hôpital. ☎ 03 80 96 10 95.
⬤ pour travaux.

Aux environs
Tout près, la cité médiévale de **Flavigny-sur-Ozerain**, classé parmi les « plus beaux villages de France » et riche en maisons anciennes, est réputé pour ses bonbons à l'anis et son vignoble. Non loin de là se trouve le **château de Bussy-Rabutin**, décoré de façon très personnelle par son

Fouilles gallo-romaines près d'Alise-Sainte-Reine

propriétaire, Roger de Rabutin, comte de Bussy, auteur de *l'Histoire amoureuse des Gaules,* exilé dans ses terres par le roi pour cause de libertinage. Sa chambre rassemble une impressionnante collection de portraits de grandes dames de la cour.

♣ Château de Bussy-Rabutin
Bussy-le-Grand. **☎** *03 80 96 00 03.* **◯** *mar.-dim.* **●** *certains j. f.* 🖼

Semur-en-Auxois ⓫

Côte-d'Or. 🏘 *5 000.* 🚉 **ℹ** *2, pl. Gaveau (03 80 97 05 96).* 🚁 *dim.* 🌐 *www.ville-semur-en-auxois.fr*

La petite bourgade, avec ses remparts et ses grosses tours rondes domine joliment le pont Joly et les rives de l'Armançon. Elle possède une église gothique, **Notre-Dame** (XIIIᵉ-XVᵉ s.), restaurée au XIXᵉ siècle par Viollet-le-Duc. Le superbe tympan de la porte des Bleds illustre la légende dorée de saint Thomas, patron des architectes. Vous remarquerez également une très belle *Mise au tombeau,* datant de la fin du XVᵉ siècle. Les chapelles des corporations abritent un précieux témoignage d'époque : leurs vitraux représentent avec précision le travail des bouchers et des drapiers.

Aux environs
Le petit village d'Époisses, tout près de là, possède un **château** cerné de douves. L'édifice a été remanié à la Renaissance et possède un pigeonnier monumental. Mais la renommée du lieu est surtout gastronomique avec le fameux et savoureux fromage d'Époisses.

Détail d'un vitrail, église Notre-Dame à Semur-en-Auxois

Semur-en-Auxois sur les bords de l'Armançon

♣ Château d'Époisses
Époisses. **☎** *03 80 96 40 56.* **◯** *juil.-août : mer.-lun.* **Jardins ◯** *t.l.j.* 🖼 ♿ 🌐

Vézelay ⓬

p. 326-327.

Avallon ⓭

Yonne. 🏘 *9 000.* 🚉 🚌 **ℹ** *6, rue Bocquillot (03 86 34 14 19).* 🚁 *sam. et dim.* 🌐 *www.avallonnais-tourisme.com*

La cité fortifiée, édifiée sur un promontoire de granit entre deux dépressions, domine la vallée du Cousin. La ville a souffert au cours des siècles, mais elle a retrouvé son charme et sa tranquillité.
La **collégiale Saint-Lazare** possède deux magnifiques porches. Sur le plus grand, cinq cordons sculptés représentent les signes du zodiaque, les travaux des mois et les vieillards de l'Apocalypse.
Le plus sympathique éclectisme caractérise les collections du **musée de l'Avallonnais**, où l'on peut admirer indifféremment une mosaïque du IIᵉ siècle avant J.-C. représentant la déesse Vénus et la remarquable série de gravures du *Miserere* de Georges Rouault (1871-1958).

🏛 Musée de l'Avallonnais
5, rue du Collège. **☎** *03 86 34 03 19.* **◯** *juil.-sept. : mer.-lun. (a.-m. seul.), w.-e. et vac. scol. (a.-m. seul.).*

Aux environs
Les vallées de la Cure, du Cousin et du Serein offrent de beaux paysages. **Noyers-sur-Serein** est un attachant bourg médiéval, **Montréal** compte des vestiges du Moyen Âge et une belle église, tandis qu'**Arcy-sur-Cure** abrite d'importantes grottes préhistoriques.

Miserere de Georges Rouault, musée de l'Avallonnais à Avallon

Vézelay ⑫

L a basilique Sainte-Madeleine, au sommet de la « colline éternelle », domine un pittoresque village ancien et se voit de très loin. Pèlerins et touristes gravissent la rue étroite qui mène à l'abbatiale.

Au XIIᵉ siècle, l'abbaye dut sa prospérité aux reliques de Marie-Madeleine, laquelle aurait, selon la légende, trouvé refuge en France. L'abbaye était un point de ralliement sur l'une des routes allant à Saint-Jacques-de-Compostelle *(p. 390-391).*

Chapiteau historié

Vue de Vézelay
L'église abbatiale domine le bourg, comme autrefois la vie religieuse et sociale de la région.

La tour Saint-Michel (1230-1240) doit son nom à la statue de l'archange qui flanque l'angle sud-ouest.

Nef de Sainte-Madeleine
La nef fut reconstruite entre 1120 et 1140 avec une alternance de pierres claires et foncées.

Nef de Sainte-Madeleine

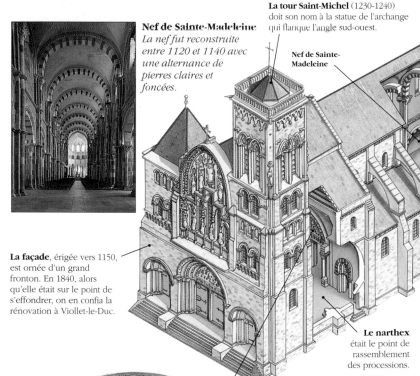

La façade, érigée vers 1150, est ornée d'un grand fronton. En 1840, alors qu'elle était sur le point de s'effondrer, on en confia la rénovation à Viollet-le-Duc.

Le narthex était le point de rassemblement des processions.

★ **Tympan du portail central**
Ce chef-d'œuvre représente l'Église : le Christ en gloire envoie les apôtres en mission tandis que les peuples marchent vers lui.

À NE PAS MANQUER
★ Tympan
★ Chapiteaux

La tour Saint-Antoine est contemporaine du chœur. Celle qui devait lui faire face, au nord, n'a jamais été achevée.

MODE D'EMPLOI

Basilique Sainte-Madeleine, Vézelay.
☎ 03 86 33 39 50. 🚉 Sermizelles.
🕐 t.l.j. 6h-20 h ; 7h-coucher du soleil en hiver. ♿ ✝ t.l.j. 18h30, dim. 11h. 📷 ℹ 03 86 33 23 69.
🌐 vezelay.cef.fr

La salle capitulaire (XIIIe siècle), restaurée par Viollet-le-Duc, abrite les œuvres déposées par l'architecte.

Crypte de Sainte-Madeleine
La crypte romane, remaniée au XIIIe siècle, abrite des reliques de Marie-Madeleine.

★ Chapiteaux
Les chapiteaux historiés de la nef et du narthex, dus à plusieurs sculpteurs, sont d'une grande variété de styles et de sujets.

Chœur de Sainte-Madeleine
Le chœur a été reconstruit à la fin du XIIe siècle, dans un style alors nouveau, le gothique de l'Île-de-France.

Pays de rivières et de forêts, le Morvan est le paradis des pêcheurs et des amateurs de nature

Morvan ⓮

Yonne, Côte-d'Or, Nièvre, Saône-et-Loire. ✈ Dijon. 🚂 Nevers, Autun, Corbigny. 🚌 Château-Chinon, Saulieu. 🛈 Château-Chinon (03 86 85 06 58) ; Maison du Parc, Saint-Brisson (03 86 78 79 00). 🌐 www.morvan-tourisme.org

Le Morvan, « montagne noire » en celte, mérite bien son nom : ce vaste plateau de granit couvert d'une forêt dense paraît d'autant plus sombre qu'il succède aux riantes vallées et aux prairies vertes de la Bourgogne agricole. Plus élevé au fur et à mesure qu'on avance vers le sud, il culmine au **Haut-Folin** à 901 m.

Les deux principales richesses du Morvan sont ses cours d'eau et ses lacs, mais aussi cette grande forêt de chênes, de hêtres et de conifères. À partir du XVIe siècle, la région fournit à Paris son bois de chauffage, acheminé jusqu'à la capitale par flottage sur les rivières le Cousin, la Cure et l'Yonne.

Le Morvan fut un pays pauvre, où la vie était difficile. Les deux principales villes, Château-Chinon et Saulieu, atteignent encore aujourd'hui 3 000 habitants seulement.

Le mystérieux et sauvage labyrinthe de forêts, de roches et d'étangs, protégé depuis 1970 au sein du parc naturel régional du Morvan, fut l'un des hauts lieux de la Résistance française, glorieux passé que rappelle le **musée de la Résistance** à la Maison du Parc à Saint-Brisson.

Vous y trouverez aussi des renseignements sur diverses activités de plein air : pratique du canoë, observation des oiseaux, promenade à cheval ou à bicyclette. C'est l'endroit idéal pour randonner sur des sentiers bien balisés, comme le GR 13 (de Vézelay à Autun) ou faire le tour du Morvan par les grands lacs.

🏛 Musée de la Résistance
Maison du Parc, St-Brisson.
☎ 03 86 78 79 06.
🕐 Pâques-mi-oct. : t.l.j. 📷 ♿

Saulieu ⓯

Côte-d'Or. 🏘 3 000. 🚂 🚌
🛈 24, rue d'Argentine (03 80 64 00 21). 🗓 jeu. et sam.

Aux portes du Morvan, Saulieu se distingue depuis toujours par la qualité de sa gastronomie, dont firent état plusieurs voyageurs illustres. Étape obligée entre Paris et Lyon au temps de la diligence, la ville maintient la tradition grâce à des restaurants aussi célèbres que la **Côte-d'Or**, fondé par le chef Bernard Loiseau. Mais elle recèle des trésors moins éphémères que la poularde truffée ou le ris de veau de lait braisé. Les admirables chapiteaux sculptés de l'**église Saint-Andoche** (XIIe siècle) ont traversé le temps sans trop de dommage et le **musée François-Pompon** présente les œuvres du fabuleux sculpteur animalier.

Nevers ⓰

Nièvre. 🏘 42 000. 🚂 🚌 🛈 Palais ducal, rue Sabatier (03 86 68 46 00). 🗓 sam. 🌐 www.nevers-tourisme.com

Située sur la rive droite de la Loire, Nevers offre un patrimoine original et diversifié. La **cathédrale Saint-Cyr-Sainte-Juliette** surprend par son baptistère, ses deux chœurs opposés (roman et gothique) et ses vitraux contemporains. Elle domine la « butte » où s'étend le quartier historique. Le **Palais ducal** (XVe-XVIe siècle), bel exemple de la première Renaissance française, est le point de départ de deux circuits piétons permettant de découvrir la ville. Vers 1580, Louis de Gonzague, duc de Nevers, introduisit l'art de la faïence. Depuis cette époque, Nevers est réputée pour son artisanat traditionnel de faïence de grand feu. Le **musée municipal Frédéric-Blandin** offre une très belle collection de pièces anciennes comme la *Vierge à la pomme* (1636).

Vase en faïence de Nevers

La **porte du Croux**, vestige des remparts, abrite le Musée archéologique.

L'église **Saint-Étienne** (1097) possède un très beau chevet roman.

Nevers est aussi célèbre par le pèlerinage à sainte Bernadette de Lourdes qui repose au couvent Saint-Gildard.

🏛 Musée municipal Frédéric-Blandin
16, rue Saint-Genest. 📞 03 86 71 67 90. ⬤ pour rénovation ; quelques pièces sont visibles au r.-d.-c.

Aux environs
Au sud de Nevers, le **pont-canal du Guétin** permet au canal latéral à la Loire de franchir l'Allier. Le chemin de halage est devenu, sur 14 km, une voie verte propice aux balades. Au nord, le village de **La Charité-sur-Loire** a conservé une église romane clunisienne remarquable par son chœur et son transept.

La porte Saint-André, vestige de l'enceinte gallo-romaine

Ève, linteau de la cathédrale d'Autun

Autun ⑰

Saône-et-Loire. 🚶 20 000. 🚉 🚌
ℹ 2, av. Charles-de-Gaulle
(03 85 86 80 38). ▲ mer. et ven.
🌐 www.autun-tourisme.com

Augustodunum fut fondée par les Romains au Ier siècle av. J.-C. pour remplacer Bibracte (mont Beuvray ; fouilles et musée) et devenir la nouvelle capitale des Éduens. Sa prospérité et son rayonnement culturel étaient alors considérables, et sa population quadruple de celle d'aujourd'hui. Son théâtre pouvait contenir jusqu'à 20 000 spectateurs.

La monumentale **porte Saint-André**, la **porte d'Arroux**, les ruines du **théâtre romain** et le **temple de Janus** témoignent du passé de la cité aux temps des Gallo-Romains.

La **cathédrale Saint-Lazare** (XIIe siècle) est un joyau de l'art roman bourguignon. Le tympan du portail principal, représentant le Jugement dernier, est signé par un mystérieux Gislebert qui réalisa sans doute une partie des chapiteaux. Ce chef-d'œuvre fut recouvert de plâtre au XVIIe siècle, ce qui lui permit d'échapper à la fièvre iconoclaste des révolutionnaires. Une exposition sur place permet d'admirer de près quelques chapiteaux. On remarquera aussi les bustes de Pierre Jeannin et sa femme. Président du parlement de Dijon, Jeannin évita à Autun les massacres de la Saint-Barthélemy (p. 50-51), convaincu que les ordres des monarques en colère devraient être exécutés avec la plus extrême lenteur.

L'intéressante collection d'art médiéval du **musée Rolin** inclut un linteau de la cathédrale, sculpté par Gislebert (*Ève*), une Vierge polychrome du XVe siècle et *La Nativité au cardinal Rolin* par le Maître de Moulins.

🏛 Musée Rolin
3, rue des Bancs. 📞 03 85 52 09 76.
⬤ mer.- lun. ⬤ certains j. f. et fin déc.-mi-janv. ♿

Ruines du théâtre romain à Autun

Dijon pas à pas ⓲

L a capitale des tout-puissants ducs
de Bourgogne *(p. 333)* a hérité d'un
exceptionnel patrimoine architectural,
auquel les parlementaires ont ajouté leur
contribution aux XVIIe et XVIIIe siècles.
Aujourd'hui à une heure quarante de
Paris par le TGV, Dijon maintient sa
réputation de centre culturel et universitaire et garde des trésors d'art au musée
des Beaux-Arts. On lui doit aussi la
moutarde et le pain d'épice, témoins
d'un temps où les marchands remontaient
la Route des épices, et le fameux kir
à la liqueur de cassis.

Hôtel de Vogüé
*Ce bel hôtel particulier du XVIIe siècle,
décoré par Hugues Sambin, possède un
remarquable toit de tuiles vernissées.*

★ **Notre-Dame**
*La façade de l'église, très
ouvragée, est surmontée
de gargouilles.
Le jacquemart,
horloge
flamande,
rythme le temps.
Ci-contre, la
chouette porte-
bonheur de la
chapelle
Chambellan.*

Musée des Beaux-Arts
*Il abrite entre autres des
œuvres de l'école flamande,
dont ce triptyque (XIVe siècle)
de Baerze et Broederlam.*

La place de la Libération,
autrefois place Royale,
fut dessinée par J. H. Mansart.

★ **Palais des Ducs et des États de Bourgogne**
*Remodelé au XVIIe siècle, il abrite désormais
le riche musée des Beaux-Arts.*

Rue Verrerie
*Cette vieille rue
pavée est bordée de
maisons médiévales
à pans de bois et
poutres sculptées
(aux n°s 8, 10 et 12).*

MODE D'EMPLOI

Côte-d'Or. 153 000. Place Darsy (0892 700
558). mar., jeu.-sam.
*Festival de Musique (juin) ;
fêtes de la Vigne (sept.).*
Hôtel de Vogüé *seule
la cour intérieure se visite.*
Musée Magnin
03 80 67 11 10 mar.-dim.
1er janv., 25 déc.
W www.ot-dijon.fr

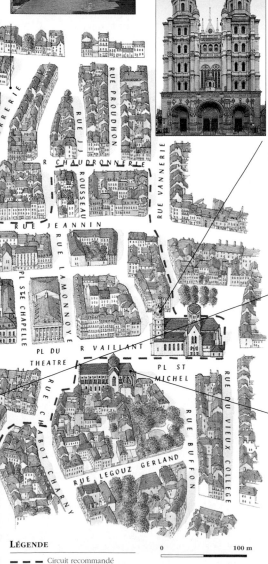

★ Église Saint-Michel
*Mélange de gothique
flamboyant et de style
Renaissance, elle possède
un porche dont les
splendides bas-reliefs
mêlent personnages
bibliques et mythologie
païenne.*

Musée Magnin
*Installé dans l'hôtel Lantin
(XVIIe siècle), il a conservé du
mobilier d'époque et expose
une riche collection de toiles
françaises et étrangères.*

**L'église Saint-Étienne -
Musée Rude**, édifiée au
XIe siècle, a été plusieurs fois
remaniée.

LÉGENDE

0   100 m

– – – Circuit recommandé

À NE PAS MANQUER

★ **Palais des Ducs**

★ **Notre-Dame**

★ **Église Saint-Michel**

Chartreuse de Champmol,
Le Puits de Moïse

À la découverte de Dijon

Le centre de Dijon, sillonné de rues pittoresques, mérite d'être découvert sans hâte. La rue des Forges, artère principale de la cité jusqu'au XVIIIᵉ siècle, témoigne de l'activité lucrative des joailliers et des orfèvres qui avaient là leurs ateliers. L'office de tourisme lui-même est établi dans un superbe édifice gothique flamboyant, l'hôtel Chambellan, doté d'un escalier à vis et de galeries ouvragées. À deux pas, la maison Maillard, construite en 1560, est attribuée à Hugues Sambin.

La rue Chaudronnerie est également bordée de belles façades, telle la Maison des Cariatides, au nᵒ 28, ornée de dix statues de pierre et d'un chaudron fleuré. Le long de la place Darcy, où l'on trouve plusieurs cafés et restaurants, ne manquez pas le joli square du même nom.

▥ Musée des Beaux-Arts

Place de la Sainte-Chapelle. **☎** *03 80 74 52 09.* ○ *mer.-lun.* ● *j. f.* ▨ ♿
Installé dans l'ancien palais des Ducs de Bourgogne *(p. 330)*, il regroupe des objets d'art prestigieux. Dans la salle des Gardes, à l'étage, se trouvent les tombeaux des ducs de Bourgogne, dont celui de Philippe le Hardi superbement sculpté par Claus Sluter (v. 1345-1405). On y voit aussi des retables flamands et un portrait de Philippe le Bon par Rogier Van der Weyden.

Dans les galeries, des tableaux de maîtres flamands et des sculptures de Sluter et de François Rude voisinent avec des peintures françaises des XVIᵉ, XVIIᵉ et XVIIIᵉ siècles, et les magnifiques toiles contemporaines de la donation Granville. À noter aussi, les vastes cuisines ducales et la grande tour Philippe-le-Bon (46 m).

⛪ Cathédrale Saint-Bénigne

Place Sainte-Bénigne.
☎ *03 80 30 39 33.* ○ *t.l.j.*
Il reste peu de chose du monastère bénédictin, mais, sous l'église gothique, la rotonde romane, presque intacte, comporte une triple rangée de colonnes.

▥ Musée archéologique

5, rue du Docteur-Maret. **☎** *03 80 30 88 54.* ○ *mer.-lun.* ● *j. f.* ▨
Il est installé dans l'ancien dortoir de l'abbaye bénédictine Saint-Bénigne. La salle capitulaire du XIᵉ siècle abrite une intéressante collection de sculptures gallo-romaines. Au rez-de-chaussée, ne pas manquer le buste du Christ, réalisé par Claus Sluter pour *Le Puits de Moïse* de la chartreuse de Champmol.

⚜ Chartreuse de Champmol

1, bd Chanoine-Kir. ● *en rénovation.*
Le bâtiment, construit pour Philippe le Hardi et détruit pendant la Révolution, était le lieu de sépulture des ducs de Valois, membres de la maison de Bourgogne. Seuls le portail de la chapelle et le fameux *Puits de Moïse* de Claus Sluter ont subsisté. Ce que l'on nomme puits est en réalité le socle d'un calvaire au milieu du puits du grand cloître, à l'origine sans doute environné d'eau. La réputation de réalisme du sculpteur n'est pas usurpée, si l'on en juge par le visage énergique et le geste décidé des six prophètes qui sont parvenus jusqu'à nous.

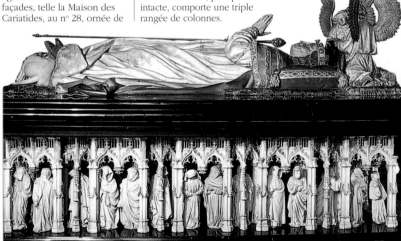

Tombeau de Philippe le Hardi par Claus Sluter, salle des Gardes de l'ancien palais des Ducs

L'âge d'or de la Bourgogne

Tandis que les rois de France s'épuisaient dans les combats de la guerre de Cent Ans *(p. 48-49)*, les ducs de Bourgogne édifiaient l'un des empires les plus puissants d'Europe, qui comprenait entre autres la Picardie, le Brabant, le Luxembourg et les Pays-Bas. À commencer par Philippe le Hardi (1342-1404), ils furent aussi de clairvoyants mécènes, appelant à la cour de Bourgogne de prestigieux artistes flamands. Le duché fut démantelé après la mort de Charles le Téméraire en 1477.

Le tombeau de Philippe le Hardi fut commandé par le duc lui-même. Claus Sluter, l'un des sculpteurs les plus doués de son époque, exécuta les pleurants, achevés après sa mort par son neveu Claus de Werve.

LA BOURGOGNE EN 1477

☐ *Le duché à son apogée*

LE MARIAGE DE PHILIPPE LE BON

Philippe le Bon (duc de 1419 à 1467) épousa en secondes noces Isabelle du Portugal. Cette reproduction d'un tableau de l'école flamande évoque la somptueuse cérémonie. C'est à cette époque que le duc institua l'ordre de la Toison d'or.

Les ducs vivaient dans le luxe, accumulant les bijoux d'or fin et la vaisselle d'argent.

Isabelle du Portugal

La duchesse de Bedford, sœur de Philippe

Les lévriers, utilisés comme chiens courants pour la chasse.

Philippe le Bon, tout de blanc vêtu.

L'art bourguignon, dont ce livre d'heures fournit un exemple, est très largement inspiré de l'art flamand.

Le palais des Ducs, centre des arts, de la chevalerie et du bien-vivre, fut reconstruit de 1365 à 1455 par Philippe le Bon. Déserté à la mort de Charles le Téméraire, il a été remodelé et intégré au palais des États au XVIIe siècle.

Vendanges dans les vignobles de Nuits-Saint-Georges, en Côte-d'Or

Côte-d'Or ⑲

Côte-d'Or. 🛬 Dijon. 🚌 🚉 Dijon, Nuits-St-Georges, Beaune, Santenay. 🅸 Dijon (03 80 63 69 49). 🆆 www.cotedor-tourisme.com

L e vignoble de la Côte-d'Or comprend la côte de Beaune et la côte de Nuits. Le coteau planté de vignes que baignent les rayons du soleil s'étend sans interruption sur 50 km, de Dijon à Santenay, entre la Saône au sud-est et les contreforts boisés du plateau de Langres au nord et du Morvan à l'ouest.

Sans entrer dans les subtilités techniques de la classification des crus, on peut avancer sans grand risque d'erreur que les meilleurs vignobles dominent la N 74 *(p. 310-311)*, qui traverse des villages aux noms évocateurs comme Gevrey-Chambertin, Vougeot, Chambolle-Musigny,

Une rue étroite dans les vieux quartiers de Beaune

Vosne-Romanée, Nuits-Saint-Georges, Meursault ou Chassagne-Montrachet.

Beaune ⑳

Côte-d'Or. 🚶 22 000. 🚌 🚉 🅸 rue de l'Hôtel-Dieu (03 80 26 21 30). 🛒 mar. et sam. 🎵 musique baroque (juil.) 🆆 www.ot-beaune.fr

Un panier de vendangeur, musée du Vin de Bourgogne

C 'est à pied qu'il faut découvrir Beaune et sa ceinture de remparts, où il ne faut pas manquer l'**hôtel-Dieu** *(p. 336-337)*. L'hôtel des Ducs de Bourgogne, magnifique construction gothique aux galeries de bois, abrite le **musée du Vin de Bourgogne**. La **collégiale Notre-Dame**, commencée au XIIᵉ siècle, a été plusieurs fois remaniée. Les tapisseries, exécutées à la fin du XVᵉ siècle avec des fils de laine et de soie, qui y sont exposées racontent en 19 scènes la Vie de la Vierge. La découverte de la moutarderie Fallot, musée dédié à la moutarde, se poursuit par une dégustation.

🏛 Musée du Vin de Bourgogne
Rue d'Enfer. 🄲 03 80 22 08 19. ⭘ mi-mars-déc. : mer.-lun. ⭘ certains j. f. 🄰

Tournus ㉑

Saône-et-Loire. 🚶 6 000. 🚌 🚉 🅸 2, pl. de l'Abbaye (03 85 27 00 20). 🛒 sam. 🆆 www.tournugeois.fr

L 'église abbatiale **Saint-Philibert** est un bel exemple du premier art roman méridional. Au IXᵉ siècle, les moines de Noirmoutier, fuyant les Normands, s'y réfugièrent en apportant avec eux les reliques de leur saint patron, Philibert. L'église abbatiale (XIᵉ-XIIᵉ siècle) comporte une avant-nef surmontée d'une chapelle. La lumière pénètre dans la haute nef grâce aux ouvertures pratiquées dans les berceaux transversaux et met en valeur la pierre rose de Préty. L'**hôtel-Dieu**, dont l'apothicairerie a conservé l'aménagement d'origine, abrite le musée Gueuze, consacré au peintre (1725-1805), natif de la ville.

Aux environs
À l'ouest de Tournus, la route

Pigeonnier dans les jardins du château de Cormatin, près de Mâcon

Nef de l'abbatiale Saint-Philibert à Tournus

des vins pénètre au cœur du vignoble ponctué de châteaux et d'églises romanes. On visitera la cité médiévale de **Brancion**, l'église romane de **Chapaize**, le château Renaissance de **Cormatin**, **Taizé** et sa communauté œcuménique. À l'est, la route de la Bresse invite à découvrir les richesses de cette région pittoresque et méconnue. Au nord, **Chalon-sur-Saône** mérite une halte pour ses vieux quartiers et son musée Niepce, du nom de l'inventeur de la photographie.

Cluny ㉒

Saône-et-Loire. 🏘 4 800. 🚉
🛈 6, rue Mercière (03 85 59 05 34).
🚌 sam. 🅆 www.cluny-tourisme.com

L es vestiges de l'abbaye, qui fut jadis l'une des plus puissantes d'Europe (p. 44-45), dominent la petite ville de leur formidable silhouette.
Fondée par Guillaume le Pieux en 910, cette abbaye bénédictine fut longtemps le plus vaste sanctuaire de la chrétienté, et la puissance de ses abbés égalait celle du pape. Saint Odon en fit le centre de la réforme monastique, mais c'est à saint Hugues, abbé de 1049 à 1109, que l'on doit l'extension de l'ordre, qui comptait à sa mort environ 1 200 maisons affiliées. Pierre le Vénérable défendit l'ordre contre les attaques des cisterciens et redressa un temps la discipline. S'ajoutant aux jalousies que provoquait le rayonnement des clunisiens, l'essor des monastères cisterciens contribua au déclin de l'abbaye. Définitivement fermée à la Révolution, l'église abbatiale sera démantelée en 1798. Il n'en reste que la chapelle de Bourbon et le clocher de l'Eau bénite. Quelques chapiteaux du chœur sont exposés dans l'ancien farinier, et le **musée d'Art et d'Archéologie**, consacré à l'histoire locale et au passé de l'abbaye, occupe l'un des logis abbatiaux.
L'église Saint-Marcel, au bourg, mérite une visite, de même que la chapelle de **Berzé-la-Ville**, à quelques kilomètres, avec ses fresques exceptionnelles du xiiᵉ siècle.

🔒 **Ancienne Abbaye de Cluny**
📞 03 85 59 12 79. ⬤ t.l.j.
⬤ j. f. 📷 🎫

🏛 **Musée d'Art et d'Archéologie**
Palais Jean-de-Bourbon. 📞 03 85 59 12 79. ⬤ t.l.j. ⬤ certains j. f. 📷 ♿

Paray-le-Monial ㉓

Saône-et-Loire. 🏘 10 500.
🚉 🚌 🛈 av. Jean-Paul-II (03 85 81 10 92). 🚌 ven.

L a **basilique du Sacré-Cœur** est une très belle église romane restaurée, réplique en plus petit de l'abbatiale de Cluny, désormais disparue. Centre de pèlerinage depuis que sainte Marguerite-Marie Alacoque y institua le culte du Sacré-Cœur de Jésus, au xviiᵉ siècle, Paray accueille aujourd'hui des rassemblements religieux.
Le **musée Paul Charnoz** expose de belles pièces de céramiques du xixᵉ siècle, dont une grande fresque de 700 carreaux, tandis que le **musée d'Art sacré du Hiéron** accueille entre autres une monumentale pièce d'orfèvrerie, la *Via Vitae*.
Place Guignaud, la **maison Jayet** (xviᵉ siècle), demeure d'un riche marchand drapier, abrite l'hôtel de ville.

Basilique du Sacré-Cœur à Paray-le-Monial

Hôtel-Dieu de Beaune

Christ de pitié

Après la guerre de Cent Ans, la misère et la famine s'étaient abattues sur Beaune et sa région. En 1443, le chancelier Nicolas Rolin et sa femme Guigone tentèrent de remédier à cet état de choses en fondant cet hospice, d'après un projet du maître flamand Jehan Wisecrère sur le modèle de l'hôpital de Valenciennes. Le couple s'engageait à verser une rente annuelle et à procurer les vignobles et les raffineries de sel nécessaires à la survie de la communauté. Le bâtiment, couvert de superbes tuiles vernissées, abrite deux chefs-d'œuvre de l'art religieux, le *Christ de pitié* et un retable de Rogier Van der Weyden.

★ **Grande Salle ou chambre des pauvres**
Couverte d'un plafond de bois polychrome, elle comporte 28 lits ; chacun était occupé par deux malades. Les repas étaient servis sur des tables, au centre.

Hommage à Dame Rolin
Au milieu des initiales N et G entrelacées, des oiseaux et des étoiles, on notera le mot « seulle » plusieurs fois répété pour signifier à Guigone l'amour exclusif de Nicolas.

La salle Saint-Hugues contient un tableau montrant le saint occupé à soigner deux enfants. Des fresques d'Isaac Millon racontent les miracles du Christ.

Entrée

LA VENTE AUX ENCHÈRES ANNUELLE

La vente aux enchères des Hospices de Beaune constitue le pivot des *Trois Glorieuses*, trois jours de festivités. Le premier jour se tient le banquet des chevaliers du Tastevin, au château du Clos de Vougeot. Le troisième jour, les producteurs se réunissent à la Paulée de Meursault pour présenter leurs meilleures bouteilles. Entre les deux est organisée la vente aux enchères des vins des Hospices, à des fins charitables. Les prix de l'année sont fixés pour les grands vins à partir des montants de l'enchère.

Hospices de Beaune
1986
BEAUNE
Appellation Beaune Contrôlée
Cuvée Nicolas-Rolin

Sélectionné, élevé et mis en bouteille par
Émile Chandenais à Fumitures, S.-&-L., France
acheteur traditionnel
à la Vente des Vins des Hospices de Beaune
Produit de France   75 cl

Étiquette de vin des Hospices

Dans la **salle Sainte-Anne**, un tableau représente des religieuses au travail dans ce qui fut jadis la lingerie.

À NE PAS MANQUER

★ **Grande Salle ou chambre des pauvres**

★ **Retable du Jugement dernier**

Cuisine
Récemment restaurée, elle comporte une cheminée gothique à deux foyers, avec une broche mécanique actionnée par un robot de bois.

MODE D'EMPLOI

Rue de l'Hôtel-Dieu, Beaune.
📞 03 80 24 45 00. ☐ avr.-mi-nov. : t.l.j. 9h-18h30. ; mi-nov.-déc. : t.l.j. 9h-11h30 et 14h-17h30 ; janv.-mars : 9h30-17h30.
🖼 📷 ⚡ **Vente aux enchères** Les Halles de Beaune (03 80 24 45 00). ☐ 3ᵉ dim. de nov. ⚡
W www.hospices-de-beaune.com

Cour d'honneur
Les bâtiments s'ordonnent autour d'une cour intérieure flanquée d'une galerie surmontée de hautes lucarnes couronnées de girouettes. Une élégante ferronnerie complète le vieux puits.

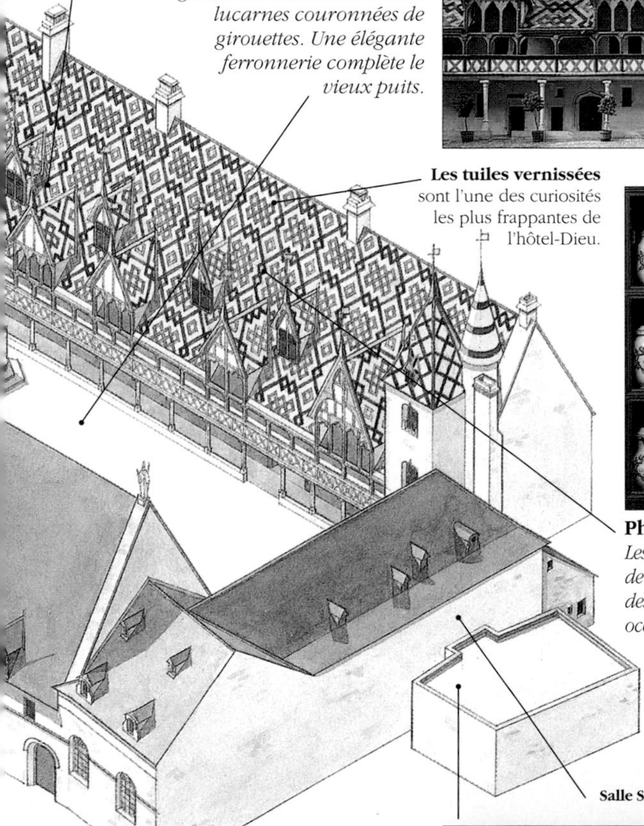

Les tuiles vernissées sont l'une des curiosités les plus frappantes de l'hôtel-Dieu.

Pharmacie
Les pots en faïence de Nevers contiennent des substances étranges, ocelles d'insectes, poudre de cloportes ou de noix vomitive. Les mortiers de bronze servaient à broyer les ingrédients des préparations.

Salle Saint-Louis

★ **Retable du Jugement dernier**
Les personnages nus de ce polyptyque du XVᵉ siècle (p. 48-49) ont été sommairement « rhabillés » au XIXᵉ siècle. Au lieu de se lire recto verso comme à l'origine, les panneaux peints se présentent désormais en continu.

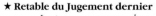

Le château de Pierreclos, dans le Mâconnais

Brionnais 24

Saône-et-Loire. 🚂 Mâcon.
🚉 Paray-le-Monial, La Clayette.
🚌 Paray-le-Monial, Anzy-le-Duc.
ℹ️ Marcigny (03 85 25 39 06).

Serré entre la Loire et les premiers vignobles du Beaujolais, le Brionnais est une paisible région rurale à l'extrême sud de la Bourgogne.

C'est le royaume du bœuf charolais, que l'on peut voir paître un peu partout dans les prés ou admirer à la foire aux bestiaux de **Saint-Christophe**, chaque mercredi après-midi.

On y trouve aussi de nombreuses belles églises romanes de village, construites en pierre du pays. L'église d'**Anzy-le-Duc** est ainsi remarquable par son clocher ajouré et ses chapiteaux

sculptés. L'église de **Semur-en-Brionnais**, ville où naquit le grand saint Hugue, témoigne de l'influence de l'abbatiale de Cluny. Celle de **Saint-Julien-de-Jonzy**, comme beaucoup d'autres dans la région, possède un magnifique tympan sculpté.

À **Marcigny**, la tour du Moulin (XVᵉ siècle) abrite une superbe collection de faïences anciennes.

Le château de **La Clayette**, entouré d'un étang, n'est pas ouvert au public, mais propose un musée de vieilles voitures et, en été, un spectacle son et lumière. Au sud-est, la **montagne de Dun**, haute de 708 m, offre un magnifique panorama sur toute la région alentour, dont les recoins et les chemins creux sont particulièrement propices au pique-nique et à la promenade.

Chapiteau de Saint-Julien-de-Jonzy

Mâcon 25

Saône-et-Loire. 🚶 36 000. 🚉 🚌 🚏
ℹ️ 1, pl. Saint-Pierre (03 85 21 07 07).
📅 sam. Ⓦ www.macon-tourism.com

À la frontière entre la Bourgogne et la vallée du Rhône, Mâcon est à la fois une ville industrielle et le centre de vignobles fameux.

Un couvent désaffecté est devenu le **musée des Ursulines**. Il abrite des toiles françaises et flamandes et expose des objets préhistoriques trouvés près de la roche de Solutré. On découvrira avec plaisir sur la place aux Herbes, où se tient le marché, la **maison de Bois** (v. 1500) curieusement sculptée.

🏛️ Musée des Ursulines
Allée de Matisco. 📞 03 85 39 90 38.
◻️ mar.-sam. et dim. a.-m. ⬤ j. f. 🚫

Aux environs
L'impressionnante **roche de Solutré** se dresse au-dessus des vignobles de Pouilly-Fuissé. On a découvert à son pied des ossements et des silex taillés qui révèlent la présence de l'homme à l'âge de la pierre. Le Mâconnais est aussi le pays de Lamartine (1790-1869), qui passa son enfance à Milly, avant de séjourner au **château de Saint-Point**. Le **château de Pierreclos**, pour sa part, est à jamais associé à *Jocelyn*, épopée symbolico-philosophique du poète. À quelques km de Mâcon, dans l'Ain, allez voir l'église romane de Saint-André-de-Bâgé.

Bœufs charolais paissant sur les collines du Brionnais

Franche-Comté

Pays de bois et de rivières, la Franche-Comté offre de magnifiques paysages, que l'on peut découvrir à pied ou en canoë l'été, ou encore en pratiquant le ski de fond l'hiver. Les cascades, les gorges impressionnantes et les grottes pittoresques de la vallée du Doubs, les sources de la Loue et du Lison rivalisent de beauté avec la région des lacs ou les hautes chutes et les spectaculaires *reculées*, comme à Baumes-les-Messieurs. Quelques villes au riche patrimoine complètent les atouts d'une région trop méconnue, mais qui vaut d'abord par ses sites naturels.

Les superbes sources du Lison, en Franche-Comté

Cascades du Hérisson **26**

Pays des lacs. **⊞** *Clairvaux-les-Lacs (03 84 25 27 47).*

Du pic de l'Aigle au petit village de Doucier, s'étend la vallée du Hérisson, l'un des plus beaux sites naturels du Jura. On gagne à pied la cascade de l'Éventail, une chute de 65 m de haut, puis, un peu plus loin, la cascade du Grand Saut, tout aussi impressionnante. Le trajet dure 2 h 30 aller-retour ; le chemin étant souvent glissant, mettez de bonnes chaussures. Un espace muséographique relate l'histoire des cascades à l'âge industriel.

Arbois **27**

Jura. **⋏** *3 954.* **⊟ ⊟ ⊞** *10, rue de l'Hôtel-de-Ville (03 84 66 55 50).* **⊟** *ven.* **⊡** *www.arbois.com*

La jolie petite ville d'Arbois, célèbre par ses vins et en particulier son *vin jaune*, s'étage au milieu des vignobles, sur les rives de la Cuisance. Elle est un bon point de départ pour découvrir le Jura. Au nord d'Arbois, la **maison de Louis Pasteur**, où habitait et travaillait ce savant (1822-1895) qui découvrit entre autres le vaccin contre la rage et donna son nom à la pasteurisation, est conservée en l'état et ouverte au public. Le château Pécauld abrite un musée de la Vigne et du Vin.

Dole **28**

Jura. **⋏** *28 000.* **⊟ ⊟ ⊞** *6, place Grévy (03 84 72 11 22).* **⊟** *mar., jeu. et sam.* **⊡** *www.dole.org*

Ancienne capitale du comté, Dole reste le symbole de la résistance du pays au royaume de France. Elle se soumit à Louis XIV et signa la paix de Nimègues en 1678. Construite sur une pente qui dévale vers le Doubs, la vieille ville est sillonée de ruelles pittoresques, bordées de jolies maisons anciennes, d'hôtels particuliers aux cours intérieures et aux escaliers bien conservés. Les couvents et chapelles, aux portails ornés de marbre rose, rappellent les luttes contre les protestants et l'éclat de la Renaissance. Les toits et clochers de la **collégiale Notre-Dame** depuis la place aux Fleurs offrent une belle vue. Au bord du canal des Tanneurs se dresse la **maison natale de Louis Pasteur**, où le savant vit le jour en 1822.

Vierge à l'Enfant, portail nord de Notre-Dame à Dole

La Saline royale, Arc-et-Senans

Arc-et-Senans ㉙

Doubs. 🏛 *1 300*. 🚉 🚌
🅷 *ancienne Saline royale (03 81 57 43 21).* 🆆 *www.ot arcetsenans.fr*

C lassée au Patrimoine mondial par l'Unesco depuis 1982, l'ancienne **Saline royale** d'Arc-et-Senans est devenue un centre culturel.

Construite entre 1775 et 1779 par l'architecte Claude Nicolas Ledoux, elle est dotée d'une architecture hors norme – un demi-cercle orienté sur la course du soleil – qui abritait lieux de production et habitations des ouvriers. Après la Révolution, Ledoux se servit de la Saline pour son projet de « cité idéale ».

Le **musée Ledoux** présente une collection de 60 maquettes de cet architecte visionnaire. Le « lieu du sel » explique le fonctionnement de la saline.

🏛 Musée Ledoux-Lieu du Sel
Ancienne Saline royale.
📞 *03 81 54 45 45.* 🕐 *t.l.j.*
⚫ *25 déc. et 1er janv.* 🖼 🎫

Champlitte ㉚

Haute-Saône. 🏛 *1 865*. 🚌 🅷 *33, rue de la République (03 84 67 67 19).*

L e bourg de Champlitte, outre ses jolies maisons, présente le passionnant **musée départemental d'Arts et Traditions populaires Albert-Demard**, qui occupe un superbe château des XVIe et XVIIIe siècles. Albert Demard, un ancien berger du pays, eut l'idée d'y rassembler divers objets et souvenirs du passé.

On apprend, par exemple, avec émotion, comment 400 habitants de la région, lassés de leur misère, sont partis tenter leur chance au Mexique au milieu du XIXe siècle.

🏛 Musée Albert-Demard
Pl. de l'Église. 📞 *03 84 67 82 00.*
🕐 *avr.-sept. : mer.-lun. (w.-e. : a.-m. seul.) ; oct.-mars : mer.-lun. (a.-m. seul.).*
⚫ *vac. de Noël, certains j. f.* 🖼

Besançon ㉛

Doubs. 🏛 *123 000*. 🚉 🚌
🅷 *pl. de la 1re-Armée-Française (03 81 80 92 55).* 🛒 *mar.-dim.*
🆆 *www.besancon-tourisme.com*

A u XVIIe siècle, Besançon est devenue la capitale de la Franche-Comté, au détriment de Dole. Centre industriel, notamment dans le domaine de la mécanique de précision, la ville ne renie pas son riche passé, dont témoignent la vieille ville et son architecture.

Bâti entre 1534 et 1542 pour le chancelier de Charles Quint, le **palais Granvelle** est un pur produit de l'art Renaissance. Il abrite désormais le **musée du Temps**, dont la collection comporte des milliers de pièces d'horlogerie de toutes les époques et de toutes les tailles – un hommage à la renommée de la ville dans ce domaine. Victor Hugo est né dans cette même Grande-Rue, au n° 140 (1802-1885) et les frères Lumière *(p. 59)*, ont vu le jour… place Victor-Hugo. Derrière la **porte Noire**, vestige de l'enceinte gallo-romaine, se dresse la cathédrale Saint-Jean. C'est dans le clocher de cette église

que l'on peut voir l'étonnante **horloge astronomique** et sa spectaculaire armée d'automates. L'ancienne halle aux blés abrite le très riche **musée des Beaux-Arts et d'Archéologie**, qui expose des toiles de Bellini, Cranach, Rubens, Fragonard, Boucher, Greuze, David, Goya, Ingres, Courbet, Matisse et Picasso.

La **citadelle**, construite par Vauban, domine le site exceptionnel d'une boucle du Doubs. Elle abrite entre autres le Musée comtois, le muséum d'Histoire naturelle et le musée de la Résistance et de la Déportation.

🏛 Musée du Temps
96, Grande-Rue. 📞 *03 81 87 81 50.*
🕐 *mer.-dim. (a.-m.).* ⚫ *j. f.* 🖼 ♿
🚻 **Horloge astronomique**
Rue de la Convention. 📞 *03 81 81 12 76.* 🕐 *jeu.-lun.* ⚫ *janv. et j. f.* 🖼
🏛 Musée des Beaux-Arts et d'Archéologie
1, pl. de la Révolution.
📞 *03 81 87 80 49.* 🕐 *mer.-lun.*
⚫ *sam. a.-m.* 🖼 ♿
🏛 Citadelle
📞 *03 81 87 83 33.* 🕐 *t.l.j.*
Musées 🕐 *Pâques-Toussaint : t.l.j. ; Toussaint-Pâques : mer.-lun.* 🖼

L'horloge astronomique de Besançon (1857-1860)

Ornans ㉜

Doubs. 🏛 *4 200*. 🚌 🅷 *7, rue Pierre-Vernier (03 81 62 21 50).*

L e peintre Gustave Courbet est né en 1819 à Ornans, dont les paysages lui serviront fréquemment de cadre. Son *Enterrement à Ornans* eut une énorme influence sur la peinture du XIXe siècle. On peut admirer quelques-unes

Notre-Dame-du-Haut, dessinée par Le Corbusier, à Ronchamp

de ses toiles dans sa maison natale, devenue aujourd'hui le **musée Courbet**.

🏛 **Musée Courbet**
Pl. Robert-Fernier. 📞 03 81 62 23 30. ⬜ avr.-oct. : t.l.j. ; nov.-mars : mcr.-lun. ⬤ certains j. f. 🖼

Aux environs
Paradis de l'amateur de canoë, la **vallée de la Loue** est l'une des plus belles du massif du Jura. La D 67 remonte la rivière d'Ornans à Ouhans vers l'est. Il suffit ensuite d'un petit quart d'heure à pied pour atteindre sa source magnifique.
De Nans-sous-Sainte-Anne, au sud-ouest d'Ornans, une promenade de vingt minutes conduit à la jolie **source du Lison** (*p. 339*).

Belfort ㉝

Territoire de Belfort. 👥 52 000. 🚉 🚌 ℹ 2 bis, rue Georges-Clemenceau (03 84 55 90 90). 🛍 mar.-dim. 🌐 www.ot-belfort.fr

Commandant le passage entre Vosges et Jura, Belfort fut très tôt fortifiée. Vauban réalisa là, sur ordre de Louis XIV, ce qui est sans doute un de ses chefs-d'œuvre. L'énorme lion de grès rose, sculpté par Frédéric

Bartholdi (1834-1904), à qui l'on doit aussi la statue de la Liberté à New York, commémore le siège de 103 jours soutenu contre les Prussiens en 1870-1871. En récompense de sa bravoure, la ville obtint de rester française après 1871, contrairement à l'Alsace et à la Lorraine. Elle forme depuis 1922 le plus petit département de France, le Territoire de Belfort.
Le joli **musée d'Art et d'Histoire** présente diverses collections historiques et préhistoriques, des peintures et un plan-relief de la ville.

Ronchamp ㉞

Haute-Saône. 👥 3 000. 🚉 🚌 ℹ 14, pl. du 14-Juillet (03 84 63 50 82). 🛍 sam. 🌐 www.tourisme-ronchamp.fr.st

La saissante **chapelle Notre-Dame-du-Haut**, œuvre de l'architecte Le Corbusier, domine cette ancienne ville de mineurs. La lumière, les formes et la maîtrise de l'espace donnent à l'édifice une remarquable unité.
Le **musée de la Mine Marcel Maulini** témoigne du passé industriel de la région.

Le Miroir d'Ornans, musée Courbet à Ornans

MASSIF CENTRAL

ALLIER · AVEYRON · CANTAL · CORRÈZE · CREUSE · HÂUTE-LOIRE
HAUTE-VIENNE · LOZÈRE · PUY DE DÔME

L*e Massif central, au cœur même de la France, qu'il semble regrouper autour de sa grandeur, reste étonnamment mal connu, si ce n'est pour ses stations thermales et quelques-unes de ses villes. Ses sites naturels, ses châteaux, ses églises méritent cependant de briser le secret qui entoure encore la région.*

Cet immense plateau de granit et de roches cristallines regroupe l'Auvergne, le Limousin, l'Aveyron et la Lozère. Force de la nature en sommeil aux multiples volcans éteints, il abrite aussi divers témoignages de l'histoire des hommes, comme la jolie ville du Puy-en-Velay ou l'inestimable trésor de Conques.

Avec ses lacs de cratère et ses sources chaudes, l'Auvergne est le paradis des randonneurs en été et des skieurs en hiver. Elle recèle aussi de magnifiques monuments, églises ou châteaux. De part et d'autre des plaines de l'Allier, les monts du Forez, du Livradois et du Velay, à l'est, font pendant aux volcans éteints de l'ouest, la chaîne des Puys, les monts Dore et le massif du Cantal. Le Limousin, étagé à la lisière nord-ouest du Massif, est un pays de landes et de pâturages, moins sauvage mais tout aussi désert.

Dans l'Aveyron, des rivières puissantes comme le Lot, le Tarn et l'Aveyron creusent de profonds ravins au bord desquels s'accrochent de pittoresques villages. C'est en Lozère enfin que se trouvent les Grands Causses, vastes plateaux calcaires au sud des Cévennes, pays d'élevage à l'hcrbe rare et au climat rude.

Dans ces régions, l'exode rural a été précoce. Elles ont fourni à la capitale des légions de maçons, de ferrailleurs, de cafetiers, sans parler des présidents de la République... Le thermalisme s'y est développé, relayé par le tourisme vert, familial ou sportif.

La Bourboule, station thermale dans les monts Dore

◁ Le puy Mary (1 787 m) offre une vue magnifique aux grimpeurs qui en font l'ascension

À la découverte du Massif central

Nulle part peut-être la nature sauvage n'est à la fois aussi belle et aussi facilement accessible. Les inconditionnels des sports de plein air opteront en fonction de leurs goûts pour le canoë, le raft, le parapente ou la randonnée. Les amateurs d'art pourront admirer les merveilles de l'architecture sacrée et profane ou les trésors des musées. Quant aux gastronomes, nul doute qu'ils apprécieront à leur juste valeur les produits du terroir, les plats régionaux et les vins du cru.

LÉGENDE

▬▬	Autoroute
▬▬	Route principale
▬▬	Route secondaire
▬▬	Route pittoresque
▬▬	Fleuve ou rivière
✼	Point de vue

0   25 km

Les hautes parois calcaires des gorges du Tarn

CIRCULER

Les réseaux aérien et ferroviaire permettent de rallier rapidement depuis Paris, Limoges, Clermont-Ferrand et Vichy. Clermont-Ferrand, Issoire et Thiers sont proches des autoroutes principales ; l'A20, récemment étendue passe par Limoges. Très bien entretenu, en dépit des dégradations hivernales, le réseau secondaire permet de magnifiques découvertes. Quelques routes sont vertigineuses, notamment celle qui conduit au sommet du Puy Mary.

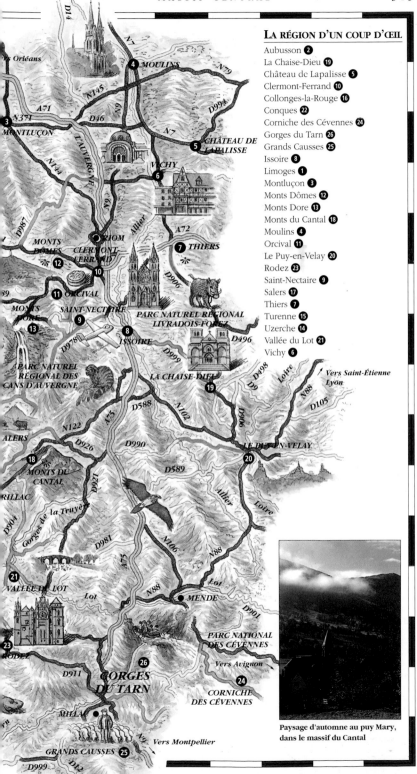

Paysage d'automne au puy Mary,
dans le massif du Cantal

Une plaque d'émail peint, représentative de l'art limousin

Limoges ❶

Haute-Vienne. 🏛 210 000. ✈
🚉 🚌 ℹ 12, bd de Fleurus
(05 55 34 46 87). 🚋 t.l.j.
🌐 www.tourismelimoges.com

L a capitale du Limousin est
double : la « Cité », serrée
sur un plateau autour de sa
cathédrale, domine la rive
droite de la Vienne, tandis
que la ville neuve a remplacé
l'ancien « Château ». Au cours
de la guerre de Cent Ans, en
1370, la Cité fut dévastée par
les troupes du Prince Noir.

Limoges devint synonyme
de porcelaine à la fin du
XVIIIe siècle. Cette histoire est
retracée au **musée national
Adrien-Dubouché** avec plus
de douze mille pièces rares.
Le **Musée municipal**
présente une collection
d'émaux du XIIe siècle à
nos jours et des tableaux
impressionnistes (Renoir). La
région fut un centre important
de résistance pendant la
Seconde Guerre mondiale.
Le **Musée de la Résistance
et de la Déportation** expose
des documents relatifs à
cette période troublée.

🏛 **Musée national
Adrien-Dubouché**
8 bis, pl. Winston-Churchill.
📞 05 55 33 08 50. 🕐 mer.- lun.
🔴 1er janv., 1er mai, 25 déc. 🌐
🏛 **Musée municipal de
l'Évêché, musée de l'Émail**
Place de la Cathédrale 📞 05 55 45
98 10. 🕐 juil.-sept : t.l.j. ; oct.-juin :
mer.-lun. 🔴 certains j. f.
🏛 **Musée de la Résistance
et de la Déportation**
Place de la Cathédrale. 📞 05 55 45
98 23. 🕐 mer.-lun. a.-m.

Aux environs
Saint-Léonard-de-Noblat
groupe ses maisons anciennes
autour d'une superbe collégiale
romane. À **Oradour-
sur-Glane**, les ruines de
l'ancien village et le Centre
d'information et de recherche
témoignent du massacre de la
population d'Oradour en 1944.
Non loin, la **collégiale de
Saint-Junien** renferme le
tombeau du saint, merveille
de la sculpture limousine
du XIIe siècle. Le château de
Rochechouart abrite un
centre d'art contemporain.
Un peu plus au nord,
Le Dorat possède une
remarquable collégiale.

Aubusson ❷

Creuse. 🏛 6 000. 🚌 ℹ rue Vieille
(05 55 66 32 12). 🚋 sam.

C apitale de la tapisserie
de basse lisse depuis cinq
siècle, Aubusson est le lieu
d'un précieux savoir-faire
qu'il faut prendre le temps
de découvrir. Filature, teinture
des laines et de la soie, tissage
des tapis et tapisseries,
restauration, tout ici est
artisanal et de haute qualité.

Le **musée départemental
de la Tapisserie** présente
par roulement son fonds
de tapisseries anciennes
(verdures, sujets bibliques
et mythologiques, cartons
de toutes les époques) et
contemporaines.

À la **maison du Tapissier**,
demeure à tourelle du
XVIe siècle, sont reconstitués
l'atelier de tissage, celui du
peintre-cartonnier et les
pièces à vivre (mobilier
d'époque). On y assiste à des
démonstrations de tissage.

🏛 **Musée départemental
de la Tapisserie**
Centre Culturel Jean Lurçat, av. des
Lissiers. 📞 05 55 83 08 30.
🕐 mer.-lun. 🌐 ♿
🏛 **Maison du Tapissier**
Rue Piétonne. 📞 05 55 66 32 12.
🕐 Pâques-sept. : t.l.j. ; sept.-Pâques :
lun.-sam. 🔴 1er janv., 25 déc. 🌐 🎫

Aux environs
Blotti dans la vallée de la
Creuse, le village de **Moûtier-
d'Ahun** s'ordonne autour

**Restauration d'une tapisserie,
manufacture Saint-Jean**

L'église romane de Moûtier-d'Ahun, près d'Aubusson

d'une seule rue bordée de maisons du xv⁵ siècle et d'un pont romain. Vestige d'une abbaye, l'église mi-romane, mi-gothique possède un superbe portail. Dans le chœur, les stalles sculptées sont ornées de fleurs et d'animaux fantastiques.

Au sud, le lac artificiel de **Vassivière** offre un espace de loisirs unique dans tout le Massif central.

Montluçon ❸

Allier. 🏛 *42 500.* ✈ 🚉 🚌
🛈 *5, place É.-Piquand (04 70 05 11 44).* 🛒 *mar. et dim.*

Centre économique de l'Allier, Montluçon n'en est pas moins fière de son passé médiéval. Le **château des ducs de Bourbon**, qui surplombe la cité, abrite le musée des Musiques populaires. Le premier étage est consacré aux instruments de musique, notamment la vielle, la cornemuse et la guitare, tandis que le second étage expose le projet de la future Cité de la musique, qui complètera celle de la Villette à Paris.

♣ Château des ducs de Bourbon
📞 *04 70 02 56 57.* ⬜ *mer.-lun.*
⬤ *j. f.* 📷

Aux environs
Au nord, la **forêt de Tronçais** est l'une des plus belles de France.

Moulins ❹

Allier. 🏛 *22 000.* 🚉 🚌
🛈 *rue François-Péron (04 70 44 14 14).* 🛒 *mar. et ven.*
ᵂ *www.pays-bourbon.com*

Capitale des ducs de Bourbon depuis le xᵉ siècle, Moulins a connu une ère de prospérité au début de la Renaissance.

Les superbes vitraux de la **cathédrale Notre-Dame** (xvᵉ-xviᵉ siècle) représentent personnages de la cour ducale et figures de saints. Le trésor contient le magnifique triptyque du Maître de Moulins, exécuté vers 1498, *La Vierge à l'Enfant adorée par les anges*, encadrée par les donateurs, le duc Pierre II et sa femme Anne de Beaujeu, parés de leurs plus riches atours et de leurs plus beaux bijoux. Le pavillon d'Anne de Beaujeu, flanqué d'une tour rescapée, la Mal-Coiffée, abrite le **musée départemental d'Art et d'Archéologie Anne Beaujeu**.

🔒 Cathédrale Notre-Dame
Rue Louis-Mantin. **Trésor** ⬜ *mi-mars-mi-oct. : t.l.j. ; mi-oct.-mi-mars : mer.-lun.* ⬤ *dim. mat.* 📷

Aux environs
Ancien prieuré de Cluny, **Souvigny** fut la nécropole des Bourbons.

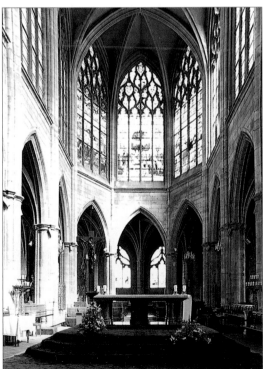

Les vitraux de la cathédrale Notre-Dame à Moulins

Château de Lapalisse ❺

Allier. 📞 04 70 99 37 58.
🕐 Pâques-Toussaint. : t.l.j. 🖼️

Au début du XVIᵉ siècle,
Jacques II de Chabannes,
seigneur de La Palice, passé
malgré lui à la postérité, loua
les services d'architectes
florentins pour reconstruire
le château féodal, qui
appartient aujourd'hui
encore à ses descendants.
Le salon doré possède un
plafond à caissons, doré
à la feuille, et deux des
tapisseries des neuf preux,
tapisseries flamandes du
XVᵉ siècle, représentant
Godefroi de Bouillon et
Hector, héros de l'*Iliade*.

Aux environs
La D 480 permet d'admirer
plusieurs petits châteaux, le
long de la vallée de la Besbre.
Seul le **château de Thoury**,
qui expose notamment des
objets et documents sur la
chasse, est ouvert au public.

⚜ **Château de Thoury**
Dompierre. 📞 04 70 42 00 41.
🕐 avr.-nov. : t.l.j. 🖼️ 🚻 restreint.
📷 obligatoire.

**Plafond du salon doré, château de
Lapalisse**

Vichy ❻

Allier. 🏛️ 27 000. 🚉 🚌 🛈 19, rue
du Parc (04 70 98 71 94). 🛍️ mer.
🌐 www.vichytourisme.com

Les Romains fréquentaient
déjà la petite cité, dont les
sources thermales soignent,
aujourd'hui encore, les
rhumatismes, l'arthrite et les
troubles de l'appareil digestif.
À partir du XVIᵉ siècle,
les hôtes de marque se
succédèrent, comme Mᵐᵉ de
Sévigné, qui trouvait au
traitement un avant-goût de
purgatoire, ou les filles de

L'ancien établissement thermal à Vichy

Louis XV. Mais ce furent les
séjours de Napoléon III qui
contribuèrent à l'essor de la
station. La ville, siège du
gouvernement entre 1940 et
1944 *(p. 61)*, s'est efforcée de
reléguer ce souvenir au rang
d'épisode historique.
Les luxueux établissements
de bains de la Belle Époque
ont été convertis en galerie
marchande, tandis que les
thermes modernes accueillent

**Une affiche touristique pour
Vichy, dans les années 50**

les cures traditionnelles et
séjours de remise en forme.
Une prescription médicale
et une réservation 30 jours
à l'avance sont nécessaires
pour toutes les cures.
Au centre de la ville et de
la vie de la cité se trouve le
parc des Sources, où un
kiosque à musique, édifié au
début du XXᵉ siècle, accueille
encore des musiciens à la
belle saison pour le plus
grand plaisir du promeneur.
Outre de nombreuses
boutiques de luxe et de
belles villas rococo, la ville
a gardé de son passé les
inévitables corollaires de
l'oisiveté dorée, un opéra
et un casino, où l'on peut
encore assister à des concerts
le soir et perdre son argent
aux tables de jeu dans la
journée. Dans les parcs
d'Allier se trouvent quelques
vestiges de l'ancien couvent
qui a donné son nom à la
source des Célestins, dont
l'eau qui coule des robinets
de cuivre emplit les gobelets
des curistes. La création
d'un vaste plan d'eau sur

l'Allier, dans les années 1960, a accéléré la conversion de la ville : c'est désormais un centre sportif ultramoderne à vocation internationale. Pour un prix modique, vous pourrez pratiquer diverses activités, de l'aïkido au ski nautique, en passant par l'apprentissage du canotage sur une rivière artificielled 3 km de long.

♣ Source des Célestins
Bd Kennedy. ○ t.l.j. ● déc.-janv. ♿

Thiers ●

Puy-de-Dôme. 🏘 15 000. 🚋 🚌
🛈 place du Pirou (04 73 80 65 65).
🥖 jeu. et sam. W www.ville-thiers.fr

Capitale de la coutellerie depuis le Moyen Âge, la petite ville de Thiers est accrochée à flanc de coteau au-dessus de la Durolle, dont les nombreuses et puissantes chutes se trouvaient là fort à propos pour faire tourner les meules affûtant tous les objets tranchants, des lames de couteau au couperet de la guillotine. Cette longue histoire, relatée dans le **musée de la Coutellerie**, perdure aujourd'hui puisque la coutellerie est la principale activité industrielle de la ville.

Dans la cité médiévale, de belles demeures bordent la rue Conchette, la rue du Bourg, la rue de la Coutellerie et la rue de Grenette, chacune creusée entre le XVe et le XVIIIe siècle. Les façades de la Place du Pirou (XVe siècle) arborent de belles façades à pans de bois ; un peu plus loin, ne manquez pas la maison des Sept-Péchés-Capitaux, qui doit son nom aux sculptures qui ornent ses poutres, et la maison de

PÈLERINAGES ET OSTENSIONS

En Auvergne et dans le Limousin, les paroisses organisent régulièrement des processions suivies par tous les fidèles. À Orcival, la tradition veut qu'à l'Ascension la statue de la Vierge soit portée de nuit à travers le village, accompagnée par les gitans et par les enfants qu'ils viennent faire baptiser. Tous les 7 ans (1995, 2002, 2009), dans certains villages limousins, a lieu une « ostension ». Au cours de cette grande manifestation de piété qui remonte au Xe siècle, les reliques d'un saint sont portées en procession à travers les champs et les bois.

La Vierge d'Orcival, portée en procession (1903)

l'Homme-des-Bois. De la terrasse du rempart, on voit les monts Dore et les monts Dômes. Le panorama, à l'ouest, est magnifique, au coucher du soleil.

🏛 Musée de la Coutellerie
Maison des Couteliers, 21-23 et 58, rue de la Coutellerie. ☎ 04 73 80 58 86. ○ juil.-août. : t.l.j. ; oct.-juin : mar.-dim. ● certains j. f. 🎫

Issoire ●

Puy-de-Dôme. 🏘 15 000. 🚋 🚌
🛈 pl. du Général-de-Gaulle
(04 73 89 15 90). 🥖 sam.
W www.sejours-issoire.com

Depuis la fin de la Seconde Guerre mondiale, Issoire s'est consacrée à la métallurgie de l'aluminium et à la construction aéronautique,

mais n'a pas oublié de s'ouvrir au tourisme. La ville possède de jolis monuments épargnés par les guerres de Religion, notamment l'**église abbatiale Saint-Austremoine** (XIIe siècle), parfait exemple d'art roman auvergnat, au chevet remarquable.
Les chapiteaux historiés racontent divers épisodes de la *Vie du Christ*, dont une étonnante Cène. Voir aussi, dans le narthex, la fresque du *Jugement dernier*, et la crypte, une des plus belles d'Auvergne.

Aux environs
Brioude possède la plus vaste église romane d'Auvergne, aux chapiteaux et fresques remarquables, et **Blesle** une abbatiale romane.

Vue générale de Thiers, étagée au-dessus de la Durolle

Saint-Nectaire ❾

Puy-de-Dôme. 🚶 *650.* 🚉 ℹ️ *Les Grands Thermes (04 73 88 50 86).*

L'une des plus belles églises romanes d'Auvergne est sans conteste celle de **Saint-Nectaire**. La décoration de cet édifice élancé, aux proportions harmonieuses, se résume pour l'essentiel à 103 chapiteaux sculptés, dont 22 polychromes.

Le trésor recèle deux merveilles de l'art médiéval : un buste précieux de saint Baudime et une Vierge de bois du XIIᵉ siècle.

Saint-Nectaire-le-Bas est une petite ville d'eau, dont les 40 sources, chaudes et froides, soignent les affections rénales et les troubles du métabolisme.

Aux environs

Le bourg médiéval de **Saint-Saturnin** abrite une église romane. Dans le **château de Murol**, des figurants en costume d'époque font revivre la vie au Moyen Âge

🏯 Château de Murol

Murol. 📞 *04 73 88 67 11.* ⏰ *avr.-oct. : t.l.j. ; nov.-mars : sam., dim., j. f. et vac. scol.* 📷

Clermont-Ferrand, la fontaine d'Amboise (1515)

Clermont-Ferrand ❿

Puy-de-Dôme. 🚶 *141 000.* ✈️ 🚉 🚌 ℹ️ *place de la Victoire (04 73 98 65 00).* 🛒 *lun.-sam.*

F ruit de la réunion, en 1630, de deux cités initialement distinctes, Clermont-Ferrand est une ville étonnamment jeune et animée grâce à ses 35 000 étudiants.

Colonie celtique bien avant l'occupation romaine, elle devint l'un des hauts lieux de la chrétienté dès le Vᵉ siècle. C'est ici que le prêche d'Urbain II déclencha la première croisade en 1095.

La période antique de la ville est évoquée au **musée Bargoin**, qui abrite de remarquables collections d'objets d'époque romaine. Au cœur de la ville, sur la place Saint-Pierre, se tient le marché couvert, particulièrement animé le samedi. Tout près de là, la **fontaine d'Amboise**, curiosité monumentale en pierre de Volvic, fait face à une perspective sur le puy de Dôme. Par la vieille rue du Port, on atteint la **basilique Notre-Dame-du-Port**, l'une des églises romanes majeures d'Auvergne, inscrite au patrimoine mondial par l'Unesco. À l'intérieur de l'édifice, le chœur surélevé et les chapiteaux sculptés (voir, par exemple, le combat de la Charité contre l'Avarice, incarnées par deux chevaliers armés de lances et de masses d'arme) justifient amplement la visite.

La cathédrale, **Notre-Dame-de-l'Assomption**, doit la finesse de ses colonnes et l'élégance de ses voûtes gothiques à la solidité de la lave. Cette pierre sombre est aussi par contraste un merveilleux écrin pour les vitraux lumineux.

Les comtes d'Auvergne, rivaux traditionnels de l'épiscopat, s'établirent à

Chœur de la basilique Notre-Dame-du-Port

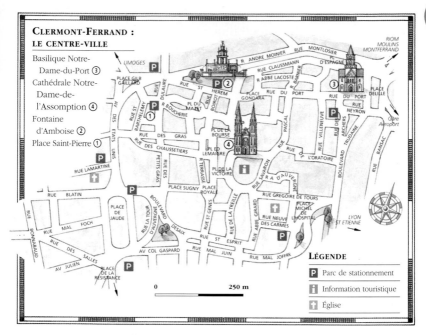

CLERMONT-FERRAND :
LE CENTRE-VILLE

Basilique Notre-
   Dame-du-Port ③
Cathédrale Notre-
   Dame-de-
   l'Assomption ④
Fontaine
   d'Amboise ②
Place Saint-Pierre ①

LÉGENDE

P Parc de stationnement

ℹ Information touristique

✝ Église

0   250 m

Montferrand, à quelque 3 km du centre de Clermont. La petite cité, bâtie géométriquement sur le modèle des bastides, est aujourd'hui un quartier paisible qui a conservé de nombreux hôtels particuliers construits à la Renaissance par de riches marchands, avec leurs loggias à l'italienne, leurs fenêtres à meneaux et leurs pittoresques cours intérieures.

À mi-chemin des deux, Michelin, avec ses usines et son stade, constitue à lui seul une ville dans la ville. Ce royaume du caoutchouc

Le bonhomme
Michelin, vers 1910

et du pneu, symbolisé par le célèbre bonhomme Michelin en caoutchouc, connut son apogée au début du XXᵉ siècle.

Aux environs
À **Royat**, on visitera l'église romane et la ville thermale. **Riom** possède d'intéressants bâtiments sombres en pierre de Volvic. Le palais du duc Jean de Berry, dont subsiste la Sainte-Chapelle et ses magnifiques vitraux, fut rasé au XIXᵉ siècle et remplacé par l'actuel palais de Justice. Toutefois, le principal trésor de Riom est une gracieuse *Vierge à l'oiseau*, qui trône dans l'église Notre-Dame-du-Marthuret, plusieurs fois remodelée depuis sa construction au XIVᵉ siècle. Non loin, **Châtelguyon** est une station thermale appréciée et **Volvic** est réputée pour sa source. Sur la N 89 en direction de Thiers, à la hauteur de Lezoux, ne manquez pas le **château de Ravel** (XIIᵉ-XVIIIᵉ siècle). Il est parfaitement conservé, et sa

terrasse, conçue par Le Nôtre offre une belle vue sur la chaîne des Dômes et des monts Dore *(p. 352)*.

Orcival ⓫

Puy-de-Dôme. 🚶 *300*. ℹ *Le Bourg (04 73 65 89 77)*.

L es hôtels de la région sont en général bondés et les rues noires de monde à la belle saison. Mais la petite ville, réputée pour son patrimoine architectural, mérite bien qu'on affronte la foule pour admirer sa superbe église romane parfaitement restaurée, avec son abside étagée, ses puissantes arcades, sa vaste crypte et ses quatorze verrières. Vous découvrirez dans l'église une remarquable *Vierge en majesté* en bois recouvert de vermeil et d'argent, assise sur un imposant trône carré.

Vierge en
majesté,
église
d'Orcival

Notre-Dame-de-l'Assomption,
le chœur

Vue aérienne du puy de Dôme, dans les monts Dôme

Monts Dôme ⑫

Puy-de-Dôme. 🚶 🚌 🚆 *Clermont-Ferrand*. 🛈 *sommet du puy de Dôme (04 73 62 21 45 : avr.-mi-nov.) ; Montlogier (04 73 65 64 00).*

La chaîne des Puys, ou monts Dôme, compte plus de 80 volcans alignés sur une trentaine de kilomètres.

Le point culminant est le **puy de Dôme** (1 465 m). Une route en lacet, la N 922, permet une ascension raisonnable (pente à 12 %) du sommet en voiture, tandis que l'ancienne voie romaine, beaucoup plus raide, est encore utilisée pour l'escalade à pied.

Au sommet, à environ une demi-heure de marche, les ruines d'un temple de Mercure voisinent avec une tour de télécommunications. Par temps clair, le panorama, grandiose, vous récompensera très largement de vos efforts !

À 15 km à l'ouest de Clermont-Ferrand, **Vulcania**, parc européen du volcanisme,

La roche Tuilière, près du col de Guéry, dans les monts Dore

utilise les dernières technologies pour simuler l'activité volcanique sur un circuit couvrant près de 2 ha.

À la pointe sud-ouest de la chaîne, tout près d'Orcival (*p 351*), le **château de Cordès**, petit manoir du XVᵉ siècle, possède de vastes et magnifiques jardins à la française dessinés par le célèbre jardinier Le Nôtre (*p. 169*).

🌿 Vulcania

Saint-Ours-les-Roches. 📞 *04 73 31 02 05.* 🕐 *fév.-nov. : mer.-dim. ; juin-août et vac. scol. : t.l.j.* 📷 ♿ 🚻 🅿 🍴

⚜ Château de Cordès

Orcival. 📞 *04 73 65 81 34.* 🕐 *Pâques-oct. t.l.j.* 📷

Monts Dore ⑬

Puy-de-Dôme. 🚶 *Clermont-Ferrand.* 🚌 🚆 *Le Mont-Dore.* 🛈 *Montlosier (04 73 65 64 00).*

Le massif des monts Dore, au cœur du parc naturel des Volcans d'Auvergne, s'ordonne autour de trois volcans géants, le puy de Sancy, la Banne d'Ordanche et le puy de l'Aiguiller. Couverts d'une grande et sombre forêt semée de lacs et parcourue de cours d'eau, ils sont le lieu de prédilection des amateurs de sports de plein air.

Le **puy de Sancy**, plus haut sommet du Massif central, culmine à 1 886 m. On peut s'y rendre en téléphérique depuis Le Mont-Dore, à condition de terminer le chemin à pied. Une route pittoresque, jalonnée de

cascades et de points de vue, suit la **vallée de la Couze de Chambon**.

La région comporte deux grandes stations thermales, **La Bourboule**, vouée aux maladies infantiles (on y trouve un casino), et **Le Mont-Dore**, où l'on soigne asthme et maladies respiratoires dans un ancien établissement thermal de toute beauté.

La route du col de Guéry, la D 983, longe deux éperons rocheux impressionnants, la **roche Sanadoire** et la **roche Tuilière**, d'où la vue englobe le cirque de Chausse et l'ensemble de la vallée.

L'église de La Bourboule

Uzerche ⑭

Corrèze. 👥 *3 500.* 🚆 🚌 🛈 *pl. de la Libération (05 55 73 15 71).* 🌐 *www.pays-uzerche.com*

Avec ses toits d'ardoises, ses clochers pointus et ses maisons à tourelles qui dominent la Vézère, la petite ville d'Uzerche, couronnée par l'**église Saint-Pierre**, a fière allure. Au Moyen Âge, déjà, ses habitants manifestaient la détermination la plus farouche. Une légende raconte qu'assiégés par les Maures en 762, ils résistèrent pendant sept ans, au prix de dures privations. Sur le point de capituler, ils firent porter à l'ennemi leur tout dernier taureau, gorgé de la dernière mesure de froment. Pensant que la ville était dotée de greniers à grains inépuisables, les Maures levèrent le siège.

LE CANTAL, HISTOIRE D'UN FROMAGE

En Auvergne, on pratique encore la transhumance : les vaches de Salers passent l'été dans les pâturages de montagne, dont l'herbe drue et les fleurs parfumées donnent au lait une saveur particulière. C'est à partir de ce lait exceptionnel que l'on fabrique le cantal. La production s'est industrialisée, mais, si la pâte n'est plus pressée à la main dans un linge, la qualité demeure. C'est avec du cantal ou de la tome que l'on prépare la *truffade*, sorte de sauté de pommes de terre aux lardons et au fromage, qui constitue l'une des spécialités de la région.

Vache de Salers, race bovine du pays

Non loin de là, une jolie promenade vous conduira jusqu'aux gorges de Saillant.

Turenne ⓯

Corrèze. 🚶 750. 🚉 🚌
ℹ️ Le Bourg (05 55 85 94 38).

Turenne est une charmante petite cité médiévale, sans doute la plus agréable de toute la Corrèze. Bâtie en forme de croissant au pied d'une falaise, elle fut l'un des derniers domaines féodaux du royaume de France, fief jusqu'en 1738 de la famille de La Tour d'Auvergne, dont le plus éminent représentant est le vicomte Henri de Turenne, maréchal de France sous le règne de Louis XIV.

Il ne reste du **château de Turenne** que la tour de l'horloge du XIIIᵉ siècle et la tour de César du XIᵉ, qui offre

une vue circulaire sur le massif du Cantal et sur la vallée de la Dordogne. Les amoureux des vieilles pierres iront découvrir la collégiale (XVIᵉ siècle) et la chapelle des Capucins (XVIIIᵉ siècle).

⚜ **Château de Turenne**
📞 05 55 85 90 66. ⏰ avr.-oct. : t.l.j. ; nov.-mars : dim. a.-m. 📷

Collonges-la-Rouge ⓰

Corrèze. 🚶 420. 🚉 ℹ️ av. de l'Auvitrie (05 55 25 47 57).
🌐 www.ot-pays-de-collonges-la-rouge.fr

Le village en grès rouge s'est développé au Moyen Âge, et le décor est resté semblable à ce qu'il était au cours des siècles passés, sans antennes ni poteaux électriques. Un intérieur collongeois

d'autrefois a été recréé dans une demeure du XVᵉ siècle, dite **maison de la Sirène**. Une belle halle abrite toujours le four banal, et l'église du XIᵉ siècle, fortifiée lors des guerres de Religion, possède un tympan sculpté figurant l'Ascension.

Ne manquez pas aux environs la superbe **abbatiale romane de Beaulieu-sur-Dordogne** à l'admirable tympan du *Jugement dernier*, ni celle d'**Aubazine**, cistercienne, avec de rares vitraux du XIIᵉ siècle.

Salers ⓱

Cantal. 🚶 400. 🚌 été seul.
ℹ️ pl. Tyssandier-d'Escous (04 71 40 70 68). 🛒 mer.

La jolie petite ville de Salers, qui donne son nom à une race fameuse de vaches rustiques aux cornes en forme de lyre, domine la vallée de la Maronne, à la lisière du massif du Cantal. Classée parmi les plus beaux villages de France, elle a conservé son décor Renaissance avec de belles maisons anciennes en lave et une église décorée de tapisseries d'Aubusson et d'une *Mise au tombeau* en pierre polychrome de 1495.

De Salers, on peut partir en excursion vers le puy Mary (*p. 354*), le grand barrage de **Bort-les-Orgues** et le **château du Val** ou la vallée de la Cère.

Château du Val à Bort-les-Orgues, près de Salers

Massif du Cantal : le puy Mary

Monts du Cantal ⑱

Cantal. ⊠ *Aurillac.* 🚌 🚉 *Lioran.*
ℹ️ *Aurillac (04 71 48 46 58).*

À l'ère tertiaire, le Cantal constituait un seul et énorme volcan, sans doute le plus ancien et le plus grand d'Europe. Le **plomb du Cantal** (1 855 m) et le **puy Mary** (1 787 m) sont entourés de crêtes et de sommets. La route des crêtes est étroite, ses perspectives vertigineuses, mais le panorama se révèle magnifique. On peut atteindre en voiture le **Pas de Peyrol**, le col le plus haut de la région (1 589 m). De là, une marche d'une demi-heure vous conduira au sommet du puy Mary.

Aux environs
C'est un compagnon de Jeanne d'Arc *(p. 290-291)* qui fit construire le **château d'Anjony**, l'un des plus beaux d'Auvergne.
À l'est des monts, la **Truyère** a creusé des gorges étroites ; il serait dommage de ne pas admirer le viaduc de **Garabit**, véritable prouesse technique réalisée par Gustave Eiffel.
À l'est, **Saint-Flour**, sur une plate-forme de basalte, possède une cathédrale et le musée de la Haute-Auvergne.
Au sud, **Aurillac**, ville animée, offre plusieurs musées, dont la Maison des Volcans et le musée d'Archéologie.

⚓ **Château d'Anjony**
Tournemire. 📞 *04 71 47 61 67.*
🕐 *mi-fév.-mi-nov. : t.l.j. a.-m. seul. (tél. pour vérifier).* ♿

La Chaise-Dieu ⑲

Haute-Loire. 👥 *8 004.* 🚌 ℹ️ *pl. de la Mairie (04 71 00 01 16).* 🛍️ *jeu.*
🌐 *www.tourisme.fr/lachaisedieu*

L'**abbatiale Saint-Robert**, magnifique église gothique construite à la demande du pape Clément VI dont elle abrite le tombeau de marbre, justifie à elle seule que l'on s'arrête à La Chaise-Dieu. Les murs du chœur des moines sont tendus de magnifiques tapisseries fabriquées à Bruxelles et à Arras au début du XVIᵉ siècle, et consacrées à divers épisodes du Nouveau et de l'Ancien Testament. Les 144 stalles sculptées illustrent le combat des Vices et des Vertus. Le collatéral nord présente une fresque impressionnante de la *Danse macabre*, sarabande de squelettes entraînant riches et pauvres vers l'issue fatale. Dans la salle de l'Écho, sur la place du même nom, deux personnes placées aux angles opposés de la pièce peuvent converser à voix basse. La tour Clémentine au chevet de l'abbaye et les maisons aux façades médiévales du centre-ville sont aussi à voir.

Le Puy-en-Velay ⑳

Haute-Loire. 👥 *21 000.* ⊠ 🚌 🚉
ℹ️ *pl. du Clauzel (04 71 09 38 41).*
🛍️ *sam.* 🎭 *fêtes renaissance du Roi de l'Oiseau (sept.)*
🌐 *www.ot-lepuyenvelay.fr*

Notre-Dame-de-France
au Puy-en-Velay

Construite au centre même d'un cirque volcanique, la capitale du Velay, aujourd'hui centre commercial et touristique, entoure sa « ville sainte », préservée des atteintes du temps. Dominant la basse ville, elle rassemble autour de la cathédrale un baptistère, la place du For, un cloître et la chapelle des Pénitents. Un sanctuaire païen serait à l'origine de ce lieu de culte. La **cathédrale**, dédiée à Notre-Dame et fière de sa Vierge noire, a remplacé un temple antique et doit son originalité à l'influence de l'Orient. Elle abrite dans ses murs la

Détail de la *Danse macabre*, abbatiale Saint-Robert de La Chaise-Dieu

LES VIERGES NOIRES D'AUVERGNE

Le culte de la Vierge Marie a toujours été très présent en Auvergne. Il suffit pour s'en convaincre de voir, un peu partout, le nombre de statues qui la représentent. La tradition des Vierges noires, faites de bois de châtaignier ou de cèdre patiné par les ans, serait un héritage des croisés, marqués par l'influence byzantine. La plus célèbre se trouve au Puy-en-Velay. Ce n'est toutefois que la copie, réalisée au XVIIᵉ siècle, de la statue brûlée en 1794 durant la Révolution.

La Vierge noire du Puy-en-Velay

« pierre des Fièvres », sans doute un vestige de dolmen, aux vertus guérisseuses. Ses arcades multiformes, ses chapiteaux décorés de palmes et de feuillages, ses vantaux sculptés et les coupoles sur trompes qui couvrent sa nef ont été marqués par une influence maure très sensible. Le transept est orné de fresques romanes et gothiques, parmi lesquelles une immense représentation de l'archange saint Michel (XIᵉ siècle). Depuis 1998, la cathédrale est inscrite au patrimoine de l'Unesco au titre d'étape majeure des chemins de Compostelle.

Le **rocher Corneille**, au nord de la cathédrale, offre un panorama unique sur la ville et le bassin du Puy. Il est surmonté d'une monumentale statue en métal de la Vierge, **Notre-Dame-de-France**, coulée en 1860 à partir de 213 canons pris à l'ennemi à la bataille de Sébastopol, pendant la guerre de Crimée.

La **chapelle Saint-Michel d'Aiguilhe** fut construite sur un jaillissement de lave (82 m), à l'emplacement d'un temple romain dédié à Mercure. C'est un évêque du Puy qui, revenant d'un pèlerinage à Saint-Jacques-de-Compostelle, fit construire, en l'an 962, la partie centrale de la chapelle, d'inspiration maure comme le montrent les mosaïques du porche. Un long escalier de 268 marches permet d'atteindre le sanctuaire, terminé au siècle suivant, époque à laquelle furent exécutées les fresques de l'abside, dont les récentes restaurations ont rendu la splendeur.

Dans la ville basse, au fond du jardin Vinay, le **musée Crozatier** possède une importante collection consacrée à la dentelle et de riches collections archéologiques et artistiques : bas-reliefs gallo-romains, sculptures et chapiteaux médiévaux, peintures françaises et flamandes, etc.

À la mi-septembre, la ville organise un grand festival, les fêtes Renaissance du Roi de l'Oiseau, une tradition qui remonte au XVIᵉ siècle, époque où un concours désignait chaque année le meilleur archer de la région *(p. 34)*.

⛪ Chapelle Saint-Michel d'Aiguilhe
Aiguilhe. 📞 04 71 09 50 03.
◯ fév.-mi-nov. : t.l.j. ; vac. de Noël : t.l.j. a.-m. 🅰

⛪ Notre-Dame-de-France
Rocher Corneille. 📞 04 71 04 11 33.
◯ fév.-nov. : t.l.j. ; vac. de Noël : t.l.j. a.-m. ● début déc. et janv. 🅰

🏛 Musée Crozatier
Jardin Henri Vinay. 📞 04 71 06 62 40. ◯ mer.-lun. (t.l.j. en été).
● déc.-janv., 1ᵉʳ et 11 nov., oct.-avr. : dim. mat. 🅰

Aux environs
Vers l'ouest, entre monts du Velay et Margeride, les impressionnantes **gorges de l'Allier** et leurs rapides attirent les amateurs de sports d'eau et les randonneurs. Au sud, ne manquez pas la visite du spectaculaire et superbe village fortifié d'**Arlempdes**.

La chapelle Saint-Michel d'Aiguilhe, construite sur un éperon volcanique

Ruines du château de
Calmont d'Olt à Espalion,
dans la vallée du Lot

Vallée du Lot ㉑

Aveyron. ✈ Aurillac, Rodez. 🚆
Rodez, Séverac-le-Château. 🚌 Saint-
Géniez, Conques. 🛈 Espalion (05 65
44 10 63). 🌐 www.espalion.fr

De la jolie petite ville de
Mende au village de
Conques, la vallée du Lot, qui
s'appelait jadis l'Olt, traverse
des régions fertiles couvertes
de vergers, de vignobles et de
forêts de sapins. **Saint-Côme-
d'Olt**, près de l'Aubrac, est
un petit village fortifié, serré
autour de son église, sur
lequel le temps ne semble
pas avoir de prise.
À **Espalion**, les maisons
aux couleurs tendres
et les tourelles du
château Renaissance
se reflètent dans la
rivière, qui passe
sous les trois arches
du Pont-Vieux. À la
sortie de ville se
dresse l'église
romane de Perse,
dont les chapiteaux
historiés sont couverts
de chevaliers allégoriques
et d'oiseaux imaginaires.
   Estaing fut, à partir du
XIIᵉ siècle, le fief d'une
grandes famille du Rouergue.
Le château, transformé en
couvent, s'élève sur la rive,
à la lisière du village.
   La route traverse les gorges
du Lot avant d'atteindre,
au confluent de la Truyère,
la petite cité d'**Entraygues**,
ses vieux quartiers et son
pont du XIIIᵉ siècle.

Conques ㉒

p. 358-359.

Rodez ㉓

Aveyron. 🏛 26 000. ✈ 🚆 🚌
🛈 pl. Foch (05 65 75 76 77). 🏬 mer.,
ven. et sam. 🌐 www.ot-rodez.fr

Comme de nombreuses
villes médiévales, Rodez
était autrefois coupée en deux
fiefs. La **place du Bourg,**
d'un côté, et de l'autre, près
de la cathédrale, la **place de
la Cité,** reflètent aujourd'hui
encore cette opposition entre
pouvoirs civil et religieux.
Si le centre commercial de
Rodez reste sans doute son

La Mise au tombeau de la cathédrale de Rodez

principal pôle d'attraction,
l'immense **cathédrale**, avec
sa façade en grès rouge,
mérite également une visite.
Entrepris en 1277, l'édifice
était intégré aux remparts.
Son clocher géant est bien
visible depuis les petites rues
du quartier des Chanoines
aux belles maisons anciennes.
L'intérieur abrite un superbe
buffet d'orgue et de riches
stalles du chœur (XVᵉ siècle),
ornées de scènes religieuses
et profanes.
   De Rodez, on peut se
rendre à travers le Rouergue
jusqu'à **Villefranche-
de-Rouergue**, ancienne
bastide fortifiée, **Najac**,
dont le château
verrouillait jadis les
gorges de l'Aveyron,
et **Sauveterre-de-
Rouergue**, l'un des
plus beaux villages de
France. La superbe cité
de **Montjaux**, avec
les ruines du Château-
Vieux, ouvre sur les
Grands Causses.

ROBERT LOUIS STEVENSON

Le romancier R. L. Stevenson, dont
on connaît surtout *L'Île au trésor* et le
diabolique *Docteur Jekyll et M. Hyde,*
fut aussi l'auteur de passionnants récits
de voyage. À la recherche d'un climat
sain (il était atteint de tuberculose),
il entreprit en 1878 une longue
randonnée à travers les
Cévennes, avec pour seule
compagnie une ânesse
nommée Modestine.
Le *Voyage avec un âne
à travers les Cévennes*
parut l'année suivante.

Robert Louis Stevenson

Les paysages sauvages du parc national des Cévennes

Corniche des Cévennes ㉔

Lozère, Gard. ✈ *Rodez-Marcillac.* 🚉 *Alès.* 🚌 *St-Jean-du-Gard.* ℹ️ *St-Jean-du-Gard (04 66 85 32 11).*

L a route qui traverse à flanc de montagne le **parc national des Cévennes** (*p. 483*), entre **Florac** à Saint-Jean-du-Gard, fut tracée au XVIIIe siècle par les troupes de Louis XIV dans leur poursuite des Camisards, rebelles calvinistes ainsi nommés parce qu'ils revêtaient, en signe de ralliement, une large blouse blanche appelée *camiso* en languedocien.

À **Saint-Laurent-de-Trèves**, où l'on a découvert des fossiles de dinosaures, la vue sur les Grands Causses, les monts Lozère et Aigoual est impressionnante. À **Saint-Jean-du-Gard**, le **musée des Vallées cévenoles**, installé dans un relais d'affenage du XVIIe siècle, rassemble divers témoignages sur des activités rurales traditionnelles : cultures, vignobles, soie, vannerie, travail du bois, etc.

En 1878, R. L. Stevenson (*p. 356*) parcourut les Cévennes sur un chemin aujourd'hui retracé, le GR 70, apprécié des randonneurs.

🏛 Musée des Vallées cévenoles

95, Grand'rue, Saint-Jean-du-Gard. 📞 *04 66 85 10 48.* 🕐 *avr.-oct. : t.l.j. ; nov.-mars : mar., jeu. et dim. a. m.* 🎫 🐕 ♿ *r.-d.-c.*

Grands Causses ㉕

Aveyron. ✈ *Rodez-Marcillac.* 🚉 🚌 *Millau.* ℹ️ *Millau (05 65 60 02 42).*

L es causses sont de vastes plateaux calcaires, assez arides, presque déserts, coupés de profondes vallées fertiles.

Entre Mende, au nord, et la vallée de la Vis, au sud, s'étendent les quatre Grands Causses : le **causse de Sauveterre**, le **causse** Méjean, le **causse Noir** et le **causse de Larzac**.

Quelques sites sont typiques de la région, comme les **gorges de la Dourbie**, les univers minéraux que sont les chaos (Montpellier-le-Vieux, Nîmes-le-Vieux ou Roquesaltes), qui ressemblent à des cités en ruine, et les avens (**aven Armand**, Dargilan), grottes calcaires souterraines aux reliefs étranges, consécutives à un effondrement.

Sur le causse du Larzac, allez faire un tour au pittoresque village de **La Couvertoirade**, commanderie templière construite au XIIe siècle. Les ruelles de terre battue et les vieilles demeures ont conservé l'aspect qu'elles avaient à l'époque.

Sur le Larzac, un second village mérite le détour, pour des raisons plus gourmandes : c'est **Roquefort-sur-Soulzon**, berceau du fameux fromage dont il a l'exclusivité. Des artisans le fabriquent ici, à partir de lait de brebis et d'un champignon obtenu par moisissure, puis le laissent vieillir dans les caves calcaires réservées à cet usage.

Plus au sud, l'**abbaye cistercienne de Sylvanès** est l'une des plus belles du Midi. Sa nef unique a d'ailleurs servi de modèle à de nombreux édifices religieux méridionaux. Elle a été transformée en centre culturel important et accueille concerts, expositions, etc.

Vue générale du causse Méjean, l'un des quatre plateaux des Grands Causses

Conques ㉒

L'admirable petit village de Conques, haut perché et tout couvert de lauzes, doit sa renommée à l'abbaye Sainte-Foy, édifiée en l'honneur d'une jeune martyre des premiers temps du christianisme. Au IXᵉ siècle, un moine de Conques les déroba (pieux larcin ?) et les apporta à l'abbaye, qui devint un centre important de pèlerinage et une étape sur la route de Compostelle (p. 390-391). Le trésor contient les pièces d'orfèvrerie du Moyen Âge et de la Renaissance les plus exceptionnelles de toute l'Europe, dont certaines furent fabriquées ici par les moines dès le IXᵉ siècle. Le tympan de l'abbatiale est l'un des joyaux de la sculpture romane, alors que ses superbes vitraux sont l'œuvre de Pierre Soulages (1994).

Reliquaire du XIIᵉ siècle

Vue générale de l'abbatiale

Les larges transepts étaient destinés à accueillir la foule des pèlerins.

Intérieur de la nef
La nef élégante, de pur style roman, est désormais éclairée par des vitraux de Soulages. Les trois étages d'arcades sont ornés de près de 250 chapiteaux sculptés.

Tympan
Ce Jugement dernier exécuté au XIIᵉ siècle s'ordonne autour de la figure centrale du Christ. Ici, Satan préside au supplice des pécheurs.

LE TRÉSOR DE CONQUES

Le trésor de Conques constitue un témoignage unique de l'évolution de l'orfèvrerie rouergate, entre le IXe et le XVIe siècle. La *Majesté de Sainte-Foy*, précieuse statue-reliquaire faite de plaques d'or et d'argent repoussé sur âme de bois, est décorée de pierres dures. Si la statue semble dater du IXe siècle, sa tête est plus ancienne, peut-être du Ve siècle. On remarquera, entre autres, le « *A* » dit de Charlemagne, recouvert de plaques de vermeil, le superbe reliquaire de Pépin, une croix processionnelle du XVIe siècle et une monstrance Renaissance.

La Majesté de Sainte-Foy

MODE D'EMPLOI

Abbaye de Sainte-Foy, Conques.
🖈 05 65 72 85 00.
🚌 🅿 depuis Rodez.
Trésor et musée Fau
🕐 avr.-sept. : t.l.j. 9h-12h30 et 14h-18h30. ; oct.-mars : 10h-12h et 14h-18h. ✝ lun.-ven. 8h, dim. 11h. ♨ ♿ 🅿 🎫

Absidioles
Le chevet trilobé est surmonté des arcades aveugles du chœur et couronné d'un clocher. Trois chapelles entourent l'abside à l'est, ce qui permettait de dire la messe sur trois autels à la fois.

Trésor
À la Révolution, le trésor a été caché par les habitants du village. Fait remarquable, toutes les pièces ont été restituées.

Entrée du trésor

Le cloître a été reconstitué. Il ne reste que quelques arcades originales. Toutefois, 30 chapiteaux ont été récupérés. Certains sont exposés dans le réfectoire, d'autres au musée Fau.

Gorges du Tarn ㉖

Avant de se jeter dans la Garonne, le Tarn parcourt l'un des canyons les plus spectaculaires d'Europe, long de 25 km. Le Tarn et la Jonte n'ont eu aucun mal à creuser fortement leur lit, parfois jusqu'à 400 mètres de profondeur, dans le calcaire tendre des Cévennes. Des routes sinueuses suivent le cours des rivières et s'ouvrent sur d'impressionnantes perspectives, qui ne manquent pas d'attirer les touristes à la belle saison. Les hauts plateaux, couverts de landes désertiques, composent un paysage plus austère, animé çà et là par un troupeau de moutons autour d'une ferme isolée et ensevelie sous la neige quand vient l'hiver.

Le Point Sublime,
au sommet d'une route en lacet, offre une vue magnifique sur les gorges et sur les vastes étendues du causse Méjean.

Sports de plein air
Canoë et rafting se disputent les rivières, tranquilles en été, mais gonflées au printemps par la fonte des neiges. Escalade et parapente se pratiquent aussi autour des gorges de la Jonte.

Le Pas de Souci
En amont des Vignes, le Tarn rebondit entre les rochers du défilé avant de poursuivre sa route vers le nord.

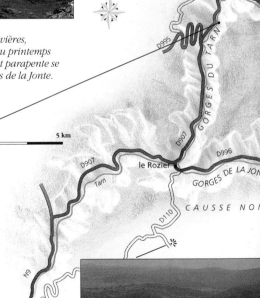

Chaos de Montpellier-le-Vieux
Sur le flanc du causse Noir se trouve un remarquable site naturel formé de roches dolomitiques aux contours étranges.

0   5 km

D46
D995
GORGES DU TARN
D907
D996
le Rozier
Tarn
GORGES DE LA JON
CAUSSE NOI
D110
N9
Millau

La Malène
*Au point de rencontre entre causse de Sauveterre et causse
Méjean, le village et son château-hôtel constituent une
étape idéale pour les promenades à pied ou en bateau.*

MODE D'EMPLOI

Lozère. ✈ Rodez. 🚌 Mende,
Banassac. 🚌 Florac, Le Rozier.
🛈 Le Rozier (05 65 62 60 89),
Sainte-Énimie (04 66 48 53 44),
Florac (04 66 45 01 14).

Aven Armand
*Dans ce puits d'effondrement
du causse Méjean, les dépôts
dus aux infiltrations
ont formé des stalagmites
multicolores.*

Causse Méjean
*Paradis du botaniste au printemps,
les causses sont couverts de fleurs sauvages.*

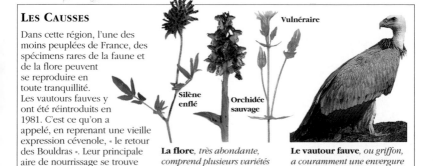

LES CAUSSES

Dans cette région, l'une des
moins peuplées de France, des
spécimens rares de la faune et
de la flore peuvent
se reproduire en
toute tranquillité.
Les vautours fauves y
ont été réintroduits en
1981. C'est ce qu'on a
appelé, en reprenant une vieille
expression cévenole, « le retour
des Bouldras ». Leur principale
aire de nourrissage se trouve
au bout du causse Méjean.

Vulnéraire

**Silène
enflé**

**Orchidée
sauvage**

La flore, *très abondante,
comprend plusieurs variétés
de plantes alpines.*

Le vautour fauve, *ou griffon,
a couramment une envergure
de 2,5 m.*

VALLÉE DU RHÔNE ET ALPES

LOIRE · RHÔNE · AIN · ISÈRE · DRÔME
ARDÈCHE · HAUTE-SAVOIE · SAVOIE · HAUTES-ALPES

L'axe de la région est constitué par la profonde vallée rhodanienne qui la traverse du nord au sud. La haute frontière naturelle qui la borne dresse à l'est ses majestueux sommets enneigés.

Les Romains fondèrent *Lugdunum* il y a plus de deux mille ans, conscients de l'exceptionnelle importance stratégique du site. Lyon est aujourd'hui la deuxième ville de France. Capable de rivaliser avec la capitale sur les plans économique, historique et culturel, elle détient même la première place en matière de gastronomie.

Il faut dire que la province est généreuse : les volailles élevées en Bresse et le gibier abondant de la Dombes marécageuse s'accompagnent d'un beaujolais fruité ou d'un côtes du rhône bouqueté, dont les vignobles mûrissent doucement au soleil.

Par ailleurs, les stations renommées de Chamonix, Megève ou Courchevel attirent une population cosmopolite, de même qu'Annecy et Chambéry, l'ancienne capitale historique de la Savoie, ou les villes d'eau au charme suranné qui bordent le lac Léman. De Grenoble, ville universitaire et centre de haute technologie, quelques minutes suffisent pour gagner deux des réserves naturelles les plus riches de France, le massif de la Chartreuse et le parc régional du Vercors.

Au fur et à mesure que l'on avance vers le sud, les vergers et les champs de tournesols cèdent la place aux plantations de lavande, aux vignobles et aux oliveraies, paysage émaillé de châteaux et de villages historiques. L'Ardèche, où la rivière du même nom dessine des gorges pittoresques, est devenu un rendez-vous international du canoë-kayak.

La ferme de la Forêt à Saint-Trivier-de-Courtes, près de Bourg-en-Bresse

◁ **Annecy, la vieille ville**

À la découverte de la vallée du Rhône et des Alpes

L'horizon des cimes marque les paysages.
De Chamonix à Val-d'Isère, alpinisme et sports d'hiver sont rois. L'été, place au tourisme vert dans la Chartreuse ou la Vanoise, dans le Beaujolais ou en Ardèche, tandis que les rives romantiques des lacs Léman, d'Annecy ou du Bourget jouent la carte du charme.
À Lyon, Grenoble ou Saint-Étienne, la culture est intense et vivante.

LA RÉGION D'UN COUP D'ŒIL

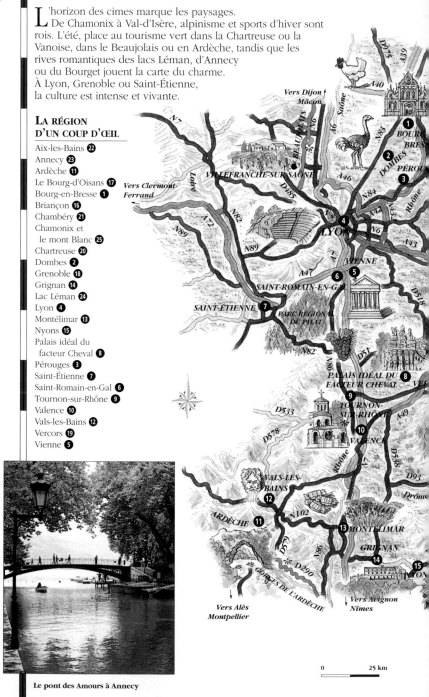

Le pont des Amours à Annecy

0   25 km

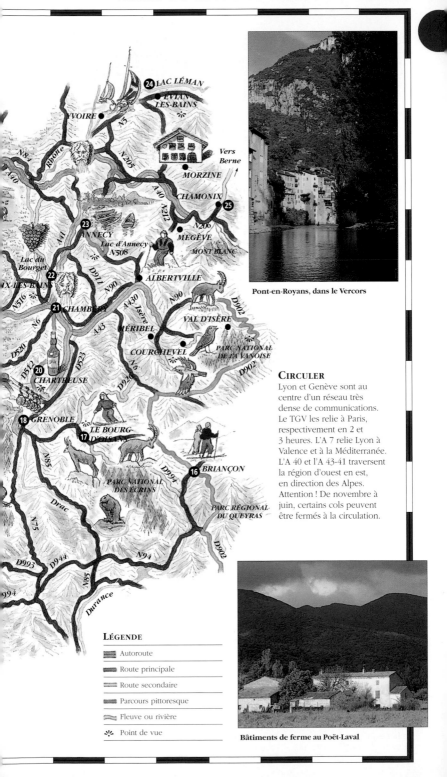

Pont-en-Royans, dans le Vercors

CIRCULER

Lyon et Genève sont au centre d'un réseau très dense de communications. Le TGV les relie à Paris, respectivement en 2 et 3 heures. L'A 7 relie Lyon à Valence et à la Méditerranée. L'A 40 et l'A 43-41 traversent la région d'ouest en est, en direction des Alpes. Attention ! De novembre à juin, certains cols peuvent être fermés à la circulation.

Bâtiments de ferme au Poët-Laval

LÉGENDE

Autoroute
Route principale
Route secondaire
Parcours pittoresque
Fleuve ou rivière
Point de vue

Bourg-en-Bresse ❶

Ain. 👥 *43 000.* 🚉 🚌 🛈 *Centre culturel Albert Camus, 6, av. Alsace-Lorraine (04 74 22 49 40).* 📅 *mer. et sam.* Ⓦ *www.bourg-en-bresse.org*

Capitale de la Bresse depuis sept cents ans, Bourg est à découvrir les jours de marché. Traditionnelle étape gastronomique d'un pays réputé pour ses volailles, cette cité riche en maisons médiévale abrite la collégiale Notre-Dame, gothique et Renaissance, et l'apothicairerie de l'Hôtel-Dieu (XIXᵉ siècle), qui a conservé son laboratoire. Mais Bourg doit sa notoriété au monastère royal et à l'église de Brou, joyaux artistiques de France. Cette grande église de style gothique flamboyant fut construite à partir de 1506 à l'instigation de Marguerite d'Autriche, après la mort de son mari, le duc de Savoie Philibert le Beau. Le chœur abrite leurs tombeaux ouvragés en marbre de Carrare et celui de Marguerite de Bourbon, mère de Philibert, décédée en 1483. Les stalles de bois sculpté et les vitraux, le jubé et ses arcs en anse de panier sont également remarquables. Dans les bâtiments du monastère, le musée de Brou expose des sculptures religieuses et des produits des arts décoratifs. Il comporte aussi une grande salle Gustave Doré et une salle consacrée à la peinture lyonnaise.

Aux environs
À Saint-Trivier-de-Courtes, la **Ferme-Musée de la Forêt** donne un aperçu de la vie dans la région au XVIIᵉ siècle. Le musée a été aménagé dans une authentique ferme bressane. La pièce centrale est dotée d'une cheminée sarrasine (cheminée à foyer ouvert), typique de la région. Du matériel agricole ancien est exposé dans les dépendances.

Poulets de Bresse

🏛 **Ferme-Musée de la Forêt**
📞 *04 74 30 71 89.* 🕐 *juil.-sept. t.l.j. ; avr.-juin et oct. : w.-e. et j. f.* 📷

Tombeau de Marguerite d'Autriche, abbatiale de Brou

Dombes ❷

Ain. 🚗 *Lyon.* 🚉 *Lyon, Villars-les-Dombes, Bourg-en-Bresse.* 🚌 *Villars-les-Dombes (depuis Lyon et Bourg-en-Bresse).* 🛈 *pl. de l'Hôtel-de-Ville, Villars-les-Dombes (04 74 98 06 29).*

La région de la Dombes associe intimement l'eau et la terre. Vaste plateau creusé de mille étangs, elle attire ornithologues, pêcheurs et amateurs de vélo. La route des Étangs (2 circuits de 105 et 110 km) permet d'en découvrir les charmes. À **Villars-les-Dombes**, le parc des Oiseaux abrite 400 espèces des cinq continents : flamants roses, aras, émeus, manchots et ibis y vivent en liberté.

🦅 **Parc des Oiseaux**
Route Nationale 83, Villars-les-Dombes.
📞 *04 74 98 05 54.* 🕐 *t.l.j.* 📷 ♿

Pérouges ❸

Ain. 👥 *900.* 🚉 *Meximieux-Pérouges.* 🚌 🛈 *04 74 46 70 84.* Ⓦ *www.perouges.org*

Le village devrait son nom à une colonie d'immigrants venus de Pérouse *(Perugia).* Il a conservé ses maisons médiévales, ses échoppes et ses ruelles pavées. L'intense activité artisanale de cette petite cité de tisserands n'a pas résisté aux mutations technologiques du XIXᵉ siècle, et sa population tombe alors de 1 500 habitants à une petite centaine. Le tourisme a pris le relais, après une intelligente restauration entreprise au début du XXᵉ siècle. Ce décor exceptionnel a été utilisé au cinéma, et des scènes d'une version des *Trois Mousquetaires* y ont notamment été tournées.
Sur la place de la Halle se dresse un tilleul planté en 1792 pour célébrer la Révolution.

Circuit du beaujolais

C'est bien la vigne maîtresse qui fait la prospérité des cantons du Beaujolais. Issu d'un seul cépage, le gamay noir à jus blanc, le beaujolais se déguste en partie l'année de production. Le troisième jeudi de novembre, des affichettes fleurissent un peu partout en France, dans les épiceries et dans les cafés, pour annoncer que « le beaujolais nouveau est arrivé ».

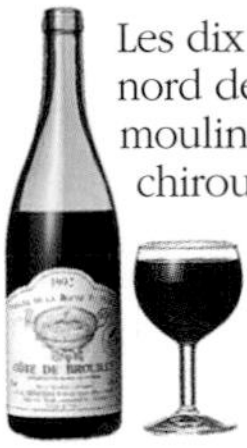

Les dix appellations sont originaires du nord de la région (saint-amour, juliénas, moulin-à-vent, chénas, fleurie, morgon, chiroubles, brouilly et côte-de-brouilly, auxquels vient s'ajouter le régnié). On peut faire le tour des caves en une journée, à condition de consommer avec modération !

Le côte-de-brouilly

Moulin-à-Vent ②
La plus ancienne appellation du beaujolais. Le vieux moulin (XVIIᵉ siècle), au cœur des vignes domine la vallée de la Saône.

Juliénas ①
Célèbre par son coq au vin, le village propose une dégustation au caveau de l'ancienne église ou à la cave coopérative du château.

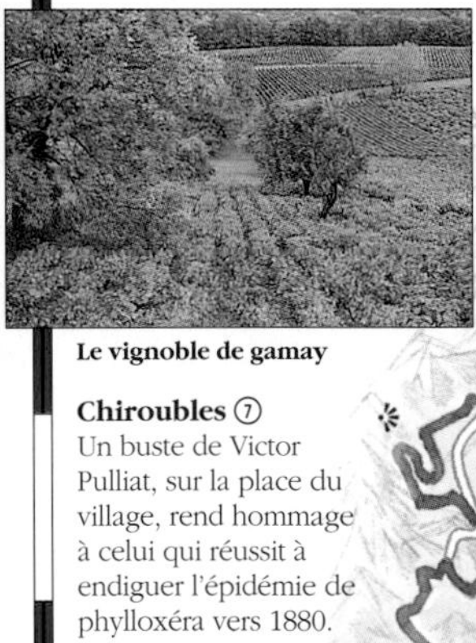

MACON →

Le vignoble de gamay

Chénas

Romanèche-Thorins

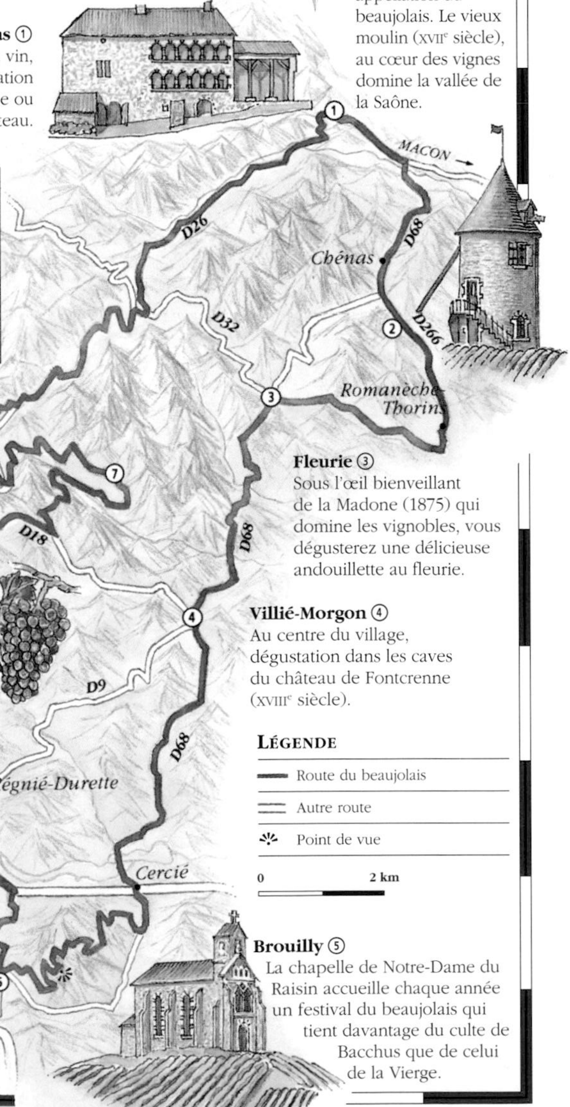

Chiroubles ⑦
Un buste de Victor Pulliat, sur la place du village, rend hommage à celui qui réussit à endiguer l'épidémie de phylloxéra vers 1880. Depuis la terrasse, vue superbe sur la région.

Fleurie ③
Sous l'œil bienveillant de la Madone (1875) qui domine les vignobles, vous dégusterez une délicieuse andouillette au fleurie.

Villié-Morgon ④
Au centre du village, dégustation dans les caves du château de Fontcrenne (XVIIIᵉ siècle).

Régnié-Durette

Cercié

LÉGENDE

━━ Route du beaujolais
═══ Autre route
☀ Point de vue

0   2 km

Beaujeu ⑥
Capitale historique du Beaujolais, la cité a gardé de belles demeures Renaissance. Dégustation au Temple de Bacchus, caveau des Beaujolais-Villages.

Brouilly ⑤
La chapelle de Notre-Dame du Raisin accueille chaque année un festival du beaujolais qui tient davantage du culte de Bacchus que de celui de la Vierge.

VILLEFRANCHE-SUR-SAONE

Lyon pas à pas ❹

Demeures cossues, musées, restaurants et boutiques : les raisons de visiter le vieux Lyon, sur la rive droite de la Saône, sont multiples. Le promeneur empruntera les *traboules*, passages reliant les rues en traversant cours et immeubles, ou poussera la porte d'un « bouchon », restaurant qui propose des mets traditionnels. Fondée en 43 avant J.-C. par un lieutenant de Jules César, Lyon devient la capitale de la Gaule celtique, puis un haut lieu du christianisme comme en témoignent la cathédrale Saint-Jean et la basilique de Fourvière. Sur la célèbre colline, un musée et deux amphithéâtres évoquent le passé latin de la ville. Autour de la place Saint-Jean, de beaux immeubles du XIIIᵉ au XVIIᵉ siècle témoignent de l'opulence d'une époque où le commerce de l'argent, l'imprimerie et les soieries assuraient la prospérité de la ville.

★ Théâtres romains
Le Grand Théâtre, l'un des plus anciens de France, peut contenir 2 800 à 4 500 spectateurs. L'Odéon, de dimensions plus réduites, comporte un pavement reconstitué, une mosaïque aux motifs géométriques.

★ Musée de la Civilisation gallo-romaine
Ce musée souterrain évoque tous les aspects de la vie de « Lugdunum » pendant l'Antiquité.

Entrée du funiculaire
(la « ficelle »)

Cathédrale Saint-Jean
L'édifice, construit entre le XIIᵉ et le XVᵉ siècle, abrite une horloge astronomique qui donnera le calendrier jusqu'en 2019.

À NE PAS MANQUER

★ Théâtres romains

★ Musée de la
   Civilisation
   gallo-romaine

★ Basilique Notre-Dame
   de Fourvière

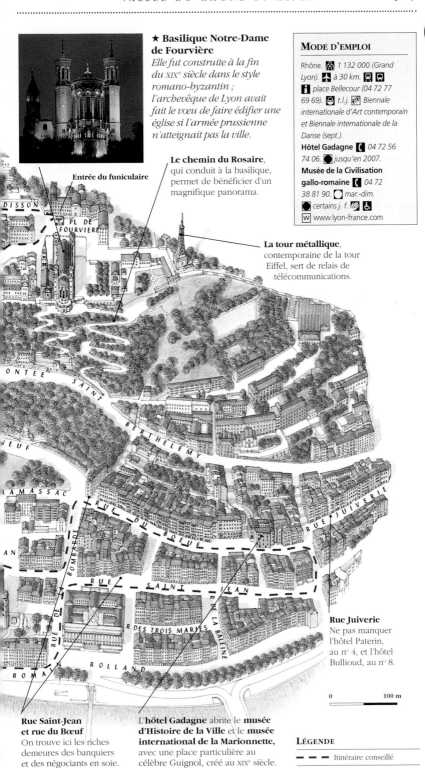

★ **Basilique Notre-Dame de Fourvière**
Elle fut construite à la fin du XIXᵉ siècle dans le style romano-byzantin ; l'archevêque de Lyon avait fait le vœu de faire édifier une église si l'armée prussienne n'atteignait pas la ville.

Entrée du funiculaire

Le chemin du Rosaire, qui conduit à la basilique, permet de bénéficier d'un magnifique panorama.

La tour métallique, contemporaine de la tour Eiffel, sert de relais de télécommunications.

MODE D'EMPLOI

Rhône. 👤 1 132 000 (Grand Lyon). 🛫 à 30 km. 🚉 🚌 🛈 place Bellecour (04 72 77 69 69). 🚆 t.l.j. 📅 Biennale internationale d'Art contemporain et Biennale internationale de la Danse (sept.).
Hôtel Gadagne 📞 04 72 56 74 06. ● jusqu'en 2007.
Musée de la Civilisation gallo-romaine 📞 04 72 38 81 90. ● mar.-dim. ● certains j. f. 📷 ♿
Ⓦ www.lyon-france.com

Rue Juiverie
Ne pas manquer l'hôtel Paterin, au n° 4, et l'hôtel Bullioud, au n° 8.

0   100 m

Rue Saint-Jean et rue du Bœuf
On trouve ici les riches demeures des banquiers et des négociants en soie.

L'hôtel Gadagne abrite le **musée d'Histoire de la Ville** et le **musée international de la Marionnette**, avec une place particulière au célèbre Guignol, créé au XIXᵉ siècle.

LÉGENDE

– – – – Itinéraire conseillé

À la découverte de Lyon

Au confluent de deux cours d'eau majeurs, le Rhône et la Saône, la deuxième ville de France a de tout temps constitué une charnière entre le Nord et le Sud. Lyon, c'est déjà un peu le Midi, sensible à travers l'architecture Renaissance du Vieux Lyon, la couleur lumineuse des toits et les façades ocre. Siège d'industries textiles et pharmaceutiques prospères, c'est aussi le pays de la bonne cuisine. Andouillettes, quenelles, rosettes et autres pralines sont présents à chaque coin de rue, dans les « bouchons » typiques, les brasseries les plus modestes ou les restaurants les plus renommés.

Le Vieux Lyon : la rue Saint-Jean

Le Vieux Lyon

Entre la Saône et Fourvière, le centre historique de Lyon, ancien fief des corporations, se divise entre les quartiers Saint-Jean, Saint-Paul et Saint-Georges. D'importants travaux de restauration ont été engagés pour sauvegarder ce qui est le plus grand ensemble urbain Renaissance d'Europe.

La Presqu'île

Le cœur de la ville se situe sur la Presqu'île, au nord du confluent du Rhône et de la Saône. La rue de la République relie la **place Bellecour**, parterre royal pour la statue équestre de Louis XIV, et la place de la Comédie, où se dresse l'**Opéra** futuriste de Jean Nouvel. En face, l'hôtel de ville du XVIIe siècle s'ouvre sur la **place des Terreaux**, second pôle d'attraction de la cité, devant une fontaine monumentale, œuvre du sculpteur Bartholdi. Une ancienne abbaye bénédictine, le palais Saint-Pierre, abrite le **musée des Beaux-Arts**.

On visitera avec intérêt le **musée des Tissus et des Arts décoratifs**, qui possède d'une part une extraordinaire collection retraçant l'hitoire des textiles d'Orient et d'Occident et rend hommage à la tradition de la soierie lyonnaise depuis la Renaissance, et présente d'autre part un remarquable ensemble de meubles, de tapisseries des Flandres et des Gobelins, ainsi que des ivoires et des porcelaines.

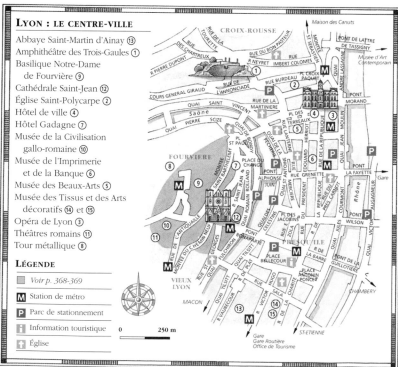

LYON : LE CENTRE-VILLE

Abbaye Saint-Martin d'Ainay ⑬
Amphithéâtre des Trois-Gaules ①
Basilique Notre-Dame
   de Fourvière ⑨
Cathédrale Saint-Jean ⑫
Église Saint-Polycarpe ②
Hôtel de ville ④
Hôtel Gadagne ⑦
Musée de la Civilisation
   gallo-romaine ⑩
Musée de l'Imprimerie
   et de la Banque ⑥
Musée des Beaux-Arts ⑤
Musée des Tissus et des Arts
   décoratifs ⑭ et ⑮
Opéra de Lyon ③
Théâtres romains ⑪
Tour métallique ⑧

LÉGENDE

Voir p. 368-369

Ⓜ Station de métro

Ⓟ Parc de stationnement

ℹ Information touristique

✝ Église

0   250 m

Étal de marché, quai Saint-Antoine

Ne manquez pas les autres sites majeurs de la ville, tels que le **Centre d'Histoire de la résistance et de la déportation**, le **parc de la Tête d'Or** et son jardin botanique, et l'**Institut Lumière**, où vécurent les frères Lumière et qui retrace l'histoire du 7e art.

La Croix-Rousse
Ce vieux quartier populaire, au nord de la ville, était le domaine des canuts, ouvriers spécialisés dans le tissage de la soie. Les célèbres « traboules » y forment un véritable dédale et sont aujourd'hui un objet de curiosité. C'est dans l'**amphithéâtre des Trois-Gaules**, tout près de l'**église Saint-Polycarpe**, qu'eut lieu le martyre de sainte Blandine. Après une visite à la **Maison des Canuts**, le dévidage, le tordage et l'ourdissage, sans oublier la culture du ver à soie, n'auront plus de secret pour vous.

🏛 **Musée des Tissus et des Arts décoratifs**
34, rue de la Charité.
📞 04 78 38 42 00.
⭘ mar.-dim. ◗ j. f. 📷

🏛 **Centre d'Histoire de la résistance et de la déportation**
14, av. Berthelot. 📞 04 72 73 99 06.

🏛 **Institut Lumière**
25, rue du Premier-Film. 📞 04 78 78 18 95. Ⓦ www.institut-lumiere.org

🏛 **Maison des Canuts**
10-12, rue d'Ivry. 📞 04 78 28 62 04.
⭘ mar.-sam. ◗ j. f. 📷 ♿

Musée des Beaux-Arts

Installé dans l'ancien couvent des bénédictines de Saint-Pierre, le musée des Beaux-Arts de Lyon, est un véritable petit Louvre. Les amateurs d'art seront comblés. Chaque département est caractérisé par des séries homogènes et des chefs-d'œuvre insignes. Le musée d'Art contemporain (œuvres postérieures à 1940) a été transféré quai Charles-de-Gaulle, à deux pas du superbe parc de la Tête d'Or, sur la rive gauche du Rhône.

ANTIQUITÉS

Le département des Antiquités possède une riche collection d'art égyptien, ainsi que des statues de marbre et de bronze d'origine étrusque, grecque et romaine. Les témoignages gallo-romains ont été transférés au musée de Fourvière.

SCULPTURE ET OBJETS D'ART

Les sculptures du Lyonnais Joseph Chinard voisinent avec celles de Canova, Carpeaux, Pradier, Rodin, Bourdelle et Maillol, dont certaines œuvres accueillent le visiteurs dès la cour d'entrée. Les salles d'objets d'art du Moyen Âge et de la Renaissance, complétées par la salle du Médaillier (monnaies, sceaux, et médailles), exposent des pièces d'orfèvrerie, des émaux peints et champlevés, une collection de majoliques et des céramiques d'Extrême-Orient.

Odalisque (1841), par James Pradier

PEINTURE ET ARTS GRAPHIQUES

L'Italie est représentée avec des toiles du Pérugin, de Véronèse et du Tintoret, tandis que Flandre, Hollande et pays germaniques sont évoqués par près de 200 toiles, dont un Rembrandt, quatre Brueghel de Velours et deux Rubens.

Fleurs des champs (1845) par Louis Janmot, école lyonnaise

Le XVIIe siècle domine la peinture française avec Philippe de Champaigne ou Nicolas Régnier, mais on peut voir aussi Greuze, Boucher, Ingres, Corot, les impressionnistes, les nabis ou les cubistes et, dans le « Salon des Fleurs », les œuvres de l'école lyonnaise. Le Cabinet des Dessins (sur r.-v.) possède croquis et études de Delacroix, Degas et Rodin.

🏛 **Musée des Beaux-Arts**
Palais St-Pierre, 20, place des Terreaux.
📞 04 72 10 17 40. ⭘ mer.-lun.
◗ j. f. 📷 ♿ 🔲

Méduse (1923), par Alexeï von Jawlensky

Mosaïque du *châtiment de Lycurgue*, musée de Saint-Romain-en-Gal

Vienne ➎

Isère. 👥 *28 000.* 🚉 🚌 🛈 *cours Brillier (04 74 53 80 30).* 🛒 *sam.* 🌐 *www.vienne-tourisme.com*

Des trésors d'architecture se cachent derrière les façades. Située dans une cuvette naturelle entre Rhône et colline, Vienne occupe un site dont l'intérêt stratégique et la beauté n'avaient pas échappé aux Romains. Ils s'empressèrent de développer le village construit à cet endroit au Iᵉʳ siècle avant J.-C. Sur la place Charles-de-Gaulle se dressent le **temple d'Auguste et de Livie** (fin du Iᵉʳ siècle avant J.-C.), magnifique édifice soutenu par de somptueuses colonnes corinthiennes et, tout près

Le temple d'Auguste et de Livie, Vienne

de là, les vestiges d'un quartier d'habitations.

Au pied du mont Pipet, le **théâtre romain**, l'un des plus vastes de la Gaule romaine, pouvait contenir plus de 13 000 spectateurs. Restauré en 1938, il accueille aujourd'hui diverses manifestations, dont un festival international de jazz en juillet.

On peut également voir, dans le jardin public, les fragments d'une voie romaine et, au sud de la ville, une curieuse **Pyramide** de 20 m de haut, qui ornait le terre-plein central du cirque.

Outre divers objets préhistoriques et gallo-romains, dont une très intéressante collection numismatique, le **musée des Beaux-Arts et d'Archéologie** expose de belles céramiques, notamment des faïences de Perse, d'Italie et de Delft, et des faïences françaises du XVIIIᵉ siècle.

La **cathédrale Saint-Maurice** occupe cet emplacement depuis l'origine (IVᵉ siècle). L'**église Saint-André-le-Bas** est ornée de beaux chapiteaux sculptés. L'**église Saint-Pierre**, dont la construction remonte au Vᵉ siècle, abrite le **Musée lapidaire**. On y découvre des bas-reliefs, des statues provenant d'édifices gallo-romains, dont une belle *Vénus accroupie*, et des objets usuels. De nombreuses

mosaïques ont été transférées au musée de Saint-Romain-en-Gal/Vienne.

🏛 **Musée des Beaux-Arts et d'Archéologie**
Pl. de Miremont. 📞 *04 74 85 50 42.* 🕐 *avr.-oct. : mar.-dim. ; oct.-mars : mar.-sam. et dim. a.-m.* ⚫ *1ᵉʳ janv., 1ᵉʳ mai, 1ᵉʳ et 11 nov., 25 déc.* 📷
🏛 **Musée lapidaire**
Pl. Saint-Pierre. 📞 *04 74 85 20 35.* 🕐 *mar.-dim.* ⚫ *1ᵉʳ janv., 1ᵉʳ mai, 1ᵉʳ et 11 nov., 25 déc.* 📷 ♿

Saint-Romain-en-Gal ➏

Rhône. 👥 *1 300.* 🚉 *Sainte-Colombe-les-Vienne, Saint-Romain-en-Gal.* 🛈 *Vienne (04 74 53 80 30).*

Sur l'autre rive du Rhône, cette commune était dans

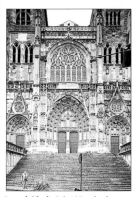

La cathédrale Saint-Maurice à Vienne

l'Antiquité occupée par des quartiers suburbains de Vienne. Dès le XVIIᵉ siècle, elle a livré de nombreuses mosaïques. Sur le site archéologique de la plaine, des villas, des thermes, des boutiques et des entrepôts ont été mis au jour. On remarque en particulier la **maison des dieux Océans**, vaste *domus* rectangulaire, ornée d'une magnifique mosaïque à motifs marins. Les objets et statues provenant des fouilles sont exposés au nouveau **Musée archéologique** qui jouxte les vestiges.

🏛 **Musée archéologique**
📞 *04 74 53 74 01.* 🕐 *mar.-dim.* ⚫ *j. f.* 📷 ♿ *restreint.* 🍴 🎁

Saint-Étienne ➐

Loire. 🏠 *180 000.* ✈ ▣ ▣
🅷 *16, av. de la Libération*
(0892 700 542). 🕒 *t.l.j.*
🆆 *www.tourisme-st-etienne.com*

« Je suis de Saint-Étienne,
Loire/Où l'on fabrique tour
à tour/Des fusils, instruments
de gloire,/ Et des rubans,
objets d'amour. » Ce quatrain
naïf ne se justifie plus guère,
et seul le **musée d'Art et
d'Industrie** perpétue ce
souvenir aux accents de carte
postale ancienne, avec une
rubannerie (métier à tisser de
Jacquard, à l'origine de la
prospérité locale), une salle
permanente des armes et une
exposition de cycles.

Aujourd'hui « ville verte »,
centre artistique et culturel
animé, Saint-Étienne possède
un important **musée d'Art
moderne**, l'un des plus
grands de France, inauguré en
1987, qui expose, à côté
d'œuvres prestigieuses plus
anciennes, des œuvres de
Fernand Léger, Soulages,
Dubuffet, ainsi qu'un
ensemble exceptionnel d'art
américain (Andy Warhol).

Au nord-ouest de la ville,
non loin de Montverdun, la
Bastie d'Urfé est un chef-
d'œuvre d'architecture
Renaissance. Ce château où
Honoré d'Urfé passa son
enfance inspira le décor de
son roman *L'Astrée*.

Hauterives, le Palais idéal du facteur Cheval

🏛 **Musée d'Art et
d'Industrie**
2, pl. Louis-Comte.
📞 *04 77 49 73 00.* 🕒 *mer.-lun.*
🔴 *j. f.* 📷 ♿ 🔲
🏛 **Musée d'Art moderne**
La Terrasse. 📞 *04 77 79 52 52.*
🕒 *mer.-lun 10h-18h.* 🔴 *j. f.*
📷 ♿

LES PONTS SUR LE RHÔNE

Le Rhône a joué un rôle considérable dans l'histoire et
l'économie du pays. Fleuve navigable, il a servi à transporter
hommes, armes et marchandises, mais ses caprices ont
toujours constitué un défi, pour les navigateurs comme
pour les constructeurs. En 1825, Marc Séguin, concepteur
de génie, lança sur le Rhône le premier pont suspendu.
Aujourd'hui, vingt ponts enjambent ce grand fleuve, réglant
définitivement les problèmes de passage d'une rive à l'autre.

Le pont suspendu reliant Tournon à Tain-l'Hermitage

Palais idéal du facteur Cheval ➑

Hauterives, Drôme. 🚉 *Romans-sur-
Isère* 📞 *04 75 68 81 19.* 🕒 *t.l.j.*
🔴 *1ᵉʳ janv, 15-31 janv., 25 déc.* 📷
♿ 🆆 *www.facteurcheval.com*

À 25 km au nord de
Romans-sur-Isère se
trouve l'un des édifices les
plus originaux qui soient, le
Palais idéal du facteur Cheval,
mélange d'architecture
égyptienne, romaine, aztèque
et siamoise. C'est l'œuvre
d'un seul homme, Ferdinand
Cheval, facteur de son état,
construite avec les cailloux
qu'il ramassait au cours
de ses longues tournées.
Si ses voisins le croyaient
fou, Picasso et les surréalistes
louèrent son extraordinaire
réalisation, désormais classée
monument historique.

À l'intérieur, l'architecte
inspiré écrivit çà et là ses
pensées, et conclut ainsi :
« 1879-1912, 10 000 journées,
93 000 heures, 33 ans
d'épreuves, plus opiniâtre que
moi se mette à l'œuvre. »

Tournon-sur-Rhône

Tournon-sur-Rhône ➒

Ardèche. 🏠 10 000. 🚉 🅷 *Hôtel de la Tourette (04 75 08 10 23)*. 🚌 *mer. et sam.* Ⓦ *www.valleedudoux.com*

Construite au pied d'une falaise de granit, aux portes de la vallée du Doux, Tournon est une charmante petite ville aux promenades ombragées. L'imposant **château** (XIᵉ-XVIᵉ siècle), perché sur un éperon, abrite le musée de la Ville, consacré à la batellerie et à l'histoire des comtes de Tournon. La **collégiale Saint-Julien** (XIVᵉ siècle) mérite une visite pour sa chapelle des Pénitents et la *Résurrection* de Capassin (1576), disciple de Raphaël. Le **lycée Gabriel-Faure**, l'un des plus anciens de France, fut fondé par le cardinal de Tournon en 1536. Il abrite de belles tapisseries. Stéphane Mallarmé y fut professeur

d'anglais de 1863 à 1866.

Sur la rive opposée, dans la Drôme, **Tain-l'Hermitage**, entourée de vignobles étagés, est au centre de la production du prestigieux hermitage (cépage syrah pour le rouge, roussane et marsanne pour le blanc), un grand cru équilibré, à la bouche riche en saveurs.

Sur la place Jean-Jaurès, au centre de Tournon commence la **corniche du Rhône**, une étroite route panoramique aux superbes points de vue qui conduit à Saint-Péray, en passant par Plats et Saint-Romain-de-Lerps, cité où une table d'orientation permet de survoler du regard treize départements !

Valence ➓

Drôme. 🏠 64 000. ✈ 🚉 🚌 🅷 *parvis de la Gare (0892 707 099).* 🚌 *t.l.j.* Ⓦ *www.tourisme-valence.com*

Entre Ardèche et Vercors, Valence, l'un des principal port fluvial de France, est une agréable ville fleurie et un marché important pour les fruits de la vallée du Rhône. La **cathédrale Saint-Apollinaire**, sur la place des Clercs, remonte au XIᵉ siècle. Installé dans l'ancien palais épiscopal, le petit **musée des Beaux-Arts** est exceptionnellement riche. Son principal titre de gloire est une importante collection de sanguines d'Hubert Robert, complétés de deux peintures et de deux lavis.

Ne manquez pas deux hôtels particuliers bien

restaurés : la **maison des Têtes,** au n° 57, Grande-Rue, qui présente entres autres les bustes d'empereurs romains et de philosophes antiques, et la **maison Dupré-Latour,** au n° 7, rue Pérollerie.

Le parc Jouvet, avec ses 6 ha de jardins semés d'étangs, offre une belle vue sur les ruines imposantes du château de Crussol qui dominent le Rhône.

🏛 **Musée des Beaux-Arts**
4, pl. des Ormeaux. 🅲 *04 75 79 20 80.* ⏰ *mar.-sam. et dim. a.-m.* ● *j. f.* 🅿

Le pont d'Arc, arche calcaire sur l'Ardèche

Ardèche ⓫

Ardèche. ✈ *Avignon.* 🚉 *Montélimar, Pont-Saint-Esprit.* 🚌 *Montélimar, Vallon-Pont-d'Arc.* 🅷 *Vallon-Pont-d'Arc (04 75 88 04 01).*

Modelés au cours des âges par des vents violents et des cours d'eau impétueux,

---

LES CÔTES-DU-RHÔNE

Le vignoble des côtes du rhône, qui occupe près de 60 000 ha, produit en moyenne 300 000 hl de vins rouges, rosés et blancs. Il se divise en côtes du rhône septentrionales et les côtes du rhône méridionales, aussi différentes par leur sol que par leur climat. Un décret de 1967 a consacré en outre l'appellation côtes-du-rhône villages dans dix-sept villages de la Drôme. Au nord, les appellations de côte-rôtie et de condrieu ne produisent que des vins rouges. C'est sur la rive gauche des côtes-du-rhône méridionales que sont produits deux des appellations les plus réputées, le gigondas, corsé et bien charpenté, et le fameux châteauneuf-du-pape (p. 493), qui ne réunit pas moins de treize cépages.

Travail dans les vignobles

les paysages de l'Ardèche évoquent parfois plus nettement les canyons de l'Ouest américain que la campagne française traditionnelle. Le sous-sol n'est guère moins tourmenté et recèle un labyrinthe de galeries souterraines hérissées de concrétions calcaires spectaculaires. Les plus impressionnantes sont sans doute l'**aven d'Orgnac**, sur le plateau du même nom au sud, et la **grotte de la Madeleine**, accessible par la D 290.

La départementale suit d'ailleurs le tracé des gorges sur près de 40 km, du haut du plateau des Gras, après le **pont d'Arc**, immense arcade naturelle jetée sur la rivière. Plusieurs belvédères surplombent la falaise et permettent une magnifique vue plongeante.

C'est ici le paradis des amateurs de canoë-kayak. On peut louer le matériel nécessaire à **Vallon-Pont-d'Arc**, où des moniteurs assurent en plus le retour depuis Saint-Martin-d'Ardèche, à une trentaine de kilomètres en aval. Il est conseillé, surtout aux débutants, de ne pas s'aventurer sur la rivière, coupée de nombreux rapides, au moment des crues de printemps ou d'automne (mai et juin restant les mois les plus sûrs).

La visite de l'exposition de la **grotte Chauvet** permet de connaître certains aspects de la vie des hommes

Le village de Vogüé, sur les rives de l'Ardèche

préhistoriques dans les gorges, et de découvrir les plus anciennes peintures rupestres répertoriées au monde (- 30 000 ans).

À la convergence des vallées ardéchoises, **Aubenas** est une cité étonnamment dynamique, vivant du commerce et des services. Face au château des Ornano et de Vogüé (XIᵉ-XVIIIᵉ siècle), ses belles maisons date du XVIᵉ siècle et son dôme Saint-Benoît du XVIIᵉ siècle.

À 13 km au sud d'Aubenas, le village de **Balazuc**, que l'on aperçoit de la route, est construit en nid de guêpe, disposition typique de la région.

Allez voir les sites de Servière et du vieil Audon. Au hameau de **Vogüé**, blotti entre la rive et la falaise calcaire, le château, ancienne forteresse médiévale converti en musée, a été reconstruit au XVᵉ siècle.

⚓ **Château de Vogüé**
📞 04 75 37 01 95. ○ Pâques-juin : jeu.-dim. (a.-m. seul.) ; juil.-mi-sept. : t.l.j. ; mi-sept.-nov. : sam.-dim. (a.-m. seul.). 🎫 ♿

Vals-les-Bains ⓬

Ardèche. 🏘 3 700. 🚌 Montélimar. 🛈 Gare routière (04 75 89 02 03). 🕒 jeu. sam. et dim. mat.

Construite sur les bords de la Volane, Vals-les-Bains offre une gamme étendue de sources thermales, la plupart froides, riches en bicarbonate de soude et propres à soigner troubles digestifs, diabète et rhumatismes. La découverte du pouvoir thérapeutique de ses eaux date du début du XVIIᵉ siècle, mais c'est à la Belle Époque qu'elle atteignit son apogée, comme en témoignent ses villas, jardins et établissements de bains, qui lui confèrent son charme suranné. Son casino, ses hôtels et ses restaurants en font une base idéale pour découvrir l'Ardèche.

À 8 km au nord, **Antraigues** est un pittoresque petit village construit sur un piton volcanique, qui attire peintres et chanteurs (Jean Ferrat).

À 15 km à l'est de Vals, **Saint-Julien du Serre** est une superbe église romane.

Vignobles en bordures des gorges de l'Ardèche

Bâtiments de ferme, près de Montélimar

Montélimar ⑬

Drôme. 🏠 *33 000.* 🚌 🚉
🛈 *Allées Provençales (04 75 01
00 20).* 🍽 *mer. et sam.*
🌐 *www.montelimar-tourisme.com*

Qu'il soit dur ou tendre, le
nougat blanc a valu sa
réputation à Montélimar. Avec
l'importation de l'amandier au
XVIe siècle, les amandes ont
remplacé les noix dans cette
friandise à base de miel.

Bordées de cafés et de
marchands de nougat, les
Allées provençales sont avec
la place du Marché l'un des
lieux de rencontre d'une ville,
au caractère très méridional.
Le **château des Adhémar**,
forteresse du XIIe siècle
transformée aux XIVe et
XVIe siècle, monte la garde
sur une hauteur, à l'est
de la ville. Il abrite un
centre d'art contemporain.

♣ Château des Adhémar

📞 *04 75 00 62 30.* ◯ *avr.-oct. :
t.l.j. ; nov.-mars : mer.-lun.*
🌑 *1er janv., 25 déc.* 📷

Aux environs
Autour de Montélimar, routes
pittoresques et petits villages
médiévaux sont nombreux.
Centre touristique animé, la
petite cité de **La Bégude-de-
Mazenc** s'ordonne autour de
sa vieille ville. **Le Poët-Laval**,
harmonieux ensemble de
pierre ocre, est dominé par
l'ancienne commanderie de
l'ordre de Malte. **Dieulefit**,
centre renommé de la poterie
et de la verrerie, est un gros
bourg lié à l'histoire du
protestantisme dauphinois
(vieux quartier de la Viale).

À **Taulignan**, joli village
fortifié, vous pourrez déguster
les fameuses truffes, spécialité
du pays. **Viviers**, au sud de
Montélimar, ancienne cité
épiscopale qui a donné son
nom à la province du Vivarais,
est un véritable musée
architectural.

Grignan ⑭

Drôme. 🏠 *1 360.* 🚌 🛈 *Musée
ancien, pl. du Jeu-de-Ballon (04 75 46
56 75).* 🍽 *mar.*

Le village, l'un des plus
spectaculaires du Tricastin,
édifié sur un promontoire
rocheux au milieu des champs
de lavande, doit sa renommée
à Madame de Sévigné, dont les
lettres adressées à sa fille, la
marquise de Grignan, sont de
grands textes classiques. À
l'intérieur de cette majestueuse
demeure Renaissance,
voisinent mobilier Louis XIII
et tapisseries d'Aubusson.
Des terrasses du château, on
voit jusqu'au mont Ventoux.
En contrebas, l'église Saint-
Sauveur abrite le tombeau de
Madame de Sévigné, décédée

à Grignan en 1696.
Allez voir, au sud-ouest
de Grignan, Saint-Paul-
Trois Châteaux, charmante
bourgade, et le village
perché de La Garde-Adhémar ;
et à l'est, le village médiéval
de Taulignan.

♣ Château de Grignan

📞 *04 75 91 83 50.* ◯ *avr.-oct. :
t.l.j. ; nov.-mars : mer.-lun.*
🌑 *1er janv.,25 déc.* 📷 🎫

Nyons ⑮

Drôme. 🏠 *7 000.* 🚌 🛈 *pl. de la
Libération (04 75 26 10 35).* 🍽 *jeu.*

C'est de Nyons et des
Baronnies, sa région,
que vient l'essentiel de la
production d'olives. Le marché
du jeudi matin, très animé,
présente tous les produits
dérivés de ce fruit, qui est
célébré lors de la fête de
l'Alicoque (1er week-end de
fév.) et des Olivades (week-
end avant le 14 juillet).
Protégée par la barrière
naturelle de ses coteaux, la
région bénéficie d'un climat
exceptionnellement doux, ce
qui permet la culture de toutes
les espèces méditerranéennes.

🏛 Musée de l'Olivier

Allée des Tilleuls. 📞 *04 75 26 12 12.*
◯ *mar. -sam. l'a.-m. uniquement.*
🌑 *jours fériés.* 📷 ♿

Aux environs
La D 94 conduit à **Suze-la-
Rousse**, petit village entouré
de vignobles, capitale de la
région au Moyen Âge. Son
château du XIVe siècle, ancien
rendez-vous de chasse des
princes d'Orange, abrite
désormais une institution
originale, l'université du vin.

La petite ville de Grignan et son château Renaissance

Plantation d'oliviers près de Nyons

♣ Château de Suze-la-Rousse
📞 04 75 04 81 44. ☐ avr.-oct. :
t.l.j. ; nov.-mars : mer.-lun.
⚫ 1er janv., 25 déc. 🖼 🎫 🚻

Briançon ⑯

Hautes-Alpes. 🏘 12 000. ☐ ☐
ℹ place du Temple (04 92 21 08 50).
🅿 mer 🅆 www.ot-briancon.fr

À une altitude de 1 326 m,
Briançon est la plus

La partie de boules

haute ville de France. Cité
romaine, elle verrouillait
alors, comme aujourd'hui, le
col de Montgenèvre, le plus
important passage naturel
entre la France et l'Italie.
Fortifiée par Vauban au
XVIIIe siècle, elle a conservé
intacts ses magnifiques
remparts. La meilleure façon
de visiter la ville haute est de
laisser son véhicule au
parking du Champ-de-Mars et
d'entrer à pied par la **porte**

de Pignerol. La **Grand-Rue**,
bordée de vieilles maisons et
parcourue en son milieu par
la Grande Gargouille, grimpe
à travers la cité. Passé la
collégiale Notre-Dame,
construite d'après les plans
de Vauban en 1718, on
atteint le **fort du Château**,
couronné d'une statue de
Bourdelle, qui révèle une
magnifique vue sur les
montagnes.
Centre de nombreuses
activités de plein air en été,
Briançon est devenue station
de sports d'hiver grâce à la
télécabine du Prorel.

Aux environs
Le **parc national des Écrins**,
le plus grand de France avec
91 800 ha, est couronné de
pics et de glaciers. Il abrite
une faune et une flore
exceptionnelles : chardons
bleus, sabots de Vénus,

lièvres variables, perdrix des
neiges, etc. Une belle route
de montagne (N 91) relie
Briançon au Bourg-d'Oisans
par le col du Lautaret. Le **parc
régional du Queyras** abrite
aussi une superbe flore, avec
des espèces steppiques et
méditerranéennes. Aux portes
du parc, **Mont-Dauphin** est
un bel exemple d'architecture
militaire du XVIIe siècle.

Le Bourg-d'Oisans ⑰

Isère. 🏘 3 000. ☐ ℹ quai Girard
(04 76 80 03 25). 🅿 sam. 🚌
🅆 www.bourgdoisans

C'est une base idéale pour
partir en excursion dans
les vallées environnantes. On
y pratique toutes sortes de
sports de plein air : escalade,
VTT, sans oublier le ski, à la
station toute proche de L'Alpe
d'Huez. Connue depuis le
Moyen Âge pour la richesse de
son sous-sol, la ville a acquis
une réputation mondiale dans
le domaine de la géologie et
de la minéralogie. Son **musée
des Minéraux et de la Faune
des Alpes** présente, outre un
diorama, une collection
exceptionnelle, dont un quartz
provenant d'une ancienne
mine d'or.

**🏛 Musée des Minéraux
et de la Faune des Alpes**
Hôtel de ville. 📞 04 76 80 27 54.
☐ t.l.j. 14-18h ; juil.-août : 10h-18h.
⚫ nov., 25 déc. et 1er janv.
🖼 ♿

LE PARC
DE LA VANOISE

Parc d'alpages et de
prairies qui s'étagent entre
1 000 m et 3 800 m
d'altitude, le parc national
de la Vanoise a été créé en 1963.
L'une de ses plus belles réussites
est le retour
du bouquetin, dont les cornes
atteignent 1 m de long.
L'espèce, reliquat,
croit-on, de la faune
préhistorique et presque
disparue, compte
aujourd'hui près de
800 représentants.

Le retour du bouquetin dans la Vanoise

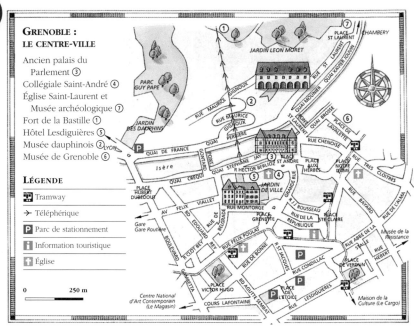

GRENOBLE :
LE CENTRE-VILLE

Ancien palais du
   Parlement ③
Collégiale Saint-André ④
Église Saint-Laurent et
   Musée archéologique ⑦
Fort de la Bastille ①
Hôtel Lesdiguières ⑤
Musée dauphinois ②
Musée de Grenoble ⑥

LÉGENDE

🚋 Tramway

✈ Téléphérique

🅿 Parc de stationnement

ℹ Information touristique

✝ Église

0   250 m

L'hôtel Lesdiguières abritait
le musée Stendhal

Grenoble ⑱

Isère. 🏛 158 000. ✈ 🚉 🚌
ℹ 14, rue de la République
(04 76 42 41 41). ⏰ mar.-dim.
🌐 www.grenoble-isere-tourisme.com

Ancienne capitale du
Dauphiné, Grenoble
est aujourd'hui un centre
universitaire et industriel très
actif. Située au confluent du
Drac et de l'Isère, à deux pas
de la montagne, elle a acquis
une renommée internationale
sur le plan scientifique,
notamment en recherche
nucléaire et hydraulique.
Elle accueillit les Jeux
olympiques d'hiver en 1968.
   Le téléphérique vous
emmène tout droit au **fort de
la Bastille** (XIXᵉ siècle), d'où le

panorama est superbe.
En 30 min à pied on atteint
le **Musée dauphinois**,
installé dans l'ancien couvent
des Visitandines et consacré
à l'ethnologie régionale et
à l'histoire du ski.
   Sur la rive gauche de l'Isère
se trouvent la place Grenette,
au centre du quartier piéton,
et la place Saint-André, cœur
de la cité médiévale.
La **Collégiale Saint-André**,
du XIIIᵉ siècle, et l'**ancien
palais du Parlement**,
construit au XVIᵉ siècle pour
être le siège du parlement du
Dauphiné, sont deux des plus
anciens bâtiments de la ville,
avec la cathédrale Notre-Dame
et l'église Saint-Laurent, du
XIIᵉ siècle, dont la crypte date
du début du VIᵉ siècle. Tout
près de la cathédrale, le
musée de l'Ancien-Évêché
raconte l'histoire de l'Isère
de la préhistoire à nos jours.
   Le **musée de Grenoble**,
place de Lavalette, possède
une extraordinaire collection
d'art médiéval et du XXᵉ siècle.
Le **musée de la Résistance
et de la Déportation**
évoque la Résistance en Isère,
notamment dans le Vercors.
   Le **CNAC** (Centre national
d'Art contemporain), aussi
surnommé le Magasin,

se consacre à des expositions
temporaires d'artistes
contemporains et met
en place des conférences
à partir des expositions.
Festivals de cinéma, de danse
et concerts de rock sont
organisés par la **MC2** (Maison
de la Culture de Grenoble).

🏛 **Musée dauphinois**
30, rue Maurice-Gignoux.
📞 04 76 85 19 01. ⏰ mer.-lun.
⏰ 1ᵉʳ janv., 1ᵉʳ mai, 25 déc. ♿
🏛 **Musée de
l'Ancien-Évêché**
2, rue Très-Cloître. 📞 04 76 03 15
25. ⏰ mar a.-m.-lun. ⏰ j. f.

Le téléphérique panoramique

⛪ Musée de Grenoble
5, place de Lavalette. **☎** 04 76 63
44 44. **⏰** mer.-lun. **●** 1ᵉʳ janv.,
1ᵉʳ mai, 25 déc. **♿ 🅿**
⛪ Musée de la Résistance
14, rue Hébert. **☎** 04 76 42 38 53.
⏰ mer.-lun. **●** j. f. **♿**
⛪ Le Magasin (CNAC)
155, cours Berriat. **♿ 🅿**
☎ 04 76 21 95 84. **⏰** t.l.j.
W www.magasin.cnac.org
⛪ MC2
4, rue Paul-Claudel. **☎** 04 76 00 79
00 **⏰** mar.-ven., sam. a.-m. et lors de
spectacle. **W** www.mc2grenoble.fr

Vercors ⑲

Isère et Drôme. **✈** Grenoble.
🚊 Romans-sur-Isère, Saint-Lattier,
Grenoble. **🚌** Pont-en-Royans,
Romans-sur-Isère. **🛈** Pont-en-Royans
(04 76 36 09 10).

L e parc naturel régional du
   Vercors couvre 135 000 ha
occupés à 60 % par des forêts,
en majorité des conifères. Ses
escarpements et ses grottes en
font aussi le royaume des
spéléologues. C'est également
une région très appréciée des
randonneurs, qui peuvent y
voir de nombreuses espèces
animales dans les réserves
naturelles : marmottes, aigles
royaux, vautours fauves
(réintroduits en 1996),
chamois et bouquetins.
   La D 531 traverse **Villard-
de-Lans**, centre de randonnée
et de ski de fond, et continue
en direction des **gorges de la
Bourne** et du village de
Pont-en-Royans, accroché à
la paroi calcaire, qui présente
un musée de l'Eau.
   La **Combe-Laval** s'ouvre
entre de gigantesques falaises
dolomitiques. Le **mont
Aiguille** (2 086 m), au sud-est
du parc, est l'un de ses sites
les plus majestueux.
   Le Vercors fut aussi l'un des
foyers de la Résistance
française. Plusieurs villages,
pilonnés par l'aviation
ennemie en juillet 1944, ont
été rasés, les habitants et les
maquisards massacrés ou
déportés. La cour des Fusillés
à la Chapelle-en-Vercors et, à
Vassieux-en-Vercors, la
nécropole du Vercors et le
Mémorial de la Résistance,
témoignent de ces
événements douloureux.

**Troupeau de vaches dans les
pâturages alpins**

Chartreuse ⑳

Isère et Savoie. **✈** Grenoble,
Chambéry. **🚊** Grenoble, Chambéry.
🚌 St-Pierre-de-Chartreuse. **🛈** St-
Pierre-de-Chartreuse (04 76 88 62 08).

À la sortie de Grenoble, la
   D 512, en direction de
Chambéry, traverse les
sombres forêts du parc naturel
régional de la Chartreuse,
région surnommée par
Stendhal « la perle des Alpes ».
Au cœur d'un cirque rocheux,
le **monastère de la Grande-
Chartreuse** est la maison
mère de l'ordre des chartreux,
fondé par saint Bruno en 1084.
Les bâtiments actuels (1676)
abritent une quarantaine de
moines. La fameuse liqueur
des chartreux (chartreuse verte
et jaune), est traditionnellement fabriquée par les frères
depuis le début du xvıᵉ siècle.
   Dans le monastère, seul se
visite le **musée de la Correrie**,
qui témoigne de l'histoire et de
la vie quotidienne de l'ordre.
Allez voir aussi l'**église Saint-
Hughes** et son remarquable
ensemble d'art sacré contemporain, œuvre d'un seul artiste,
Arcabas.

⛪ Musée de la Correrie
St-Pierre-de-Chartreuse. **☎** 04 76 88
60 45. **⏰** avr.-oct. : t.l.j. **♿**

Une ferme au milieu des sapinières de la Chartreuse

Chambéry ㉑

Savoie. 🚶 *57 000.* ✕ 🚊 🚌
ℹ️ *24, bd de la Colonne*
(04 79 33 42 47). 🛒 *mar et sam.*
🌐 *www.chambery-tourisme.com*

Fière d'avoir été tout au long du Moyen Âge la capitale incontestée des États de Savoie, Chambéry parachève avec bonheur la remise en valeur du centre historique. Étroites galeries et passages secrets entre les façades de couleur sont à découvrir. Elle possède un curieux monument, la **fontaine des Éléphants**, dite « les quatre sans cul », érigée en 1838 à la mémoire du général comte de Boigne, bienfaiteur de la cité.

À l'opposé de la rue de Boigne s'élève le **château** des ducs de Savoie (XIIIᵉ-XXᵉ siècle), dont on ne visite que la Sainte-Chapelle, le reste du bâtiment étant occupé par la préfecture. Au sud-est de la ville, la maison de Madame de Warens, devenu le **musée des Charmettes**, accueillit J.-J. Rousseau de 1732 à 1742. On y voit la chambre de l'hôtesse, celle du philosophe, des objets personnels, ainsi que le jardin.

⚓ **Les Charmettes**
890, chemin des Charmettes.
📞 *04 79 33 39 44.*
🕐 *mer.-lun.* 🔴 *j. f.* 🎨 🎫

Le lac du Bourget à Aix-les-Bains

Aix-les-Bains ㉒

Savoie. 🚶 *26 000.* ✕ 🚊 🚌
ℹ️ *pl. Maurice-Mollard (04 79 88 68 00).*
🛒 *mer. et sam.*
🌐 *www.aixlesbains.com*

La petite ville d'eau est dotée de vastes établissements de soins et de remise en forme, notamment les **Thermes nationaux**, édifiés au XIXᵉ siècle sur des sources déjà connues des Romains, comme en témoignent les vestiges des bains découverts à cet endroit. En face, un petit musée archéologique et lapidaire installé dans le **temple de Diane** expose statues, poteries et monnaies gallo-romaines.

Au temple de Diane, buste d'empereur

Aix, c'est aussi le lac du Bourget, plus grand lac naturel de France, chanté par Lamartine après sa rencontre avec l'inaccessible Elvire.

Le **musée Faure**, qui comporte une petite salle Lamartine, expose une magnifique collection de toiles du XIXᵉ siècle (Degas, Bonnard, Pissarro, Sisley, Cézanne) et plusieurs œuvres de Rodin, aquarelles et bronzes.

🏛️ **Thermes nationaux**
Pl. Maurice-Mollard. 📞 *04 79 35 38 50.* 🕐 *dates variables, se renseigner.* 🎨 ♿ 🎫 *obligatoire.*
🏛️ **Musée Faure**
Villa des Chimères, 10, bd des Côtes.
📞 *04 79 61 06 57.* 🕐 *mer.-lun.* 🔴 *vac. de Noël, j. f.* 🎨 ♿

Aux environs
Isolée dans un site magnifique de la rive ouest du lac, l'**abbaye de Hautecombe**, fondée par les cisterciens au XIIᵉ siècle, abrite les tombeaux de la maison de Savoie. La grange batelière voisine (fin du XIIᵉ siècle) abrite une exposition sur la vie monastique. Des excursions régulières sont organisées au départ du Grand-Port à Aix. Vaste plateau couvert de sapinières entrecoupées de clairières, le **mont Revard**, accessible par la D 913, est au centre des circuits de randonnée et de ski de fond. La vue y est superbe, tant sur le lac que sur le mont Blanc.

Le palais de l'Isle avec, au premier plan, le Thiou

Les rives ombragées du Léman

Annecy ㉓

Haute-Savoie. 51 000. 1, rue Jean-Jaures (04 50 45 00 33). mar., ven. et dim. matin. w www.lac-annecy.com

Traversé par les eaux du Thiou, le vieil Annecy est presque entièrement piéton. Cette coquette petite ville ferme au nord le lac qui porte son nom.

La **cathédrale Saint-Pierre** eut pour évêque saint François de Sales, qui fonda avec Jeanne de Chantal le premier couvent de la Visitation. L'ancienne prison médiévale, le monumental **palais de l'Isle**, accueille des expositions temporaires.

Construit au XIIᵉ siècle sur une hauteur, le **château d'Annecy** abrite un musée, consacré à l'archéologie et à l'histoire des Alpes. Avec le vieil Annecy, les bords du lac constituent un pôle très attractif (service de vedettes, voiliers, etc.)

Aux environs
Le tour du lac en bateau est la façon la plus agréable de découvrir ce site exceptionnel (parcours de 40 km en voiture). Le **Crêt de Châtillon** (par la D 41) offre un magnifique point de vue sur les Alpes et le mont Blanc.

Lac Léman ㉔

Haute-Savoie et Suisse. Genève. Genève, Thonon-les-Bains, Évian-les-Bains. Thonon-les-Bains (04 50 71 55 55).

Les rives du lac bénéficient d'un climat qui en fait un lieu idéal de villégiature. On peut commencer le tour du lac à **Yvoire**, petit port gardé par un donjon du XIVᵉ siècle. Plus loin, **Thonon-les-Bains** maintient sa réputation de ville d'eau. Son petit port de pêche compte encore une dizaine de pêcheurs professionnels. À visiter le **château de Ripaille** (XVᵉ siècle) et l'écomusée de la Pêche. **Évian-les-Bains**, enfin, associe au charme un peu suranné propre aux anciennes grandes stations thermales l'animation d'un centre nautique et sportif dont le renom est aussi grand que celui de ses eaux.

Chamonix et le mont Blanc ㉕

Haute-Savoie. 10 000. Genève. Chamonix. pl. du Triangle-de-l'Amitié (04 50 53 00 24). sam. www.chamonix.com

Entre le mont Blanc et le Brévent, Chamonix règne sur l'alpinisme et le ski français. C'est là que furent organisés, en 1924, les premiers Jeux olympiques d'hiver. L'essor de cette station a été favorisé par le percement du tunnel du mont Blanc en 1965.

Parmi les multiples excursions : l'**aiguille du Midi** (3 842 m) par téléphérique, relayé jusqu'à la pointe Helbronner à travers la **vallée Blanche**, le **Brévent**, les **Grands-Montets** (le plus beau domaine skiable de France), le **glacier des Bossons** et la classique **Mer de Glace**. Il est possible également d'entreprendre un tour du mont Blanc à pied.

L'hôtel Évian Royal Palace, de style Belle Époque *(p. 563)*

LE SUD-OUEST

Présentation du Sud-Ouest

Vaste ensemble rural avant tout, le Sud-Ouest est pour beaucoup le pays du foie gras, des vins de Bordeaux et du cognac... Deux métropoles, Bordeaux et Toulouse, concentrent pourtant des activités de pointe, tandis que le tourisme bénéficie des immenses plages landaises, des stations d'altitude des Pyrénées ou des vertes vallées périgourdines. Art roman poitevin, préhistoire en Périgord, églises et châteaux, nature avenante et bien-vivre sont les nombreux atouts d'une région privilégiée.

La Rochelle

Ruines romaines à Saintes

La Rochelle, important port de commerce (p. 406), accueille aussi les bateaux de plaisance. La tour de la Chaîne et la tour Saint-Nicolas gardent l'entrée maritime de la cité, dont les vieilles rues pavées sont bordées de belles maisons anciennes.

Le Grand Théâtre, Bo

POITOU ET AQUITAINE
(p. 394-415)

Bordeaux, capitale du vin à l'ample urbanisme, recèle quelques beaux monuments, comme le Grand Théâtre ou le monument aux Girondins, sur l'esplanade des Quinconces
· (p. 410-411).

PYRÉNÉES
(p. 438-453)

0   50 km

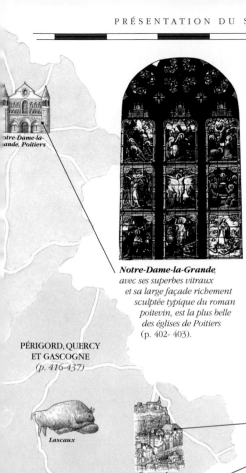

Notre-Dame-la-Grande, Poitiers

Notre-Dame-la-Grande,
*avec ses superbes vitraux
et sa large façade richement
sculptée typique du roman
poitevin, est la plus belle
des églises de Poitiers
(p. 402-403).*

PÉRIGORD, QUERCY
ET GASCOGNE
(p. 416-437)

Dominé par son château,
Rocamadour, *lieu de pèlerinage
au Moyen Âge, accroche demeures
anciennes et sanctuaires à un
escarpement rocheux. C'est un site
touristique, célèbre par sa Vierge
noire (p. 426-427).*

Lascaux

Rocamadour

Moissac

Cathédrale
d'Albi

Saint-Sernin, Toulouse

Cirque de Gavarnie

L'abbaye de Moissac *était aux
XIᵉ et XIIᵉ siècles l'un des plus
puissants monastères du Sud-
Ouest (p. 432-433). Le tympan
du portail méridional et le
cloître sont des chefs-d'œuvre
de l'art roman.*

Les spécialités du Sud-Ouest

Difficile de faire en peu de mots l'inventaire culinaire de ce pays de cocagne. Huîtres et moules abondent sur le littoral, où les poissons, comme la lamproie ou l'anguille, sont souvent préparés à la bordelaise, c'est-à-dire au vin blanc. En Périgord ou en Gascogne, canards et oies sont à l'honneur, en confits, magrets et foie gras, quand on ne les retrouve pas dans le cassoulet de Toulouse ou de Castelnaudary. Les autres volailles abondent, ainsi que la palombe et d'autres gibiers à plumes. Préparé de toutes les façons, le porc donne les saucisses de Toulouse, le jambon de Bayonne et, à profusion, pâtés, confits et saucissons. Fameuses autant que coûteuses, les truffes couronnent le tout. Mais il faudrait aussi parler des fromages de chèvre du Quercy ou du Poitou, de ceux, pur brebis, des Pyrénées, ou des pruneaux d'Agen...

Tresse d'ail

La piperade basque se cuit à la poêle : on fait revenir des piments et du jambon cru, et on ajoute les œufs battus.

Le foie gras d'oie ou de canard est confectionné à partir du foie entier de l'animal d'abord élevé en plein air, puis gavé au maïs.

Le vrai pain de campagne, en miche ou en couronne, revient à la mode. Quelques artisans boulangers le fabriquent encore, cuit au feu de bois, à partir d'un levain naturel.

Saucisse de Toulouse

Canard

Haricot blancs

Saucisson à l'ail

Le bomard fleuron des crustacés, est ici préparé en terrine, en gelée et aux herbes.

*Le **cassoulet** fait l'objet d'âpres discussions, et chaque cuisinière a sa recette. Les ingrédients de base sont les haricots blancs, les saucisses et la graisse, de porc ou d'oie, où l'on fait revenir les morceaux de viande, porc, mouton ou volaille selon les régions.*

*Le **cabécou du Quercy**, petit fromage de chèvre, est délicieux sur un lit de salade verte additionnée de croûtons frits.*

Le canard est omniprésent dans la cuisine du Sud-Ouest, en confit (conservé dans sa graisse) ou servi en magrets.

Les truffes affectionnent les terrains calcaires du Périgord. Très rares, elles parfument foie gras et omelettes.

Les pruneaux spécialité d'Agen, accommodent lapin ou volaille, ou sont arrosés d'armagnac.

Saucisson sec

Saucisson au poivre

Le saucisson, parfois encore confectionné à la ferme, est, avec le jambon et autres cochonnailles, à la base de la cuisine paysanne.

Le fromage de chèvre est parfois conservé en pots de verre, où il baigne dans l'huile d'olive aromatisée aux herbes.

Le touron du Pays basque est une pâte d'amandes présentée en pains multicolores, avec fruits confits, noisettes ou pistaches.

LES CHAMPIGNONS SAUVAGES

Les forêts recèlent de nombreuses espèces de champignons savoureux : cèpes charnus et ventrus, aux têtes brunes, morilles aux chapeaux alvéolés, girolles (ou chanterelles) en forme de trompettes fripées.

Girolles

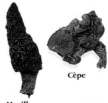

Morille

Cèpe

L'huile de noix sert à assaisonner les salades. Les noyers, qui n'ont pas besoin d'un sol très profond, sont bien acclimatés en Périgord.

LES ALCOOLS

Outre les crus illustres du Bordelais ou d'autres moins connus, la région propose le pineau des Charentes, issu du prestigieux cognac, dont l'armagnac est comme le cousin de Gascogne. On offre en Quercy un apéritif fabriqué à base de liqueur de noix.

Armagnac

Cognac

Noix du Quercy

Les régions viticoles : le Bordelais

Importé dans la région depuis le Ier siècle av. J.-C., le vin y a été produit dès le début de notre ère. Après le mariage d'Aliénor d'Aquitaine avec le roi anglo-angevin Henri II, les *clarets*, vins rouges ou rosés, étaient appréciés par la haute société anglaise. Ces échanges encouragèrent la recherche de la qualité. Au XVIIIe siècle, de grands domaines se constituèrent, les techniques de vinification progressèrent. Le commerce s'intensifia au siècle suivant, apportant la prospérité à la région. En 1855 fut établie la célèbre classification des crus du Médoc.

Le cerclage des barriques

Carte de situation

■ *Les vins de Bordeaux*

Les vendanges autour du château Palmer

Le château Cos d'Estournel d'A.O.C. saint-estèphe, est un remarquable deuxième cru classé.

Les vignobles bordelais

Ils sont situés de part et d'autre de la Gironde, de la Garonne et de la Dordogne, et entre ces deux rivières. Les rouges les plus réputés sont issus du Libournais (Pomerol et Saint-Émilion) et du Médoc (Pauillac, Margaux, Saint-Julien, Saint-Estèphe) et des Graves. Les grands liquoreux sont produits autour de Sauternes.

Ce qu'il faut savoir sur les vins de Bordeaux

Sol et climat
Les sols sont en général graveleux, et argilo-calcaires sur la rive droite. Le microclimat et l'orientation jouent un rôle important qui explique le plus souvent la différence qualitative d'un cru à l'autre.

Cépages
Les cépages utilisés dans le Bordelais sont principalement : en rouge, le **cabernet-sauvignon**, le **cabernet franc**, le **merlot** ; en blanc, le **sauvignon**, le **sémillon** et la **muscadelle**. Les sauternes liquoreux sont obtenus à partir du sémillon, du sauvignon et de la muscadelle, soumis à l'action du *botrytis cinerea*.

Quelques producteurs réputés
(rouges) Latour, Margaux, Haut-Brion, Cos d'Estournel, Mont-Las Cases rose, Léoville, Léo-ville-Las Cases, Lascombes, Pichon Longueville, Pichon Lalande, Lynch-Bages, Palmer, Rausan-Ségla, Duhart Milon, Léoville Poyferré, Branaire Ducru, Ducru Beaucaillou, Malescot Saint-Exupéry, Cantemerle, d'Angludet, Phélan-Ségur, Chasse-Spleen, Poujeaux, Domaine de Chevalier, Pape Clément, Cheval Blanc, Canon, Pavie, Angélus, Troplong Mondot, La Conseillante, Lafleur, Trotanoy.

Bons millésimes
(rouges) 2003, 2002, 1998, 1996, 1995.

Le Haut-Brion rouge est le seul cru des graves à avoir été classé en 1855.

La fameuse mention « mis en bouteille au château » est une garantie d'authenticité.

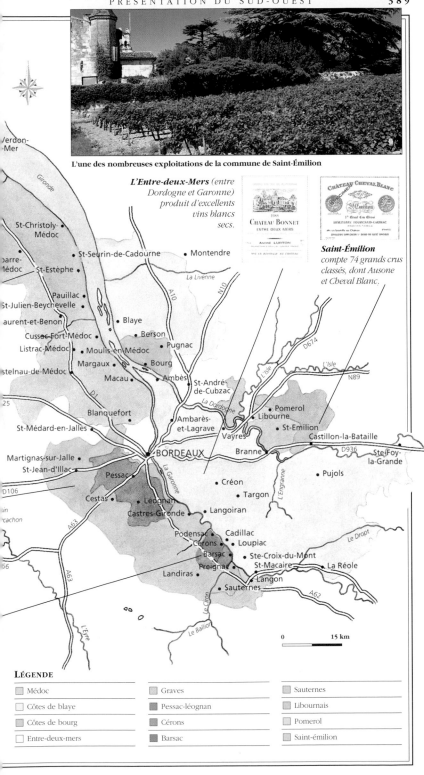

L'une des nombreuses exploitations de la commune de Saint-Émilion

L'Entre-deux-Mers (entre Dordogne et Garonne) produit d'excellents vins blancs secs.

Saint-Émilion compte 74 grands crus classés, dont Ausone et Cheval Blanc.

Gironde

St-Christoly-Médoc
barre-Médoc
St-Estèphe
Pauillac
St-Julien-Beychevelle
aurent-et-Benon
Cussac-Fort-Médoc
Listrac-Médoc
Moulis-en-Médoc
Margaux
stelnau-de-Médoc
Macau
Blanquefort
St-Médard-en-Jalles
25
Martignas-sur-Jalle
St-Jean-d'Illac
D106
sin
rcachon
Cestas
Pessac
BORDEAUX

/erdon--Mer

St-Seurin-de-Cadourne
Montendre
La Livenne
Blaye
Berson
Pugnac
Bourg
Ambès
St-André-de-Cubzac
La Dordogne
Ambarès-et-Lagrave
Vayres
Branne
Créon
Targon
Langoiran
Léognan
Castres-Gironde
Podensac
Cadillac
Cérons
Loupiac
Barsac
Ste-Croix-du-Mont
Preignac
St-Macaire
Landiras
Langon
Sauternes

A10
N10
D674
L'Isle
N89
Pomerol
Libourne
St-Emilion
Castillon-la-Bataille
D936
Ste-Foy-la-Grande
Pujols
L'Engranne
Le Dropt
La Réole
A62
L'Eyre
Le Ciron
Le Ballion

0   15 km

LÉGENDE

Médoc	Graves	Sauternes
Côtes de blaye	Pessac-léognan	Libournais
Côtes de bourg	Cérons	Pomerol
Entre-deux-mers	Barsac	Saint-émilion

La route de Compostelle

L'emblème
des pèlerins

Pendant plusieurs siècles, les pèlerins se sont rendus en grand nombre sur la tombe de saint Jacques (Santiago en espagnol), enterré à Compostelle. Pour faire pénitence et gagner leur salut, ils traversaient la France à pied, s'arrêtant chaque nuit dans un monastère ou dans un abri de fortune, et retournaient ensuite dans leurs foyers. Ce dur voyage prenait souvent plusieurs mois. En 1140, un moine eut l'idée d'écrire ce qui est sans doute l'ancêtre des guides de voyage, un itinéraire destiné aux pèlerins, les « jacquets » ou « jacquaires », dont le signe de reconnaissance était la coquille Saint-Jacques.

Les pèlerins arrivés par mer débarquaient notamment à Saint-Malo.

La première cathédrale de Saint-Jacques-de-Compostelle fut édifiée par Alphonse II en 813. La construction de l'actuel sanctuaire commença en 1075. La façade, baroque, fut ajoutée au XVIIIᵉ siècle.

Les routes convergent vers Compostelle.

Le col de Roncevaux, passage de nombreux pèlerins.

Jacques le Majeur, apôtre du Christ, serait venu, d'après la légende, prêcher en Espagne avant d'être martyrisé par Hérode. Ses restes auraient été transportés en Espagne.

Les moines de l'abbaye de Cluny, en Bourgogne (p. 44-45), ont largement contribué au succès du pèlerinage. Ils construisirent des hôtelleries et des sanctuaires abritant de précieux reliquaires, pour soutenir la foi des fidèles et les encourager à poursuivre leur route.

LES ITINÉRAIRES

Paris, Vézelay, Le Puy *(p. 354)* et Arles étaient les quatre points de ralliement « officiels ». Les pèlerins gagnaient l'Espagne par le col de Roncevaux ou par le Somport, et se rassemblaient à Puente la Reina, d'où une route unique conduisait au lieu saint, en Galice.

Les reliques transférées à **Conques** accroissent son prestige.

Le Puy, important point de ralliement.

La Majesté de Sainte-Foy *est l'un des plus précieux reliquaires offerts à la dévotion des pèlerins, à une époque où les reliques d'un saint étaient, croyait-on, source de miracles.*

Compostelle *viendrait du latin campus stellae, champ d'étoiles, car la légende raconte qu'en 814, d'étranges étoiles s'arrêtèrent au-dessus du champ où fut découverte, le 25 juillet, la dépouille du saint.*

QUE VOIR AUJOURD'HUI

De petites chapelles et de vastes églises, comme Sainte-Madeleine à Vézelay *(p. 326)*, Sainte-Foy à Conques *(p. 358-359)* et Saint-Sernin à Toulouse *(p. 437)*, furent construites au Moyen Âge pour accueillir les pèlerins.

Chapiteau de Vézelay

Le premier pèlerinage *mentionné fut conduit en 951 par l'évêque du Puy. Mais des pèlerins se sont sans doute rendus en Espagne avant cette date.*

Les grottes du Sud-Ouest

Le travail de l'eau dans les terrains calcaires donne naissance, en diverses régions, à des grottes aux dimensions étonnantes et aux concrétions parfois spectaculaires. Plusieurs de celles de Dordogne ou du pied des Pyrénées ont en outre la particularité d'être ornées de peintures, œuvres de nos ancêtres d'il y a quinze à vingt mille ans ; celles-ci, miraculeusement parvenues jusqu'à nous, sont le témoignage de l'évolution humaine, de cet instant magique où les êtres humains ne se contentèrent plus de se nourrir et de se protéger du froid, mais où ils entreprirent de graver, de peindre et de sculpter.

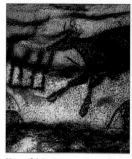

Un cerf, à Lascaux

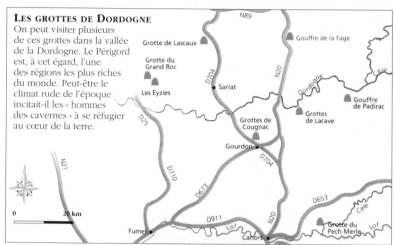

LES GROTTES DE DORDOGNE
On peut visiter plusieurs de ces grottes dans la vallée de la Dordogne. Le Périgord est, à cet égard, l'une des régions les plus riches du monde. Peut-être le climat rude de l'époque incitait-il les « hommes des cavernes » à se réfugier au cœur de la terre.

LA FORMATION DES GROTTES
Au cours des millénaires, l'eau poursuit son travail de sape, formant des puits d'effondrement ou des grottes plus importantes. Aux points de ruissellement, le calcaire dissous se redépose patiemment, formant draperies et colonnes calcaires, les stalactites (qui tombent) et les stalagmites (qui montent).

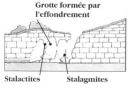

Grotte du Grand Roc, aux Eyzies

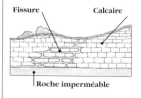

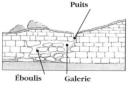

1 L'eau pénètre à travers les fissures et dissout lentement la roche.

2 Les infiltrations provoquent des effondrements, qui fragilisent l'ensemble.

3 Le calcaire dissous se dépose, s'accumulant en stalactites et stalagmites.

LE GOUFFRE DE PADIRAC

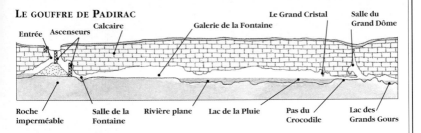

Entrée · Ascenseurs · Calcaire · Galerie de la Fontaine · Le Grand Cristal · Salle du Grand Dôme

Roche imperméable · Salle de la Fontaine · Rivière plane · Lac de la Pluie · Pas du Crocodile · Lac des Grands Gours

Grottes préhistoriques, Les Eyzies

GROTTES À VISITER

À **Cougnac**, les peintures représentent entre autres des êtres humains. Autour des **Eyzies-de-Tayac** (*p. 424-425*), **Font de Gaume, Les Combarelles** et **La Mouthe** contiennent toutes trois des peintures et des dessins superbes, de même que **Rouffignac**, dont les mammouths sont célèbres. Les galeries du **Grand Roc** sont particulièrement riches en stalactites excentriques, les cascades pétrifiantes de **Proumeyssac,** spectaculaires, et les formations géologiques de **La Fage**, très originales. Sur la rive gauche de la Dordogne, on peut voir, dans les **grottes de Lacave**, une rivière et un lac souterrains étonnants. Le gigantesque **gouffre de Padirac** (*p. 428*) est encore plus impressionnant. La **grotte de Lascaux** a été fermée et les fresques, sans doute le plus bel ensemble existant, reconstituées à **Lascaux II** (*p. 424*), qui mérite largement une visite. Plus au sud, les concrétions des grottes du **Pech-Merle** (*p. 428*) sont remarquables.

LES PEINTURES RUPESTRES

Les premières peintures préhistoriques d'Europe ont été découvertes au nord-ouest de l'Espagne en 1879. Plus de 200 autres ont été mises au jour depuis, en Espagne et en France, et notamment en Dordogne. Les sujets représentés sont en majorité des animaux, et parfois des silhouettes humaines. Les spécialistes de la préhistoire ont découvert des lampes et des empreintes miraculeusement conservées, grâce auxquelles la technique de ces artistes est un peu mieux connue. La signification de ces peintures, symboliques ou magiques, n'a pas été totalement élucidée.

On pense que l'artiste, éclairé par une lampe primitive, gravait les contours du sujet représenté avec un objet tranchant, en utilisant les courbes naturelles du support. Les ombres étaient faites au charbon, et des pigments minéraux, comme le kaolin ou l'hématite, étaient dilués et appliqués grâce à une technique proche du lavis. Parfois, l'exécutant posait sa main sur la paroi, à la manière d'un pochoir, et pulvérisait le mélange coloré en soufflant à travers une tige végétale.

Lampe à huile en grès rose

Kaolin

Charbon

Hématite

Cerfs et taureaux de la salle des Taureaux, à Lascaux

LE POITOU ET L'AQUITAINE

DEUX-SÈVRES · VIENNE · CHARENTE-MARITIME
CHARENTE · GIRONDE · LANDES

Cette vaste région, dont la bordure ouest occupe un quart de la côte Atlantique, s'étend du Marais poitevin à la forêt des Landes. Les plages de sable sont accueillantes, et le climat très doux. La Gironde est le domaine des vins de Bordeaux, qui comptent parmi les plus réputés du monde.

Le passé mouvementé du Poitou et de l'Aquitaine a laissé des traces indélébiles dans la culture et dans l'architecture. Le grand amphithéâtre de Saintes, entre autres, témoigne de l'occupation romaine. La route des pèlerins vers Saint-Jacques-de-Compostelle est jalonnée de magnifiques églises romanes, comme celles de Poitiers ou de Parthenay, mais aussi de chapelles plus secrètes et tout aussi remarquables. La guerre de Cent Ans *(p. 48-49)* mit la région à feu et à sang, mais ce fut également l'époque où les Plantagenêts firent construire de splendides ouvrages de défense. Après les guerres de Religion, il fallut reconstruire, souvent avec faste, les sanctuaires et les châteaux.

Aujourd'hui, Poitiers est au centre d'une activité commerciale et universitaire animée. Les ports historiques de Rochefort et de la Rochelle dressent à l'ouest leurs fortifications. Bordeaux, capitale régionale, économique et culturelle, est également un centre touristique accueillant, fier d'un ensemble architectural exceptionnel. Le cognac de Charente et les vins du Bordelais remplissent légitimement les escarcelles locales autant que les verres du consommateur, et accompagnent à merveille aloses et anguilles, huîtres et palourdes, fromages de chèvre et confits d'oie.

Vieilles maisons à Saint-Martin-de-Ré

◁ **Les plages et les jetées d'Arcachon, sur le Bassin**

À la découverte du Poitou et de l'Aquitaine

Cette région semble destinée à accueillir les touristes : les plages de sable succèdent aux plages de sable, les rivières sont navigables, les ports et les stations balnéaires bien équipés. Les verres semblent se remplir comme par magie des meilleurs vins et du meilleur cognac. Les amateurs de nourritures moins terrestres y trouveront aussi des chefs-d'œuvre de l'architecture médiévale, à commencer par les sanctuaires qui jalonnent la route de Saint-Jacques-de-Compostelle *(p. 390-391)*. Une visite à Bordeaux, la seule très grande ville, s'impose pour ses monuments, ses églises et ses musées. Les paysages de la vaste pinède que se partagent la Gironde et les Landes sont, quant à eux, inoubliables.

Une petite crique le long du bassin d'Arcachon

CIRCULER

La principale autoroute de la région est l'A10 qui relie Paris et Poitiers. Elle permet de rallier Bordeaux, Rochefort et plus au sud Bayonne et l'Espagne. Elle est très empruntée et il est parfois plus intéressant de choisir des routes plus petites. Un TGV direct relie Paris et Lille à Bordeaux, mettant ainsi la ville à trois heures de Paris. Bordeaux possède un aéroport international. À partir de Poitiers, des bus desservent les villes voisines, notamment Parthenay, Chauvigny et Saint-Savin.

Vers Tours

FUTUROSCOPE

POITIERS 7

6

9

10 *ANGLES-SUR-L'ANGLIN*

11 *SAINT-SAVIN*

8

ABBAYE DE NOUAILLÉ-MAUPERTUIS *CHAUVIGNY*

12 *MONTMORILLON*

14 *CHARROUX*

CONFOLENS

13

Vers Limoges

24 *ANGOULÊME*

AUBETERRE-SUR-DRONNE

25

Vers Toulouse

Un des plus beaux ports de l'île de Ré

LA RÉGION D'UN COUP D'ŒIL

LÉGENDE

▬	Autoroute
▬	Route principale
▬	Route secondaire
▬	Route pittoresque
▬	Fleuve ou rivière
✿	Point de vue

0   25 km

Embarcadère à Coulon, dans le Marais poitevin

Façade de l'église Saint-Médard à Thouars

Thouars ❶

Deux-Sèvres. 🏘 12 000. 🚉 🚌
🛈 3 bis, bd Pierre-Curie (05 49 66 17 65). 🛒 mar. et ven.
🌐 www.thouars.fr

Construite sur une colline aux confins de l'Anjou et du Poitou, la ville mêle sur les toits la tuile méridionale à l'ardoise angevine.

La façade de l'église romane **Saint-Médard** est typique du style poitevin, si l'on fait abstraction de la rose gothique. La rue du Château, bordée de vieilles maisons à pans de bois, conduit au château du XVIIᵉ siècle des ducs de la Trémoille (visites avr.-oct : dim a.-m.).

À une dizaine de km à l'est, le beau **château d'Oiron** (1518-1549) garde une superbe galerie Renaissance. Il abrite aussi une collection originale d'art contemporain. Au sud, la vallée du Thouet conduit vers la remarquable église romane d'**Airvault** ; non loin de là, celle de **Saint-Jouin-de-Marnes** est fortifiée.

⚓ Château d'Oiron
79100 Oiron. 📞 05 49 96 51 25. 🕐 juin-sept. : 10h30-17h30 ; oct.-mai : 10h30-16h30. ● j. f. ♿

Parthenay ❷

Deux-Sèvres. 🏘 10 500. 🚉 🚌
🛈 8, rue de la Vau-Saint-Jacques (05 49 64 24 24). 🛒 mer.
🌐 www.cc-parthenay.fr

Petit bourg paisible, Parthenay s'anime brusquement le mercredi matin, jour du grand marché agricole, le deuxième de France. Les anciennes maisons à pans de bois se pressent le long de la rue Vau-Saint-Jacques, autrefois empruntée par les pèlerins en route pour Compostelle, et jalonnée de nombreuses églises, telle la maison-Dieu (XIIᵉ siècle).

À **Parthenay-le-Vieux**, sur la façade sculptée de l'**église Saint-Pierre** (XIIᵉ siècle), on peut voir, entre autres, Samson combattant le lion et un cavalier, faucon au poing.

Marais poitevin ❸

Charente-Maritime, Deux-Sèvres, Vendée. ✈ La Rochelle. 🚉 Niort.
🚌 Coulon, Arçais, Marans.
🛈 2, rue de l'Église, Coulon (05 49 35 15 20) ou 31, rue Gabriel-Auchier, Coulon (05 49 35 99 29).
🌐 www.parc-marais-poitevin.fr
🌐 www.marais-poitevin.fr

Deuxième zone humide de France après la Camargue, le Marais poitevin englobe un territoire de 80 000 hectares qui s'étend de Niort à la baie de l'Aiguillon.

On distingue le marais desséché voué à la céréaliculture et à l'élevage, et le marais mouillé, partie inondable du territoire, et terre d'élevage et de cultures à cycle court.

Ce dernier est surnommé la « Venise verte », sillonnée de voies navigables sous la verdure des peupliers, des frênes, des aulnes, des saules, et peuplée d'une faune riche (hérons, avocettes, loutres, anguilles, pibales) qu'il faut prendre le temps de découvrir.

On circule ici sur des barques à fond plat, les *plates*, que l'on manœuvre à l'aide d'une perche, la *pigouille*, ou d'une rame, la *pelle*. Des promenades en barque de deux heures, partent de Coulon, la Garette, Arçais, Saint-Hilaire-la-Palud, Le Mazeau, Maillezais ou Damvix.

À **Coulon**, capitale de la Venise verte, on peut également découvrir un aquarium de poissons d'eau douce, un écomusée ou encore faire une promenade en petit train touristique.

Maisons médiévales, rue de la Vau-Saint-Jacques à Parthenay

Les barques à fond plat typiques du Marais poitevin, à Coulon

Niort ❹

Deux-Sèvres. 🚶 57 500. 🚉 🚌
ℹ️ 16, rue du Petit-Saint-Jean
(05 49 24 18 79). 🛒 jeu. et sam.
🌐 www.niortourisme.com

Important port fluvial au Moyen Âge, Niort est aujourd'hui une cité moyenne prospère, siège des grandes mutuelles d'assurances et de la première société européenne d'assistance. C'est aussi l'une des villes les plus informatisées de France !

Les spécialités (anguilles, escargots et angélique) ne laissent aucun doute sur la proximité des marais. L'angélique est une plante aromatique que l'on cultive en terrain humide depuis des siècles pour les vertus curatives de ses racines, et dont la tige, une fois confite, entre dans la composition de desserts et confiseries.

Dès l'arrivée, on aperçoit les tours du donjon des Plantagenêts qui domine les Vieux-Ponts. Construit par Henri II et Richard Cœur de Lion, il remplit son rôle de défense au cours de la guerre de Cent Ans, avant d'être converti en prison. Née à Niort en 1635, Françoise d'Aubigné, future marquise de Maintenon (p. 52), y passa son enfance. Le musée du Donjon expose une collection ethnographique avec un intérieur poitevin, des coiffes régionales, des costumes et des bijoux, et une collection archéologique avec des pièces de la préhistoire jusqu'au haut Moyen Âge.

Le donjon des Plantagenêts, à Niort

Aux environs
Au nord de Niort s'élèvent les imposantes ruines du **château de Coudray-Salbart**. À **Saint-Maixent-l'École** se dresse l'église d'une ancienne abbaye reconstruite vers 1670 par François Le Duc.

Melle ❺

Deux-Sèvres. 🚶 4 300. 🚌 ℹ️ rue
E.-Traver (05 49 29 15 10). 🛒 ven.

Les rois francs exploitaient des mines d'argent aux alentours, et, dès le IXᵉ siècle, Melle possédait un des plus importants ateliers monétaires du royaume. Grand centre d'élevage, le pays mellois était aussi réputé pour ses ânes, les fameux baudets du Poitou.

Saint-Hilaire (XIᵉ-XIIᵉ siècle), édifiée au bord de l'eau et classée par l'Unesco, est la plus belle des trois églises du lieu. Sur le portail nord, une statue équestre est supposée représenter le seigneur de la ville sous l'allégorie de l'empereur Constantin. À l'intérieur, des chapiteaux sculptés sont ornés de figures fantastiques du bestiaire poitevin.

Au nord de Melle, le **site mégalithique de Bougon** comprend cinq chambres mortuaires (tumulus), dont la plus ancienne remonterait à plus de 4 700 ans avant J.-C.

Vers l'ouest, l'église de l'abbaye augustine de **Celles-sur-Belle**, possède un superbe portail d'inspiration orientale.

Statue équestre, portail nord de Saint-Hilaire, à Melle

Poitiers ❻

À de nombreuses reprises, Poitiers fut le théâtre de violents combats, le plus décisif ayant abouti à la victoire de Charles Martel sur les Arabes en 732. Après deux périodes de domination anglaise *(p. 47)*, la ville connut un essor particulier avec Jean de France, duc de Berry (1340-1416), mécène éclairé. Rabelais compta parmi les étudiants de l'université, fondée en 1431. Les terribles ravages des guerres de Religion amorcèrent le déclin de la cité. Il fallut attendre le xixᵉ siècle pour que Poitiers, qui garde vieux hôtels et maisons à pans de bois, connaisse un nouveau développement. Elle est aujourd'hui une capitale régionale active et dynamique.

Fresque de l'église Saint-Hilaire-le-Grand

🔒 Notre-Dame-la-Grande

Lieu de pèlerinage très fréquenté, cette collégiale est un pur joyau de l'art roman, richement décoré au xiiᵉ siècle de sculptures et de peintures murales, dont la remarquable fresque du chœur, qui représente une Vierge en majesté et le Christ. Les chapelles latérales ont été ajoutées à la Renaissance.

⚖ Palais de Justice

Pl. Alphonse-le-Petit.
📞 05 49 50 22 00. ⬜ *lun.-ven.*
Derrière la façade se trouve la grande salle romane du palais des comtes de Poitou, ducs d'Aquitaine.

🔒 Cathédrale Saint-Pierre

Elle date des xiiᵉ, xiiiᵉ et xvᵉ siècles. Ses stalles sont parmi les plus anciennes de France et elle possède de très belles verrières romanes et gothiques gothiques, dont le célèbre vitrail de la Crucifixion.

Les piliers polychromes de Notre-Dame-la-Grande

NOTRE-DAME-LA-GRANDE

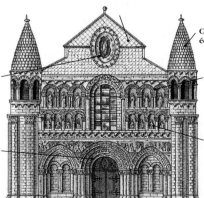

Le Christ en majesté, entouré des attributs des 4 évangélistes, est figuré au centre du pignon.

Les portails, sont richement sculptés selon la tradition poitevine.

Clochetons en écailles de pin

Les arcatures aveugles sont typiques du style poitevin.

Les 14 statues de la façade représentent les douze apôtres entourés de deux personnages, sans doute un pape et un évêque.

L'orgue (1787-1791), fait par François-Henri Cliquot, est l'un des plus réputés et des plus beaux d'Europe.

🔒 Église Sainte-Radegonde

Elle abrite la sépulture de Radegonde, fondatrice de l'abbaye Sainte-Croix. On peut voir son tombeau (587), dans la crypte, et, dans la nef, de beaux vitraux des XIIIᵉ-XIVᵉ siècles.

🔒 Baptistère Saint-Jean

Rue Jean-Jaurès. ◯ *juil.-août : t.l.j. ; sept.-juin : mer.-lun.* 🖼️
C'est l'un des plus anciens sanctuaires chrétiens connus, édifié au IVᵉ siècle. Les murs sont décorés dans leur partie haute de fresques romanes et gothiques. Un musée présente une importante collection de sarcophages mérovingiens de la région.

🏛 Musée Sainte-Croix

3 bis, rue Jean-Jaurès. 📞 *05 49 41 07 53.* ◯ *lun. a.-m.-dim.* ⚫ *j. f.* 🖼️
Le musée possède, outre une section archéologique, préhistorique, antique et médiévale, de riches collections de peintures et des sculptures du XIXᵉ siècle, parmi lesquelles des œuvres de Rodin et de Camille Claudel.

🔒 Église Saint-Hilaire-le-Grand

Incendies et reconstructions successives ont fait de l'église Saint-Hilaire-le-Grand un ensemble disparate, mais qui demeure d'une grande beauté : le chœur roman conserve encore ses très belles peintures du XIIᵉ siècle, dont un étonnant cycle sur l'apocalypse.

🏛 Médiathèque François-Mitterrand

4, rue de l'Université. 📞 *05 49 52 31 51.* ◯ *mar.-sam.* 🖼️
Implantée au cœur du centre historique, la médiathèque offre un accès à la connaissance au plus grand nombre par les moyens de communication les plus modernes. À l'intérieur, la Maison du Moyen Âge expose de nombreux manuscrits et gravures médiévales.

MODE D'EMPLOI

Vienne. 🗺 *83 000.* ✈ *5 km à l'ouest de Poitiers.* 🚉 🚌
ℹ *45, pl. Charles-de-Gaulle (05 49 41 21 24).* 🎪 *mar.-dim.*
🎭 *Colla-Voce (fin août-sept.).*
🌐 *www.ot-poitiers.fr*

Le Kinemax, une des attractions les plus populaires du Futuroscope

Futuroscope ❼

Jaunay-Clan. 🚉 📞 *05 49 49 30 80.* ◯ *t.l.j.* ⚫ *janv.* 🖼 🍴 🛏
🌐 *www.futuroscope.com*

Parc européen de l'Image et de la Communication, le Futuroscope présente les technologies de ces domaines dans un décor très futuriste. Il comporte un pavillon de la communication avec des expositions et de nombreuses attractions, comme le Gyrotour, le Tapis magique, le Mur d'images, l'Aquascope ou encore le Kinemax, un théâtre alphanumérique.

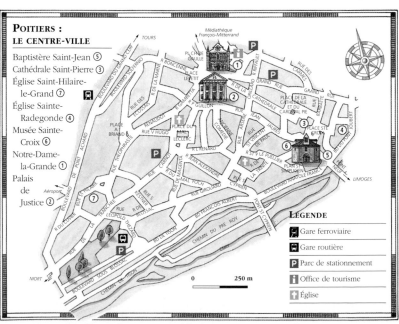

POITIERS : LE CENTRE-VILLE

Baptistère Saint-Jean ⑤
Cathédrale Saint-Pierre ③
Église Saint-Hilaire-le-Grand ⑦
Église Sainte-Radegonde ④
Musée Sainte-Croix ⑥
Notre-Dame-la-Grande ①
Palais de Justice ②

Médiathèque François-Mitterrand

LÉGENDE

🚉 Gare ferroviaire
🚌 Gare routière
🅿 Parc de stationnement
ℹ Office de tourisme
🔒 Église

0   250 m

Angles-sur-l'Anglin, les ruines du château et le vieux moulin

Abbaye de Nouaillé-Maupertuis ➑

Nouaillé-Maupertuis. ☎ *Mairie (05 49 55 16 16).* ⌚ *(église seul.) t.l.j. 9h-18 h.* ♿ *restreint.* ✍

Fondée à la fin du VIIᵉ siècle, l'ancienne abbaye bénédictine, fortifiée au XVᵉ siècle, dresse son imposante silhouette sur les rives du Miosson. L'**abbatiale** romane et classique abrite derrière le maître-autel le sarcophage de saint Junien, sur lequel sont peints trois aigles majestueux. Vous verrez aussi un jubé baroque et des stalles dans la nef. Les cryptes ne se visitent pas.

Tout près d'ici se déroula, en 1356, la troisième bataille de Poitiers opposant les troupes du Prince Noir à celles de Jean le Bon. La petite route de la Cardinerie conduit au gué de l'Omme, qui fut le centre des combats. Un monument marque la butte où le roi tint tête à l'ennemi, armé d'une simple hache d'armes et assisté de son jeune fils (le futur Philippe le Hardi, qui reçut plus tard le duché de Bourgogne en récompense de sa bravoure), et où le jeune homme lança l'avertissement qu'ont appris par cœur des générations d'écoliers : « Père, gardez-vous à gauche, Père, gardez-vous à droite ».

Chauvigny ➒

Vienne. 🏘 *7 300.* 🚉 ❶ *5, rue Saint-Pierre (05 49 46 39 01).* 🛒 *sam.* 🌐 *www.chauvigny.cg86.fr*

Construite sur un grand promontoire dominant la Vienne, la ville ne possède pas moins de cinq forteresses médiévales, toutes en ruine, dont celle des puissants évêques de Poitiers.

L'**église Saint-Pierre**, des XIᵉ et XIIᵉ siècles, mérite une visite pour l'harmonie de sa nef et pour ses extraordinaires chapiteaux historiés représentant des scènes bibliques, complétées d'un bestiaire fantastique. Dans la ville basse, l'**église Notre-Dame** (XIIᵉ siècle) abrite une fresque du XVᵉ siècle.

Un chapiteau sculpté de l'église Saint-Pierre

Aux environs

Le joli **château de Touffou**, fait de blocs roses et ocre, étale sur la Vienne ses terrasses et ses jardins suspendus. Un peu plus au nord, le village de **Bonneuil-Matours** possède une église romane dont les stalles sont magnifiquement sculptées. Mais toute la vallée de la Vienne engage à l'excursion : **Saint-Pierre-les-Églises** pour ses peintures murales, **Mortemer** pour son château et son église, **Civaux**, surtout, pour son église et une nécropole carolingienne.

⚓ **Château de Touffou**
Bonnes. ☎ *05 49 56 08 48.* ⌚ *mai-sept. : sam., dim., j. f. (a.-m. seul.) ; mi-juin-mi-sept : lun., mer.-dim. mat.* 🖼

Angles-sur-l'Anglin ➓

Vienne. 🏘 *430.* ❶ *14, la Place (05 49 48 86 87).* 🛒 *sam. et dim.* 🌐 *www.anglessuranglin.com*

Entre collines et rivière, ce charmant village, dominé par un château médiéval en ruine et doté d'un vieux moulin à aubes sur l'Anglin, mérite un détour. Mieux vaut y venir hors saison car les ruelles sont étroites. La tradition d'un savant travail d'aiguille qui fit la réputation du lieu, les *jours d'Angles*, se maintient vaillamment. Non loin au nord, s'élève l'église romane de **Vicq**.

Saint-Savin ⓫

Vienne. 🚶 1 100. 🚌
🛈 20, place de la Libération
(05 49 48 18 02). 🛒 ven.

L a gloire de la cité est la
majestueuse **église
abbatiale** du XIᵉ siècle,
épargnée par les conflits qui
ensanglantèrent longtemps
la région. Elle possède une
élégante flèche gothique et
une haute et harmonieuse
nef, mais surtout un ensemble
de **fresques**, réparties sur
toute la voûte, uniques en
Europe. Découvertes
en 1836, elles ont été classées,
puis entièrement restaurées
entre 1967 et 1974. L'abbaye
abrite un musée consacré
à leur histoire et aux
techniques utilisées pour
les réaliser. Saint-Savin
appartient, depuis 1984, au
patrimoine mondial de
l'Unesco. Une copie de
ces fresques est exposée
à Paris, au Palais de Chaillot
(*p. 106-107*).
Joliment situé au bord de la
Gartempe, qu'enjambe un
pont du XIIIᵉ siècle, Saint-Savin
est un bon centre d'excursion
pour partir à la découverte de
cette charmante vallée.

Le clocher de l'abbatiale

Montmorillon ⓬

Vienne. 🚶 7 600. 🚌 🛈 2, pl. Mᵃˡ-
Leclerc (05 49 91 11 96). 🛒 mer. et sam.

O utre l'**église Notre-Dame**
(XIIᵉ siècle), ornée de
fresques romanes, l'intérêt
de la ville, fondée dès le
XIᵉ siècle, réside dans l'ancien
couvent de la Maison-Dieu,
dont la salle des Dîmes et la
tour de cinq étages sont des
vestiges de la fondation.
Le célèbre **Octogone** était
probablement couronné
d'une lanterne des morts,

sorte de colonne creuse
surmontée d'une croix et
contenant un fanal, tracté par
une poulie, qui servait de
repère aux voyageurs égarés.
L'**église Saint-Laurent**
présente une frise historiée
sur la façade.

Aux environs
À quelques km au sud, on
découvre les spectaculaires
Portes d'Enfer, un défilé
sur la Gartempe apprécié des
amateurs de canoë-kayak.
Les environs comptent de
superbes églises romanes,
notamment, au nord-est,
l'**abbaye de Villesalem**.

Confolens ⓭

Charente. 🚶 3 000. 🚌 🛈 pl. des
Marronniers (05 45 84 22 22).
🛒 mer. et sam.

A ux portes du Limousin,
protégée par les vestiges
de son donjon et du château,
cette petite cité était jadis un
important lieu de passage,
grâce notamment au Pont-
Vieux, du XIIᵉ siècle. La ville
accueille en août un festival
international de folklore.

Charroux ⓮

Vienne. 🚶 1 500. 🛈 2, route de
Chatain (05 49 87 60 12). 🛒 jeu.

L 'abbaye Saint-Sauveur,
l'une des plus importantes
d'Europe depuis Charlemagne
jusqu'au XVIᵉ siècle, n'est plus
que ruines. Ne subsistent que
la haute tour lanterne de
l'église, le cloître et la salle
capitulaire où sont exposés
des éléments lapidaires
du portail, des vestiges
monumentaux et le trésor.
   C'est ici que fut proclamée
au Xᵉ siècle, par le concile de
Charroux, la « Paix de Dieu »,
qui imposait aux seigneurs
de respecter églises, prêtres,
hommes, enfants et bétail.

Aux environs
Au bord de la Charente,
l'église de **Civray** possède
une superbe façade historiée.
Au nord-est, les ruines de
l'**abbaye de La Réau** mérite
un détour.

LES FRESQUES DE SAINT-SAVIN

Les fresques de Saint-Savin (XIᵉ-XIIIᵉ siècle) illustrent
les épisodes de l'Ancien Testament, de la création aux
dix commandements. Au commencement, Dieu créa
les étoiles... et la femme. Viennent ensuite l'arche de Noé,
la tour de Babel, Joseph vendu par ses frères et le
passage de la mer Rouge. L'unité stylistique donne à
penser que l'ensemble, dont les vives couleurs se sont
estompées avec le temps, est l'œuvre sinon d'un seul
homme, du moins d'une seule équipe.

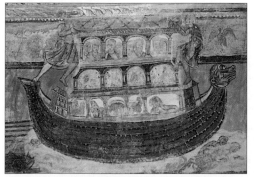

Fresque de l'arche de Noé dans l'église abbatiale de Saint-Savin

Aulnay ⓯

Charente-Maritime. 🎿 *1 400*. 🚉 🛈
290, av. de l'Église (05 46 33 14 44).
🚢 *jeu. et dim.* 🌐 *www.aulnay.info*

L'église Saint-Pierre
d'Aulnay, contrairement
à beaucoup d'autres, a été
construite d'un seul jet.
Aucune abside, ni transept
surajoutés ne viennent
altérer le sanctuaire entouré
de cyprès, qui se présente
exactement comme l'ont
connu les pèlerins au
XIIᵉ siècle, lorsqu'ils
marchaient vers Compostelle.
Elle est décorée de superbes
sculptures, notamment sur la
façade sud, la « face de
lumière », superbe spécimen
de style poitevin. Sur les
voussures successives du
portail se côtoient de gracieux
personnages bibliques et
des animaux fantastiques,
tel un âne jouant de la lyre.

Façade de l'église Saint-Pierre
à Aulnay

La Rochelle ⓰

Charente-Maritime. 🎿 *80 000*. ✈
🚉 🚌 🛈 *pl. de la Petite-Sirène, Le
Gabut (05 46 41 14 68).* 🚢 *t.l.j.*
🌐 *www.larochelle-tourisme.com*

G rand port de pêche et
de commerce depuis le
XIᵉ siècle, La Rochelle s'est
longtemps obstinée à prendre
le parti des Anglais ou des
calvinistes, raison pour
laquelle Richelieu fit raser
les remparts en 1628 à la suite
d'un siège. Le Vieux-Port,
fermé par la **tour Saint-
Nicolas** et la **tour de la**

La tour Saint-Nicolas à La Rochelle

Chaîne, s'est reconverti dans
la navigation de plaisance,
où il occupe, avec le port
des Minimes, la première
place sur la côte atlantique.
La Pallice, à 5 km, est
le port de commerce, d'où
part un pont construit
en 1988 reliant la pointe de
Sablanceaux, sur l'île de Ré.
  C'est à pied qu'il faut
parcourir La Rochelle, ses
arcades et ses rues pavées
bordées de très belles
demeures derrière la
Grosse-Horloge (XIVᵉ siècle),
ancienne porte de l'enceinte :
rues du Palais, Chaudrier,
des Merciers, etc.
  Le panorama est magnifique
du haut de la **tour de la
Lanterne**, où l'on enfermait
les prisonniers et dont les
parois sont couvertes de
graffiti et de dessins de
bateaux réalisés par ceux-ci
du XVIIᵉ au XIXᵉ siècle.
  Au **muséum d'Histoire
naturelle**, on peut voir
le cabinet de travail du
naturaliste rochelais Clément
Lafaille tel qu'il était au
XVIIIᵉ siècle et son inestimable
collection de coquillages,
une salle de zoologie et une
salle d'ethnographie africaine.
Le **musée du Nouveau
Monde** témoigne de
l'importance de l'implantation
française en Amérique à
partir du XVIᵉ siècle grâce
au commerce maritime,
tandis que le **musée des
Beaux-Arts** expose des
peintures orientalistes.
  Non loin du Vieux Port,
l'**aquarium** présente les fonds
sous-marins du globe dans
une mise en scène originale.
Le bassin à requins est à voir.

🚩 Tour de la Lanterne
Le port. 📞 *05 46 34 11 81.* ⏰ *mi-
mai-mi-sept. : t.l.j. ; mi-sept.-mi-mai :
mar.-dim.* ⬤ *certains j. f.* ♿
**🏛 Muséum
d'Histoire naturelle**
28, rue Albert-Iᵉʳ. 📞 *05 46 41 18 25.*
⬤ *pour rénovation.*
**🏛 Musée du
Nouveau Monde**
10, rue Fleuriau. 📞 *05 46 41 46 50.*
⬤ *mer.-lun. (w.-e. : a.-m. seul.)*
⬤ *certains j. f.* ♿
🏛 Musée des Beaux-Arts
28, rue Gargoulleau. 📞 *05 46 41 64
65.* ⏰ *mer.-lun. (w.-e. : a.-m. seul.)*
⬤ *certains j. f.* ♿
🐟 Aquarium
Bassin des Grands-Yachts. 📞 *05 46
34 00 00.* ⏰ *t.l.j.* ♿ ♿ 🍴 🛍 🅿

Aux environs
Le blanc village d'**Esnandes**,
pays des moules, garde une
belle église romane. L'**île de
Ré**, surnommée l'île blanche à
cause de ses falaises de craie
et ses dunes de sable clair,
abrite une importante réserve
d'oiseaux. À **Saint-Martin-
de-Ré**, principale localité de
l'île, la forteresse de Vauban
est toujours un pénitencier.

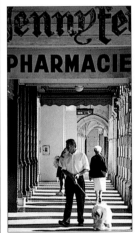

Les arcades de la rue du Palais

Rochefort ⓱

Charente-Maritime. 🎿 *27 000*. 🚉
🚌 🛈 *av. Sadi-Carnot (05 46 99 08
60).* 🚢 *mar., jeu. et sam.*
🌐 *www.tourisme.fr/rochefort*

C onstruit au XVIIᵉ siècle par
Colbert (*p. 52-53*) pour
être le plus grand arsenal
maritime de France, le port de

Le phare des Baleines, à la pointe occidentale de l'île de Ré

Rochefort fut longtemps le rival historique de La Rochelle.

La **Corderie royale**, très bien restaurée, abrite le Centre international de la mer et le chantier de l'*Hermione*, où l'on reconstruit à l'identique la frégate de La Fayette. Le **musée de la Marine**, installé dans l'hôtel de Cheusses, expose des maquettes de bateaux et de machines utilisées à terre ou en mer et des figures de proue.

C'est à Rochefort qu'est né le romancier et grand voyageur **Pierre Loti** (1850-1923). Sa maison natale, transformée en musée, est un extraordinaire entassement, enchaînant chambre arabe et salon turc.

Outre le produit des fouilles effectuées dans la région, le **musée d'Art et d'Histoire** possède une belle collection de poterie saintongeaise.

🚢 La Corderie royale
Centre International de la mer, rue Toufaire. 📞 05 46 87 01 90. ◐ t.l.j. ● 1er-15 janv., 25 déc. 🖼 🕭

🏛 Musée de la Marine
1, pl. de la Galissonnière. 📞 05 46 99 86 57. ◐ avr.-mi-sept. : t.l.j. ; mi-sept.-mars : mar.-dim. ● mi-déc.-janv. et certains j. f. 🖼 🕭

🏛 Maison de Pierre Loti
141, rue Pierre-Loti. 📞 05 46 99 16 88. ◐ t.l.j. ● mi-déc.-janv. et certains j. f. 🖼 🎦 🕭

🏛 Musée d'Art et d'Histoire
63, av. du Gal-de-Gaulle. 📞 05 46 82 67 80. ◐ t.l.j. ● 1er janv., 25 déc.

Aux environs
L'**île d'Aix**, desservie par un ferry au départ de Fouras, accueillit Napoléon avant son exil à Sainte-Hélène.

La maison qu'il occupa pendant quatre nuits avant de se rendre aux Anglais est aujourd'hui un musée. Dans la rade, le fier **fort Boyard** fut construit de 1804 à 1857.

🏛 Musée napoléonien
Rue Napoléon. 📞 05 46 84 66 40. ◐ juin-sept.: t.l.j. ; oct.-mai : mer.-lun ● certains j. f. 🖼 🕭

Napoléon, détenu à l'île d'Aix en 1814

Île d'Oléron ⑱

Charente-Maritime. ✈ La Rochelle. 🚂 Rochefort, Marennes, puis bus. 🚢 depuis La Rochelle. 🛈 Bourcefranc (05 46 85 65 23).

C'est la plus grande des îles françaises, après la Corse, riche en belles plages et forêts, et jouissant d'un climat exceptionnellement doux. La **Côte Sauvage**, au sud, attire chaque année un grand nombre de touristes, notamment à proximité de La Cotinière. Le phare de Chassiron offre une belle vue sur les marais et les vignes de la côte nord, moins fréquentée. Le train miniature de **Saint-Trojan**, station balnéaire au sud de l'île, sillone dunes et sous-bois.

Brouage ⑲

Charente-Maritime. 🏘 580. 🛈 2, rue du Québec, Hiers-Brouage (05 46 85 19 16).

Place forte de Richelieu pendant le siège de La Rochelle en 1627, le port de Brouage, envasé, a été déserté par l'océan au siècle suivant et dresse désormais dans la campagne son mur d'enceinte inutile. C'est ici que Marie Mancini fut envoyée en exil par son oncle Mazarin, qui désapprouvait sa liaison avec le jeune Louis XIV. Le roi n'oublia jamais son premier amour et vint se recueillir dans la chambre qu'avait occupée la jeune fille.

Aux environs
Dans les parcs de **Marennes-Oléron**, au sud, on récolte les fines de claire, petites huîtres vertes qui représentent la moitié de la production ostréicole française. Vous aurez une vue magnifique depuis le clocher de l'**église Saint-Pierre** et découvrirez des attelages au **château de La Gataudière** ou le musée de l'Huître au **fort Louvois** (XVIIe siècle). Les élevages d'huîtres se visitent.

L'une des cinq plages de Royan

Royan **⑳**

Charente-Maritime. **⋀** *17 500.*
🚉 🚌 ⛴ *jusqu'à Verdon seul.*
ℹ *rond-point de la Poste (05 46 05 04 71).* 🅿 *mar.-dim.*
W *www.royan-tourisme.com*

Gravement endommagée par les bombardements, Royan a été entièrement reconstruite après la fin de la dernière guerre. La ville neuve et ses cinq plages de sable fin, dont la **Grande Conche**, attirent chaque été une foule de touristes.

Élégant édifice de béton armé, l'**église Notre-Dame** a été construite par Guillaume Gillet entre 1955 et 1958.

Épargné par les guerres et les intempéries, le phare Renaissance de **Cordouan**, construit au large en 1611, a été surélevé postérieurement. Il mesure 66 m de haut. Des vedettes de promenade y conduisent depuis Royan.

Aux environs
Les stations de **Saint-Palais** et **Saint-Georges-de-Didonne**

offrent leurs plages. Au nord, s'élève l'ancienne abbaye de Sablonceaux (XIIIᵉ siècle). De magnifiques pinèdes fixent des dunes dans la forêt de la Coubre, en bordure de l'Océan. Vous découvrirez un parc zoologique à **La Palmyre** et l'ostréiculture à **La Tremblade** et aux **Étaules**.

Talmont-sur-Gironde **㉑**

Charente-Maritime. **⋀** *83.*
ℹ *rue de l'Église (05 46 90 16 25).*

La petite église romane **Sainte-Radegonde** (1094), en équilibre instable sur une falaise calcaire, domine la Gironde. Une des travées de la nef s'est effondrée à cause de l'érosion. L'abside épouse la forme de la proue d'un navire, le portail est sculpté et les chapiteaux de la nef sont remarquables (saint Georges terrassant le dragon).

Le village, avec ses maisons blanches et ses roses trémières, est une vraie merveille.

Saintes **㉒**

Charente-Maritime. **⋀** *27 500.* 🚉
🚌 **ℹ** *Villa Musso, 62, cours National (05 46 74 23 82).* 🅿 *mar.-dim.*
W *www.ot-saintes.fr*

La capitale de la Saintonge et son pont sur la Charente ont vu passer pendant des siècles pèlerins et voyageurs. Le pont romain a été remplacé, mais l'**arc de Germanicus** est toujours debout.

Un peu plus loin, sur la rive droite, se dresse l'**abbaye aux Dames**, où furent éduquées nombre de jeunes filles nobles. L'église abbatiale, consacrée en 1047, possède une magnifique façade sculptée.

La rive gauche abrite les vestiges d'un **amphithéâtre romain** du Iᵉʳ siècle et, un peu plus loin, un chef-d'œuvre d'architecture romane, l'**église Saint-Eutrope**. C'est Louis XI, attribuant à saint Eutrope la guérison de son hydropisie, qui fit construire le clocher (XVᵉ siècle). L'édifice a été endommagé par la destruction de la nef en 1803, mais les chapiteaux du chœur et de la crypte ont été conservés. Voir aussi la **cathédrale Saint-Pierre** et les musées des Beaux-Arts et Dupuy-Mestreau.

Aux environs
À **La Roche-Courbon** s'élève « le château de la Belle au bois dormant ».

L'arc de Germanicus à Saintes

Cognac **㉓**

Charente. **⋀** *20 000.* 🚉 🚌
ℹ *16, rue du 14-Juillet (05 45 82 10 71).* 🅿 *mar.-dim.*

Toute la ville, ancien port de batellerie au bord de la Charente, semble vouée à son illustre alcool. Le château des

La nécropole de l'église Saint-Jean, Aubeterre-sur-Dronne

Valois, bâti entre les XIIIᵉ et XVIᵉ siècles, où naquit François Iᵉʳ, est lui-même occupé par une maison de négoce, **Cognac Otard**, que l'on peut visiter, tout comme d'autres chais répartis dans la ville, où l'on trouve encore quelques maisons anciennes. On découvrira le musée de Cognac à l'hôtel de ville et un beau parc forestier à l'est. Aux environs, la Grande et la Petite Champagne produisent des vins médiocres qui, une fois « brûlés » par une double distillation et vieillis en fûts entre 3 et 40 ans, donneront les plus fameuses de nos eaux-de-vie.

Pons, au cœur du vignoble, est une ville ancienne groupée autour de son donjon du XIIᵉ siècle, non loin du joli château Renaissance d'**Usson** et de nombreuses églises romanes saintongeaises aux remarquables façades.

Verre à cognac

🍾 Cognac Otard
Château de Cognac, 27, bd Denfert-Rochereau. ☎ 05 45 36 88 86.
⭕ avr.-oct. : t.l.j. ; nov.-déc. : lun.-ven. ⚫ certains j. f. 📷

Angoulême ㉔

Charente. 👥 48 000. 🚉 🚌
ℹ pl. des Halles (05 45 95 16 84).
🛍 mer. et sam. 🎬 festival internationnal de la Bande dessinée (janv.)
🌐 www.mairie-angouleme.fr

Au sommet de la ville, la cathédrale Saint-Pierre

possède une extraordinaire façade romane, où plus de 70 personnages de pierre sculptée illustrent les thèmes de l'Ascension et du Jugement dernier. Les restaurations inconsidérées menées au XIXᵉ siècle par l'architecte Abadie entraînèrent la destruction d'une crypte du VIᵉ siècle. Abadie fit abattre le château comtal, hormis la **tour de Lusignan** et la **tour de Valois** où serait née Marguerite d'Angoulême (auteur de l'*Heptaméron*), et le remplaça par un hôtel de ville de style éclectique. On peut admirer en ville de belles demeures de la Renaissance et de l'époque classique.

Le **Centre national de la Bande dessinée et de l'Image** (CNBDI) possède d'intéressantes pièces rares et des documents relatifs à la bande dessinée dans le monde, les axes majeurs étant

l'âge d'or américain et l'école franco-belge (Tintin et Astérix en tête).

🏛 Centre national de la Bande dessinée et de l'Image
121, rue de Bordeaux. ☎ 05 45 38 65 65. ⭕ mar.-dim. (w.-e. : a.-m. seul.). ⚫ janv. et j. f. 📷 ♿

Aux environs
Angoulême s'est longtemps illustrée dans la fabrication du papier. Au **moulin du Verger**, à Puymoyen, on fabrique encore du papier à la cuve selon les méthodes traditionnelles. **Saint-Amand-de-Boixe** garde une belle église en partie romane, et le pittoresque bourg de **La Rochefoucauld** cerne son vaste château des XIIᵉ et XVIᵉ siècles.

🏭 Moulin du Verger
Puymoyen. ☎ 05 45 61 10 38.
⭕ t.l.j. ⚫ j. f

Aubeterre-sur-Dronne ㉕

Charente. 👥 390. 🚌 ℹ pl. du Château (05 45 98 57 18). 🛍 dim.

Aubeterre (en latin *alba terra*) doit son nom à sa falaise de calcaire blanc, dans laquelle les premiers chrétiens ont creusé un sanctuaire dès le IVᵉ siècle. L'**église monolithe Saint-Jean** abrite un baptistère que les fouilles ont mis au jour, ainsi qu'un monument monolithe ayant pu servir de reliquaire.

Détail de la façade de la cathédrale Saint-Pierre à Angoulême

Bordeaux pas à pas 26

É difié sur une courbe de la Garonne, le « port de la lune » des *Chroniques* de Froissart est au carrefour des voies terrestres et maritimes depuis l'époque romaine. La physionomie actuelle de la ville conserve peu de traces du passage successif des Francs et des Anglais ou des bouleversements des guerres de Religion ; son architecture est surtout marquée par une réorganisation totale au XVIIIᵉ siècle. Les rues du centre s'ordonnent autour de la vaste esplanade des Quinconces dont les terrasses dominent le fleuve. S'y ajoutent la place de la Bourse et la place de la Comédie où se dresse le Grand-Théâtre. Tournée vers la mer et vers l'avenir, Bordeaux est la cinquième ville de France.

L'église Notre-Dame construite de 1684 à 1707

La Maison du Vin renseigne sur la visite des chais.

Les quais offrent une superbe façade du XVIIIᵉ siècle, à l'image d'une prospère cité portuaire.

★ **Grand-Théâtre**
La façade de ce chef-d'œuvre, édifié entre 1773 et 1780, est ornée de statues des 9 muses et de 3 déesses.

À NE PAS MANQUER

★ **Grand-Théâtre**

★ **Esplanade des Quinconces**

★ **Place de la Bourse**

LÉGENDE

– – – Itinéraire conseillé

---

0   100 m

★ **Place de la Bourse**
Sur l'ancienne place Royale, chef-d'œuvre d'harmonie, la Bourse fait face à l'hôtel des Douanes.

★ **Esplanade des Quinconces**
Entourée d'arbres et ornée des statues de Montaigne et de Montesquieu, elle a été aménagée au XIXᵉ siècle.

MODE D'EMPLOI

Gironde. 🏛 220 000. ✈ 10 km à l'ouest. 🚉 🚌 🚏 12, cours du 30-Juillet (05 56 00 66 00). 🚢 t.l.j. 🎷 Été girondin (jazz ; juil.-août) ; Fête du Vin (juin-juil., années paires) ; Fête du Fleuve (juin-juil., années impaires). 🌐 www.bordeaux-tourisme.com

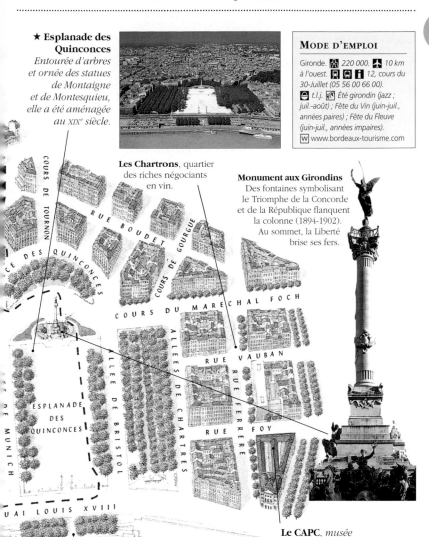

Les Chartrons, quartier des riches négociants en vin.

Monument aux Girondins
Des fontaines symbolisant le Triomphe de la Concorde et de la République flanquent la colonne (1894-1902). Au sommet, la Liberté brise ses fers.

COURS DE TOURNON

RUE BOUDET

COURS DE GOURGUE

CE DES QUINCONCES

COURS DU MARECHAL FOCH

ALLEE DE BRISTOL

ALLÉES DE CHARTRES

RUE VAUBAN

RUE FERRERE

ESPLANADE DES QUINCONCES

DE MUNICH

RUE FOY

UAI LOUIS XVIII

Les terrasses offrent une belle vue sur le port.

Le CAPC, *musée d'Art contemporain, est installé dans un ancien entrepôt.*

LE MARCHÉ DU VIN

Bordeaux est le plus ancien port de commerce de France après Marseille. Depuis l'époque romaine, sa prospérité repose sur l'exportation du vin, développée par l'occupation anglaise (1154-1453). La barrique bordelaise (225 litres depuis une loi de 1886) est la plus utilisée dans le monde. L'**École du Vin**, 1, cours du 30-Juillet, propose des stages de dégustation. L'office de tourisme renseigne sur les visites du vignoble. bordelais. L'**Intendant**, 2, allées de Tourny, assure la vente au détail.

Embarquement des barriques au XIXᵉ siècle

GRAND-THÉÂTRE DE BORDEAUX

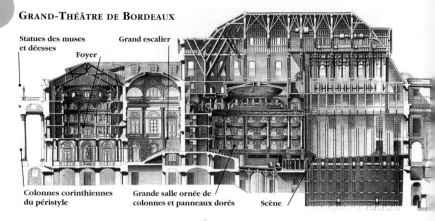

Statues des muses et déesses

Foyer

Grand escalier

Colonnes corinthiennes du péristyle

Grande salle ornée de colonnes et panneaux dorés

Scène

À la découverte de Bordeaux

Le Triangle d'or est délimité par le cours de l'Intendance, le cours Clemenceau et les allées de Tourny. La rue Sainte-Catherine, rendue aux piétons, et la rue de la Porte-Dijeaux sont bordées de boutiques et de cafés.

🏛 Grand-Théâtre

Pl. de la Comédie. ☎ 05 56 00 85 20.
Le Grand-Théâtre est sans doute l'un des plus beaux théâtres du monde. Il fut construit entre 1773 et 1780 par l'architecte Victor Louis. La salle, qui a retrouvé ses couleurs d'origine bleu, blanc et or, est réputée pour son acoustique exceptionnelle. Le grand escalier servit de modèle à Garnier pour celui de l'Opéra de Paris (p. 93).

🔒 Église Saint-Seurin

Mélange de styles divers, du XIe au XVIIIe siècle, cette église abrite une intéressante collection de sarcophages des VIe et VIIe siècles et une chaire épiscopale sculptée dans la pierre. À côté du portail sud se trouve un intéressant site paléochrétien. Le **palais Gallien**, tout près, est un ancien amphithéâtre romain.

🔒 Église Saint-Michel

Commencé en 1350, le sanctuaire, qui compte trois nefs parallèles, ne fut achevé que 200 ans plus tard (remarquable statue de sainte Ursule). La flèche gothique de son clocher isolé (1472-1492) atteint 114 mètres.

🏛 Musée des Beaux-Arts

20, cours d'Albret. ☎ 05 56 10 20 56. ◯ mer.-lun. ● j. f. 🎦 ⚹
Installé dans les ailes nord et sud de l'hôtel de ville, le musée possède d'importantes collections de peinture de la Renaissance à la seconde moitié du XXe siècle, exposées en alternance (Véronèse, Titien, Rubens, Delacroix, Corot, Boudin, Renoir, Matisse, etc.). Non loin, l'hôtel de Lalande abrite le **musée des Arts décoratifs**.

🏛 Musée d'Aquitaine

20, cours Pasteur. ☎ 05 56 01 51 00.
◯ mar.-dim. ● j. f. 🎦 ⚹
Le musée se consacre à l'ethnographie régionale et en particulier à l'histoire du vignoble bordelais, à travers œuvres d'art, documents divers, outils et objets usuels. La pièce maîtresse de la collection préhistorique est le trésor de Tayac, qui comprend des monnaies et un torque en or massif.

Rue du vieux Bordeaux, porte de la Grosse Cloche

🔒 Cathédrale Saint-André

Totalement reconstruite du XIIIe au XVe siècle, la cathédrale garde un mur du XIe siècle. On notera, sur la porte Royale, la représentation sculptée du Jugement dernier. Tout près se trouve le **centre Jean-Moulin**, consacré à la Résistance.

🏛 Le CAPC - Musée d'Art contemporain

Entrepôt Lainé, 7, rue Ferrère.
☎ 05 56 00 81 50.
◯ mar.-dim. ● j. f. 🎦 ⚹
Le Centre d'arts plastiques contemporains, ouvert en 1990 dans l'entrepôt Lainé, propose diverses expositions d'art moderne. Ses collections rassemblent des œuvres des années 1960-1970. Complété par un auditorium, une bibliothèque et un centre de documentation, il tient également lieu de centre culturel.

Saint-Émilion ㉗

Gironde. 🚶 2 450. 🚉 🛈 pl. des Créneaux (05 57 55 28 28). 🚗 dim.
🖥 www.saint-emilion-tourisme.com

S i le nom évoque l'une des plus prestigieuses appellations de bordeaux rouge (p. 388-389), Saint-Émilion est avant tout une ravissante petite ville médiévale entourée de vignobles qui, à l'origine, se développa autour d'un ermitage. On y voit les vestiges d'un ancien couvent, le mur des Dominicains, ainsi que des remparts, des cloîtres, une collégiale du XIIᵉ siècle, et surtout l'église monolithe, étonnante réalisation de l'art troglodytique creusée par les moines à même la falaise après la mort du saint ermite Émilion. Le **château Ausone**, premier grand cru classé de Saint-Émilion, rappelle le souvenir du consul et poète gallo-romain, qui vantait déjà les vertus du bordeaux au IVᵉ siècle.

Un vignoble dans le Médoc

Pauillac 28

Gironde. 🏠 5 850. 🚗 🚆 ♿ *La Verrerie (05 56 59 03 08).* 🛍 sam.

L a petite commune de Pauillac, dans le Médoc *(p. 388-389),* détient à elle seule trois des quatre premiers grands crus classés du Médoc, le **château Lafite-**

Rothschild, le **château Latour** et le **château Mouton-Rothschild** (visite des chais sur r.-v.). Capitale du Médoc viticole, Pauillac possède aussi un port, équipé aujourd'hui pour la navigation de plaisance. Sur les quais, on déguste les spécialités du pays, vins, agneau et crevettes de

l'estuaire. On aperçoit au loin les cabanes de pêche, appelées « carrelets », posées sur la berge comme de grands échassiers. Sur l'autre rive de la Gironde, à 15 km au sud-est de Pauillac, se dresse la citadelle de **Blaye** construite sur ordre de Louis XIV pour protéger Bordeaux.

LES CHÂTEAUX DU BORDELAIS

Emblématique du bordeaux, le vin le plus connu dans le monde, le « château » est un vignoble assorti d'un édifice, qui peut aller du plus modeste au plus élaboré, symbole d'une tradition aristocratique de qualité, attachée à un domaine. Certains châteaux sont ouverts aux visiteurs. Le Comité interprofessionnel des vins de Bordeaux, à la Maison du Vin *(p. 410)* vous donnera des renseignements sur les itinéraires et la visite des chais (celliers de dégustation, car le sous-sol friable n'autorise pas les caves).

Le château Latour, à Pauillac, est reconnaissable à sa tour ronde représentée sur l'étiquette du vin.

Le château Cheval-Blanc est l'un des premiers grands crus classés de saint-émilion.

Le château Margaux est un premier grand cru classé harmonieux, à l'image du péristyle de la façade (1802).

Le château Palmer (1856), de style néo-Renaissance, donne un médoc troisième cru (Cantenac-Margaux).

Le château Gruaud-Larose, édifice classique fait de pierres ocre, donne un médoc deuxième cru bien charpenté (Saint-Julien).

Le vieux château Certan, dont les propriétaires sont belges, se classe parmi les pomerols, qui occupent indiscutablement la 1ᵉʳᵉ place malgré l'absence de tout classement officiel.

La dune du Pilat, à l'entrée du bassin d'Arcachon

Côte d'Argent 29

Gironde, Landes. 🚉 Bordeaux. 🚌 Soulac-sur-Mer, Arcachon, Labenne. 🚌 Lacanau, Arcachon, Mimizan. 🛈 Lacanau (05 56 03 21 01), Mimizan-Plage (05 58 09 11 20), Capbreton (05 58 72 12 11).

Elle s'étend de l'extrême pointe sud de l'estuaire de la Gironde aux plages de Bayonne et forme pratiquement une seule étendue de sable blanc, bordée de dunes mouvantes.

Les stations balnéaires s'y succèdent : **Soulac-sur-Mer, Lacanau-Océan** et **Mimizan-Plage, Hossegor** et **Capbreton**.

À l'intérieur, des chapelets de lacs sont reliés à l'Océan par des canaux émissaires appelés « courants », comme le **courant d'Huchet** qui régularise l'étang de Léon. C'est une zone protégée dont la flore est exceptionnellement riche.

Bassin d'Arcachon 30

Gironde. 🏠 12 000. 🚌 🚌 🛈 esplanade Georges-Pompidou, Arcachon (05 57 52 97 97). 🚢 t.l.j. 🌐 www.arcachon.com

La ligne plate de la côte semble brusquement céder en son milieu, pour former une sorte d'enclave dans les terres, le bassin d'Arcachon, abri naturel pour les voiliers et les parcs ostréicoles. De nombreuses petites plages sont semées

autour du vaste bassin, à commencer par **Le Cap-Ferret** au nord, station résidentielle dont le phare monte la garde sur l'Atlantique. De là, on gagne Arès et Andernos, au fond du bassin que la mer déserte à marée basse. Non loin de Gujan-Mestras, capitale de l'huître, le **parc ornithologique du Teich** accueille les oiseaux de mer et les espèces menacées. Des circuits bien balisés permettent d'observer sans être vu les différentes variétés d'oiseaux qui s'y réfugient.

Séparée de la commune de La Teste, **Arcachon** devint à partir de 1845 une plage à la mode, ce dont témoignent les élégantes villas construites jusqu'au début du XXe siècle dans la paisible ville d'hiver. Autour de la plage Thiers, la ville d'été a pris ensuite le relais, avec son casino, ses boutiques et ses restaurants, sa digue-promenade et ses

aménagements sportifs.

L'immense **dune du Pilat**, qui s'élève à plus de 100 m sur 3 km de long, est la plus grande d'Europe. Elle offre une magnifique vue sur le bassin, les maisons sur pilotis de l'île aux oiseaux et le banc d'Arguin, réserve classée.

✵ Parc ornithologique du Teich

Le Teich. 📞 05 56 22 80 93. 🕐 t.l.j. 📷 ♿ 🍴 🚻

Parc naturel régional des Landes de Gascogne 31

Gironde, Landes. 🚉 Bordeaux, Biarritz. 🚌 Morcenx, Dax, Mont-de-Marsan. 🚌 Mont-de-Marsan. 🛈 Maison du Parc, 33, route Bayonne, Belin-Béliet (05 57 71 99 99).

Créé en 1970, il a ceci de particulier qu'il n'est précisément pas « naturel ».

Le parc ornithologique du Teich, au sud-est du bassin d'Arcachon

LA FORÊT DES LANDES

Entièrement créée par l'homme, l'immense forêt des Landes est constituée d'une pinède implantée au XIXᵉ siècle dans cette région marécageuse pour enrayer la dérive des sables et permettre l'utilisation des sols. Le marais a été asséché en 1855. Une association de pins maritimes, de chênes verts, de buissons et d'oyats contribue à stabiliser le terrain et les dunes, et à maintenir un équilibre écologique fragile.

La pinède

Jusqu'au milieu du XIXᵉ siècle, la région était un vaste marécage, où les moutons trouvaient une maigre pâture, sous la surveillance des fameux bergers landais juchés sur leurs échasses. C'est l'intervention de l'homme qui en fit une forêt, exploitée pour le bois d'œuvre et la résine, afin d'arrêter la progression des dunes.

L'écomusée de la Grande Lande est constitué de trois pôles. À Sabres, un petit train du XIXᵉ siècle conduit à **Marquèze**, où l'on voit des bâtiments de ferme en bois et torchis, semblables à ceux qui existaient dans la région au XIXᵉ siècle. La maison de maître, meublée à l'ancienne, comporte un auvent et une toiture typique à trois pentes. L'installation est complétée par divers autres bâtiments traditionnels.

Moustey possède deux églises mitoyennes qui présentent en alternance des expositions consacrées aux croyances des Landais.

À **Luxey**, un atelier de distillation de la gemme (1859-1954) explique l'exploitation de la résine et des produits dérivés.

Au petit village de **Lévignacq**, on peut admirer de belles de maisons landaises traditionnelles ; son église fortifiée du XIVᵉ siècle est décorée de fresques naïves.

Mont-de-Marsan 32

Landes. 👥 32 200. 🚉 🚌
ℹ️ 6, place du Général-Leclerc (05 58 05 87 37). 🛒 mar. et sam.
W www.mont-de-marsan.org

Haut lieu de la tauromachie en France, les arènes du Plumaçon, à Mont-de-Marsan, attirent à la belle saison une foule cosmopolite lors des fêtes de la Madeleine en juillet. Moins sanglante que la corrida et tout aussi sportive, la course landaise est une série d'esquives destinées à mettre en valeur le courage et l'adresse des participants.

La ville possède aussi un hippodrome et un donjon construit au XIVᵉ siècle par Gaston Phébus, comte de Béarn. Le musée Despiau-Wlérick expose, autour des sculptures de ces deux artistes locaux, près de 600 œuvres Art déco. Vers l'est, **Labastide d'Armagnac**, bourg landais médiéval, vit du négoce du célèbre alcool *(p. 430)*. Au sud, **Saint-Sever** garde sur un belvédère les restes d'une abbaye du XIᵉ siècle.

Dax 33

Landes. 👥 20 300. 🚉 🚌 ℹ️ 11, cours Foch (05 58 56 86 86). 🛒 sam. et dim.matin (et mar. mi-nov.-mi-fév.).

Dax est la première station thermale de France (rhumathologie, phlébologie). Les vertus curatives de ses sources chaudes (64° C) et des boues énergétiques de l'Adour étaient déjà connues sous l'empereur Auguste.

De l'ancienne cathédrale gothique Notre-Dame, ne subsiste que le **portail des Apôtres** (XIIIᵉ siècle). Si le patrimoine architectural de la ville porte essentiellement sur l'Art déco, ses arènes et sa feria (août), en revanche, sont célèbres dans le monde entier. Dax est aux portes de la **Chalosse**, riche pays agricole, terre des confits et du foie gras. **Le Tursan** et son vin, **Aire-sur-l'Adour**, **Saint-Vincent-de-Paul** ou, aux portes du Pays Basque, **Peyrehorade** méritent un arrêt, parmi bien d'autres bourgs, qui pour une église, qui pour un château, ou une bastide...

La Force (1937) de Raoul Lamourdieu à Mont-de-Marsan, capitale de la tauromachie

PÉRIGORD,
QUERCY ET GASCOGNE

DORDOGNE · LOT · TARN · HAUTE GARONNE · LOT-ET-GARONNE
TARN-ET-GARONNE · GERS · CORRÈZE

Remontant aux plus lointaines époques, l'archéologie témoigne que le Sud-Ouest de la France est habité depuis plus longtemps que toute autre région d'Europe. Est-ce de là que provient la subtile harmonie des paysages où la présence humaine semble évidente depuis toujours ?

Les grottes du Périgord présentent des peintures rupestres du paléolithique supérieur ; vieilles de plus de quinze mille ans, elles figurent parmi les plus anciens témoignages connus de l'art préhistorique. Pour être de création plus récente, les bastides, exemple d'un urbanisme médiéval original *(p. 435)*, les châteaux et les églises qui jalonnent le pays, de Périgueux aux Pyrénées, de Toulouse à la Méditerranée, n'en sont pas moins remarquables. Des premiers temps du christianisme à la fin du XVIIᵉ siècle, ces régions furent le théâtre de conflits sanglants, combats franco-anglais de la guerre de Cent Ans, puis luttes fratricides entre catholiques et huguenots *(p. 48-51)*.

Il reste de ces époques troublées des fragments de remparts, des donjons et toute une suite de bastides, dans des sites naturels préservés. Mais il n'est sans doute pas inutile de se souvenir que nombre de ces ensembles grandioses, de l'abbaye de Moissac au village de Rocamadour, ont eu un jour ou l'autre à souffrir de la guerre.

Riche de tous les atouts pour de merveilleuses vacances (panoramas infinis, chemins tranquilles, eaux limpides et bonne cuisine), le Sud-Ouest rural connaît pourtant une économie souvent précaire. Les exploitants agricoles ont souffert des mutations technologiques de l'après-guerre ; les campagnes se sont vidées et ont vieilli, la population se concentrant notamment dans l'agglomération toulousaine.

« Vert » ou culturel, le tourisme est désormais une vraie chance pour ces régions.

Les oies du Périgord, élevées pour la fabrication du foie gras

◁ **La Roque-Gageac, sur les bords de la Dordogne**

À la découverte du Périgord, du Quercy et de la Gascogne

Que l'on séjourne dans une ville moyenne, Périgueux, Cahors ou Albi, ou à Toulouse, la métropole régionale, quelques tours de roues suffiront pour retrouver les vertes collines et les villages tranquilles du Périgord (également appelé Dordogne) et de la Gascogne, qui savent vous offrir leurs délectables spécialités et déployer les merveilles de leurs sites, de leurs grottes souterraines, de leurs sanctuaires et de leurs châteaux.

La cité médiévale de Cordes-sur-Ciel

CIRCULER

L'axe le plus important de la région est l'autoroute des Deux-Mers (A 62-A 61), qui permet de passer de l'Atlantique à la Méditerranée. La nouvelle autoroute A 20 au départ de Limoges dessert la Dordogne et le Quercy. Des lignes TGV relient Paris à Bordeaux et à Toulouse, et les deux métropoles entre elles. Trains régionaux et autocars complètent le réseau. Toulouse possède un aéroport international, dont les vols quotidiens desservent les capitales européennes.

LÉGENDE

- Autoroute
- Route principale
- Route secondaire
- Parcours pittoresque
- Cours d'eau
- ✻ Point de vue

0   25 km

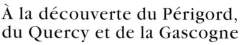

Vers Limoges
Poitiers

LA RÉGION D'UN COUP D'ŒIL

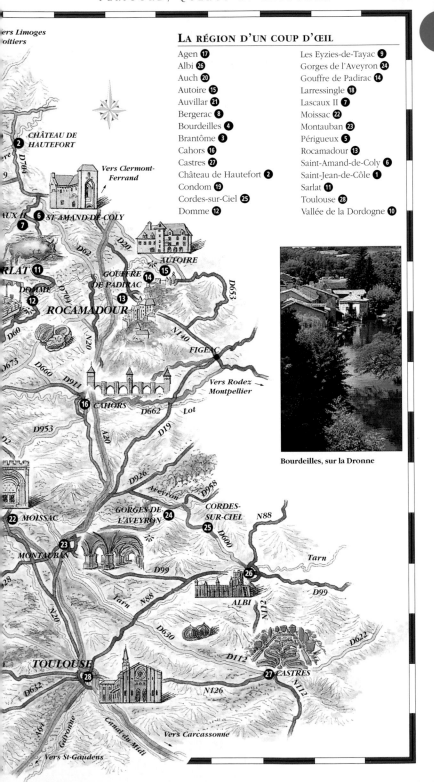

Bourdeilles, sur la Dronne

Saint-Jean-de-Côle ❶

Dordogne. 🚶 350.
ℹ️ pl. du Château. (05 53 62 14 15).

C'est un village pittoresque, dans un paysage de collines, avec son vieux pont en dos d'âne qui enjambe la Côle et ses maisons couvertes de tuiles brunes. Sur la grand-place, la halle couverte voisine avec le château de la Marthonie, mi-Renaissance, mi-classique, avec un prieuré qui renferme un cloître du XVIᵉ siècle et avec une église romane (XIᵉ-XIIᵉ siècle). La coupole qui surmontait la nef de cet édifice au plan singulier était si grande qu'elle s'écroula plusieurs fois ; au XIXᵉ siècle, elle fut enfin remplacée par un plafond de planches.

Saint-Jean-de-Côle, la grand-place

Château de Hautefort ❷

Dordogne. ℹ️ 05 53 50 51 23.
🕐 mars-oct. : t.l.j. (mars : a.-m. seul.) ; nov. et fév. : w.-e. et j. f. a.-m. seul.
📷 🛒 seul. ♿ r.-c. et jardins seul.

L e village de Hautefort s'accroche au flanc d'une colline escarpée, dont le sommet est couronné d'un massif château du XVIIIᵉ siècle, l'un des plus beaux de tout le Sud-Ouest. En partie fortifié, conçu comme un lieu de détente pour accueillir la femme dont Louis XIII était secrètement amoureux, Marie de Hautefort, le château est entouré de jardins à la française en terrasses, offrant une vue superbe sur la verte campagne environnante.
    Dans le village, l'hospice, qui date de la même époque

L'abbaye de Brantôme et son clocher

que le château, abrite un curieux musée de prothèses médicales et dentaires.

Brantôme ❸

Dordogne. 🚶 2 100. 🚉 ℹ️ Abbaye, bd Charlemagne (05 53 05 80 52).
📮 ven. 🌐 www.ville-brantome.fr

E ncerclée par la Dronne, Brantôme est une étape appréciée des gastronomes. Son ancienne abbaye possède un clocher (XIᵉ siècle) orné de gables et coiffé d'un toit pyramidal. Pierre de Bourdeilles, seigneur de Brantôme (1540-1614), fut un abbé très mondain. Après une jeunesse marquée par de multiples aventures amoureuses et guerrières, il se retira sur ses terres pour rédiger, entre autres, les Vies des dames galantes.
    Dans l'une des grottes voisines du cloître, diverses scènes ont été sculptées dans le roc, dont une crucifixion.

De l'autre côté de la rivière le **musée Rêve et Miniatures** expose de superbes maisons de poupées.
    À une douzaine de km au nord-ouest, l'élégant **château de Puyguilhem** émerge des bois. L'intérieur est décoré de cheminées monumentales de style Renaissance.

🏛️ **Musée Rêve et Miniatures**
8, rue Puyjoli. ☎ 05 53 35 29 00.
🕐 Pâques-11 nov. : sam.-jeu. a.-m. (juil.-août : t.l.j.). 📷 ♿
♜ **Château de Puyguilhem**
Villars. ☎ 05 53 54 82 18. 🕐 Pâques-Toussaint : t.l.j., Toussaint-Pâques : mar.-dim. ⏺ janv., 25 déc. 📷 ♿

Bourdeilles ❹

Dordogne. 🚶 800. ℹ️ Mairie (05 53 03 42 96 ; -73 13 l'hiver).

L a charmante petite cité possède un pont gothique qui enjambe la Dronne, un vieux moulin et surtout un **château** du XIIIᵉ siècle dominant la rivière, doublé d'un château Renaissance que fit ajouter en toute hâte Jacquette de Montbron dans l'espoir d'y recevoir Catherine de Médicis. La reine ne vint pas et Jacquette fit interrompre les travaux.
    La plus belle réussite de l'époque reste le salon doré du premier étage, décoré par Ambroise le Noble, qui appartenait à l'école de Fontainebleau.

♜ **Château de Bourdeilles**
☎ 05 53 03 73 36. 🕐 avr.-oct. : mer.-sam.(juil.-août : t.l.j.) ; oct.-avr. : tél. pour horaires. ⏺ janv. 📷 📷

La cité de Bourdeilles, dominée par son château

La cathédrale Saint-Front se reflétant dans l'Isle, à Périgueux

Périgueux ❺

Dordogne. 🏘 *35 000*. ✈ 🚉 🚌
ℹ *26, pl. Francheville*
(05 53 53 10 63). 🛍 *t.l.j.*
🌐 *www.tourisme-perigueux.fr*

P our visiter Périgueux, capitale du Périgord et haut lieu gastronomique, choisissez de préférence un jour de marché ! Les amateurs d'archéologie iront découvrir, dans le quartier de **la Cité**, les vestiges de l'importante ville romaine de **Vésone**, détruite au IIIᵉ siècle, notamment ceux de « la tour de Vésone », et d'un immense amphithéâtre. La Domus de Vésone, musée gallo-romain, a été conçue par Jean Nouvel et présente de nombreux objets de l'antique cité. **Saint-Étienne**, la première cathédrale, est une église à coupoles située dans ce premier noyau de Périgueux. Beaucoup plus visible dans le tissu urbain, l'ancien bourg de Puy-Saint-Front,

aujourd'hui sauvegardé, s'est développé au Moyen Âge grâce au commerce. Il est couronné par l'imposante **cathédrale Saint-Front**. L'édifice romano-byzantin en croix grecque, surmonté de cinq coupoles, fut restauré au XIXᵉ siècle par Paul Abadie, architecte du Sacré-Cœur de Montmartre *(p. 130)* ; c'est lors de cette restauration contestée que furent ajoutés les dix-sept clochetons qui lui confèrent sa silhouette caractéristique. On gagne ce quartier par la place Francheville, gardée par la **tour Mataguerre** (XVᵉ siècle), vestige de l'ancien rempart. Dans les rues Limogeanne, Aubergerie et de la Constitution, on peut admirer de belles demeures du Moyen Âge ou de la Renaissance, telle la **maison Estignard** et son remarquable escalier à vis.

**Vitrail de la cathédrale
Saint-Front**

La visite ne serait pas complète sans un passage au **musée d'Art et d'Archéologie du Périgord**, l'un des plus riches de France en matière de préhistoire et d'archéologie. On y voit des mosaïques, des sculptures et des objets usuels mis au jour sur le site de Vésone, ainsi que le squelette, découvert près de Montignac, d'un homme de Néanderthal (environ 70 000 ans av. J.-C.).

🏛 **Musée du Périgord**
22, cours Tourny. 📞 *05 53 06 40 70.*
🛍 *mer.-lun.* ⬤ *certains j. f.* 🖼

Aux environs
À quelques km au nord, l'**abbaye de Chancelade**, en partie romane, l'église romane et le prieuré de Merlande sont parfaitement restaurés.
   Vers Limoges, s'élève le **château des Bories**, un manoir du XVᵉ siècle. Entre Périgueux et Sarlat, le **Périgord noir** domine les vallées de la Vézère et de la Dordogne.
   Au nord, vers Nontron, s'étend le **Périgord vert**, le pays de « l'arbre et de l'eau ».

Saint-Amand-de-Coly ❻

Dordogne. 📞 *05 53 51 04 56.*
🛍 *t.l.j.* ♿

C onçue comme une forteresse et adossée à une paroi rocheuse, l'abbatiale fut construite au XIIᵉ siècle par les moines augustins. Derrière des remparts, l'église est couronnée d'une tour qui ressemble à un donjon. Malgré les dommages de la guerre de Cent Ans, ces défenses montrèrent une certaine efficacité ; en 1575, il fallut six jours à l'artillerie catholique pour reprendre l'abbatiale investie par les huguenots. L'intérieur est d'une sobre beauté : une haute nef aux lignes très pures, une coupole et un pavement de pierre qui s'élève progressivement vers le maître-autel. Il comporte des dispositifs de défense, parmi lesquels une galerie circulaire. autrefois déserté, le village de Saint-Amand fait l'objet d'un programme de restauration et de développement.

Sarlat ⓫

Les oies, statufiées

S arlat-la-Canéda possède un patrimoine architectural exceptionnel issu pour l'essentiel du Moyen Âge et de la Renaissance. La ville a connu l'existence prospère des riches petites cités de province, entrecoupée d'épisodes sanglants pendant la guerre de Cent Ans et les guerres de Religion. Sarlat, une des premières villes a avoir été protégée, n'est pas pour autant qu'un musée à ciel ouvert ; c'est aussi une cité animée, haut lieu de l'art et de la gastronomie.

Place de la Liberté
Bordée d'hôtels et de vieilles maisons, c'est le cœur de la ville.

La rue des Consuls, où se succèdent les maisons de notables, constitue un remarquable ensemble urbain du XVe au XVIIe siècle.

La rue Jean-Jacques-Rousseau était l'un des principaux axes de la ville avant le percement de « la Traverse » (la rue de la République), au XIXe siècle.

Les noix sont une spécialité du Périgord

LE MARCHÉ DE SARLAT

Le marché se tient chaque samedi et chaque mercredi matin sur la place de la Liberté. Il réunit les producteurs de toute la région qui viennent y vendre leurs fruits et légumes, ainsi que les célèbres foies gras. Comme autrefois, ces productions artisanales jouent un rôle important dans l'économie du Périgord dont elles ont assuré la réputation. En plus d'un grand choix de charcuteries et de fromages, vous trouverez au marché les fameuses spécialités régionales : foies gras d'oie ou de canard, cous farcis, confits, volailles, huile de noix, sans oublier, selon la saison, les cèpes ou les savoureuses truffes, ces « diamants noirs de la cuisine ».

Têtes d'ail au marché

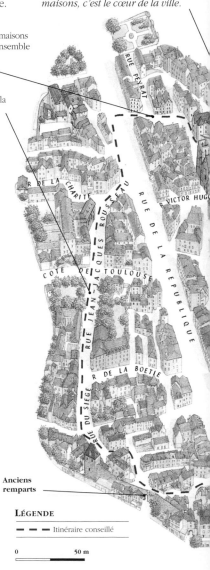

Anciens remparts

LÉGENDE

— — — Itinéraire conseillé

0   50 m

Rue de la Salamandre
Cette ruelle doit son nom à l'animal, emblème de François Ier, qui orne les façades de nombreuses maisons de la ville.

MODE D'EMPLOI

Dordogne. 🏠 *11 000*. 🚊
🛈 *rue Tourny (05 53 31 45 45)*.
🏪 *mer. mat. et sam.*
🎬 *cinéma (déb. nov.) ;*
théâtre (fin juil.-début août).
Ⓦ *www.ot-sarlat-perigord.fr*

Lanterne des Morts
Selon la légende, cette tour, où un fanal pouvait être allumé, fut élevée après une prédication de saint Bernard à Sarlat, en 1147.

Cathédrale Saint-Sacerdos
Sans grande unité, elle fut essentiellement construite entre le XVe et XVIIIe siècle ; elle conserve un remarquable buffet d'orgue du XVIIIe siècle.

La chapelle des Pénitents bleus, d'une sobriété toute romane, est tout ce qui subsiste de l'ancienne abbaye bénédictine.

La maison natale d'Étienne de La Boétie est un bel hôtel de style Renaissance. L'ami de Montaigne, auteur du *Discours de la Servitude volontaire*, y vit le jour en 1530.

La cour des Fontaines, *où jaillissait une source, est l'emplacement de l'abbaye du Xe siècle.*

Un taureau, fresques de Lascaux

Lascaux II ❼

Montignac. 📞 05 53 05 65 65.
🕐 avr.-mi-nov. : t.l.j. ; mi-nov.-mars :
mar.-dim. 🔴 janv. et 25 déc. 🖼
🌐 www.perigord.tm.fr

La grotte de Lascaux est sans doute le plus célèbre site préhistorique de cette région (*p. 392-393*). De jeunes garçons la découvrirent par hasard en 1940.

Elle est fermée au grand public depuis 1963, mais, à 200 m du site, une reproduction fidèle grandeur nature de la galerie des peintures, Lascaux II, permet d'admirer aurochs et chevaux qui cavalcadent sur les parois, entourés de signes géométriques énigmatiques. Les peintres du XXᵉ siècle ont utilisé la même technique et les mêmes pigments, bruns, rouges, ocre et noirs, que les hommes de Lascaux. L'illusion est totale et la visite de Lascaux II se révèle être un véritable enchantement.

Bergerac ❽

Dordogne. 👥 28 000. ✈ 🚊 🚌
ℹ 97, rue Neuve-d'Argenson (05 53
57 03 11). 🅿 mar., mer., ven. et sam.
🌐 www.bergerac-tourisme.com

Un château (XIᵉ siècle) et un pont jeté sur la Dordogne à la fin du XIIᵉ siècle donnèrent à Bergerac un rôle important dans les échanges entre le Périgord, le Bordelais et le Nord de l'Europe. La vieille ville, aujourd'hui restaurée, abrite un **musée** consacré à l'histoire de la consommation du tabac. L'ancien cloître des Récollets est le siège de la Maison des vins de Bergerac. Parmi les appelations, le réputé monbazillac, liquoreux, à la robe dorée, accompagne foies gras et desserts.

🏛 Musée du Tabac

Maison Peyrarède, pl. du Feu. 📞 05
53 63 04 13. 🕐 mar.-dim. mat.
🔴 mi-nov.-mi-mars : w.-e., j. f. 🖼 ♿

Les Eyzies-de-Tayac ❾

Dordogne. 👥 900. 🚊 ℹ 18, av. de
la Préhistoire. (05 53 06 97 05). 🅿
lun. (avr.-oct.). 🌐 www.leseyzies.com

Quatre sites admirables, parmi ceux de la **vallée de la Vézère**, entourent le village des Eyzies et l'église-forteresse de **Tayac**. La visite du **musée national de la Préhistoire**, dans une forteresse remaniée au XVIᵉ siècle, permet, grâce à la chronologie et aux documents exposés, de mieux apprécier les découvertes ultérieures.

La **grotte de Font-de-Gaume** renferme le plus intéressant ensemble de peintures rupestres encore ouvert au public, découvert en 1901. Dans la **grotte des Combarelles**, les scènes gravées, remarquables, représentent une faune très variée : rennes, bisons, mammouths, chevaux, bouquetins, félins, et divers personnages et symboles

Une prairie près des Eyzies-de-Tayac

rituels. L'**abri du Cap Blanc** se distingue par une frise de chevaux grandeur nature sculptés sur les parois rocheuses. La **grotte de Rouffignac** était déjà connue au XVIᵉ siècle. Sur les 8 km de galeries, 2,5 km sont parcourus par un train électrique. Des représentations d'animaux animent les parois : bisons, rhinocéros et mammouths s'affrontent sans faiblir.

🏛 Musée national de la Préhistoire
1, rue du Musée 📞 05 53 06 45 45. 🕐 juil.-août : t.l.j. ; sept.-juin : mer-lun. 🔴 25 déc., 1ᵉʳ janv. 🈴 ♿ 🏠 🔵
Grotte de Font-de-Gaume
📞 05 53 06 86 00. 🕐 dim.-ven. sur r.-v. 🔴 certains j. f. 🈴

Une rue de Domme, depuis la porte de la Combe

Musée national de la Préhistoire

Grotte des Combarelles
📞 05 53 06 86 00. 🕐 dim.-ven., sur r-v seul, rés. 15 jours à l'avance. 🔴 certains j. f. 🈴
Abri du Cap Blanc
Marquay, Les Eyzies.
📞 05 53 59 21 74. 🕐 avr.-fin oct. : t.l.j. 🈴 ♿
Grottes de Rouffignac
📞 05 53 05 41 71.
🕐 Pâques-oct. : t.l.j. 🈴 ♿

Vallée de la Dordogne ⑩

Dordogne. ✈ Bergerac. 🚉 Beynac, Sarlat, Le Buisson-de-Cadouin. 🛈 Sarlat (05 53 31 45 45).

L a rivière traverse des paysages variés et des formations géologiques diverses. Elle jaillit des roches volcaniques du Massif central, parcourt les terres granitiques du Limousin, puis sillonne des plaines fertiles et pénètre dans les causses calcaires entre Lot et Corrèze. Elle s'élargit à

travers le département qui porte son nom, avant de se jeter dans la Garonne et de former avec elle l'embouchure de la Gironde.

En amont, au fil de la Dordogne quercynoise, on découvrira de superbes bastides et des châteaux : **Castelnau-Bretenoux, Carennac, Martel** et ses nobles demeures, les **grottes de Lacave** ; après **Souillac** et son tympan roman se succèdent le *cingle* (méandre) de **Montfort** et les villages ou châteaux belvédères de **Domme** (*voir ci-contre*), **La Roque-Gageac, Castelnaud, Beynac-et-Cazenac, Marqueyssac** et ses fameux jardins suspendus.

En aval encore, **Limeuil** est une ancienne place forte dominant le confluent de la Vézère et le *cingle* de Trémolat.

Au sud de la vallée, on admirera le bel ensemble abbatial de **Cadouin**, la superbe bastide de **Monpazier** et l'exceptionnel château de **Biron**.

Sarlat ⑪

p. 422-423.

Domme ⑫

Dordogne. 🏠 1 030. 🛈 place de la Halle (05 53 31 71 00). 🔵 jeu.

S uperbe bastide aux maisons de pierre ocre sagement alignées *(p. 435)*, édifiée à la fin du XIIIᵉ siècle, Domme possède de belles portes médiévales presque intactes. Les touristes ne se lassent pas de flâner dans ses ruelles. Le panorama, splendide, couvre toute la vallée de la Dordogne entre Beynac à l'ouest et Montfort à l'est. La vieille halle ouvre ses portes sur une grotte naturelle à concrétions (ouverte au public de février à la Toussaint). La visite se termine par une remontée en ascenseur panoramique. La cité, sur son promontoire, semble inexpugnable. Les huguenots réussirent néanmoins à s'en emparer par la ruse en 1588.

La vallée de la Dordogne vue depuis le belvédère de Domme

Rocamadour ⑬

Dominant les gorges de l'Alzou, Rocamadour s'agrippe à un rocher calcaire, superposant maisons, églises et château. Un saint énigmatique et les moines bénédictins sont aux origines de cette cité religieuse. Les seconds, dont la spiritualité rayonnait sur toute l'Europe, développèrent au XIᵉ siècle un pèlerinage à la Vierge, qui devint étape sur le chemin de Saint-Jacques-de-Compostelle. La découverte en 1166 du corps intact d'un mystérieux ermite et les miracles de la Vierge noire firent affluer des milliers de pèlerins, humbles ou puissants. Après un long déclin, le renouveau religieux du XIXᵉ siècle entraîna la restauration des sanctuaires. Ce site saisissant est aujourd'hui l'un des plus visités de France.

La Vierge noire

Le château est adossé aux remparts du XIVᵉ siècle qui défendaient le sanctuaire vers l'ouest.

La chapelle Saint-Michel est ornée de remarquables fresques du XIIᵉ siècle.

Vue générale
Au lever du soleil, les vieilles maisons serrées les unes contre les autres, les sanctuaires et les remparts semblent taillés à même la falaise.

La crypte saint Amadour, ermite qui donna son nom à la cité. On venait y vénérer le corps du saint.

Musée d'Art sacré

Grand degré
Le grand escalier relie le bourg aux sanctuaires. Les pèlerins gravissaient ces hautes marches à genoux, en récitant leur chapelet.

La chapelle Saint-Jean-Baptiste fait face au portail de Saint-Sauveur.

La basilique Saint-Sauveur (XIIᵉ-XIIIᵉ siècle) s'appuie à la paroi rocheuse.

La chapelle Sainte-Anne contient un beau retable du XVIIᵉ siècle.

Remparts

Croix de Jérusalem

Chapelle Saint-Blaise

MODE D'EMPLOI

Lot. 🏰 630. 🚌 5 km au sud-ouest de Rocamadour. 🛈 Maison du Tourisme (05 65 33 22 00). **Chapelle Notre-Dame** ⬤ juin-sept. : t.l.j. 8h-21h ; oct.-mai : t.l.j. 8h30-18h30. ⬤ 1ᵉʳ janv. 📷
W www.rocamadour.com

Chemin de Croix
Les 14 stations de la Passion du Christ se succèdent le long d'un chemin en lacet qui conduit à la Croix de Jérusalem.

Porte du Figuier
Datant du XIIIᵉ siècle, elle ouvre sur la rue principale du village.

Chapelle Notre-Dame
C'est sous son parvis que fut retrouvée la dépouille du saint ermite. Sur l'autel trône la Vierge noire miraculeuse, du XIIᵉ siècle, objet de vénération.

Gouffre de Padirac ⑭

Lot. ☎ 05 65 33 64 56.
◑ avr.-mi-oct. : t.l.j. 🅿️ 🅰️

Découverte en 1889 par le spéléologue Martel, cet impressionnant puits naturel (33 m de diamètre, 75 m de hauteur) s'ouvrant à la surface sur le causse de Gramat Lot, résulte de l'effondrement de la voûte. Il communique avec une galerie parcourue par une rivière souterraine, à 103 m de profondeur. La visite d'1 h 30, sur 2 km, s'effectue d'abord dans des barques légères sur cette rivière immobile pendant 500 m. En débouchant sur le « lac de la Pluie », on découvre la Grande Pendeloque, une gigantesque stalactite de plus de 75 m. La visite se poursuit à pied jusqu'à la salle du Grand Dôme, immense cathédrale naturelle dont la voûte domine la rivière de 94 m.

Installé près du gouffre, un **parc zoologique** complète la visite. Outre les animaux, dont certains vivent dans une totale liberté, il présente une belle collection de plantes tropicales et de cactées ainsi qu'un jardin japonais.

Autoire ⑮

Lot. 🏠 250. ℹ️ 13, av. François-de-Maynardt, St-Céré (05 65 38 11 85).

C'est sans doute l'un des villages les plus charmants

Le pittoresque village d'Autoire, vu de la rive opposée

du haut Quercy. La ville ne possède pas de monuments exceptionnels mais le site est un véritable village de conte de Noël. Au débouché de la gorge d'Autoire qui entaille le causse, de vieux logis aux toits bruns s'étagent dans un vallon verdoyant. Flanqués de leurs tourelles, le **château de Limarque** et celui de **Busqueille**, un peu plus haut, sont aussi d'architecture typiquement quercynoise.

On remarque dans les campagnes les grands pigeonniers caractéristiques de la région, destinés à recueillir la fiante (colombine) pour l'utiliser comme engrais.

À la sortie du village, le cirque d'Autoire vaut le détour, avec sa cascade de 30 m de haut et son belvédère d'où la vue est magnifique. Au voisinage, **Loubressac** est un vrai nid d'aigle fortifié. Ne manquez pas non plus l'élégant **château de Montal**, de style Renaissance.

Vallées du Lot et du Célé

Le Lot, dans sa traversée du Quercy, et son affluent le Célé forment une succession de défilés. On rejoint l'itinéraire proposé (160 km) en quittant Cahors par le pont Valentré. Pour jouir en toute quiétude des perspectives changeantes qu'offrent ces cours d'eau sinueux, du spectacle des grottes, des châteaux et des villages haut perchés, il est bon de prévoir deux jours entiers. On goûtera au passage les spécialités du cru : confits, truffes, fromage de chèvre et vin de Cahors à la robe presque noire. Avec son quartier ancien, ses hôtels et restaurants, Figeac constitue une excellente étape.

Grotte de Pech-Merle ①
Dans cette très belle grotte, près de Cabrerets, on peut contempler de grandes frises et des empreintes de pas d'hommes de la préhistoire.

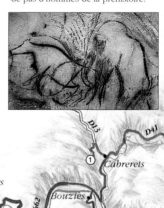

Saint-Cirq-Lapopie ⑥
Un superbe village perché sur une falaise dominant le Lot, avec des maisons à colombage et une église fortifiée du XVᵉ siècle.

CAHORS · Lot · D653 · Vers · D662 · Bouziès · Cabrerets · D13 · D41

Cahors

Lot. 21 500.
pl. François-Mitterrand
(05 65 53 20 65). mer. et sam.
www.mairie-cahors.fr

C apitale du Quercy, Cahors s'inscrit dans un méandre du Lot. Prospère dès l'époque gallo-romaine, elle fut très puissante au Moyen Âge. Ce sont désormais les spécialités locales qui font sa notoriété : les truffes et le vin de Cahors, déjà célèbre dans l'Antiquité. La rue principale, le boulevard Gambetta, rend hommage au grand patriote républicain, né à Cahors en 1838.

Dans la vieille ville, riche en maisons anciennes, la **cathédrale Saint-Étienne** fut érigée à partir de la fin du XIᵉ siècle. Remarquez le tympan du portail nord représentant l'Ascension du Christ, la coupole peinte de la nef et le cloître de style flamboyant.

Le pont Valentré, ses tours et ses créneaux

Non loin, la **maison Roaldès** est décorée sur la façade nord de motifs traditionnels du Quercy : arbre, soleil et rose.

Ne manquez pas le quartier haut et la promenade du mont Saint-Cyr, pour la vue sur la ville. À la sortie de celle-ci, une promenade en bâteau (90 min ; d'avr. à oct.) vous permettra d'apprécier la spendeur des arches en ogives du **pont Valentré** (XIVᵉ siècle) qui enjambent le Lot.

Aux environs
À une soixantaine de km à l'ouest de Cahors, le **château de Bonaguil** est un magnifique exemple de l'architecture militaire de la fin du Moyen Âge.

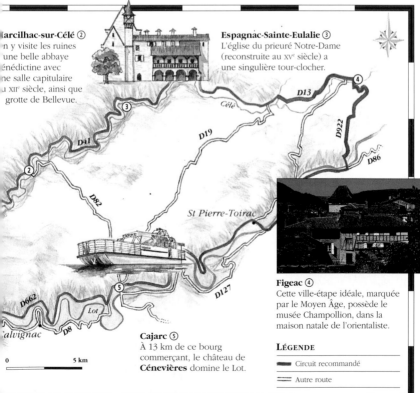

Marcilhac-sur-Célé ②
On y visite les ruines d'une belle abbaye bénédictine avec une salle capitulaire du XIIᵉ siècle, ainsi que la grotte de Bellevue.

Espagnac-Sainte-Eulalie ③
L'église du prieuré Notre-Dame (reconstruite au XVᵉ siècle) a une singulière tour-clocher.

D13

Célé

D19

D922

D86

D41

D82

St Pierre-Toirac

D662

D127

Lot

D8

Calvignac

Figeac ④
Cette ville-étape idéale, marquée par le Moyen Âge, possède le musée Champollion, dans la maison natale de l'orientaliste.

Cajarc ⑤
À 13 km de ce bourg commerçant, le château de **Cénevières** domine le Lot.

LÉGENDE

━━ Circuit recommandé

═══ Autre route

0   5 km

Vergers et vignobles autour d'Agen

Agen ⓱

Lot-et-Garonne. 👥 *32 500.* ✕ 🚌
🚉 ❔ *107, bd Carnot (05 53 47 36 09).* 🚢 *mer., sam. mat. et dim. mat.*
Ⓦ *www.ot-agen.org*

Célèbre par son équipe de rugby, la préfecture du Lot-et-Garonne transforme et commercialise les produits des vergers environnants.

À l'origine du pruneau, spécialité de la ville, la prune d'ente fut rapportée d'Orient au XIᵉ siècle par les croisés. Des moines de la vallée du Lot entreprirent de la cultiver et eurent l'idée de la faire cuire et sécher à l'étuve pour prolonger sa consommation.

On découvre au hasard des rues de vieilles maisons à pans de bois et quelques beaux hôtels particuliers. Quatre d'entre eux abritent les riches collections du **musée municipal des Beaux-Arts**, où sont exposées cinq toiles de Goya qui font la gloire de la ville, des œuvres de Corot, Courbet, Boudin, Caillebotte, Sisley et Picabia, et, dans les salles d'archéologie gallo-romaine, la *Vénus* dite du Mas-d'Agenais, délicat marbre grec du Iᵉʳ siècle av. J.-C. Au nord-ouest d'Agen, ne manquez pas le Pont Canal (580 m), voie d'eau qui enjambe la Garonne

🏛 Musée municipal des Beaux-Arts
Pl. du Docteur-Esquirol. ❔ *05 53 69 47 23.* ⏰ *mer.-lun.* ⬤ *j. f.* 📷

Aux environs
Le village fortifié de **Moirax**, vers le sud, possède une église romane du XIIᵉ siècle, aux chapiteaux historiés. Plus loin, s'élève le beau village de **Layrac**. Au nord, **Villeneuve-sur-Lot** est une ancienne bastide au joli pont, voisinant avec de séduisants villages, comme **Penne-d'Agenais**, un nid d'aigle au-dessus du Lot.

Larressingle ⓲

Gers. 👥 *200.* 🚌 *pour Condom.*
❔ *Condom (05 62 28 00 80).*

Village-forteresse du XIIIᵉ siècle, Larressingle a conservé, ce qui est rare, une enceinte à peu près intacte renforcée de tours carrées. On y pénètre en franchissant un pont qui enjambe des douves, puis une porte fortifiée. Si la tour-donjon, résidence des évêques de Condom jusqu'au XVIᵉ siècle au centre du village, est en ruine, l'ensemble est dans un état de conservation remarquable.

Condom ⓳

Gers. 👥 *7 500.* 🚌 ❔ *pl. Bossuet (05 62 28 00 80).* 🚢 *mer.*

Capitale de la Ténarèze bâtie le long de la Baïse, Condom est depuis longtemps au centre de la production de l'armagnac. Les écuries de l'ancien évêché abritent d'ailleurs un intéressant **musée de l'Armagnac**.

On peut admirer dans la vieille ville de beaux hôtels des XVIIᵉ et XVIIIᵉ siècles, dont l'hôtel de Cugnac, flanqué d'un chai et d'une distillerie.

Au centre, la **cathédrale Saint-Pierre**, du début du XVIᵉ siècle, constitue, avec sa tour carrée et sa nef unique, un bon exemple du gothique méridional. En 1569, les habitants la sauvèrent de la destruction en payant aux huguenots une forte rançon.

À l'est, **Lectoure** est l'une des plus anciennes cités du Gers. Perchée sur un promontoire, elle se serre aussi dans ses remparts autour de sa cathédrale à l'imposant clocher quadrangulaire.

Au sud se dressent les châteaux gascons de **Tauzia**, **Mansencôme**, **Lagardère** et **Pardeilhan**.

🏛 Musée de l'Armagnac
2, rue Jules-Ferry.
❔ *05 62 28 47 17.*
⏰ *avr.-oct : mer.-lun. ;*
nov.-mars : mer.-dim. a.-m. seul.
⬤ *janv. et j. f.* 📷 ♿ *r.-d.-c. seul.*

L'ARMAGNAC

C'est l'une des eaux-de-vie les plus vieilles du monde et l'un des « produits phares » du Sud-Ouest : 6 millions de bouteilles sont produites chaque année, dont 45 % sont exportés dans 132 pays. L'armagnac est obtenu à partir de vins blancs peu alcoolisés (8 à 9°), distillés dans des alambics de cuivre (invention arabe introduite en France au XVᵉ siècle), avant d'être conservés et vieillis en fûts de chêne. La zone de production est divisée en trois grandes régions, le haut Armagnac, l'Armagnac Térénèze et le bas Armagnac, la dernière appellation étant la plus réputée. Beaucoup de petits producteurs pratiquent la vente directe.

Bouteilles d'armagnac

D'ARTAGNAN

Les exploits de d'Artagnan, héros immortel des *Trois Mousquetaires* (1844), furent inspirés à Alexandre Dumas par la vie d'un gentilhomme gascon, Charles de Batz, seigneur d'Artagnan, qui servit successivement Louis XIII et Louis XIV. Capitaine des mousquetaires, il fut chargé, entre autres choses, de l'arrestation de Fouquet (*p. 168-169*), surintendant des Finances de Louis XIV, accusé d'avoir détourné à son profit une partie des fonds de l'État. Athos, Porthos et Aramis aussi ont chacun leur village d'origine en Gascogne ou en Béarn.

Statue de d'Artagnan, le célèbre mousquetaire

sculpteurs ont mêlé Antiquité biblique et profane, mythologie et légendes.

La rue Dessoles, bordée de belles maisons du XVIIIᵉ siècle, le quartier de l'hôtel de ville, la place de la Libération, prolongée par la vaste esplanade ombragée des allées d'Étigny, et le musée d'art et d'archéologie des Jacobins sont à voir.

Aux environs
À une quinzaine de km au nord-est, le pittoresque village de **Lavardens**, dominé par son imposant château, s'intègre parfaitement au relief. La région compte de nombreuses bastides dont, à proximité, **Gimont.**

Auch 🄴

Gers. 🄴 *25 000.* 🚊 🚌 🄸 *1, rue Dessoles (05 62 05 22 89).* 🛒 *jeu. et sam.* 🌐 *www.mairie-auch.fr*

L a capitale de la Gascogne est un marché actif et une ville-étape pour gastronomes. Le visiteur gagnera la ville haute en escaladant, s'il est courageux, le grand escalier de 234 marches et ira droit à la **cathédrale Sainte-Marie** (XVᵉ-XVIIᵉ siècle). D'époque tardive,

Vitrail de la cathédrale Sainte-Marie

elle ressemble cependant aux cathédrales gothiques de l'Île-de-France, malgré l'ornementation classique de la façade. Son vaste chœur renferme deux purs joyaux du XVIᵉ siècle : les 18 vitraux aux superbes couleurs dus à Arnaud de Moles, qui mettent en scène patriarches, prophètes, apôtres et sibylles, et les stalles de chêne sculptées, où s'unissent la finesse du gothique flamboyant et l'esprit de la Renaissance. Verriers et

Auvillar 🄴

Tarn-et-Garonne. 🄴 *1 000.* 🚌 🄸 *pl. de la Halle (05 63 39 89 82).* 🌐 *www.auvillar.com*

N id d'aigle perché sur la rive gauche de la Garonne, c'est un petit bourg pittoresque, à visiter sur le chemin de Moissac (*p. 432-433*). Les arcades couvertes de sa place triangulaire encadrent une vieille halle ronde, portée par des colonnes. L'esplanade située à l'emplacement d'un ancien château offre un beau panorama de la vallée et des coteaux environnants.

Les champs de tournesols égaient les paysages du Sud-Ouest

Moissac ㉒

L'abbé Durand

Les vignobles alentour produisent un délicieux raisin de table protégé par un label de qualité, le chasselas de Moissac. L'autre gloire de la cité est l'abbaye Saint-Pierre. Fondée au VIIᵉ siècle par un moine bénédictin, elle fut pillée à l'envi par les Arabes, les Normands et les Magyars. Affiliée en 1047 à l'opulente congrégation de Cluny, elle devint au XIIᵉ siècle l'un des plus puissants monastères du Sud-Ouest et une étape majeure sur la route de Compostelle. Le portail de l'abbatiale, chef-d'œuvre incontesté de l'art roman, ainsi que le cloître sont classés par l'Unesco.

Abbaye Saint-Pierre
Deux styles s'y côtoient,
le roman (en pierre)
et le gothique (en brique).

Christ en majesté
Le Christ est
assis au centre,
tenant dans sa
main gauche
le « livre aux sept
sceaux » et levant
sa main droite en
signe de bénédiction.

Tympan
Au registre inférieur
sont assis les « 24 vieillards
avec des couronnes d'or
sur leurs têtes », décrits
dans l'Apocalypse
de saint Jean.

★ Portail sud
Le portail historié
(1100-1130)
représente la vision
de saint Jean
(Apocalypse IV et V).
Les « quatre Vivants
constellés d'yeux
tout autour »
(Matthieu, Marc, Luc
et Jean représentés
par leur symbole)
se tiennent autour
du trône. On notera
sur les piédroits
l'influence maure.

MODE D'EMPLOI

Tarn-et-Garonne. 🚉 🚌 🛈 *6, pl. Durand-de-Bredon (05 63 04 01 85)*. **Abbaye** ◻ *juil.-août : t.l.j. 9h-19h ; sept.-juin : t.l.j. 9h-12h et 14h-18 h (mi-oct- mi-mars : jusqu'à 17h).* ● *1ᵉʳ janv., 25 déc.* 📷 🛈 *10h30 dim.* 📷 📷 🛈

★ **Cloître**
Achevé au XIIᵉ siècle, le cloître comporte 76 chapiteaux richement ouvragés, soutenus par des colonnettes de marbre, alternativement simples ou doubles.

PLAN AU SOL : ÉGLISE ET CLOÎTRE

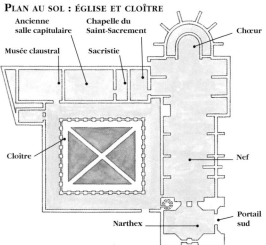

- Ancienne salle capitulaire
- Chapelle du Saint-Sacrement
- Chœur
- Musée claustral
- Sacristie
- Cloître
- Nef
- Narthex
- Portail sud

Chapiteaux
Les 76 superbes chapiteaux du cloître sont décorés de fleurs et d'animaux étranges, et 56 d'entre eux illustrent des scènes bibliques.

À NE PAS MANQUER

★ **Portail sud**

★ **Cloître**

Montauban ㉓

Tarn-et-Garonne. 👥 *56 000.* 🚉 🚌 🛈 *4, rue du Collège (05 63 63 60 60).* 🅆 *mer. et sam.* 🅆 *www.montauban-tourisme.com*

Cette jolie ville de brique rose mérite mieux que sa réputation ordinaire de « petite sœur » de Toulouse. Capitale au XVIIᵉ siècle de la « République protestante du Midi », peut-être a-t-elle payé le prix de sa révolte contre l'ordre établi ? La blanche **cathédrale Notre-Dame**, construite après 1692 sur ordre de Louis XIV en signe de victoire sur l'hérésie est bien un édifice expiatoire

Centre commerçant animé, la ville possède aussi, dans le **musée Ingres**, une très riche collection de tableaux et de dessins de ce peintre né à Montauban en 1780. Vous y verrez aussi une trentaine de sculptures de Bourdelle (1861-1929) et la superbe salle du Prince Noir (XIVᵉ siècle), avec la collection archéologique.

🏛 Musée Ingres
Palais épiscopal. 📞 *05 63 22 12 91.* ◻ *juil.-août : t.l.j. ; sept.-juin : mar.-sam. et dim. a.-m.* ● *certains j. f.* 📷

Gorges de l'Aveyron ㉔

Tarn-et-Garonne. ✈ *Toulouse.* 🚉 *Montauban* 🚌 *Montauban.* 🛈 *St-Antonin-Noble-Val (05 63 30 63 47).*

À l'approche des gorges, les plaines ensoleillées font place à des collines de noyers où villages et châteaux forts paraissent toujours prêts à se défendre contre un ennemi invisible. À **Bruniquel,** les deux châteaux médiévaux dominent le précipice depuis le IXᵉ siècle. Plus loin, le village de **Penne,** couronné d'une forteresse en ruine, semble construit en équilibre sur l'extrême pointe d'un rocher géant. Les gorges se font plus profondes jusqu'à **Saint-Antonin-Noble-Val,** bourg médiéval réputé pour ses sports de plein air et qui possède le plus vieil édifice civil de France, la Maison romane (1125).

Cordes-sur-Ciel ㉕

Tarn. 🏠 *1 050.* 🚌 🚉 **ℹ** *Maison
Fonpeyrouse (05 63 56 00 52).* 🍴
sam. 🌐 www.cordes-sur-ciel.org

Perchée sur un promontoire
des rives du Cérou,
Cordes-sur-Ciel semble en
effet suspendue dans les airs.
L'excommunication de la
cité pour cause de sympathie
envers l'hérésie cathare et
les épidémies de peste qui
sévirent ensuite provoquèrent
le déclin de l'ancienne bastide
cernée de quatre enceintes,
ancienne capitale de la
cordonnerie et de la
fabrication du pastel.

Puis vint le peintre Yves
Brayer, et son intérêt pour ce
souvenir vivant du Moyen Âge
entraîna un vaste programme
de restauration, qui porte
aujourd'hui ses fruits.

Les remparts, rénovés,
furent édifiés en 1222 par le
comte Raymond VII de
Toulouse, qui était favorable
au mouvement cathare.
Autour de la halle et du vieux
puits, les rues pavées sont
bordées de belles maisons
gothiques, telles la **maison
du Grand Fauconnier**,
décorée de rapaces sculptés
(hôtel de ville et musée Yves
Brayer), ou la **maison du
Grand Veneur**, dont le
haut-relief représente des
scènes de chasse. Le Portail
Peint, l'une des portes
fortifiées de la ville, abrite
le **musée d'Art et d'Histoire
Charles-Portal**. Aux abords
de Cordes-sur-Ciel, s'étendent
la forêt de la Grésigne et la
vallée de la Vère.

La cathédrale Sainte-Cécile à Albi

Albi ㉖

Tarn. 🏠 *50 000.* ✈ 🚌 🚉
ℹ *pl. Sainte-Cécile (05 63 49 48 80).*
🍴 *sam.* 🌐 www.albi-tourisme.fr

La cité des Albigeois fut au
centre du mouvement
cathare (*p. 481*) qui souleva
tout le Sud-Ouest au XIIᵉ siècle
et fut réprimé dans le sang.
Sainte-Cécile, immense
cathédrale de brique, fut
dressée au-dessus d'Albi la
Rouge en 1282, après la
croisade contre l'hérésie,
pour rappeler *urbi et orbi*
la puissance de l'Église.

Ses tourelles et ses verrières,
hautes et étroites, évoquent
davantage une forteresse qu'un
lieu de culte, impression que
ne dément pas le haut clocher
de 78 m. À l'intérieur,
peintures et statuaires forment
un catéchisme en images.
Ne manquez pas le plus
grand *Jugement dernier* du
Moyen Âge.

L'ancien évêché, le palais
de la Berbie, est entouré de
jardins en terrasses qui
dominent le Tarn. Le **musée
Toulouse-Lautrec**, installé
dans ses murs, expose plus de

1 000 œuvres du peintre,
des toiles, des dessins et les
célèbres affiches réalisées pour
le Moulin-Rouge ou le Jardin
de Paris. Le troisième étage
expose des toiles de Matisse,
de Dufy et d'Yves Brayer.

🏛 **Musée Toulouse-Lautrec**
Palais de la Berbie. **☎** *05 63 49 48
70.* ⏰ *avr.-sept. : t.l.j. ; oct.-mars :
mer.-lun.* ⏺ *1ᵉʳ janv., 1ᵉʳ mai,
1ᵉʳ nov., 25 déc.* 🎫 ♿ 🚻 📷
🌐 www.musee-toulouse-lautrec.com

Castres ㉗

Tarn. 🏠 *45 000.* ✈ 🚌 🚉 **ℹ** *3, rue
Milhau-Ducommun (05 63 62 63 62).*
🍴 *mar.-sam.* 🌐 www.ville-castres.fr

Ville de tisserands depuis
le XIVᵉ siècle, Castres a
gardé de belles maisons de
teinturiers et de tanneurs
au bord de l'Agout. C'est
aujourd'hui un centre de
l'industrie pharmaceutique.
L'hôtel de ville, ancien palais
épiscopal attribué à Mansart
et entouré de magnifiques
jardins à la française, abrite
le **musée Goya**, musée
d'art hispanique où l'on peut
voir le plus grand tableau du
maître espagnol, la *Junte
des Philippines*, ainsi qu'un
Portrait de Goya par lui-même.
L'intéressant **musée
Jean-Jaurès** retrace la vie
et l'œuvre du grand tribun
né à Castres en 1859.

🏛 **Musée Goya**
Hôtel de ville. **☎** *05 63 71 59 27.*
⏰ *juil.-août : t.l.j. ; sept.-juin. :
mar.-dim.* ⏺ *1ᵉʳ janv., 1ᵉʳ mai,
1ᵉʳ nov., 25 déc.* 🎫
🏛 **Musée Jean-Jaurès**
2, place Pélisson. **☎** *05 63 72 01 01.*
⏰ *juil.-août : t.l.j. ; sept.-oct. et
avr.-juin. : mar.-dim. ; nov.-mars :
mar.-sam.* 🎫

TOULOUSE-LAUTREC

Né à Albi en 1864, Henri
de Toulouse-Lautrec,
estropié depuis l'âge de
quinze ans, quitta sa ville
natale pour la capitale en
1882. Ami d'Émile Bernard
et de Van Gogh, il s'installa
à Montmartre, dont il
croqua avec audace et
concision les personnages
hauts en couleur des bas-
fonds qu'il fréquentait.
Usé par la boisson et la
maladie, il mourut
prématurément à 36 ans.

La Modiste (1900)

Les bastides

Les bastides – il en reste environ 300 dans la région – furent hâtivement construites au XIIIᵉ siècle, aussi bien par les Anglais que par les Français, pour encourager le peuplement des campagnes. Équivalent médiéval des « villes nouvelles », elles suivent un tracé géométrique autour d'une place à arcades, à l'intérieur d'une enceinte fortifiée.

Lauzerte, fondée en 1241 par le comte de Toulouse, a été construite en pierre grise au sommet d'une colline. Elle fut longtemps un avant-poste anglais.

L'église est fortifiée pour servir éventuellement d'ultime refuge.

La place du marché*, centrale, est souvent bordée d'arcades, comme à Montauban.*

De la grand-place part un réseau de rues (charretières) et de ruelles (traversières et carrerots) tracées au cordeau, à la différence des villages traditionnels.

Des maisons fortifiées se doublent parfois d'une enceinte.

MONFLANQUIN, édifié en 1256 sur un axe stratégique nord-sud, a changé plusieurs fois de mains au cours de la guerre de Cent Ans.

La route des bastides *permet de visiter ces villages pittoresques qui s'animent particulièrement le jour du marché, lorsque leur place se couvre d'étals colorés.*

La porte de la Jane à Cordes-sur-Ciel *est une arche étroite typique, qu'il était facile de barrer d'une herse.*

Toulouse ㉘

Métropole culturelle, universitaire et industrielle du Sud-Ouest, Toulouse est la quatrième ville de France. Capitale de l'aérospatiale, c'est le berceau du Concorde, de l'Airbus et de la fusée Ariane. La ville rose, construite dans un coude de la Garonne, est aussi un haut lieu de la gastronomie et possède également, le long de ses rues pleines de vie, plusieurs musées remarquables, de beaux hôtels particuliers et de nombreux édifices religieux très caractéristiques.

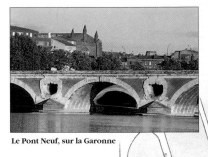

Le Pont Neuf, sur la Garonne

Péniches amarrées sur le canal du Midi

À la découverte de Toulouse

La ville s'est élargie en cercles concentriques depuis la cité romaine, sur la rive droite du fleuve, pour s'adjoindre ensuite des boulevards circulaires et, plus récemment, un réseau de voies autoroutières. Capitale des Wisigoths, elle resta un centre économique et culturel important au Moyen Âge et à la Renaissance. Du XVIᵉ au XVIIIᵉ siècle, les riches marchands de pastel font construire de belles demeures de brique, bien conservées, dans les vieux quartiers. Magasins, bars et cafés se concentrent entre la **place du Capitole** et l'imposant hôtel de ville du XVIIIᵉ siècle, notamment sur la place Wilson et la rue d'Alsace-Lorraine. Fondée en 1229, l'université de Toulouse attire aujourd'hui plus de 110 000 étudiants, ce qui pousse librairies, cafés et bars à pratiquer des prix bas dans toute la ville. Un marché aux puces se tient place

Saint-Sernin le dimanche matin. Les boulevards qui entourent la ville ont été conçus aux XVIIᵉ et XIXᵉ siècles. La rive gauche de la Garonne, en plein développement, est reliée à Toulouse par un métro ultra-moderne. Les anciens abattoirs, magnifiquement rénovés abritent un centre d'art contemporain. Le fleuron de ces **Abattoirs** est le décor de théâtre peint par Picasso, *Le Minotaure déguisé en Arlequin.*

🔒 Les Jacobins

Commencé en 1229, le couvent des Jacobins fut fondé par l'ordre de saint Dominique, soucieux de lutter contre l'hérésie cathare. Le clocher (1294), très représentatif de l'école toulousaine, surmonte une double nef et une abside remarquable, dont la voûte en palmier comporte 22 arcs. La chapelle Saint-Antonin est décorée de fresques du XIVᵉ siècle sur le thème de l'Apocalypse.

La voûte en palmier de l'abside des Jacobins

🏛 Musée des Augustins
21, rue de Metz. 📞 *05 61 22 21 82.*
⭕ *mer.-lun.* ⬤ *1ᵉʳ janv., 1ᵉʳ mai et 25 déc.* 📷 ♿ 🎫

L'ancien couvent des Augustins possède aujourd'hui une admirable collection de sculptures romanes et gothiques qui proviennent des églises et monastères de la région.

Façade du musée des Augustins

♠ Fondation Bemberg
Hôtel d'Assézat, pl. d'Assézat.
📞 *05 61 12 06 89.* ⭕ *mar.-dim.*
⬤ *1ᵉʳ janv., 25 déc.* 📷 ♿ 🎫

Ce remarquable hôtel Renaissance (1555) abrite la fondation Bemberg, qui expose de

MODE D'EMPLOI

Haute-Garonne. 🏠 *390 000.*
✈ *6 km au nord-ouest de Toulouse.* 🚉 *Gare Matabiau.*
🚌 *bd Pierre-Semard.* ℹ *Donjon du Capitole (05 61 11 02 22).*
🎪 *t.l.j.* 🎵 *Piano (sept.) ; Jazz (oct.).* 🌐 *www.ot-toulouse.fr*

façon permanente les tableaux, bronzes et objets d'art rassemblés par l'amateur d'art Georges Bemberg.

🔒 Basilique Saint-Sernin
pl. Saint-Sernin. ⭕ *t.l.j.*

C'est la plus grande église romane de France, conçue pour accueillir la foule des pèlerins en route vers Compostelle. Son clocher octogonal de 65 m, surmonté d'une flèche, comprend cinq étages de baies géminées. Dans le déambulatoire, un bas-relief (XIᵉ siècle) de Bernard Gilduin représente le Christ et les quatre évangélistes. Sur la place se dresse le musée archéologique Saint-Raymond.

Cité de l'espace
Av. Jean-Gonord. 📞 *0820 377 223* ⭕ *fin janv.-août : t.l.j. ; sept.-déc.: mar.-dim.* 📷 ♿ 🍴 📷 🌐 www.cite-espace.com

Au sud-est de Toulouse, ce vaste parc spatial comporte un planétarium, des expositions interactives sur la découverte de l'espace et une réplique grandeur nature de la fusée Ariane 5.

La tour-clocher de Saint-Sernin, du XIIᵉ siècle.

LA VILLE D'UN COUP D'ŒIL

Basilique Notre-Dame-de-la Daurade ④
Basilique Saint-Sernin ①
Fondation Bemberg ⑤
Hôtel de Ville ②
Les Jacobins ③
Musée des Augustins ⑥

LÉGENDE
🅿 Parc de stationnement
ℹ Information touristique
✝ Église
Ⓜ Métro

0   250 m

PYRÉNÉES

....

PYRÉNÉES-ATLANTIQUES · HAUTES-PYRÉNÉES · ARIÈGE
HAUTE-GARONNE

*L*ieu d'échanges culturels autant que frontière naturelle entre
l'Espagne et la France, les montagnes des Pyrénées offrent
depuis toujours un refuge aux hérétiques et une voie d'évasion
aux réfugiés. Très dépeuplées aujourd'hui, elles constituent le dernier
grand espace naturel de l'Europe méridionale.

À l'est de la côte atlantique, les premiers contreforts du Pays basque paraissent étonnamment verts après les grandes plaines de l'Aquitaine, mais plus on s'enfonce dans les Pyrénées, plus les pentes qui enserrent les vallées sont escarpées et plus les sommets qui les dominent sont hauts. Ici, la nature et l'isolement commandent
Cette situation a marqué toute l'histoire du massif où ont voisiné pendant des siècles sans se fondre communautés et seigneuries. La principauté d'Andorre et plus encore l'originalité des Basques *(p. 445)* sont des vestiges de cette époque. Ce peuple né dans les Pyrénées, le dernier en Europe à parler une langue non indo-européenne, a réussi à défendre son identité contre toutes les invasions et il continue à la préserver malgré la vocation touristique de villes comme Bayonne, Saint-Jean-de-Luz et Biarritz. L'isolement, toutefois, accélère aujourd'hui l'abandon du haut pays. Les activités du tourisme estival ou hivernal ne suffisent pas à fixer les agriculteurs malgré un vaste domaine skiable, où l'on pratique aussi bien ski de fond que ski alpin. Faune et flore, particulièrement protégées dans le parc national *(p. 450-451)*, reprennent alors leur droit. Pour les découvrir, les amoureux de la nature disposent dans la région de 1 600 km de chemins de randonnée.

Paysage typiquement pyrénéen près de Saint-Lizier

◁ **Barèges, station thermale et de sports d'hiver des Hautes-Pyrénées**

À la découverte des Pyrénées

Sur près de 450 km entre l'Atlantique et la Méditerranée, la chaîne des Pyrénées présente du côté français une façade aussi verte, en particulier à l'ouest, qu'elle est aride du côté espagnol. En hiver, les skieurs profiteront des activités offertes par les nombreuses stations. À la belle saison, des décors grandioses et une nature protégée s'offrent aux randonneurs, en particulier dans le parc national, mais les visiteurs pourront également profiter des plages du Pays basque, découvrir les paysages vallonnés du Béarn ou les ruines grandioses de Montségur. Les amateurs d'art et d'architecture ne manqueront pas abbayes, villages ou villes, entre autres Saint-Jean-de-Luz.

Le Pays basque est riche en spécialités culinaires *(p. 387)*

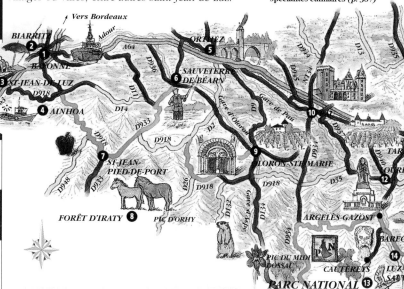

L'église du village basque d'Espelette

CIRCULER

Biarritz, Pau et Lourdes possèdent toutes trois un aéroport et sont desservies, comme Orthez et Tarbes, par la ligne de chemin de fer qui relie Toulouse et Bordeaux.
Depuis Bordeaux, l'autoroute A 63 rejoint l'Espagne en traversant le Pays basque où elle se raccorde près de Bayonne à l'A 64 qui longe toutes les Pyrénées, de Bayonne à Toulouse, en passant par Orthez, Pau, Tarbes et Saint-Gaudens. Plus on s'enfonce dans le massif, plus les routes sont sinueuses et étroites. Pittoresque mais exigeante, la route de la corniche (D 918/118) franchit 18 cols entre l'Atlantique et la Méditerranée.

PYRÉNÉES

LA RÉGION D'UN COUP D'ŒIL

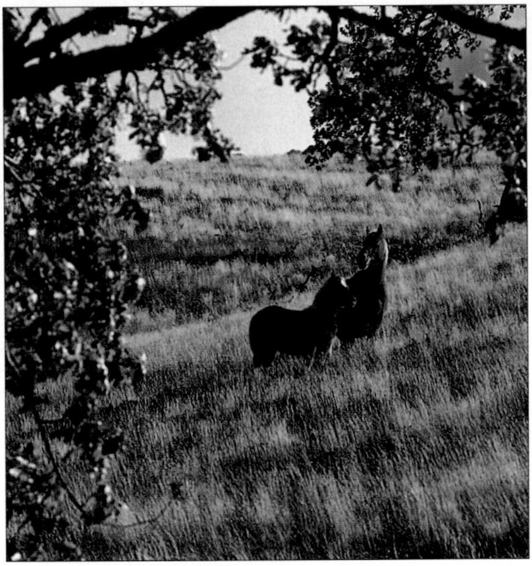

Petits chevaux basques pottock en liberté dans la forêt d'Iraty

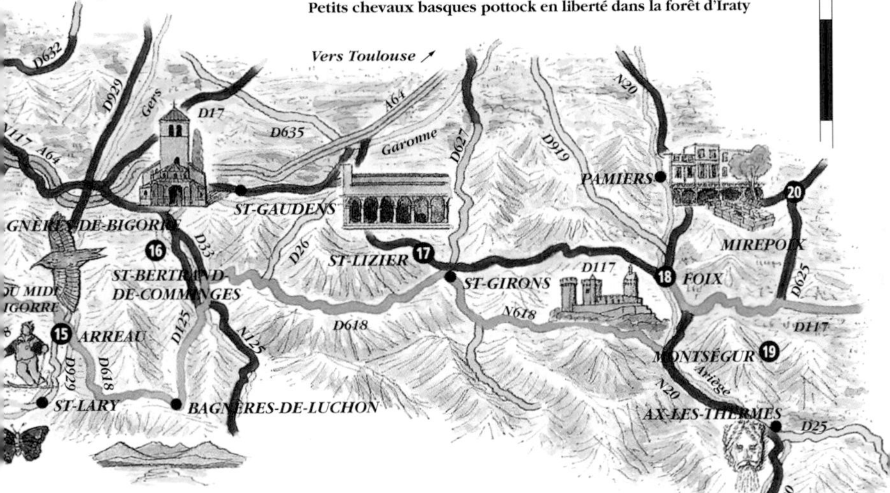

Vers Toulouse ↗

PAMIERS

MIREPOIX

ST-GAUDENS

ST-LIZIER ❶❼

ST-GIRONS

FOIX ❶❽

GNÈRES-DE-BIGORRE ❶❻

ST-BERTRAND-DE-COMMINGES

MONTSÉGUR ❶❾

ARREAU ❶❺

ST-LARY   BAGNÈRES-DE-LUCHON

AX-LES-THERMES

Saint-Jean-de-Luz vu depuis l'autre rive de l'estuaire de la Nivelle

LÉGENDE

Autoroute
Route principale
Route secondaire
Parcours pittoresque
Rivière
Point de vue

0   25 km

Bayonne ❶

Pyrénées-Atlantiques. 🚶 40 000.
🚉 🚌 🅿 🛈 pl. des Basques
(05 59 46 01 46). 🍴 lun.-sam. (mat.).
🌐 www.bayonne-tourisme.com

Capitale du Pays basque français, Bayonne, qui commande l'une des grandes voies de communication avec l'Espagne, était déjà une ville importante à l'époque romaine. Sous domination anglaise à partir de 1154, elle se développa en tant que port libre, avant de revenir au royaume de France en 1451. Depuis lors, elle a soutenu avec succès 18 sièges.

L'Adour et la Nive partagent la cité en trois quartiers, dont deux sont protégés par des fortifications de Vauban. Celui du Grand Bayonne enserre dans un réseau de rues piétonnes et commerçantes la **cathédrale Sainte-Marie**, de style gothique, commencée au XIIIᵉ siècle pendant l'occupation anglaise. Ne manquez pas son cloître ni le heurtoir du XVᵉ siècle de sa porte nord. Quiconque arrivait à le saisir avait droit d'asile.

Vous pourrez boire, dans les cafés installés sous les arcades de la rue du Port-Neuf, un chocolat chaud, spécialité bayonnaise à l'instar du jambon, de la saucisse *loukinkos* ou du touron.

Sur l'autre rive de la Nive, le quartier du Petit Bayonne abrite dans une maison du XVIᵉ siècle le **Musée basque**,

Phare de Biarritz

qui offre une bonne introduction à la culture basque grâce à la reconstitution d'intérieurs traditionnels. Non loin, le **musée Bonnat** présente une belle collection de dessins et de peintures de Léonard de Vinci, Poussin, Van Dyck, Rembrandt, Rubens, Goya, Corot, Constable et Ingres.

🏛 **Musée basque**
437, quai des Corsaires. 📞 05 59 46 61 90. 🕐 mar.-dim. 🍴 j. f. ♿ 🛒 🅿
🏛 **Musée Bonnat**
5, rue Jacques-Lafitte. 📞 05 59 59 08 52. 🕐 juin-sept. : t.l.j. ; oct.-juin : mer.-lun. ● j. f. ♿ 🅿

Biarritz ❷

Pyrénées-Atlantiques. 🚶 30 000.
🚉 🚌 🅿 🛈 Javalquinto, square d'Ixelles (05 59 22 37 10). 🍴 t.l.j.
🌐 www.biarritz.fr

La vocation touristique de Biarritz remonte au Second Empire lorsque, sous l'impulsion de Napoléon III et de l'impératrice Eugénie, cet ancien port de pêche à la baleine devint une station balnéaire à la mode. Depuis la Seconde Guerre mondiale, des quartiers résidentiels se sont développés le long de la côte, se mêlant à ceux de Bayonne et d'Anglet pour former une conurbation aux contours flous. Le cœur historique de la cité conserve toutefois sa personnalité, avec de beaux monuments comme la Chapelle impériale, richement décorée, ou le phare de 73 m qui domine le Cap Hainsart.

Inauguré en 1999, le **musée Asiatica** présente une très

importante collection d'art oriental, notamment des pièces provenant d'Inde, du Népal, du Tibet et de Chine. Ne manquez pas non plus le savoureux **musée du Chocolat**.

Au-dessus du port des Pêcheurs, les aquariums du **musée de la Mer** abritent les principales espèces du golfe de Gascogne. En bas, une chaussée étroite mène au **rocher de la Vierge** d'où l'on peut voir toute la côte basque.

🏛 **Musée Asiatica**
1, rue Guy-Petit. 📞 05 59 22 78 78. 🕐 t.l.j. (w.-e. : a.-m. seul.).
🏛 **Musée de la Mer**
Plateau de l'Atalaye. 📞 05 59 22 75 40. 🕐 avr.-oct. : t.l.j. ; nov.-mars : mar.-dim. ● 25 déc., 1 janv, 2 sem. en janv. ♿ ♿

Autel de l'église Saint-Jean-Baptiste

Saint-Jean-de-Luz ❸

Pyrénées-Atlantiques. 🚶 13 000.
🚌 🅿 🛈 pl. Maréchal-Foch (05 59 26 03 16). 🍴 mar. et ven.
🌐 www.saint-jean-de-luz.com

Des pêcheurs de baleines fréquentaient déjà au XIᵉ siècle l'anse naturelle qui abrite Saint-Jean-de-Luz et lui permet de posséder l'une des rares plages sûres du littoral aquitain. Aujourd'hui, ce sont les thoniers et les pêcheurs d'anchois qui assurent en hiver l'animation du port, sur lequel veille l'**église Saint-Jean-Baptiste**, élevée aux XIVᵉ et XVᵉ siècles, la plus grande et la plus intéressante des églises basques avec ses trois étages de galeries. Il règne dans ce sanctuaire orné

Les maisons du Grand Bayonne se serrent autour de la cathédrale

Le port de pêche de Saint-Jean-de-Luz connaît chaque été une véritable explosion démographique

d'un beau retable du XVIIe siècle une atmosphère de ferveur et de joie qu'apprécia peut-être Louis XIV quand il y épousa l'infante Marie-Thérèse en 1660. Une plaque à l'extérieur du bâtiment marque l'emplacement du portail que franchirent le Roi-Soleil et la jeune mariée. Il ne devait jamais resservir et fut immédiatement muré.

Négociée par Mazarin dans l'espoir de sceller l'alliance entre la France et l'Espagne, cette union entraînera finalement les deux royaumes dans la guerre de Succession d'Espagne, mais elle n'en reste pas moins le grand événement historique de Saint-Jean. L'hôtel de Lohobiague, ou **maison Louis XIV**, où logea le roi, renferme encore son mobilier d'époque. Les restaurants du quartier, notamment derrière le marché couvert, servent des *chipirons*, spécialité locale à base de poulpe cuit dans son encre.

🏛 Maison Louis XIV
Pl. Louis-XIV. **[** 05 59 26 01 56.
◘ juin-sept. : t.l.j. (sauf dim. mat.). ⬛

Aux environs
Sur l'autre rive de la Nivelle s'étend **Ciboure**, ville natale du compositeur Maurice Ravel, au cachet typiquement basque avec ses rues étroites et ses maisons du XVIIIe siècle.
Une promenade de deux

heures le long de la côte conduit au village voisin de **Socoa**, très apprécié des amateurs de surf. De son phare, au sommet de la falaise, la vue porte jusqu'à Biarritz.

Basques portant le fameux béret

Ainhoa ❹

Pyrénées-Atlantiques. 🏠 611. 🚌
ℹ La Mairie (05 59 29 92 60).

Ce petit village typique, parmi les plus beaux du Pays basque, fut fondé à la fin du XIIe siècle en tant que jardin céréalier des moines

prémontrés de l'abbaye d'Urdax, toute proche. Son église et ses maisons basques blanchies à la chaux datent pour la plupart du XVIIe siècle.

Aux environs
Espelette possède une église du XVIIe siècle aux tribunes de bois typiques du style basque, permettant d'augmenter le nombre de places assises tout en séparant hommes, femmes et enfants. En octobre se déroule la fête du piment, spécialité locale, tandis qu'à la fin janvier a lieu la vente aux enchères de pottocks (chevaux basques). La station thermale de **Cambo-les-Bains**, Ustaritz ou **Itxassou** sont d'autres villages typiques du Pays basque.
Le joli petit village de **Sare** s'étend au pied du col de Saint-Ignace d'où un train à crémaillère grimpe jusqu'au sommet de la Rhune, offrant le plus beau panorama de la côte et des montagnes dans la région.

Le château d'Espelette

Sauveterre-de-Béarn et les vestiges du pont de la Légende sur le gave d'Oloron

Orthez ❺

Pyrénées-Atlantiques. 👤 11 000. 🚉
🚌 ℹ️ *Maison de Jeanne d'Albret,
rue du Bourg-Vieux (05 59 69 02 75).*
🚗 *mar.* Ⓦ *www.mairie-orthez.fr*

Les vestiges de fortifications
médiévales entourent
toujours le donjon du **château
Moncade**. Enjambant le gave
de Pau, le **Pont-Vieux** (XIIIᵉ et
XIVᵉ siècle) donnait au Moyen
Âge une grande importance à
Orthez puisqu'il était emprunté
par un grand nombre de
marchands et par les pèlerins
de Compostelle. De belles
maisons anciennes bordent
la rue du Bourg-Vieux, en
particulier celle de Jeanne
d'Albret, mère d'Henri IV.
Sa conversion au calvinisme
entraîna son royaume de
Navarre dans les guerres
de Religion (1562-1598).
   Un très beau marché se
tient le mardi à Orthez et, de
novembre à février, les foies
gras viennent côtoyer volailles
et jambons de Bayonne.

Sauveterre-de-Béarn ❻

Pyrénées-Atlantiques. 👤 1 400. 🚉
ℹ️ *Place Royale (05 59 38 58 65).*
🚗 *sam.*

Surplombant le gave
d'Oloron, Sauveterre a
conservé une partie de
son enceinte médiévale.
De l'**église Saint-André**
(XIIᵉ siècle), au clocher fortifié,
la vue embrasse le gave, les
restes du vieux pont fortifié,
l'île de la Glère et la **tour
Monréal** (XIIIᵉ siècle).
Chaque année de mars
à juillet, le gave voit se
dérouler le championnat du
monde de pêche au saumon.
   Longeant la rivière, la D 27
conduit, à 9 km de là, au
château de Laàs (XVIIIᵉ siècle)
qui renferme une riche
collection d'objets d'art et de
meubles, notamment le lit où
dormit Napoléon la nuit qui
suivit sa défaite à Waterloo.

⚓ Château de Laàs
🎫 *05 59 38 91 53.* ⏰ *avr.-oct. :
mer.-lun. (juil. et août : t.l.j.).* 📷 ♿

L'église Saint-André et la tour
Monréal, à Sauveterre-de-Béarn

Saint-Jean-Pied-de-Port ❼

Pyrénées-Atlantiques. 👤 1 500.
🚉 🚌 ℹ️ *14, pl. du Général-de-
Gaulle (05 59 37 03 57).* 🚗 *lun.*
Ⓦ *www.pyrenees-basques.com*

Cité fortifiée construite
en grès rouge, l'ancienne
capitale de basse Navarre
commande l'accès au col
(ou « port ») de Roncevaux
où les Basques écrasèrent en
778 l'arrière-garde de l'armée
de Charlemagne, tuant son
chef que glorifia plus tard
la *Chanson de Roland*.
   Cette situation privilégiée
lui valut d'être tout au long
du Moyen Âge l'étape où se
regroupaient les pèlerins de
Saint-Jacques-de-Compostelle
(*p. 390-391*) avant de passer
en Espagne. Des guetteurs
surveillaient leur approche,
sonnant les cloches lorsqu'ils
repéraient un groupe pour lui
indiquer la direction à suivre.
   La cité continue à vivre
aujourd'hui de ses visiteurs.
Entrant par la porte d'Espagne,
on dépasse cafés et restaurants
pour grimper par les ruelles
de la ville haute, ceinte de
murailles du XVᵉ siècle, jusqu'à
la citadelle qui commande une
vue panoramique sur la **vallée
de la Nive** (ou **de Baïgorry**).
   Ne manquez pas, le lundi,
le marché aux bestiaux et la
partie de pelote.

Forêt d'Iraty **8**

Pyrénées-Atlantiques. 🚉 🚌 *Saint-Jean-Pied-de-Port.* 🚏 *Saint-Jean-Pied-de-Port (05 59 37 03 57).*

Landes et forêts de hêtres se disputent ce plateau sauvage, cadre splendide pour les promenades à pied, à cheval ou à ski. Ici vivent en liberté les pottocks, petits chevaux qui n'ont pas changé depuis que les ancêtres des Basques dessinaient leur silhouette sur les parois des grottes de la région. L'office de tourisme de Saint-Jean-Pied-de-Port propose des itinéraires de randonnées vers le pic des Escaliers (1 472 m) et le pic d'Orhy (2 017 m). On peut atteindre en suivant le GR 10 le sommet d'Occabe, sur le flanc duquel on peut repérer des mégalithes de 3 000 ans.

Oloron-Ste-Marie **9**

Pyrénées-Atlantiques. 👥 *11 400.* 🚉
🚌 🚏 *Villa Bourdeu, allées du Comte-de-Tréville (05 59 39 98 00).* 🛒 *ven.*

Une colonie celtibère existait avant l'époque romaine à la jonction des vallées de l'Aspe et de l'Ossau *(p.450)* où s'est développé Oloron, centre de fabrication de bérets et de chocolat. De grandes foires s'y tiennent en septembre (garburade) et en mai (gastronomique).

LA CULTURE BASQUE

Seulement 10 % des 3 millions de Basques vivent en France. Ce peuple, né dans les Pyrénées où il défend son autonomie et son identité depuis des millénaires, continue de parler la seule langue d'Europe à avoir survécu à la vague qui imposa les idiomes indo-européens. Elle nourrit une poésie, notamment chantée, toujours vivante et, depuis le xvᵉ siècle, une littérature originale.

La pelote, jeu traditionnel basque

Portail de la cathédrale d'Oloron

Fierté de la cité et classée par l'Unesco, la **cathédrale Sainte-Marie**, malgré un remaniement dans le style gothique aux xiiiᵉ-xivᵉ siècles, conserve un portail roman aux sculptures de toute beauté.

L'**église Sainte-Croix**, située au cœur d'un vieux quartier où les plus anciennes maisons datent du xvᵉ siècle, présente quant à elle des voûtes qui témoignent d'une influence maure. Il est vrai que l'Espagne s'étend de l'autre côté du col du Somport, qui ferme la vallée d'Aspe, où sont produits une grande partie des fromages de brebis (ou mélange de laits de vache et de chèvre) des Pyrénées.

Une route latérale conduit à Lescun, petit village serré autour de son église au pied d'une chaîne d'aiguilles acérées où culmine à 2 504 m le **pic d'Anie** *(p.450)*.

Ce site magnifique, l'un des rares endroits où se pratique l'agriculture traditionnelle et le dernier lieu où survit l'ours brun des Pyrénées, est menacé par le tunnel du Somport.

Lande au-dessus de la forêt d'Iraty, dévastée pour construire les vaisseaux des flottes française et espagnole

Tapisserie des Gobelins du château de Pau

Pau ⑩

Pyrénées-Atlantiques. 🏠 87 000.
✕ 🚌 🚉 🛈 *pl. Royale (05 59 27
27 08).* 🍴 *lun.-sam.* 🌐 *www.pau.fr*

L es riches Anglais qui
fréquentaient Pau au début
du XIXᵉ siècle venaient en
automne et au début de l'hiver.
Non sans raison, car la douceur
du climat et la pureté de l'air
en font la meilleure période
pour visiter la plus intéressante
des grandes cités pyrénéennes.
   Son **château** du XIIᵉ siècle fut
agrandi au XIVᵉ pour Gaston
Phébus *(p. 453)*, comte de Foix
et vicomte de Béarn. Jeanne
d'Albret quitta la Picardie au
huitième mois de sa grossesse
et entreprit un voyage de
19 jours en carrosse pour venir
y mettre au monde son enfant
en 1553. Elle chanta pendant
tout l'accouchement et, dès sa
naissance, comme le voulait la
coutume, le futur Henri IV eut
les lèvres frottées d'une gousse
d'ail et de vin de Jurançon.
   L'édifice où il vit le jour
a été fortement remanié au
XIXᵉ siècle. Les tapisseries des
Gobelins (XVIᵉ siècle) qu'il
renferme sont superbes et le
Musée béarnais, installé au
3ᵉ étage, offre un remarquable
panorama de l'histoire,
des traditions et de la vie
quotidienne de la région.
   À son pied s'ouvre le
boulevard des Pyrénées d'où
l'on a par temps clair une vue
superbe sur les plus hauts pics.
Il aboutit au parc Baumont qui
entoure le casino de 12 ha

◁ **Collines en bordure des Pyrénées**

de verdure, au nord desquels,
dans la rue Lalanne, le **musée
des Beaux-Arts** présente
une collection de peintures
éclectique qui comprend des
œuvres du Greco, *Le Jugement
dernier* par Rubens et le
splendide *Bureau de coton à
La Nouvelle-Orléans* par Degas.

⚜ Château de Pau
Rue du Château. 📞 *05 59 82 38 00.*
🕐 *t.l.j.* 🚫 *1ᵉʳ janv., 1ᵉʳ mai, 25 déc.*
🎫 📷 🛒

🏛 Musée des Beaux-Arts
Rue Mathieu-Lalanne.
📞 *05 59 27 33 02.* 🕐 *mer.-lun.*
🚫 *j. f.* 📷 ♿ *restreint.*

Aux environs
Au nord, la belle cathédrale de
Lescar est en partie romane. À
25 km du gave de Pau, la
vallée d'Ossau vit depuis le
Moyen Âge au rythme des
transhumances. Vous pourrez
visiter au départ de **Laruns** la
haute vallée du gave d'Ossau.

Tarbes ⑪

Hautes-Pyrénées. 🏠 48 000. 🚊
🚌 🚉 🛈 *3, cours Gambetta
(05 62 51 30 31).* 🍴 *jeu.*

A u cœur d'une riche plaine
céréalière, l'ancienne
capitale de la Bigorre est
un grand marché agricole,
une ville universitaire, mais
aussi le lieu d'implantation
d'industries mécaniques et
chimiques. Occupant le centre
de la cité, le **jardin Massey**,
dessiné au début du
XIXᵉ siècle, est l'un des plus
beaux du Sud-Ouest avec ses
essences rares, sa serre, son
cloître du XVᵉ siècle et sa
curieuse villa mauresque qui
abrite le **musée Massey**.
Ne manquez pas non plus le
Haras national, créé en 1806
par Napoléon, qui possède
une cinquantaine d'étalons.

🏛 Haras national
Maison du Cheval, chemin du
Mauhourat. 📞 *05 62 56 30 80.*
🕐 *lun.-ven. et der. dim. de chaque
mois.* 🚫 *j. f.* 🎫

🏛 Musée Massey
Jardin Massey. 📞 *05 62 36 51 48.*
🚫 *pour rénovation.*

Lourdes ⑫

Hautes-Pyrénées. 🏠 15 700. 🚊 🚉
🚌 *Pâques-mi-oct.* 🛈 *pl. Peyramale
(05 62 42 77 40).* 🍴 *un jeu. sur deux.*
🌐 *www.lourdes-infotourisme.com*

C 'est une jeune fille de
14 ans, Bernadette
Soubirous, qui changea en
1858 le destin de cette
ancienne place forte, la
transformant en un immense

Le château de Pau où naquit Henri IV en 1553

centre spirituel. Le premier pèlerinage national eut lieu en 1873 et, depuis, près de 5 millions de personnes se rendent chaque année à la **grotte de Massabielle** où la Vierge serait apparue à la jeune Bernadette. Le **musée de Lourdes** retrace la vie de la jeune fille.

Les amateurs de montagne iront quant à eux au **Musée pyrénéen**, dans le château fort, qui retrace l'histoire des premières ascensions des plus hauts sommets du massif.

À quelques km, les **grottes de Bétharram** se découvrent en barque et en train.

🏛 Musée de Lourdes
Parking de l'Égalité. 📞 05 62 94 28 60. 🕐 avr.-oct. : t.l.j. 📷 ♿

Spectaculaires concrétions calcaires aux grottes de Bétharram

Pèlerins participant à une messe en plein air à Lourdes

🐾 Grottes de Bétharram
Saint-Pé-de-Bigorre. 📞 05 62 41 80 04. 🕐 fév.-fin mars : lun.-ven. ; fin mars-fin-oct. : t.l.j. 📷

🏛 Musée pyrénéen
Château Fort, rue du Fort. 📞 05 62 42 37 37. 🕐 t.l.j. ⬤ certains j. f. 📷

Parc national des Pyrénées ⑬

p. 450-451.

Luz-Saint-Sauveur ⑭

Hautes-Pyrénées. 🏘 1 200. 🚌
🛈 pl. du 8-Mai (05 62 92 30 30).
🚏 lun.

L uz-Saint-Sauveur est une agréable station thermale d'où l'on gagne la plupart des grands sites pyrénéens. Les hospitaliers de Saint-Jean-de-

Jérusalem entourèrent au XIVe siècle son église romane d'une enceinte fortifiée percée de meurtrières, d'où ils surveillaient la ville et la vallée pour protéger les pèlerins en route vers Saint-Jacques-de-Compostelle.

Aux environs
Cauterets, élégante ville thermale que fréquenta Marguerite de Navarre, constitue un bon point de départ pour des randonnées, à pied ou à ski de fond dans les montagnes de la Bigorre. Depuis **Gavarnie**, ancienne étape des pèlerins de Saint-Jacques-de-Compostelle, un large sentier conduit, à pied ou à dos d'âne, au célèbre cirque, l'un des sites les plus visités des Pyrénées, où la plus longue cascade d'Europe (440 m) dévale dans un amphithéâtre nappé de glaciers et dominé par onze sommets de plus de 3 000 m.

De l'**observatoire du pic du Midi de Bigorre** furent prises les meilleures photos de Vénus et des planètes du système solaire, et notamment celles qui servirent à préparer des missions américaines Apollo. À 30 mn de marche du col du Tourmalet, au-dessus de Barèges, le site offre une vue à couper le souffle sur les Pyrénées et la plaine gasconne. Un télescope de 2 m de diamètre y a été installé en 1978.

🏛 Observatoire du pic du Midi de Bigorre
Bagnères-de-Bigorre. 📞 05 62 56 71 02. 🕐 t.l.j. (selon conditions météo). ⬤ nov. 📷 🖥 🍴

LES MIRACLES DE LOURDES

En 1858, une jeune fille analphabète eut dans la grotte de Massabielle, alors située hors de la ville, 18 visions de la Vierge qui suscitèrent dans la région un vaste mouvement de conversions. Après enquête, l'Église affirma la réalité des apparitions en 1862 et, depuis, les guérisons miraculeuses survenues après immersion dans la source de la grotte se sont multipliées. L'afflux de pèlerins du monde entier a entraîné le développement d'un énorme complexe religieux où prospère une très dynamique, et très mercantile, industrie touristique.

Souvenir de Lourdes

Parc national des Pyrénées ⑬

Isard des Pyrénées

Créé en 1967, le parc national des Pyrénées s'étend sur 100 km, entre 1 000 et 3 300 m d'altitude, le long de la frontière espagnole derrière laquelle le prolonge le parc national d'Ordesa et du mont Perdu. Prairies chatoyantes de papillons et sommets coiffés de neiges éternelles y composent certains des plus beaux sites naturels d'Europe où prospèrent une faune et une flore d'une richesse exceptionnelle. Près de 350 km de sentiers permettent, en les respectant, d'en découvrir les merveilles.

Vallée d'Aspe
Des aiguilles acérées dominent le cirque de Lescun et la vallée d'Aspe, site aujourd'hui menacé par un projet d'autoroute (p. 445).

Pic d'Anie
Les parois calcaires du pic d'Anie (2 504 m) dominent de riches estives. Elles se couvrent au printemps de gentiane et d'ancolie qui ne poussent que dans les Pyrénées.

Le col du Somport
(1 632 m), qui relie la France à l'Espagne, est enneigé de décembre à avril.

Pic du Midi d'Ossau
Depuis le lac de Bious-Artigues, un sentier difficile conduit à la base du pic du Midi d'Ossau (2 884 m) et en fait le tour.

LA FAUNE PYRÉNÉENNE

L'isolement des Pyrénées a permis à de nombreuses espèces endémiques de s'y maintenir comme dans peu d'autres endroits en Europe. Outre les nombreux isards, ou chamois des Pyrénées, la faune des vallées du parc national comprend également des marmottes, des hermines, quelques ours, etc.
Et pour les oiseaux, cincles plongeurs, lagopèdes, vautours fauves, aigles royaux, gypaètes barbus, grands tétras, etc.

Les fritillaires des Pyrénées
fleurissent à la fin du printemps et au début de l'été.

Les lys des Pyrénées
embellissent de juin à août les prairies jusqu'à 2 200 m.

rèche de Roland
*a célèbre et béante ouverture
u cirque de Gavarnie offre
n passage entre la France
l'Espagne.*

MODE D'EMPLOI

Bien signalés (des panneaux
indiquent notamment la durée
des parcours), de nombreux
sentiers ponctués de refuges
où l'on peut prendre un
repas chaud et passer la
nuit sillonnent le parc. Les
randonneurs trouveront toute
l'année cartes et informations
au siège du parc national à
Tarbes (05 62 44 36 60,
www.parc-pyrenees.com).

Randonnée en été

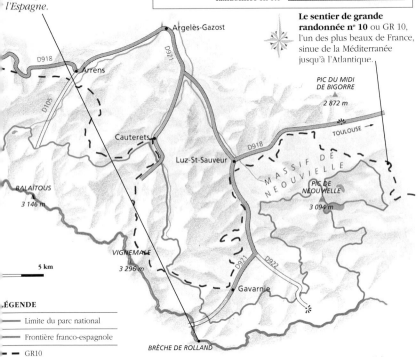

**Le sentier de grande
randonnée n° 10** ou GR 10,
l'un des plus beaux de France,
sinue de la Méditerranée
jusqu'à l'Atlantique.

Argelès-Gazost

D918

Arrens

D921

D105

PIC DU MIDI
DE BIGORRE

2 872 m

Cauterets

TOULOUSE →

D918

Luz-St-Sauveur

MASSIF DE
NEOUVIELLE

BALAÏTOUS

3 146 m

PIC DE
NEOUVIELLE

3 094 m

5 km

VIGNEMALE

3 296 m

D921

D922

Gavarnie

ÉGENDE

Limite du parc national

Frontière franco-espagnole

GR10

BRÈCHE DE ROLLAND

*e **vautour d'Égypte** présent
ans toutes les Pyrénées, niche
ur des falaises.*

L'ours des Pyrénées *bénéficie
depuis quelques années d'un
renforcement de sa population.*

Cléopâtre

**Grand
porte-queue**

Des papillons *d'espèces
très colorées se rencontrent
en altitude.*

Arreau 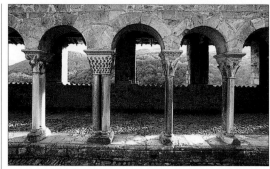 ⑮

Hautes-Pyrénées. 865.
🏰 château des Nestes
(05 62 98 63 15). ⬛ jeu.

Au confluent de la Neste d'Aure et de la Neste de Louron, Arreau est un village animé dont l'église et plusieurs maisons datent du xvie siècle. On peut s'y procurer tout le nécessaire (cartes, chaussures ou matériel) pour des randonnées.

Aux environs
Au cœur de la **vallée d'Aure**, Saint-Lary-Soulan constitue un bon point de départ pour des excursions dans tout le massif du Néouvielle. Les routes qui en partent permettent d'arriver en altitude avant de commencer à marcher. Au-dessus du village de **Fabian**, dans un décor parsemé de lacs, plusieurs sentiers tracés, dont le GR 10 *(p. 451)*, sinuent entre les sommets. Plus à l'est, **Luchon** est la ville de cure la plus vivante de la chaîne des Pyrénées.

Saint-Bertrand-de-Comminges ⑯

Haute-Garonne. 300.
🚉 Montréjean, puis taxi.
🛈 Les Olivetains, parvis de la cathédrale (05 61 95 44 44).

Dominant la vallée depuis une petite éminence isolée, Saint-Bertrand-de-Comminges, centre historique et archéologique le plus important des Pyrénées

Cloître de la cathédrale Sainte-Marie, Saint-Bertrand-de-Comminges

centrales, connaît chaque été un festival de musique réputé *(p. 33)*. La tradition affirme que la cité aurait été fondée en 72 avant J.-C., mais elle ne connut son premier véritable développement que sous l'empereur Auguste, qui voulait asseoir sa domination sur le massif pyrénéen. Des fouilles ont mis au jour les vestiges d'un marché, d'un théâtre, de deux thermes, d'un temple et d'une basilique chrétienne.

Au xie siècle, Bertrand de l'Isle, évêque de Comminges, décida de bâtir sur ce site la **cathédrale Sainte-Marie**. Canonisé en 1222, il repose dans un mausolée élevé dans le chœur. L'édifice fut modifié au xive siècle grâce aux fonds apportés par Hugues de Châtillon, riche évêque dont la chapelle de la Vierge abrite le tombeau en marbre.

De superbes sculptures ornent le portail roman de la cathédrale, réputée pour l'élégance de son mobilier intérieur, notamment les 66 stalles du chœur et le buffet d'orgue (xvie siècle).

On peut voir dans le **cloître** des sarcophages et le célèbre pilier des Quatre Évangélistes. Ses deux galeries gothiques (la troisième étant romane) présentent de beaux chapiteaux sculptés.

🛈 **Cathédrale Sainte-Marie**
📞 05 61 89 04 91. ⏰ t.l.j. (pas de visite dim. matin). 📷

Fresque de la cathédrale Saint-Lizier

Saint-Lizier ⑰

Ariège. 1 900. 🚉 🛈 place de l'Église (05 61 96 77 77).

S'étendant à l'emplacement d'une ancienne cité gallo-romaine, dont il reste la totalité de l'enceinte, ce bourg fut un grand centre religieux au Moyen Âge, ce qui lui vaut de posséder deux cathédrales.
La plus belle, la **cathédrale Saint-Lizier** décorée de fresques romanes, date des xie et xive siècles et possède un harmonieux cloître surmonté d'un étage.
Dans la ville haute, des ruelles bordées de maisons anciennes mènent à la

La cathédrale Sainte-Marie (xie-xie siècle), à Saint-Bertrand-de-Comminges

Sommets pyrénéens enneigés vus depuis Saint-Lizier

Montségur ⑲

Ariège. 🏘 120. 🅷 104 ter, Village (05 61 03 03 03). 📷 🎫 pour le château. Ⓦ www.montsegur.org

Symbole de la résistance cathare *(p. 481)*, le **château de Montségur** coiffe un éperon rocheux à la base duquel est accroché le village. Un sentier abrupt permet d'accéder à la citadelle d'où la vue s'étend, par temps clair, jusqu'à la Montagne Noire et où, au XIIIᵉ siècle, hérétiques albigeois et *faydits* (chevaliers dépossédés) résistèrent pendant dix mois à l'armée du roi. Lorsqu'elle tomba, 225 cathares préférèrent se jeter de leur plein gré dans le bûcher plutôt que de renier leur foi. Les objets du musée historique et archéologique témoignent de la vie de la citadelle au Moyen Âge.

Mirepoix ⑳

Ariège. 🏘 3 300. 🚌 🚏 🅷 pl. du Maréchal-Leclerc (05 61 68 83 76). 🛒 lun. et jeu.

Solide bastide *(p. 435)* à l'aspect presque inchangé depuis le Moyen Âge, Mirepoix prend tout son attrait les jours de marché, quand sa place centrale, l'une des plus belles du Sud-Ouest avec ses galeries et ses maisons à colombage datant des XIIIᵉ-XVᵉ siècles, se couvre d'éventaires proposant les productions agricoles locales. La cathédrale, commencée en 1343 et achevée en 1867, possède la nef gothique la plus large de France (22 m).

cathédrale de la Sède, qui commande une belle vue sur les Pyrénées. Voir aussi la pharmacie du XVIIIᵉ siècle située dans l'hôtel-Dieu.

Foix ⑱

Ariège. 🏘 10 000. 🚌 🚏 🅷 29, rue Delcassé (05 61 65 12 12). 🛒 1ᵉʳ, 3ᵉ et 5ᵉ lun. du mois et ven.

Les tours et les remparts du **château de Foix** (XVᵉ siècle) dominent du haut d'un énorme rocher la ville et le confluent de l'Arget et de l'Ariège. En juillet, des fêtes médiévales recréent l'ambiance de l'époque où les comtes de Foix gouvernaient tout le Béarn. Le plus brillant d'entre eux, Gaston III, dit Phébus (1331-1391), écrivit un *Livre de chasse* réputé.

La vue justifie l'ascension de la tour centrale du château. Au bord de l'Ariège, l'**église Saint-Volusien**, édifice roman du XIIᵉ siècle agrandi

dans le style gothique au XIVᵉ, est d'une exquise simplicité.

🏰 Château de Foix
🕐 05 34 09 83 83. 🕐 mai-oct. : t.l.j. ; nov.-avr. : mar.-dim. ⬤ 1ᵉʳ janv. et 25 déc. 📷

Aux environs
Les **grottes du Mas-d'Azil** et **de Niaux** sont les plus belles curiosités préhistoriques de la chaîne pyrénéenne.

Galerie de la place principale de Mirepoix

Le Midi

Présentation du Midi

Région viticole et fruitière qui conserve son caractère rural, le Midi attire chaque été des millions de vacanciers qui viennent profiter des plages de la Côte d'Azur, à l'est, et de celles des stations du littoral du Languedoc-Roussillon, à l'ouest. Les amoureux de la nature découvrent en Corse des sites d'une beauté exceptionnelle. Mais le Midi de la France ne séduit pas uniquement les touristes : des entreprises aux technologies de pointe s'y sont installées autour de villes comme Nice ou Montpellier.

Le pont du Gard, impressionnant ouvrage d'art romain vieux de 2 000 ans (p. 485) et long de 275 m, faisait partie d'un aqueduc partiellement souterrain qui alimentait Nîmes en eau depuis une source captée à presque 50 km de la ville.

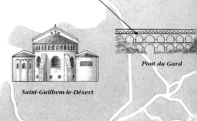

Pont du Gard

Saint-Guilhem-le-Désert

LANGUEDOC-ROUSSILLON
(p. 466-487)

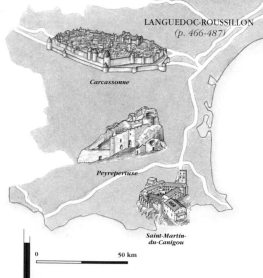

Carcassonne

Peyrepertuse

Saint-Martin-du-Canigou

0   50 km

La Camargue abrite dans les marais et les lagunes du delta du Rhône une flore et une faune exceptionnelles. De nombreux oiseaux, comme les fameux flamants roses, prospèrent dans son parc ornithologique (p. 500-501) à côté de chevaux élevés en liberté.

Avignon, qui a conservé ses fortifications, servit
d'asile aux papes, contraints de quitter Rome au
XIVᵉ siècle (p. 493). Leur palais domine toujours la
ville. Sa cour accueille désormais en été les
spectacles du célèbre festival de théâtre.

Palais des Papes, Avignon

Musée Matisse, Nice

PROVENCE ET CÔTE D'AZUR
(p. 488-521)

*Statue par Giacometti,
Saint-Paul-de-Vence*

Camargue

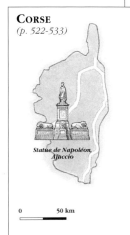

CORSE
(p. 522-533)

*Statue de Napoléon,
Ajaccio*

0   50 km

Riche de prestigieux festivals comme ceux de Cannes ou d'Antibes,
la **Côte d'Azur** attire depuis les années 1920 célébrités et artistes
(p. 464-465). Elle offre aussi des collections d'art moderne
et contemporain de premier ordre (p. 462-463).

Les spécialités du Midi

Les marchés du Midi ont été chantés, non sans raison. En été, les étals croulent sous les poivrons, les tomates, les courgettes et les aubergines qui composent, avec les fruits gorgés de soleil et les fleurs, une palette éclatante. Alors que le Languedoc-Roussillon fournit les premiers fruits de saison, à l'automne courges, châtaignes, cèpes et girolles donnent aux éventaires des tons plus chauds et un léger parfum de sous-bois. Traditionnellement, les légumes accompagnent le mouton ou l'agneau, provenant de préférence de la Crau ou des prés salés de la Camargue. En bord de mer, le poisson est à l'honneur. Il est servi grillé ou compose la bouillabaisse marseillaise ou la bourride languedocienne, soupes appréciées des gourmets. Les huîtres de la Méditerranée ont une saveur plus prononcée et plus salée que celles de l'Atlantique ou de la Manche. La Corse, dont la cuisine est plus influencée par l'Italie, produit des fromages de caractère et une charcuterie savoureuse et de qualité, à partir de porcs élevés en plein air.

Romarin

La salade niçoise est toujours composée de laitue, tomates, haricots verts, olives noires, œufs durs et anchois.

La soupe au pistou, avec haricots blancs et pâtes, est composée de légumes parfumés au basilic, à l'ail et à l'huile d'olive.

Bouillon

Croûtons aillés

Daurade

Congre

Rouget

Baudroie

Piments doux et gousses d'ail pilées parfument la rouille

La bouillabaisse, à l'origine plat populaire marseillais, est devenue aujourd'hui un luxe. Des poissons de roche tels que daurade, rascasse, rouget, congre ou baudroie cuisent au court-bouillon avec oignons, ail, huile d'olive, tomates et safran. Le bouillon arrose des croûtons qu'accompagne une sauce épicée, la rouille.

La ratatouille *est un ragoût de légumes d'été revenus dans de l'huile d'olive, puis cuits longtemps à feu doux.*

La pissaladière *pâte à pizza garnie d'oignons, d'anchois et d'olives, s'achète dans toutes les boulangeries de Provence.*

L'aïoli *une mayonnaise à l'huile d'olive très aillée, accompagne morue, œufs durs et légumes crus ou à l'étuvée.*

La daube, *de bœuf ou de sanglier, doit mariner une nuit dans du vin rouge, puis mijoter au moins quatre heures.*

La brandade de morue, *spécialité nîmoise, mêle dans une purée pommes de terre, morue, ail, crème fraîche et huile d'olive.*

La tarte au citron *est encore meilleure si sa crème est faite avec des citrons de la Côte d'Azur, par exemple de Menton.*

La fougasse *est une pâte à pain farcie d'olives noires, d'anchois, d'oignons et d'herbes aromatiques. Sucrée, elle est garnie d'amandes.*

OLIVES ET HUILE D'OLIVE
Les olives servent à la fabrication de l'huile, mais sont aussi mises en conserve, mûres (noires) ou encore vertes. Étalée sur du pain grillé, la tapenade, une purée d'olives, de câpres et d'anchois, accompagne le pastis de l'apéritif.

Tapenade

Olives noires

Le miel *présente une large palette de saveurs qui dépendent des plantes butinées par les abeilles : lavande, romarin, thym, mais également acacia, châtaignier ou sapin.*

Olives farcies

Huile d'olive

Verveine **Camomille** **Tilleul**

LES TISANES
Consommées en infusion, les plantes aromatiques qui poussent dans le Midi de la France ont de nombreux vertus : le tilleul favorise la digestion et le sommeil, la camomille stimule les reins, la verveine facilite le travail du foie et le thym dégage les voies respiratoires.

Les régions viticoles : le Midi

Sous le généreux soleil du Midi, les vignobles du Languedoc-Roussillon et de la Provence s'étendent depuis Banyuls à l'extrême sud, jusqu'à la frontière italienne. Pendant un siècle, ils ont produit pour la plupart des vins de consommation courante ; mais la qualité des cépages comme des techniques de vinification s'est beaucoup améliorée ces dernières années et l'on trouve désormais partout dans la région d'excellents crus qui tirent leur générosité et leur bouquet de terroirs où plantes cultivées et herbes aromatiques se disputent le sol de terrasses en pierres sèches.

Enseigne de cave, Banyuls

CARTE DE SITUATION

Languedoc-Roussillon et Provence

L'appellation coteaux du languedoc désigne une large région s'étendant de Narbonne à Nîmes.

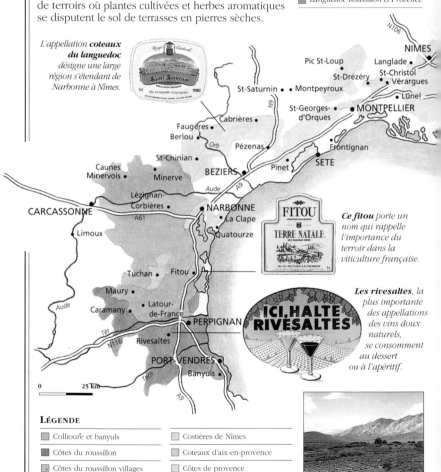

Ce fitou porte un nom qui rappelle l'importance du terroir dans la viticulture française.

Les rivesaltes, la plus importante des appellations des vins doux naturels, se consomment au dessert ou à l'apéritif.

Pic St-Loup · Langlade · St-Christol · Vérargues
St-Drézéry
St-Saturnin · Montpeyroux · Lünel
St-Georges-d'Orques · MONTPELLIER
Faugères · Cabrières
Berlou · Pézenas · Frontignan
St-Chinian · Orb · SÈTE
Caunes Minervois · Minerve · Pinet
Lézignan-Corbières · BÉZIERS · Aude
CARCASSONNE · NARBONNE
Limoux · La Clape
Quatourze
Tuchan · Fitou
Maury · Latour-de-France
Caramany · PERPIGNAN
Aude · Rivesaltes
Têt · N116
PORT-VENDRES
Banyuls
0   25 km · Tech

NÎMES
N106

FITOU
TERRE NATALE

ICI, HALTE RIVESALTES

LÉGENDE

Collioure et banyuls	Costières de Nîmes
Côtes du roussillon	Coteaux d'aix-en-provence
Côtes du roussillon villages	Côtes de provence
Fitou	Cassis
Corbières	Bandol et côtes de provence
Minervois	Coteaux varois
Coteaux du languedoc	Bellet

Les coteaux abrupts des Corbières

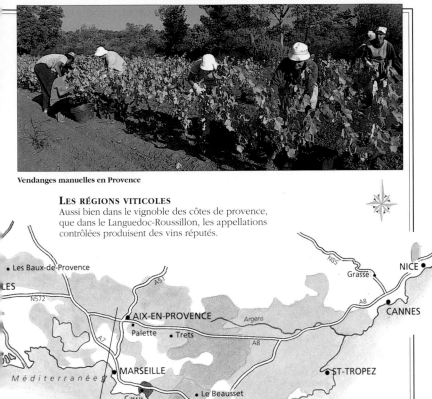

Vendanges manuelles en Provence

LES RÉGIONS VITICOLES
Aussi bien dans le vignoble des côtes de provence,
que dans le Languedoc-Roussillon, les appellations
contrôlées produisent des vins réputés.

Les Baux-de-Provence

NICE
Grasse

CANNES

AIX-EN-PROVENCE

Argens

Palette   Trets

A8

MARSEILLE

ST-TROPEZ

Méditerranée

Le Beausset

Cassis   Le Lavandou

Bandol   HYÈRES

TOULON

Les rosés de provence, vins
de vacances, tendres ou nerveux,
se sont encore améliorés ces dix
dernières années.

*Le bandol est une petite
appellation qui, fait inhabituel,
a entièrement assis son renom
mérité sur un cépage typiquement
méridional : le mourvèdre.*

CE QU'IL FAUT SAVOIR SUR LES VINS DU MIDI

Sol et climat
Si le climat ensoleillé permet
d'obtenir des vins généreux
même en plaine, c'est sur les
coteaux, calcaires ou schisteux, que sont
généralement produits les meilleurs crus.

Cépages
Les cépages de grande
production tels que le **carignan**
et l'**aramon** cèdent de plus en
plus la place, y compris pour les vins de
pays, à des souches plus nobles : la **syrah**,
le **mourvèdre**, le **grenache**, le **cabernet
sauvignon** et le **merlot** pour les rouges ;
le **chardonnay**, le **sauvignon blanc**
et le **viognier** pour les blancs.

Quelques producteurs réputés
Collioure : Domaine de la Rectorie.
Côtes de roussillon : Domaine
Gauby. *Corbières :* Château
La Voulte-Gasparets, Château de
Lastours. *Minervois :* Château de Villerambert-
Julien. *Coteaux du languedoc :* Mas Jullien,
Prieuré de St-Jean-de-Bebian. *St-Chinian :*
Château Cazal-Viel, Domaine des Jougla.
Faugères : Château des Estanilles, Château
de la Liquière. *Vin de pays de l'Hérault :*
Mas de Daumas Gassac. *Costières de nîmes :*
Château des Tourelles. *Coteaux d'aix :* Mas
de la Dame, Mas de Gourgonnier, Domaine
de Trevallon. *Côtes de provence :* Domaine
Richeaume, Commanderie de Peyrassol.
Bandol : Domaines Ott, Domaine Tempier.

Le Midi des artistes et des écrivains

Le climat et la beauté du Sud de la France ne pouvaient qu'attirer artistes et écrivains, français ou étrangers. C'est un poète, Stephen Liégeard, qui donne en 1887 son nom à la Côte d'Azur, tandis que des peintres comme Van Gogh, Cézanne, Dufy ou Picasso, fascinés par sa lumière, rendent la Provence célèbre dans le monde entier. La région les honore dans de nombreux musées, certains voués à un seul artiste (Chagall, Matisse ou Picasso), d'autres, notamment ceux de Céret, Nîmes, Montpellier, Saint-Tropez et Saint-Paul-de-Vence (p. 472-517), plus variés.

La palette de Monet

Picasso et Françoise Gilot à Golfe-Juan, 1948

L'atelier de Paul Cézanne à Aix-en-Provence *(p. 501)*

UNE FÊTE DE LA LUMIÈRE

Les impressionnistes, dans leur quête de la lumière, ne pouvaient qu'être attirés par celle du Midi dont Monet pensait qu'elle rendait les couleurs si intenses qu'aucun peintre ne pouvait les restituer avec fidélité. Renoir l'accompagna en Provence en 1883 et, conquis, s'y installa. Il finit ses jours à Cagnes-sur-Mer où Bonnard, l'un des maîtres du mouvement nabi, le rencontra. Lui aussi se lança, dans son atelier du Cannet, à la poursuite de cette lumière si particulière. Toutefois, c'est sans doute Van Gogh, que son ami Gauguin rejoignit un temps à Arles, qui l'a le plus fidèlement traduite. Cézanne, qui naquit à Aix-en-Provence en 1839, la traqua toute sa vie, notamment dans ses tableaux de la montagne Sainte-Victoire. Un peu plus tard, Saint-Tropez inspira le néo-impressionniste Paul Signac.

LES FAUVES

C'est en 1904, lors d'une visite sur la Côte d'Azur où il retrouve Signac, que Matisse peint sa célèbre toile néo-impressionniste : *Luxe, calme et volupté.* L'année suivante, il s'installe à Collioure *(p. 25)*, petit port sur la Méditerranée au pied des Pyrénées, où il peindra avec son ami Derain des tableaux aux couleurs si intenses qu'elles vaudront aux deux artistes, ainsi qu'à Marquet, Van Dongen, Vlaminck ou Dufy qui rejoignent ce mouvement esthétique, le surnom de fauves.

L'art de Matisse s'assagit en 1918 dans sa grande série d'*Odalisques,* exécutée alors qu'il vit à Nice. Il consacrera la fin de sa vie à la réalisation du décor et des vitraux de la chapelle des dominicaines de Vence *(p. 513).*

Les Tournesols (1888) par Vincent Van Gogh

LE PAYS DE PICASSO

L e Sud de la France est sans conteste le pays d'adoption de Pablo Picasso, né à Malaga en Espagne en 1881. Ses peintures rappellent souvent les ombres tranchées et la lumière crue de la Méditerranée.

En 1911, en pleine période cubiste, il séjourne avec Braque à Céret dans les Pyrénées, puis, en 1920, il découvre Juan-les-Pins et la Côte d'Azur. À Antibes, où il peint *Pêche de nuit à Antibes* en 1939, le château Grimaldi qui lui sert d'atelier abrite désormais un musée qui lui est consacré *(p. 511).*

À Cannes, puis à Vallauris, il réalisera une grande partie de ses céramiques et de ses sculptures *(p. 512).* C'est dans sa retraite de Mougins, un village voisin, qu'il meurt en 1973. Il repose au château de Vauve- nargues, à côté d'Aix- en-Provence.

Deux femmes courant sur la plage (1933) par Pablo Picasso

Scott Fitzgerald, Zelda et leur fille Scottie

LE PARADIS PERDU

C hroniqueur des excès de l'âge du jazz et figure de proue de la « génération perdue », Scott Fitzgerald engendra avec *Tendre est la nuit* l'image clinquante qu'ont les Américains de la Côte d'Azur. Il s'y installa en 1924, avec sa femme Zelda, avant de laisser sa villa à Ernest Hemingway.

Friedrich Nietszche, Katherine Mansfield, D. H. Lawrence, Aldous Huxley, Lawrence Durrell et Graham Greene apprécièrent également une région où Somerset Maugham, entouré d'invités exotiques, mena une vie brillante à Saint-Jean-Cap-Ferrat.

Colette, quant à elle, séjourna à Saint-Tropez, village qui attira, après la Deuxième Guerre mondiale, une jeunesse parisienne et oisive, que décrivit Françoise Sagan dans le roman qui la rendit célèbre à 18 ans : *Bonjour tristesse* (1954).

LE NOUVEAU RÉALISME

L e nouveau réalisme, mouvement qui détourne les objets de la vie quotidienne dans le but de leur donner un sens nouveau, est né à Nice de la rencontre de créateurs tels qu'Arman, Martial Raysse, César, Tinguely, Niki de Saint-Phalle et Daniel Spoerri *(p. 516-517),* au travail desquels s'apparente la recherche du peintre Yves Klein dont les monochromes bleus semblent conduire à sa limite l'inspiration née d'une enfance passée au bord de la Méditerranée. Son sens de l'absurde lui venait, disait-il, de ce qu'il était né dans une région touristique !

LES ÉCRIVAINS PROVENÇAUX

Aux XIIe et XIIIe siècles, c'est en langue d'*oc* (le « oui » du sud) et non d'*oïl* (le « oui » du nord) que les troubadours du Midi inventèrent l'amour courtois. Il y a deux générations, les campagnes de Provence et du Languedoc parlaient encore l'occitan plutôt que le français, entretenant une identité culturelle spécifique, incarnée par le poète Frédéric Mistral qui obtint le prix Nobel en 1904 et fonda l'école littéraire du Félibrige. Alphonse Daudet et Marcel Pagnol célèbrent le charme de la Provence, tandis que Jean Giono, à travers l'évocation de la vie rurale, scrute les rapports entre l'homme et la nature.

Frédéric Mistral dans le *Petit Journal*

Les plages du Midi

**L'enseigne de
l'hôtel Carlton**

Sur la Côte d'Azur, à l'est, les grandes agglomérations de Monte-Carlo, Nice, Antibes et Cannes sont à la fois des villes animées et de prestigieuses stations balnéaires, tandis que dans les anses du littoral varois, plus découpé, se nichent des agglomérations plus petites, comme Saint-Tropez et Cassis. À l'ouest de Marseille et de la Camargue s'étendent les vastes plages de sable du Languedoc-Roussillon gagnées dans les années 1960 sur des zones marécageuses et bordées aujourd'hui de grands ensembles balnéaires modernes, comme La Grande-Motte, et de reconstitutions de villages de pêcheurs. La lutte contre la pollution garantit une eau propre presque partout, en dehors de quelques zones proches de Marseille et de Nice. Près des villes, les plages en concession offrent des services payants, mais sont très bien équipées.

**Une affiche vantant la Côte d'Azur,
par Domengue**

Sète (*p. 482*) est un port à la fois sur la Méditerranée et l'étang de Thau. Les 15 km de plage qui s'étendent au sud ne sont pas surpeuplées, même au cœur de l'été.

Les Saintes-Maries-de-la-Mer (*p. 500*) proposent en pleine Camargue, région de promenades à cheval, des plages de sable blanc, dont une réservée aux naturistes (à 6 km à l'est de la ville).

Le cap d'Agde (p. 477), *aux longues plages de sable, propose un large choix d'activités sportives. Le plus vaste ensemble naturiste d'Europe peut y accueillir 20 000 visiteurs.*

La Grande-Motte (p. 485) *étend devant ses célèbres immeubles-pyramides un port de plaisance parfaitement équipé.*

0 kilomètres   25

La Côte d'Azur attira dès le XVIIIe siècle grandes fortunes et aristocrates de toute l'Europe qui venaient en hiver pour échapper aux brumes du nord. Les bains de mers estivaux ne devinrent à la mode que dans les années 1920. Aujourd'hui, florissant toute l'année, le tourisme n'est cependant plus l'activité principale d'une région en pleine expansion.

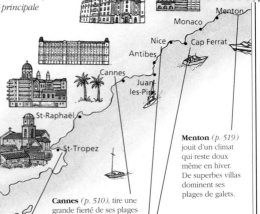

Menton *(p. 519) jouit d'un climat qui reste doux même en hiver. De superbes villas dominent ses plages de galets.*

Cannes *(p. 510), tire une grande fierté de ses plages de sable méticuleusement entretenues. La plupart, privées, sont payantes.*

Cassis *(p. 503), petit village de pêcheurs doté d'un casino, cache entre de blanches falaises ses fameuses calanques.*

*La presqu'île de **Saint-Tropez** (p. 506) est bordée de superbes plages de sable, dont l'accès est souvent assez coûteux.*

Nice *(p. 516), possède 5 km de plages de galets, en contrebas de la fameuse promenade des Anglais, malheureusement souvent submergée par la circulation.*

Le cap Ferrat *(p. 518) est une péninsule boisée. Un sentier (10 km) permet d'en faire le tour, offrant des vues plongeantes sur de luxueuses villas.*

LANGUEDOC-ROUSSILLON

AUDE · GARD · HÉRAULT · PYRÉNÉES-ORIENTALES

Les deux provinces du Languedoc et du Roussillon s'étendent de la frontière espagnole jusqu'au delta du Rhône. Entre les immenses plages alanguies du littoral drainant la foule des estivants et un arrière-pays souvent sauvage qui escalade les contreforts du Massif central et des Pyrénées s'étend un terroir ensoleillé qui produit les premières pêches et les premières cerises, ainsi que d'agréables vins de pays.

Colonisé par les Romains à partir du IIᵉ siècle av. J.-C., comme en témoignent encore des ouvrages tels que les arènes de Nîmes ou le pont du Gard, le sud-ouest de la Gaule subit les invasions barbares des IVᵉ et Vᵉ siècles, puis, en 719, celle des Arabes qui s'emparent de Narbonne et de Carcassonne, d'où ils seront expulsés en 759, après la victoire de Charles Martel à Poitiers (732). Les Carolingiens ne réussissent toutefois pas à imposer leur loi, ni la paix, à une région qui connaît au Moyen Âge des troubles dont les sévères châteaux cathares ou les fortifications de Carcassonne entretiennent le souvenir. Elle jouit en contrepartie d'une grande autonomie, y compris sous les Capétiens, et développe une culture autonome qui s'exprime dans la langue d'oc. Le gothique l'affecte peu et ses abbayes, comme celles de Saint-Martin-du-Canigou, Saint-Michel-de-Cuxa et Saint-Guilhem-le-Désert, sont de superbes exemples d'architecture romane. Le traité de Corbeil brise en 1258 l'unité du territoire en cédant le Roussillon à l'Aragon. Resté espagnol jusqu'en 1659, celui-ci en a conservé l'héritage dans son parler catalan.

En Languedoc, le succès de la Réforme et les guerres de Religion (1562-1598) marquent la géographie humaine du pays. En période de répression, les protestants cherchent refuge dans les zones montagneuses, notamment les Cévennes. Ces arrière-pays escarpés, comme également la Cerdagne et les Corbières, restent assez sauvages et offrent un contraste marqué avec les vallées où des villes comme Montpellier conjuguent harmonieusement histoire et modernité.

Mer et soleil au cap d'Agde

◁ **L'abbaye de Saint-Martin-du-Canigou cramponnée à son éperon rocheux**

À la découverte du Languedoc-Roussillon

Depuis les longues plages de sable et les stations balnéaires du littoral jusqu'aux pentes boisées des Cévennes, du haut Languedoc et de la Cerdagne, en passant par les vignobles du Minervois ou des Corbières, cette région riche en merveilles architecturales – qu'ils s'agisse d'impressionnantes réalisations antiques, de sanctuaires romans ou de forteresses médiévales – jusqu'au cœur de ses villes vivantes et dynamiques offre à ses visiteurs un très large éventail de plaisirs et de sites à découvrir.

Joutes sur le canal, en été à Sète

LA RÉGION D'UN COUP D'ŒIL

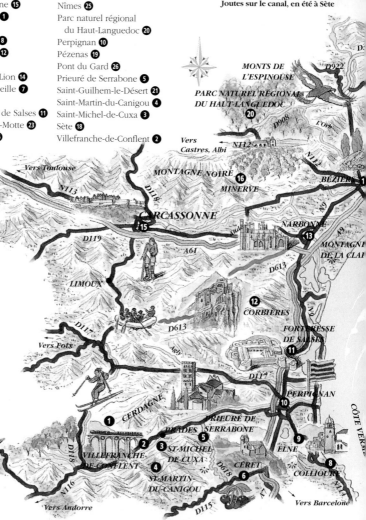

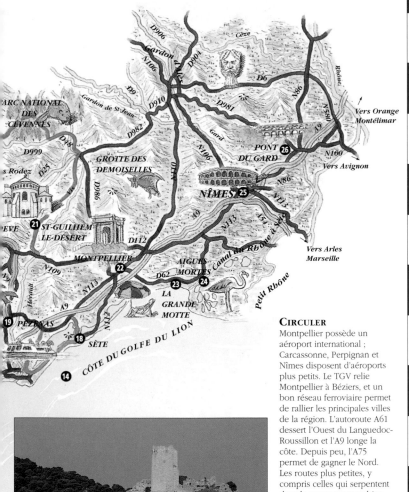

Vers Orange
Montélimar

Vers Avignon

Vers Arles
Marseille

CIRCULER

Montpellier possède un
aéroport international ;
Carcassonne, Perpignan et
Nîmes disposent d'aéroports
plus petits. Le TGV relie
Montpellier à Béziers, et un
bon réseau ferroviaire permet
de rallier les principales villes
de la région. L'autoroute A61
dessert l'Ouest du Languedoc-
Roussillon et l'A9 longe la
côte. Depuis peu, l'A75
permet de gagner le Nord.
Les routes plus petites, y
compris celles qui serpentent
dans la montagne sont bien
entretenues. Les amateurs de
vacances paisibles peuvent
descendre le canal du Midi.

LÉGENDE

	Autoroute
	Route principale
	Route secondaire
	Parcours pittoresque
	Cours d'eau
	Point de vue

0   25 km

Gruissan, que domine sa tour en ruine, sur la côte du golfe du Lion

Cerdagne ❶

Pyrénées-Orientales. 🚁 *Perpignan,
Andorre.* 🚌 🚉 *Mont-Louis, Bourg-
Madame.* ℹ️ *Mont-Louis (04 68 04
21 97).* W *www.mont-louis.net*

É tat indépendant au Moyen
Âge, aujourd'hui divisé
entre l'Espagne et la France,
la Cerdagne possède des
massifs enneigés parsemés
de lacs de montagne, des
hauts plateaux skiables et
des vallées aux pentes boisées
de pins et de châtaigniers.
Le Petit Train jaune permet
d'en avoir un bon aperçu
en une journée.

Les étapes comprennent
Mont-Louis, cité fortifiée par
Vauban, la station de ski de
Font-Romeu et le village de
Latour-de-Carol qui domine
le hameau d'**Yravals**. Non
loin de là, allez voir **Odeillo**
et son grand four solaire
(45 m de haut, 50 m de
large), et, à **Targassonne**,
la tour Thémis destinée à la
recherche astrophysique.

Villefranche-de-Conflent ❷

Pyrénées-Orientales. 🚶 *330.*
🚌 🚉 ℹ️ *34 bis, rue
Saint-Jacques (04 68 96 22 96).*
W *www.villefranche-de-conflent.com*

S a situation stratégique,
à l'endroit le plus étroit
de la vallée de la Têt, fit de
Villefranche une importante
forteresse contre son turbulent
voisin, le comte de Roussillon.
L'exceptionnel état de
conservation des fortifications,

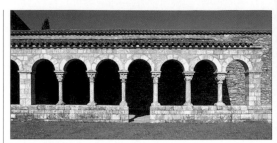

Le cloître de l'abbaye de Saint-Michel-de-Cuxa

dont on peut suivre le chemin
de ronde, offre un panorama
de l'architecture militaire du
Moyen Âge au XIXᵉ siècle.

À l'intérieur des murs,
la place de l'**église Saint-Jacques** (XIIᵉ siècle) est pavée
de marbre rose provenant des
carrières locales. Le sanctuaire
roman possède deux portails
en façade ornés de
remarquables chapiteaux,
œuvre de l'atelier de Saint-

St-Sébastien, église de Villefranche

Michel-de-Cuxa. L'intérieur
abrite un abondant mobilier
dont un *Christ gisant*, des
stalles gothiques et de
nombreux retables. Depuis le
parvis, vous pourrez rejoindre
à pied les **grottes des
Canalettes** ou bien aller
prendre le Petit Train jaune.

Saint-Michel-de-Cuxa ❸

Prades, Pyrénées-Orientales. 📞 *04 68
96 15 35.* 🕐 *t.l.j. ; pas de visite dim.
mat. et jours de fêtes religieuses.* ♿

L a petite sous-préfecture de
Prades, pavée de marbre
rose de la vallée de la Têt,
accueillit le violoncelliste
catalan Pablo Casals pendant
la dictature franquiste et
organise tous les ans un
festival à sa mémoire. La cité
renferme l'**église Saint-Pierre**, sanctuaire gothique
au clocher pyramidal roman
et à l'intérieur remanié dans
le style baroque catalan.
La commune de Codalet,
3 km plus haut dans la
vallée, renferme la splendide
abbaye préromane de
Saint-Michel-de-Cuxa.

Fondé en 878 par les
bénédictins, le monastère
connut rapidement un grand
renom en Espagne comme en
France, ce qui lui permit de se
développer et de voir son
église consacrée en 974.
Ses murs massifs présentent
des arcs en fer à cheval
d'influence byzantine. À la
Révolution, les moines furent
expulsés et le monastère
saccagé et pillé. De 1907 à
1913, un Américain, George
Grey Barnard, racheta à des
antiquaires près de la moitié
des chapiteaux d'origine
dispersés dans divers

LE PETIT TRAIN JAUNE DE LA CERDAGNE

Les premiers arrivés obtiennent les meilleures places
dans ce tortillard dont la voie étroite serpente à flanc de
montagne et emprunte d'impressionnants ouvrages d'art.
Fondée en 1910 pour désenclaver cette région peu
accessible, la ligne fonctionne aujourd'hui surtout pour
le plaisir des touristes, desservant toutes les gares entre
Villefranche-de-Conflent et Latour-de-Carol. 📞 *04 68 96 56 62.*

Le Petit train jaune comprend en été quelques wagons découverts

bâtiments de la région, et les vendit au Metropolitan Museum of Art de New York en 1925. Ils font désormais partie du musée des Cloîtres, reconstitution d'une abbaye médiévale en plein cœur de Manhattan. L'abbaye Saint-Michel-de-Cuxa présente quant à elle aujourd'hui des galeries reconstituées avec 27 chapiteaux originaux du cloître et 8 chapiteaux de la tribune, datant du XIIe siècle.

Saint-Martin-du-Canigou ➍

Vernet-les-Bains. 📞 04 68 05 50 03. 🕐 juin-sept. : t.l.j. ; oct.-déc. et fév.-mai : mar.-dim. ⬤ janv. 📷 obligatoire. 🖼

L'accès du lieu est interdit aux voitures. La montée se fait donc à pied (40 min) ou par un service de jeeps depuis Vernet-les-Bains. Bâtie de 1001 à 1026, l'abbaye est perchée à 1 065 m d'altitude sur un promontoire rocheux du grandiose **massif du Canigou**. Guifred, le comte de Cerdagne qui finança la construction du monastère, abandonna sa famille en 1035 pour s'y retirer. Il y mourut en 1049 et fut inhumé dans le tombeau qu'il avait creusé lui-même dans le rocher.

Religieuse à Saint-Martin

La tribune du prieuré de Serrabone, aux colonnes en marbre de la région

L'église romane, de plan basilical, s'élève au-dessus d'un sanctuaire plus ancien qui fait office de crypte. Le cloître, très remanié et ouvert sur la montagne, présente de beaux chapiteaux sculptés.

En continuant le sentier, on a une vue plongeante sur l'ensemble des bâtiments conventuels. Semblant jaillir du rocher dans un cadre sauvage et majestueux, Saint-Martin-du-Canigou prend alors tout son sens.

Prieuré de Serrabone ➎

Boule-d'Amont. 📞 04 68 84 09 30. 🕐 t.l.j. ⬤ 1er janv., 1er mai, 1er nov., 25 déc. 🖼

Sur le flanc nord du massif du Canigou, la montagne sacrée des Catalans, serpente la D 618. Une dernière série de lacets, près du sommet, permet de découvrir la tour carrée et l'abside du prieuré de Serrabone, abbaye romane construite en ce lieu isolé aux XIe et XIIe siècles.

L'église, entourée d'un jardin botanique, est bordée d'une galerie romane. À l'intérieur, frais et austère, la tribune aux colonnes de marbre veiné de rouge surprend par la richesse de sa décoration. Le maître anonyme de Cuxa, dont les œuvres apparaissent dans toute la région, sculpta les étranges animaux végétaux de ses chapiteaux, mélange d'Orient et d'Occident. Remarquez en particulier la rose du Roussillon.

Le cloître du XIe siècle de Saint-Martin-du-Canigou

Céret ⑥

Pyrénées-Orientales. 🏘 8 000. 🚗
ℹ️ av. Clemenceau (04 68 87 00 53).
🗓 sam. 🎡 Fête des Cerises
(mai-juin). Ⓦ www.ot-ceret.fr

C apitale de la cerise dont
elle produit les premiers
fruits de l'année, Céret
présente des toits de tuiles,
des façades peintes et des
loggias qui lui donnent
cette touche hispanique
qu'aimaient beaucoup
Picasso, Braque et Matisse. La
cité s'enorgueillit aujourd'hui
d'un magnifique **musée d'Art
moderne**, à la remarquable
architecture contemporaine.
On y trouve des œuvres des
artistes catalans comme
Tapiès et Capdeville, 50 pièces
léguées par Picasso dont des
vases ornés de scènes de
tauromachie, et des œuvres
de Matisse, Chagall, Maillol,
Juan Gris et Salvador Dali.
On retrouve cet héritage
catalan dans les corridas qui
se déroulent aux arènes et
lors du festival de danses
folkloriques du mois de juillet.

**Une œuvre du scupteur
Aristide Maillol**

🏛 **Musée d'Art moderne**
8, bd Maréchal-Joffre. 📞 04 68 87
27 76. ⭕ mai-sept. : t.l.j. ; oct.-avr. :
mer.-lun. ⭕ certains j. f. 🚫 ♿

Aux environs
La D 115 suit la vallée du
Tech jusqu'à la ville d'eau
d'**Amélie-les-Bains** et ses
ruines de thermes romains.
Plus loin, à **Arles-sur-Tech**,
l'église Sainte-Marie abrite un
mystérieux sarcophage qui, se
remplissant parfois
d'eau, verse, dit la
légende, des
larmes... L'église
romane de **Saint-
Martin-de-
Fenollar** possède
des fresques des
XIIᵉ et XIIIᵉ siècles.

Drapeau catalan

Côte Vermeille ⑦

Pyrénées-Orientales. ✈️ Perpignan.
🚉 Collioure, Cerbère. 🚌 Collioure,
Banyuls-sur-Mer. ℹ️ Collioure (04 68
82 15 47), Cerbère (04 68 88 42 36).

L es Pyrénées, en rejoignant
la mer Méditerranée,
forment une côte sinueuse
où alternent des criques de
galets et des rochers escarpés.

La Côte Vermeille, qui s'étend
jusqu'à la Costa Brava, au
nord de l'Espagne, doit son
nom à la couleur vermillon
de la roche qui fait la
particularité du littoral, lequel
est incontestablement le
plus joli de la région.
Argelès possède trois
magnifiques plages de sable
ainsi qu'une splendide
promenade bordée de
palmiers. Collioure *(voir
ci-contre)* est sans conteste
la perle de la côte. **Cerbère**,
dernière ville avant la
frontière espagnole, arbore
le drapeau catalan, attestant
ainsi sa véritable allégeance.
Ce sont les colons grecs qui
les premiers ont planté
le vignoble de la région
au VIIᵉ siècle av. J.-C.
Aujourd'hui, tout le
long de la côte, les
vignes en terrasses
qui s'accrochent aux
collines cailouteuses
donnent des vins
forts et sucrés comme le
banyuls et le muscat.
Banyuls est également le
lieu de naissance d'Aristide
Maillol, célèbre sculpteur
du XIXᵉ siècle dont on peut
admirer les œuvres dans
toute la région. **Port-Vendres**,
avec ses imposantes
fortifications construites
par l'infatigable Vauban,
architecte de Louis XIV,
est un port spécialisé
dans la pêche à l'anchois.

La côte Vermeille dans toute sa splendeur, vue du sud de Banyuls

Le port de Collioure, avec l'une des plages et l'église Notre-Dame-des-Anges

Collioure ❽

Pyrénées-Orientales. 🏃 3 000.
🚉 🚌 ℹ *place du 18-Juin
(04 68 82 15 47).* 🍴 *mer. et dim.*
🔲 www.collioure.com

Baignés d'une lumière exceptionnelle, les maisons peintes de couleurs vives et les bateaux de pêche bariolés bercés par la mer donnent à Collioure un charme inouï. Les couleurs de la ville ont attiré Matisse et Derain. Dès 1905, c'est dans cette lumière qu'ils développèrent les principes du fauvisme, caractérisé par l'utilisation de la couleur pure. Aujourd'hui, l'activité touristique représente la première source de revenu de Collioure, où les rues sont bordées de galeries d'art et de boutiques de souvenirs. Le petit port de pêche conserve toutefois son âme d'antan, et il reste encore deux ateliers de salaison d'anchois où l'on continue à travailler selon des méthodes traditionnelles.

Près des quais, les trois plages de sable et de galets sont dominées par le **Château Royal** qui fut au XIVᵉ siècle la résidence des souverains de Majorque avant d'appartenir aux rois d'Aragon. La ville fut reprise par la France en 1659. Dix ans plus tard, Vauban renforça les fortifications, rasant pour cela une grande partie de la ville.

Aujourd'hui, le château abrite des expositions d'art traditionnel catalan, d'art contemporain et des spectacles.

Sur le quai, les pieds dans l'eau, l'église Notre-Dame-des-Anges fut construite au XVIIᵉ siècle pour remplacer celle que Vauban avait détruite. Le phare du Vieux Port lui servit de clocher. L'intérieur, richement décoré, abrite un superbe retable du Catalan Joseph Sunyer.

Attention ! Collioure est très embouteillée l'été. L'accès à la ville se fait désormais soit par la route de la Corniche (sortie 13), soit par la sortie 14, où une navette gratuite relie le centre-ville depuis le parking de délestage en été.

⚓ **Château Royal**
🅲 *04 68 82 06 43.* 🕐 *t.l.j.*
⬤ *certains j. f.* 📷

Elne ❾

Pyrénées-Orientales. 🏃 6 500. 🚉
🚌 ℹ *Place Saint-Jordi (04 68 22 05 07).* 🍴 *lun., mer. et ven.*
🔲 www.ot-elne.fr

Lors de son expédition vers Rome, en 218 avant J.-C., Hannibal fit étape avec ses éléphants dans l'ancienne ville d'Elne. Jusqu'au XVIIᵉ siècle, la cité fut le siège épiscopal du Roussillon. Aujourd'hui, elle est connue surtout par sa **cathédrale Sainte-Eulalie et Sainte-Julie**, au superbe cloître des XIIᵉ-XIVᵉ siècles. Ouvrant sur les vignes et les vergers de la plaine alentour, la cathédrale a été construite entre le XIᵉ et le XIVᵉ siècle. Ses chapiteaux de marbre veiné de bleu, gravés de motifs floraux, de personnages ou d'animaux, sont remarquables.

Chapiteau gravé d'Elne, représentant le songe des Rois mages

Une vaste plage de sable près de Perpignan : l'idéal pour les vacances en famille

Perpignan ➓

Pyrénées-Orientales. 🏠 108 000.
✈ 🚉 🚌 ⓘ *Palais des Congrès,*
place Armand-Lanoux
(04 68 66 30 30). 🕐 *t.l.j.*
🌐 www.perpignantourisme.com

Perpignan, la catalane, possède un petit air du Sud avec ses palmiers et ses façades pimpantes rose et turquoise. Les rues du quartier Saint-Jacques sentent bon les épices et la paella.

Capitale du Roussillon, Perpignan est une des villes les plus importantes de la région. Pourtant, c'est aux XIIIᵉ et XIVᵉ siècles, sous le règne des rois de Majorque et des rois d'Aragon qui contrôlaient alors une grande partie de l'Espagne et du Sud de la France, que la cité connut réellement son âge d'or. Le palais des rois de Majorque occupe toujours une grande partie des quartiers sud.

La forte identité catalane se manifeste au cours des fêtes bihebdomadaires de l'été, où l'on danse la sardane sur la place de la Loge. En cercle, jeunes et vieux, les bras levés, renouent alors avec leurs racines en dansant au rythme d'anciens instruments à vent.

Sur la place se dresse l'un des plus beaux bâtiments de la ville, la **Loge de Mer**, construite en 1397 pour abriter la Bourse maritime. Seule l'aile conserve son architecture gothique d'origine ; le reste fut reconstruit dans le style Renaissance en 1540, avec des plafonds de bois sculptés et des fenêtres ouvragées. Les visiteurs sont parfois étonnés de trouver un café chic à l'intérieur, le France. Cette

Le Dévot Christ
de la cathédrale

LA PROCESSION ANNUELLE DE LA SANCH

Le Vendredi saint, Perpignan connaît une atmosphère très catalane lors de la procession de la Sanch (le Saint-Sang). Au XVᵉ siècle, cette confrérie avait pour vocation de réconforter et d'assister les condamnés. Lors de la procession, ses membres, vêtus des impressionnants costumes rouges ou noirs de l'époque, portent encore les reliques sacrées et la croix.

Le port de Collioure, avec l'une des plages et l'église Notre-Dame-des-Anges

Collioure ❽

Pyrénées-Orientales. 🚶 3 000.
🚉 🚌 🛈 place du 18-Juin
(04 68 82 15 47). 🛍 mer. et dim.
🌐 www.collioure.com

Baignés d'une lumière exceptionnelle, les maisons peintes de couleurs vives et les bateaux de pêche bariolés bercés par la mer donnent à Collioure un charme inouï. Les couleurs de la ville ont attiré Matisse et Derain. Dès 1905, c'est dans cette lumière qu'ils développèrent les principes du fauvisme, caractérisé par l'utilisation de la couleur pure. Aujourd'hui, l'activité touristique représente la première source de revenu de Collioure, où les rues sont bordées de galeries d'art et de boutiques de souvenirs. Le petit port de pêche conserve toutefois son âme d'antan, et il reste encore deux ateliers de salaison d'anchois où l'on continue à travailler selon des méthodes traditionnelles.

Près des quais, les trois plages de sable et de galets sont dominées par le **Château Royal** qui fut au XIVe siècle la résidence des souverains de Majorque avant d'appartenir aux rois d'Aragon. La ville fut reprise par la France en 1659. Dix ans plus tard, Vauban renforça les fortifications, rasant pour cela une grande partie de la ville.

Aujourd'hui, le château abrite des expositions d'art traditionnel catalan, d'art contemporain et des spectacles.

Sur le quai, les pieds dans l'eau, l'église Notre-Dame-des-Anges fut construite au XVIIe siècle pour remplacer celle que Vauban avait détruite. Le phare du Vieux Port lui servit de clocher. L'intérieur, richement décoré, abrite un superbe retable du Catalan Joseph Sunyer.

Attention ! Collioure est très embouteillée l'été. L'accès à la ville se fait désormais soit par la route de la Corniche (sortie 13), soit par la sortie 14, où une navette gratuite relie le centre-ville depuis le parking de délestage en été.

⚓ **Château Royal**
🅲 04 68 82 06 43. 🕐 t.l.j.
⬤ certains j. f. 📷

Elne ❾

Pyrénées-Orientales. 🚶 6 500. 🚉
🚌 🛈 Place Saint-Jordi (04 68 22 05 07). 🛍 lun., mer. et ven.
🌐 www.ot-elne.fr

Lors de son expédition vers Rome, en 218 avant J.-C., Hannibal fit étape avec ses éléphants dans l'ancienne ville d'Elne. Jusqu'au XVIIe siècle, la cité fut le siège épiscopal du Roussillon. Aujourd'hui, elle est connue surtout par sa **cathédrale Sainte-Eulalie et Sainte-Julie**, au superbe cloître des XIIe-XIVe siècles. Ouvrant sur les vignes et les vergers de la plaine alentour, la cathédrale a été construite au XIe et le XIVe siècle. Ses chapiteaux de marbre veiné de bleu, gravés de motifs floraux, de personnages ou d'animaux, sont remarquables.

Chapiteau gravé d'Elne, représentant le songe des Rois mages

Une vaste plage de sable près de Perpignan : l'idéal pour les vacances en famille

Perpignan ⑩

Pyrénées-Orientales. 🏙 108 000.
🚉 🚌 🚏 ℹ *Palais des Congrès,
place Armand-Lanoux
(04 68 66 30 30).* 🕒 *t.l.j.*
🌐 www.perpignantourisme.com

Perpignan, la catalane, possède un petit air du Sud avec ses palmiers et ses façades pimpantes rose et turquoise. Les rues du quartier Saint-Jacques sentent bon les épices et la paella.

Capitale du Roussillon, Perpignan est une des villes les plus importantes de la région. Pourtant, c'est aux XIIIᵉ et XIVᵉ siècles, sous le règne des rois de Majorque et des rois d'Aragon qui contrôlaient alors une grande partie de l'Espagne et du Sud de la France, que la cité connut réellement son âge d'or. Le palais des rois de Majorque occupe toujours une grande partie des quartiers sud.

La forte identité catalane se manifeste au cours des fêtes bihebdomadaires de l'été, où l'on danse la sardane sur la place de la Loge. En cercle, jeunes et vieux, les bras levés, renouent alors avec leurs racines en dansant au rythme d'anciens instruments à vent.

Sur la place se dresse l'un des plus beaux bâtiments de la ville, la **Loge de Mer**, construite en 1397 pour abriter la Bourse maritime. Seule l'aile conserve son architecture gothique d'origine ; le reste fut reconstruit dans le style Renaissance en 1540, avec des plafonds de bois sculptés et des fenêtres ouvragées. Les visiteurs sont parfois étonnés de trouver un café chic à l'intérieur, le France. Cette

reconversion a donné une nouvelle vie au bâtiment puisque, mieux qu'un austère musée, il est aujourd'hui le cœur battant de la ville, le centre de son animation.

Juste à côté est situé l'**hôtel de ville**, avec sa façade de galets et ses portails de fer forgé. Les plus anciennes arcades de la cour remontent à 1315. Au centre se trouve une statue allégorique d'Aristide Maillol, *La Méditerranée* (1950).

À l'est s'étend le quartier Saint-Jean, véritable labyrinthe de ruelles et de placettes qui rassemble de magnifiques constructions des XIVᵉ et XVᵉ siècles.

**Le Dévot Christ
de la cathédrale**

🔒 Cathédrale Saint-Jean

Pl. Gambetta.
Surmontée d'un campanile de fer forgé, la cathédrale, commencée en 1324, ne fut achevée qu'en 1509. Elle est presque entièrement construite en galets de rivière et en brique rouge, seuls matériaux disponibles alors dans la région. Elle remplace l'église Saint-Jean-le-Vieux, du XIᵉ siècle, dont on aperçoit toujours les magnifiques portes romanes à travers le portail, à gauche de l'entrée principale.

À l'intérieur, la sombre mais vaste nef principale est ornée de plusieurs superbes retables. La cuve baptismale,

LA PROCESSION ANNUELLE DE LA SANCH

Le Vendredi saint, Perpignan connaît une atmosphère très catalane lors de la procession de la Sanch (le Saint-Sang). Au XVᵉ siècle, cette confrérie avait pour vocation de réconforter et d'assister les condamnés. Lors de la procession, ses membres, vêtus des impressionnants costumes rouges ou noirs de l'époque, portent encore les reliques sacrées et la croix.

en marbre blanc, date de l'époque pré-romane.

La chapelle du Dévot Christ doit son nom à un pathétique Christ médiéval en bois, sans doute d'origine germanique.

⚜ Palais des rois de Majorque

2, rue des Archers. ☎ 04 68 34 29 94. ⏱ t.l.j. ⬤ 1er janv., 1er mai, 1er nov., 25 déc. ♿

Il est aujourd'hui aussi difficile d'accéder à la vaste forteresse du XIIIe siècle construite par les rois de Majorque que cela l'était pour les soldats ennemis de l'époque. Des volées d'escaliers zigzaguent entre les remparts de brique rouge construits au XVe siècle et qui se sont développés et compliqués au fil des ans. On arrive enfin aux élégants jardins et au château dans lequel on entre par la tour de l'Hommage. Son sommet offre une belle vue sur la ville, les montagnes et la mer.

Le palais est construit autour d'une cour à arcades, flanquée d'un côté par la salle de Majorque, une vaste pièce avec trois cheminées et de splendides fenêtres gothiques. Les deux chapelles royales, voisines, l'une au-dessus de l'autre, sont de véritables chefs-d'œuvre du gothique méridional, avec leurs voûtes en pointe, leurs fresques et leurs céramiques qui dénotent une influence maure. L'allée de marbre rose de la chapelle haute est une expression typique du style roman dans le Roussillon, malgré les chapiteaux de style gothique. Des concerts sont parfois donnés dans la grande cour.

La cour de l'hôtel de ville

🏛 Musée catalan des Arts et Traditions populaires - La Casa Pairal

Le Castillet. ☎ 04 68 35 42 05. ⏱ mer.-lun. ⬤ certains j. f. ♿

La tour de brique rouge et le beffroi rose du Castillet, qui constituait l'entrée de la ville au XIVe siècle, sont les seuls vestiges des anciens remparts. Le bâtiment, qui servit autrefois de prison, abrite aujourd'hui une collection d'objets artisanaux catalans, des instruments agricoles, des meubles de cuisine, des poteries et des métiers à tisser. Ne manquez pas le donjon du Castillet, qui offre une belle vue panoramique sur la ville et la plaine du Roussillon.

🏛 Musée Hyacinthe-Rigaud

16, rue de l'Ange. ☎ 04 68 35 43 40. ⏱ mer.-lun. ⬤ j. f. ♿

Dans un magnifique hôtel du XVIIe siècle, ce musée des Beaux-Arts possède une belle collection d'œuvres du peintre Hyacinthe Rigaud (1659-1743). Né à Perpignan, il fut d'abord portraitiste à la cour de

Louis XIV, puis à celle de Louis XV. Le musée présente également de nombreuses peintures catalanes du XIVe au XVIe siècle, parmi lesquelles le *Retable de la Trinité* (1489) du maître de Canapost, des sculptures d'Aristide Maillol, né à Banyuls, et des tableaux allant du XIIIe siècle à nos jours, notamment des toiles de Jean-Baptiste Greuze, Jean Auguste Dominique Ingres, Théodore Géricault, Raoul Dufy et Picasso. Le rez-de-chaussée abrite une superbe collection de céramiques hispano-mauresques.

Le donjon de la forteresse de Salses

Forteresse de Salses ⓫

Pyrénées-Orientales. 🚉 2 500. 🚌 🚏 🛈 9, av. Ledru-Rollin, Rivesaltes (04 68 64 04 04). 🚆 mer.

Tel un immense château de sable se détachant sur la terre ocre des vignobles des Corbières, la **forteresse de Salses** se situe sur l'ancienne frontière séparant la France et l'Espagne. Construite par le roi Ferdinand d'Aragon entre 1497 et 1506 pour défendre ses terres, elle verrouillait le défilé qui sépare la montagne de la Méditerranée. Ses murs massifs et ses tours rondes sont un bel exemple de l'architecture militaire espagnole de l'époque, conçue pour résister aux progrès de l'artillerie.

À l'intérieur, des écuries souterraines pouvaient accueillir 300 chevaux. Le donjon offre une très belle vue sur les étangs, la côte et le Canigou.

La cathédrale Saint-Jean, en galets et brique rouge, à Perpignan

Les vignobles sur les collines des Corbières

Corbières ⑫

Aude. ✈ Perpignan. 🚂
🚌 Narbonne, Carcassonne, Lézignan-
Corbières. 🛈 Lézignan-Corbières
(04 68 27 05 42).

Avec ses quelques routes et sa multitude de petits villages, les Corbières, couvertes de garrigues ou de vignes, sont l'une des régions les plus sauvages de France, essentiellement connues pour leurs vins et leurs anciens châteaux cathares. Le musée de **Tautavel**, dédié à la Préhistoire, présente les découvertes relatives à l'homme du même nom, vieux de 450 000 ans. Au sud se trouvent les spectaculaires châteaux médiévaux de **Peyrepertuse** et **Quéribus**, derniers bastions de la résistance cathare. **Lagrasse** est un beau village médiéval fortifié, avec une abbaye aux bâtiments du Xᵉ au XVIIIᵉ siècle. À l'ouest, dans la vallée de l'Aude, la région du Razès est pratiquement inhabitée. **Alet-les-Bains**, village mystérieux avec ses belles maisons de bois et ses ruines d'une abbaye bénédictine, veille farouchement sur ses secrets.

Narbonne ⑬

Aude. 🏠 48 000. 🚂 🚌
🛈 pl. Roger-Salengro (04 68 65
15 60). 🛒 jeu. et dim.
Ⓦ www.mairie-narbonne.fr

Narbonne, traversée par le canal de la Robine, est une ville dynamique qui profite de l'essor des vignobles qui l'entourent.

Au nord, le quartier médiéval a été restauré, avec des boutiques élégantes et de bons restaurants. C'est là que se trouve l'une des plus étranges curiosités de la cité, l'**Horreum**, partie souterraine d'un marché se développant en surface, du Iᵉʳ siècle avant J.-C., époque où Narbonne était un port important et la capitale de la plus grande province romaine de Gaule. En 1997, des fouilles ont mis au jour un tronçon de la voie romaine qui reliait l'Italie à l'Espagne.

La ville a prospéré jusqu'au XVᵉ siècle, mais l'Aude, en changeant de cours, emporta avec elle la fortune de la ville. À cette époque, l'archevêché, qui avait pris de l'importance, voulait bâtir une grande basilique de style gothique, mais ce projet grandiose fut abandonné, et les travaux qui commencèrent en 1272 aboutirent à la **cathédrale Saint-Just-et-Saint-Pasteur** qui se dresse aujourd'hui. Elle est décorée de sculptures du XIVᵉ siècle, notamment le grand retable de la chapelle Notre-Dame-de-Bethléem, de vitraux magnifiques et d'un orgue somptueux du XVIIIᵉ siècle. Des tapisseries d'Aubusson et des Gobelins ornent les murs, et la chapelle de l'Annonciade abrite des manuscrits, des reliques et des tapisseries. Le transept inachevé n'a jamais été voûté.

Entre la cathédrale et le **palais des Archevêques** se trouve le **cloître** qui possède de splendides galeries ogivales du XIVᵉ siècle.

L'**hôtel de ville**, situé entre les tours massives du palais des Archevêques, présente une façade néo-gothique élevée au XIXᵉ siècle par Viollet-le-Duc (p. 190). Le palais lui-même est divisé en Palais Vieux et Palais Neuf.

La chapelle de l'Annonciade dans la cathédrale St-Just-et-St-Pasteur

LE CANAL DU MIDI

De Sète à Toulouse, le canal du Midi, long de 240 km, suit une route sinueuse entre les platanes, les vignes et les villages. Conçu par Pierre Paul Riquet, le système d'écluses, d'aqueducs et de ponts constitue un chef-d'œuvre d'ingénierie. Terminé en 1681, il favorisa le commerce et permit de relier l'Atlantique et la Méditerranée via la Garonne. Aujourd'hui, il est surtout fréquenté par les bateaux des touristes.

Les eaux tranquilles du canal du Midi

L'abbaye cistercienne de Fontfroide, au sud-ouest de Narbonne

Ce dernier, qu'on rejoint à gauche par le passage de l'Ancre, abrite les plus grands musées de la ville. Le **Musée archéologique** conserve des témoignages de l'occupation romaine : monnaies, outils, mosaïques, bas-reliefs, décors peints, objets domestiques. La **chapelle de la Madeleine**, décorée de peintures murales du XIVᵉ siècle, possède une collection de vases grecs, de céramiques protohistoriques et gallo-romaines.

Le **musée d'Art**, installé dans les anciens appartements de l'archevêque, renferme du mobilier et des plafonds richement sculptés. On y trouve des peintures de Brueghel, Boucher, Canaletto et Véronèse, ainsi que des faïences régionales.

Au sud du canal, le quartier de Bourg abrite plusieurs demeures imposantes, comme la **maison des Trois Nourrices**, située à l'angle des rues des Trois-Nourrices et Edgar-Quinet. Près de là, le **Musée lapidaire** abrite des éléments d'architecture gallo-romains, ainsi que la basilique **Saint-Paul** à partir de laquelle on accède à une crypte archéologique proposant des sarcophages et un mausolée du IVᵉ siècle.

Tout près du quartier du Bourg, la **maison natale de Charles Trenet** propose des visites guidées et musicales.

⌂ Horreum
Rue Rouget-de-l'Isle. **[** 04 68 32 45 30. **○** avr.-sept. : t.l.j. ; oct.-mars : mar.-dim. **●** j. f. 🖉

🏛 Musée d'Archéologie et de Préhistoire, Musée d'Art
Palais des Archevêques. **[** 04 68 90 30 54. **○** avr.-oct. : t.l.j. ; nov.-mars : mar.-dim. **●** j. f. 🖉

🏛 Musée lapidaire
Église Notre-Dame de Lamourguié. **[** 04 68 65 53 58. **○** avr.-sept. : t.l.j. ; oct.-mars : mar.-dim. 🖉

🏛 Maison natale de Charles Trenet
13, av. Charles-Trenet. **[** 04 68 90 30 66. **○** mer.-lun. (a.-m. seul. l'hiver). 🖉

Aux environs
À 13 km de Narbonne, l'abbaye cistercienne de **Fontfroide**, au superbe cloître fleuri, est l'une des plus belles abbayes du Midi.

Côte du golfe du Lion ⑭

Aude, Hérault. ✈ 🚉 🚌 *Montpellier.* 🚢 *Sète.* ℹ *La Grande-Motte (04 67 56 42 00).*

Jusqu'aux années 1960, ce littoral était un marécage infesté de moustiques, parfois interrompu par des villages de pêcheurs. Certaines petites villes comme **Gruissan**, qui possède une tour médiévale, conservent quelques vestiges du passé, mais aujourd'hui la plus grande partie de ces 100 km de côte, aux plages de sable, a été transformée en une succession de stations de vacances. L'architecture est donc très moderne comme celle des ziggourats de **La Grande-Motte**, mais le respect de l'environnement a présidé aux aménagements et de grandes parties du rivage sont même dépourvues de constructions. **Port-Leucate** et **Port-Barcarès** sont parfaits pour pratiquer les sports nautiques. Le grand complexe de la plage du **cap d'Agde**, premier centre naturiste d'Europe, accueille des milliers de touristes par an.

À l'intérieur des terres, la vieille ville d'**Agde** est célèbre par ses édifices en basalte noir, comme la **cathédrale Saint-Étienne**, du XIIᵉ siècle, à l'allure de forteresse.

Une longue plage de sable au cap d'Agde

Carcassonne ⓯

L a citadelle de Carcassonne est une cité médiévale parfaitement restaurée. Vision féerique de tours et de remparts dominant la bastide Saint-Louis, elle couronne une colline abrupte qui commande l'Aude, dont la haute vallée, au sud, est splendide. Sa position stratégique, au bord du couloir reliant la péninsule ibérique au reste de l'Europe, a présidé à sa création. La ville a été fortifiée par les Romains aux Iᵉʳ et IIᵉ siècles avant J.-C. Elle a joué un rôle clé dans la plupart des guerres du Moyen Âge. À son apogée, au XIIᵉ siècle, la cité était gouvernée par les Trencavel, qui ont fait construire le château et la cathédrale. Le traité des Pyrénées de 1659, qui redessina la frontière franco-espagnole, rendit les fortifications obsolètes, si bien qu'elles furent laissées à l'abandon. L'architecte Eugène Viollet-le-Duc *(p. 190)* les restaura au XIXᵉ siècle.

La Citadelle restaurée
La restauration de la ville a été très controversée, car certains auraient préféré conserver les ruines, plus romantiques.

★ Château comtal
Forteresse dans la forteresse, le château possède une douve, cinq tours et un chemin de ronde.

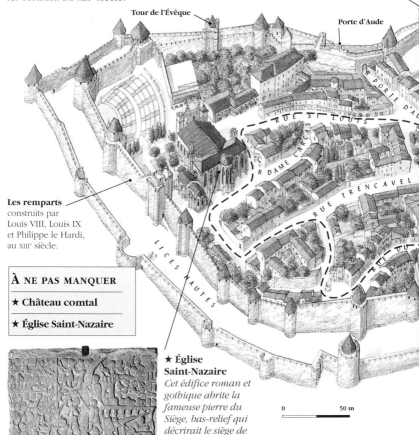

Tour de l'Évêque

Porte d'Aude

Les remparts
construits par
Louis VIII, Louis IX
et Philippe le Hardi,
au XIIIᵉ siècle.

R DAME CARCAS

RUE ST TOURS

RUE TRENCAVEL

LICES HAUTES

À NE PAS MANQUER

★ **Château comtal**

★ **Église Saint-Nazaire**

★ Église Saint-Nazaire
Cet édifice roman et gothique abrite la fameuse pierre du Siège, bas-relief qui décrirait le siège de Toulouse où Simon de Montfort trouva la mort en 1238.

0   50 m

LÉGENDE

– – – Itinéraire conseillé

LES PERSÉCUTIONS RELIGIEUSES

La position stratégique de Carcassonne plaça souvent la ville au centre des conflits religieux. Raymond-Roger Trencavel offrit l'hospitalité aux cathares *(p. 481)* lors du siège mené par Simon de Montfort, en croisade contre l'hérésie. Au XIVᵉ siècle, l'Inquisition s'attaqua encore aux cathares. Cette peinture montre les victimes dans la tour de l'Inquisition.

***Les Emmurés de Carcassonne** de Laurens*

MODE D'EMPLOI

Aude. 🏘 46 000. ✈ 4 km à l'ouest de Carcassonne 🚢 port du canal du Midi (04 68 25 10 48). 🚌 bd de Varsovie. 🛈 28, rue de Verdun (04 68 10 24 30). 🛒 mar., jeu. et sam. 🎭 Festival de la Cité (juil.) ; Embrasement de la Cité (14 juil.) ; spectacles médiévaux (juil.-août). **Château comtal** ⏰ t.l.j. ⛔ 1ᵉʳ janv., 1ᵉʳ mai, 14 juil., 1ᵉʳ et 11 nov., 25 déc. 📷 W www.carcassonne.org

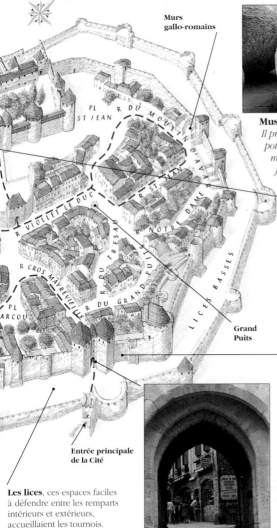

Murs gallo-romains

PL ST JEAN

R DU MOULIN D'AVAR

R ST JEAN

R VIOLLET LE DUC

R NOTRE DAME

R DU TRESAU

R CROS MAYREVIEILLE

R DU GRAND PUITS

PL MARCOU

LICES BASSES

Grand Puits

Entrée principale de la Cité

Les lices, ces espaces faciles à défendre entre les remparts intérieurs et extérieurs, accueillaient les tournois. On y stockait également le bois et les matériaux de construction.

Musée lapidaire
Il présente des amphores et des poteries romaines, des peintures murales romanes, des fragments de la cathédrale et des vitraux gothiques, ainsi que ces projectiles de pierre datant du Moyen Âge.

Porte Narbonnaise
Flanquée de deux tours de grès, elle fut construite en 1280. Elle est protégée par un fossé et un double pont-levis.

La Cité
Pénétrer dans la Cité, c'est un peu faire un voyage dans le temps, bien que ce lieu soit très touristique, avec ses boutiques de souvenirs.

Béziers et sa cathédrale médiévale, vue du « pont vieux », au sud-ouest de la cité

Minerve ⓰

Hérault. 🚶 113. ℹ 2, rue des Martyrs (04 68 91 81 43).

Sur les collines arides du Minervois, entourée essentiellement de vignes, Minerve se dresse fièrement sur un éperon, au confluent de la Cesse et du Brian. Le village est défendu par ce que les Minervois appellent la « candela », la chandelle, une tour octogonale, seul vestige du château médiéval. En 1210, la petite ville résista à Simon de Montfort, chef des Croisés, lors d'un siège qui dura sept semaines. Au terme de celui-ci, 140 cathares furent brûlés sur le bûcher pour avoir refusé d'abjurer leur foi.

Aujourd'hui, on accède à Minerve par un pont qui enjambe la gorge. Le long de la rue des Martyrs qui mène à l'**église Saint-Étienne** du XIIᵉ siècle, on passe devant l'arche romane de la porte des Templiers. Devant l'église, on voit une colombe grossièrement sculptée, œuvre du sculpteur contemporain Jean-Luc Séverac. L'autel du Vᵉ siècle est l'une des œuvres les plus anciennes de la région.

En contrebas, un chemin rocailleux suit le lit de la rivière, où les eaux ont découpé dans le calcaire deux arches naturelles, le « pont grand » et le « pont petit ».

Béziers ⓱

Hérault. 🚶 70 000. ⊠ 🚉 🚌 ℹ palais des Congrès, 29, avenue Saint-Saëns (04 67 76 84 00).

Célèbre par ses corridas, son équipe de rugby et ses vignobles alentour, Béziers dévoile son patrimoine au gré de promenades dans les vieux quartiers. Toutes ses rues conduisent à la **cathédrale Saint-Nazaire**, à la décoration et aux vitraux raffinés.

En 1209, lors de la croisade contre les albigeois, la ville fut mise à sac par les troupes de Simon de Montfort.

Les intéressants **musée des Beaux-Arts** et **musée du Biterrois** présentent des expositions sur l'histoire locale, l'archéologie sous-marine, les

La statue de Paul Riquet, sur les allées Paul-Riquet, à Béziers

vignobles et le canal du Midi, construit au XVIIᵉ siècle par Pierre Paul Riquet, le plus célèbre des Biterrois (p. 476). La statue de Paul Riquet domine l'allée du même nom et la vaste esplanade au pied de la colline. Elle est bordée de deux doubles rangées de platanes, ombrageant des terrasses de restaurants.

🏛 Musée du Biterrois
Caserne St-Jacques. 📞 04 67 36 81 60. 🕐 mar.-dim. ● 1ᵉʳ janv., Pâques, 1ᵉʳ mai, 25 déc. 🎫 ♿

Aux environs
L'oppidum d'Ensérune est un magnifique site proto-historique, puis celte et romain. Les fondations de certaines maisons renferment encore des poteries et des jarres, vestiges de l'ancienne occupation humaine. Le **musée de l'Oppidum d'Ensérune** présente une belle collection d'objets celtes, grecs et romains, ainsi que des bijoux, des objets funéraires et des armes.

Entre Béziers et Lignan, les étables du **château de Raissac** abritent un surprenant musée de la faïence (XIXᵉ siècle), ainsi qu'un atelier de production en activité (mar.-sam.)

🏛 Musée de l'Oppidum d'Ensérune
Nissan-lez-Ensérune. 📞 04 67 37 01 23. 🕐 mai-août : t.l.j. ; sept.-avr. : mar.-dim. ● j. f. 🎫 ♿ limité.

Les cathares

Les cathares (du grec *katharos*, « pur ») étaient une secte chrétienne du Languedoc qui s'opposa à la corruption de l'Église au XIIIᵉ siècle. Cette autonomie religieuse eut rapidement des objectifs politiques visant à l'indépendance de la région convoitée par Pierre II d'Aragon. Pour y affirmer sa souveraineté, Philippe de France ordonna une véritable croisade contre les cathares. Conduite par Simon de Montfort en 1209, elle dura près d'un siècle et les hérétiques furent systématiquement torturés et massacrés.

LES CHÂTEAUX CATHARES

Les cathares ont cherché refuge dans les châteaux fortifiés des Corbières et de l'Ariège, comme Peyrepertuse, isolé et d'accès difficile. La citadelle est en effet comme suspendue à un éperon escarpé de 609 m de haut.

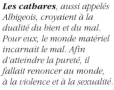

Les cathares, aussi appelés Albigeois, croyaient à la dualité du bien et du mal. Pour eux, le monde matériel incarnait le mal. Afin d'atteindre la pureté, il fallait renoncer au monde, à la violence et à la sexualité.

La croisade contre les Albigeois fut meurtrière car le pape avait promis aux croisés les terres des cathares et le pardon, par avance, de leurs crimes. En 1209, 20 000 habitants furent massacrés à Béziers et 140 furent brûlés vifs à Minerve. En 1244, 225 cathares irréductibles moururent à Montségur en défendant leur idéal.

LE PAYS CATHARE

Souvent situés dans des paysages spectaculaires, les châteaux et les villes liés à l'histoire des cathares au Moyen Âge sont concentrés dans le Languedoc-Roussillon.

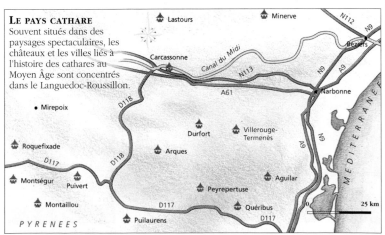

Le Grand Hôtel *(p. 571)*, quai de la Résistance, à Sète

Sète ⑱

Hérault. 🚶 *40 400.* 🚉 🚌 ⛴
ℹ *60, Grand'Rue-Mario-Roustan
(04 67 74 71 71).* 🛒 *mer. et ven.*
🌐 *www.ot-sete.fr*

Sète est un grand port de commerce, de pêche et de plaisance, à l'ambiance plus authentique que dans la plupart des villes du Midi.

Le cimetière marin à Sète,
où repose Paul Valéry (1871-1945)

La majorité des restaurants de Sète, où l'on peut se régaler de fruits de mer fraîchement pêchés, se trouvent sur le quai Général-Durand qui longe le Grand Canal, ainsi que sur la promenade Jean-Baptiste-Marty, au-dessus du port de pêche. On y voit des maisons aux couleurs pastel, ornées de balcons en fer forgé qui ouvrent sur un réseau de ponts et de canaux. Ceux-ci offrent un cadre idéal aux joutes nautiques qui remontent à 1666 et qui animent toujours divers festivals d'été *(p. 33)*.

Le **musée international des Arts modestes** présente des objets du quotidien (y compris certaines pièces de designers contemporains) dans un contexte ludique et inhabituel.

La ville est dominée par le **cimetière marin** au pied du mont Saint-Clair (182 m) où, proche de la tombe du poète, le **musée Paul-Valéry** évoque aussi l'histoire de Sète et des Sétois, les arts et la mer, avec une salle dédiée au poète et académicien. Plus haut, la forêt

des Pierres-Blanches propose un parcours touristique. Du sommet, la vue est magnifique sur la ville, les Cévennes et le bassin de Thau. Ne manquez pas enfin l'**Espace Georges-Brassens**, un musée moderne qui retrace la vie et l'œuvre de l'illustre chanteur sétois.

🏛 **Musée international
des Arts modestes**
23, quai du Mal-de-Lattre-de-Tassigny.
📞 *04 67 18 64 00.* ⏰ *juil.-août : t.l.j. ;
sept.-juin : mer.-lun.* ⬤ *j. f.* 🎫 ♿
🏛 **Musée Paul-Valéry**
Rue François-Desnoyer. 📞 *04 67 46
20 98.* ⏰ *juil.-août : t.l.j. ; sept.-juin :
mer.-lun.* ⬤ *j. f.* 🎫
🏛 **Espace Georges-Brassens**
67, bd Camille-Blanc. 📞 *04 67 53
32 77.* ⏰ *juin-sept. : t.l.j. ; oct.-mai :
mar.-dim.* ⬤ *certains j. f.* 🎫 ♿ 🎧

Pézenas ⑲

Hérault. 🚶 *8 000.* 🚉
ℹ *pl. Gambetta (04 67 98 36 40).*
🛒 *sam.* 🌐 *www.ville-pezenas.fr*

Pézenas est une petite ville charmante où l'on peut se promener facilement. Les rues fourmillent de petits détails pittoresques : ici une fenêtre sculptée Renaissance, là un splendide portail ou une Vierge dans une niche. Tout rappelle la splendeur passée des XVIe et XVIIe siècles, époque à laquelle le rayonnement de la cité était tel qu'il avait attiré Molière et son Illustre Théâtre.

La décoration intérieure de l'église Saint-Jean reflète la richesse de l'influent chapitre

Les voûtes de l'hôtel des barons
de Lacoste, à Pézenas

collégial sous l'Ancien Régime. Les belles demeures dissimulent souvent des cours secrètes, comme l'**hôtel des barons de Lacoste**, au 8, rue François-Oustrin, avec son magnifique escalier de pierre, ou encore la **maison des Pauvres**, avec ses trois galeries, au 12, rue Alfred-Sabatier. Ne manquez pas les vitrines des boutiques d'artisans de la rue Triperie-Vieille, ni la **porte Faugères** du XIVᵉ siècle, l'un des derniers vestiges des fortifications médiévales.

Parc naturel régional du Haut-Languedoc ⑳

Hérault, Tarn. 🚉 *Béziers.*
🚌 *Béziers, Bédarieux.* 🚌 *Saint-Pons-de-Thomières, Mazamet.* 🛈 *Maison du Parc, 13, rue du Cloître, Saint-Pons-de-Thomières (04 67 97 38 22).*

Les hauts plateaux calcaires et les pentes boisées du nord du Languedoc forment un univers très différent de celui de la côte. De la Montagne Noire, entre Béziers et Castres, jusqu'aux Cévennes s'étend ainsi un paysage rocheux, semé de bergeries perdues et creusé de rivières qui s'écoulent dans des gorges profondes.

Une grande partie de cette région forme le parc naturel régional du Haut-Languedoc, créé en 1973 sur 260 000 ha. Cathares, Huguenots et Maquisards se réfugièrent en leurs temps dans ces contrées sauvages et reculées. **Saint-Pons-de-Thomières** marque l'entrée du parc et donne accès aux forêts et sentiers de montagne, ainsi qu'à un centre de recherche d'où l'on peut observer mouflons, aigles et sangliers, autrefois très répandus dans la région.

En prenant la D 908 depuis Saint-Pons, on traverse le village d'**Olargues,** avec son pont du XIIᵉ siècle qui franchit le Jaur. **Lamalou-les-Bains**, à l'extrémité est du parc, est une charmante cité thermale.

Saint-Guilhem-le-Désert ㉑

Hérault. 🏠 *200.* 🚌 *été.* 🛈 *Maison communale (04 67 57 44 33).*

Blotti dans sa montagne, Saint-Guilhem-le-Désert n'est plus aussi isolé qu'au IXᵉ siècle, quand Guillaume d'Aquitaine se fit ermite. Cet ancien soldat, qui avait reçu de Charlemagne un fragment de

L'abside de l'église de Saint-Guilhem-le-Désert

la Vraie Croix, établit un monastère dont subsistent quelques vestiges du Xᵉ siècle, l'actuel bâtiment datant surtout des XIᵉ et XIIᵉ siècles. Les voûtes sombres de l'intérieur mènent à une lumineuse abside centrale. Il ne reste plus que deux galeries du cloître ; les autres se trouvent dans un musée de New York *(p. 471)*.

À 3 km au sud, la **grotte de Clamouse**, avec ses deux niveaux de galeries, offre un spectacle merveilleux.

Plus au nord, au **cirque de Navacelles**, la Vis forme une boucle parfaite, dessinant une île sur laquelle est installé le village de Navacelles. La **grotte des Demoiselles** est une des plus belles de la région. À une quarantaine de km au nord, en Lozère, commence le **parc national des Cévennes** *(p. 357)*, dont le siège est à Florac. Cette région rude et accidentée fut le théâtre au XVIIIᵉ siècle de la guerre des Camisards.

🏞 **Grotte de Clamouse**
Route de Saint-Guilhem, Saint-Jean-de-Fos. 📞 *04 67 57 71 05.* 🕐 *t.l.j.*
🏞 **Grotte des Demoiselles**
Saint-Bauzille-de-Putois. 📞 *04 67 73 70 02.* 🕐 *t.l.j.* ⬤ *certains j. f.* 📷 ♿

Le paysage spectaculaire de la grotte de Clamouse

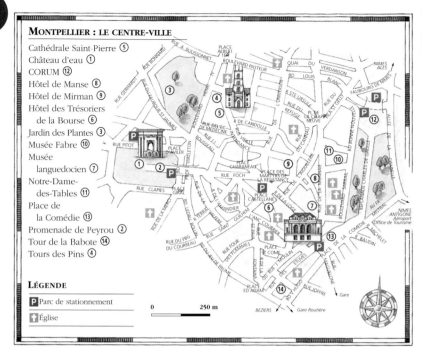

MONTPELLIER : LE CENTRE-VILLE

Cathédrale Saint-Pierre ⑤
Château d'eau ①
CORUM ⑫
Hôtel de Manse ⑧
Hôtel de Mirman ⑨
Hôtel des Trésoriers
   de la Bourse ⑥
Jardin des Plantes ③
Musée Fabre ⑩
Musée
   languedocien ⑦
Notre-Dame-
   des-Tables ⑪
Place de
   la Comédie ⑬
Promenade de Peyrou ②
Tour de la Babote ⑭
Tours des Pins ④

LÉGENDE

🅿 Parc de stationnement

✝ Église

0   250 m

**Une terrasse de café sur la place
de la Comédie, à Montpellier**

Montpellier ㉒

Hérault. 🚶 250 000. ✈ 🚉 🚌
🛈 30, allée De-Lattre-de-Tassigny
(04 67 60 60 60). 🏪 t.l.j. 🎭 Festival
Montpellier Danse (juin-juil.), festival
radio France Montpellier (juil.).
🌐 www.ot-montpellier.fr

Montpellier est l'une des
villes les plus jeunes et
les plus dynamiques de tout
le Sud : un habitant sur quatre
a moins de vingt-cinq ans !
Les soirs d'été, l'animation
règne au cœur de la capitale
du Languedoc-Roussillon.

Le foyer de cette activité se
trouve **place de la Comédie**,
souvent appelée « l'Œuf » à
cause de sa forme. Les cafés
jouxtent l'opéra et donnent
sur la fontaine des Trois-
Grâces. Une esplanade
bordée de platanes conduit au
CORUM, opéra et palais des
congrès, caractéristique de la
politique architecturale
audacieuse de la ville. Le plus
bel exemple en est l'ensemble
post-moderne de Ricardo
Boffil, baptisé **Antigone**.

Montpellier a été fondée
tardivement pour cette région
parsemée de villes romaines
et ne s'est développée
qu'au Xᵉ siècle. La faculté de
médecine, créée dès 1220, est
toujours l'une des plus cotées
de France.

Le cité fut très endommagée
par les guerres de Religion du
XVIᵉ siècle. Des fortifications
du XIIᵉ siècle, il ne reste plus
que la **tour de la Babote** et la
tour des Pins, et l'on compte
peu de belles églises, à
l'exception notable de la
cathédrale Saint-Pierre et
de **Notre-Dame-des-Tables**
du XVIIIᵉ siècle.

La reconstruction opérée au
XVIIᵉ siècle a vu fleurir des

demeures élégantes avec
cours, escaliers de pierre et
balcons. L'**hôtel de Manse**,
rue Embouque-d'Or, l'**hôtel
de Mirman**, place du
Marché-aux-Fleurs, et l'**hôtel
des Trésoriers de la Bourse**
en sont de beaux exemples.
L'hôtel des Lunaret abrite le
Musée languedocien et ses
collections d'objets romans et
préhistoriques.

Le **musée Fabre**, dans
l'ancien collège des Jésuites,
abrite une belle collection de
tableaux français, comme les
célèbres *Bonjour, M. Courbet*,
de Courbet, *L'Été*, de Berthe
Morisot, la *Nature morte
portugaise* de Delaunay,
ainsi que des peintures très
évocatrices de la région et

LE PONT DU GARD   ← Vers Uzès

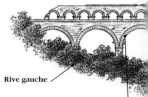

Rive gauche

Le pont comprend trois
étages d'arches continues,
sur une longueur de 360 m.

20 œuvres contemporaines de la donation Soulages.

La **promenade de Peyrou**, dominée par le **Château d'eau** et l'aqueduc, offre une vue magnifique de la ville. Au nord, le **jardin des Plantes**, créé en 1593, est le plus vieux jardin botanique de France.

🏛 **Musée languedocien**

7, rue Jacques-Cœur. **(** 04 67 52 93 03. ⭘ lun.-sam. ⬤ j. f. 🈲

🏛 **Musée Fabre**

39, bd Bonne-Nouvelle. **(** 04 67 14 83 00. ⬤ jusqu'en 2007.

Aux environs

Les alentours de la ville comptent de nombreux petits châteaux, ou « folies », des XVIIᵉ et XVIIIᵉ siècles. Les jardins du superbe et vaste château de **Castries** sont dus à Le Nôtre. **Saint-Martin-de-Londres**, très beau village médiéval, possède une jolie église romane.

Le Château d'eau de Montpellier

La Grande-Motte ㉓

Hérault. 🚶 8 000. 🚉 🛈 av. Jean-Bene (04 67 56 42 00). ⬤ dim. (et jeu. mi-juin-mi-sept.).

L es étranges ziggourats blanches de cette marina moderne balnéaire attestent le développement de la côte du Languedoc-Roussillon. Elle est très bien équipée : marinas,

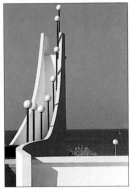

La Grande-Motte

nombreux tennis, golf, sports nautiques, entre plages dorées et forêts de pins. Plus à l'est se trouvent **Le Grau-du-Roi**, un ancien village de pêcheurs camarguais, et la cité de **Port-Camargue** avec sa marina. Isolée en bord de mer comme venue d'un autre âge, la belle **cathédrale de Maguelonne** (XIᵉ siècle) précéda celle de Montpellier.

Aigues-Mortes ㉔

Gard. 🚶 7 000. 🚉 🛈 Place Saint-Louis (04 66 53 73 00). ⬤ mer. et dim. 🌐 www.ot-aiguesmortes.fr

P our apprécier cette petite ville aux remparts parfaitement conservés, l'idéal est d'arriver par les marais salants de la Petite Camargue. La mer ayant reculé de 5 km, les imposantes murailles de cette ancienne ville portuaire sont devenues une attraction touristique. Aigues-Mortes (eaux mortes) fut construite par Louis IX au XIIIᵉ siècle selon un plan en damier, comme port d'embarquement pour la croisade. Ne manquez

pas de visiter les remparts, la **tour de Constance** et les édifices religieux.

Aux environs

Au nord-est, **Saint-Gilles-du-Gard** était un port important au Moyen Âge. Aujourd'hui, la façade de son abbaye du XIIᵉ siècle vaut toujours le détour. Ce sanctuaire consacré à saint Gilles, fondé par les moines de Cluny, était une étape importante sur la route de Compostelle *(p. 390-391)*.

Nîmes ㉕

p. 486-487.

Pont du Gard ㉖

Gard. **(** 0820 903 330. 🚌 de Nîmes.

E n dépit de sa célébrité, on est toujours ému lorsqu'on découvre le pont du Gard, vieux de 2 000 ans, désormais classé par l'Unesco. Les Romains eux-mêmes estimaient qu'il faisait la fierté de leur empire. Avec ses 49 m de haut, c'était alors l'aqueduc le plus élevé jamais construit. L'épaisse couche de calcaire déposée dans les canalisations d'eau laisse penser qu'il fut utilisé pendant quatre à cinq siècles, acheminant 20 000 m³ d'eau en moyenne par jour.

Des visites permettent de suivre la canalisation antique en haut de cet aqueduc qui conduisait l'eau à Nîmes depuis **Uzès**. Cette petite ville charmante est riche en vieux hôtels et belles demeures autour du château des ducs d'Uzès (donjon du XIᵉ siècle).

Le site, un pont ancien et trois églises justifient une excursion jusqu'à **Pont-Saint-Esprit**, établie sur le Rhône.

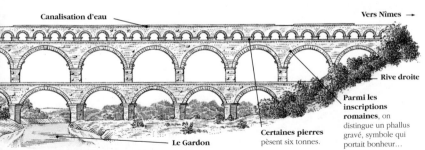

Canalisation d'eau   Vers Nîmes ➜

Rive droite

Parmi les inscriptions romaines, on distingue un phallus gravé, symbole qui portait bonheur…

Certaines pierres pèsent six tonnes.

Le Gardon

Nîmes

Au palmarès des curiosités de Nîmes figurent désormais l'abri-bus de Philippe Starck, à qui l'on doit aussi l'aménagement de la zone piétonne, l'immeuble Nemausus de Jean Nouvel, le Carré d'Art qui fait face de la Maison Carrée, et le nouveau stade de Vittorio Gregotti. Important carrefour du monde antique, Nîmes est cependant d'abord célèbre par ses nombreux monuments romains, dont les arènes antiques sont le chef-d'œuvre. Trois festivals et plusieurs corridas ont achevé d'asseoir la réputation de cette vieille cité aux rues étroites et aux places secrètes. Plus modeste, Beaucaire, à l'est sur le Rhône, mérite aussi une visite.

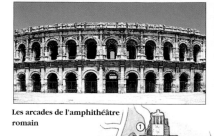

Les arcades de l'amphithéâtre romain

À la découverte de Nîmes

Nîmes, qui a eu une histoire mouvementée, a beaucoup souffert lors des guerres de Religion du XVIᵉ siècle, époque à laquelle la **cathédrale Notre-Dame-et-Saint-Castor** a été gravement endommagée. Aux XVIIᵉ et XVIIIᵉ siècles, la ville a prospéré grâce à son industrie textile et à la toile de Nîmes (« denim ») à partir de laquelle on aurait fabriqué les tout premiers jeans. De nombreuses demeures médiévales ont été restaurées dans les rue de l'Aspic, rue des Marchands et rue du Chapitre.

La **porte d'Auguste**, bâtie vingt ans avant le temple de la **Maison Carrée**, faisait autrefois partie du plus long mur d'enceinte de la Gaule.

De la porte d'origine ont résisté deux grandes arches

Jarre au Musée archéologique

pour les chars et deux petites pour les piétons. Autre vestige romain, le *castellum*, ou château d'eau, distribuait l'eau qu'acheminait l'aqueduc du pont du Gard (*p. 485*) par l'intermédiaire d'un réseau complexe de canalisations.

🌿 Jardin de la Fontaine

Quai de la Fontaine. ⬜ *t.l.j.* ♿ 📷 *pour la tour Magne*.

Les Gaulois s'étaient établis près de la source dès l'âge du fer. À leur arrivée, les Romains trouvèrent un oppidum qu'ils baptisèrent *Nemausus*, du nom du dieu de la source.

Au XVIIIᵉ siècle, on y dessina des jardins à la française dont il reste encore des terrasses et des fontaines. Au-dessus des

Le jardin de la Fontaine, avec la ville à l'arrière-plan

jardins, sur le mont Cavalier, se trouve la **tour Magne**, ancien point stratégique de l'enceinte romaine.

⛎ Arènes

Bd des Arènes. ▐ 04 66 76 72 77. ◯ t.l.j. ⬛ ♿ ⬛
Presque toutes les rues mènent à l'amphithéâtre romain, les Arènes. Construit à la fin du Ier siècle après J.-C., c'est un cirque ovale dont les gradins peuvent accueillir 25 000 spectateurs.

Les symboles de la ville dans une sculpture de Martial Raysse

Des concerts, manifestations sportives et corridas s'y déroulent durant l'année.

⛩ Maison Carrée

Pl. de la Maison-Carrée. ▐ 04 66 36 26 76. ◯ t.l.j. ⬛
La Maison Carrée est le nom bien prosaïque qu'on a donné à ce temple romain, fierté de la ville. Construit entre 2 et 3 après J.-C., c'est l'un des monuments antiques les mieux conservés du monde, avec ses colonnes corinthiennes élancées et ses frises sculptées.

🏛 Musée des Beaux-Arts

Rue Cité-Foulc. ▐ 04 66 67 38 21. ◯ mar.-dim. ◯ certains j. f. ⬛ ♿
Il abrite une collection éclectique d'œuvres de peintres flamands, hollandais, français et italiens, en particulier *Suzanne et les vieillards* de Jacopo Bassano. La mosaïque gallo-romaine, le *Mariage d'Admetus*, découverte en 1882, occupe la place d'honneur, sur le sol de la salle principale.

🏛 Musée archéologique

Musée archéologique et d'Histoire naturelle, 13 bis, bd Amiral-Courbet. ▐ 04 66 76 74 80. ◯ mar.-dim. ◯ 1er janv., 1er mai, 11 nov., 25 déc.
Il comprend de magnifiques collections de statues romaines, des céramiques, des verrerie, des pièces de monnaie et des mosaïques. Dans le même bâtiment, le musée d'Histoire naturelle abrite aussi des statues-menhirs de l'âge du fer.

MODE D'EMPLOI

Gard. ⬛ 133 000. ✈ 12 km au sud-est de Nîmes. ⬛ bd. Talabot (08 92 35 35 35). ⬛ rue Sainte-Félicité (04 66 29 52 00).
🛈 6, rue Auguste (04 66 58 38 00). ⬛ t.l.j. ⬛ Feria de Pentecôte (Pentecôte), Feria des Vendanges (3e w.-e. de sept.).
Ⓦ www.ot-nimes.fr

La Maison Carrée, reconvertie en musée

🏛 Carré d'Art/Musée d'Art contemporain

Pl. de la Maison-Carrée. ▐ 04 66 76 35 35. ◯ mar.-dim. ◯ certains j. f. ⬛ ♿
Ce complexe culturel controversé a été construit par l'architecte britannique Sir Norman Foster. Cinq étages de ce palais de verre et d'acier, hommage à la Maison Carrée qui se trouve en face, sont situés en sous-sol. Il comprend une bibliothèque, un musée d'Art contemporain, où sont exposées des œuvres de Boltanski, Lavier et Raysse, et, sur le toit en terrasse, un restaurant autour de l'atrium de verre.

Une corrida aux arènes de Nîmes

RUE VINCENS
RUE DE LA LAMPÈZE
RUE D'ALBENAS
④
RUE GRAVEROL
PLACE DU CANTALOUBE
PTE COUCHOUX
MONTÉE DU FORT
RUE DE LABAUME
PLACE BACHALAS
PLACE DE LA REVOLUTION
RUE CLERISSEAU
RUE DU FORT
RUE BACHALAS
RUE IMBERT
BOULEVARD GAMBETTA
PLACE ST CHARLES
RUE RANGUEIL
RUE GUIZOT
RUE DE L'AGAU
RUE NATIONALE
R GENERAL PERRIER
RUE DE L'HORLOGE
DES LOMBARDS
CREMIEUX
PLACE DU CHÂTEAU
⑦
PLACE DE LA MADELEINE
PLACE AUX HERBES
⑧
PLACE BELLECROIX
AVIGNON Pont du Gard
PLACE G PÉRI
RUE DES MARCHANDS
RUE DU CHAPITRE
RUE FRESQUE
RUE DE L'ASPIC
RUE ROUSSY
RUE DORÉE
⑨
RUE VICTOR HUGO
PLACE DU MARCHÉ
PLACE DE L'HOTEL DE VILLE
GRAND'RUE
BD AMIRAL COURBET
RUE N DAME
PLACE DE LA SALAMANDRE
RUE MADELEINE
BOULEVARD DES ARÈNES
REDOULE
⑩
LA LIBERATION
RUE DE PRAGUE
EX DUCROS
BD DE LA RÉPUBLIQUE
RUE CART
RUE DE LA CITÉ
SD DU 11 NOV
BD 11 NOV 1918
RUE BRICONNET
RUE DE LA FONT
RUE BOURDALOUE
⑪
BD DE BRUXELLES
Gare Gare Routière ARLES Nemausus I

PROVENCE ET CÔTE D'AZUR

BOUCHES-DU-RHÔNE · VAUCLUSE · VAR
ALPES-DE-HAUTE-PROVENCE · ALPES-MARITIMES

*D*es collines parfumées aux yachts luxueux qui mouillent dans les ports, aucune région de France ne fait autant rêver que la Provence dont les paysages et la lumière ont inspiré artistes et écrivains, de Van Gogh à Picasso et de Scott Fitzgerald à Marcel Pagnol.

Les frontières de la région ont été dessinées par la nature : à l'ouest le Rhône, au sud la Méditerranée, au nord les oliviers et à l'est les Alpes. À l'intérieur de ces limites, on trouve un paysage contrasté : plages ensoleillées, gorges encaissées, marécages de Camargue, champs de lavande, collines de pins.

À Orange et Arles, on utilise toujours les bâtiments romains, tandis que les villages perchés comme Èze ont été construits pour résister aux attaques des pirates qui ravageaient les côtes au VIᵉ siècle. Au XIXᵉ siècle, l'aristocratie et la riche bourgeoisie de l'Europe entière venaient chercher la douceur en hiver sur la «Riviera», et dans les années 1920 la haute société s'y fixa en permanence. Il est vrai que sous le soleil la vie semble plus douce et que fruits et légumes gagnent en saveur. Olives, ail et poissons peuvent s'allier pour composer ce fleuron de la gastronomie qu'est la bouillabaisse.

Cette image paradisiaque ne se trouble que lorsque souffle un violent mistral. Mais le vent a forgé un peuple chaleureux, aussi rude que l'olivier et prompt à profiter de la vie dès le retour du beau temps.

Le cap Martin, vu du village de Roquebrune

◁ Un champ de lavande près des gorges du Verdon

À la découverte de la Provence

Le Sud-Est de la France, très ensoleillé, est une destination de vacances privilégiée. Les amoureux du bronzage profitent des plages en été. Les distractions ne manquent pas : festivals de jazz, opéras, ballets, corridas, courses automobiles, casinos, sans oublier les parties de boules. L'intérieur des terres, avec ses gorges, ses villages haut perchés et ses plateaux solitaires est idéal pour les randonneurs.

Promenade des Anglais, Nice

Vers Valence
Saint-Étienne
Rhône
VAISON-LA-ROMAINE **2**
SISTERON
ORANGE **3**
Aigues
MONT VENTOUX **1**
D938
D974
D950
D12
4
6 CARPENTRAS
D51
Vers Nîmes
CHÂTEAUNEUF-DU-PAPE
FONTAINE-DE-VAUCLUSE
5 AVIGNON
7
8
GORDES
N100
PARC NATUREL RÉGIONAL DU LUBÉRON
9
D973
TARASCON **12**
10
LES BAUX-DE-PROVENCE
ST-RÉMY-DE-PROVENCE **11**
Durance
Canal de Provence
D56
13 ARLES
N113
Vers Montpellier
SALON-DE-PROVENCE
D570
A54
D35
D5
Rhône
14
CAMARGUE
AIX-EN-PROVENCE **15**
A8
D80
A55
MARSEILLE
16
D559
A50
N8
17
CASSIS
TO

LA RÉGION D'UN COUP D'ŒIL

Vers Briançon

BARCELONNETTE

CIRCULER

Le premier aéroport de la région, et le deuxième de France, est celui de Nice. La voiture individuelle est pratiquement indispensable, surtout si vous voulez visiter l'arrière-pays. En revanche, les villes côtières sont bien desservies par les bus ou le train. On peut essayer d'éviter les embouteillages de la côte (infernaux en été) en empruntant les autoroutes. Le sympathique petit train de Nice à Digne-les-Bains traverse des paysages spectaculaires. Bien que sinueuses, les routes de montagne sont assez bonnes.

D900

D900

Bléone

Verdon

Dol

Var

D2205

PARC NATIONAL DU MERCANTOUR

DIGNE-LES-BAINS

23

N85

N85

N85

D007

D2565

N204

ARRIÈRE-PAYS NIÇOIS **41**

N202

D2211

MENTON **42**

GORGES DU LOUP

VENCE

ÉZE **39** **43**

ROQUEBRUNE-CAP-MARTIN

40

MONACO

33

34

ST-PAUL-DE-VENCE

37

VILLEFRANCHE-SUR-MER

GORGES DU VERDON

35

36

38

CAP FERRAT

D21

D557

D30

...rdon.

GRASSE **26**

BIOT **31**

32

NICE

CAGNES-SUR-MER

VALLAURIS

30

29 ANTIBES

DRAGUIGNAN

A8

27

28 CAP D'ANTIBES

Argens

PROVENÇALE

CANNES

FRÉJUS **24**

25

N7

ST-RAPHAËL

N97

MASSIF DES MAURES

STE-MAXIME

D14

21

22 ST-TROPEZ

LÉGENDE

Autoroute

Route principale

Route secondaire

Parcours pittoresque

Fleuve ou rivière

Point de vue

HYÈRES

LE LAVANDOU

19

20

ÎLES D'HYÈRES

0   25 km

Aux environs de Forcalquier

Mont Ventoux ❶

Vaucluse. ☒ *Avignon.* ⊞ *Orange.* ⊞ *Bédoin.* 🛈 *Chalet d'accueil du Mont Ventoux (04 90 63 42 02).*

Ce « mont venteux », en patois provençal, mérite bien son nom. Au bas des pentes, la faune et la flore sont très variées, mais seules les plantes alpines résistent en altitude car les températures hivernales peuvent atteindre - 27 °C. La calotte de calcaire du sommet le fait paraître enneigé, même en plein été.

En 1336, le poète Pétrarque relata l'ascension de ce pic de 1 909 m. Aujourd'hui, une route conduit à l'antenne radio du sommet. Par temps clair, on découvre la plaine jusqu'à la mer et les Alpes. Le col est fermé de novembre à avril.

Mosaïque romaine de la villa du Paon, à Vaison-la-Romaine

Vaison-la-Romaine ❷

Vaucluse. 🏠 *5 600.* ⊞ 🛈 *pl. du Chanoine-Sautel (04 90 28 76 04).* ⊟ *mar.* ⓦ *www.vaison-la-romaine.com*

Sur les rives de l'Ouvèze, ce site, habité depuis l'âge du bronze, doit son nom à la cité romaine qui y a prospéré pendant cinq siècles. Bien que la ville haute, dominée par les ruines d'un château du XIIe siècle, soit charmante avec ses rues étroites, ses maisons de pierre et ses fontaines, les grands centres d'intérêt se trouvent sur l'autre rive.

Les **vestiges romains**, partagés en deux secteurs s'étendent sur 15 ha. Ils comprennent des édifices publics (théâtre, thermes, sanctuaire, château d'eau), des rues bordées de boutiques, de riches demeures, ainsi qu'un pont romain, qui a résisté à la crue de l'Ouvèze en 1992.

L'ancienne cathédrale Notre-Dame-de-Nazareth est un remarquable édifice de l'école romane de Provence.

⋔ Ville romaine

Fouilles de Puymin, pl. du Chanoine-Sautel. 🅲 *04 90 36 02 11.* ⏰ *t.l.j.* ⬤ *janv., 1er mai, 25 déc.* 🈵 ✔ ♿ 🖼

Orange ❸

Vaucluse. 🏠 *28 889.* ⊞ ⊞ 🛈 *cours Aristide-Briand (04 90 34 70 88).* ⊟ *jeu.* ⓦ *www.ville-orange.fr*

Orange est un grand centre régional. Les champs, les vergers et le vignoble des Côtes du Rhône qui l'entourent en font une place de marché importante pour le vin, les olives, le miel et les truffes. Dans le quartier de l'hôtel de ville, les ruelles débouchent sur des places calmes et ombragées. La ville possède deux des plus prestigieux monuments romains d'Europe, classés au patrimoine mondial de l'Unesco.

⋔ Théâtre antique

Pl. des Frères-Mounet. 🅲 *04 90 51 17 60.* ⏰ *t.l.j.* ⬤ *1er janv., 25 déc.* 🈵 ♿ 🖼 *l'entrée est valable pour le Musée municipal.* 🖼 🖼

Élevé au Ier siècle apr. J.-C., sous le règne d'Auguste, ce théâtre, parfaitement conservé, à l'acoustique exceptionnelle, accueille aujourd'hui un festival d'art lyrique, les chorégies. Le mur de scène mesure 36 m de haut et 103 m de long. Un toit de verre devrait le protéger de l'érosion à partir de juin 2006.

⋔ Arc de triomphe

Av. de l'Arc-de-Triomphe.
Ce monument à trois arches, construit vers les années 20 à

Statue d'Auguste, au théâtre antique d'Orange

25 de notre ère, est richement décoré de scènes de bataille et de motifs de fleurs et fruits.

🏛 Musée d'Orange

Rue Madeleine-Roch. 🅲 *04 90 51 17 60.* ⏰ *t.l.j.* 🈵
Les objets exposés reflètent l'histoire de la ville. En reconstituant le puzzle formé par 400 fragments de marbre, on retrouve les cadastres de la campagne orangeoise. L'inscription, qui remonte au règne de Vespasien, au Ier siècle av. J.-C., surmontait probablement ces documents.

Châteauneuf-du-Pape ❹

Vaucluse. 🏠 *2 100.* ⊞ *Sorgues, puis autobus.* 🛈 *pl. du Portail (04 90 83 71 08).* ⊟ *ven.*

Au XIVe siècle, les papes établis à Avignon firent construire un château sur ce site et y plantèrent à nouveau des ceps. Après les guerres de Religion *(p. 50-51)* et la

Vue du vignoble de Châteauneuf-du-Pape

Seconde Guerre mondiale, il ne restait plus de la forteresse papale que quelques pans de murs et une tour, mais les ruines spectaculaires offrent toujours une vue magnifique sur Avignon et le Vaucluse.

Les vignes ont prospéré et donnent un des grands crus des Côtes du Rhône. Aujourd'hui, tous les portails semblent ouvrir sur une cave de vigneron. Les fêtes du vin, qui ponctuent l'année, sont couronnées par la fête de la Véraison, en août *(p. 34)*, à la maturité des fruits, et le Ban des Vendanges, lors de la récolte, en septembre.

Avignon **❺**

Vaucluse. 🏘 *90 000.* ✕ 🚊 🚌 ℹ
41, cours Jean-Jaurès (04 32 74 32 74).
📅 *mar.-dim.* 🅆 *www.ot-avignon.fr*

D es remparts massifs
abritent cette ville fascinante. Dominée par l'immense palais des Papes *(p. 494-495)*, elle rassemble beaucoup d'autres richesses. Au nord du palais se trouve le **Musée du Petit Palais** du XIIIe siècle. Cette ancienne demeure de l'archevêque d'Avignon accueillit des hôtes célèbres comme César Borgia et Louis XIV. Transformé en musée, le palais présente des sculptures romanes et gothiques, des peintures médiévales de l'école d'Avignon et de l'école italienne, avec des œuvres de Botticelli et Carpaccio.

Les rues Joseph-Vernet et du Roi-René sont bordées de superbes hôtels des XVIIe et XVIIIe siècles. La **cathédrale de Notre-Dame-des-Doms** et sa coupole romane ou l'**église Saint-Didier** du XIVe siècle sont remarquables. Le **Musée lapidaire** possède des statues et mosaïques antiques, ainsi que des sculptures gauloises de la Provence pré-romaine. Le **musée Calvet** donne un aperçu de l'art français des six derniers siècles. La collection d'art contemporain **Lambert en Avignon** compte, entre autres, des œuvres de Basquiat et de Nan Goldin.

La **place de l'Horloge** est le cœur de la vie sociale. La rue des Teinturiers est une des plus jolies de la ville. Jusqu'au XIXe siècle, on y imprimait des indiennes chatoyantes, qui ont inspiré les tissus provençaux.

Durant trois semaines en juillet se déroule le Festival d'arts dramatiques d'Avignon, lancé en 1947 par Jean Vilar. Pièces de théâtre, ballets, concerts se succèdent dans la cour du palais des Papes *(p. 33)* et de nombreux lieux. Le festival « off » propose des spectacles de rue, des pièces

Spectacle de rue pendant le festival d'Avignon

d'avant-garde et des concerts allant du folk au jazz (plus de 600 compagnies se produisent). Célébré par la fameuse chanson, le **pont Saint-Bénézet** (1171-1185) fut détruit plusieurs fois par les crues du Rhône. Sur l'une des arches restantes se dresse la chapelle Saint-Nicolas.

À **Villeneuve-lès-Avignon**, sur la rive du Rhône, ne manquez pas la **chartreuse du Val-de-Bénédiction**, le *Couronnement de la Vierge* du musée et l'église.

🏛 **Musée du Petit Palais**
Pl. du Palais. 📞 *04 90 86 44 58.*
📅 *mer.-lun.* ⬤ *j. f.* 📷

🏛 **Musée lapidaire**
27, rue de la République. 📞 *04 90 86 33 84.* 📅 *mer.-lun.* ⬤ *j. f.* 📷 ♿

🏛 **Musée Calvet**
65, rue Joseph-Vernet. 📞 *04 90 86 33 84.* 📅 *mer.-lun.* ⬤ *j. f.* 📷 🅿 ♿

🏛 **Collection Lambert en Avignon**
Hôtel de Caumont, 5, rue Violette.
📞 *04 90 16 56 20.* 📅 *mar.-dim.* 📷

Le pont Saint-Bénézet et le palais des Papes, à Avignon

Palais des Papes

En 1309, confronté à des conflits à Rome et encouragé par les intrigues de Philippe IV de France, le pape Clément V installe sa cour en Avignon où elle reste jusqu'en 1377. Pendant cette période, ses successeurs transforment le bâtiment épiscopal en un magnifique palais entouré d'imposantes fortifications qui le protègent des bandes de mercenaires. Après la Révolution de 1789, les attributs luxueux de la vie de la cour au XIVe siècle sont détruits ou pillés. Depuis 2003, un musée de l'Œuvre apporte des informations sur l'édifice tout au long de la visite.

Le pape Clément VI (1342-1352)

Le cloître de Benoît XII comprend également l'aile des invités, les communs et la chapelle bénédictine.

Tour Trouillas

Tour de la Campane

Une architecture militaire
Avec ses dix tours et sa surface de 15 000 m², le palais se voulait une forteresse imprenable.

LES PAPES D'AVIGNON

Sept papes « officiels » régnèrent en Avignon jusqu'en 1377. Ils furent suivis des « antipapes » dont le dernier, Benoît XIII, s'enfuit en 1403. Papes ou antipapes, peu furent réputés pour leur sainteté. Clément VI (1342-1352), mort pour avoir absorbé de la poudre d'émeraude, prescrite contre l'indigestion, prétendait honorer Dieu dans le luxe. En 1367, Urbain V tenta de ramener la cour à Rome, ce retour ne fut effectif qu'en 1377.

Benoît XIII (1394-1409)

Tour de la Gâche
Tour d'Angle

Porte des Champeaux

Salle du Consistoire
Les fresques de Simone Martini (1340), provenant de la cathédrale, remplacèrent les œuvres de la salle de réception détruites par l'incendie de 141.

La puissance du pape

Avec ses solides fortifications, le palais papal ressemble à une citadelle guerrière et reflète le climat d'insécurité qui régnait au XIVᵉ siècle.

MODE D'EMPLOI

Pl. du Palais, Avignon.
📞 04 90 27 50 73.
🕐 nov.-mi-mars : 9h30-17h45 ; mi-mars-oct. : 9h-19h (20h juil.-mi-sept.). Dernière entrée : 1h avant la fermeture. 🅿 ☕ Café terrasse avec vue panoramique sur la ville. 🚻 🎫
🌐 www.palais-des-papes.com

★ Grand Tinel

Des tapisseries des Gobelins du XVIIIᵉ siècle sont accrochées dans la salle des Festins où les cardinaux se rassemblaient pour élire le pape.

Tour des Anges

★ Chambre du Cerf

Les fresques de scènes de chasse et les mosaïques font du bureau de Clément VI la plus belle pièce du palais.

Chambre du pape

Grande Cour

LA CONSTRUCTION DU PALAIS

Le palais comprend le Palais-Vieux de Benoît XII (1334-1342) et le Palais-Neuf de Clément VI (1342-1352). Dix tours de 50 m de haut protègent les quatre ailes.

La grande chapelle, haute de 20 m, couvre 780 m².

La grande salle d'audience est divisée en deux nefs par cinq colonnes aux chapiteaux ornés de sculptures animalières.

À NE PAS MANQUER

★ **Grand Tinel**

★ **Chambre du Cerf**

LÉGENDE

☐ Benoît XII (1334-1342)

☐ Clément VI (1342-1352)

Carpentras ❻

Vaucluse. 🚶 *25 500.* 🚌 ℹ️ *pl. Aristide-Briand (04 90 63 00 78).* 🛒 *ven.* 🌐 *www.ville-carpentras.fr*

En 1320, Carpentras devint la capitale du comtat Venaissin et le resta jusqu'en 1791. Les boulevards modernes suivent le tracé des anciens remparts, dont ne subsiste qu'une seule porte, la porte d'Orange.

Au Moyen Âge, la ville abritait une importante communauté juive. La **synagogue** de 1367 est la plus ancienne de France ; son sanctuaire a été restauré, mais sa piscine rituelle et sa boulangerie sont en l'état.

Bien qu'aucun pape n'eût ouvertement ordonné de persécutions, de nombreux juifs se convertirent ; pour leur baptême, ils entraient dans la **cathédrale Saint-Siffrein** par la porte Juive.

Le palais de justice (1640) rassemble des cartouches représentant les villages du comtat Venaissin. À voir aussi, l'**hôtel des Sobirats**, aménagé en musée, avec son beau mobilier provençal et l'hôtel-Dieu dont la pharmacie du XVIIIe siècle est une merveille.

⚜ Synagogue
Pl. de la Mairie. 📞 *04 90 63 39 97.* ⬜ *lun.-ven.* ⬛ *aux fêtes juives.*
🏛 Musée Sobirats
Rue du Collège. 📞 *04 90 63 04 92.* ⬜ *mer.-lun.* ⬛ *j. f.* 🖼

Rive et moulin à eau à Fontaine-de-Vaucluse

Fontaine-de-Vaucluse ❼

Vaucluse. 🚶 *610.* 🚌 ℹ️ *chemin de la Fontaine (04 90 20 32 22).* 🛒 *mer.* 🌐 *www.ot-islesurlasorgue.fr*

Jaillissant au pied d'une falaise avec un débit de 100 m³ à la seconde, la **rivière de la Sorgue** est la plus puissante de France. Elle alimente un moulin à papier qui emploie des techniques du XVe siècle. La ville compte plusieurs musées : celui du poète Pétrarque, qui vécut ici, le musée d'Histoire 1939-1945, dédié à la vie sous l'Occupation, l'écomusée du Santon et des Traditions de Provence et l'écomusée du Gouffre pour les spéléologues.

L'**Isle-sur-la-Sorgue** possède des roues à eau et une belle église baroque.

Gordes ❽

Vaucluse. 🚶 *2 000.* ℹ️ *château (04 90 72 02 75).* 🛒 *mar.* 🌐 *www.gordes-village.com*

Dominé par un **château** du XVIe siècle, le bourg est si harmonieux qu'on croirait qu'il est l'ouvrage d'un architecte talentueux. Le château expose des œuvres de Pol Mara, peintre flamand contemporain.

Au sud, le **village des Bories** présente un curieux habitat de pierres sèches. Saint-Pantaléon abrite un musée du Vitrail. Au nord, l'**abbaye de Sénanque**, avec son paisible cloître et son église, est l'une des plus belles abbayes romanes cisterciennes de France.

⛪ Château de Gordes
📞 *04 90 72 02 75.* ⬜ *t.l.j.* ⬛ *1er janv., 25 déc.* 🖼
🏠 Village des Bories
Route de Cavaillon. 📞 *04 90 72 03 48.* ⬜ *t.l.j.* ⬛ *1er janv., 25 déc.* 🖼

Parc naturel régional du Luberon ❾

Vaucluse et Alpes-de-Haute-Provence. ✈️ *Avignon.* 🚉 *Cavaillon, Pertuis.* 🚌 *Apt.* ℹ️ *Apt (04 90 74 03 18).*

Les monts du Luberon, dont le Mourre-Nègre culmine à 1 125 m d'altitude, s'étendent sur les départements du Vaucluse et des Alpes-de-Haute-Provence. Zones sauvages et bourgs pittoresques font tout le charme de cette région.

Village perché de Gordes

Apt, célèbre pour ses fruits confits, en est la capitale. **Bonnieux** abrite une église du XIIᵉ siècle et le musée de la Boulangerie. **Roussillon** est remarquable par ses maisons au crépi ocre. Les ruines du château du marquis de Sade sont visibles à **Lacoste**, et **Ansouis** possède un superbe château du XVIIᵉ siècle. La citadelle de **Ménerbes** offre un splendide panorama.

Saint-Rémy-de-Provence ❿

Bouches-du-Rhône. 🏘 *11 000.* 🚌 🚊 *pl. Jean-Jaurès (04 90 92 05 22).* 🛒 *mer.* 🌐 www.saintremy-de-provence.com

L a réputation de Saint-Rémy, avec ses fontaines, ses boulevards ombragés et ses rues étroites, n'est plus à faire. La ville, qui vit naître

Éventaire d'herbes à Saint-Rémy-de-Provence

Nostradamus en 1503, accueillit de 1889 à 1890 Vincent Van Gogh, venu se faire soigner à l'hôpital Saint-Paul-de-Mausole ; c'est là qu'il peignit plus de 150 toiles en un an. En 1921, la découverte des ruines romaines de **Glanum** donna un nouvel attrait à Saint-Rémy. L'ancienne cité fut détruite par les Goths en 270 après J.-C., mais le site est impressionnant. Près de l'arc triomphal du Iᵉʳ siècle av. J.-C. se trouvent des fondations, des murs en ruine et un mausolée orné de scènes d'inspiration hellénistique.

⌂ Glanum
🕿 *04 90 92 23 79.* 🕐 *t.l.j.* ● *1ᵉʳ janv., 1ᵉʳ mai, 1ᵉʳ et 11 nov., 25 déc.* 🖼 ♿ 🏠

Les Baux-de-Provence ⓫

Bouches-du-Rhône. 🏘 *460.* 🚌 *Arles.* 🚏 *Maison du Roy (04 90 54 34 39).* 🌐 www.lesbauxdeprovence.com

L e château offre un superbe panorama. Le village, avec ses vieilles habitations, domine le Val d'Enfer, ancien repaire, selon la légende, des sorcières et des lutins, qui a inspiré *L'Enfer* de Dante. Au Moyen Âge s'y tenait une célèbre cour d'amour où les troubadours chantaient en l'honneur des nobles dames. Mais en 1632, Louis XIII ordonna le démantèlement du château, devenu place forte protestante.

Une jolie place accueille l'**église Saint-Vincent** (XIIᵉ siècle), la **chapelle des Pénitents** (XVIIᵉ siècle) et l'**hôtel des Porcelet** (XVIᵉ siècle), devenu le **musée Yves-Brayer**, peintre figuratif contemporain. La **fondation Louis-Jou** rassemble une collection de livres anciens, de gravures de Dürer et Rembrant et des eaux-fortes de Goya.

En 1821, on découvrit aux Baux un minerai rouge, la bauxite, qui permit de fabriquer l'aluminium. Dans le Val d'Enfer, d'anciennes carrières de pierres proposent des spectacles audiovisuels en « image totale ».

⌂ Cathédrale d'images
D 27, Val d'Enfer. 🕿 *04 90 54 38 65.* 🕐 *t.l.j.* 🖼 ♿
🏛 Musée Yves-Brayer
Hôtel des Porcelet. 🕿 *04 90 54 36 99.* 🕐 *t.l.j.* ● *déb. janv.-mi-fév.* 🖼

La citadelle médiévale désertée des Baux-de-Provence

🏛 Fondation Louis-Jou
Hôtel Jean de Brion. 🕿 *04 90 54 34 17.* ● *sur r.-v.* 🖼

Aux environs
À une dizaine de km des Baux et à 5 km d'Arles s'élève l'**abbaye de Montmajour**, trésor d'art roman, construite entre le XIᵉ et le XIIIᵉ siècle. Son cloître est un des plus beaux de Provence. Plus à l'est, la vieille cité pittoresque de **Salon-de-Provence** est une ancienne place commerçante, dominée par le château de l'Empéri qui fut un temps la résidence des archevêques d'Arles et abrite aujourd'hui un musée d'Art et d'Histoire militaires.

Le défilé de la Tarasque, 1850

Tarascon ⓬

Bouches-du-Rhône. 🏘 *13 000.* 🚌 🚊 🚏 *59, rue des Halles (04 90 91 03 52).* 🛒 *mar.* 🌐 www.tarascon.org

U ne légende fait de Tarascon la ville de la Tarasque, monstre fabuleux qui terrorisait la région et dont on promène l'effigie dans les rues en juin *(p. 33).* Il fut enfin dompté par sainte Marthe, dont les reliques sont exposées dans la crypte de la collégiale royale. Bel exemple d'architecture militaire médiévale, le **château** du XVᵉ siècle, au bord du Rhône, renferme une cour gothique, des plafonds à caissons, un escalier à vis, etc. Sur l'autre rive, on aperçoit le château en ruine de **Beaucaire**. Tarascon accueille aussi le **musée du Tissu provençal Souleïado**.

⚜ Château
Bd du Roi-René. 🕿 *04 90 91 01 93.* 🕐 *avr.-août : t.l.j. ; sept.-mars : mar.- dim.* ● *j. f.* 🖼 🏠
🏛 Musée du Tissu provençal Souleïado
39 rue Proudhon. 🕿 *04 90 91 50 11.* 🕐 *mai-sept. : t.l.j. ; oct.-avr. : mar.- sam.* ● *j. f.* 🖼 🏠

Arles ⓭

Peu de villes provençales réunissent autant d'atouts. Sa position sur les rives du Rhône en fait une porte naturelle vers la Camargue *(p. 500-501)*. Les ruines romaines côtoient les habitations plus récentes aux murs ocre et aux toits de tuiles. Bastion de la culture et de la tradition provençales, Arles possède entre autres un musée archéologique passionnant : le musée de l'Arles et de la Provence antiques. La ville où séjourna Van Gogh propose également de nombreuses distractions, notamment le festival de la Photo, la Feria ou encore le salon des santonniers.

L'empereur Constantin

Les thermes de Constantin sont les vestiges des thermes construits au IVᵉ siècle. Seules subsistent aujourd'hui les salles tiède et chaude.

Musée Réattu
Dans le Grand Prieuré de l'Ordre de Malte, il expose des œuvres des XVIIᵉ et XIXᵉ siècles, des dessins de Picasso, des sculptures de Zadkine, comme cette Grande Odalisque *(1932), et une belle collection photographique.*

Museon Arlaten
En 1904, grâce à l'argent de son prix Nobel, le poète Frédéric Mistral fonda ce musée qui reflète la vie en Provence au siècle dernier. Les salles sont surveillées par des Arlésiennes en costume traditionnel.

Les cryptoportiques supportaient le forum.

Espace Van Gogh
L'ancien hôpital où l'artiste fut soigné en 1889 est aujourd'hui un grand centre culturel.

★ Église Saint-Trophime
Elle présente une superbe façade romane sculptée du XIIᵉ siècle et un cloître roman et gothique, et renferme de belles œuvres d'art.

Office de tourisme

0   100 m

LES ALYSCAMPS

Ces « Champs-Élysées » abritent une nécropole romaine, puis médiévale. Devenue chrétienne dès le IVe siècle, elle conserva son prestige jusqu'au XIIe siècle. Il ne reste plus qu'une allée ombragée bordée de sépultures ; certains tombeaux ont été vendus à des musées, d'autres laissés à l'abandon. Mentionnés dans *L'Enfer* de Dante, peints par Van Gogh et Gauguin, les Alyscamps sont propices à la méditation.

Les Alyscamps de Paul Gauguin

MODE D'EMPLOI

Bouches-du-Rhône. 52 600.
25 km. bd des Lices (04 90 18 41 20). mer. et sam. Arles Festival (juil.) ; Prémices du Riz (sept.). **Museon Arlaten** juil.-sept. : t.l.j. ; oct.-juin : mar.-dim. **Musée Réattu** t.l.j. j. f. **Musée de l'Arles et de la Provence antiques** t.l.j. j. f.
www.tourisme.ville-arles.fr

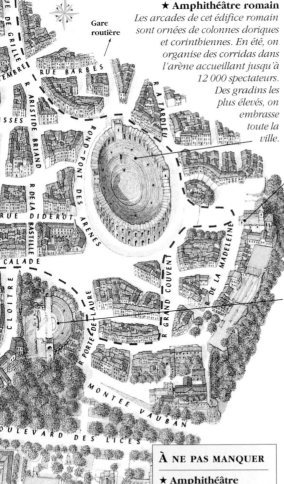

★ Amphithéâtre romain

Les arcades de cet édifice romain sont ornées de colonnes doriques et corinthiennes. En été, on organise des corridas dans l'arène accueillant jusqu'à 12 000 spectateurs. Des gradins les plus élevés, on embrasse toute la ville.

Gare routière

Notre-Dame-de-la-Major

C'est là que les gardians de Camargue célèbrent la Saint-Georges, fête de leur saint patron, le 1er mai. Le bâtiment a été construit du XIIe au XVIIe siècle sur le site d'un ancien temple romain.

À NE PAS MANQUER

★ Amphithéâtre romain

★ Théâtre romain

★ Église St-Trophime

★ Théâtre romain

Très orné à l'époque romaine, puis utilisé comme carrière, il accueille aujourd'hui des spectacles. Du mur de scène ne subsistent que deux colonnes dites « les deux veuves ».

LÉGENDE

– – – Itinéraire conseillé

Camargue

Gardian de Camargue

D ans le delta du Rhône, 140 000 ha de marais, de pâturages, de dunes et de salins se sont formés, mais des efforts importants sont nécessaires pour préserver cet environnement privilégié. Ce parc naturel régional, à l'équilibre écologique fragile, est pourvu d'une flore exceptionnelle (saladelle, tamaris, salicorne) et d'une faune aux espèces rares (aigrettes, flamants roses, hérons, échasses blanches…) Dans les pâturages, le bétail est surveillé par les gardians montés sur des chevaux camargue blancs, selon la tradition.

Coucher de soleil sur la Camargue

Taureaux noirs
Lors des courses de taureaux, il n'y a pas de mise à mort. On arrache cocardes et glands fixés aux fronts et cornes des des animaux.

Mas du
Pont de Ro

Méjanes

P L A I N E
D E   L A
C A M A R G U E

Etang de Vacca

P A R C   R E G I O N A L   D E   C A M

Centre de
Ginès

P E T I T E   C A M A R G U E

Le Petit Rhône

N572

D570

D37

D570

Ste-Maries-de-la-Mer

M E D I T E R R A N E E

0   5 km

Saintes-Maries-de-la-Mer
En mai, le pèlerinage des gitans à cette église fortifiée rappelle la légende selon laquelle Marie-Jacobé, Marie-Salomé, Marie-Madeleine et Marthe auraient abordé sur ces côtes vers 40 apr. J.-C.

Flamants roses
Cet oiseau est toujours associé à la Camargue, mais il existe de nombreuses autres espèces dans la région : héron, chouette, martin-pêcheur, oiseaux de proie… Les environs de Ginès sont particulièrement indiqués pour les observer.

LÉGENDE

—— Limites du parc naturel

– – Sentier

– – Sentier et piste cyclable

MODE D'EMPLOI

Bouches-du-Rhône. ✈ *90 km Marignane-Marseille.* 🚌 🚏 *Arles.* ℹ *Maison du parc, centre de Ginès, Pont-de-Gau.* 📞 *04 90 97 86 32.* ⏰ *avr.-sept. : t.l.j. 10h-18h ; oct.-mars : sam.-jeu. 9h30-17h.* 🎉 *pèlerinages (fin mai, fin oct.).* **Musée de la Camargue**, *Mas du Pont de Rousty, Arles.* 📞 *04 90 97 10 82.* ⏰ *avr.-sept. : t.l.j. 9h15-17h45 (jusqu'à 18h45 et juil. et août) ; oct.-mars : mer.-lun.10h15-16h45.* 🚫 *j. f.* ♿ 📷 🌐 *www. saintesmariesdelamer.com*

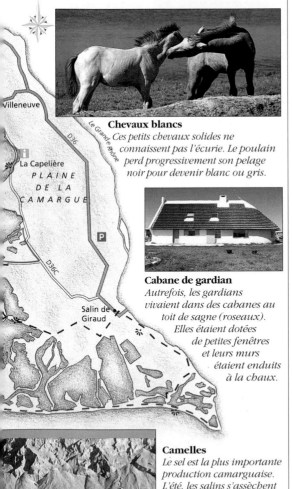

Chevaux blancs
Ces petits chevaux solides ne connaissent pas l'écurie. Le poulain perd progressivement son pelage noir pour devenir blanc ou gris.

Cabane de gardian
Autrefois, les gardians vivaient dans des cabanes au toit de sagne (roseaux). Elles étaient dotées de petites fenêtres et leurs murs étaient enduits à la chaux.

Camelles
Le sel est la plus importante production camarguaise. L'été, les salins s'assèchent et on rassemble les cristaux en monticules, les camelles, qui atteignent 8 m de haut.

Aix-en-Provence ⑮

Bouches-du-Rhône. 🏘 *126 000.* 🚉 🚌 🚏 ℹ *2, pl. du Général-de-Gaulle (04 42 16 11 61).* 🚗 *t.l.j.* 🌐 *www.aixenprovencetourism.com*

Fondée vers 120 av. J.-C. par les Romains qui en apprécient les sources, cette cité prospère devient capitale de la Provence à la fin du XIIᵉ siècle. Elle est à son apogée au XVᵉ siècle, sous le règne du « bon roi René », représenté sur le triptyque du Buisson Ardent de Nicolas Froment, dans la **cathédrale Saint-Sauveur**, qui est également dotée de portes de noyer, d'un baptistère mérovingien et d'un cloître roman remarquables. La vocation culturelle d'Aix est toujours d'actualité : la ville accueille de nombreux musées, comme le **musée Granet** (art et archéologie), le musée du Vieil Aix et le **musée des Tapisseries** situé dans le palais de l'ancien archevêché, haut lieu du festival d'art lyrique.

Aix est souvent appelée la « cité aux mille fontaines ». La place des Quatre-Dauphins ou le cours Mirabeau en possèdent de très belles. Cette élégante avenue aux cafés animés est bordée de platanes et d'hôtels particuliers des XVIIᵉ et XVIIIᵉ siècles. Ils sont très nombreux dans tout le Vieil Aix, autour de places charmantes (comme celle d'Albertas) ou colorées par les marchés aux fruits ou aux fleurs.

L'**atelier de Paul Cézanne**, (le peintre est né à Aix en 1839), n'a pas changé depuis sa mort en 1906. La **montagne Sainte-Victoire**, qui a inspiré nombre de ses tableaux, se trouve à 15 km à l'est d'Aix.

🏛 **Musée Granet**
Pl. Saint-Jean-de-Malte.
📞 *04 42 38 14 70.* ⏰ *mer.-lun. (réouverture en juin 2006).* 📷
🏛 **Musée des Tapisseries**
Hôtel d'Estienne-de-Saint-Jean, 17, rue Gaston-de-Saporta.
📞 *04 42 21 43 55.* ⏰ *mer.-lun.* ⏰ *certains j. f.* 📷
🏛 **Atelier de Cézanne**
9, av. Paul-Cézanne. 📞 *04 42 21 06 53.* ⏰ *t.l.j.* ⏰ *certains j. f.* 📷

Le Vieux Port de Marseille, face au quai de Rive-Neuve

Marseille ⑯

Bouches-du-Rhône. 🏙 900 000.
🚉 🚌 🚏 ⛴ ℹ 2, rue Beauvau
(04 91 13 89 00). 🕐 t.l.j.
🌐 www.marseille-tourisme.com

Fondée par les Grecs au
VIIᵉ siècle av. J.-C. sous le
nom de Massalia, Marseille fut
conquise en 49 av. J.-C. par les
Romains qui en firent la porte
de l'Occident pour le
commerce oriental.
    Premier port et deuxième
ville de France, Marseille
entretient toujours des liens
étroits avec le Moyen-Orient et
l'Afrique du Nord, et reste
cosmopolite et très vivante.
    Les rues étroites et escarpées,
les places calmes et les façades
du XVIIᵉ siècle contrastent avec
l'agitation de la célèbre
Canebière, axe principal de la
ville. L'hôtel du département,
immense structure bleue sur
pilotis, conçue par le
Britannique Will Alsop, est le
siège des instances régionales.
    Le Vieux Port accueille des
embarcations modestes, mais
son marché aux poissons est
toujours réputé.
    Près du Vieux Port, il faut
aller voir les **musées des
Docks romains** et le **musée
d'Histoire de Marseille** qui
abrite l'épave d'un navire
romain.

⛵ Château d'If
[04 91 59 02 30. 🕐 mai -sept. :
t.l.j. ; oct.-avr. : mar.-dim.
● certains j. f. 🎫
Le château d'If est situé sur
une petite île à 2 km au sud-
ouest du port. Cette forteresse
construite en 1524, qui n'a
jamais servi à des fins
militaires, a été reconvertie en
prison. C'est entre ses murs
qu'Alexandre Dumas a
enfermé son héros, le comte
de Monte-Cristo.

🔒 Notre-Dame-de-la-Garde
Construite entre 1853 et 1864,
cette basilique néo-byzantine
domine la ville. Son clocher
de 46 m de haut est surmonté
d'une statue de la Vierge.
L'intérieur est richement décoré
de marbre et de mosaïques.

🔒 Basilique Saint-Victor
Au sud du Vieux Port, la
basilique, à l'allure de

forteresse, a été reconstruite au
XIᵉ siècle après sa destruction
par les Sarrasins. La crypte
(Vᵉ s.) abrite des sarcophages
païens et chrétiens.

🔒 La cathédrale de la Major
Construite entre 1852 et 1893,
cette cathédrale néo-byzantine
jouxte l'ancienne **cathédrale
romane**.

⛪ La Vieille-Charité
2, rue de la Charité. [04 91 14 58
80. 🕐 mar.-dim. ● j. f. 🎫 &
En 1640, un décret royal
ordonna la construction d'un
refuge pour les pauvres et les
mendiants. Cent ans plus tard,
l'hôpital et la chapelle de Pierre
Puget ouvrirent finalement leurs
portes. Aujourd'hui, le bâtiment
restauré abrite le musée
d'Archéologie méditerranéenne
et le musée des Arts africains,
océaniens et amérindiens.

🏛 Musée Cantini
19, rue Grignan. [04 91 54 77 75.
🕐 mar.-dim. ● j. f. 🎫
Occupant un hôtel particulier
de la fin du XVIIᵉ siècle, ce
musée possède l'une
des plus belles collections
publiques, avec des œuvres
de Bacon, Dufy, Ernst, Léger,
Matisse, Miró, Picasso.

🏛 Musée des Beaux-Arts
Palais Longchamp. [04 91 14 59 30.
● jusqu'en 2010. 🎫
Fermé pour travaux depuis
2005, le palais Longchamp
abrite des collections de
peintures françaises
(notamment les œuvres des
artistes marseillais Pierre Puget
et Honoré Daumier) et
italiennes du XVᵉ au XXᵉ siècles.

🏛 Musée Grobet-Labadié
140, bd Longchamp. [04 91 62
21 82. 🕐 mar.-dim. ● j. f.
Mobilier, peintures et superbes
tapisseries des

La Cité radieuse, construite par Le Corbusier, à Marseille

Le marché aux poissons à Marseille

XVIIᵉ et XVIIIᵉ siècles, rassemblés par un collectionneur, sont aujourd'hui présentés dans un hôtel particulier du XVIIᵉ siècle.

Aux environs
Vers l'ouest, le vaste **étang de Berre** est un centre portuaire et industriel, mais **Fos-sur-Mer** reste un vieux village médiéval et **Martigues** une ville de pêcheurs. Au nord du massif de la Sainte-Baume (situé entre Marseille et Brignole), **Saint-Maximin-la Sainte-Baume** d'origine gallo-romaine, recèle une admirable basilique.

Cassis ⑰

Bouches-du-Rhône. 🏠 8 000. 🚌 🚏
🛈 quai des Moulins (0892 259 892).
📅 mer. et ven. Ⓦ www.cassis.fr

Si de nombreux villages de la côte ont été urbanisés, Cassis reste le petit port de pêche qui avait séduit Dufy, Signac et Derain. On peut se détendre à une terrasse de café au bord de l'eau, tout en savourant des fruits de mer et une bouteille du vin blanc sec qui fait la réputation de la ville.

De Marseille à Cassis, la côte forme des **calanques**. Ces petites criques entourées de falaises atteignant parfois 400 m de haut offrent des paysages d'une beauté paradisiaque. La faune est riche : oiseaux aquatiques, renards, martres, chauves-souris, serpents, lézards, etc. La flore est tout aussi impressionnante avec 900 espèces dont 50 rares. Les amateurs de nature et de mer iront aussi découvrir les calanques d'En-Vau et celles de Port-Miou. La **route des Crêtes**, magnifique route panoramique, relie la ville à La Ciotat en passant par le Cap Canaille (399 m).

Toulon ⑱

Var. 🏠 170 000. ✈ 🚌 🚏 ⛴
🛈 334, av. de la République – Le Port (04 94 18 53 00). 📅 mar.-dim.
Ⓦ www.toulontourisme.com

Cette base navale dominée par le belvédère du **mont Faron** a un long passé maritime. Prise par la flotte anglo-espagnole en 1793, elle fut reconquise par le jeune Napoléon Bonaparte. Un siècle et demi plus tard, les troupes allemandes envahirent Toulon. Piégée, la flotte française se saborda (1942) pour échapper à l'ennemi.

Le **musée national de la Marine** retrace l'histoire de la ville et expose une proue imposante et des maquettes de bateaux. Du quai Cronstadt d'avant-guerre, il ne subsiste plus que les atlantes de l'ancien hôtel de ville. Bordé de cafés et de boutiques, le lieu a la faveur des Toulonnais. Le marché provençal est aussi très animé.

🏛 Musée national de la Marine
Pl. Monsenergue. 📞 04 94 02 02 01.
🕐 avr.-sept. : t.l.j. ; oct.-mars : mer.-lun.
⬤ 1ᵉʳ mai, mi-déc.-fin janv. 🈲 ♿ 🚻

Cap Canaille, de Paul Signac, peint à Cassis en 1889

Gorges du Verdon

Les gorges du Verdon sont l'un des paysages les plus spectaculaires de France. La rivière d'un vert émeraude coule au fond d'une gorge profonde entre des falaises vertigineuses qui atteignent parfois 700 m de haut. Elle traverse une vaste zone préservée entre Castellane et le vaste lac de Sainte-Croix-du-Verdon, non loin de Moustiers-Sainte-Marie. L'itinéraire touristique offre de magnifiques points de vue, comme les Balcons de la Mescla, près du pont de l'Artuby, au confluent du Verdon et de l'Artuby, ou le Point Sublime.

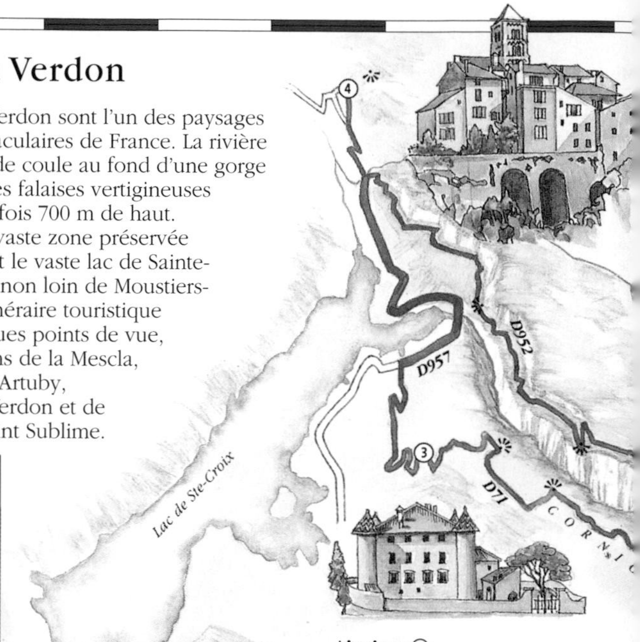

Aiguines ③
Ce village possède un joli château du XVIIe siècle, avec quatre tourelles pointues. Belle vue sur le lac artificiel de Sainte-Croix.

Les gorges du Verdon vues de la route de Castellane

Hyères ⓳

Var. 56 400. 3, av. Ambroise-Thomas (04 94 01 84 50). t.l.j. www.ot-hyeres.fr

À la fin du XVIIIe siècle, Hyères devint l'une des stations les plus en vue de la Côte d'Azur. La ville accueille alors des hôtes prestigieux comme la reine Victoria, Robert Louis Stevenson et Edith Wharton.

Les rues médiévales de la vieille ville (maison romane, tour des Templiers, église Saint-Louis) mènent à la place Massillon, bordée de terrasses ombragées et de restaurants, puis vers les ruines du château, qui offrent un merveilleux point de vue sur la côte.

Très fleuris et plantés de palmiers, les quartiers du XIXe siècle sont empreints d'un charme Belle Époque qui a séduit plusieurs cinéastes. Au sud, la presqu'île de Giens avec ses plages et salins s'élance vers le large.

Scène de pêche à Porquerolles, la plus grande des îles d'Hyères

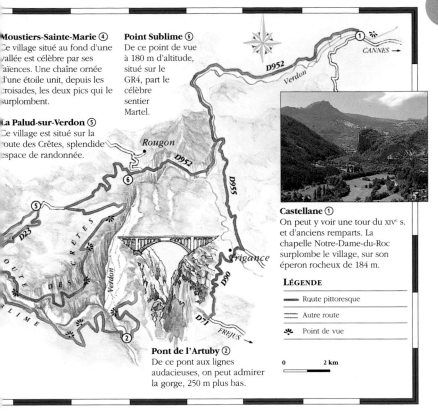

Moustiers-Sainte-Marie ④
Ce village situé au fond d'une
vallée est célèbre par ses
faïences. Une chaîne ornée
d'une étoile unit, depuis les
croisades, les deux pics qui le
surplombent.

La Palud-sur-Verdon ⑤
Ce village est situé sur la
route des Crêtes, splendide
espace de randonnée.

Point Sublime ⑥
De ce point de vue
à 180 m d'altitude,
situé sur le
GR4, part le
célèbre
sentier
Martel.

Rougon

Trigance

Castellane ①
On peut y voir une tour du XIVᵉ s.
et d'anciens remparts. La
chapelle Notre-Dame-du-Roc
surplombe le village, sur son
éperon rocheux de 184 m.

LÉGENDE

▬▬ Route pittoresque

═══ Autre route

⚜ Point de vue

0   2 km

Pont de l'Artuby ②
De ce pont aux lignes
audacieuses, on peut admirer
la gorge, 250 m plus bas.

Îles d'Hyères ⓴

Var. ✈ Toulon-Hyères. 🚉 🚌 ⛴
Toulon-Hyères. 🛈 Hyères (04 94 01
84 50). 🖥 www.ot-hyeres.fr

Ce splendide trio des îles
d'Or, facilement accessible
depuis la presqu'île de Giens
et le port, doit son nom à la
couleur de ses falaises.
    Porquerolles, la plus
grande (7 km sur 3 km), est
couverte d'une riche
végétation parfois exotique.
On y trouve pins d'Alep,
eucalyptus et arbousiers.
    Le village de l'île, qui porte
également le nom de
Porquerolles, ressemble plus
à une mission coloniale nord-
africaine qu'à un village
provençal. Il fut créé en 1820,
comme lieu de retraite pour
les plus valeureux soldats de
Napoléon. Toutes les plages
se trouvent sur la côte nord.
La plus grande plage de sable,
qui compte parmi les plus
belles de la côte, est située

dans une baie abritée à vingt
minutes de marche du village
de Porquerolles.
    Une promenade dans les
collines de **Port-Cros** prendra
une bonne partie de la
journée. Port-Cros est un parc
national terrestre et marin
depuis 1963. On peut y
apercevoir des espèces
protégées comme le merle
bleu ou le faucon pèlerin.
Réserve unique de la faune et
de la flore méditerranéennes,
ses eaux sont également
protégées. Il existe même un
circuit touristique sous-marin
de 300 m. Le point le plus
haut de l'ensemble des îles
se trouve à Port-Cros, à une
altitude de 195 m.
    L'**île du Levant**, très peu
boisée, est accessible par
bateau depuis Port-Cros.
Elle abrite depuis 1931 la plus
ancienne station naturiste de
France, Héliopolis. La partie
est de l'île, contrôlée par la
Marine nationale, est interdite
au public.

Massif des Maures ㉑

Var. ✈ Toulon-Hyères. 🚉 Hyères,
Toulon ou Fréjus. 🚌 Bormes-les-
Mimosas. ⛴ Toulon. 🛈 Bormes-
les-Mimosas (04 94 01 38 38).
🖥 www.bormeslesmimosas.com

S'étendant sur près de 65 km
entre Hyères et Fréjus,
ce superbe massif de forêts de
chênes-lièges, de pins et de
châtaigniers est parcouru par
une route de corniche. Il jouxte
Bormes-les-Mimosas, village
côtier réputé pour ses fleurs.
    Au nord de **Cogolin**, la D 558
mène au cœur du massif. En
chemin, on traverse le village
de **La Garde-Freinet**, connu
pour son industrie du liège.
    Au nord-est du massif, vers le
haut Var, se dresse la splendide
abbaye romane du Thoronet,
une des « Trois Sœurs »
cisterciennes de Provence avec
celles de **Sénanque**, dans le
Vaucluse, et de **Silvacane**, dans
les Bouches-du-Rhône.

Les quais de Saint-Tropez

Saint-Tropez ㉒

Var. 🏠 6 000. 🚉 ℹ️ quai Jean-Jaurès (04 94 97 45 21). 🍴 mar. et sam. matin. Ⓦ www.ot-saint-tropez.com

En raison de sa position géographique, Saint-Tropez a été épargné par les premières vagues de développement touristique de la Côte d'Azur. Paul Signac fut, en 1892, l'un des premiers à succomber au charme d'un site qui avait gardé tout son cachet et il invita à le rejoindre ses amis peintres : Matisse, Bonnard, Van Dongen. Colette vint s'y installer dans les années vingt, et l'arrivée de célébrités comme le prince de Galles attira peu à peu un nombre croissant de curieux. C'est sur les côtes proches de Saint-Tropez qu'eut lieu, le 15 août 1944, le débarquement de Provence ; la cité subit alors des bombardements nourris.

La vie de la ville changea radicalement dans les années cinquante avec l'arrivée de jeunes Parisiens attirés par le couple Bardot-Vadim. Saint-Tropez devint alors le repaire d'une jeunesse dorée, stimulée par l'existence tumultueuse des célébrités. De nos jours, les visiteurs cherchent autant à croiser une tête connue qu'à visiter **La Citadelle**, du XVIe siècle qui domine le village, ou le **musée de l'Annonciade**, qui réunit une remarquable collection de toiles signées Matisse, Bonnard, Derain, Signac et autres artistes.

Aujourd'hui, Brigitte Bardot a délaissé sa propriété de La Madrague, et les yachts sont plus nombreux dans le port que les bateaux de pêche. La vie tropézienne comporte deux principaux pôles d'animation : le port et ses cafés, et la place des Lices avec le marché.

Le territoire de Saint-Tropez comprend quelques petites plages, mais c'est autour de la ville que l'on trouvera les plus vivantes. Parmi celles-ci, la plage de Pampelonne, bordée de restaurants « branchés », est un « must » pour qui veut voir et être vu.

Selon la légende, Tropez, soldat romain devenu chrétien, aurait été martyrisé sous Néron. Depuis près de 450 ans, au mois de mai, la ville l'honore à l'occasion de la bravade où le buste du saint patron, en procession à travers la ville, est salué par les Tropéziens en costumes d'époque et en armes.

À proximité de Saint-Tropez se trouvent des localités, au charme très différent, qui méritent un détour.

À l'entrée des Maures, **Grimaud** reste un vieux hameau pittoresque, tandis que le village perché de **Ramatuelle** cerne ses maisons de ruelles tortueuses. Gérard Philipe y est enterré. Sur la côte, la création de **Port-Grimaud** ne remonte qu'à 1966, mais le respect de l'architecture et des matériaux traditionnels lui donnent un cachet plus ancien. C'est une cité lacustre sillonnée de canaux, où la plupart des habitations disposent de leur propre amarrage.

🏛 **Citadelle**
Montée de la Citadelle. 📞 04 94 97 59 43. 🕐 t.l.j. ⬤ j. f.
🏛 **Musée de l'Annonciade**
Pl. Grammont. 📞 04 94 97 04 01. 🕐 déc.-oct. : mer.-lun. ⬤ certains j. f. 🚫 ♿ 🏪

Une bonne solution aux problèmes de circulation à Saint-Tropez

---

BRIGITTE BARDOT

En 1956, Roger Vadim tourne, à Saint-Tropez, *Et Dieu créa la Femme*, film dont la vedette est sa jeune épouse, Brigitte Bardot. L'engouement pour la nouvelle actrice, qui s'installa ensuite à Saint-Tropez, transforma l'existence de ce paisible village de pêcheurs qui devint le symbole d'un mode de vie hédoniste. À 40 ans, en 1974, Brigitte Bardot annonça qu'elle mettait un terme à sa carrière. Depuis, elle se consacre à la défense des animaux.

Brigitte Bardot en 1956

Digne-les-Bains ㉓

Alpes-de-Haute-Provence. 🏔 *17 000*. 🚌 🚄 ✈ *mer. et sam.* ℹ *rond-point du 11-Novembre-1918 (04 92 36 62 62).* 🌐 *www.ot-dignelesbains.fr*

C ette charmante station thermale est située sur les contreforts des Alpes. Le trajet entre Nice et Digne à bord du **train des Pignes** révèle de superbes paysages. Digne-les-Bains mérite une visite pour son corso de la lavande *(p. 34)* et pour le **musée Alexandra-David-Néel**, consacré au Tibet.

Sur la D 900 A se trouvent le musée-promenade de la Réserve géologique de Haute-Provence et la dalle aux amonites.

À 50 km à l'ouest de Digne, entre Durance et Ventoux, le bourg de **Forcalquier**, qui connut son apogée au Moyen Âge, abrite l'église Notre-Dame et le couvent des Cordeliers. Non loin, le **prieuré de Ganagobie** est un très bel ensemble roman.

À l'est, la petite place forte d'**Entrevaux** n'a guère changé depuis le XVIIIe siècle.

🏛 **Musée David-Néel**
27, av. du M[al]-Juin. 📞 *04 92 31 32 38.* 🕐 *t.l.j.* ♿ 📷

Fréjus ㉔

Var. 🏔 *52 000*. 🚌 🚄 ℹ *325, rue Jean-Jaurès (04 94 51 83 83).* ✈ *mer. et sam.* 🌐 *www.frejus.fr*

L es vestiges du port romain de **Forum Julii**, fondé par Jules César en 49 av. J.-C., sont d'une exceptionnelle variété. Ils comprennent un grand **amphithéâtre**, un théâtre, de beaux vestiges d'un aqueduc et les restes d'une porte d'enceinte.

Place Formigé, la cathédrale marque l'entrée du groupe épiscopal. Cette enclave fortifiée renferme l'un des plus anciens baptistères de France (ve s.), la cathédrale et son cloître au plafond orné de scènes de l'Apocalypse.

🏛 **Amphithéâtre**
Rue Henri-Vadon. 📞 *04 94 53 82 47.* 🕐 *mar.-dim.* ⚫ *certains j. f.* ♿

LA CRÉATION D'UN PARFUM

Les meilleurs parfums sont constitués à partir d'un mélange d'huiles essentielles extraites d'éléments naturels. Les parfumeurs confient à un « nez » le soin de mélanger les arômes. Un seul parfum peut réunir 300 essences, ce qui implique autant d'opérations d'extraction par des procédés variant selon la plante : distillation à la vapeur, extraction par solvant, ou *enfleurage à froid*. Cette méthode consiste à laisser quelques jours des fleurs posées sur un mélange de graisse de bœuf et de porc. Après **Eau de** saturation de cette **lavande** graisse, on retire les fleurs et on procède à un lavage à l'alcool pour obtenir une *absolue de pommade à froid*.

Fleurs de Grasse

🏛 **Groupe épiscopal**
58, rue de Fleury. 📞 *04 94 51 26 30.* 🕐 *avr.-sept : t.l.j. ; oct.-mars : mar.-dim.* ⚫ *1er janv., 1er mai et 11 nov., 25 déc.* 📷 *cloîtres* ♿

Saint-Raphaël ㉕

Var. 🏔 *31 196*. 🚌 🚄 ℹ *Quai Albert Ier (04 94 19 52 52).* ✈ *t.l.j.* 🌐 *www.saint-raphael.com*

A vec ses villas Belle Époque et sa promenade des bains, Saint-Raphaël est un lieu de villégiature animé au bord du golfe de Fréjus. On s'y arrêtera notamment pour ses nombreuses plages, ses ports, ses golfs, son casino ainsi que son musée archéologique.

De Saint-Raphaël, on peut entreprendre des excursions dans le **massif de l'Esterel**, dont les blocs de porphyre rouge surplombent la mer (route de la Corniche) et qui culmine au mont Vinaigre (618 m).

Grasse ㉖

Alpes-Maritimes. 🏔 *43 000*. 🚄 ℹ *22, place du cours Honoré-Cresp (04 93 36 66 66).* ✈ *mar.-dim.* 🌐 *www.grasse.fr*

G rasse a su conserver son charme d'antan, comme en témoignent la place aux Aires et la place du Cours, dans la vieille ville aux rues étroites.

Capitale mondiale du parfum depuis le XVIe siècle, la ville possède un **musée international de la Parfumerie**. Ce lieu passionnant dispose d'un jardin de plantes aromatiques. Fermé jusqu'en 2007, une partie de ses collections a été tranférée au **musée d'Art et d'Histoire de Provence**, qui expose de nombreux objets liés à l'art de vivre provençal.

Fragonard créa pour sa ville natale sa seule œuvre sacrée : *Le Lavement des Pieds* ; elle se trouve dans la **cathédrale Notre-Dame-du-Puy**, qui abrite aussi trois toiles de Rubens. Quant à la **Villa-musée Fragonard**, elle est décorée de fresques d'Alexandre-Évariste, le fils de Jean-Honoré.

🏛 **Musée international de la Parfumerie**
8, pl. du Cours. 📞 *04 97 05 58 00.* ⚫ *en travaux jusqu'en 2007.* 📷 ♿

🏛 **Villa-musée Fragonard**
23, bd Fragonard. 📞 *04 97 05 58 00.* 🕐 *été : t.l.j., hiver : mer.-lun.* ⚫ *j. f., nov.* 📷

🏛 **Musée d'Art et d'Histoire de Provence**
2, rue Mirabeau. 📞 *04 97 05 58 00.* 🕐 *été : t.l.j., hiver : mer.-lun.* ⚫ *j. f., nov.* 📷

Le monument dédié à Jean-Honoré Fragonard, à Grasse

Champs de lavande près de Puimoisson (Alpes-de-Haute-Provence) ▷

Une plage de la Croisette à hauteur du Carlton

Cannes ㉗

Alpes-Maritimes. 🏛 70 000. 🚉
🚌 🚢 🛈 *Palais des Festivals, 1,
La Croisette (04 92 99 84 22).* 🕐 *t.l.j.*
Ⓦ www.cannes.fr

Ce sont les festivals, et
surtout le Festival
international du Film qui se
déroule tous les ans en mai,
qui font aujourd'hui la
renommée de Cannes.
   La station doit sa fortune à
un Anglais, lord Brougham. En
1834, ne pouvant se rendre à
Nice à cause d'une épidémie
de choléra, il fit halte à
Cannes, à l'époque simple port
de pêche. Séduit par la beauté
du site et la douceur du climat,
il fit construire une villa, puis
encouragea ses compatriotes à
découvrir la localité.
   La vieille ville, dans le
quartier du Suquet, s'étage sur
les pentes du mont Chevalier.
Une partie de l'ancien mur
d'enceinte borde encore la
place de la Castre, où se
dresse l'église **Notre-Dame
d'Espérance**, de style
gothique provençal (XVIᵉ et
XVIIᵉ s.). La tour du Suquet fut
construite entre le XIᵉ et le
XIVᵉ siècle pour guetter les
pirates. Dans le donjon de
l'ancien château, le **musée de
la Castre** expose des
collections archéologiques et
ethnographiques provenant
de tous les continents,
constituées par un explorateur
néerlandais, le baron
Lycklama.
   La superbe promenade de
La Croisette, agrémentée de
palmiers et de jardins, est
bordée de plages de sable fin,
de magasins et d'hôtels de
luxe, comme le Carlton,
construit en 1907, dont les
deux coupoles auraient été
inspirées par les seins de la
Belle Otéro.

🐟 Îles de Lérins

🚢 au départ de Cannes : Port de
Cannes, quai Laubeuf. *Horaires : se
renseigner auprès des compagnies.*
Compagnie maritime cannoise
📞 *04 93 38 29 92 ;* Esterel
Chanteclair 📞 *04 93 39 11 82 ;*
Horizon IV 📞 *04 92 98 71 36 ;*
Trans Côte d'Azur 📞 *04 92 98 71 30 ;*
Société Planaria 📞 *04 92 98 71 38.*
*Durée de la traversée : Sainte-
Marguerite 15 min, Saint-Honorat
30 min. Il existe d'autres services de
bateaux au départ de Golfe-Juan et
Juan-les-Pins.*
Ces deux îles, au large de la
pointe de la Croisette, offrent
de nombreux atouts : belles
promenades en forêt, petites
anses incitant à la baignade et
panorama des côtes… **Sainte-
Marguerite** est la plus

LE FESTIVAL DE CANNES

Le premier festival de Cannes aurait dû être lancé en
septembre 1939, mais l'invasion de la Pologne et le
déclenchement de la Seconde Guerre mondiale en
empêchèrent le déroulement. Il fallut attendre septembre
1946 pour que le projet puisse se réaliser. L'arrivée dans
les années cinquante d'une nouvelle génération
d'actrices, à commencer par Brigitte Bardot, transforma
la nature de l'événement, qui devint le rendez-vous
obligé et médiatique qu'il est resté. Le festival dure
quinze jours en mai, et se termine par l'attribution de
plusieurs prix ; parmi ceux-ci, la Palme d'Or est la
récompense la plus prestigieuse et la plus convoitée.

Gérard Depardieu arrive en famille au Festival de Cannes

grande. Dans son fort, devenu prison d'État à la fin du XVIIe siècle, fut enfermé le maréchal Bazaine, condamné pour avoir capitulé sans résistance à Metz en 1870 et qui s'évada quelques mois plus tard, et le Masque de Fer, dont l'identité reste une énigme. On peut visiter sa cellule.

L'île **Saint-Honorat** est habitée par des moines depuis le Ve siècle. On y voit une tour fortifiée du XIe siècle qui servait de refuge en cas

Halte sur la Croisette

d'attaque des Sarrasins, un cloître à deux étages, ainsi que cinq vénérables chapelles, restaurées ou en ruine.

Cap d'Antibes ㉘

Alpes-Maritimes. 🚊 *Nice.*
🚉 🚌 *Antibes.* ⛴ *Nice.*
ℹ️ *Antibes (04 92 90 53 00).*
🌐 www.antibesjuanlespins.com

Avec ses somptueuses villas, le « Cap » reste, sur la Côte d'Azur, l'un des symboles d'une existence luxueuse. La haute société américaine le fréquenta dans les années 1920, de F. Scott Fitzgerald au milliardaire Frank Jay Gould… Cette influence américaine est d'ailleurs présente au Festival mondial du Jazz, qui a lieu tous les ans dans la pinède de **Juan-les-Pins** *(p. 33).*

Sur la colline de la Garoupe, dominant le cap, la chapelle Notre-Dame-du-Bon-Port est ornée de nombreux ex-voto et d'une icône russe datant probablement du XIVe siècle. Le jardin Thuret, situé à

proximité, fut créé en 1856 ; on y acclimate des plantes tropicales.

🍃 **Jardin Thuret**
90, chemin Raymond. 📞 *04 97 21 25 00.* ⏰ *lun.-ven.* ⛔ *j. f.* ♿

Antibes ㉙

Alpes-Maritimes. 🚊 *80 000.* 🚉 🚌
🚌 ℹ️ *11, pl. du Gal-de-Gaulle (04 92 90 53 00).* ⛴ *mar.-dim.*
🌐 www.antibesjuanlespins.com

Cette ville fut fondée par les Grecs sous le nom d'Antipolis, puis intégrée à l'Empire romain. Objet de rivalités entre la France et la Savoie, à qui elle appartenait au XIVe siècle, elle eut un rôle stratégique, comme en témoignent son **fort Carré** et les remparts modifiés par Vauban.

Le château Grimaldi, ancienne résidence des princes de Monaco, fut édifié au XIIe siècle et reconstruit au XVIe siècle. Il abrite aujourd'hui le **musée Picasso**. En 1946, le maître put disposer d'une partie du château pour installer son atelier. En remerciement,

La Chèvre (1946), au musée Picasso

il fit don des 150 œuvres qu'il exécuta dans ces lieux. La plupart expriment l'amour de Picasso pour la mer. Le **musée d'Histoire et d'Archéologie** présente notamment des objets retirés d'épaves coulées entre le Moyen Âge et le XVIIIe siècle.

🏛 **Musée Picasso**
Château Grimaldi. 📞 *04 92 90 54 20.* ⏰ *mar.-dim.* ⛔ *j. f.* ♿ 🅿️

🏛 **Musée d'Histoire et d'Archéologie**
Bastion Saint-André, 1, av. Mézière.
📞 *04 93 34 00 39.* ⏰ *mar.-dim.*
⛔ *j. f.* ♿ 🅿️

Dans le port d'Antibes

Vallauris ㉚

Alpes-Maritimes. 26 000. *square 8-mai-1945 (04 93 63 82 58). mar.-dim.* www.vallauris-golfe-juan.com

C'est à Picasso que Vallauris doit sa renommée actuelle, car il fut parmi ceux qui firent revivre la tradition potière de la localité. En 1951, les autorités municipales commandèrent au maître une peinture murale destinée à une chapelle. Cette œuvre, commencée en 1952 et intitulée *La Guerre et la Paix*, est aujourd'hui la pièce maîtresse du **musée national Picasso**. La place Paul-Isnard est ornée d'une statue en bronze : *L'Homme au Mouton*, offerte à la ville par Picasso.

🏛 Musée national Picasso

Pl. de la Libération. 04 93 64 16 05. *mer.- lun. j. f. r.-d.-c. seul.*

Biot ㉛

Alpes-Maritimes. 8 000. *46, rue Saint-Sébastien (04 93 65 78 00). mar. et ven.* www.biot.fr

C e petit village provençal a gardé son cachet et attire artistes et artisans. Fernand Léger y exécuta ses premières céramiques en 1949. Le **musée Fernand-Léger**, situé à l'écart de la localité, rend hommage au peintre, dont une immense mosaïque-céramique recouvre la façade.

La renommée de Biot tient également à sa production artisanale de verre bullé, dont on peut suivre la fabrication et acheter les modèles à la Verrerie de Biot.

🏛 Musée Fernand-Léger

Chemin du Val-de-Pôme. 04 92 91 50 30. *pour travaux jusqu'en été 2006.*

L'atelier de Renoir, musée Renoir, les Collettes, à Cagnes-sur-Mer

🔲 Verrerie de Biot

Chemin des Combes. 04 93 65 03 00. *lun.-sam. 25 déc.*

Cagnes-sur-Mer ㉜

Alpes-Maritimes. 43 000. *6, bd Maréchal-Juin (04 93 20 61 64). mar.-dim.* www.cagnes-tourisme.com

L a ville se divise en trois quartiers bien définis, le plus intéressant étant le Haut-de-Cagnes, le vieux bourg aux rues escarpées, aux passages couverts. En bordure de mer s'étend le Cros-de-Cagnes (port de pêche et lieu de villégiature)

que le Logis (la ville moderne) relie à la vieille ville.

Le **château Grimaldi**, situé dans le Haut-de-Cagnes, fut édifié au XIVe siècle et transformé au XVIIe siècle par Henri Grimaldi, ancêtre de la famille. Aujourd'hui musée, il dissimule derrière ses remparts une cour où prospère un poivrier deux fois centenaire. Il abrite le musée ethnographique de l'Olivier et une petite collection d'art méditerranéen moderne, ainsi que des toiles léguées par Suzy Solidor : 40 portraits de la chanteuse, par Marie Laurencin, Jean Cocteau, Dufy, Van Dongen, Picabia…

C'est à Cagnes, dans le domaine des Collettes, que Pierre Auguste Renoir passa les douze dernières années de sa vie et qu'il s'essaya pour la première fois à la sculpture. Le **musée Renoir, les Collettes** a été aménagé dans la maison du peintre (restée

Façade du musée Léger à Biot

telle qu'elle était à sa mort en 1919). Il abrite notamment onze de ses toiles. Dans le jardin planté d'oliviers et d'orangers se trouve une *Vénus* en bronze du maître.

🏛 **Musée Renoir, les Collettes**
📞 04 93 20 61 07. ⬜ *déc.-mi-nov. : mer.-lun.* ⬤ *nov., 1ᵉʳ mai et 25 déc.* 📷

♠ **Château Grimaldi**
📞 04 92 02 47 30. ⬜ *déc.-mi-nov. : mer.-lun.* ⬤ *nov., 1ᵉʳ mai et 25 déc.* 📷

La Ferme des Collettes (1915), toile exécutée par Renoir

Gorges du Loup ❸❸

Alpes-Maritimes. ✈ *Nice.*
🚉 *Cagnes-sur-Mer.* 🚌 *Grasse.*
🚏 *Nice.* ℹ *Tourrettes-sur-Loup (04 93 24 18 93).*
🌐 www.tourrettessurloup.com

Né dans les Préalpes derrière Grasse, le Loup se jette dans la Méditerranée après une course ponctuée de cascades. Il traverse des paysages magnifiques, couronnés par les célèbres villages perchés de la région.

Les vieilles maisons de **Gourdon** se serrent autour d'un **château** du XIIᵉ siècle ; celui-ci, construit à l'emplacement d'une ancienne forteresse sarrasine et restauré au XVIIᵉ siècle, occupe un site vertigineux. Agrémenté de jardins en terrasses dessinés par Le Nôtre (*p. 169*), il abrite un musée de Peinture naïve.

Le charmant village médiéval de **Tourrettes-sur-Loup** offre la particularité d'être fortifié de remparts constitués par un front de maisons. C'est la capitale de la violette pour la parfumerie et la confiserie.

♠ **Château de Gourdon**
📞 04 93 09 68 02. ⬜ *juin-sept. : t.l.j. ; oct.-mai : mer.-lun. l'a.-m.* 📷

Vence ❸❹

Alpes-Maritimes. 🏘 *17 500.* 🚌
ℹ *8, pl. du Grand-Jardin (04 93 58 06 38).* 🛒 *déc.-mi-nov. : mar. et ven.*
🌐 www.ville-vence.fr

La clémence du climat de Vence attire depuis longtemps les visiteurs. La **cathédrale** de cette ancienne cité épiscopale, édifiée sur le site d'un ancien temple de Mars, fut restaurée au XVIIᵉ siècle. On remarquera un sarcophage romain du Vᵉ siècle, des pierres sculptées d'origine carolingienne, des stalles en bois du XVᵉ siècle et le tombeau de l'évêque Godeau dans la chapelle Saint-Véran.

La vieille ville a conservé ses remparts et ses portes des XIIIᵉ et XIVᵉ siècles ; la place du Peyra, ancien forum romain, est agrémentée d'une fontaine, construite en 1822.

La **chapelle du Rosaire**, située à l'écart de la ville, a été décorée par Henri Matisse en témoignage de reconnaissance pour les soins prodigués par

Toit en coupole à Vence

les dominicaines pendant la guerre. Sur fond de murs blancs, des scènes de la Bible sont figurées par de simples traits noirs que vient inonder la lumière dispensée par des vitraux de couleur, jaune, vert et bleu.

⛪ **Chapelle du Rosaire**
466, av. Henri-Matisse. 📞 04 93 58 03 26. ⬜ *mi-déc.-mi-nov. : lun.-jeu. et sam.* ⬤ *j. f.* 📷

Marché à Vence, dans la vieille ville

Saint-Paul-de-Vence pas à pas ⑮

L'enseigne de la Colombe d'Or

Cet ancien poste frontière avec la Savoie est une des plus célèbres localités de l'arrière-pays niçois. Ceinturé par ses remparts du xvie siècle, il offre une vue panoramique sur un paysage de cyprès, de palmiers et de tuiles rouges. De nombreux artistes y ont séjourné tout au long du siècle. Saint-Paul a conservé ses rues tortueuses et ses constructions médiévales, qui ont été restaurées. Environné de riches villas, il accueille des galeries d'art et des ateliers d'artistes.

Vue de Saint-Paul-de-Vence
Saint-Paul et ses environs ont inspiré de nombreux artistes, dont le peintre post-impressionniste Paul Signac (1863-1935).

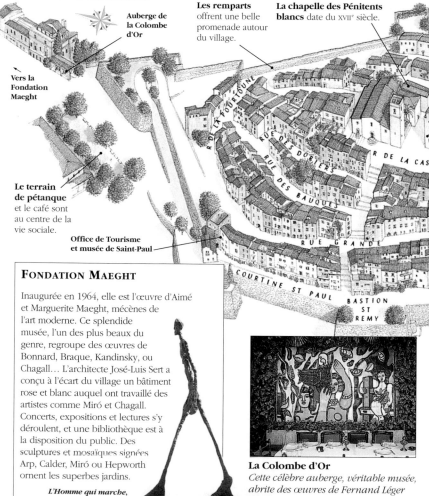

Les remparts offrent une belle promenade autour du village.

La chapelle des Pénitents blancs date du xviie siècle.

Auberge de la Colombe d'Or

Vers la Fondation Maeght

Le terrain de pétanque et le café sont au centre de la vie sociale.

Office de Tourisme et musée de Saint-Paul

FONDATION MAEGHT

Inaugurée en 1964, elle est l'œuvre d'Aimé et Marguerite Maeght, mécènes de l'art moderne. Ce splendide musée, l'un des plus beaux du genre, regroupe des œuvres de Bonnard, Braque, Kandinsky, ou Chagall… L'architecte José-Luis Sert a conçu à l'écart du village un bâtiment rose et blanc auquel ont travaillé des artistes comme Miró et Chagall. Concerts, expositions et lectures s'y déroulent, et une bibliothèque est à la disposition du public. Des sculptures et mosaïques signées Arp, Calder, Miró ou Hepworth ornent les superbes jardins.

L'Homme qui marche,
Giacometti

La Colombe d'Or
Cette célèbre auberge, véritable musée, abrite des œuvres de Fernand Léger (ci-dessus), de Picasso et de Matisse, et une colombe signée Braque.

Le musée d'Histoire locale évoque les grandes heures de Saint-Paul (scènes historiées de personnages en cire).

Le donjon Cet édifice médiéval servit de prison jusqu'au XIXᵉ siècle.

Collégiale *Le début de la construction de cette église date du XIIIᵉ siècle. Parmi ses trésors, une toile représentant sainte Catherine est attribuée à Claudio Coello.*

Place de la Grande-Fontaine *Elle est pavée et a une fontaine en forme d'urne.*

MODE D'EMPLOI

Alpes-Maritimes. 🚗 2 900. 🚉 Vence. 🛈 2, rue Grande (04 93 32 86 95). **Fondation Maeght** ○ juil.-sept. : t.l.j. 10h-19h ; oct.-juin : 10h-12h30, 14h30-18h. 🅿️ 🚻 🛍️ W www.saint-pauldevence.com

Rue Grande *relie la porte de Vence, au nord, à la porte de Nice, au sud.*

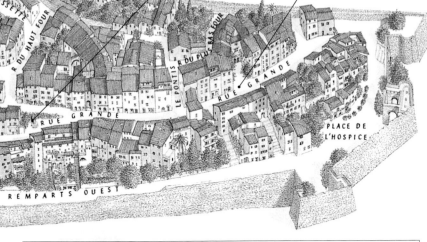

LE RENDEZ-VOUS DES CÉLÉBRITÉS

À partir des années 1920, l'Auberge de la Colombe d'Or *(p. 574)* fut un endroit fréquenté par de nombreux artistes et écrivains : Picasso, Modigliani, Signac, Soutine, Cocteau, Colette… Ces clients laissaient souvent une de leurs œuvres en paiement de leurs notes, enrichissant l'établissement d'une collection de toiles inestimables qui ornent la salle du restaurant. Il a continué à attirer des célébrités, comme le couple Fitzgerald, F. Scott et Zelda, ou Yves Montand et Simone Signoret qui y fêtèrent leur mariage. Une collection de photographies présente les illustres clients de l'auberge : Jean-Paul Sartre et Simone de Beauvoir, Greta Garbo, Burt Lancaster, Sophia Loren, Catherine Deneuve…

Marc Chagall (1887-1985) s'établit à Saint-Paul-de-Vence en 1950

Nice ㊱

Cinquième ville de France par sa population, Nice est la plus grande station de la côte méditerranéenne. L'importance du trafic fait de son aéroport le deuxième du pays. La douceur du climat méditerranéen et la présence d'une végétation subtropicale attirent depuis longtemps les visiteurs. Jusqu'à la Seconde Guerre mondiale, ce fut la villégiature favorite de l'aristocratie internationale, comme en témoigne le patrimoine architectural. Cette période brillante contribua à faire de Nice la capitale de la Côte d'Azur ; la ville, très vivante, est aujourd'hui un centre de tourisme et de conférences. Le point fort de l'animation niçoise est bien sûr le carnaval, qui dure dix-huit jours et s'achève par l'incinération de S. M. le Roi quai des États-Unis et un superbe feu d'artifice *(p. 35)*.

Dans la vieille ville

Bateaux de plaisance dans le port de Nice

À la découverte de Nice

La promenade des Anglais fut aménagée dans les années 1830 grâce aux fonds collectés par la colonie anglaise de la ville. Elle longe la mer sur 7 km. Elle est bordée de galeries d'art, de magasins et de palaces, comme le Negresco.

Nice n'est française que depuis 1860, et l'influence italienne est présente dans l'architecture des bâtiments de la vieille ville, au pied de la colline du Château, qui doit son nom à un château fort détruit au début du XVIIIe siècle. Ce quartier fait l'objet d'une restauration très active, et les ruelles étroites abritent aujourd'hui artistes, galeries d'art, boutiques et restaurants. Le cours Saleya est animé tous les jours par un pittoresque marché aux fleurs et légumes.

Le quartier résidentiel de **Cimiez** est situé sur les collines qui occupent le nord de la ville. Le vieux monastère de Notre-Dame-de-Cimiez mérite une visite, pour ses deux cloîtres, son jardin et la vue sur Nice.

Plus bas se trouvent les ruines d'une importante cité romaine. Les résultats des fouilles entreprises sur le site sont exposés au musée d'Archéologie, voisin du musée Matisse.

🏛 Musée Matisse

164, av. des Arènes-de-Cimiez. 📞 04 93 53 40 53. ◯ mer.-lun. ● certains j. f. 🈺 ♿ 🅿

Cet homme venu du Nord passa plusieurs années à Nice, inspiré comme de nombreux peintres par la lumière de la Côte d'Azur. Le musée occupe une partie de la Villa des Arènes (XVIIe s.), ainsi que des bâtiments situés en contrebas. Parmi les œuvres exposées, signalons *Nature morte aux grenades*, ainsi que *Fleurs et fruits*, gouaches découpées qui furent la dernière œuvre de l'artiste.

🏛 Musée Chagall

Av. du Docteur-Ménard. 📞 04 93 53 87 20. ◯ mer.-lun. ● 1er janv., 1er mai, 25 déc. 🈺 ♿ 🅿

Il regroupe la plus importante collection d'œuvres de l'artiste : toiles, dessins, gouaches, sculptures, vitraux et mosaïques. Le bâtiment a été spécialement conçu pour abriter les 17 compositions de grande taille constituant le *Message Biblique*, données par Chagall aux musées nationaux.

🏛 Palais Lascaris

15, rue Droite. 📞 04 93 62 72 40. ◯ mer.-lun. ● certains j. f. et 2 sem. en nov.

Il accueille le musée des Arts et Traditions populaires. C'est un palais de style génois du XVIIe siècle, dont l'intérieur est orné de boiseries peintes, de tapisseries flamandes, ainsi que de fresques en trompe-l'œil. Il donne accès à la **chapelle de la Miséricorde**, joyau baroque.

Nu Bleu IV (1952), par **Henri Matisse**

Petite halte sur la promenade des Anglais

🏛 Musée d'Art moderne et d'Art contemporain

Promenade des Arts. 📞 04 93 62 61 62. ⬤ mar.-dim. ⬤ 1er janv., Pâques, 1er mai, 25 déc. 📷 ♿
Situé dans un ensemble composé de quatre tours revêtues de marbre et reliées entre elles par des passerelles de verre, il rassemble principalement des œuvres du Pop Art et du Nouveau Réalisme, avec des créations de Niki de Saint-Phalle, Jean Tinguely, Andy Warhol… L'École de Nice est également bien représentée par Yves Klein, César et Arman.

⛪ Cathédrale Sainte-Réparate

Édifiée au XVIIe siècle, elle est surmontée d'un dôme. L'intérieur baroque s'orne de stucs, marbres et panneaux originaux.

🏛 Musée des Beaux-Arts

33, av. des Baumettes. 📞 04 92 15 28 28. ⬤ mar.-dim. ⬤ 1er janv., Pâques, 1er mai, 25 déc. 📷 ♿
Installé dans une villa du XIXe siècle, il rassemble des œuvres expédiées à Nice par Napoléon III après le rattachement de la ville à la France, ainsi que d'autres de Monet, Renoir, Sisley et Dufy.

MODE D'EMPLOI

Alpes-Maritimes. 👥 380 000.
✈ 7 km S.-O. 🚉 av. Thiers (08 92 35 35 35). 🚌 5, bd Jean-Jaurès. ⚓ quai du Commerce (08 92 70 74 07). 🛈 5, promenade des Anglais (04 92 14 48 00). ⬤ mar.-dim. 🎭 Carnaval en février.
W www.nicetourism.com

🏛 Palais Masséna

65, rue de France. 📞 04 93 88 11 34. ⬤ pour travaux jusqu'en 2007. 📷
Cette maison du XIXe siècle expose, entre autres, des œuvres religieuses et de la faïence blanche vernie.

🏛 Musée des Arts asiatiques

405, promenade des Anglais. 📞 04 92 29 37 00. ⬤ mer.-dim. ⬤ 1er janv., 1er mai, 25 déc. 📷 ♿
Conçu par l'architecte japonais Kenzo Tangé, ce musée rassemble des œuvres classiques et contemporaines.

⛪ Cathédrale orthodoxe russe Saint-Nicolas

Consacrée en 1912, cette cathédrale fut édifiée à la mémoire du tsarévitch Nicolas qui mourut prématurément de phtisie, à Nice, en 1865.

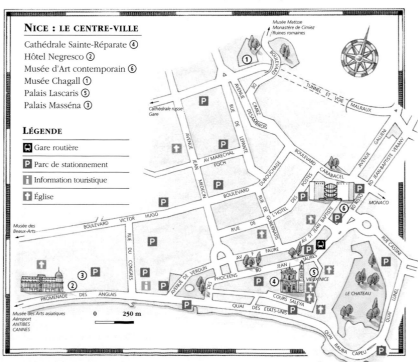

NICE : LE CENTRE-VILLE

Cathédrale Sainte-Réparate ④
Hôtel Negresco ②
Musée d'Art contemporain ⑥
Musée Chagall ①
Palais Lascaris ⑤
Palais Masséna ③

LÉGENDE

🚌 Gare routière

P Parc de stationnement

🛈 Information touristique

⛪ Église

Chapelle de St-Pierre, Villefranche

Villefranche-sur-Mer ㊲

Alpes-Maritimes. 🏘 *6 877.*
🚌 🚕 ℹ *Jardin François Binon*
(04 93 01 73 68). 🍴 *sam., dim.*
🅆 *www.villefranche-sur-mer.com*

Nichée dans un site en amphithéâtre,
Villefranche bénéficie d'une position exceptionnelle. La ville est située au fond d'une rade magnifique protégée par des collines et domine un port naturel.

Le front de mer, très animé, est rythmé par des façades de style italianisant et ponctué de cafés et de bars. On trouve également à proximité la **chapelle de Saint-Pierre**, de style roman. Désaffectée, utilisée pour ranger les filets de pêche, elle a été restaurée en 1957, puis décorée par Jean Cocteau de sujets sacrés (scènes de la vie de saint Pierre) et profanes.

La **citadelle Saint-Elme** (XVIe siècle) abrite aujourd'hui l'hôtel de ville, des musées et un théâtre de verdure.

Les ruelles sinueuses et les escaliers de la vieille ville dévalent vers le port. Avec ses voûtes du XIIIe siècle, la rue Obscure a toujours constitué un abri contre les bombardements, même pendant la Seconde Guerre mondiale.

🔒 Chapelle de Saint-Pierre
Quai de l'Amiral-Courbet. 📞 *04 93 76 90 70.* ⏱ *mi-déc.-mi-nov. : mar.-dim.* ⚫ *25 déc.* 📷

Le cap Ferrat ㊳

Alpes-Maritimes. ✈ *Nice.* 🚆 *Nice.*
🚌 *Beaulieu-sur-Mer.* 🚕 ℹ *Saint-Jean-Cap-Ferrat (04 93 76 08 90).*

C'est au cap Ferrat que l'on peut apercevoir quelques-unes des plus somptueuses villas de la Côte d'Azur. Là, dans sa Villa Mauresque, Somerset Maugham reçut, jusqu'à sa mort en 1965, des personnalités prestigieuses (duc de Windsor ou Winston Churchill).

L'une des plus belles est ouverte au public : la **villa Ephrussi-de-Rothschild**, demeure construite au début du XXe siècle, au milieu d'un parc rehaussé de vasques et de sculptures. Elle fut léguée en 1934 à l'Institut de France par la baronne Ephrussi de Rothschild. L'intérieur abrite de superbes collections de porcelaine, des objets ayant appartenu à Marie-Antoinette, des tapisseries, des peintures, ainsi qu'une collection unique de dessins de Fragonard.

Beaulieu est situé au début du cap, en partie au bord de la baie des Fourmis ; il bénéficie d'un microclimat très doux. L'extraordinaire **Villa Kerylos** fut édifiée entre 1902 et 1908 par l'archéologue Théodore Reinach. Ce « reflet » de la Grèce antique est décoré de magnifiques reproductions de cette époque.

🏛 Villa Ephrussi-de-Rothschild
Chemin du Musée, Saint-Jean-Cap Ferrat. 📞 *04 93 01 33 09.* ⏱ *fév.-oct. : t.l.j. ; nov.-janv. : lun.-ven. : a.-m. ; j. f. : toute la journée.* 📷 📹
♿ 🍴 📷

🏛 Villa Kerylos
Impasse Eiffel, Beaulieu. 📞 *04 93 76 44 09.* ⏱ *fév.-oct. : t.l.j. ; nov.-janv. : lun.-ven. a.-m. ; j. f. : toute la journée.* 📷 📹 ♿

La Villa Kerylos à Beaulieu

Intérieur Louis XV à la villa Ephrussi-de-Rothschild, Saint-Jean-Cap-Ferrat

Èze ③⑨

Alpes-Maritimes. ⌐ 2 742. ⛁ ⛁
🛈 pl. du Gᵃˡ-de-Gaulle (04 93 41
26 00). Ⓦ www.eze-riviera.com

Ce village pittoresque,
perché sur un piton
rocheux, possède une porte
fortifiée du XIVᵉ siècle et des
ruelles moyenâgeuses. Les
maisons restaurées et fleuries
abritent de nombreux ateliers
d'artisans, des galeries d'art et
des boutiques. Èze est
dominée par un château en
ruine entouré du **Jardin d'Èze**,
d'où l'on a une vue superbe.
En suivant la **Grande
Corniche**, la plus haute des
trois corniches de la Côte
d'Azur, on parvient ensuite au
trophée des Alpes de **la
Turbie** *(p. 42-43)*, qui fut
édifié en 6 av. J.-C. ; vue
magnifique sur Monaco.

🌿 Jardin exotique
Rue du Château. 📞 04 93 41 10 30.
🕐 t.l.j. ⬤ 1ᵉʳ janv,. 25 déc. 🅿
🏛 **La Turbie**
Avenue Albert-Iᵉʳ. 📞 04 93 41 20 84.
🕐 avr.-mi-sept. : t.l.j. ; mi-sept-mars :
mar.-dim. ⬤ j. f. 🅿 📷 🏛

Roquebrune-
Cap-Martin ④⓪

Alpes-Maritimes. ⛁ ⛁ 🛈 218, av.
Aristide-Briand (04 93 35 62 87).
🖭 mer. Ⓦ www.roquebrune-cap-
martin.com

Ce village médiéval
construit autour d'un
château, bel exemple
d'architecture militaire, domine
le cap Martin et ses pins, où
abondent les villas de luxe.

Coco Chanel ou Greta Garbo
fréquentèrent cette station ;
c'est là que moururent le poète
irlandais Yeats, en 1939, et Le
Corbusier, en 1965.
Tous les ans, le 5 août,
Roquebrune perpétue la
procession de la Passion
depuis 1467, date à laquelle la
Vierge aurait protégé le village
de la peste.

Roquebrune

Arrière-pays
niçois ④①

Alpes-Maritimes. 🚂 Nice. ⛁ Nice.
⛁ Peille. 🚌 Nice. 🛈 Peille
(04 93 91 71 71).

Il contraste nettement avec
la côte et l'on y trouve des
villages n'ayant aucunement
souffert du tourisme et qui
ont conservé les coutumes
d'antan, comme **Peille** et
Peillon, perchés sur des
affleurements dominant le
Paillon. Leurs ruelles, parfois
couvertes, s'étagent souvent
par degrés, et les églises
abritent retables baroques et
primitifs niçois. Tout l'arrière-

pays offre des paysages
préservés et étonnants,
notamment la sauvage **vallée
de la Roya** et ses villages
perchés (Saorge), la très
étrange **vallée des
Merveilles** et ses gravures
rupestres, ou la **vallée de la
Vésubie**. Enfin, le **parc
national du Mercantour**,
milieu naturel parmi les plus
riches d'Europe, court le long
de la frontière italienne à plus
de 2 000 m d'altitude.

Menton ④②

Alpes-Maritimes. ⛁ 30 000. ⛁ ⛁
🛈 Palais de l'Europe, 8, av. Boyer
(04 92 41 76 76). ⛁ t.l.j.
Ⓦ www.villedementon.com

Avec ses plages, les Alpes
toutes proches, ses
immeubles Belle Époque et la
douceur de son climat,
Menton a de quoi attirer les
visiteurs. L'**église Saint-
Michel**, édifice de pierre
baroque et coloré, voisine
avec la **chapelle des
Pénitents blancs**. Devant le
parvis, pavé aux armes des
Grimaldi, se déroule en août
un festival de musique de
chambre très renommé.

🏛 Hôtel de ville
📞 04 92 10 50 00. 🕐 lun.-ven.
⬤ j. f. 🅿
La salle des mariages est
décorée d'œuvres de Jean
Cocteau exécutées en 1957.
🏛 Musée Jean-Cocteau
Quai de Monéon. 📞 04 93 57 72 30.
🕐 mer.-lun. ⬤ j. f. 🅿
Les œuvres de l'artiste sont
exposées dans un fortin du
XVIIᵉ siècle. Cocteau lui-même
conçut et supervisa
l'aménagement du musée.
🏛 Musée des Beaux-Arts
3, av. de la Madone. 📞 04 93 35 49
71. 🕐 mer.-lun. ⬤ j. f. 🅿
Il abrite des œuvres d'art du
Moyen-Âge à nos jours.

**Mosaïque au musée Cocteau de
Menton**

Monaco ㊸

L'arrivée à Monaco peut se faire par plusieurs itinéraires, mais c'est par l'une des plus belles routes du monde, la Moyenne Corniche, que l'on aura les meilleurs points de vue sur la côte. Monaco était à l'origine une colonie grecque, qui fut conquise par les Romains, puis occupée en 1297 par les Grimaldi, grande famille génoise. Malgré les drames familiaux illustrés par de nombreuses querelles et quelques assassinats, la famille Grimaldi, qui a fêté ses 700 ans en 1997, est la plus ancienne dynastie du monde. La principauté a augmenté sa superficie de 31 % par empiétement sur la mer, mais, avec 201 ha, elle occupe un territoire plus petit que le VIe arrondissement de Paris.

Vue aérienne de Monaco

Le casino

À la découverte de Monaco

La principauté est surtout connue par son casino, qui procura au prince Charles III des gains bienvenus. C'est sous l'égide de la Société des Bains de Mer que fut ouvert en 1865 le premier casino ; il fut édifié sur un promontoire situé au nord du port de la vieille ville, auquel on donna plus tard le nom de Monte-Carlo en l'honneur du prince. Son succès fut tel qu'il permit d'abolir l'impôt dès 1869. Encore aujourd'hui, Monaco est un paradis fiscal pour quelques privilégiés. Ses résidents ont le plus haut revenu du monde par habitant. Les animations sont très nombreuses à Monaco. Le Grand Prix automobile (mai) et le Rallye de Monte-Carlo (janvier) sont très attendus (p. 35). L'activité se traduit également par une saison musicale (hiver) à laquelle participent les plus grands chanteurs d'opéra, par un concours international de Feux d'artifice (juillet-août), par un festival international de Cirque (fin janvier), par des ballets et des concerts de grande qualité. La vieille ville compte par ailleurs

d'intéressants édifices, comme le fort Antoine et la cathédrale de style néo-roman.

🎰 Casino

Pl. du Casino. ☎ 377 92 16 23 00. ☐ t.l.j. ♿ 📷
Conçu en 1878 par Charles Garnier, l'architecte de l'Opéra de Paris (p. 93), il est entouré de superbes jardins et offre une vue magnifique sur la ville. L'intérieur, de style Belle Époque, rappelle le temps où s'y rencontraient princes, aristocrates et aventuriers.

Aujourd'hui, les « bandits manchots » occupent le Salon Blanc et les roulettes les Salons européens. On peut visiter l'intérieur remarquable.

♣ Palais princier

Pl. du Palais. ☎ 377 93 25 18 31. ☐ juin-oct. : t.l.j. 📷 ♿
Il date en partie du XIIIe siècle. La garde en est relevée à 11 h 55. La visite permet d'admirer la cour d'Honneur, la salle du Trône et une série de somptueux salons.

Gratte-ciel et immeubles à Monte-Carlo

LA FAMILLE PRINCIÈRE

En avril 2005, Le prince Albert II succéda à son père qui régna sur la principauté pendant 55 ans. Homme d'affaires avisé, Rainier III était un descendant du Grimaldi qui pénétra déguisé en moine dans la forteresse de Monaco en 1297. Il eut trois enfants avec l'actrice Grace Kelly, qui décéda tragiquement en 1982. Leurs filles, Caroline et Stéphanie, continuent de susciter l'intérêt des médias.

Le prince Rainier, la princesse Grace et la princesse Caroline

MODE D'EMPLOI

Monaco. 🏘 35 000. ✈ 7 km S.-O. Nice. 🚆 pl. Sainte-Dévôte (08 92 35 35 35). 🛈 2a, bd. des Moulins (377 92 16 61 16). 🎉 t.l.j. 🎪 festival du Cirque (janv.-fév.) ; concours international de Feux d'Artifice (juil.-août) ; fête nationale : 19 nov.
Ⓦ www.monaco-tourisme.com

♣ Jardin exotique

62, bd du Jardin-exotique. 🕻 377 93 15 29 80. ◯ t.l.j. ● 19 nov., 25 déc. 🎫 ♿ à une partie du jardin
Il compte parmi les plus beaux jardins d'Europe et comporte de très nombreuses variétés de plantes tropicales et subtropicales. Le musée d'Anthropologie édifié dans le jardin abrite des ossements d'ours, de mammouths et d'hippopotames dont la région était peuplée il y a des millénaires.

🏛 Musée napoléonien et Archives Historiques du Palais

Place du Palais 🕻 377 93 25 18 31. ◯ mi-déc.-mai : mar.-dim. ; juin-mi-nov. : t.l.j. ● j. f. 🎫 ♿
Le musée rassemble des objets et vêtements ayant appartenu à l'Empereur, ainsi que des bustes et portraits de Napoléon et son épouse Joséphine. Un arbre généalogique y indique les liens unissant les Grimaldi et les Bonaparte.

🐟 Musée océanographique

Av. Saint-Martin. 🕻 377 93 15 36 00. ◯ t.l.j. 🎫 ♿
Ce musée, à la façade monumentale, a été fondé en 1910 par le prince Albert Ier qui fut un véritable passionné d'océanographie. Le commandant Cousteau y installa son centre de recherches. Le musée abrite un magnifique aquarium qui accueille dans plusieurs bassins une flore et une faune marines extrêmement rares.

Garde du Palais princier

🏛 Musée national des Poupées et Automates

17, av. Princesse-Grace. 🕻 377 93 30 91 26. ◯ t.l.j. ● 1er janv., 1er mai, 19 nov., 25 déc. 🎫
Il compte plus de 400 poupées des XVIIIe et XIXe siècles et des automates que l'on anime plusieurs fois par jour.

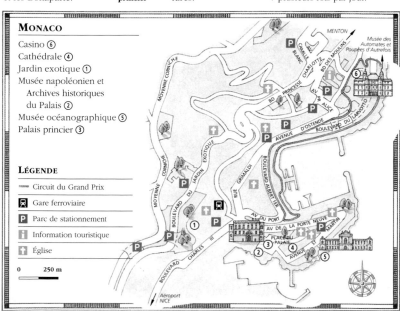

MONACO

Casino ⑥
Cathédrale ④
Jardin exotique ①
Musée napoléonien et Archives historiques du Palais ②
Musée océanographique ⑤
Palais princier ③

LÉGENDE

═══ Circuit du Grand Prix
🚆 Gare ferroviaire
🅿 Parc de stationnement
🛈 Information touristique
✝ Église

0   250 m

CORSE

HAUTE-CORSE · CORSE-DU-SUD

Torrents et lacs de haute montagne, désert brûlant et maquis parfumé, pâturages et pins laricio immenses, calanques rouges et falaises blanches : plus qu'une île, la Corse est un véritable continent où les paysages se bousculent. Jadis inhospitalière, la côte accueille aujourd'hui les deux tiers de la population insulaire dans les villes d'Ajaccio et de Bastia, et 80 % des touristes de l'été.

Quatrième île de la Méditerranée par la taille, la Corse conserve les pierres dressées à visage humain de Filitosa, proches de celles des Cyclades, et témoins d'une civilisation mégalithique importante à partir du troisième millénaire. Succédant à la présence romaine (Aleria), les républiques de Pise et de Gênes vont se disputer la possession de l'île. La première lui a légué ses belles églises romanes, la seconde, qui régna près de cinq siècles, les belles villes-citadelles, un patrimoine baroque, ainsi que ces tours solitaires qui hantent encore les rivages. À plusieurs reprises, les Corses tenteront de reprendre en main leur destin : lutte de Sampiero Corso (1564), guerre de Quarante Ans (1729-1769) qui se traduit par treize ans d'indépendance sous l'autorité de Pascal Paoli. Gênes sollicite alors le concours de la France, puis lui cède ses droits sur la l'île. Le 8 mai 1769, à l'issue de la bataille de Ponte Nuovo, la Corse est unie à la France. Le XIXᵉ siècle lui sera favorable, mais la Première Guerre mondiale, puis les départs, la privent d'une population jeune qui lui aurait sans doute permis de se moderniser. En 1974, elle est organisée en deux départements : la Haute-Corse (132 500 hab.) et la Corse-du-Sud (118 000 hab.). En 1982, elle devient la première région française à élire son Assemblée régionale au suffrage universel.

Au cœur du Nebbio, Oletta produit un fromage de brebis apprécié

◁ **Pêcheur de Bastia**

À la découverte de la Corse

La Corse, c'est d'abord un dialogue sublime de formes et de couleurs entre la montagne et la mer. Perdues dans le maquis, se dressent des églises romanes et baroques, pisanes et génoises. Partout s'étend la plus séduisante nature : forêts, plages de sable fin, sentiers de randonnée (dont le célèbre GR 20), etc. L'île est également ponctuée par les vestiges préhistoriques et le souvenir de Napoléon.

L'ancienne citadelle génoise domine la marina de Calvi

LÉGENDE

▬	Route principale
▬	Route secondaire
▬	Route pittoresque
▬	Voie ferrée pittoresque
▬	Fleuve ou rivière
☀	Point de vue

LES VENTS EN CORSE

L'île est soumise à des vents venant de toutes les directions ; à ceux-ci s'ajoutent le mezzogiorno, diurne, et la terrana, nocturne.

Tramontane (vent froid soufflant du nord)

Maestrale (peut être très violent)

Grecale (apporte la pluie en hiver)

Ponente (vent relativement doux)

Levante (vent humide)

Libeccio (apporte la pluie en hiver)

Sirocco (vent chargé de poussière, venu d'Afrique)

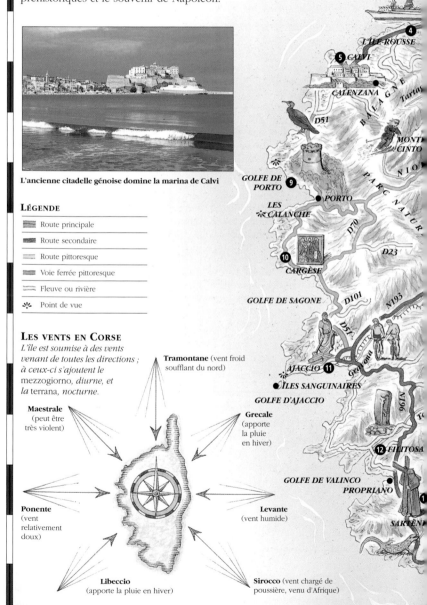

L'ÎLE-ROUSSE · CALVI · CALENZANA · D51 · BALAGNE · Tartas · MONTE CINTO · NIO · GOLFE DE PORTO · PORTO · PARC NATUR · LES CALANCHE · D70 · D23 · CARGÈSE · GOLFE DE SAGONE · D101 · N193 · D51 · AJACCIO · ÎLES SANGUINAIRES · GOLFE D'AJACCIO · N796 · FILITOSA · GOLFE DE VALINCO · PROPRIANO · SARTÈN

LA RÉGION D'UN COUP D'ŒIL

Les *Calanche* de Piana, dans le golfe de Porto

CIRCULER

La Corse est reliée au continent par des ferries au départ de Marseille, Toulon et Nice, les ports de voyageurs étant Bastia, L'Île-Rousse, Calvi, Ajaccio, Porto Vecchio et Propriano ; mieux vaut réserver à l'avance. D'autres liaisons maritimes existent avec l'Italie (Gênes, Livourne, La Spezia). La Corse dispose de quatre aéroports, à Ajaccio, Bastia, Calvi et Figari, près de Bonifacio. Les transports publics sont peu développés, une voiture est donc pratiquement indispensable. On peut en louer dans la plupart des ports et aéroports, et certaines compagnies aériennes proposent des forfaits avion + voiture.

0   20 km

Corte : jadis capitale, aujourd'hui ville universitaire

Cap Corse ❶

Haute-Corse. ✈ Bastia. 🚌 *Bastia,
Macinaggio, Rogliano.* ⛴ *Bastia.*
ℹ *Bastia (04 95 54 20 40).*
🌐 www.corsica.net

Situé à l'extrême nord de
l'île, le cap Corse est une
excursion majeure pour les
vues marines qu'il réserve.
Il mesure 40 km de long et
dépasse rarement 12 km
de large.

Deux routes typiquement
corses, étroites et très
sinueuses, permettent de faire
le tour du cap Corse au départ
de Bastia : par l'ouest, en
empruntant la D 81 qui rejoint
la D 80 après la commune
viticole de Patrimonio ; par
l'est, vers **Erbalunga** et la
baie de Macinaggio, par
l'autre extrémité de la D 80.

En prenant la D 80 pour
longer la côte orientale, puis
en bifurquant vers l'ouest à
Lavasina, on atteint Pozzo
par la D 54 ; de là, il faudra
compter 5 heures à pied pour
faire l'ascension du Monte
Stello et revenir. Le sommet
du **Monte Stello**, point
culminant du cap avec ses
1 307 m, offre une vue
panoramique de 360 degrés :
Saint-Florent à l'ouest, l'île
d'Elbe à l'est, la grande chaîne
insulaire vers le sud.

En poursuivant la route
côtière vers le nord, on
parvient à la **tour de l'Osse**.
Édifiée par les Génois au
XVIe siècle, elle faisait partie,
comme beaucoup d'autres le
long de la côte, d'un système
défensif destiné à prévenir en
deux heures toutes les villes
corses d'un raid barbaresque.

Erbalunga, sur la côte orientale du cap Corse

Centuri, situé à l'extrémité
du cap sur la côte occidentale,
est un charmant port de
pêche où déguster les
produits de la mer. Plus au
sud, **Pino** est un petit village
de montagne qui s'étage dans
la verdure. Dans son église
baroque, de nombreuses
maquettes de bateaux ont été
déposées en ex-voto par les
marins reconnaissants de la
protection de la Vierge.

En poursuivant vers le sud
la route en corniche, on passe
près de **Canari**, qui mérite le
détour. Outre la vue
magnifique sur la mer, le
village possède un véritable
joyau, l'église Santa Maria
Assunta, de style roman pisan
du XIIe siècle. L'église Saint-
François, de style baroque,
abrite plusieurs peintures
intéressantes des XVe et
XVIe siècles. Plus loin, avec ses
maisons et jardins accrochés à
une falaise noire, le site de
Nonza est exceptionnel.

Bastia ❷

Haute-Corse. 🧍 39 000. ✈ 🚌 🚉
⛴ ℹ *pl. Saint-Nicolas (04 95 55
96 85).* 🛒 *mar.-dim.*
🌐 www.bastia-tourisme.com

Préfecture de la Haute-Corse,
Bastia tranche par son
animation avec le rythme plus
calme de son ancienne rivale,
Ajaccio. Ville de tradition
militaire et marchande, elle est
plus commerçante que
balnéaire. En vigie sur la mer
Tyrrhénienne, l'ancienne
citadelle génoise domine le
Vieux Port.

Au centre de la vie bastiaise,
la **place Saint-Nicolas** ouvre
sur le port moderne où
débarquent les passagers en
provenance du continent. En
longeant la mer vers le sud,
on arrive à la **place de
l'Hôtel-de-Ville** et son
pittoresque marché. Non loin
se trouvent la **chapelle de
l'Immaculée-Conception**
(début du XVIIe s., intérieur du
XVIIIe s.), ainsi que l'**église
Saint-Jean-Baptiste** (XVIIe s.)
qui domine le Vieux Port.

Vers le sud, Terranova, le
quartier de la **citadelle** (XVe s.),
abrite dans l'ancien palais des
Gouverneurs le **musée
d'Ethnographie corse** (fermé
pour travaux). Ne manquez
pas le quartier de la **chapelle
Sainte-Croix**, avec son Christ
noir remonté des eaux par des
pêcheurs en 1428, et la
cathédrale Sainte-Marie
(XVIIe s.), dont la Vierge en
argent est l'objet d'une
vénération toute particulière.

Le Vieux Port de Bastia, vu depuis la jetée du Dragon

Saint-Florent ❸

Haute-Corse. 🏘 *1 500.* 🚌
ℹ *bâtiment administratif (04 95 37
06 04).* 🗓 *1ᵉʳ mer. du mois.*

A vec sa clientèle fortunée
et ses bateaux de
plaisance, Saint-Florent est un
peu à la Corse ce que Saint-
Tropez est à la Côte d'Azur. La
citadelle, érigée en 1439, est
un bel exemple d'architecture
militaire génoise. Ouverte au
public en période estivale,
elle accueille des expositions.
Les ruelles du village invitent
à d'agréables promenades. À
800 m, la cathédrale **Santa
Maria Assunta du Nebbio**
est un magnifique édifice de
l'époque pisane (XIIᵉ s.).

Aux environs
Un circuit en voiture d'environ
4 h permet de découvrir le
Nebbio, qui forme un
amphithéâtre autour de Saint-
Florent. Les principales étapes
sont **San Pietro di Tenda** et
son église baroque ; **Murato**,
célèbre par sa superbe **église
San Michele**, modèle de l'art
pisan du XIIᵉ siècle, avec ses
pierres en damier blanc et vert
foncé ; le **col de San Stefano**,
qui domine la mer ; **Oletta**,
où l'on produit un fromage
de brebis à pâte persillée ; le
col de Teghime qui offre de
splendides vues, et le village
de **Patrimonio**, connu
pour son vignoble et sa statue-
menhir du IXᵉ s. av. J.-C.
Le **désert des Agriate**
borde la côte à l'ouest de
Saint-Florent. Ses paysages
arides tranchent avec la plage
de Saleccia, la plus belle de
l'île (route difficile, 10 km).

L'église San Michele de Murato

L'Île-Rousse ❹

Haute-Corse. 🏘 *2 850.* 🚌 🚌
🚌 ℹ *pl. Paoli (04 95 60 04 35).*
🗓 *t.l.j.* 🌐 *www.ot-ile-rousse.fr*

F ondée en 1758 par
Pascal Paoli, le chef de
la Corse indépendante,
L'Île-Rousse est
aujourd'hui un centre
de villégiature
important, comme en
témoignent notamment
les commerces
saisonniers et les
nombreux hôtels qui
s'y sont implantés.
Avec ses cafés et ses
platanes, la place Paoli
est le cœur de la cité,
animée par le marché
couvert voisin.
Lozari, à 10 km au
nord-est, offre le
charme d'une magnifique
plage retirée et d'une nature
bien préservée. Le village,
entouré de vergers, abrite une
tour génoise en ruine.

Légionnaire

Calvi ❺

Haute-Corse. 🏘 *5 200.* 🚌 🚌 ⛴
ℹ *port de plaisance (04 95 65 16 67).*
🗓 *t.l.j.* 🌐 *www.balagne-corsica.com*

C alvi est une des capitales
du tourisme insulaire. Son
site exceptionnel, son climat
très doux, sa magnifique plage
frangée d'une superbe pinède
et son port de plaisance sont
autant d'atouts. L'**ancienne
citadelle génoise** (XIIIᵉ siècle)
domine le port. À l'intérieur,
le palais des Gouverneurs
(XVᵉ siècle), propriété de la
Légion étrangère, l'oratoire
Saint-Antoine (1510), la
maison dite de Christophe
Colomb et la cathédrale Saint-
Jean-Baptiste qui abrite un
triptyque du XVᵉ siècle. En
faisant le tour des remparts, on
découvre le panorama. Dans
la basse ville, l'animation des
cafés et des restaurants répond
à celle des boutiques. Les
cérémonies religieuses de la
semaine sainte sont très
émouvantes. Eterna
citadella et le Calvi Jazz
Festival sont les
moments forts de la
saison touristique.

Aux environs
Calvi est un bon point de
départ pour parcourir la
Balagne et ses villages.
L'ancien pays de l'huile
d'olive alterne plaines et
collines entre mer et
montagne. Il est recom-
mandé de faire le trajet
L'Île-Rousse-Calvi par le petit
train qui circule tous les ans
entre avril et octobre ; il suit la
côte et s'arrête à la demande
sur différentes plages.

La chapelle Notre-Dame de la Serra, à 6 km au sud-ouest de Calvi

La citadelle de Corte (xvᵉ siècle)

Niolo ❻

Haute-Corse. 🚉 *Corte.*
ℹ️ *Calacuccia (04 95 48 05 22).*
🌐 *www.niolo.st.fr*

De tout temps, le Niolo fut un pays de bergers et, aujourd'hui encore, l'élevage (brebis, chèvres) représente la principale ressource. Mais la petite région collectionne les superlatifs : les montagnes les plus hautes de Corse (Monte Cinto, 2 706 m), le fleuve le plus important (le Golo), les forêts les plus grandes et les plus belles – celles du fameux pin laricio –, enfin les villages les plus haut perchés et les traditions les plus anciennes. Accrochée au bord de son lac de barrage, **Calacuccia** est la capitale du Niolo et un centre d'excursions, notamment vers le Cinto. Vers le sud s'étend l'immense **forêt de Valdo-Niello**, 4 600 ha de pins laricio, de hêtres et de bouleaux.

Corte ❼

Haute-Corse. 🏙️ *5 000.* 🚉 🚌 ℹ️
La Citadelle (04 95 46 26 70). 🛒 *ven.*

Située au cœur de l'île, Corte fut choisie par Pascal Paoli pour être la capitale de la Corse indépendante, intermède qui dura de 1755 à 1769. Aujourd'hui, Corte est le siège de l'université de Corse.

La citadelle, dont les parties les plus anciennes remontent au xvᵉ siècle, abrite le **Museu di a Corsica**, l'université d'Arts plastiques ainsi que la Maison du Tourisme.

Corte constituera une base rêvée pour les amateurs de montagne ; elle se trouve au milieu du GR 20 qui relie Calenzana à Conca et est particulièrement prisée par les randonneurs.

🏛️ Museu di a Corsica
La Citadelle. 📞 *04 95 45 35 45.*
🕐 *mars-mi-juin et oct.-nov. : mar.-dim. ; mi-juin-sept. : t.l.j. ; déc.-fév. : mar.-dim.* ● *j. f.* ♿ 📷 📹 🔊

Aux environs
À 12 km par la D 623, les **gorges de la Restonica** sont restées très sauvages. De là, les amateurs de marche pourront pousser jusqu'au **lac de Melo** (compter entre 60 et 90 minutes pour l'aller) ou au **lac de Capitello** (30 minutes de marche supplémentaire), où la neige persiste jusque début juin.

Au sud, sur plus de 1 500 ha, s'étend la **forêt de Vizzavona,** composée de hêtres et de pins laricio, traversée de cours d'eau à truite et de sentiers de randonnée (notamment le GR 20). À Corte, on peut prendre le petit train de montagne qui relie Ajaccio et Bastia.

Castagniccia ❽

Haute-Corse. 🚉 *Bastia.* 🚌 *Corte, Ponte-Leccia.* 🚌 *Piedicroce, La Porta, Valle-d'Alesani.* ℹ️ *Piedicroce (04 95 35 82 54).*
🌐 *www.castagniccia.net*

Comme son nom l'indique, c'est le châtaignier qui prédomine dans cette partie de la Corse. Perdue à l'est de Corte, la Castagniccia fut un vivier indépendantiste. C'est le berceau de Pascal Paoli (il naquit en 1725 à Morosaglia) et c'est là que fermenta et éclata la résistance corse contre les Génois et, plus tard, contre les Français.

Au xviiᵉ siècle, cette « châtaigneraie » créée par les Génois était la région la plus prospère et la plus peuplée de Corse. Aujourd'hui, ses villages, pourtant pleins de caractère, sont la plupart du temps délaissés par leurs habitants, venus grossir le flot des 800 000 Corses qui ont émigré vers le continent (près de trois Corses sur quatre ne vivent plus au pays).

La Castagniccia est traversée par la D 71, qui relie Ponte-Leccia (au nord de Corte) à Prunete, sur la côte orientale. Cette route qui serpente à travers la châtaigneraie mérite qu'on consacre une journée à la découverte de cette nature sauvage et authentique.

◁ **Bonifacio est assise sur un formidable socle de calcaire blanc**

Golfe de Porto ❾

Corse-du-Sud. 🏔 🚉 ⛴ *Ajaccio.* 🅿 *Porto.* ℹ *Porto (04 95 26 10 55).*

Porto est niché au fond de l'un des plus beaux golfes de la Méditerranée. La faune et la flore marines, très précieuses, ont été inscrites au patrimoine mondial par l'Unesco. La ville vit de la beauté du site, mais comment résister au coucher de soleil admiré depuis la tour de garde génoise et aux excursions en bateau vers les *Calanche*, la réserve de la presqu'île de Scandola ou le golfe de Girolata ?

Les *Calanche* de **Piana** commencent à 7 km de Porto et constituent l'un des sites majeurs de la Corse. Elles sont très impressionnantes avec leurs falaises de granit rouge qui surplombent la mer de 300 mètres. On y accédera à pied (chemins bien balisés au départ de la Tête du Chien et du pont de Mezanu) ou par bateau (excursions maritimes ou location de bateaux).

À 5 km à l'est de Porto, les **gorges de la Spelunca** se visitent par un ancien sentier muletier ponctué de ponts génois.

Au sud du golfe de Porto, une spectaculaire corniche conduit au petit village de **Piana** d'où l'on peut rayonner dans la région (informations touristiques sur place). **Ficajola** et sa plage magnifique, toute proche de Piana, méritent un détour.

La tour génoise de Porto veille toujours sur le golfe

Aux environs
Les alentours du golfe de Porto recèlent des sites grandioses et reculés. **Girolata** est un hameau de pêcheurs situé au fond d'un golfe, accessible seulement par la mer ou par un sentier muletier qui se prend sur la D 81 à 23 km au nord de Porto (compter 4 h à pied aller et retour). L'une des entrées du golfe de Girolata est occupée par la presqu'île de **Scandola**, où l'on se rend par bateau en partant de Porto. Depuis 1976, une **réserve naturelle** y occupe un millier d'hectares de fonds marins et à peu près autant de terre ferme comprenant falaises, grottes et maquis. Parmi les espèces ornithologiques représentées, on trouve notamment le balbuzard pêcheur, le macareux et le faucon.

LES FLEURS DE CORSE

L'originalité de la flore corse est la conséquence de l'insularité : il existe 121 espèces de plantes sauvages endémiques. Le maquis est composé d'arbustes et de broussailles odorantes et enrichis de fleurs à partir de la fin de l'hiver. Parmi ces espèces endémiques, citons l'épiaire poisseux et le genêt corse. À plus grande altitude, on trouvera aussi la lavande des Stéchades, ainsi que des fleurs qui n'existent qu'en Corse et en Sardaigne, comme le lis mathiole.

Ciste

Genêt corse

Lis mathiole

Jacinthe musquée

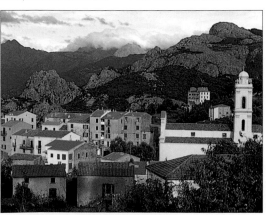
Piana se dresse dans un décor sauvage de granit

L'église catholique de rite grec de Cargèse

Cargèse ➓

Corse-du-Sud. 🚶 1 000. 🚌 🛈 *rue du Docteur-Dragacci (04 95 26 41 31).* 🌐 *www.cargese.net*

Petite ville située sur un promontoire, entre le golfe de Sagone et le golfe de Pero, elle a une population en partie issue d'immigrants grecs du Péloponnèse, établis en Corse au XVIIᵉ siècle pour échapper à la domination ottomane.

Plus de 300 ans après, leurs descendants se considèrent comme des Corses à part entière, mais ils demeurent fidèles à leur particularisme culturel et religieux. Les deux églises, l'une grecque, l'autre latine, se font face, mais catholiques orientaux et catholiques latins se partagent le même prêtre.

À proximité de la ville se trouvent de magnifiques plages, notamment **Pero** et **Chiuni** au nord, **Menasina** et **Stagnoli** au sud.

Ajaccio ⓫

Corse-du-Sud. 🚶 60 000. 🛬 🚉 🚌 ⚓ 🛈 *3, bd du Roi-Jérôme (04 95 51 53 03).* 🕒 *mar.-dim.* 🌐 *www.ajaccio-tourisme.com*

Reflétant les couleurs du jour et du temps, le golfe d'Ajaccio est un spectacle permanent, si l'on oublie les grands immeubles blancs qui dominent le site. La vieille cité impériale est restée assez fidèle à l'image d'une époque où le jeune Napoléon venait jouer dans la grotte de la place d'Austerlitz.

La **cathédrale Notre-Dame-de-la-Miséricorde** a été édifiée à la fin du XVIᵉ siècle. Elle abrite notamment une *Vierge du Sacré-Cœur* exécutée par Eugène Delacroix. Napoléon Bonaparte y fut baptisé le 21 juillet 1771.

Située non loin de la cathédrale, la **maison Bonaparte**, où le futur empereur naquit et passa les premières années de sa vie, rassemble des portraits de famille, des meubles de la fin du XVIIIᵉ siècle, ainsi que différents souvenirs de l'époque napoléonienne.

Les collections constituées par le cardinal Fesch, oncle de Bonaparte qui profita de la campagne d'Italie pour piller églises, palais et musées sont beaucoup plus intéressantes. Elles sont rassemblées au **musée-palais Fesch** et sont très représentatives des écoles italiennes du XIVᵉ au XVIIIᵉ siècle (Bellini Botticelli, Titien, Véronèse, Bernini et Poussin). À proximité du palais Fesch, la **chapelle Impériale** a été édifiée en 1855 par Napoléon III pour abriter les dépouilles des membres de la famille.

🏛 Musée national de la maison Bonaparte
Rue Saint-Charles. 📞 *04 95 21 43 89.* 🕒 *lun. a.-m.-dim.* 🔵 *certains j. f.* ♿

🏛 Musée-palais Fesch
50, rue Fesch. 📞 *04 95 21 48 17.* 🕒 *avr.-sept. : lun. a.-m.-dim. ; oct.-mars : mar.-sam.* 🔵 *j. f.* ♿

Aux environs
Embarquez quai de la Citadelle pour une excursion aux **îles Sanguinaires**, situées à l'entrée du golfe d'Ajaccio.

Une statue-menhir à Filitosa

Filitosa ⓬

Centre Préhistorique de Filitosa, Corse-du-Sud. 📞 *04 95 74 00 91.* 🕒 *avr.-oct. : t.l.j. ; hors saison : sur r.-v.* ♿ *musée seul.*

C'est le site mégalithique le plus important de Corse. En 1946, on découvrit les premières statues-menhirs. Ces guerriers de pierre présentent les étapes d'une évolution allant de simples ébauches à des visages humains beaucoup plus élaborés.

Les cinq mégalithes les plus récents (environ 1500 av. J.-C.) entourent un olivier millénaire que domine un tumulus.

La statue de Bonaparte premier consul par Laboureur (1850), à Ajaccio

Bonifacio : le port et la vieille ville fortifiée

Le musée installé sur le site révèle les objets de fouilles, dont une statue-menhir à l'effigie d'un guerrier (dite *Scalsa-Murta*). Des bornes d'informations jalonnent le parcours.

Sartène ⓭

Corse-du-Sud. 👥 *3 500.* 🚌
ℹ️ *6, rue Borgo (04 95 77 15 40).*
🗓️ *été : t.l.j. ; hiver : sam.*

Cette petite ville médiévale fortifiée de la vallée du Rizzanese fut fondée par les Génois au début du XVIᵉ siècle. Elle eut à subir les nombreuses attaques des corsaires barbaresques. Son architecture résume l'habitation corse dans ce qu'elle a de sévère et de rude. Comparable à la fête de la semaine sainte à Séville, la procession du Catenacciu (« l'Enchaîné », en corse), se déroule dans la nuit du Vendredi saint. Elle rappelle la montée du Christ au Golgotha ; le Pénitent Rouge (le Christ), enchaîné, porte une lourde croix, aidé par le Pénitent Blanc (Simon de Cyrène) et suivi des pénitents noirs.

Installé dans l'ancienne prison, le **musée de la Préhistoire corse** rassemble une très belle collection consacrée à la période néolithique à l'âge du bronze et à l'âge du fer.

🏛 **Musée de la Préhistoire corse**
Rue Croce. 📞 *04 95 77 01 49.*
🕐 *mi-juin-mi-sept. : lun.-sam. ; mi-sept.-mi-juin : lun. ven.* ● *j. f.* ♿

Bonifacio ⓮

Corse-du-Sud. 👥 *3 000.* 🚌 🚢 ℹ️
rue Fred-Scamaroni (04 95 73 11 88).
🗓️ *mer.* ⓦ *www.bonifacio.fr*

À la pointe sud de l'île, Bonifacio se niche au fond d'un extraordinaire fjord encaissé entre des falaises blanches. C'est le point de rencontre des touristes qui s'embarquent pour les grottes marines, l'archipel des Lavezzi (réserve naturelle) ou la Sardaigne. De la marina, une vieille rampe monte à la ville haute. Les rues forment un quadrillage, sanglé dans les murailles génoises du XIIIᵉ siècle. Les vues sur le large et la Sardaigne toute proche sont saisissantes. Place Manichella, on découvre les vieilles maisons accrochées au bord de la proue rocheuse. À 5,5 km au sud-est, le capo Pertusato offre une vue superbe sur Bonifacio et la côte sarde. À 6 km au nord-est, le golfe de Santa Manza séduit les amateurs de criques rocheuses et de plages isolées.

Côte orientale ⓯

Haute-Corse et Corse-du-Sud.
🚉 *Bastia.* 🚌 *Porto-Vecchio, Aléria, Solenzara.* 🚢 *Bastia, Porto-Vecchio.*
ℹ️ *Aléria (04 95 57 01 51), Porto-Vecchio (04 95 70 09 58).*
ⓦ *www.destination-sudcorse.com*

La bande côtière située entre Bastia et Solenzara est constituée d'une plaine alluviale fertile, vouée à l'agriculture depuis 1945, date à laquelle elle fut drainée et débarrassée des anophèles qui propageaient la malaria. Depuis peu, la côte et ses longues plages de sable ont vu la construction de résidences de vacances et même d'hôtels. **Mariana** mérite une visite pour **la Canonica**, cathédrale romane du début du XIIᵉ s. Non loin se trouve l'église pisane de **San Perteo**, de construction légèrement antérieure.

Située à mi-chemin en direction de Solenzara, Aléria fut fondée par les Grecs, puis devint la capitale romaine de la Corse en raison de sa position stratégique en Méditerranée. De ce riche passé, il reste une ville romaine et des thermes, que l'on peut voir en visitant le musée Jérôme-Carcopino.

En poursuivant vers le sud après Solenzara, on parvient à **Porto-Vecchio**, ville fondée et fortifiée par les Génois ; c'est aujourd'hui un centre touristique important.

À proximité, parmi les pins parasols et les chênes-lièges, on trouve de belles plages facilement accessibles, comme celles de Palombaggia et Pinarello.

Le golfe de Porto-Vecchio

LES BONNES ADRESSES

HÉBERGEMENT

La France compte quelque 22 000 hôtels dont la plupart ont du charme et du caractère, tout en proposant un bon rapport qualité-prix. Il existe aussi d'autres possibilités d'hébergement. Nous avons sélectionné un certain nombre d'établissements *(pages 540 à 575)* qui représentent les meilleurs hôtels dans leur catégorie de prix et dans leur style. Si nous avons privilégié les adresses « de charme », les hôtels appartenant à une chaîne ne sont pas absents ; nous avons également retenu quelques petits hôtels à l'ambiance familiale, des établissements de prestige, ainsi que des chambres d'hôtes installées dans des maisons particulières, des fermes ou même des châteaux. Vous trouverez page suivante des renseignements sur les gîtes ruraux ou les campings.

L'hôtel Euzkadi à Espelette, dans le Pays Basque *(p. 569)*

LES HÔTELS FAMILIAUX CLASSIQUES

Le petit hôtel à gestion familiale est la solution idéale pour les budgets relativement serrés et convient très bien aux voyageurs accompagnés d'enfants. On en trouve dans le moindre bourg. Généralement situé au centre de la localité, il comporte un bar et souvent un restaurant ; si celui-ci accueille une clientèle locale, c'est un bon indice de la qualité de la cuisine. L'atmosphère est souvent bon enfant.
Il s'agit généralement d'un établissement au nombre de chambres limité (entre 10 et 15), dont le charme un peu désuet vient compenser des installations qui ne sont pas toujours à la pointe de la modernité.
Le guide annuel édité par les **Logis de France**, qui recense plus de 4 000 adresses correspondant à ce type d'établissement, est un outil très appréciable. Les établissements cités sont généralement des auberges de campagne, des hôtels-restaurants à une ou deux étoiles, situés dans des villages ou des petites villes, mais on peut aussi dénicher une ancienne ferme ou un petit hôtel de front de mer aux prix imbattables. Compte tenu de leurs caractéristiques, on n'en trouve pas à Paris, où les tarifs pratiqués sont nettement plus élevés.

LES CHÂTEAUX-HÔTELS

Un certain nombre de châteaux et manoirs ont été transformés en hôtels-restaurants de luxe. Aux fourneaux officient des chefs réputés. Il existe plusieurs chaînes ou associations regroupant des établissements de ce type. Celle des **Relais & Châteaux** ❖ rassemble environ 415 hôtels ou restaurants (3 étoiles au moins) et publie chaque année un répertoire illustré. La chaîne des **Châteaux et Hôtels de France** regroupe 487 établissements et publie également un guide.

LES HÔTELS EN VILLE

Les grandes villes disposent toutes d'hôtels situés à proximité immédiate de la gare ou du port, ou au centre ; l'éventail des prix et des prestations, très variables, dépend de leur catégorie. Les plus célèbres et les plus luxueux se trouvent à Paris et dans les stations balnéaires, comme Nice, Cannes ou Biarritz. Ces palaces mis à part, les hôtels situés en ville servent rarement des repas.

LES CHAÎNES D'HÔTELS

Venue d'outre-Atlantique, la formule des chaînes d'hôtels s'est développée en France pour la plus grande commodité des VRP, des personnes en voyage d'affaires et de tous ceux qui n'aiment pas l'imprévu ; dans ces hôtels aux normes identiques, ils retrouvent un environnement familier, où la fonctionnalité prime.
Les différentes chaînes proposent une gamme très

L'hôtel Negresco, sur la promenade des Anglais à Nice *(page 573)*

L'hôtel Meurice, face au jardin des Tuileries (p. 541)

LES CATÉGORIES

Les hôtels, homologués et contrôlés par l'administration, sont classés en cinq catégories, l'éventail allant de 0 à 4 étoiles, plus 4 étoiles luxe (*souvent notées 5 étoiles*). Ces étoiles correspondent à la taille de la chambre, mais également aux commodités offertes. Un deux étoiles aura par exemple un ascenseur à partir de 4 étages, un téléphone intérieur dans chaque chambre et 30 % des chambres au moins seront équipées d'une douche ou d'une baignoire.

LES PRIX

Les prix sont indiqués taxe et service compris ; ils sont donnés par chambre et non par personne, sauf s'il s'agit d'une pension ou d'une demi-pension. L'établissement compte généralement un petit supplément pour une troisième personne dans la chambre. La différence de prix est relativement faible pour une personne seule.

Les tarifs varient selon le nombre d'étoiles délivrées par le ministère chargé du tourisme : pour une chambre de deux personnes, le prix minimum est de 25 € ; dans un palace parisien connu, il faudra débourser au minimum 400 €, en basse saison... Mais les prix dépendent également de la région et de la saison. À la montagne ou au bord de la mer, les tarifs peuvent augmenter en saison de 50 % par rapport à la basse saison.

LES RÉSERVATIONS

N'espérez pas trouver une chambre d'hôtel si vous n'avez pas réservé à l'avance, à Paris pendant toute l'année et dans les régions touristiques en haute saison. Dans les provinces où l'activité est estivale, les établissements ferment souvent en automne et en hiver, et la réservation permet de le vérifier. Il est possible de réserver avec une carte de crédit, et dans les grandes villes les offices de tourisme offrent également un service de réservation.

étendue de prestations et de prix selon les enseignes.

Parmi celles-ci, citons les motels Formule 1 (1 étoile), Ibis, Arcade, Campanile, Climat de France et Primevère. Les hôtels Novotel et Mercure sont classés trois étoiles. Pour les enfants qui partagent la chambre de leurs parents, la nuit est gratuite ; Novotel propose même une formule accordant cette gratuité à deux enfants de moins de 16 ans.

LES HÔTELS-RESTAURANTS

De nombreux restaurants gastronomiques proposent également un hébergement où la qualité est généralement à la mesure de la cuisine ; mais il arrive que les chambres soient relativement modestes, ce qui peut satisfaire les personnes privilégiant la table par rapport au gîte. Reportez-vous à notre sélection de restaurants, pages 580 à 613.

LES REPAS ET AUTRES SERVICES

En saison, la plupart des hôtels des stations pratiquent les prix en demi-pension par personne – ils comprennent la chambre, le petit déjeuner et le dîner – ou la pension complète. Cette formule revient moins cher qu'un hébergement et une restauration dissociés, mais les menus offrent souvent un choix relativement limité.

Dans la plupart des hôtels familiaux, les repas ne sont pas servis au-delà de 21 h en semaine et le restaurant est parfois fermé le dimanche soir.

Les prix varient selon le confort de la chambre : salle de bains avec baignoire et WC ou seulement avec douche, ou simple cabinet de toilette. En général, si vous n'avez choisi ni pension ni demi-pension, les prix ne comprennent pas le petit déjeuner.

L'hôtel de l'Abbaye à Talloires, au bord du lac d'Annecy (p. 564)

La salle à manger du Grand Hôtel, à Sète *(p. 571)*

L'HÉBERGEMENT CHEZ L'HABITANT

S i l'hébergement chez l'habitant est beaucoup moins répandu en France qu'en Grande-Bretagne, où les *Bed & Breakfast* sont une véritable institution, la formule tend à se développer avec les chambres d'hôtes. Le terme recouvre des réalités très diverses puisque la chambre d'hôte peut se situer aussi bien dans une maison rurale ou une ferme-auberge que dans un vénérable château du XVIᵉ siècle. Dans certains cas, les hôtes peuvent partager les repas de la famille d'accueil ; ils ont généralement la disposition des pièces communes, comme le salon ou la bibliothèque.

Il existe en France plus de 25 000 chambres d'hôtes agréées par les **Gîtes de France**, qui se signalent par une enseigne à fond vert et jaune. Il existe également des chambres d'hôtes non affiliées, dont les différents offices de tourisme peuvent fournir l'adresse.

L'HÉBERGEMENT-LOCATION

L es possibilités de location sont très nombreuses en France ; les **Offices de Tourisme de France** (à Paris, l'Office de tourisme et des congrès de Paris est situé au 127, avenue des Champs-Élysées, dans les gares SNCF, et, de mai à octobre, à la tour Eiffel) pourront vous renseigner.

L'enseigne des
Gîtes de France

Présente dans 57 départements, la **Fédération Nationale des Services Loisirs Accueil** centralise des offres de locations. Cet organisme diffuse également des brochures pour toutes sortes de séjours à thèmes : séjours sportifs, culturels ou pour enfants, ou encore des stages artisanaux. D'autres associations, comme les **VVF**, proposent des séjours en villages de vacances, à prix raisonnable.

Les gîtes ruraux, installés souvent dans une ancienne ferme et ses dépendances, ont beaucoup d'amateurs, car il s'agit d'une formule

d'hébergement généralement peu onéreuse. Il est donc recommandé de réserver plusieurs mois à l'avance, surtout pour la haute saison.

Les **Gîtes de France** regroupent quelque 42 500 gîtes qui font l'objet d'une inspection et d'une classification en fonction des éléments de confort. Chacune des 95 antennes distribue une brochure, accompagnée d'un bulletin de réservation, qui rassemble les possibilités d'hébergement dans le département. Ces fascicules sont également disponibles à la **Maison des Gîtes de France**, qui publie une série de guides spécialisés : gîtes d'enfants, gîtes ruraux, gîtes d'étape, gîtes de neige, gîtes de prestige, gîtes panda, gîtes et cheval.

LE CAMPING

I l existe en France quelque 11 000 terrains de camping officiellement recensés. La Fédération française de camping et de caravaning en publie tous les ans la liste. Les Gîtes de France diffusent un guide intitulé *Camping à la Ferme*. Comme les hôtels, les campings homologués ont des étoiles, dont le nombre correspond aux équipements et aux services offerts. Sur les terrains à trois ou quatre étoiles, les campeurs disposent généralement de plus d'espace et les îlots

Camping estival dans la région de Bordeaux

d'emplacements sont limités par des plantations.

Les prestations sont multiples : bureau d'accueil, gardiennage permanent, installations électriques pour tentes et caravanes, ravitaillement sur place... Les campings à une et deux étoiles offrent des toilettes, un téléphone public et l'eau courante – mais sur certains terrains à une étoile, les robinets ne distribuent que de l'eau froide.

LES AUBERGES DE JEUNESSE

L a **FUAJ** (Fédération Unie des Auberges de Jeunesse) regroupe plus de 200 adresses en France, réparties sur tout le territoire. Elles sont ouvertes à tous, sans condition d'âge, moyennant une cotisation annuelle. L'hébergement, parfois rudimentaire, s'est toutefois amélioré (chambres de 2 à 6 lits). La Ligue française pour les auberges de jeunesse propose aussi une

Le Carlton Intercontinental, sur la Croisette à Cannes *(p. 572)*

centaine d'adresses dans toute la France.

Autre spécialiste du tourisme des jeunes, l'**UCRIF** (Union des Centres de Rencontres Internationales de France) regroupe en France 65 centres de rencontres internationales. Ils offrent restauration et hébergement à des prix très étudiés et proposent aux groupes et individuels des

séjours à thèmes : découverte culturelle, sports et détente, séjours linguistiques...

Il est également possible en été de profiter des résidences universitaires ; renseignez-vous auprès du **CROUS** (Centre régional des œuvres universitaires et scolaires).

Les gîtes d'étapes consistent souvent en dortoirs installés dans des fermes. Un guide édité par les Gîtes de France en recense 1 600.

POUR LES HANDICAPÉS

D iverses brochures sont éditées par l'**Association des paralysés de France** (APF) et le **Groupement pour l'insertion des personnes handicapées physiques** (GIHP) ; elles décrivent les facilités offertes aux handicapés par certains établissements.

Les **Gîtes de France** éditent également une liste des gîtes accessibles aux personnes handicapées.

CARNET D'ADRESSES	**HANDICAPÉS**	**Gîtes de France**	**CAMPING**

CHAÎNES D'HÔTELS

Campanile
☎ 01 64 62 46 46.
Ⓦ www.campanile.fr

Climat de France
☎ 01 64 62 46 62.

Formule 1
☎ 08 36 68 56 85.
Ⓦ www.hotelformule1.com

Ibis, Novotel, Mercure
☎ 01 60 87 90 00.
Ⓦ www.accorhotels.com

Primevère
☎ 08 00 12 12 12 (gratuit).
Ⓦ www.choicehotels.com

HANDICAPÉS

APF
17, bd Auguste-Blanqui, 75013 Paris.
☎ 01 40 78 69 00.
Ⓦ www.apf-asso.com

GIHP
10, rue Georges-de-Porto-Riche, 75014 Paris.
☎ 01 43 95 66 36.
Ⓦ www.ghipnational.org

HÉBERGEMENT ET CHAMBRES D'HÔTES

Fédération Nationale des Services Loisirs Accueil
280, bd St-Germain, 75007 Paris.
☎ 01 44 11 10 44.
Minitel 3615 DETOUR

Logis de France
83, av. d'Italie, 75013 Paris.
☎ 01 45 84 70 00.

Gîtes de France
59, rue Saint-Lazare, 75009 Paris.
☎ 01 49 70 75 75.
Ⓦ www.gites-de-france.fr

OT de Paris
127, av. des Champs-Élysées, 75008 Paris.
☎ 08 36 68 31 12. Ⓦ www.paris-touristoffice.com

Relais & Châteaux
15, rue Galvani, 75017 Paris.
☎ 08 25 32 32 32.
Ⓦ www.relaischateaux.fr.

Châteaux et Hôtels de France
12, rue Auber, 75009 Paris.
☎ 08 25 32 32 32. Ⓦ www.chateauxethotels.com

VVF
172, bd de La Villette, 75019 Paris.
☎ 0 803 80 88 08.

CAMPING

Fédération française de camping et de caravaning
78, rue de Rivoli, 75004 Paris.
☎ 01 42 72 84 08.

AUBERGES DE JEUNESSE

CROUS
39, av. Georges Bernanos, 75231 Paris cedex 05.
☎ 01 40 51 36 00.
Ⓦ www.crous-paris.fr

UCRIF
27, rue de Turbigo, 75002 Paris.
☎ 01 40 26 57 64.

Fédération Unie des Auberges de Jeunesse (FUAJ)
9, rue Brantôme, 75003 Paris.
☎ 01 48 04 70 40.
Ⓦ www.fuaj.fr

Choisir un hôtel

L es établissements ont été choisis pour la qualité de leurs prestations ou leur localisation et offrent une grande variété de prix. Certains comportent un restaurant. Ils sont présentés par région, du nord au sud, après la région parisienne. Utilisez les onglets de couleur indiquant les découpages régionaux. Pour les restaurants, consultez les pages 580 à 613.

PARIS

	CARTES DE CRÉDIT	ÉQUIPEMENTS ENFANTS	PARCS DE STATIONNEMENT	PISCINE	JARDIN
ÎLE SAINT-LOUIS : *Hôtel des Deux Iles.* **Plan** 9 C4. €€€€€ 59, rue St-Louis-en-l'Île, 75004. 01 43 26 13 35. FAX 01 43 29 60 25. **Chambres :** 17. Résider dans l'île Saint-Louis est un véritable privilège. Si les chambres sont exiguës, les prix sont raisonnables. 📺 www.deuxiles-paris-hotel.com	AE MC V				
ÎLE SAINT-LOUIS : *Hôtel du Jeu de Paume.* **Plan** 9 C4. €€€€€ 54, rue St-Louis-en-l'Île, 75005. 01 43 26 14 18. FAX 01 40 46 02 76. **Chambres :** 30. Un ancien jeu de paume du XVIIᵉ siècle reconverti et tenu par une famille qui soigne l'accueil. 📺 www.jeudepaumehotel.com	AE DC MC V				■
MARAIS : *Hôtel de la Place des Vosges.* **Plan** 10 D4. €€€ 12, rue de Birague, 75004. 01 42 72 60 46. FAX 01 42 72 02 64. **Chambres :** 16. Un bel immeuble, à deux pas d'une des plus célèbres places de Paris. 📺 www.hotelplacedesvosges.com	AE DC V				
MARAIS : *Hôtel de la Bretonnerie.* **Plan** 9 C3. €€€€ 22, rue Ste-Croix-de-la-Bretonnerie, 75004. 01 48 87 77 63. FAX 01 42 77 26 78. **Chambres :** 29. L'un des établissements les plus confortables du quartier du Marais, situé dans une rue très agréable. Chambres spacieuses et meubles anciens. 📺 www.bretonnerie.com	MC V				
MARAIS : *Saint-Paul-le-Marais.* **Plan** 10 D3. €€€€ 8, rue de Sévigné, 75004. 01 48 04 97 27. FAX 01 48 87 37 04. **Chambres :** 27. Boiseries et pierre constituent un décor rustique. Les chambres qui donnent sur la cour sont les plus calmes. 📺 www.hotel-paris-marais.com	AE DC MC V	●			■
MARAIS : *Pavillon de la Reine.* **Plan** 10 D3. €€€€€ 28, place des Vosges, 75003. 01 40 29 19 19. FAX 01 40 29 19 20. **Chambres :** 56. Un établissement de luxe donnant sur la très belle place des Vosges. Les chambres ont été somptueusement rénovées. La cour intérieure est un havre de paix. 📺 www.pavillon-de-la-reine.com	AE DC MC V	●	■		■
BEAUBOURG : *Hôtel Beaubourg.* **Plan** 9 B2. €€€€ 11, rue Simon-Lefranc, 75004. 01 42 74 34 24. FAX 01 42 78 68 11. **Chambres :** 28. Un établissement très confortable et bien équipé, restauré et décoré avec goût. Beau jardin intérieur. 📺 www.hotelbeaubourg.com	AE DC MC V				■
LES HALLES : *Hôtel Agora.* **Plan** 9 A2. www.hotel-paris-agora.com €€€€ 7, rue de la Cossonerie, 75001. 01 42 33 46 02. FAX 01 42 33 80 99. **Chambres :** 29. Un établissement restauré situé dans une rue relativement calme pour le quartier. Chambres confortables, meubles cirés et tableaux anciens. 📺	AE MC V				
LES HALLES : *Hôtel du Cygne.* **Plan** 9 B3. www.hotelducygne.fr €€€ 3, rue du Cygne, 75004. 01 42 60 14 16. FAX 01 42 21 37 02. **Chambres :** 13. Cet hôtel confortable, dans un édifice du XVIIᵉ siècle, propose des chambres simples mais joliment meublées. 📺	AE MC				
TUILERIES : *Hôtel Brighton.* **Plan** 8 D1. www.esprit-de-france.com €€€€ 218, rue de Rivoli, 75001. 01 47 03 61 61. FAX 01 42 60 41 78. **Chambres :** 65. Hauts plafonds ornés de stuc et vastes fenêtres donnant soit au sud sur le jardin des Tuileries, soit sur cour. Vous choisirez soit la vue, soit le calme. 📺	AE DC MC V	●			
TUILERIES : *Clarion Saint-James et Albany.* **Plan** 8 D1. €€€€€ 202, rue de Rivoli, 75001. 01 44 58 43 21. FAX 01 44 58 43 11. **Chambres :** 200. Une partie de l'hôtel est située dans l'élégant hôtel de Noailles. Le site est idéal, mais les chambres sont un peu bruyantes. 📺 www.clarionsaintjames.com	AE DC MC V	●			■
TUILERIES : *Hôtel de Crillon.* **Plan** 7 C1. www.crillon.com €€€€€ 10, pl. de la Concorde, 75008. 01 44 71 15 00. FAX 01 44 71 15 02. **Chambres :** 147. Pour la place de la Concorde, pour le luxe et pour la magnifique terrasse donnant sur la Seine et les Tuileries. 📺	AE DC MC V	●			

Les prix correspondent à une nuit en chambre double pour deux personnes, service compris, mais sans petit déjeuner.
€ moins de 30 €
€€ entre 30 et 60 €
€€€ entre 61 et 90 €
€€€€ entre 91 et 150 €
€€€€€ plus de 150 €

ÉQUIPEMENTS ENFANTS
Berceaux, lits d'enfants et baby-sitting. Certains établissements proposent des menus pour enfants et possèdent des chaises hautes.

PARCS DE STATIONNEMENT
Possibilité de garer son véhicule, soit au parking de l'établissement, soit dans un garage à proximité.

PISCINE
Souvent de dimensions réduites ; sauf mention particulière, elles sont à ciel ouvert.

JARDIN
Hôtel disposant d'un jardin, d'une cour ou d'une terrasse, avec des sièges permettant de prendre les repas à l'extérieur.

	CARTES DE CRÉDIT	ÉQUIPEMENTS ENFANTS	PARCS DE STATIONNEMENT	PISCINE	JARDIN
TUILERIES : *Hôtel du Louvre*. Plan 8 E1. W www.hoteldulouvre.com €€€€€ Place André-Malraux, 75001. 01 44 58 38 38. FAX 01 44 58 38 01. **Chambres :** 177. Pour les amateurs d'art, nous suggérons la « suite Pissarro », où l'artiste peignit la place du Théâtre-Français. Très bonne brasserie.	AE DC MC V	●			
TUILERIES : *Intercontinental*. Plan 8 D1. W www.westin.com €€€€€ 3, rue de Castiglione, 75001. 01 44 77 11 11. FAX 01 44 77 14 60. **Chambres :** 445. Un établissement du XIXe siècle, conçu par Charles Garnier, l'architecte de l'Opéra. L'hôtel accueille des défilés de mode.	AE DC MC V	●			
TUILERIES : *Meurice*. Plan 8 D1. W www.meuricehotel.com €€€€€ 228, rue de Rivoli, 75001. 01 44 58 10 10. FAX 01 44 58 10 15. **Chambres :** 160. Une adresse prestigieuse, une restauration très réussie pour cet hôtel chargé d'histoire.	AE DC MC V	●			
TUILERIES : *Ritz*. Plan 4 D5. W www.ritzparis.com €€€€€ 15, place Vendôme, 75001. 01 43 16 30 30. FAX 01 43 16 36 68. **Chambres :** 162. Un siècle d'existence et une réputation constamment maintenue. Meubles Louis XVI d'époque, cheminées et lustres.	AE DC MC V	●	■	●	■
OPÉRA : *Ambassador*. Plan 4 E4. W www.hotelambassador-paris.com €€€€€ 16, bd Haussmann, 75009. 01 44 83 40 40. FAX 01 53 24 66 96. **Chambres :** 300. Un hôtel des Années folles, une restauration qui reprend le style Arts déco. Tapis épais, meubles anciens et lustres de cristal. Le restaurant *Venancius* est remarquable.	AE DC MC V	●			
OPÉRA : *Grand Hôtel Intercontinental*. Plan 4 D5. €€€€€ 2, rue Scribe, 75009. 01 40 07 32 32. FAX 01 42 66 12 51. **Chambres :** 478. La rénovation a été très coûteuse, mais les chambres sont aujourd'hui d'un confort exceptionnel. Fitness-club. W www.paris.interconti.com	AE DC MC V	●			
OPÉRA : *Westminster*. Plan 4 D5. W www.warwickhotels.com €€€€€ 13, rue de la Paix, 75002. 01 42 61 57 46. FAX 01 42 60 30 66. **Chambres :** 101. Des chambres très agréablement décorées : meubles de style, cheminées de marbre, lustres et une collection de pendules du XVIIe siècle.	AE DC MC V	●	■		
INVALIDES : *Pavillon*. Plan 7 A2. @ patrickpavillon@aol.com €€€ 54, rue Saint-Dominique, 75007. 01 45 51 42 87. FAX 01 45 51 32 79. **Chambres :** 18. Un petit hôtel tenu en famille, au calme garanti. Les chambres sont plutôt petites, mais agréablement décorées. Aux beaux jours, les petits déjeuners sont servis dans la cour intérieure.	AE DC MC V				■
INVALIDES : *Hôtel de Suède St-Germain*. Plan 7 B4. €€€€ 31, rue Vaneau, 75007. 01 47 05 00 08. FAX 01 47 05 69 27. **Chambres :** 39. Cet élégant hôtel de la fin du XVIIIe siècle a vue sur le parc de l'hôtel Matignon, résidence du Premier ministre. W www.hotelsuede.com	AE DC MC V	●			■
INVALIDES : *Hôtel de Varenne*. Plan 7 B2. W www.hoteldevarenne.com €€€€ 44, rue de Bourgogne, 75007. 01 45 51 45 55. FAX 01 45 51 86 63. **Chambres :** 24. Une façade austère dissimule une petite cour où sont servis les petits déjeuners en été. Les doubles vitrages atténuent le bruit de la rue, mais les chambres donnant sur la cour sont nettement plus calmes.	AE MC V				■
INVALIDES : *Hôtel Bourgogne & Montana*. Plan 7 B2. €€€€€ 3, rue de Bourgogne, 75007. 01 45 51 20 22. FAX 01 45 56 11 98. **Chambres :** 32. Bar en acajou, vénérable ascenseur et hall circulaire comportant des colonnes de marbre rose. Les chambres sont quelconques, mais celles de l'étage supérieur ont une vue magnifique. W www.bourgogne-montana.com	AE DC MC V				
TOUR EIFFEL : *Grand Hôtel Lévêque*. Plan 6 F3. €€€ 29, rue Cler, 75007. 01 47 05 49 15. FAX 01 45 50 49 36. **Chambres :** 50. Des prix raisonnables pour un hôtel qui bénéficie d'un excellent emplacement. Les chambres sont toutes aérées et lumineuses. W www.hotel-leveque.com	AE MC V	●			

Voir sur le rabat de couverture la légende des symboles

Les prix correspondent à une nuit en chambre double pour deux personnes, service compris, mais sans petit déjeuner.
€ moins de 30 €
€€ entre 30 et 60 €
€€€ entre 61 et 90 €
€€€€ entre 91 et 150 €
€€€€€ plus de 150 €

ÉQUIPEMENTS ENFANTS
Berceaux, lits d'enfants et baby-sitting. Certains établissements proposent des menus pour enfants et possèdent des chaises hautes.

PARCS DE STATIONNEMENT
Possibilité de garer son véhicule, soit au parking de l'établissement, soit dans un garage à proximité.

PISCINE
Souvent de dimensions réduites ; sauf mention particulière, elles sont à ciel ouvert.

JARDIN
Hôtel disposant d'un jardin, d'une cour ou d'une terrasse, avec des sièges permettant de prendre les repas à l'extérieur.

	CARTES DE CRÉDIT	ÉQUIPEMENTS ENFANTS	PARCS DE STATIONNEMENT	PISCINE	JARDIN
CHAILLOT : *Melia-Alexander.* Plan 1 B5. €€€€€ 102, av. Victor-Hugo, 75016. 01 56 90 61 00. FAX 01 56 90 61 01. **Chambres :** 62. Un établissement traditionnel dont le confort et l'élégance traduisent bien l'ambiance prospère et feutrée de la très commerçante avenue Victor-Hugo. Accueil très agréable. www.meliaalexander.solmelia.com	AE DC MC V				▪
CHAILLOT : *Hôtel Square.* Plan 5 A4. www.hotelsquare.com €€€€€ 3, rue de Boulainvilliers, 75016. 01 44 14 91 90. FAX 01 44 14 91 99. **Chambres :** 22. De superbes meubles en bois exotique décorent les chambres qui donnent vue sur la tour Eiffel. Les salles de bains sont en marbre.	AE DC MC V		▪		
CHAILLOT : *Raphaël.* Plan 2 D4. www.raphael-hotel.com €€€€€ 17, av. Kléber, 75016. 01 53 64 32 00. FAX 01 53 64 32 01. **Chambres :** 85. Le bar néo-gothique a été le cadre de nombreux films. Discret havre de paix où viennent se réfugier les célébrités. Une toile de Turner orne le hall.	AE DC MC V				
CHAILLOT : *La Villa Maillot.* Plan 1 C4. www.lavillamaillot.fr €€€€€ 143, av. de Malakoff, 75016. 01 53 64 52 52. FAX 01 45 00 60 61. **Chambres :** 42. Un établissement à la décoration inspirée du style Art déco. Les chambres sont équipées de lits de grande largeur, de salles de bains en marbre et de coffres-forts. Salles de séminaire.	AE DC MC V				▪
CHAILLOT : *Concorde La Fayette.* Plan 1 C2. €€€€€ 3, pl. du Général-Koenig, 75017. 01 40 68 50 68. FAX 01 40 68 50 43. **Chambres :** 950. On oubliera l'aspect extérieur pour insister sur le bar du 33e étage, la galerie marchande et le club de gymnastique. www.concorde-lafayette.com	AE DC MC V	●			
CHAMPS-ÉLYSÉES : *Résidence Lord Byron.* Plan 2 E4. €€€€ 5, rue Chateaubriand, 75008. 01 43 59 89 98. FAX 01 42 89 46 04. **Chambres :** 31. Un hôtel discret aux chambres calmes, mais petites, avec une cour intérieure où se sert le petit déjeuner aux beaux jours. www.escapade-paris.com	AE DC MC V	●			▪
CHAMPS-ÉLYSÉES : *Atala.* Plan 2 E4. www.hotelatala.com €€€€€ 10, rue Chateaubriand, 75008. 01 45 62 01 62. FAX 01 42 25 66 38. **Chambres :** 48. Les chambres de cet hôtel, à proximité de l'animation des Champs-Élysées, ouvrent sur un paisible jardin planté de grands arbres.	AE DC MC	●	▪		▪
CHAMPS-ÉLYSÉES : *Bristol.* Plan 3 A4. www.lebristolparis.com €€€€€ 112, rue du Faubourg-St-Honoré, 75008. 01 53 43 43 00. FAX 01 53 43 43 01. **Chambres :** 180. Une des adresses les plus élégantes de la capitale. Les chambres sont spacieuses, somptueusement décorées de meubles et objets anciens. Superbes salles de bains.	AE DC MC V	●	▪	●	▪
CHAMPS-ÉLYSÉES : *Four Seasons Georges V.* Plan 2 E5. €€€€€ 31, av. George-V, 75008. 01 49 52 70 00. FAX 01 49 52 70 20. **Chambres :** 246. Un hôtel de légende chargé d'histoire. L'établissement est célèbre par ses meubles anciens et ses salons discrets. www.fourseasons.com	AE DC MC V	●	▪		
CHAMPS-ÉLYSÉES : *Plaza Athénée.* Plan 6 F1. €€€€€ 25, av. Montaigne, 75008. 01 53 67 66 65. FAX 01 53 67 66 76. **Chambres :** 180. Un luxe parfait qui répond aux exigences actuelles ; idéal pour les vieilles familles aristocratiques et les jeunes mariés. www.plaza-athenee-paris.com	AE DC MC V	●	▪		▪
CHAMPS-ÉLYSÉES : *Royal Monceau.* Plan 2 F3. €€€€€ 37, av. Hoche, 75008. 01 42 99 88 00. FAX 01 42 99 89 90. **Chambres :** 180. Cet élégant établissement abrite également l'un des plus luxueux clubs de gymnastique de Paris avec piscine et un restaurant italien qui compte parmi les meilleurs. www.royalmonceau.com	AE DC MC V	●	▪	●	
SAINT-GERMAIN-DES-PRÉS : *Hôtel d'Orsay.* Plan 7 C2. €€€€ 93, rue de Lille, 75007. 01 47 05 85 54. FAX 01 45 55 51 16. **Chambres :** 41. Un petit établissement situé tout près du musée d'Orsay. Très bon rapport qualité-prix. www.hotel-esprit-de-france.com	AE DC MC V				

SAINT-GERMAIN-DES-PRÉS : *Artus Hôtel.* **Plan** 8 E4. €€€€€ 34, rue de Buci, 75006. **(** *01 43 29 07 20.* **FAX** *01 43 29 67 44.* **Chambres :** *27.* L'hôtel à la décoration minimaliste attire une clientèle branchée. Plusieurs suites disposent de balcons et de grandes baignoires. 🔒 ▤ TV ⃞ www.artushotel.com	AE DC MC V			
SAINT-GERMAIN-DES-PRÉS : *Hôtel St-Germain-des-Prés.* €€€€€ 36, rue Bonaparte, 75006. **Plan** 8 E4. **(** *01 43 26 00 19.* **FAX** *01 40 46 83 63.* **Chambres :** *30.* Au cœur de la rive gauche, un hôtel charmant et inhabituel qui offre un calme surprenant pour le quartier. 🔒 ▤ TV ⃞ www.hotel-paris-saint-germain.com	AE DC MC V			
SAINT-GERMAIN-DES-PRÉS : *Hôtel de l'Université.* **Plan** 8 D3. €€€€€ 22, rue de l'Université, 75007. **(** *01 42 61 09 39.* **FAX** *01 42 60 40 84.* **Chambres :** *27.* Un immeuble du XVIIᵉ siècle et l'ambiance d'une maison particulière. Le sous-sol occupe une crypte du XIVᵉ siècle. 🔒 ▤ TV ⃞ www.hoteluniverste.com	AE MC V	●		
SAINT-GERMAIN-DES-PRÉS : *Hôtel de Fleurie.* **Plan** 8 F4. €€€€€ 32, rue Grégoire-de-Tours, 75006. **(** *01 53 73 70 00.* **FAX** *01 53 73 70 20.* **Chambres :** *29.* Un hôtel confortable et familial se cache derrière une ravissante façade. Accueil chaleureux. 🔒 ▤ TV ⃞ www.hotel-de-fleurie.fr	AE DC MC V	●		
QUARTIER LATIN : *Esmeralda.* **Plan** 9 A4. €€€ 4, rue St-Julien-le-Pauvre, 75005. **(** *01 43 54 19 20.* **FAX** *01 40 51 00 68.* **Chambres :** *19.* Poutres apparentes dans cette maison datant de 1640 située tout près de Notre-Dame. On peut voir la cathédrale de certaines chambres. 🔒	AE V	●		
QUARTIER LATIN : *Hôtel des Grandes Écoles.* **Plan** 9 B5. €€€€ 75, rue Cardinal-Lemoine, 75005. **(** *01 43 26 79 23.* **FAX** *01 43 25 28 15.* **Chambres :** *51.* Trois petites maisons avec jardin constituent cet hôtel. Deux d'entre elles vous offriront le charme d'antan 🔒 ⃞ www.hotel-grandes-ecoles.com	MC V	●		▦
QUARTIER LATIN : *Hôtel des Grands Hommes.* **Plan** 13 A1. €€€€€ 17, place du Panthéon, 75005. **(** *01 46 34 19 60.* **FAX** *01 43 26 67 32.* **Chambres :** *31.* Un petit hôtel familial tranquille, entre Luxembourg et Sorbonne. Belle vue sur l'imposant Panthéon. 🔒 ▤ TV ⃞ www.hoteldesgrandshommes.com	AE DC MC V	●		
QUARTIER LATIN : *Hôtel de Notre-Dame.* **Plan** 9 B5. €€€€ 19, rue Maître-Albert, 75005. **(** *01 43 26 79 00.* **FAX** *01 46 33 50 11.* **Chambres :** *34.* Cet établissement, situé dans une rue calme, constitue une excellente base pour visiter le vieux Paris. 🔒 TV ⃞ www.hotel-paris-notredame.com	AE DC MC V		▦	
QUARTIER LATIN : *Hôtel du Panthéon.* **Plan** 13 A1. €€€€€ 19, place du Panthéon, 75005. **(** *01 43 54 32 95.* **FAX** *01 43 26 64 65.* **Chambres :** *36.* Dirigé par la même famille que son voisin, l'Hôtel des Grands Hommes. On sera donc assuré du même accueil chaleureux. 🔒 TV ⃞ www.hoteldupantheon.com	AE DC MC V	●		
QUARTIER LATIN : *Hôtel Les Degrés de Notre-Dame.* **Plan** 9 B4. €€€€ 10, rue des Grands-Degrés, 75005. **(** *01 55 42 88 88.* **FAX** *01 40 46 95 34.* **Chambres :** *11.* Un établissement très bien placé ; vous aurez le choix entre le calme et la vue sur Notre-Dame. 🔒 TV ▮▮ ⃞ www.lesdegreshotel.com	MC V			▦
LUXEMBOURG : *Aviatic Hotel.* **Plan** 8 E5. ⃞ www.aviatic.fr €€€€ 105, rue de Vaugirard, 75006. **(** *01 53 63 25 50.* **FAX** *01 53 63 25 25.* **Chambres :** *43.* L'hôtel qui a été entièrement redécoré a un style bohème tout en offrant tout le confort moderne. 🔒 ▤ TV	AE DC MC V			
LUXEMBOURG : *Récamier.* **Plan** 8 E4. €€€€ 3 bis, pl. St-Sulpice, 75006. **(** *01 43 26 04 89.* **FAX** *01 46 33 27 73.* **Chambres :** *30.* Un établissement tenu en famille, qui n'offre ni restaurant ni téléviseur. Demandez une chambre donnant à la fois sur la cour et sur la place. 🔒	MC V			
LUXEMBOURG : *Hôtel de l'Abbaye.* **Plan** 8 D5. €€€€€ 10, rue Cassette, 75006. **(** *01 45 44 38 11.* **FAX** *01 45 48 07 86.* **Chambres :** *44.* Cette ancienne abbaye est devenue un élégant hôtel à l'ambiance paisible. Certaines chambres ont vue sur Saint-Sulpice. 🔒 ▤ TV ⃞ www.hotel-abbaye.com	AE MC V	●		▦
JARDIN DES PLANTES : *Le Jardin des Plantes.* **Plan** 13 B1. €€€€ 5, rue Linné, 75005. **(** *01 47 07 06 20.* **FAX** *01 47 07 62 74.* **Chambres :** *33.* Un établissement à la décoration très gaie, situé tout près du jardin. 🔒 TV ⃞ www.timhotel.com	AE DC MC V			▦
MONTPARNASSE : *Ferrandi.* **Plan** 11 C1. ⃞ www.123france.com €€€€€ 92, rue du Cherche-Midi, 75006. **(** *01 42 22 97 40.* **FAX** *01 45 44 89 97.* **Chambres :** *42.* Un endroit paisible, avec des chambres confortables comportant toutes des lits différents. 🔒 ▤ TV	AE DC MC V		▦	

Voir sur le rabat de couverture la légende des symboles

Les prix correspondent à une nuit en chambre double pour deux personnes, service compris, mais sans petit déjeuner.
€ moins de 30 €
€€ entre 30 et 60 €
€€€ entre 61 et 90 €
€€€€ entre 91 et 150 €
€€€€€ plus de 150 €

ÉQUIPEMENTS ENFANTS
Berceaux, lits d'enfants et baby-sitting. Certains établissements proposent des menus pour enfants et possèdent des chaises hautes.

PARCS DE STATIONNEMENT
Possibilité de garer son véhicule, soit au parking de l'établissement, soit dans un garage à proximité.

PISCINE
Souvent de dimensions réduites ; sauf mention particulière, elles sont à ciel ouvert.

JARDIN
Hôtel disposant d'un jardin, d'une cour ou d'une terrasse, avec des sièges permettant de prendre les repas à l'extérieur.

	CARTES DE CRÉDIT	ÉQUIPEMENTS ENFANTS	PARCS DE STATIONNEMENT	PISCINE	JARDIN
MONTPARNASSE : *Hôtel Le Sainte-Beuve*. **Plan** 12 D1. €€€€ 9, rue Ste-Beuve, 75006. 01 45 48 20 07. FAX 01 45 48 67 52. **Chambres : 22.** Ambiance chaleureuse et douillette. L'établissement a été récemment rénové, et les petits déjeuners sont excellents. www.paris-hotel-charme.com	AE DC MC V	●			
MONTPARNASSE : *Lenox Montparnasse*. **Plan** 12 D2. €€€€ 15, rue Delambre, 75014. 01 43 35 34 50. FAX 01 43 20 46 64. **Chambres : 52.** Un accueil chaleureux, des chambres bien décorées. Le dernier étage est occupé par six suites dont chacune a sa cheminée. TV www.hotellenox.com	AE MC V	●			
MONTPARNASSE : *Villa des Artistes*. **Plan** 12 D2. €€€€ 9, rue de la Grande-Chaumière, 75006. 01 43 26 60 86. FAX 01 43 54 73 70. www.villa-artistes.com **Chambres : 59.** Un hôtel qui restitue l'ambiance artistique du quartier, et un patio où l'on sert le petit déjeuner. TV	AE DC MC V	●			▪
MONTMARTRE : *Timhôtel*. **Plan** 4 E1. www.timhotel.com €€€€ 11, rue Ravignan, 75018. 01 42 55 74 79. FAX 01 42 55 71 01. **Chambres : 60.** Un petit hôtel charmant dans le vieux Montmartre, en bordure d'une petite place. Très belle vue sur Paris depuis les chambres sur rue des 4e et 5e étages. TV	AE DC MC V				
MONTMARTRE : *Terrass'Hôtel*. **Plan** 4 E1. www.terrass-hotel.com €€€€€ 12, rue Joseph-de-Maistre, 75018. 01 46 06 72 85. FAX 01 42 52 29 11. **Chambres : 100.** Quelques-unes des chambres ont une vue panoramique sur les toits de Paris, depuis les étages les plus élevés. TV	AE DC MC V	●	▪		
ÎLE-DE-FRANCE					
BARBIZON : *Hostellerie la Dague* @ ladague@wanadoo.fr €€€ 5, Grand Rue, 77630. 01 60 66 40 49. FAX 01 60 69 24 59. **Chambres : 25.** Cet hôtel rustique et chic à la fois est très recherché par les Parisiens. Réservez à l'avance. Le restaurant sert une cuisine française traditionnelle. TV	MC V		▪		▪
ENGHIEN-LES-BAINS : *Grand Hôtel* €€€€€ 85, rue Général-de-Gaulle, 95880. 01 39 34 10 00. FAX 01 39 34 10 01. **Chambres : 47.** Au cœur de la célèbre station thermale, le Grand Hôtel, qui dispose d'un casino, mérite bien son nom. TV www.lucienbarriere.com	AE DC MC V		▪		▪
FONTAINEBLEAU : *Grand Hôtel de l'Aigle Noir* €€€€€ 27, pl. Napoléon-Bonaparte, 77300. 01 60 74 60 00. FAX 01 60 74 60 01. **Chambres : 56.** Une demeure prestigieuse face au château de Fontainebleau et à son parc. TV www.hotelaiglenoir.com	AE DC MC V	●	▪	●	▪
FONTAINEBLEAU : *Hôtel Victoria* www.hotelvictoria.com €€€ 112, rue France, 77300. 01 60 74 90 00. FAX 01 60 74 90 10. **Chambres : 20.** Toutes les chambres de ce respectable hôtel sont propres et pimpantes même si la décoration est un peu surannée. Vue sur le jardin pour certaines chambres.	AE DC MC V	●	▪		▪
ROISSY-CHARLES-DE-GAULLE : *Novotel Roissy Charles-de-Gaulle* €€€€ Aéroport Charles de Gaulle, 95705. 01 49 19 27 27. FAX 01 49 19 27 99. **Chambres : 201.** Une chaîne sérieuse qui propose un confort sobre et fonctionnel : l'efficacité avant tout. Le résultat est satisfaisant. TV www.accorhotels.com	AE DC MC V	●	▪		
SAINT-SYMPHORIEN-LE-CHATEAU : *Château d'Esclimont* €€€€€ 28700. 02 37 31 15 15. FAX 02 37 31 57 91. **Chambres : 53.** Un château de conte de fées, aux portes de Paris. Les chambres sont très confortables. Forêt et piscine privées. Cuisine gastronomique. TV	AE DC MC V	●	▪	●	▪
SAINT-GERMAIN-EN-LAYE : *La Forestière* www.cazaudehore.fr €€€€€ 1, av. du Président-Kennedy, 78100. 01 39 10 38 38. FAX 01 39 73 73 88. **Chambres : 30.** Un parfum de campagne sophistiquée dans la forêt de Saint-Germain. Le restaurant *Cazaudehore* sert une délicieuse cuisine. TV	AE DC MC V	●	▪		▪

SAINT-GERMAIN-EN-LAYE : *Pavillon Henri IV* €€€€€ AE DC MC V
19-21, rue Thiers, 78100. **℡** *01 39 10 15 15.* **FAX** *01 39 73 93 73.* **Chambres : 42.**
Alexandre Dumas écrivit *Les Trois Mousquetaires* dans ce lieu chargé d'histoire.
Un hôtel-restaurant somptueux avec une vue panoramique sur la vallée de la
Seine. ▨ TV W www.pavillonhenri4.fr

VERSAILLES : *Hôtel de Clagny* €€ MC V
6, impasse de Clagny, 78000. **℡** *01 39 50 18 09.* **FAX** *01 39 50 85 17.* **Chambres : 21.**
Le calme à proximité de la gare de Versailles-Rive Droite. Une décoration
simple, mais un accueil authentique. ▨ TV

VERSAILLES : *Trianon Palace* €€€€€ AE DC MC V
1, bd de la Reine, 78000. **℡** *01 30 84 50 00.* **FAX** *01 30 84 50 01.* **Chambres : 192.**
Sans aucun doute l'adresse la plus prestigieuse de la région. Le terme de palace
est justifié pour cet établissement qui donne sur le parc du château.
Le restaurant *Les Trois Marches* est le joyau de la couronne. ▨ ▤ TV ▮

NORD-PAS-DE-CALAIS ET PICARDIE

AMIENS : *Hôtel de Normandie* W www.hotelnormandie-80.com €€ AE MC V
1 bis, rue Lamartine, 80000. **℡** *03 22 91 74 99.* **FAX** *03 22 92 06 56.* **Chambres : 30.**
Un havre de paix tout simple en plein centre-ville, à proximité de la cathédrale
et à cinq minutes de la gare. ▨ TV

AMIENS : *Le Prieuré* €€€ MC V
17, rue Porion, 80000. **℡** *03 22 71 16 71.* **FAX** *03 22 92 46 16.* **Chambres : 21.**
À deux pas de la cathédrale, un hôtel extrêmement confortable. Les chambres
sont décorées avec goût (meubles anciens). ▨ TV ▮

ARMBOUTS-CAPPEL : *Hôtel du Lac* W www.hoteldulacdk.com €€€ AE DC MC V
2, bordure du Lac, 59380. **℡** *03 28 60 70 60.* **FAX** *03 28 61 06 39.* **Chambres : 66.**
Cet hôtel moderne très confortable est situé au sud de Dunkerque,
à côté d'un lac réputé pour la richesse de son avifaune. ▨ TV ▮

BERCK-SUR-MER : *Hôtel Neptune* W www.hotel-cote-opale.com €€€ AE DC MC V
Esplanade Parmentier, 62600. **℡** *03 21 09 21 21.* **FAX** *03 21 09 29 29.* **Chambres : 63.**
Hôtel spacieux et élégant situé sur le front de mer.
Le restaurant a vue sur la mer. ▨ TV ▮

BOULOGNE-SUR-MER : *Hôtel Métropole* €€€ AE DC MC V
51, rue Thiers, 62200. **℡** *03 21 31 54 30.* **FAX** *03 21 30 45 72.* **Chambres : 25.**
Boulogne manque d'hôtels de charme, mais celui-ci est très confortable
et bien situé. ▨ ▤ TV www.hotel-metropole-boulogne.com

CALAIS : *Kyriad* W www.hotel-plage-calais.com €€ AE MC V
Digue G.-Berthe, 62100. **℡** *03 21 34 64 64.* **FAX** *03 21 34 35 39.* **Chambres : 45.**
L'hôtel pratique et confortable domine la plage. Les propriétaires
sont accueillants et le restaurant est bon marché. ▨ TV ▮

CAMBRAI : *Le Mouton Blanc* W www.mouton-blanc.com €€€ MC V
33, rue Alsace Lorraine, 59400. **℡** *03 27 81 30 16.* **FAX** *03 27 81 83 54.* **Chambres : 32.**
Au cœur d'un vaste parc, un établissement tranquille, une cuisine régionale.
La plupart des chambres sont meublées dans un élégant style XIXᵉ. ▨ TV ▮

CAMBRAI : *Château de la Motte Fénelon* €€€ AE MC
59403. **℡** *03 27 83 61 38.* **FAX** *03 27 83 71 61.* **Chambres : 40.**
Un établissement confortable entre l'église Saint-Géry et la vieille ville.
▨ TV W www.cambrai-chateau-motte-fenelon.com

DUNKERQUE : *Hôtel Trianon* €€ MC V
20, rue de la Colline, 59240. **℡** *03 28 63 39 15.* **FAX** *03 28 63 34 57.* **Chambres : 12.**
Un établissement situé dans un quartier paisible, avec des chambres agréables,
d'un bon rapport qualité-prix. ▨ TV

DUNKERQUE : *Hôtel Borel* W www.hotelborel.fr €€€ AE DC MC V
6, rue l'Hermitte, 59140. **℡** *03 28 66 51 80.* **FAX** *03 28 59 33 82.* **Chambres : 48.**
Cet hôtel moderne aux chambres confortables est idéalement situé
en centre-ville, près du port de plaisance. ▨ TV

GOSNAY : *La Chartreuse du Val St-Esprit* W www.lachartreuse.com €€€€€ AE DC MC V
1, rue de Fouquières, 62199. **℡** *03 21 62 80 00.* **FAX** *03 21 62 42 50.* **Chambres : 67.**
Un château magnifique qui a conservé la plus grande partie de son mobilier
d'origine et offre une belle tranquillité. Restaurant gastronomique spécialisé
dans les produits de la mer. Tennis. ▨ ▤ TV ▮

Les prix correspondent à une nuit en chambre double pour deux personnes, service compris, mais sans petit déjeuner.
€ moins de 30 €
€€ entre 30 et 60 €
€€€ entre 61 et 90 €
€€€€ entre 91 et 150 €
€€€€€ plus de 150 €

ÉQUIPEMENTS ENFANTS
Berceaux, lits d'enfants et baby-sitting. Certains établissements proposent des menus pour enfants et possèdent des chaises hautes.

PARCS DE STATIONNEMENT
Possibilité de garer son véhicule, soit au parking de l'établissement, soit dans un garage à proximité.

PISCINE
Souvent de dimensions réduites ; sauf mention particulière, elles sont à ciel ouvert.

JARDIN
Hôtel disposant d'un jardin, d'une cour ou d'une terrasse, avec des sièges permettant de prendre les repas à l'extérieur.

	CARTES DE CRÉDIT	ÉQUIPEMENTS ENFANTS	PARCS DE STATIONNEMENT	PISCINE	JARDIN
LAON : Hôtel de la Bannière de France €€ — 11, rue Franklin-Roosevelt, 02000. 03 23 23 21 44. FAX 03 23 23 31 56. **Chambres : 18.** Dans l'enceinte de la vieille ville, tout en hauteur, un charmant relais de poste datant de 1685. hotel.banniere.de.france@wanadoo.fr	AE MC V	●	■		
LAON : Hostellerie St-Vincent www.stvincent-laon.com €€ — 111, av. Charles-de-Gaulle, 02000. 03 23 23 42 43. FAX 03 23 79 22 55. **Chambres : 48.** L'établissement moderne et confortable est situé dans la partie est de la vieille ville. L'hôtel et le restaurant sont d'un bon rapport qualité-prix.	AE DC MC V		■		■
LE TOUQUET : Hôtel Blue Cottage blue.cottage@wanadoo.fr €€ — 41, rue Jean-Monnet, 62520. 03 21 05 15 33. FAX 03 21 05 41 60. **Chambres : 26.** L'hôtel est situé non loin de la place du marché. En juillet et en août la demi-pension est obligatoire.	AE DC MC V	●			■
LE TOUQUET : Novotel ho449@accorhotels.com €€€€€ — Front de Mer, 62520. 03 21 09 85 00. FAX 03 21 09 85 10. **Chambres : 149.** Ce grand hôtel sur le front de mer propose des chambres fonctionnelles et lumineuses avec de superbes vues.	AE DC MC V	●	■	■	
LILLE : Hôtel Le Brueghel www.hotel-brueghel.com €€€ — 5, parvis Saint-Maurice, 59800. 03 20 06 06 69. FAX 03 20 63 25 27. **Chambres : 13.** Cet établissement stylé (meubles anciens) est situé dans le centre de Lille, à côté de l'église Saint-Maurice.	AE DC MC V		■		
LILLE : Alliance alliance@alliance-hospitality.com €€€€€ — 17, quai du Wault, 59800. 03 20 30 62 62. FAX 03 20 42 94 25. **Chambres : 83.** Tout le confort moderne dans une ancienne abbaye du XVIIe siècle. La restauration est de qualité.	MC DC MC V	●	■		■
LONGPONT : Hôtel de l'Abbaye abbaye@wanadoo.fr €€ — 8, rue des Tourelles, 02600. 03 23 96 02 44. FAX 03 23 96 02 44. **Chambres : 11.** Les ruines de l'abbaye du XIIe siècle de Longpont sont célèbres. L'auberge, ancienne, comporte un restaurant qui sert une bonne cuisine locale.	AE MC V	●			
MAUBEUGE : Hôtel Shakespeare www.grandhotelmaubeuge.fr €€ — 3, rue du Commerce, 59600. 03 27 65 14 14. FAX 03 27 64 04 66. **Chambres : 35.** Un hôtel bien tenu, moderne et fonctionnel, et une atmosphère chaleureuse. On y trouvera également un restaurant et un bar très confortables.	AE DC MC V	●	■		
MONTREUIL : Le Clos des Capucins €€ — 46, pl. Général-de-Gaulle, 62170. 03 21 06 08 65. FAX 03 21 81 20 45. **Chambres : 10.** Cet hôtel paisible et chaleureux a une ambiance très reposante. Toutes les chambres sont propres et fraîches. Commerces proches.	AE MC V	●			
PÉRONNE : Hostellerie des Remparts www.logisdefrance.fr €€ — 21, rue Beaubois, 80200. 03 22 84 01 22. FAX 03 22 84 31 96. **Chambres : 39.** Belle vue sur l'enceinte de la ville et ses jardins. La décoration intérieure garde le charme du passé.	AE DC MC V	●	■		■
SAINT-OMER : Hôtel St-Louis www.hotel-stlouis.com €€ — 25, rue d'Arras, 62500. 03 21 38 35 21. FAX 03 21 38 57 26. **Chambres : 30.** Un ancien relais du XVIIIe siècle dans le centre historique. Les chambres ont été modernisées, le restaurant a une ambiance délicieusement surannée.	AE MC V	●	■		■
SAINT-QUENTIN : Hôtel de la Paix €€ — 3, pl. du 8-Octobre, 02100. 03 23 62 77 62. FAX 03 23 62 66 03. **Chambres : 15.** Cet hôtel du début du XXe siècle bénéficie d'une situation centrale. Il possède deux restaurants.	AE DC MC V	●			
SARS-POTERIES : Hôtel du Marquais €€ — 65, rue du Gal-de-Gaulle, 59216. 03 27 61 62 72. FAX 03 27 57 47 35. **Chambres : 11.** Ce charmant hôtel sans prétention jouit d'une excellent restaurant à côté.	MC V		■		■

VERVINS : *La Tour de Roy* @ latourduroy@wanadoo.fr €€€€€ · AE DC MC V
45, rue du Général-Leclerc, 02140. **C** *03 23 98 00 11.* **FAX** *03 23 98 00 72.* **Chambres : 22.**
Établissement proposant un confort et un calme exceptionnels. Magnifique
jardin et tables à l'extérieur. Salles de bains peintes à la main. 🚗 ▤ TV 🍽

WIMEREUX : *Hôtel du Centre* W www.hotelducentre-wimereux.com €€ · AE MC V
78, rue Carnot, 62930. **C** *03 21 32 41 08.* **FAX** *03 21 33 82 48.* **Chambres : 25.**
Ce petit hôtel confortable bénéficie d'un emplacement central.
La plage est proche. 🚗 TV 🍽

CHAMPAGNE ET ARDENNES

ANDELOT : *Le Cantarel* W www.hotel-cantarel.com €€ · AE MC V
Place Cantarel, 52700. **C** *03 25 01 31 13.* **FAX** *03 25 03 15 41.* **Chambres : 8.**
En plein village d'Andelot, au nord-est de Chaumont sur la route de Neufchâteau.
Le restaurant de l'hôtel sert une cuisine savoureuse. 🚗 TV 🍽

BOURBONNE-LES-BAINS : *Hôtel Jeanne d'Arc* €€ · AE DC MC V
Rue Amiral-Pierre, 52400. **C** *03 25 90 46 00.* **FAX** *03 25 88 78 71* **Chambres : 28.**
Un hôtel confortable, dans une petite station thermale située dans une
campagne magnifique. 🚗 TV 🍽

CHÂLONS-EN-CHAMPAGNE : *Hôtel du Pot d'Étain* €€ · AE MC V
18, pl. de la République, 51000. **C** *03 26 68 09 09.* **FAX** *03 26 68 58 18.* **Chambres : 27**
En centre-ville, cet hôtel qui occupe un immeuble du XVe siècle est tenu par une
famille de boulangers : croissants frais assurés ! 🚗 TV W www.hotel-lepotdetain.com

CHARLEVILLE-MÉZIÈRES : *Hôtel de Paris* W www.hoteldeparis08.fr €€ · AE DC
24, av. du Gal-Corneau, 08000. **C** *03 24 33 34 38.* **FAX** *03 24 59 11 21.* **Chambres : 28.**
Une construction surprenante composée de trois bâtiments. Les chambres
sont superbes, calmes et confortables. 🚗 TV

CHAUMONT : *Le Grand Val* W www.hotel-legrandval.fr €€ · AE DC MC V
Route de Langres, 52000. **C** *03 25 03 90 35.* **FAX** *03 25 32 11 80.* **Chambres : 52.**
Sur la route de Dijon, l'hôtel offre une jolie vue sur la vallée de la Marne.
🚗 TV 🍽

CHAUMONT : *Grand Hôtel Terminus Reine* €€ · AE DC MC V
Place Charles-de-Gaulle, 52000. **C** *03 25 03 66 66.* **FAX** *03 25 03 28 95.* **Chambres : 63.**
Un intérieur soigné et une grande attention portée aux personnes handicapées.
🚗 TV 🚹 🐾 🍽 @ relais.sud.terminus@wanadoo.fr

ÉPERNAY : *Hôtel-restaurant de la Cloche* W www.la-cloche.fr.st €€ · AE DC MC V
5, pl. Mendès-France, 51200. **C** *03 26 55 15 15.* **FAX** *03 26 55 64 88.* **Chambres : 19.**
Le meilleur hôtel-restaurant d'Épernay dans sa catégorie.
Les chambres sont modestes mais ensoleillées et le restaurant propose
un large choix de spécialités régionales. 🚗 TV 🍽

ÉPERNAY : *Micheline & Jean-Marie Tarlant* W www.tarlant.com €€ · MC V
Oeuilly, RN3, 51480. **C** *03 26 58 30 60.* **FAX** *03 26 58 37 31.* **Chambres : 4.**
Dormir chez un viticulteur qui a converti quelques bâtiments en chambres
d'hôtes, quel privilège ! On prendra – en restant sobre – un bon petit déjeuner
dans un charmant jardin d'hiver avant d'aller visiter les caves. 🚗

ÉTOGES : *Château d'Étoges* W www.etoges.com €€€€ · AE DC MC V
4, rue de Richebourg, 51270. **C** *03 26 59 30 08.* **FAX** *03 26 59 35 57.* **Chambres : 20.**
Un château du XVIIe siècle, avec douves et belle tour ronde ; encore habité,
il offre plutôt une ambiance de chambres d'hôtes. 🚗 TV 🍽

FAGNON : *Abbaye de Sept Fontaines* W www.abbayedeseptfontaines.fr €€€ · AE DC MC V
08090 Fagnon. **C** *03 24 37 38 24.* **FAX** *03 24 37 58 75.* **Chambres : 23.**
À 9 km de Charleville-Mézières, cet agréable château du XVIIIe siècle
a été construit sur les vestiges d'une abbaye du XIIe siècle.
Le parc de 30 ha comporte un golf 9 trous. 🚗 TV 🍽

HAYBES-SUR-MEUSE : *L'Ermitage Moulin Labotte* €€ · MC V
08170 Haybes-sur-Meuse. **C** *03 24 41 13 44.* **FAX** *03 24 40 46 72.* **Chambres : 10.**
Un ancien moulin au milieu des bois, reconverti en hôtel. La salle à manger a
gardé l'ambiance d'autrefois, avec sa roue et son sol d'ardoise. 🚗 TV 🍽
W www.moulin-labotte.com

LANGRES : *Grand Hôtel de l'Europe* @ hoteleurope.langres@wanadoo.fr €€ · MC V
23-25 rue Diderot, 52200. **C** *03 25 87 10 88.* **FAX** *03 25 87 60 65.* **Chambres : 26.**
L'hôtel occupe un immeuble du XVIIe siècle classé. 🚗 TV 🍽

Voir sur le rabat de couverture la légende des symboles

Les prix correspondent à une nuit en chambre double pour deux personnes, service compris, mais sans petit déjeuner.
€ moins de 30 €
€€ entre 30 et 60 €
€€€ entre 61 et 90 €
€€€€ entre 91 et 150 €
€€€€€ plus de 150 €

ÉQUIPEMENTS ENFANTS
Berceaux, lits d'enfants et baby-sitting. Certains établissements proposent des menus pour enfants et possèdent des chaises hautes.

PARCS DE STATIONNEMENT
Possibilité de garer son véhicule, soit au parking de l'établissement, soit dans un garage à proximité.

PISCINE
Souvent de dimensions réduites ; sauf mention particulière, elles sont à ciel ouvert.

JARDIN
Hôtel disposant d'un jardin, d'une cour ou d'une terrasse, avec des sièges permettant de prendre les repas à l'extérieur.

	CARTES DE CRÉDIT	ÉQUIPEMENTS ENFANTS	PARCS DE STATIONNEMENT	PISCINE	JARDIN
MAGNANT : *Le Val Moret* [w] www.le-val-moret.com €€ 10110 Magnant. 03 25 29 85 12. FAX 03 25 29 70 81. **Chambres :** 42. Cet hôtel moderne, sur l'autoroute A5, de Troyes à Dijon, est confortable. Le restaurant sert une cuisine de qualité à des prix raisonnables.	AE DC MC V	●	■		
MESNIL-SAINT-PÈRE : *L'Auberge du Lac* €€€€€ 10140 Mesnil-Saint-Pére. 03 25 41 27 16. FAX 03 25 41 57 59. **Chambres :** 21. Le lac est celui de la forêt d'Orient, où l'on pratique la pêche et la baignade. L'auberge a été rénovée. [w] www.auberge-du-lac.fr	MC V	●	■		■
MONTHERMÉ : *Le Franco-Belge* €€ 2, rue Pasteur, 08800. 03 24 53 01 20. FAX 03 24 53 54 49. **Chambres :** 15. Un hôtel tenu en famille et donnant sur la place du village. La cuisine maison est préparée avec des produits du jardin.	MC V	●	■		
REIMS : *Hôtel Crystal* [w] www.hotel-crystal.fr €€ 86, pl. Drouet-d'Erlon, 51100. 03 26 88 44 44. FAX 03 26 47 49 28. **Chambres :** 30. L'hôtel, désuet, est situé sur la place la plus animée de la ville. Les chambres sont malgré tout calmes. En été, le petit déjeuner est servi sur la terrasse.	AE MC V	●	■		■
REIMS : *Château les Crayères* [w] www.gerardboyer.com €€€€€ 64, bd Henri-Vasnier, 51100. 03 26 82 80 80. FAX 03 26 82 65 52. **Chambres :** 19. Une grande adresse en Champagne, sur la route de ses vins. La maison de Madame Pommery est devenue une somptueuse étape gastronomique.	AE DC MC V	●	■		■
RETHEL : *Le Moderne* [w] www.hotel-le-moderne.com €€ Place de la Gare, 08300. 03 24 38 44 54. FAX 03 24 38 37 84. **Chambres :** 22. L'établissement a été complètement modernisé : confort et calme garantis. Le restaurant de l'hôtel sert une excellente cuisine locale.	AE MC V	●	■		
SAINT-DIZIER : *Hôtel Gambetta* [w] www.citotel.com €€ 62, rue Gambetta, 52100. 03 25 56 52 10. FAX 03 25 56 39 47. **Chambres :** 63. Un hôtel moderne équipé pour les séminaires et conférences, avec un restaurant aux prix raisonnables.	AE DC MC V	●	■		
SEDAN : *L'Auberge du Port* [w] www.auberge-du-port.fr €€€ Bazeilles, 08140. 03 24 27 13 89. FAX 03 24 29 35 58. **Chambres :** 20. Établissement d'un confort certain, en bord de Meuse, avec repas servis en terrasse. Une adresse idéale pour ceux qui recherchent le calme et la sérénité.	AE DC MC V	●	■		
SEPT-SAULX : *Le Cheval Blanc* [w] www.chevalblanc-sept-saulx.com €€€ Rue du Moulin, 51400. 03 26 03 90 27. FAX 03 26 03 97 09. **Chambres :** 25. Située au cœur du vignoble champenois, une étape idéale pour les amateurs de vins. Chambres confortables et suites luxueuses. Le restaurant de l'établissement mériterait à lui seul un arrêt !	AE DC MC V	●	■		
TROYES : *Grand Hôtel* [w] www.grandhotel-troyes.com €€€ 4, av. Maréchal-Joffre, 10000. 03 25 79 90 90. FAX 03 25 78 48 93. **Chambres :** 80. Ce grand établissement moderne abrite quatre restaurants, dont une brasserie, une pizzéria et un restaurant gastronomique.	AE MC V	●	■	●	■
TROYES : *Hôtel des Comtes de Champagne* €€ 54-56, rue de la Monnaie, 10000. 03 25 73 11 70. FAX 03 25 73 06 02. **Chambres :** 30. Cette demeure située dans une rue paisible abrita la banque des comtes de Champagne. Les meubles sont d'époque et l'hôtel est idéalement situé pour découvrir le centre-ville. [w] www.comtesdechampagne.com	MC V		■		
VIGNORY : *Le Relais Verdoyant* [@] le-relais-verdoyant@wanadoo.fr €€ Rue de la Gare, 52320. 03 25 02 44 49. FAX 03 25 01 96 89. **Chambres :** 7. Entre Chaumont et Joinville, une vieille ferme reconvertie dans un petit hameau. Un endroit chaleureux et très décontracté.	MC V	●	■		■

LORRAINE ET ALSACE

COLMAR : *Hôtel Beauséjour* W www.beausejour.fr €€
25, rue du Ladhof, 68000. C 03 89 20 66 66. FAX 03 89 41 43 07. **Chambres :** *44.*
L'étape parfaite pour les familles, certaines chambres étant équipées de
kitchenettes. Aire de jeux pour enfants, sauna et salle de gymnastique. 🛏 TV 🍽

| | AE DC MC V | ● | ■ | | ■ |

COLMAR : *Hôtel Turenne* W www.turenne.com €€
10, route de Bâle, 68000. C 03 89 21 58 58. FAX 03 89 41 27 64. **Chambres :** *83.*
Un petit hôtel aux murs colorés typiquement alsacien dans le quartier de la
Petite-Venise. Le personnel est très amical. 🛏 ▤ TV

| | AE MC V | ● | ■ | | |

EGUISHEIM : *Hostellerie du Pape* @ info@hostellerie-pape.com €€€
10, Grand Rue, 68420. C 03 89 41 41 21. FAX 03 89 41 41 31. **Chambres :** *33.*
Une petite ville qui a su préserver tout son cachet, un agréable hôtel-restaurant
en bordure de la vieille ville et à proximité des commerces. 🛏 TV 🍽

| | AE DC MC V | ● | ■ | | |

ÉPINAL : *Hôtel Kyriad* @ hotel-kyriad-epinal@wanadoo.fr €€
12, av. du Gal-de-Gaulle, 88000. C 03 29 92 10 74 FAX 03 29 35 35 14. **Chambres :** *46.*
L'hôtel bénéficie d'une situation centrale : en face de la gare.
Le personnel est très accueillant. 🛏 TV

| | MC V | | | | |

GÉRARDMER : *Manoir au Lac* W www.manoir-au-lac.com €€€€€
Route d'Épinal, 88400. C 03 29 27 10 20. FAX 03 29 27 10 27. **Chambres :** *14.*
Situé à peine à 1 km du centre-ville, le manoir dispose d'une vue
exceptionnelle sur le lac. 🛏 TV

| | AE DC MC V | | ■ | ● | |

LUNÉVILLE : *Château d'Adoménil* W www.relaischateaux.fr €€€€€
Rehainviller, 54300. C 03 83 74 04 81. FAX 03 83 74 21 78. **Chambres :** *9.*
Élégant château du XVIIe siècle, où une cuisine régionale vous sera servie
dans la jolie faïence de Lunéville. 🛏 ▤ TV 🍽

| | AE DC MC V | | | | |

METZ : *Grand Hôtel de Metz* @ grandhoteldemetz@wanadoo.fr €€
3, rue des Clercs, 57000. C 03 87 36 16 33. FAX 03 87 74 17 04. **Chambres :** *60.*
Près de la cathédrale, du marché et des restaurants, cet établissement réputé
mélange les styles baroque et rustique. 🛏

| | AE DC MC V | | ■ | | |

MOLSHEIM : *Hôtel Bugatti* W www.hotel-le-bugatti.com €€
Rue de la Commanderie, 67120. C 03 88 49 89 00. FAX 03 88 38 36 00. **Chambres :** *45.*
La ville du grand Ettore n'a pas oublié le pionnier dont le nom fait rêver
et brille encore au fronton de l'usine toute proche. Les hôtes pourront
utiliser la piscine de l'hôtel Diana et monter à cheval dans les nombreux
manèges des environs. 🛏 TV

| | AE MC V | | | | |

NANCY : *Hôtel Albert Ier et Astoria* €€
3, rue Armée-Patton, 54000. C 03 83 40 31 24. FAX 03 83 28 47 78. **Chambres :** *83.*
Ce petit ensemble hôtelier proche de la gare propose des chambres modernes
donnant sur un patio fleuri. 🛏 TV

| | AE DC MC V | | ■ | | ■ |

NANCY : *Grand Hôtel de la Reine* W www.concorde-hotels.com €€€€€
2, pl. Stanislas, 54000. C 03 83 35 03 01. FAX 03 83 32 86 04. **Chambres :** *42.*
Un établissement de luxe devenu une institution, sur une place mondialement
célèbre. Le restaurant propose un excellent menu. 🛏 ▤ TV 🍽

| | AE DC MC V | ● | | | |

OBERNAI : *Hôtel Le Gouverneur* €€
13, rue de Célestat, 67210. C 03 88 95 63 72. FAX 03 88 49 91 04. **Chambres :** *40.*
L'hôtel qui a été construit en 1566 possède un escalier Louis XV. Les chambres,
dotées de tout le confort moderne, sont décorées avec goût. 🛏 🍽

| | AE MC V | ● | ■ | | |

REMIREMONT : *Hôtel du Cheval de Bronze* €€
59, rue Charles-de-Gaulle, 88200. C 03 29 62 52 24. FAX 03 29 62 34 90. **Chambres :** *35.*
L'étape parfaite sur la route de l'Alsace et de la Lorraine, la base idéale pour
visiter les Vosges. L'établissement a conservé l'aspect d'autrefois, et son
hôtelier qui mérite une halte à lui seul. 🛏 TV @ hotel-du-cheval-de-bronze@wanadoo.fr

| | AE DC MC V | | ■ | | |

RIBEAUVILLÉ : *Hôtel de la Tour* €€
1, rue de la Mairie, 68150. C 03 89 73 72 73. FAX 03 89 73 38 74. **Chambres :** *14*
Ce superbe immeuble était autrefois le centre de vinification de Ribeauville.
Une impressionnante sélection de vins est proposée aux clients. 🛏 TV 🍽

| | MC V | ● | | | ■ |

SAUSHEIM : *Novotel Mulhouse-Sausheim* €€€€
Rue de L'Île-Napoléon, 68390. C 03 89 61 84 84. FAX 03 89 61 77 99. **Chambres :** *77.*
La chaîne Novotel propose des réductions aux familles et les enfants y sont
particulièrement bien traités. 🛏 ▤ TV 🍽 @ ho452@accor-hotels.com

| | AE DC MC V | ● | ■ | ● | ■ |

Voir sur le rabat de couverture la légende des symboles

Les prix correspondent à une nuit en chambre double pour deux personnes, service compris, mais sans petit déjeuner.
€ moins de 30 €
€€ entre 30 et 60 €
€€€ entre 61 et 90 €
€€€€ entre 91 et 150 €
€€€€€ plus de 150 €

ÉQUIPEMENTS ENFANTS
Berceaux, lits d'enfants et baby-sitting. Certains établissements proposent des menus pour enfants et possèdent des chaises hautes.
PARCS DE STATIONNEMENT
Possibilité de garer son véhicule, soit au parking de l'établissement, soit dans un garage à proximité.
PISCINE
Souvent de dimensions réduites ; sauf mention particulière, elles sont à ciel ouvert.
JARDIN
Hôtel disposant d'un jardin, d'une cour ou d'une terrasse, avec des sièges permettant de prendre les repas à l'extérieur.

SAVERNE : Chez Jean €€€ — AE DC MC V. Chambres : 25.
3, rue de la Gare, 67700. 03 88 91 10 19. FAX 03 88 91 27 45.
Entre les murs d'un ancien couvent, des chambres rénovées dans le style alsacien bourgeois et deux types de cuisine, l'une régionale et l'autre plus gastronomique. *(Équipements enfants)*

SÉLESTAT : Auberge des Alliés www.auberge-des-allies.com €€ — MC V. Chambres : 19.
39, rue des Chevaliers, 67600. 03 88 92 09 34. FAX 03 88 92 12 88.
Les poutres apparentes, le bois ciré et les bibelots font de cette auberge un endroit charmant. *(Équipements enfants, Jardin)*

STRASBOURG : Au Cerf d'Or €€€ — AE MC V. Chambres : 37.
6, pl. de l'Hôpital, 67000. 03 88 36 20 05. FAX 03 88 36 68 67.
Les chambres du bâtiment principal ont plus de charme que celles de l'annexe, mais celle-ci dispose d'une petite piscine et d'un sauna. *(Équipements enfants, Piscine, Jardin)*

STRASBOURG : Relais Mercure @ h1813@accord-hotels.com €€€ — AE DC MC V. Chambres : 52.
3, rue du Maire-Kuss, 67000. 03 88 32 80 80. FAX 03 88 23 05 39.
Ce relais a été aménagé dans une vieille maison de briques rouges. Le personnel est très serviable.

STRASBOURG : Régent Petite France www.regent-hotels.com €€€€€ — AE DC MC V. Chambres : 70.
5, rue des Moulins, 67000. 03 88 76 43 43. FAX 03 88 76 43 76.
Une ancienne glacière à eau abrite le plus prestigieux hôtel de la ville. Une localisation idéale en plein cœur de la célèbre Petite France. *(Parcs de stationnement, Jardin)*

VERDUN : Hostellerie du Coq Hardi www.coq-hardi.com €€€ — AE DC MC V. Chambres : 35.
8, av. de la Victoire, 55100. 03 29 86 36 36. FAX 03 29 86 09 21.
Un bel immeuble, un accueil chaleureux, un bon confort traditionnel. Le restaurant offre une cuisine traditionnelle délicieuse, mais assez chère. *(Équipements enfants, Parcs de stationnement)*

WANTZENAU : Le Moulin de la Wantzenau €€€ — AE MC V. Chambres : 20.
3, imp. du Moulin, 67610. 03 88 59 22 22. FAX 03 88 59 22 00.
Entre Lorraine et Allemagne, un ancien moulin, à l'ambiance paisible, qui constituera une agréable halte. www.moulin-wantzenau.com *(Parcs de stationnement, Jardin)*

NORMANDIE

L'AIGLE : Hôtel du Dauphin @ regis.ligot@free.fr €€€ — AE DC MC V. Chambres : 30.
Pl. de la Halle, 61300. 02 33 84 18 00. FAX 02 33 34 09 28.
Tout près du plus important marché de Normandie, un établissement de grande classe avec son salon anglo-normand et sa cuisine rythmée par les saisons. *(Équipements enfants, Parcs de stationnement)*

ALENÇON : Hôtel le Chapeau Rouge €€ — MC V. Chambres : 14.
3, bd Duchamp, 61000. 02 33 26 20 23. FAX 02 33 26 54 05.
À dix minutes à pied du centre-ville, cet hôtel élégant, très soucieux du service, dispose de chambres confortables. *(Parcs de stationnement)*

BAGNOLES-DE-L'ORNE : Manoir du Lys €€€ — AE DC MC V. Chambres : 21.
Rte de Juvigny-ss-Andaine, 61140. 02 33 37 80 69. FAX 02 33 30 05 81.
Cet ancien relais de chasse possède deux piscines (l'une d'elle est couverte) et un chef talentueux. La jolie salle à manger dispose d'une terrasse. www.manoir-du-lys.fr *(Équipements enfants, Parcs de stationnement, Jardin)*

BÂLINES : Auberge du Moulin de Bâlines €€€ — DC MC V. Chambres : 12.
RN12, 27130. 02 32 32 03 48. FAX 02 32 60 11 22.
Un délicieux hôtel rustique au sein d'un large parc. Le moulin a été magnifiquement rénové. www.moulin-de-balines.fr *(Équipements enfants, Parcs de stationnement, Jardin)*

BÉNOUVILLE : Le Manoir d'Hastings et la Pommeraie €€€ — AE DC MC V. Chambres : 16.
18, av. de la Côte-de-Nacre, 14970. 02 31 44 62 43. FAX 02 31 44 76 18.
Un ancien prieuré sert de cadre au restaurant ; l'hôtel est moderne, avec un salon pour chaque chambre. Service très efficace. *(Équipements enfants, Parcs de stationnement)*

BRIONNE : *Auberge du Vieux Donjon* €€
19, rue de la Soie, 27800. **[** 02 32 44 80 62. FAX 02 32 45 83 23. **Chambres : 8.**
La tradition normande dans une vieille auberge située sur la place du marché.
Le restaurant est fréquenté depuis des siècles par les agriculteurs
et les éleveurs. www.auberge-vieux-donjon.com

AE MC V

CABOURG : *Grand Hôtel* www.grandhotelcabourg.com €€€€
Promenade Marcel-Proust, 14390. **[** 02 31 91 01 79. FAX 02 31 24 03 20. **Chambres : 70.**
Le souvenir de Marcel Proust est encore vivace dans cet hôtel de la Belle
Époque, qui vient d'être rénové, sans perdre son charme.

AE DC MC V

CAEN : *Le Dauphin* @ dauphin.caen@wanadoo.fr €€€€
29, rue Gemare, 14000. **[** 02 31 86 22 26. FAX 02 31 86 35 14. **Chambres : 22.**
Des chambres agréables et tranquilles dans cet ancien prieuré rénové et
converti en hostellerie. Cuisine d'une qualité constante.

AE DC MC V

CAEN : *Hôtel Mercure* @ h0869@accord-hotels.com €€€€
1, rue Courtonne, 14000. **[** 02 31 47 24 24. FAX 02 31 47 43 88. **Chambres : 114.**
Service très attentif et atmosphère paisible. L'hôtel est très bien situé.

AE DC V

CEAUX : *Le Relais du Mont* www.hotel-mont-st-michel.com €€
La Buvette, 50220. (Route N175.) **[** 02 33 70 92 55. FAX 02 33 70 94 57. **Chambres : 30.**
Vous admirerez les superbes couchers de soleil sur le mont Saint-Michel.
Chambres familiales et restaurant excellent.

AE DC MC V

DEAUVILLE : *Hôtel Normandy* @ normandy@lucienbarriere.com €€€€€€
38, rue J-Mermoz, 14800. **[** 02 31 98 66 22. FAX 02 31 98 66 23. **Chambres : 270.**
Malgré sa modernisation, ce grand chalet normand n'a pas perdu son charme
d'antan. Aux beaux jours, les repas sont servis sous les pommiers.

AE DC MC V

ÉVREUX : *Le Paris* €
32, rue de la Harpe, 27000. **[** 02 32 39 12 97. **Chambres : 6.**
Une situation paisible près de la cathédrale et du centre-ville.
Les chambres sont simples et propres et l'accueil chaleureux.

FALAISE : *Hôtel de la Poste* @ hoteldelaposte@wanadoo.fr €€
38, rue Georges-Clemenceau,14700. **[** 02 31 90 13 14. FAX 02 31 90 01 81. **Chambres : 17.**
Situé dans une rue animée qui retrouve le calme pendant la nuit, l'hôtel est
confortable. Le restaurant offre un très bon rapport qualité-prix.

AE MC V

FÉCAMP : *Vent d'Ouest* www.hotelventdouest.tm.fr €€
3, av. Gambetta, 76400. **[** 02 35 28 04 04. FAX 02 35 28 75 96. **Chambres : 15.**
Une adresse sympathique, au centre de la ville. L'accueil est chaleureux.
L'hôtel est décoré sur le thème de la mer.

AE MC V

FONTENAI-SUR-ORNE : *Le Faisan Doré* @ lefaisandore@wanadoo.fr €€€
D924, 61200. **[** 02 33 67 18 11. FAX 02 33 35 82 15. **Chambres : 14.**
Établissement comportant un beau jardin avec terrasse pour dîner l'été.
Beaucoup de professionnalisme, prix très raisonnables.

MC V

GRANDCAMP-MAISY : *Hôtel Duguesclin* €€
4, quai Henri-Crampon, 14450. **[** 02 31 22 64 22. FAX 02 31 22 34 79. **Chambres : 25.**
Un établissement moderne situé en bord de mer. Excellent restaurant.

AE MC

GRANVILLE : *Hôtel Michelet* €€
5, rue Jules-Michelet, 50400. **[** 02 33 50 06 55. FAX 02 33 50 12 25. **Chambres : 20.**
Chambres calmes et plaisantes dans ce petit hôtel, dont le bon rapport
qualité-prix vous permettra les joies du casino.

MC V

HONFLEUR : *La Ferme Saint-Siméon* €€€€€
Rue A-Marais, 14600. **[** 02 31 81 78 00. FAX 02 31 89 48 48. **Chambres : 34.**
Étape de luxe au bord de l'estuaire de la Seine, comportant notamment une
auberge. Les impressionnistes s'y retrouvaient.

AE MC V

ISIGNY-SUR-MER : *Hôtel de France* €€
17, rue Émile-Demagny, 14230. **[** 02 31 22 00 33. FAX 02 31 22 79 19. **Chambres : 19.**
Isigny est un pittoresque petit port de pêche. L'hôtel est confortable,
l'accueilchaleureux et le restaurant propose une délicieuse cuisine locale.
www.hotel-france-isigny.com

AE MC V

LISIEUX : *Grand Hôtel de l'Espérance* www.lisieux-hotel.com €€€
16, bd Sainte-Anne, 14100. **[** 02 31 62 17 53. FAX 02 31 62 34 00. **Chambres : 100.**
Un édifice à colombage pour une adresse classique. Malgré sa situation centrale,
l'établissement est calme.

AE DC MC V

Voir sur le rabat de couverture la légende des symboles

Les prix correspondent à une nuit en chambre double pour deux personnes, service compris, mais sans petit déjeuner.
€ moins de 30 €
€€ entre 30 et 60 €
€€€ entre 61 et 90 €
€€€€ entre 91 et 150 €
€€€€€ plus de 150 €

ÉQUIPEMENTS ENFANTS
Berceaux, lits d'enfants et baby-sitting. Certains établissements proposent des menus pour enfants et possèdent des chaises hautes.
PARCS DE STATIONNEMENT
Possibilité de garer son véhicule, soit au parking de l'établissement, soit dans un garage à proximité.
PISCINE
Souvent de dimensions réduites ; sauf mention particulière, elles sont à ciel ouvert.
JARDIN
Hôtel disposant d'un jardin, d'une cour ou d'une terrasse, avec des sièges permettant de prendre les repas à l'extérieur.

	CARTES DE CRÉDIT	ÉQUIPEMENTS ENFANTS	PARCS DE STATIONNEMENT	PISCINE	JARDIN
MACE : *Ile de Sees* w www.ile-sees.fr €€ Vandel, 61500. 02 33 27 98 65. FAX 02 33 28 41 22. **Chambres : 16.** Cette ancienne laiterie abrite un hôtel chaleureux dans un superbe parc boisé de 2 hectares. TV	MC V	●	■		■
MESNIL-VAL : *Hostellerie de la Vieille Ferme* €€ 23, rue de la Mer, 76910. 02 35 86 72 18. FAX 02 35 86 12 67. **Chambres : 31.** L'ancienne ferme du XVIII{e} siècle est entourée d'un parc. Plusieurs corps de bâtiments ont fait l'objet d'une reconversion réussie. TV	AE MC V	●			■
MORTAGNE-AU-PERCHE : *Hôtel Tribunal* €€ 4, pl. du Palais, 61400. 02 33 25 04 77. FAX 02 33 83 60 83. **Chambres : 20.** Ce joli hôtel a été aménagé dans un bâtiment du XIII{e} siècle. Vous pourrez profiterdu beau temps sur la jolie terrasse. Idéal pour les amateurs de calme et de simplicité. TV	AE MC V	●			
MORTAIN : *Hôtel-restaurant Le Temps de Vivre* € 12, rue Saint-Martin, 50140. 02 33 59 60 41. FAX 02 33 59 60 41. **Chambres : 6.** Malgré l'apparence banale de l'hôtel, les chambres sont très confortables, le service et la cuisine sont parfaits. @ le-temps-de-vivre@wanadoo.fr	AE MC V	●	■		■*
MORTAIN : *Hôtel de la Poste* €€ Pl. des Arcades, 50140. 02 33 59 00 05. FAX 02 33 69 53 89. **Chambres : 28.** Cet établissement, tenu en famille, propose des chambres coquettes et confortables. Joli jardin avec vue sur la vallée. TV w www.hoteldelaposte.fr	AE MC V	●	■		■
PONT-AUDEMER : *Belle-Isle-sur-Risle* w www.bellisle.com €€€€ 112, route de Rouen, 27500. 02 32 56 96 22. FAX 02 32 42 88 96. **Chambres : 20.** Une petite île, un parc aux arbres bicentenaires et aux nombreux rosiers. Les chambres sont d'un confort exceptionnel, et la cuisine savoureuse Centre de fitness, sauna et piscines (intérieure et extérieure). TV	AE DC MC V		■		■
ROUEN : *Hôtel de Bordeaux* w www.perso.wanadoo.fr/interhotel.rouen €€ 9, pl. de la République, 76000. 02 35 71 93 58. FAX 02 35 71 92 15. **Chambres : 48.** Cet établissement fonctionnel et bien tenu bénéficie d'une ambiance agréable. Belle situation, entre la Seine et la cathédrale. TV	AE DC MC V				
ROUEN : *Hôtel Notre-Dame* w www.hotelnotredame.com €€ 4, rue de la Savonnerie, 76000. 02 35 71 87 73. FAX 02 35 89 31 52. **Chambres : 30.** Un service attentionné et très efficace, des chambres spacieuses dont certaines offrent une belle vue sur la cathédrale et la Seine. TV	AE DC MC				
SAINT-LÔ : *Chambres d'hôtes La Rétorie* €€€ Chez Osmond, St-Éremond-de-Bonfossé, 50750. 02 33 56 62 98. **Chambres : 20.** À 3 km de Saint-Lô, les chambres de cette ferme vous offriront confort et tranquillité. Accueil chaleureux des propriétaires.	DC MC	●			■
SAINT-PATERNE : *Château de St-Paterne* €€€€€ 72610 Saint-Paterne. 02 33 27 54 71. FAX 02 33 29 16 71. **Chambres : 8.** C'est plus un château qui accueille des hôtes payants qu'un hôtel. La famille Valbray habite toujours cette magnifique demeure dans les environs d'Alençon. w www.chateau-saintpaterne.com	MC V	●	■	●	■
SÉES : *Garden Hotel* €€ 12 bis, rue des Ardriers, 61500. 02 33 27 98 27. FAX 02 33 28 90 07. **Chambres : 13.** Cet hôtel confortable, à deux pas de la cathédrale, était autrefois un orphelinat. Toutes les chambres sont différentes.	AE DC MC V	●	■		■
VERNON : *Hôtel d'Évreux* @ hotel.devreux@libertysurf.fr €€ 11, pl. d'Évreux, 27200. 02 32 21 16 12. FAX 02 32 21 32 73. **Chambres : 12.** Cet ancien relais du XVIII{e} siècle possède une agréable cour intérieure ; c'est là que l'on déguste aux beaux jours une cuisine savoureuse. TV	AE DC MC V	●	■		■

BRETAGNE

AUDIERNE : *Le Goyen* W www.le-goyen.com €€€€ AE MC V
Pl. Jean-Simon, 29770. **℃** *02 98 70 08 88.* FAX *02 98 70 18 77.* **Chambres : 27.**
Une hostellerie de tradition qui offre un accueil empressé et des chambres décorées de tissus provençaux, dont la plupart donnent sur le port de pêche. La cuisine délicieuse est, bien sûr, orientée vers la mer. 🚌 TV 🍽

BREST : *Hôtel de la Corniche* €€€ AE MC V
1, rue Amiral-Nicol, 29200. **℃** *02 98 45 12 42.* FAX *02 98 49 01 53.* **Chambres : 16.**
Établissement moderne reprenant les matériaux et le style du pays, situé à l'ouest de l'arsenal. Bonne base pour faire des balades le long des côtes. Tennis. 🚌 TV W www.hotel-la-corniche.com

CARNAC : *Lann Roz* @ hotel.lann-roz@club-internet.fr €€€ MC V
36, av. de la Poste, 56340. **℃** *02 97 52 10 48.* FAX *02 97 52 24 36.* **Chambres : 13.**
À dix minutes à pied de la plage, dans Carnac-ville, un agréable hôtel avec jardin, et une bonne table à prix assez raisonnables. 🚌 TV 🍽

CESSON-SÉVIGNÉ : *Hôtel Germinal* €€€ AE MC V
9, cours de la Vilaine, 35510. **℃** *02 99 83 11 01.* FAX *02 99 83 45 16.* **Chambres : 20.**
Un ancien moulin cerné par l'eau et un décor campagnard permettent une étape pittoresque et reposante à proximité de Rennes. 🚌 TV 🍽

DINAN : *Moulin Fontaine des Eaux* @ denisnoel@aol.com €€€ AE MC V
22100. **℃** & FAX *02 96 87 92 09.* **Chambres : 5.**
Situé dans une vallée à cinq minutes du port de Dinan, ce moulin à eaux du XVIIIᵉ siècle reconverti donne sur le lac. Chambres d'hôte uniquement. 🚌

DINARD : *Hôtel Printania* W www.printaniahotel.com €€€ AE MC V
5, av. Georges-V, 35800. **℃** *02 99 46 13 07.* FAX *02 99 46 26 32.* **Chambres : 60.**
L'hôtel familial, proche de la plage, a une décoration typiquement bretonne : lits coffres, faïence de Quimper et meubles en bois sculptés. 🚌 TV

FOUGÈRES : *Balzac Hôtel* €€ AE DC MC V
15, rue Nationale, 35300. **℃** *02 99 99 42 46.* FAX *02 99 99 65 43.* **Chambres : 20.**
Un accueil chaleureux dans cet établissement calme aménagé dans un hôtel particulier du XVIIIᵉ siècle 🚌 TV

GROIX (ÎLE DE) : *Hôtel de la Marine* W www.hoteldelamarine.com €€ MC V
7, rue Général-de-Gaulle, 56590. **℃** *02 97 86 80 05.* FAX *02 97 86 56 37.* **Chambres : 22.**
L'étape reposante par excellence. Cette maison, au milieu de l'île, présente une architecture et une décoration traditionnelles. 🚌 TV 🍽

LA FORÊT-FOUESNANT : *Le Manoir du Stang* €€€€ AE DC MC V
29940 La Forêt-Fouesnant. **℃** & FAX *02 98 56 97 37.* **Chambres : 24.**
Ce superbe manoir Renaissance possède un parc avec une forêt et un lac. Les meubles sont d'époque. 🚌 🍽

LAMBALLE : *La Tour d'Argent* @ latourdargent@wanadoo.fr €€ AE DC MC V
2, rue du Docteur-Lavergne, 22400. **℃** *02 96 31 01 37.* FAX *02 96 31 37 59.* **Chambres : 16.**
L'hôtel n'a aucun lien avec le célèbre restaurant gastronomique parisien. Vous y passerez un séjour paisible et plein de charme. 🚌 TV 🍽

MORLAIX : *Hôtel de l'Europe* W www.hotel-europe-com.fr €€€ AE DC MC V
1, rue d'Aiguillon, 29600. **℃** *02 98 62 11 99.* FAX *02 98 88 83 38.* **Chambres : 55.**
Un bâtiment du Second Empire, situé en centre-ville. Une agréable étape bien servie par la cuisine d'Olivier Brignou. 🚌 TV 🍽

PÉNESTIN : *Hôtel Loscolo* W www.hotelloscolo.com €€€€ MC V
La Pointe de Loscolo, 56760. **℃** *02 99 90 31 90.* FAX *02 99 90 32 14.* **Chambres : 15.**
À proximité de La Roche-Bernard, un établissement plaisant qui offre de belles perspectives sur l'Océan. Cuisine savoureuse. 🚌 TV 🍽

PLÉVEN : *Le Manoir de Vaumadeuc* W www.vaumadeuc.com €€€€ AE DC MC V
22130 Pléven. **℃** *02 96 84 46 17.* FAX *02 96 84 40 16.* **Chambres : 14.**
Construit au XVᵉ siècle, le manoir a gardé extérieurement son cachet d'époque, et le parc comporte une belle roseraie. Bar dans le colombier attenant, et bonne table de terroir. 🍽 (seulement l'été).

PLOUGASTEL-DAOULAS : *Hôtel Kastel Roc'h* €€€ AE MC V
91, av. du Gᵈˡ-de-Gaulle, 29470. **℃** *02 98 40 32 00.* FAX *02 98 04 25 40.* **Chambres : 45.**
À proximité d'Océanopolis. Les chambres de cette grande demeure bretonne ont été remises à neuf. 🚌 TV 🍽 @ kastel-roch@wanadoo.fr

Voir sur le rabat de couverture la légende des symboles

Les prix correspondent à une nuit en chambre double pour deux personnes, service compris, mais sans petit déjeuner.
€ moins de 30 €
€€ entre 30 et 60 €
€€€ entre 61 et 90 €
€€€€ entre 91 et 150 €
€€€€€ plus de 150 €

ÉQUIPEMENTS ENFANTS
Berceaux, lits d'enfants et baby-sitting. Certains établissements proposent des menus pour enfants et possèdent des chaises hautes.

PARCS DE STATIONNEMENT
Possibilité de garer son véhicule, soit au parking de l'établissement, soit dans un garage à proximité.

PISCINE
Souvent de dimensions réduites ; sauf mention particulière, elles sont à ciel ouvert.

JARDIN
Hôtel disposant d'un jardin, d'une cour ou d'une terrasse, avec des sièges permettant de prendre les repas à l'extérieur.

		CARTES DE CRÉDIT	ÉQUIPEMENTS ENFANTS	PARCS DE STATIONNEMENT	PISCINE	JARDIN
QUIBERON : *Hôtel Bellevue* — €€€ — Rue de Tiviec, 56170. ☎ 02 97 50 16 28. FAX 02 97 30 44 34. **Chambres :** 38. Situé à proximité du front de mer et du casino, le Bellevue forme un L autour de sa piscine ; bar agréable. 🛏 TV 🍴		AE MC V	●	▪		▪
QUIMPER : *Hotel Gradlon* — €€€€ — 30, rue de Brest, 29000. ☎ 02 98 95 04 39. FAX 02 98 95 61 25. **Chambres :** 22. À deux pas du centre, un établissement traditionnel, disposant d'un jardin. 🛏 TV W www.hotel-gradlon.com		AE MC V	●	▪		▪
ROSCOFF : *Hôtel Bellevue* — €€ — Rue Jeanne-d'Arc, 29680. ☎ 02 98 61 23 38. FAX 02 98 61 11 80. **Chambres :** 18. Cette vieille maison de pays a de belles vues sur l'Océan et sur le vieux port. Les consommations sont servies dans un agréable jardin attenant. Au restaurant, plats de la mer et vins de Loire. 🛏 🍴		MC V	●			▪
SAINT-MALO : *Hôtel Elizabeth* W www.st-malo-elizabeth.com — €€€€ — 2, rue des Cordiers, 35400. ☎ 02 99 56 24 98. FAX 02 99 56 39 24. **Chambres :** 17. Une façade XVIe siècle dans l'enceinte de la vieille ville, et de charmantes chambres très agréablement décorées. 🛏 TV		AE DC MC V		▪		
SAINT-MÉLOIR DES ONDES : *Hôtel Richeux* — €€€€€ — Le Point du Jour, 35350. ☎ 02 99 89 64 76. FAX 02 99 89 88 47. **Chambres :** 13. Cette ravissante maison Arts Déco donne vue sur la baie du mont Saint-Michel. Meubles anciens dans les chambres. 🛏 TV 🍴		AE DC MC V	●	▪		▪
VANNES : *La Marébaudière* — €€€ — 4, rue Aristide-Briand, 56000. ☎ 02 97 47 34 29. FAX 02 97 54 14 11. **Chambres :** 41. Une étape tranquille dans un établissement décoré avec goût, et à proximité de la vieille ville. 🛏 TV		AE DC MC V		▪		

VALLÉE DE LA LOIRE

		CARTES DE CRÉDIT	ÉQUIPEMENTS ENFANTS	PARCS DE STATIONNEMENT	PISCINE	JARDIN
AMBOISE : *Le Choiseul* W www.le-choiseul.com — €€€€€ — 36, quai Charles-Guinot, 37400. ☎ 02 47 30 45 45. FAX 02 47 30 46 10. **Chambres :** 32. Une maison bourgeoise dotée d'un parc élégant. Caves viticoles accessibles aux visiteurs, et restaurant à la cuisine sophistiquée. 🛏 ▤ TV 🍴		AE DC MC V	●	▪	●	▪
AZAY-LE-RIDEAU : *Le Clos Philippa* — €€€ — 10, rue Pineau, 37190. ☎ 02 47 45 26 49. FAX 02 47 45 31 46. **Chambres :** 5. Des chambres d'hôtes dans une maison bourgeoise du XVIIIe siècle proche du château. Salon, bibliothèque, jardin. 🛏		DC MC	●	▪		▪
AZAY-LE-RIDEAU : *Manoir de la Rémonière* — €€€€ — La Chapelle St-Blaise, 37190. ☎ 02 47 45 24 88. FAX 02 47 45 45 69. **Chambres :** 9. L'hôtel aménagé dans un manoir du XVe siècle est entouré d'un jardin. 🛏 W www.chateaux-france.com		AE DC MC V	●	▪	●	▪
BEAUGENCY : *Hotel de la Sologne* W www.hoteldelasologne.com — €€ — 6, pl. Saint-Firmin, 45190. ☎ 02 38 44 50 27. FAX 02 38 44 90 19. **Chambres :** 16. Une maison de 1830 classée, située sur la place principale, près du donjon. Le petit déjeuner est servi dans un agréable jardin d'hiver. 🛏 TV		MC V	●			▪
BEAUGENCY : *Hotel de l'Abbaye* W www.chateauxhotels.com/abbaye — €€€€ — 2, quai de l'Abbaye, 45190. ☎ 02 38 44 67 35. FAX 02 38 44 87 92. **Chambres :** 17. En bord de Loire, un ancien couvent d'augustins du XVIIe siècle converti en hôtel, dont certaines chambres ont une mezzanine. 🛏 TV 🍴		AE DC MC V	●	▪		
BRÉHÉMONT : *Le Castel de Bray et Monts* W www.castelhotelbray.com — €€€ — Le Bourg, 37130. ☎ 02 47 96 70 47. FAX 02 47 96 57 36. **Chambres :** 8. Beau manoir du XVIIIe siècle situé près de Langeais dans un très beau parc. Chambres charmantes, cuisine à la hauteur du cadre. 🛏 TV 🍴		AE MC V		▪		

CHAMBORD : *Hôtel Saint-Michel* €€€ — MC V
41250 Chambord. **(** 02 54 20 31 31. FAX 02 54 20 36 40. **Chambres : 38.**
Il est conseillé de réserver, suffisamment à l'avance, une chambre donnant
sur le château. Bon restaurant.

CHAMPIGNÉ : *Château des Briottières* w www.briottieres.com €€€€€ — AE DC MC V
49330 Champigné. **(** 02 41 42 00 02. FAX 02 41 42 01 55. **Chambres : 15.**
Chambres dans un château privé. Les dîners sont servis dans un décor
splendide et une ambiance chaleureuse.

CHARTRES : *Le Grand Monarque* w www.bw-grand-monarque.com €€€€ — AE DC MC V
22 place des Epars, 28005. **(** 02 37 18 15 15. FAX 02 37 36 34 18. **Chambres : 50.**
Cette grande maison bourgeoise provinciale abrite des chambres élégantes et
raffinées. Le restaurant joue avec talent sur la tradition et le terroir.

CHÊNEHUTTE-LES-TUFFEAUX : *Hostellerie du Prieuré* €€€€ — AE DC MC V
49350. **(** 02 41 67 90 14. FAX 02 41 67 92 24. **Chambres : 36.**
Cet ancien prieuré des Xᵉ et XVIᵉ siècles offre de magnifiques vues sur la Loire.
Parmi ses atouts : un excellent restaurant. w www.prieure.com

CHENONCEAUX : *Hostel du Roy* w www.hostelduroy.com €€ — AE DC MC V
9, rue du Dr-Bretonneau, 37150. **(** 02 47 23 90 17. FAX 02 47 23 89 91. **Chambres : 32.**
Jolie auberge couverte de vigne vierge offrant des chambres plaisantes et
confortables. Patio fleuri et cuisine de tradition.

CHINON : *Hôtel Diderot* w www.hoteldiderot.com €€ — AE MC
4, rue Buffon, 37500. **(** 02 47 93 18 87. FAX 02 47 93 37 10. **Chambres : 28.**
Une élégante maison particulière du XVIIIᵉ siècle entourée d'un jardin, dans
une rue calme. Très bons petits déjeuners.

CHINON : *Hôtel de France* w www.bestwestern.com €€€€ — AE MC V
47, place de Gal-de-Gaulle, 37500. **(** 02 47 93 33 91. FAX 02 47 98 37 03. **Chambres : 29.**
Au cœur de Chinon, un hôtel chaleureux aux chambres confortables.

CHINON : *Hostellerie Gargantua* w www.hostelleriegargantua.com €€€ — AE MC V
73, rue Voltaire, 37500. **(** 02 47 93 04 71. FAX 02 47 93 08 02. **Chambres : 8.**
Les chambres de cet ancien immeuble dominent la rivière. Le restaurant sert
une cuisine où influences traditionnelles et modernes se mêlent.

CHOUZÉ-SUR-LOIRE : *Château des Réaux* €€€€ — AE MC V
Le Port-Boulet, 37140. **(** 02 47 95 14 40. FAX 02 47 95 18 34. **Chambres : 17.**
Ce charmant château Renaissance possède des vignes, que les propriétaires
se font un plaisir de faire visiter. w www.chateaux-france.com

FONTEVRAUD-L'ABBAYE : *Hôtellerie Prieuré St-Lazare* €€€ — AE MC V
Rue St-Jean-de-l'Abbaye, 49590. **(** 02 41 51 73 16. FAX 02 41 51 75 50. **Chambres : 52.**
L'établissement occupe l'ancien prieuré, et le restaurant est installé dans le cloître.
Ce vénérable bâtiment est situé dans l'enceinte de la célèbre abbaye.
w www.hotelfp-fontevraud.com

GENNES : *Les Naulets* w www.hotel-lesnauletsdanjou.com €€ — AE MC
18, rue Croix de la Mission, 49350. **(** 02 41 51 81 88. FAX 02 41 38 00 78. **Chambres : 19.**
La plupart des chambres de ce luxeux manoir Renaissance donnent
sur la Loire. Restaurant gastronomique.

GIEN : *La Poularde* @ lapoularde@wanadoo.fr €€ — AE DC MC V
13, quai de Nice, 45500. **(** 02 38 67 36 05. FAX 02 38 38 18 78. **Chambres : 10.**
Cette maison bourgeoise du XIXᵉ siècle, sur les bords de la Loire, dispose de
chambres agréables (mobilier Louis-Philippe). Le restaurant est excellent.

LA CHARTRE-SUR-LE-LOIR : *Hôtel de France* €€ — MC V
20, place de la République, 72340. **(** 02 43 44 40 16. FAX 02 43 79 62 20. **Chambres : 24.**
L'hôtel, situé dans le centre-ville, possède un agréable jardin.
Le restaurant, plusieurs fois primé, sert des plats généreux.

LE MANS : *Ibis Centre* €€ — AE DC MC V
Quai Ledru-Rolin, 72000. **(** 02 43 23 18 23. FAX 02 43 24 00 72. **Chambres : 85.**
L'hôtel qui domine la rivière et la vieille ville offre un excellent rapport
qualité-prix. Le petit déjeuner est servi sous la forme d'un buffet.

LOCHES : *GrandHôtel de France* €€ — DC MC V
6, rue Picois, 37600. **(** 02 47 59 00 32. FAX 02 47 59 28 66. **Chambres : 19.**
Un établissement élégant établi au pied de la porte de la cité médiévale.
Demi-pension, cuisine excellente.

Les prix correspondent à une nuit en chambre double pour deux personnes, service compris, mais sans petit déjeuner.

€ moins de 30 €
€€ entre 30 et 60 €
€€€ entre 61 et 90 €
€€€€ entre 91 et 150 €
€€€€€ plus de 150 €

ÉQUIPEMENTS ENFANTS
Berceaux, lits d'enfants et baby-sitting. Certains établissements proposent des menus pour enfants et possèdent des chaises hautes.

PARCS DE STATIONNEMENT
Possibilité de garer son véhicule, soit au parking de l'établissement, soit dans un garage à proximité.

PISCINE
Souvent de dimensions réduites ; sauf mention particulière, elles sont à ciel ouvert.

JARDIN
Hôtel disposant d'un jardin, d'une cour ou d'une terrasse, avec des sièges permettant de prendre les repas à l'extérieur.

	Cartes de crédit	Équipements enfants	Parcs de stationnement	Piscine	Jardin
LUYNES : Domaine de Beauvois [W] www.beauvois.com €€€€€ Route de Cléré-les-Pins, 37230. 02 47 55 50 11. FAX 02 47 55 59 62. **Chambres : 35.** Au milieu d'un immense domaine boisé, cette ancienne demeure seigneuriale offre des chambres de grand luxe. Piscine, promenades.	AE DC MC V	●	■	●	■
MARÇAY : Château de Marçay [W] www.chateaudemarcay.com €€€€ 37500 Marçay. 02 47 93 03 47. FAX 02 47 93 45 33. **Chambres : 34.** Service et cuisine impeccables. Chambres et suites raffinées, certaines avec petit jardin privé. Belles vues sur le parc et le vignoble.	AE DC MC V	●	■		■
MONTBAZON : Château d'Artigny [W] www.artigny.com €€€€€ Route de Monts, 37250. 02 47 34 30 30. FAX 02 47 34 30 39. **Chambres : 65.** Une architecture et une décoration impressionnantes, et une cuisine de très grande qualité à base de produits du terroir.	AE DC MC V	●	■		■
MONTLOUIS-SUR-LOIRE : Château de la Bourdaisière €€€€ 25, rue de la Bourdaisière, 37270. 02 47 45 16 31. FAX 02 47 45 09 11. **Chambres : 15.** La maîtresse d'Henri IV, Gabrielle d'Estrées, naquit ici en 1565. Le château, superbe, a été aménagé en hôtel de luxe. (pour 6 personnes minimum). [W] www.chateaulabourdaisiere.com	AE MC V	●	■		■
MONTREUIL-BELLAY : Demeure des Petits Augustins €€ 321, rue Nationale, 49260. 02 41 52 33 88. FAX 02 41 52 33 88. **Chambres : 3.** Une maison de style XVIIᵉ, des chambres spacieuses à la décoration personnalisée qui donnent sur une cour charmante. Nous vous recommandons particulièrement la « suite blanche ». @ moniqueguezenec@minitel.net	MC V	●	■		■
MONTREUIL-BELLAY : Relais du Bellay [W] www.splendid-hotel.fr €€ 96, rue Nationale, 49260. 02 41 53 10 10. FAX 02 41 38 70 61. **Chambres : 42.** Un hôtel-restaurant de centre-ville, qui offre une excellente cuisine régionale. L'annexe propose les chambres les plus calmes.	MC V	●	■		
MUIDES-SUR-LOIRE : Château de Colliers €€€€ 41500 Muides-sur-Loire. 02 54 87 50 75. FAX 02 54 87 03 64. **Chambres : 5.** Proche de Blois, le château, au milieu des bois offre un décor à la fois rustique et majestueux. [W] www.chateauxandcountry.com	MC V	●	■		■
NANTES : Best Western Hotel Le Jules Verne [W] www.world-stay.com €€€ 3, rue du Couëdic, 44000. 02 40 35 74 50. FAX 02 40 20 09 35. **Chambres : 65.** Établissement moderne dans le centre-ville, à proximité de l'animation de la place du Commerce. Chambres confortables, service agréable.	AE DC MC V	●	■		
NANTES : Hôtel la Perouse [W] www.hotel-laperouse.fr €€€ 3, allée Duquesne, 44000. FAX 02 40 89 75 00. **Chambres : 47.** Un établissement élégant ouvert en 1993. Décoration contemporaine et service efficace. Assez calme pour un hôtel de centre-ville.	AE DC MC V	●	■		
NOIZAY : Château de Noizay [W] www.chateaudenoizay.com €€€€€ 37210 Noizay. 02 47 52 11 01. FAX 02 47 52 04 64. **Chambres : 18.** Sur la rive droite de la Loire, un château Renaissance entouré d'un jardin à la française. Des chambres à la décoration discrète et élégante, et une terrasse où l'on prend le petit déjeuner aux beaux jours.	AE DC MC V	●	■	●	■
ONZAIN : Domaine des Hauts de Loire €€€€€ Route d'Herbault, 41150. 02 54 20 72 57. FAX 02 54 20 77 32. **Chambres : 33.** Un ancien pavillon de chasse situé dans un grand parc agrémenté d'un étang. La cuisine ainsi que le cadre justifient les prix. [W] www.domainehautsloire.com	AE DC MC V	●	■	●	■
ROCHECORBON : Hôtel Les Fontaines [W] www.tours-online.com/les-fontaines €€ 6, quai de la Loire, 37210. 02 47 52 52 86. FAX 02 47 52 85 05. **Chambres : 37.** Situé sur la route principale qui mène à Blois, cet hôtel de trois étages propose des chambres confortables et bien décorées.	AE MC V	●	■		

ROCHECORBON : *Domaine des Hautes Roches* €€€€
86, quai de la Loire, 37210. 📞 02 47 52 88 88. FAX 02 47 52 81 30. **Chambres : 15.**
Les chambres taillées dans le roc (hôtel troglodyte) sont spacieuses et chaleureuses.
🛏 TV & 🍴 W www.leshautesroches.com
AE DC MC V

ROMORANTIN-LANTHENAY : *Grand Hôtel du Lion d'Or* €€€€€
69, rue G.-Clemenceau, 41200. 📞 02 54 94 15 15. FAX 02 54 88 24 87. **Chambres : 16.**
Cet ancien relais de poste du XVIᵉ siècle est situé au cœur de la ville.
Étape gastronomique, les chambres et le service sont à la hauteur.
🛏 ▤ TV 🍴 W www.hotel-liondor.fr
AE DC MC V

SAINT-JULIEN-LE-PAUVRE : *Château de la Renaudière* €€€
72240 Saint-Julien-le-Pauvre. 📞 02 43 20 71 09. FAX 02 43 20 75 56. **Chambres : 5.**
Entre Le Mans et Laval, le château du marquis de Mascureau propose
quelques chambres. 🛏 TV @ pdemascureau@wanadoo.fr
V

SAINT-LAMBERT-DES-LEVÉES : *La Croix de la Voulte* €€
Route de Boumois, 49400. 📞 et FAX 02 41 38 46 66. **Chambres : 4.**
Les chambres de ce vieux manoir, situé à l'extérieur de Saumur sont toutes
différentes. L'accueil est très chaleureux. 🛏 W www.clacroixdelavoulte.com

SAUMUR : *Hôtel de Londres* W www.lelondres.com €€
48, rue d'Orléans, 49400. 📞 FAX 02 41 51 23 98. FAX 02 41 67 51 00. **Chambres : 27.**
Sa situation centrale en fait une bonne base pour découvrir Saumur.
Le personnel est très serviable. 🛏
AE DC MC V

SAUMUR : *Hôtel Anne d'Anjou* W www.hotel-anneanjou.com €€€€
32-34, quai Mayaud, 49400. 📞 02 41 67 30 30. FAX 02 41 67 51 00. **Chambres : 45.**
Intérieur sophistiqué et romantique par cette élégante demeure des bords de
Loire. La cour et le grand escalier sont impressionnants. 🛏 TV &
AE DC MC V

TOURS : *Hôtel Moderne* W www.touraine-hotel.org €€
1-3, rue Victor Laloux, 37000. 📞 02 47 05 32 81. FAX 02 47 05 71 50. **Chambres : 22.**
Dans une rue paisible au centre de la ville, un petit hôtel dont les nouveaux
propriétaires rénovent toutes les chambres. 🛏 TV 🍴
MC V

TOURS : *Hôtel de l'Univers* W www.hotel-univers-loirevalley.com €€€€€
5, bd Heurteloup, 37000. 📞 02 47 05 37 12. FAX 02 47 61 51 80. **Chambres : 85.**
Les têtes couronnées et les hommes d'État ont fréquenté cet établissement.
Décoration des années trente. 🛏 ▤ TV 🍴
AE DC MC V

VITRY-AUX-LOGES : *Château du Plessis-Beauregard* €€€
Vitry-aux-Loges, 45530. 📞 02 38 59 47 24. FAX 02 38 59 47 48. **Chambres : 3.**
Le château de briques, au cœur de la forêt d'Orléans dispose de chambres
aérées et d'une piscine. Il faut commander son dîner à l'avance. 🛏
MC V

VOUVRAY : *Château de Jallanges* W www.jallanges.com €€€€
37210 Vouvray. 📞 02 47 52 06 66. FAX 02 47 52 11 18. **Chambres : 7.**
Ce château Renaissance possède des chambres confortables au mobilier
ancien. C'est une étape idéale pour découvrir la Touraine. 🛏 & 🍴
MC V

YZEURES-SUR-CREUSE : *Hôtel de la Promenade* €€
1, pl. du 11-Novembre, 37290. 📞 02 47 91 49 00. FAX 02 47 94 46 12. **Chambres : 15.**
L'hôtel est proche des fouilles archéologiques du grand-Pressigny et de
Preuilly-sur-Claise et de la réserve naturelle de La Brenne. 🛏 TV 🍴
MC V

BOURGOGNE ET FRANCHE-COMTÉ

ARBOIS : *Jean-Paul Jeunet* @ jeunet@receptionfrance.com €€€€
9, rue de l'Hôtel-de-Ville, 39600. 📞 03 84 66 05 67. FAX 03 84 66 24 20. **Chambres : 18.**
Un établissement élégant en plein centre d'une ville pittoresque, une cuisine
inventive et savoureuse. 🛏 TV 🍴
AE DC MC V

ARNAY-LE-DUC : *Chez Camille* W www.chezcamille.fr €€€
1, pl. Édouard-Herriot, 21230. 📞 03 80 90 01 38. FAX 03 80 90 04 64. **Chambres : 11.**
Des chambres spacieuses et des meubles anciens dans cet hôtel-restaurant
décoré avec goût. Ambiance chaleureuse et tranquille, avec une immense
cheminée et des doubles vitrages. Cuisine traditionnelle de qualité. 🛏 ▤ TV 🍴
AE DC MC V

AUTUN : *Les Granges* €€
Monthélon, 71400. 📞 03 85 52 22 99. **Chambres : 3.**
Une exploitation agricole qui constitue une bonne base pour visiter
cette partie de la Bourgogne. Accueil chaleureux ; pas de cartes de crédit
ni de repas. 🛏

Les prix correspondent à une nuit en chambre double pour deux personnes, service compris, mais sans petit déjeuner.
€ moins de 30 €
€€ entre 30 et 60 €
€€€ entre 61 et 90 €
€€€€ entre 91 et 150 €
€€€€€ plus de 150 €

ÉQUIPEMENTS ENFANTS
Berceaux, lits d'enfants et baby-sitting. Certains établissements proposent des menus pour enfants et possèdent des chaises hautes.

PARCS DE STATIONNEMENT
Possibilité de garer son véhicule, soit au parking de l'établissement, soit dans un garage à proximité.

PISCINE
Souvent de dimensions réduites ; sauf mention particulière, elles sont à ciel ouvert.

JARDIN
Hôtel disposant d'un jardin, d'une cour ou d'une terrasse, avec des sièges permettant de prendre les repas à l'extérieur.

	CARTES DE CRÉDIT	ÉQUIPEMENTS ENFANTS	PARCS DE STATIONNEMENT	PISCINE	JARDIN
AUTUN : *Hôtel Saint-Louis et de la Poste* w www.amadeusprop.com €€€ 6, rue de l'Arbalète, 71400. 03 85 52 01 01. FAX 03 85 86 32 54. **Chambres : 39.** Un ancien relais de poste du XVIIᵉ siècle. Les chambres offrent une large palette de prix, la plus chère étant celle où logea Napoléon.	AE DC MC V	●	■		■
BEAUNE : *Le Home* €€ 138, route de Dijon, 21200. 03 80 22 16 43. FAX 03 80 24 90 74. **Chambres : 23.** Un hôtel familial simple, confortable et bien tenu. Il est situé en retrait de la route, à la lisière de la ville, et dispose d'un jardin.	MC V		■		■
BEAUNE : *Hôtel du Cep* w www.hotel-cep-beaune.com €€€€€ 27, rue Maufoux, 21200. 03 80 22 35 48. FAX 03 80 22 76 80. **Chambres : 61.** En plein cœur de la vieille ville, un établissement élégant qui occupe une charmante demeure du XVIᵉ siècle. Les chambres portent les noms des crus de la région. Restaurant et bar.	AE DC MC V		■		■
BESANÇON : *Hôtel Mercure Parc Micaud* €€€€€ 3, avenue É.-Droz, 25000. 03 81 80 11 44. FAX 03 81 40 34 39. **Chambres : 91.** L'hôtel moderne et luxueux propose des chambres confortables et de bons petits déjeuners. @ h1220@accor-hotels.com	AE DC MC V	●	■		■
BOUILLAND : *Le Vieux Moulin* w www.le-moulin-de-bouilland.com €€€€ 21420 Bouilland. 03 80 21 51 16. FAX 03 80 21 59 90. **Chambres : 20.** Un ancien moulin récemment rénové dans un pittoresque village au nord-ouest de Beaune. On y va aussi pour la cuisine inventive et reconnue de Jean-Pierre Silva.	AC MC V	●	■	●	■
CHABLIS : *Hostellerie des Clos* w www.hostellerie-des-clos.fr €€ Rue Jules-Rathier, 89800. 03 86 42 10 63. FAX 03 86 42 17 11. **Chambres : 33.** L'hostellerie occupe un ancien couvent situé au centre du village. Les chambres sont confortables, et c'est l'une des meilleures tables de la région.	AE MC V	●	■		■
CHAILLY-SUR-ARMANÇON : *Château de Chailly* €€€€€ 21320 Chailly-sur-Armançon. 03 80 90 30 30. FAX 03 80 90 30 00. **Chambres : 45.** Ce magnifique château Renaissance, récemment rénové, est très luxueux et possède un golf, une piscine, des tennis et deux restaurants. w www.chailly.com	AE DC MC V	●	■	●	■
CHÂTEAU CHINON : *Au Vieux Morvan* €€€ 8, pl. Gudin, 58120. 03 86 85 05 01. FAX 03 86 85 02 78. **Chambres : 24.** François Mitterrand s'y trouvait en 1981 au moment de la proclamation des résultats de l'élection présidentielle. Il occupait toujours la chambre 15. Cuisine morvandelle et ambiance campagnarde.	MC V	●	■		
CLUNY : *Hôtel-restaurant de Bourgogne* w www.hotel-cluny.com €€ Pl. de l'Abbaye, 71250. 03 85 59 00 58. FAX 03 85 59 03 73. **Chambres : 16.** À proximité immédiate de l'abbaye, une auberge servant une cuisine classique et raffinée, et des chambres donnant sur un jardin intérieur.	AE MC V	●	■		■
DIJON : *Hostellerie le Sauvage* €€ 64, rue Monge, 21000. 03 80 41 31 21. FAX 03 80 42 06 07. **Chambres : 21.** Cet hôtel de ville est idéalement situé pour découvrir les principaux sites touristiques et le centre historique de Dijon.	AE MC V		■		■
DIJON : *Hôtel de Chambellan* € 92, rue Vannerie, 21000. 03 80 67 12 67. FAX 03 80 38 00 39. **Chambres : 23.** Une partie de cet hôtel, proche du musée des Beaux-Arts date du XVIIᵉ siècle. Les chambres sont confortables et le personnel est attentif.					■
FONTETTE : *Hôtel Crispol* €€€ St-Père-sous-Vezelay, 89450. 03 86 33 26 25. FAX 03 86 33 33 10. **Chambres : 10.** L'hôtel moderne est extrêmement luxueux et bien décoré. La cuisine est généreuse et imaginative.	MC V	●	■		

GEVREY-CHAMBERTIN : *La Borne Impériale* [w] www.borne-imperiale.com €€ AE MC V
14-16, rue d'Argentine, 21220. [C] 03 80 64 19 76. FAX 03 80 64 30 63. **Chambres : 7.**
Cette ravissante petite auberge est située en plein centre-ville. Les chambres
sont confortables et le restaurant sert une bonne cuisine locale. [11]

GEVREY-CHAMBERTIN : *Hôtel des Grands Crus* €€€ MC V
Route des Grands-Crus, 21220. [C] 03 80 34 34 15. FAX 03 80 51 89 07. **Chambres : 24.**
L'hôtel luxueux a une vue magnifique sur le vignoble. Il n'y a pas de restaurant,
mais vous pouvez prendre vos repas au village. [🚗] [w] www.hoteldesgrandscrus.com

JOIGNY : *Le Paris-Nice* [@] parisnice@wanadoo.fr €€ AE MC V
Rond-point de la Résistance, 89300. [C] 03 86 62 06 72. **Chambres : 10.**
Les jeunes propriétaires ont rénové ce vieux bâtiment et en ont fait un havre
de paix au cœur de Joinville. Magnifique terrasse. [🚗] [TV] [11]

JOIGNY : *Hôtel Rive Gauche* [w] www.hotel-le-rive-gauche.fr €€€ AE MC
Rue Porte-au-Bois, 89300. [C] 03 86 91 46 66. FAX 03 86 91 46 93. **Chambres : 42.**
Cet hôtel moderne jouxte la rivière Yonne aussi êtes-vous assuré d'avoir
une belle vue. [🚗] [TV]

LEVERNOIS : *Le Parc* [@] hotel.le.parc@wanadoo.fr €€ AE V
21200 Levernois. [C] 03 80 22 22 51. FAX 03 80 24 21 19. **Chambres : 15.**
À 4 km au sud-est de Beaune, une demeure ancienne au cœur d'un parc
centenaire. Excursions en montgolfière dans les environs. [🚗] [TV]

LIGNY-LE-CHÂTEL : *Relais Saint-Vincent* €€ AE DC MC V
14, Grande-Rue, 89144. [C] 03 86 47 53 38. FAX 03 86 47 54 16. **Chambres : 15.**
À 15 km de Chablis, une maison à colombage dotée du confort moderne.
Le restaurant propose des spécialités au marc de Bourgogne.
[🚗] [TV] [11] [@] relais.saint.vincent@libertysurf.fr

OYE-ET-PALLET : *Hôtel Parnet* €€ AE MC V
11, rue de la Fauconnière, 25160. [C] 03 81 89 42 03. FAX 03 81 89 41 47. **Chambres : 14.**
Le charme du Jura, idéal pour des vacances sportives. L'hôtel est confortable,
calme et clair, et la cuisine de qualité. C'est le paradis des pêcheurs. [🚗] [TV] [11]

POLIGNY : *Hostellerie des Monts de Vaux* €€€€€ AF DC MC V
39800 Poligny. [C] 03 84 37 12 50. FAX 03 84 37 09 07. **Chambres : 10**
Un ancien relais à la sortie de Poligny. Ambiance de montagne,
bonne cuisine de pays, vins du Jura, tennis. [🚗] [TV] [11] [w] www.hostellerie.com

PULIGNY-MONTRACHET : *Le Montrachet* [w] www.le-montrachet.com €€€€ AE DC MC V
Pl. des Marroniers, 21190. [C] 03 80 21 30 06. FAX 03 80 21 39 06. **Chambres : 32.**
En pleine région viticole, une étape reposante que viennent embellir une très
bonne table et une carte des vins bien composée. [🚗] [TV] [11]

SAINT-GERVAIS-EN-VALLIÈRE : *Moulin d'Hauterive* €€€€ AE DC MC V
Chaublanc, 71350. [C] 03 85 91 55 56. FAX 03 85 91 89 65. **Chambres : 21.**
Cet ancien moulin situé à l'écart offre repos, tennis et sauna.
[🚗] [TV] [11] [w] www.moulinhauterive.com

SAULIEU : *La Côte d'Or* [w] www.bernard-loiseau.com €€€€€ AE DC MC V
2, rue Argentine, 21210. [C] 03 80 90 53 53. FAX 03 80 64 08 92. **Chambres : 32.**
L'une des meilleures adresses de France, tenue par la famille du chef Bernard
Loiseau, aujourd'hui disparu. Chambres et cuisine somptueuses. [🚗] [☰] [TV] [11]

TONNERRE : *L'Abbaye St-Michel* [@] abbayestmichel@wanadoo.fr €€€€€ AE MC V
Montée de St-Michel, 89700. [C] 03 86 55 05 99. FAX 03 86 55 00 10. **Chambres : 12.**
L'abbaye datant du xᵉ siècle est devenue un hôtel-restaurant renommé. [🚗] [TV] [11]

TOURNUS : *Hôtel Le Sauvage* [w] www.le-sauvage-tournus.com €€ AE DC MC V
Pl. du Champ-de-Mars, 89700. [C] 03 85 51 14 45. FAX 03 85 32 10 27. **Chambres : 30.**
Cet hôtel charmant bénéficie d'une situation centrale. Il est d'un bon rapport
qualité-prix et possède un excellent restaurant. [🚗] [11]

TOURNUS : *Château de Beaufer* [@] beaufer@aol.com €€€€ MC V
71700 Tournus. [C] 03 85 51 18 24. FAX 03 85 51 25 04. **Chambres : 6.**
Les chambres sont situées dans le château du xvieᵉ siècle couvert de vigne ou
dans l'annexe. Les repas sont servis au château. On peut faire de l'équitation. [🚗]

VÉZELAY : *Cabalus* [@] contact@cabalus.com €€ AE MC V
Rue Saint-Pierre, 89450. [C] 03 86 33 20 66. FAX 03 86 33 38 03. **Chambres : 5.**
Au cœur de la vieille ville, l'hôtel est aménagé dans une ancienne abbaye.
On peut y prendre son dîner. [🚗] [TV]

Voir sur le rabat de couverture la légende des symboles

Les prix correspondent à une nuit en chambre double pour deux personnes, service compris, mais sans petit déjeuner.
€ moins de 30 €
€€ entre 30 et 60 €
€€€ entre 61 et 90 €
€€€€ entre 91 et 150 €
€€€€€ plus de 150 €

ÉQUIPEMENTS ENFANTS
Berceaux, lits d'enfants et baby-sitting. Certains établissements proposent des menus pour enfants et possèdent des chaises hautes.

PARCS DE STATIONNEMENT
Possibilité de garer son véhicule, soit au parking de l'établissement, soit dans un garage à proximité.

PISCINE
Souvent de dimensions réduites ; sauf mention particulière, elles sont à ciel ouvert.

JARDIN
Hôtel disposant d'un jardin, d'une cour ou d'une terrasse, avec des sièges permettant de prendre les repas à l'extérieur.

Établissement	Cartes de crédit	Équipements enfants	Parcs de stationnement	Piscine	Jardin
VÉZELAY : *L'Espérance* @ marc.meneau@wanadoo.fr €€€€€ St-Père-sous-Vézelay, 89450. 03 86 33 39 10. FAX 03 86 33 26 15. **Chambres : 30.** Le fief de Marc Meneau, au grand talent culinaire. Pour les chambres, on aura le choix entre « le Moulin » et « le Village ».	AE DC MC V		■	●	■
VONNAS : *Georges Blanc* W www.georgesblanc.com €€€€ 01540 Vonnas. 04 74 50 90 90. FAX 04 74 50 08 80. **Chambres : 48.** Étape de luxe dans cet établissement figurant parmi les Relais et Châteaux. Toute la créativité de Georges Blanc s'exprime ici, tant dans la cuisine que dans l'hôtellerie.	AE DC MC V	●	■	●	■

MASSIF CENTRAL

Établissement	Cartes de crédit	Équipements enfants	Parcs de stationnement	Piscine	Jardin
AUBUSSON-D'AUVERGNE : *Au Bon Coin* €€ 63120 Aubusson-d'Auvergne. 04 73 53 55 78. FAX 04 73 53 56 29. **Chambres : 6.** Tenue par le maire de la commune, cette auberge offre un charme campagnard et une cuisine de terroir.	MC V	●			
BEAULIEU-SUR-DORDOGNE : *Château d'Arnac* €€€ Nonards, 19120. 05 55 91 54 13. FAX 05 55 91 52 62. **Chambres : 4.** Les propriétaires qui ont restauré le château sont anglais. Les jardins abritent un petit lac. W www.chateau.mcmail.com	MC V	●	●		■
BELCASTEL : *Le Vieux Pont* W www.hotelbelcastel.com €€€ 12390 Belcastel. 05 65 64 52 29. FAX 05 65 64 44 32. **Chambres : 7.** L'hôtel domine le village médiéval et son château. C'est une annexe du restaurant des sœurs Fagegaltier.	AE DC MC V	●	●		■
CALVINET : *Hôtel Beauséjour* W www.cantal-restaurant-puech.com €€ Route de Maurs, 15340. 04 71 49 91 68. FAX 04 71 49 98 63. **Chambres : 12.** Pour le calme et la savoureuse cuisine de Bernard Puech.	AE DC V	●	●		■
CHAMALIÈRES : *Hôtel Radio* W www.hotel-radio.fr €€€ 43, av. Pierre-et-Marie-Curie, 63400. 04 73 30 87 83. FAX 04 73 36 42 44. **Chambres : 25.** Une bâtisse Arts déco, décoré dans le même style. On y dégustera la cuisine de Frédéric Coursol, en admirant la vue sur Clermont-Ferrand.	AE DC MC V	●*	●		
COUPIAC : *L'Hostellerie du Château* €€ Av. Raymond-Bel, 12550. 05 65 98 12 60. FAX 05 65 98 12 61. **Chambres : 9.** L'hôtel affilié au Logis de France est une excellente base pour découvrir la région. Cuisine régionale servie au restaurant.	AE DC MC V	●	●		■
FLORAC : *Grand Hôtel du Parc* W www.grandhotelduparc.fr €€€ 47, av. Jean-Monestier, 48400. 04 66 45 03 05. FAX 04 66 45 11 81. **Chambres : 59.** Établissement traditionnel disposant d'un parc ; les prix des chambres et des repas sont très avantageux.	AE DC MC V	●	●		■
LAGUIOLE : *Michel Bras* W www.michel-bras.fr €€€€€ Route de l'Aubrac, 12210. 05 65 51 18 20. FAX 05 65 48 47 02. **Chambres : 14.** L'établissement doit sa notoriété à la cuisine de terroir de Michel Bras, qui est à découvrir absolument. Les chambres calmes et ultramodernes sont situées en rez-de-jardin.	AE DC MC V	●	■		■
LAQUEUILLE : *Les Clarines* €€ Laqueuille-Gare, 63820. 04 73 22 00 43. FAX 04 73 22 06 10. **Chambres : 12.** Ancienne ferme située dans la montagne de Razat. Les chambres sont simples, et la cuisine traditionnelle.	AE DC MC V	●	●		■
MILLAU : *Château de Creissels* €€ Route de Ste-Afrique, 12100. 05 65 60 16 59. FAX 05 65 61 24 63. **Chambres : 30.** Une bastide du XIe siècle offrant une vue superbe sur la vallée du Tarn, avec des chambres modernes. La cuisine s'inspire du terroir. W www.chateau-de-creissels.com	AE DC MC V	●	■		■

MOULINS : *Hôtel de Paris* [W] www.hotelsdeparis-moulins.com €€
21, rue de Paris, 03000. [C] 04 70 44 00 58. [FAX] 04 70 34 05 39. **Chambres : 27.**
Cuisine du terroir dans un espace raffiné et convivial.
Une étape agréable vers l'Auvergne.

AE DC MC V

MUR-DE-BARREZ : *Auberge de Barrez* [W] www.aubergedebarrez.com €€€
Av. du Carladez, 12600. [C] 05 65 66 00 76. [FAX] 05 65 66 07 98. **Chambres : 18.**
Au cœur d'une région propice aux randonnées pédestres, un établissement
moderne et confortable, et la délicieuse cuisine de Christian Gaudel.

AE DC MC V

NAJAC : *Oustal del Barry* [W] www.oustal.del.barry.com €€
Pl. du Bourg, 12270. [C] 05 65 29 74 32. [FAX] 05 65 29 75 32. **Chambres : 18.**
Le village est médiéval, et cette auberge de charme propose la cuisine
de Rémi Simon, à la fois créative et attachée au terroir.

AE DC MC V

NEUVÉGLISE : *Auberge du Pont de Lanau* €€
15260 Neuvéglise. [C] 04 71 23 57 76. [FAX] 04 71 23 53 84. **Chambres : 8.**
Les chambres de cette auberge sont petites mais agréables,
certaines donnent vue sur les montagnes.

MC V

PONTAUMUR : *Hôtel de la Poste* [@] hotel-poste2@wanadoo.fr €€
Av. du Marronnier, 63380. [C] 04 73 79 90 15. [FAX] 04 73 79 73 17. **Chambres : 15.**
Une petite bourgade d'Auvergne, un hôtel moderne plaisamment décoré,
et l'agréable cuisine de Jean-Paul Quinty.

MC V

PONTEMPEYRAT : *Moulin de Mistou* [W] www.mistou.fr €€€
Craponne-sur-Arzon, 43500. [C] 04 77 50 62 46. [FAX] 04 77 50 66 70. **Chambres : 15.**
L'établissement retiré et tranquille, est installé dans un ancien moulin.
La cuisine de Bernard Roux maintient sa réputation.

AE MC V

ROANNE : *Troisgros* [W] www.troisgros.fr €€€€€
Pl. Jean-Troisgros, 42300. [C] 04 77 71 66 97. [FAX] 04 77 70 39 77. **Chambres : 18.**
La réputation mondiale du restaurant des frères Troisgros a transformé
l'ancien hôtel modeste en un lieu luxueux.

AE DC MC V

SAINT-BONNET-LE-FROID : *Auberge des Cimes* €€€€
43290 St-Bonnet-le-Froid. [C] 04 71 59 93 72. [FAX] 04 71 59 93 40. **Chambres : 12.**
Les gastronomes se retrouvent pour loger dans cette auberge et cadre rustique
et déguster la cuisine de Régis Marcon. [W] www.regismarcon.fr

AE MC V

SAINT-FLOUR : *Le Bout du Monde* [W] www.saint-flour.com/leboutdumonde €€
Saint-Georges, 15100. [C] 04 71 60 15 84. [FAX] 04 71 60 72 90. **Chambres : 14.**
L'hôtel, un peu désuet, est situé dans une paisible vallée.
Le restaurant sert des plats régionaux à des prix très avantageux.

AE MC V

SAINT-HILAIRE-LE-CHÂTEAU : *Hôtel du Thaurion* €€
23250 Saint-Hilaire-le-Château. [C] 05 55 64 50 12. [FAX] 05 55 64 90 92. **Chambres : 8.**
Un ancien relais de poste appartenant à la même famille depuis deux siècles.
Cuisine du pays.

AE DC MC V

SAINT-JEAN-DU-BRUEL : *Hôtel du Midi-Papillon* €€
12230 Saint-Jean-du-Bruel. [C] 05 65 62 26 04. [FAX] 05 65 62 12 97. **Chambres : 18.**
Un établissement calme à l'ambiance agréable, avec jardin et vue sur la Dourbie.
Cuisine traditionnelle signée Jean-Michel Papillon.

MC V

SAINT-PRIVAT-D'ALLIER : *La Vieille Auberge* €€
Route de Saugues, 43580. [C] 04 71 57 20 56. [FAX] 04 71 57 22 50. **Chambres : 19.**
Une vieille auberge de campagne rénovée avec goût. Les chambres et la table
offrent un excellent rapport qualité-prix. [W] www.francehotelreservation.com

SALERS : *Hôtel Baillage* €€€
Rue Notre-Dame, 15140. [C] 04 71 40 71 95. [FAX] 04 71 40 70 90. **Chambres : 27.**
Cet hôtel bénéficie d'un environnement magnifique.
Les chambres sont étonnamment spacieuses.

AE DC MC V

VICHY : *Le Pavillon d'Enghien* [@] catherine.belabed@wanadoo.fr €€€
32, rue Callou, 03200. [C] 04 70 98 33 30. [FAX] 04 70 31 67 82. **Chambres : 22.**
Situé face à l'établissement thermal, un hôtel aux tarifs raisonnables qui donne
une idée de l'ambiance du Vichy d'avant-guerre.

AE DC MC V

VILLEFORT : *Hôtel Balme* [W] www.villefort.free.fr €€€
Pl. du Portalet, 48800. [C] 04 66 46 80 14. [FAX] 04 66 46 85 26. **Chambres : 16.**
Une surprenante adresse en Lozère : un petit musée de la châtaigne, et une
cuisine du terroir influencée par les séjours en Orient de Michel Gomy.

AE DC MC V

Les prix correspondent à une nuit en chambre double pour deux personnes, service compris, mais sans petit déjeuner.

€ moins de 30 €
€€ entre 30 et 60 €
€€€ entre 61 et 90 €
€€€€ entre 91 et 150 €
€€€€€ plus de 150 €

ÉQUIPEMENTS ENFANTS
Berceaux, lits d'enfants et baby-sitting. Certains établissements proposent des menus pour enfants et possèdent des chaises hautes.

PARCS DE STATIONNEMENT
Possibilité de garer son véhicule, soit au parking de l'établissement, soit dans un garage à proximité.

PISCINE
Souvent de dimensions réduites ; sauf mention particulière, elles sont à ciel ouvert.

JARDIN
Hôtel disposant d'un jardin, d'une cour ou d'une terrasse, avec des sièges permettant de prendre les repas à l'extérieur.

	CARTES DE CRÉDIT	ÉQUIPEMENTS ENFANTS	PARCS DE STATIONNEMENT	PISCINE	JARDIN
VITRAC : *Auberge de la Tomette* w www.auberge-la-tomette.com €€ 15220 Vitrac. 04 71 64 70 94. FAX 04 71 64 77 11. **Chambres : 15.** Près d'Aurillac, dans un parc fleuri ; chambres confortables et cuisine servie dans une belle salle à manger avec boiseries.	AE DC MC V	●	■		■
YDES : *Château de Trancis* €€€€ 15210 Ydes. 04 71 40 60 40. FAX 04 71 40 62 13. **Chambres : 7.** Le château borde le parc national d'Auvergne. Les chambres sont bien équipées et l'on peut se détendre dans un magnifique salon Louis XIV.	AE DC MC V	●	■		■

VALLÉE DU RHÔNE ET ALPES

	CARTES DE CRÉDIT	ÉQUIPEMENTS ENFANTS	PARCS DE STATIONNEMENT	PISCINE	JARDIN
AIX-LES-BAINS : *Hôtel Le Manoir* w www.hotel-lemanoir.com €€€€ 37, rue Georges-1er, 73105. 04 79 61 44 00. FAX 04 79 35 67 67. **Chambres : 73.** Un vieil établissement plein de charme, situé dans le parc du Splendide-Royal et à proximité des thermes.	AE DC MC V	●	■		■
ALBERTVILLE : *Hôtel Million* w www.hotelmillion.com €€€€ 8, pl. de la Liberté, 73200. 04 79 32 25 15. FAX 04 79 32 25 36. **Chambres : 26.** Tenu par la même famille depuis 1770, cet établissement offre de belles prestations ainsi qu'une excellente cuisine de pays.	AE DC MC V	●	■		
ANNECY : *Hôtel de l'Abbaye* w www.hotelabbaye-annecy.com €€€€ 15, chemin de l'Abbaye, 74940. 04 50 23 61 08. FAX 04 50 23 61 71. **Chambres : 17.** L'hôtel-restaurant qui occupe un ancien monastère dominicain du XVe siècle a beaucoup de charme.	AE DC MC V		■		■
BAGNOLS : *Château de Bagnols* w www.bagnols.com €€€€€ 69620 Bagnols. 04 74 71 40 00. FAX 04 74 71 40 49. **Chambres : 21.** Au nord de Lyon, magnifique château du XIIIe siècle au milieu des coteaux du Beaujolais.	AE DC MC V	●	■		■
BOURG-EN-BRESSE : *Hôtel du Prieuré* @ hotel-du-prieure@wanadoo.fr €€€ 51, bd de Brou, 01000. 04 74 22 44 60. FAX 04 74 22 71 07. **Chambres : 14.** Des jardins et des murs du XVIe siècle, à proximité de l'église de Brou. De vastes chambres à l'ameublement rustique et à la décoration réussie.	AE DC MC V		■		■
CHAMBÉRY : *Hôtel des Princes* @ hoteldesprinces@wanadoo.fr €€€ 4, rue de Boigne, 73000. 04 79 33 45 36. FAX 04 79 70 31 47. **Chambres : 47.** Au cœur de la vieille ville, un établissement conciliant tradition et modernité. Les chambres sont très confortables.	AE DC MC V		■		
CHAMONIX-MONT-BLANC : *Le Hameau Albert 1er* €€€€ 38, rue du Bouchet, 74402. 04 50 53 05 09. FAX 04 50 55 95 48. **Chambres : 42.** Grand chalet-hôtel élégamment meublé, avec vue sur le mont Blanc. Le restaurant a la réputation d'être la meilleure table de Chamonix. w www.hameaualbert.fr	AE DC MC V	●	■		■
CHONAS L'AMBALLAN : *Domaine de Clairefontaine* €€€ 38211 Chonas L'Amballan. 04 74 58 81 52. **Chambres : 28.** Le parc, magnifique, compte des arbres vieux de 300 ans. Les chambres sont superbement décorées et la cuisine du Philippe Girardon est exquise. w www.domaine-de-clairefontaine.fr	AE DC MC V	●	■		■
COMBLOUX : *Aux Ducs de Savoie* w www.ducs-de-savoie.com €€€€ 253, route du Bouchet, 74920. 04 50 58 61 43. FAX 04 50 58 67 43. **Chambres : 50.** Établissement moderne, chambres bien équipées, certaines donnant sur le Mont-Blanc. Sauna, jacuzzi, salle de billard et restaurant panoramique.	AE DC MC V		■	●	■
CORDON : *Le Cordonant* €€ 74700 Cordon. 04 50 58 34 56. FAX 04 50 47 95 57. **Chambres : 16.** Situé à l'ouest de Chamonix, l'hôtel dispose de chambres confortables avec vue sur le Mont-Blanc.	AE MC V		■		■

ÉVIAN-LES-BAINS : *Hôtel de la Verniaz et ses Chalets* €€€€
Av. d' Abondance, 74500. **[** 04 50 75 04 90. **FAX** 04 50 70 78 92. **Chambres :** 32.
Un complexe composé d'une hostellerie et de cinq chalets entourés de jardins.
Élégance et confort. Cuisine de qualité. 🚗 TV 🍴 w www.verniaz.com

	AE				
	DC				
	MC				
	V				

ÉVIAN-LES-BAINS : *Hôtel Royal* w www.royalparcevian.com €€€€€
Rive Sud du Lac-de-Genève, 74500. **[** 04 50 26 85 00. **FAX** 04 50 75 61 00.
Chambres : 154. Un imposant établissement du début du siècle, style
Belle Époque. Neuf restaurants et de multiples prestations. 🚗 TV 🍴

	AE	●	■	●	■

GRENOBLE : *Hôtel de l'Europe* @ hoteleurope.gre@wanadoo.fr €€
22, pl. Grenette, 38027. **[** et **FAX** 04 76 46 16 94. **Chambres :** 22.
Situé dans le centre-ville, l'hôtel est d'un bon rapport qualité-prix.
Les chambres ont été rénovées récemment. Sauna. 🚗 ▤ TV 🍴

	AE	●	■		

GRENOBLE : *Park Hôtel* w www.park-hotel-grenoble.fr €€€€€
10, pl. Paul-Mistral, 38027. **[** 04 76 85 81 23. **FAX** 04 76 46 49 88. **Chambres :** 52.
Nombreuses prestations dans cet hôtel de prestige aux chambres
très confortables. Service attentif et efficace. 🚗 ▤ TV 🍴

	AE		■		

LA CHAPELLE-EN-VERCORS : *Hôtel Bellier* €€
26420 La Chapelle-en-Vercors. **[** 04 75 48 20 03. **FAX** 04 75 48 25 31. **Chambres :** 12.
L'hôtel de style chalet est situé dans le massif du Vercors au sud-ouest de
Grenoble. On peut y prendre ses repas pendant la saison touristique. 🚗 TV

	AE	●	■	●	■

LAMASTRE : *Hôtel du Midi-Restaurant Barratero* €€
Pl. Seignobos, 07270. **[** 04 75 06 41 50. **FAX** 04 75 06 49 75. **Chambres :** 30.
Les chambres de cet hôtel luxueux sont spacieuses et confortables.
La nourriture servie dans le restaurant gastronomique est divine. 🚗 🍴

	AE	●	■		

LE POËT LAVAL : *Les Hospitaliers* w www.hotel-les-hospitaliers.com €€€
26160 Le Poët Laval. **[** 04 75 46 22 32. **FAX** 04 75 46 49 99. **Chambres :** 22.
L'hôtel magnifiquement restauré trône au centre d'un village médiéval à l'est
de Montélimar. Le service et la cuisine sont de grande qualité. 🚗 🍴

	AE	●	■		

LYON : *Hôtel des Artistes* w www.hoteldesartistes.fr €€€
8, rue Gaspard-André, 69002. **[** 04 78 42 04 88. **FAX** 04 78 42 93 76. **Chambres :** 45.
Voisin du théâtre des Célestins et proche de la place Bellecour, un établissement
charmant fréquenté par des artistes de toute origine. 🚗 ▤ TV

	AE				

LYON : *Hôtel Carlton* @ h2950@accor-hotels.com €€€€
4, rue Jussieu, 69002. **[** 04 78 42 56 51. **FAX** 04 78 42 10 71. **Chambres :** 83.
Malgré une récente rénovation, cet établissement a su conserver le charme et
l'élégance de la Belle Époque. 🚗 ▤ TV

	AE				

LYON : *Cour des Loges* w www.courdesloges.com €€€€€
2-8, rue du Bœuf, 69005. **[** 04 72 77 44 44. **FAX** 04 72 40 93 61. **Chambres :** 62.
Quatre demeures Renaissance en plein cœur du vieux Lyon composent cet
hôtel de luxe. Les chambres sont modernes. 🚗 ▤ TV 🍴

	AE		■		

MALATAVERNE : *Domaine du Colombier* €€€
Route de Donzère, 26780. **[** 04 75 90 86 86. **FAX** 04 75 90 79 40. **Chambres :** 23.
Une ancienne abbaye du XIVe siècle située au sud de Montélimar. Chambres très
élégantes, vaste jardin et piscine. 🚗 TV 🍴 w www.domaine-colombier.com

	AE	●	■	●	■

MANIGOD : *Chalets-hôtel de la Croix-Fry* €€€€
Route du Col de la Croix-Fry, 74230. **[** 04 50 44 90 16. **FAX** 04 50 44 94 87. **Chambres :** 10.
À l'est d'Annecy, en pleine montagne, un chalet-hôtel qui marie heureusement
confort et style savoyard. 🚗 TV 🍴 w www.hotelchaletcroixfry.com

	AE	●	■	●	■

MEGÈVE : *Le Fer à Cheval* w www.feracheval-megeve.com €€€€€
36, route du Crêt-d'Arbois, 74120. **[** 04 50 21 30 39. **FAX** 04 50 93 07 60. **Chambres :** 47.
Une ambiance savoyarde authentique pour cet hôtel luxueux plein de charme,
à l'écart de l'agitation de la station. On dîne l'hiver autour de la cheminée
et l'été près de la piscine. 🚗 TV 🍴

	AE	●	■	●	■

MORZINE : *Hôtel Les Prodains* @ hotellesprodains@aol.com €€
Village des Prodains, 74110. **[** 04 50 79 25 26. **FAX** 04 50 75 76 17. **Chambres :** 15.
Situé dans le village du même nom, au pied des pistes. Piscine en été. 🚗 TV 🍴

	MC	●	■	●	■

PÉROUGES : *Hostellerie du Vieux Pérouges* w www.ostellerie.com €€€€
Pl. du Tilleul, 01800. **[** 04 74 61 00 88. **FAX** 04 74 34 77 90. **Chambres :** 28.
Robert Bresson tourna un de ses films dans ce décor de rêve. La maison, du
XIIIe siècle, est accrochée sur les hauteurs de la cité médiévale. 🚗 TV 🍴

	AE	●	■		

Voir sur le rabat de couverture la légende des symboles

Les prix correspondent à une nuit en chambre double pour deux personnes, service compris, mais sans petit déjeuner.

€ moins de 30 €
€€ entre 30 et 60 €
€€€ entre 61 et 90 €
€€€€ entre 91 et 150 €
€€€€€ plus de 150 €

ÉQUIPEMENTS ENFANTS
Berceaux, lits d'enfants et baby-sitting. Certains établissements proposent des menus pour enfants et possèdent des chaises hautes.

PARCS DE STATIONNEMENT
Possibilité de garer son véhicule, soit au parking de l'établissement, soit dans un garage à proximité.

PISCINE
Souvent de dimensions réduites ; sauf mention particulière, elles sont à ciel ouvert.

JARDIN
Hôtel disposant d'un jardin, d'une cour ou d'une terrasse, avec des sièges permettant de prendre les repas à l'extérieur.

	CARTES DE CRÉDIT	ÉQUIPEMENTS ENFANTS	PARCS DE STATIONNEMENT	PISCINE	JARDIN
SAINT-NAZAIRE-EN-ROYANS : *Hôtel Rome* €€ 26190. ☎ 04 75 48 40 69. FAX 04 75 48 31 17. **Chambres : 12.** Des chambres confortables pour un hôtel rénové qui bénéficie d'un emplacement exceptionnel : au bord du lac de la Bourne, avec les montagnes du Vercors en arrière-plan. 🚗 TV ▮	AE DC MC V	●	▪		▪
TALLOIRES : *Hôtel Beau-Site* www.hotel-beausite-fr.com €€€€€ 74290 Talloires. ☎ 04 50 60 71 04. FAX 04 50 60 79 22. **Chambres : 30.** Une ambiance chaleureuse dans cet hôtel aux chambres claires et spacieuses. Plage privée et ponton sur le lac, tennis. 🚗 TV ▮	AE DC MC V	●	▪		▪
TALLOIRES : *Abbaye de Talloires* www.abbaye-talloires.com €€€€€ Chemin des Moines, 74290. ☎ 04 50 60 77 33. FAX 04 50 60 78 81. **Chambres : 32.** Dans une ancienne abbaye bénédictine du XIIe siècle, un établissement élégant et raffiné, situé au bord du lac d'Annecy. 🚗 TV ▮	AE DC MC V	●	▪		▪

AQUITAINE ET POITOU

	CARTES DE CRÉDIT	ÉQUIPEMENTS ENFANTS	PARCS DE STATIONNEMENT	PISCINE	JARDIN
ARCACHON : *Hôtel Les Mimosas* www.mimosas-hotel.com €€€ 77 bis, av. de la République 33120. ☎ 05 56 83 45 86. FAX 05 56 22 53 40. **Chambres : 22.** L'hôtel, typique de l'architecture locale, propose des chambres agréables et propres. L'accueil est chaleureux. 🚗 TV	AE DC MC V	●	▪		▪
ARCACHON : *Arc-Hôtel-sur-Mer* www.arc-hotel-sur-mer.com €€€€ 89, bd de la Plage, 33120. ☎ 05 56 83 06 85. FAX 05 56 83 53 72. **Chambres : 30.** Un hôtel confortable avec une piscine en plein air et la vue sur la mer. Plage de sable fin à proximité. 🚗 ▤ TV	AE MC V	●	▪	●	▪
BORDEAUX : *Grand Hôtel Français* www.grand-hotel-francais.com €€€ 12, rue du Temple, 33000. ☎ 05 56 48 10 35. FAX 05 56 81 76 18. **Chambres : 35.** Un bon rapport qualité-prix dans cet hôtel de centre-ville, avec des chambres bien décorées, confortables et tranquilles. Pas de restaurant. 🚗 ▤ TV	AE DC MC V	●			
BORDEAUX : *Burdigala* www.burdigala.com €€€€€ 115, rue Georges-Bonnac, 33000. ☎ 05 56 90 16 16. FAX 05 56 93 15 06. **Chambres : 83.** Un hôtel luxueux à deux pas de la rue commerçante Sainte-Catherine. On peux apprécier les crus de la région et les produits du terroir dans son restaurant réputé *Le Jardin de Burdigala*. 🚗 TV ▮	AE DC MC V	●	▪		▪
CHASSENEUIL-DU-POITOU : *Château Clos de la Ribaudière* €€€ 86360 Chasseneuil-du-Poitou. ☎ 05 49 52 86 66. FAX 05 49 52 86 32. **Chambres : 41.** À 10 km de Poitiers, l'hôtel aménagé dans une maison du XIXe siècle entourée d'un parc est un havre de paix. 🚗 TV ▮ www.ribaudiere.com	AE DC MC V	●	▪		▪
CIERZAC : *Moulin de Cierzac* www.moulindecierzac.com €€ 17520 Cierzac. ☎ 05 45 83 01 32. FAX 05 45 83 03 59. **Chambres : 9.** Un petit hôtel-restaurant installé dans une maison du XVIIIe siècle, au sud de Cognac. Très belle collection d'alcools. 🚗 TV ▮	AE MC V	●	▪		▪
COGNAC : *Les Pigeons Blancs* @ pigeonsblancs@wanadoo.fr €€€ 110, rue Jules-Brisson, 16100. ☎ 05 45 82 16 36. FAX 05 45 82 29 29. **Chambres : 6.** Très bon rapport qualité-prix dans ce petit hôtel-restaurant tenu par la même famille depuis le XVIIIe siècle. 🚗 TV ▮	AE V	●	▪		
CONFOLENS : *Hôtel Émeraude* €€ 20, rue Émile-Roux, 16500. ☎ 05 45 84 12 77. FAX 05 45 84 15 55. **Chambres : 20.** Au bord de la Vienne, l'hôtel possède une terrasse où l'on peut prendre ses repas. Demandez une chambre avec vue sur la rivière. 🚗 ▮	MC V	●	▪		
COULON : *Hôtel au Marais* www.hotel-aumarais.com €€ 46-48, quai Louis-Tardy, 79510. ☎ 05 49 35 90 43. FAX 05 49 35 81 98. **Chambres : 18.** Un délicieux petit hôtel en plein marais poitevin, bonne base pour visiter les marais (location de bateaux à l'hôtel). 🚗 TV ▮	MC V				▪

EUGÉNIE-LES-BAINS : *Les Prés d'Eugénie* €€€€€ AE DC MC V
40320 Eugénie-les-Bains. 📞 05 58 05 06 07. FAX 05 58 51 10 10. *Chambres : 40.*
Le royaume de Michel Guérard comporte hôtellerie, restauration, bains de boue,
hammam. Un véritable séjour impérial, dont on peut cependant limiter le coût.
🛏 TV 🍴 W www.michelguerard.com

GRADIGNAN : *Le Chalet Lyrique* W www.chalet-lyrique.fr €€€ AE MC V
169, cours du Gᵉ-de-Gaulle, 33170. 📞 05 56 89 11 59. FAX 05 56 89 53 37. *Chambres : 45.*
À quelques kilomètres de l'aéroport de Bordeaux-Mérignac, une agréable
halte autour d'un magnifique patio. 🛏 TV 🍴

HIERSAC : *Hostellerie du Maine Brun* W www.hotel-mainebrun.com €€€€ AE DC MC V
La Vigerie, 16290. 📞 05 45 90 83 00. FAX 05 45 96 91 14. *Chambres : 20.*
Cet ancien moulin, sur les rives de la Nouère, a été transformé en hôtel.
Atmosphère détendue et dégustation de cuisine locale, vins et cognac. 🛏 TV 🍴

HOSSEGOR : *Barbary Lane* €€ MC V
156, av. Côte d'Argent, 40150. 📞 05 58 43 52 19. FAX 05 58 43 95 19. *Chambres : 18.*
Dans une station balnéaire réputée de la côte landaise, cet hôtel est situé
dans une pinède, à 500 mètres de la plage. 🛏 TV 🍴

HOSSEGOR : *Hôtel-restaurant Les Huîtrières du Lac* €€€ AE DC MC V
1187, av. Touring-Club, 40150. 📞 05 58 43 51 48. FAX 05 58 41 73 11. *Chambres : 32.*
Cet hôtel qui donne sur le lac d'Hossegor bénéficie d'une vue superbe.
Le restaurant haut de gamme est spécialisé dans les fruits de mer. 🛏 TV 🍴

LA ROCHELLE : *Les Brises* €€€ AE MC V
Ch. de la Digue de Richelieu, 17000. 📞 05 46 43 89 37. FAX 05 46 43 27 97. *Chambres : 50.*
Établissement moderne et confortable situé à l'ouest de la ville. De magnifiques
vues sur la mer et sur les îles. 🛏 TV

MAGESCQ : *Relais de la Poste* W www.relaisposte.com €€€€ AE DC MC V
24, av. de Maremne, 40140. 📞 05 58 47 70 24. FAX 05 58 47 76 17. *Chambres : 13.*
Un petit hôtel avec jardin, tennis et piscine. Le mélange réussi du confort,
de la cuisine et des vins, et de la tradition familiale. 🛏 ▤ TV 🍴

MARGAUX : *Relais de Margaux* W www.relais-margaux.fr €€€€€ AE DC MC V
Chemin de l'Île-Vincent, 33460. 📞 05 57 88 38 30. FAX 05 57 88 31 73. *Chambres : 64.*
Le luxe a un prix, mais le Relais de Margaux a beaucoup à offrir : le décor,
les jardins, la piscine et le tennis. 🛏 ▤ TV 🍴

MIMIZAN : *Au Bon Coin du Lac* €€€ AE DC MC V
34, av. du Lac, 40200. 📞 05 58 09 01 55. FAX 05 58 09 40 84. *Chambres : 8.*
L'établissement est très bien situé dans les pins et à proximité d'un lac.
Sa cuisine vaut aussi le détour. 🛏 TV 🍴

MONTBRON : *Hostellerie Château Sainte Catherine* €€€ AE DC MC V
Rte de Marthon, 16380. 📞 05 45 23 60 03. FAX 05 45 70 72 00. *Chambres : 8.*
La femme de Napoléon, Joséphine de Beauharnais vécut dans cette maison
du XVIIIᵉ siècle. Délicieuse cuisine régionale. 🛏 TV 🍴

NIEUIL : *Château de Nieuil* W www.chateaunieuilhotel.com €€€€ AE DC MC V
16270 Nieuil. 📞 05 45 71 36 38. FAX 05 45 71 46 45. *Chambres : 14.*
Transformé en hôtel dans les années trente, le château du XVIᵉ siècle possède
un immense parc où vint chasser François Iᵉʳ. 🛏 ▤ TV 🍴

ROYAN : *Hôtel Belle-Vue* €€ AE DC MC V
122, av. de Pontaillac, 17200. 📞05 46 39 06 75. FAX 05 46 39 44 92. *Chambres : 35.*
Cet hôtel au bord de la mer a beaucoup de charme et ses chambres sont
meublées avec goût. Réservez à l'avance pour une chambre avec vue. 🍴 TV

SABRES : *Auberge des Pins* W www.auberge-des-pins.com €€€ AE MC V
Route de la Piscine, 40630. 📞 05 58 08 30 00. FAX 05 58 07 56 74. *Chambres : 25.*
Cette auberge perpétue la tradition hôtelière familiale, en pleine forêt des Landes.
Cuisine du pays, décoration recherchée et ambiance chaleureuse. 🛏 TV 🍴

SAINT-ÉMILION : *Château Meylet* €€
La Gomerie, 33330. 📞 FAX 05 57 24 68 85. FAX 05 57 24 77 35. *Chambres : 4.*
Cette jolie ferme rénovée, entourée de vignobles, est idéale pour explorer
la région. Le prix des chambres comprend un délicieux petit déjeuner. 🛏

SAINT-ÉMILION : *Hostellerie Plaisance* €€€€ AE DC MC V
5, pl. du Clocher, 33330. 📞 05 57 55 07 55. FAX 05 57 74 41 11. *Chambres : 16.*
Un petit établissement situé dans la ville haute. La cuisine est délicieuse.
Une excellente étape. 🛏 ▤ TV 🍴 W www.hostellerie-plaisance.com

Voir sur le rabat de couverture la légende des symboles

Les prix correspondent à une nuit en chambre double pour deux personnes, service compris, mais sans petit déjeuner.

€ moins de 30 €
€€ entre 30 et 60 €
€€€ entre 61 et 90 €
€€€€ entre 91 et 150 €
€€€€€ plus de 150 €

ÉQUIPEMENTS ENFANTS
Berceaux, lits d'enfants et baby-sitting. Certains établissements proposent des menus pour enfants et possèdent des chaises hautes.

PARCS DE STATIONNEMENT
Possibilité de garer son véhicule, soit au parking de l'établissement, soit dans un garage à proximité.

PISCINE
Souvent de dimensions réduites ; sauf mention particulière, elles sont à ciel ouvert.

JARDIN
Hôtel disposant d'un jardin, d'une cour ou d'une terrasse, avec des sièges permettant de prendre les repas à l'extérieur.

SAINT-ÉMILION : Château Grand Barrail €€€€€
Route de Libourne, 33330. 05 57 55 37 00. FAX 05 57 55 37 49. **Chambres : 28.**
Une façade soigneusement rénovée donnant sur le parc, de grandes chambres au décor soigné pour cette étape élégante au cœur du vignoble.
www.grand-barrail.com
Cartes : AE DC MC V

VELLUIRE : Auberge de la Rivière €€€
Rue de la Fouarne, 85770. 02 51 52 32 15. FAX 02 51 52 37 42. **Chambres : 11.**
Dans un petit village près de Fontenay-le-Comte, une auberge de campagne en bordure de la Vendée. Des chambres et une table très agréables.
Cartes : MC V

PÉRIGORD, QUERCY ET GASCOGNE

ALBI : Hostellerie du Vigan www.hotel-vigan.com €€
16, pl. du Vigan, 81000. 05 63 43 31 31. FAX 05 63 47 05 42. **Chambres : 40.**
Un excellent hôtel en centre-ville ; bon rapport qualité-prix.
Cartes : AE DC V

ALBI : Hôtel Saint-Clair andrieu.michele.free.fr €€
8, rue Saint-Clair, 81000. 05 63 54 25 66. FAX 05 63 47 27 58. **Chambres : 11.**
L'hôtel, une maison du XVIIe siècle dans le centre-ville, appartient à la même famille depuis des générations. Meubles anciens dans les chambres.
Cartes : MC V

BEYNAC : Hôtel Bonnet www.hotelbonnet.com €€
24220 Beynac. 05 53 29 50 01. FAX 05 53 29 83 74. **Chambres : 20.**
Établissement traditionnel avec jardin et terrasse dominant la Dordogne, situé à 10 km de Sarlat.
Cartes : AE DC MC V

BRANTÔME : Le Chatenet @ chatenet.hotel@wanadoo.fr €€€€
24310 Brantôme. 05 53 05 81 08. FAX 05 53 05 85 52. **Chambres : 9.**
Cet ancien manoir du XVIIe siècle agréablement restauré propose des chambres d'hôtes. Courts de tennis, piscine et club-house (billard, bar).
Cartes : AE DC MC V

BRANTÔME : Le Moulin de l'Abbaye www.moulin-abbaye.com €€€€€
1, route de Bourdeilles, 24310. 05 53 05 80 22. FAX 05 53 05 75 27. **Chambres : 19.**
Un moulin construit sur la Dronne, et tout le luxe d'une étape de charme répartie entre le Moulin, la Maison de l'Abbé et la Maison du Meunier. Carte gastronomique, servie en terrasse aux beaux jours.
Cartes : AE DC MC V

CAHORS : Le Grand Hôtel Terminus www.balandre.com €€€
5, av. Charles-de-Freycinet, 46000. 05 65 53 32 00. FAX 05 65 53 32 26. **Chambres : 22**
Une bonne adresse à proximité immédiate de la gare. La décoration est des années 20 et le restaurant est excellent.
Cartes : AE DC MC V

CARSAC-AILLAC : Le Relais du Touron www.lerelaisdutouron.com €€
24200 Carsac-Aillac. 05 53 28 16 70. FAX 05 53 28 52 51. **Chambres : 12.**
Une petite auberge du siècle dernier à l'écart du village, à l'est de Sarlat. Une cuisine simple, mais magnifiquement préparée.
Cartes : MC V

CASTILLONNÈS : Hôtel Restaurant des Remparts €€
26-28, rue de la Paix, 47330. 05 53 49 55 85. FAX 05 53 49 55 89. **Chambres : 9.**
Au centre de la bastide médiévale de Castillonnès, l'hôtel possède un joli jardin et une cour. La cuisine est délicieuse.
Cartes : AE DC MC V

CHAMPAGNAC-DE-BELAIR : Hôtel Moulin du Roc €€€€
24530 Champagnac-de-Belair. 05 53 02 86 00. FAX 05 53 54 21 31. **Chambres : 14.**
Un ancien moulin près de Brantôme, avec de belles et grandes chambres, une piscine et une cuisine succulente. www.moulinduroc.com
Cartes : AE DC MC V

COLY : Manoir d'Hautegente www.manoir-hautegente.com €€€€
24120 Coly. 05 53 51 68 03. FAX 05 53 50 38 52. **Chambres : 15.**
Ce pittoresque manoir est constitué par la forge et le moulin d'une ancienne abbaye, mais l'ambiance est aujourd'hui à la détente : feu de bois, pêche dans la propriété, piscine et bibliothèque.
Cartes : AE DC MC V

CONDOM : *Hôtel Les Trois Lys* [w] www.les-trois-lys.com €€€€ MC V
38, rue Gambetta, 32100. [C] *05 62 28 33 33.* [FAX] *05 62 28 41 85.* **Chambres : 10.**
Un hôtel particulier du XVIIe siècle en plein pays d'Armagnac. L'établissement est
bien tenu et le restaurant *Le Dauphin* sert une cuisine de qualité. 🖥 ▤ TV 🍴

DOMME : *Hôtel de l'Esplanade* [@] esplanade.domme@wanadoo.fr €€€ AE DC MC V
24250 Domme. [C] *05 53 28 31 41.* [FAX] *05 53 28 49 92.* **Chambres : 20.**
Les chambres sont décorées avec goût et certaines offrent de magnifiques
points de vue. 🖥 ▤ TV 🍴

DURAS : *Hostellerie des Ducs* [w] www.hostellerieducs-duras.com €€ AE DC MC V
47120 Duras. [C] *05 53 83 74 58.* [FAX] *05 53 83 75 03.* **Chambres : 16.**
Entre Dordogne et Garonne, un établissement où l'on peut se détendre,
dominant une forteresse du XIVe siècle. 🖥 TV 🍴

LACAVE : *Le Pont de l'Ouysse* [w] www.lepontdelouysse.fr €€€€ AE DC MC V
46200 Lacave. [C] *05 65 37 87 04.* [FAX] *05 65 32 77 41.* **Chambres : 14.**
Coquette auberge fréquentée par la bonne société des environs de Rocamadour.
Cuisine de Daniel Chambon. 🖥 ▤ TV 🍴

LA COQUILLE : *Hôtel des Voyageurs* [w] hotelvoyageurs.fr €€ MC V
Rue de la République, 24450. [C] *05 53 52 80 13.* [FAX] *05 53 60 18 29.* **Chambres : 10.**
Ce petit hôtel de village est chaleureux et confortable. Vous apprécierez
la délicieuse cuisine régionale servie au restaurant. 🖥 TV 🍴

LES EYZIES-DE-TAYAC : *Le Moulin de la Beune* €€ MC V
24620 Les Eyzies-de-Tayac. [C] *05 53 06 94 33.* [FAX] *05 53 62 98 06.* **Chambres : 20.**
Les chambres de cet ancien moulin reconverti sont immenses et confortables.
Le personnel est très attentif. 🖥 🍴 [w] www.moulindelabeune.com

LES EYZIES-DE-TAYAC : *Le Centenaire* [w] www.hotelducentenaire.fr €€€€ AE DC MC V
24620 Les Eyzies-de-Tayac. [C] *05 53 06 68 68.* [FAX] *05 53 06 92 41.***Chambres : 19**
Établissement de luxe situé en bordure de la localité ; des chambres spacieuses
avec balcon, donnant sur le parc et sa piscine. Très bonne table. 🖥 ▤ TV 🍴

MARQUAY : *Hôtel des Bories* [@] hotel.des.bories@wanadoo.fr €€ MC V
24620 Marquay. [C] *05 53 29 67 02.* [FAX] *05 53 29 64 15.* **Chambres : 30.**
Établissement campagnard sans prétention des environs de Sarlat, à proximité
d'un lac et des sports aquatiques. Excellent rapport qualité-prix. 🖥 TV

MERCUÈS : *Château de Mercuès* [w] www.chateaudemercues.com €€€€€ AC DC MC V
46090 Mercuès. [C] *05 65 20 00 01.* [FAX] *05 65 20 05 72.* **Chambres : 30.**
Ce château du XIIe siècle dominant le Lot est le cadre d'une étape raffinée
en plein Sud-Ouest gastronomique. 🖥 TV 🍴

MEYRONNE : *Hôtel-restaurant La Terrasse* €€€ AE DC MC V
46200 Meyronne. [C] *05 65 32 21 60.* [FAX] *05 65 32 26 93.* **Chambres : 17.**
Un ancien monastère, avec quelques chambres dans le château du IXe siècle.
Impressionnante salle du restaurant. 🖥 ▤ TV 🍴 [w] www.hotel-la-terrasse.com

MONBAHUS : *Tresfonds Ouest* [@] bridricherrington@wanadoo.fr €€
47290 Cancon. [C] *05 53 01 06 33.* **Chambres : 2.**
Cette jolie ferme en pierre au mobilier ancien est la base idéale pour partir
à la découverte des bastides. 🖥 🍴

NONTRON : *Grand Hôtel Pelisson* [@] grand.hotel.pelisson@wanadoo.fr €€ MC V
3, pl. A-Agard, 24300. [C] *05 53 56 11 22.* [FAX] *05 53 56 59 94.* **Chambres : 23.**
Établissement bien tenu et offrant un bon rapport qualité-prix.
Beau jardin, piscine. 🖥 🍴

PÉRIGUEUX : *Hôtel-restaurant du Midi* [w] www.hotel-du-midi.fr €€ MC V
18, rue Denis-Papin, 24000. [C] *05 53 53 41 06.* [FAX] *05 53 08 19 32.* **Chambres : 23.**
Dans la capitale de la Dordogne, en face de la gare, l'hôtel propose
des chambres simples mais confortables. 🖥 🍴

RIBÉRAC : *Pauliac* [w] www.pauliac.fr €€ MC V
Celles, 24600. [C] *05 53 91 97 45.* [FAX] *05 53 90 43 46.* **Chambres : 5.**
La ferme bien restaurée possède un jardin en terrasse. Vous savourerez
sur des tables dressées à l'extérieur une cuisine simple et roborative. 🖥

ROCAMADOUR : *Domaine de la Rhue* [w] www.domainedelarhue.com €€€ MC V
46500. [C] *05 65 33 71 50.* [FAX] *05 65 33 72 48.* **Chambres : 14.**
Dans un immeuble en pierre du XIXe siècle, à quelques minutes de Rocamadour,
une halte paisible. Chambres spacieuses et bien aménagées. 🖥 ▤

Voir sur le rabat de couverture la légende des symboles

Les prix correspondent à une nuit en chambre double pour deux personnes, service compris, mais sans petit déjeuner.
€ moins de 30 €
€€ entre 30 et 60 €
€€€ entre 61 et 90 €
€€€€ entre 91 et 150 €
€€€€€ plus de 150 €

ÉQUIPEMENTS ENFANTS
Berceaux, lits d'enfants et baby-sitting. Certains établissements proposent des menus pour enfants et possèdent des chaises hautes.

PARCS DE STATIONNEMENT
Possibilité de garer son véhicule, soit au parking de l'établissement, soit dans un garage à proximité.

PISCINE
Souvent de dimensions réduites ; sauf mention particulière, elles sont à ciel ouvert.

JARDIN
Hôtel disposant d'un jardin, d'une cour ou d'une terrasse, avec des sièges permettant de prendre les repas à l'extérieur.

	CARTES DE CRÉDIT	ÉQUIPEMENTS ENFANTS	PARCS DE STATIONNEMENT	PISCINE	JARDIN
ROCAMADOUR : *Hôtel-restaurant Beau Site* €€€ 46500 Rocamadour. 05 65 33 63 08. FAX 05 65 33 65 23. **Chambres : 43.** L'hôtel appartient à la même famille depuis cinq générations. Les chambres sont meublées avec goût, certaines ont une vue magnifique sur le château. TV www.bw-beausite.com	AE MC V	●			■
SAINT-CIRQ-LAPOPIE : *Hôtel de la Pélissaria* €€€ 46330 Saint-Cirq-Lapopie. 05 65 31 25 14. FAX 05 65 30 25 52. **Chambres : 9.** Un petit hôtel situé sur une hauteur dominant le Lot. Chambres avec tomettes, murs blancs, poutres apparentes et portes en bois plein. TV	MC V		■	●	■
SARLAT-LA-CANÉDA : *Hostellerie de Meysset* €€ 62, rte d'Argenteuleau, 24200. 05 53 59 08 29. FAX 05 53 28 47 61. **Chambres : 26.** Agréable établissement, architecture du pays et beau parc sur lequel donnent les chambres. Restaurant avec terrasse. TV	AE DC MC V	●	■		■
TAMNIÈS : *Hôtel Laborderie* www.hotel-laborderie.com €€ 24620 Tamniès. 05 53 29 68 59. FAX 05 53 29 65 31. **Chambres : 40.** Hôtel moderne tenu en famille, entre Sarlat et Les Eyzies. Selon la saison, feu de bois ou piscine et repas pris à l'extérieur. TV	MC V	●	■	●	■
TOULOUSE : *Hôtel Albert 1er* www.hotel-albert1.com €€ 8, rue Rivals, 31000. 05 61 21 17 91. FAX 05 61 21 09 64. **Chambres : 50.** Cet hôtel bien situé dispose de chambres agréables et de salles de bains modernes. TV	AE DC MC V	●			
TOULOUSE : *Hôtel Mermoz* www.hotel-mermoz.com €€€ 50, rue Matabiau, 31000. 05 61 63 04 04. FAX 05 61 63 15 64. **Chambres : 52.** Établissement moderne situé dans le centre-ville : confort, accueil chaleureux et, contre toute attente, calme. Agréable jardin. TV	AE DC MC V		■		■
VIEUX MAREUIL : *Auberge de l'Étang Bleu* www.perigord-hotel.com €€€ 24340. 05 53 60 92 63. FAX 05 53 56 33 20. **Chambres : 11.** Simple et charmant, cet hôtel où l'accueil est chaleureux est situé dans un parc arboré de 10 ha qui possède 5 étangs où l'on peut pêcher ou nager. TV	MC V		■		■
PYRÉNÉES					
AINHOA : *Ithurria* www.ithurria.com €€€€ 64250 Aïnhoa. 05 59 29 92 11. FAX 05 59 29 81 28. **Chambres : 27.** Cet ancien relais de poste situé dans l'un des plus beaux villages du Pays basque a largement de quoi retenir les visiteurs de passage. TV	AE MC V		■	●	■
ANGLET : *Château de Brindos* www.chateaudebrindos.com €€€€€ Allée du Château, 64600. 05 59 23 17 68. FAX 05 59 23 48 47. **Chambres : 29.** Sérénité et élégance résument l'atmosphère de l'hôtel. Le lac est proche, la plage et le golf ne sont pas loin non plus. TV	AE DC V	●	■	●	■
ARGELÈS-GAZOST : *Le Miramont* www.hotelmiramont.com €€€€ 44, av. des Pyrénées, 65400. 05 62 97 01 26. FAX 05 62 97 56 67. **Chambres : 27.** Un hôtel confortable et agréable avec un joli jardin, dans une petite station thermale. Restaurant panoramique. TV	AE DC MC V	●	■		■
ARREAU : *Hôtel d'Angleterre* www.hotel-angleterre-arreau.com €€ Route de Luchon, 65240. 05 62 98 63 30. FAX 05 62 98 69 66. **Chambres : 24.** Ce relais de poste du XVIIe siècle dans une petite localité des Pyrénées est une une bonne base pour découvrir la superbe nature des alentours. Savoureuse cuisine locale d'un bon rapport qualité-prix. TV	MC V	●	■		■
BARBAZAN : *Hostellerie de L'Aristou* €€ Route de Sauveterre, 31510. 05 61 88 30 67. FAX 05 61 95 55 66. **Chambres : 8.** Une agréable bâtisse toute proche des ruines romaines et un excellent restaurant. TV	AE MC V	●	■		

BIARRITZ : *Château du Clair de Lune* €€€€
48, av. Alan-Seeger, 64200. ☎ 05 59 41 53 20. FAX 05 59 41 53 29. **Chambres : 17.**
Cette grande maison de la fin du XIXᵉ siècle, entourée de verdure et de fleurs,
offre une halte paisible dans une ville très fréquentée.
🛏 TV 🍴 W www.chateauduclairdelune.com

DC MC V

BIARRITZ : *Hôtel Windsor* W www.hotelwindsorbiarritz.com €€€
Grande Plage, 64200. ☎ 05 59 24 08 52. FAX 05 59 24 98 90. **Chambres : 48.**
Une bonne adresse pour passer des vacances animées.
L'hôtel, en plein centre-ville est à proximité de la Grande Plage. 🛏 TV 🍴

AE DC MC V

BIARRITZ : *Hôtel du Palais* W www.hotel-du-palais.com €€€€€
1, av. de l'Impératrice, 64200. ☎ 05 59 41 64 00. FAX 05 59 41 67 99. **Chambres : 155.**
Le faste et l'élégance d'une autre époque. Une cuisine et un service
impeccables, une adresse magnifique. 🛏 ▤ TV 🍴

AE DC MC V

ESPELETTE : *Hôtel Euzkadi* W www.hotel-restaurant-euzkadi.com €€
64250 Espelette. ☎ 05 59 93 91 88. FAX 05 59 93 90 19. **Chambres : 33.**
Un hôtel-restaurant dont la qualité ancrée dans la tradition basque a assis la
réputation. Tennis. 🛏 TV

MC V

FOIX : *Hôtel Lons* W www.hotel-lons-foix.com €€
6, pl. G-Dutilh, 09000. ☎ 05 61 65 52 44. FAX 05 61 02 68 18. **Chambres : 38.**
Cet ancien relais de poste en pleine vieille ville, donne sur la rivière.
Vastes chambres et salle à manger vitrée. 🛏 TV 🍴

AE DC MC V

GAVARNIE : *Hôtel Vignemale* W www.hotel-vignemale.com €€€€
65120 Gavarnie. ☎ 05 62 92 40 00. FAX 05 62 92 40 08. **Chambres : 25.**
Cet hôtel constitue une bonne base pour des randonnées en montagne
et, bien sûr, pour l'exploration du cirque de Gavarnie. 🛏 TV 🍴

AE DC MC V

LUZENAC : *L'Oustal* €€
Unac, 09250. ☎ 05 61 64 48 44. **Chambres : 2.**
L'hôtel, dans la campagne ariégeoise, à proximité d'Ax-les-Thermes,
dispose d'un excellent restaurant. Chambres d'hôte seulement. 🛏

OLORON-SAINTE-MARIE : *L'Alysson* W www.alysson-hotel.fr €€€€
Bd des Pyrénées, 64400. ☎ 05 59 39 70 70. FAX 05 59 39 24 47. **Chambres : 34.**
L'adresse la plus plaisante de la localité. Une cuisine savoureuse est servie
dans la salle à manger moderne. 🛏 TV 🍴

AE DC V

PAU : *Hôtel-restaurant Le Commerce* @ hotel.commerce.pau@wanadoo.fr €€
9, rue Maréchal-Joffre, 64000. ☎ 05 59 27 24 40. FAX 05 59 83 81 74. **Chambres : 51.**
Bien situé à proximité du château, un hôtel traditionnel offrant des chambres
confortables et un restaurant à prix raisonnables. 🛏 TV 🍴

AE DC MC V

SAINT-ÉTIENNE-DE-BAÏGORRY : *Hôtel Arcé* W www.hotel-arce.com €€€€
64430 St-Étienne-de-Baïgorry. ☎ 05 59 37 40 14. FAX 05 59 37 40 27. **Chambres : 22.**
Un établissement tenu en famille qui offre une atmosphère chaleureuse et qui
bénéficie d'une situation idéale au bord d'une rivière. Tennis. 🛏 TV 🍴

DC MC V

SAINT-GIRONS : *Hôtel Eychenne* W www.ariege.com/hotel-eychenne €€€
8, av. Paul-Laffont, 09200. ☎ 05 61 04 04 50. FAX 05 61 96 07 20. **Chambres : 45.**
Pour une étape élégante, avec meubles anciens, jardin, piscine,
et une table sage et ancrée dans le terroir. 🛏 TV 🍴

AE MC V

SAINT-JEAN-DE-LUZ : *La Devinière* W www.hotel-la-deviniere.com €€€€
5, rue Loquin, 64500. ☎ 05 59 26 05 51. FAX 05 59 51 26 38. **Chambres : 11.**
Un petit bijou à 20 m de la plage. Chambres élégantes et confortables. 🛏

MC V

SAINT-JEAN-DE-LUZ : *Le Parc Victoria* W www.parcvictoria.com €€€€€
5, rue Cépé, 64500. ☎ 05 59 26 78 78. FAX 05 59 26 78 08. **Chambres : 19.**
À proximité de la plage, un ancien hôtel particulier du siècle dernier,
avec un magnifique jardin et une piscine. ▤ TV 🍴

AE DC MC V

SAINT-JEAN-PIED-DE-PORT : *Hôtel les Pyrénées* €€€€
19, pl. du Gal-de-Gaulle, 64220. ☎ 05 59 37 01 01. FAX 05 59 37 18 97. **Chambres : 21.**
Une confortable étape gourmande, qui offre une cuisine du terroir renommée.
Terrasses et piscines. 🛏 ▤ TV 🍴 @ pyrenees@relaischateaux.com

AE DC MC V

SAINT-JEAN-PIED-DE-PORT : *Hôtel Larramendy Andreinia* €€
Esterençuby, 64220. ☎ 05 59 37 09 70. FAX 05 59 37 36 05. **Chambres : 30.**
Dans un village basque, au bord de la Nive, l'hôtel est idéal
pour les randonneurs. 🛏 TV 🍴 W www.hotel-restaurant-larramendy.fr

MC V

Voir sur le rabat de couverture la légende des symboles

Les prix correspondent à une nuit en chambre double pour deux personnes, service compris, mais sans petit déjeuner.
€ moins de 30 €
€€ entre 30 et 60 €
€€€ entre 61 et 90 €
€€€€ entre 91 et 150 €
€€€€€ plus de 150 €

ÉQUIPEMENTS ENFANTS
Berceaux, lits d'enfants et baby-sitting. Certains établissements proposent des menus pour enfants et possèdent des chaises hautes.

PARCS DE STATIONNEMENT
Possibilité de garer son véhicule, soit au parking de l'établissement, soit dans un garage à proximité.

PISCINE
Souvent de dimensions réduites ; sauf mention particulière, elles sont à ciel ouvert.

JARDIN
Hôtel disposant d'un jardin, d'une cour ou d'une terrasse, avec des sièges permettant de prendre les repas à l'extérieur.

	CARTES DE CRÉDIT	ÉQUIPEMENTS ENFANTS	PARCS DE STATIONNEMENT	PISCINE	JARDIN
SARE : *Hôtel Arraya* W www.arraya.com €€€ Pl. du Village, 64310. 📞 05 59 54 20 46. FAX 05 59 54 27 04. **Chambres : 23.** Une construction typiquement basque, mais un intérieur rustique offrant calme et bien-être. Cuisine classique à déguster dans une belle salle à manger. 🚗 TV 🍴	AE MC V	●	■		■
TARBES : *Hôtel de l'Avenue* W www.hotel-de-l-avenue-tarbes.com €€ 78-80, av. Bertrand-Barère, 65000. 📞 FAX 05 62 93 06 36. **Chambres : 26.** Ambiance familiale dans ce petit hôtel situé à 50 m de la gare. Les chambres les plus calmes donnent sur une cour intérieure. 🚗 TV	MC V	●			

LANGUEDOC ET ROUSSILLON

	CARTES DE CRÉDIT	ÉQUIPEMENTS ENFANTS	PARCS DE STATIONNEMENT	PISCINE	JARDIN
AIGUES-MORTES : *Hôtel des Croisades* €€ 2, rue du Port, 30220. 📞 04 66 53 67 85. FAX 04 66 53 72 95. **Chambres : 15.** Accueil chaleureux dans cet établissement récent qui offre, avec son agréable jardin, un très bon rapport qualité-prix. 🚗 TV	AE MV V				■
AIGUES-MORTES : *Hôtel Saint-Louis* @ hotel.saint-louis@wanadoo.fr €€€ 10, rue de l'Amiral-Courbet, 30220. 📞 04 66 53 72 68. FAX 04 66 53 75 92. **Chambres : 22.** Un hôtel charmant dans la ville de saint Louis, à proximité de la séduisante Camargue. 🚗 TV 🍴	AE MC V	●	■		
BARJAC : *Hôtel Le Mas du Terme* W www.masduterme.com €€€ Route de Bagnols-sur-Cèze, 30430. 📞 04 66 24 56 31. FAX 04 66 24 58 54. **Chambres : 20.** Près des gorges de l'Ardèche, un mas provençal entouré de vignes, dont on sert les vins au restaurant. 🚗 TV 🍴	MC V	●	■	●	■
BÉZIERS : *Le Champ-de-Mars* €€ 17, rue de Metz, 34500. 📞 04 67 28 35 53. FAX 04 67 28 61 42. **Chambres : 10.** Les chambres, propres et bien décorées donnent sur un jardin et sont d'un très bon rapport qualité-prix. 🚗 TV	AE DC MC V				■
BOUZIGUES : *La Côte Bleue* W www.la-cote-bleue.fr €€€ Av. Louis-Tudesq, 34140. 📞 04 67 78 31 42. FAX 04 67 78 35 49. **Chambres : 32.** Une adresse réputée : chambres confortables, piscine, restaurant renommé avec terrasse en bord de mer. 🚗 TV 🍴	AE MC V	●	■	●	■
CARCASSONNE : *Hôtel des Trois Couronnes* €€ 2, rue des Trois-Couronnes, 11000. 📞 04 68 25 36 10. FAX 04 68 25 92 92. **Chambres : 68.** L'hôtel, situé au cœur de la ville, offre une vue superbe sur le château, avec Les chambres sont vastes et meublées avec goût. Cuisine savoureuse. 🚗 ▤ TV 🍴 W www.hotel-destroiscouronnes.com	AE DC MC V	●	■	●	
CARCASSONNE : *Hôtel Mercure Porte de la Cité* €€€€ 18, rue Saint-Saens, 11000. 📞 04 68 11 92 82. FAX 04 68 71 11 45. **Chambres : 60.** À la limite est de la cité médiévale, une agréable étape à l'écart de l'animation estivale. 🚗 ▤ TV 🍴 W www.mercurecarcassonne.com	AE DC MC V	●	■	●	●
CASTILLON-DU-GARD : *Le Vieux Castillon* €€€€€ Rue Turion-Sabatier, 30210. 📞 04 66 37 61 61. FAX 04 66 37 28 17. **Chambres : 35.** Plusieurs bâtiments restaurés constituent ce discret mais agréable complexe hôtelier à proximité du pont du Gard. Même la piscine est masquée par un vieux mur. 🚗 ▤ TV 🍴 W www.vieuxcastillon.com	AE DC V	●	■	●	■
CÉRET : *La Terrasse au Soleil* W www.terrasse-au-soleil.com €€€€€ Route de Fontfrède, 66400. 📞 04 68 87 01 94. FAX 04 68 87 39 24. **Chambres : 32.** Entre mer et montagne, un hôtel agréable et paisible offrant une cuisine de qualité et de magnifiques panoramas. 🚗 ▤ TV 🍴	AE DC MC V	●	■	●	■
COLLIOURE : *Relais des Trois Mas* W www.la-balette.com €€€€€ Route de Port-Vendres, 66190. 📞 04 68 82 05 07. FAX 04 68 82 38 08. **Chambres : 23.** Situé au milieu des pins. Chaque chambre donne sur la mer ou sur le port. Le restaurant *La Balette* est réputé à juste titre. 🚗 ▤ TV 🍴	AE MC V		■	●	■

MINERVE : *Relais Chantovent* €€ MC / V
34210 Minerve. **[** 04 68 91 14 18. **FAX** 04 68 91 81 99. **Chambres : 10.**
Dans un village cathare qui s'étage à flanc de coteau, le Relais Chantovent
comporte plusieurs bâtiments dispersés dans des ruelles étroites.

MONTPELLIER : *Hôtel du Parc* [W] www.hotelduparc-montpellier.com €€ AE / DC / MC / V
8, rue Achille-Bège, 34000. **[** 04 67 41 16 49. **FAX** 04 67 54 10 05. **Chambres : 59.**
Au cœur de la cité animée de Montpellier, proche de la gare, une halte
reposante à l'écart de l'agitation.

MONTPELLIER : *Hôtel Guilhem* [W] www.leguilhem.com €€€ AE / DC / MC / V
18, rue J.-J.-Rousseau, 34000. **[** 04 67 52 90 90. **FAX** 04 67 60 67 67. **Chambres : 33.**
Un accueil chaleureux, des chambres charmantes, la tranquillité et le repos
à l'écart de l'agitation de la ville.

NARBONNE : *Grand Hôtel du Languedoc* [W] www.hoteldulanguedoc.com €€ AE / DC / MC / V
22, bd Gambetta, 11100. **[** 04 68 65 14 74. **FAX** 04 68 65 81 48. **Chambres : 40.**
Un sympathique hôtel situé à proximité de la gare et de la cathédrale.
Salle de billard.

NÎMES : *Kyriad Plazza* [W] www.hotel-kyriad-nimes.com €€€ AE / DC / MC / V
10, rue Roussy, 30000. **[** 04 66 76 16 20. **FAX** 04 66 67 65 99. **Chambres : 28.**
L'établissement tranquille, propose des chambres et des salles de bains bien
équipées. Bon rapport qualité-prix.

NÎMES : *Imperator Concorde* [W] www.hotel-imperator.com €€€€ AE / DC / MC / V
Quai de la Fontaine, 30900. **[** 04 66 21 90 30. **FAX** 04 66 67 70 25. **Chambres : 62.**
Une institution de Nîmes, à proximité immédiate des jardins et des
fontaines du XVIIᵉ siècle. Un des rendez-vous de la féria.

PERPIGNAN : *Hôtel de la Loge* [W] www.hoteldelaloge.fr €€ AE / DC / MC / V
1, rue des Fabriques-Nabot, 66000. **[** 04 68 34 41 02. **FAX** 04 68 34 25 13. **Chambres : 22.**
En plein centre-ville, une vieille maison catalane du XVIᵉ siècle avec une cour
dallée de mosaïques et une fontaine.

PEYRIAC-MINERVOIS : *Château de Violet* €€€€ AE / DC / MC / V
Route de Pépieux, 11160. **[** 04 68 78 10 42. **FAX** 04 68 78 30 01. **Chambres : 14.**
Entouré de vignobles, ce château situé dans un vaste domaine abrite des caves
et un musée de la Vigne et du Vin. [W] www.chateau-de-violet.com

PONT DE MONTVERT : *Hôtel des Cévennes* €€
48220 Pont de Montvert. **[** 04 66 45 80 01. **Chambres : 10.**
L'hôtel, aménagé dans une auberge traditionnelle de granit, donne sur le Tarn.
Belle vue depuis les chambres 1, 2 ou 3 et depuis la salle à manger.

PRADES : *Grand Hôtel Thermal* [W] www.chainethermale.fr €€€ AE / V
Molitg-les-Bains, 66500. **[** 04 68 05 00 50. **FAX** 04 68 05 02 91. **Chambres : 62.**
L'hôtel thermal, au milieu des montagnes et proche d'un lac, est très paisible.
Les chambres sont spacieuses et le service est excellent.

QUILLAN : *Hôtel Cartier* [W] www.hotelcartier.com €€ AE / MC / V
31, bd Charles-de-Gaulle, 11500. **[** 04 68 20 05 14. **FAX** 04 68 20 22 57. **Chambres : 28.**
Hôtel confortable, bien tenu, dans le centre de la localité.

SAINT-CYPRIEN-PLAGE : *Le Mas d'Huston* €€€ AE / DC / MC / V
66750 Saint-Cyprien-Plage. **[** 04 68 37 63 63. **FAX** 04 68 37 64 64. **Chambres : 50.**
Une bâtisse le long du golf, dans une station balnéaire fréquentée. Bars et salons
très « design ». Piscine. Cuisine inventive. [W] www.golf-st-cyprien.com

SÈTE : *Grand Hôtel* [W] www.sete-hotel.com €€€ AE / DC / MC / V
17, quai du Maréchal-de-Lattre-de-Tassigny, 34200. **[** 04 67 74 71 77. **FAX** 04 67 74 29 27.
hambres : 42. Un hôtel de style 1900 en bordure du Grand Canal ; palmiers
dans la superbe cour intérieure. Vue étonnante sur Sète.

SOMMIÈRES : *Auberge du Pont-Romain* €€€ AE / MC / V
2, rue Émile-Jamais, 30250. **[** 04 66 80 00 58. **FAX** 04 66 80 31 52. **Chambres : 18.**
Le bâtiment cache un merveilleux jardin descendant jusqu'à la rivière.
Chambres spacieuses, avec une jolie vue sur le village médiéval.
[W] www.aubergedupontromain.com

UZÈS : *Le Mas d'Oléandre* [W] www.masoleandre.com €€€ MC / V
Saint-Médiers, 30700. **[** 04 66 22 63 43. **FAX** 04 66 03 14 06. **Chambres : 5.**
Dans un village retiré, l'hôtel a été aménagé dans une ferme soigneusement
restaurée, entourée de vignobles. Restaurants régionaux à proximité.

Voir sur le rabat de couverture la légende des symboles

Les prix correspondent à une nuit en chambre double pour deux personnes, service compris, mais sans petit déjeuner.

€ moins de 30 €
€€ entre 30 et 60 €
€€€ entre 61 et 90 €
€€€€ entre 91 et 150 €
€€€€€ plus de 150 €

ÉQUIPEMENTS ENFANTS
Berceaux, lits d'enfants et baby-sitting. Certains établissements proposent des menus pour enfants et possèdent des chaises hautes.

PARCS DE STATIONNEMENT
Possibilité de garer son véhicule, soit au parking de l'établissement, soit dans un garage à proximité.

PISCINE
Souvent de dimensions réduites ; sauf mention particulière, elles sont à ciel ouvert.

JARDIN
Hôtel disposant d'un jardin, d'une cour ou d'une terrasse, avec des sièges permettant de prendre les repas à l'extérieur.

	CARTES DE CRÉDIT	ÉQUIPEMENTS ENFANTS	PARCS DE STATIONNEMENT	PISCINE	JARDIN
UZÈS : *Château d'Arpaillargues* W www.lcm.fr/savry €€€€ 30700 Uzès. 04 66 22 14 48. FAX 04 66 22 56 10. **Chambres : 29.** Une demeure du XVIIIᵉ siècle, des chambres de dimensions variées, mais toutes décorées avec goût. Délicieuse cuisine, piscine, terrasse.	AE MC V	●	■	●	■

PROVENCE ET CÔTE D'AZUR

	CARTES DE CRÉDIT	ÉQUIPEMENTS ENFANTS	PARCS DE STATIONNEMENT	PISCINE	JARDIN
AIX-EN-PROVENCE : *Hôtel des Augustins* €€€€ 3, rue de la Masse, 13100. 04 42 27 28 59. FAX 04 42 26 74 87. **Chambres : 29.** Ancien couvent du XIIᵉ siècle. Chambres spacieuses de style provençal. Un havre de paix en plein cœur d'Aix. W www.hotel-augustins.com	AE DC MC V	●			
AIX-EN-PROVENCE : *Mas d'Entremont* W www.masdentremont.com €€€€ Montée d'Avignon, Célony, 13090. 04 42 17 42 42. FAX 04 42 21 15 83. **Chambres : 17.** À la sortie d'Aix, cette ancienne ferme provençale a été transformée en hôtel luxueux et bien décoré. Terrains de tennis.	MC V	●	■	●	■
ANTIBES : *Mas Djoliba* W www.hotel-djoliba.com €€€ 29, av. de Provence, 06600. 04 93 34 02 48. FAX 04 93 34 05 81. **Chambres : 13.** À quelques mètres du centre et de la plage, un joli hôtel provençal aux chambres confortables et de style rustique.	AE DC MC V	■	●	■
ARLES : *Hôtel d'Arlatan* W www.hotel-arlatan.fr €€€€ 26, rue du Sauvage, 13631. 04 90 93 56 66. FAX 04 90 49 68 45. **Chambres : 47.** En plein cœur d'Arles, un bâtiment du XVIᵉ siècle très bien restauré, avec fouilles archéologiques visibles. Intérieur bien meublé.	AE DC MC V	●	●	■
AVIGNON : *Hôtel de la Mirande* W www.la-mirande.fr €€€€€ 4, pl. de la Mirande, 84000. 04 90 85 93 93. FAX 04 90 86 26 85. **Chambres : 20.** Des chambres richement décorées, avec des meubles anciens, et une cour intérieure tout à fait paisible.	AE DC MC V	●	■
AVIGNON : *Hôtel d'Europe* W www.heurope.com €€€€ 12, pl. Crillon, 84000. 04 90 14 76 76. FAX 04 90 14 76 71. **Chambres : 45.** Cette ancienne demeure ducale est, depuis Napoléon, l'hôtel le plus raffiné d'Avignon. Chambres spacieuses et élégantes, salon dallé de marbre et orné de tapisseries, excellent restaurant.	AE DC MC V	●	■	■
BEAULIEU-SUR-MER : *Le Métropole* W www.le-metropole.com €€€€€ 15, bd Maréchal-Leclerc, 06310. 04 93 01 00 08. FAX 04 93 01 18 51. **Chambres : 40.** Ce palace, avec une agréable terrasse qui donne vue sur Saint-Jean-Cap-Ferrat, propose des chambres très luxueuses.	AE DC MC V	●	●	■
BEAURECUEIL : *Relais Sainte-Victoire* W www.relais-sainte-victoire.com €€€ 13100 Beaurecueil. 04 42 66 94 98. FAX 04 42 66 85 96. **Chambres : 12.** Petit établissement magnifiquement situé, au pied de la Sainte-Victoire chère à Cézanne. Bon rapport qualité-prix et restaurant coté.	AE MC V	●	●	■
BORMES-LES-MIMOSAS : *Le Bellevue* W www.bellevuebormes.fr.st €€ 14, pl. Gambetta, 83230. 04 94 71 15 15. FAX 04 94 05 96 04. **Chambres : 14.** Les chambres de cet hôtel familial sont spacieuses et disposent de balcons qui dominent les toits rouges du village. La vue va jusqu'à la mer.	MC V	●	
CANNES : *Carlton Intercontinental* €€€€€ 58, bd de la Croisette, 06400. 04 93 06 40 06. FAX 04 93 06 40 25. **Chambres : 338.** Il est pris d'assaut par les stars pendant le Festival du Film et par les hommes d'affaires le reste de l'année. C'est le rival cannois du Negresco. Plage privée. W www.cannes.interconti.com	AE DC MC V	●	■	
DIGNE-LES-BAINS : *Hôtel du Grand-Paris* €€€ 19, bd Thiers, 04000. 04 92 31 11 15. FAX 04 92 32 32 82. **Chambres : 23.** Les chambres de cet ancien couvent situé dans le centre-ville, sont confortables et joliment meublées. W www.hotel-grand-paris.com	AE DC MC V	●	■	

FONTVIEILLE : *La Régalido* W www.laregalido.com €€€€€ | AE DC MC V
Rue Mistral, 13990. 04 90 54 60 22. FAX 04 90 54 64 29. **Chambres : 15.**
Lierre et jardin fleuri pour cet ancien moulin qui est aujourd'hui l'un des hôtels les plus luxueux et les plus chaleureux de la région. Les chambres sont très bien décorées, certaines ont une terrasse.

JUAN-LES-PINS : *La Jabotte* W www.jabotte.com €€€ | AE MC V
13, av. M-Mauray, Cap d'Antibes, 06160. 04 93 61 45 89. FAX 04 93 61 07 04.
Chambres : 12. Situé à 5 min à pied des centres de Juan-les-Pins et d'Antibes, un hôtel d'un excellent rapport qualité-prix. Possibilité de louer des bungalows sur la terrasse. Accueil aimable et chambres impeccables.

LA CADIÈRE D'AZUR : *Hostellerie Bérard* W www.hotel-berard.com €€€€ | AE DC MC V
Rue Gabriel-Péri, 83740. 04 94 90 11 43. FAX 04 94 90 01 94. **Chambres : 40.**
Hôtel-restaurant à l'ambiance agréable, composé de quatre bâtiments distincts offrant des chambres très différentes.

LES ARCS-SUR-ARGENS : *Logis du Guetteur* €€€€ | AE DC MC V
Pl. du Château, 83460. 04 94 99 51 10. FAX 04 94 99 51 29. **Chambres : 13.**
Ce château du XIe siècle domine le village. Chambres spacieuses et salle à manger impressionnante. W www.logisduguetteur.com

LES BAUX-DE-PROVENCE : *Le Mas d'Aigret* €€€€ | AE MC V
13520 Les Baux-de-Provence. 04 90 54 20 00. FAX 04 90 54 44 00. **Chambres : 16.**
Ce petit hôtel est à une courte distance à pied de la citadelle médiévale. La salle à manger et certaines des chambres ont été taillées dans la roche. W www.masdaigret.com

MARSEILLE : *Sofitel Vieux-Port* W www.sofitel.com €€€€€ | AE DC MC V
36, bd Charles-Livon, 13007. 04 91 15 59 00. FAX 04 91 15 59 50. **Chambres : 130.**
Un hôtel qui allie luxe et charme à côté du palais du Pharo, avec une vue de rêve sur le Vieux-Port. Le restaurant est l'un des meilleurs de la ville.

NICE : *Hôtel Windsor* W www.hotelwindsornice.com €€€ | AE DC MC V
11, rue Dalpozzo, 06000. 04 93 88 59 35. FAX 04 93 88 94 57. **Chambres : 57.**
Cet hôtel chaleureux, tenu par une famille, possède un agréable jardin avec des palmiers. Chambres assez simples, certaines avec balcons.

NICE : *Le Négresco* W www.hotel-negresco-nice.com €€€€€ | AE DC MC V
37, prom. des Anglais, 06000. 04 93 16 64 00. FAX 04 93 88 35 68. **Chambres : 140.**
Le palace le plus célèbre de la Côte d'Azur. Il a été récemment rénové et rappelle le faste de la Belle Époque.

PEILLON : *Auberge de la Madone* €€€€ | MC V
06440 Peillon. 04 93 79 91 17. FAX 04 93 79 99 36. **Chambres : 20.**
Une auberge provençale dans un superbe village perché. Les chambres sont confortables, la cuisine est à la fois régionale et créative.

REILLANNE : *Auberge de Reillanne* €€€ | MC V
Le Pigeonnier, 04110. FAX 04 92 76 45 95. **Chambres : 6.**
Belle et austère demeure typique à l'est du Luberon, dans un cadre de verdure. L'endroit parfait pour un séjour loin des sentiers battus, presque hors du temps. Un accueil attentionné et des plats de saison inspirés par le terroir.

ROUSSILLON : *Le Mas de Garrigon* @ mas.de.garrigon@wanadoo.fr €€€€ | AE DC MC V
Route de St-Saturnin d'Apt, 84220. 04 90 05 63 22. FAX 04 90 05 70 01. **Chambres : 9.**
Pour un séjour enchanteur, un mas provençal au milieu des pins. Chaque chambre dispose de sa propre terrasse. On peut écouter dans le salon avec cheminée de la musique classique. Piscine.

SAIGNON : *Auberge du Presbytère* W www.auberge-presbytere.com €€€ | AE MC V
Place de la Fontaine, 84400. 04 90 74 11 50. FAX 04 90 04 68 51. **Chambres : 12.**
Une petite auberge sur la place d'un village haut perché. Les chambres sont agréables et la cuisine régionale est savoureuse.

SAINT-JEAN-CAP-FERRAT : *Clair Logis* W www.hotel-clair-logis.fr €€€ | AE MC V
12, av. Centrale, 06230. 04 93 76 51 81. FAX 04 93 76 51 82. **Chambres : 20.**
Cette villa un peu démodée mais pleine de charme possède un grand jardin. Les chambres les plus grandes sont dans le bâtiment principal.

LES SAINTES-MARIES-DE-LA-MER : *Hôtel de Cacharel* €€€€ | MC V
Route de Cacharel, 13460. 04 90 97 95 44. FAX 04 90 97 87 97. **Chambres : 16.**
Cet ancien ranch était autrefois habité par les gardians. Vastes chambres et salons agréables. Équitation possible. W www.hotel-cacharel.com

Voir sur le rabat de couverture la légende des symboles

Les prix correspondent à une nuit en chambre double pour deux personnes, service compris, mais sans petit déjeuner.
€ moins de 30 €
€€ entre 30 et 60 €
€€€ entre 61 et 90 €
€€€€ entre 91 et 150 €
€€€€€ plus de 150 €

ÉQUIPEMENTS ENFANTS
Berceaux, lits d'enfants et baby-sitting. Certains établissements proposent des menus pour enfants et possèdent des chaises hautes.

PARCS DE STATIONNEMENT
Possibilité de garer son véhicule, soit au parking de l'établissement, soit dans un garage à proximité.

PISCINE
Souvent de dimensions réduites ; sauf mention particulière, elles sont à ciel ouvert.

JARDIN
Hôtel disposant d'un jardin, d'une cour ou d'une terrasse, avec des sièges permettant de prendre les repas à l'extérieur.

ST-PAUL-DE-VENCE : *La Colombe d'Or*   €€€€€
Pl. de-Gaulle, 06570. 04 93 32 80 02. FAX 04 93 32 77 78. **Chambres : 26.**
Une adresse de légende qui doit à des peintres l'origine de sa célébrité, au début du XXᵉ siècle. Le relais a été investi depuis par les vedettes de cinéma, mais les plus grandes stars de l'endroit sont des toiles de Chagall et de Picasso (*p. 514*). www.la-colombe-dor.com

SAINT-RÉMY-DE-PROVENCE : *Le Mas des Carassins*   €€€
1, chemin Gaulois, 13210. 04 90 92 15 48. FAX 04 90 92 63 47. **Chambres : 14.**
Mas provençal du XIXᵉ siècle, situé à l'écart du centre. Décoration provençale rustique, ambiance chaleureuse. www.hoteldescarassins.com

SAINT-TROPEZ : *Lou Cagnard* www.hotel-lou-cagnard.com   €€€
Av. P.-Roussel, 83990. 04 94 97 04 24. FAX 04 94 97 09 44. **Chambres : 19.**
Cet hôtel populaire d'un bon niveau est situé dans la partie récente de la ville, non loin du port. Chambres agréables et jolie cour.

SALON-DE-PROVENCE : *L'Abbaye de Sainte-Croix*   €€€€€
Route du Val-de-Cuech, 13300. 04 90 56 24 55. FAX 04 90 56 31 12. **Chambres : 24.**
Ancienne abbaye du XIIᵉ siècle, très bien restaurée. Les cellules servent de chambres, la cuisine est très réussie. www.hotels-provence.com

SEILLANS : *Hôtel des Deux Rocs* www.hoteldeuxrocs.com   €€€
Pl. Font-d'Amont, 83440. 04 94 76 87 32. FAX 04 94 76 88 68. **Chambres : 14.**
Superbe demeure du XVIIIᵉ siècle située dans un magnifique village. Ambiance familiale et chaleureuse, cuisine méditerranéenne.

TARASCON : *Les Mazets des Roches* www.mazets-des-roches.com   €€€
Route de Fontvieille, 13150. 04 90 91 34 89. FAX 04 90 43 53 29. **Chambres : 37.**
À 12 km de Saint-Rémy, l'hôtel type provençal bénéficie d'un environnement boisé. Vélo, tennis et parties de pétanque sont au programme.

TOULON : *New Hôtel Amirauté* www.new-hotel.com/amiraute   €€€
4, rue A.-Guiol, 83000. 04 94 22 19 67. FAX 04 94 09 34 72. **Chambres : 58.**
À deux pas de la gare et de la place de la Liberté, un hôtel moderne aux chambres confortables, d'un bon rapport qualité/prix.

TOURTOUR : *La Petite Auberge* www.petiteauberge.net   €€€€
83690 Tourtour. 04 94 70 57 16. FAX 04 94 70 54 52. **Chambres : 15.**
Tourtour et sa petite auberge : le charme de l'arrière-pays varois, le calme, la sérénité et de magnifiques points de vue.

TRIGANCE : *Château de Trigance* www.chateau-de-trigance.fr   €€€€
83840 Trigance. 04 94 76 91 18. FAX 04 94 85 68 99. **Chambres : 10.**
Sur les hauteurs de l'arrière-pays varois, un château du XIᵉ siècle dominant le village, restauré avec soin et accessible par une route privée. Lits à baldaquin, tapisseries et caves voûtées.

VAISON-LA-ROMAINE : *Le Beffroi* www.le-beffroi.com   €€€
Rue de L'Évêché, Haute Ville, 84110. 04 90 36 04 71. FAX 04 90 36 24 78. **Chambres : 22.** Dans cet hôtel du XVIᵉ siècle doté de cheminées, sols carrelés et tableaux, chaque chambre bénéficie d'un décor personnalisé.

VENCE : *Auberge des Seigneurs*   €€€
Pl. du Frêne, 06140. 04 93 58 04 24. FAX 04 93 24 08 01. **Chambres : 6.**
Des chambres au confort rudimentaire mais bon marché. Le restaurant sert un grand choix de spécialités provençales.

VILLEFRANCHE-SUR-MER : *Hôtel Welcome*   €€€€
1, quai Courbet, 06230. 04 93 76 27 62. FAX 04 93 76 27 66. **Chambres : 37.**
À proximité du vieux port, un vieil hôtel étroit et tout en hauteur comportant un restaurant voué à la mer. Chambres petites mais confortables ; certaines avec balcon donnant sur la Méditerranée. www.welcomehotel.com

Hôtel	Cartes de crédit	Équipements enfants	Parcs de stationnement	Piscine	Jardin
St-Paul-de-Vence : La Colombe d'Or	AE DC MC V	●	■	●	■
Saint-Rémy-de-Provence : Le Mas des Carassins	AE MC V	●			■
Saint-Tropez : Lou Cagnard	MC V		■		
Salon-de-Provence : L'Abbaye de Sainte-Croix	AE DC MC V	●		●	■
Seillans : Hôtel des Deux Rocs	MC V	●			■
Tarascon : Les Mazets des Roches	AE DC MC V	●		●	■
Toulon : New Hôtel Amirauté	AE DC MC V	●			■
Tourtour : La Petite Auberge	AE DC MC V	●	■	●	■
Trigance : Château de Trigance	AE DC MC V	●			■
Vaison-la-Romaine : Le Beffroi	AE DC MC V	●	■	●	■
Vence : Auberge des Seigneurs	DC MC V		■		
Villefranche-sur-Mer : Hôtel Welcome	AE DC MC V				

CORSE

AJACCIO : *Hôtel Napoléon* W www.hotelnapoleonajaccio.com €€€ AE DC MC V
4, rue Lorenzo-Véro, 20000. 04 95 51 54 00. FAX 04 95 21 80 40. **Chambres : 62.**
L'hôtel moderne et chaleureux est situé dans une petite rue tranquille,
proche du cours Napoléon.

BARCAGGIO : *La Giraglia* €€€
Ersa, 20275. 04 95 35 60 54. FAX 04 95 35 65 92. **Chambres : 16.**
Un établissement chaleureux en bord de mer, à l'écart de l'agitation estivale ;
chambres rustiques, calme assuré. Bons restaurants de poissons à proximité.

BASTIA : *Hôtel de la Corniche* W www.hotel-lacorniche.com €€€ AE MC V
San-Martino-di-Lota, 20200. 04 95 31 40 98. FAX 04 95 32 37 69. **Chambres : 19.**
À 10 min. en voiture de Bastia, un hôtel simple d'un bon rapport
qualité-prix. La vue de la terrasse est époustouflante.

BONIFACIO : *Résidence du Centre Nautique* €€€€ AE MC V
Port de plaisance, 20169. 04 95 73 02 11. FAX 04 95 73 17 47. **Chambres : 10.**
Une étape idéale, dans une ambiance de port de plaisance. Les chambres ont
été aménagées en petits duplex. W www.centre-nautique.com

BONIFACIO : *Hôtel Genovese* W www.hotel-genovese.com €€€€€ AE DC MC V
Quartier de la Citadelle, 20169. 04 95 73 12 34. FAX 04 95 73 09 03. **Chambres : 14.**
Installé dans un ancien bâtiment militaire de la vieille ville, un établissement de
luxe à la décoration moderne et raffinée. Chambres ou suites.

CALVI : *Hôtel Les Arbousiers* €€€ AE DC MC V
Rte de Pietra-Maggiore, 20260. 04 95 65 04 47. FAX 04 95 65 26 14. **Chambres : 25.**
À 5 minutes de la plage, cet immeuble peint en rose est difficile à manquer.
Les chambres sont baignées de soleil.

CALVI : *Hôtel Balanéa* W www.hotel-balanea.com €€€ AE DC MC V
6, rue Clemenceau, 20260. 04 95 65 94 94. FAX 04 95 65 29 71. **Chambres : 38.**
Ce bel établissement du centre-ville, sur le port, a été récemment rénové.
Les chambres sont spacieuses et agréablement décorées et les salles de bains
sont grandes.

CALVI : *Relais Auberge de la Signoria* €€€€€ AE MC V
Rte de la Forêt de Bonifato, 20260. 04 95 65 93 00. FAX 04 95 65 38 77. **Chambres : 18.**
La rénovation de cette belle maison ancienne ne lui a pas ôté son charme
Un havre de paix, magnifiquement servi par une terrasse et un jardin
planté de palmiers et d'eucalyptus. W www.hotel-la-signoria.com

FELICETO : *Hôtel Mare e Monti* €€€ MC V
20225 Feliceto. 04 95 63 02 00. FAX 04 95 63 02 01. **Chambres : 18.**
L'hotel au pied du Monte Grosso est tenu par la même famille depuis 1870.
Chambres récentes, accueil chaleureux etdélicieuse cuisine de terroir.

L'ÎLE ROUSSE : *Santa Maria* W www.hotelsantamaria.com €€€€ AE DC MC V
Route du Port, 20220. 04 95 63 05 05. FAX 04 95 60 32 48. **Chambres : 56.**
Établissement moderne situé entre deux plages. Les chambres avec balcon,
sont petites, mais elles sont très claires et confortables.

PIANA : *Les Roches Rouges* W www.lesrochesrouges.com €€€ AE DC MC V
20115 Piana. 04 95 27 81 81. FAX 04 95 27 81 76. **Chambres : 30.**
Cette ancienne maison corse a été remeublée, les chambres sont banales
mais le restaurant dispose d'une terrasse avec une superbe vue.

PORTICCIO : *Le Maquis* W www.lemaquis.com €€€€€ AE DC MC V
20166 Porticcio. 04 95 25 05 55. FAX 04 95 25 11 70. **Chambres : 25.**
Une adresse de luxe : le bâtiment disposé autour d'une terrasse et d'une piscine.
La cuisine est excellente.

SARTÈNE : *Villa Piana* W www.lavillapiana.com €€€ AE DC MC V
Route de Propriano, 20100. 04 95 77 07 04. FAX 04 95 73 45 65. **Chambres : 31.**
Grande et agréable maison, avec une vue splendide sur Sartène.
Chambres claires et spacieuses, décoration rustique, courts de tennis.

SPELONCATO : *A Spelunca* €€ MC V
Place de l'Église, 20226 . 04 95 61 50 38. FAX 04 95 61 53 14. **Chambres : 18.**
L'ancienne demeure d'un cardinal sert de cadre à un magnifique établissement
paisible offrant d'immenses et belles chambres. Excellent rapport
qualité-prix. Pas de restaurant.

Voir sur le rabat de couverture la légende des symboles

RESTAURANTS

La cuisine française a acquis une réputation universelle qui n'est pas sans fondement. Cette forte culture culinaire se manifeste dans la presse, l'édition, les médias, et il y a même, chaque année dans les écoles, une « journée du goût » qui vise à former le palais des enfants. Car en cuisine comme en bien d'autres choses, tout est affaire de culture et d'éducation. C'est dire si le bien-manger a chez nous une place importante. Pourtant nos habitudes ont changé : nous mangeons plus vite et plus simplement. Paradoxalement, c'est parce qu'elle est devenue moins quotidienne que la cuisine est plus sacrée, comme l'art de vivre tout entier devient essentiel depuis que l'on n'a plus le temps de le cultiver. Un bon repas avec des amis ou en famille, accompagné de bons vins, est donc une sorte de rituel auquel nous nous adonnons avec d'autant plus de plaisir qu'il est moins fréquent.

RESTAURANTS, BRASSERIES, AUBERGES ET BISTROTS

Le terme restaurant recouvre des réalités très différentes, allant du modeste établissement de village à la prestigieuse salle à manger d'un château confortable. Un grand nombre d'hôtels disposent également d'un restaurant accessible aux non-résidents ; vous en trouverez une sélection dans la liste des hôtels *(p. 540-575)*.

À qualité égale, les prix pratiqués sont à peu près identiques dans tout le pays, sauf peut-être dans les grandes villes où ils sont parfois plus élevés, mais c'est aussi dans les grandes villes que l'on a le plus de choix. Ce qui contribue cependant au coût d'un repas, c'est la rareté des mets, la qualité de la cuisine et l'excellence du service ; pour atteindre à cette perfection, on dépensera plus de 150 € par personne dans les établissements les plus cotés.

Autrefois fabriques où on brassait la bière, les brasseries sont aujourd'hui les endroits où on la consomme. Avec de grandes salles chaleureuses et animées, conservant parfois leur décor d'origine, certaines sont devenues de véritables institutions ; quelques-unes ont même vu leur décor classé monument historique. Rendez-vous du monde politique, du monde littéraire et parfois de la bohème artistique, certaines brasseries parisiennes de Montmartre, de Montparnasse ou de Saint-Germain ont joué un rôle

Terrasse d'un restaurant élégant, typiquement provençal

important dans la vie culturelle et sociale du pays, de la fin du XIXe siècle à l'entre-deux-guerres.

Généralement les brasseries servent à toute heure et jusque tard dans la nuit une cuisine souvent inspirée de l'Alsace. Avec le temps, les menus se sont diversifiés et l'on peut manger dans les brasseries toutes sortes de copieux plats régionaux traditionnels, à des prix raisonnables. C'est aussi dans ces brasseries que l'on peut goûter aux plateaux de fruits de mer.

Il est toujours plus sage de réserver une table pour éviter d'attendre debout dans les courants d'air.

À la campagne, la ferme-auberge offre l'occasion de goûter une cuisine rustique confectionnée à la maison avec des produits frais, pour un prix modique. Il s'agit d'une exploitation agricole qui, en fin de semaine, ouvre sa salle à manger et ses chambres.

La Cigale, brasserie de la Belle Époque à Nantes *(p. 595)*

Pour plus de renseignements sur les fermes-auberges, reportez-vous à la page 538.

LES BISTROTS

Au terme de la retraite de Russie, les cosaques entrent dans Paris, aux trousses du général Moncey. « Bistro ! Bistro ! » (« Vite ! Vite ! ») s'exclament les Russes assoiffés, attablés dans les cafés. Depuis, le mot est resté et le café ou « bistrot » fait partie du décor de toutes les villes et de tous les villages de France dans lesquels il est souvent au centre de la vie sociale. Un zinc, des tables et des chaises, une terrasse et quelques parasols, parfois un billard, un tapis pour jouer aux cartes ou aux dés, une télévision pour regarder les matchs de football : le décor est planté.

Le comptoir en zinc a bien résisté, mais, dans l'arrière-salle, le baby-foot qui était le théâtre de parties homériques cède de plus en plus la place aux consoles électroniques où l'on joue seul face à la machine. Néanmoins, le café demeure un endroit chaleureux et convivial où prendre un verre debout au bar, faire une partie de cartes, se fixer un rendez-vous ou simplement s'asseoir à une table et regarder passer les gens. Le bar est également l'ancrage ordinaire du « pilier de bar », la tribune d'où, éméché ou non, il peut asséner ses vérités, débiter ses aphorismes et avoir avec ses voisins de fructueux échanges de vues, les fameuses « brèves de comptoir » parfois fort savoureuses.

Les cafés préparent des sandwichs et servent à toute heure des plats peu élaborés : croque-monsieur, hot-dogs, omelettes, salades. En ville, aux beaux jours, les places à la terrasse sont très recherchées à l'heure du déjeuner.

Quand ils font office de bureau de tabac, les cafés sont

Le restaurant L'Excelsior à Nancy en Lorraine *(p. 589)*

encore plus animés ; aux consommateurs s'ajoutent les joueurs de tiercé, de loto, de bingo et des nombreuses cartes à gratter que la Française des Jeux a imaginées pour relancer les jeux de hasard. Après les paris des turfistes le dimanche matin, les bureaux de tabac encore ouverts sont pris d'assaut par les accros de la cigarette qui n'hésitent pas à faire la queue ou à se garer en triple file pour combler leur manque. En dépit de la législation, vous aurez du mal à trouver un café qui ne sente pas la cigarette et les croisés de la lutte contre le tabagisme feront mieux de choisir une place à la terrasse.

Camembert

LES BARS

Dans les grandes villes, cafés et bistrots se sont diversifiés et se hiérarchisent en fonction de leur emplacement ou de leur clientèle. Si les plus simples sont fréquentés par les habitants du quartier, d'autres, plus spécifiques, ont une vocation littéraire ou artistique. On a même vu apparaître récemment des cafés parisiens où se tiennent des forums philosophiques.

Ces distinctions, parfois très subtiles, dénotent un certain snobisme. Depuis dix ou douze ans, de grands cafés se sont ouverts dans des quartiers à la mode, aménagés par des décorateurs branchés. S'asseoir à la terrasse de l'un de ces établissements n'a pas seulement pour objet de se désaltérer, mais bien souvent de se faire voir et d'observer ses voisins. Dans les mêmes quartiers ou à leur périphérie, fréquentés plutôt la nuit, les bars servent toutes sortes d'alcools, de cocktails et souvent un grand choix de bières. *High-tech*, post-modernes, rétro, conçus comme des décors de cinéma évoquant les colonies des années trente, les soutes d'un cargo, une usine désaffectée…, ces bars modernes et alternatifs au cadre étonnant sont parfois le théâtre de concerts improvisés.

Ouverts aux non-résidents, les bars d'hôtels sont souvent des endroits confortables, calmes et feutrés, des oasis de paix dans l'agitation de la ville. L'atmosphère y est plus distinguée et plus internationale. Dans les établissements les plus chic, il n'est pas rare de

Auberge du xviie siècle à Saché dans la vallée de la Loire *(p.595)*

Table en terrasse dans le vieux Nice

trouver aussi un pianiste ; prendre l'apéritif dans un de ces palaces est une expérience délicieuse qui vous donnera à peu de frais l'illusion d'appartenir à la Jet Set.

LE TOUR DE FRANCE DANS UNE ASSIETTE

À l'origine, la cuisine française est une cuisine paysanne avec des plats simples et copieux, cuits longuement et mettant à profit toutes les ressources du terroir. Ces ressources étant très variées du Nord au Sud, ce sont elles qui ont naturellement occasionné les différences culinaires. C'est ainsi, pour simplifier, que l'on fait plutôt la cuisine au beurre en Bretagne, à la graisse d'oie dans le Sud-Ouest et à l'huile d'olive en Provence.

À cette cuisine paysanne populaire s'est très tôt opposée la cuisine savante, au service des riches et des puissants. Élaborée avec des produits souvent coûteux et d'une fraîcheur exceptionnelle, mis en œuvre avec un savoir-faire et une imagination non dépourvus de génie, cette gastronomie raffinée peut sans doute être élevée au rang des beaux-arts.

Le sel de Guérande ou d'Aigues-Mortes, l'huile d'olive de Nice, les citrons de Menton, les cerises de Montmorency et les pruneaux d'Agen, les madeleines de Commercy et la tarte tropézienne, la moutarde de Dijon, le saucisson de Lyon et la saucisse de Toulouse, de Morteau ou de Strasbourg, le cassoulet de Castelnaudary, la bourride de Sète, les huîtres de Marennes, les rillettes du Mans et les rillons de Tours, les dragées de Verdun, les calissons d'Aix et les bêtises de Cambrai…, il n'y a guère de localité qui n'ait sa spécialité gourmande et dans certains cas, comme pour les fromages, certains noms de ville sont devenus des noms communs : Livarot, Camembert, Pont-l'Évêque, Sainte-Maure, Maroilles, Époisses… Les régions de France sont toutes très fières des spécificités de leur cuisine, mais si l'on devait citer les principaux foyers de la gastronomie nationale, il faudrait donner la prééminence à l'Alsace, au Sud-Ouest, au Lyonnais, à la Bourgogne et à la Provence. Notons que ces régions sont également productrices de vins.

CUISINES PLANÉTAIRES

Longtemps fiers de notre supériorité culinaire, nous nous sommes peu à peu ouverts aux cuisines du monde, au rythme de l'extension et des replis de nos empires coloniaux. Aujourd'hui, dans certains quartiers de Paris ou de Marseille, les restaurants vietnamiens, africains ou nord-africains sont beaucoup plus nombreux que les restaurants servant de la cuisine française. Depuis une trentaine d'années, dans les grandes villes, on peut faire le tour du monde dans son assiette : l'Italie, la Grèce, l'Espagne, la Turquie, l'Inde, la Chine, le Japon… Il s'est même ouvert récemment à Paris un restaurant australien. L'île-continent étant plus réputée pour ses marsupiaux que pour son improbable gastronomie, cette curiosité culinaire planétaire s'accompagne souvent d'un certain snobisme. Très branchée il y a quelques années, la vague tex-mex (cuisine mexicaine rapide et épicée) tend à refluer. En revanche, la restauration rapide, le « fast-food », auquel vous ne pourrez échapper si vous avez des enfants, semble avoir de beaux jours devant elle. Il n'est pas une agglomération de quelque importance qui ne soit pourvue de plusieurs de ces établissements. C'est que les habitudes alimentaires se sont profondément modifiées : on

Le Moulin de Mougins (p. 612)

consacre moins de temps à s'alimenter et à préparer les repas. L'augmentation du nombre des congélateurs et des fours à micro-ondes, ainsi que le développement des magasins à grande surface où les vitrines réfrigérées occupent des centaines de mètres de linéaire, ont entraîné une augmentation des ventes de produits surgelés et de plats

La Tour d'Argent, sur les quais (p. 583)

préparés, au détriment des produits frais.

L'alimentation confine souvent au fantasme et après la mode du bio (biologique) et du *light* (allégé en graisses ou en sucres), c'est maintenant le tour des produits à teneur garantie en vitamines ou aux vitamines ajoutées.

L'APÉRITIF ET LES VINS

Indépendamment des alcools étrangers, comme le whisky ou le Martini, il existe un certain nombre d'apéritifs typiquement nationaux : pineau des Charentes, muscat de Rivesaltes, banyuls, pastis, et bien entendu le kir, immortalisé par le célèbre chanoine dijonnais. Il se confectionne traditionnellement avec de la crème de cassis et un vin blanc, mais on note actuellement une tendance à l'éloignement de la stricte orthodoxie bourguignonne, avec le kir au sirop de mûre ou de framboise, et le kir royal au champagne.

Les vins font généralement l'objet d'une carte à part et leurs prix, au restaurant, sont plutôt élevés. Un bon repas mérite un bon vin, mais le prix d'une bouteille peut doubler le montant d'une addition. Si vous voulez rester dans des limites raisonnables, commandez du vin en pichet (demi ou quart), ou demandez le vin du patron, qui est généralement d'un bon rapport qualité-prix. Les vins français font l'objet d'une classification très précise et très rigoureuse. Par ordre de qualité croissante, ils sont classés « vin de table », « vin de pays », AOVDQS (appellation d'origine vin délimité de qualité supérieure) et AOC (appellation d'origine contrôlée).

Le vin dit « de table » est constitué de coupages, et se sert rarement dans les bons restaurants. Vous pouvez ous rabattre sur un vin de pays ; relisez à cet égard les précisions données dans ce guide région par région, et reportez-vous à notre présentation générale du vignoble français *(p. 22-23)*.

L'hôtel-restaurant Eychenne, à Saint-Girons *(p. 607)*

RESTAURANT MODE D'EMPLOI

D'une façon générale, il est toujours préférable de réserver votre table, en ville ou à la campagne, ne serait-ce que pour s'assurer que l'établissement où vous souhaitez vous rendre est bien ouvert. Dans les grandes villes où le choix est vraiment très étendu, vous aurez toujours des solutions de rechange.

Avoir réservé ne vous donne pas tous les droits. Si vous êtes en retard, la plupart des établissements ne pourront pas bloquer votre table et refuser des clients.

L'Hôtel Royal, à Évian-les-Bains *(p. 563)*

La courtoisie la plus élémentaire devrait également vous conduire à annuler votre réservation si vous changez d'avis. Service ne signifie pas rapidité, mais plutôt égards et courtoisie. On va souvent au restaurant pour fêter un événement et il n'est pas rare que le repas s'y prolonge. Si vous êtes

pressé, choisissez plutôt un bistrot ou une brasserie. L'addition inclut toujours le service, mais rien ne vous interdit de laisser un pourboire si vous êtes particulièrement satisfait du personnel qui s'est occupé de vous.

Le paiement par carte de crédit ou de paiement est très répandu dans les restaurants. C'est la carte Visa qui est le plus fréquemment acceptée, mais on peut également payer la plupart du temps avec d'autres cartes : American Express, Diners' Club, Mastercard. Des autocollants sur la porte ou près de l'entrée indiquent les cartes acceptées par l'établissement. À la campagne, l'usage des cartes est nettement moins courant que dans les villes. Munissez-vous d'un chéquier ou payez en espèces.

Le restaurant est un univers auquel les enfants sont initiés de bonne heure et ils sont toujours les bienvenus. Un certain nombre de restaurants d'étapes préparent même des « menus enfants » adaptés à leurs goûts. En revanche, peu d'établissements proposent à leur clientèle des chaises hautes et vous aurez peut-être du mal à garer votre poussette.

Les animaux domestiques sont généralement tolérés, sauf dans les grands restaurants. Mais songez que l'exiguïté d'une salle ne conviendra pas à votre berger des Pyrénées, et que votre chien risque de se trouver museau à museau avec un congénère plus hargneux.

Choisir un restaurant

Les établissements présentés ici ont été sélectionnés pour la qualité de leur cuisine, leur rapport qualité-prix, ou leur localisation exceptionnelle. Ils sont classés par région, du nord au sud, après la région parisienne. Pour plus de détails, utilisez les onglets de couleur qui vous indiqueront les découpages régionaux utilisés. Et maintenant, bon appétit !

PARIS

	CARTES DE CRÉDIT	MENUS POUR ENFANTS	MENUS À PRIX FIXES	TRÈS BONNE CARTE DES VINS	REPAS À L'EXTÉRIEUR
ÎLE DE LA CITÉ : *Le Vieux Bistrot.* **Plan** 9 B4. €€€€ 14, rue du Cloître-Notre-Dame, 75004. 01 43 54 18 95. Un bistrot authentique, des plats délicieux et sans prétention ; les habitués, restaurateurs et stars en tout genre, ne s'y trompent pas. ● *24-25 déc.*	AE MC V			●	■
MARAIS : *Baracane.* **Plan** 10 E4. €€ 38, rue des Tournelles, 75005. 01 42 71 43 33. Ce minuscule restaurant sert une cuisine du Sud-Ouest de très bonne qualité à des prix raisonnables. ● *sam. midi, dim.*	MC V		■		
MARAIS : *Aux Vins des Pyrénées.* **Plan** 10 D4. €€€ 25, rue Beautreillis, 75004. 01 42 72 64 94. L'atmosphère typiquement parisienne de cet ancien bistrot le rend particulièrement populaire. Grand choix de vins à boire au verre. ● *sam. midi ; 2 der. sem. d'août.*	DC MC V		■		
MARAIS : *Le Trumilou.* **Plan** 9 B3. €€€ 84, quai de l'Hôtel-de-Ville, 75003. 01 42 77 63 98. Très bonne cuisine à des prix imbattables. Aux beaux jours, les repas sont servis sous les arcades qui bordent une superbe place du XVIIe siècle. ● *lun.*	MC V				■
MARAIS : *Le Passage des Carmagnoles.* **Plan** 10 F4. €€ 18, passage de la Bonne-Graine, 75011. 01 47 00 73 30. Ce bistrot vieux de 300 ans offre une cuisine traditionnelle élaborée à partir de produits frais. ● *sam. midi, dim.*	AE MC V			●	
MARAIS : *Le Bar à Huîtres.* **Plan** 10 E3. €€€ 33, bd Beaumarchais, 75003. 01 48 87 98 92. La nouvelle enseigne de fruits de mer. Huîtres et coquillages sont proposés en abondance.	AE MC V	●			■
MARAIS : *Ma Bourgogne.* **Plan** 10 D3. €€€ 19, pl. des Vosges, 75004. 01 42 78 44 64. La nourriture est à la hauteur du cadre, le restaurant donne sur la magnifique place des Vosges. ● *1 sem. en août.*	AE DC MC V		■		
LE MARAIS : *L'Ambroisie.* **Plan** 10 D3. €€€€€ 9, pl. des Vosges, 75004. 01 42 78 51 45. Pour déguster une cuisine parfaitement maîtrisée dans l'ancien hôtel de Luynes, il faut réserver un mois à l'avance. ● *dim., lun. ; 1re sem. de fév., août.*	AE MC V			●	
BEAUBOURG : *Le 404.* **Plan** 9 C1. €€ 69, rue Gravilliers, 75003. 01 42 74 57 81. Le restaurant, aménagé dans un magnifique hôtel particulier de 1737, appartient au comique Smaïn. On se croirait sous une tente bédouine.	AE MC V				
LES HALLES : *Chez Elle.* **Plan** 9 A2. €€ 7, rue des Prouvaires, 75001. 01 45 08 04 10. La carte, typique d'un bistrot, change avec les saisons. Tous les produit sont frais. ● *sam., dim.*	AE MC V				
LES HALLES : *Le Grizzli.* **Plan** 9 B3. €€ 7, rue Saint-Martin, 75004. 01 48 87 77 56. Bonne cuisine traditionnelle du Sud-Ouest et italienne. Une valeur sûre.	AE MC V				■
LES HALLES : *Au Pied de Cochon.* **Plan** 8 F1. €€€ 6, rue Coquillière, 75001. 01 40 13 77 00. Plats copieux et savoureux, comme les pieds de cochon – bien sûr ! – ou les fruits de mer. Du goût et de l'ambiance dans cette institution ouverte jour et nuit, où l'on doit attendre pour dîner après 22 heures.	AE DC MC V				■

Catégories de prix pour un repas avec une demi-bouteille de vin, service compris :	**MENUS POUR ENFANTS** Établissement servant des portions pour enfants, équipé de chaises hautes.				

Catégories de prix pour un repas avec une demi-bouteille de vin, service compris :

€ moins de 25 €
€€ entre 25 € et 35 €
€€€ entre 36 € et 50 €
€€€€ entre 51 € et 75 €
€€€€€ plus de 75 €

MENUS POUR ENFANTS
Établissement servant des portions pour enfants, équipé de chaises hautes.

MENUS À PRIX FIXES
Menu proposé au déjeuner et/ou au dîner.

TRÈS BONNE CARTE DES VINS
Grand choix de vins de qualité ou bonne sélection de vins de pays.

REPAS À L'EXTÉRIEUR
Possibilité de manger sur une terrasse, dans un jardin ou une cour, avec parfois une jolie vue.

Restaurant	Prix	CARTES DE CRÉDIT	MENUS POUR ENFANTS	MENUS À PRIX FIXES	TRÈS BONNE CARTE DES VINS	REPAS À L'EXTÉRIEUR
TUILERIES : *Le Grand Louvre*. Plan 8 F2. Le Louvre, 75001. 01 40 20 53 41. Un bon restaurant dans un beau musée est un vrai plaisir. Il faut dire que l'on doit la carte à Yves Pinard, qui imprime sa marque sur une cuisine du Sud-Ouest. *mar.*	€€	AE DC MC V	●	■		
TUILERIES : *Goumard*. Plan 3 C5. 9, rue Duphot, 75001. 01 42 60 36 07. Ce restaurant du XIXᵉ siècle a été magnifiquement rénové. Les poissons et les desserts sont excellents. *deux sem. en août.*	€€€€€	AE DC MC V		■	●	
TUILERIES : *L'Espadon*. Plan 4 D5. 15, pl. Vendôme, 75001. 01 43 16 30 80. Le restaurant qui fait partie du Ritz est l'un des établissements les plus cotés par le guide Michelin. La cuisine est faite par le chef Michel Roth.	€€€€€	AE DC MC V	●	■	●	■
TUILERIES : *Le Grand Véfour*. Plan 8 F1. 17, rue de Beaujolais, 75001. 01 42 96 56 27. Le plus beau décor de style Directoire de Paris. Des préparations créatives magnifiant les produits choisis avec art par Guy Martin. *sam., dim. ; 23 déc.-janv., août.*	€€€€€	AE DC MC V		■	●	
OPÉRA : *Chartier*. Plan 4 F4. 7, rue du Faubourg-Montmartre, 75009. 01 47 70 86 29. Dans la vaste salle s'entassent étudiants, touristes et habitués. Tous viennent manger une cuisine française de base à des prix imbattables. Service rapide.	€	MC V				
OPÉRA : *Mimosa*. Plan 4 F5. 44, rue d'Argout, 75002. 01 40 28 15 75. C'est l'une des adresses les plus branchées de Paris. Le chef Thierry Soulat cuisine des tripes mémorables. *sam., dim.*	€€	AE MC V				
OPÉRA : *Angl'Opéra*. Plan 4 E5. 39, av. de l'Opéra, 75002. 01 42 61 86 25. Le chef Gilles Choukroun propose un mélange intéressant de saveurs et de cuisines. Essayez la crème brûlée de foie gras. *sam., dim.*	€€€	AE DC MC V	●	■		■
OPÉRA : *Le Vaudeville*. Plan 4 F5. 29, rue Vivienne, 75002. 01 40 20 04 62. Un cadre Art déco très agréable pour déguster des plats savoureux : andouillette, fruits de mer ou morue fraîche grillée.	€€€	AE DC MC	●	■		■
OPÉRA : *Lucas Carton*. Plan 3 C5. 9, pl. de la Madeleine, 75008. 01 42 65 22 90. La cuisine inventive d'un des plus grands chefs français. Décor, service et clientèle huppée. *sam. soir, dim., lun. soir ; août.*	€€€€€	AE DC MC V		■	●	
INVALIDES : *Thoumieux*. Plan 7 A2. 79, rue Saint-Dominique, 75007. 01 47 05 49 75. Excellent restaurant toujours très fréquenté. Produits frais et maison, comme le foie gras ou les rillettes. La spécialité du chef est le cassoulet.	€€€	AE MC V	●	■		
INVALIDES : *L'Arpège*. Plan 7 B3. 84, rue de Varenne, 75007. 01 45 51 47 33. Alain Passard crée, tout près du musée Rodin, une cuisine parfaite ; parmi les plats déjà classiques de cet établissement, le homard aux navets à l'aigre-doux ou le canard Louise Passard. *sam., dim.*	€€€€€	AE DC MC V		■	●	
TOUR EIFFEL : *La Serre*. Plan 6 F3. 29, rue de l'Exposition, 75007. 01 45 55 20 96. Ce petit restaurant chaleureux sert des plats du terroir comme le pot-au-feu ou le cassoulet. *dim., lun. ; 3 sem. en août.*	€€	MC V				

Voir sur le rabat de couverture la légende des symboles

Catégories de prix pour un repas avec une demi-bouteille de vin, service compris :

€ moins de 25 €
€€ entre 25 € et 35 €
€€€ entre 36 € et 50 €
€€€€ entre 51 € et 75 €
€€€€€ plus de 75 €

MENUS POUR ENFANTS
Établissement servant des portions pour enfants, équipé de chaises hautes.

MENUS À PRIX FIXES
Menu proposé au déjeuner et/ou au dîner.

TRÈS BONNE CARTE DES VINS
Grand choix de vins de qualité ou bonne sélection de vins de pays.

REPAS À L'EXTÉRIEUR
Possibilité de manger sur une terrasse, dans un jardin ou une cour, avec parfois une jolie vue.

	CARTES DE CRÉDIT	MENUS POUR ENFANTS	MENUS À PRIX FIXES	TRÈS BONNE CARTE DES VINS	REPAS À L'EXTÉRIEUR
CHAILLOT : La Butte Chaillot. Plan 2 D5. **€€** 110 bis, av. Kleber, 75116. 01 47 27 88 88. L'un des derniers fiefs de Guy Savoy : une clientèle très chic vient déguster une cuisine sophistiquée dans un décor contemporain. ♿	AE DC MC V		■		
CHAILLOT : L'Astrance. Plan 5 C3. **€€€€€** 4, rue Beethoven, 75016. 01 40 50 84 40. Des plats inventifs ont rendu l'endroit très populaire : il faut réserver un mois à l'avance. Essayez le menu surprise. ● lun., mar. midi ; 1 sem. en fév.	AE MC V		■		■
CHAILLOT : Amphyclès. Plan 1 C2. **€€€€€** 78, av. des Ternes, 75017. 01 40 68 01 01. Le très créatif Philippe Groult vous propose son délicieux foie gras aux haricots et son filet de poisson au sésame. ● sam. midi, dim.	AE DC MC V		■	●	
CHAILLOT : 59 Poincaré. Plan 1 C5. **€€€** 59, av. Raymond-Poincaré, 75016. 01 47 27 59 59. Alain Ducasse sert dans une salle à manger décorée de trompe-l'œil et de sculptures les classiques qui ont lui valu ses trois étoiles. 🍴 ● jours fériés, 2 sem. en août, 25 déc.	AE DC MC V		■	●	
CHAMPS-ÉLYSÉES : Spoon, Food and Wine. Plan 2 F5. **€€€** 14, rue de Marignan, 75008. 01 40 76 34 44. Les menus présentant les cuisines des différents continents changent en fonction des jours de la semaine. ● der. sem. de juil., 3 sem. en août.	AE DC MC		■		
CHAMPS-ÉLYSÉES : La Fermette Marbeuf 1900. Plan 2 F5. **€€€** 5, rue Marbeuf, 75008. 01 53 23 08 00. Pour une soirée heureuse dans un très beau décor 1900 avec verrière. Des produits de qualité qui suivent le marché, des préparations sages et goûteuses.	AE DC MC		■	●	■
CHAMPS-ÉLYSÉES : Lasserre. Plan 7 A1. **€€€€€** 17, av. Franklin-D.-Roosevelt, 75008. 01 43 59 53 43. Depuis 50 ans, le charismatique propriétaire, René Lasserre, fait de son restaurant l'une des meilleures tables de Paris. 🍴 ● dim., lun. ; août.	AE DC MC V		■	●	
CHAMPS-ÉLYSÉES : Le Petit Colombier. Plan 2 D3. **€€€€** 42, rue des Acacias, 75017. 01 43 80 28 54. Une cuisine provinciale traditionnelle à déguster dans une ambiance rustique. On y passera une bonne soirée de détente. ♿ ● mi-juil.-mi-août.	AE MC V		■		
CHAMPS-ÉLYSÉES : Taillevent. Plan 2 F4. **€€€€€** 15, rue Lamennais, 75008. 01 44 95 15 01. Le plus élégant des restaurants. Pour faire un repas mémorable grâce à la cuisine néo-classique de Philippe Legendre, secondée par une carte des vins époustouflante et un service impeccable. ♿ 🍴 ● sam., dim. ; fin août.	AE DC MC V			●	
CHAMPS-ÉLYSÉES : Guy Savoy. Plan 2 D3. **€€€€€** 18, rue Troyon, 75017. 01 43 80 40 61. L'exceptionnelle cuisine de Guy Savoy est servie dans une vaste et superbe salle à manger. Essayez l'aspic d'huîtres froides. 🍴 ● jours fériés ; mi-juil.-mi-août.	AE DC MC V			●	
SAINT-GERMAIN-DES-PRÉS : Le Petit Saint-Benoît. Plan 8 E3. **€€** 4, rue Saint-Benoît, 75006. 01 42 60 27 92. Une adresse idéale pour les petits budgets et pour ceux qui veulent côtoyer des Parisiens. Les plats sont simples et savoureux. ● dim. ; août.					■
SAINT-GERMAIN-DES-PRÉS : Rôtisserie d'en Face. Plan 8 F4. **€€€** 2, rue Christine, 75006. 01 43 26 40 98. On se presse dans le restaurant de Jacques Cagna pour déguster un menu à des prix très raisonnables. ● sam. midi, dim.	AE MC V		■		

SAINT-GERMAIN-DES-PRÉS : *Alcazar*. **Plan** 8 F4. €€€
62, rue Mazarine, 75006. 01 53 10 19 99.
Ce grand établissement élégant et très moderne a été créé par Sir Terence
Conran. La cuisine est simple, mais bien préparée.
AE DC MC V

SAINT-GERMAIN-DES-PRÉS : *Le Procope*. **Plan** 8 F4. €€€
13, rue de l'Ancienne-Comédie, 75006. 01 40 46 79 00.
Le plus ancien restaurant de Paris est depuis longtemps l'endroit de
prédilection des écrivains, artistes, philosophes et hommes politiques.
AE MC V

SAINT-GERMAIN-DES-PRÉS : *Brasserie Lipp*. **Plan** 8 E4. €€€€
151, bd St-Germain, 75006. 01 45 48 53 91.
Cette fameuse brasserie fréquentée par le monde de l'édition ne désemplit pas.
Pour passer pour un habitué demandez une table au rez-de-chaussée.
AE DC MC V

SAINT-GERMAIN-DES-PRÉS : *Restaurant Jacques Cagna*. €€€€€
14, rue des Grands-Augustins, 75006. **Plan** 8 F4. 01 43 26 49 39.
La cuisine néo-classique de Jacques Cagna est très bien mise en valeur
par le cadre, une maison du XVIIe siècle. dim.
AE DC MC V

QUARTIER LATIN : *Restaurant Marty*. **Plan** 13 B3. €€
20, av. des Gobelins, 75005. 01 43 31 39 51.
L'intérieur Arts déco est très raffiné. Les fruits de mer sont délicieux.
Demandez à dîner en terrasse en été. jours fériés.
AE DC MC V

QUARTIER LATIN : *La Rôtisserie du Beaujolais*. **Plan** 9 B5. €€€
19, quai de la Tournelle, 75005. 01 43 54 17 47.
Le restaurant, face à la Seine, est tenu par Claude Terrail de la Tour d'Argent,
juste à côté. La viande vient des meilleurs fournisseurs lyonnais. lun.
MC V

QUARTIER LATIN : *La Tour d'Argent*. **Plan** 9 B5. €€€€€
15-17, quai de la Tournelle, 75005. 01 43 54 23 31.
Une institution parisienne qui date de 1592 et qui cultive l'excellence depuis
sa fondation. C'est aussi l'une des meilleures caves du monde. lun.
AE DC MC V

LUXEMBOURG : *Perraudin*. **Plan** 12 F1. €€
157, rue Saint-Jacques, 75005. 01 46 33 15 75.
Une cuisine maison dans un bistrot du début du XXe siècle, qui a vu défiler des
générations d'étudiants. Bon rapport qualité-prix. dim. ; août, certains j.f.

LUXEMBOURG : *Au Petit Marguéry*. **Plan** 13 B3. €€€
124, bd du Montparnasse 75014. 01 43 20 14 20.
Une savoureuse cuisine insolite : consommé glacé de homard, salade de
petits mousserons au foie gras, dos de morue aux épices, etc. dim., lun.
AE MC V

MONTPARNASSE : *L'O à la bouche*. **Plan** 12 E2. €€
32, bd du Montparnasse, 75014. 01 45 48 52 03.
Une cuisine de bistro avec des accents du XXIe siècle.
Le menu suit les saisons. lun. ; 3 sem. en août.
AE DC MC V

MONTPARNASSE : *La Coupole*. **Plan** 12 D2. €€€
102, bd du Montparnasse, 75014. 01 43 20 14 20.
Ce lieu mythique du Montparnasse du début du siècle a vu défiler artistes et
intellectuels depuis 1927 ; on y sert à toute heure.
AE MC V

MONTPARNASSE : *La Cagouille*. **Plan** 11 C3. €€€
10-12, pl. Constantin-Brancusi, 75014. 01 43 22 09 01.
C'est l'un des meilleurs restaurants de poissons de Paris.
Nous vous recommandons le plateau de fruits de mer et les plats saisonniers.
AE MC V

MONTMARTRE : *Le Petit Caboulot*. **Métro** Guy-Moquet. €€€
6, pl. Jacques-Froment, 75018. 01 46 27 19 00.
Le meilleur foie gras de Paris et une cuisine savoureuse sans vous ruiner.
sam. midi, dim., lun. midi.
AE MC V

MONTMARTRE : *La Table d'Anvers*. **Métro** Anvers. €€€€€
2, pl. d'Anvers, 75009. 01 48 78 35 21.
Près de la Butte Montmartre, restaurant familial proposant une carte aux accents
d'Italie et de Provence. Pâtisseries et desserts excellents. sam. midi, dim.
AE MC V

MONTMARTRE : *Beauvilliers*. **Métro** Lamarck-Caulaincourt. €€€€€
52, rue Lamarck, 75018. 01 42 54 54 42.
Édouard Carlier propose une cuisine toujours très savoureuse et intéressante,
dans un décor style Napoléon III. dim.
AE MC V

Voir sur le rabat de couverture la légende des symboles

Catégories de prix pour un repas avec une demi-bouteille de vin, service compris :

€ moins de 25 €
€€ entre 25 € et 35 €
€€€ entre 36 € et 50 €
€€€€ entre 51 € et 75 €
€€€€€ plus de 75 €

MENUS POUR ENFANTS
Établissement servant des portions pour enfants, équipé de chaises hautes.

MENUS À PRIX FIXES
Menu proposé au déjeuner et/ou au dîner.

TRÈS BONNE CARTE DES VINS
Grand choix de vins de qualité ou bonne sélection de vins de pays.

REPAS À L'EXTÉRIEUR
Possibilité de manger sur une terrasse, dans un jardin ou une cour, avec parfois une jolie vue.

	Cartes de crédit	Menus pour enfants	Menus à prix fixes	Très bonne carte des vins	Repas à l'extérieur
NATION : Les Allobroges. Métro Avron. €€ 71, rue des Grands-Champs, 75020. 01 43 73 40 00. La cuisine imaginative d'Olivier Pateyron vaut le détour. Le décor et l'ambiance, en revanche, laissent à désirer. ● dim., lun. ; août.	AE MC V		▪		
RÉPUBLIQUE/MARAIS : Astier. Plan 10 E1. €€€ 44, rue Jean-Pierre-Timbaud, 75011. 01 43 57 16 35. Une excellente cuisine à des prix imbattables. Fromages et vins sont de qualité. Les clients sont nombreux. ● sam., dim. ; jours fériés et août.	MC V		▪		
OBERKAMPF/MARAIS : Le Villaret. Plan 10 E1. €€€ 13, rue Ternaux, 75011. 01 43 57 89 76. À Oberkampf, quartier en plein développement, vous goûterez une cuisine de marché savoureuse. Réservation obligatoire le week-end. ● sam. midi, dim. ; août.	MC V		▪	●	
OBERKAMPF/MARAIS : Le Repaire de Cartouche. Plan 10 D2. €€€ 8, bd des Filles-du-Calvaire, 75011. 01 47 00 25 86. Le restaurant qui est tenu par des anciens de l'Astier (voir plus haut) propose des plats d'un excellent rapport qualité-prix. ♿ ● dim., lun. ; août.	DC MC V			●	
BASTILLE/NATION : Les Amognes. Métro Faidherbe-Chaligny. €€€ 243, rue du Faubourg-Saint-Antoine, 75011. 01 43 72 73 05. Le petit restaurant de Thierry Coue n'est pas très beau mais les plats sont savoureux et originaux. Tarte aux sardines. ● dim. ; 3 premières sem. d'août.	MC V		▪		
BASTILLE : Le Train Bleu. Plan 14 E1. €€€ 20, bd Diderot, 75012. 01 43 43 09 06. Située dans la gare de Lyon, cette brasserie haut de gamme possède une superbe décoration Belle Époque. ♿	AE DC MC	●			

ÎLE-DE-FRANCE

	Cartes de crédit	Menus pour enfants	Menus à prix fixes	Très bonne carte des vins	Repas à l'extérieur
AUVERS-SUR-OISE : Auberge Ravoux-Maison de Van Gogh €€ 8, rue de la Sansonne. 01 30 36 60 60. Van Gogh vécut et mourut ici. L'auberge a été restaurée en recréant le cadre dans lequel l'artiste vivait. ● dim. soir, lun. ; mi-nov.-mi-mars.	MC V	●	▪		
BARBIZON : L'Angélus €€€ 31, rue Grande. 01 60 66 40 30. Malgré sa situation centrale, le restaurant bénéficie d'une atmosphère reposante. Les soupes sont délicieuses. ● 1 sem. en août.	AE MC V	●	▪		
DAMPIERRE : Auberge Saint-Pierre €€€ 1, rue de Chevreuse. 01 30 52 53 53. L'auberge fait face au grand château de Dampierre. Au menu : foie gras et joue de bœuf. ● dim. soir, lun., mar.	AE MC V		▪	●	
DAMPIERRE : Les Écuries du Château €€€ Château de Dampierre. 01 30 52 52 99. Un cadre rustique pour déguster des plats de poisson et de viande correspondant à une carte classique. ● mar., mer. ; fév., mars, 1er sem. d'août.	AE DC MC V		▪	●	
FONTAINEBLEAU : Le Caveau des Ducs €€€€ 24, rue de Ferrare. 01 64 22 05 05. Cuisine classique à déguster dans un cadre intime et agréable, à proximité du château à la riche histoire. ● 2 premières sem. d'août.	AE DC MC V	●	▪	●	▪
MAISONS-LAFFITTE : Le Tastevin €€€€ 9, avenue Églé. 01 39 62 11 67. Une cuisine délicieuse et des vins soigneusement sélectionnés servis dans un cadre superbe. Le restaurant de Michel Blanchet est l'une des bonnes tables de la couronne parisienne, avec des spécialités de foie gras et de produits de la mer. ● lun., mar. ; 3 sem. en mars., 3 premières sem. d'août.	AE DC MC V		▪	●	▪

RAMBOUILLET : *Le Cheval Rouge* €€ — AE MC
78, rue du Général-de-Gaulle. **[** 01 30 88 80 61.
Petit restaurant près du château. Foie gras au champagne. **[** ● *mar. soir, mer.*

RUEIL-MALMAISON : *Relais de St-Cucufa* €€€ — AE MC V
114, rue Général-de-Miribel. **[** 01 47 49 79 05.
Raviolis de langoustines, poissons grillés à déguster dans le jardin
ou près de la cheminée. ● *dim. midi, lun. ; août.*

VERSAILLES : *Restaurant Chez Lazare* €€ — MC V
18, rue de Satory. **[** 01 39 53 14 56.
Un restaurant de cuisine sud-américaine qui plaira à ceux qui recherchent
l'exotisme : poissons et viandes grillés sont au menu. ● *dim., lun. ; 2 sem. en fév.*

VERSAILLES : *Les Petites Marches* €€€ — AE DC MC V
1, bd de la Reine. **[** 01 39 50 13 21.
Ce petit restaurant est une annexe du fameux restaurant voisin *Les Trois
Marches*. Cuisine savoureuse à des prix raisonnables. ● *dim., lun. ; mars, août.*

VERSAILLES : *Les Trois Marches (Trianon Palace)* €€€€€ — AE DC MC V
1, bd de la Reine. **[** 01 39 50 13 21.
Superbe cuisine dans un palace donnant sur les jardins du château.
Ne manquez pas l'étonnante salade d'herbes. ● *dim., lun. ; août.*

NORD-PAS-DE-CALAIS ET PICARDIE

AMIENS : *Le Porc Saint-Leu* € — AE DC MC V
45-47, quai Bélu. **[** 03 22 80 00 73.
Le service est excellent et la nourriture très savoureuse. Comme son nom
l'indique, la spécialité de la maison est le porc.
● *der. sem. de déc.*

AMIENS : *La Couronne* €€€ — AE V
64, rue Saint-Leu. **[** 03 22 91 88 57.
Notre suggestion : ballottine de canard maison, agneau de pré-salé provenant
de la baie de Somme, le tout arrosé d'un sancerre rouge.
● *sam., dim. soir ; janv., 2 der. sem. de juil.*

ARRAS : *La Rapière* €€ — AE MC V
44, Grand'Place. **[** 03 21 55 09 92.
Plusieurs menus sont proposés, parmi lesquels le menu régional qui offre
un grand choix de plats, comme le flan de maroilles. **[** ● *dim. ; 2 sem. en août.*

ARRAS : *La Faisanderie* €€€€ — AE DC MC V
45, Grand'Place. **[** 03 21 48 20 76.
Une carte qui change selon la saison, des plats inventifs et bien maîtrisés
à déguster dans une salle voûtée d'un immeuble classé.
● *dim. soir, mar. soir ; 1re sem. de janv., 3 premières sem. d'août.*

CALAIS : *Histoire Ancienne* €€ — AE MC
20, rue Royale. **[** 03 21 34 11 20.
Cette brasserie Arts déco à l'ambiance détendue sert des viandes et des poissons
(morue grillée) succulents. ● *dim., lun. soir ; der. sem. de fév., 2 premières sem. d'août.*

CALAIS : *Le Channel* €€ — AE DC MC V
3, bd de la Résistance, 62100. **[** 03 21 34 42 30.
On assiste au va-et-vient des navires, tout en dégustant une cuisine de la mer
du Nord. ● *dim. soir, mar. ; 23 déc.-15 janv., der. sem. de juil.-mi-août.*

CAMBRAI : *L'Escargot* €€ — MC V
10, rue Général-de-Gaulle. **[** 03 27 81 24 54.
Les habitués sont nombreux dans ce restaurant où leur est proposée
une cuisine simple qui utilise les produits locaux.
● *mer., ven. soir ; der. sem. de déc., 1re sem. de fév., der. sem. de juil.-1re sem. d'août.*

DOUAI : *La Terrasse* €€€ — AE DC MC V
36, terrasse St-Pierre. **[** 03 27 88 70 04.
Des plats tout simplement splendides, comme le magret de canard aux figues
fraîches, ou le filet de sandre sur lit d'oignons.

DUNKERQUE : *Estaminet Flamand* € — MC V
6, rue des Fusillers-Marins. **[** 03 28 66 98 35
Une authentique et délicieuse cuisine du Nord : tarte au maroilles,
carbonade flamande, tarte au sucre. ● *sam. midi, dim., lun.*

Voir sur le rabat de couverture la légende des symboles

Catégories de prix pour un repas avec une demi-bouteille de vin, service compris :

€ moins de 25 €
€€ entre 25 € et 35 €
€€€ entre 36 € et 50 €
€€€€ entre 51 € et 75 €
€€€€€ plus de 75 €

MENUS POUR ENFANTS
Établissement servant des portions pour enfants, équipé de chaises hautes.
MENUS À PRIX FIXES
Menu proposé au déjeuner et/ou au dîner.
TRÈS BONNE CARTE DES VINS
Grand choix de vins de qualité ou bonne sélection de vins de pays.
REPAS À L'EXTÉRIEUR
Possibilité de manger sur une terrasse, dans un jardin ou une cour, avec parfois une jolie vue.

Établissement	Prix	Cartes de crédit	Menus pour enfants	Menus à prix fixes	Très bonne carte des vins	Repas à l'extérieur
DURY-LES-AMIENS : *L'Aubergade*	€€€	AE MC V		■	●	
HALLINES : *L'Hostellerie St-Hubert*	€€€	MC V		■	●	
LILLE : *La Pâte Brisée*	€	MC V		■		■
LILLE : *Restaurant Les Brasseurs*	€€	AE DC MC V	●	■		
LONGUEAU : *La Laiterie*	€€	MC V	●	■		
MONTREUIL-SUR-MER : *Auberge de la Grenouillère*	€€€	AE DC MC		■	●	■
POIX-DE-PICARDIE : *L'Auberge de la Forge*	€€	MC V	●	■		
ROYE : *La Flamiche*	€€€	AE DC MC	●	■		
SAINT-QUENTIN : *Le Pot d'Étain*	€€	AE DC MC V	●	■	●	■
SANGATTE : *Les Dunes*	€€	AE DC MC V	●	■		
SARS-POTERIES : *L'Auberge Fleurie*	€€€	AE DC MC		■	●	
WIMEREUX : *La Liégeoise*	€€€	AE DC MC V	●	■	●	

DURY-LES-AMIENS : *L'Aubergade* €€€
78, route Nationale. 03 22 89 51 41.
Parmi les nombreuses créations du chef, nous vous conseillons la terrine de foie gras aux pommes et poires confites. ⛔ dim., lun.

HALLINES : *L'Hostellerie St-Hubert* €€€
1, rue du Moulin. 03 21 39 77 77.
Le restaurant dispose d'un parc sur les bords d'une rivière. La carte comporte des plats français classiques et une impressionnante variété de fromages.
⛔ dim. soir, lun. et mar. midi.

LILLE : *La Pâte Brisée* €
65, rue de la Monnaie. 03 20 74 29 00.
Ce bistro rustique dans la vieille ville sert des quiches, des tartes, des gratins et des salades. Arrivez tôt, il est toujours bondé à midi. ⛔ 25 déc. et certains j. f.

LILLE : *Restaurant Les Brasseurs* €€
22, pl. de la Gare. 03 20 06 46 25.
Ce restaurant sans prétention de l'autre côté de la gare propose des portions généreuses et de délicieuses salades. Essayez la *flammeküchen*. ⛔ 25 déc.

LONGUEAU : *La Laiterie* €€
138, rue de l'Hippodrome. 03 20 92 79 73.
Un établissement douillet très apprécié des habitants de la région d'Amiens . Les plats proposés varient selon les saisons. ⛔ dim. soir, lun. ; août.

MONTREUIL-SUR-MER : *Auberge de la Grenouillère* €€€
Rue de la Grenouillère, La Madeleine-sous-Montreuil. 03 21 06 07 22.
Un excellent restaurant à 3 km de Montreuil qui sert une cuisine traditionnelle. Ne manquez pas les cailles aux langoustines.
⛔ mar., sept.-juin : mar. et mer. ; janv, 3 sem. en juil., août.

POIX-DE-PICARDIE : *L'Auberge de la Forge* €€
Route Nationale 29, Caulières. 03 22 38 00 91.
Une auberge picarde traditionnelle, qui sert des plats à l'ancienne : biscuitte de truite au foie gras, agneau de pré-salé. ⛔ mar. et dim. soir ; 2 sem. en janv.

ROYE : *La Flamiche* €€€
20, pl. de l'Hôtel de Ville. 03 22 87 00 56.
Régionalisme et inventivité maîtrisée se marient parfaitement dans cette maison, reconnue par le guide Michelin. ⛔ dim. soir, lun., mar. midi ; 22 déc.-1er janv., 3 sem. en août.

SAINT-QUENTIN : *Le Pot d'Étain* €€
Route Nationale 29, Holnon. 03 23 09 34 35.
Cet hôtel-restaurant, à 5 km de Saint-Quentin, est d'un bon rapport qualité-prix ; la nourriture est saine et savoureuse. ⛔ 2 sem. en juil.

SANGATTE : *Les Dunes* €€
Route Nationale 48, Blériot-Plage. 03 21 34 54 30.
Le restaurant en bord de mer sert une cuisine délicieuse ; goûtez les moules flambées au whisky. ⛔ sept.-juin : dim. soir, lun.

SARS-POTERIES : *L'Auberge Fleurie* €€€
67, rue Général-de-Gaulle. 03 27 61 62 48.
Cette ancienne ferme est située dans une région très verdoyante. L'hiver, on se régalera de gibier de toute sorte et de fruits de mer.
⛔ lun. ; 2 sem. en août.

WIMEREUX : *La Liégeoise* €€€
Digue de Mer. 03 21 32 41 01.
Grand paquebot posé à même la plage. Le chef Alain Delpierre est expert dans la préparation des produits de la mer. ⛔ dim. soir, lun. midi ; fév.

CHAMPAGNE ET ARDENNES

AMBONNAY : *Auberge Saint-Vincent* €€
1, rue Saint-Vincent. ☎ 03 26 57 01 98.
Élégant et très agréable restaurant aux plafonds Louis XIII. Le menu change en fonction des saisons. ♿ ● *dim. soir, lun. ; 25 déc., 2 der. sem. d'août.*
Cartes : AE DC MC V

AUBRIVES : *Debette* €€
2, pl. Louis-Debette. ☎ 03 24 41 64 72.
Pour déguster les spécialités de la région : jambon des Ardennes, truite, terrines de gibier. ♿ ● *dim. soir, lun. midi ; 2 der. sem. de janv., 1 sem. en août.*
Cartes : AE MC V

BAR-SUR-AUBE : *Le Cellier aux Moines* €
Rue du Général-Vouillemont. ☎ 03 25 27 08 01.
La magnifique salle voûtée du XIIᵉ siècle est fraîche l'été. En hiver, on mange devant la cheminée. Cuisine d'un bon rapport qualité-prix. ● *dim.-mer. : le soir.*
Cartes : MC V

CHALONS-EN-CHAMPAGNE : *Les Ardennes* €€€
34, pl. de la République. ☎ 03 26 68 21 42.
Dans une belle maison du XVIIᵉ siècle. Le menu propose une grande sélection de plats et une incroyable quantité de desserts. ● *dim. soir, lun. soir.*
Cartes : AE V

CHALONS-EN-CHAMPAGNE : *Au Carillon Gourmand* €€€
15bis, pl. Monseigneur-Tissier. ☎ 03 26 64 45 07.
Le restaurant, situé dans le quartier de Notre-Dame-en-Vaux, est fréquenté par tous les gourmets de la ville. Cuisine et décor soignés. ● *dim. soir, lun., mer. soir ; 1 semaine en fév., 3 prem. sem. d'août.*
Cartes : MC V

CHARLEVILLE-MÉZIÈRES : *Le Damier* €
7, rue Bayard. ☎ 03 24 37 76 89.
Un peu à l'écart au sud de la ville, ce sympathique restaurant sert de bons plats français traditionnels. ● *lun.-ven. : le soir, sam., dim. ; der. sem. de déc., août.*
Cartes : AE V

ÉPERNAY : *L'Auberge Champenoise* €€
Moussy. ☎ 03 26 54 03 48.
Une auberge à l'ambiance chaleureuse, qui constituera une halte idéale et peu onéreuse entre deux visites de caves. ♿ ● *2 premières sem. de janv., 1ʳᵉ sem. d'août.*
Cartes : AE DC MC V

L'ÉPINE : *Aux Armes de Champagne* €€€€
31, av. du Luxembourg. ☎ 03 26 69 30 30.
Une étape gourmande qui propose des petits épineux braisés au fromage entre autres spécialités. ● *nov.-mars : dim. soir et lun. ; janv.*
Cartes : AE DC MC V

JOINVILLE : *Le Soleil d'Or* €€€
9, rue des Capucins. ☎ 03 25 94 15 66.
L'intérieur, rustique, contraste avec la qualité du service et des plats. Nous recommandons particulièrement la tarte fine de coquilles Saint-Jacques au basilic frit. ♿ ● *lun.-sam. : le soir ; 2 sem. en fév.*
Cartes : AE DC MC V

LANGRES : *Le Lion d'Or* €€€
Rue des Auges. ☎ 03 25 87 03 30.
Un restaurant charmant qui offre une cuisine régionale de qualité et de caractère. Beau point de vue sur le lac de la Liez. ● *dim. soir ; mi-janv.-mi-fév.*
Cartes : MC V

LE MESNIL-SUR-OGER : *Le Mesnil* €€€
2, rue Pasteur. ☎ 03 26 57 95 57.
Un établissement sérieux situé dans l'un des plus beaux villages de Champagne, entre Cramant et Vertus, sur le circuit de la Route des Blancs. ♿ ● *mer. midi ; mi-janv.-mi-fév., fin-août-mi-sept.*
Cartes : MC V

NOGENT-SUR-SEINE : *Au Beau Rivage* €€
20, rue Villiers-aux-Choux. ☎ 03 25 39 84 22.
Le restaurant au bord de l'eau dispose d'une terrasse qui domine la rivière. Goûtez le poisson aux herbes. ● *dim. soir, lun. ; 2 sem. en fév., 2 sem. en août.*
Cartes : MC V

REIMS : *Le Vigneron* €€
Pl. Paul-Jamot. ☎ 03 26 79 86 86.
Restaurant recommandé aux amateurs du terroir champenois et de sa cuisine. La réservation est indispensable. ● *sam. midi, dim. ; 2 sem. en août.*
Cartes : MC V

REIMS : *Les Crayères* €€€€€
64, bd Vasnier. ☎ 03 26 82 80 80.
La cuisine de Gérard Boyer attire tout autant que sa cave. Carte des desserts affriolante. Décor exquis et service parfait. ♿ ● *lun., mar. midi ; 25 déc.-15 janv.*
Cartes : AE DC MC V

Voir sur le rabat de couverture la légende des symboles

Catégories de prix pour un repas avec une demi-bouteille de vin, service compris :

€ moins de 25 €
€€ entre 25 € et 35 €
€€€ entre 36 € et 50 €
€€€€ entre 51 € et 75 €
€€€€€ plus de 75 €

MENUS POUR ENFANTS
Etablissement servant des portions pour enfants, équipé de chaises hautes.
MENUS À PRIX FIXES
Menu proposé au déjeuner et/ou au dîner.
TRÈS BONNE CARTE DES VINS
Grand choix de vins de qualité ou bonne sélection de vins de pays.
REPAS À L'EXTÉRIEUR
Possibilité de manger sur une terrasse, dans un jardin ou une cour, avec parfois une jolie vue.

	Cartes de crédit	Menus pour enfants	Menus à prix fixes	Très bonne carte des vins	Repas à l'extérieur
REVIGNY-SUR-ORNAIN : *Agape et Maison Forte* €€ Pl. Henriot-du-Coudray. ☎ 03 29 70 56 00. Des produits traditionnels pour une cuisine innovante. Essayer le pot-au-feu de foie gras au vinaigre balsamique. ♿ ● *dim. soir ; mi-déc.-mi-janv., 2 sem. en août.*	AE MC V	●	■		■
SAINT-DIZIER : *La Gentilhommière* €€€ 29, rue Jean-Jaurès. ☎ 03 25 56 32 97. Le filet d'agneau et le foie gras au sauternes sont deux grands classiques de la Gentilhommière. ♿ ● *sam. midi, dim. soir, lun. ; 1 sem. mi-fév., 2 premières sem. d'août.*	MC V		■		
SAINT-DIZIER : *Hôtellerie du Moulin* €€ Éclaron (9 km de Saint-Dizier). ☎ 03 25 04 17 76. Un large choix de plats tous plus savoureux les uns que les autres. ♿ ● *lun. midi, sam. midi, dim. soir ; 2 der. sem. de sept., 1 sem. en août.*	MC V	●	■	●	■
SAINT-IMOGES : *La Maison du Vigneron* €€€ Route Nationale 51. ☎ 03 26 52 88 00. Un restaurant de charme dont le chef est vigneron ; on y dégustera des plats régionaux avec le champagne de la maison. ♿ ● *mer.*	AE DC MC V	●	■	●	■
SAINTE-MÉNEHOULD : *Le Cheval Rouge* € 1, rue Chanzy. ☎ 03 26 60 81 04. Sur la place principale du village, une carte étoffée dont la spécialité est le pied de cochon. ♿ ● *dim. soir, lun. soir ; mi-nov.-mi-déc., 1re sem. d'août.*	AE DC MC V	●	■		■
TROYES : *Au Jardin Gourmand* € 31, rue Paillot-de-Montabert. ☎ 03 25 73 36 13. Au cœur du vieux Troyes, le restaurant possède une jolie cour. Idéal pour goûter la spécialité locale, les andouillettes. ● *dim. et lun., 1 sem. en août.*	MC V	●	■		■
TROYES : *Le Bourgogne* €€€ 40, rue Général-de-Gaulle. ☎ 03 25 73 02 67. C'est le meilleur restaurant de Troyes. Essayez la mousseline de brochet et le soufflé à l'armagnac. ● *dim. soir, lun. ; mi-juin -mi-oct. : dim. midi ; 2 sem. en sept.*	MC V	●		●	

LORRAINE ET ALSACE

	Cartes de crédit	Menus pour enfants	Menus à prix fixes	Très bonne carte des vins	Repas à l'extérieur
COLMAR : *Le Caveau Saint-Pierre* € 24, rue de la Herse. ☎ 03 89 41 99 33. Ce restaurant, situé dans le quartier romantique de la « Petite Venise », est accessible uniquement à pied. Vous dégusterez une cuisine alsacienne roborative. ● *dim. soir, lun., ven. midi ; janv.*	MC V	●	■		■
COLMAR : *La Maison des Têtes* €€€ 19, rue des Têtes. ☎ 03 89 24 43 43. La façade de cette brasserie du XVIIe siècle est classée monument historique. Plats traditionnels alsaciens : choucroute. ♿ ● *dim. soir, lun. ; 3 sem. en fév.*	AE DC MC V	●	■	●	■
DOLE : *Les Templiers* €€€ 35, Grande Rue. ☎ 03 84 82 78 78. Des plats très imaginatifs servis dans un somptueux cadre gothique. Prix raisonnables. ● *sam. midi, dim. soir, lun.*	AE DC MC V	●	■		
HAGUENAU : *Restaurant Barberousse* €€€ 8, pl. Barberousse. ☎ 03 88 73 31 09. Un excellent rapport qualité-prix et une carte qui change tous les jours. Cuisine régionale sans prétention : foie gras maison, terrines, choucroute de viande ou de poisson, délicieux desserts chauds. ♿ ● *dim. soir, lun., mar. soir ; 20 juil.-15 août.*	MC V	●	■		■
MARLENHEIM : *Le Cerf* €€€€€ 30, rue du Général-de-Gaulle. ☎ 03 88 87 73 73. Une excellente adresse avec de magnifiques plats régionaux très copieux. Le décor alsacien est très réussi. ♿ ● *mar., mer. ; fin déc.-mi-janv., 1 sem. en août.*	AE DC MC V	●	■	●	■

METZ : *Le Bistrot des Sommeliers* €€ | MC / V

10, rue Pasteur. **☎** *03 87 63 40 20.*
Le menu du jour est établi en fonction des produits achetés au marché. La carte des vins est impressionnante, le vin peut être servi au verre. **♿ ●** *sam. midi, dim.*

METZ : *Restaurant des Roches* €€ | AE / DC / MC / V

27, rue des Roches. **☎** *03 87 74 06 51.*
C'est un restaurant de poissons mais la carte comporte plusieurs plats de viande. Essayez le soufflé glacé. **●** *dim. soir, lun. soir ; 2 sem. en août.*

MULHOUSE : *Restaurant de la Poste* €€€ | AE / DC / MC / V

7, rue Général-de-Gaulle, Riedisheim. **☎** *03 89 44 07 71.*
Une excellente adresse qui doit sa réputation aux efforts de six générations de chefs. **●** *dim. soir, lun., mar. midi ; 2 sem. en fév., 3 premières sem. d'août.*

NANCY : *L'Excelsior* €€€ | AE / DC / MC / V

50, rue Henri-Poincaré. **☎** *03 83 35 24 57.*
Voyage dans le passé dans ce magnifique édifice Art nouveau classé, où l'on sert une cuisine classique. **♿ ●** *fin-déc.-mi-janv.*

RIQUEWIHR : *Au Péché Mignon* €€ | MC / V

5, rue Dinzheim. **☎** *03 89 49 04 17.*
Ce restaurant rustique propose de roboratives spécialités alsaciennes. Les portions sont généreuses. **●** *jeu.*

SAVERNE : *Taverne Katz* €€ | AE / MC / V

80, Grand-Rue. **☎** *03 88 71 16 56.*
Une salle habillée de bois constitue un agréable décor pour déguster une cuisine traditionnelle : *spaetzle*, jambonneau braisé. **●** *jeu. ; 2 sem. en août.*

SÉLESTAT : *Restaurant Jean-Fredéric Edel* €€€€ | AE / DC / MC / V

7, rue des Serruriers. **☎** *03 88 92 86 55.*
Spécialités régionales dans un établissement à la réputation méritée.
● *dim. soir, mar. midi, mer. ; 25 déc.-mi-janv., fin juil.-mi-août.*

STRASBOURG : *Zum Strissel* €€ | AE / DC / MC / V

5, pl. de la Grande Boucherie. **☎** *03 88 32 14 73.*
Dans cette cave à demodée établie dans un immeuble du XIVᵉ siècle, vous dégusterez une tarte à l'oignon accompagnée de vin d'Alsace.
♿ ● *dim., lun. ; 2 sem. en fév., juil.*

STRASBOURG : *Au Crocodile* €€€€€ | AE / DC / MC / V

10, rue de l'Outre. **☎** *03 88 32 13 02.*
L'établissement le plus sélect de Strasbourg. À partir de recettes anciennes, une cuisine classique parfaitement réalisée. **●** *dim., lun. ; 3 sem. en juil., 25 déc.-2 janv.*

TURCKHEIM : *Auberge du Brand* €€ | AE / DC / MC / V

8, Grand Rue. **☎** *03 89 27 06 10.*
La cuisine a des accents alsaciens mais n'est pas aussi typique que celle qui est servie dans les bars à vins voisins. Service rapide et discret.
♿ ● *mer., lun.-sam. : le midi ; 2 premières sem. de juil.*

VERDUN : *Le Coq Hardi* €€€€ | AE / DC / MC / V

8, av. de la Victoire. **☎** *03 29 86 36 36.*
Une adresse gourmande qui constitue une halte gastronomique obligée dans la région. **●** *ven., fin janv.-mi-fév. : dim. soir.*

NORMANDIE

AUDRIEU : *Relais-Château d'Audrieu* €€€€ | AE / MC / V

Audrieu. **☎** *02 31 80 21 52.*
Ce château du XVIIIᵉ siècle, à quelques kilomètres de Bayeux, a été aménagé en hôtel-restaurant de luxe. La cuisine est inventive. **●** *lun.-ven. : midi ; déc.-mi-fév.*

BAYEUX : *L'Amaryllis* €€ | AE / DC / MC / V

32, rue Saint-Patrice. **☎** *02 31 22 47 94.*
Le service est impeccable et l'atmosphère chaleureuse. Le chef cuisine ses plats avec des produits frais du terroir : les légumes sont tout particulièrement savoureux. **●** *mi-déc.-fév.*

CAEN : *Le Pressoir* €€€€ | AE / DC / MC / V

3, av. Henry-Chéron. **☎** *02 31 73 32 71.* **🌐** *www.marquisdetombelaine.com*
À 3 km du centre, ce restaurant tenu par Yvan Vautier sert d'excellents plats à base de produits frais du terroir. **●** *sam. midi, dim. soir, lun. ; 3 sem. en août.*

Catégories de prix pour un repas avec une demi-bouteille de vin, service compris :

€ moins de 25 €
€€ entre 25 € et 35 €
€€€ entre 36 € et 50 €
€€€€ entre 51 € et 75 €
€€€€€ plus de 75 €

MENUS POUR ENFANTS
Etablissement servant des portions pour enfants, équipé de chaises hautes.
MENUS À PRIX FIXES
Menu proposé au déjeuner et/ou au dîner.
TRÈS BONNE CARTE DES VINS
Grand choix de vins de qualité ou bonne sélection de vins de pays.
REPAS À L'EXTÉRIEUR
Possibilité de manger sur une terrasse, dans un jardin ou une cour, avec parfois une jolie vue.

	CARTES DE CRÉDIT	MENUS POUR ENFANTS	MENUS À PRIX FIXES	TRÈS BONNE CARTE DES VINS	REPAS À L'EXTÉRIEUR
CHAMPEAUX : *Au Marquis de Tombelaine* €€ Route de Carolles. 02 33 61 85 94. Choisissez le foie gras, les huîtres ou le homard Thermidor, accompagnez le tout d'une bouteille de bourgogne. ● *mar. soir, mer. ; janv., der. sem. de nov.*	MC V	●	■	●	
CHERBOURG : *La Cendrée* € 18-20, passage Digard. 02 33 93 67 04. Ce restaurant simple mais chaleureux offre probablement le meilleur rapport qualité-prix de la ville. Réservation conseillée. ● *dim., lun. soir.*	MC V		■		
COSQUEVILLE : *Au Bouquet de Cosqueville* €€ Hameau Remond. 02 33 54 32 81. Parmi les spécialités : le homard au cidre, les poissons et fruits de mer. Prenez une crêpe ou une crème brûlée en dessert. ⓑ ● *mar., mer. (sauf juil.-août) ; janv.*	AE MC V	●	■	●	
CRESSERONS : *La Valise Gourmande* €€ 7, route de Lion-sur-Mer. 02 31 37 39 10. Poutres et meubles en chêne offrent leur cadre chaleureux à une authentique cuisine normande. ⓑ ● *dim. soir, lun. ; 2 premières sem. de mars, 2 der. sem. de sept.*	MC V	●	■	●	■
DEAUVILLE : *Le Dauphin* €€€€ Le Breuil-en-Auge, Pont l'Evêque. 02 31 65 08 11. Le restaurant, à 20 km de Deauville est très couru, et la réservation devient indispensable. Un grand moment. ● *dim. soir, lun. ; mi-nov.-7 déc.*	AE MC V		■	●	
DEAUVILLE : *Le Spinnaker* €€€ 52, rue Mirabeau. 02 31 88 24 40. Essayez le homard au vinaigre de cidre et le turbot à l'échalote. Le décor est inspiré d'un paquebot. ⓑ ● *lun. ; 2 sem. en janv., 1 sem. en juin, 2 der. sem. de nov.*	AE DC MC V		■	●	
DIEPPE : *La Marmite Dieppoise* €€ 8, rue Saint-Jean. 02 35 84 24 26. L'étblissement est spécialisé dans les fruits de mer ; la marmite dieppoise, composée de poissons et de fruits de mer, ravira les amateurs. ● *dim. soir, lun., sept.-juin : jeu. soir ; 2 sem. en déc., 1 sem. en fév. et en juin.*	MC V	●	■		
DOZULÉ : *Le Pavé d'Auge* €€€ Beuvron-en-Auge. 02 31 79 26 71. Ⓦ www.lepavedauge.com Le très talentueux chef propose une cuisine à base de produits locaux. Nombreux poissons au menu et grande sélection de fromages. ● *lun., sept.-juil. : mar. ; 1 sem. en juil. et en août, déc.*	MC V	●	■		
GISORS : *Le Cappeville* €€ 17, rue Cappeville. 02 32 55 11 08. Une succulente cuisine traditionnelle signée Pierre Potel, avec quelques spécialités à ne pas manquer, comme le millefeuille au camembert. ● *mer. soir, jeu ; 2 premières sem. de janv, 2 der. sem. d'août.*	AE MC V	●	■		
LE HAVRE : *La Petite Auberge* €€€ 32, rue de Sainte-Adresse. 02 32 46 27 32. À l'écart du centre, ce restaurant fait le plein pour la qualité de ses spécialités normandes. ● *sam. midi, dim. midi, lun ; 2 premières sem. d'août.*	AE MC V	●	■		
HONFLEUR : *Le Bouillon Normand* €€ 7, rue de la Ville. 02 31 89 02 41. Les spécialités de la maison sont les fruits de mer (goûtez la brandade) et les fromages, notamment le camembert. Les enfants sont bien accueillis. ● *dim. soir, mer. ; fin déc.-fin janv.*	AE MC V	●	■		■
HONFLEUR : *La Ferme Saint-Siméon* €€€€€ Rue A-Marais. 02 31 81 78 00. Ⓦ www.fermesaintsimeon.fr Des plats savoureux à déguster sur la terrasse. Pour un déjeuner léger, une cuisine inventive et réussie. ● *lun., mar. midi.*	AE MC V		■	●	■

LA FERTÉ MACÉ : *Auberge de Clouet* €€ AE MC V
Clouet. 02 33 37 18 22.
Après avoir visité la vieille ville, vous apprécierez les spécialités régionales servies sur une terrasse fleurie. ● dim. soir.

LOUVIERS : *Le Clos Normand* € DC MC V
16, rue de la Gare. 02 32 40 03 56.
Le restaurant a été aménagé dans une maison de ville de la fin du XIXᵉ siècle. Goûtez la truite au camembert. ● dim. soir, lun. ; 2 der. sem. d'août.

LOUVIERS : *Le Jardin de Bigard* €€ AE DC MC V
39-41, rue du Quai. 02 32 40 02 45.
Un personnel attentif et des plats savoureux comme le poulet au cidre et la truite au camembert. ⛨ ● dim. soir, mer. soir.

MONT-SAINT-MICHEL : *L'Auberge Saint-Pierre* € AE DC MC V
Grande-Rue. 02 33 60 14 03.
Le délicieux agneau pré-salé (les agneaux sont élevés sur des marais salants) figure au menu. Le crabe et le saumon sont également des spécialités. ● janv.

MONT-SAINT-MICHEL : *La Mère Poulard* €€€ AE DC MC V
Grande-Rue. 02 33 89 68 68. www.merepoulard.fr
On vient de très loin pour goûter dans cette institution l'omelette la plus célèbre du monde, mais la carte propose bien d'autres délices.

PUTANGES-PONT-ÉCREPIN : *Hôtel du Lion Vert* €€ AE MC V
Place de l'Hôtel-de-Ville. 02 33 35 01 86.
La fierté du chef est son bœuf au camembert. Le menu offre un très bon rapport qualité-prix. ● sept.-juil. : dim. soir et lun. soir ; mi-déc.-fév.

ROUEN : *La Bonne Marmite* €€ AE MC
10, rue René-Paban, Pont Saint-Pierre. 02 32 49 70 24.
Pour un dîner aux chandelles dans un bâtiment du XVIIIᵉ siècle.
● 2 premières sem. d'août.

ROUEN : *Restaurant Gill* €€€€ AE DC MC V
9, quai de la Bourse. 02 35 71 16 14. www.gill.fr
Une cuisine normande de haut niveau : goûtez le pigeon à la rouennaise.
⛨ ● dim., lun. ; 2 sem. en août.

SAINTE-CÉCILE-ACHERIE : *Le Manoir de l'Acherie* € AE MC V
Sainte-Cécile-Acherie. 02 33 51 13 87.
Une cuisine à base de Calvados, de l'agneau à la tarte aux pommes.
● mi-oct.-mi-avr. : dim. soir, sept.-juin : lun., 2 sem. en fév., 2 sem. en nov.

SAINT-GERMAIN-DE-TALLEVENDE : *Auberge Saint-Germain* €€ MC V
Pl. de l'Église. 02 31 68 24 13.
Le restaurant familial par excellence : les plats maison conviendront à tous, y compris aux végétariens. ● dim. soir, lun. ; 2 sem. en fév., 2 sem. en sept.

SÉES : *Le Gourmand Candide* €€ MC V
14, pl. du Général-de-Gaulle. 02 33 27 91 28.
Le restaurant sert une savoureuse cuisine normande, notamment de l'andouille aux pommes. ● lun., mar. soir ; sept.-juin : dim. soir, 3 premières sem. de fév., 1 sem. en juil.

THIBERVILLE : *La Levrette* € MC V
10, rue de Lieurey. 02 32 46 80 22.
Cuisine simple à des prix attractifs dans un cadre chaleureux. Essayez le filet de canard à la sauce aux framboises. ● jeu., dim. soir ; 3 sem. en fév.; 2 der. sem. d'août.

TROUVILLE-SUR-MER : *Restaurant Les Mouettes* € AE DC MC V
11, rue des Bains 02 31 98 06 97.
Situé en face du marché aux poissons de Trouville, le restaurant ser de délicieux poissons. L'atmosphère est chaleureuse. ⛨ ● 2 sem. en fév., 1 sem. en sept.

VEULES-LES-ROSES : *Les Galets* €€€ AE DC MC V
3, rue Victor-Hugo. 02 35 97 61 33.
En bord de mer, l'une des bonnes tables du pays de Caux. La cave est riche, mais les prix sont élevés. ⛨ ● mar., mer. ; mi-nov.-mi-déc.

VILLERS-BOCAGE : *Les Trois Rois* €€ AE DC MC V
2, pl. Jeanne-d'Arc. 02 31 77 00 32.
Le menu varie selon les arrivages du marché, les plats sont frais et savoureux.
● dim. soir, lun. soir, mar. ; janv., der. sem. de juin.

Voir sur le rabat de couverture la légende des symboles

Catégories de prix pour un repas avec une demi-bouteille de vin, service compris :

€ moins de 25 €
€€ entre 25 € et 35 €
€€€ entre 36 € et 50 €
€€€€ entre 51 € et 75 €
€€€€€ plus de 75 €

MENUS POUR ENFANTS
Établissement servant des portions pour enfants, équipé de chaises hautes.

MENUS À PRIX FIXES
Menu proposé au déjeuner et/ou au dîner.

TRÈS BONNE CARTE DES VINS
Grand choix de vins de qualité ou bonne sélection de vins de pays.

REPAS À L'EXTÉRIEUR
Possibilité de manger sur une terrasse, dans un jardin ou une cour, avec parfois une jolie vue.

BRETAGNE

Établissement	Cartes de crédit	Menus pour enfants	Menus à prix fixes	Très bonne carte des vins	Repas à l'extérieur
AURAY : *La Closerie de Kerdrain* €€€€ 20, rue Louis-Billet. ☎ 02 97 56 61 27. Ce manoir paisible propose une cuisine savoureuse. Préparations originales et excellents desserts. ● *lun. ; 3 sem. en déc., 3 der. sem. de mars.*	AE DC MC V	●	●	●	●
BELLE-ISLE-EN-TERRE : *Le Relais de l'Argoat* €€ 9, rue de Guic. ☎ 02 96 43 00 34. Un ancien relais situé dans un charmant village, deux salles à l'ambiance chaleureuse. Une belle carte et un plateau de fromages bien fourni. ⭑ ● *dim. soir et lun. ; janv.*	MC V	●	●		
BREST : *La Fleur de Sel* €€€ 15, rue de Lyon. ☎ 02 98 44 38 65. La table la plus réputée de Brest. On s'y presse pour la cuisine généreuse de Yan Plassard, qui associe subtilement les produits de la mer. ⭑ ● *sam. midi, dim. et lun. midi ; 2 sem. en août.*	AE MC V	●	●	●	●
CARANTEC : *Restaurant Patrick Jeffroy* €€€€ 20, rue Kelenn. ☎ 02 98 67 00 47. Vous dégusterez une salade de homard chaud et des huîtres grillées au cidre sur la plage même de Kelenn. ● *oct.-juin : dim. soir-mar midi ; 2 sem. en janv.*	AE MC V	●	●	●	●
CONCARNEAU : *La Coquille* €€ 1, quai de Moros. ☎ 02 98 97 08 52. Des plats à base de poissons très frais qui raviront les connaisseurs. ● *dim. soir, lun., 2 der. sem. de janv., 2 sem. fin mai-début juin.*	AE DC MC V	●	●		●
DINAN : *La Mère Pourcel* €€€ 3, place des Merciers. ☎ 02 96 39 03 80. Un restaurant installé dans une ancienne demeure de marchand. Excellents produits de la mer ; bonne cave. ● *dim. soir, lun. ; oct.-fév. : mar. ; mi-fév.-mi-mars*	AE DC MC V	●	●		●
HÉDÉ : *L'Hostellerie du Vieux Moulin* €€ Ancienne route de Saint-Malo. ☎ 02 99 45 45 70. Dans un moulin du xixᵉ siècle, cette hostellerie donne sur les ruines du château de Hédé. ● *lun. midi ; sept.-juin : lun. soir, jeu. midi et dim. ; 2 sem. en janv., 1 sem. en oct.*	AE MC V	●	●		●
LE CONQUET : *Le Relais du Vieux Port* € 1, quai Drellach. ☎ 02 98 89 15 91. Les pieds dans l'eau, dégustez de délicieuses galettes et crêpes. Ne manquez pas, au dessert la *Bonne Maman*, aux pommes caramélisées et à la crème fraîche. ⭑	MC V	●	●		
LORIENT : *Le Neptune* € 15, av. de la Perrière. ☎ 02 97 37 04 56. Demandez une table dans la salle à manger du fond qui abrite une serre. Le menu comporte de nombreux plats. ● *dim., 1 sem. en mai, 1 sem. en sept.*	AE DC MC V	●	●		
MORLAIX : *La Marée Bleue* €€ 3, rampe Saint-Mélaine. ☎ 02 98 63 24 21. À l'ombre du viaduc, vieille maison de ville aménagée en restaurant. La clientèle d'habitués apprécie les plats à base de poisson. ● *sept.-juin : dim. soir et lun. ; oct.*	MC V	●	●	●	
PAIMPOL : *La Vieille Tour* €€ 13, rue de l'Église. ☎ 02 96 20 83 18. Un intérieur rustique et accueillant, une cuisine inspirée de la mer, inventive et réussie. ● *sept.-juin : mer. et dim. soir ; juil.-août : lun. midi ; 1 sem. en juin.*	MC V	●	●		
PLÉLAN-LE-GRAND : *L'Auberge du Presbytère* €€ Treffendel. ☎ 02 99 61 00 76. La sérénité d'un presbytère qui a conservé son aspect d'antan. Cuisine traditionnelle axée sur les volailles et le pigeon. ⭑ ● *dim. soir, lun. ; oct.-avr. : mar.*	MC V	●	●		●

PLOMEUR : *Ferme du Relais Bigouden* € MC V
Rue Pen-Allée. **02 98 82 04 79.**
Le restaurant amical et chaleureux regorge de bouquets de fleurs. Les plats sont élaborés à base de produits frais. ● *nov.-mars : ven.-dim. soir.*

PLOUBALAY : *Restaurant de la Gare* €€€ AE V
4, rue Ormelets. **02 96 27 25 16.**
À 14 km de Dinan, ce restaurant utilise les produits frais locaux. ● *lun. soir, mar. soir ; juil.-août : mer. ; 2 sem. en janv., der. sem. de juin, 2 sem. en oct.*

PONT L'ABBÉ : *Le Relais de Ty-Boutic* € MC V
Route de Plomeur. **02 98 87 03 90.**
Le chef propose entre autres plats le filet de lieu aux choux à l'andouille ou les croquants de langoustine au poireau. ● *dim. soir, lun. ; mi-fév.-mi-mars, 2 sem. en août.*

QUIBERON : *Le Relax* €€ AE DC MC V
27, bd Castéro. **02 97 50 12 84.**
Des plats de poissons qui varient suivant la saison, à déguster en regardant l'Océan ou le jardin. ● *lun. (sauf en août) ; janv.-mi-fév.*

QUIMPER : *L'Ambroisie* €€ AE MC V
49, rue Élie-Fréron. **02 98 95 00 02.**
Un décor moderne rehaussé par des estampes de Francis Bacon, à deux pas de la cathédrale. Des plats de la mer et des desserts excellents. ● *dim. soir, lun. ; der. sem. de juin, 1 sem. en nov., fév.*

RENNES : *Le Corsaire* €€ AE DC MC V
52, rue d'Antrain. **02 99 36 33 69.**
Ce restaurant de poissons a une très bonne réputation. ● *sept-juin : dim. soir et mer. ; juil.-août : dim. et lun.*

RENNES : *Le Piano Blanc* €€ AE MC V
Route de Sainte-Foix. **02 99 31 20 21.**
Un peu à l'extérieur de la ville, ce restaurant permet de déguster des plats de poisson, sous les tilleuls en été et devant la cheminée en hiver. ● *sam., dim. ; 1 sem. en août, 25 déc.-2 janv.*

SAINT-BRIEUC : *Amadeus* €€€ MC V
22, rue de Gouët. **02 96 33 92 44.**
Une carte très orientée vers le poisson – dont un exceptionnel filet de sole au foie de canard –, et un très grand choix de desserts. ● *sam. midi, dim., lun. midi ; 2 sem. en fév., 2 der. sem. d'août.*

SAINT-MALO : *Le Bénétin* €€ AE MC V
Les Rochers-Sculptés. **02 99 56 91 59.**
Ce restaurant bien décoré et accueillant sert une nourriture savoureuse sans prétention ; les salades sont excellentes. ● *dim. soir ; 2 sem. en août, Noël-déb. janv.*

VITRÉ : *La Taverne de l'Écu* €€ AE MC
12, rue Baudrairie. **02 99 75 11 09.**
Une maison Renaissance à colombage, où déguster des plats traditionnels. ● *sept.-juin : mar. soir et mer., oct.-mai : dim. soir ; 2 sem. en fév, 1. sem. en août et en nov.*

VALLÉE DE LA LOIRE

AMBOISE : *L'Épicerie* €€€€ AE DC MC V
46, pl. Michel-Debré. **02 47 57 08 94.**
Canard cuit au vin et anguille fumée (entre autres) sont servis par un personnel amical et attentif. ● *oct.-avr. : lun. et mar. ; 1 sem. déb. nov. et déb. fév.*

AMBOISE : *Le Choiseul* €€€€ AE DC MC V
36, quai Charles-Guinot. **02 47 30 45 45.**
Des plats sophistiqués, agneau rôti caramélisé au poivre doux, sont suivis de succulents desserts, sablés aux framboises et lait de brebis glacé. ● *mi-déc.-janv.*

ANGERS : *La Ferme* € AE DC
2, pl. Freppel. **02 41 87 09 90.**
Plats du terroir, coq au vin ou escargots, sont au menu. On peut prendre ses repas dehors en été. ● *dim. soir, mer. ; mi-juil.-mi-août, Noël-mi-janv.*

ANGERS : *La Salamandre* €€€ AE DC MC V
1, bd du Maréchal-Foch. **02 41 88 99 55.**
Une cuisine goûteuse dans un décor un peu kitsch aux boiseries Renaissance. Carte originale, desserts intéressants. ● *lun. midi, dim. midi.*

Voir sur le rabat de couverture la légende des symboles

Catégories de prix pour un repas avec une demi-bouteille de vin, service compris :

€ moins de 25 €
€€ entre 25 € et 35 €
€€€ entre 36 € et 50 €
€€€€ entre 51 € et 75 €
€€€€€ plus de 75 €

MENUS POUR ENFANTS
Établissement servant des portions pour enfants, équipé de chaises hautes.
MENUS À PRIX FIXES
Menu proposé au déjeuner et/ou au dîner.
TRÈS BONNE CARTE DES VINS
Grand choix de vins de qualité ou bonne sélection de vins de pays.
REPAS À L'EXTÉRIEUR
Possibilité de manger sur une terrasse, dans un jardin ou une cour, avec parfois une jolie vue.

	CARTES DE CRÉDIT	MENUS POUR ENFANTS	MENUS À PRIX FIXES	TRÈS BONNE CARTE DES VINS	REPAS À L'EXTÉRIEUR
BLOIS : *L'Orangerie du Château* €€€ 1, av. Jean-Laigret. 02 54 78 05 36 Dans le jardin d'hiver d'un superbe château du XVe siècle. Un emplacement à la hauteur de la cuisine raffinée et de l'excellente carte des vins. dim. soir, mer. ; mi-fév.-mi-mars ; der. sem. d'août, jours fériés.	MC V	●	■	●	■
BLOIS : *Le Duc de Guise* € 15, pl. Louis-XII. 02 54 78 22 39. Ce restaurant italien bruyant, à côté du château, propose des pizzas cuites au feu de bois. lun., dim.	DC MC V	●	■		■
BOURGES : *Les 3 P'tits Cochons* €€ 27, av. Jean-Jaurès. 02 48 65 64 96. La nourriture est inventive : essayez la terrine de cabri. Le bar reste ouvert tard et il y a un DJ à partir de minuit. sam. midi, dim.	AE DC MC V	●	■		
BOURGES : *La Courcillière-Denis Julien* € Rue de Babylone. 02 48 24 41 91. À 20 min à pied du centre-ville, le restaurant bénéficie d'une vue sur la Yèvre et offre poissons et plats régionaux. mar. soir, mer. ; hiver : dim. soir.	AE MC V	●	■		■
BOURGES : *Le Jacques Cœur* €€€€ 3, pl. Jacques-Cœur. 02 48 70 12 72. Une étape gastronomique au cœur de la ville. Les plats de poisson, comme la lotte à la tomate, sont sublimes. mi-déc.-mi-janv.	AE MC V		■		■
BOURGUEIL : *L'Auberge la Lande* € 24, rue la Lande. 02 47 97 92 41. Cette auberge, installée dans une ancienne demeure bourgeoise, propose une cuisine simple, mais avec des produits de terroir. Bon choix de vins de la Loire. dim. soir, lun. ; 1 sem. en nov.	MC V		■		
CHARTRES : *Le Buisson Ardent* € 10, Rue-au-Lait. 02 37 34 04 66. Non loin de la cathédrale, vous dégusterez une cuisine de gibier l'hiver, quelques plats de poisson et un délicieux foie gras. dim. soir, mer.	MC V	●	■	●	
CHARTRES : *Le Grand Monarque* €€€€ 22, pl. des Épars. 02 37 21 00 72. Le restaurant, aménagé dans une ferme du XVIIe siècle, a été rénové en 1987. Les plats sont inégaux mais le vin est excellent. dim. soir, lun. ; 2 sem. en août.	AE DC MC V	●	■	●	■
CHINON : *Les Années 30* €€ 78, rue Voltaire. 02 47 93 37 18. Un petit endroit sympathique pour faire une pause à proximité du château. Brochets, rillons ou coq au vin à savourer sur la terrasse aux beaux jours. mar. midi, mer., jeu. midi ; 2 sem. en mars, 1 sem. en juin, 2 sem. en nov.	DC MC V	●	■		■
CONTRES : *La Botte d'Asperges* €€€ 52, rue Pierre-Henri-Mauger. 02 54 79 50 49. Dans la capitale de l'asperge, le restaurant sert de délicieuses spécialités, dont le foie gras et les sorbets maison. dim, lun. ; Noël-mi-janv., 1 sem. en sept.	MC V	●	■		
FAY-AUX-LOGES : *La Fortune du Pot* €€€ 2, chemin du Halage. 02 38 59 56 54. Cuisine traditionnelle, notamment du foie gras suivi d'un délicieux gâteau aux poires caramélisées au miel. dim., lun. soir-mer. ; 2 sem. en fév., 3 sem. en août.	MC V	●	■		
FONTEVRAUD-L'ABBAYE : *La Licorne* €€€ Allée Sainte-Catherine. 02 41 51 72 49. Une adresse élégante et très fréquentée, pour déguster huîtres, asperges et autres douceurs. Réservation conseillée en été. dim. soir, lun. ; sept.-avr. : mer. soir, mi-déc.-mi-janv.	AE DC MC V	●	■		■

GENNES : *Auberge du Moulin de Sarré* €
Route de Louerre. (02 41 51 81 32.
Dans un moulin à eau, dégustez des huîtres fraîchement pêchées et la
spécialité maison, la fouée (délicieux pain chaud fourré de fromage de
chèvre ou de rillettes). ⓑ ● *Noël-mi-janv.*

GIEN : *Restaurant Le Regency* €€ — AE DC MC V
6, quai Lenoir. (02 38 67 04 96.
Il est nécessaire de réserver longtemps à l'avance pour déguster des classiques
de la cuisine française. ⓑ ● *mar. soir, mer., dim. soir ; 1er janv., 2 sem. en fév.*

LA BOHALLE : *Auberge de la Gare* € — MC V
3, impasse de la Gare. (02 41 80 41 20.
Escargots, anguilles, bonne viande et délicieux fromages. ⓑ

LAMOTTE-BEUVRON : *Hôtel Tatin* €€ — AE MC V
5, av. de Vierzon. (02 54 88 00 03.
Pour sa tarte bien sûr, mais aussi pour son gibier, ses truites
et ses vins du pays. ● *dim. soir, lun. ; 1 sem. en janv., 2 sem. en fév., 1 sem. en été.*

LE MANS : *La Cité d'Aleth* € — MC V
7 et 9, rue de la Vieille-Porte. (02 43 28 73 81.
Cette crêperie familiale dans la vieille ville propose des galettes et des crêpes
de toutes sortes, accompagnées de salades. ⓑ ● *mar., dim.*

LE MANS : *Le Grenier à Sel* €€€ — AE DC MC V
26, pl. de L'Éperon. (02 43 23 26 30.
Le restaurant a été aménagé dans un ancien grenier à sel. Les prix sont
raisonnables et les prestations de qualité. ⓑ ● *dim. soir, ven.*

LE MANS : *Restaurant La Chamade* € — MC V
9, rue Dorée. (02 43 28 22 96.
Les plats viennent des quatre coins de France. Le menu proposé au déjeuner
est excellent. ● *oct.-avr. : mar. soir-mer. ; 2 sem. en oct.*

NANTES : *Les Temps Changent* €€€ — V
1, pl. Aristide-Briand (02 51 72 18 01.
Une adresse chaleureuse pour déguster des classiques de la cuisine française.
Essayez le foie gras frais. ● *dim., Noël, dern. sem. d'août.*

NANTES : *La Cigale* €€ — MC V
4, pl. Graslin. (02 51 84 94 94.
Brasserie au décor Belle Époque d'origine. Une carte très bien composée
et d'excellents plateaux de fruits de mer.

NANTES : *L'Atlantic* € — AE DC MC V
26, bd Stalingrad. (02 40 74 00 72.
Dans le quartier de la gare, une adresse simple mais authentique.
Les plats maison sont savoureux. ● *sam.*

ORLÉANS : *La Petite Marmite* € — AE MC V
178, rue de Bourgogne. (02 38 54 23 83.
En plein cœur de la ville, venez essayer le lapin à l'orléanaise et le feuilleté
au fromage de chèvre. ● *lun-sam. midi.*

ORLÉANS : *La Chancellerie* €€ — AE MC V
27, pl. du Martroi. (02 38 53 57 54.
Une brasserie très animée en plein centre-ville ; des plats simples rehaussés
par la carte des vins. ⓑ ● *dim.*

ORLÉANS : *Les Antiquaires* €€€ — AE MC V
2, rue au Lin. (02 38 53 52 35.
Le chef, renommé, prépare ses plats en fonction des saisons.
Carte des vins très sage, axée sur les crus de la région. ● *dim., lun.*

SACHÉ : *Auberge du XIIe Siécle* €€€ — MC V
1, rue Principal. (02 47 26 88 77.
L'auberge, à proximité d'Azay-le-Rideau, est située dans un bâtiment classé.
ⓑ ● *dim. soir, mar. midi ; 3 der. sem. de janv., 1 sem. en mai, 1 sem. en juin.*

SAINT-AGNAN : *Restaurant Chez Constant* €€ — AE DC MC V
1, rue Principal. (02 47 26 88 77.
Le chef, Sylvain Libourereau a rajeuni la carte. Réservez à l'avance.
ⓑ ● *hiver : lun. et mar. ; 2 sem. en fév., 1 sem. en nov.*

Voir sur le rabat de couverture la légende des symboles

Catégories de prix pour un repas avec une demi-bouteille de vin, service compris :

€ moins de 25 €
€€ entre 25 € et 35 €
€€€ entre 36 € et 50 €
€€€€ entre 51 € et 75 €
€€€€€ plus de 75 €

MENUS POUR ENFANTS
Établissement servant des portions pour enfants, équipé de chaises hautes.
MENUS À PRIX FIXES
Menu proposé au déjeuner et/ou au dîner.
TRÈS BONNE CARTE DES VINS
Grand choix de vins de qualité ou bonne sélection de vins de pays.
REPAS À L'EXTÉRIEUR
Possibilité de manger sur une terrasse, dans un jardin ou une cour, avec parfois une jolie vue.

Établissement	Prix	Cartes de crédit	Menus pour enfants	Menus à prix fixes	Très bonne carte des vins	Repas à l'extérieur
SAUMUR : *Auberge Saint-Pierre* 6, pl. Saint-Pierre. 02 41 51 26 25. L'auberge près du château propose des spécialités régionales dont la sandre au saumur-champigny. *oct.-avr. : dim. soir et lun. ; 2 sem. en août.*	€	AE MC V	●	■		
TOURS : *L'Atelier Gourmand* 37, rue Étienne-Marcel. 02 47 38 59 87. Le chef accueille chaleureusement une clientèle d'habitués. Essayez le lapin aux épices et la bourriche de julienne à l'estragon. *sam.-lun. midi ; mi-déc.-mi-fév.*	€	AE MC V		■	●	
TOURS : *Le Charolais* 123, rue Colbert. 02 47 20 80 20. Un petit menu à base de plats traditionnels qui s'accorde à merveille avec une grande sélection de vins. *sam., dim. ; 1 sem. à Noël, 3 sem. en mai et en août.*	€€	MC V		■	●	
TOURS : *L'Arche de Meslay* Milletière, zone industrielle. 02 47 29 00 07. Cet établissement excentré mérite un détour. Turbot à l'andouillette et au vouvray. Aumônière de pommes et glaces aux épices. *dim., lun. ; 3 sem. en août.*	€€	AE MC V	●	■		
TOURS : *La Roche Le Roy* 55, route de Saint-Avertin. 02 47 27 22 00. Une cuisine classique à déguster dans un agréable manoir. Poissons et gibier en saison. Cave à prix doux. *lun., dim. ; 1er sem. de fév., 3 sem. en août.*	€€€€	AE DC MC V	●	■	●	
TOURS : *Jean Bardet* 57, rue Groison. 02 47 41 41 11. La halte gastronomique obligée en Pays de Loire. Superbe carte des vins. On fermera les yeux au moment de l'addition. *1 sem. en août.*	€€€€€	AE DC MC V	●	■	●	
VENDÔME : *Le Petit Bilboquet* Ancienne route de Tours. 02 54 77 16 60. La plupart des plats servis sont classiques (canard au miel), mais la carte comporte un grand nombre de succulents desserts à base de fruits. *dim. soir, lun., mar. ; 3 sem. en août.*	€€	AE MC V	●	■		
VILLANDRY : *Domaine de la Giraudière* Route de Druye. 02 47 50 08 60. Une ferme du XVIIe siècle qui sert des produits maison : pâtés, tomates farcies, quiches et omelettes, plats simples et savoureux. *11 nov.-15 mars.*	€	MC V	●	■		
VOUVRAY : *L'Étape Gourmande* Domaine de la Giraudière. 02 47 50 08 60. Des produits du terroir dans une superbe ferme du XVIIe siècle. *mi-nov.-mi-mars.*	€	AE DC MC V	●	■		■

BOURGOGNE ET FRANCHE-COMTÉ

Établissement	Prix	Cartes de crédit	Menus pour enfants	Menus à prix fixes	Très bonne carte des vins	Repas à l'extérieur
AUXERRE : *Le Jardin Gourmand* 56, bd Vauban. 03 86 51 53 52. Une cuisine unique qui tire parti des produits phares de la région. Excellente cave de bourgognes. *mar, mer. ; mi-fév.-1er mars, 1 sem. en nov.*	€€€€€	AE DC MC V	●	■	●	■
BEAUNE : *La Bouzerotte* Bouze-les-Beaune. 03 80 26 01 37. En hiver, un grand feu de bois fait de la Bouzerotte l'endroit le plus chaleureux de la Bourgogne. *lun., mar, 10 fév.-1er mars, 1 sem. en sept., 24 déc.-2 janv.*	€€	MC V	●	■		■
BEAUNE : *La Ciboulette* 69, rue Lorraine. 03 80 24 70 72. Un intérieur sobre qui cache une savoureuse cuisine de bistrot, le meilleur rapport qualité-prix de tout Beaune. Cassolettes d'escargots, jambon persillé maison. *lun., mar ; 3 sem. en fév., 2 sem. en août.*	€€	MC V		■		

BEAUNE : *Les Coquines* €€€ AE DC MC V
Ladoix Serrigny. 03 80 26 43 58.
Une cuisine bourguignonne traditionnelle et généreuse. Le restaurant, au cœur du vignoble, propose d'excellents vins. ● *mer., jeu. ; 25 déc.-2 janv. ; 2 sem. en juil.*

BEAUNE : *Jean Crotet* €€€€€ AE DC MC V
Route de Combertault, Levernois. 03 80 24 73 58.
Une cuisine sérieuse servie dans le cadre d'une vieille et belle demeure. Service compétent, livre de cave impressionnant. & ● *mar., mer. midi ; Noël.*

BELFORT : *L'Ambroisie* €€ AE MC V
Pl. de la Grande-Fontaine. 03 84 28 67 00.
Au cœur de la vieille-ville, ce restaurant propose tout ce qui se fait de meilleur dans la région. ● *mar. midi, mer. ; 2 sem. en août.*

BESANÇON : *La Table des Halles* €€€ AE DC MC V
22, rue Gustave-Courbet. 03 81 50 62 74.
Installé dans l'ancien couvent des Carmélite, ce restaurant très *design* sert une cuisine qui revisite le terroir de façon très originale. & ● *dim., lun.*

CHAGNY : *Château de Bellecroix* €€€€ AE DC MC V
Route Nationale 6. 03 85 87 13 86.
Un décor néo-gothique dans un château de charme des XIIᵉ et XVIIIᵉ siècles. Spécialités régionales et magnifiques desserts. & ● *mer. ; mi-déc.-mi-fév.*

CHAGNY : *Lameloise* €€€€€ AE DC
36, pl. d'Armes. 03 85 87 65 65.
Un rapport qualité-prix exceptionnel pour une très grande table. & ● *mar. midi, mer., jeu. midi ; 20 déc.-15 janv.*

CHÂTEAUNEUF : *Hostellerie du Château* €€€ AE DC MC V
Châteauneuf. 03 80 49 22 00.
Un établissement simple et accueillant situé dans un pittoresque village médiéval. Des prix sages et une cuisine authentique. ● *lun., mar. ; déc.-mi-fév., 1 sem. en août.*

DIJON : *Le Chabrot* €€€ AE V
36, rue Monge. 03 80 30 69 61.
L'établissement est connu pour son excellent rapport qualité-prix et la faconde de son patron. Vin de Bourgogne servi au verre. ● *dim. ; 1 sem. en août.*

DIJON : *La Chouette* €€ MC V
1, rue de la Chouette. 03 80 30 18 10.
Le chef réveille les classiques bourguignons à base d'escargots et de saumon. La cave comporte une grande sélection de vins de Bourgogne. ● *2 sem. en août.*

DIJON : *Jean-Pierre Billoux* €€€€ AE DC MC V
13, pl. de la Libération. 03 80 38 05 05.
Le chef le plus célèbre de la ville accueille ses clients dans une ancienne dépendance du palais des États de Bourgogne. ● *dim. soir, lun. ; 1 sem. en août.*

FONTANGY : *Ferme Auberge de la Morvandelle* € AE MC V
Précy-sous-Thil. 03 80 84 33 32.
Ferme en semaine et auberge le week-end, une bonne adresse où la réservation est indispensable : lapin, pintade, tartes maison, etc. & ● *mi-déc.-mars.*

GEVREY-CHAMBERTIN : *Le Bon Bistrot* €€€ MC V
Rue de Chambertin. 03 80 34 33 20.
Une adresse aux prix raisonnables pour cette région. Plats bourguignons délicieux, dégustés sur une terrasse aux beaux jours. ● *dim. soir, lun. ; 2 sem. en fév. ; 2 premières sem. d'août.*

GEVREY-CHAMBERTIN : *Les Millésimes* €€€€€ AE MC V
25, rue de l'Église. 03 80 51 84 24.
On travaille en famille dans cette maison qui s'attache à offrir un accueil chaleureux, une cuisine inventive et une cave superbe. Très belle sélection de ris de veau, de truffes, la selle d'agneau, et un superbe plateau de fromages. ● *dim. midi, mar., mer. midi ; mi-déc.-25 janv.*

LA CROIX-BLANCHE : *Le Relais Mâconnais* €€€ AE DC MC V
Berze-la-Ville. 03 85 36 60 72.
Le bœuf bourguignon au vin de Mâcon et le foie de canard au vinaigre de framboise font partie des spécialités de ce restaurant réputé. & ● *lun. midi ; oct.-juin : lun. soir et dim. ; janv.*

Voir sur le rabat de couverture la légende des symboles

Catégories de prix pour un repas avec une demi-bouteille de vin, service compris :

€ moins de 25 €
€€ entre 25 € et 35 €
€€€ entre 36 € et 50 €
€€€€ entre 51 € et 75 €
€€€€€ plus de 75 €

MENUS POUR ENFANTS
Établissement servant des portions pour enfants, équipé de chaises hautes.
MENUS À PRIX FIXES
Menu proposé au déjeuner et/ou au dîner.
TRÈS BONNE CARTE DES VINS
Grand choix de vins de qualité ou bonne sélection de vins de pays.
REPAS À L'EXTÉRIEUR
Possibilité de manger sur une terrasse, dans un jardin ou une cour, avec parfois une jolie vue.

Établissement	Prix	Cartes de crédit	Menus pour enfants	Menus à prix fixes	Très bonne carte des vins	Repas à l'extérieur
MEURSAULT : Relais de la Diligence	€€	AE DC MC V	●	■	●	■
NEVERS : Jean-Michel Couron	€€€	AE DC MC V	●	■	●	
NITRY : La Beursaudière	€€€	AE DC MC V	●	■	●	■
NOLAY : Restaurant Le Burgonde	€€	AE DC MC V	●	■		
PIERRE PERTHUIS : Les Deux Ponts	€€€	MC V	●	■		■
QUARRÉ-LES-TOMBES : Auberge de l'Âtre	€€€€	AE DC MC V	●	■		■
SAINTE-MAGNANCE : Auberge des Cordoix	€€	MC V	●	■		
SAINT-LAURENT-SUR-SAÔNE : Le Saint-Laurent	€€	AE DC MC V	●	■		■
SAINT-PÈRE-SOUS-VÉZELAY : L'Espérance	€€€€€	AE DC MC V		■	●	■
SAULIEU : La Poste	€€	AE DC MC V	●	■	●	■
SAULIEU : La Côte d'Or	€€€€€	AE DC MC V	●	■	●	
SÉMUR-EN-AUXOIS : Les Minimes	€€	MC V	●	■		

MEURSAULT : Relais de la Diligence €€
23, rue de la Gare. 03 80 21 21 32.
La qualité et la quantité sont au rendez-vous dans cette auberge qui sert une cuisine de terroir. Cassolettes d'escargots et foie gras maison sont délicieux. L'endroit est très fréquenté le week-end par une clientèle locale.
nov.-mi-juin : mar. soir et mer. ; 12 déc.-20 janv.

NEVERS : Jean-Michel Couron €€€
21, rue Saint-Étienne. 03 86 61 19 28.
En plein centre historique, la cuisine du chef Jean-Michel Couron met à l'honneur les produits du terroir : jambon du Morvan, velouté d'écrevisse, foie gras au pain d'épices. dim. soir, lun., mar. ; 2 sem. en janv, 2 sem. en été.

NITRY : La Beursaudière €€€
9, chemin de Ronde. 03 86 33 69 69.
Le service se fait en tenue paysanne. Un menu simple et abondant à des prix tout à fait raisonnables. 2 sem. en janv.

NOLAY : Restaurant Le Burgonde €€
35, rue de la République 03 80 21 71 25.
Le restaurant, dans le centre-ville, propose une cuisine à base de produits-locaux. Fraîcheur assurée. mar., mer. ; 2 sem. en fév.

PIERRE PERTHUIS : Les Deux Ponts €€€
Pierre Perthuis. 03 86 32 31 31.
L'auberge est sur la route du pèlerinage de Saint-Jacques-de-Compostelle. Les plats sont à base de produits frais. mar. ; oct.-mai : mer.

QUARRÉ-LES-TOMBES : Auberge de l'Âtre €€€€
Les Lavaults. 03 86 32 20 79.
Une auberge campagnarde en plein parc du Morvan, réputée pour excellent rapport qualité-prix. mar. soir, hiver. : mer.

SAINTE-MAGNANCE : Auberge des Cordoix €€
Sainte-Magnance. 03 86 33 11 79.
Dans cet ancien relais de poste, vous savourerez une cuisine régionale simple et savoureuse : œufs en meurette ou bœuf aux morilles.
mar., mer. ; 2 sem. en janv., 1 sem. en juin et en nov.

SAINT-LAURENT-SUR-SAÔNE : Le Saint-Laurent €€
1, quai Bouchacourt. 03 85 39 29 19.
Georges Blanc, de Vonnas, sert ici des spécialités locales dans un décor de bistrot. Le vin blanc de Mâcon est particulièrement intéressant.

SAINT-PÈRE-SOUS-VÉZELAY : L'Espérance €€€€€
Saint-Père-sous-Vézelay. 03 86 33 39 10.
L'une des toutes premières tables de Bourgogne. Marc Meneau est un remarquable chef. mar.midi, mer. midi ; mi-oct.-mi-juin : mar. soir, fév.

SAULIEU : La Poste €€
1, rue Grillot. 03 80 64 05 67.
Cet ancien relais de poste a beaucoup de charme. Bœuf charolais et bons vins régionaux sont au menu.

SAULIEU : La Côte d'Or €€€€€
2, rue d'Argentine. 03 80 90 53 53.
Le nouveau chef interprète avec brio des plats traditionnels magnifiquement servis par une cave royale. Le décor est très raffiné.

SÉMUR-EN-AUXOIS : Les Minimes €€
39, rue des Vaux. 03 80 97 26 86.
Une cuisine traditionnelle régionale dans un restaurant de style bistro. Accueil chaleureux. dim. soir, lun.

SENS : *Hôtel de Paris et de la Poste* €€€€   AE DC MC V
97, rue de la République. **☎** *03 86 65 17 43.*
L'établissement est tenu par la même famille depuis trois générations.
On découpe la viande sous vos yeux et les desserts sont flambés à votre table.
● *dim. soir, lun. midi ; 2 sem. en janv., 2 sem. en août.*

TOURNUS : *Restaurant Greuze* €€€€€   AE DC MC V
1, rue A-Thibaudet. **☎** *03 85 51 09 11.*
C'est l'un des meilleurs endroits pour déguster la grande cuisine française.
Essayez le poulet à la Jean Duclos. ⭙ ● *mi-nov.-début déc.*

VILLARS-FONTAINE : *Auberge du Coteau* €€   MC V
Villars-Fontaine, D35 à l'ouest de Nuits-Saint-Georges. **☎** *03 80 61 10 50.*
Cette confortable auberge sert de bons plats bourguignons à des prix
intéressants. ● *mar. soir, mer. ; 3 der. sem. de fév., mi- août-mi-sept.*

VILLENEUVE-SUR-YONNE : *Auberge la Lucarne aux Chouettes* €€€   MC V
Quai Bretoche. **☎** *03 86 87 18 26.*
Le restaurant, rénové par l'actrice Leslie Caron, bénéficie d'un bel emplacement
le long de l'Yonne. ⭙ ● *dim. soir, lun. ; mi-nov.-mi-déc.*

VONNAS : *L'Ancienne Auberge* €€€   AE DC MC V
Pl. du Marché. **☎** *04 74 50 90 50.*
Dans un cadre 1900, une adresse qui mérite une visite. Les plats traditionnels
sont pleins de légèreté et d'originalité. ⭙ ● *janv.*

VONNAS : *Georges Blanc* €€€€€   AE DC MC V
Vonnas. **☎** *04 74 50 90 90.*
Un véritable sanctuaire de la gastronomie, un service impeccable, une décoration
de goût et une carte inventive (gibier et poissons). ⭙ ● *lun., mar., mer. midi ; janv.*

MASSIF CENTRAL

AUMONT-AUBRAC : *Restaurant Prouhèze* €€€   AE MC V
2, route du Languedoc. **☎** *04 66 42 80 07.*
Une maison lozérienne centenaire pour déguster une cuisine inventive.
⭙ ● *dim. soir, lun., mar. midi ; juil.-août : lun. midi seulement ; nov.-avr.*

AURILLAC : *La Reine Margot* €€   MC V
19, rue Guy-de-Veyre. **☎** *04 71 48 26 46.*
Un bon endroit pour déguster des plats rustiques d'Auvergne. Viandes
et charcuteries de grande qualité. ● *dim. soir, lun. ; 1re et der. sem. de janv.,
2 sem. en juin-juil., der. sem. d'août, 3e sem. de nov.*

BOUSSAC : *Café de l'Hôtel-de-Ville* €   AE MC
4, pl. de l'Hôtel-de-Ville. **☎** *05 55 65 02 70.*
Le menu de ce restaurant de qualité change régulièrement. Une large place
est faite aux produits de la mer. ● *dim. en juin, jours fériés.*

BOUSSAC : *Le Relais Creusois* €€   MC V
Route de la Châtre. **☎** *05 55 65 02 20.*
Ici, le bonheur est dans l'assiette : desserts délicieux et belle carte de
bourgognes. ● *sept.-juin : mar. soir et mer. ; janv.-fév.*

CLERMONT-FERRAND : *Le Chardonnay* €   V
1, pl. Philippe-Marcombes. **☎** *04 73 90 18 28.*
Ce restaurant propose un bonne cuisine auvergnate et possède une excellente
cave. Les vins proviennent directement des producteurs et, pour la plupart,
peuvent être consommés au verre. ● *sam., dim., jours fériés ; 1 sem. en août.*

CLERMONT-FERRAND : *Clos Maréchal* €   AE MC V
51, rue Bonnabaud. **☎** *04 73 93 59 69.*
Le nouveau chef propose des salades savoureuses, du canard et un grand
nombre de délicieux desserts. ⭙ ● *sam., dim.*

ESPALION : *Le Méjane* €€   AE DC MC V
8, rue Méjane. **☎** *05 65 48 22 37.*
Très bon rapport qualité-prix pour des plats savoureux : foie de canard cuit en
croûte de fouace. ⭙ ● *dim. soir ; sept.-juin : lun. midi et mer. ; juil.-août : lun. ; fév.*

LAGUIOLE : *Michel Bras* €€€€€   AE DC MC V
Route de l'Aubrac. **☎** *05 65 51 18 20.*
Ce trois-étoiles avec une vue magnifique sur l'Aubrac cuisine les légumes à
merveille. ⭙ ● *nov. ; avr. : lun.-mer. midi.*

Voir sur le rabat de couverture la légende des symboles

Catégories de prix pour un repas avec une demi-bouteille de vin, service compris :

€ moins de 25 €
€€ entre 25 € et 35 €
€€€ entre 36 € et 50 €
€€€€ entre 51 € et 75 €
€€€€€ plus de 75 €

MENUS POUR ENFANTS
Établissement servant des portions pour enfants, équipé de chaises hautes.
MENUS À PRIX FIXES
Menu proposé au déjeuner et/ou au dîner.
TRÈS BONNE CARTE DES VINS
Grand choix de vins de qualité ou bonne sélection de vins de pays.
REPAS À L'EXTÉRIEUR
Possibilité de manger sur une terrasse, dans un jardin ou une cour, avec parfois une jolie vue.

	CARTES DE CRÉDIT	MENUS POUR ENFANTS	MENUS À PRIX FIXES	TRÈS BONNE CARTE DES VINS	REPAS À L'EXTÉRIEUR
LIMOGES : *Philippe Redon* €€ 3, rue d'Aguesseau. ☎ 05 55 34 66 22. Bonne cuisine régionale où le poisson se taille une belle part. Des plats traditionnels servis par une bonne carte des vins. ● *sam. midi, lun. midi ; janv., août.*	AE MC V	●	■		■
MURAT : *Auberge de la Pinatelle* €€ 15300 Le Bourg, Chalinargues. ☎ 04 71 20 15 92. À 10 km au nord de Murat, vous dégusterez une truite savoureuse ou un coq au vin mémorable. & ● *dim. soir, mer.; der. sem. de sept.-1ère sem. d'oct..*	AE DC MC V	●	■		
MURAT : *Le Jarrousset* €€ Route Nationale 122. ☎ 04 71 20 10 69. Un établissement discret où le chef utilise les produits du terroir : lentilles vertes, veau élevé en liberté. & ● *lun., mer. ; janv., 1 sem. en août et 3 sem. en nov.*	MC V	●	■	●	■
RODEZ : *Le Saint-Amans* €€ 12, rue de la Madeleine. ☎ 05 65 68 03 18. Sophistication et tradition : cuisine locale réalisée à partir de bons produits dans un cadre coquet. & ● *dim. soir, lun. ; mars-avr.*	MC V	●	■		
ROYAT : *La Belle Meunière* €€ 25, av. de la Vallée. ☎ 04 73 35 80 17. Jean-Claude Bon gagne ses galons avec sa cuisine du terroir. La carte est remise à jour régulièrement. & ● *sam. midi, dim. soir, lun. ; 2 der. sem. de fév., nov.*	AE DC V	●	■		■
SAINT-ÉNIMIE : *Château de la Caze* €€€ D907 bis, route des Gorges du Tarn. ☎ 04 66 48 51 01. Ce château du XVe siècle qu'entoure un grand parc au bord du Tarn est une étape gastronomique de choix. & ● *jeu. midi (et mer. hors saison) ; 11 nov.-avr.*	AE DC MC V	●	■		■
SAINT-JEAN-EN-VAL : *La Bergerie* €€ Sarpoil. ☎ 04 73 71 02 54. Réservation indispensable pour déguster une cuisine pleine d'imagination, très appréciée des gens de la région. & ● *dim. soir, lun. ; 3 premières sem. de janv.*	AE MC V	●	■		■
SAINT-JULIEN-CHAPTEUIL : *Vidal* €€ Pl. du Marché. ☎ 04 71 08 70 50. Une bonne cuisine du terroir, un peu compliquée cependant, avec une carte qui varie selon les plaisirs de la saison. & ● *lun. soir ; sept.-juin : dim. soir et mar. ; mi-janv.-fév.*	AE MC V	●	■	●	
VICHY : *La Véranda* €€ 3, pl. Joseph-Aletti. ☎ 04 70 30 20 20. Le restaurant qui fait partie de l'Aletti Palace Hôtel propose des plats traditionnels suivis de fromages locaux. & ● *2 sem. en fév., 2 sem. en août.*	AE DC MC V	●	■		■

VALLÉE DU RHÔNE ET ALPES

AIX-LES-BAINS : *L'Auberge du Pont-Rouge* €€ 151, av. du Grand-Port. ☎ 04 79 63 43 90. Poissons, fondues et raclettes font parti des spécialités à déguster. On peut profiter aux beaux jours de la spectaculaire vue depuis la véranda ● *lun. soir, mar., mer. ; der. sem. de déc., 1re sem. de janv.*	MC V	●	■		■
BOURG-EN-BRESSE : *Chez Blanc* €€ 19, pl. Bernard. ☎ 04 74 45 29 11. La spécialité régionale, le poulet de Bresse, est excellente ainsi que les cuisses de grenouilles et le poisson grillé. & ● *jours fériés, 1 sem. en sept.*	AE DC MC V	●	■	●	■
CHAMBÉRY : *La Chaumière* €€ 14, rue Denfert-Rochereau. ☎ 04 79 33 16 26. Vous dégusterez dans une agréable salle à manger de bons plats traditionnels : poisson, canard ou foie gras. & ● *dim., 2 der. sem. d'août.*	AE MC V	●	■		●

CHAMBÉRY : *L'Essentiel* €€€€ — AE DC MC V
183, pl. de la Gare. (04 79 96 97 27.
Un restaurant tenu par le chef Jean-Michel Bouvier, qui prépare ses spécialités avec générosité : salade d'hiver aux poissons du lac, lavaret au lard paysan, canette de Bresse au miel. ● *sam. midi, dim.*

CHAMONIX : *Le Hameau Albert 1er* €€€€€€ — AE DC MC V
119, imp. Montenvers. (04 50 53 05 09.
Un cadre superbe, des produits de premier ordre traités avec une grande technicité et un sens aigu des saveurs. Carte des vins passionnante.
& ● *mer., jeu. midi ; 3 sem. en mai ; 1 sem. en juil., nov.*

CHAMONIX : *L'Impossible* €€€ — MC V
9, chemin du Cry. (04 50 53 20 36.
Le décor rustique d'une ancienne ferme de 1754 avec une immense cheminée. Raclette et fondue savoyarde, tournedos ou de côtes de bœuf figurent sur la carte. ● *mai-oct. : mar. ; nov.-1re sem. de déc.*

COLLONGES-AU-MONT-D'OR : *Paul Bocuse* €€€€€€ — AE DC MC V
40, rue de la Plage. (04 72 42 90 90.
Étape chez une star. Les spécialités comprennent la soupe de truffes en croûte et la sole aux nouilles. Une cave à la hauteur de la carte. &

COURCHEVEL : *La Bergerie* €€€€€€ — AE MC V
Route du Nogentil. (04 79 08 24 70.
Une adresse chic fréquentée pour sa raclette et ses soirées russes. On danse en bas, on dîne en haut. ● *dim. soir, lun.*

COURCHEVEL : *Le Chabichou* €€€€€€ — AE DC MC V
Quartier des Chenus. (04 79 08 00 55.
Une vue panoramique sur la montagne, une cuisine inventive et exotique font de cet établissement une adresse très courue. L'addition vient rappeler que le prestige a un prix. ● *mai-juin, sept.-nov.*

ÉVIAN-LES-BAINS : *Savoy* €€ — AE MC V
17, quai Charles-Besson. (04 50 83 15 00.
La salle à manger donne vue sur le lac et sur la Suisse. Spécialités savoyardes : fondue et gratin dauphinois. ● *nov.-mars.*

GRENOBLE : *À ma table* € — AE MC V
92, cours Jean-Jaurès. (04 76 96 77 04.
Produits locaux et portions généreuses dans cet établissement discret. Salle exclusivement non-fumeurs. ● *août.*

GRENOBLE : *Le Berlioz* €€ — AE DC MC V
4, rue de Strasbourg. (04 76 56 22 39.
Le menu de ce restaurant installé dans une demeure du XVIIe siècle change tous les mois. & ● *dim. ; août.*

LYON : *Le Bouchon aux Vins* €€ — AE MC V
62, rue Mercière. (04 78 38 47 40.
Ce restaurant très populaire sert une bonne cuisine régionale. L'assiette du Boucher donne un bon échantillon de ses spécialités. & ● *1 sem. en août.*

LYON : *Le Mercière* €€€ — AE MC V
56, rue Mercière. (04 78 37 67 35.
Autentique bouchon lyonnais, où il est conseillé de réserver. Le menu propose des plats copieux aux saveurs très agréables. & ● *Noël, 2 sem. en août.*

LYON : *Léon de Lyon* €€€€€€ — AE MC V
1, rue Pléney. (04 72 10 11 12.
Sur la presqu'île, deux étages pour déguster une cuisine lyonnaise revue et corrigée. La carte change huit à dix fois par an en fonction des saisons.
& ● *dim., lun., 3 premières sem. d'août.*

LYON : *La Tour Rose* €€€€€€ — AE DC MC V
22, rue du Bœuf. (04 78 37 25 90.
Un bâtiment Renaissance et un chef qui cuisine de façon savoureuse poissons et viandes ensemble. Bonne carte des vins. ● *dim., 2 sem. en août.*

MEGÈVE : *Le Chamoix Blanc* €€ — MC V
Place de l'Église. (04 50 21 25 01.
Fondues savoyardes et autres spécialités régionales sont à la carte de ce restaurant dans le centre de Megève. ● *mer. midi, jeu. ; mai-juin, 11 nov.-mi-déc.*

Voir sur le rabat de couverture la légende des symboles

Catégories de prix pour un repas avec une demi-bouteille de vin, service compris :

€ moins de 25 €
€€ entre 25 € et 35 €
€€€ entre 36 € et 50 €
€€€€ entre 51 € et 75 €
€€€€€ plus de 75 €

MENUS POUR ENFANTS
Établissement servant des portions pour enfants, équipé de chaises hautes.
MENUS À PRIX FIXES
Menu proposé au déjeuner et/ou au dîner.
TRÈS BONNE CARTE DES VINS
Grand choix de vins de qualité ou bonne sélection de vins de pays.
REPAS À L'EXTÉRIEUR
Possibilité de manger sur une terrasse, dans un jardin ou une cour, avec parfois une jolie vue.

	CARTES DE CRÉDIT	MENUS POUR ENFANTS	MENUS À PRIX FIXES	TRÈS BONNE CARTE DES VINS	REPAS À L'EXTÉRIEUR
MEGÈVE : *Les Enfants Terribles* €€€ Place de l'Église. (04 50 58 76 69. Les plats d'inspiration régionale sont relevés par l'utilisation de produits recherchés comme les coquilles Saint-Jacques. ⛺ ● *2 prem. sem. de mai.*	AE DC MC V	●	■		■
MORZINE : *La Chamade* €€€ Morzine. (04 50 79 13 91. Un décor très original pour déguster des plats magnifiquement présentés qui plongent leurs racines dans le terroir. ⛺ ● *mai, mi-nov.-mi-déc.*	DC MC V	●	■	●	■
PÉROUGES : *Hostellerie du Vieux Pérouges* €€€€ Pl. du Tilleul. (04 74 61 00 88. Une cuisine à l'ancienne dans un cadre médiéval. L'hypocras, liqueur séculaire est à goûter absolument.	AE DC MC V	●	■		■
ROANNE : *La Maison Troisgros* €€€€€ Pl. de la Gare. (04 77 71 66 97. L'une des plus prestigieuses adresses de la gastronomie française : saumon à l'oseille et somptueux desserts. Le sommelier vous guidera utilement dans la magnifique carte des vins. ⛺ ● *mar., mer. ; 2 sem. en fév., 2 sem. en août.*	AE DC MC V	●	■	●	■
SAINT-ÉTIENNE : *Nouvelle* €€€ 30, rue Saint-Jean. (04 77 32 32 60. Le restaurant très populaire bénéficie d'un cadre élégant et d'un personnel attentif. La cuisine est très inventive. Réservation conseillée. ● *dim. soir, lun. ; 2 premières sem. de janv., 3 premières sem. d'août.*	AE MC V	●	■		
TALLOIRES : *Villa des Fleurs* €€€ Route du Port. (04 50 60 71 14. Le lac d'Annecy est derrière les fenêtres, et il est aussi dans l'assiette avec le délicieux poisson appelé féra. ● *dim. soir, lun., mar. midi ; 12 nov.-12 déc.*	AE MC V	●	■		■
TALLOIRES : *Le Père Bise* €€€€€ Route du Port. (04 50 60 72 01. Une étape gastronomique avec une cuisine impeccable et une magnifique vue sur le lac et le jardin. ⛺ ● *mar.midi, ven. midi ; mi-nov.-mi-fév. : lun.*	AE DC MC V	●	■	●	■
THONON-LES-BAINS : *Le Comte Rouge* €€ 10, bd du Canal, Place des Arts. (04 50 71 06 04. Cet hôtel-restaurant rustique propose de bons poissons. Nous vous conseillons tout particulièrement le gratin d'écrevisses ● *sept.-juin : dim.*	MC V		■		
VALENCE : *Restaurant Pic* €€€€€ 285, av. Victor-Hugo. (04 75 44 15 32. Une adresse gastronomique, les desserts préparés par un chef réputé sont remarquables. ⛺ ● *dim. soir- lun. ; nov.-mars : mar. ; 2 premières sem. de janv.*	AE DC MC V	●	■	●	■
VIENNE : *Le Cloître* €€€€ 2, rue des Cloîtres. (04 74 31 93 57. L'établissement, proche de la cathédrale, sert des plats classiques français et des spécialités locales (ravioles de homard au fenouil). ⛺ ● *dim., jours fériés.*	AE MV V	●	■		■

AQUITAINE ET POITOU

	CARTES DE CRÉDIT	MENUS POUR ENFANTS	MENUS À PRIX FIXES	TRÈS BONNE CARTE DES VINS	REPAS À L'EXTÉRIEUR
ANGOULÊME : *Auberge du Pont de la Meure* €€ Nersac. (05 45 90 60 48. Vous dégusterez, le long de la Charente des huîtres à la Charentaise (avec des saucisses) et du ragoût d'anguilles. ● *ven. soir, sam., 2 der. sem. d'août.*	AE DC MC V	●	■	●	
BORDEAUX : *La Mamounia* € 51, rue Lafourie-Monbadon. (05 56 81 21 84. Le couscous est le plat principal servi dans ce restaurant dont l'intérieur ressemble à une tente de Bédouin. ⛺ ● *nov.-mars : lun. ; 2 premières sem. d'août.*	AE DC MC V			●	

BORDEAUX : *Chez Philippe* €€€
1, pl. du Parlement. **[** 05 56 81 83 15.
Ce restaurant est l'un des meilleurs de la ville. Les plats de poissons et de fruits de mer sont délicieux. ● *dim., lun. ; 3 premières sem. d'août.*
AE DC MC V

BORDEAUX : *La Tupina* €€€€
6, rue Porte-de-la-Monnaie. **[** 05 56 91 56 37.
Ambiance chaleureuse et plats préparés devant les clients. Cuisine de bistrot : volaille cuite dans la cheminée, pétoncles. ● *2 sem. en août.*
AE DC MC V

BORDEAUX : *L'Olivier du Clavel* €€
44, rue Charles-Domercq. **[** 05 57 95 09 50.
Ce bistro moderne est l'un des seuls endroits de Bordeaux où l'on peut déguster le vin au verre. Cuisine méditerranéenne. ⌂ ● *sam. midi, dim., lun., 3 sem. en août.*
DC V

BORDEAUX : *Le Chapon Fin* €€€€
5, rue de Montesquieu. **[** 05 56 79 10 10.
Vous dégusterez, entre autres, des huîtres du bassin d'Arcachon et des pigeonneaux. ⌂ ● *dim., lun. 2 sem. en août.*
AE DC MC V

BOULIAC : *Le Bistroy* €€€
3, pl. Camille-Hostein. **[** 05 57 97 06 06.
Un décor moderne mais une cuisine fine et délicate avec notamment une morue rôtie aux aromates. ⌂ ● *dim. ; janv.*
AE DC MC V

COGNAC : *Les Pigeons Blancs* €€€
110, rue Jules-Brisson. **[** 05 45 82 16 36.
Ancien relais de poste tenu par la même famille depuis le XVIIᵉ siècle. Service parfait, cuisine et vins excellents. ⌂ ● *dim. soir, lun. midi ; 2 sem. en janv.*
AE DC MC V

CROUTELLE : *La Chenaie* €€
La Berlanderie. **[** 05 49 57 11 52.
Raviolis de fruits de mer ou parmentier de suprême de volaille sont au menu. ⌂ ● *dim. soir, lun. ; 2ᵉ sem. d'août.*
AE MC V

ÎLE DE RÉ : *Café du Phare* €
Saint-Clément-des-Baleines. **[** 05 46 29 46 66.
Pour déguster, dans un cadre Arts déco, la poutargue, spécialité de la région à base d'œufs de cabillaud. ⌂ ● *janv.-mars : mar. ; mi-nov.-20 déc., 3 sem. en janv.*
MC V

JARNAC : *Restaurant du Château* €€
15, pl. du Château. **[** 05 45 81 07 17.
Établissement traditionnel très apprécié de la clientèle locale : salades de la mer, bar, chou farci au lapin. ● *dim. soir, lun., mer. soir ; 2 sem. en janv., 3 der. sem.d'août.*
AE MC V

LANGON : *Claude Darroze* €€€€
95, cours du Général-Leclerc. **[** 05 56 63 00 48.
Une cuisine du terroir inventive valorisée par une belle carte des vins. ⌂ ● *oct.-mi-mai : dim. midi et lun. midi ; 2 sem. en janv.*
AE MC

LA ROCHELLE : *À Côté de Chez Fred* €€
30, rue Saint Nicholas. **[** 05 46 41 65 76.
Fred, le chef est aussi pêcheur. Les plats dépendent des prises de la veille. ● *dim., nov.-mars.*
MC V

LA ROCHELLE : *Richard Coutanceau* €€€€
Plage de la Concurrence. **[** 05 46 41 48 19.
Un établissement de bord de mer dont la réputation grandit. Une cuisine simple et authentique et des desserts exotiques. ⌂ ● *dim.*
AE DC MC V

MARGAUX : *Le Savoie* €€
Rue de la Poste. **[** 05 57 88 31 76.
Menus simples mais d'un bon rapport qualité-prix. Spécialités de poissons. ⌂ ● *sept.-juin : dim. soir.*
AE DC MC V

MIMIZAN : *Au Bon Coin du Lac* €€€
34, av. du Lac. **[** 05 58 09 01 55.
Le luxe au bord de l'eau. Une très belle vue que l'on appréciera depuis la salle ou la terrasse. ⌂ ● *sept.-juin : dim. soir et lun.*
AE DC MC V

NIORT : *Les Mangeux du Lumas* €€
La Garette. **[** 05 49 35 82 89.
Vous découvrirez les lumas – petits escargots – et le pineau des Charentes, apéritif régional. ⌂ ● *lun. soir, mar. ; sept.-juin : mer. soir.*
AE MC V

Catégories de prix pour un repas avec une demi-bouteille de vin, service compris :

€ moins de 25 €
€€ entre 25 € et 35 €
€€€ entre 36 € et 50 €
€€€€ entre 51 € et 75 €
€€€€€ plus de 75 €

MENUS POUR ENFANTS
Établissement servant des portions pour enfants, équipé de chaises hautes.
MENUS À PRIX FIXES
Menu proposé au déjeuner et/ou au dîner.
TRÈS BONNE CARTE DES VINS
Grand choix de vins de qualité ou bonne sélection de vins de pays.
REPAS À L'EXTÉRIEUR
Possibilité de manger sur une terrasse, dans un jardin ou une cour, avec parfois une jolie vue.

	Cartes de crédit	Menus pour enfants	Menus à prix fixes	Très bonne carte des vins	Repas à l'extérieur
PAUILLAC : *Château Cordeillan-Bages* €€€€ Route des Châteaux. ☎ 05 56 59 24 24. Étape gastronomique en plein vignoble bordelais : des plats splendides, et une impressionnante carte des vins. ♿ ● *lun., mar. midi, sam. midi ; mi-déc.-mi-fév.*	AE DC MC V	●	■	●	
POITIERS : *Maxime* €€ 4, rue Saint-Nicolas. ☎ 05 49 41 09 55. Une adresse chic pour palais délicats. Goûtez la lotte et les raviolis d'huîtres chaudes. ● *sam. midi, dim. ; nov.-fév. : sam. soir ; mi-juil.-mi-août.*	AE DC MC V	●	■	●	
ROYAN : *La Jabotière* €€€ Pontaillac. ☎ 05 46 39 91 29. Cuisine moderne servie dans un établissement rénové du front de mer. Le patron offre de petites promenades en bateau hors saison. ♿ ● *sept.-juin : dim. ; juil.-août : dim. soir et lun ; Noël, janv.*	AE MC V	●	■		■
SAINT-ÉMILION : *Hostellerie de Plaisance* €€€ Pl. du Clocher. ☎ 05 57 55 07 55. Vue sur les toits des bâtiments médiévaux, et bonne cuisine régionale accompagnée de superbes vins. ♿ ● *1ʳᵉ sem. de janv.*	AE DC MC V	●	■		■
SAINTES : *Taverne de Maître Kanter* €€ 116, av. Gambetta. ☎ 05 46 74 16 85. Brasserie fréquentée par une clientèle locale, notamment pour ses fruits de mer et sa choucroute. Très bon rapport qualité-prix. ● *2 sem. en août.*	MC V	●	■		■

PÉRIGORD, QUERCY ET GASCOGNE

	Cartes de crédit	Menus pour enfants	Menus à prix fixes	Très bonne carte des vins	Repas à l'extérieur
AGEN : *L'Atelier* €€ 14, rue Jeu-de-Paume. ☎ 05 53 87 89 22. Poisson grillé à la *plancha* et canard sont au menu de ce sympathique restaurant aménagé dans un ancien atelier de charpentier. ♿ ● *lun. midi, sam. midi, dim. ; 2 sem. fin juil.-début août.*	AE MC V	●	■		■
ALBI : *Hostellerie du Vigan* € 16, pl. du Vigan. ☎ 05 63 43 31 31. Un excellent rapport qualité-prix, de bons plats régionaux servis dans un établissement sans prétention. ♿ ● *dim. soir.*	AE DC MC V	●	■		■
ALBI : *Le Moulin de la Mothe* €€ Rue de la Mothe. ☎ 05 63 60 38 15. Le long du Tarn face à la cathédrale. Spécialités de la région : filets de sandre, pigeon rôti, etc. ♿ ● *mi-sept.-mi-avr. : mar. soir, mer. et dim. soir, 2 sem. en fév.*	AE DC MC V	●	■	●	■
AUCH : *Restaurant Roland Garreau* €€€ 2, pl. de la Libération. ☎ 05 62 61 71 71. Spécialités de Gascogne ; goûtez l'assiette de trois foies gras aux quatre saveurs et le magret de canard. ● *dim. midi ; 1 sem. en août.*	AE DC MC V	●	■	●	
BARBOTAN-LES-THERMES : *La Bastide Gasconne* €€€ Barbotan-les-Thermes. ☎ 05 62 08 31 00. Une maison réputée qui recueille la faveur d'une clientèle locale. Cuisine gastronomique : foie gras, crêpes pralinées. ♿ ● *nov.-mars.*	AE MC V	●	■		
BERGERAC : *L'Enfance de Lard* €€ Pl. Pélissière. ☎ 05 53 57 52 88. Une excellente cuisine du Sud-Ouest avec de la viande grillée sur des sarments de vigne. Réservation conseillée. ● *midi ; mi-sept.-mi-juin : mar. ; 2 der. sem. de sept.*	MC V		■		
BRANTÔME : *Les Frères Charbonnel* €€€ 57, rue Gambetta. ☎ 05 53 05 70 15. Mulet sauce au homard ou foie gras sont au menu. ♿ ● *oct.-juin : dim. soir et lun. ; mi-nov. mi-déc.*	AE DC MC V	●	■	●	■

BRANTÔME : *Moulin de L'Abbaye* €€€€
1, route de Bourdeilles. ▐ 05 53 05 80 22.
Dans ce moulin romantique, une cuisine simple accompagnée de jolis vins régionaux. ⬥ 🍴 ● *lun. midi ; nov. ; 1 sem. en août.*
AE DC MC V

CAHORS : *La Paix* €
30, pl. Saint-Maurice. ▐ 05 65 35 03 40.
Pour déguster à côté du marché des plats traditionnels savoureux. Excellent rapport qualité-prix. ● *sam.-dim., 1ᵉ sem. d'oct. ; fin déc.-mi-janv.*
AE MC V

CAHORS : *Claude Marco* €€
Lamagdelaine. ▐ 05 65 35 30 64.
Une maison couverte de vigne vierge, une terrasse fraîche pour goûter une cuisine régionale aux saveurs franches. Bon rapport qualité-prix des menus.
AE DC MC V

CAHORS : *Le Balandre* €€€
5, av. Charles-de-Freycinet. ▐ 05 65 53 32 00.
Éblouissante salle où l'on déguste une copieuse cuisine du Sud-Ouest et des vins de Cahors judicieusement sélectionnés. ⬥ ● *sept.-juin, dim., lun. ; 2 der. semaines de nov.*
AE DC MC V

CASTELJALOUX : *La Vieille Auberge* €€
11, rue Posterne. ▐ 05 53 93 01 36.
Dans la vieille ville, excellentes spécialités gasconnes. Bon rapport qualité-prix. ⬥ ● *dim. soir, mer. midi ; mi-sept.-mi-juin : mar. ; 1 sem. en fév., 2 sem. en juin et en nov.*
MC V

CHAMPAGNAC DE BELAIR : *Le Moulin du Roc* €€€€
Champagnac-de-Belair. ▐ 05 53 02 86 00.
Ce moulin sur la Dronne a été aménagé en restaurant : les plats sont assez ordinaires à part les poissons. ● *mar. midi, mer. midi ; janv-déb fév.*
AE DC MC V

DOMME : *L'Esplanade* €€€
Rue Pontcaret. ▐ 05 53 28 31 41.
On se régalera aux menus de terroir généreusement servis. Vue panoramique sur la vallée de la Dordogne. ⬥ ● *juin-nov. : lun. midi ; 1 sem. en août.*
AE DC MC V

LES-EYZIES-DE-TAYAC : *Le Moulin de la Beune* €€
2, rue des Moulins-Bas. ▐ 05 53 06 94 33.
Essayez le jarret de porc et le millefeuille de foie gras. ⬥ ● *mar. midi, mer. midi, sam. midi ; nov.-mars.*
MC V

LARTIGUE : *L'Auberge de Lartigue* €
Lartigue. ▐ 05 62 65 41 22.
Ne vous fiez pas aux apparences : ce petit restaurant vous fera découvrir les merveilles de la cuisine gasconne. ⬥ ● *jeu. ; oct.*

MARMANDE : *Auberge du Moulin d'Ané* €€
Virazeil, route de Gontaud. ▐ 05 53 20 18 25.
Le chef manie avec habileté les richesses de son terroir. Le cadre, un moulin du XVIIIᵉ siècle, est splendide. ⬥ ● *mar. ; sept.-juin : mar. et mer.*
AE DC MC V

MONTAUBAN : *Le Ventadour* €€
23, quai Villebourbon. ▐ 05 63 63 34 58.
La clientèle locale apprécie la qualité de la cuisine et les prix modérés. ● *sam. midi, dim., lun. ; 2 ou 3 sem. en août.*
AE MC V

MONTRÉAL-DU-GERS : *Chez Simone* €
Montréal-du-Gers. ▐ 05 62 29 44 40.
De généreuses assiettes de foie gras délicieux qui attirent une abondante clientèle locale. ● *dim. soir, mar. ; 1 sem. en janv., 1 sem. en août.*
AE MC V

PERIGUEUX : *Au Petit Chef* €
5, pl. du Coderc. ▐ 05 53 53 16 03.
Le menu le moins cher comprend une soupe, un buffet de hors-d'œuvres, un plat principal et une pâtisserie. ● *sept-juin : sam. soir et dim. ; 1 sem. en fév., juin et sept.*
AE DC MC V

PÉRIGUEUX : *Hercule Poirot* €€
2, rue de la Nation. ▐ 05 53 08 90 76.
Des plats traditionnels, périgourdins ou à base de poisson, vous seront servis dans une magnifique salle à manger Renaissance. ⬥ ● *Noël-déb. janv.*
AE DC MC V

PUYMIROL : *Les Loges de l'Aubergade* €€€€
52, rue Royale. ▐ 05 53 95 31 46.
Une des meilleures adresses du Sud-Ouest, à ne pas manquer, tant pour la cuisine que pour le plaisir de l'œil. ⬥ ● *lun. midi ; nov.-mars : dim. soir et mar. midi.*
AE DC MC V

Voir sur le rabat de couverture la légende des symboles

Catégories de prix pour un repas avec une demi-bouteille de vin, service compris :

€ moins de 25 €
€€ entre 25 € et 35 €
€€€ entre 36 € et 50 €
€€€€ entre 51 € et 75 €
€€€€€ plus de 75 €

MENUS POUR ENFANTS
Établissement servant des portions pour enfants, équipé de chaises hautes.
MENUS À PRIX FIXES
Menu proposé au déjeuner et/ou au dîner.
TRÈS BONNE CARTE DES VINS
Grand choix de vins de qualité ou bonne sélection de vins de pays.
REPAS À L'EXTÉRIEUR
Possibilité de manger sur une terrasse, dans un jardin ou une cour, avec parfois une jolie vue.

	CARTES DE CRÉDIT	MENUS POUR ENFANTS	MENUS À PRIX FIXES	TRÈS BONNE CARTE DES VINS	REPAS À L'EXTÉRIEUR
ROCAMADOUR : *Jehan de Valon* €€ Cité Médiévale. ☎ 05 65 33 63 08. Spécialités de viande d'agneau et de foie gras. Beaux points de vue sur la vallée. ● mi-nov.-mi-fév., 2 sem. en août.	AE DC MC V	●	■		
TOULOUSE : *À la Truffe de Quercy* € 17, rue Croix-Baragnon. ☎ 05 61 53 34 24. Dans ce restaurant familial, les recettes se transmettent de père en fils depuis 126 ans. Essayez le cassoulet. ⚹ ● dim., jours fériés ; août.	V		■		
TOULOUSE : *Chez Paloma* €€ 54, rue Peyrollières. ☎ 05 61 21 19 61. Téléphonez avant de vous déplacer car les horaires d'ouverture sont variables. Produits frais bien cuisinés. ⚹ ● sam., dim. ; 2 sem. en été.	AE DC MC V	●	■		
TOULOUSE : *Brasserie des Beaux-Arts* €€€ 1, quai de la Daurade. ☎ 05 61 21 12 12. Cette authentique brasserie appréciée des Toulousains est toujours bondée. Goûtez tout particulièrement les huîtres au riesling.	AE DC MC V	●	■	●	■
TOULOUSE : *Les Jardins de l'Opéra (D. Toulousy)* €€€€ 1, pl. du Capitole. ☎ 05 61 23 07 76. L'une des meilleures adresses de Toulouse : cuisine régionale très raffinée. ● dim., lun. ; 1 sem. en janv., 3 sem. en août.	AE MC V	●	■	●	
VILLEFRANCHE-DE-LAURAGAIS : *Hôtel de France* € 106, rue de la République. ☎ 05 61 81 62 17. Cette auberge du XIXe siècle se vante de faire le meilleur cassoulet de la région. ● nov.-avr. : dim. midi.	MC V	●	■		

PYRÉNÉES

	CARTES DE CRÉDIT	MENUS POUR ENFANTS	MENUS À PRIX FIXES	TRÈS BONNE CARTE DES VINS	REPAS À L'EXTÉRIEUR
AINHOA : *Ithurria* €€€ Ainhoa. ☎ 05 59 29 92 11. Le plus beau village du Pays basque sert de cadre à de délicieux plats régionaux : piment farci à la morue, cassoulet aux haricots rouges, arrosés de vins d'Irouleguy. ● oct.-juin : mer. et jeu. midi.	AE MC V		■	●	
ARCANGUES : *Moulin d'Alotz* €€€ Arcangues. ☎ 05 59 43 04 54. Dans le cadre d'un moulin très bien reconverti, une cuisine régionale légère : poêlée de langoustines façon basquaise, turbot rôti au four avec des cèpes. ● mar., mer. ; 2 sem. en nov., déc. et janv.	DC MC V	●	■		■
ARGELÈS-GAZOST : *Le Casaou* €€ 44, av. des Pyrénées. ☎ 05 62 97 01 26. Un établissement classique et de bonne tenue. Vous savourerez, entre autres du pigeon frit au madiran. ● mi-nov.-mi-déc.	AE MC	●	■		
AUDRESSEIN : *L'Auberge d'Audressein* €€ Route de Luchon. ☎ 05 61 96 11 80. Gibier et foie gras font partie des excellents plats proposés par ce restaurant aménagé dans une ancienne forge. ⚹ ● oct.-Pâques : dim. soir et lun. ; janv.	DC MC V	●	■	●	■
BAYONNE : *Auberge du Cheval Blanc* €€€ 68, rue Bourgneuf. ☎ 05 59 59 01 33. Les produits régionaux sont traités de façon créative. Jolis vins régionaux. Bon rapport qualité-prix. ● dim. soir, lun. ; vac. scol. de fév., 1re sem. de juil. et d'août.	AE MC V	●	■	●	
BIARRITZ : *Les Platanes* €€€€ 32, av. Beausoleil. ☎ 05 59 23 13 68. Des produits parfaitement traités à déguster dans une ambiance sympathique. Salle de 25 couverts. Réservation conseillée. ⚹ ● lun., mar. : Noël et jours fériés.	AE DC MC V		■		

BIARRITZ : *Plaisir des Mets* €€€
5, rue Centre. 05 59 24 34 66.
Le restaurant gastronomique sert des plats à base de poisson et des fruits
de mer. sept.-juin : mar. soir et mer. ; 2 sem. en juil.
`MC V`

CIBOURE : *Arrantzaleak* €€
Av. Jean-Poulou. 05 59 47 10 75.
Très bonne adresse pour déguster des poissons et fruits de mer.
lun. ; sept.-juin : dim. soir ; mi-déc.-mi- janv.
`AE DC MC V`

ESPELETTE : *Euzkadi* €
Espelette. 05 59 93 91 88.
La clientèle locale vient déguster gibier, saumon, poivrons, boudin et omelettes,
arrosés de vins de l'Irouleguy. sept.-juin : lun. et mar. ; nov.-mi-déc.
`MC V`

EUGÉNIE-LES-BAINS : *Les Prés d'Eugénie-Michel Guérard* €€€€€
Eugénie-les-Bains. 05 58 05 06 07.
Le temple du créateur de la cuisine minceur. Les desserts sont de toute beauté.
sept.-juin : lun. et mar. midi ; déc.-janv.
`AE DC MC V`

GUÉTHARY-BIDART : *Les Frères Ibarboure* €€€€
Chemin de Talienia. 05 59 54 81 64.
Cuisine savoureuse servie dans une ferme du XVIIᵉ siècle au milieu d'un bois.
Prix raisonnables. dim. soir ; sept.-juin : mer. ; 2 sem. en nov., 2 sem. en janv.
`AE DC MC V`

JURANÇON : *Ruffet* €€€€
3, av. Charles-Touzet. 05 59 06 25 13.
Cuisine traditionnelle avec produits de saison. dim. soir, lun., 1 sem. en août.V
`DC MC`

PAU : *La Gousse d'Ail* €€
12, rue du Hédas. 05 59 27 31 55.
Le restaurant avec sa grande cheminée et ses plats savoureux se distingue
des autres bistrots de la ville. mar., mer., jeu. midi, sam. midi, 1 sem. en août.
`MC V`

PAU : *Chez Pierre* €€
16, rue Louis-Barthou. 05 59 27 76 86.
Le chef propose une cuisine inventive à base de produits frais.
sam. midi, dim., lun. midi ; 2 premières sem. de janv et d'août.
`AE DC MC V`

SAINT-GIRONS : *Eychenne* €€
8, av. Paul-Laffont. 05 61 04 04 50.
Un ancien relais de poste agréablement décoré et deux jardins pour déguster
notamment pigeon, canard et poissons. sept.-juin : mar.-mer. ; 2 sem. en août.
`AE DC MC`

SAINT-JEAN-DE-LUZ : *Don Quichotte* €€
30-38, rue Castetnau. 05 59 27 63 08.
La spécialité est la viande de porc. Nombreux classiques de la cuisine
française. lun. midi, sam. midi, dim.
`AE MC V`

SAINT-JEAN-DE-LUZ : *Petit Grill Basque* €
2, rue Saint Jacques. 05 59 26 80 76.
Soupe de poissons, croquettes de dinde, *piquillos* (piments) farcis à la morue
sont au menu de ce restaurant basque. mer. ; mi-sept.-juin : jeu. ; mi-déc.-mi janv.
`AE DC MC V`

SAINT-JEAN-PIED-DE-PORT : *Chalet Pedro* €
Forêt d'Iraty. 05 59 28 55 98.
Chalet de montagne fréquenté aussi bien par les touristes que par une clientèle
locale. Truite fraîche ou omelette aux cèpes et à l'ail. Le service est lent.
tous les soirs (sauf juil., août et oct.) ; 11 nov-Pâques.

SAINT-JEAN-PIED-DE-PORT : *Pyrénées* €€€€
19, pl. Charles-de-Gaulle. 05 59 37 01 01.
La meilleure cuisine régionale, servie dans un cadre rénové : agneau des
Pyrénées, saumon, morilles. fin sept.-juin : mar. ; nov.-mars : lun. soir ; fin nov.-Noël.
`AE MC V`

SAINT-SAVIN : *Le Viscos* €€
Saint-Savin. 05 62 97 02 28.
Cadre agréable et bonnes spécialités, comme la fricassée de langoustines aux
morilles. sept.-juin : dim. soir et lun. ; 2 sem. en janv.
`AE DC MC V`

URT : *Auberge de la Galupe* €€€€
Pl. du Port. 05 59 56 21 84.
Produits du terroir traités de façon magistrale : jambon jabúgo, saumon et anguille
de l'Adour, vins de Jurançon. sept.-mars : dim. soir et mar. ; 2 sem. en janv. et juil.
`AE DC MC V`

Voir sur le rabat de couverture la légende des symboles

Catégories de prix pour un repas avec une demi-bouteille de vin, service compris :

€ moins de 25 €
€€ entre 25 et 35 €
€€€ entre 36 € et 50 €
€€€€ entre 51 € et 75 €
€€€€€ plus de 75 €

MENUS POUR ENFANTS
Établissement servant des portions pour enfants, équipé de chaises hautes.
MENUS À PRIX FIXES
Menu proposé au déjeuner et/ou au dîner.
TRÈS BONNE CARTE DES VINS
Grand choix de vins de qualité ou bonne sélection de vins de pays.
REPAS À L'EXTÉRIEUR
Possibilité de manger sur une terrasse, dans un jardin ou une cour, avec parfois une jolie vue.

LANGUEDOC-ROUSSILLON

Établissement	Prix	CARTES DE CRÉDIT	MENUS POUR ENFANTS	MENUS À PRIX FIXES	TRÈS BONNE CARTE DES VINS	REPAS À L'EXTÉRIEUR
AIGUES-MORTES : *Café de Bouzigues* 7, rue Pasteur. 04 66 53 93 95. Poulet fermier, salade de pêches, papeton d'aubergines. Servis dans un cadre chaleureux. mi-janv.-mi-mars, certains jours fériés.	€	AE MC V		■		■
AIGUES-MORTES : *Restaurant les Enganettes* 12, rue Morceau. 04 66 53 69 11. Excellentes spécialités régionales servies dans un cadre rustique. Portions copieuses. mar. soir, mer. ; nov., 2 der. sem. de déc.	€	MC V	●	■		■
ANDUZE : *Auberge des Trois Barbus* Générargues. 04 66 61 72 12. Une cuisine inventive à base de foie gras et de truffes, à déguster dans une auberge de campagne. oct.-mai : dim. soir et lun. ; janv.-mars.	€€€	AE MC V	●	■		■
ANDUZE : *Les Demeures du Ranquet* Le Ranquet, route de Saint-Hippolyte-du-Fort. 04 66 77 51 63. À 6 km d'Anduze, cette bâtisse au milieu des chênes a été rénovée. Cuisine traditionnelle. juin-août : mar., mi-sept.-mai : mar. soir et mer. ; nov.-déc.	€€€	DC MC V	●	■	●	■
ARLES-SUR-TECH : *Hôtel les Glycines* Rue du Jeu-de-Paume. 04 68 39 10 09. Une cuisine savoureuse à base de produits locaux, arrosée de vins régionaux. L'été, on peut dîner dans un jardin ombragé. mi-nov.-mi-fév.	€€€	AE DC MC V	●	■		■
BÉZIERS : *Le Framboisier* 12, rue Boeildieu. 04 67 49 90 00. Étape gastronomique dans un établissement élégant. Cuisine classique et belle carte de vins de Languedoc-Roussillon. dim., lun. ; 2 der. sem. d'août-1er sem. de sept.	€€€	AE DC MC V	●	■	●	■
BOUZIGUES : *La Côte Bleue* Av. Louis-Tudesq. 04 67 78 30 87. Le restaurant, grand et aéré, domine le lac de Thau. Fruits de mer et poissons sont au menu. sept.-juin : mar. soir et mer. (et oct-mars : dim.) ; janv.-fév.	€€€	AE MC V	●	■		■
CARCASSONNE : *Le Languedoc* 32, allée d'Iéna. 04 68 25 22 17. Il faut absolument goûter le cassoulet, spécialité de la maison, les terrines de chou farci et autres bourrides de baudroie. lun. ; mi-déc.-mi-janv., 1re sem. de juil.	€€	AE DC MC V	●	■		
CARCASSONNE : *Brasserie Le Donjon* 4, rue Porte-d'Aude. 04 68 25 95 72. Cette brasserie moderne offre un contraste saisissant avec la ville médiévale de Carcassonne. Spécialités : foie gras et cassoulet. nov.-mars : dim.	€	AE DC MC V	●	■		
CASTELNAUDARY : *Grand Hôtel Fourcade* 14, rue des Carmes. 04 68 23 02 08. Vieille ville et canal du Midi servent de cadre à un établissement qui garde le goût du passé. Comme dans toute la ville, la spécialité est ici le cassoulet. dim. soir, lun. ; 3 der. sem. de janv.	€	AE DC MC V	●	■		
CASTELNOU : *L'Hostal* Carrer de la Patore. 04 68 53 45 42. Le restaurant, dans un village d'artistes, est très fréquenté le week-end par une clientèle locale qu'attire une délicieuse cargolade. dim. soir, lun., mer. soir ; janv.	€	AE DC MC V	●	■		■
COLLIOURE : *La Frégate* Quai de l'Amirauté. 04 68 82 06 05. Vous dégusterez au bord de l'eau de magnifiques plats de la mer : soupe de poissons, anchois et la bouillabaisse. dim. midi.	€€	MC V	●	■		

COLLIOURE : *La Balette* €€€ — MC V
Route de Port-Vendres. 04 68 82 05 07.
Un endroit magnifiquement situé, très couru l'été pour sa terrasse panoramique.
Sympathique cuisine du pays à base de produits de la mer. ● *nov.-mi-déc.*

CUCUGNAN : *Auberge du Vigneron* €€ — MC V
2, rue Achille-Mir. 04 68 45 03 00.
Une cuisine simple mais bien maîtrisée dans un décor de tonneaux géants.
Terrasse panoramique. ● *dim. soir, lun. ; déc.-mi-fév.*

MINERVE : *Relais Chantovent* €€ — MC V
Minerve. 04 68 91 14 18.
Une halte agréable pour se reposer et bien manger durant la visite de la jolie
petite ville médiévale de Minerve. & ● *dim. soir, lun. ; mi-déc.-mi-mars.*

MONTPELLIER : *Chandelier* €€€€€ — AE DC MC V
39, pl. Zeus. 04 67 15 34 38.
Ce restaurant au décor théâtral à la romaine est une institution. Cuisine
méridionale, savoureuse, constamment renouvelée. ● *dim., lun. midi, 1 sem. en août.*

MONTPELLIER : *La Réserve Rimbaud* €€€€ — AE DC MC V
820, av. de Saint-Maur. 04 67 72 52 53.
Le restaurant, au bord d'une rivière, est très reposant. Les plats recherchés
sont proposés à des prix intéressants. & ● *dim. soir, lun., mer. midi ; janv.-mi-mars.*

MOSSET : *Mas Lluganas « Ferme Auberge »* €€€ — MC V
2, pl. de l'Oratori. 04 68 05 00 36.
La viande est issue des animaux élevés à la ferme. Fromages et légumes sont
fournis par des producteurs locaux. Superbe vue sur le Canigou. ● *oct.-avr.*

NARBONNE : *L'Auberge des Vignes* €€€ — MC V
Domaine de l'Hospitalet, route de Narbonne Plage. 04 68 45 28 50.
Vous savourerez au cœur d'un vignoble une délicieuse cuisine méditerranéenne :
poisson à la tapenade et au safran. & ● *sept.-juin : dim. soir et lun. ; janv.-fév.*

NARBONNE : *La Table Saint-Crescent* €€€ — AE DC MC V
Domaine Saint-Crescent le Viel. 04 68 41 37 37.
Cet excellent restaurant, dans un oratoire du VIIIe siècle, sert des plats
sophistiqués. & ● *sam. midi, dim. soir, lun. ; fin déc.-mi-janv.*

NÎMES : *Nicolas* € — DC MC V
1, rue Poise. 04 66 67 50 47.
Le restaurant, chaleureux, est souvent bondé. Bonne cuisine régionale.
● *sam. soir, lun., 2 premières sem. de juil.*

OLARGUES : *Domaine de Rieumégé* €€€€ — AE DC MC V
Route de Saint-Pons. 04 67 97 73 99.
Une carte généreuse à savourer dans le cadre d'un mas restauré du XVIIe siècle.
L'établissement est aussi un hôtel avec piscine. ● *mi-nov.-mars, 1 sem. en août.*

PERPIGNAN : *Casa Sansa* €€€ — AE MC V
3, rue Fabriques-Couvertes. 04 68 34 21 84.
Cuisine catalane authentique servie dans une cave à la décoration typée :
boles de picoulat, anchois, crevettes, etc. ● *dim., lun. ; 2 sem. en août.*

PERPIGNAN : *Le Chapon Fin* €€€ — AE DC MC V
18, bd Jean-Bourrat. 04 68 35 14 14.
Le restaurant sert des plats de grande cuisine catalane.
& ● *dim., 2 premières sem. de janv., 2 sem. en août.*

PERPIGNAN : *Le Mas Vermeil* €€€ — AE MC V
Traverse de Cabestany. 04 68 66 95 96.
Une cuisine sans prétention mais savoureuse, à base de recettes catalanes.
& ● *dim. soir, lun. ; jours fériés.*

PÉZENAS : *Après le Déluge* €€ — AE MC V
5, rue du Maréchal-Plantavit. 04 67 98 10 77.
Cuisine régionale dans ce restaurant tenu par une famille d'artistes.
● *lun.-sam. : midi ; der. sem. de juin et de juil., 2 premières sem. de déc.*

PORT-VENDRES : *La Côte Vermeille* €€€€ — AE MC V
Quai du Fanal. 04 68 82 05 71.
L'air de la mer dicte une carte qui fait la part belle aux poissons et aux fruits
de mer. & ● *lun. (et sept.-juin : dim.) ; janv.-mi-fév., 1 sem. en août.*

Voir sur le rabat de couverture la légende des symboles

Catégories de prix pour un repas avec une demi-bouteille de vin, service compris : € moins de 25 € €€ entre 25 € et 35 € €€€ entre 36 € et 50 € €€€€ entre 51 € et 75 € €€€€€ plus de 75 €	MENUS POUR ENFANTS Établissement servant des portions pour enfants, équipé de chaises hautes. MENUS À PRIX FIXES Menu proposé au déjeuner et/ou au dîner. TRÈS BONNE CARTE DES VINS Grand choix de vins de qualité ou bonne sélection de vins de pays. REPAS À L'EXTÉRIEUR Possibilité de manger sur une terrasse, dans un jardin ou une cour, avec parfois une jolie vue.	CARTES DE CRÉDIT	MENUS POUR ENFANTS	MENUS À PRIX FIXES	TRÈS BONNE CARTE DES VINS	REPAS À L'EXTÉRIEUR
SAILLAGOUSE : *L'Atalaya* €€€ Saillagouse. 04 68 04 70 04. Cette charmante auberge est perchée au-dessus du village. Ses spécialités comprennent le pigeon rôti et le foie gras. ● avr.-mi-juin et mi-sept.-nov. : lun. midi-jeu. ; nov.-mi-déc. et mi-janv.-mars.		MC V		■	■	
SAINT-MARTIN-DE-LONDRES : *Les Muscardins* €€€€ 19, route des Cévennes. 04 67 55 75 90. La famille Rousset crée une cuisine audacieuse à base de produits du terroir, pigeon, agneau ou poissons de pays. ও ● lun., mar. ; fév., 2 der. sem. de déc.		AE DC MC V	●	■	●	■
SAINT-PONS-DE-THOMIÈRES : *Auberge de Cabarétou* €€€ Saint-Pons-de-Thomières. 04 67 97 02 31. Dans un environnement boisé, un repas mémorable constitué par une cuisine de pays aux accents modernes. ও ● dim. soir, mar. (et mi-janv.-mi-fév. : lun.-ven.).		AE DC MC V	●	■	●	■
SÈTE : *Palangrotte* €€ 1, rampe Paul-Valéry. 04 67 74 80 35. Ville célèbre pour ses huîtres. Le Palangrotte est un bon endroit pour en déguster. ● sept.-juin : dim. soir et lun. ; 2 der. sem. de fév.		AE MC V	●	■		■
VILLEFRANCHE-DE-CONFLENT : *Auberge Saint-Paul* €€€ 7, pl. de l'Église. 04 68 96 30 95. Dans des murs du XIIIᵉ siècle à proximité de Prades, cuisine du pays. ● dim., lun. (et oct.-Pâques : mar.) ; 3 sem. en janv., 1 sem. en juin, 1 sem. fin nov.		AE DC V		■	■	
PROVENCE ET CÔTE D'AZUR						
AIX-EN-PROVENCE : *Mas d'Entremont* €€€ 315, Route Nationale 7, Célony. 04 42 17 42 42. Le menu, excellent, comporte toutefois peu de plats régionaux. Bonne carte de vins de Provence. ও ● dim. soir, lun. ; nov. mi-mars.		MC V	●	■		■
AIX-EN-PROVENCE : *Le Bistro Latin* €€ 18, rue de la Couronne. 04 42 38 22 88. Ce restaurant intime, sur deux niveaux, sert de délicieuses spécialités régionales à des prix intéressants. ● dim., lun. midi.		MC V		■	●	
AIX-EN-PROVENCE : *L'Aixquis.* €€€ 22, rue Leydet. 04 42 27 76 16. Une adresse qui monte, qui monte, pour une cuisine ayant du style. Essayez le menu comportant neuf plats. ● mar.-sam.		MC V	●	■		
ARLES : *L'Escaladou* €€ 23, rue de la Porte-de-Laure. 04 90 96 70 43. Un charmant restaurant provençal à proximité des arènes, dans le centre-ville. Poissons du pays et légumes frais.			●	■		■
ARLES : *La Gueule du Loup* €€ 39, des Arènes. 04 90 96 96 69. Ce restaurant rustique dans le centre d'Arles, juste à côté des arènes, propose une délicieuse cuisine provençale. ● dim. ; janv.		MC V		■		■
AVIGNON : *Hiély-Lucullus* €€€ 5, rue de la République. 04 90 86 17 07. En soixante ans de gastronomie avignonnaise, une qualité jamais démentie. Nous vous suggérons le menu-carte qui est une véritable aubaine. ● 2 der. sem. de janv., 2 der. sem. de juin.		AE MC V	●	■	●	■
AVIGNON : *La Fourchette* €€ 17, rue Racine. 04 90 85 20 93. Créer par les propriétaires du Hiély-Lucullus, les prix sont ici plus raisonnables et l'atmosphère plus détendue. Incroyable sélection de douze desserts. ● sam., dim. ; 2 sem. en fév., 2 premières sem. d'août, 1 sem. en sept.		MC V		■		

BIOT : *Le Jarrier* €€€
30, passage de la Bourgade. ☏ 04 93 65 11 68.
Vous devrez réserver une semaine à l'avance en été. Beau choix de poissons, fruits de mer, fromages. ● *lun., sam. midi.*
Cartes : AE MC V

CAGNES-SUR-MER : *Le Cagnard* €€€€
Rue Sous-Barri. ☏ 04 93 20 73 21.
Ce superbe restaurant installé dans une auberge médiévale propose des plats raffinés. ● *lun.-mer. : le midi ; mi-nov.-mi-déc.*
Cartes : AE DC MC V

CANNES : *Le Comptoir des Vins* €€
13, bd de la République. ☏ 04 93 68 13 26.
On entre dans le restaurant par la cave à vin. Les plats classiques sont traités avec originalité (saucisses aux pistaches). ♿ ● *dim., lun. soir, mer. soir ; fév.*
Cartes : AE DC MC V

CANNES : *Royal Gray* €€€€
38, rue des Serbes. ☏ 04 92 99 79 60.
Le doyen des grands restaurants de Cannes : luxe, calme et volupté à deux pas de la Croisette. ♿ ● *dim., lun. (juil.-août : sam. et dim. midi).*
Cartes : AE DC MC V

CAVAILLON : *Restaurant Prévot* €€€
353, av. de Verdun. ☏ 04 90 71 32 43.
Une adresse originale puisque le restaurant est installé dans le musée du Melon. Le chef est également poète et peintre. ♿ ● *dim. ; 2 sem. en août.*
Cartes : AE MC V

CHÂTEAUNEUF-DU-PAPE : *La Mère Germaine* €€€
Pl. de la Fontaine. ☏ 04 90 83 54 37.
Le restaurant a une vue superbe sur le vignoble. Le personnel est efficace et la cuisine régionale maîtrisée et délicieuse. ♿ ● *mar. soir, mer. ; fév.*
Cartes : MC V

COL D'ÈZE : *La Bergerie* €€€
18, Grande Corniche. ☏ 04 93 41 03 67.
Une cuisine sympathique à savourer, l'hiver auprès du feu, l'été sur la terrasse. ♿ ● *lun. ; déc.-mars : lun.-jeu. et dim. soir ; mi-janv.-mi-fév.*
Cartes : AE MC V

CUERS : *Le Lingoustou* €€€€
Route de Pierrefeu. ☏ 04 94 28 69 10.
Spécialités provençales préparées avec raffinement dans cet établissement situé au milieu du vignoble. ♿ ● *dim. soir, lun. ; janv.*
Cartes : AE DC MC V

GIGONDAS : *Les Florets* €€
Route des Dentelles. ☏ 04 90 65 85 01.
La clientèle locale déguste une cuisine régionale savoureuse.
● *avr.-oct. : mer. ; nov. et déc. : lun. et mer.*
Cartes : AE DC MC V

LA GARDE FREINET : *Auberge Sarrazine* €€
Route Nationale 98. ☏ 04 94 55 59 60.
Dans la salle à manger rustique, un feu de cheminée crépite en hiver. Goûtez le lapin au miel accompagné de polenta. ● *sept.-juin : dim. soir et lun.*

LES BAUX-DE-PROVENCE : *L'Oustaù de Baumanière* €€€€€
Val d'Enfer. ☏ 04 90 54 33 07.
Le restaurant a deux étoiles au Michelin. La salle à manger donne vue sur le village médiéval. ● *janv. et fév.*
Cartes : AE DC MC V

LOURMARIN : *Le Moulin de Lourmarin* €€€€€
Rue du Temple. ☏ 04 90 68 06 69.
Un moulin à huile bien conservé sert de cadre à une cuisine superbe. Plats de gibier et de poissons. ● *mar. ; mi-janv.-fév.*
Cartes : AE DC MC V

MARSEILLE : *Dar Djerba* €€
15, cours Julien. ☏ 04 91 48 55 36.
Atmosphère intime et délicieux couscous pour ce restaurant de cuisine d'Afrique du Nord. ● *lun. midi ; 2 sem. en août.*
Cartes : MC V

MARSEILLE : *Miramar* €€€€
12, quai du Port. ☏ 04 91 91 10 40.
L'une des bouillabaisses les plus authentiques que l'on puisse déguster à Marseille. Grand choix de plats de la mer. ♿ ● *dim., lun. ; 2 sem. en janv., 2 sem. en août.*
Cartes : AE DC MC V

MONACO : *Le Périgourdin* €€€
5, rue des Oliviers. ☏ 00377 93 30 06 02.
À 2 min à pied du casino, ce restaurant chaleureux offre toutes les saveurs de la cuisine périgourdine. Prix intéressants. ♿ ● *sam. midi, dim., 2 der. sem. d'août.*
Cartes : AE MC V

Voir sur le rabat de couverture la légende des symboles

Catégories de prix pour un repas avec une demi-bouteille de vin, service compris :

€ moins de 25 €
€€ entre 25 € et 35 €
€€€ entre 36 € et 50 €
€€€€ entre 51 € et 75 €
€€€€€ plus de 75 €

MENUS POUR ENFANTS
Établissement servant des portions pour enfants, équipé de chaises hautes.
MENUS À PRIX FIXES
Menu proposé au déjeuner et/ou au dîner.
TRÈS BONNE CARTE DES VINS
Grand choix de vins de qualité ou bonne sélection de vins de pays.
REPAS À L'EXTÉRIEUR
Possibilité de manger sur une terrasse, dans un jardin ou une cour, avec parfois une jolie vue.

Établissement	Prix	Cartes de crédit	Menus pour enfants	Menus à prix fixes	Très bonne carte des vins	Repas à l'extérieur
MONACO : Café de Paris Pl. du Casino. 00377 92 16 20 20. Cette brasserie de Monte-Carlo recrée l'atmosphère de la Belle Époque : goûtez le bœuf charolais et le pavé de saumon. Noël ; 2 sem. en août.	€€€	AE DC MC V				●
MOUGINS : Le Moulin de Mougins Notre Dame-de-Vie. 04 93 75 78 24. Une institution, fréquentée par les stars pendant le festival de Cannes. Les prix sont à la hauteur… mar. ; 1 sem. en août.	€€€€€	AE DC MC V	●	●		●
NICE : Nissa Socca 5, rue Sainte-Réparate. 04 93 80 18 35. Belles assiettes de *socca* (galette à la farine de pois chiches) et choix de pâtes arrosées de vin en carafe. Un endroit simple et très fréquenté. dim., lun. midi ; 2 sem. en juin.	€€			●		
NICE : Le Chantecler (Negresco) 37, promenade des Anglais. 04 93 16 64 00. L'emblème gastronomique de Nice, où les princes russes venaient dîner au XIX{e} siècle. Toute les saveurs de Provence traitées avec finesse et passion. mi-nov.-mi-déc. ; 1 sem. en août.	€€€€€	AE DC MC V	●	●	●	
ORANGE : La Roselière 4, rue du Renoyer. 04 90 34 50 42. Le menu du jour est annoncé sur des tableaux au mur ; les plats sont soigneusement préparés avec des produits locaux. dim., lun. ; 3 sem. en août.	€	MC		●		
SAINT-AGNÈS : Le Logis Sarrasin 40, rue des Sarrasins. 04 93 35 86 89. Le restaurant familial propose six plats copieux de gibier de la région et des spécialités italiennes. lun. (et sept.-juin : tous les soirs) ; fin oct.-fin nov.	€	MC V		●		
SAINT-JEAN-CAP-FERRAT : Le Saint-Jean Pl. Clemenceau. 04 93 76 04 75. Cuisine simple et savoureuse. La terrasse à l'étage est parfaite les soirs d'été. mar. soir, mer. ; 2 sem. en déc., mi-janv.-mars.	€	AE MC V		●		
SAINT-JEAN-CAP-FERRAT : Le Sloop Nouveau port de Saint-Jean. 04 93 01 48 63. Le Sloop s'est spécialisé dans une cuisine légère et raffinée à base de produits de la mer. 1 sem. en juil.	€€€	MC V		●	●	●
SAINT-RÉMY-DE-PROVENCE : Le Jardin de Fréderic 8, bd Gambetta. 04 90 92 27 76. Ce petit restaurant familal, aménagé dans une villa, sert des plats régionaux comme l'ageau à la crème d'ail. mer., jeu. midi ; fév.	€€	AE MC V	●	●		
SAINT-VALLIER-DE-THIEY : Le Relais Impérial Route Napoléon, Route Nationale 85. 04 92 60 36 36. C'est l'un des rares restaurants à proposer une authentique pissaladière. Les vins blancs de Provence sont exquis et les serveurs chaleureux. 2 sem. en août.	€€	AE DC MC V	●	●		
SÉGURET : La Table du Comtat Séguret. 04 90 46 91 49. Truffes, pigeon et sanglier sauvage se savourent en admirant une superbe vue et en dégustant les mémorables côtes-du-rhône de la cave. oct.-juin : mar. soir, mer. (et oct.-mars : dim. soir) ; fév.	€€€	AE DC MC V		●	●	●
TOULON : La Chamade 25, rue de la Comédie. 04 94 92 28 58. Au cœur de Toulon, on savoure les fleurs de courgettes farcies, les poissons frais ou les figues grillées. Très bonne carte des vins (notamment bandol). sam. midi, dim. ; août.	€€	AE MC V	●	●	●	

VENCE : *Auberge des Seigneurs* €€
Pl. du Frêne. **[** 04 93 58 04 24.
Une auberge située dans un bâtiment du XVIIIe siècle, qui apaisera l'appétit
le plus exigeant : cinq plats se succèdent, parmi lesquels la truite et l'agneau
cuit à la broche devant les clients. ● *lun., mar. midi ; mer. midi ; nov.-mi-mars.*
DC MC MC V

VENCE : *Le Vieux Couvent* €€€
68, av. du Général-Leclerc. **[** 04 93 58 78 58.
Un couvent du XVIIe siècle abrite ce restaurant de spécialités provençales.
Les plats sont inventifs. ● *mer., jeu. midi ; mi-janv.-mi-mars.*
MC V

VILLEFRANCHE-SUR-MER : *Mère Germaine* €€€
Quai Courbet. **[** 04 93 01 71 39.
Un établissement sympathique en front de mer. On dégustera la bouillabaisse
et la sole Tante Marie (aux champignons). **&** ● *mi-nov.-mi-déc.*
AE MC V

CORSE

AJACCIO : *Le 20123* €€
2, rue du Roi-de-Rome. **[** 04 95 21 50 05.
Au cœur de la vieille ville, le propriétaire a recréé dans son restaurant, son
village natal, Pina Canale. Produits régionaux haut de game et vin rouge local.
● *lun. ; t.l.j. : le midi.*

BASTIA : *A Casarella* €€
Route Sainte-Croix. **[** 04 95 32 02 32.
Le restaurant de spécialités corses, à l'intérieur de la citadelle, domine le port.
● *sam. midi, dim. ; nov.*
MC V

BONIFACIO : *L'Archivolto* €€
Rue de l'Archivolto. **[** 04 95 73 17 58.
Dans le cadre d'une brocante, le chef accomode les produits frais du marché.
On peut aussi les déguster sur la terrasse. ● *dim. midi ; oct.-mars.*
MC V

BONIFACIO : *Stella d'Oro* €
7, rue Doria. **[** 04 95 73 03 63.
Une cuisine familiale corse très typée, un service sympathique et impeccable.
Le poisson est bien représenté sur la carte. **&** ● *oct.-avr. ; 1 sem. en août.*
AE DC MC V

CALVI : *L'Île de Beauté* €€
Quai Landry. **[** 04 95 65 00 46.
Cet établissement du bord de l'eau s'attache à proposer des créations à partir
des produits de la mer d'une qualité parfaite. ● *oct.-avr., certains jours fériés.*
AE DC MC V

CORTE : *Auberge de la Restonica* €€€
Vallée de la Restonica. **[** 04 95 46 09 58.
Cette auberge, en bordure de rivière, est tenue par un ancien international
de football. La cuisine est simple et bonne. **&** ● *nov.-fév.*
MC V

L'ÎLE ROUSSE : *La Bergerie* €€€€
Route de Monticello. **[** 04 95 60 01 28.
Une ancienne ferme où l'on peut dîner au jardin. Essayez l'omelette à l'oursin,
accompagnée de vin de Corse. **&** ● *avr.-mi-juin et mi-sept.-oct : lun. ; nov.-mars.*
MC V

PORTO : *Le Soleil Couchant* €
Porto Marine. **[** 04 95 26 10 12.
La terrasse a une vue magnifique sur la mer. La cuisine, locale, est
d'un très bon rapport qualité-prix : charcuterie, fromage de brebis, etc.
& ● *nov.-fév.*
MC V

PORTO-VECCHIO : *Auberge du Maquis* €€€
Ferruccio. **[** 04 95 70 20 39.
À courte distance en voiture de Porto-Vecchio, le restaurant très paisible, offre
une cuisine simple. Essayez la truite à l'huile d'olive. ● *avr.-juin : mer. ; oct.-déc.*
AE MC V

SAINT-FLORENT : *La Gaffe* €€
Port de Saint-Florent. **[** 04 95 37 00 12.
Moules et langoustines au citron et à la menthe se dégustent sur la terrasse
qui a vue sur le port. **&** ● *lun. midi, mar. midi ; mi-nov.-janv.*
AE DC MC V

SARTÈNE : *La Chaumière* €€
39, rue du Capitaine-Benedetti. **[** 04 95 77 07 13.
Une auberge typique nichée dans le granit, qui sert des plats locaux :
charcuterie, tripes, sanglier, vin de Corse. ● *mi-janv.-mars, août.*
AE DC MC V

Voir sur le rabat de couverture la légende des symboles

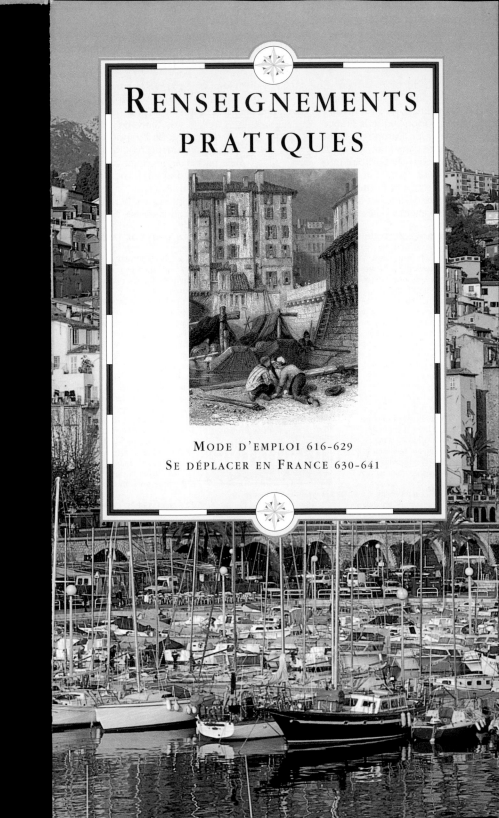

RENSEIGNEMENTS PRATIQUES

MODE D'EMPLOI 616-629
SE DÉPLACER EN FRANCE 630-641

MODE D'EMPLOI

Peu de pays offrent une aussi grande variété de paysages, de climats, de sites naturels ou historiques que la France. Un pied en Europe du Nord, un autre dans l'Europe méditerranéenne, le territoire français attire de plus en plus de touristes. Si la France est la première destination des Français eux-mêmes, elle est égale-

Signalisation des offices de tourisme

ment le pays le plus visité par les étrangers (environ 70 millions en 1998). En dix ans, de 1981 à 1991, les recettes du tourisme ont triplé. En raison de l'importance de ce secteur dans l'économie nationale, les anciennes structures d'accueil et d'information ont été largement développées et de nouvelles organisations mises en place.

IMPORTANCE DU TOURISME

Comme partout, certains sites ont tendance à dominer le paysage touristique : Versailles, le Mont-Saint-Michel ou Rocamadour, par exemple, jouissent d'une réputation non usurpée. Mais les campagnes françaises recèlent nombre de lieux à découvrir, d'autant plus agréables qu'ils sont souvent à l'écart des grandes foules. Qu'on en juge : en France, 10,3 % des sites culturels français se trouvent en Île-de-France. Ils ont accueillis en 2004, 30 millions des visiteurs. N'hésitez donc pas à vous aventurer hors des sentiers battus, d'autant que le pays bénéficie d'un domaine touristique important et bien réparti.

En 1997, on recensait 597 123 personnes travaillant dans ce secteur en France. Répartition :
- restaurants, cafés-restaurants : 305 002
- hôtels, hôtels-restaurants : 159 577
- auberges de jeunesse, campings, refuges : 37 961
- agences de voyages et offices de tourisme : 37 201

LES INFORMATIONS TOURISTIQUES

En 1875 était créé le Comité des promenades à Gérardmer (Vosges), et c'est en 1889 qu'ouvrait le premier syndicat d'initiative à Grenoble…

Aujourd'hui, toutes les villes de quelque importance et les sites présentant un intérêt possèdent des structures d'accueil et d'information touristiques : les Offices de

Tourisme et Syndicats d'Initiative, en abrégé OTSI. Ceux-ci mettent à la disposition du public des plans de ville, des brochures et dépliants sur les curiosités architecturales, culturelles, archéologiques ou festives de la région, des propositions d'itinéraires touristiques, des adresses d'hébergement ou de restauration. Dans certains cas, ils vendent des monographies sur tel ou tel site ou

Les syndicats d'initiative

monument, et diffusent même parfois des ouvrages sur la vie ou l'histoire de la région. Une Fédération Nationale des Offices de Tourisme et des Syndicats d'Initiative regroupe près de 3 400 OTSI. Depuis 1993, un label permet de distinguer quatre catégories d'Offices de Tourisme (1 à 4 étoiles). Ce classement prend en compte l'importance des structures et des moyens, et l'implantation (rurale, urbaine…). Seuls les organismes classés portent le nom d'Office de Tourisme.

LES TARIFS DE VISITE

La France compte 1 400 musées publics et environ un millier de musées privés.

La plupart des musées et monuments perçoivent un droit d'entrée compris entre 2 € et 7,5 €. Le dimanche, l'entrée est parfois libre, ou à prix réduit. Dans les musées nationaux, Grand Palais excepté, le tarif est réduit pour les personnes âgées de plus de 60 ans. L'entrée est gratuite pour les enfants de moins de sept ans. Des réductions sont consenties aux jeunes de moins de 26 ans titulaires d'une Carte Jeune internationale et aux étudiants (se renseigner auprès des différentes antennes du CIDJ).

LES HORAIRES D'OUVERTURE

Les monuments et musées nationaux sont fermés le mardi, à l'exception du château de Versailles et du Musée d'Orsay, fermés le lundi. (Attention ! certains musées parisiens sont municipaux et ferment le lundi.)

Les églises, généralement ouvertes tous les jours dans les grandes villes, sont souvent fermées en dehors des offices religieux à la campagne, pour éviter les pillages. Quant aux musées privés, mieux vaut se renseigner au préalable. Pour

Le logo des Monuments historiques signale les monuments importants

Petite halte roborative entre deux visites

les horaires des banques, voir p. 620, pour ceux des magasins, p. 622, et p. 576-577 pour les restaurants.

LES FACILITÉS POUR HANDICAPÉS

Des places de stationnement sont réservées aux handicapés dans la plupart des parkings, mais la France manque encore cruellement d'autres aménagement pour ces derniers. Les musées et sites touristiques importants, ainsi que de nombreux restaurants, disposent au moins d'un accès aux fauteuils roulants, mais la disposition des châteaux ou des monuments fortifiés empêche l'accès aux handicapés. Différentes organisations, disposant d'un site web peuvent vous fournir une information complète : le **GIHP** (Groupement pour l'insertion des personnes handicapées physiques) et l'**Association des Paralysés de France**, dont la branche APF Évasion organise des vacances adaptées aux handicapés *(p. 539)*. Le **CIDJ** (Centre d'Information et de Documentation Jeunesse) fournit des informations aux jeunes handicapés.

Plus de 5 millions de visiteurs par an

LES SPECTACLES

Tous les mercredis à Paris, l'*Officiel des Spectacles* ou *Pariscope* répertorient les spectacles, les musées et diverses manifestations culturelles de la capitale. Dans les autres villes, l'Office de Tourisme, ou les pages Loisirs-spectacles du quotidien régional vous permettront de faire le tour, à un moment donné, des possibilités de loisirs au sens large : ouverture des musées, des piscines, activités sportives, programmes de festivals, de cinéma, etc.

Prise de courant conforme

ÉLECTRICITÉ

Précisions pour les visiteurs étrangers : les fiches et prises électriques en France sont conformes aux normes européennes (courant alternatif 220 volts). Elles peuvent poser des problèmes aux personnes venant des pays anglo-saxons. Dans certains hôtels, on trouve des fiches comportant des adaptateurs incorporés, prévus pour les rasoirs électriques. On peut également se procurer ces adaptateurs dans des magasins spécialisés, comme le BHV à Paris.

Santé et sécurité

V ous trouverez ici les différents services à votre disposition en cas de problème de santé. La France est par ailleurs un pays sûr, pour peu que l'on ne tente pas le diable. Il est simplement conseillé d'éviter les quartiers déserts la nuit, de ne rien laisser d'apparent dans une voiture, d'être vigilant dans la foule.

Enseigne de pharmacie

POUR SE SENTIR EN SÉCURITÉ

L a France est un pays relativement sûr. Paris, pour une agglomération de 11 millions d'habitants banlieue comprise, est une ville étonnamment sécurisée, et les agressions et rixes y sont bien moins nombreuses que dans d'autres capitales européennes, notamment en Grande-Bretagne.

Les régions où ont toutefois lieu le plus d'infractions sont celles de Provence-Alpes-Côte d'Azur, Île-de-France, Corse et Languedoc-Roussillon.

L'ASSISTANCE

E n cas de problème de sécurité ou d'agression, appelez le 17 (la police). Pensez immédiatement à regarder autour de vous pour faire appel à d'éventuels témoins, notamment en cas d'accident de voiture.

En cas de vol, faites une déclaration au commissariat de police, ou à la gendarmerie. Toute déclaration de perte se fait à la mairie. Un récépissé de déclaration de perte ou de vol sera remis. Pour obtenir un nouveau document d'identité, il faut fournir ce récépissé et l'ensemble des pièces exigées pour une première demande.

En cas de perte ou de vol de votre carte de crédit, prévenez aussitôt votre centre de gestion pour faire opposition à toute tentative d'utilisation frauduleuse.

LA SANTÉ

E n cas d'urgence, appelez le SAMU (Service d'Aide Médicale d'Urgence) par le 15, ou les sapeurs-pompiers par le 18 ; ils sont souvent plus rapides et tout aussi capables de dispenser les soins d'urgence et d'acheminer les blessés vers un établissement spécialisé. Ce rôle des pompiers est particulièrement important dans les campagnes. Indiquez immédiatement par téléphone le lieu exact de l'accident, le nombre de blessés, et balisez les abords de l'accident si possible (triangle, ou, à défaut, branchages).

Sauf danger immédiat (incendie surtout), ne sortez pas un blessé d'un véhicule avant l'arrivée des secours. Évitez de déplacer un accidenté si vous n'avez pas de notions de secourisme.

Les services d'urgence des hôpitaux sont capables de traiter la plupart des problèmes de santé graves. En cas de problème mineur, la meilleure solution est d'aller voir le pharmacien. Il pourra vous conseiller et vous donner les adresses des médecins des environs. N'hésitez pas dans les villes, et encore plus à Paris, à vous renseigner sur les tarifs pratiqués ; seuls les médecins conventionnés de secteur 1 (sans dépassement) vous permettent un remboursement à 100 % par la Sécurité sociale.

Autre solution : la garde départementale des médecins généralistes. Consultez l'annuaire par professions (à médecins). Vous pouvez joindre directement la garde départementale d'ambulanciers (ATSU) ou l'appeler par le 15 (SAMU). N'hésitez pas non plus à vous rendre chez le pharmacien pour identifier des champignons.

Les jours fériés ou la nuit, lorsque la pharmacie est fermée, le nom de l'officine de garde la plus proche est affiché sur la porte.

EN PLEIN AIR

O n ne le dira jamais assez : prenez garde aux feux de forêt, qui alimentent tous les ans l'actualité estivale dans le Sud de la France. Même quand ils ne sont pas à l'origine de drames, les feux de forêt portent toujours atteinte au patrimoine naturel.

Gendarme   **Pompier**

CARNET D'ADRESSES

TÉLÉPHONES D'URGENCE

SAMU
📞 *15.*

Sapeurs-pompiers
📞 *18.*

Police et gendarmerie
📞 *17.*

Météorologie nationale
📞 *08 36 68 02 XX.*
XX étant le numéro du département.
Minitel 3615 METEO ou
🅦 www.meteo.fr

Ne jetez pas de mégots, n'allumez pas de feu de camp ou de camping-gaz et ne jetez pas de bouteilles de verre en pleine nature. Le vent peut très bien changer d'orientation ou de force et attiser un incendie. En 2003, un seul feu a ravagé 3 500 hectares de bois et garrigue en 9 jours. Tous les étés, de nombreux incendies de forêt sont causés par une négligence (jeux d'enfants, emploi d'un réchaud, mégots de cigarettes de promeneurs à pied ou jetés d'un véhicule…).

Pour les sorties en montagne ou en mer, mieux vaut prévenir les autorités compétentes de votre plan de route, écouter au préalable les conseils donnés et les prévisions météorologiques (répondeurs départementaux de Météo France ou services Minitel).

Voiture de police

Voiture de pompiers

Ambulance

Ne jouez pas avec le feu

En montagne, les accidents résultent d'imprudence, de la non-observation des règles de sécurité : erreur d'orientation, manque d'équipement, méconnaissance des techniques de protection, mépris des prévisions météo.

Même chose pour la sécurité en mer : la Société nationale de sauvetage en mer (SNSM) a secouru 10 000 personnes et est intervenue presque 5 000 fois en mer en 1996. France Inter diffuse deux fois par jour (6 h 12 et 20 h 05) les bulletins de météo marine. Consultez également les bulletins affichés en divers endroits (capitainerie des ports, clubs, etc.).

Enfin, veillez pendant la saison de la chasse à porter des vêtements voyants en forêt ou même en lisière.

LES TOILETTES PUBLIQUES

Les antiques, pittoresques mais insalubres vespasiennes ont disparu dans les grandes villes. Elles ont été remplacées par des toilettes payantes, installées le plus souvent sur les trottoirs. Ces sanisettes sont équipées d'un système de nettoyage automatique, et ne doivent pas être utilisées par des enfants de moins de 10 ans non accompagnés. Dans les grandes villes, inutile d'éviter ces toilettes pour chercher celles qui seraient gratuites dans les cafés : de plus en plus d'établissements en font payer l'accès.

1 Insérez la pièce de monnaie.

2 Le voyant indique si les toilettes sont libres ou occupées.

3 Appuyez sur le bouton pour ouvrir la porte.

Banques et monnaies

L es principales banques sont bien représentées sur tout le territoire. Dans les villes, elles mettent au moins une agence à la disposition des clients, voire plusieurs dans les agglomérations importantes. Dans les zones rurales, les guichets de La Poste prennent bien souvent le relais. D'une manière générale, l'usage de la carte de paiement se substitue de plus en plus à celui des chèques ou des espèces.

Distributeur de billets

LE CHANGE

L e montant des espèces ou devises que vous pouvez importer en France n'est soumis à aucune restriction. Par mesure de sécurité, préférez cependant les chèques de voyage pour les sommes importantes. Il existe des bureaux de change dans les aéroports, les gares et certains hôtels et magasins.

Les nombreux bureaux de change offrent en général les taux les plus intéressants, mais prélèvent une commission. Avant d'effectuer toute transaction, mieux vaut lire les clauses en petits caractères relatives aux commissions et frais de change.

Maints bureaux de change indépendants n'exigent pas de commission, mais pratiquent des taux assez élevés. Ils sont ouverts ordinairement de 9 h à 18 h du lundi au samedi.

HORAIRES DES BANQUES

L e plus souvent, les agences bancaires sont ouvertes au public du lundi au vendredi de 8 h 30 ou 9 h jusqu'à 17 h. Dans les grandes villes, elles restent généralement ouvertes entre 12 h et 14 h. En revanche, elles ferment à l'heure du déjeuner dans les petites localités. Certaines agences bancaires sont ouvertes du mardi au samedi. En général, les agences ferment à midi les veilles de jours fériés.

Machine pour cartes de crédit

LES CHÈQUES DE VOYAGE

I ls sont délivrés par American Express ou votre banque habituelle. Les chèques de voyage, à la différence de l'argent liquide, vous permettent de voyager en toute tranquillité, car en cas de perte ou de vol, ils seront remplacés en 24 h, gratuitement et sur place. Signez-les immédiatement car sans cette signature, vous n'êtes pas couvert en cas de perte ou de vol. En outre, les chèques de voyage n'ont pas de limite d'utilisation dans le temps. Les chèques voyage American Express sont très largement honorés en France. American Express ne prélève pas de commission sur les chèques de voyage échangés dans ses bureaux. Les agences à l'étranger de la LCL délivrent des chèques de voyage libellés en euros, et offrent généralement le meilleur taux de change à l'étranger.

DISTRIBUTEURS ET CARTES DE PAIEMENT

A vec une carte de paiement internationale (type Visa), vous pouvez très facilement retirer de l'argent : les distributeurs de billets se généralisent et sont souvent accessibles 24 heures sur 24. Ils acceptent la plupart du temps les cartes Visa et Mastercard.

Attention ! Il arrive que les distributeurs automatiques de billets soient vides à la fin des week-ends ou lors d'une succession de jours fériés. Prenez vos précautions.

La carte Visa est la carte de paiement la plus courante. Les cartes American Express ou Diner's Club sont nettement moins utilisées, car elles demandent aux commerçants des commissions d'un montant plus important. Elles sont en revanche très répandues dans les hôtels et restaurants qui sont davantage habitués à accueillir une clientèle étrangère.

Il est recommandé de faire immédiatement opposition en cas de perte ou de vol. Évitez de donner trop souvent par téléphone le numéro à 16 chiffres inscrit sur votre carte. En effet, celui-ci permet de débiter votre compte sans que vous apposiez votre signature.

CARNET D'ADRESSES

American Express
11, rue Scribe, 75009 Paris.
Plan 4 D5.
☎ 01 47 14 50 00.

26, av. de l'Opéra, 75001 Paris.
☎ 01 53 29 40 39.

19, av. George-V, 75008 Paris.
Plan 2 E4.
☎ 01 53 67 03 15.

EN CAS DE PERTE OU DE VOL

American Express
☎ 01 47 77 72 00.

Visa
☎ 08 36 69 08 80.

Mastercard
☎ 0800 90 13 87.

Diners Club
☎ 08 20 00 07 34.
Votre numéro de code est strictement confidentiel : ni votre banque ni votre centre d'opposition ne doivent en être informés.

L'EURO

L'euro, la monnaie unique européenne, est en circulation dans 12 pays sur les 25 États membres de l'Union européenne. L'Allemagne, l'Autriche, la Belgique, l'Espagne, la Finlande, la France, la Grèce, l'Irlande, l'Italie, le Luxembourg, les Pays-Bas et le Portugal ont changé leur monnaie. La Grande-Bretagne, le Danemark et la Suède ont préféré la conserver, avec la possibilité de revenir sur leur décision.

Les pièces et les billets ont été mis en circulation le 1er janvier 2002. Les billets sont identiques dans les 12 pays. Pour les pièces, une face est commune, l'autre change pour chaque pays. L'euro s'utilise partout dans les pays de la zone euro.

Billets de banque

Les billets existent en sept coupures. Le billet de 5 € (gris) est le plus petit, suivi de 10 € (rouge), 20 € (bleu), 50 € (orange), 100 € (vert), 200 € (brun-jaune) et 500 € (violet). Tous les billets arborent les 12 étoiles de l'Union européenne.

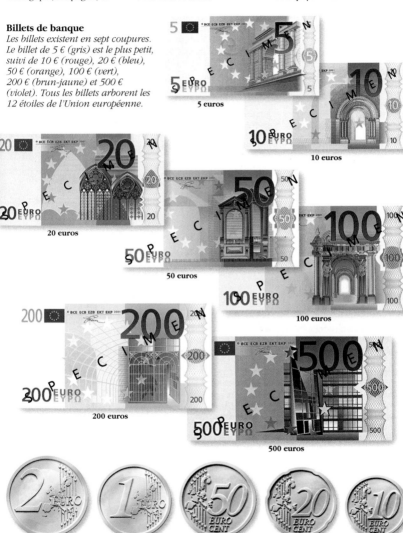

5 euros

10 euros

20 euros

50 euros

100 euros

200 euros

500 euros

2 euros

1 euro

50 cents

20 cents

10 cents

Pièces

Il existe 8 pièces en euros : 1 € et 2 € ; 50 cents, 20 cents, 10 cents, 5 cents, 2 cents et 1 cent. Les pièces de 1 et 2 euros sont de couleur argent et or. Celles de 50, 20 et 10 cents sont dorées. Celles de 5, 2 et 1 cents sont de couleur bronze.

5 cents

2 cents

1 cent

Magasins et marchés

Huile d'olive des Baux

Visiter la France sans se livrer aux joies du shopping est chose impensable, car c'est dans les marchés ou dans les commerces des bourgs que s'exprime le mieux l'identité de chaque région. Des magasins de province à ceux de la capitale, en passant par les innombrables boutiques spécialisées, les sollicitations sont si nombreuses qu'il est impossible de rester de glace. Les produits du terroir et les vins offrent mille tentations gourmandes, mais certains préféreront peut-être les articles de mode, les parfums, les objets d'artisanat, les porcelaines ou les vases en cristal.

Les fruits frais du marché

HEURES D'OUVERTURE

Les commerçants s'adaptent à l'urbanisation et au changement des rythmes de vie. Ainsi, dans le centre des grandes villes, les boutiques restent ouvertes sans interruption et ne ferment plus qu'un jour par semaine. En revanche, la sacro-sainte trêve du début d'après-midi (13 h-15 h), sans parler de la traditionnelle fermeture du lundi, est et globalement respectée dans les petites villes et les villages et dans certains commerces d'alimentation de la capitale.

Paris est un cas à part. Il est possible d'y trouver de quoi se sustenter jusqu'à minuit, voire plus tard dans certaines épiceries, tandis que les grands magasins offrent une nocturne par semaine à leurs clients, au grand dam de leurs employés… Certains commerces non alimentaires sont ouverts le dimanche, notamment dans les quartiers touristiques et à la veille des fêtes de Noël. La plupart des magasins ne chômment plus le 8 Mai, ni la Pentecôte, ni la Toussaint, ni même le 15 août et le 11 novembre.

LES GRANDS MAGASINS

La fortune des grands magasins est née à Paris au milieu du XIXe siècle. Les plus célèbres se nomment le Printemps, les Galeries Lafayette, le Bon Marché fondé par Boucicaut, le Bazar de l'Hôtel-de-Ville (BHV) et les Nouvelles Galeries. La plupart d'entre eux possèdent des succursales dans les grandes villes de province et parfois même à l'étranger.

Plus modestes, Monoprix et Prisunic sont des enseignes

En France, les boulangeries artisanales sont nombreuses

bien connues des Français. Elles proposent des produits de qualité, tout comme le moins répandu Inno.

LES HYPERMARCHÉS

Une loi protégeant le petit commerce interdit aux grandes surfaces de s'installer ailleurs qu'à la périphérie des villes. C'est ainsi que Paris par exemple, se trouve désormais littéralement encerclé d'hypermarchés, tous installés en banlieue. Seuls des supermarchés ont droit de cité ici.

Le phénomène de l'hypermarché, qui a complètement bouleversé les structures de la distribution en France, a été initié en 1963 par Carrefour. Ce poids lourd livre actuellement une guerre sans merci à ses rivaux Auchan, Cora, les Centres Leclerc et Casino, auxquels s'ajoutent des unités plus petites comme Intermarché et Monoprix.

« HARD DISCOUNTERS »

Suivant un concept venu d'Allemagne, ces distributeurs offrent un choix limité de produits alimentaires de bas de gamme à des prix imbattables. Leader Price et Ed L'Épicier, respectivement filiales de Franprix et de Carrefour, sont les deux principaux *hard discounters* en France.

MAGASINS DE CHAÎNE

Certains magasins à grande surface avec succursales multiples, en se spécialisant, ont acquis une situation de quasi-monopole, car les petits détaillants, incapables d'offrir les mêmes rabais et surtout le même choix, ont dû fermer les uns après les autres. La prolifération des FNAC explique ainsi le tout petit nombre de disquaires en France, tout comme les Leroy-Merlin et autres Castorama le déclin des petits magasins de bricolage.

LES MAGASINS SPÉCIALISÉS

La grande distribution n'a cependant pas fait disparaître le petit commerce, même si beaucoup de détaillants spécialisés doivent s'orienter vers le haut-de-gamme pour survivre et déjouer la concurrence. Dans tous les centres des grandes villes, la flânerie et le lèche-vitrines demeure un réel plaisir. Certains esprits chagrins regretteront l'omniprésence des enseignes franchisées qui font ressembler les rues de Grenoble ou de Dijon à celles de Paris. Toutefois, les fromagries, épiceries fines, pâtisseries, charcuteries et poissonneries ont encore de beaux jours devant elles. Vous y achèterez des spécialités introuvables ailleurs, ainsi que des produits du terroir très tentants. À vous aussi de dénicher, au gré du hasard, ces merceries et autres vieilles quincailleries d'un autre âge, où l'on fait parfois d'étonnantes trouvailles…

Les marchés proposent souvent des produits régionaux

LES MARCHÉS

Couverts ou à ciel ouvert, les marchés constituent l'un des charmes du pays en même temps qu'une tradition inamovible. Chaque localité a son marché (les jours pour chaque ville en sont indiqués dans le guide). Pour en profiter, il faut être matinal – les éventaires étant démontés vers 12 h ou 13 h – et ne pas craindre d'être bousculé.

Ne vous arrêtez pas seulement devant les étals, car les commerçants ne vendant que deux ou trois articles vous offriront souvent la meilleure qualité au meilleur prix. Ouvrez l'œil, posez des questions aux marchands et

Le pastis, alcool typique de Marseille

Toute la saveur des herbes de Provence

recherchez les produits de la région.

La loi impose aux commerçants d'indiquer la provenance de leurs produits. Les produits locaux sont indiqués comme étant « du pays », et certains sont identifiés par des labels spécifiques, par exemple le poulet de Bresse, authentifié par un sigle bleu, blanc, rouge mentionnant le nom de l'éleveur. Un dernier conseil enfin : respectez le rythme des saisons.

LES PRODUITS RÉGIONAUX

Vous trouverez sur les lieux mêmes de production des spécialités régionales souvent de meilleure qualité, car fabriquées avec tout le savoir-faire artisanal. Sans vouloir être exhaustif, citons l'huile d'olive en Provence, le calvados, l'armagnac ou le cognac, les charcuteries d'Alsace, d'Auvergne, du Sud-Ouest ou de Corse, le foie gras du Périgord, sans oublier la myriade de fromages et de liqueurs locales souvent introuvables ailleurs.

À signaler enfin, les foires spécialisées (truffes, foies gras, jambons…) organisées à date fixe dans les régions productrices.

LE VIN

Lors de vos séjours dans les grandes régions viticoles françaises, vous aurez l'occasion de visiter des vignobles et de découvrir le vin de petits producteurs ou de caves coopératives. Outre des bouteilles qui peuvent vous être livrées à domicile, ces dernières vendent aussi des cubitainers qui permettent une économie de 25 %. Une contrainte toutefois : mettre le vin en bouteille soi-même assez rapidement après achat.

L'ÉQUIPEMENT DE LA MAISON

Si les enseignes spécialisées comme Habitat, Cèdre Rouge, Ikéa, Fly ou encore Conforama se sont multipliées partout, aucune n'offre des articles aussi variés et originaux que les rayons « maison » des grands magasins.

Si vous recherchez des productions de prestige, la porcelaine de Limoges (p. 168) ou le cristal de Baccarat sont célèbres depuis le XVIIIe siècle, mais il faudrait citer aussi la céramique de Vallauris ou d'Aubagne, ou encore la faïence de Gien, de Rouen, de Moustiers…

LES VÊTEMENTS

Paris demeure la capitale de la mode et de la haute couture (p. 136-139). En province, les boutiques de prêt-à-porter sont aussi alléchantes, et parfois moins chères. Ne manquez pas les magasins de fripes remplis de vêtements qui semblent directement sortis des armoires de nos grands-mères, ou encore les stocks de quelques noms célèbres du prêt-à-porter situés à Troyes, en Champagne.

Les communications et les médias

Le « 22 à Asnières » est un vieux souvenir, et le temps où il fallait attendre deux ans l'installation d'une ligne de téléphone est révolu. La France a fait des progrès considérables dans ce domaine, au point de devenir l'un des pays à l'avant-garde de la téléphonie. Une demande de ligne est honorée dans la semaine, et il existe de nombreux téléphones publics fonctionnant pour la plupart avec une carte.

La Poste a changé de statut en 1991. En obtenant une plus grande autonomie de gestion, elle a fait peau neuve et propose de nouveaux services et un nouvel espace d'accueil.

Pictogramme indiquant une cabine publique

LE TÉLÉPHONE

Vous trouverez partout des téléphones publics à carte (ce qui limite le vandalisme). Les cartes de téléphone sont en vente dans les bureaux de tabac ou de La Poste ; elles donnent droit à un crédit de 50 ou de 120 unités, selon leur prix. Le nombre d'unités consommées dépend de la distance et de la durée de l'appel.

Dans les bureaux de poste, il est possible de téléphoner d'un appareil à pièces, ou de demander un numéro et de payer une fois que la communication est terminée. Vous trouverez également dans les bureaux de poste des Minitel vous permettant de consulter gratuitement l'annuaire électronique. Dans les hôtels, les communications font l'objet d'un supplément de prix.

Depuis le 18 octobre 1996, une nouvelle numérotation a été mise en place. Le 16 n'existe plus, et le 19 destiné aux communications internationales est remplacé par le 00. Tous les numéros ont 10 chiffres : les 8 chiffres antérieurs, précédés du 01 pour l'Île-de-France, 02 pour le Nord-Ouest, 03 pour le Nord-Est, 04 pour le Sud-Est, 05 pour le Sud-Ouest. Cette numérotation à 8 chiffres s'applique aussi aux fax, ainsi qu'aux téléphones mobiles pour lesquels il faut rajouter le 06 devant le numéro à 8 chiffres. Les numéros d'urgence ne changent pas.

Si vous désirez obtenir un numéro à 10 chiffres à partir du numéro à 8 chiffres

POUR UTILISER UN TÉLÉPHONE À CARTE

1 Décrochez le combiné, attendez la tonalité.

2 Insérez la télécarte, recto vers le haut.

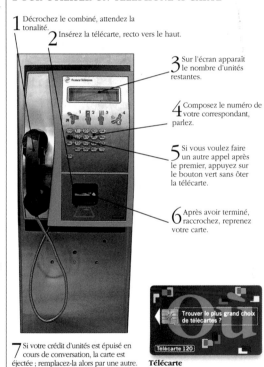

3 Sur l'écran apparaît le nombre d'unités restantes.

4 Composez le numéro de votre correspondant, parlez.

5 Si vous voulez faire un autre appel après le premier, appuyez sur le bouton vert sans ôter la télécarte.

6 Après avoir terminé, raccrochez, reprenez votre carte.

7 Si votre crédit d'unités est épuisé en cours de conversation, la carte est éjectée ; remplacez-la alors par une autre.

Télécarte

COMMENT SE CONNECTER AU MINITEL

Pour accéder à l'annuaire électronique, composez le 3611 (service gratuit pendant les 3 premières minutes) ; pour être connecté à un autre centre serveur, composez le numéro à 4 chiffres (3615, etc.). Une fois la tonalité établie, appuyez sur Connexion/Fin ; un écran apparaît alors, et vous pouvez reposer le combiné. Composez le code du service (exemple : SNCF). Suivez ensuite les instructions à la lettre. Pour quitter le centre serveur, appuyez sur Connexion/Fin.

correspondant, vous pouvez appeler le 5211 ou taper 3611 sur le Minitel. Le numéro pour obtenir des renseignements, le 12, a disparu en avril 2006, il a été remplacé par plusieurs numéros à 6 chiffres commençant par le suffixe 118. Vous pouvez désormais composer par exemple le 118 000, le 118 711, le 118 218 ou encore le 118 008.

LA RADIO ET LA TÉLÉVISION

L a France propose six chaînes « généralistes ». TF1 a été privatisée en 1987 ; ses émissions et ses plages de publicité sont caractéristiques d'une chaîne commerciale. France 2, France 3 et France 5 sont restées dans le service public. Canal +, chaîne par abonnement, a fêté ses vingt ans d'existence en 2004 ; la plupart de ses émissions sont cryptées, quelques-unes passent en clair (4 h par jour). Arte est une chaîne culturelle franco-allemande. M6 propose surtout des émissions de musique, des fictions et des magazines d'information. Grâce à la TNT (Télévision Numérique Terrestre), 18 chaînes (France 4, TMC, W9, NRJ 12, etc.) sont désormais accessibles gratuitement en format numérique, avec un simple adaptateur. Le câble et le satellite propose de très nombreuses autres chaînes par abonnement. TPS, par exemple, comprend des chaînes en langue anglaise, comme CNN ou BBC World.

La plupart des hôtels sont abonnés au câble et à Canal +, ce qui permet à leurs clients de voir les programmes des chaînes musicales ou sportives, ou encore des chaînes destinées aux familles. Les films pour adultes (dont les films pornographiques) sont diffusés tard le soir.

Concernant la radio, la libération des ondes en 1981 a entraîné la multiplication de stations en FM ; sur les grandes ondes, les trois grandes radios sont France Inter (service public), RTL et Europe 1.

TÉLÉPHONES MOBILES

L a plupart des téléphones mobiles provenant d'un pays européen ou méditerranéen peuvent être utilisés en France. Il est également possible de louer un téléphone mobile pour la durée de votre séjour. Soyez cependant vigilant car recevoir ou passer un appel à l'étranger à partir d'un téléphone mobile revient extrêmement cher.

ACCÈS À L'INTERNET

A près un démarrage un peu lent, le nombre de sites en langue française a rapidement augmenté. Aujourd'hui, l'accès à Internet est largement répandu en France. On peut se connecter depuis de nombreux hôtels ou des cybercafés. Attention ! Le système de branchement américain et anglais est incompatible avec les prises de courant françaises. Des adaptateurs existent, mais il est plus simple d'acheter un modem français.

La presse étrangère

JOURNAUX ET MAGAZINES

J ournaux et magazines s'achètent dans des maisons de la presse ou des kiosques. Chaque région de France possède son grand quotidien local. Les quotidiens régionaux *(Ouest France, Sud-Ouest, La Dépêche du Midi, L'Indépendant, La Voix du Nord)* sont très populaires. Pour les quotidiens nationaux, en allant de la droite vers la gauche de l'échiquier politique, on compte *Le Figaro, La Croix, France Soir, Le Monde* (qui paraît l'après-midi), *Libération* et *L'Humanité*. À Paris, dans les grandes villes et dans les stations touristiques, on trouve facilement la presse étrangère. Certains journaux anglais sont disponibles le jour de leur sortie, il s'agit des éditions européennes du *Financial Time Europe* et du *Guardian Europe*. D'autres journaux sortent avec un ou deux jours de retard comme *USA Today, The Economist, Newsweek* et *The International Herald Tribune*.

OBTENIR LE BON NUMÉRO

• Il faut composer le numéro complet même à l'intérieur d'une ville, tous les numéros ont 10 chiffres, les deux premiers numéros indiquent la région : 01 pour l'Ile-de-France, 02 pour le Nord-Ouest, 03 pour le Nord-Est, 04 pour le Sud-Est et 05 pour le Sud-Ouest.

• **Pour appeler à l'étranger**, il faut faire le 00, suivi de l'indicatif du pays (32 pour la Belgique, 41 pour la Suisse et le 1 pour le Canada), de l'indicatif de zone et du numéro du correspondant.

• **Renseignements téléphoniques**, on peut faire le 118 000, le 118 711, le 118 008, etc.

• **Renseignements internationaux**, il faut faire le 00 33 12 suivi de l'indicatif du pays recherché.

• **Tarif réduit** : il existe deux plages horaires, les heures à tarif normal en semaine de 8 h à 19 h, les heures à tarif réduit : en semaine de 19 h à 8 h, les week-ends et jour fériés.

• **En cas d'urgence**, faites le 15 (Samu), le 17 (police), et le 18 (pompiers). Tous ces numéros sont gratuits.

LA POSTE

Le logo de La Poste

LA POSTE

Séparée des services du téléphone (France Telecom) avec lesquels elle constituait les PTT depuis 1889, La Poste offre aujourd'hui à sa clientèle près de 17 000 bureaux. Ils sont très fréquentés : allez-y tôt le matin afin d'éviter les longues files d'attente. Le service postal est fiable et assez rapide : trois lettres sur quatre (correctement affranchies) arrivent le lendemain sur le territoire métropolitain.

Le tarif normal d'affranchissement est de 0,53 € (au 1ᵉʳ mars 2005), et le tarif dit lent de 0,48 € ; les prix indiqués concernent un envoi n'excédant pas 20 g. Au-delà de 20 g, les lettres doivent porter la mention « LETTRE ». Certains produits, Chronopost ou Colissimo, garantissent des délais d'acheminement. Certains bureaux de poste offrent des facilités évitant de faire la queue : distributeurs automatiques de timbres ou de billets et des Minitel. Il est possible, moyennant une taxe, de recevoir du courrier en poste restante, c'est-à-dire dans le bureau de poste de son choix. Contre la somme de 18 €, on peut aussi se faire réexpédier son courrier. Il suffit de se présenter au guichet muni d'une pièce d'identité (comptez 4 jours

La couleur si typique des boîtes aux lettres date des années 60

ouvrables après la démarche pour que la réexpédition soit effective).

LES CODES POSTAUX

Chaque localité dispose d'un code postal à cinq chiffres, en application depuis 1972. Ce numéro doit figurer sur l'enveloppe avant le nom de la localité, sur la même ligne. Les deux premiers chiffres indiquent le numéro du département, les trois autres le bureau distributeur ; les numéros des chefs-lieux de département se terminent par 000. Pour Paris, Lyon et Marseille, les arrondissements figurent dans les deux derniers chiffres du numéro.

Le préposé à bicyclette : image familière depuis 1895

LES COLLECTIVITÉS LOCALES

Communes, départements et régions sont les principales divisions administratives du pays. La loi de décentralisation de 1982 en a fait des collectivités territoriales gérées par des élus. Administrée par un conseil municipal renouvelé tous les six ans, qui élit le maire, la commune est profondément enracinée

L'Hôtel de Ville de Compiègne

en France ; la vie municipale remonte au Moyen Âge et, à la campagne, les communes ont souvent succédé aux paroisses de l'Ancien Régime. Le pays en comptait il y a trente ans environ 38 000. En dépit de dispositions tendant à favoriser regroupements et fusions, il en reste environ 35 000, beaucoup plus que dans les autres pays européens.

Le département date de la Révolution. On en compte 96 en France métropolitaine, depuis l'éclatement des départements de Seine et Seine-et-Oise en 8 entités nouvelles (1964), et de celui de Corse en 2 départements (1975). Il est administré par un conseil général constitué d'un représentant par canton. Les conseillers généraux, élus pour six ans, élisent en leur sein un président.

De création récente, la région, regroupement de départements, peut recouper assez fidèlement le tracé des anciennes provinces – c'est le cas pour l'Alsace –, ou être très composite, comme la région Centre.

Les communes vont de grandes villes à de minuscules villages. Un maire élu est à la tête de chaque commune. C'est un notable qui a une grande influence au niveau local. Ce système est très lourd mais les communes les plus petites, très attachées à leur maire, refusent de fusionner.

Informations sur le dos d'un carnet de 10 timbres

Les régions du guide

Cette carte montre le découpage en 15 régions (différent du découpage administratif) qui a été adopté pour ce guide.

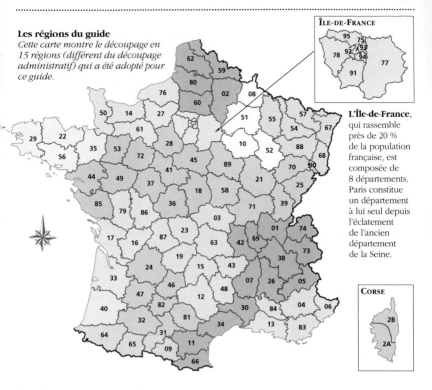

L'Île-de-France, qui rassemble près de 20 % de la population française, est composée de 8 départements. Paris constitue un département à lui seul depuis l'éclatement de l'ancien département de la Seine.

LES 96 DÉPARTEMENTS DE FRANCE MÉTROPOLITAINE

PARIS ET ÎLE-DE-FRANCE
75 Paris
77 Seine-et-Marne
78 Yvelines
91 Essonne
92 Hauts-de-Seine
93 Seine-Saint-Denis
94 Val-de-Marne
95 Val-d'Oise

NORD-EST
Nord-Pas de Calais et Picardie
02 Aisne
59 Nord
60 Oise
62 Pas-de-Calais
80 Somme

Champagne et Ardennes
08 Ardennes
10 Aube
51 Marne
52 Haute-Marne

Lorraine et Alsace
54 Meurthe-et-Moselle
55 Meuse
57 Moselle
67 Bas-Rhin
68 Haut-Rhin
88 Vosges

OUEST
Normandie
14 Calvados
27 Eure
50 Manche
61 Orne
76 Seine-Maritime

Bretagne
22 Côtes-d'Armor
29 Finistère

35 Ille-et-Vilaine
56 Morbihan

Vallée de la Loire
18 Cher
28 Eure-et-Loir
36 Indre
37 Indre-et-Loire
41 Loir-et-Cher
44 Loire-Atlantique
45 Loiret
49 Maine-et-Loire
53 Mayenne
72 Sarthe
85 Vendée

CENTRE
Bourgogne et Franche-Comté
21 Côte-d'Or
25 Doubs
39 Jura
58 Nièvre
70 Haute-Saône
71 Saône-et-Loire
89 Yonne
90 Territoire de Belfort

Massif central
03 Allier
12 Aveyron
15 Cantal
19 Corrèze
23 Creuse
43 Haute-Loire
48 Lozère
63 Puy-de-Dôme
87 Haute-Vienne

Vallée du Rhône et Alpes
01 Ain
05 Hautes-Alpes
07 Ardèche
26 Drôme
38 Isère
42 Loire

69 Rhône
73 Savoie
74 Haute-Savoie

SUD-OUEST
Poitou et Aquitaine
16 Charente
17 Charente-Maritime
33 Gironde
40 Landes
79 Deux-Sèvres
86 Vienne

Périgord, Quercy et Gascogne
24 Dordogne
32 Gers
46 Lot
47 Lot-et-Garonne
81 Tarn
82 Tarn-et-Garonne

Pyrénées
09 Ariège
31 Haute-Garonne
64 Pyrénées-Atlantiques
65 Hautes-Pyrénées

SUD
Languedoc-Roussillon
11 Aude
30 Gard
34 Hérault
66 Pyrénées-Orientales

Provence et Côte d'Azur
04 Alpes-de-Haute-Provence
06 Alpes-Maritimes
13 Bouches-du-Rhône
83 Var
84 Vaucluse

Corse
2A Corse-du-Sud
2B Haute-Corse

Séjours à thème et activités de plein air

G râce à une activité associative très développée – environ 200 000 associations se consacrent au sport, aux loisirs et au tourisme – et à des municipalités parfois extrêmement dynamiques, les possibilités d'activités de plein air sont devenues pratiquement inépuisables en France. Voici quelques idées-conseils pour préparer votre découverte de la nature et du patrimoine français, ou tout simplement pour pratiquer votre sport favori.

Équitation en forêt de Fontainebleau *(p. 170-171)*

Randonnée le long des gorges du Verdon *(p. 504-505)*

OÙ SE RENSEIGNER ?

A vant votre séjour, contactez les fédérations sportives citées p. 629 ou adressez-vous aux offices de tourisme locaux. Les Parisiens trouveront des informations auprès des Maisons de régions (Maison d'Auvergne, Maison de Savoie, etc.) ou des librairies spécialisées comme L'Astrolabe. Sur place, vous saurez tout sur les manifestations et les loisirs de votre région d'élection en lisant la presse locale ou en allant au syndicat d'initiative.

VACANCES THÉMATIQUES

P our les amoureux des vieilles pierres, des associations comme REMPART (Association pour la Réhabilitation de l'Entretien des Monuments et du Patrimoine Artistique) organisent des séjours centrés sur la restauration de monuments et de sites historiques.

Les gastronomes profiteront avec plaisir des circuits axés sur un produit du terroir – notamment les fameuses « routes des vins » – ou suivront des stages d'initiation à la cuisine régionale ou des cours d'œnologie, et bien d'autres spécialités encore.

Vous préférez la nature sauvage ? Vous n'aurez également que l'embarras du choix. La France dispose en effet d'un grand nombre de parcs naturels et de réserves. Les parcs nationaux de Camargue, du Mercantour et de Marquanterre (Somme) sont les plus célèbres, mais il en existe beaucoup d'autres.

Quant aux amateurs de jardins, ils suivront les promenades proposées par le *Guide des Jardins de France* (Éditions Hachette). Les sportifs connaissent bien l'UCPA (Union des centres de plein air), qui propose des stages dans toute la France à prix modique.

GOLF ET TENNIS

E n vingt ans, le golf a vu son nombre de *greens* multiplié par trois, pour avoisiner maintenant les 500.

La pratique du VTT s'est développée

Renseignez-vous auprès de la Fédération française de golf ou consultez le Guide des Golfs de France (éditions Sand et Menges).

Le tennis s'est également démocratisé : la France compte désormais plus de 1,1 million de licenciés et plus de 33 000 courts.

À PIED, À CHEVAL ET À BICYCLETTE

T rente mille kilomètres de sentiers – tous parfaitement balisés –, une topographie changeante, une nature préservée, tout est là pour ravir les randonneurs, les amateurs de balades à cheval ou les fous de VTT. La Fédération française de la randonnée pédestre publie les tracés détaillés des sentiers de grande randonnée (GR), où figurent les gîtes et les points de ravitaillement. Elle édite également le *Guide du randonneur*, qui donne des informations plus générales.

Les cartes de l'IGN sont l'indispensable outil du marcheur, ainsi que le guide *Gîtes d'étapes (p. 539).*

Certaines agences, comme Terre d'aventures, sont spécialisées dans le voyage à pied. Les offices de tourisme suggèrent aussi des randonnées et donnent des adresses pour louer un vélo ou monter à cheval.

Aviron près des gorges du Tarn *(p. 360-361)*

SPORTS DE MONTAGNE

La France est l'un des hauts lieux des sports d'hiver. Tant dans les Alpes que dans les Pyrénées, le Jura, les Vosges ou encore en Auvergne, vous pourrez glisser sur des pentes enneigées. Le printemps et l'été ouvrent la période de l'escalade et des randonnées.

SPORTS AÉRIENS

Jouer les Icares du XXᵉ siècle à bord d'un petit avion ou en deltaplane, c'est ce que vous offre la Fédération nationale aéronautique ou la

Parapente au-dessus de Chamonix *(p. 312-313)*

Fédération française de vol libre. Les aérodromes proposent parfois aussi des vols en ULM et des sauts en parachute.

SPORTS NAUTIQUES

La France, Corse comprise, offre plus de 5 500 km de côtes, de grands lacs comme ceux du Bourget, ainsi qu'une multitude de plans d'eau. Les amateurs de voile, de surf, de planche à voile ou de ski nautique devraient donc être d'autant plus à la fête que la location de matériel est aisée. Des cours d'initiation ou de perfectionnement sont assurés dans toutes les grandes stations balnéaires.

Les multiples cours d'eau, calmes ou torrentueux, séduiront les amateurs de canoë-kayak ou de *rafting*.

PÊCHE ET CHASSE

La chasse est un véritable phénomène culturel dans plusieurs régions françaises. C'est le cas notamment de la chasse à courre en Sologne, ou de fermeture à la palombe en Aquitaine.

Le droit de chasser est soumis à la délivrance d'un permis, et les jours d'ouverture de la chasse varient d'une région à l'autre.

La pêche, en mer ou en rivière, est également réglementée. Renseignez-vous auprès des offices de tourisme.

LE NATURISME

Les adeptes du bronzage intégral ont plusieurs villages naturistes à leur disposition dans le Sud de la France, principalement dans le Languedoc, notamment à La Grande-Motte, et en Aquitaine.

La Fédération française de naturisme en donne la liste complète.

CARNET D'ADRESSES

Institut géographique national (IGN)
107, rue de la Boétie, 75008 Paris. **☎** 01 43 98 80 00.

UCPA
62, rue de la Glacière, 75013 Paris. **☎** 08 25 82 08 30.
w www.ffct.org

Fédération française de cyclotourisme
12, rue Louis-Bertrand, 94100 Ivry-sur-Seine. **☎** 01 56 20 88 88.
w www.ffct.org

Fédération française d'équitation
30, av. d'Iéna, 75116 Paris. **☎** 01 53 67 43 43.

Fédération française du naturisme
65, rue de Tocqueville, 75017 Paris. **☎** 01 47 64 32 82.

Fédération française de la randonnée pédestre
14, rue Riquet, 75019 Paris. **☎** 01 44 89 93 90.
w www.ffrp.asso.fr

Fédération française de voile
17, rue Henri-Bocquillon, 75015 Paris. **☎** 01 40 60 37 00.
w www.ffvoile.org

Fédération française de vol libre
4, rue de Suisse, 06100 Nice. **☎** 04 97 03 82 82.
w www.ffvl.fr

Fédération française de canoë-kayak
87, quai de la Marne, 94340 Joinville-le-Pont. **☎** 01 45 11 08 50.
w www.ck.org

Fédération française de la montagne et de l'escalade
8, quai de la Marne, 75019 Paris. **☎** 01 40 18 75 50. FAX 01 40 18 75 59. w www.ffme.fr

Fédération française de golf
68, av. A.-France, 92300 Levallois-Perret. **☎** 01 41 49 77 00.
w www.ffgolf.org

Fédération française de tennis
2, av. Gordon-Bennett, 75016 Paris. **☎** 01 47 43 48 00.

Union REMPART
1, rue des Guillemites, 75004 Paris. **☎** 01 42 71 96 55.

SE DÉPLACER EN FRANCE

Objet des soins de l'État, les voies de communications sont nombreuses et diverses. Elles reflètent la prééminence de Paris : le réseau ferroviaire offre relativement peu de lignes transversales ; de même, le réseau autoroutier a un tracé radial autour de la capitale, complété aujourd'hui par des axes reliant entre elles certaines métropoles régionales. Les liaisons avec l'étranger sont assurées par des aéroports internationaux, des autoroutes, des compagnies de ferry-boats ; le chemin de fer dessert tous les pays d'Europe.

LES AÉROPORTS

Située au cœur de l'Europe, la France a une infrastructure aéroportuaire qui lui permet de jouer son rôle de plaque tournante. Paris est aussi la deuxième place aéroportuaire en Europe avec un trafic de 63,6 millions de passagers accueillis en 1998

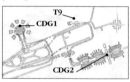

L'aéroport Roissy Charles-de-Gaulle (CDG)
L'aéroport Charles-de-Gaulle comprend deux aérogares principales : CDG1 et CDG2 (dotée de 5 terminaux). T9 est réservée aux vols charters.

(contre 23,7 millions en 1978). Le complexe aéroportuaire de la région parisienne est géré par Aéroports de Paris (ADP), et comprend en particulier deux grands aéroports internationaux, ouverts au trafic commercial : Roissy-Charles-de-Gaulle et Orly.

L'AÉROPORT DE ROISSY CHARLES-DE-GAULLE (CDG)

Cet aéroport, le plus récent de Paris, s'est développé en plusieurs étapes : l'aérogare CDG1 a été mise en service en 1974 et CDG2 progressivement à partir de 1981. L'ouverture, en novembre 1994, d'une gare d'interconnexion entre le RER, le TGV et CDG2 a permis de sauter directement de l'avion

dans le TGV, en empruntant un simple escalier mécanique. Tous les provinciaux desservis par le TGV peuvent ainsi gagner l'aéroport sans passer par Paris. C'est déjà le cas pour les Lillois à 50 minutes de Roissy et les Lyonnais à 2 heures.

Si vous venez de Paris, comptez entre 30 € et 40 € pour une course en taxi. Le tarif sera le même pour rejoindre le centre à partir de l'aéroport. Toutefois certains suppléments s'appliquent notamment pour les bagages encombrants ou les animaux. Vous aurez également un supplément pour une prise en charge à l'aéroport et paierez éventuellement un tarif de nuit si vous partez ou arrivez tardivement.

Des autocars Air France relient Roissy à l'Étoile par la Porte Maillot en 40 minutes environ. Des liaisons Air France existent également avec Montparnasse ; le trajet prend alors une heure environ, dans des conditions normales de circulation.

Une ligne de bus de la RATP (Roissybus) relie l'Opéra à l'aéroport toutes les 15 minutes. Le trajet coûte moins cher qu'avec les autocars Air France (environ 7 €), mais peut être plus long : prévoyez une heure de route.

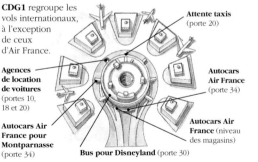

CDG1 regroupe les vols internationaux, à l'exception de ceux d'Air France.

Attente taxis (porte 20)

Agences de location de voitures (portes 10, 18 et 20)

Autocars Air France (porte 34)

Autocars Air France (niveau des magasins)

Autocars Air France pour Montparnasse (porte 34)

Bus pour Disneyland (porte 30)

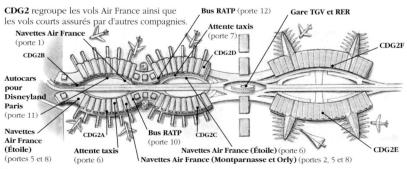

CDG2 regroupe les vols Air France ainsi que les vols courts assurés par d'autres compagnies.

Bus RATP (porte 12)   **Gare TGV et RER**

Navettes Air France (porte 1)

Attente taxis (porte 7)

CDG2B

CDG2D

CDG2F

Autocars pour Disneyland Paris (porte 11)

Navettes Air France (Étoile) (portes 5 et 8)

CDG2A

Attente taxis (porte 6)

Bus RATP (porte 10)

CDG2C

Navettes Air France (Étoile) (porte 6)

Navettes Air France (Montparnasse et Orly) (portes 2, 5 et 8)

CDG2E

Le RER est en principe le moyen le plus sûr, en cas d'horaire serré, pour relier le centre de Paris à Roissy. Les rames se suivent de quart d'heure en quart d'heure et relient Châtelet-Les Halles (RER ligne B) à l'aéroport en moins de 30 minutes.

Le RER arrive maintenant directement à CDG2. CDG1 est relié à la première station de RER par des navettes gratuites.

L'aéroport de Roissy accueille plusieurs agences de location de voitures. Vous aurez l'embarras du choix : Avis, Hertz, Europcar, National Citer, Budget, Sixt-Eurorent, etc.

Renseignements aéroport
📞 01 48 62 22 80.
🌐 www.adp.fr

Les couleurs de la France en plein ciel

L'AÉROPORT D'ORLY (ORY)

Orly accueille 25 millions de passagers par an. Il comprend deux aérogares, Orly-Sud, inaugurée en 1961, et Orly-Ouest, en 1971.

Pour une course en taxi du centre de Paris jusqu'à Orly, comptez de 25 à 45 minutes. Le prix de la course s'élève à environ 20 €.

Les autocars d'Air France partent toutes les 12 minutes ; ils mettent une trentaine de minutes pour relier Orly aux Invalides via Montparnasse.

Un autocar de la RATP (Orlybus), au départ de la gare RER Denfert-Rochereau, assure également une liaison régulière en 25 minutes environ (passage toutes les 12 minutes).

Il existe aussi une ligne d'autobus (Jet Bus) qui relie Orly à la station de métro Villejuif-Louis Aragon (départ toutes les 15 minutes).

Par la ligne C du RER le trajet prend 35 minutes depuis Austerlitz (départ toutes les 15 minutes).

La ligne B du RER permet d'accéder à Orly avec changement à Antony : cette liaison est appelée Orlyval et relie Orly au Châtelet en 30 minutes, pour 10 € environ.

On trouve bien sûr dans l'enceinte de l'aéroport les agences des plus grandes sociétés de location de voitures, comme Avis, Hertz, Europcar, National Citer, Budget et Sixt-Eurorent. Et pour les amateurs de grande remise, précisons qu'une arrivée triomphale à Paris en limousine avec chauffeur coûte environ 80 €. Le pourboire, qui est en rapport avec la prestation fournie, n'est pas compris, bien sûr !

Orly Ouest   Orly Sud

Aéroport d'Orly

Orly comprend deux aérogares. Elles sont reliées entre elles par un mini-métro (Orlyval), mais la distance les séparant est suffisamment courte pour pouvoir être couverte à pied.

Orly-Ouest sert presque exclusivement aux vols intérieurs.

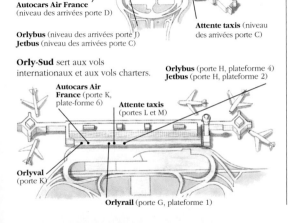

Navettes pour Orlyrail (niveau des arrivées porte G)

Autocars Air France (niveau des arrivées porte D)

Orlybus (niveau des arrivées porte J)
Jetbus (niveau des arrivées porte C)

Orlyval (hall 2, niveau des départs)

Attente taxis (niveau des arrivées porte C)

Orly-Sud sert aux vols internationaux et aux vols charters.

Autocars Air France (porte K, plate-forme 6)

Orlybus (porte H, plateforme 4)
Jetbus (porte H, plateforme 2)

Attente taxis (portes L et M)

Orlyval (porte K)

Orlyrail (porte G, plateforme 1)

Renseignements aéroport
📞 01 49 75 15 15.
🌐 www.adp.fr

LES LIAISONS AÉRIENNES INTÉRIEURES

La plus grande partie des vols intérieurs est assurée par Air France (qui a fusionné avec Air Inter Europe en septembre 1997), mais la libéralisation des transports aériens a permis à d'autres compagnies de développer des vols vers les destinations les plus rentables : c'est notamment d'Air Littoral. Des compagnies régionales assurent également des liaisons sur des distances plus réduites. Certaines lignes sont aujourd'hui directement concurrencées par le TGV.

Cette situation conduit les compagnies aériennes à proposer des tarifs plus attractifs, selon des formules nombreuses. Air France module ainsi les siens en fonction de ses pointes d'activité (tarifs bleus, blancs ou rouges) et a mis en place des systèmes d'abonnement ; certaines tranches d'âge bénéficient également de tarifs avantageux.

LE TUNNEL SOUS LA MANCHE

Avec l'inauguration du tunnel sous la Manche en 1994, un rêve vieux de deux siècles fut enfin réalisé. Les progrès techniques du XIXe siècle l'avaient rendu possible, mais des considérations financières et surtout politiques avaient interrompu des travaux engagés à plusieurs reprises, jusqu'à l'accord franco-britannique de 1986. Dès juin 1991, les tunnels étaient percés : deux galeries réservées à la circulation ferroviaire, reliées à une troisième, destinée à accueillir les canalisations et les installations de ventilation. C'est au total 147 km que l'on a ainsi creusés : 49 km pour chaque tunnel, dont 37 sous la mer. Une prouesse technique, si l'on considère qu'à peine plus de huit ans séparent la décision de construire cet ouvrage de sa mise en service.

Il y a deux manières d'emprunter le tunnel sous la Manche. Si vous voulez voyager avec votre voiture, vous prendrez un train Eurotunnel. Pendant les 35 minutes que dure le voyage, de Calais à Folkestone, vous restez au volant de votre véhicule dans un train spécialement conçu. Les départs ont lieu à la demande, toutes les 15 à 60 minutes. Les voyageurs sans voiture embarqueront sur l'Eurostar, au départ de Calais-Fréthun, Lille ou Paris. Comptez deux heures pour faire Lille-Londres et trois heures pour faire Paris-Londres. Il y a 20 départs par jour de Paris.

Eurotunnel, mis en service en 1994

AÉROPORT
Bâle-Mulhouse
Bastia-Poretta
Bordeaux-Mérignac
Lille-Lesquin
Lyon-St-Exupéry
Marseille-Provence
Montpellier-Méditerranée
Nantes Atlantique
Nice-Côte d'Azur
Strasbourg
Toulouse-Blagnac

SUR LA MÉDITERRANÉE

La Corse est reliée par ferry-boat aux côtes provençales : toute l'année avec Nice et Marseille, et d'avril à octobre avec Toulon. Les ports corses desservis sont Bastia, Ajaccio, Calvi, L'Île-Rousse, Propriano et Porto-Vecchio. Ce sont la **SNCM Ferryterranée** (Société Nationale Corse-Méditerranée), la **CTN**, la **Corsica Marittima** et **Corsica Ferries** qui assurent les liaisons.

Pour les véhicules, les tarifs varient selon leur dimension et la saison ; consultez le calendrier voyageurs. Comme pour le train, les passagers peuvent bénéficier de toutes sortes de réductions. Il existe aussi divers forfaits excursion et des week-ends croisières.

Les ferries partent souvent à 20 h et arrivent à 8 h le lendemain matin. Des navires rapides relient Nice à Bastia en 3 h, et à Calvi en 2 h 30.

Pendant la saison touristique, SNCM relie chaque semaine la Sardaigne au départ de Toulon et Marseille. SNCM et CTN font également la liaison Marseille-Tunis et Marseille-Alger. Corsica Ferries, Corsica Marittima et CMM relient la Corse à l'Italie. Enfin, la **Compagnie Marocaine de Navigation** (Comanov) propose un luxueux car-ferry qui fait la traversée entre Sète et Tanger.

Un ferry-boat de la SNCM relie la Corse et le continent

RENSEIGNEMENTS	DISTANCE DE LA VILLE	COURSE EN TAXI	TRAJET EN BUS
03 89 90 31 11	25 km	40€ - 45€	Centre-ville : 30 mn
04 95 54 54 54	20 km	32€ - 42€	Centre-ville : 25 mn
05 56 34 50 50	12 km	23€ - 30€	Gare St-Jean : 30-45 mn
0891 673 210	10 km	18€ 23€	Gare SNCF : 20 mn
0826 800 826	25 km	38€ - 45€	Lyon-Perrache : 40 mn
04 42 14 14 14	25 km	35€ - 45€	Gare St-Charles : 25 mn
04 67 20 85 00	7 km	15€ - 18€	Centre-ville : 20 mn
02 40 84 80 00	12 km	18€ - 23€	Centre-ville : 20 mn
0820 423 333	6 km	23€ - 30€	Gare routière : 20 mn
03 88 64 67 67	15 km	23€ - 30€	Centre-ville : 30 mn
0825 380 000	9 km	23€ - 30€	Gare routière Marengo : 20 mn

CARNET D'ADRESSES

LIGNES AÉRIENNES

Air France
0 820 820 820.
W www.airfrance.com

Air Littoral
0 825 834 834.
Nombreuses destinations au départ de Paris, Clermont-Ferrand, Lyon, Montpellier, Nice, Pau.

Brit Air
BP 156,
29204 Morlaix Cedex.
02 98 62 10 22 (rens.).
Liaisons de province à province.

Brussels Airlines
Belgique
070 35 11 11.

Air Canada
0 825 88 08 81.
(416) 323 1815
W www.aircanada.com

Crossair (Swiss)
0 820 07 70 77
W www.swiss.com

AGENCES DE VOYAGES

Gare du Nord Passage 4.
4, rue de Dunkerque
75009 Paris.
01 42 85 86 19.

Cartour
67, bd Haussmann,
75008 Paris.
01 44 56 30 30.
Spécialiste du voyage en car.

Club Méditerranée
11, rue de Cambrai,
75019 Paris.
08 10 810 810.
W www.clubmef.fr

Fnac Voyages
Forum des Halles
1, rue Pierre-Lescot,
75001 Paris.
01 40 41 40 78.
W www.fnac.com

FRAM
128, rue de Rivoli,
75001 Paris.
01 40 26 30 31.
W www.fram.fr

Frantour
3, villa Thoréton,
75015 Paris.
0826 463 727.
W www.frantour.fr

Havas-Voyages
74, rue de Lagny
93107 Montreuil cedex.
0148 51 86 19.
W www.havas-voyages.fr

Nouvelles Frontières
87, bd de Grenelle,
75015 Paris.
0 825 000 825.
W www.nouvelles-frontieres.fr

Terrien
1, allée Turenne,
BP 92,
44003 Nantes Cedex.
02 40 47 93 25.

Usit Voyages
Billets Bige
12, rue Vivienne,
75002 Paris.
08 25 08 25 25.

Bordeaux
05 56 33 89 90.

Nice
04 93 87 34 96.

Toulouse
05 61 11 52 42.

Voyages Carrefour
01 43 29 36 46.
W www.carrefour.fr

Visit France
23, rue Raspail,
94200 Ivry-sur-Seine.
01 49 60 16 00.

www.reductour.fr
Soldes de voyages et séjours (de 2 mois avant à la veille du départ)

www.voyages-sncf.com
Le site de la SNCF négocie les meilleurs tarifs pour toutes les destinations en France. Il propose aussi parmi plus de 480 compagnies aériennes des destinations à l'étranger.

LIAISONS MARITIMES

Compagnie marocaine de navigation
01 45 22 27 52.

Corsica Ferries
04 95 32 14 71.
W www.corsicaferries.com

SNCM Ferryterranée Corsica Marittima CTN et CMN
08 91 70 18 01.
W www.sncm.fr

Paris
12, rue Godot-de-Mauroy,
75009 Paris.
0 836 67 95 00.

Marseille
0 836 67 95 00.

Nice
0 836 67 95 00.

Toulon
0 836 67 95 00.

TUNNEL SOUS LA MANCHE

Eurostar
08 92 35 35 39.
W www.eurostar.com

Eurotunnel
08 10 63 03 04.
W www.eurotunnel.com

Thalys
08 36 35 35 35
W www.thalys.com

Le train

Le logo de la SNCF

Le réseau ferroviaire français est excellent et dense ; il est placé sous le contrôle de la SNCF (Société Nationale des Chemins de Fer Français), créée en 1937 par la fusion des différentes compagnies auxquelles était concédée une partie du réseau. Certaines lignes non rentables ont été fermées, mais la SNCF organise un service d'autocars. Les grandes lignes au départ de Paris sont les plus fréquentées, et le réseau moderne du TGV en pleine expansion.

LE TRAIN ET LES PAYS ÉTRANGERS

Les six gares parisiennes assurent des liaisons avec de nombreux pays d'Europe. L'Angleterre, grâce au tunnel sous la Manche, est desservie par la gare du Nord, à Paris, ou par la gare Lille-Europe, à Lille.

Depuis la gare du Nord, les clients d'Eurostar pourront aller directement jusqu'à Waterloo Station au centre de Londres en 3 h. La gare du Nord assure également, grâce au Thalys, des liaisons directes ou non directes avec la Belgique, les Pays-Bas et l'Allemagne.

La gare de Lyon, la plus grande de la capitale, dessert le Sud-Est du pays grâce au TGV Méditerranée, ainsi que la Suisse et l'Italie. La gare d'Austerlitz, sa voisine, le Sud-Ouest, les Pyrénées, l'Espagne et le Portugal.

La gare de l'Est dessert une partie de la Suisse et de l'Allemagne, l'Autriche et quelques pays de l'Est.

Pour traverser la France avec sa voiture sans danger ni fatigue

La gare Saint-Lazare, qui dessert la Normandie, connaît une forte activité sur le réseau banlieue.

La gare Montparnasse dessert désormais la Bretagne et Sud-Ouest, avec le TGV Atlantique.

Chariot à bagages disponible dans les gares

LA FRANCE PAR LE TRAIN

Les trains français ont depuis longtemps une réputation de ponctualité. La SNCF s'est lancée dans un vaste programme de modernisation de ses lignes, impliquant des investissements colossaux : matériel roulant (trains de banlieue, trains corail), gares, mais surtout TGV, exploité depuis le 27 septembre 1981 sur la ligne Paris-Lyon. Les TER (Trains express régionaux) assurent les liaisons régionales ou locales. Le réseau banlieue est dense dans l'agglomération parisienne, où aux lignes SNCF s'ajoutent celles du RER (Réseau Express Régional), géré également par la RATP.

Le service Train-Auto-Couchettes permet de prendre place dans un train le soir et de retrouver sa voiture le lendemain matin. Ce service est très appréciable pour se rendre sur la Côte d'Azur depuis le Nord du pays, mais la réservation s'impose, surtout pendant la période d'été. Les tarifs varient selon la distance, le jour du voyage et la longueur du véhicule.

Les formules Train + Auto et Train + Vélo permettent de réserver une voiture ou une bicyclette de location. La formule Train + Hôtel vous permet de voyager et descendre dans un hôtel où votre chambre est réservée.

Compte tenu de la longueur de certains trajets, le voyage de nuit peut s'avérer une bonne solution. On peut voyager soit en couchette, soit dans un espace plus confortable pour deux personnes. La plupart du temps, les trains de grandes lignes disposent d'une voiture-bar ou d'une voiture-restaurant. En leur absence circule un service minibar offrant sandwichs et boissons.

Le panonceau annonçant les stations RER

LES TARIFS

Les tarifs de la SNCF varient en fonction des périodes d'affluence. Le tarif de base tient compte du kilométrage parcouru, de la classe choisie (1re ou 2e), du supplément pour réservation, et du gain de temps apporté par certains trains comme les TGV. Il est possible d'obtenir des réductions en fonction de nombreux paramètres : âge du voyageur, délai séparant l'aller et le retour, etc. Il existe un certain nombre de cartes – payantes ou non – permettant d'obtenir des réductions : carte Vermeil, pour les plus de 60 ans ; carte Enfant +, bénéficiant à 4 adultes au plus voyageant avec l'enfant titulaire ; carte À Deux, etc. Ajoutons les tarifs 12-25 ans – applicable en fait au moins de 27 ans –, les tarifs Découvertes – avec réservation à l'avance –, les tarifs Séjours (aller-retour de plus de 1 000 km), les tarifs Congés Payés, etc. Les Trains verts offrent 15 % de réduction aux personnes ne pouvant bénéficier d'aucune réduction (guide disponible dans les gares SNCF).

La carte InterRail permet aux jeunes de moins de 26 ans des voyages illimités pendant un mois en France et dans 25 autres pays d'Europe. La carte InterRail-Plus 26 offre le même service aux plus de 26 ans. Si elle est achetée en France, la carte InterRail n'est valable que pour les résidents français.

LES CHEMINS DE FER PRIVÉS

Par l'attrait de leur itinéraire, ils sont plutôt destinés aux touristes. Citons la ligne du Train des Pignes (151 km, Chemins de Fer de Provence), menacée de fermeture, qui suit un magnifique tracé entre Nice et Digne, et les lignes Bastia-Calvi et Calvi-Ajaccio exploitées par les Chemins de Fer de la Corse.

La ligne aérodynamique d'une locomotive TGV

LE RÉSEAU TGV

En vitesse de pointe, le TGV roule à 300 km/h, ce qui met Le Mans à 1 h de Paris, Lyon à 2 h et Marseille ou Bordeaux à 3 h. Il existe trois exploitations : TGV Nord (gare du Nord) ; TGV Atlantique (gare Montparnasse) ; TGV Sud-Est (gare de Lyon).

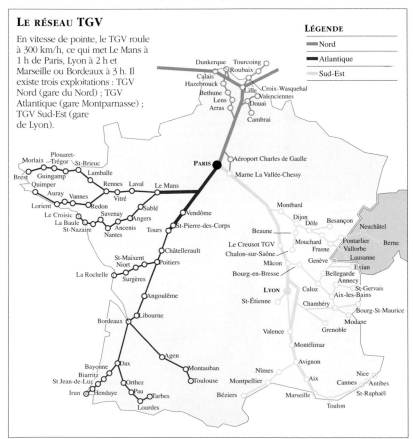

LÉGENDE

— Nord
— Atlantique
— Sud-Est

LES BILLETS DE TRAIN

On trouve dans les gares les plus importantes des billetteries automatiques permettant d'acheter son ticket et de réserver sa place. Ces machines acceptent les paiements en espèces et par carte. Il est également possible de réserver sa place par téléphone auprès de la SNCF, ou bien encore par Internet (p. 637).

Les réservations sont obligatoires sur les lignes TGV et si vous souhaitez réserver une place assise ou une couchette sur les autres lignes. Ces réservations restent possibles jusqu'à 5 minutes avant le départ du train.

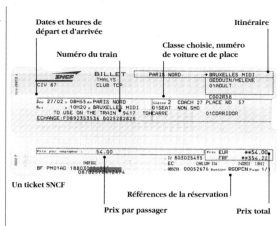

Dates et heures de départ et d'arrivée — **Itinéraire** — **Numéro du train** — **Classe choisie, numéro de voiture et de place** — **Références de la réservation** — **Prix par passager** — **Prix total**

Un ticket SNCF

Billetterie automatique

Le billet de train et la réservation, qui figurent sur le même coupon, doivent être compostés avant de monter dans le train (voir ci-contre).

Après une longue période d'essais, pour rationaliser la gestion du remplissage des trains, la SNCF a mis en place un dispositif de réservation centralisé du nom de Socrate. Malheureusement, les premiers temps d'utilisation ont occasionné quelques ratés dont la presse s'est largement fait l'écho, discréditant ainsi un système pourtant performant. Aujourd'hui

Socrate assure de manière impeccable la réservation des places sur près de 5 000 trains quotidiens et gère les subtiles différences tarifaires des réservations en fonction du jour et de l'heure de votre voyage. Si le TGV est la vitrine *high-tech* de la Société Nationale (p. 634-635), cette entreprise a bâti sa réputation sur la ponctualité légendaire de ses trains. N'espérez pas voyager si vous arrivez en retard à la gare. Avec de nombreuses brochures et dépliants détaillant les horaires, les conditions à remplir pour bénéficier des tarifs réduits, les prestations mises à la disposition des enfants, des jeunes, des personnes âgées ou des personnes

à mobilité réduite, la SNCF joue la carte de la proximité et du service résumé par un de ses messages publicitaires : « C'est à nous de vous faire préférer le train. »

LES ANIMAUX

La présence d'un animal dans le train est une tolérance. On ne peut en aucun cas l'imposer aux autres voyageurs. Si votre animal fait moins de 7 kg, il pourra voyager avec vous – dans un contenant – moyennant 5,10 €. S'il est plus gros vous devrez acheter un billet demi-tarif 2e classe. Il est vivement recommandé de museler les chiens. En voiture-lit, la présence d'un animal est interdite, sauf si vous en êtes le seul occupant.

Le compostage
Les composteurs sont des machines de couleur jaune, qui se trouvent dans les gares à proximité des quais. Vous devez engager le titre de transport dans la fente, côté imprimé vers le haut, jusqu'au déclic. Le compostage, obligatoire, poinçonne le billet et y imprime la date. Un oubli ou une fraude donnent lieu au paiement d'une amende établie dans le train par le contrôleur.

LA FRANCE EN AUTOCAR

C'est un moyen de transport très économique qui se justifie surtout lorsque les liaisons par train ne sont pas pratiques, par exemple entre Genève et Nice, ou n'existent pas. La formule train + autocar permet en fait de se rendre à peu près partout. Pour connaître les destinations desservies, les horaires et les tarifs, le mieux est de vous renseigner auprès de la SNCF. Elle met en service des TER (transports express régionaux) combinant le train et l'autocar, et exploite quelques réseaux d'autocars.

Les réseaux locaux d'autocars ont généralement leur arrêt à la gare routière, située à proximité de la gare SNCF. Leurs horaires sont souvent dépendants des arrivées des trains desquels ils assurent la correspondance.

LES TAXIS

Les prix des courses en taxi sont très variables d'une région à l'autre. Tous les taxis doivent être équipés d'un compteur. Tablez sur une prise en charge de 2 € environ, plus 0,5 € ou plus par kilomètre parcouru.

Si le trajet est particulièrement long, vous pouvez négocier un prix forfaitaire avant de partir. Aux aéroports, devant les gares et dans les centres-villes, on trouve de nombreuses stations de taxis, mais vous pouvez aussi en arrêter un au passage. Dans les petites villes et à la campagne, il faudra téléphoner pour réserver une voiture.

LA BICYCLETTE

Il existe relativement peu de trains dans lesquels il est possible de voyager avec sa bicyclette ; ils sont signalés par un pictogramme sur les horaires de trains. La SNCF édite un *Guide du train et du vélo*, disponible dans les gares, qui donne au voyageur toutes les informations : tarifs, cartes, destinations, modalités, etc. À noter également la publication d'un supplément à cette brochure indiquant les horaires.

Dans la plupart des cas, vous devez faire voyager votre bicyclette séparément, ce qui peut prendre jusqu'à quatre jours.

Il est également possible de louer un vélo en arrivant

à destination ; ce service est proposé par la SNCF dans une cinquantaine de gares. Dans la plupart des localités, surtout touristiques, on peut louer des bicyclettes, des VTT, des vélomoteurs ou des scooters.

La bicyclette est un excellent moyen de découvrir la France buissonnière en empruntant les petites routes. En revanche, le pays dispose d'un réseau de pistes cyclables très limité. À Paris 150 km de pistes cyclables ont été aménagées (plan gratuit, Paris à vélo, disponible dans les stations de métro et de RER).

AUTO ET MOTO

Sur de nombreuses lignes desservies par la SNCF, il est possible de retrouver son automobile ou sa moto à la gare de destination. C'est la formule Trains Autos et Motos accompagnées (TAA-TMA). On peut ainsi voyager de jour ou de nuit, dans le même train que son véhicule, ou dans un autre. Un *Guide trains autos et motos accompagnées* vous fournira les cartes des liaisons, les tarifs et horaires et toutes les informations.

La route

La 2 CV, ou « Deuche »

La France dispose d'un excellent réseau routier qui la place dans le peloton de tête des pays d'Europe. Celui-ci permet de la traverser dans les meilleurs délais grâce à des autoroutes, mais tout le charme de la France profonde vous apparaîtra si vous empruntez les routes nationales et mieux encore les départementales. Muni d'une bonne carte, vous pourrez découvrir des villages, des sites ou des paysages inaccessibles depuis l'autoroute. D'une façon générale, sauf sur les petites routes de montagne fréquemment endommagées par l'alternance du gel et du dégel, les revêtements sont bons.

Panneaux routiers (en bas) et autoroutiers (en haut)

PANNES

Les constructeurs proposent des dépannages 24 h sur 24, quel que soit le type de véhicule. En appelant le numéro national de votre marque, vous pourrez savoir quel est le point de dépannage le plus proche. Les interventions sur autoroutes sont le monopole de sociétés agréées, que l'on appelle depuis les bornes d'arrêt d'urgence.

SÉCURITÉ

Tous les véhicules circulant en France doivent pouvoir disposer sur la chaussée un signal de détresse en cas de besoin (un triangle réflectorisant). En ville comme sur route, la ceinture de sécurité est obligatoire, aussi bien à l'avant qu'à l'arrière. Les enfants de moins de 10 ans ne sont pas autorisés à prendre place à l'avant du véhicule ; ils doivent être à l'arrière (lits auto, sièges auto). Le kit d'ampoules de rechange

est également obligatoire, et une trousse de première urgence et un extincteur peuvent se révéler fort utiles.

L'hiver, dans certaines régions soumises à l'enneigement, il est obligatoire d'avoir des équipements spéciaux : jantes munies de pneus à clous ou kit de chaînes.

LE CARBURANT

Il existe actuellement environ 20 000 points de distribution, répartis de façon inégale sur le territoire. Les stations-service sont tenues d'afficher les prix au litre des carburants proposés. Les prix sont libres. Les supermarchés et les hypermarchés vendent l'essence à prix discount.

L'essence ordinaire a disparu de l'alimentation des pompes, celles-ci distribuant aujourd'hui du « super », du « super sans plomb » ou du gas-oil. Pour répondre à un souci écologique, l'usage de carburant sans plomb s'est développé ainsi que la mise en place de pots d'échappement catalytiques sur les véhicules neufs.

Avis, Hertz, Europcar : sociétés de location de véhicules

LES VITESSES AUTORISÉES

Autoroutes (signalées par un panneau bleu et blanc) : 130 km/h, 110 km/h par temps de pluie et de brouillard.
• Routes à 2 fois 2 voies : 110 km/h, 90 à 100 km/h par temps de pluie et de brouillard.
• Autres routes (nationales, départementales, etc.) : 90 km/h, 80 km/h par temps de pluie et de brouillard.
• Agglomérations : 50 km/h.
La fixation de la limitation de la vitesse en ville ne dépend pas de la taille de l'agglomération. Des arrêtés municipaux spécifiques permettent la pose de panneaux restreignant encore cette vitesse.
À Paris, la vitesse est limitée

Panneau de limitation de vitesse

à 80 km/h sur le boulevard périphérique, à 70 km/h sur certains tronçons des voies sur berge, à 50 km/h partout ailleurs.

LES AUTOROUTES

Le réseau autoroutier français s'est développé tardivement, ce qui présente aujourd'hui un avantage : il est très moderne. Les axes ont en effet pour la plupart moins de 20 ans d'âge.

La construction et l'exploitation ont été concédées par l'État à des sociétés privées. Les recettes des péages, plus ou moins élevées selon les autoroutes, sont perçues par ces sociétés et leur permettent de rembourser leurs emprunts, de faire face aux frais d'exploitation et de s'autofinancer.

Route à sens unique

Accès interdit à tout véhicule

Fin d'une route prioritaire

LES NATIONALES ET DÉPARTEMENTALES

Les routes nationales (environ 30 000 km) et départementales (environ 350 000 km) permettent véritablement de découvrir la France. Les jours de forte circulation, ce sont elles que vous emprunterez en suivant les « Itinéraires Bis ».

Le dimanche est un bon jour pour se déplacer car la circulation des poids lourds y est très réglementée. Évitez cependant les accès de Paris, entre 16 h et 22 h. Les longs week-ends de printemps et les jours de départ en vacances sont également très éprouvants pour les nerfs.

Les abords des grandes villes, et notamment Paris, sont couverts par des sections libres de tout péage. Quelques longues sections d'autoroutes sont gratuites, sur l'A26 ou l'A75 par exemple.

Le paiement s'effectue en espèces ou par carte de crédit. Depuis quelques années, un système de télépéage a été généralisé : un badge permet à l'automobiliste de passer le péage sans s'arrêter. Il reçoit ensuite une facturation détaillée.

Les autoroutes sont bordées de nombreuses aires de repos et de pique-nique (tous les 10 à 20 km) ; les stations-service sont espacées de 40 km en moyenne. On trouve des téléphones d'urgence (bornes orange pour dépannage) tous les 2 km, et l'on voit se développer les équipements réservés aux enfants (aires de jeux, locaux pour chauffer les biberons ou changer les bébés, etc.). Quant aux stations-service, dont les tarifs de carburant sont affichés longtemps à l'avance sur les parcours, elles offrent bien sûr quelques services d'entretien des véhicules, parfois un rayon libre-service, des snacks ou restaurants, des cabines téléphoniques et des toilettes.

Signalons enfin que vous ne trouverez pas d'autoroutes en Bretagne, mais seulement des voies rapides. C'est pourquoi les barrières de péage situées sur l'A81, aux confins de la Mayenne et de l'Ille-et-Vilaine, marquent une délimitation très précise entre la France et la Bretagne, avec une différenciation soudaine des vitesses autorisées.

La liaison entre France et Grande-Bretagne par la route.

LE PÉAGE AUTOROUTIER

L'entrée sur un tronçon autoroutier à péage passe par l'arrêt auprès d'une borne qui délivre un ticket d'entrée. Celui-ci doit être remis à la barrière de sortie où l'on acquitte un droit selon la distance parcourue et le type de véhicule.

Les barrières de péage *sont indiquées longtemps à l'avance, sur un panneau bleu à lettres blanches. Préparez votre monnaie pour limiter le temps de passage aux barrières de péage.*

Le paiement
Arrivé à destination, donnez votre ticket au péagiste qui vous indiquera le montant de la somme à régler. Le paiement peut se faire en espèces, avec une carte de paiement ou un chèque. Un reçu est délivré sur demande.

Il est possible de payer auprès de machines automatiques, qui lisent les informations contenues sur la carte d'entrée, annoncent le prix à acquitter, acceptent les règlements en liquide ou par carte de paiement, rendent la monnaie et délivrent un reçu sur demande.

COMMENT UTILISER UN HORODATEUR

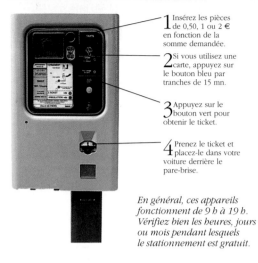

1 Insérez les pièces de 0,50, 1 ou 2 € en fonction de la somme demandée.

2 Si vous utilisez une carte, appuyez sur le bouton bleu par tranches de 15 mn.

3 Appuyez sur le bouton vert pour obtenir le ticket.

4 Prenez le ticket et placez-le dans votre voiture derrière le pare-brise.

En général, ces appareils fonctionnent de 9 h à 19 h. Vérifiez bien les heures, jours ou mois pendant lesquels le stationnement est gratuit.

LES HORODATEURS

Les horodateurs acceptent généralement les pièces de 10, 20, 30 et 50 cts d'euro et celles de 1 € et 2 €. Les tarifs horaires, indiqués sur l'appareil, varient selon les quartiers et les localités. Les horodateurs fonctionnent généralement entre 9 h et 19 h ; ils sont parfois gratuits entre 12 h 30 et 14 h, la machine tenant compte des plages gratuites (déjeuner et nuits) pour reporter l'heure limite. Vérifiez bien les jours et périodes de gratuité.

LE STATIONNEMENT

Le stationnement obéit à un certain nombre de règles plus ou moins contraignantes, qui passent par le parking souterrain, l'horodateur pour un stationnement limité à deux heures, le disque de stationnement, ou le stationnement alterné par quinzaine.

Dans les grandes villes, trouver une place peut devenir un véritable casse-tête. Pour des stationnements de longue durée, à Paris par exemple, choisissez la solution des parkings situés en sous-sol ou à la périphérie,

à proximité des terminus de lignes de métro ou des stations RER. Si vous vous garez en surface, vous vous apercevrez vite que le pare-chocs prend tout son sens étymologique !

LA LOCATION DE VOITURES

Les principales compagnies de location de voitures, nationales ou internationales, peuvent proposer des tarifs différents suivant la période de la semaine, le kilométrage parcouru et la possibilité de restituer le véhicule à une autre agence que celle d'origine. Signalons également des compagnies moins

importantes, dont les formules sont plus intéressantes ; on en trouvera selon les endroits la liste sur Minitel (rubrique « Location d'Automobiles »), mais signalons d'ores et déjà les compagnies Citer, Rual, Century, Valem, Locabest, Axeco, Budget, Rent a Car.

Si vous voulez vous laisser griser par le luxe d'une limousine conduite par un chauffeur stylé, adressez-vous au Groupement syndical interdépartemental des transports routiers ou à L'Automobile-Club de l'Île-de-France.

Enfin, pour les ressortissants de pays extérieurs à l'Union européenne qui envisagent un séjour en France d'une durée supérieure à trois semaines, la meilleure solution consiste à louer un véhicule en transit temporaire (TT, plaques avec lettre grises sur fond rouge). Les trois constructeurs français pratiquent cette formule.

L'AUTO-STOP

Attendre le bon vouloir d'un automobiliste sur le bord d'une route est parfois aléatoire, surtout par temps de pluie… Des associations mettent aujourd'hui en rapport passagers et conducteurs. Elles perçoivent un droit d'inscription de la part du passager, qui verse également au conducteur une participation aux frais de l'ordre de 0,2 € par km.

Vacances dans les Alpes

LES CARTES DE FRANCE

Chaque chapitre de ce guide s'ouvre sur une carte de la région concernée montrant les principaux sites.

Sillonner une région par ses routes départementales est le meilleur moyen d'en connaître les richesses et d'en percevoir les spécificités.

L'IGN (Institut Géographique National), institut topographique officiel, publie des cartes du pays à différentes échelles : 1/250 000, 1/100 000, 1/50 000, 1/25 000, ainsi qu'un atlas de France. L'espace IGN est situé à quelques mètres des Champs-Élysées. Ce magasin installé sur deux niveaux est un véritable paradis pour tous ceux que font rêver cartes ou globes. On y trouve également de très nombreux guides de voyage et cartes concernant tous pays, et on peut commander des agrandissements de photographies aériennes.

Les cartes Michelin permettent de suivre facilement un itinéraire ; les routes départementales y sont indiquées en jaune et blanc. Les cartes les plus courantes dans une région se trouvent facilement, dans les stations-service, chez les libraires et les marchands de journaux.

Les plans de villes figurant dans ce guide vous aident à repérer les principaux sites. Pour des plans gratuits plus

Palette de cartes

détaillés, adressez-vous à l'office de tourisme concerné ; vous pourrez également acheter les plans établis par les Éditions Blay, ou par le guide Michelin.

CARNET D'ADRESSES

LOCATION DE VOITURES

En région parisienne

ADA
📞 08 25 16 91 69.

Avis
📞 0820 050 505.

Budget
📞 0825 003 564.

National Citer
📞 01 45 72 02 01.

Europcar
📞 0803 861 861.

Rent a Car
📞 08 36 69 46 95.

Sixt-Eurorent
📞 01 44 38 55 55.

Hertz
📞 08 03 86 18 61.

DÉPANNAGE 24h/24 (NUMÉRO NATIONAL)

Peugeot
📞 0 800 44 24 24
(n° vert).

Renault
📞 0 800 05 15 15
(n° vert).

VAG
📞 0 800 00 24 24
(n° vert).

LOCATION AVEC CHAUFFEUR

Automobile-Club de l'Île-de-France
14, avenue de la Grande-Armée, 75017 Paris.
📞 01 40 55 43 00.

Groupement Syndical Interdépartemental des Transports routiers Région Paris
9, rue Montéra, 75012 Paris.
📞 01 44 67 81 50.

AUTO-STOP

Allostop
8, rue Rochambeau, 75009 Paris.
📞 0 825 80 36 66.

Auto-pass
10, rue Piquerie, 59800 Lille.
📞 03 20 14 37 96.

Allostop-voyage
Au CRIJ, 17, rue de Metz, 31000 Toulouse.
📞 0 825 80 36 66.

Allostop
Maison des langues et des voyages.
1, place du Maréchal-Juin, 35000 Rennes.
📞 0 825 80 36 66.

PRÉVISIONS MÉTÉO-ROLOGIQUES

France entière
📞 08 36 68 01 01.

Un département précis
📞 08 36 68 02
+ n° à deux chiffres du département concerné.

Bulletins téléphonés d'enneigement

Hautes-Alpes
📞 08 36 68 10 20.

Savoie
📞 08 36 68 10 20.

ÉTAT DES ROUTES (NIVEAU NATIONAL)

CRICR
79, avenue de Delatre-de-Tassigny, 94000 Créteil.
📞 01 48 99 33 33.

ÉTAT DES ROUTES (RÉGIONS)

CRICR

Bordeaux
📞 05 56 96 33 33.

Lille
📞 0 826 022 022.

Lyon
📞 04 72 81 57 33.

Marseille
📞 04 91 78 78 78.

Metz
📞 03 87 63 33 33.

Région parisienne
📞 01 48 99 33 33.

Rennes
📞 02 99 32 43 43.

Prévention routière
📞 01 44 15 27 00.
Minitel *3615 ITI.*

CARTES

Espace IGN
107, rue La Boétie, 75008 Paris.
📞 01 43 98 80 00.

Index général

Remerciements

L'éditeur remercie les organismes, les institutions et les particuliers suivants dont la contribution a permis la préparation de cet ouvrage.

AUTEURS
John Ardagh, Rosemary Bailey, Judith Fayard, Lisa Gerard-Sharp, Alister Kershaw, Alec Lobrano, Anthony Roberts, Alan Tillier, Nigel Tisdall.

COLLABORATEURS PRINCIPAUX
JOHN ARDAGH, écrivain et producteur, est auteur de nombreux ouvrages sur la France.

ROSEMARY BAILEY a écrit et édité plusieurs guides régionaux sur la France, en particulier sur la Bourgogne, la vallée de la Loire et la Côte d'Azur.

ALEXANDRA BOYLE, écrivain et éditeur, travaille depuis vingt ans dans l'édition, en Angleterre et en France.

ELSIE BURCH DONALD est éditeur et écrivain (The French farmhouse).

JUDITH FAYARD, américaine, a dirigé le bureau parisien de Life pendant dix ans. Aujourd'hui éditeur de Town and Country, elle apporte sa contribution à diverses publications, dont le Wall Street Journal.

LISA GERARD-SHARP est écrivain et producteur. Elle a écrit plusieurs guides régionaux sur la France et l'Italie.

ALISTER KERSHAW, écrivain australien et producteur, a vécu dans la vallée de la Loire pendant vingt ans.

ALEC LOBRANO, écrivain américain, vit à Paris. Il collabore à diverses publications dont l'International Herald Tribune, le Los Angeles Times et The Independant.

ANTHONY ROBERTS est écrivain et traducteur. Il a vécu quinze ans en Gascogne apportant, entre autres, sa contribution au Times, à World of Interiors, et Architectural Digest.

ANTHONY ROSE est le correspondant de The Independant, pour la rubrique vins.

JANE SIGAL a écrit deux ouvrages sur la gastronomie française.

Alan Tillier est l'auteur du guide Voir Paris. Il a vécu pendant plus de vingt ans à Paris où il a été le correspondant de divers journaux dont l'International Herald Tribune, Newsweek et The Times.

NIGEL TISDALL a écrit des guides de voyage sur la Bretagne et la Normandie.

PATRICIA WELLS est critique gastronomique à l'International Herald Tribune. Elle est aussi auteur d'ouvrages sur le sujet.

AUTRES COLLABORATEURS
Nathalie Boyer, Caroline Bugler, Ann Cremin, Bill Echikson, Adrian Gilbert, Peter Graham, Marion Kaplan, Jim Keeble, Alexandra Kennedy, Fred Mawer, Andrew Sanger, Clive Unger-Hamilton.

PHOTOGRAPHIES D'APPOINT
Jo Craig, Michael Crockett, Mike Dunning, Philip Enticknap, Steve Gorton, Alison Harris, John Heseltine, Roger Hilton, Olivier Knight, Eric Meacher, Neil Mersh, Robert O'Dea, Alan Williams, Peter Wilson.

ILLUSTRATIONS D'APPOINT
Dinwiddie Maclaren, John Fox, Nick Gibbard, Paul Guest, Stephen Gyapay, Kevin Jones Associates, Chris Orr, Robbie Polley, Sue Sharples.

CARTOGRAPHIE
Colourmap Scanning Limited ; Contour Publishing ; Cosmographics ; European Map Graphics ; Météo-France. Atlas des rues : ERA Maptec Ltd (Dublin), adapté à partir des cartes originales Shobunsha (Japon), avec leur autorisation.

RECHERCHE CARTOGRAPHIQUE
Jennifer Skelley, Rachel Hawtin (Lovell Johns) ; James Mills-Hicks, Peter Winfield, Claudine Zarte (Dorling Kindersley Cartography).

COLLABORATION ARTISTIQUE ET ÉDITORIALE
Peter Adams, Laetitia Benloulou, Steve Bere, Arwen Burnett, Janet Clayton, Cate Craker, Maggie Crowley, Fay Franklin, Tom Fraser, Emily Green, Elaine Harries, Paul Hines, Nicholas Inman, Nancy Jones, Siri Lowe, Francesca Machiavelli, Lesley Mc Cave, Ella Milroy, Malcolm Parchment, Lyn Parry, Shirin Patel, Alice Peebles, Marianne Petrou, Salim Qurashi, Marisa Renzullo, Philippa Richmond, Andrew Szudek, Fiona Wild, Nicolas Wood, Irina Zarb.

AVEC LE CONCOURS SPÉCIAL DE
Mme Jassinger, service de presse de l'ambassade de France ; Peter Mills et Christine Lagardère, French Railways Ltd.

RÉFÉRENCES PHOTOGRAPHIQUES
Altitude, Paris ; Sea and See, Paris ; Éditions Combier, Mâcon ; Thomas d'Hoste, Paris.

CRÉDITS PHOTOGRAPHIQUES
L'éditeur remercie les responsables qui ont autorisé la prise de vues dans leur établissement : la Caisse nationale des Monuments historiques et des Sites ;

M. A. Leonetti, abbaye du Mont-Saint-Michel ; la cathédrale de Chartres ; M. Voisin, château de Chenonceau ; M. P. Mistral, cité de Carcassonne ; M. D. Vingtain, Palais des Papes, Avignon ; le château de Fontainebleau ; la cathédrale d'Amiens ; les abbayes de Conques, de Fontenay, de Vézelay ; la cathédrale de Reims et les innombrables sites, églises, musées, hôtels, restaurants, boutiques, galeries qu'il est impossible de citer individuellement.

ABRÉVATIONS UTILISÉES

h = en haut ; hg = en haut à gauche ; hc = en haut au centre ; hd = en haut à droite ; chg = centre haut à gauche ; ch = centre haut ; chd = centre haut à droite ; cg = centre gauche ; c = centre ; cd = centre droit ; cbg = centre bas à gauche ; cb = centre bas ; cbd = centre bas à droite ; bg = bas à gauche ; b = bas ; bc = bas au centre ; bd = bas à droite.

Nous prions par avance les propriétaires des droits photographiques de bien vouloir excuser toute erreur ou omission subsistant dans cette liste en dépit de nos soins. La correction appropriée serait effectuée à la prochaine édition de cet ouvrage.

Les œuvres d'art ont été reproduites avec l'aimable autorisation des organismes suivants : © ADAGP, Paris et DACS, London 1994 : 25 hg, 59 hg, 61 hg (détail), 88 c, 89 ch, 95 h, 109 b, 514 bg ; © DACS, London 1994 : 24 c, 24 cb, 25 c, 25 cb, 26 bg, 60-61, 84 cg, 86 h, 86 b, 89 h, 203 h, 341 h, 371 bd, 412h, 463 h, 472 h, 498 ch, 503 b, 511 h, 512 b, 514 hd, 514 bd, 519 b ; © J. Fabris : 25 c ; © Succession H. Matisse/DACS 1994 ; 25 b, 88 b, 516 b.

Photos prises avec le concours de l'EPPV et du CSI : 132-3 ; Photo du Parc Euro Disneyland ® Parc et Euro Disneyland Paris ® Personnages et attractions sont la propriété de The Walt Disney Company, tous droits de reproduction réservés pour tous pays 168 cd ; Avec l'aimable autorisation de la Maison Victor Hugo, Ville de Paris : 87 h ; Musée national des Châteaux de Malmaison et Bois-Préau : 163 b ; Musée de Montmartre, Paris : 129 h ; Musée national de la Légion d'Honneur : 56 h ; © Sundancer : 138 bg.

L'éditeur remercie les particuliers, les organismes ou les agences de photos qui l'ont autorisé à reproduire leurs clichés :
AIR FRANCE/D. TOULORGE : 631 h ; ALAMY IMAGES : Flenn Harper 92 hg ; ALPINE GARDEN SOCIETY/CHRISTOPHER GREY-WILSON : 450 bg, 450 bd ; AGENCE PHOTO AQUITAINE : D. Lelann 411 hg ; ANCIENT ART AND ARCHITECTURE COLLECTION : 43 cdb, 46 c, 46 bc, 48 bd, 53 bg, 242-3 b, 325 bg, 372 h, 424 h, 428 b ; PHOTO AKG, BERLIN : 41 chd, 42 bg, 50 cb, 51 cdb, 392 h, 393 b ; SA APA POUX, ALBI : 427 h ;

ARCHIVES PHOTOGRAPHIQUES, PARIS/DACS : 412 h ; ATELIER DU REGARD/A. ALLEMAND : 432 cg, 432 cd, 432 b. BIBLIOTHÈQUE NATIONALE, DIJON : 45 bc ; F. BLACKBURN : 451 bg ; GÉRARD BOULLAY/PHOTOLA : 83 bg, 83 chd ; BRIDGEMAN ART LIBRARY : Albright Knox Art Gallery, Buffalo, New York 265 bd ; Anthony Crane Collection 201 bd ; Bibliothèque nationale, Paris 46 cd-47 cg, 48 h, 49 cd, 65 bg ; British Library, Londres 48 bg, 64 bd, 282c, 283 bd, 283 hg ; Bonhams, Londres 55 hc, 58 hg ; Château de Versailles, France 65 hd ; Christies, Londres 25 c, 503b ; Giraudon 24 hd, 24 hg, 52 cd-53 cg, 53 hg, 55 hg, 65 bc, 171 b, 324 c, 333 c, 355 h ; Guildhall Library, Corporation of London 407 b ; Hermitage, Saint-Petersbourg 25 bg ; Index 462b ; Kress Collection, Washington DC 283 bg ; Lauros-Giraudon 42 h, 65 bd ; Musée des Beaux-Arts, Quimper 233 c ; Musée Condé, Chantilly 46 hg, 53 hd, 64 bg, 65 hc, 65 hcg, 65 bc, 194 h, 283 c ; Musée d'Orsay, Paris 24 bc ; Paul Bremen Collection 245 h ; Sotheby's New York 51 hg ; V&A Museum, Londres 328 b ; Walters Art Gallery, Baltimore, Maryland 346 h ; JOHN BRUNTON : 504 b ; MICHAEL BUSSELLE : 172-3.

CAMPAGNE, CAMPAGNE : 340 h ; C. Guy 315 h ; Lara 181 cd ; B. Lichtstein 207b, 314 cg ; Pyszel 180 bg ; CNMHS, PARIS/DACS : Longchamps Delehaye 203 hg ; CASTELET/GROTTE DE CLAMOUSE : 483 b ; COLLECTION CDT GARD : 315 bg ; CDT LOT : 429c ; CEPHAS : Stuart Boreham 250-1 ; Hervé Champollion 312 hd, 324 h, 340 b ; Mick Rock 34 c, 388 hg, 388 cg, 461 h, 508-9 ; JEAN-LOUP CHARMET : 43 h, 46 bd, 48 cbg, 54 h, 58 cg, 58 cbg, 59 hg, 59 hc, 60 bg, 60 bd, 61 cdb, 204 b, 233 b, 255 bd, 259 b, 264 h, 271 b, 290 bd, 333 bd, 348 b, 349 h, 351 c, 391 cd, 391 bd, 411b, 465 h, 497 h ; CITÉ DES SCIENCES ET DE L'INDUSTRIE : Michel Lamoureux 133 c ; Pascal Prieur : 132 hd, 132 ch, 133 bd ; Michel Viard 132 cb ; BRUCE COLEMAN : Udo Hirsch 361 bd ; Flip de Nooyer 377 bd ; Hans Reinhard 313 hg, 313 hd ; PHOTOS ÉDITIONS COMBIER, MÂCON : 193 h ; JOE CORNISH : 112, 224-225, 360 bd, 438.

DANSMUSEET, STOCKHOLM/PETER STENWALL : 60 cd-61 cg ; P DOHERTY : 235 hc ; E. DONARD ; 31 hd, 31 c, 31 cg, 31 bc ; ÉDITIONS D'ART DANIEL DERVEAUX : 390 cd-391 cg ; PHOTO DASPET, AVIGNON : 494 bg.

ET ARCHIVE : 290 bg ; Trésor de la cathédrale, Aix-la-Chapelle 4 h ; 44 cg ; Musée Carnavalet, Paris 57 hg ; Musée des Beaux-Arts, Lausanne 51 bd ; Musée d'Orsay, Paris 57 chd ; Musée de Versailles 52 b ; 289 bg ; National Gallery, Ecosse 54 bd ; Victoria and Albert Museum, Londres 49 hg ; 333 bg ; MARY EVANS PICTURE LIBRARY : 9 c, 42 bd, 46 bg, 47 c, 49 b, 50 hg, 52 chg, 54 c, 58 b, 59 cd, 59 bd, 61 bd, 108 c, 109 cg, 167 b, 173 c,

181 h, 187 b, 225 c, 269 h, 281 b, 283 hd, 291 bg, 305 c, 356 h, 383 c, 445 h, 455 c, 463 b, 498 hg, 535 c, 615 c ; Explorer 27 b, 50 cbg.
PHOTO FLANDRE, AMIENS : 193 b ; FRANCE TÉLÉCOM : 624 cd ; M. Reynard 624 b ; SNCF : 634 bg, 635 h.

GIRAUDON, PARIS : 8-9, 15 h, 25 chd, 25 bd, 42 ch, 44 hg, 44 cbg, 45 hg, 46 cg, 48 cd-49 cg, 52 hg, 52 cbg, 54 cg, 56 cg, 56 cd-57 cg, 323 bd, 337 bd, 359 b, 481 bc MS Nero EII pt.2 fol. 20V0 ; Lauros-Giraudon 40 hg, 40 bc, 41 h, 41 cbd, 41 cb, 41 bd, 43 hc, 45 hd, 47 cbd, 51 cd, 56 cbg, 56 bd, 341 b, 481 cg ; Musée d'Art moderne, Paris 25 hg ; Musée des Beaux-Arts, Quimper 24 cg ; Telarci 45 cd ; RONALD GRANT ARCHIVE : 17 b, 62 cbg.

SONIA HALLIDAY PHOTOGRAPHS : Laura Lushington 299 hd ; ROBERT HARDING PICTURE LIBRARY : 26 bg, 33 hd, 35 hd, 35 cg, 39 b, 108 hd, 131 bg, 230 hg, 233 hd, 312 bg, 312 bd, 313 bd, 339 h, 390 chg, 427 cd, 451 hd, 479 b, C Bowman 442 h ; Explorer, Paris 35 cd, 63 bd, 97 bd, 169 b, 352 h, 361 hd, 450 bc, 451 hg, 474 b, 487 bd, 617 b, 628 b, 640 b ; R Francis 82 cbg, 626 c ; D Hughes 382-3 ; W Rawlings 45 bd, 63 hg, 227 hg, 246 b ; A Wolfitt 22 hd, 160, 538 b ; JOHN HESELTINE : 135 c ; HONFLEUR, MUSÉE BOUDIN : 252 b ; DAVID HUGHES : 2-3, 357 h, 357 b ; THE HULTON DEUTSCH COLLECTION : 181 bd, 291 bd, 463 c, 506 b ; FJ Mortimer 180 hg.

THE IMAGE BANK : Peter Miller 362 ; IMAGES : 313 c, 450 cg, 450 hd.

JACANA : F Gohier 450 hg ; JM Labat 451 cb ; TREVOR JONES : 194 b.

MAGNUM PHOTOS LTD : Bruno Barbey 16 b, 27 hd, 32 bg ; R Capa 462 hd ; P Halsman 515 b ; P Zachman 15 b ; THE MANSELL COLLECTION : 27 hg, 272 h, 285 b, 449 b, 494 hg ; JOHN MILLER : 214 b, 326 hd, 397 b ; MUSÉE DE L'ANNONCIADE, SAINT-TROPEZ : 514 hd ; MUSÉE DES BEAUX-ARTS, CARCASSONNE : 479 hg ; MUSÉE DES BEAUX-ARTS, DIJON : 333 hg ; MUSÉE DES BEAUX-ARTS DE LYON : 371 hd, 371 bg, 371 bd ; MUSÉE DE LA CIVILISATION GALLO-ROMAINE, LYON : 43 cd, 368 cg ; MUSÉE DÉPARTEMENTAL BRETON, QUIMPER : 264 bg ; MUSÉE FLAUBERT, ROUEN : 255 bg ; MUSÉE NATIONAL D'HISTOIRE NATURELLE, PARIS : 134 c ; MUSÉE NATIONAL D'ART MODERNE, PARIS : 88 cbg, 89 h, 89 cd, 89 bc, 325 bd ; Succession Henri Matisse 88 bg ; MUSÉE RÉATTU, ARLES : M Lacanaud 498 ch ; CLICHÉ MUSÉE DE SENS/JP ELIE : 320 hg ; MUSÉE TOULOUSE-LAUTREC, ALBI : 434 b.

OFFICE DE TOURISME DE SEMUR-EN-AUXOIS : 325 h.

SERVICE NATIONAL DES TIMBRES POSTE ET DE LA PHILATÉLIE : design Eve Luquet 626 bg.

NETWORK PHOTOGRAPHERS : Barry Lewis 328 h ; Rapho/Mark Buscail 628 hg ; Rapho/De Sazo 628 hd ; Rapho/Michael Serraillier 629 b.

PICTURES COLOUR LIBRARY : 392 b, 416, 534, 614-5 ; MICHEL LE POER TRENCH : 26 bd ; CENTRE GEORGES POMPIDOU : Bernard Prerost 89 b ; POPPERFOTO : 241 c ; MAGAZINE PYRÉNÉES/DR : 390 bg.

REDFERNS : William Gottlieb : 60 cbg ; RETROGRAPH ARCHIVE : M Breese 464 hg, 464 hd ; RÉUNION DES MUSÉES NATIONAUX : Musée des Antiquités nationales 393 c ; Musée Guimet 107 h ; Musée du Louvre 53 ch, 97 bg, 98 h, 98 bg, 98 bd, 99 hg, 99 c, 99 b ; Musée Picasso 84 cg, 86 b, 463 h ; Musée de Versailles 169 h ; RF Reynolds : 235 bc ; REX FEATURES : Sipa 18 h ; ROGER-VIOLLET : 109 hc ; FONDATION ROYAUMONT : J. Johnson 162 h.

SIPA PRESS : 128 bg ; PHOTO SNCM/SOUTHERN FERRIES : 632 b ; SNCF-SERVICE PRESSE VOYAGES France Europe : 636 BC ; SPECTRUM COLOUR LIBRARY : P Thompson 239 b ; FRANK SPOONER PICTURES : Bolcina 33 b ; Uzan 62 bd ; Simon 63 ch ; Gamma Press 35 b, 63 cbd ; JEAN-MARIE STEINLEN : 394 ; TONY STONE IMAGES : 312 c, 316 ; SYGMA : 521 h ; C de Bare 32 h ; Walter Carone 140 h ; P Forestier 304-5 ; Frederic de la Fosse 510 b ; D Goldberg 17 c ; L'Illustration 104 hg ; Keystone 131 cbd ; T Prat 426 c ; L de Raemy 63 bg ; Sunset Boulevard 131 bd.

ÉDITIONS TALLANDIER : 38, 40 bc, 43 hg, 44 bd, 44 bd-45 bg, 47 h, 47 b, 48 cg, 49 hd, 50 bd, 54 cbg, 54 bg, 54 cd-55 cg, 55 cdb, 55 bg, 57 hd, 57 cbd, 57 bd, 59 bg, 59 cb, 60 chg, 60 cbd, 61 hc, 61 hd ; © TMR/A.D.A.G.P, PARIS ET DACS, LONDON 1994 - COLLECTION L TREILLARD : 61 hg détail.

JEAN VERTUT : 40 bd-41 hg ; VILLE DE NICE Service photographique : 516 b ; VISUAL ARTS LIBRARY : 24 b.

WORLD PICTURES : 313 bg.

ZEFA : 168 c, 341 h ; O. ZIMMERMAN/MUSÉE D'UNTERLINDEN 6800 COLMAR : 217 h.

Pages de garde : © DK sauf JOE CORNISH l bg ; THE IMAGE BANK cbd ; PICTURES COLOUR LIBRARY l cd ; JEAN-MARIE STEINLEN l cg ; TONY STONE IMAGES chd.

Couverture : © DK sauf CEPHAS/Mick Rock 1re de couverture h ; MICHAEL BUSSELLE 1re de couverture cbd ; ROBERT HARDING PICTURE LIBRARY 4e de couverture h.

GUIDES  VOIR

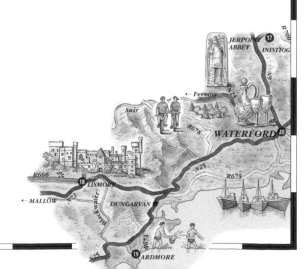

Le centre de Paris

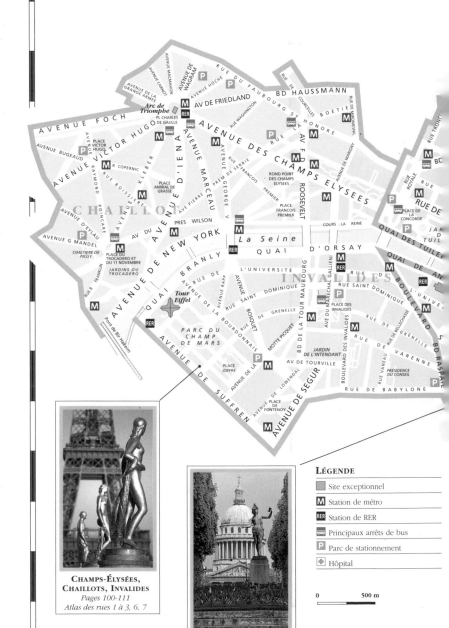

**CHAMPS-ÉLYSÉES,
CHAILLOTS, INVALIDES**
Pages 100-111
Atlas des rues 1 à 3, 6, 7

RIVE GAUCHE
Pages 112-123
Atlas des rues 7 à 9, 12, 13

LÉGENDE

▢	Site exceptionnel
Ⓜ	Station de métro
RER	Station de RER
🚌	Principaux arrêts de bus
P	Parc de stationnement
✚	Hôpital

0   500 m